北京东城年鉴

BEIJING DONGCHENG NIANJIAN

·2020·

北京市东城区地方志编纂委员会　编

北京日报出版社

图书在版编目（CIP）数据

北京东城年鉴. 2020 / 北京市东城区地方志编纂委员会编. — 北京 ：北京日报出版社，2020.12
ISBN 978-7-5477-3857-3

Ⅰ. ①北… Ⅱ. ①北… Ⅲ. ①东城区—2020—年鉴 Ⅳ. ①Z521.3

中国版本图书馆CIP数据核字（2020）第200431号

北京东城年鉴（2020）

编　　者：北京市东城区地方志编纂委员会
责任编辑：史　琴　王子红
出 版 者：北京日报出版社
地址　北京市东城区东单三条8-16号东方广场东配楼四层
邮编　100005
电　　话：发行部：（010）65255876
总编室：（010）65252135
经　　销：各地新华书店
排　　版：品欣工作室
印　　刷：廊坊市博林印务有限公司
开　　本：889毫米×1194毫米　1/16
印　　张：36
字　　数：1500千字
版　　次：2020年12月第1版　2020年12月第1次印刷
印　　数：1200
ISBN 978-7-5477-3857-3　定价：280.00元

东城区地方志编纂委员会

顾　　问	夏林茂				
主　　任	金　晖				
常务副主任	章建伟	刘俊彩			
副 主 任	王清旺	陈本宇	赵海英	陈献森	王中华
	薛国强	杨　锟	赵海东	李铁生	
委　　员	陈　岗	韩新星	王　昕	王跃锋	向　愚
	于锋池	王　磊	邵惠安	李淑霞	刘贤才
	饶景东	邱宏庆	王　森	李卫华	周玉玲
	谢霄鹏	雷新隆	李小洁	贾红梅	崔燕生
	王佑明	董险峰	张晓峰	陈大鹏	王万青
	向旭东	王建辉	邢　磊	陈　君	韩　非
	侯立华	周桂芳	白京涛	耿学森	杨　峰
	杨冬林	苏振芳	贾　邦	关　波	王迪生
	武　鸿	吴　笛	王宝祥	林　杉	石崇远
	张　伟	谭大鹏	白劲宇	赵增科	金连成
	李　军（消防）	李照宏	郭立峰	吕　绘	李长华
	刘　行	许文辉	赵茂杰	肖华强	杨立萍
	李　军（科协）	张志勇	谭　菲	从艳梅	肖　俊
	董凌霄	郝诗国	王献军	丁选云	王钦双
	彭积冬	王　清	李利平	高建中	韩云升
	王继志	胡异峰	杨海明	戚家勇	李晓光
	高永学	秦　磊	王玉琳	冯业水	魏　搏
	李　焱	祁国梁	余海民	阮　君	张之泽
	程　利	唐兵兵	张松青	肇毅凯	

《北京东城年鉴》编辑部

编辑说明

一、《北京东城年鉴》以马克思列宁主义、毛泽东思想、邓小平理论、“三个代表”重要思想、科学发展观、习近平新时代中国特色社会主义思想为指导，坚持辩证唯物主义和历史唯物主义的立场、观点和方法，坚持实事求是的原则，与时俱进，开拓创新，科学地反映客观情况。

二、《北京东城年鉴》是一部综合性资料性工具书，在中共北京市东城区委和北京市东城区人民政府的领导下，由区地方志编纂委员会主持编纂。自1996年开始，逐年编辑出版，2020年卷为总第24卷。

三、《北京东城年鉴（2020）》全面、系统地记载2019年度东城区在政治、经济、文化、社会等各个领域及各项事业发展变化的基本情况和发生的大事、要事、新事与有影响的事，记载取得的新成就、新进展、新经验，为各行各业、各方面人士了解东城、研究东城、建设东城提供信息和资料。

四、《北京东城年鉴（2020）》设有特载、专文、大事记、区情概览、中国共产党北京市东城区委员会、北京市东城区人民代表大会、北京市东城区人民政府、中国人民政治协商会议北京市东城区委员会、纪检监察、民主党派、人民团体、法治、军事、重点地区管理、经济管理、工业 建筑业、商业 对外经济、旅游、城市建设与管理、生态环境保护、科技、教育、文化、医疗卫生、体育、社会建设、社会生活、街道、人物 荣誉、统计资料、附录共31个类目。类目下设分目，分目下设条目。

五、《北京东城年鉴（2020）》收有东城区党、政、军、各民主党派、团体、街道和部分企业负责人名录，以及部分区域单位负责人名录。所列均以2019年内任职为限。还收有获得国家、北京市、区级奖励与荣誉称号的单位和个人名单。

六、《北京东城年鉴（2020）》所选文章、条目，均由各部门、单位确定专人撰写或提供，并经主管负责人审核。统计资料由区统计局提供。照片由区委宣传部、区融媒体中心及各有关单位提供。

万众一心　喜迎国庆

7月1日，东城区举办庆祝中国共产党成立98周年暨喜迎中华人民共和国成立70周年专场文艺演出（闫文摄）

7月10日，2019年东城区群众文化展演季开幕，展示中华人民共和国成立70周年以来所取得的辉煌成就（王峥摄）

7月16日，东城区庆祝中华人民共和国成立70周年书法美术作品展开幕（刘立军摄）

喜迎国庆，东城区大街小巷闪耀一片中国红（张传东摄）

10月1日，东城区百岁老人祝祖国生日快乐（辛桦摄）

10月2日，东城区举办群众文化演出（区文旅局提供）

国庆期间，城市志愿者坚守服务站点（刘海勇摄）

10 月 24 日，东城区举办国庆服务保障先进事迹报告会（张传东摄）

11 月 1 日，东城区召开国庆活动筹备和服务保障工作总结大会（闫文摄）

党建引领　践行初心

3月19日，东城区机关干部在天安门广场举办主题党日教育活动（张传东摄）

4月16日，廉政教育"送课"进社区（张维民摄）

5月6日，东城区举行“5·6”民族团结日暨民族团结宣传月启动仪式（王建国摄）

6月20日，前门街道唱响“红色音乐党课”（刘旭阳摄）

9月24日，东城区党员干部赴香山革命纪念地瞻仰学习（张传东摄）

10月18日，东城区启动第二季“党建引领　土豆接力”活动（庄蕊摄）

11月8日，崇外街道召开党建引领物业管理纳入社区治理工作推进会（田原摄）

11月19日，“不忘初心、牢记使命”天坛街道学习强国优秀表彰大会举办（天坛街道提供）

12 月 25 日，永外街道举办“微党课”，让宣讲“活”起来（辛桦摄）

2019 年，朝阳门街道党建知识厅内近 1000 册图书供居民阅读（程帅男摄）

民生实事　接诉即办

1月14日，前门街道草厂社区举办第二届邻里节（王建国摄）

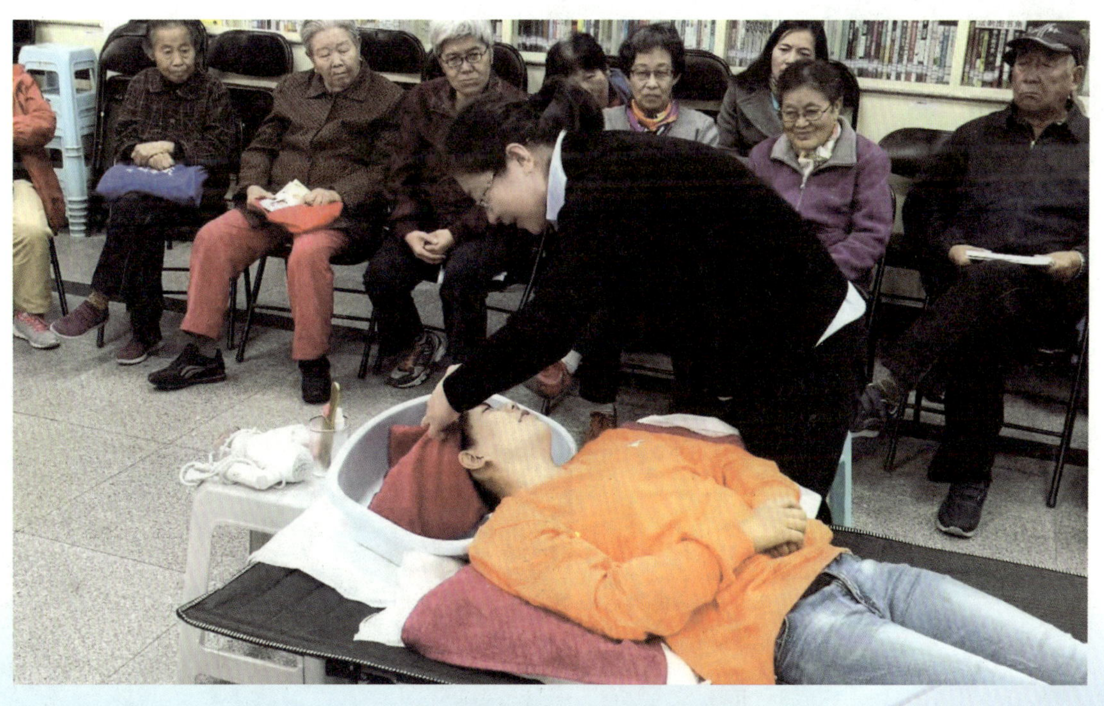

3月1日，家庭护理员接受护理技能培训（李滢摄）

3月，王府井大街等8个区域及周边派出所摄像机高清化改造完成（李冬梅摄）

7月6日，宝华里危房改造项目开始选房（辛桦摄）

11月12日，东城区市场监管局开展供暖季特种设备安全检查，保障居民温暖过冬（何筱强摄）

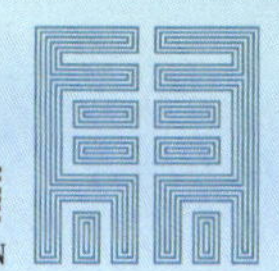

2019 年，金丰年生鲜超市保障新鲜蔬菜供消费者挑选（庄蕊摄）

2019 年，王府世纪地下停车场 24 小时开放，车位充足（区交通委提供）

2019 年，养老驿站满足老人们就餐（庄蕊摄）

崇文争先　利民强区

1 月 30 日，景山街道魏家社区举办迎新年活动（李汪勇摄）

5 月 28 日，体育馆路街道举办群众文化展演活动（乔健摄）

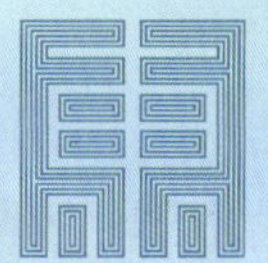

6月18日，东城区首家国粹京剧体验馆开业（张传东摄）

10月2日，东城区举办“普天同庆 共筑中国梦”主题文艺演出（区文旅局提供）

11月2日，“京娃”逛前门学习传统文化（庄蕊摄）

12 月 13 日，文化和旅游部在东城区举办 2019 中国文化金融峰会（闫文摄）

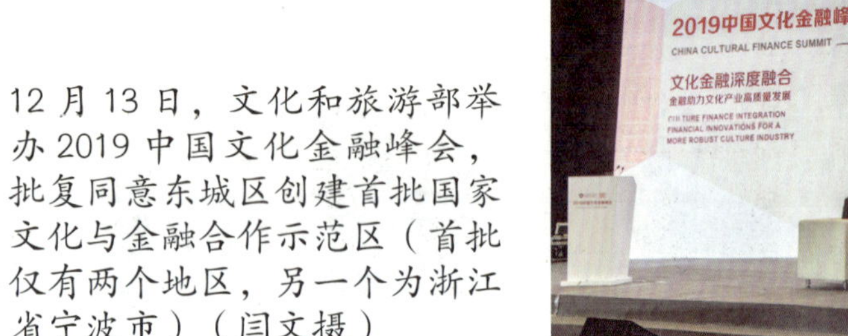

12 月 13 日，文化和旅游部举办 2019 中国文化金融峰会，批复同意东城区创建首批国家文化与金融合作示范区（首批仅有两个地区，另一个为浙江省宁波市）（闫文摄）

2019 年，戏剧东城戏剧体验课每周四晚在东城区第一文化馆举办，图为青年演员为参与者授课（区文旅局提供）

2019 年，胡同老厂房变身戏剧空间（庄蕊摄）

2019 年，东城区举行群众文艺演出（区文旅局提供）

2019 年，社区居民健身活动丰富多彩（王建国摄）

2019 年，永定门灯光秀（闫文摄）

关键小事　垃圾分类

8 月 10 日，建国门街道组织“周末环保日”健走捡拾垃圾活动（陈青青摄）

8 月 20 日，永定门幼儿园举办垃圾分类小专家活动（刘悦涵摄）

9月1日，第十一中学分校师生表演原创垃圾分类情景剧（王晓园摄）

9月12日，体育馆路街道举办垃圾分类趣味运动会（孙璐摄）

12月6日，体育馆路街道到国家体育总局开展垃圾分类进机关宣传活动（李艳静摄）

12月10日，龙潭街道幸福社区居民用垃圾分类积分兑换“扶贫土豆”（姜萌摄）

2019 年，崇外街道新怡家园居民按规范要求投放厨余垃圾（庄蕊摄）

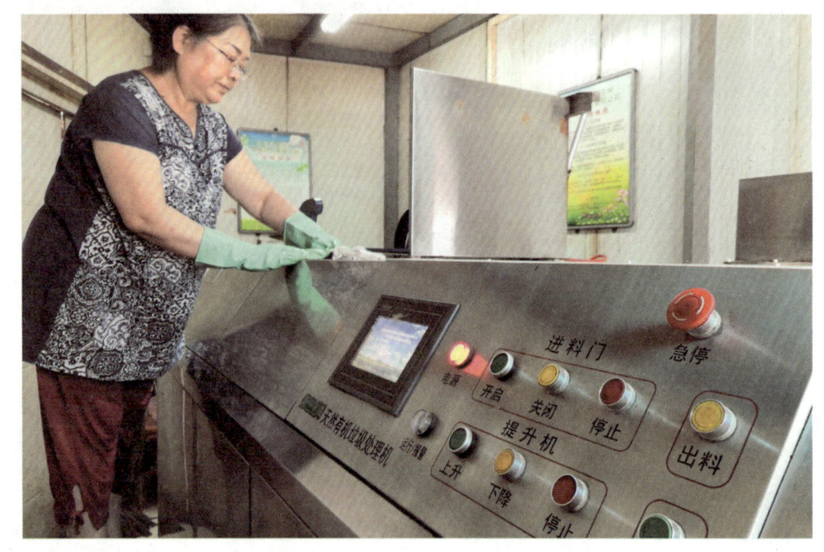

2019 年，北新桥街道居民在“绿厨小屋”擦拭厨余垃圾处理设备（李滢摄）

2019 年，交道口街道“小蓝车”在雨儿胡同收集厨余垃圾（万博琦摄）

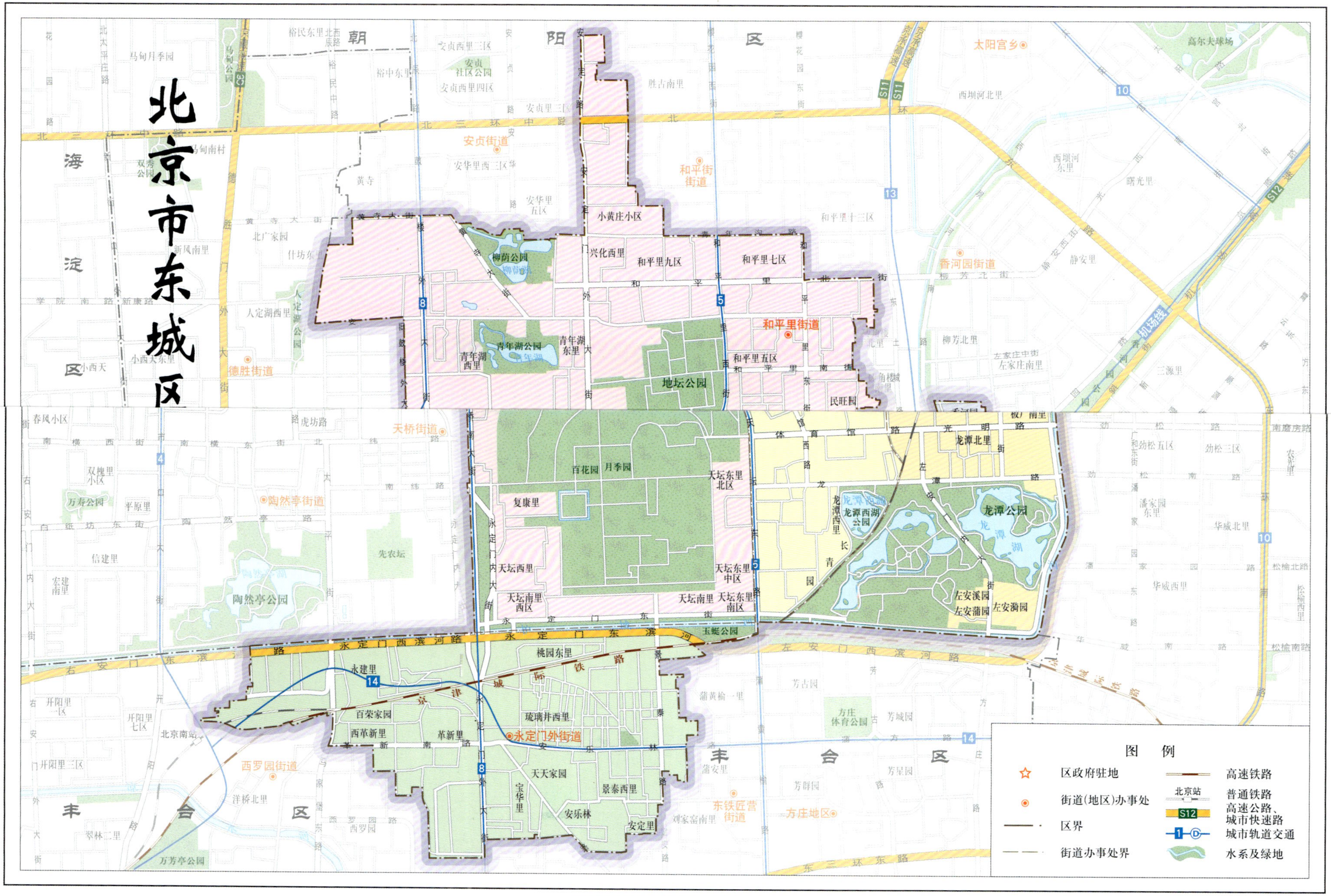

北京市东城区

图例

- 区政府驻地
- 街道(地区)办事处
- 区界
- 街道办事处界
- 高速铁路
- 普通铁路
- 高速公路、城市快速路
- 城市轨道交通
- 水系及绿地

审图号：京S(2021)016号　北京市测绘设计研究院编制

北京市东城区人民代表大会

北京市东城区人民政府

中国人民政治协商会议北京市东城区委员会

纪检监察

民主党派

人民团体

法 治

军 事

重点地区管理

经济管理

工业 建筑业

商业 对外经济

旅　游

城市建设与管理

目 录

生态环境保护

科 技

教 育

文　化

医疗卫生

体　育

社会建设

社会生活

街　道

人物　荣誉

统计资料

附　录

索 引

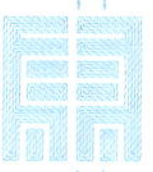

CONTENTS

Local Documents (Excerpt)

Special Articles

Chronicle of Dongcheng District

Dongcheng Disrict Overview

Beijing Dongcheng District Committee of the Communist Party of China

The Standing Committee of Dongcheng District People' s Congress

Dongcheng District People' s Government

Dongcheng District Committee Of Chinese People's Political Consultative Conference

Discipline Supervision

Democratic Parties

People's Organizations

Rule of Law

Military Affairs

Important Area Management

Comprehensive Management of Economics

Industry · Architecture

Commerce · Foreign Economy

Tourism

City Construction and Management

Ecological Environment Protection

Science

Education

Culture

Medical and Health Services

Sports

Social Construction

Social Life

Sub-districts

People and Awards

Statistics

Appendix

Index

特 载

世园会东城区主题花坛（李凤雷摄）

凝心聚力 实干担当 推动“国际一流的和谐宜居之都”首善之区建设再上新台阶

2019年12月26日在中共东城区委十二届十一次全会上的报告

中共东城区委书记 夏林茂

2019年工作回顾

2019年，在市委坚强领导下，区委常委会团结带领全区广大党员干部群众，以习近平新时代中国特色社会主义思想为指导，深入贯彻党的十九大和十九届二中、三中、四中全会精神，认真领会习近平总书记对北京重要讲话精神，坚决落实市委要求，先后召开了40次区委常委会会议，对各方面工作作出部署，全区各项事业都取得了新成效。区委常委会突出抓了以下三项重点任务。

第一，深入学习贯彻习近平新时代中国特色社会主义思想。年初，习近平总书记亲临我区看望慰问干部群众，常委会第一时间传达学习，深切感悟总书记对首都人民特别是东城人民的巨大关怀和殷切重托，极大激发了全区干部群众干事创业的热情。区委始终把学习领会习近平总书记6次视察北京、9次对北京重要讲话精神与学习贯彻十九届四中全会精神结合起来，切实增强“四个意识”，坚定“四个自信”，做到“两个维护”。将习近平新时代中国特色社会主义思想作为理论学习和干部教育培训重要内容，编印《理论政策知识读本》，带动广大党员干部读原著、学原文、悟原理。扎实推进新时代文明实践中心和融媒体中心建设，上线“北京东城”APP，依托理论家走基层、周末社区大讲堂等形式开展宣讲，有力推动习近平新时代中国特色社会主义思想入脑入心、落地生根，形成生动实践。

第二，圆满完成中华人民共和国成立70周年庆祝活动等重大活动服务保障任务。我们坚持把全力服务保障首都功能作为核心区工作的全部要义，围绕全国“两会”、第二届“一带一路”高峰论坛等重大活动，统筹做好各项服务保障工作，完善“四个服务”工作机制，为中央党政军机关营造了更加优良的政务环境。特别是，我们强化主战场意识，全区近47万人次积极参与中华人民共和国成立70周年庆祝活动服务保障工作，全力以赴、昼夜奋战，把“我和我的祖国，一刻也不能分割”的深情融入各项工作中，高标准完成安全维稳、城市运行保障、环境整治、游园活动、观礼服务等各项任务，我区主责的群众游行第27方阵和群众联欢“精彩项目”方阵完美呈现，产生了巨大的影响力、震撼力、凝聚力。广大干部群众迸发出了澎湃如潮的爱国热情，谱写了可歌可泣、催人奋进的时代赞歌，市委主要领导第一时间看望慰问，并高度评价“东城区扛了重活，东城干部群众功不可没”。

第三，精心组织“不忘初心、牢记使命”主题教育。常委会坚持高位统筹、率先垂范，创新建立“理论夜校”，推动理论学习常学常新。突出“关键少数”和基层组织两个重点，组建区委巡回指导组和“群众督导团”，精准督促指导。深化革命传统、廉洁警示等专题教育，举办红色经典诵读会和国庆服务保障先进事迹巡回报告会。围绕“接诉即办”等中心工作集中调研，强化“8+1+N”专项整治，对全部177个社区逐个“把脉会诊”，推进后进社区整顿。开展“为民服务解难题”“保障国庆奉献有我——党员先锋行动”等活动，解决210件群众的操心事、烦心事、揪心事，以群众的满意度检验主题教育的成效，彰显了东城区党员干部时代担当。

一年来，区委常委会统筹推进全区各项事业发展，主要做了以下工作：

9月9日，东城区“不忘初心、牢记使命”主题教育工作会
（区委组织部提供）

一是坚定不移推动高质量发展，区域发展品质不断提升。我们坚持以新发展理念引领高质量发展，积极发挥主观能动性，按下快进键、跑出加速度，经济发展势头呈现新气象。

产业发展取得新成效。“1+5+N”产业政策体系基本形成，投入产业扶持资金15.1亿元，文化、金融、信息服务三大主导产业集聚效应更加凸显。加快文化创新融合，文化经济特色越发鲜明。制定《金融业高质量发展三年行动计划》，实施“一体两翼一核”发展战略，成立区金融发展联盟，大力实施招优引强，引进农银理财、中石油共享等19家金融机构，预计金融业增加值占比23.8%，稳居各产业之首。推动信息服务业发展，中关村东城园高新技术企业突破千家，区级税收45.16亿元，增长13.5%，地均产出率全市排名第一。落实上市挂牌企业奖励政策，上市公司市值位居全市前列。发挥医疗、教育等资源优势，加大人才政策支持力度，为产业培育、“高精尖”发展奠定了坚实基础。

重点地区发展品质进一步提升。组建王府井等平台公司，加大管理体制改革创新。推动王府井改造升级，实现步行街北延盛大开街，引进国际品牌旗舰店、首店，举办时尚嘉年华等高品质活动。探索王府井等地区商业外摆、快闪活动，打造前门地区成为全市四个“夜京城”地标之一，隆福寺地区改造提升初见成效，古都秀出京华韵、时代范儿。

楼宇经济不断提质增效。搭建重点企业监测平台和楼宇信息监测系统，实现对全区1200余家重点企业和257栋商务楼宇动态监测。与37座楼宇签订合作协议，提高楼宇经济贡献度。与世邦魏理仕等五大中介机构签订招商合作协议，协助楼宇招商。完成20座楼宇改造提升年度任务，实现了东直门交通枢纽项目全面复工建设，为产业发展提供了宝贵空间。

营商环境持续改善。树立“人人都是营商环境”的理念，在全市首创营商环境特邀监督员制度，着力打造“三大标杆”。召开“优化营商环境、推动高质量发展”大会，创新打造“紫金服务”品牌，全年区级领导班子和各部门、各街道共走访服务企业1291户次，问题解决率75%。落实“四全”服务标准，为商务楼宇、重点企业精准配备服务或区域管家，亲商、厚商的氛围逐步形成，在2019年公布的全市营商环境排名中名列前茅。

一年来，我们鼓足干劲、迎难而上，经济取得突破性增长。预计全年地区生产总值同比增长6%左右，居民人均可支配收入同比增长8%左右；社会消费品零售总额同比增长5.7%，增速位居城六区首位；特别是在坚决落实“减税降费”政策情况下，实现一般公共预算收入189.7亿元，同比增长8%，增量位居全市第一，增速城六区最高。事实再次雄辩地证明，东城人民一定能，东城一定行！

二是落实“崇文争先”理念，积极推动文化资源优势转化为发展优势。深入挖掘区域文化资源，强化文化引领作用，全力做好文化这篇大文章。

加快文化产业发展。正式获批创建“国家文化与金融合作示范区”，成功举办第三届中国文化金融峰会，大力推广“故宫以东”等知名文商旅品牌。发布“文菁计划”，优化文化产业发展专项资金政策。积极利用平房院落、老旧厂房改造升级建设文创园区。成立全国首家区级文创园区协会，大磨坊文创园、尚8远东科技文化园等投入使用，文化产业实现新发展、快提升。

文化惠民力度不断加大。巩固“国家公共文化服务体系示范区”建设成果，成功举办第三届全国话剧展演季等五大戏剧展演活动。拍摄10集专题纪录片《70年，古都新韵》，立体呈现首都历史文化名城的京韵魅力、创新发展和伟大成就，切实满足群众高品质文化需求。开展孔庙国子监国学文化节、前门历史文化节等品牌文化活动，推出永定门灯光秀、端午文化节、中秋诗会等活动850余场，参与人数180余万，让群众乐享“精神大餐”。

大力推进老城风貌保护。在全市率先发布街区更新实施意见，制定《街区更新规划编制技术导则》。实现所有街道街区责任规划师团队全覆盖，规划引领作用进一步发挥。坚决落实“老城不能再拆了”的要求，以中轴线申遗为契机，完成皇史宬等文物腾退，贯通南中轴御道，实现周边景观品质提升。集中连片推进前门东区、东四等历史文化精华区修缮保护，加强恢复老城历史水系课题研究。坚持“修旧如旧”原则，建立老物件收集利用标准，在全市率先出台老材料、老构件收集及使用管理办法。雍和宫大街环境综合整治提升工程精彩亮相，呈现“慢街素院、儒风禅韵、贤居雅巷、文旅客厅”的历史风貌，成为老城街区更新样板；通过“一院一方案、一户一设计”，探索“共生院”模式，以雨儿胡同为代表的南锣四条胡同走出了一条统筹老城保护和民生改善的新路，总书记嘱托的“老胡同、现代生活”在东城形成生动实践！

三是纵深推进“疏解整治促提升”，城市精细化管理水平不断提高。坚持高标准、精细化，紧紧扭住疏解非首都功能这个“牛鼻子”，以疏解促提升、以疏解促发展，核心区面貌发生深刻变化。

“疏整促”工作持续深化。有序推进医疗卫生等相关功能疏解转移，天坛医院实现整体搬迁。加强“七小”业态管控，坚决推进王府井277号院改造升级。天泽祥菜市场等完成升级改造，加快推进百荣世贸商城转型升级。充分利用疏解空间补齐短板，建设提升各类便民商业网点40个。

统筹推进故宫周边、王府井地区、崇雍大街等重点区域综合整治。累计完成171条大街、1004条背街小巷精细化提升工程，拆除违法建筑77.2万平方米，封堵开墙打洞7807处，“十无”街巷达标率95%。完成228座公厕品质提升改造任务，全区公厕等级达标率100%，基本实现“冬天不冷、夏天不热、全年无味”。雨儿胡同、草厂四条等5条胡同被评为北京“最美街巷”，73条背街小巷获得“首都文明街巷”称号，数量均居全市之首，“百街千巷”环境整治攻坚战顺利收尾。

用好物业管理和垃圾分类“两个抓手”。加强老旧小区物业管理工作，强化党建引领，推动在业委会和物业服务企业中建立党组织，并纳入社区治理体系。垃圾分类水平不断提升，在全市率先实现“垃圾分类全覆盖”，建立垃圾分类运行体系和垃圾排放登记系统，党政机关实现垃圾强制分类，编制全市首部中小学生垃圾分类行动指导手册，形成“小手拉大手、垃圾分类齐参与”的生动局面。实现垃圾分类深度知晓率90%、参与率60%以上、厨余垃圾分出率15.12%，生活垃圾总量同比减少16.69%，绿色生活方式更加深入人心。

城市环境品质不断改善。加强交通综合治理和停车管理，实现全区85条道路6000余个停车位电子收费全覆盖，新增停车位1500余个、共享停车位1000余个。在南锣鼓巷制定全市首个文保街区停车规划，王府井周边在全市率先成为交通安宁步行友好街区。聚焦扬尘、重型柴油车、油烟三大主要矛盾，强化大气污染防治和环保执法。龙潭中湖公园改建工程开工建设，完成安德城市森林公园、燕墩公园等大尺度生态绿地建设，切实为城市减负、为环境添彩。

四是坚持以人民为中心的发展思想，人民群众获得感、幸福感、安全感不断增强。落实“七有”要求，满足市民“五性”需求，把民生工作摆在更加突出的位置，以“吹哨报到”“接诉即办”为抓手，解决好群众身边的操心事、烦心事、揪心事。

11月15日，永外街道宝华里外迁居民领到新家钥匙（王峥摄）

三大民生项目取得决定性胜利。举全区之力推进天坛、望坛、宝华里项目，天坛周边简易楼腾退项目签约率达到100%；望坛棚户区改造征收整体签约率达到99.09%，非住宅房屋全部完成签约，实现4000套回迁房开工；宝华里危改项目签约率达到97.5%，年底前实现回迁房地块开工，几代人近万户居民的“安居梦”正在变为现实！

公共服务供给更加优质均衡。召开全区教育大会，制定《东城教育现代化2035》，义务教育优质资源覆盖率达到98%，增加学前学位2100余个，国家“智慧教育示范区”建设项目正式启动。全面实施医耗联动综合改革，获评“全国城市医联体建设试点城市”和国家级“安宁疗护试点区”，在2018年度社区卫生绩效考核和国家基本公共卫生服务项目考核中取得全市第一名。制定《养老服务设施专项规划》，完善社区养老服务驿站扶持政策。推广普及冬奥知识，17个街道全部建成市级全民健身示范街道。在全市首届冬运会中，荣获团体总分第一的优异成绩。健全扶贫协作“1+5+6”工作体系，助力5个受援地区和1个帮扶协作地区脱贫攻坚，向贫困地区捐赠100辆救护车，对口帮扶地区全部脱贫摘帽，实现所有街道困难群众救助服务所全覆盖，扶贫脱困不留死角。

社会治理水平显著提升。在全市率先实施社区全响应服务机制，开展党建引领物业管理纳入社区治理试点。推动社区减负增效，建成17个“社区之家”市级示范点，圆满完成社区“两委”换届选举。打造“周末卫生大扫除2.0升级版”，深入开展“美丽东城·美好家园”挑战赛，累计超过7万人次参与。大力开展扫黑除恶专项斗争，强化矛盾排查化解和社会面防控。制定市民热线“接诉即办”工作实施方案，健全快速响应、上下联动等21项机制，真正做到“民有所呼、我有所应”，年度整体排名位居全市前列，荣获全国12345政府服务热线“治理实践奖”，我们撸起袖子、扑下身子，用辛劳付出赢得了广大群众真心点赞。

五是坚持问题导向，推进全面深化改革，区域发展活力持续释放。把改革创新作为推动发展的动力之源，紧盯社会关注、群众关心的改革领域，加大攻坚力度。年度23项重点改革任务全部实现落地见效。区级党政群机构改革平稳顺畅，在全市率先完成新组建机构人员转隶及挂牌工作。加强街区更新政策研究，着力破解老城保护体制机制难题。“吹哨报到”改革不断深化，建立街道工作月度点评和约谈问责机制。社区规范化建设稳步推进，启动“一站多居”试点建设，合力打通服务群众“最后一公里”。国资国企、群团等领域出台了一批具有支撑带动作用的改革方案，改革成为破解发展难题、强化任务攻坚的有力抓手，为群众带来了看得见的实惠和热腾腾的希望。

六是把抓好党建作为最大政绩，不断把党的建设新的伟大工程引向深入。常委会全面发挥领导作用，进一步提高政治站位，切实扛起管党治党政治责任，推动全面从严治党迈上新台阶。

“大党建”格局不断完善。召开11次党建领导小组会议和专题常委会研究推动党建工作。落实市委《关于深化落实全面从严治党主体责任的意见》，制定责任清单、任务清单，实现各级党组织全覆盖。建立区委常委和党员副区长调研指导分管联系部门党建工作情况台账。严格落实党管意识形态责任制，加强重点领域管理。制定加强党的基层组织体系建设三年行动计划，开展社区党建“三亮”活动，着力提升社区党建规范化水平。强化党建引领，在南锣等重点项目上成立临时党组织，基层党组织的战斗堡垒作用不断增强。

领导班子和干部人才队伍建设进一步加强。高质量完成区级机构改革工作，统筹做好处级领导班子调整和领导干部配备。始终坚持好干部标准和“四个不让”要求，树立忠诚、干净、担当的用人导向，注重在中心工作中锻炼培养干部。积极稳慎推进职务与职级并行工作。编印《新时代群众工作典型案例》教材，提升干部队伍治理能力。制定《关于建设东城区人才发展高地的实施意见》，人才创新创造活力充分迸发。坚持严管与厚爱相结合，推动年度考核优秀奖励指标向基层倾斜，切实为担当者担当，为负责者负责，决不让老实干事、踏实奉献的好干部吃亏！

党风廉政建设和反腐败斗争进一步深化。强化市委巡视反馈意见整改，确保“条条有着落、件件有回音”。持续深化纪检监察体制改革，在全市率先开展街道纪检监察体制改革试点。强化政治巡察，对15个社区党组织开展“侵害群众利益不正之风”问题专项巡察，推进巡察向基层延伸。深化集中整治形式主义、官僚主义，深入推进党员干部长期不在岗、人防系统腐败问题专项整治，强化对扶贫协作、规划和自然资源领域整改等工作的监督执纪问责。召开全区警示教育大会，使党员干部和监察对象切实知敬畏、存戒惧、守底线。始终保持惩治腐败高压态势，立案129件，给予党纪政务处分67人，移送司法机关21人。

一年来，区委常委会带头增强“四个意识”、坚定“四个自信”、做到“两个维护”，完善“四套班子一起上、四个轮子一起转”的工作机制，切实发挥总揽全局、协调各方作用，全区上下团结战斗氛围更加浓厚。严肃党内政治生活，先后召开四次民主生活会。力戒形式主义、官僚主义，带头以“四不两直”、蹲点调研等方式深入一线解决实际问题。充分发挥人大聚民心、议大事、保落实、促善治的作用，制定《关于新时代加强和改进人大工作的实施意见》，召开区委第五次人大工作会议，以首善标准做好新时代人大工作；充分发挥政协政治协商、民主监督、参政议政职能作用和统一战线优势，积极调动各民主党派、无党派、工商联等各界人士力量，加强对工青妇等群团组织的领导，形成了凝心聚力、推动发展的强大合力。

以上报告的是一年来区委常委会的主要工作。今年以来，我区各项工作都迈出积极步伐，发展方向更加明确，城市面貌更加靓丽，群众获得感更加充实，得到市委市政府、广大人民群众和社会各界的充分肯定。这些成绩的取得，是市委市政府坚强领导的结果，是全区各级党组织、广大党员干部敢于担当、真抓实干的结果。在此，我代表常委会，向大家表示衷心的感谢并致以崇高的敬意！

当前，我们也清醒地认识到，工作中还存在一些挑战和问题：随着新版“总规”深入实施、核心区控规制定，我区“四个中心”功能更加凸显，“四个服务”的标准更高、要求更严；宏观经济下行压力加大，经济高质量发展任务艰巨，营商环境还需要进一步改善；统筹推进老城保护和民生改善、实现老胡同居民过上现代生活，还面临许多难题；少数干部敢于担当劲头不足、改革创新办法不多，存在“小富即安”的心理；全面从严治党主体责任还存在没有落实到基层末梢的问题，管党治党水平还需要进一步提高。我们必须增强忧患意识、危机意识，切实加以改进。

各位委员、同志们，在刚刚闭幕的市委十二届十一次全会上，蔡奇同志的讲话为东城区发展指明了方向、坚定了信心。我们要进一步提高政治站位，坚决落实市委全会精神，推动各项工作干在实处、走在前列。

2020年重点任务

2020年是全面建成小康社会和“十三五”规划收官之年。全区工作的总体要求是：以习近平新时代中国特色社会主义思想为指导，全面贯彻党的十九大和十九届二中、三中、四中全会及中央经济工作会议精神，认真落实市委十二届十次、十一次全会部署，坚持稳中求进工作总基调，坚持新发展理念，更加突出高标准、精细化，更加突出“崇文争先”理念，着力提高“四个服务”工作水平，坚决打好“三大攻坚战”，持续推动经济高质量发展，不断提升城市治理能力，切实保障和改善民生，坚定不移推进全面从严治党，不断推动“国际一流的和谐宜居之都”首善之区建设迈上新台阶。

一是继续深入学习贯彻习近平新时代中国特色社会

主义思想和党的十九届四中全会精神，切实增强“四个意识”、坚定“四个自信”、做到“两个维护”。充分利用理论学习中心组、“理论夜校”等平台，全面领会、深刻理解习近平总书记6次视察北京、9次对北京重要讲话精神和十九届四中全会精神，做到一体学深悟透、整体融会贯通，写好贯彻落实十九届四中全会精神、完善首都治理体系的东城答卷。牢固树立“红墙意识”，坚决把总书记重要讲话和全会精神落实到核心区工作中，完善重大活动常态化服务保障机制，精准服务驻区单位，切实为中央党政军机关营造优良政务环境。

二是更加突出“崇文争先”理念，着力打造“文化东城”。汇集各方智慧研究制定“崇文争先”规划和实施意见，坚持守正创新，自觉践行社会主义核心价值观，整合优质文化资源，创新“文化+”模式，着力打造一批具有国际影响力的文化品牌，完善公共文化服务体系，建设全国文化中心的核心承载区和集中展示区。

大力推进文化品牌建设。充分挖掘区域红色资源，优化提升“光辉起点·中国共产党早期组织在东城”主题展览，推动北大红楼周边革命旧址保护利用，打造红色文化传承区。统筹利用好故宫、天坛、国子监、雍和宫等历史文化资源，加快推进与故宫博物院的合作项目，打造皇城文化展示带。充分利用前门、南锣等区域的文化资源，依托四合院、胡同肌理等空间载体，集中展示老北京居住、饮食等民俗文化，塑造具有浓厚“京味”的文化体验区。制定进一步促进“戏剧东城”建设发展的实施意见，办好南锣鼓巷戏剧展演季、中国儿童戏剧节、全国话剧展演季等品牌文化活动。突出北京特点、围绕东城发展、扎根群众生活，打造更多接地气、传得开、留得下的精品力作，持续扩大影响力，擦亮戏剧文化风景线。

全面推动文化产业创新发展。全面建设“国家文化与金融合作示范区”，办好首届“中国文化旅游投融资大会”，深耕“故宫以东”区域文化旅游品牌，推进文商旅深度融合发展。构建文化创意园区新格局，利用老旧厂房等疏解腾退空间、胡同平房院落，改造升级建设文创园区。充分发挥头部企业引领带动作用，为历史空间注入现代表达，推动文化成为引领区域经济社会发展的核心竞争力。

认真履行老城保护与复兴的历史使命。以中轴线申遗为契机，推进宏恩观等文物腾退。把街区更新作为老城保护复兴的关键环节，落实《东城区街区更新实施意见》，稳步推进试点和政策创新，形成清晰的顶层设计、实施策略和技术路径。不断推动治理重心下沉，在街道层面搭建协同治理平台，探索多元化融资渠道，引导鼓励社会力量参与。以中轴线沿线为重点推动街区更新，确定2—3个示范街区，打造老城复兴的标杆。加强非物质文化遗产保护工作，创建区级“非遗”生产性保护传承基地，推动“文化东城”绽放时代风采！

三是更加突出经济高质量发展，着力打造“活力东城”。牢牢把握市委“中心城区要当好推动全市高质量发展火车头”的要求，贯彻新发展理念，激发人才创新创业活力，不断为老城复兴和经济社会发展提供活力源泉。2020年经济发展主要目标：地区生产总值增长6%左右；区级一般公共预算收入201亿元，同比增长6%。

认真编制好区“十四五”规划。增强前瞻眼光、全球视野、机遇意识和风险意识，加强与北京新版“总规”、核心区控规和市级“十四五”规划衔接。坚持开门编规划，积极推动社会参与，广泛听取民意、集中民智，理清区域发展思路，真正编制出一部实实在在、有效管用的好规划。

健全高质量发展体制机制。出台高质量发展实施意见，强化地均、人均产出导向，在疏解整治的基础上抓好提升，集中力量做“白菜心”，持续打造以服务经济为主导、以文化经济为特色、以总部经济为支撑的发展格局。明确部门和街道任务目标，加强指标管理、制定奖惩措施，形成齐抓共管的生动局面。

不断优化产业结构。编制新一轮产业发展规划，加快服务业扩大开放，推动生产性服务业向专业化和价值链高端延伸，提升三大主导产业发展水平。做强金融业，深入落实金融产业三年行动计划，加快“两横一纵、一城多点”金融业空间布局。提升精准服务金融企业的能力，加大优质金融企业引进力度，重点推动智能金融发展。坚决打赢防范化解金融风险攻坚战。完善5G基础设施布局，支持大数据、人工智能、区块链等技术的创新应用，做大信息服务业。落实《政府投资引导基金管理办法》，充分发挥引导基金的撬动作用。深化国企改革，发挥区属国企服务全区发展大局的作用。

持续推动重点区域发展。充分发挥市场机制力量，全面提升王府井示范步行街品质，完成277号院改造，进一步推动消费升级。按照“一店一策”原则，实施新中国儿童用品商店、新东安市场等驻街商户整体提升，一体推进周边街巷综合整治。加强与国内知名电商合作，实现线上线下融合发展，打造“独具人文魅力的国际一流步行商业街区”和国际化高品质市民休闲目的地。深入推进前门商圈建设，加快前门东区业态形成和风貌展示，实施西兴隆街恢复性修建和西打磨厂街特色街区建设，打造传统商业文明与现代时尚魅力交相辉映、国际一流的“打卡”胜地。整体推进隆福寺地区建设，持续注入发展活力，为老城增添文化体验消费新地标。加快推进中关村东城园文化科技融合发展示范基地建设，增强高端引领作用，使园区真正成为推动区域发展的强大引擎。

聚焦楼宇经济发展。建立高效协同工作机制，以提高单位产出强度为导向，推动利生体育商厦等40处老旧厂房和低效楼宇改造升级，着力打造一批辐射带动作用明显的“亿元楼宇”“主题楼宇”。坚持招优引强，健全以商招商、多方联动招商机制，大力吸引符合产业发展方向的优质企业入驻。

着力优化营商环境。全面抓好世界银行营商环境评价、国务院专项督查等各类迎检工作。认真落实过紧日子措施，压缩党政机关一般性开支。擦亮“紫金服务”品牌，实现“政银企”交流常态化机制化，提升“四全”服务品质，落实构建亲清政商关系的十项举措，推动管家式服务落地生根，让“人人都是营商环境”的理念更加深入人心，“活力东城”成为朝气蓬勃、开放包容的兴业热土！

四是更加突出提高城市治理体系、治理能力现代化水平，着力打造“精致东城”。认真落实核心区控规，坚持在深化疏解、强化治理、优化提升上下功夫，打造可持续发展的城市空间，留住城市历史记忆，传承城市文化基因，提升城市发展品质。

加大“疏整促”力度。持续推进“疏整促”10大专项行动。以居民需求为导向，积极开展“申请式退租”试点，鼓励社会资本参与城市更新。巩固扩大崇雍大街整治成果，有序推进崇雍大街南段、安内大街、平安大街、国子监街等整治提升工作，形成“棋盘式”街区更新布局。深化背街小巷环境提升，实施精细化整治提升三年行动计划，完成425条街巷精细化治理工作。推动环境整治向胡同院落延伸，深入推进拆迁滞留区环境整治提升，让街巷院落更富文化底蕴，让城市风貌更加“有里有面”。

全面提升精细化水平。坚持高标准、精细化，制定“精致东城”标准，出台实施意见和指标体系。贯彻实施《物业管理条例》，推进两个整建制街道党建引领物业管理纳入社区治理试点工作，实施“和谐家园三年行动计划”。推动平房区物业管理向院落延伸。落实《北京市生活垃圾管理条例》，党政机关和事业单位强制分类达到100%，全部街道通过市垃圾分类示范区验收，保持各项指标全市领先。深化交通治理，加强非机动车管理。出台错时共享停车指导意见，增加不停车胡同区域数量，实现街巷胡同停车自治全覆盖。继续推进“公厕革命”。打好“蓝天、碧水、净土保卫战”，坚持“一微克”行动，落实“河长制”，推动环境质量持续好转。完成龙潭中湖公园改建、亮马河水岸城市绿色空间等重点项目建设，深入推进绿化美化，持续为市民提供更多亲近自然、感受野趣的生态空间，让“精致东城”助力城市品质提升，为人民创造更加美好生活！

五是更加突出改革创新理念，着力打造“创新东城”。坚持以思想理念创新、体制机制改革为突破口，不断汇聚起各方的智慧和创造力，激发全区发展新动能。

释放改革强大动力。按照党的十九届四中全会精神和市委实施意见，健全完善相关制度和体制机制，特别是对中央、市委明确的国家治理和首都治理急需的制度、满足人民对美好生活新期待必备的制度，及时纳入改革工作日程。重点围绕构建基层社会治理新格局，及时总结提炼基层探索创新，确保制度优势更好转化为治理效能，推进社会治理共同体建设再上新台阶。

强化创新引领作用。坚持把创新思维融入全区发展大局，形成创新资源集聚、创新人才辈出、创新活力迸发的生动局面。坚持聚焦微观领域，主动对标国际一流标准，自觉把思想认识从不合时宜的观念、做法和体制中解放出来，用新思想新理念破解新挑战新问题，用新机制新办法落实新目标新任务，让“小切口”推动“大作为”，持续激发“创新东城”生命力！

六是更加突出以人民为中心的发展思想，着力打造“幸福东城”。明年是全面建成小康社会收官之年，我们将坚持把“让人民过上好日子”作为一切工作的出发点和落脚点，以“七有”“五性”评价指标体系为抓手，全面增进民生福祉，持续提升人民群众幸福感。

优化公共服务供给。深化学区制教育综合改革，构建人才分层培养格局，压茬推进干部教师队伍建设，提升基础教育综合质量。加快发展普惠优质学前教育，扩增学位2000个。以医联体建设为契机，统筹区域医疗资源，提升区属医院基础设施建设和社区卫生标准化建设水平，不断提高群众就医便利性。结合冬奥会筹办工作，大力普及冰雪运动。完善全民健身服务体系，推动“体教”“体医”融合，集中建设一批群众身边的健身场所，推进有条件的中小学等体育场地向社会公众开放。

持续改善民生福祉。加快城市更新改造，实现望坛、宝华里项目及对接保障房大面积开工建设。推进实施10栋简易楼更新改造，启动简易楼拆除重建试点项目。提升养老服务进家庭能力，加大对失独老人等特殊群体关爱力度，推动区属国有企业向养老领域转型发展。持续稳定和扩大就业。加快推进无障碍环境建设，让“首善有爱、环境无碍”成为社会共识。巩固帮扶成果，深化消费扶贫，设立北京市消费扶贫双创中心东城分中心，高质量、高水平完成结对帮扶、脱贫攻坚任务。加强区内精准救助工作，提升困难群众民生保障水平，坚决打赢全面建成小康社会收官战。

推动形成“共建、共治、共享”社会治理格局。坚持“民有所呼、我有所应”，健全12345市民服务热线“接诉即办”工作长效机制，研究出台普遍性、集中性问题的解决措施，推动主动治理、未诉先办，扎实办好群众身边的事。落实《北京市街道办事处条例》，深化社区规范化建设，发挥基层治理科技支撑作用，将网格化服务向社区治理延伸，打通服务落地“最后一公里”。加强社会组织服务管理，完善街道社会组织发展平台功能，加大社区社会组织的培育力度。巩固深化“小巷管家”“社区专员”“周末卫生大扫除”“小院议事厅”等社区治理品牌成果，不断推进基层治理体系化、制度化和规范化。不断提升市民文明素质，做好文明城区复查迎检工作。以市域社会治理创新为抓手，坚持依法治理，主动破解社会矛盾，持续深入开展扫黑除恶专项斗争，扎实推进安全发展示范城市创建，让群众满意的笑脸为“幸福东城”代言！

坚持以永远在路上的执着，推动全面从严治党向纵深发展

我们要牢固树立“抓好党建是最大政绩”的理念，认真履行全面从严治党主体责任，继续完善“大党建”格局，以党建工作水平的全面提升为东城各项事业发展提供坚强保证。

一是坚持把政治建设摆在更加突出位置。深入落实“看北京首先从政治上看”的要求，牢记核心区职责使命，切实增强“四个意识”，坚定“四个自信”，做到“两个维护”。巩固深化主题教育成果，落实不忘初心、牢记使命的各项制度。严守政治纪律和政治规矩，切实做到“三个一”和“四个决不允许”。坚持党管意识形态，加强意识形态阵地管理。严格落实全面从严治党各项制度，加强日常监督，不断压实“两个责任”。

二是进一步发挥常委会总揽全局、协调各方的作用。常委会要坚持“把方向、谋大局、定政策、促改革”，充分发挥区委深改委等各委员会统筹协调、系统谋划作用，有效实施对各个领域的领导。健全“三重一大”集体决策程序，严格落实环境保护、安全生产等“党政同责、一岗双责”规定，严格执行重大事项请示报告制度。加强对“一府一委两院”工作领导，支持区人大、区政府、区政协依法依章履行职能，充分发挥民主党派、工商联、无党派和民族宗教界等统一战线各界人士的作用。加强对工青妇等人民团体的领导，深化群团改革，增强群团工作的政治性、先进性、群众性。坚持党管武装，不断推动双拥工作有序开展。围绕重点工作，完善区级领导分片包干、领衔负责的工作推动机制，巩固“全区一盘棋”、上下抓落实的良好局面。

三是着力加强领导班子和干部人才队伍建设。研究制定贯彻《2019—2023年全国党政领导班子建设规划纲要》的具体措施。坚持把政治标准放在首位，探索建立干部政治素质考察机制，实施“一把手”政治能力提升计划，加大干部教育培训力度。坚持新时期好干部标准和“四个不让”要求，不断优化领导班子整体功能和结构。加强年轻干部发现储备和选拔培养，优化改进公务员招录和调任工作，拓宽引才育才视野，推动委办局科长与街道社区专员交流培养。坚持在中心工作中考察发现干部，为担当作为的干部撑腰鼓劲。强化干部日常管理监督，特别是重点部门、关键岗位干部的监督，健全完善以民主集中制为核心的领导班子工作制度。平稳有序开展公务员职务与职级并行工作。坚持党管人才原则，全面推进七大人才发展高地建设，制定实施优秀人才引进办法，加大“高精尖缺”人才延揽力度。探索建立人才住房支持体系，分层分类解决各类人才住房问题。持续深化央地人才合作，充分释放央属人才活力。

四是扎实推进基层党组织建设。以全面提升组织力为重点，制定党员教育培训工作规划，加强党支部规范化建设。实施“头雁计划”，持续加强社区带头人队伍建设。落实各级党建工作协调委员会“四个双向”“三项清单”工作制度。推进各领域党建均衡发展，发挥优秀社区党组织书记工作室辐射作用。实施“两新”党建质量提升工程，在街道园区、知名商圈建设一批示范性党群服务中心。开展“党建进楼宇”活动，创建“优秀楼宇党群服务空间”，以高质量党建助力经济高质量发展。加强机关、国企、学校、医院等领域党建工作，推动基层党组织全面进步、全面过硬。

五是坚定不移正风肃纪反腐。突出政治监督，围绕扫黑除恶“接诉即办”等重点工作，加大监督执纪问责力度。深化政治巡察，强化巡街道带社区，推进政治巡察向基层延伸，抓好巡察反馈问题整改落实。统筹推进“四个监督”衔接贯通，扎实推进街道纪检监察体制改革试点。打好作风建设攻坚战、持久战，锲而不舍深挖细查“四风”新老问题。加强对反腐败工作的集中统一领导，坚持有贪肃贪、有腐反腐，精准运用监督执纪“四种形态”，一体推进不敢腐、不能腐、不想腐。完善防逃制度机制，做好追逃防逃追赃工作。坚持以案促教、促建、促管、促改，注重在工作中发现和堵塞制度漏洞。用好典型案例活教材，以“三会两书”形式提升警示教育效果，大力营造风清气正的良好政治生态。

东城区人民政府工作报告

2020年1月4日在东城区第十六届人民代表大会第六次会议上

东城区人民政府区长 金 晖

2019年工作回顾

2019年是中华人民共和国成立70周年，是决胜全面建成小康社会第一个百年奋斗目标的关键之年。特别是春节前夕习近平总书记视察北京，亲临我区看望慰问干部群众，了解居民生活情况，充分体现了习近平总书记对东城人民的巨大关怀和殷切重托，极大地鼓舞了全区干部群众的士气和干劲。

一年来，在市委市政府和区委的坚强领导下，在区人大及其常委会、区政协的监督支持下，区政府坚持以习近平新时代中国特色社会主义思想为指导，深入贯彻党的十九大和十九届二中、三中、四中全会精神，以习近平总书记对北京重要讲话精神为根本遵循，以中华人民共和国成立70周年庆祝活动为主线，主动作为、攻坚克难，较好地完成了区十六届人大五次会议确定的各项目标任务。

预计全区地区生产总值增长6%左右；区级一般公共预算收入完成189.7亿元，增长8%；建安投资实现68亿元；社会消费品零售总额增长5.5%左右；居民人均可支配收入增长8%左右；城镇登记失业率为0.84%；万元GDP能耗下降率在5.5%左右；细颗粒物年均浓度44微克/立方米，下降15.4%。

一、全力保障重大活动，开创“四个服务”新局面

国庆服务保障任务圆满完成。强化主战场意识，建立健全三级指挥体系，统筹开展全区21个方面60项安保任务，实施9大类26项环境整治提升工程，做好23处集结疏散路段保障，所有安全生产高风险点位得到有效管控，交通运行和停车管理顺畅有序，水电气热等城市生命线运行平稳，圆满完成三次演练和庆祝活动当日服务保障任务，向党中央、北京市和全区人民交上了一份满意的答卷。

社会各界共襄盛举。全区近47万人次直接参与国庆各项工作，以主人翁姿态全力以赴、昼夜奋战、岗位建功。出色完成群众游行、联欢活动、观礼和游园活动等各项任务，获得中央、市委市政府和社会各界的高度评价。演练及庆祝活动期间，在全区广大干部群众积极支持配合下，城市环境文明有序，社会氛围热烈祥和，充分展现了东城人民担当尽责、无私奉献的良好精神风貌。

“四个服务”再谱新篇。全面履行核心区使命担当，高质量完成全国“两会”、第二届“一带一路”高峰论坛、世园会、亚洲文明对话大会等重大活动服务保障任务。认真贯彻落实东城区全面提升“四个服务”工作指导意见，完善“区级统筹、部门对口、属地负责”的三级联动工作体系，坚持区级领导定期走访，主动对接需求，精准开展服务。建立与驻区中央党政军机关常态化沟通交流机制，在“疏解整治促提升”、文物腾退等方面协同配合、深度合作，50余家中央、市属单位参与“周末卫生大扫除”活动，与民政部等6家中央单位共同开展对口扶贫协作，推动央地共建共治共享。

二、大力优化营商环境，区域经济实现新发展

产业促进成效显著。出台东城区构建“高精尖”经济结构实施意见等18项政策，“1+5+N”产业政策体系基本形成。成立金融发展联盟，农银理财等19家金融机构入驻我区，金融业增加值占比达到23.8%，位居全市第二。建立健全以商招商机制，借助世邦魏理仕等五大中介机构力量招商引企。回迁异地纳税企业130余家。区属国企深度参与区域发展，分别成立王府井、中关村东城园平台公司并开始运营。建立政府引导基金，出台促进中小企业发展若干措施，成功举办中小企业创新创业大赛，7个项目入围北京市百强，民营经济活力不断提升。东城区创建“国家文化与金融合作示范区”正式获国家三部委批复同意。成功举办中国文化金融峰会。推出“故宫以东”文商旅融合发展品牌，举办艺术品交易文化旅游季。加快服务业扩大开放，新设外商投资企业95家，实际利用外资6.25亿美元，进出口增速位居城六区第一。

政务服务水平提升。制定进一步优化营商环境实施意见，召开“优化营商环境、推动高质量发展”大会，推出“紫金服务”品牌，开展“四全”服务。出台构建亲清政商关系十项举措，全面落实“1+4”联系服务重点企业制度，为830家重点企业配备服务管家，走访服务企业1291户次，利用早餐会、下午茶等形式，开展百余场政企交流互动活动，解决需求和问题326项，解决率75%，为62家重点企业量身定制“服务包”。依托“1+4+3+17”企业服务工作网，打造政企交流APP，搭建政企沟通信息化平台和“紫金服务”督办平台，精准高效开展管家式服务。全面落实国家各项减税降费政策，全年累计减负145.5亿元。完成清理拖欠民营企业、中小企业账款年度任务。开展“减证便民”行动，精简办事材料60%以上，

600个高频事项实现“最多跑一次”或“一次不用跑”。设立企业服务“专窗专线专区”，企业变更登记基本实现“一次办结、即时取照”。完成街道政务服务中心综合窗口改革，149项民生事项实现“全区通办”。营商环境评价排名位居全市前列。

楼宇经济提质增效。开展“楼宇摸排”行动，建立楼宇经济监测系统，科学实施效能评价。出台促进楼宇经济高质量发展若干措施。为257座楼宇配备“楼宇管家”，与37座楼宇签订合作协议，成立区域楼宇发展平台公司，动态监测1200余家重点企业。20个楼宇改造提升项目完成年度任务，涉及硬件设施改造的10个项目已全部完成，东直门交通枢纽项目停滞11年后重新复工，大磨坊文创园、咏园精彩亮相。隆福大厦正式运营，成为独具魅力的文创商务综合体，木木艺术社区成为网红“打卡”地。全区区级税收超亿元的楼宇达22座。

功能街区稳步发展。王府井步行街实现北延开街。引进品牌旗舰店、首店29家，设置外摆休闲区，整治清退好润王府井小吃市场，完成277号院公共空间提升一期工程，儿童艺术剧院前广场、校尉胡同口袋公园精彩亮相。前门故宫文创馆启动实施。簋街、崇外、永外等区域形成夜间消费新热点。成功举办中关村论坛平行论坛、第十届创意点亮北京等活动，东城园高新技术企业突破千家，园区地均产出排名保持全市第一。

三、落实落细总规要求，城市更新改造取得新进展

街区更新有序推进。建立街区更新工作体系，在全市率先出台街区更新实施意见和规划编制技术导则，全部街道完成控规编制对接。明确在途项目分类处理意见，推动“双控四降”工作。探索老城整体保护实施路径，建立老物件收集利用标准，在全市率先出台老材料、老构件收集及使用管理办法。南锣鼓巷出台全市首个文保街区停车规划，雨儿胡同完成“共生院”改造，实现胡同不停车。完成皇史宬文物腾退和庐陵会馆等4项修缮工程。南中轴御道实现全线贯通。在街区更新理念的指导下，雍和宫大街完成环境整治提升，实现“多杆合一”“箱体三化”，成为全市的样板街巷。

居住环境改善明显。举全区之力开展三大民生项目攻坚，天坛周边简易楼腾退项目签约率达到100%，已拆除43栋；望坛棚改项目整体签约率达到99.1%，非住宅房屋全部完成拆除，2400余套外迁房源完成入住，4000套回迁房实现开工；宝华里危改项目已签约1115户，签约率达到97.5%，700多户居民实现当年搬迁、当年入住安置房，回迁房地块实现开工。西河沿项目西区安置房启动回迁，东区实现开工建设。完成5栋简易楼腾退，修缮改造直管公房698间。营房西街等4个老旧小区完成年度整治任务。老旧楼房加装电梯开工13部，投入使用10部。豆各庄项目1547套

2月23日，深入推进南锣鼓巷四条胡同修缮整治提升工作部署会（闫文摄）

保障房竣工。完成229户家庭共有产权住房选房配售工作。实现棚户区改造1366户，提前超额完成市级棚改任务。

四、坚持精治共治法治，城市治理迈上新台阶

“疏整促”工作成果丰硕。完成天泽祥菜市场改造，加快推进百荣世贸商城转型升级，建设、提升便民商业网点40个。天坛医院实现整体搬迁。拆除违法建设14万平方米，封堵违规开墙打洞606处，实现无证无照、占道经营、新增违建、地下空间违规住人等动态清零。完成340座公厕品质改造提升，全区公厕等级达标率达到100%。基本完成“百街千巷”三年行动计划，累计完成1175条街巷整治提升，902条支路胡同通信架空线梳理入地，清理线缆2万公里，拔杆1.1万根，整饰外立面135万平方米，整修道路75万平方米。背街小巷市级“十无”验收通过率达到95%，雨儿胡同、草厂四条等5条胡同被评为北京“最美街巷”，73条胡同被评为“首都文明街巷”，数量居全市之首。全面完成14项市级“疏整促”专项行动任务，常住人口规模达到市级要求。

生态环境持续改善。加强大气污染防治，保持高压执法态势，查处扬尘问题890起，处罚重型柴油车超标车近1.2万辆，完成2586家单位油烟深度治理改造。在全市率先实现垃圾分类全覆盖，全部垃圾由专车分类转运。垃圾分类深度知晓率达到90%、参与率达到60%以上，厨余垃圾分出率15.1%，生活垃圾近年来首次出现减量拐点，总量同比减少16.7%。完成安德城市森林公园、燕墩公园建设，建成17处口袋公园，启动龙潭中湖公园建设。“河长制”工作稳步推进，东便门、筒子河、龙潭湖断面水质均实现市级考核达标。荣获首批“全国节水型社会建设达标区”称号。

交通治理效果明显。续建次支路16条，完工通车3条。实施灯市口、东单等26处堵点交通治理，整治17所学校、10家医院周边交通秩序。精简、拆除护栏140公里，

完成25公里自行车道慢行系统整治。建成8处停车设施，新增停车位1500余个、共享停车位1000余个。实现全区85条道路6000余个停车位电子收费全覆盖。全区无停车胡同累计达到39条。王府井周边7条胡同在全市率先建成交通安宁步行友好街区。完成北京站地区监控指挥信息化平台建设，实现站内、公安、交通监控资源多方共享。全区高峰时段交通拥堵指数下降8.6%，降幅居城六区首位。

公共安全有效巩固。全面完成城市安全隐患治理三年行动任务，1633项挂账隐患全部销账。安全生产责任保险参保单位达到3184家。安装火灾探测报警器2万个，完成60栋木质屋顶住宅防火装置加装工作，新建电动自行车集中充电设施212处。大力开展扫黑除恶专项斗争，110刑事警情连续三年保持下降，刑事案件破案率持续上升，发案量持续保持全市最低水平。297件市级交办信访积案全部结案，完成率100%。加强金融监管和处置协调，有效防范化解金融风险。完成1.5万平方米早期人防工程回填整治。首创下凹式立交桥截源引流法，有效解决汛期桥区积水问题。累计完成3824家单位“阳光餐饮”工程。

五、持续增进民生福祉，社会治理取得新成绩

教育事业创新发展。召开东城区教育大会，制定教育现代化2035战略规划，出台全面深化新时代教师队伍建设改革、加强学校管理实施意见等系列文件。启动教育部“智慧教育示范区”建设项目。推进第三期学前教育行动计划，增加学位2100余个，有效缓解“入园难”。深化学区制改革，义务教育优质资源覆盖率达到98%。10万名学生参与“我和我的祖国”等爱国主义教育活动。推进冰雪运动进校园，实现四季体验常态化。开展爱眼护眼宣传，开设“小壮壮”训练营，加强青少年近视预防及肥胖防控。青少年科技馆项目顺利开工，汇文中学教学楼竣工并投入使用。

健康服务提升水平。全面实施医耗联动综合改革，调整6621项医疗服务价格。基层诊疗量增长8%以上。落实医疗救助相关政策，严厉打击欺诈骗保行为。新建北京中医医院与北京市鼓楼中医医院医联体、区妇科专科医联体，获评全国“城市医联体建设试点城市”。安定门、交道口社区卫生服务中心竣工，普仁医院中西医结合康复诊疗中心投入使用，建成4个院前医疗急救点，获评国家级“安宁疗护试点区”和“老年健康评估试点区”。完成应急救护培训7200人，在全市首创红十字“15分钟救助圈”。食品抽检合格率达99.75%，药品抽检合格率达100%。国家基本公共卫生服务考核和社区卫生绩效考核均居全市第一。17个街道全部建成市级“全民健身示范街道”。

文化惠民多措并举。公共文化服务持续优化，“全国话剧展演季”等五大戏剧节轮番举办，惠及群众20万人，推出东城故事原创剧目7部。百年戏楼天乐园重装开业，打造国粹京剧体验馆。新增区级非遗项目28个。举办永定门灯光秀、中秋诗会等文化活动850余场。5400平方米的景山文体中心竣工。言几又书店等一批社会化阅读空间向公众开放。成功举办地坛、龙潭春节文化庙会和元宵节灯会，前门历史文化节、孔庙国子监国学文化节影响力持续提升。

社会保障稳步提高。初步建成退役军人三级服务保障体系，完成军转干部和退役士兵安置。应届高校毕业生就业率达到97.7%。在全市率先开展劳动关系纠纷诉前调解。建立12个残疾人帮扶性就业基地，开展残疾人康复服务1.2万人次。建成区级养老服务指导中心，已运营社区养老驿站达到51家，为2027位独居老人提供巡视探访服务。17个街道全部设立困难群众救助服务所，精准帮扶困难家庭243户。设立“东城阳光精准扶贫慈善信托”计划，创新利用金融工具精准扶贫。对口帮扶地区全部实现“脱贫摘帽”。

治理机制不断优化。坚持“民有所呼、我有所应”，建立快速响应、跟踪督办等机制。全年受理12345热线诉求9万余件，解决率不断提升，年度综合成绩位居全市前列，荣获全国“12345热线治理实践奖”。处置城市管理、便民服务事项57万件，结案率达91%。完成第十届社区居委会换届选举，开展社区全响应服务。建成17个市级“社区之家”示范点，“小巷管家”“小院议事厅”“五民”群众工作法在全市推广。深入开展“美丽东城·美好家园”挑战赛。23项区级重要民生实事项目全部完成。

六、深化政府机构改革，自身建设取得新成效

全面从严治党扎实推进。落实全面从严治党主体责任，扎实开展“不忘初心、牢记使命”主题教育，认真落实市委巡视整改意见。强化对工程建设、扶贫协作、扫黑除恶等重大决策部署的监督检查。发挥政府党组作用，落实意识形态责任制。完善审计整改工作体系，建立整改清单制度。严格公务用车和行政事业单位办公用房管理，重

草厂社区“小院议事厅”（区融媒体中心提供）

点整治公园绿地认养和用房问题，严查“小官贪腐”和“微腐败”。大力开展规划和自然资源领域、人防系统专项整治。深化运用监督执纪“四种形态”，持续整治“四风”，加大典型案例通报曝光力度，营造风清气正的政治生态。

依法行政效能不断提升。完成政府系统机构改革，设置区政府工作部门32个，机构职能进一步优化。事业单位改革按计划推进。完善城市管理综合执法体制，各街道、地区全部成立综合执法中心。严格落实行政执法公示和重大执法决定法制审核制度，依法办理行政复议案件228件、行政诉讼案件584件。公共法律服务体系不断健全完善。区政府首次向区人大专项报告行政事业性国有资产管理情况。办理各级人大代表议案、建议和政协委员提案415件，实现见面率和办结率100%，解决率达到87.6%。

一年来，我区在国防动员、档案史志、保密安全、外事侨务、对台工作、民族宗教、妇女儿童等各方面均取得了新进展。

各位代表：

面对错综复杂的外部环境和艰巨繁重的改革发展任务，取得这样的成绩实属不易。这是全面贯彻落实习近平新时代中国特色社会主义思想的结果，是市委市政府和区委正确领导、关心支持的结果，是区人大、区政协和各位代表、委员监督指导、积极参与的结果，是全区广大干部群众，特别是基层一线的同志，担当作为、攻坚克难的结果。在此，我谨代表东城区人民政府，向各位人大代表、政协委员，向辛勤工作在各条战线的干部群众，向关心支持参与东城发展的驻区部队官兵和社会各界人士表示衷心的感谢，并致以崇高的敬意！

同时，我们也清醒地认识到，工作中还存在一些挑战和问题：随着新版“总规”深入实施、核心区控规制定，我区“四个中心”功能更加凸显，“四个服务”的标准更高、要求更严；宏观经济下行压力加大，经济高质量发展任务艰巨，营商环境还需要进一步改善；统筹推进老城保护和民生改善、实现老胡同居民过上现代生活，还面临许多难题；少数干部敢于担当劲头不足、改革创新办法不多，存在“小富即安”的心理；政府系统全面从严治党主体责任在基层的落实还存在差距，管党治党水平还需要进一步提高。对此，我们将高度重视，增强忧患意识、危机意识，采取切实有效措施，认真加以改进。

2020年主要任务

2020年是全面建成小康社会和“十三五”规划收官之年。按照区委十二届十一次全会精神，我们确定了2020年政府工作总体要求:以习近平新时代中国特色社会主义思想为指导，全面贯彻党的十九大和十九届二中、三中、四中全会及中央经济工作会议精神，认真落实市委十二届十次、十一次全会及区委十二届十一次全会部署，坚持稳中求进工作总基调，坚持新发展理念，更加突出高标准、精细化，更加突出“崇文争先”理念，不断提高“四个服务”工作水平，着力打造“五个东城”，持续推动经济高质量发展，不断提升城市治理能力，切实保障和改善民生，坚定不移推进全面从严治党，不断推动“国际一流的和谐宜居之都”首善之区建设迈上新台阶。

2020年全区经济社会发展主要预期目标是：地区生产总值增长6%左右；区级一般公共预算收入增长6%；社会消费品零售总额增长4%左右；居民人均可支配收入增长与经济增长同步；城镇登记失业率不超过2%；万元GDP能耗和细颗粒物年均浓度降幅达到市级要求。

按照区委确定的全区工作总体要求，坚持把“崇文争先”理念贯穿于政府工作全过程、各环节、各领域，落实在具体工作中，体现在工作标准上。围绕年度目标任务，我们要着重做好以下工作。

一、增强创新活力，加快推动经济高质量发展；

二、推进街区更新，持续提升区域整体品质；

三、精准保障民生，切实改善群众生活质量；

四、维护安全稳定，不断提升社会治理能力；

五、加强自身建设，努力提高政府治理效能。

专文

三里河水穿街巷（张维民摄）

关于统筹做好老城保护与民生改善的研究

中共东城区委书记　夏林茂

东城区老城区（二环内）面积为31.04平方公里，约占东城区总面积的74.2%，集中体现了北京3000多年建城史和860多年建都史的文化精华，这一区域既是首都历史风貌保护任务最艰巨的地区，也是民生问题最突出、城市管理最复杂的地区。统筹做好老城保护和民生改善工作，是东城区落实首都城市战略定位，推进高质量发展，建设国际一流的和谐宜居之区的重中之重。

一、国内外老城保护和民生改善的经验

（一）巴黎经验

一是深化遗产价值认识，加强历史建筑分类保护。1964年成立马莱保护区以后，即开始进行马莱区《保护与价值重现规划》（以下简称“《规划》”）的编制，这个规划经过了三次修订。规划对既有建筑分三类进行保护、价值重现和修复，第一类是以文物建筑名义受到法律保护的建筑；第二类是因为建筑价值、景观价值或建筑特征而需要保护的建筑；第三类是没有特殊价值的建筑，它们可以被改善或被替换，更注重保护城市的肌理。规划对新建筑也做了规定，虽然马莱保护区大部分的建筑需要保护和修复，但在某些地方还是可以进行一些新的建设，但要保证新建筑和保护建筑之间的协调。

二是通过历史建筑修缮鼓励性政策，调动产权人的积极性和主动性。列级建筑必须在政府有关部门同意下才可以进行维修，并可得到50%的工程费用的补助；登录建筑维修可得到工程费用的40%的国家补助。其他类型的建筑，如果国家要求对其进行必要的保护和整治，产权人可以得到工程费用20%的补助和60%的贷款。如果产权人拒绝实施这些工程，国家可以征收他们的财产。

（二）意大利经验

一是历史建筑保护不是“不改变原状”的保护，而是强化分级管理的差异性保护。意大利将文化遗产分为四级：第一级是具有重大历史价值的建筑艺术精品，其保护方法是一切按原样保存加固，原物不得改变。第二级是具有特色的建筑，对此的保护措施是室内外的可见部分不可改动，但结构可以更新；第三级是具有地方价值的建筑，保护方法是保存外观，室内可改动，增加现代化设施；第四级是指上述文物建筑周围环境中的一般建筑，可在保存其外形的前提下进行重建。

二是注重多元参与，拓展资金渠道。首先，注重财政支持，每年用大约20亿欧元的财政预算保证文物保护的经费开支。其次，鼓励企业和私人投资，比如：除实施刺激文化遗产保护产业的新法律外，还取消文化遗产继承税，免除文物修复材料增值税，对文化遗产工程赞助者给予税收优惠等。第三，发挥民间文化遗产团体的积极性。意大利民间文化遗产保护社团众多，也十分活跃，经常组织宣传文化遗产知识，召开文化景观保护研讨会，参与保护文化遗产的实践活动等。

（三）上海“老城厢”改造

老城厢是上海历史的发祥地。截至2019年初，老城厢仍有各类旧住房居民2.4万余户，其中1.7万余户无卫生设施，一家几代、甚至旁系亲属挤在十几平方米陋室的情况比比皆是。老城厢改造以来，积累了许多有益经验：

一是从“拆改留”到“留改拆”的思维模式转变。以城市有机更新代替大拆大建，尤其在风貌保护区，加强历史建筑甄别工作，确定“留什么、改什么、拆什么”，明确保留保护建筑的具体“留改拆”方案。

二是通过“抽户”等方式来改善居民的生活条件。明确旧里抽户原则，即：在居民中优先考虑那些处于原始公共部位的、设计方案需要的、居住密度特别高的和面积特别小的。通过实施“抽户”改造，释放一定的公共空间，让居住部位不调整、局部调整和全部调整的三类住户获益均衡。

三是探索建设公用型配套设施。政府利用腾退空间规划建设公共厨房间供居民使用，公共厨房间给每户人家的使用空间是一样的。另外，围绕违建拆除后的民生需求，黄浦区探索“邻家屋里厢”和“厢邻院”等公共服务空间，提供公共餐厅、家庭式卫生间、公共洗衣房等多种集成功能。

（四）成都老旧院落改造

成都老旧院落改造按照“政府指导、群众参与”的原则，充分发挥群众主体作用，在改造标准范围内，坚持“改什么群众说了算”，改造项目荣获“中国人居环境范例奖”。

一是部门联动，推进老旧院落改造。市、区两级通过成立老旧院落改造推进小组，建立健全部门联席会、重大问题共商处置会、专项督查通报会等工作机制，形成了自上而下、对口负责的层级组织体系。

二是首创老旧院落“硬件提升+长效管理”机制。硬件提升方面，通过对老旧院落基础设施和建筑外立面的更新改造，提升居民的生活质量。长效管理方面，通过成立专门的居民自治组织，建立专门的日常管理维护资金，采

用外包等方式建立物业管理长效机制，实现居民对老旧院落的管理和维护，提升了居民的主人翁意识。

三是先自治后整治。“先自治、后整治”是老旧院落改造的一大特点。通过推动建立基层自治组织，不仅增强了老旧院落的“软实力”，保障院落长效管理，也为社区发展注入活力，营造出“活而新”的社区发展环境。

二、老城保护和民生改善面临的问题挑战

东城区老城平房区总占地面积约12.82平方公里，约占辖区面积的30%。平房区共有户数13.7941万户，36.8183万人（按户籍统计）。用于居住的直管公房总面积为140.72万平方米，占居住用平房总面积的47%；用于居住的单位自管产共74.85万平方米，占25%；私产共67.02万平方米，占22%，其他类型占5%。平房区房屋以砖木结构的传统平房四合院及相当数量的简易楼为主，房屋破旧，安全隐患大、居住空间小、院落环境差等各类问题凸显，民生问题亟待改善，但现实中存在诸多制约因素，影响了老城民生改善的推进，主要表现在以下几个方面。

（一）人口密度下降难

一是政策调整变化快，居民普遍预期较高。从之前的房改带危改、市政带危改、“微循环”、征收拆迁等，到南锣鼓巷地区的申请式腾退，再到当前的直管公房申请式退租，政策前后经历了较大的调整变化，客观上既造成了大量的拆迁滞留项目，也导致居民疏解意愿摇摆不定。目前的申请式退租采取“保障对保障”的补偿政策，居民对共有产权房接受程度不一，犹豫观望情绪比较重。同时，受全市房价高企以及市场大环境影响，考虑中心城区区域价值，居民对搬迁补偿安置的预期明显偏高。

二是部分群体对于中心城区优质公共服务资源依赖性强，疏解意愿弱。东城区优质教育和医疗资源丰富，地铁、公交等公共交通设施便利，部分群体如一老一小对于优质公共服务和城市配套的依赖性较强。加之外迁安置房源通常位置偏远，周边环境和配套设施欠缺，缺少就业岗位，对搬迁居民缺乏吸引力，致使这类人群疏解意愿偏弱。

三是单位自管公房申请式退租政策需完善。《关于做好核心区历史文化街区平房直管公房申请式退租、恢复性修建和经营管理有关工作的通知》（京建发〔2019〕18号）主要针对直管公房，明确了单位自管公房、私房可以参照执行。东城区尚有大量的单位自管产，但单位自管公房退租在资金来源、产权关系转换等方面政策还不完善。

（二）生活违建治理难

一是生活性违建与民生改善息息相关。违法建设历史成因复杂，包括城乡规划秩序和法规建立前的无序搭建、知青返城为解决住房搭建、唐山大地震后搭建的地震棚以及城市发展过程中改善生活居住条件搭建等。随着拆违向纵深推进，势必要直面大量用于厨房、卫浴等生活性用途的违建。这类违建的拆除与居民改善生活居住条件的刚性需求存在较大冲突，触及了群众的现实利益，容易引起社会矛盾，需要统筹考虑、稳步推进。

二是现行政策下违建拆除的具体实施推进难。近年来的拆违工作主要是对于沿街可视范围内的违建优先拆除，由政府统筹推进。然而，2019年3月新修订的《北京市城乡规划条例》要求由当事人自行拆除违法建设，当事人拒不拆除的，执法机关依法强制拆除并由违法建设当事人承担相关费用。院落生活性违建由谁拆、如何拆面临现实困难，具体政策执行难度很大。

（三）基础设施承载弱

一是市政基础设施严重老化。平房区市政基础设施欠账多，部分道路供水、供热、天然气等市政管网老化严重，地下供暖设施很不完善。胡同内以雨污合流管道为主，标准低，地下管道断流及堵塞现象相当普遍，低洼积水问题在汛期更加严重。受地下空间的建设开发并未对社会完全开放、驻区国家机关单位的停车资源难以挖掘和共享利用、部委老旧院落车位配比不均衡等因素影响，停车位严重不足，胡同乱停车迟迟不能解决，严重影响胡同通行。

二是地下管网设施统筹监管难度大。地下管线产权复杂，管线相关数据分别由不同产权部门掌握，基础数据不清。由于部门之间的分割，不同产权单位对相关数据保密，信息不公开，管线运行年代、管线材质和路径等均不明确。同时城市综合管理的科学决策机制不完善，归口管理和综合协调机制仍不健全，从而导致市政基础设施改造提升工作推进困难。

（四）产权利益协调难

一是上位协调比较难。用于居住的央产、军产房在居住用单位自管产中约占59%，风貌保护、文物腾退、民生改善等多种问题相互交织。国家、市、区之间尚未建立常态稳定的沟通协调机制，未能形成上下联动和整体推进，各产权主体利益沟通协调存在较大困难，仅仅依靠一区之力难以解决问题。

二是单位自管产失管弃管问题突出。部分产权单位责任意识不强，不愿意履行房屋修缮管理责任，存在“弃管不弃产”现象。部分产权单位尽管愿意承担主体责任，但由于管理成本较高，受单位财力所限，管理和维护资金无法保障，未能很好尽到修缮义务，甚至放弃管理。还有一些单位由于改制或合并等因素，已经不复存在。产权单位主体责任和属地管理责任之间的权责划分与路径构建亟待研究探索。

三是公私混合院落管理修缮难。部分平房院落同时

混合了直管公房、单位自管产和私产等两种及以上的产权主体，多种产权性质的建筑往往存在勾搭连建现象，产权边界复杂，制约房屋修缮管理和环境维护。另外，公私混合院院落空间管理涉及住户、产权单位、政府甚至私房主等，相关职责界定难，相关利益主体协调难度大。

（五）资金供给压力大

一是资金渠道单一，过度依赖政府。老城保护和民生改善是一项战略性、长期性、系统性工程，资金投入巨大，特别是老城人口疏解、房屋腾退修缮及房源安置对接等需要大量资金，仅靠一区之财力难以支撑。尽管东城区每年都投入大量的财政资金，也有市级财政支持，但与老城保护和民生改善的需求相比，也只是杯水车薪，资金缺口巨大。例如，以用于居住的直管公房退租面积达到30%为目标测算，退租面积达到42.22万平方米（140.72×30%），以每平方米12.5万元计算，共需资金527.75亿元，即使每年安排50亿元，也需要11年。这还不算修缮等其他费用，可见缺口之大。

二是融资渠道不畅，社会资本参与不足。目前，制约社会资本参与老城保护更新的瓶颈主要集中在两个方面：一方面是投资收益不对称。受老城风貌保护、建筑限高、人口疏解等政策影响，老城保护更新项目往往投入大、风险高、周期长、利润低，缺乏相应支持政策，导致社会资本参与积极性低。另一方面是直管公房相关政策制约。比如《关于加强直管公房管理的意见》明确禁止直管公房使用权交易，导致社会资本无法获得使用权，难以实现投资可行性评估决策；虽然允许经营权授权经营，但实际操作层面，由于经营权无法形成企业固定资产，银行对此不予认可，经营权质押贷款无法很好地落地实施。即使取得贷款，回收期也较长，企业、银行积极性不高。

（六）保护规划硬约束

一是对老城保护内涵的认识有待深化。随着首都城市发展，老城整体保护理念不断强化，但在实际工作中，老城保护更多强调建筑的原样保护，缺乏对建筑历史文化价值的评价和保护还原内容的明确，对于保护建筑的甄别以及评估的标准还不够清晰、透明，导致保护与发展的协调性不够，与现代社会发展需求的不适应逐步显现。如何在尊重历史的前提下，用动态发展的视角客观地认识老城保护的现实内涵，是值得深入思考的重大问题。

二是老城空间规划和土地利用约束比较强。《北京城市总体规划（2016年—2035年）》提出要加大老城保护力度，严守整体保护要求，分区域严格控制建筑高度，对于历史文化街区和文物按原貌保护区严格控制。在减量发展、建筑规模严控的背景下，平房区高密度人口对现代生活需求空间的增长和现实改造空间有限的矛盾日益凸显。另外，东城区作为老城区，腾退了部分空间，但大多存在产权复杂、腾退空间零散和面积较小等现象，不利于开展整体再利用，只能根据位置、面积实际情况灵活运用。而在现行城乡规划和土地利用政策下，对于现登记为“住宅”的平房变更为经营性质的行为，要求应有偿供应土地，这不利于激发产权单位自主修缮改造的积极性和修缮的可持续性。

（七）政策机制短板多

一是公房管理政策滞后。这是公房院落破败的根源。租金低，不能维持简单再生产，给公房管理部门的管理运营带来很大的困难；无退出机制，管理刚性不够，很多居民在其他地方拥有住房仍然继续享受公房福利。

二是新老政策衔接过渡不及时，导致安置房空置。比如，对接安置政策尚需有效衔接。基于核心区人口疏解，东城区已建和在建保障房约5万套，随着“保障对保障”政策的实施，外迁安置住房调整为共有产权房，目前很多房屋处于空置状态，每天还要还利息，给地方财政带来沉重负担。

三是平房保护修缮政策不够完善。一方面，关于房屋保护性修缮和恢复性修建的具体政策实施的内容和要求不明确。另一方面，目前平房修缮按照建设项目立项程序，流程繁琐，审批环节多，难以适应平房院落应急修缮、消除安全隐患的需要。

四是文物征收实践案例少，协议腾退力度不够。目前，文物征收立项困难的问题比较突出。根据《国有土地上房屋征收与补偿条例》的规定，文物保护可以列为征收，但实践中如何操作尚缺乏成功的模式。受此影响，现有文物腾退主要通过协议搬迁的方式进行，因缺少强制程序，后期只要遇上不配合腾退的居民，工作推进的难度就会非常大。

三、推进老城保护和民生改善的思路

落实习近平总书记视察前门讲话精神和蔡奇书记对核心区的要求，既保留老城文化底蕴，又让胡同居民过上现代生活，坚持高标准、精细化，以街区更新为抓手，以保护好老城历史整体风貌为前提，聚焦老城民生改善诉求，按照“建筑价值保护、院落因地施策、需求保障适应、街区渐进更新”的原则，加强政策统筹引导，推动机制路径创新，不断提升老城宜居水平，实现老城可持续发展。力争到2022年，申请式退租取得积极成效，打造形成一批新生活示范院落，形成一批街区更新样板，总结探索出一套可推广、可复制的经验；到2035年，城市品质得到显著提升，老城居民生活明显改善，示范改造院落实现街道全覆盖，基本实现能改尽改，精品街区陆续亮相，形成一批具有重要影响力的知名街区，实现老城复兴。

坚持以保为主，保改结合。把保护风貌与改善民生有机统一起来，加强规划引领，注重顶层设计，既要本着修旧如旧的原则，强化整体风貌保护，又要客观评价建筑文化价值，探索基于价值导向的历史文化保护模式，实现历史建筑应保尽保，部分建筑在保护条件下局部调整和改造，实现与社会发展、民生需求的匹配适应。

坚持刚性管控，预留弹性。进一步完善老城规划体系，创新规划实施机制，结合老城居民需求和区域特点，探索空间功能导入的规划弹性，在可控的范围内为传统居住街区预留再设计的可能性，根据民生需要合理规划利用空间，织补功能。

坚持因地制宜，分类施策。老城民生改善所涉及的院落差异大，各户家庭情况复杂，各类产权交织，因此在工作推进中要因地制宜、分类引导、灵活处置，切忌“一刀切”式的整体推进。结合不同院落情况，在腾退疏解基础上，按照“一院一方案、一户一设计”，补齐功能，改善居民生活环境。

坚持实事求是，量力而行。要尊重历史，站在新时代背景下客观审视平房院落修缮整治和老城民生改善问题，在区域承受能力前提下把握好改善的“度”，既要敢于“啃硬骨头”，又要符合实际、量力而为，注意控制成本，节约使用财力，做好资金平衡，稳妥有序开展工作，实现老城生活环境和生活条件的渐进提升。

坚持自下而上，多元参与。做好群众工作，加强政策引导，强化居民自治管理，提高老城居民的参与性，按照居民意愿有序推进，避免一厢情愿地为群众改善生活。同时注重党建引领、政府引导、社会协同，发挥责任规划师团队等专业力量作用，探索企业、社会单位参与老城街区更新的模式路径，建立多元参与的长效推进机制。

四、推进老城保护和民生改善的重点举措

（一）腾退空间，夯实民生功能织补的硬支撑

1.积极开展直管公房申请式退租试点工作。一是加大申请式退租政策宣讲力度，将申请式退租作为一项长期政策，建立申请式退租工作服务站，为居民提供相关政策咨询服务，让居民广泛了解政策。二是采取“片区试点”和“抽户退租”相结合的方式推进，利用片区试点总结经验，在此基础上，扩大退租范围，根据居民自愿申请，采取“抽户退租”。三是根据财政资金情况，建立申请户排队序列，实行申请式退租户年度总量动态控制，加强居民预期引导，有效降低其预期。四是坚持“申请式退租”和“申请式改善”协调推进，制定申请式改善“菜单”，对于不参与申请式退租的住户，根据其自身需求，由居民自愿向实施主体提出改善申请，根据实施主体提供的改善菜单进行自主选择，以自费的方式完成房屋的改善，最终提高居住品质。五是对居住于外区，其所租住直管公房转租转借的，加大执法回收力度；同时，对长期空置的直管公房，积极进行回购，从而腾出更多空间改善留住居民的居住条件。

2.协调解决好外迁居民的对接安置房源问题。一是争取市级支持，加强市区协调，明确“两站一街”等区域已建成的对接安置商品房处置意见，衔接“申请式退租”共有产权房对接安置政策需求，加大发行中、长期政策性贷款，通过住房长期租金收益与物业增值实现资金平衡。二是加大跨区协调力度，充分考虑外迁居民在医疗、教育公共服务设施方面的需求，积极谋划对接安置区域配套功能布局，推进东城区医疗、教育等优质资源疏解与对接安置区域完善配套服务的定向输出，完善提升外迁对接安置区域的配套服务功能，增强对接安置区域对有腾退意愿的老城居民的吸引力。

3.建立直管公房腾退利用的多元资金保障机制。一是积极争取市级支持，市区联合设立申请式退租专项资金，明确市区资金比例，根据老城居民年度申请状况，实行资金结余累计，滚动支持。二是落实好京建发［2019］18号文，推动经营权质押贷款政策落地，协调相关金融机构支持实施主体以区政府批准的经营权授权证明文件获取贷款，并给予企业资金补助和贷款贴息等方面的扶持。明确腾退院落的利用方向和支持政策，探索开展特许经营，在符合核心区产业政策前提下，允许土地使用权人根据市场需求进行动态业态提升，增加土地使用性质的兼容性，吸引社会资本参与院落修缮和运营。三是研究设立公共维修资金，用于修缮居民院落内的半公共空间。

（二）因地施策，稳妥推进街区院落整治提升

1.加强老城基础设施改造升级。一是采用专业环保化粪池、新式马桶、生物降解技术等，解决院内管线与市政管线高差小、距离远、卫生间污水难以排出等问题，让具备条件的平房住户实现“如厕不出院”。二是采用新技术、新标准，创新解决胡同内市政排水、管线敷设路由紧张等市政问题。三是积极推进“海绵城市”、综合管廊试点工作，对于新建和改建区域，按照海绵城市建设理念，研究雨水控制与利用措施，结合轨道交通、道路建设试点建设综合管廊，明确历史文化街区综合管廊建设路径。

2.实施历史建筑和院落基于文化价值的分级管理。转变“一刀切式”的“不改变原状”的保护思路，兼顾历史风貌保护和民生需求改善，探索实施历史建筑和平房院落的分级保护和管理。一是对于具有重大文化价值的历史建筑，比如国家级文保单位，明确采取原样保护的方式，加固修缮，维持其“原真性”，积极推动对外开放。二是对于具有地方价值的历史建筑，比如市、区历史文化保护单位，保持历史建筑风貌，内部进行结构更新，实现保护性修缮。三是对于只具有普通文化价值的平房院落，在保存外观风貌的前提下，增加现代化功能设施，实现存表易里的修缮保护。四是对于具有重大安全隐患的一般平房，探

索推进恢复性修建，可以考虑根据需要对建筑内外进行调整和更新。

3.分类推进院落生活性违建处置工作。院内生活性违建与民生需求息息相关，违建处置要加强顶层统筹谋划，把握好工作尺度，按照尊重历史、实事求是的原则，分类处置，稳妥推进。一是全面摸底院内生活性违建情况，围绕建设主体、面积、用途、位置等方面，建立台账信息，为违建处置提供基础支撑。二是在保障居民现实生活需求的前提下，明确优先拆除和暂缓拆除类处置举措，对于存在重大安全隐患、闲置、非自用等情况的违建优先拆除。对于暂缓拆除的违建，通过腾退空间改造和功能织补等措施，在满足居民生活服务需求的情况下逐步拆除。

4.探索推进院落公共空间申请式整治改造。院落公共空间整治要充分尊重居民意见，加强政策引导，营造整洁有序的院落环境。一是采取“统规自建”的方式，在公共空间整治中参考南锣鼓巷地区的模式，由政府研究制定相关技术导则，引导各产权单位自主建设，加强与商会、居民自管会、物业管理机构的沟通协作，建立资金奖补机制，引导居民出资参与整治改造。二是在违建处置基础上，总结朝阳门街道院落整治改造的经验，自下而上，开展院落公共空间申请式整治，通过尊重民意、政府支持、规划团队参与的方式，围绕院落居民反映的公共空间难题，通过统一规划改造、重点解决，改善公共环境，提升居住品质。三是对于生活性违建问题较多的院落，加强规划创新突破，在尊重民意的基础上，开展院落公共空间再造，拆除院内生活性违建，对院落空间进行统一规划设计，通过功能盒子等新技术、新工艺，按照标准统一配置厨卫设施，构建新时代院落风貌。四是研究设立院落公共空间整治改造扶持资金，明确申请式整治改造的流程规范，强化街道主体推进责任，通过制定小院公约、设立小院公共空间维护资金等方式探索完善整治后院落公共空间长效管理机制。

改造后的西打磨厂街胡同（张维民摄）

5.因地制宜推进生活配套功能入院入户。合理布局院内生活配套功能是居民生活改善的关键，也是难点，不同的院落情况也不一样，比如：调研发现，并不是所有院落都要做到厕所入户，有的院落离公共厕所很近，主要需要改善的是厨浴问题；有的院落离公共厕所很远，生活极为不便，这种情况下就需要优先解决厕所入户问题。所以必须因地制宜，根据不同院落的不同情况，尊重居民意愿，做到分类施策。一是针对通过人口疏解，具有一定腾退空间，能够满足补充生活配套功能条件的院落，通过拆除违建，补充完善厨房、卫生间等生活配套设施，打造功能需求“自平衡院落”。二是针对自身腾退空间不能满足居民生活需求的院落，在尊重居民意愿的基础上，加大政策支持，通过平移安置、产权置换等方式，实现人口跨院流动安置，打造一批“新组合院落”，实现院落疏密有度、功能完善。三是对于大多数腾退、部分居民愿意腾退和平移的院落，通过生活配套功能织补和公共空间改造提升，打造一批“共生院落”。四是借鉴上海老城厢改造经验，在违建拆除的基础上，有效利用片区相对集中腾退空间，打造集共用厨房、公共厕所、便民洗浴间等多功能于一体的“共享式配套空间”。

（三）问需于民，不断提升老城民生服务能力

1.合理规划利用腾退空间满足民生服务需求。一是深入研究当前存量空间资源，分析各类空间具体情况，对于产权清晰、结构合理的腾退空间，加强街道腾退空间再利用需求对接，缓解民生服务设施供需矛盾。二是鼓励发挥市场力量，引导社会资金参与到地下空间再利用管理和运营中，降低政府部门担负的地下空间运营维护成本。三是充分利用《东城区关于加强疏解腾退空间再利用管理的实施意见》，借助联席会制度协商推动解决腾退地下空间再利用的难点问题，加快地下空间再利用项目落地。

2.营造一流的便民服务环境。一是从硬环境着手，落实全区生活性服务业设施规划，精准对接居民需求，围绕“如何改、在哪建、卖什么”等问题，充分听取周边居民建议，优化便民商业网点布局，合理规划建设社区商业便民服务综合体，促进生活性服务业规范化、连锁化、便利化、品牌化、特色化、智能化发展。二是提升软环境，以公众需求为导向，以群众满意为目标，加快基层政务服务机构标准化建设，全面深化“一门、一窗、一网、一次”服务改革，创新“马上办、上门办、就近办”等服务方式，推行全区通办，推进街道政务服务24小时自助试点工作，更好地服务群众。

（四）精治共治，探索完善老城管理长效机制

1.完善平房区和老旧小区物业管理服务体系。一是持续改进平房区物业管理考核办法，完善物业公司淘汰退出

机制，提升物业管理服务绩效，全面提高物业企业的业务水平和专业能力。二是采取“政府支持引导、产权单位配合、院落集体申请、居民费用共担”的方式，推动平房区物业进院，明确服务内容和标准要求，试点开展院落物业服务整体托管。制定区级层面开展平房区物业个性化服务指导意见，规范物业企业开展个性化服务，实现胡同居民个体需求与物业服务精准对接。三是推动物业管理与现有社会治理工作结合，加强规范引导，探索将党建引领物业管理纳入社区治理体系，建立物业协调议事机制，推动多元参与、居民自治，提高物业服务管理水平。四是因地制宜实施老旧小区差异化管理服务，推进居民自治、产权单位管理与专业化服务相结合，完善物业扶持奖励政策，充分调动小区服务管理组织、产权单位的积极性，积极引导培养居民公共责任意识和“花钱买服务”的意识。五是要建立公房租金动态调整机制，根据市场租房价格的变化适当提高直管公房的租金水平，使公房运营管理部门的租金收入与修缮管理支出相匹配，确保街区更新的可持续。

2.加强平房区停车规范有序管理。一是落实街道主体责任，按照“人、车、房”统一原则，支持居民自治，成立停车自管会，开展停车资质认证，在符合条件的胡同内依法依规施划停车位，实现“单行单停”“停车入位”。同时，深入挖潜地区停车资源，对规划不符合停车条件的胡同，分步推进胡同机动车禁停。二是根据停车供需矛盾和空间条件，合理规划地下停车布局，创新胡同地下停车设施建设的立项和规划审批机制，加强停车设施建设“PPP项目”的引导和支持，支持社会资本参与胡同地下停车设施建设和运营管理，逐步实现部分街区地面少停车或者不停车。三是研究制定针对共享停车的鼓励政策，推动平房区停车位错时共享，推广王府井“不停车街区”模式，鼓励区域社会单位、公配建停车设施向胡同通过认证的居民提供共享停车位。四是争取市级支持，研究推行差异化收费，以“路外高于路内、地上高于地下”的原则，调整停车需求结构，利用价格杠杆进一步加强核心区停车治理工作。五是强化物防技防措施，提高非现场执法效力，加大街巷胡同停车执法力度，建立各部门常态化的联合执法机制，不定期开展街巷胡同集中整治，整合物业管理人员工作职责，配合交通支队开展违停执法工作，以强力执法提高胡同停车成本，倒逼用车数量减少。六是加强宣传，使居民树立付费停车以及文保区应该限制用车的理念，转变停车需求是刚需的观念，从源头上解决停车需求难以满足的问题。

3.探索推动基层治理机制模式创新。一是强化党建引领，进一步落实“街道吹哨、部门报到”机制，健全“三级管理、五方联动”机制，推动各治理主体协同合作，实现政府治理和社会调节、居民自治良性互动。二是建立居民需求反馈落实机制，探索通过“社区议事厅”、“小院议事厅”、“开放空间讨论会”、微信平台等多种方式，搭建居民议事平台，推行社区协商“五民”群众工作法，畅通居民利益诉求表达渠道。加强协商成果的运用和转化，鼓励街道、社区将协商意见转化为社区民生“微实事”项目，通过统筹打包使用社区各类服务资金，更好地支持社区“微实事”项目的实施，推动社区治理精细化和民生服务精准化。三是引导和支持具有一定规模的专业社会组织助力社区治理创新，擦亮“小巷管家”“守望岗”“停车自管会”“花友会”等群众自治品牌，形成内生力量和外引组织的深度叠合，激发老城社区治理的新效应。

崇外街道崇西社区规划共享车位，实行自治管理（王峥摄）

（五）重点突破，提升政策的创新性和落地性

1.完善老城保护更新管控体系。一是按照《东城区街区更新实施意见》的要求，探索研究各项管控导则及街区更新规划的法定地位，将街区更新规划导则纳入核心区控规实施体系，推动街区更新规划动态完善，统筹保护传统风貌、改善居住条件、公众参与等多个方面，形成系统性的街区更新工作方案。二是组建老城保护事务中心，具体负责老城保护和民生改善的技术性和事务性工作，有效解决老城保护多头管理、职能分散交叉、力量薄弱、统筹不够的问题。三是构建区级“多规合一”协同平台，整合简化历史文化街区中土地、规划、征收、腾退、建设等方面的各项审批流程，实现相关部门的信息共享、审批联动和扁平化监管。

2.建立老城规划刚性管控和弹性适应机制。一是立足空间有限的实际，在与整体风貌协调的基础上，适当提高院落容积率，增加建筑空间，补充生活设施，改善居民居住条件。二是探索功能空间规划用途“负面清单”管理，明确禁止类项目，根据街区居民实际需求，合理规划布局相应的民生服务设施。三是针对存量用地、平房建筑的更新改造、功能调整，研究并完善土地使用性质、产权信息的变更机制，为城市更新项目提供制度支撑。

3.加强老城保护和民生改善的资金保障。一是争取市级支持，探索推进容积率转移，将老城街区更新项目与新城城市建设项目“捆绑推进”，调动社会资本参与的积极性。二是成立老城保护更新基金，从土地出让金中抽取一定的比例纳入老城保护基金，同时争取社会捐赠，对各类资金进行统筹使用。成立市场化的基金管理机构，对老城保护基金进行统一管理，对各类主体按规划导则实施的更新行为加大资金支持力度。三是探索设立针对老城保护的政策性融资产品，如金融机构认可企业以其获得的政府授权经营权抵押贷款。研究发行政府债券，选择部分优质资产项目实行资产证券化，以支持老城保护更新。

4.积极探索平房保护修缮的政策创新。一是市区联动，进一步明确保护性修缮（包括翻建）和恢复性修建（改扩建）两类实施标准和流程规范，明确不同类型房屋的责任主体，为产权人提供系统的规范指导和技术支持。二是借鉴发达国家的历史建筑修缮激励政策，通过税收、补贴等政策，建立产权人自我更新的奖励、补贴机制，提高居民、产权单位等保护修缮的积极性，改变政府大包大揽的做法。三是借鉴上海、成都等城市经验，统筹区级各类历史建筑修缮资金，研究制定《历史建筑修缮资金使用管理办法》，对资金来源、使用对象、补贴标准、申请拨付程序等做出明确规定，规范修缮资金的筹集、使用和管理，提高财政资金效率。

五、希望市级支持的政策建议

（一）建议推动老城相关立法和法律条例修订工作

目前，老城区要保护风貌、改善民生，面临的一个突出问题就是现行法律法规有些已不适应老城实际。建议尽快修订相关法律法规，对保护责任人不具有维护修缮能力的，探索建立使用权转移机制。探索实施核心区历史建筑分级保护管理机制，根据价值等级和现存建筑安全状况，采取原样保护、存表易里更新改造、恢复性重建等不同保护策略，处理好整体风貌的保护和根据时代需求改善民生的关系，让老城在基本保留历史风貌的同时也能体现新时代的特色，留下新时代的印记。

（二）建议建立市级与央产、军产等产权单位的协调对接机制

老城保护和民生改善之所以推进困难，房屋产权复杂是一个重大掣肘因素。建议由市级层面建立统一的议事协调平台，进一步明晰涉及央产、军产等项目的实施主体、腾退方式、资金来源等事项，重点解决文物腾退征收立项难的问题，畅通征收腾退路径。在市级层面建立不同产权之间的资产划转或合作机制，有效接管放弃房屋管理权的单位的自管产。

（三）建议进一步完善直管公房管理

目前直管公房管理存在的一大问题，是缺乏对承租人的有力约束。有一些居民有其他房产仍然占用直管公房。福建泉州规定，只要居民拥有了产权房，就必须将直管公房腾退出来，否则房屋主管部门可以采取强制措施。建议研究明确全市统一的直管公房加强管理的实施细则，重点解决直管公房强制腾退、租金调整、部分腾退房屋经营性利用等问题。可考虑将直管公房尽快纳入公租房管理体系进行管理，从根本上解决管理刚性不足的问题。

（四）建议放宽社会资本参与的相关政策

在调动社会资本参与方面，虽然有经营权质押贷款的措施，但其可行性尚存疑问。如果能允许使用权转让，则质押贷款就会容易得多，从而充分调动起社会资本参与的积极性。同时，建议加强市级协调，研究跨区域容积率转移的可行性，进一步鼓励社会资本积极参与老城保护更新。

（五）鼓励各区大胆探索实践，为出台政策提供典型案例

总体来看，老城保护和民生改善牵扯到的政策非常复杂，不进行政策突破很多工作事实上无法推进。政策突破必然存在风险，因此，应鼓励相关区大胆进行探索，形成可复制、可推广的经验模式，以此为依据进行政策调整，确保政策精准、有效、管用，真正解决困扰老城保护和民生改善多年的根本性问题。

社区专员：活跃在胡同里的“轻骑兵”

中共东城区委书记　夏林茂

2018年，中共北京市东城区委（简称东城区委）坚持把推动力量下沉、着力破解联系服务群众“最后一公里”难题，作为深化党建引领“街乡吹哨、部门报到”改革的重要抓手，在全市首创“社区专员”制度，先后从街道选派141名优秀正科实职干部下沉到社区担任专员。社区专员作为党和政府联系服务群众最前沿的“轻骑兵”，第一时间发现、协调和解决了一大批群众身边的操心事、烦心事、揪心事。一年过去了，社区专员作用发挥如何、还存在哪些问题，这直接关系到改革成效和为民服务实效。在“不忘初心、牢记使命”主题教育中，东城区委将社区专员作为“守初心、担使命，找差距、抓落实”的重要实践载体，将更好地发挥社区专员在直接联系服务群众中重要作用作为调查研究的重点课题，通过召开座谈会、实地走访等形式，倾听社区专员和干部群众意见，为加强社区专员队伍建设、探索一条符合核心区实际的社区专员工作模式提供了有益参考。

一、社区专员联系服务群众具有独特优势

建立社区专员机制，目的就是落实中央、市委要求，进一步强化基层导向，壮大服务群众力量，实现力量下沉、资源下沉，持续推进城市治理重心下移，重点解决街道普遍存在的面向社区、面向群众服务针对性不强的问题，着力提升社区服务群众、解决群众诉求的能力水平。2019年年初，北京市印发《关于加强新时代街道工作的意见》，明确提出“下派街道干部担任社区专员，加强基层工作力量”。《北京市街道办事处条例（草案送审稿）》也将社区专员列为专门 条，提出“街道办事处可以根据工作需要向社区派驻社区专员，指导协助社区工作，反映社情民意，协调解决困难问题”。社区专员在参与基层治理、联系服务群众方面有独特的优势，将社区专员以制度法规的形式固化下来，集中体现了以人民为中心的发展思想和“街道工作的全部要义就是群众工作”的理念。

经验优势。东城区的141名社区专员，都是有10年以上丰富基层工作经历的科长，都是经过街道精挑细选的业务骨干，对街道社区情况、工作运作模式、各部门职权和相关业务政策都比较清楚。在实际工作中，对居民诉求，社区专员基于自身的经验和专业优势，能够快速辨别问题类型，找准问题症结和政策依据，匹配街道相关部门，指导社区“哨”该往哪吹、按什么流程吹，做到靶向施策，减少因职权不清或不熟悉流程等产生的推诿、拖延等问题，以最快速度精准解决居民诉求。

资源优势。社区专员在街道工作多年，大多是有良好群众基础的老科长，积累了较为丰富的人脉资源、专业资源等，相比社区协调相关问题的力度明显要大一些。为助力社区专员更好履职尽责，从区级层面到街道层面都给予政策支持和力量保障。在落实“接诉即办”、解决群众诉求工作中，社区专员通过区域化党建平台等，积极争取街道相关部门支持，有效协调和调动辖区各类专业资源，形成解决问题的合力。

身份优势。社区专员在街道和社区之间、党委政府和居民群众之间架起了沟通联系的桥梁纽带，既是街道的人，也是社区的人，具有双重身份的优势，有利于密切党群干群关系。一方面，社区专员在向居民宣讲政策、了解情况或答复举报人时，居民觉得专员是政府派来的，感受到重视，信任感和满意率会大幅提升。另一方面，社区专员工作岗位在社区，直接贴近群众，直接与群众打交道，对社区和居民情况更清楚，在向相关政府部门或街道反映情况时，能够更客观地分析群众诉求、提供解决问题的建议，从而帮助上级部门更精准地分析研判，为政府决策提供重要参考。

二、社区专员为民服务解难题的实践探索

近距离接触群众，快速响应基层诉求。在实践中，社区专员将做好“接诉即办”工作作为履职尽责的重点，围绕满足“七有”要求和“五性”需求，通过入户走访、慰问帮扶、列席社区党员大会和居民代表会等，向社区居民宣讲党和政府的政策，并广泛听取社区居民意见建议，了解掌握群众诉求。东直门街道东外大街社区专员江鹄冲在社区开设“小江课堂”，既讲理论，也讲政策，还积极收集居民群众的意见建议，搭建起和居民之间的连心桥。针对“12345”市民热线派发事项，社区专员全程参与会商、核查、处理、回访等各个环节，帮助社区出主意、想办法、破难题，面对面与群众沟通，实现群众诉求办理的全天候派件、全时段响应、全方位服务、全过程管理，做到“事事有回音、件件有落实”。

高效率加强协调，有效解决疑难问题。街道工委高度重视社区专员上报的疑难问题，确保各部门全力支持配合社区专员工作。依托协调解决事项流程表，吹哨事项实行“问题收集—专员吹哨—部门报到—处理反馈—核实结项—综合评价”闭环管理，实现“一哨一评价”“吹哨全留痕”。社区专员依托社区党建工作协调委员会，有效统筹区域资源，充分调动驻区单位参与区域建设的积极性，形成推动解决问题的工作合力，为社区治理提供了新动

能。东四四条83号院长期以来存在堆积物占用公共空间、堵塞消防通道的情况，居委会协调解决难度很大，群众反映强烈。社区专员高洋实地查看后，提出“先摸清院内居民情况，再组织大扫除清理堆积物，最后拆除违法建设”的推进方案，启动“吹哨”程序，协调环保、房管、城管等部门，并多次走访协调产权单位。经过3个多月的持续工作，院内共清理堆积物3卡车，拆除煤棚4个，拆除违建约50平方米。

重落实跟踪问效，提升群众满意指数。社区专员把“解决问题、群众满意”作为开展“接诉即办”工作的重要标准，在解决安装路灯、扶贫助老、噪音扰民等关系群众切身利益的身边“小事”的同时，还解决了一大批停车管理、环境治理、物业管理、拆违整治等久拖不决、反响较大的痼疾顽症。东华门街道甘柏小区是老旧小区，也是市民热线高频举报点。社区专员袁乃萍深入了解居民诉求、倾听民意，将群众诉求收集、分类、整理、建档，针对居民反映强烈的停车难问题，利用晚间错峰组织召开四次居民议事会，积极争取辖区人大代表支持，及时反映问题。经过努力，小区的环境卫生清洁了、院内停车规范了、居民群众满意了。

加速度向前一步，积极探索“未诉先办”。社区专员将主动问需作为发现问题、解决问题的有效举措，通过设置专员接待日，完善小院议事厅、居民恳谈会等载体，集中听取群众意见建议，做到“勤跑腿、拉家常、顺怨气、办实事”。通过主动“找事儿”，变“被动接诉”为“主动治理”，将问题解决在居民反映之前，避免被问题“追着走”“推着干”。东花市街道广渠门外南里社区一个月内4栋回迁楼接连发生5起火情，都是因为楼道电动车和杂物起火。社区专员李海涛会同社区工作人员在深刻总结反思基础上，通过在职党员“双报到”开展周末卫生大扫除活动，清理楼道杂物，对试点楼道进行粉刷美化，并发动居民组建一支140余人的“家园卫士”巡防队，共同参与美丽家园建设。

三、激励社区专员更好地履职担当、为民服务

经过一年的实践，社区专员的宗旨意识、群众立场、能力素质普遍增强，为民服务水平有效提升。社区专员作为一个新事物，如何固化机制、巩固成果，特别是在首都城市基层治理改革不断深化的关键时期，如何使社区专员在联系服务群众方面发挥更大作用，仍然存在一些问题亟待解决。其一，社区专员职责任务还不够清晰。特别是在“接诉即办”工作中的角色、定位还应当进一步明确、细化，不能只靠社区专员的自觉，还需要加强制度建设。其二，对社区专员的管理缺乏手段。部分街道对社区专员干事的积极性、创造性调动不够，有时需要社区专员自己去协调相关部门来推动问题解决，从长远看不具备可持续性。其三，教育培训、专业指导等服务保障机制有待完善。社区专员本身也存在本领恐慌、能力不足的问题。其四，社区专员制度的顶层设计和政策支持力度尚不完备。对城市管理和社区治理中诸如老旧小区管理、停车管理、违法建设执法等难题，社区专员虽然通过“吹哨报到”等机制去积极解决，但政策机制问题仍然是无法逾越的瓶颈。

对于社区专员这支基层治理的“轻骑兵”，需要按照“信念过硬、政治过硬、责任过硬、能力过硬、作风过硬”的要求持续用力，边实践边探索，边探索边总结，切实把这支队伍建好建强，努力开创出一套符合基层实际的社区专员工作模式，为全市提供改革样板和思路。

进一步明确职责定位。要坚持把社区专员队伍作为基层治理、社区建设的骨干力量，在认真梳理社区专员工作开展情况基础上，结合实际进一步明确和完善专员的工作职责、任务、与社区的关系等。加强业务指导和工作支持，搭建交流分享平台，助力其更好地发挥作用。着力完善社区专员反映和解决问题的工作机制，修订《东城区社区专员工作手册》，进一步细化加强党的建设、推进基层治理、引导社区自治、服务居民群众、解决疑难问题5个方面18项具体工作职责。明确社区专员协调解决问题的基本流程，明确街道各职能办公室、社区及专员之间的任务分工，推动形成工作合力，为专员开展工作提供有力的支持和帮助。

进一步健全管理机制。结合社区专员工作特点，对社区专员的岗位设置、资格条件、人员选派、工作要求、考勤考核等作出明确规定。探索把“接诉即办”工作中的履职情况，作为社区专员考核评价、选拔任用、评优评先的重要参考，为社区专员队伍建设立起标准、抓出红线。注重跟踪问效，指导街道工委肩负起社区专员日常管理职责，坚持经常性、近距离考察了解社区专员思想动态、履职情况，建立动态调整机制，对工作状态不好、不认真履行职责、在群众中造成不良影响的，及时调整出社区专员队伍，切实管到位、管到点子上。

进一步强化培养激励。坚持把社区专员作为坚定信仰信念、提升能力本领、涵养过硬作风的大舞台、大熔炉，继续选派最精干的力量下沉基层。加强制度倾斜，既注重搭平台、压担子，又积极为社区专员撑腰鼓劲、宽容失误；既要常态化开展聚焦做好群众工作、解决复杂矛盾等主题的精准化培训，又要坚持在提拔使用、评优评先中予以优先重点考虑，确保社区专员队伍有职责、有干劲、有担当、有奔头。开展“最美社区专员”评选活动，深入挖掘社区专员为民服务解难题的经验做法，用身边事教育身边人，激励全区广大党员干部群众以更加奋发有为的姿态，为建设政务环境优良、文化魅力彰显、人居环境一流的首都功能核心区作出新贡献，以优异成绩迎接中华人民共和国成立70周年。

开展街区更新，推进历史文化街区保护复兴

东城区人民政府区长　金　晖

2019年2月1日，习近平总书记在视察北京老城时强调："一个城市的历史遗迹、文化古迹、人文底蕴，是城市生命的一部分。文化底蕴毁掉了，城市建得再新再好，也是缺乏生命力的。要把老城区改造提升同保护历史遗迹、保存历史文脉统一起来，既要改善人居环境，又要保护历史文化底蕴。让历史文化和现代生活融为一体。老北京一个显著特色就是胡同，要注意保留胡同特色，让城市留住记忆，让人们记住乡愁。"北京是一座有着3000多年建城史和860多年建都史的享誉世界的历史文化名城，首都核心区是全国政治中心、文化中心和国际交往中心的核心承载区，是历史文化名城保护的重点地区，是展示国家和首都形象的重要窗口地区。站在新时代首都治理现代化进程的新起点上，建设"政务环境优良、文化魅力彰显、人居环境一流"的首善之区，是核心区肩负的神圣使命和责任担当。当前老城历史文化街区的保护与更新存在着亟待解决的突出问题，东城区经过实践与探索认为，街区更新是推动历史名城保护与复兴的有效策略，对提高首都城市治理水平具有十分重要的现实意义，对全国其他地方历史名城保护工作也具有启示意义。

一、历史文化街区保护与复兴亟待解决的问题

东城区有70%以上的面积在老城区，如何在城市发展中强化"首都风范、古都风韵、时代风貌"的城市特色，"让老胡同的居民过上现代生活"是首都核心区城市治理肩负的重要使命。近年来，东城区委、区政府以习近平总书记视察北京重要讲话精神为根本遵循，紧紧围绕疏解非首都功能、推动京津冀协同发展这条工作主线，坚持疏解、整治与提升并举，在落实城市战略定位、推动老城风貌保护、完善城市基础设施、实施街巷胡同美化亮化、改善居民居住条件等方面持续发力，取得了阶段性成效。但在推动老城保护与复兴方面，仍然存在以下问题：

（一）系统谋划与统筹实施能力不足

现代城市管理是一个包含多主体、多环节、多管理层级的复杂的巨型系统，这决定了其本身的复杂性、系统性和综合性。而老城的保护和更新是在存量的基础上进行更新，面临更为复杂的环境条件，首都的特殊地位又赋予历史文化街区更高的保护标准和要求，必须加强系统谋划和统筹实施能力建设。老城驻区单位较多，历史文化街区内大量的文物建筑和历史建筑产权分散，维护、使用、管理缺乏政策的支持和资金的保障；城市管理体制上还存在条块衔接不紧密，治理重心下沉不到位，工作末端不聚焦，在街区层面实施碎片化，造成解决城市问题的"最后一公里"跟不上；在行政决策上，存在重视显性问题和硬件环境的改善提升，却忽视深层次问题，对街区功能的提升和文化的传承延续不到位，街区多元性、包容性和便利性不足；在治理方式上，习惯于运动式的整治，长效机制不完善。

（二）实施精治的制度保障不足

依法治理是现代城市治理的基本方式和治理现代化的主要特征，越是超大城市，越需要以完备的制度标准作为治理的依据和保障。作为元明清三朝皇城遗址所在地，东城区开展街区更新的重点是更加注重首都历史文化保护，尤其是历史文化街区保护，但仅仅依靠一般性的城市规划保护古都风貌是远远不够的，历史街区胡同肌理、四合院空间格局需要保护规划的具体指导，以及精细化的导则规范，城市的人居环境、产业功能、服务配套、绿化美化等均需要具体的标准与技术支撑。此外，保护与管控方面的制度尚不完善、制度执行不到位，也是老城乱象难以根治的主要原因。

（三）城市治理多元主体的作用发挥不充分

越是超大城市，越要在共治上下功夫，充分发挥多元主体的作用。但在城市治理中，作为领导力量的政府发挥作用的边界仍不清晰，缺位、越位情况时有发生；居民、自治组织在城市治理中处于提意见的角色，作为建设、管理主体的角色意识、责任意识还不强；多元参与渠道不通畅，社会组织、专业机构参与历史文化街区保护的平台和机制还不完善，市场主体参与历史文化街区保护更新的政策渠道不畅通，参与积极性不高。共治共建共享的多元治理格局还没有形成。

（四）文物保护与利用的路径不通畅

保护、传承和利用好宝贵的历史文化资源是东城区肩负的神圣职责。据不完全统计，全区文物中不合理使用的150余处，占全区文物总数的43%。部分文物保护单位和一些具有较高历史遗产价值的传统院落，或居住密度高，或占用单位重视不足，导致协调产权单位和政策难度大，房屋产权人和承租人参与历史文化保护的意识不强；历史文化资源的内涵挖掘和利用不充分，历史建筑老化失修、文物安全隐患多，保护状况堪忧。文物腾退所需的资金量巨大，而且有关文物开放使用的政策对文物利用限制过多，特别是腾退空间再利用的政策不明确，涉及的用地性质、用途调整还有不通畅之处，造成腾退后利用难、资

金平衡难等情况，资金投入仍以政府投入为主，社会资金投入积极性不高。

二、街区更新的背景与理论内涵

（一）开展街区更新，推进历史文化街区保护复兴的必要性及现实意义

党的十八大以来，习近平总书记先后6次视察北京、9次对北京工作发表重要讲话，深刻阐明了“建设一个什么样的首都，怎样建设首都”这一重大时代课题。他强调，要紧紧抓住疏解非首都功能这个牛鼻子，着力提升首都核心功能，做到服务保障能力同城市战略定位相适应，人口资源环境同城市战略定位相协调，城市布局同城市战略定位相一致；要更加精心地保护好北京历史文化，凸显其整体价值，强化“首都风范、古都风韵、时代风貌”的城市特色；要构建超大城市有效治理体系，加强精治共治法治，既要管好主要大街，又要治理好背街小巷，让老胡同居民也过上现代生活。这些重要讲话和重要论断，为新时代开展街区更新、推动老城保护复兴指明了前进方向。

建设和管理好北京，是国家治理体系和治理能力现代化的重要内容。习近平总书记多次就坚持和完善中国特色社会主义制度、推进国家治理体系和治理能力现代化作出重要论述。党的十八届三中全会明确指出，全面深化改革的总目标是完善和发展中国特色社会主义制度，推进国家治理体系和治理能力现代化。党的十九大报告将实现国家治理体系和治理能力现代化作为建成社会主义现代化强国的一个重要目标，明确到2035年基本实现国家治理体系和治理能力现代化，到本世纪中叶实现国家治理体系和治理能力现代化。党的十九届四中全会进一步描绘了国家治理体系和治理能力现代化的各阶段目标，并提出了明确要求。这些重要论断和会议精神为推动首都核心区城市治理现代化指明了前进方向，也为街区更新明确了目标任务。

作为首都核心区，东城区是北京文物资源最丰富、分布最集中、历史文化街区最多的城区，其中北京老城33片历史文化街区中有18.5片在东城，东城总面积的70%以上在老城。历史文化街区承载着古都风貌和厚重文脉，是老城保护复兴的核心所在。近年来，在市委、市政府领导下，东城区坚持以疏解非首都功能、推动京津冀协同发展为主线，下大力气治理“大城市病”，取得了阶段性成效，但老城平房区人口资源环境之间的矛盾依然突出。老城街巷胡同基础设施存在短板，再加上大多数房屋建于20世纪五六十年代，房屋破旧、人口密度过高、居住拥挤、交通出行不便，传统院落规制和风貌受到侵蚀，历史文化街区的吸引力和活力仍然不足，街区品质整体水平还不高，无法满足居民对现代城市生活的新要求，与大国首都形象极不相称，老城已经进入了新一轮城市维护更新

6月，工人在雨儿胡同进行修葺提升（区融媒体中心提供）

周期。

北京市委书记蔡奇曾强调：“老城复兴的关键在于街区更新。”近年来，东城区在北京市率先开展街区更新，探索符合老城特点的历史文化街区保护复兴之路，这是贯彻落实习近平总书记视察北京重要讲话精神和市委、市政府有关决策部署的战略举措，是落实新版北京总规各项要求、加快疏解非首都功能、提升“四个服务”水平的内在需要，是传承文脉、留住乡愁、打造首都历史文化“金名片”的迫切需要，是推进城市治理现代化、破解“大城市病”、促进人口资源与环境承载相协调、进一步改善民生的必然选择。

（二）街区更新的源起与理论内涵

街区更新源自西方的城市更新运动。在1950—1970年代，西方国家的城市更新运动受现代主义思想影响，城市规划主张将城市历史建成区推倒重建，大搞公共设施、基础设施建设及大规模的城市开发，营造宽阔大道、高楼林立的现代化城市形象。这种做法从1960年代开始遭到质疑，许多西方学者对大规模改造为主的“城市更新”方式进行了深刻反思，重拾对城市个性与历史文化遗存的尊重，强调城市发展的连续性与渐进性，强调小规模改造更新的意义，强调公众参与，强调空间规划与社会发展的相互联系，并涌现出一批以城市更新模式研究为主题的著作，如L.芒福德的《城市发展史》（1961）、J.雅各布的《美国大城市的生与死》（1961）等。自1980年代以来，西方国家的城市更新转向了渐进式、小规模的再开发阶段，并从物质空间的更新逐渐拓展到全方位综合处理城市问题的渐进式、合作式更新。

1994年，吴良镛院士在《北京旧城与菊儿胡同》一书中提出了“有机更新”理论，开启了西方城市更新理论本土化之路。他提出，要在保留城市整体性、延续地区文脉、在不破坏地区原有特征的前提下，循序渐进地实现更新，成为长期以来指导北京城市更新工作的核心理念，对

我国历史文化街区的保护更新研究产生了重要影响。此后，我国历史文化街区方面的研究成果逐渐丰富，代表性著作有：《历史文化名城保护理论与规划》（1999）、《现代城市更新》（1999）、《当代北京旧城更新：调查 · 研究 · 探索》（2000）、《南锣鼓巷》（2015）等，这些论著为当前开展街区更新提供了直接的理论支撑。

街区是城市有机体的基本细胞，也是城市治理的基础所在，与人民群众日常生活密切相关。街区更新概念属于城市更新范畴，是以东城区近年来城市有机更新实践为基础，吸收借鉴国内外城市更新理论、城市治理理论和新发展理念等最新成果，结合老城保护要求提出来的城市更新的一种创新模式。街区更新中的“街区”是指由城市道路所包围的、具备相对完整城市功能的一定面积的空间区域，也是城市生活的有机组成单元；“更新”的内涵十分丰富，不仅是对街巷环境、基础设施、房屋建筑、道路停车等狭义的物质要素的改善提升（Renewal），而且着眼于整个街区未来的城市更新与发展的功能定位，涵盖了经济发展、城市精神、文化活力、社会生活诸领域的全面再生（Regeneration）。

总之，街区更新以街区为单元聚焦发力，通过综合考虑政治、经济、文化、社会、生态等因素，对存量的城市空间进行整体规划和综合改造，系统解决老百姓身边的问题，推动历史文化街区的保护复兴，营造更加宜居、宜业、宜游的街区空间。

（三）街区更新模式的特点

街区更新既不同于城市大规模的改造，也不同于“微更新”模式，是以街区为实施单元开展的小规模、渐进式、可持续的更新改造模式，具有以下特点：

一是街区更新贯彻创新、协调、绿色、开放、共享发展理念，遵循城市发展规律和城市工作的内在要求，注重从城市治理的系统性和整体性分析和解决问题，注重对城市功能、人口、资源配置与环境承载的再优化和整体安排，注重街区更新规划的引领作用，突出了属地街道的统筹地位和能力建设，为从根本上破解“大城市病”、实现减量集约和高质量发展找到了有效路径。

二是街区更新注重保护街区的历史真实性、风貌完整性和社会生活延续性，加强城市功能修补和生态修复，挖掘街区独特历史文化要素内涵，注重对居民生活和交往空间的建设，注重打造反映街区特质的文化地标，提升街区文化品位和活力，繁荣社区文化，真正让文化可触摸、可体验和可传承，传承文脉，留住乡愁，不断彰显城市的温度和厚度。

三是街区更新从城市生活的多元性、包容性和便利性出发，着眼长远，注重街区更新的深层次目标，注重更新目标的全面性、可持续性和均衡性，突出以党建为引领，一体推进功能优化配置、历史风貌保护、产业高端发展、生态修复、民生改善、社会和谐稳定等在内的街区全面复兴，以便满足人民群众对美好生活多样化、个性化的

改造前的建国门街道西总布胡同（许晓平摄）

改造后的建国门街道西总布胡同（许晓平摄）

需要。

四是街区更新坚持以人民为中心的发展思想，注重构建共治共建共享的社会治理格局，实施方式上改变了过去政府自上而下对人财物大包大揽的外部推动方式，注重激发市场、社会和居民参与的内生动力，对不同的街区进行分类施策，发挥政府、社会、居民等多元主体的协商共治作用，不断提升精治共治法治水平。

（四）街区更新的目标

街区更新是城市更新模式的创新，是提升城市治理水平的有效策略。对接十九大确定的“两个阶段”战略安排以及十九届四中全会确定的国家治理现代化总目标，对接北京新版总规确定的各阶段发展目标，确定东城区街区更新的近期目标（2019年—2022年）是：健全街区更新工作机制，形成清晰的顶层设计，完善规划管控体系，组织实施一批街区更新项目，持续深化非首都功能疏解，推出一批样板街区，实现“一保护”（保护老城传统风貌）“双提升”（提升老城功能活力、提升老城环境品质）“双改善”（改善居民生活条件、改善交通出行条件），“大城市病”治理取得新进展，“四个服务”能力明显提升。街区更新的远期目标（2023年—2035年）是：国际一流的首善之区初步建成，非首都功能疏解任务全面完成，“大城市病”基本消除，政务服务保障充分，基础设施完善，街区环境品质全面提升，成为展示首都形象和古都魅力的文化高地，成为经济高质量发展的标杆地区，以及城市治理现代化的标杆地区。

三、开展街区更新、推动历史文化街区保护复兴的思路建议

站在新时代推进首都治理现代化的新起点上，在中央和市委、市政府领导下，东城区坚持以习近平新时代中国特色社会主义思想为指导，学习借鉴浙江、上海等地区的先进城市治理经验，深入探索街区更新可推广的实施路径，注重历史文化保护、注重织补空间、注重改善居住条件、注重多元参与、注重加强统筹，着力推动城市治理创新，破解短板问题，更好地满足首都人民群众美好生活的需要。

（一）完善规划体系，夯实城市治理的制度基础

习近平总书记指出：“城市规划在城市发展中起着重要的引领作用。”开展街区更新，就要完善规划体系，突出历史文化保护，坚决维护规划的权威性和严肃性，推动城市治理的法治化和规范化。

在城市总体规划和核心区控制性详细规划的指导下，要创新街区规划编制方式，坚持开门搞规划，做到自上而下和自下而上相结合，制定街区更新规划编制技术导则，划定一、二级更新单元，摸清底数，明确街区功能定位和特色，分类编制好街区更新规划。编制各类管控导则，落实好北京历史文化街区风貌管控与更新设计导则，明确老城“不能做什么”，对重点街区的城市景观视廊、公共空间、建筑高度和色彩、广告牌匾、步行道等进行动态控制和引导，突出首都城市特色，注重人居环境改善和文明传承、文化延续。探索建立适合历史文化街区特点的老城房屋修缮、市政设施更新、公共服务配套等技术标准，补齐城市功能不足的短板。落实“老城不能再拆了”的要求，综合施策，严格控制人口规模和建筑规模，切实做到减量减负，促进人口资源环境与城市战略定位相协调，从根本上逐步破解“大城市病”。

法令行则国治。开展街区更新，最终要建立以法定规划为根本，以城市设计导则为补充，以责任规划师制度为保障，以城市体检评估为反馈的规划管控体系，完善城市治理的制度基础，充分发挥规划的引领作用和刚性约束力，依法解决城市治理的各种问题，最大限度地保护老城历史文化的整体价值。

（二）加强统筹，提升街区治理的系统化、精细化水平

一流城市要有一流治理，开展街区更新必须遵循城市工作规律，把握城市工作的综合性、系统性和整体性要求，加强统筹能力建设，在科学化、精细化、智能化上下功夫。

建立完善区级统筹、街道主责、社区协同参与的街区更新工作机制，优化组织领导体系，统筹好部门街道、专家学者、实施企业、社会组织、居民等多方面力量，深入开展街区更新技术路径与保障机制的研究，统筹好更新单元的道路交通、绿地等重要系统和社区配套服务、视线通廊控制等空间要素，系统谋划，抓好街区更新编制及组织实施，并根据实际情况变动及时做到技术策略的动态调整。深化街道大部制改革，完善“街道吹哨、部门报到”机制，加强街道作为街区更新实施平台的统筹能力建设，

三里河地区再现“水穿街巷”“庭院人家”（区融媒体中心提供）

将资源配置、指标平衡的权力交给街道，将人力、财力向街区聚焦，给街道社区赋能放权。发挥街道的属地作用，聚焦主责主业，强化服务职能，时刻做到“民有所呼、我有所应、接诉即办”，集中力量解决好群众家门口的事情。

习近平总书记强调：“既要善于运用现代科技手段实现智能化，又要通过绣花般的细心、耐心和巧心提高精细化水平，绣出城市的品质品牌。”东城区作为网格化管理的发源地，要通过街区更新创新城市治理理念、制度、机制、方法等，将精细化的要求贯穿城市工作全链条，充分依托大数据、云计算、物联网、人工智能等现代信息技术及手段，加快智慧城市建设，构建大数据中心，整合全区数据资源和工作平台，将网格单元管理与街区更新单元更好地结合起来，创新公众参与方式，拓宽公众参与的平台和渠道，着力破解各种难题，提高城市治理的精细化、智能化水平，努力打造“城市网格化服务管理模式”的升级版，让城市治理更智慧，让人民群众的生活变得更美好。

（三）坚持以文化城，提升街区活力和城市魅力

街区更新要着力保护历史文化遗产，挖掘历史文化资源的内涵，以文化城，传承文脉，繁荣城市文化，提升发展活力，擦亮古都历史文化金名片。

街区更新首当其冲的重要任务，就是保护、传承和发展首都丰富的历史文化资源。发挥历史文化名城保护委员会作用，构建老城保护工作平台，统筹风貌保护和修缮管理技术性工作，健全多元主体参与院落修缮保护的政策，认真落实控规和街区更新规划要求，加强城市设计，保护好胡同肌理、传统四合院规制。落实中轴线申遗保护规划，加快推进不合理占用文物的腾退，细化街区文物保护建筑恢复性修缮、传统四合院恢复、天际线控制、视线通廊控制、整体风貌控制等各项任务，建立项目库，以工匠精神有序实施更新，尤其要对历史文化街区精心雕琢，让每一处院落、会馆、门楼、影壁、砖雕都亮起来，让文化活起来，传承文脉，留住京味儿，重塑中轴线壮美的空间秩序和迷人的古都风韵。

在保护历史文化遗存及传统风貌的同时，街区更新更注重满足人民对城市美好文化生活的需要，全面提升街区活力。从满足居民社会生活入手，做好公共开放空间的改造提升，开展绿化美化，恢复历史水系，改善提升市政基础设施，补齐便民服务设施，优化交通出行，让街区更有人情味。落实“崇文争先”要求，推动文化与其他产业融合发展，探索引入社会投资，有效盘活利用老旧厂房等工业遗存，植入“高精尖”产业，加快文化等主导产业高端发展，推动“老字号”企业转型升级，不断提升街区发展活力。坚持以文化城，注重挖掘街区的历史文化资源和特色，将特色文化元素融入城市整体形象设计，传承弘扬

改造升级后的西草市“戏装一条街”（区融媒体中心提供）

非物质文化遗产，讲活胡同文化故事，繁荣社区文化，增强市民情感归属和认同感，彰显首都核心区的文化影响力和魅力。

（四）厘清政府、市场和社会关系，充分调动多元主体作用

街区更新要实现近期的“一保护”“双提升”“双改善”等目标，以及远期目标，都离不开市场力量的推动和多元主体的作用发挥。

通过在街区空间层面的组织实施，进一步厘清政府与市场、社会的关系，明确街区更新的任务清单和权责划分，发挥市场机制作用，搭建政府、企业、社会、单位、居民等多元主体参与街区更新的平台，完善多渠道投融资运营机制，推动政府、企业、产权单位、居民等主体共担更新责任，共享发展成果，既弥补财政资金的不足，又增强参与主体的社会责任感和积极性，形成与城市共生共荣的情感纽带。

鼓励、引导多元参与房屋保护更新，在平房区积极探索“统规自建”的更新模式，鼓励产权人自主更新；稳步推动“申请式腾退”的住房改善机制，鼓励平房区房屋产权人和公房租住居民自主申请腾退，引入企业参与更新改造以及居民腾退后的修缮保护和房屋经营管理，打造建筑共生、居民共生、文化共生的“共生院”模式。制定相关政策，鼓励企业在街区更新规划的指导下，开展商业、养老等便民服务。探索腾退房屋、趸租房屋的特许经营机制，以及国有企业特许经营和日常业态管理的弹性管理办法，保证公共资金投入的公益性。加强资金运营管理，提高盈利空间，增强公共财政资金投入的可持续性。加强文物使用、工程监管、日常管理等方面的长效管理监督机制，适度鼓励公众参与，推动文物开放，发动街区力量共

草厂社区“小院议事厅”（区融媒体中心提供）

建共享。

（五）坚持人民城市人民建，完善多元协商共治的街区社会治理格局

街区更新，人人有责。街区更新本身就包含着多元共治的理念，是厘清政府、市场和社会之间的关系，解决政府缺位、越位问题的有效抓手，通过街区更新更好地推动基层社会治理创新，不断增强人民群众获得感和幸福感。

开展街区更新要始终贯彻以人民为中心的发展思想，紧紧抓住新时代人民群众的“七有”要求和“五性”需要，将社会治理体系和城市空间管理体系有机结合起来，全方位推动社会治理现代化。坚持党建引领、共建共享，强化社区居委会的自治主体作用，完善小巷管家、“小院议事厅”等协商议事平台，推动成立大杂院、老旧小区院落、小区业委会，促进社区治理与居民参与的有机结合，引导居民通过有序参与、制定居民公约等途径，妥善解决老旧小区自治管理、胡同停车、环境卫生等难题。引入专业组织和技术力量进社区，在准确把握街区规划、导则以及相关法律规范基础上，作为协商机制中的技术参谋和法律支持，把握协商方向，为居民提供有效的服务，如街区责任规划师制度的建立就是一个典型范例。居民协商共治模式的重点是建立系统化投入决策机制、均衡性投入计划，有序推动各类街区、街巷胡同、院落建筑的均衡提升与改善，在公共服务布局中明确重点投入和普惠投入关系，有效防止计划管理、指标管理中的投入不均导致的配置失衡问题。通过广泛参与，有效提升了居民对街区治理的责任感和主人翁意识，街区治理成效更容易被群众认可，有利于形成人人有责的共建共享良好氛围。

大事记

环二环绿道改造（薛毅摄）

大事记

1月

1月2日 蔡奇到区召开2018年全面从严治党（党建）工作考核现场会。

同日 东城区人事档案公共管理服务子系统正式上线。

1月5日 市十五届人大二次会议东城团举行会前分团活动。

1月7—10日 政协北京市东城区第十四届委员会第三次会议召开。

1月8日 东城区发出首张个体工商户网络经营营业执照。

1月8—10日 北京市东城区第十六届人民代表大会第五次会议召开。

1月14—20日 区领导夏林茂、金晖、吴松元、于静、高丽萍出席北京市第十五届人民代表大会第二次会议。

1月16日至3月10日 “南北遗韵 灵指相承”民间工艺展在中国华侨历史博物馆开幕。展览展示东城区与福建泉州的9个非遗项目，设置非遗进校园的教学成果展区，展出中小学生108幅手工艺作品。

1月20日 国务院副总理刘鹤检查北京站春运工作。

同日 雍和文化艺术中心正式揭牌，该中心注册于国子监乙28号，建筑面积7.7万平方米。

1月23日 北京市中西医结合老年健康研究所、国医大师金世元名老中医工作室落户隆福医院。

同日 东城区的东兴楼饭庄、利生体育商厦、北京制帽厂、北京前进鞋厂、浦五房肉食厂5家品牌入选北京市第四批老字号企业。全区认定北京市老字号品牌达到55个，占全市北京老字号品牌的28.95%。

1月24日 东城区举行弘扬“劳模精神、劳动精神、工匠精神、志愿精神”进校园活动启动仪式。

1月28日 第四届钟鼓楼相声汇“笑迎新春”专场活动举行。

1月29日 《40年，我和我的东城》图书发行仪式举行。该图书是区委宣传部与北京电视台《这里是北京》栏目合作的10集人文专题纪录片《40年，我和我的东城》的同名出版物，传播展示东城历史文化资源，讲述发生在居民身边的东城故事。

1月30日 《东城区产业指导目录（2018年版）》正式发布。

2月

2月1日 中共中央总书记、国家主席、中央军委主席习近平到前门东区草厂四条胡同察看街巷风貌，听取区域规划建设、老城保护、疏解腾退、人居环境改善等情况介绍，并同朱茂锦一家人包饺子、聊家常。

2月11日 蔡奇围绕“贯彻落实习近平总书记视察慰问重要指示精神，做好老城保护提升”主题到区调研。

2月12日 蔡奇以“四不两直”方式到育群胡同和大佛寺东街调研平房区民生服务保障。

同日 蔡奇参加并指导区委常委班子2018年度民主生活会。

2月14日 东城区政府全体（扩大）会议暨深入推进疏解整治促提升工作部署大会召开。

2月17—19日 2019年“非遗闹元宵”——第九届东城区新春非遗庙会活动在区第二文化馆举办。

2月18日 中共东城区第十二届纪律检查委员会第四次全体会议召开。

2月19日 “福满京城 春贺神州”永定门灯光秀举办。

2月22日 陈吉宁以“四不两直”方式到区调研交通、环保等工作。

2月28日 东城区举行“德耀京华 感动东城”道德模范颁奖典礼。

同日 共青团北京市东城区十一届七次全委（扩大）会召开。

3月

3月1日 区2018年度党（工）委书记抓基层党建述

3月22日，东城区应急管理局挂牌成立（张传东摄）

职评议考核工作会召开。

同日 天坛体育活动中心冰场对外开放。

3月6日 东城区经济工作会议召开。

3月9—31日 北京市第十二届北京明城墙梅花文化节举行。

3月15日 东城区首家老残一体服务中心——天坛街道养老助残中心揭牌投入使用。

3月16日 蔡奇参加区巡视整改进展情况汇报会。

同日 区委召开区级机构改革动员部署会。

同日 中轴线南北两处大尺度公园（安德城市森林公园、燕墩公园）开工建设，并分别于9月3日、9日完工。

3月19日 东城区机关干部在天安门广场举办“不忘初心、牢记使命”主题党日教育活动。

3月20日 区人力社保局颁发全市首张《人力资源服务许可证》。

3月22日 区政府机构改革新组建部门（区应急管理局、区文化和旅游局、区市场监管局、区住建委、东城规划和自然资源分局、区生态环境局、区商务局、区退役军人事务局、区卫生健康委、区医疗保障局、区政务服务管理局）挂牌仪式举行。

同日 区教育系统“同上一节课”主题活动暨师德师风建设年启动仪式在北京市广渠门中学举行。

3月23日 蔡奇到区调研王府井步行街延长工作。

4月

4月3日 区领导与阿尔山市代表团召开对口帮扶工作联席会议。

同日 东城区召开2019年“扫黄打非”暨文化市场管理工作会。

4月4日 东城区巡视整改工作部署暨“一带一路”论坛、世园会、亚洲文明对话北京峰会服务保障工作动员大会召开。

同日 北京医院与鼓楼中医医院、体育馆路和天坛社区卫生服务中心签署医联体合作协议。

4月8日 北京侨商会党支部成立大会召开。

4月16日 北京市首家社区专项基金——朝阳门街道朝西社区发展专项基金成立。

4月18日 北京·东城非物质文化遗产展览展演活动在台湾高雄佛光山开幕。

4月20日 蔡奇调研南锣鼓巷四条胡同修缮整治工作。

4月22日 区举办“青春心向党·建功新时代”纪念五四运动100周年主题教育活动。

4月23日 “读经典学新知链接美好生活”全民阅读系列活动启动。

4月28日 东城区举办庆祝五一国际劳动节表彰先进集体和先进个人暨习近平总书记给劳模班回信一周年纪念活动。

同日 东城共青团、北京公交共青团在北京新文化运动纪念馆（北大红楼）联合举办“青春心向党 建功新时代”特别主题团日活动暨五四专车开通仪式。

同日 前门街道党校揭牌仪式暨党员初心主题教育活动举办。

4月30日 区妇科专科医联体成立。

4月 东城区完成第十届社区居委会选举工作。

5月

5月8日 区政协举办“寻根之行”——纪念中华人民共和国成立70周年暨人民政协成立70周年主题系列活动启动仪式。

5月10日 陈吉宁以“四不两直”方式到王府井检查调研。

同日 第十二届北京中医药文化宣传周暨第十一届地坛中医健康文化节在地坛公园开幕。

同日 2019年区政府廉政工作会议召开。

5月11日 蔡奇调研中轴线申遗保护工作。

同日 “非遗遇上冰雪·红桥连接世界”——欢庆北京冬奥会倒计时1000天、非遗遇上冰雪主题展销馆开馆仪式举行。

5月20日 市人大常委会主任李伟带队到区调研中轴线文物保护工作。

5月20日至9月初 戏剧东城·2019南锣鼓巷戏剧展演季举办。

5月24日 东城区召开教育大会。

5月25日 东城区新时代文明实践中心揭牌暨新时代文明实践推动日启动仪式举行。

5月29日至6月9日 东城区举办2019“故宫以东”艺术品交易文化旅游季。

5月31日 王府井时尚消费嘉年华开幕式举行。

6月

6月5日 端午文化节主城区主场活动在龙潭公园举办。

6月10日 东城区与维利亚市签订《希腊共和国维里亚市和中华人民共和国北京市东城区关于文化、旅游、商贸等领域的谅解和合作备忘录》。

6月17日 蔡奇到东城区交道口街道开展“不忘初心、牢记使命”主题调研。

6月18日 首家国粹京剧体验馆——“亮相天乐园”重装开业。

6月22日 北京市鼓楼中医医院和中国中医药信息学会正骨推拿分会联合主办的首届正骨推拿传统与创新论坛开幕。

6月24日 东城区举办首次人大代表大讲堂活动。

同日 东城区向澳大利亚思迈集团网私人有限公司北京代表处发出外国（地区）常驻代表机构登记证，这是北京市市场监管局下放登记管辖权后全市发出的首张外国（地区）常驻代表机构登记证。

同日 首届海峡两岸社团联谊会在区开幕。

6月26日 东城区召开庆祝中国共产党成立98周年大会。

同日 东城区举办“健康人生，绿色无毒”主题禁毒宣传教育活动。

6月28日 国内首家以非遗为主题的文创园区——“咏园”在区正式开园。

6月5日，端午文化节主城区主场活动在龙潭公园举办（王建国摄）

6月29日 东苑戏楼“再芬黄梅艺术传播中心成立揭牌仪式暨再芬黄梅艺术经典专场演出”活动举办。

7月

7月1日 东城区举办“我和我的祖国”——东城区庆祝中国共产党成立98周年暨喜迎中华人民共和国成立70周年专场文艺演出。

同日 南锣鼓巷出台全市首个历史文化街区停车规划。

7月5日 体外除颤仪接收暨捐赠仪式启动，爱心企业北京贝尔达科技有限公司支持向东城区捐赠价值21.6万元的8台心脏除颤仪（简称AED），首台AED落户王府井百货大楼。

7月9日 市人大常委会主任李伟带队到区开展“两条例一决定”执法检查。

7月10日 东城区文创园区协会成立揭牌仪式在德必天坛WE”文创园区举办。

同日 东城区文化市场综合执法大队挂牌仪式举行。

7月12日 蔡奇、陈吉宁围绕“不忘初心、牢记使命，持续推进垃圾分类工作”到区调研。

7月14日 蔡奇以“四不两直”方式到区调研国内首家以非遗为主题的文创园区——咏园。

7月17日 东城区与福建省南平市缔结友好区市签约仪式暨“武夷山水”品牌宣介活动举行。

7月29日 东城区人大常委会召开市人大东城团代表年中集中活动。

7月31日 东城区征兵工作会议召开。

8月

8月2日 东城区与马来西亚砂拉越州古晋南市签订两地友好交流备忘录。

8月6日 东城区与蒙古国乌兰巴托市苏赫巴特尔区签订《关于加强教育、文化、经贸等领域交流的协议书》。

8月8日 体育馆路街道设立全区首个“楼宇管家团”。

同日 东城区召开落实中央督导组反馈意见整改工作部署会。

8月9日 蔡奇以“四不两直”方式到王府井地区调研。

8月9—28日 区人大常委会开展“万名代表下基层，全民参与修条例”活动。

8月12日 王府井百货大楼引进的“和平菓局”开

业，并成为步行街新的“网红打卡地”。

8月13日　“故宫以东”之文化行旅项目特约合作签约仪式举行。

8月14日　东城区垃圾分类工作动员部署大会暨街巷长、小巷管家表彰会召开。

8月21日　以天坛腾退的真实故事为原型改编的原创话剧《老丁头的安居生活》在青蓝剧场首演。

8月23日　银杏养老服务中心试营业，位于东四十三条53号院，面积1100平方米，共25个房间，37张床位。

8月29日　国家统计局东城调查队成立大会暨揭牌仪式举行。

9月

9月3日　“新航星·新文娱”活动在中关村雍和航星园开幕。

同日　2019北京国际设计周东城分会场“创意点亮北京”活动开幕。

同日　市公安局在前门小学挂牌建立“高宝来爱民服务岗”。

同日　东城区首家地下非机动车停车场在广渠家园23、24号楼落成。

9月4日　蔡奇以“四不两直”方式到区调研崇雍大街环境综合整治提升和雨儿胡同修缮整治提升工作。

9月9日　区委“不忘初心、牢记使命”主题教育工作会召开。

9月16日　东城区大型人文专题纪录片《70年，古都新韵》在BTV新闻频道开播。

9月19日　东城区“以案为鉴、以案促改”警示教育大会召开。

9月25日　东城区服务保障中华人民共和国成立70周年庆祝活动誓师动员会召开。

9月26日　蔡奇到区检查国庆游园服务保障工作及节日市场供应情况。

9月30日　东城区举行2019年烈士纪念日公祭仪式。

10月

10月8日　蔡奇围绕“深入学习贯彻习近平总书记在庆祝中华人民共和国成立70周年大会上重要讲话精神，开展好全市第二批‘不忘初心、牢记使命’主题教育，进一步加强接诉即办工作”主题到区调研。

10月8—22日　庆祝中华人民共和国成立70周年“中国人家”大型摄影展在王府井大街举办。

10月10日至11月3日　戏剧东城·2019东城故事原创剧目展演暨戏剧进基层演出活动举办。

10月11日　东花市街道商会小巷管家志愿服务队揭牌成立。

同日　2019柏林——北京新丝路老爷车拉力赛北京抵达仪式在王府井步行街举行。

10月12—18日　第七届北京孔庙国子监国学文化节举办。

10月16日　天坛街道西草市街——戏装特色街巷开街仪式举行。

同日　首都粮食博物馆开馆。

10月17日　东城区联合中国老区建设促进会、中国优质农产品开发服务协会、中国品牌建设促进会举办“2019‘一县一品’品牌扶贫主题展”在前门大街举办。

10月18日　蔡奇围绕“加强历史文化名城保护，推进中轴线申遗综合整治”主题调研中轴线。

10月18—19日　东城区举办中关村论坛中国北欧可持续发展与创新平行论坛活动。

10月21日　中巴青少年文化交流周暨中巴青少年“一带一路”绘画比赛获奖作品展开幕式举行。活动由京津冀三地友协、东城区政府、首都图书馆与全巴基斯坦中国友好协会共同主办，东城区工美附中、一零九中学22幅学生获奖作品参加绘画展。

10月25日　2019东城区扶贫协作和对口支援地区特色产品推介会在前门大街开幕。

10月26日　东城区首届“社区邻里节”活动启动仪式在前门街道举行。

10月28—29日　第三届“文明古国论坛部长级会议学者论坛”在故宫博物院召开。

10月29日　东城区“不忘初心、牢记使命”主题教育红色经典诵读会在风尚剧场举办。

10月30日　“2019思源救护中国行”暨芭莎公益慈善基金捐赠东城区帮扶地区100辆救护车发车仪式在龙潭公园举行。

11月

11月1日　中华人民共和国成立70周年庆祝活动东城区筹备和服务保障工作总结大会召开。

同日　广和楼复建亮相前门大街。

11月1—18日　第六届前门历史文化节举行。

11月6日　区委召开推行公务员职务与职级并行制度工作部署会。

11月8日　市人大常委会主任李伟到区调研北京市城市总体规划实施情况。

11月26日，萃华楼饭庄举行老字号授牌仪式（张维民摄）

11月13日 东城区第十五届全民终身学习活动周启动。

11月13日至12月29日 “戏剧东城·第三届全国话剧展演季”活动举行。

11月14日 第七届京津冀文化创意产业合作及项目推介会北京市主宾城区（东城区）活动举办。

11月26日 老品牌萃华楼北京老字号授牌仪式举办。

11月27日 第六医院李定忠名老中医工作室揭牌。

12月

12月2日 蔡奇参加区委常委班子“不忘初心、牢记使命”专题民主生活会。

同日 东城区召开全区领导干部大会。

12月3日 北京市知识产权公共服务东城区中心挂牌成立。

同日 东城区特殊教育学校携手区培智中心学校，房山区、大兴区、平谷区特殊教育学校在区少年宫举办“爱·梦想——庆祝中华人民共和国成立70周年暨第28个国际残疾人日”教育成果展示活动。

12月5日 东城区人大常委会召开授予“东城区优秀法官”“东城区优秀检察官”“东城区优秀人民警察”荣誉称号大会。

12月9日 东城区举办学习贯彻党的十九届四中全会精神宣讲启动仪式暨专题报告会。

12月9—10日 第十一届北京快板邀请赛暨2019京津冀鲁快板邀请赛在区举行。

12月11日 蔡奇以“四不两直”方式到建国门街道崇内社区调研。

12月13日 由清华大学五道口金融学院和东城区委、区政府共同主办的2019中国文化金融峰会举办。

12月15日 蔡奇以“四不两直”方式到王府井和隆福寺地区调研。

12月19日 2019东城区戏剧普及成果展演开幕式暨2019戏剧东城蓝皮书发布会举行。

同日 东城区智慧教育示范区建设推进会暨区域智慧教育生态协同发展共同体成立大会召开。

12月20日 北京市第二中学许逸飞、广渠门中学李泓舟获第十八届北京青少年科技创新市长奖。

12月20—27日 王府井步行街北延开街庆祝活动举办，王府井步行街向北延长344米至灯市口，长度增至892米。

12月23日 东城区首个直管公房——东直门外北二里庄申请式退租项目启动。

12月27日 中国少年先锋队北京市东城区第七次代表大会举行。

同日 东城区第六届冰雪嘉年华启动仪式暨东城区第五届冰蹴球对抗赛举行。

12月28日 东城区金融业高质量发展三年行动计划（2020年—2022年）发布仪式暨“紫金服务”政银企交流会举行。

12月30日 三联韬奋书店美术馆总店重装开业。

区情概览

柳荫公园（王建国摄）

区情概览

基本地情

东城区是北京市中心城区、首都功能核心区之一。根据《北京城市总体规划（2016年—2035年）》，东城区的功能定位是全国政治中心、文化中心和国际交往中心的核心承载区，是历史文化名城保护的重点地区，是展示国家首都形象的重要窗口地区。境内的天安门广场是重大庆典、重要国务活动场所，王府井商业街是首都商业形象的代表之一。

地理位置

东城区地处北京市中心城区东部，地理坐标位于东经116° 23′ ~116° 27′，北纬39° 52′ ~39° 58′，面积41.84平方千米。东部、北部与朝阳区相连，南部同丰台区接壤，西部与西城区相接，东西最宽处5.2千米，南北最长处13.0千米。

建置沿革

《史记·周本纪》载：封帝尧之后于蓟，今东城区域属蓟。秦汉至隋唐，属蓟县、伐戎县。辽开泰元年（1012）设析津县，属析津县。金贞元元年（1153）改析津县为大兴县。1928年6月，改北京为北平，划为特别市，属北平特别市。1930年改北京特别市为河北省北平市，属河北省北平市。1931年11月，北平市各区改为按数字顺序排列。1945年8月，北平市在内城增设第七区，东城区域内有第一区、第三区、第八区、第十区全部，第五区、第六区、第七区、第十二区东半部及第十三区、第十五区、第十九区、第二十区部分。1949年9月，改北平为北京。1950年5月，北京市城区区划调整，将12个区合并为9个区。东城区域内有第一区、第三区、第七区全部，以及第五区、第六区、第九区东半部。1952年7月，撤销第五区，将其东半部分别并入第一区、第三区。同年9月，第一区改为东单区，第三区改为东四区；第七区改为崇文区，将被撤销的第九区东半部分并入。至此，东城区域有东单区、东四区、崇文区全部和前门区东半部。1958年5月，东单区、东四区合并，成立东城区；撤销前门区，将其东半部并入崇文区。2010年6月，崇文区与东城区合并，成立新东城区。

行政区划

东城区设东华门、景山、交道口、安定门、北新桥、东四、朝阳门、建国门、东直门、和平里、前门、崇文门外、东花市、天坛、体育馆路、龙潭、永定门外17个街道，177个社区。另设有北京站地区管理委员会、王府井地区管理委员会和中关村科技园区东城园工作委员会。区政府驻景山街道。

人　口

2019年年末全区常住人口79.4万人，比2018年年末减少2.8万人，降幅为3.4%。其中，常住外来人口15.4万人，比2018年年末减少1.1万人，降幅为6.7%，占常住人口的比重为19.4%。常住人口密度为18977人/平方公里，比2018年年末减少669人/平方公里。2019年年末全区户籍人口98.8万人。有汉族、回族、满族、蒙古族、朝鲜族、壮族等48个民族。

地形气候

地处永定河洪积冲积扇形地的脊背，从西北山区向东南缓慢下降的开阔平原上，地势由北向南缓倾。地形为缓倾斜冲积平原区。境内最高点位于南锣鼓巷，海拔49米，最低点位于龙潭东湖东南，海拔36米。气候属典型的暖温带大陆性季风气候，冬冷夏热，四季分明。多年平均气温11.5℃，1月平均气温-4.6℃，极端最低温度-20℃；7月平均气温25℃，极端最高气温40℃。最低月均温度-10℃，最高月均气温25.9℃。春季温暖，从4月初至6月初，平均气温12℃～13℃；夏季炎热，从6月初至9月初，平均气温24℃～25℃；秋季短暂，从9月初至10月底，平均气温12℃～13℃；冬季严寒，从10月底至次年4月初，平均气温-3℃～-4℃。年平均日照2556.9小时，年总辐射4937.6兆焦／平方米。年平均降水量626毫米，年平均降水日数71.2天。

历史文化

东城区大部分位于明清北京城东部，从永定门到钟鼓楼7.8千米的传统中轴线纵贯全区。有北京市历史文化保护区18.5片、10.46平方千米，占全区总面积的25%，是全市历史文化遗存和胡同四合院最为密集的地区。有全国重点文物保护单位37项、北京市文物保护单位69项、东城区文物保护单位58项，其中故宫、天坛、大运河（玉河故道）入选《世界遗产名录》。有国家级非物质文化遗产31项、北京市级非物质文化遗产61项（含国家级）、东城区级非物质文化遗产188项（含国家级、市级）。智化寺京音乐在2006年6月被列入第一批国家非物质文化遗产名录。北京城中轴线古今标志性建筑除去景山万春亭均在东城区域内。1986年10月9日评选揭晓的“新北京十六景”，东城区有其三，分别是“天安丽日（天安门）”“紫禁余晖（故宫）”“圜丘清音（天坛公园）”，其中“天安丽日”位居榜首。

国民经济和社会发展

经济发展

经济总量　全年实现地区生产总值2910.4亿元，按可比价格计算，比2018年增长6%，其中，第三产业实现增加值2822.9亿元，增长6.2%，占全区经济总量的97%；第二产业实现增加值87.5亿元，下降0.6%，占全区经济总量的3%。按常住人口计算，全区人均地区生产总值达到36万元（按年平均汇率折合5.2万美元）。

从主要行业看，金融业是占比最大的行业，实现增加值769.8亿元，增长8.4%，占全区经济总量的26.4%。

财政收支　全区一般公共预算收入达到189.7亿元，比2018年增长8%。其中，增值税完成54.3亿元，增长4.6%；企业所得税完成49.7亿元，下降3.1%；房产税完成30亿元，增长6.3%；城市维护建设税完成12.8亿元，下降5.5%。

全区一般公共预算支出（不含基金预算支出）完成259.3亿元，比2018年增长3.1%。城乡社区支出、教育支出、社会保障和就业支出是公共财政预算支出的主要方向，分别支出66.9亿元、70.6亿元、34.5亿元，占比达到66.3%。

固定资产投资　全年全区固定资产投资比2018年下降8.8%。其中，房地产开发投资比2018年下降58.4%。分产业看，第二产业投资比2018年下降41.5%；第三产业投资下降7.6%。

全区固定资产投资施工面积229.3万平方米，其中，房地产开发施工面积148.4万平方米；全区固定资产投资竣工面积10.1万平方米，其中，房地产开发竣工面积3.6万平方米。

消费　全年实现社会消费品零售总额1319.5亿元，比2018年增长5%。

对外经贸　全年新设外商投资企业92家，其中，中外合资25家，外商独资67家。全年实现实际利用外资6.3亿美元，较2018年增长0.2%。全年实现进出口额1173.2亿元，增长13.3%。其中，进口额955.7亿元，较2018年增长15.1%；出口额217.5亿元，增长6.1%。

园区发展　截至年末，中关村东城园区拥有规模以上高新技术企业209家，较2018年增长4%；累计实现总收入2509亿元，较2018年增长16.4%；累计实现出口总额40.4亿元，较2018年下降8.1%。

主要行业

工业　全区规模以上工业企业实现工业总产值177.1亿元，较2018年增长1.3%；实现工业销售产值177.3亿元，增长4.5%。

建筑业　全区具有资质等级的总承包和专业承包建筑业企业完成建筑业总产值896.3亿元，较2018年增长10.7%。2019年新签合同额1276.1亿元。

批发和零售业　全区批发零售业实现商品销售总额8319.9亿元，比2018年增长9.2%。其中，批发业实现商品销售额7372.0亿元，零售业实现商品销售额947.9亿元，比2018年增长5%。

住宿和餐饮业　全区住宿餐饮业实现营业额180.3亿元，比2018年增长2.7%。其中，住宿业营业额79.1亿元，比2018年下降1.8%；餐饮业实现营业额101.2亿元，比2018年增长6.5%。

金融业　年末全区中资金融机构人民币存款余额16035.6亿元，与2018年同期基本持平，占北京市中资金融机构人民币存款余额的比重为10%。其中，单位存款9546.3亿元，个人存款3259.7亿元，其他存款3229.5亿元。全区中资金融机构实现人民币贷款余额7158.7亿元，比2018年末增长2.5%，占北京市中资金融机构人民币贷款余额的10.5%。其中短期贷款2395.7亿元，中长期贷款4484.6亿元。

房地产开发业 全年实现商品房销售额26.3亿元，比2018年增长186.5%。其中，住宅销售额15.2亿元，商业营业用房销售额10.6亿元。商品房销售面积2.5万平方米，比2018年增长150%。

居民生活 全区居民人均可支配收入达到81592元，比2018年增长8%；居民人均消费支出52715元，比2018年增长7.5%。居民人均消费支出中，食品烟酒支出10562元，比2018年增长5.8%；衣着支出3013元，比2018年下降4.3%；居住支出19407元，比2018年增长12.1%；生活用品及服务支出2794元，比2018年下降7.5%；医疗保健支出3933元，比2018年增长13.3%；交通通信支出5126元，比2018年增长0.3%；教育文化娱乐支出6037元，比2018年增长13.7%；其他用品和服务支出1844元，比2018年增长10%。

产业发展 “1+5+N”产业政策体系基本形成，投入产业扶持资金15.1亿元，文化、金融、信息服务三大主导产业集聚效应更加凸显。加快文化创新融合，文化经济特色越发鲜明。制定《金融业高质量发展三年行动计划》，实施“一体两翼一核”发展战略，成立区金融发展联盟，大力实施招优引强，引进农银理财、中石油共享等19家金融机构，预计金融业增加值占比23.8%，稳居各产业之首。推动信息服务业发展，中关村东城园高新技术企业突破千家，区级税收45.16亿元，增长13.5%，地均产出率全市排名第一。落实上市挂牌企业奖励政策，上市公司市值位居全市前列。发挥医疗、教育等资源优势，加大人才政策支持力度，为产业培育、“高精尖”发展奠定了坚实基础。

重点地区发展 组建王府井等平台公司，加大管理体制改革创新。推动王府井改造升级，实现步行街北延盛大开街，引进国际品牌旗舰店、首店，举办时尚嘉年华等高品质活动。探索王府井等地区商业外摆、快闪活动，打造前门地区成为全市四个“夜京城”地标之一，隆福寺地区改造提升初见成效，古都秀出京华韵、时代范儿。

楼宇经济 搭建重点企业监测平台和楼宇信息监测系统，实现对全区1200余家重点企业和257栋商务楼宇动态监测。与37座楼宇签订合作协议，提高楼宇经济贡献度。与世邦魏理仕等五大中介机构签订招商合作协议，协助楼宇招商。完成20座楼宇改造提升年度任务，实现了东直门交通枢纽项目全面复工建设，为产业发展提供了宝贵空间。

营商环境 树立“人人都是营商环境”的理念，在全市首创营商环境特邀监督员制度，着力打造“三大标杆”。召开“优化营商环境、推动高质量发展”大会，创新打造“紫金服务”品牌，全年区级领导班子和各部门、各街道共走访服务企业1291户次，问题解决率75%。落实“四全”服务标准，为商务楼宇、重点企业精准配备服务或区域管家，亲商、厚商的氛围逐步形成，在2019年公布的全市营商环境排名中名列前茅。

文创园区—咏园（赵亮摄）

文化产业 正式获批创建“国家文化与金融合作示范区”，成功举办第三届中国文化金融峰会，大力推广“故宫以东”等知名文商旅品牌。发布“文菁计划”，优化文化产业发展专项资金政策。积极利用平房院落、老旧厂房改造升级建设文创园区。成立全国首家区级文创园区协会，大磨坊文创园、尚8远东科技文化园等投入使用，文化产业实现新发展、快提升。

政务服务 制定进一步优化营商环境实施意见，召开“优化营商环境、推动高质量发展”大会，推出“紫金服务”品牌，开展“四全”服务。出台构建亲清政商关系十项举措，全面落实“1+4”联系服务重点企业制度，为830家重点企业配备服务管家，走访服务企业1291户次，利用早餐会、下午茶等形式，开展百余场政企交流互动活动，解决需求和问题326项，解决率75%，为62家重点企业量身定制“服务包”。依托“1+4+3+17”企业服务工作网，打造政企交流APP，搭建政企沟通信息化平台和“紫金服务”督办平台，精准高效开展管家式服务。全面落实国家各项减税降费政策，全年累计减负145.5亿元。完成清理拖欠民营企业、中小企业账款年度任务。开展“减证便民”行动，精简办事材料60%以上，600个高频事项实现“最多跑一次”或“一次不用跑”。设立企业服务“专窗专线专区”，企业变更登记基本实现“一次办结、即时取照”。完成街道政务服务中心综合窗口改革，149项民生事项实现“全区通办”。营商环境评价排名位居全市前列。

国庆服务保障工作

全区近47万人次直接参与国庆各项工作，完成群众游行、联欢活动、观礼和游园活动等任务，获得中央、市

草厂胡同新貌（区融媒体中心提供）

委市政府和社会各界肯定。建立健全三级指挥体系，统筹开展全区21个方面60项安保任务，实施9大类26项环境整治提升工程，做好23处集结疏散路段保障，所有安全生产高风险点位得到有效管控，交通运行和停车管理顺畅有序，水电气热等城市生命线运行平稳，完成三次演练和庆祝活动当日服务保障任务，向党中央、北京市和全区人民交上了一份满意的答卷。

非首都功能疏解

“疏整促”工作 有序推进医疗卫生等相关功能疏解转移，天坛医院实现整体搬迁。加强“七小”业态管控，推进王府井277号院改造升级。天泽祥菜市场等完成升级改造，加快推进百荣世贸商城转型升级。充分利用疏解空间补齐短板，建设提升各类便民商业网点40个。天坛医院实现整体搬迁。拆除违法建设14万平方米，封堵违规开墙打洞606处，实现无证无照、占道经营、新增违建、地下空间违规住人等动态清零。基本完成“百街千巷”三年行动计划，902条支路胡同通信架空线梳理入地，清理线缆2万公里，拔杆1.1万根，整饰外立面135万平方米，整修道路75万平方米。全面完成14项市级“疏整促”专项行动任务，常住人口规模达到市级要求。

重点区域综合整治 累计完成171条大街、1004条背街小巷精细化提升工程，拆除违法建筑77.2万平方米，封堵开墙打洞7807处，“十无”街巷达标率95%。完成340座公厕品质提升改造任务，全区公厕等级达标率100%，基本实现“冬天不冷、夏天不热、全年无味”。雨儿胡同、草厂四条等5条胡同被评为北京“最美街巷”，73条背街小巷获得“首都文明街巷”称号，数量均居全市之首，“百街千巷”环境整治攻坚战顺利收尾。

城市建设与管理

街区工作 建立街区更新工作体系，在全市率先出台街区更新实施意见和规划编制技术导则，全部街道完成控规编制对接。明确在途项目分类处理意见，推动“双控四降”工作。探索老城整体保护实施路径，建立老物件收集利用标准，在全市率先出台老材料、老构件收集及使用管理办法。南锣鼓巷出台全市首个文保街区停车规划，雨儿胡同完成“共生院”改造，实现胡同不停车。完成皇史宬文物腾退和庐陵会馆等4项修缮工程。南中轴御道实现全线贯通。在街区更新理念的指导下，雍和宫大街完成环境整治提升，实现“多杆合一”“箱体三化”，成为全市的样板街巷。

居住环境 举全区之力开展三大民生项目攻坚，天坛周边简易楼腾退项目签约率达到100%，已拆除43栋；望坛棚改项目整体签约率达到99.1%，非住宅房屋全部完成拆除，2400余套外迁房源完成入住，4000套回迁房实现开工；宝华里危改项目已签约1115户，签约率达到97.5%，700多户居民实现当年搬迁、当年入住安置房，回迁房地块实现开工。西河沿项目西区安置房启动回迁，东区实现开工建设。完成5栋简易楼腾退，修缮改造直管公房698间。营房西街等4个老旧小区完成年度整治任务。老旧楼房加装电梯开工13部，投入使用10部。豆各庄项目1547套保障房竣工。完成229户家庭共有产权住房选房配售工作。实现棚户区改造1366户，提前超额完成市级棚改任务。

生态环境 加强大气污染防治，保持高压执法态势，查处扬尘问题890起，处罚重型柴油车超标车近1.2万辆，完成2586家单位油烟深度治理改造。在全市率先实现垃圾分类全覆盖，全部垃圾由专车分类转运。垃圾分类深度知晓率达到90%、参与率达到60%以上，厨余垃圾分出率15.1%，生活垃圾近年来首次出现减量拐点，总量同比减少16.7%。完成安德城市森林公园、燕墩公园建设，建成17处口袋公园，启动龙潭中湖公园建设。“河长制”工作稳步推进，东便门、筒子河、龙潭湖断面水质均实现市级考核达标。荣获首批“全国节水型社会建设达标区”称号。

交通治理 续建次支路16条，完工通车3条。实施灯市口、东单等26处堵点交通治理，整治17所学校、10家医院周边交通秩序。精简、拆除护栏140公里，完成25公里自行车道慢行系统整治。建成8处停车设施，新增停车位1500余个、共享停车位1000余个。实现全区85条道路6000余个停车位电子收费全覆盖。全区无停车胡同累计达到39条。王府井周边7条胡同在全市率先建成交通安宁步行友好街区。完成北京站地区监控指挥信息化平台建设，实现站内、公安、交通监控资源多方共享。全区高峰时段交通拥堵指数下降8.6%，降幅居城六区首位。

物业管理和垃圾分类 加强老旧小区物业管理工作，强化党建引领，推动在业委会和物业服务企业中建立党组织，并纳入社区治理体系。垃圾分类水平不断提升，在全市率先实现“垃圾分类全覆盖”，建立垃圾分类运行体系和垃圾排放登记系统，党政机关实现垃圾强制分类，编制全市首部中小学生垃圾分类行动指导手册，形成“小手拉大手、垃圾分类齐参与”的生动局面。实现垃圾分类深度知晓率90%、参与率60%以上、厨余垃圾分出率15.12%，生活垃圾总量同比减少16.69%，绿色生活方式更加深入人心。

城市环境 加强交通综合治理和停车管理，实现全区85条道路6000余个停车位电子收费全覆盖，新增停车位1500余个、共享停车位1000余个。在南锣鼓巷制定全市首个文保街区停车规划，王府井周边在全市率先成为交通安宁步行友好街区。聚焦扬尘、重型柴油车、油烟三大主要矛盾，强化大气污染防治和环保执法。龙潭中湖公园改建工程开工建设，完成安德城市森林公园、燕墩公园等大尺度生态绿地建设。

教育 文化 卫生 科技 体育

教育 召开东城区教育大会，制定教育现代化2035战略规划，出台全面深化新时代教师队伍建设改革、加强学校管理实施意见等系列文件。启动教育部“智慧教育示范区”建设项目。推进第三期学前教育行动计划，增加学位2100余个，有效缓解“入园难”。深化学区制改革，义务教育优质资源覆盖率达到98%。10万名学生参与“我和我的祖国”等爱国主义教育活动。推进冰雪运动进校园，实现四季体验常态化。开展爱眼护眼宣传，开设“小壮壮”训练营，加强青少年近视预防及肥胖防控。青少年科技馆项目顺利开工，汇文中学教学楼竣工并投入使用。

全区教育部门办学校共计128所，其中，普通中学38所，在校学生37055人，招生13495人，毕业10493人；职业高中2所，在校学生561人，招生191人，毕业297人；小学51所，在校学生61571人，招生11990人，毕业9503人；特殊教育学校2所，在校学生192人；工读学校1所，在校学生16人；幼儿园30所，在园幼儿11532人；成人教育单位4所，在校学生4675人。全区另有民办、其他形式办学校32所，其中，普通中学2所，在校学生195人，招生38人，毕业49人；职业教育学校2所，在校学生44人，招生0人，毕业2人；幼儿园28所，在园幼儿6449人。

文化 公共文化服务持续优化，“全国话剧展演季”等五大戏剧节轮番举办，惠及群众20万人，推出东城故事原创剧目7部。百年戏楼天乐园重装开业，打造国粹京剧体验馆。新增区级非遗项目28个。举办永定门灯光秀、中秋诗会等文化活动850余场。5400平方米的景山文体中心竣工。言几又书店等一批社会化阅读空间向公众开放。成功举办地坛、龙潭春节文化庙会和元宵节灯会，前门历史文化节、孔庙国子监国学文化节影响力持续提升。

年末全区共有公共图书馆2个，建筑面积1.648万平方米，公共图书馆总藏书数159.6719万册（件），阅览座席972个，全年外借人次23.96万人次，外借册次55.26万册次。全区共有群众艺术馆、文化馆2个，建筑面积1.3412万平方米。

全区共有文物保护单位164个，其中国家级文物保护单37个；市级文物保护单位69个；区级文物保护单位58个。

卫生 全面实施医耗联动综合改革，调整6621项医疗服务价格。基层诊疗量增长8%以上。落实医疗救助相关政策，严厉打击欺诈骗保行为。新建北京中医医院与北京市鼓楼中医医院医联体、区妇科专科医联体，获评全国“城市医联体建设试点城市”。安定门、交道口社区卫生服务中心竣工，普仁医院中西医结合康复诊疗中心投入使用，建成4个院前医疗急救点，获评国家级“安宁疗护试点区”和“老年健康评估试点区”。完成应急救护培训7200人，在全市首创红十字“15分钟救助圈”。食品抽检合格率达99.75%，药品抽检合格率达100%。国家基本公共卫生服务考核和社区卫生绩效考核均居全市第一。17个街道全部建成市级“全民健身示范街道”。

2019年年末全区共有卫生机构554个，其中，医院63个，实有床位9938张，共有卫生技术人员25943人，其中，执业（助理）医师10245人，注册护士10731人。全年诊疗人次数2465.79万人次，其中，门诊人次数2360.57万人次。平均期望寿命84.25岁。

科技 全区技术合同交易成交项目2863项，合同成交

10月12日，第七届北京孔庙国子监国学文化节开幕式（张传东摄）

总金额477亿元，其中，技术交易额406.5亿元。全年专利申请量12437件，专利授权量7721件。

体育 年末全区共有体育场馆109个，其中，体育场9个，体育馆9个，游泳场馆12个，健身房79个（不包括学校和驻区中央、北京市单位的体育场馆）。体育设施2831件，全年举办体育活动382次，参加体育活动人次160万人次。

社会服务管理和社会保障

就业和社会保障 初步建成退役军人三级服务保障体系，完成军转干部和退役士兵安置。应届高校毕业生就业率达到97.7%。在全市率先开展劳动关系纠纷诉前调解。建立12个残疾人帮扶性就业基地，开展残疾人康复服务1.2万人次。建成区级养老服务指导中心，已运营社区养老驿站达到51家，为2027位独居老人提供巡视探访服务。17个街道全部设立困难群众救助服务所，精准帮扶困难家庭243户。设立“东城阳光精准扶贫慈善信托”计划，创新利用金融工具精准扶贫。对口帮扶地区全部实现“脱贫摘帽”。

年末实有城镇登记失业人员4530人，城镇登记失业率为0.84%，失业人员再就业9658人，城镇登记失业人员就业率为66.51%。

全区参加基本养老、基本医疗、失业、工伤和生育保险人数分别为151.67万人、131万人、115.79万人、116.36万人和71万人，分别比2018年末增加3.5万人、0万人、0.08万人、14.01万人和下降5万人，分别比2018年增长2.36%、0%、0.07%、13.69%和-6.58%。

全区享受城市居民最低生活保障家庭数为6185户，城市居民最低生活保障的人数为9798人，城市低保资金实际支出1.04亿元。

全区养老机构19家，床位1229张，收住老人802人。

居民生活 全年全区居民人均可支配收入达到8.16万元，比2018年增长8%；居民人均消费支出5.27万元，比2018年增长7.5%；恩格尔系数为20.0%，比2018年下降0.4个百分点。

社会治理 坚持“民有所呼、我有所应”，建立快速响应、跟踪督办等机制。全年受理12345热线诉求9万余件，解决率不断提升，年度综合成绩位居全市前列，荣获全国“12345热线治理实践奖”。处置城市管理、便民服务事项57万件，结案率达91%。完成第十届社区居委会换届选举，开展社区全响应服务。建成17个市级“社区之家”示范点，“小巷管家”“小院议事厅”“五民”群众工作法在全市推广。深入开展“美丽东城·美好家园”挑战赛。23项区级重要民生实事项目全部完成。

公共安全 完成城市安全隐患治理三年行动任务，1633项挂账隐患全部销账。安全生产责任保险参保单位达到3184家。安装火灾探测报警器2万个，完成60栋木质屋顶住宅防火装置加装工作，新建电动自行车集中充电设施212处。大力开展扫黑除恶专项斗争，110刑事警情连续三年保持下降，刑事案件破案率持续上升，发案量持续保持全市最低水平。297件市级交办信访积案全部结案，完成率100%。加强金融监管和处置协调，有效防范化解金融风险。完成1.5万平方米早期人防工程回填整治。首创下凹式立交桥截源引流法，有效解决汛期桥区积水问题。累计完成3824家单位“阳光餐饮”工程。

党的建设

“不忘初心、牢记使命”主题教育

区委常委会高位统筹，新建立“理论夜校”，推动理论学习。突出“关键少数”和基层组织两个重点，组建区委巡回指导组和“群众督导团”，精准督促指导。深化革命传统、廉洁警示等专题教育，举办红色经典诵读会和国庆服务保障先进事迹巡回报告会。围绕“接诉即办”等中心工作集中调研，强化“8+1+N”专项整治，对全部177个社区逐个“把脉会诊”，推进后进社区整顿。开展“为民服务解难题”“保障国庆奉献有我——党员先锋行动”等活动，解决210件群众的操心事、烦心事、揪心事，以群众的满意度检验主题教育的成效，彰显了东城党员干部时代担当。

思想理论建设

深入学习贯彻习近平新时代中国特色社会主义思想。年初，习近平总书记亲临东城区看望慰问干部群众，

9月17日，区委理论学习中心组到香山革命纪念地瞻仰学习（张维民摄）

常委会第一时间传达学习，深切感悟总书记对首都人民特别是东城人民的巨大关怀和殷切重托，极大激发了全区干部群众干事创业的热情。区委始终把学习领会习近平总书记6次视察北京、9次对北京重要讲话精神与学习贯彻十九届四中全会精神结合起来，切实增强“四个意识”，坚定“四个自信”，做到“两个维护”。将习近平新时代中国特色社会主义思想作为理论学习和干部教育培训重要内容，编印《理论政策知识读本》，带动广大党员干部读原著、学原文、悟原理。扎实推进新时代文明实践中心和融媒体中心建设，上线“北京东城”APP，依托理论家走基层、周末社区大讲堂等形式开展宣讲，有力推动习近平新时代中国特色社会主义思想入脑入心、落地生根，形成生动实践。

“大党建”格局构建

召开11次党建领导小组会议和专题常委会研究推动党建工作。落实市委《关于深化落实全面从严治党主体责任的意见》，制定责任清单、任务清单，实现各级党组织全覆盖。建立区委常委和党员副区长调研指导分管联系部门党建工作情况台账。严格落实党管意识形态责任制，加强重点领域管理。制定加强党的基层组织体系建设三年行动计划，开展社区党建“三亮”活动，着力提升社区党建规范化水平。强化党建引领，在南锣等重点项目上成立临时党组织，基层党组织的战斗堡垒作用不断增强。

领导班子和干部队伍建设

完成区级机构改革工作，统筹做好处级领导班子调整和领导干部配备。始终坚持好干部标准和“四个不让”要求，树立忠诚、干净、担当的用人导向，注重在中心工作中锻炼培养干部。积极稳慎推进职务与职级并行工作。编印《新时代群众工作典型案例》教材，提升干部队伍治理能力。制定《关于建设东城区人才发展高地的实施意见》，人才创新创造活力充分迸发。坚持严管与厚爱相结合，推动年度考核优秀奖励指标向基层倾斜，切实为担当者担当，为负责者负责，决不让老实干事、踏实奉献的好干部吃亏。

党风廉政建设

强化市委巡视反馈意见整改，确保“条条有着落、件件有回音”。持续深化纪检监察体制改革，在全市率先开展街道纪检监察体制改革试点。强化政治巡察，对15个社区党组织开展“侵害群众利益不正之风”问题专项巡察，推进巡察向基层延伸。深化集中整治形式主义、官僚主义，深入推进党员干部长期不在岗、人防系统腐败问题专项整治，强化对扶贫协作、规划和自然资源领域整改等工作的监督执纪问责。召开全区警示教育大会，使党员干部和监察对象切实知敬畏、存戒惧、守底线。始终保持惩治腐败高压态势，立案129件，给予党纪政务处分67人，移送司法机关21人。

（胡澄 刘婷）

中国共产党北京市东城区委员会

12月26日，中共北京市东城区第十二届委员会第十一次全体会议召开（王峥摄）

综　述

2019年，中共北京市东城区委员会以习近平新时代中国特色社会主义思想为指导，贯彻中共十九大和十九届二中、三中、四中全会精神，领会习近平总书记对北京重要讲话精神，落实市委要求，区委常委会带头增强“四个意识”、坚定“四个自信”、做到“两个维护”，完善“四套班子一起上、四个轮子一起转”的工作机制，发挥总揽全局、协调各方作用，推动全区各项事业取得新成效。全年召开区委全会4次，区委常委会41次，审议议题218项；区委常委（扩大）会议11次；区委书记专题会48次，研究议题60项。

学习贯彻习近平新时代中国特色社会主义思想。把学习领会习近平总书记6次视察北京、9次对北京重要讲话精神与学习贯彻十九届四中全会精神结合起来。将习近平新时代中国特色社会主义思想作为理论学习和干部教育培训重要内容，编印《理论政策知识读本》，带动广大党员干部读原著、学原文、悟原理。推进新时代文明实践中心和融媒体中心建设，上线“北京东城”APP，依托理论家走基层、周末社区大讲堂等形式开展宣讲，推动习近平新时代中国特色社会主义思想入脑入心、落地生根。

区域发展品质提升。“1+5+N”产业政策体系基本形成，投入产业扶持资金15.1亿元，文化、金融、信息服务三大主导产业集聚效应凸显。制订《金融业高质量发展三年行动计划》，实施“一体两翼一核”发展战略，成立区金融发展联盟，引进农银理财、中石油共享等19家金融机构。推动信息服务业发展，中关村东城园高新技术企业突破千家，区级税收45.16亿元，增长13.5%，地均产出率全市排名第一。落实上市挂牌企业奖励政策，上市公司市值位居全市前列。发挥医疗、教育等资源优势，加大人才政策支持力度，为产业培育、“高精尖”发展奠定基础。组建王府井等平台公司，加大管理体制改革创新。推动王府井改造升级，实现步行街北延开街，引进国际品牌旗舰店、首店，举办时尚嘉年华等高品质活动。探索王府井等地区商业外摆、快闪活动，打造前门地区成为全市4个“夜京城”地标之一，隆福寺地区改造提升初见成效，古都秀出京华韵、时代范儿。搭建重点企业监测平台和楼宇信息监测系统，实现对全区1200余家重点企业和257栋商务楼宇动态监测。与37座楼宇签订合作协议，提高楼宇经济贡献度。与世邦魏理仕等五大中介机构签订招商合作协议，协助楼宇招商。完成20座楼宇改造提升年度任务，实现东直门交通枢纽项目复工建设，为产业发展提供空间。树立“人人都是营商环境”的理念，在全市首创营商环境特邀监督员制度，打造“三大标杆”。召开优化营商环境、推动高质量发展大会，创新打造“紫金服务”品牌。落实“四全”服务标准，为商务楼宇、重点企业精准配备服务或区域管家，亲商、厚商的氛围逐步形成，在2019年公布的全市营商环境排名中名列前茅。

文化资源优势转化。正式获批创建国家文化与金融合作示范区，举办第三届中国文化金融峰会，推广“故宫以东”等知名文商旅品牌。发布“文菁计划”，优化文化产业发展专项资金政策。利用平房院落、老旧厂房改造升级建设文创园区。成立全国首家区级文创园区协会，大磨坊文创园、尚8远东科技文化园等投入使用，文化产业实现新发展、快提升。巩固国家公共文化服务体系示范区建设成果，举办第三届全国话剧展演季等五大戏剧展演活动。拍摄10集专题纪录片《70年，古都新韵》，呈现首都历史文化名城的京韵魅力、创新发展和伟大成就，满足群众高品质文化需求。开展孔庙国子监国学文化节、前门历史文化节等文化活动，推出永定门灯光秀、端午文化节、中秋诗会等活动850余场，180余万人参与。在全市率先发布街区更新实施意见，制订《街区更新规划编制技术导则》，实现所有街道街区责任规划师团队全覆盖。以中轴线申遗为契机，完成皇史宬等文物腾退，贯通南中轴御道，实现周边景观品质提升。集中连片推进前门东区、东四等历史文化精华区

东四地区的胡同新貌（王建国摄）

修缮保护，加强恢复老城历史水系课题研究。坚持“修旧如旧”原则，建立老物件收集利用标准，在全市率先出台老材料、老构件收集及使用管理办法。雍和宫大街环境综合整治提升工程亮相，呈现“慢街素院、儒风禅韵、贤居雅巷、文旅客厅”的历史风貌，成为老城街区更新样板；通过“一院一方案、一户一设计”，探索“共生院”模式，以雨儿胡同为代表的南锣鼓巷四条胡同实现老城保护和民生改善目标。

4月10日，东城区首个智能垃圾分类箱亮相崇外街道新怡家园社区（王峥摄）

城市精细化管理水平提高。推进医疗卫生等相关功能疏解转移，天坛医院实现整体搬迁。加强“七小”业态管控，推进王府井277号院改造升级。完成天泽祥菜市场等升级改造，推进百荣世贸商城转型升级。利用疏解空间补齐短板，建设提升各类便民商业网点40个。推进故宫周边、王府井地区、崇雍大街等重点区域综合整治。累计完成171条大街、1004条背街小巷精细化提升工程，拆除违法建筑77.2万平方米，封堵开墙打洞7807处，“十无”街巷达标率95%。完成340座公厕品质提升改造，全区公厕等级达标率100%。雨儿胡同、草厂四条等5条胡同被评为“北京最美街巷”，73条背街小巷获“首都文明街巷”称号，数量均居全市之首。加强老旧小区物业管理工作，强化党建引领，推动在业委会和物业服务企业中建立党组织，并纳入社区治理体系。在全市率先实现垃圾分类全覆盖，建立垃圾分类运行体系和垃圾排放登记系统，党政机关实现垃圾强制分类，编制全市首部中小学生垃圾分类行动指导手册。实现垃圾分类深度知晓率90%、参与率60%以上、厨余垃圾分出率15.12%，生活垃圾总量同比减少16.69%。加强交通综合治理和停车管理，实现全区85条道路6000余个停车位电子收费全覆盖，新增停车位1500余个、共享停车位1000余个。在南锣鼓巷制订全市首个文保街区停车规划，王府井周边在全市率先成为交通安宁步行友好街区。针对扬尘、重型柴油车、油烟三大主要矛盾，强化大气污染防治和环保执法。龙潭中湖公园改建工程开工建设，完成安德城市森林公园、燕墩公园等大尺度生态绿地建设。

人民群众获得感、幸福感、安全感增强。以“吹哨报到”“接诉即办”为抓手，解决群众身边操心事、烦心事、揪心事。推进天坛、望坛、宝华里项目，天坛周边简易楼腾退项目签约率100%；望坛棚户区改造征收整体签约率99.09%，非住宅房屋全部完成签约，实现4000套回迁房开工；宝华里危改项目签约率97.5%。召开全区教育大会，制订《东城教育现代化2035》，义务教育优质资源覆盖率98%，增加学前学位2100余个，国家智慧教育示范区建设项目启动。全面实施医耗联动综合改革，获评全国城市医联体建设试点城市和国家级安宁疗护试点区，在2018年度社区卫生绩效考核和国家基本公共卫生服务项目考核获得全市第一名。制订《养老服务设施专项规划》，完善社区养老服务驿站扶持政策。推广普及冬奥知识，17个街道全部建成市级全民健身示范街道。在全市首届冬运会中，获团体总分第一。健全扶贫协作“1+5+6”工作体系，助力5个受援地区和1个帮扶协作地区脱贫攻坚，向贫困地区捐赠100辆救护车，对口帮扶地区全部脱贫摘帽，实现所有街道困难群众救助服务所全覆盖。在全市率先实施社区全响应服务机制，开展党建引领物业管理纳入社区治理试点。推动社区减负增效，建成17个社区之家市级示范点，完成社区“两委”换届选举。打造周末卫生大扫除2.0升级版，开展“美丽东城·美好家园”挑战赛，累计超过7万人次参与。开展扫黑除恶专项斗争，强化矛盾排查化解和社会面防控。制订市民热线“接诉即办”工作实施方案，健全快速响应、上下联动等21项机制，年度整体排名位居全市前列，获全国“12345”政府服务热线“治理实践奖”。

区域发展活力释放。年度23项重点改革任务全部实现落地见效。区级党政群机构改革平稳顺畅，在全市率先完成新组建机构人员转隶及挂牌工作。深化“吹哨报到”改革，建立街道工作月度点评和约谈问责机制。社区启动“一站多居”试点建设，打通服务群众“最后一公里”。国资国企、群团等领域出台具有支撑带动作用的改革方案，改革成为破解发展难题、强化任务攻坚的有力抓手。

党的建设引向深入。召开11次党建领导小组会议和专题常委会研究推动党建工作。落实从严治党主体责任，制订责任清单、任务清单，实现各级党组织全覆盖。建立区委常委和党员副区长调研指导分管联系部门党建工作情况台账。落实党管意识形态责任制，加强重点领域管理。制订加强党的基层组织体系建设三年行动计划，开展社区党建“三亮”活动，提升社区党建规范化水平。强化党建引领，在南锣等重点项目上成立临时党组织，增强基层党组织的战斗堡垒作用。完成区级机构改革工作，做好处级领导班子调整和领导干部配备。编印《新时代群众工作典型案例》教材，制订《关于建设东城区人才发展高地的实施意见》，推动年度考核优秀奖励指标向基层倾斜。深化纪检监察体制改革，在全市率先开展街道纪检监察体制改革试点。对15个社区党组织开展侵害群众利益不正之风问题专项巡察，推进巡察向基层延伸。集中整治形式主义、官僚主义，推进党员干部长期不在岗、人防系统腐败问题专项整治，强化对扶贫协作、规划和自然资源领域整改等工作的监督执纪问责。

（刘　婷）

2月20日，中共北京市东城区第十二届委员会第九次全体会议召开（张传东摄）

重要会议和活动

【区委全会】1月4日，十二届区委八次全会召开。会议传达市委全会精神，夏林茂代表区委常委会作工作报告并就区委常委会抓党建工作情况作书面报告，审议通过《中共北京市东城区第十二届委员会第八次全体会议决议》，夏林茂作总结讲话。2月20日，十二届区委九次全会召开。会议传达习近平总书记视察北京和在京津冀协同发展座谈会上的重要讲话精神及市委十二届八次全会精神，审议通过《中共北京市东城区第十二届委员会第九次全体会议决议》，夏林茂作总结讲话。7月25日，十二届区委十次全会召开。会议传达市委十二届九次全会精神，夏林茂代表区委常委会作工作报告，金晖作上半年经济社会发展情况总结和下半年重点工作安排，递补中共北京市东城区第十二届委员会委员，审议通过《中共北京市东城区第十二届委员会第十次全体会议决议》，夏林茂作总结讲话。12月26日，十二届区委十一次全会召开。会议传达市委十二届十一次全会精神，夏林茂代表区委常委会作工作报告并就区委常委会抓党建工作情况作书面报告，审议通过《中共北京市东城区第十二届委员会第十一次全体会议决议》，夏林茂作总结讲话。

（李奕成）

表1　**2019年东城区委常委会会议主要议题一览表**

日期	会次	议题
1月2日	十二届76次	传达学习习近平总书记2019年新年贺词和蔡奇在2018年全面从严治党（党建）工作考核现场会上的讲话精神
1月4日	十二届77次	听取全会审议区委常委会抓党建工作情况报告、区委常委会工作报告和决议（草案）情况的汇报

续表1

日期	会次	议题
1月4日	十二届78次	传达学习蔡奇在市委常委班子2018年度民主生活会征求意见座谈会上的讲话精神，听取区委组织部关于调整区第十六届人民代表大会第五次会议有关建议名单的汇报
1月28日	十二届79次	传达中央、北京市委政法工作会议精神，听取区委政法委2019年重点工作和区委政法工作会议安排的汇报、区人力社保局关于给予东城区2018年度疏解整治促提升专项行动表现突出集体和个人通报表扬的汇报、区民政局关于2019年春节期间开展走访慰问送温暖工作安排的汇报，研究区烟花办拟定的《东城区2019年元旦春节烟花爆竹安全管理工作方案》和区政府办公室拟定的《2019年东城区政府工作报告重点任务分工方案》及区有关干部任免事宜
2月13日	十二届80次	听取区纪委区监委关于十二届区纪委四次全会工作方案和工作报告起草情况的汇报、区委组织部关于2018年度基层党建述职评议考核工作有关情况的汇报、区人大常委会党组关于开展授予“东城区优秀法官”“东城区优秀检察官”“东城区优秀人民警察”荣誉称号工作方案的汇报、区城管委关于申请2012年—2014年煤改电工程尾款的汇报和申请东城区2018年坑洼院落及排水管线改造工程资金的汇报、区住建委关于申请2016年老旧小区公共区域环境整治资金的汇报、交道口街道关于进一步推进南锣鼓巷地区四条胡同修缮整治工作方案的汇报，研究区委办公室拟定的关于召开区委十二届九次全会的安排意见、区委组织部拟定的区委常委会关于2018年度选人用人工作情况的报告、区政府办公室拟定的《关于东城区2018年重要实事完成情况及东城区2019年重要实事编制情况的报告》
2月16日	十二届81次	研究区委常委班子2018年民主生活会整改落实方案
2月20日	十二届82次	听取全会分组讨论习近平总书记视察北京和在京津冀协同发展座谈会上的重要讲话精神、市委全会精神及全会决议（草案）情况
2月21日	十二届83次	听取区国资委关于天街集团投资设立北京钟鼓楼龙苑文化发展有限公司的汇报，区委组织部关于成立中共北京市东城区南锣鼓巷四条胡同修缮整治项目临时委员会有关情况的汇报，区总工会关于2019年全国五一劳动奖状、奖章和工人先锋号推荐评选工作的汇报，区文促中心关于东城区2017年度文化创意产业发展专项资金评审结果及使用计划的汇报，研究区人大常委会党组拟定的《北京市东城区人大常委会2019年工作要点》、区文促中心拟定的《东城区“文菁计划”实施办法》、区有关干部任免事宜
2月27日	十二届84次	听取区委宣传部关于全国、北京市宣传部长会议精神及2018年东城区宣传思想文化工作总结和2019年重点工作的汇报，区委统战部关于全国、全市有关统战工作会议精神及2018年东城区统战工作总结和2019年重点工作的汇报，区纪委关于开展形式主义、官僚主义集中整治工作有关情况的汇报，区城管委关于2018年东城区河长制、湖长制工作情况的汇报，区环卫中心关于申请购置环卫专业作业车辆经费有关情况的汇报，区政协党组关于东城区政协2019年重点协商工作计划的汇报，区委党校关于“一校两院”2018年工作情况的汇报，研究区委研究室拟定的区委常委会2019年工作要点、区有关人员违纪问题的处理意见
3月15日	十二届85次	听取区编办关于市委批复《东城区机构改革方案》意见和制订《东城区机构改革实施方案》及东城区机构编制委员会调整情况的汇报、区委组织部关于东城区机构改革中党组织设置调整情况的汇报，研究区有关干部任免事宜
3月18日	十二届86次	传达学习蔡奇在东城区巡视整改进展情况汇报会上的讲话精神，听取区总工会关于2019年首都劳动奖状、奖章和北京市工人先锋号推荐评选工作的汇报，研究区委研究室起草的《中共北京市东城区委关于落实市委巡视反馈问题的整改方案》
3月29日	十二届87次	听取区委研究室关于东城区调查研究工作2018年总结和2019年重点工作及重点课题有关情况的汇报、区应急管理局关于东城区2018年安全生产工作情况及2019年重点工作任务的汇报，研究区委宣传部拟定的《东城区理论学习中心组2019年学习计划》和《2019年东城区党（工）委（党组）理论学习中心组学习指导意见》、区委统战部拟定的《关于进一步加强政党协商的实施办法》和《东城区2019年政党协商计划》

续表1

日期	会次	议题
4月3日	十二届88次	听取区委组织部关于全国、全市组织部长会议精神及2018年全区组织工作总结和2019年重点安排的汇报，区委老干部局关于全区老干部工作情况的汇报，区发展改革委关于2019年东城区政府投资基本建设项目资金安排建议的汇报，区生态环境局关于东城区2018年蓝天保卫战完成情况和污染防治攻坚战2019年行动计划的汇报，研究区财政局拟定的《关于东城区2019年预算调整方案的报告》、区有关干部任免事宜
4月18日	十二届89次	传达学习《中国共产党纪律检查机关监督执纪工作规则》、北京市巡视巡察工作会议精神，听取区纪委区监委关于2018年东城区全面从严治党主体责任专项检查考核结果和2018年信访举报与审查调查情况的汇报，研究区委党建办拟定的《2019年度区委深化落实全面从严治党主体责任清单》和《东城区2019年落实全面从严治党主体责任重点任务分工》、区纪委区监委拟定的《关于在查办党员和公职人员涉嫌违纪违法犯罪案件中加强协作配合的实施细则（试行）》、区有关人员违纪问题的处理意见
4月18日	十二届90次	研究区委政法委拟定的《2019年东城区重大活动重要敏感节点维稳安保工作总体方案》
4月24日	十二届91次	听取区委组织部关于东城区2018年度落实党建主体责任综合考核评价（“三级联创”考核）情况的汇报、区发展改革委关于东城区2019年一季度经济社会发展形势分析的汇报、区政府外办关于东城区外事工作有关情况的汇报，研究区有关干部任免事宜
4月28日	十二届92次	研究区有关干部任免事宜
5月8日	十二届93次	听取区委组织部关于2018年局级干部年度考核等次及奖励建议名单有关情况的汇报，区政府办公室关于区长、副区长工作分工有关情况的汇报，区住建委关于申请2016年度东城区（北片）棚户区平房大修修缮资金尾款的汇报，区网格中心关于落实市民热线“接诉即办”工作实施方案和增加街道统筹保障经费有关情况的汇报，研究区人力社保局拟定的《东城区评比达标表彰活动管理实施细则（试行）》、区有关干部任免事宜
5月15日	十二届94次	听取区委政法委关于东城区扫黑除恶专项斗争工作开展情况的汇报、区信访办关于东城区2019年一季度信访工作情况的汇报，研究区委办公室拟定的《区委2019年工作目标责任制（折子工程）》和《区委常委会2019年议题计划》、区外联办拟定的《东城区全面提升“四个服务”工作的指导意见》
5月23日	十二届95次	听取区委组织部关于东城区2018年度处级干部考核奖励工作情况及制订东城区贯彻落实新时代党的组织路线四个文件有关情况的汇报、区人大常委会党组关于开展授予“东城区优秀法官”“东城区优秀检察官”“东城区优秀人民警察”荣誉称号有关工作情况的汇报、听取区发展改革委关于2018年度东城区税源建设政策兑现工作有关情况的汇报，研究区委研究室拟定的《中共东城区委关于市委第二巡视组反馈意见整改落实情况的报告》、区委组织部拟定的《东城区党内表彰实施细则》和《关于2019年开展评选表彰东城区优秀共产党员、优秀党务工作者、先进党组织的工作方案》、区市场监管局拟定的《关于开展质量提升行动的实施方案》、区有关干部任免事宜
6月5日	十二届96次	传达学习《中国共产党政法工作条例》，听取区委党建办关于东城区2018年度区委系统考评工作情况和关于区领导督促指导“周末卫生大扫除”活动工作安排的汇报、区委宣传部关于东城区精神文明建设2019年重点工作和召开东城区精神文明建设工作大会有关安排的汇报、区国资委关于天街集团向钟鼓楼龙苑公司增资有关情况的汇报
6月19日	十二届97次	听取区网格中心关于2019年6月东城区市民热线“接诉即办”工作情况的汇报、区委组织部关于开展纪念中国共产党成立98周年系列活动安排及评选表彰工作情况的汇报、消防支队关于“防风险保平安迎大庆”消防安全执法检查专项行动工作情况的汇报，研究区发展改革委拟定的《东城区关于贯彻落实〈东城区 怀柔区推动生态涵养区生态保护和绿色发展结对协作框架协议〉（2019年－2022年）的工作方案》、区财政局拟定的东城区2018年决算草案的报告、区审计局拟定的东城区2018年度预算执行和其他财政收支的审计工作报告

续表1

日期	会次	议题
6月26日	十二届98次	听取区总工会关于东城区总工会2018年工作情况和2019年重点工作的汇报、团区委关于东城区共青团2018年工作情况和2019年重点工作的汇报、区妇联关于东城区妇联2018年工作情况和2019年重点工作的汇报、区委组织部关于开展领导干部个人有关事项报告查核验证工作有关情况的汇报，研究区委办公室拟定的区委常委工作分工、区纪委区监委拟定的《东城区街道纪检监察体制改革试点实施方案（试行）》、对区有关单位党组予以问责的处理意见、区有关干部任免事宜
7月17日	十二届99次	传达习近平总书记关于“不忘初心、牢记使命”主题教育重要讲话精神，听取区委组织部关于递补中共北京市东城区第十二届委员会委员有关工作安排的汇报、区应急局关于2019年上半年全区应急管理和安全生产工作情况的汇报，研究区委办公室拟定的关于召开区委十二届十次全会的安排意见、区委研究室拟定的区委常委会工作报告和东城区2019年上半年经济社会发展情况和下半年重点工作安排、研究区发展改革委拟定的东城区2019年国民经济和社会发展计划上半年执行情况的报告和《东城区促进楼宇经济高质量发展的若干措施》
7月25日	十二届100次	听取全会分组讨论情况和有关文件修改意见的汇报
8月3日	十二届101次	传达《中共北京市委关于新时代加强和改进人大工作的意见》和市委五次人大工作会议精神，听取区人大常委会党组关于2019年上半年工作情况的汇报、区发展改革委关于东城区2019年上半年疏解整治促提升工作情况的汇报、消防支队关于“防风险保平安迎大庆”消防安全执法检查专项行动工作情况的汇报、区委组织部关于中共北京市东城区城市管理综合行政执法监察局党组更名的汇报，研究区国资委拟定的《王府井街区管理运营公司组建工作方案》和《佳源公司组建东城园平台公司工作方案》、区有关干部任免事宜
8月14日	十二届102次	听取区信访办关于东城区2019年二季度信访工作情况的汇报，研究区委办公室拟定的《东城区区级领导包街道工作制度》、区财政局拟定的《关于东城区2019年上半年预算执行情况的报告》和《关于东城区2019年预算调整方案的报告》、区网格中心拟定的《东城区进一步深化市民热线“接诉即办”工作实施方案》
8月28日	十二届103次	传达中央关于在“不忘初心、牢记使命”主题教育中认真学习党史、新中国史的通知精神和市委常委会“不忘初心、牢记使命”主题教育专题交流研讨会精神，听取区委组织部关于东城区社区“两委”换届选举工作情况和创建东城区第三批基层党建示范点有关情况的汇报，区委统战部关于区级党员领导干部列名联系党外代表人士调整更新事项的汇报，区国资委关于北京钟鼓楼龙苑文化发展有限公司股权综合调整事项有关情况的汇报，区外联办关于东城区“四个服务”工作情况、2019年东城区扶贫协作和支援合作工作进展及领导小组成员名单调整情况、关于申请向郧阳区追加救灾专项资金有关情况的汇报，区纪委区监委关于2019年1月至7月信访举报与审查调查工作情况的汇报
9月12日	十二届104次	研究东城区“不忘初心、牢记使命”主题教育相关工作
9月12日	十二届105次	研究区有关干部任免事宜
9月18日	十二届106次	听取区委巡察办关于2019年上半年巡察工作情况的汇报，研究区发展改革委拟定的《东城区进一步优化营商环境的实施意见》、区财政局拟定的《东城区贯彻落实过“紧日子”工作措施》、区有关干部任免事宜
10月16日	十二届107次	研究区委组织部拟定的《关于东城区公务员职务与职级并行制度实施工作方案》、区发展改革委拟定的《东城区支持重点企业发展的若干措施》、区人大常委会党组拟定的《东城区人大常委会关于补选东城区第十六届人大代表工作实施方案（草案）》

续表1

日期	会次	议题
10月30日	十二届108次	传达中央政协工作会议和《中共中央关于新时代加强和改进人民政协工作的意见》的主要精神，听取区纪委区监委关于调整东城区纪委区监委派驻（出）机构设置有关情况的汇报、区委组织部关于区领导走访调研社区有关情况和关于撤销中共北京市王府井地区管理办公室党组及成立中共北京市东城区王府井地区管理委员会党组的汇报、区委编办关于东城区区属部门权力清单梳理工作有关情况及补选东城区第十六届人民代表大会代表候选人初步人选建议名单的汇报，研究区委统战部拟定的《关于2019年届中调整政协东城区第十四届委员会委员、常委工作方案》、区委政法委拟定的《关于配合做好中央扫黑除恶督导“回头看”工作的实施方案》和有关会议安排、区人大常委会党组拟定的《中共北京市东城区委关于新时代加强和改进人大工作的实施意见》和召开区十六届人大六次会议有关安排、区有关干部任免事宜
11月15日	十二届109次	听取区委组织部关于撤销中共北京市东城区前门大街管理委员会党组、东二环交通商务区建设管理办公室党组及关于补选东城区第十六届人民代表大会代表候选人提名推荐和考察审查情况的汇报，区人大常委会党组关于授予“东城区优秀法官”“东城区优秀检察官”“东城区优秀人民警察”荣誉称号有关情况的汇报，研究区委组织部拟定的《关于在“不忘初心、牢记使命”主题教育中建立“理论夜校”区委常委会理论学习长效机制方案》、区财政局拟定的《关于东城区2018年度行政事业性国有资产管理情况的专项报告》和《关于东城区2018年度国有资产管理情况的综合报告（书面）》、区审计局拟定的《关于东城区2018年度行政事业性国有资产专项审计工作报告》和《关于东城区2018年度预算执行和其他财政收支审计查出问题的整改情况报告》、区人力社保局拟定的《东城区纳入规范管理事业单位改革过渡方案（试行）》、区有关人员违纪问题的处理意见、区有关干部任免事宜
11月19日	十二届110次	研究推荐区人大、区政协副职人选有关事宜
11月20日	十二届111次	听取区发展改革委关于东城区人才激励办法2018年度兑现方案及政策修订建议和东城区2019年1—3季度经济社会发展形势分析有关情况的汇报、区国资委关于崇远公司所属北京大北服务有限责任公司购买朝阳区西大望路42号院有关房产情况和关于崇远公司所属便宜坊集团在山西省筹建便宜坊北京填鸭养殖基地有关情况的汇报，研究区社会主义学院拟定的《关于加强和改进新时代社会主义学院工作的意见》
12月4日	十二届112次	听取区应急局关于东城区2019年应急管理和安全生产督察相关工作情况的汇报、区文促中心关于2019年东城区“文菁计划”企业奖励类评审工作的汇报、区委组织部关于东城区第十六届人民代表大会第六次会议各项建议名单及选举办法的汇报，研究区委编办拟定的《东城区学习贯彻〈中国共产党机构编制工作条例〉工作方案》、区人大常委会党组拟定的区人大常委会工作报告、区政协党组拟定的区政协常委会工作报告、区发改委拟定的《东城区2019年国民经济和社会发展计划执行情况与2020年国民经济和社会发展计划（草案）的报告》、区残联拟定的《东城区进一步促进无障碍环境建设2019—2021年行动方案》、区有关干部任免事宜
12月11日	十二届113次	听取区直机关工委关于2019年区直机关党建工作情况的汇报，区委教育工委关于2019年中小学校长职级制改革情况的汇报，区委统战部关于2019年届中调整政协东城区第十四届委员会委员、常委候选人有关人选情况的汇报，区政协党组关于区政协十四届四次会议选举办法的汇报，研究区财政局拟定的《2019年预算执行情况和2020年预算（草案）的报告》、研究区城管委拟定的《关于“百街千巷”环境整治提升三年行动计划完成情况的报告》、区法院党组拟定的《北京市东城区人民法院工作报告》、区检察院党组拟定的《北京市东城区人民检察院工作报告》

续表1

日期	会次	议题
12月18日	十二届114次	学习传达中央统一战线工作领导小组关于宗教工作有关文件精神，听取区委社会工委区民政局关于东城区2020年春节期间走访慰问送温暖活动工作安排的汇报，研究区委办公室拟定的关于召开区委十二届十一次全会安排意见和区委常委会2019年抓党建工作情况报告、区委研究室拟定的区委常委会工作报告和区政府工作报告、区发展改革委拟定的《东城区疏解整治促提升专项行动2020年工作计划》、区财政局拟定的《东城区政府投资引导基金管理办法》、区文旅局拟定的《东城区2020年元旦、春节、元宵节期间文化活动指挥体系工作方案》、区园林绿化局拟定的《第三十五届地坛、第三十七届龙潭春节文化庙会总体方案》、区有关干部任免事宜
12月26日	十二届115次	听取区委办公室、区委研究室关于全会分组讨论区委常委会抓党建工作情况报告、区委常委会工作报告和全会决议（草案）情况的汇报
12月27日	十二届116次	研究区有关干部任职事项

（李奕成）

表2

2019年东城区委书记专题会议题一览表

日期	会次	议题
2月8日	1次	研究南锣鼓巷地区雨儿胡同修缮整治工作有关情况
2月27日	2次	研究《中共东城区委关于落实市委第二巡视组反馈问题整改任务工作方案》
3月6日	3次	研究南锣鼓巷地区院落修缮整治提升工作
3月19日	4次	听取关于宝华里危改项目有关情况的汇报，研究区外联办起草的《东城区全面提升“四个服务”工作的指导意见（征求意见稿）》
4月1日	5次	研究崇雍大街环境整治提升工程相关工作
4月8日	6次	听取区委各巡察组关于第四轮巡察工作情况的汇报
4月15日	7次	听取区委各巡察组关于第五轮巡察工作情况和区委巡察办关于第六轮巡察工作有关情况汇报
4月22日	8次	研究核心区控制性详细规划（街区层面）
4月24日	9次	听取区园林局关于东城区国庆游园活动筹备情况和天坛、地坛公园游园活动方案的汇报
4月26日	10次	听取区住建委关于东城区中轴线申遗工作情况及2019年任务安排的汇报，研究党建引领加强物业管理试点工作方案
5月5日	11次	听取区城管委关于东城区“百街千巷”环境整治提升工作情况的汇报
5月15日	12次	听取区城管委关于东城区交通综合治理工作情况的汇报
5月16日	13次	听取区委办关于市委巡视反馈问题整改工作推进情况的汇报、区委党建办关于东城区2018年度区委系统考评工作情况和关于“周末卫生大扫除”活动有关工作安排的汇报
5月20日	14次	研究东城区新时代文明实践中心建设方案

续表2

日期	会次	议题
5月22日	15次	听取市委巡视反馈问题整改工作推进情况的汇报
5月22日	16次	研究东城区财政收入组收工作
5月23日	17次	研究扫黑除恶相关工作
5月28日	18次	研究东城区固定资产投资指标运行情况
5月31日	19次	研究南锣鼓巷地区雨儿胡同公共空间精细化提升设计方案
6月8日	20次	研究王府井地区综合整治提升工作
6月12日	21次	研究扫黑除恶专项斗争相关工作
6月18日	22次	研究南锣鼓巷地区雨儿胡同院落及公共空间绿化设计方案
6月21日	23次	研究东城区国庆70周年群众游行和志愿者指挥部相关工作
6月27日	24次	研究东城区部分主要大街规划设计方案
7月23日	25次	听取南锣鼓巷福祥胡同、蓑衣胡同、帽儿胡同修缮整治提升工作情况汇报
7月24日	26次	研究区综合考核工作课题组起草的《关于开展综合考核工作的安排建议》
7月31日	27次	听取交道口街道《关于进一步做好南锣鼓巷及周边胡同垃圾处理工作方案》的汇报
8月13日	28次	研究国庆70周年群众游行指挥部相关工作
8月20日	29次	研究区发改委起草的《东城区街区更新实施意见》
8月21日	30次	听取区住建委关于物业管理改革“1+X”工作方案的汇报
8月22日	31次	研究东城区加快推动夜间经济发展相关工作
8月28日	32次	听取区委社会工委关于召开东城区2019年党建工作协调委员会全体会议有关情况的汇报，研究关于“周末卫生大扫除——美丽东城·环境清洁挑战赛”活动的指导意见和活动方案
8月28日	33次	研究东城区国庆70周年宣传环境布置工作情况
9月2日	34次	研究东城区国庆70周年庆祝活动服务保障总指挥部工作方案和国庆70周年庆祝活动天安门地区第一次演练东城区总体工作方案
9月3日	35次	研究天坛、地坛公园国庆70周年游园方案
9月3日	36次	研究东城区“不忘初心、牢记使命”主题教育相关工作
9月13日	37次	听取国庆联欢活动指挥部关于东城区精彩项目天安门地区第二次演练工作方案的汇报
9月24日	38次	听取东城区创建全国双拥模范城“八连冠”有关工作情况的汇报
10月8日	39次	听取区人大关于拟设立东城区人大社会建设委员会有关情况的汇报，研究关于补选东城区第十六届人大代表有关工作
10月9日	40次	听取区委编办关于东城区区属部门权力清单梳理工作有关情况的汇报
10月9日	41次	听取区委各巡察组关于第六轮巡察工作情况的汇报

续表2

日期	会次	议题
10月16日	42次	听取区园林绿化局关于龙潭中湖项目进展情况的汇报
10月28日	43次	听取区人大常委会党组关于《新时代加强和改进人大工作的实施意见》和区十六届人大六次会议情况的汇报、区政协党组关于2019年工作报告和召开东城区政协十四届四次会议情况的汇报
11月4日	44次	传达学习市委巡视办下发的《关于在区委巡察中落实好赵乐际同志批示精神的几点要求》，听取规划自然资源领域专项巡察工作情况的汇报
11月22日	45次	听取区百千办关于平安大街环境整治提升前期研究情况和初步设计方案的汇报，研究龙潭中湖改建工程相关工作及中心岛建筑设计方案
11月27日	46次	结合四中全会精神和市委《实施意见》（征求意见稿）听取东城区社会治理等相关工作情况的汇报
12月16日	47次	研究王府井步行街北延开街活动相关工作方案
12月19日	48次	听取区园林绿化局关于龙潭中湖改建方案和亮马河水岸城市绿色空间设计方案及关于《恢复老城历史河湖水系的思路和探索》课题情况的汇报

（李奕成）

表3

2019年东城区委书记主要调研一览表

日期	主要内容
1月5日	调研前门东区，了解前门东区整体规划，共建共治实现街巷精细化管理、院落保护利用和提升、便民服务设施配套建设情况
1月6日	调研南锣鼓巷地区，了解玉河河道遗址保护修缮和文保院落修缮利用、福祥胡同25号院总体情况及部分留住居民居住情况、南锣鼓巷主街综合治理、前圆恩寺胡同地下停车场运营情况
1月25日	调研建国门街道，了解街道加强城市精细化管理、加大交通治理力度、推进“四个服务”工作落地和加大次支路建设力度、提升胡同服务管理水平有关情况
2月22日	调研永外街道望坛项目
2月25日	调研朝阳门街道，了解街道开展社区系列服务和居民参与社区建设、共建共享等工作情况
3月19日	调研隆福寺项目，听取新隆福公司关于隆福寺项目进展情况汇报，专家关于整体项目策划定位和招商运营情况介绍
3月25日	调研王府井老北京风情街、王府井小吃街环境秩序等情况
3月29日	调研南锣鼓巷地区四条胡同修缮整治项目
3月30日	调研景山街道，了解街道党建工作、利用“缘来景山生活美”平台征求群众意见、增设消防设施等情况
4月2日	到市第十一中学、史家小学调研全区教育工作
4月5日	到体育馆路街道调研老旧小区物业管理工作

续表3

日期	主要内容
4月7日	调研王府井地区，了解交通现状、打造街区“微景观”、东街下一步改造利用设想等情况
4月9日	调研安定门街道，了解国子监街东段环境整治、文物保护利用及安全生产、胡同环境整治提升和改善民生等工作情况
4月10日	到景山学校、前门小学调研全区教育工作
4月18日	调研基层党建工作并召开区委党建工作领导小组全体会议暨2019年全区党建工作会
4月23日	调研东花市街道，了解拆除违法建设、绿化升级改造、养老服务、党建示范点工作情况
4月29日	调研宝华里危改项目，听取宝华里危改项目工作进展情况及下一步工作计划汇报
5月1日	调研雍和宫大街、南锣四条胡同，了解雍和宫大街（二期）整治提升项目进展和文保院落保护使用现状、雨儿胡同房屋修缮现状
5月6日	到故宫博物院调研座谈，双方就加强故宫地区安全保障工作、推进东城区文物保护事业和文化建设等工作进行交流座谈
5月7日	调研龙潭中湖环境整治及景观提升项目
5月25日	调研南锣地区雨儿胡同院落整治进展情况
5月27日	调研崇雍大街提升整治工作
5月31日	调研背街小巷整治提升工作
6月1日	调研雨儿胡同修缮整治提升工作
6月1日	调研朝阳门街道朝西社区和崇外街道崇西社区物业管理工作
6月8日	调研前门地区重点项目工作
6月14日	调研交道口街道，了解街道强化为民服务职能，提升生活性服务业品质，满足居民日常生活需求和房屋翻新改造，公共空间整治提升及基础设施优化改善等工作情况
6月14日	调研二中京蒙教育帮扶工作
6月14日	围绕“推动首都高质量发展”主题到中粮置地广场、中国移动北京分公司开展调研
6月28日	调研建国门街道赵家楼社区、大件垃圾处理点、崇外街道新怡家园社区、新世界密闭式清洁站垃圾分类工作
7月12日	调研交道口街道雨儿胡同修缮整治提升工作
7月12日	调研雍和宫大街整治提升工程
7月13日	调研前门街道草厂九条胡同、横胡同、十条胡同、草厂十条31号环卫保洁工作站、东四街道六条社区平房区垃圾分类

续表3

日期	主要内容
7月18日	调研隆福寺项目、故宫前门项目
7月27日	调研王府井地区，了解王府中环西侧外摆区推进情况、277号院工程进展及方案设计、东街提升工作进展情况汇报
7月28日	调研宝华里危改项目，听取项目进展情况汇报
7月29日	调研王府井商业区，了解转型升级工作整体情况
8月7日	东城区党政代表团赴怀柔区、密云区调研
8月8日	调研安定门街道、北新桥街道胡同更新改造
8月10日	调研东直门交通枢纽项目，了解项目概况及工程进展情况
8月13日	调研雍和宫大街二期整治提升工程
8月27日	调研天润财富中心、大磨坊文化创意产业园楼宇改造提升工作
9月4日	调研崇雍大街环境综合整治提升项目、雨儿胡同修缮整治项目
9月11日	围绕“不忘初心、牢记使命”主题，调研重大活动筹备工作情况并慰问阅兵徒步方队指挥部
9月20日	围绕“不忘初心、牢记使命”主题，调研前门地区重大活动服务保障及安全保障工作
9月24日	围绕“不忘初心、牢记使命”主题，调研东华门、建国门地区重大活动服务保障工作
9月28日	围绕“不忘初心、牢记使命”主题，调研交道口街道，了解社区党建引领动员居民参与小区环境整治提升工作、街道群团服务建设管理工作及城市志愿服务情况
9月29日	围绕“不忘初心，牢记使命”主题，检查国庆期间地坛公园游园活动筹备工作
9月30日	检查新世界商圈、天坛周边、天桥路口至珠市口路口御道、西草市街、龙潭公园公交场站、光明社区重要活动服务保障情况
10月6日	调研体育馆路街道“不忘初心、牢记使命”主题教育开展情况
10月14日	调研中轴线相关工作进展情况
10月19日	围绕“不忘初心、牢记使命”主题，调研望坛棚改项目和宝华里危改项目
10月20日	调研前门商业街区周边综合整治工作
10月26日	围绕开展好“不忘初心，牢记使命”主题教育，进一步加强基层党建工作及“接诉即办”工作主题到和平里街道调研
11月21日	围绕“不忘初心、牢记使命”主题，调研全区推动高质量发展和优化营商环境工作
11月30日	围绕“不忘初心、牢记使命”主题教育活动，调研王府井街区升级改造工作

续表3

日期	主要内容
12月3日	调研东华门街道基层减负、垃圾分类、政务服务等工作
12月4日	调研南锣鼓巷地区四条胡同修缮整治项目
12月6日	到北京市珐琅厂有限责任公司调研东城区非物质文化遗产保护工作
12月7日	到建国门街道社区卫生服务中心、东华门街道、王府井步行街调研社区卫生、疏解整治促提升、王府井街区升级改造工作
12月11日	调研王府井大街北延及街区升级改造工作
12月30日	调研朝阳门街道，了解街道党建、“接诉即办”等工作开展情况

（吴　茜）

【区领导干部大会】1月21日，区领导干部大会召开。传达学习习近平总书记在京津冀协同发展座谈会上的重要讲话精神和蔡奇在市委常委扩大会上的重要讲话精神，夏林茂作总结讲话。2月2日，区领导干部大会召开。传达学习习近平总书记春节前夕在北京看望慰问基层干部群众重要指示精神及蔡奇在市委常委会扩大会议上的讲话精神，夏林茂作总结讲话。11月29日，区领导干部大会召开。传达学习市委十二届十次全会精神，夏林茂作总结讲话。12月12日，区领导干部大会召开。传达学习蔡奇在东城区委常委班子“不忘初心、牢记使命”专题民主生活会上的讲话精神，夏林茂作总结讲话。

（李奕成）

【区领导班子工作务虚会】7月21日，区领导班子工作务虚会召开。会议传达市委十二届九次全会精神，区领导班子成员就2019年上半年工作情况和下半年重点工作进行发言，夏林茂作总结讲话。12月14日，区领导班子工作务虚会召开。区领导班子成员就2019年工作情况和2020年重点工作发言，夏林茂作总结讲话。

（李奕成）

2月2日，东城区领导干部大会召开（王峥摄）

【街道工委书记月度工作点评会】7月1日，街道工委书记月度工作点评会召开，和平里、安定门、交道口街道工委书记发言，夏林茂点评讲话。8月5日，街道工委书记月度工作点评会召开，景山、东华门、东直门街道工委书记发言，夏林茂点评讲话。11月1日，街道工委书记月度工作点评会召开，北新桥、东四、朝阳门街道工委书记发言，夏林茂点评讲话。12月6日，街道工委书记月度工作点评会召开，建国门、前门、崇文门外街道工委书记发言，夏林茂点评讲话。

（李奕成）

【推动党建工作责任制】2019年，建立区委常委和区政府党员副区长到分管联系部门单位调研指导基层党建工作情况台账，定期通报并“点对

4月20日，东城区党员干部参加东四大街周末大扫除（王峥摄）

点”反馈，区委常委和区政府党员副区长16人采取听汇报、召开会议、现场调研、检查督导、谈心谈话、讲党课、参加分管联系部门单位民主生活会、带头参加党组织活动等形式，指导督促分管联系部门单位党（工）委、党组抓党建761次。研究制订区委党建工作领导小组成员2019年度调研课题安排，明确7大类26个调研课题，并形成调研成果汇编。

（杨睿颖）

【周末卫生大扫除活动】2019年，制订区领导督促指导周末卫生大扫除活动安排，明确区领导督促指导大扫除活动的主要职责和工作方式，并对接17个街道。以“美丽东城·美好家园挑战赛”为抓手，打造周末卫生大扫除2.0升级版，全年开展挑战赛100余场次，北京电视台《向前一步》栏目专门录播区级擂台赛活动。针对活动中的重点难点问题，研究制订大扫除活动重点任务分工，明确20项重点任务。全区参与活动党员干部群众7.92万人次，其中党员5.46万人次，清运废弃物、垃圾等3930余吨。

（杨睿颖）

【落实全面从严治党主体责任】2019年，制订区委全面从严治党主体责任清单，细分为20项职责，拟定重点任务79条，涉及区领导15人、单位30家；制订区人大党组、区政府党组、区政协党组和市管干部全面从严治党主体责任清单34份。制订个性化党风廉政建设目标责任书，区四套班子领导及基层单位党政主要负责人签订目标责任书124份，涉及区领导24人和基层单位100家党政正职。制订2019年度落实全面从严治党主体责任重点任务分工，由区领导19人、牵头单位39家完成具体工作64项。

（杨睿颖）

重大决策

【实施机构改革】3月15日，区委区政府印发《北京市东城区机构改革实施方案》，提出4项工作要求：加强组织领导，组建机构改革领导机构和工作专班；细化工作进度，坚持蹄疾步稳、紧凑有序推进改革；稳妥有序推进，全面贯彻先立后破、不立不破原则；严明纪律规矩，严格落实中央、市委相关工作要求和机构改革纪律。

（李奕成）

【建设东城区人才发展高地】6月19日，区委印发《关于建设东城区人才发展高地的实施意见》，提出9项工作措施：实施东城区优秀人才引进计划；推进央地人才合作机制；拓宽海外人才引进渠道；完善财政资金集聚人才功能；实施“工作室式”培养专业人才项目；打造“人才联盟”强化人才智力交流；依托“文创园区”打造人才涵养基地；强化人才服务保障；畅通人才服务渠道。

（李奕成）

【“五个东城”目标建设】12月26日，区委全会提出建设“五个东城”目标：突出“崇文争先”理念，着力打造“文化东城”；突出经济高质量发展，着力打造“活力东城”；突出提高城市治理体系、治理能力现代化水平，着力打造“精致东城”；突出改革创新理念，着力打造“创新东城”；突出以人民为中心的发展思想，着力打造“幸福东城”。

（李奕成）

组织建设

【概况】中共北京市东城区委组织部（简称区委组织部）是负责全区组织工作、干部工作、人才工作、公务员工作的区委工作部门。对外加挂北京市东城区公务员局（简称区公务员局）牌子。统一管理区委机构编制委员会办公室。统一管理区委老干部局。根据《中共北京市东城区委组织部职能配置、内设机构和人员编制规定》（京东办字〔2019〕6号），调整后内设机构为：办公室、研究室（新闻办公室）、干部调配组、干部一组、干部二组、干部监督组、干部教育培训组、人才工作协调组（对外以

“北京市东城区人才工作局”名义开展工作）、组织一组、组织二组（非公有制经济组织和社会组织党建工作办公室）、组织三组（区委区党代表大会代表联络工作办公室）、公务员一组、公务员二组。编制66人、实有58人。

2019年，组织全区“不忘初心、牢记使命”主题教育。突出常委会示范带动和全区基层党支部全覆盖，落实规定动作，全区2693个党支部、党员8.6万人参加。做好区级机构改革工作，加强对全区机构改革的组织领导和统筹协调，制订《东城区机构改革方案》，推进组织实施，调整和重新任命处级正职34人和处级副职干部153人，在全市率先完成新组建机构人员转隶及挂牌工作，做好“三定”规定制订、办公用房调整等改革衔接工作。强化用人导向，在建设高素质专业化干部队伍中突出政治标准，围绕改革发展大局配班子、选干部，全年任免干部527人次，其中提拔36人，平级交流90人，另有兼职任免、退休等401人。新招录公务员173人，其中按照不低于年度公务员招录计划10%的比例录用选调生20人，作为区内年轻干部储备，面向优秀社区党组织书记招录4人成为公务员，推进职务与职级并行工作，指导全区完成职级套转。加强领导干部出国（境）管理审批，管理出国（境）证件1224本，其中护照300本、往来港澳通行证172本、往来台湾通行证752本。建强组织体系，在推进党的基层组织建设中强化政治功能，制订《东城区加强党的基层组织体系建设三年行动计划（2019—2021年）》，完成第三批17个基层党建示范点创建申报工作，实现示范点街道、系统党（工）委全覆盖，全面提升“两新”组织（新经济组织、新社会组织）“两个覆盖”（组织覆盖、工作覆盖）水平，推进7个街道的9个试点小区开展党建引领物业、业委会参与社会治理试点，持续深化“街道吹哨、部门报到”改革。建设人才发展高地，印发《关于建设东城区人才发展高地的实施意见》，研究制订《东城区优秀人才引进办法》。坚持党管人才，在推动人才工作与区域发展深度融合中加强政治引领，深化重点领域人才联盟建设，加强中医药人才联盟、京城非遗人才联盟建设，加快推动20个非遗大师工作室建设，开展优秀人才培养资助工作，征集文化、科技、金融等领域个人项目218个、集体项目45个。

（张子介）

【不忘初心、牢记使命主题教育】9月至2020年1月，推进全区94家处级单位、2600个基层党支部开展“不忘初心、牢记使命”主题教育。建立区级班子“理论夜校”学习长效机制，持续推动理论学习常学常新；突出问题导向，区委常委班子深入基层，围绕党建引领“街乡吹哨、部门报到”改革、深化“接诉即办”机制、南锣鼓巷四条胡同修缮整治项目、崇雍大街整治等全区中心工作深入开展调研233次，发现问题348个，现场解决问题297个，挂账督办解决30个，解决率94%；对照党章党规，围绕“十八个是否”，全面检视问题，找准短板和症结所在，列出清单推动整改落实；重点围绕整治漠视侵害群众利益、基层党组织软弱涣散、对黄赌毒和黑恶势力听之任之甚至充当保护伞等方面问题，开展“8+1”专项整治，细化制订344项措施狠抓整改，梳理群众长期反映而又得不到解决的重点难点问题210件。开展“保障国庆奉献有我——党员先锋行动”“激发爱国情、奋斗建新功”等活动，把爱党爱国热情转化为推动各项工作的动力。在《人民日报》、中央电视台《新闻联播》和《北京日报》、北京电视台《北京新闻》和《都市阳光》等中央和市属新闻媒体，以及区属融媒体平台发布相关报道1241篇（条）。

（张子介）

【处级干部基本情况】2019年，全区党政机关、事业单位有处级干部856人，其中领导职务620人（正处职146人、副处职474人）。有处级女干部281人，占处级干部总数的32.83%，其中女领导干部207人（正处39人、副处168人），占领导干部总数的33.39%；处级少数民族干部57人，占处级干部总数的6.66%；党外干部31人，占处级干部总数的3.62%。处级干部年龄结构：36～40岁71人，41～45岁81人，46～50岁183人，51～55岁265人，56岁以上256人，平均年龄51.19岁。处级干部学历结构：研究生学历227人，大学学历610人，大专学历19人。全年任免处级干部509人次，其中提拔任用处级干部34人，晋升一级调研员4人，平级交流领导干部90人次，机构调整重新任命、兼职任免、退休等任免干部381人次。处级干部任前公示15期共46人，其中正处级21人（含调任1人、交流到重要岗位5人），副处级25人（含调任1人、交流到重要岗位6人）。

（张子介）

【干部工作制度建设】2月，干部选拔任用情况通报会召开，通报2019年处级干部选拔任用情况。5月，制订印发《东城区关于以政治建设为统领切实加强处级领导班子建设的意见》。6月，制订印发《关于进一步加强区管处级干部请假及报备工作的通知》，规范明确请假报备的适用范围、请假审批报备程序、严肃请假报备工作纪律，加强干部日常管理监督。制订印发《东城区关于建设新时代高素质专业化干部队伍的实施意见》，着眼未来5年，明确全区干部队伍建设“任务书”和“路线图”，建立素质培养、知事识人、选拔任用、从严管理、正向激励“五大体系”。制订印发《关于规范全区干部挂职工作有关问题的通知》，规范明确全区干部挂职范围，合理确定挂职岗位、挂职时间，严格挂职备案审批程序，解决“空挂”“虚挂”“镀金”“扎堆挂职”等问题。

（张子介）

【处级干部年度考核】1月至5月，突出考核激励作用，完善考核评价机制，改进考核方式方法。对承担中心工作任务较重、在重大项目中表现突出、在政府绩效考评中被评为优秀和在三级联创工作中被评为“五个好”街道的单位和干部给予指标倾斜。对全区党政正职年度考核优秀等次实行单独核定、统筹推荐，突出党政正职的带头作用。对在疏解整治促提升专项行动、中非合作论坛等表现突出的干部给予专项奖励。坚持考核优秀奖励指标向基层倾斜，街道按照22%的比例、其他单位按照19%的比例核算优秀指标，街道按照5%的比例、其他单位按照3%的比例核算三等功奖励指标。完成2018年度全区95家单位处级干部881人的考核奖励工作。

（张子介）

【干部档案管理】5月，驻区7家国有企业被中组部选为全国干部人事档案专项审核全覆盖工作试点单位，为中组部制订规范性指导意见提供参考。7月，召开干部人事档案工作培训班暨专项审核“回头看”工作部署会，部署全区科级及以下干部人事档案专项审核“回头看”工作，全区各单位组织人事部门相关工作人员110人参加培训。完成干部人事档案管理信息系统建设第二期工作，共完成1100卷离退休干部档案的整理查缺、电子扫描、图像处理和高清转换工作，日常实现电子档案查阅，并在全市率先完成与市委组织部信息系统的对接。2019年日常接收档案材料2.52万份，接收档案80卷，转出档案14卷，提供各类档案查借阅服务2.27万次。

（张子介）

【干部教育培训】6月17日至7月26日，举办6期社会组织动员能力提升专题研究班，每期5天，对17个街道“六办”主任、副主任开展全员轮训，邀请中央党校有关专家学者，民政部、市委组织部、市委城工委、市民政局领导，部分街道“一把手”专题授课，采取干部教、教干部方式，推动领导干部上讲台，发挥基层干部小教员作用，提升街道干部社会组织动员能力，推进基层治理体系和治理能力现代化。11月19—20日，围绕城市管理、生态文明建设、垃圾分类及“12345”接诉即办工作等内容，对17个街道城市管理办公室主任、副主任及部分社区党委书记85人进行社会治理专题培训，提升社会治理水平。2019年举办2期副处级领导干部进修班——习近平新时代中国特色社会主义思想专题研修班、2期年轻干部培训班、3期公务员初任培训班、2期科级任职培训班、2期科级领导干部更新知识培训班，全面开展理论政策知识闭卷测试，抓好党的理论和党性教育，提升行政能力。全年选派局级干部26人次、处级及科级干部142人次参加中央、北京市主体班次、专题班次调训。接收来自崇礼、化德、郧阳、怀柔等地学员50人，安排在党校主体班次及社会组织动员能力提升等专题班次跟班学习，提高对口帮扶协作地区干部能力素质，加强双方干部人才的沟通交流。

（张子介）

【城市基层党建】4月4日，印发《东城区组织工作2019年重点安排》。5月23日，召开全区基层党建重点任务现场会，传达全市会议精神，部署基层党建重点任务，下发工作指南，提出党建工作具体要求。5月28日，印发《东城区加强党的基层组织体系建设三年行动计划（2019—2021年）》，提出实施凝心铸魂、固本强基、素质提升、引领聚力、品牌提升“五大行动”。7月16日，下发《关于进一步丰富在职党员服务社区活动载体的通知》，通过在职党员活动日、在职党员课堂、在职党员服务队、在职党员活动清单等形式推动在职党员服务社区常态化、长效化。7月23日，东城区第三批基层党建示范点申报评审会召开，区领导宋铁健、王清旺出席并讲话，会上共有14个党（工）委及部门的17个项目通过评审，全区基层党建示范点累计达到34个，实现对各党建领域的全覆盖。9月9日，区党建工作协调委员会召开全体会议，总结2018年党建工作协调

11月12日，东城区召开基层党建工作推进会（区委组织部提供）

委员会工作，部署2019年重点工作，交道口街道福祥社区党委、东直门街道工委、北京协和医院作交流发言，夏林茂讲话，区领导吴松元、宋铁健参加。11月12日，面向区委直属各党（工）委召开基层党建工作推进会，总结前期成绩，分析当前基层党建工作问题，部署抓好基层党建重点任务的收尾工作，区领导王清旺出席并讲话。

（张子介）

【社会领域党建】1月3日，开展2018年度社区党的建设三级联创活动“五星级”社区党组织考核，采取社区自评、街道初评、区级复评的三级考评方式，评选出53个“五星级”社区党组织。6月27日，纪念建党98周年暨全市党建引领社区治理经验交流会上，和平里街道交通社区党委等8个社区党组织获北京市先进社区党组织称号，交道口街道福祥社区党委书记等8人获北京市优秀社区党组织书记称号。7月26日至8月底，举办区“五星级”社区党组织开放日系列活动，建国门街道赵家楼社区党委和天坛街道金鱼池中区社区党委对全区开放，其他获评的“五星级”社区党组织在街道内部组织开放交流活动。9月9日，组织召开区党建工作协调委员会全体会议。2019年，区党建工作协调委员会办公室就垃圾分类、社区治理、小区物业管理、“双报到”等主题组织召开4次专项工作协调会议。

（黄丹妮）

【基层党组织书记队伍建设】2月28日，召开党员社区民警兼任党组织副书记工作推进会，会后与政法委、东城公安分局联合印发《东城区关于深入推进党员社区民警兼任社区党组织副书记的实施意见》。4月28日，围绕社区党组织服务群众经费的使用问题在交道口街道福祥社区举办优秀社区党组织书记沙龙，优秀社区党组织书记13人参加。5月16日，继续围绕社区党组织服务群众经费使用问题在景山街道汪芝麻社区举办优秀社区党组织书记主题沙龙活动，优秀社区党组织书记9人参加。6月10日，与社会工委一起组织社区党组织书记11人参加市委组织部、市委社会工委举办的2019年全市新任社区党组织书记示范培训班。8月1日，组织基层党组织书记、副书记21人参观朝阳区呼家楼街道呼北社区殷金凤工作室。8月27日，在前门街道大江社区以“如何发挥导师作用，加强社区后备人才培养”为主题举办优秀社区党组织书记沙龙，优秀社区党组织书记23人参加。11月15日，组织优秀社区书记工作室导师和社区后备人才23人赴海淀区北太平庄街道志强北园社区、学院路街道二里庄社区参观学习。12月2日，与区委老干部局、区财政局、区国资委联合下发《关于为全区基层党组织中担任书记、副书记、委员的离退休干部党员发放工作补贴的通知》。12月12日，在体育馆路街道法华南里社区开展优秀社区书记沙龙活动。参观红砖阵地党建示范点，并围绕“发挥社区党建工作协调委员会作用，促进共建共治共享”问题开展座谈交流。优秀社区书记工作室导师18人参加。

（张子介）

4月28日，优秀社区党组织书记沙龙在福祥社区举办（区委组织部提供）

【落实党建主体责任】2018年度落实党建主体责任（三级联创）考评结果及“五个好”党（工）委名单经4月18日区委党建工作领导小组全体会议及4月24日十二届区委常委会第91次会议审议通过，东四、东花市、朝阳门、龙潭、东直门为“五个好”街道工委；教育工委、园林绿化局党委、区直机关工委为“五个好”党（工）委，和平里街道安德路社区党委等53个社区党组织被评为五星级社区党组织，并向全区通报。做好向各党（工）委反馈各部分分值和各部门评分明细等工作。12月4日，下发2019年度落实党建主体责任综合考核评价（三级联创考核）指标，规定考核组对各党（工）委实地考核检查项目不超过5个，进一步减轻基层负担。12月27日，组织召开2019年度东城区落实党建主体责任综合考核评价（三级联创考核）工作部署会，部署年度三级联创考核的工作任务，提出工作要求，并由各考评成员单位就各自考评指标作出具体说明。

（张子介）

【基层党建述职评议考核】3月1日，召开2018年度东城区党（工）委书记抓基层党建述职评议考核工作会，夏林茂主持并讲话，市委组织部副部长到会指导。区委25个党（工）委书记现场述职，4个党（工）委书面述职。区委常委、区委党建工作领导小组成员，区党代表、区人大代表、区政协委员、基层干部和群众代表90人参加。12月4日，印发《关于做好2019年度全区基层党建述职评议考核工作的方案》，对全区2019年度基层党建工作述职评议考核工作进行部署。

（张子介）

【党支部规范化建设】7月16日，发布《关于进一步加强社区党组织规范化建设开展“三亮”活动的通知》，通过开展在阵地“亮牌”、向群众“亮诺”、用服务“亮效”的社区党建“三亮”活动，实现统一形象标识、规范承诺公开、提升服务效能的目标。8月6日，启动全区后进社区党组织整顿工作，组织区级领导结合“不忘初心、牢记使命”主题教育，以“四不两直”方式，对177个社区实现走访调研全覆盖，对问题进行“把脉问诊”，形成《东城区社区诊断报告》，推进市区两级15个后进社区整顿提高。2019年，编印《社区党组织服务群众经费使用典型案例集》，收录便民服务、志愿公益、群众活动、硬件提升、环境改善5大类共50个经费使用的典型经验。

（张子介）

【党建引领街道吹哨部门报到】7月25日，制订印发《关于在落实市民热线“接诉即办”工作中加强党建引领的工作方案》，推动党建工作与落实市民热线“接诉即办”深度融合。7月，通过调研走访、召开座谈、街道推荐等形式挖掘社区专员典型人物和事迹，编印《践行初心在基层——社区专员风采录》。8月至10月，委托北京北广新新传媒有限责任公司拍摄宣传片《社区专员的初心和使命》，并在北京电视台《怎么看》栏目播出。9月6日，与社会工委、民政局联合下发《关于在全区推广前门街道“小院议事厅”工作经验的通知》。2019年共接待中央、市、区及全国20个省市关于“街道吹哨部门报道”和党建工作的调研72批次，共计1300余人次。

（张子介）

【党建引领扶贫攻坚】10月，组织开展“土豆进京，帮崇礼老乡过冬”第二季爱心土豆接力活动。11月，开展全市第五批村党组织第一书记选派工作，选派优秀干部3人分别到怀柔区渤海镇庄户村、雁栖镇北湾村、雁栖镇头道梁村担任第一书记。2019年依托“不忘初心、牢记使命”主题教育，组织街道工委和社区党委与受援地区开展党建结对帮扶（分别与阿尔山市4镇4街5个社区结对，与崇礼5个乡镇和10个社区结对，与怀柔区4个镇街结对），提供有针对性的党建工作帮扶指导，并在对口帮扶地区援建一批党群服务中心，至2019年年底，崇礼区5个党群服务中心投入使用，1个党群服务中心在建；阿尔山市已建成4个党群服务中心并投入使用。

（张子介）

【党员教育培训】6月11—12日，东城区推进街道党校建设专题培训班举办，区委各街道党校副校长、其他党（工）委党校负责人、党校工作人员及兼职教师等近70人参加。2019年举办2期入党积极分子培训班，积极分子近400人参加。遴选优秀电教片作品参加北京市党员电视教育片观摩交流活动，获一等奖1部，三等奖2部，单项“最佳”作品1部。

（张子介）

【党员关怀帮扶】元旦、春节、“七一”、“十一”前，开展走访慰问中华人民共和国成立以前老党员、生活困难党员和优秀党员活动，下拨慰问资金530.4万元，慰问区级以上困难党员450余人。2月1日，开展区领导亲情陪伴敬老院老人过大年活动。区领导夏林茂、金晖、吴松元、宋铁健等到东直门敬老院，陪伴敬老院老人共度春节。6月15日至7月31日，全区各级党组织开展共产党员献爱心捐献活动，全区党员4.16万人、群众9502人共捐献善款243.98万元。

（张子介）

【局处级领导班子民主生活会】2月10日，召开区委常委班子民主生活会“会诊会”。2月12日，召开区委常委班子2018年度民主生活会，市委书记蔡奇参加。指导区人大常委会党组、区政府党组、区政协党组开好年度民主生活会。部署全区处级领导班子年度民主生活会工作，对100家单位领导班子年度民主生活会工作全程督导，2月上旬前全部召开完毕。3月23日，召开区委常委班子落实市委巡视反馈意见整改专题民主生活会。指导区人大常委会党组、区政府党组、区政协党组开好专题民主生活会。部署全区各街道及巡视整改任务主责部门57家单位专题民主生活会工作，对57家单位专题民主生活会工作全程督导，4月上旬前全部召开完毕。12月2日，区委常委会召开“不忘初心、牢记使命”专题民主生活会，总结收获和体会，检视问题、剖析原因，开展深刻的批评和自我批评，明确努力方向和改进措施。区委书记夏林茂主持会议，市委“不忘初心、牢记使命”主题教育第一巡回指导组组长方来英作点评，市委书记蔡奇作重要讲话。12月2—10日，组织指导全区94家开展主题教育单位召开“不忘初心、牢记使命”专题民主生活会，区委常委分别参加指导包片街道与分管单位专题民主生活会。

（张子介）

【表彰区级先进】6月26日，东城区庆祝中国共产党成立98周年大会召开，金晖主持。宋铁健宣读《中共北京市东城区委关于表彰东城区优秀共产党员、优秀党务工作者、先进党组

6月26日，东城区庆祝中国共产党成立98周年大会召开（区委组织部提供）

织的决定》，与会领导向优秀共产党员100人、优秀党务工作者100人和先进党组织50个颁发证书、奖章、奖牌。优秀共产党员代表、优秀党务工作者代表和先进党组织代表分别作交流发言。夏林茂出席并讲话。区四套班子成员、法检“两长”参加。2019年，区委组织部利用《新东城报》、基层党建微信公众号等媒体宣传先进事迹，激励全区广大党员和各级党组织牢记共产党人的初心和使命。

（张子介）

【社区“两委”换届选举】2018年11月至2019年8月，开展东城区社区“两委”换届选举。全区177个社区全部完成换届选举，新一届社区党组织书记和居委会主任“一肩挑”比例达到92.6%，社区党组织和居委会成员交叉任职比例达到46.3%，社区居委会成员中党员比例达到41.94%，分别比上届提高6.3%、2.2%、5%。选举产生新一届“两委”班子成员共2314人，平均年龄43.6岁，大专以上学历比例达到90%，“两委”班子结构进一步优化。

（张子介）

【优秀人才培养资助及联系服务】春节前夕走访联系专家人才188人，组织专家人才31人到协和医院体检。3月至11月，开展优秀人才培养资助工作，经过项目初审、通讯评审、现场评审和征求意见4个阶段，资助优秀人才90人、金额249万元。推荐的1人入选国家百千万人才工程，3人入选国务院特殊津贴专家，1人入选首届北京青年学者。推荐的3人取得高级经济师和高级工程师职称，12个人才项目获市优秀人才培养资助，首次推荐3人入选区青联委员。7月至8月，分两批组织专家人才46人赴内蒙古自治区阿尔山市休假，举办“紫禁之东，精彩有我”专题座谈会2场，金晖、王清旺看望休假人才。规范人才引进落户工作程序，9月2日，印发《东城区人才引进落户实施细则》，全年向北京市人才工作局报送人才引进需求165人，获批指标86人。2019年，以配租公共租赁住房为突破口，推进人才住房政策创新，开展区内各类人才住房情况摸底调查，研究房源分配方式，实地踏勘人才公租房房源，制订《东城区人才公共租赁住房管理办法（试行）》。

（张子介）

【人才优秀事迹宣传】5月，推荐2人参加“北京人才号”主题地铁列车发车仪式，在北京卫视《为我喝彩》栏目宣传东城区领军人才优秀事迹。10月，组织专家15人参加国庆观礼，起草东城区人才国庆观礼回访专题宣传稿，通过微信公众号“东城基层党建”发布，阅读量3天达到600余次。10月至11月，组织召开高精尖企业、创新型企业、商务系统企业人才政策宣讲会4场，解读区人才及产业发展政策，230余家企业人力资源负责人参会，发出人才政策汇编1000余套。

（张子介）

【公务员职务与职级并行工作】10月16日，区委常委会审议通过《东城区公务员职务与职级并行制度实施方案（讨论稿）》。11月6日，召开推行公务员职务与职级并行制度工作部署会，王清旺主持，夏林茂讲话。各单位党（工）委（党组）书记、分管组织人事部门领导、组织人事部门负责人、组织人事干部等近400人参加。11月18—20日，举办全区职务与职级并行工作集中培训班，围绕职务与职级并行制度开展政策解读、分组讨论、交流答疑。各单位党（工）委（党组）分管组织人事部门领导、组织人事部门负责人、组织人事干部等近170人参加。全区各单位于2019年年底前完成职级套转工作。

（张子介）

【公务员考试录用】2019年上半年，东城区对外发布考试录用公务员职位计划122个；下半年，对外发布补充录用公务员职位计划15个。共有考生948人通过网上资格初审、笔试、现场资格复审等程序进入面试。通过面试、体检与考察、公示等程序，录用173人进入区公务员队伍。首次开展面向优秀社区党组织书记定向招录公务员工作，录用优秀社区党组织书记4人进入公务员队伍。

（张子介）

【公务员年度考核】2月至5月，开展科级及以下公务员年度考核，经各考核单位确定考核结果、区委组织部汇总备案、区考核委员会审议通过等环节，共确定“优秀”等次1020人；记三等功297人，嘉奖1158人。

（张子介）

【公务员及时奖励】7月至8月，开展望坛棚户区改造项目及时奖励。市、区领导多次到一线调研，与相关人员谈心谈话，了解拟获奖人员工作、生活情况。规范执行及时奖励工作程序，严格审核把关拟获奖人员21人事迹材料，向区纪委区监委征求意见，确保获奖人选中不出现违法违纪和立案调查情况。经市委组织部审批同意，共确定记二等功2人，记三等功2人，嘉奖17人。

（张子介）

【公务员申诉】6月至7月，按照《中华人民共和国公务员法》《公务员申诉规定（试行）》等有关规定，结合区机构改革实际情况，调整东城区公务员申诉公正委员会组成成员，在全市范围内率先完成公务员申诉公正委员会机构调整。依法依规审理王某某公务员申诉案件。

（张子介）

【人民满意的公务员推荐评选】4月至6月，开展第九届全国人民满意的公务员和人民满意的公务员集体推荐评选。面向全区印发工作通知，征集推荐人选。对区城市管理、司法、宣传等系统内先进模范人物进行摸底统计，筛选符合条件的人选名单。严格执行民主推荐、集体研究、征求纪检监察机关和有关部门意见、部门内公示等环节。经逐级遴选报送，中央组织部、中央宣传部决定，东城区推荐的东四街道社区专员高洋被授予全国人民满意的公务员称号，此次是区划调整后东城区推荐人选首次获公务员最高荣誉称号。

（张子介）

【干部挂职锻炼】2019年，选派干部8人、专业技术人才51人到西藏、内蒙古、河北等扶贫协作地区挂职。接收来自内蒙古、河北、辽宁等省份干部16人到区挂职锻炼。

（张子介）

【年轻干部专题调研】开展优秀年轻干部动态调整调研，动态掌握一批35岁以下副处级、正科级优秀年轻干部，延伸掌握一批30岁左右的副科职干部，年轻干部队伍在数量和质量上均有所保证。

（张子介）

【领导干部个人有关事项报告】完成市管干部39人个人有关事项报告的送审和转交。完成处级干部906人个人有关事项报告的审核、系统录入和汇总综合。2019年对干部210人开展抽查，其中重点抽查116人，随机抽查94人，对漏报情节较轻的15人批评教育，对漏报情节较重的1人取消考察对象资格。

（张子介）

【选人用人检查】2019年，编印《东城区结合巡察开展选人用人工作专项检查和不担当不作为问题检查工作手册》。结合区委巡察对18家单位开展选人用人检查和不担当不作为问题检查，对离任书记2人进行专项检查，规范各单位选人用人工作。

（张子介）

【一报告两评议】协助市委组织部完成区委2018年度干部选拔任用一报告两评议工作。对全区92家处级单位的干部选拔任用工作和新提拔任用的正科职干部103人进行评议，要求得分低于全区平均值的单位进行分析整改并监督落实。受理批复干部选拔任用工作有关事项报告2件。

（张子介）

【组织部门提醒函询诫勉】加强干部日常管理监督，针对经济责任审计、选人用人检查、一报告两评议、个人有关事项报告查核、信访举报、专项整治等工作中发现的问题，2019年约谈提醒干部32人，函询9人。

（张子介）

【领导干部经济责任审计】2019年委托区审计局对处级领导干部12人开展经济责任审计，其中任中审计7人、离任审计5人，同时对领导干部1人开展自然资源资产离任审计。

（张子介）

【从严管理干部专项整治】2019年，完成市委巡视关于党建和干部工作以及不担当不作为问题整改立项督查。按照全区“不忘初心、牢记使命”主题教育要求，协调区纪委区监委等5家单位，牵头完成领导干部配偶、子女及其配偶违规经商办企业问题专项整治，并建立日常监管机制与退出机制。

（张子介）

【涉组涉干信访受理查核】加大涉组涉干信访查核办理力度，强化跟踪督办落实。2019年收到信访举报件358件（含重件275件），已办结321件。对反映干部选拔任用工作和领导干部的信访举报，及时查核处理，抓好督查落实。

（张子介）

【党员队伍建设与管理】2019年，出台《中国共产党入党志愿书》编号管理工作办法，注重从工人、高知识群体和非公有制经济组织、社会组织中发展党员，提升发展党员质量。全年发展党员579人，其中女党员310人，占53.54%，35岁以下党员364人，占62.87%，大专以上学历560名，占96.72%。至年底，全区基层党组织3910个，其中党委263个，党总支113个，党支部3534个。全区党员总数88307人，比2018年增加2165人。其中女党员43388人，占党员总数49.13%；35岁及以下党员12535人，占党员总数14.19%；60岁以上党员42137人，占党员总数47.72%；具有高中、中技及以上学历74743人，占党员总数84.64%，大学专科学历17285人，占党员总数19.57%，大学本科及以上学历31032人，占党员总数35.14%。加强流动人才党员教育管理，做好退役军人“口袋”

党员排查处理，摸排退役军人党员206人，建立台账逐一跟进落实组织关系。

（张子介）

【两新组织党建】2019年，组织开展“两新”应建必建党建攻坚行动，完成全区“两新”党组织摸排，实现“一企一表”，新建167家非公企业党组织。年底，全区非公企业党建覆盖率85.7%，634家单独建立党组织，联合党支部144个；社会组织党建覆盖率80.5%，147家单独建立党组织，联合党支部42个。

（张子介）

【区党代表任期制工作】2019年，完成区党代表提议并办理32件，内容涉及干部队伍建设、基层党建工作、城市环境建设、拆迁棚户区改造、文化教育事业、人员工资待遇、养老服务、居民生活等方面。组织部分区党代表参加领导干部大讲堂学习，组织区党代表50人分两批到福祥社区、吉祥幸福居党建示范点参观学习。全年组织党代表征求意见、通报情况和列席会议280人次，引导党代表发挥重大事项决策的参谋作用，履行对党政机关及领导干部的监督作用，保障党代表的知情权、参与权、监督权。

（张子介）

【党建研究】组织党建研究会会员单位和区委组织部各组室开展课题研究，共形成调研报告70余篇。与市委组织部干部调配处合作完成2019年度立项重点课题《加强和改进领导干部政治素质考察问题研究》，获市党建研究会立项课题一等奖。择优向市党建研究会推荐5篇会员单位自选课题报告，其中区委党校撰写的《坚持以人民为中心，做好新时代群众工作》获自选课题二等奖。2019年编发《东城党建研究》杂志1期。

（张子介）

【人才创新创业引导基金】2019年累计投资成立期限在5年以内的互联网、文化创意等领域创新创业企业17家，投资金额5779.35万元，为区引入创新创业企业8家，完成全部投资工作，转入投后管理阶段。

（张子介）

【政工职评】2019年，经资格审核、申报、评审、征求意见等程序，2人获高级政工师资格，20人获政工师资格，10人获助理政工师资格。

（张子介）

【公务员招录进校园】2019年，创新开展东城区公务员招录进校园宣传工作。采取“2+N”（在2所高校召开线下招录宣讲会，线上招录宣传覆盖N家高校）宣传模式，分别在中国人民大学和北京科技大学举办2场宣讲会，现场通过播放《东城印象》和《东城欢迎你》视频、政策讲解、校友互动等环节展示东城区文化底蕴深厚、区位优势明显等特色，到场学生1000余人、发放宣传品1000余份，北京电视台、人民网等10余家主流媒体专题报道；通过微信公众号推送、滚动播放宣传视频等方式线上宣传，累积浏览量达3.4万余人次，传播范围覆盖北京大学、清华大学等30余所在京高校以及天津、上海、山东、云南等30余个省、市、地区。2019年区报考人数同比增长17%。

（张子介）

【选调生招考】2019年，把选调生纳入公务员统一招考，按照不低于2020年度公务员招录计划10%的比例招考选调生。全区统筹拿出28个岗位招考选调生，全部为区经济社会发展急需的城市规划与建设、财政金融、社会治理等领域的专业人才，作为全区优秀年轻干部人才储备。坚持分类选调，拿出5个岗位专门面向全国一流大学建设高校和在京一流学科建设高校及建设学科优秀应届毕业生，开展定向选调。

（张子介）

【公务员信息采集及统计年报】2019年完成全区公务员及参公人员6307人的信息采集和统计，会同区人力社保局完成工资统计。开展全区干部信息库数据维护，生成公务员、参照公务员管理的群团机关和事业单位工作人员、地方各级领导班子成员、各级机关、事业单位处级干部、地方党政领导班子优秀年轻干部情况、事业单位领导人员情况7套报表。东城区被评为2018年度北京市公务员信息采集和统计年报良好等次单位。

（张子介）

【组工信息宣传工作】利用“东城基层党建”微信公众号、“东城组工”今日头条、北京时间号，围绕全区中心工作、组织工作加强新闻宣传，推送各类信息。针对主题教育、社区专员等重点、亮点工作进行重点宣传，在《前线》《人民日报》等报纸杂志发表区主要领导署名文章。加强网站新闻宣传，发挥区委组织部网站主阵地作用，及时更新组工动态、基层党建等栏目，扩大网站的权威性和影响力。2019年编发《东城组工动态》13期，报送的各类信息被《北京信息》采用1条，被《北京组工动态》采用5条。发表影响力文章1196篇，其中“一类影响力文章”29篇，被新华网、求是网、光明网等主流媒体采用；“二类影响力文章”105篇，被共产党员网、中国青年网、千龙网等重点网站采用，其中8篇被中组部通报表扬，57篇被市委组织部通报表扬，网宣员1人被中组部办公厅、中央网信办网评局评为2018年度全国组织系统优秀网宣员。

（张子介）

宣传教育

【概况】中共北京市东城区委宣传部（简称区委宣传部）管理东城区新闻报道中心及东城区文化发展促进中心。北京市东城区精神文明建设委员会办公室（简称区文明办），是区委负责协调、指导精神文明建设的工作部门，挂靠区委宣传部。3月15日，按照中共北京市东城区委北京市东城区人民政府关于印发《北京市东城区机构改革实施方案》的通知要求，将区精神文明建设委员会办公室由挂靠区委宣传部改为设在区委宣传部；区委宣传部统一管理新闻出版和电影工作，将区文化委员会的新闻出版、电影管理职责划入区委宣传部，对外加挂区新闻出版局、区政府新闻办公室牌子。机构改革以后宣传部职责为：中共北京市东城区委宣传部（简称区委宣传部）是主管全区宣传思想文化工作的区委工作部门，为正处级单位，加挂北京市东城区人民政府新闻办公室（简称区政府新闻办）、北京市东城区新闻出版局（简称区新闻出版局）牌子。设办公室、研究室、理论科、新闻出版科、宣传科、文化科、创建科，编制 35人、实有28人。

2019年，东城区宣传思想文化工作坚持以习近平新时代中国特色社会主义思想和党的十九届四中全会精神为指导，以庆祝中华人民共和国成立70周年为主线，以机构改革为契机，坚持稳中求进、守正创新，坚持“崇文争先”发展理念。完成国庆70周年联欢活动、文明创建指挥部各项任务。组织全区24个部门、10个街道、11个学校、18个企事业单位的演职人员2600人参与国庆70周年群众联欢表演第一区块“幸福生活”联欢活动，展现东城人民良好风貌。做好“壮丽70年 奋斗新时代”主题宣传，推出“高质量发展”“爱国情 奋斗者”等专栏。中央、市属主流媒体发布东城相关报道227篇（条）。将学习教育、调查研究、检视问题、整改落实贯穿“不忘初心、牢记使命”主题教育始终，组织召开年度党建工作会，层层签订责任书。以市委巡视、区委巡察整改为契机，推进21项市委巡视整改任务和64项巡察整改任务落实。开展宣传思想文化战线增强“四力”教育实践活动，提升“脚力、眼力、脑力、笔力”，为宣传思想文化工作提供队伍保障。

（冯宏梅）

【组织采访拍摄活动】4月10日，新华社采访团一行5人对东城区开展“老城保护”调研采访。采访团了解老城胡同改造提升，如何用好街巷长、社区专员、小巷管家、责任规划师力量等情况，走访居民院。察看前门东区、雨儿胡同，听取天街集团负责人对胡同改造情况介绍和街道相关负责人对“党建引领，协商共治”情况汇报，与街道干部、社区居民座谈交流，并在东城区委举行工作交流会。区领导夏林茂等参加。4月23日，第二届“一带一路”国际合作高峰论坛新闻中心、北京市人民政府新闻办公室、东城区委宣传部共同组织城市采访系列活动，邀请阿尔及利亚、印度、巴西、埃及等44个国家和地区的中外注册记者50余人，到孔庙和国子监博物馆、77文创园（国子监园区）进行采访，走进古都历史，了解中国优秀传统文化，体验东方传统与现代生活方式结合的创意文化，感受北京传统文化及创意产业发展的蓬勃力量。9月，与北京广播电视台《向前一步》栏目合作，拍摄一期以展示东城区“党建引领，共建、共治、共享”，反映居民自治成果的《东城区周末大扫除美丽家园挑战赛》节目。该节目9月29日在北京电视台《向前一步》栏目播出。2019年，组织“壮丽70年 · 奋斗新时代”主题蹲点采访活动。《人民日报》、中央电视台等17家媒体记者近30人对前门东区草厂、西打磨厂、三里河开展蹲点采访活动；《人民日报》《北京日报》等17家媒体到交道口集中采访，报道雨儿胡同12号、14号、25号院、30号院项目工作情况；中央、市属10余家主流媒体到区开展“壮丽70年 · 奋斗新时代”京华大地调研行主题采访活动，老城保护与复兴、改善民生亮点工作、文化地标的利用和打造受到媒体关注；由多个国家记者组成的城市采访团到前门三里河地区采访，报道西打磨厂市政基础设施升级改造，环境综合整治、业态植入、周边区域疏解腾退、河道治理、绿化美化等情况；配合中央电视总台在西总布胡同取景拍摄，10月1日当天播出；协调相关单位，确保国庆70周年央视无人机航拍永定门城楼灯光照明效果；配合央视，协调确定长安街沿线14个制高拍摄点位，确保国庆活动当天的拍摄效果。收到中央广播电视总台、中央广播电视台文艺节目中心等4家单位的感谢信。

（冯宏梅）

【新时代文明实践中心】5月25日，新时代文明实践中心揭牌暨新时代文明实践推动日启动仪式在区第一文化馆前广场举行。宣布东城区新时代文明实践中心志愿服务总队成立，市、区有关领导出席并为青年、文化、体育、医疗队、文艺、法律、科普、巾帼、职工、红十字等10支志愿者队伍授旗。活动现场开展非遗项目互动展示、书画、相声、京剧、集邮、手工艺、朗诵、古筝、声乐等文化志愿服务培训项目。6月17日，制订印发《东城区推进新时代文明实践中心建设工作方案》，在区第一文化馆建立区新时代文明实践中心，将每月最后一个周末定为新时代文明实践推动日。6月29日，“守护绿水青山 环保公益在行动”新时代文明实践推动日活动在区青年湖公园南门广场举行。区领导周家雷为和平里医院杏林先锋党建示范站新时代文明实践基地揭牌。参会领导为树木认养人颁发认养牌。参会领导、志愿者共同为认养绿地“杏林苑”、认养树木浇水，并参观“杏林苑”。和平里医院的和医杏林志愿者专家开展服务百姓的健康义诊活动。区委宣传部、区委卫生健康工委、区园林绿化局、团区委负责人

5月25日，新时代文明实践中心揭牌（张传东摄）

及卫生健康系统和园林绿化系统的9支服务队志愿者近100人参加活动。2019年，成立区新时代文明实践所17个、区新时代文明实践站177个、区新时代文明实践基地20个，主动对接基层需求开展志愿服务活动，全年组织开展文明实践活动1000余场。

（冯宏梅）

【舆情信息】6月25日，东城区舆情信息员工作培训会召开。宣布2019—2020年区舆情信息直报点负责人和特约舆情信息员的聘任决定，邀请《人民日报》新媒体中心社交媒体运营室主编对新聘任的特约舆情信息员和舆情信息直报点负责人进行首次舆情信息工作培训。各单位舆情工作负责人、新聘任舆情信息直报点负责人和特约舆情信息员等150余人参加。与区网格中心建立共享机制，对于专报中涉及的民生问题，第一时间启动“接诉即办”案件办理流程。全年共形成舆情专报34期。

（冯宏梅）

【全国话剧优秀新剧目展演季】11月至12月，举办戏剧东城·第二届全国话剧展演季，从全国6个片区110家话剧院团中，征集23部优秀剧目，在首都剧场、保利剧院、国家话剧院、北京喜剧院、风尚剧场等剧场集中展演。期间，举办以“戏剧与城市——互联·互融”为主题的国际戏剧文化高端对话，邀请世界顶级城市戏剧节组委会代表、国内外著名戏剧艺术家等嘉宾进行主题演讲，共话戏剧与城市的融合发展。推出高雅艺术进校园、“戏剧一帮一”、“戏剧开讲”等公益性戏剧普及活动，搭建起集创作、演出、交流、评选于一体的国家级戏剧文化平台。

（冯宏梅）

【理论学习教育】组织指导区、处两级理论学习中心组学习贯彻习近平新时代中国特色社会主义思想。制订《2019年东城区委理论学习中心组学习计划》，结合“不忘初心、牢记使命”主题教育，利用集体研学、主题联学、调研促学、个人自学等形式，开展集中学习33场。制订《2019年东城区党（工）委（党组）理论学习中心组学习指导意见》，坚持“一学一报”和学习通报制度，全年各直属党（工）委共开展中心组学习588场。选树中心组学习典型，东花市街道党（工）委受到中宣部表彰。召开中心组经验交流会，5个处级理论中心组先进典型作经验交流。制订巡听工作计划，重点对7家单位开展巡听督导。为红色讲坛·理论图书角配发书籍9.12万册，指导各单位依托图书角开展主题读书活动。组织干部群众利用“学习强国”平台开展学习。

（冯宏梅）

【理论宣讲】2019年，组建东城区党的十九届四中全会精神宣讲团，各级领导干部深入机关、社区、企业、学校开展集中宣讲517场。利用“红色讲坛”理论家走基层、周末社区大讲堂、形势政策报告会、千人党课等形式，开展理论宣讲活动2215场。以“新时代意识形态工作”为主题组织“红色讲坛·理论座谈会”，邀请专家学者与干部群众面对面学习交流。选树先进典型，区委教工委获中宣部办公厅颁发的基层理论宣讲先进集体称号，北京东方嘉诚文化产业发展有限公司党支部入选北京市当代中国马克思主义读书活动试点单位。

（冯宏梅）

【思想政治工作研究】开展宣传思想领域课题研究，《关于进一步加强和改进东城区意识形态工作的实践和思考》调研报告被评为中国思想政治工作研究会2019年三类课题研究成果。参与北京市“宣讲家杯”优秀报告（党课）征集和展播活动，区4部报告（党课）被评为市级优秀报告（党课），区委宣传部被评为先进组织单位。配合北京市思想政治工作研究会开展基层思想政治工作调查研究。依托北京市哲学社会科学应用对策研究东城区基地和东城区思想政治工作研究会，开展处级优秀理论文章和党课征集评选活动，评选出处级优秀理论文章60篇，优秀党课25部。

（冯宏梅）

【百姓宣讲活动】2019年，组织开展“我和我的祖国”百姓宣讲活动，全区宣讲团21支、宣讲员125人参加百姓宣讲调研考评活动。1人入选北京市冬奥宣讲团、1人入选“不忘初心、牢记使命”主题教育巡回宣讲团，参与开展市级宣讲活动。承办冬奥故事分享会等多场市级百姓宣讲活动。开展“光辉起点·中国共产党早期组织在东城”主题展览、新时代文明实践推进日活动暨北京市“我和我的祖国”百姓宣讲团首场宣讲活动。东城区“我和我的祖国”百姓宣讲团获北京市特色宣讲团，《我们在光辉起点》获优秀微视频、“北京东城”微信公众号获优秀微传播奖，2人获优秀宣讲员，1人获优秀组织员称号。

（冯宏梅）

【典型人物推选与宣传】2019年，开展第七届全国、首都道德模范推荐工作，“中国好人榜”上榜好人、“北京榜样”“东城榜样”选树工作。在中华人民共和国成立70周年庆典活动中，时传祥获全国“最美奋斗者”称号。1人获“中国好人榜”上榜好人，6人获“北京榜样”。组织“东城榜样”评选活动，评选“东城榜样”10人，“东城榜样”提名奖10人。举办深化“最美奋斗者”时传祥学习宣传启动仪式暨“榜样的力量——激励我们不断前行”东城区道德讲堂总堂活动，区委宣传部、区总工会、区环卫中心、各街道（地区）、各系统主管领导、宣传干部及社区居民100余人参加。

（冯宏梅）

【群众性爱国主义教育活动】2019年，依托全区47家爱国主义教育基地，开展“昂首70载 奋进新东城”主题参观寻访活动，参观线路分为红色遗迹、历史印记、发现之旅、名人记忆、文化盛宴、幸福生活等6个类别，涵盖天安门广场、北京新文化运动纪念馆、中国海关博物馆等全区各级各类爱国主义教育基地，参观人数1万余人。推荐中国法院博物馆、中国海关博物馆、中国妇女儿童博物馆、中国华侨历史博物馆、北京新文化运动纪念馆5家基地申报国家级爱国主义教育基地，全部获全国爱国主义教育示范基地称号。推荐中国海关博物馆讲解员2人参加全市红色讲解员大赛，分获北京市金牌讲解员和北京市金牌志愿讲解员称号。

（冯宏梅）

【光辉起点主题展】2019年，“光辉起点·中国共产党早期组织在东城”主题展览接待中央、市、区等280余家单位3.1万余人次。举办“光辉起点·中国共产党早期组织在东城”主题展览走进北大红楼活动。统筹团区委在主题展馆开展“青春心向党·建功新时代”纪念五四运动100周年青春快闪活动，并在抖音、“北京东城”公众号、学习强国等平台播出。在开展“不忘初心、牢记使命”主题教育活动中，为驻区中央、市属单位提供参观讲解近100场，人数5000余人次。

（冯宏梅）

【国庆70周年主题宣传】围绕庆祝中华人民共和国成立70周年，组织开展以“讲述”“探访”“礼赞”3个篇章为主要内容的“我和我的祖国”群众性主题教育活动100余场，受众2万余人；开展“壮丽70年·阔步新时代”主题征文演讲活动；开展“我和我的祖国——东城区庆祝中华人民共和国成立70周年”摄影书法美术作品展；组织“青春心向党 建功新时代”“昂首70载 奋进新东城”主题参观寻访活动；举办“我和我的祖国”——东城区庆祝中国共产党成立98周年暨喜迎中华人民共和国成立70周年文艺演出等。围绕庆祝中华人民共和国成立70周年纪念活动，制订完成全区国庆期间重大环境布置方案。在崇雍大街沿线、平安大街沿线、前三门大街沿线等区内主要大街设置宣传标语硬质横幅72条，在背街小巷设置硬质标语横幅75条，全区硬质标语横幅共计147条，全区悬挂国旗约2.13万面。

（冯宏梅）

【历史文化传承】2019年，落实《东城区历史文化传承展示工作方案》，继续与北京电视台合作，制作10集人文专题纪录片《70年，古都新韵》，以东城“文化+”作为总体思路，从文物、中医、教育、戏剧、旅游、非物质文化遗产、老字号、文化产业、公共文化、城市管理等领

4月22日，“青春心向党·建功新时代”纪念五四运动100周年青春快闪活动（张维民摄）

域，以小切口展示中华人民共和国成立70年发展成果及首都城市变迁，展现东城区作为首都历史文化名城的魅力。专题纪录片于9月16—23日在BTV新闻频道《这里是北京》栏目播出，电视平均收视率0.32%，累计观看800万人次，微博视频点播量853万次。在新浪微博发起#我和北京合个影#活动，引导网友观看、转发、热议，邀请网友晒合影、说故事，话题阅读量超2.7亿次。创新传播渠道，扩大影响力，出版同名图书，制作短视频在学习强国、新华社平台进行推送，在抖音、快手等新媒体平台同步推广。

（冯宏梅）

【传统节日文化活动】2019年，围绕春节、元宵节、清明节、端午节、七夕节、中秋节、重阳节等7个传统文化节日，组织文化活动851场，现场参与人数近180万人次，其中“福满京城 春贺神州”永定门灯光秀推行文化惠民政策，免费发放门票8000张，18组大型民俗立体灯饰、创意灯光秀、快闪“我爱你 中国”亮相永定门公园；东、西城首次携手在龙潭公园举办端午文化节，以“和满京城 奋进九州”为主题，突出老北京传统文化特色，以龙潭公园水域为重点，分为泛舟端午、纵情端午、粽香端午、非遗端午、图说端午等5大板块，增强群众爱国情、奋进感，增进文化自信，培育家国情怀。

（冯宏梅）

【文化市场管理工作会】4月3日，区“扫黄打非”暨文化市场管理工作会议召开。会上，传达2019年北京市文化市场管理暨“扫黄打非”工作会议精神，部署东城区“扫黄打非”工作要点，并对区“扫黄打非”工作领导小组组织机构和组成人员的调整情况进行说明。区领导周家雷出席并讲话。全区47个成员单位的主管领导参加。

（冯宏梅）

【宣传文化干部培训班】5月27—30日，举办宣传文化干部培训班，围绕学习贯彻习近平新时代中国特色社会主义思想和党的十九大精神、意识形态工作、文化东城等相关内容，采取专家授课、座谈交流等形式开展培训，调训宣传干部38人。

（冯宏梅）

【北京孔庙国子监国学文化节】10月12—18日，第七届孔庙国子监国学文化节举办，以“国学圣地 德化天下”为主题，以承载国学精髓、汇聚国学精品、传播国学精神为目标，与中国儒学联合会、孔子学院等国家级文化机构合作，以孔庙和国子监博物馆为主会场，在故宫博物院、地坛公园、五道营胡同、南锣鼓巷、角楼图书馆、北京喜剧院、北京珐琅厂等地设立分会场，共举办国学展览、国学讲座、国学体验、国学传播4大类39场文化活动。

（冯宏梅）

【文化市场网格化监管培训会】12月12日，区文化市场网格化监管系统培训会召开，邀请北京市文化执法总队信息中心文化市场网格化监管系统专家对文化市场网格化监管系统的操作方法和功能进行培训。17个街道文化市场网格化监管员参加。

（冯宏梅）

6月5日，东城、西城首次携手，在龙潭公园举办端午文化节（刘立军摄）

统一战线

【概况】中共北京市东城区委统一战线工作部（简称区委统战部）是区委主管统一战线工作的工作机关。3月，区民族宗教办归口区委统战部领导。统一管理侨务工作，对外加挂北京市东城区人民政府侨务办公室（简称区政府侨办）牌子。中共北京市东城区委统一战线工作领导小组办公室设在区委统战部。区委统战部内设机构有办公室、调研室、党派组、新的社会阶层人士工作组、综合组，区台办与区委统战部合署办公，行政编制27人、实有22人。区委统战部下设公益一类参公事业单位东城区党外人士教育研究中心，编制4人、实有2人。

2019年，加强党对统一战线工作的领导，结合机构改革，加强对民族宗教、侨务工作的领导，加强制度建设，发挥统战工作领导小组作用，优化各党（工）委三级联创统战工作考核，构建大统战工作格局。加强政治引领，举办民主党派区委领导班子成员和新阶层代表人士培训班、党外干部培训班、基层统战干部培训班等，探索与高校合作办学、散点式培训模式、电子签到等形式，增强培训效果。围绕庆祝中华人民共和国成立70周年，以“践行红墙意识·不忘合作初心”为主题，召开座谈会，录制快闪视频，举办同心圆大讲堂，开展书法美术摄影展等活动，增进认同。开展政党协商，就20项议题开展3次会议协商和21次书面协商，开展民主党派2019年联合调研课题4个，编辑《议政建言直通车》23期，其中专报14期，得到区领导批示。举办东城区“5·6”民族团结日、民族团结宣传月活动。完成雍和宫春节敬香，佛教腊八节，天主教、基督教圣诞节、复活节，伊斯兰教开斋节、古尔邦节等重要宗教节日的服务保障，协调市区有关单位推进珠市口教堂迁建工作。激发知联会、新联会、海联会等统战社团活力，拓宽统战联谊组织覆盖面，在区级统战联谊组织的基础上，推动建立10个基层新联会及若干其他各类统战联谊组织，设立轮值会长，做强秘书处，完善内部激励机制，引导各类统战联谊组织与党同心、同向、同行，巩固共同的思想政治基础。针对党外代表人士、统战干部、党政领导干部出台《2018—2022年东城区统一战线教育培训规划》，在制度建设、基地建设、师资队伍建设、教材课程建设和学风建设5个方面为教育培训提供政策保障。2019年，统战信息工作得分942分，名列全市第一，并获中央统战部信息直报点三等奖。

（王　蕊）

【新联会工作】1月22日，北京东城新的社会阶层人士联谊会（简称东城新联会）举办新春联谊活动。新联会理事与联席会议成员单位和青联委员代表进行联谊，启动东城·怀柔新阶层人士对口帮扶工作，并为东城低保户家庭困难青少年征集微心愿圆梦人，帮助孩子实现心愿。中央、市、区领导及东城新联会理事、社会各界嘉宾、相关单位代表100余人参加。1月29日，举办东城·怀柔新阶层人士对口帮扶工作之新春送温暖活动，东城新联会书法家和非遗剪纸传承人现场写春联福字、制作剪纸艺术品，并为40户低收入村民送去1.5万元慰问品。3月27日，召开东城新联会学习“两会”精神分享会暨2019年第一次会长（扩大）会，全国政协委员、东城新联会会长作“两会”精神学习分享，与会人员畅谈学习体会，并总结部署东城新联会工作。区领导汤钦飞、东城新联会领导班子、部分常务理事及骨干20人参加。4月25日，东城新联会与区青联联合举办“凝聚新力量　筑梦新时代——奔跑追梦”悦心越健康健步走主题活动，来自东城新联会、区青联、知联会、海联会、留联会、商鲲新联会的社会阶层人士100余人边健步走边通过活动答题，重温党史、庆祝中华人民共和国成立70周年和五四青年节，汤钦飞出席。4月29日，召开东城区新的社会阶层人士统战工作推进会暨专项工作会议，会议为区首批10家新的社会阶层人士统战工作实践创新示范点授牌。区领导汤钦飞、区相关单位、新阶层统战工作实践创新示范点负责人100人参加。7月1—4日，世界针灸学会联合会、中国针灸学会、东城新联会赴内蒙古磴口县联合开展“中医针灸健康帮扶”系列活动，挂牌启动专家工作站、教育基地、精准帮扶实践基地3个帮扶项目，项目持续时间1年。12月16—20日，东城新联会及基层新阶层联谊组织代表人士14人赴深圳市学习交流。

（王　蕊）

【海联会工作】3月23日，组织部分海联会理事参访北汽新能源总部，了解新能源汽车产业发展现状与趋势；4月12—15日，组织海联会理事20人赴内蒙古磴口县开展“同植海联林，共筑中国梦”主题系列活动，活动累计植树300余棵，义诊100余人，赠送书法作品30余幅，捐赠帮助贫困学生16人。11月13日，联合区侨联组织海联会、留联会理事32人赴冬奥组委参观交流并体验冰壶运动，冬奥组委市场开发部部长朴学东、区领导汤钦飞参加。11月21日，邀请区海联会理事、寞浦（北京）商务服务有限公司董事长作“区块链”知识讲座，区领导汤钦飞、区海联会理事、区工商联会员30余人参加。全年共开展9次联络联谊活动。2019年，确定海联会轮值会长制度，支持海联会领导机制建设，增补海联会理事30人。

（王　蕊）

【知联会工作】11月12日，北京东城党外知识分子联谊会（简称东城知联会）换届工作领导小组会召开。会议审议通过《东城知联会换届工作方案》、东城知联会会徽，听取《东城知联会章程修正案（草案）》的说明，审议决定第二届东城知联会理事，通过有关人选建议名单。区领导汤钦飞、颜华及换届工作领导小组成员参加。12月10日，北京东城党外知识分子联谊会换届大会暨第二届理事会第一次会议召开。会议审议通过东城知联会第一届理事会工作报告，选举产生第二届理事会领导班子11人和常务理事40人，换届后，东城知联会理事90人，均为无党派人士。区领导汤钦飞，区相关推荐单位代表，各民主党派区委、区工商联、区侨联、东城新联会、东城海联会有关负责人100余人参加。

（王　蕊）

【侨务工作】2019年，推进7个侨务事项“一网通办”，完成政务服务信息共享情况统计报送13次、“三

4月15日，东城区举办“践行红墙意识·不忘合作初心——东城统一战线庆祝新中国成立70周年主题教育活动”启动仪式（马可摄）

侨生”中高考加分6人、港籍学生到京上中小学批准2人、归侨身份认定2人、侨眷身份认定3人、接待来电来访咨询100余人次，为市、区困侨侨眷28人发放生活补贴18余万元。

（王　蕊）

【国庆70周年主题活动】围绕庆祝中华人民共和国成立70周年，以“践行红墙意识·不忘合作初心”为主题，开展系列活动。4月15日，东城区统一战线各界人士在东城分会场参加“同心同行七十年·坚定不移跟党走——首都统一战线庆祝新中国成立70周年主题教育活动”启动仪式，与全市统一战线各界人士通过视频直播形式，同步举行升旗仪式、共唱国歌，表达“坚定跟党走、建功新时代”的心声和誓言。随后，东城区举办“践行红墙意识·不忘合作初心——东城统一战线庆祝新中国成立70周年主题教育活动”启动仪式，区领导汤钦飞，区有关部门领导，各民主党派、无党派、民族宗教、工商联、侨联、知联会、新联会、海联会等全区统一战线各界代表229人参加。7月16—26日，区委宣传部、区委统战部、区文化和旅游局、区文联共同主办“我和我的祖国”——东城区庆祝新中国成立70周年书法美术作品展，东城书画家、书画爱好者、各界统战人士提供的103件（套）书法、美术作品免费对外展出。7月30日，区委宣传部、区委统战部、区文化和旅游局、区文联共同举办“我和我的祖国”——东城区庆祝中华人民共和国成立70周年“美丽东城我的家”摄影作品展，展出摄影作品260余幅。8月24日，区委统战部与致公党东城区委联合举办“不忘合作初心　颂歌献礼祖国”快闪活动，全区各统战系统单位、各民主党派区委、东城知联会、新联会、海联会、留联会等统战团体300余人共同拍摄《我爱你中国》和《歌唱祖国》快闪MV，并在人民日报海外网、腾讯视频、学习强国、“北京东城”官方微博等平台发布。9月19日，区人大法制委员会、区侨办、区政协港澳台侨委员会、区侨联、致公党东城区委共同举办“寄语新中国·我对祖国有话说”座谈会，侨界市区政协委员、致公党党员代表等侨界代表性人士从个人经历角度出发，分享感受，寄语未来。9月24日，区委召开东城区统一战线庆祝中华人民共和国成立70周年座谈会，夏林茂通报2019年各项重点工作情况，民建东城区委、九三学社东城区委、区工商联、区伊斯兰教协会、东城新联会主要负责人围绕中华人民共和国成立70周年感想感悟，共谋发展、共话初心，区领导宋铁健、汤钦飞，区有关部门负责人出席。10月1日，组织民主党派、无党派、少数民族、宗教界代表人士，东城新联会、知联会、海联会部分理事，区工商联、区侨联部分委员100余人观看庆祝中华人民共和国成立70周年阅兵式和群众游行，组织新的社会阶层人士52人、民族宗教人士50人参加群众游行。10月12日，举办第二期东城区民主党派同心圆大讲堂暨国庆服务保障先进事迹统战专场报告会，邀请部分观礼嘉宾、参与国庆服务保障工作的干部、参加群众游行、联欢活动及外围服务保障民主党派、无党派人士共12人分享国庆服务保障工作经历与感想。

（王　蕊）

【教育培训】5月8—9日，举办东城区基层统战工作培训班。举办十八大以来统一战线理论和政策的新发展、基层统战工作知识等讲座，开展分组讨论、现场观摩、典型发言等交流活动。全区各委办局、区属企事业单位、双管单位、区级群团组织、各街道主管统战工作的领导和干部110人参加。7月10—12日，举办“同心同行70载·不忘初心再出发”——2019年东城区民主党派区委领导班子成员和新阶层代表人士培训班，汤钦飞作开班动员。培训采取“大班授课+小班教学”的方式，大班围绕政治理论、国情市情区情教育为主授课，小班针对不同类型学员，开设微论坛、现场教学、主题分享活动等研讨式、案例式、体验式课程。各民主党派区委主委及领导班子成员、部分新阶层代表人士106人参加。7月15日，区委统战部、区人大、区民族宗教办、区政协共同举办东城区宗教界人士培训班，汤钦飞作开班动员。9月3日，与高校（中国人民大学）合作举办东城区党外干部培训班暨领导力提升班，内容涵盖政治学习及理论素养、国情市情区情教育、政务服务管理、个人能力提升等，邀请人民大学、北京大学、清华大学等高校教授授课。全区党外处级领导干部、70后正科职、80后副科职党外干部以及部分非公企业党外代表人士59人参加，至11月，共举办13次。

（王　蕊）

【协商通报会】7月22日，区委召开党派团体协商通报会，金晖主持。会议通报2019年东城区纪检监察半年工作情况，就《中共东城区委十二届十次全会工作报告》（征求意见稿）和《东城区2019年上半年经济社会发展情况和下半年重点工作安排》（征求意见稿）听取各民主党派、工商联负责人和无党派代表人士意见建议，区领导汤钦飞、种磊等及各党派团体负责人出席。12月19日，区委召开党派团体协商通报会，夏林茂主持。会议就区级领导班子成员人事变动情况、东城区政协常务委员及委员届中调整情况、《中共东城区委十二届十一次全会工作报告（征求意见稿）》和《东城区人民政府工作报告（征求意见稿）》听取各民主党派、工商联负责人和无党派代表人士意见建议。区领导宋铁健、汤钦飞及各党派团体负责人出席。

（王　蕊）

【专项民主监督】8月20日，市发改委、民进市委、市相关部门就"关于进一步推进核心区疏解整治促提升工作的提案"办理情况到区调研。实地调研箭厂胡同3号、4号简易楼和中粮置地广场转型升级情况，召开座谈会，市相关部门介绍提案意见建议和办理进展情况，区相关部门汇报低效楼宇改造和简易楼腾退情况，并就进一步推进核心区疏解整治促提升工作进行讨论。8月27日，民进市委考察组到区开展疏解整治促提升专项民主监督。实地察看天鼎218文化金融园和首创咏园，召开座谈会，民进市委介绍调研检查工作任务和具体措施，区相关部门介绍疏整促工作情况，汤钦飞要求区有关部门配合，并借助民进市委专家人才智力优势提高区疏整促工作水平。11月21日，民进市委考察组到区开展疏解整治促提升专项民主监督。观看区发改委话剧《我们是东城发改人》，实地调研雨儿胡同20号、24号及30号院落修缮整治情况，召开座谈会，就南锣鼓巷四条胡同修缮整治工作整体情况、工作进展和重点难点问题进行交流。

（王　蕊）

【党外人士迎新春座谈会】1月24日，召开党外人士迎新春座谈会。民盟区委主委、民进区委主委、区伊斯兰教协会会长、区工商联主席、东城新联会轮值会长党外代表人士5人围绕市区中心工作，结合本组织在思想建设、组织发展、参政议政、社会服务、凝聚共识等方面工作作交流发言。夏林茂代表区四套领导班子向统一战线各界人士致以新春问候，并提出完善党对统战工作的领导，巩固统一战线基础；树立以人民为中心的思想，深化民主机制建设；聚焦全区中心工作，发挥民主协商作用的要求。金晖、吴松元、汤钦飞、李铁生等区领导及区有关部门负责人、统一战线各界代表人士44人出席。

（王　蕊）

【党外人士参加协商民主议事会】10月，区委统战部分批指导各街道先后遴选基层党外人士1500余人，按属地分别加入172个社区的议事组织，参加每月社区工作总结会、议事会，结合各自专业就社区各项工作提出意见建议。2019年，各社区党外人士参加议事373次，提出有效建议745条，被采纳502条，369条得到解决或落实。

（王　蕊）

【区委统战工作领导小组会】4月26日，区委统一战线工作领导小组第四次全体（扩大）会议召开。会议传达全国、北京市统战部长会议和市委统战工作领导小组会议精神，部署2019年统战工作，调整领导小组成员单位，审议通过《中共北京市东城区委统一战线工作领导小组工作规则（试行）》《中共北京市东城区委统一战线工作领导小组各成员单位职责分工（试行）》。区领导夏茂林、宋铁健、汤钦飞，31家领导小组成员单位和17个街道工委主要负责人参加。2019年，统战工作领导小组召开4次涉及民族宗教、非公经济、新阶层等方面的专题会议。

（王　蕊）

【东城区统战系统综合管理平台】12月中旬，正式上线投入使用。至年底，系统已有统战对象8800余人，15类不同使用权限的用户角色237人，登录次数2000余人次，查阅、修改和新增统战对象1599人次，推荐登记表690人次，统战信息采用238次，记录统战活动11次，活动签到1225次。

（王　蕊）

决策研究

【概况】根据《中共北京市东城区委办公室北京市东城区人民政府办公室关于调整区属议事协调机构的通知》（京东办字［2019］3号），将中共北京市东城区委全面深化改革领导小组改为中共北京市东城区委全面深化改革委员会，办公室设在区委研究室。3月22日，经区机构改革工作领导小组审议通过，根据《中共北京市东城区委办公室关于调整中共北京市东城区委研究室机构编制的通知》（京东办字［2019］29号），调整区委研究室机构编制。中共北京市东城区委全面深化改革委员会办公室（简称区委改革办），设在中共北京市东城区委研究室（简称区委研究室）。

区委研究室是负责区委综合性政策研究部门，为区委科学决策服务的区委工作机构，区委改革办承办区委全面深化改革委员会的日常工作。内设办公室（协调科）、调研科、文稿科、改革科，机关行政编制18人、实有16人。

2019年，区委研究室聚焦重点难点问题，攻坚克难，推动重点改革任务取得进展，围绕中心工作加大调研力度，发挥决策支持作用，强化以文辅政和参谋咨询，完成区委各项重点文稿任务，为区委科学决策提供智力支持和有效参考。组织召开或参与多项专题调研会、座谈会、协调会、论证会及其他形式的调研活动60余次。完成各类文稿的撰写及修改341篇，约112万余字；编发《东城调研》12期、《调研工作动态》50期、《东城改革工作简报》12期，《决策信息摘编》35期；加强与国务院发展研究中心、中国社会科学院、党建研究会、方迪经济发展研究院以及市委研究室、北京市社科院、首都社会经济发展研究所等相关单位的业务交往。

（闫　喆）

【与相关决策研究系统交流】1月7日，南京市秦淮区委研究室到区调研“街道吹哨、部门报到”工作，到东四二条社区实地察看，与区委研究室、区委社工委、区城管执法局、区编办、东四街道围绕东城区“街道吹哨、部门报到”交流座谈。4月16日，市委研究室到区调研街区更新重点进展、街巷环境提升、平房区和老旧小区物业管理等工作，与区城管委、区住建委、王府井建管办、天街集团座谈。5月24日，西城区委到区调研社区服务站改革工作，到东直门街道胡家园社区居委会及街区服务中心胡家园站，了解街区“一站多居”工作和物业服务开展情况，与区民政局、区政务服务局、东直门街道等单位围绕社区服务站改革进展、街区服务中心职能定位、“吹哨报到”机制及“接诉即办”等工作交流。6月25日，首都社会经济发展研究所到东四街道调研，了解东四文保院落基本情况，察看市委领导参加周末卫生大扫除场所，了解区周末卫生大扫除开展情况，到街道党群活动服务中心了解在街巷整治工作中坚持党建引领、做好群众工作相关情况，围绕街道大部制改革和历史文化街区保护交流座谈。

（闫　喆）

【统筹全区调研课题】3月29日，十二届区委常委会第87次会议审议通过《关于东城区调查研究工作2018年总结和2019年重点工作、重点课题有关情况的汇报》，确定29个区级重点课题、141个区委关注课题。其中《关于统筹做好老城保护与民生改善的研究》《开展街区更新，推进历史文化街区保护复兴》2个课题被列为全市重点课题，要求于2020年年初结项完成。研究制订下发《东城区优秀调查研究成果评选办法》。

（闫　喆）

【老城保护和民生改善课题】3月29日、12月4日，区委研究室相关人员陪同区领导到南锣鼓巷地区调研四条胡同修缮整治项目。3月30日，相关人员陪同区领导到景山街道“三眼井”胡同及周边实地调研违建整合、民意反馈、群众参与、修旧如旧、政务体系等。4月5日，相关人员陪同区领导到体育馆路街道调研老旧小区物业管理、违建拆除、绿化升级改造等。4月9日，相关人员陪同区领导到安定门街道调研国子监街整治情况、孔庙和国子监博物馆运营、方家胡同院落升级改造。5月3日，相关人员陪同区领导到建国门街道苏州社区调研平房区物业管理。5月4日，相关人员陪同区领导到朝阳门朝内大街216—218号楼调研老旧小区物业管理工作。5月9日，召开《关于统筹做好老城保护与民生改善的研究》课题开题会，5月10日与方迪经济发展研究院研讨，梳理区领导要求及各成员单位意见建议，明确重点研究内容，确立1个主报告、41个子报告的“总分”形式研究体系。5月28日、6月5日、6月12日，区委研究室分别到交道口、朝阳门、景山、东四、北新桥、前门街道调研，了解历史文化街区保护模式和院落试点改造中出现的问题和经验。5月31日、6月11日、6月20日、6月27日、7月19日，区委研究室联合北京方迪经济发展研究院分5次开展课题座谈会，区发改委、商务局、民政局、政务服务局、城管委、城管执法局、网格中心、科信局、住建委、规自分局、京诚集团围绕“老城保护与民生改善”就各自领域工作开展情况及面临问题进行沟通及讨论。6月4日，陪同区领导参观密云古北水镇在老城保护修缮施工中修旧如旧、利用老物件、老构件、老材料经验。7月3日，区委研究室与方迪经济发展研究院交流讨论课题的主要观点及整体框架。8月初形成初稿，经广泛征求意见、反复修改，要求2020年2月课题结项，报市委研究室。

（闫　喆）

【全面深化改革组织协调】4月10日、5月31日、10月11日，召开3次区委全面深化改革委员会全体会议。通报机构调整并成立中共北京市东城区委全面深化改革委员会、调整区委深改委和部分专项小组人员情况，审议通过2018年度改革工作总结、2019年度改革工作要点，修订《深改委工作规则》《专项小组工作规则》及《办公室主要职责》；审议通过《东城区深化医药卫生体制改革2019年重点工作安排》《东城区残疾人联合会改革方案》《东城区街区更新实施意见》《东城区开展党建引领物业管理纳入社区治理试点工作方案》及配套文件、《东城区科协系统深化改革实施方案》，听取落实加强新时代街道工作意见和深化“街道吹哨 部门报到”改革情况的汇报。4月12日，市委改革办到区调研全面深化改革工作、“共生院”建设情况、停车自治管理工作，察看南锣鼓巷雨儿胡同“共生院”进展情况和王府井停车管理工作，听取市规自委东城分局、区城管委（交通委）、区委改革办分别围绕“共生院”建设情况、停车自治管理工作和全面深化改革工作情况进行汇报。4月19日，市委改革办到区调研平房院私房整治修缮工作，调研组到雨儿胡同8号院、22号院、27号院实地察看，区委研究室、区住建委、市规自委东城分局、京诚集团、交道口街道和福祥社区等单位围绕私产房屋整治修缮开展工作交流。6月25日，山东省委改革办到区调研停车自治和“街道吹哨、部门报到”工作，到王府井地区察看“不停车”街区和停车自治情况，到东四街道察看街巷胡同整治情况，在东四街道党群活动服务中心座谈，区委组织部、区委编办、区民政局、东四街道围绕“吹哨报到”讨论交流。7月17日，市委改革办委托中国人民大学国家发展与战略研究院评估组到区调研养老服务体系建设，区民政局、区卫生健康委、区老龄办、区科信局围绕区养老服务工作、医养结合工作、老年产品用品研发支持工作作汇报。9月5日，市委改革办围绕加强直管公房规范管理到区调研，听取区住建委关于落实《关于加强直管公房管理的意见》要求、加强直管公房管理有关情况的介绍，与天坛街道、区市场监管局、京诚集团开展座谈。9月9日，市委改革办围绕推动历史文化街区平房腾退和修缮到区开展专项督察。听取区住建委关于落实《关于加强直管公房管理的意见》要求、推动历史文化街区平房腾退和修缮情况介绍，与交道口街道、区市场监管局、京诚集团开展座谈。11月7日，区委研究室召开改革专题座谈会，驻区委办纪检组、区委办、区委宣传部、区发改委、区民政局、区住建委、区城管委、区卫健委

4月10日，区委全面深化改革委员会召开第一次全体会议（区委研究室提供）

参加，就2019年改革任务完成情况、2020年重点推进的改革创新事项及对全区改革工作的意见建议等交流研讨，各部门针对完善协调机制、加强交流培训、发挥督察考核作用提出5条意见建议。2019年，在《北京改革情况交流》上发表《东城区深化“吹哨报到”改革全力打好“接诉即办”攻坚战》《东城区坚持优质均衡发展 全力建设教育现代化示范区》两篇文章。

（闫　喆）

【起草区委重要文稿】2019年，起草中共东城区委十二届九次、十次、十一次全会报告、年度区委常委会工作要点。围绕市委全会、重大活动、中央及市委领导调研、市委巡视整改、“不忘初心、牢记使命”、“接诉即办”、老城风貌保护、高质量发展、机构改革、垃圾分类、物业管理、南锣修缮整治、重点工程项目改造、全面深化改革工作、党风廉政建设、社会治理、结对帮扶、街区更新等中心工作起草工作汇报、典型发言及约稿文章。

（闫　喆）

【调研报告理论文章发表】2019年，区领导夏林茂的理论文章《坚持以人民为中心的发展思想——在为民服务解难题中守初心担使命》在《人民日报》9月12日第13版刊登，《社区专员：活跃在胡同里的“轻骑兵”》在《前线》杂志第10期刊登，《高标准履行好首都功能核心区职责》在《北京工作》第9期刊登。区领导金晖的调研报告《落实北京新总规 提升核心区发展品质》在《北京调研》第5期刊登，在《北京城乡蓝皮书——北京城市融合发展报告（2019）》刊登。区领导赵凌云的调研报告《东城区发挥社会组织在社区治理中作用的思考》在《北京调研》第8期刊登。区领导于静的调研报告《新时代东城区加强和改进人大工作的调研报告》在《北京调研》第11期刊登。东城区委组织部理论文章《用好干部考核这把“尺”——北京市东城区基层考核评价制度创新探索》在《前线》杂志“北京市深化党建引领‘街乡吹哨、部门报到’改革理论研讨会专辑”增刊刊登。区法院的理论文章《只有加强党的领导才能真正实现全面依法治国》在《求是》第5期刊登。区发改委的调研报告《东城区借鉴或加大都市人口疏解政策比较研究》在《北京调研》第3期刊登。区城管委的调研报告《关于推进东城区平房区物业管理的探索与研究》在

4月18—21日，东城区非遗文化展在台湾高雄举办（刘立军摄）

《北京调研》第6期刊登。区法制办的调研报告《不可移动文物腾退相关问题调研》在《北京调研》第2期刊登。景山街道的理论文章《老城保护的新路径》在《前线》杂志第11期刊登。东直门街道的理论文章《健全工作机制全面推进“接诉即办”工作》及图片在《北京工作》第3期刊登。体育馆路街道的理论文章《“三步一回头”工作法落实“接诉即办”工作》在《北京工作》第4期刊登。朝阳门街道工委的调研报告《东四南古都风貌保护与复兴中公众参与的方法与启示》及图片在《北京调研》第4期刊登。东城区委的理论文章《加快建设“国际一流的和谐宜居之区”》在《北京工作》第1期刊登，《以总书记视察前门东区为强大动力 扎实做好老城整体保护提升工作》在《北京工作》第2期刊登。区前领导张家明的调研报告《城市复兴视角下东城区街区更新问题研究》在《北京城乡蓝皮书——北京城市融合发展报告（2019）》刊登。区委研究室的调研报告《在城市治理中强化党建引领、推动共建共享的研究》在《东城党建研究》第1期刊登。

（闫　喆）

【业务培训】12月31日，区委研究室召开2019年调研培训座谈会。部署2020年调研工作重点，讲授如何写好调研报告。区委宣传部、财政局、教育工委、统计局、金融办、天坛街道、景山街道7家单位的代表交流发言。

（闫　喆）

对台工作

【概况】中共东城区委台湾工作办公室、东城区人民政府台湾事务办公室（简称区台办）是区委、区政府主管对台工作的职能部门，与区委统战部合署办公，承担组织、指导、管理、协调有关对台工作职能。人事不独立，编制4人、实有4人。

2019年，全区对台工作以习近平新时代中国特色社会主义思想为指导，区台办学习党的十九大精神，贯彻中央对台工作大政方针，把握两岸和平发展主题。以加强与台湾社会基层交流为主线，创新方法机制，狠抓措施落实，对台工作的内容、规模、效果实现质的飞跃和提升。逐渐形成项目有政策、工作有考核、活动有资金的局面。立足文化强区战略，重点打造对台交流品牌，发挥资源优势，深入岛内开展基层对台交流活动，增强对台工作实效，使东城品牌更加亮丽，东城特色更加鲜明，东城项目更加深入。2019年，在龙潭庙会举办第八届台湾映像魅力展，成为东城区涉台品牌活动之一。

（周　薇）

【非物质文化遗产展演】4月18—21日，精选燕京八绝（景泰蓝、雕漆、玉雕、牙雕、金漆镶嵌、花丝镶嵌、宫毯、京绣）等20个非遗项目和演出团赴台，在高雄佛光山举办为期4天的非物质文化遗产展演。非遗项目传承人、书画名家、表演艺术家现场进行经典展览、创作交流和艺术表演，并将精选出的东城区改革开放40年成就展中的作品在现场展出，展现东城区的历史文化积淀和新时代创新发展成果。演出团队在高雄师范大学演艺厅举办北京文化秀演出活动。表演艺术家、演员为台湾民众演出传统音乐、舞蹈、曲艺、杂技等非遗类节目，高雄市民近1000人观看。 新华社、海峡卫视和《台湾旺报》等网媒纸媒参与报道。

（周　薇）

【区委对台工作领导小组会议】5月6日，区委对台工作领导小组会召开，汤钦飞主持。会议调整区委对台工作领导小组成员名单，传达市委对台工作会议精神，部署2019年全区重点对台工作。夏林茂要求：东城作为首都核心区，要学习领会习总书记的讲话精神和中央市委要求，做好基层交流工作，坚持打造东城品牌，推动两岸青少年间的务实交流，进一步优化营商环境。赵凌云及领导小组成员共45人参会。

（周　薇）

【首届海峡两岸社团联谊会】6月24日，由东城区人民政府、北京海峡两岸民间交流促进会和中华两岸经贸投资文化教育协会共同主办的首届海峡两岸社团联谊会开幕。活动以“联接·联动·联融”为主题，来自两岸经济、科技、公益、教育、卫生等行业的100余个民间社团的代表300余人在京开展联谊和行业对口交流对接，加强京台社会团体沟通联系，深化行业领域合作，助推两岸民间交流。

（周　薇）

【涉台宣传教育】2019年，协助各街道举办台海形势报告会17场次，邀请知名台湾问题专家、学者授课，实现街道系统涉台宣传教育全覆盖，提升街道干部、群众的涉台意识。启动入岛宣传项目，与《北京日报》报业集团合作，利用岛内《真晨报》专版推介东城区经济、文化、社会发展状况等内容。每月一期，为期一年。

（周　薇）

【对台交往交流】2019年，审批因公赴台团组36批、470人次；非公职审批78批、110余人次；接待台湾来访团队14个，300余人。全区赴台团组注重人员选拔、行前教育、归后总结，围绕区中心工作安排团队行程，重点在城市精细化管理、民生保障、文化展示方面，推动两岸经济社会融合发展。

（周　薇）

保密管理

【概况】中共北京市东城区委保密委员会办公室（简称区委保密办），对外挂北京市东城区国家保密局（简称区保密局）牌子。区委保密办（区保密局）既是区委保密委员会的日常办事机构，又是负责区域内保守国家秘密工作的政府职能部门，内设宣传法规科和技术检查科2个科室。

4月15日，东城区开展全民国家安全教育日活动（区委办提供）

3月，根据机构改革工作安排，区委保密办（区保密局）设在区委办公室，成为区委办公室内设科室，科室名称更名为保密宣传科和保密检查科。

2019年，以庆祝活动保密服务保障工作为主线，以推进保密工作规范化建设为统领，落实党管保密原则。编制印发《北京市东城区保密工作手册（2019年）》《保密工作实用法律法规制度汇编》《保密工作50问》《单位保密工作责任清单》《单位保密工作任务清单》等规范性文件。在机构改革、主题教育实践活动等中心工作中，制发规范文件、派人入驻工作专班，全程跟进指导。拍摄创作保密教育微电影《案鉴》，举办保密干部业务培训班，组织“4·15”全民国家安全教育日、参观保密教育实训平台、参加“五法”知识竞赛答题等形式开展保密宣传。组织各单位集中开展定密责任人、定密授权事项备案和国家秘密事项统计工作。区保密局获全国保密工作先进集体。

（王景波）

【机构改革保密管理】2月，印发《东城区关于切实做好机构改革保密工作的通知》，召开专题部署会，明确10个重点方面的保密工作要求。5月，制发《关于做好机构改革后保密委员会、保密工作机构、保密干部等相关工作的通知》，完善全区保密工作体系建设，做好工作衔接。

（王景波）

【全民国家安全教育日】4月15日，与区委政法委、安全分局等单位联合，在龙潭公园设置宣传展台，组织主题保密法治宣传，发放《保密法》、保密法制宣传折页、书签、水杯等宣传资料500余份。通过短信平台向全区各涉密单位保密工作主管领导、科室负责人和保密干部近400人发送保密和国家安全教育提醒短信。

（王景波）

【庆祝活动服务保障专题培训会】5月24日，邀请市保密局保密科技测评（资质认定服务）中心主任授课，培训庆祝活动服务保障保密工作具体管理规范，传达市委保密委有关案情通报。全区相关单位保密工作领导和保密工作人员约180人参加。

（王景波）

【保密干部业务培训】7月18日举办。传达学习中央和市委有关文件和通报精神，区保密局业务骨干讲解保密责任和组织机构建设、定密管理、保密宣传教育、涉密人员管理、保密检查、日常保密管理以及重大活动保密管理等内容，举办保密知识测试。全区各单位专兼职保密干部110余人参加。

（王景波）

【区委保密委员会全体会】8月16日召开，陈本宇出席并讲话。会议传达中央和北京市有关保密工作会议精神和案例通报，调整区委保密委员会成员，听取区委保密办2018年及2019年度上半年工作汇报，研究部署全区保密工作。区委保密委组成人员28人出席会议。

（王景波）

【主题教育活动保密指导】9月6日，在区委主题教育活动领导小组办公室主任（扩大）会议上，区委办副主任结合上级最新文件和案例通报精神，讲解保密工作责任制等保密工作常识，加强办公室领导和工作人员保密教育。9月9日，延伸开展巡回指导组保密专项培训，保密宣传科科长讲解定密、计算机、互联网电子邮箱、涉密会议等方面的保密管理制度要求，区委巡回指导组全体成员参加。在全区“不忘初心、牢记使命”主题教育活动中，指定专人对接联络，协助区委主题教育活动领导小组办公室建立6项保密工作制度，提供保密咨询指导。

（王景波）

【保密法治宣传】1月至4月，创作剧本，拍摄制作保密教育微电影《案鉴》，以案说法，以案为鉴，通过微电影形式，展示身边容易忽视的保密隐患，反映保密违规行为的严重后果，发挥保密警示教育作用。5月，组织全区干部群众1.91万余人关注“保密观”微信公众号，参加“五法”（国防法、国家安全法、军事设施保护法、保守国家秘密法、反间谍法）知识竞赛答题活动。7月，在市保密局组织的“传承红色基因，筑牢保密防线”主题征文活动中，2人获征文一等奖和二等奖，区保密局获得优秀组织奖。12月3—4日，结合“12·4”国家宪法日宣传，组织全区各单位新从事保密工作的处级主管领导、保密干部、涉密人员近200人，参观保密教育实训平台，观看案例展览、技术演示和保密警示教育片。

（王景波）

【技术服务保障】2019年组织文件销毁4次，涉及单位182家次，共销毁文件1729袋。对区级重要会议活动进行保密服务保障60余次。开展保密自查，对80家单位现场检查，“三级联查”计算机4495台，对高考、自考、成考进行检查，对社会资质企业“双随机”抽查。

（王景波）

机构编制管理

【概况】北京市东城区机构编制委员会办公室（简称区编办）是北京市东城区机构编制委员会的常设办事机构，负责全区行政管理体制和机构改革以及机构编制日常管理，既是区委的工作机构，也是区政府的工作机构，列入区委序列，与区人力资源社会保障局合署办公。3月22日，根据《中共北京市东城区委北京市东城区人民政府关于印发〈北京市东城区机构改革实施方案〉的通知》（京东发〔2020〕2号），北京市东城区机构编制委员会办公室改革为中共北京市东城区委机构编制委员会办公室（简称区委编办），为中共北京市东城区委机构编制委员会的常设办事机构，承担区委编委日常协调服务工作，为正处级单位，列入区委工作机关序列，归口区委组织部管理。区委编办内设综合科、机关管理科、事业单位管理科、监督检查科，行政编制20人、实有17人。

2019年，结合“不忘初心、牢记使命”主题教育，坚持机构编制“瘦身”与“健身”相结合，持续改进工作作风、提升工作效能，在狠抓整改解决机构编制历史遗留问题的同时，在全市率先完成区级机构改革，推进区权力清单动态调整，推进经营类

3月22日，东城区北京市生态环境局揭牌仪式（张传东摄）

事业单位改革。在围绕构建动态管理机构编制资源新机制和探索“机构编制+人员管理”相互制约新模式中，推行机构编制联审制度与探索试行教育系统“信用编制”制度，破解机构编制瓶颈、着重创新管理机制，为东城区中心工作和重点任务提供机构编制服务保障。

（左清丞）

【完成东城区机构改革】召开领导小组会议2次、工作专班会议5次，对44个部门职责配置反复研究，对重点、难点问题，反复调研、各个突破，3月22日前完成全区新组建部门挂牌、人员转隶和“三定”规定印发工作，在全市16个区率先完成区级机构改革。此次改革实现编制、内设、职数三减少，改革后设置党政机构44个，议事协调机构从181个精简到57个，编制减少38人，内设机构减少21个，处级领导职数减少12正26副。

（左清丞）

【推行机构编制联审制度】5月21日，会同区委组织部（区公务员局）、区人力资源社会保障局研究制订《东城区机关事业单位机构编制联审制度（试行）》，对各机关事业单位开展人员调动、选拔任用、招考招聘人员进行编制职数前置审核，杜绝超编超职数情况。2019年共审批150件次，杜绝超编超职数情况发生。

（左清丞）

【梳理政府部门权力清单】经8月19日第73次区政府常务会议审议通过、10月9日书记专题会研究讨论、10月30日区委常委会审议通过，12月10日，印发公布《东城区政府部门权力清单（2019版）》，清单共有行政职权事项968项，涉及28个部门，按照职权类别进行划分，其中行政许可168项、行政强制103项、行政确认52项、行政征收9项、行政裁决5项、行政给付50项、行政检查262项、行政奖励19项、其他300项。

（左清丞）

【教育系统信用编制制度】为解决区教委教师资源用人高峰编制结构性短缺问题，10月18日，与区教委、区财政局、区人力资源社会保障局联合印发《关于在东城区教育系统建立“信用编制”制度的工作安排（试行）》，按照坚持总量控制、创新管理、管好管住的原则，根据区教委测算的年度编制需求，从全区事业编制的总量中调剂一定额度的“信用编制”，解决在区教育系统中小学幼儿园教师2019年退休和调出情况下，急需通过招聘补充教师人才的问题。“信用编制”年初下达，年底收回。招聘教师到位后，使用年度实际退休和调出教师空编，确保教委系统事业编制总量不变。“信用编制”一方面解决教委师资招聘燃眉之急，另一方面统筹使用事业编制，使全区待分配事业编制使用效益达到最大化。

（左清丞）

【推进经营类事业单位改革】2019年，先后10次到区委社会工委区民政局、街道集体经济管理中心等7家重点、难点部门实地调研，了解改革进度、讲解改革要求，及时向区领导进行专题汇报，共撤销事业单位10个。

（左清丞）

【统一社会信用代码赋码】2019年，办理区属党政机关和群众团体统一社会信用代码赋码共46个，其中初领3个、变更43个。

（闫　冬）

【事业单位登记管理】2019年，完成事业单位法人年报455个，涉及区机构编制部门批准设立的事业单位439个，其他组织利用国有资产举办的事业单位16个。完成事业单位法人登记，新设立登记21个、变更登记145个（共变更316项信息）、注销登记22个、证书补领2个。事业单位法人公示信息抽查12家单位。在“信用北京”“数字东城”网站发布事业单位法人登记双公示信息，全年发布信息190条。

（闫　冬）

老干部管理

【概况】中共东城区委老干部局（简称区委老干部局）是负责指导管理区离休干部、处级（含）以上退休干部工作的区委工作机关。内设办公室、调研科、政治待遇科、生活待遇科、宣传科、企管科，编制17人，工勤1人，实有公务员16人，工勤1人；下设东城区老干部活动中心（正科级参公事业单位），编制43人，实有参公人员37人，其中工勤3人。全区离退休干部2769人，其中区属离休干部720人，易地安置离休干部43人，副处级及以上退休干部2006人。

2019年，围绕加强“四个中心”功能建设，做好“四个服务”，以及庆祝中华人民共和国成立70周年，以开展“不忘初心、牢记使命”主题教育为契机，加强离退休干部政治建设、思想建设和党组织建设，定期召开老干部区情通报会、形势报告会，举办6期老干部党校培训班，覆盖区处级退休干部、离退休干部党支部书记及理论骨干。落实离退休干部党支部“三会一课”、组织生活会、主题党日等制度，编印离退休干部党支部工作法，发挥示范带动作用，扩大离退休干部党建影响力。组织老党员先锋队139支，老党员3970人在中华人民共和国成立70周年等重大活动服务保障、环境整治、文化传承等方面发挥优势作用；老干部70余人宣讲团和各街道宣讲分团成员深入基层开展主题宣讲，宣扬老同志先进事迹和“增添正能量，共筑中国梦”创新实践。

6月28日，东城区老干部宣讲团走进社区宣讲（牛冬来摄）

开展全国和北京市离退休干部“双先”以及北京市老干部工作“双先”评选表彰工作，选树先进典型。落实市、区为老服务政策，提高信息化、精准化、规范化建设水平，做好离退休干部服务管理及特困帮扶和走访慰问，推进党建引领老干部工作向基层延伸试点工作。推动《关于进一步加强和推进离退休干部工作的实施意见》贯彻落实，将离退休干部工作纳入全区党建主体责任综合考评，对区25家党工委开展集中检查。

（谢梦琪）

【老干部工作人员教育培训】1月11日，区第一季度区老干部工作例会召开。安排部署重点工作，并对参与全区三级联创考核的相关单位布置离退休干部工作领导责任制检查的相关内容。全区各部门各单位老干部工作人员80余人参加。3月25日，开展“与祖国共奋进、与事业同发展”主题活动，组织全区老干部工作人员开展学习贯彻“两个会议”精神网络答题。4月19日，区老干部工作培训会举办。邀请中央党校教授围绕“坚持党要管党 全面从严治党”就建设高素质专业化干部队伍进行专题辅导。观看2018年区老干部工作专题片，传达全国老干部局长会、市区老干部工作会议精神，东华门街道、北京市和平里医院代表作交流发言。全区老干部工作人员120余人参加。6月25日，组织区老干部工作人员到西城区陶然亭宝缘养老服务中心和三河市燕达金色年华健康养护中心实地参观。了解两家养老机构的服务团队体系、居住人员构成、日常生活环境、专业养老设备、周边配套设施等。7月3日，开展“我与老干部工作这些年”微故事征集展示和老干部工作创新项目交流展示活动。8月16日，全区老干部工作人员“北京老干部”服务管理系统专题培训会召开。传达市局局长在“北京老干部”服务管理系统上线试运行启动仪式上的讲话精神，播放“北京老干部”服务管理系统宣传片，介绍该系统的建设意义、组织构架、功能作用、操作流程等相关内容，并就如何提高“北京老干部”手机APP在东城区覆盖率、使用率提出指导意见。全区老干部工作人员130余人参加。11月22日，“不忘初心、牢记使命”老干部工作培训班举办。区委老干部局相关业务科室开展业务培训，并对年底各项重点工作安排部署，讲解“老干部进行时”微信公众号的操作及使用方法，邀请区委党校基本理论教研室主任围绕“从东城革命精神看中国共产党人的初心和使命”进行专题辅导，邀请区老干部宣讲团成员讲授初心故事。全区老干部工作人员130余人参加。

（谢梦琪）

【老干部关怀工作】春节前，举办新老区级领导联谊会、老干部新春团拜会。春节期间为全区离休干部、配偶无工作和易地安置离休干部拨发“送温暖”慰问金57.05万元。春节、“七一”、“十一”前走访慰问离退休干部。为60岁以下处级退休干部办理区属公园年票。组织全区离退休干部1547人在松乔体检中心、瑞慈体检中心、爱康国宾博惠体检中心体检。开展送政策、送信息、送服务上门活动。为离休干部511人提供120急救呼叫器服务。协调三元公司为区抗战离休干部103人每日送牛奶。协助发放区属离休干部庆祝中华人民共和国成立70周年纪念章800枚。

（谢梦琪）

【老干部发挥作用】春节前，与区书画协会在翰林书画院开展深入社区送春联公益志愿活动。组织老干部文化志愿者到东直门街道敬老院开展“献爱心 送祝福”公益演出，与老人欢聚一堂共话幸福晚年生活。2019年，组织区老干部宣讲团老干部宣讲员60余人走进北新桥街道、局机关离退休干部党支部、老干部党校培训班、老干部工作人员季度例会等开展主题宣讲28场，受众2000余人。组织老干部舆情员参观考察盛锡福帽业、老舍纪念馆、史家胡同博物馆、东四博物馆、玉河改造、前门东三里河风貌保护、小院议事厅、南锣鼓巷、西总布胡同治理改造、雍和宫大街“慢街素院”改造等。形成建国门街道站东社区党员义务指路队、龙潭街道“小巷管家”、东四街道暖心帮帮团、北新桥街道板桥卫士、景东社区夕阳红为老服务队等特色品牌，建国门街道站东社区老党员先锋队被授予全国离退休干部先进集体称号。发挥“文化轻骑兵”品牌效应，深入敬老院、社区开展文体活动。举办“我爱新东城 街巷有风景”离退休干部摄影展，展示东城区疏解整治促提升工作成果和老胡同居民的现代生活。

（谢梦琪）

【思想政治建设】3月14日，区老干部读书会、思想政治工作研究会召开核心组会议，围绕2019年读书会的重点学习研讨内容、思政会的研究课题等方面商讨。5月6—7日，区老干部活动中心举办队组骨干党建培训班，邀请北京市委、区委党校副教授分别就《关于意识形态工作的几个问题》《东城区历史文化名城保护》开展专题讲座。老干部活动队组骨干120余人参加。8月28日，第一期老干部《习近平新时代中国特色社会主义思想学习纲要》读书班举办。邀请区委党校政法教研室主任和首都师范大学马克思主义学院教授、博士生导师分别以《学习习近平总书记关于“不忘初心、牢记使命”重要论述》和《准确理解习近平新时代中国特色社会主义思想学习纲要》为题作专题理论辅导。处级退休干部80余人参加。9月10日，第二期老干部《学习纲要》读书班举办。邀请首都师范大学马克思主义学院教授、博士生导师和北京师范大学马克思主义学院教授、博士生导师分别以《准确理解〈习近平新时代中国特色社会主义思想学习纲要〉》和《不忘初心、牢记使命——新中国70年发展史的深刻诠释》为题作专题理论辅导。组织参观北京现代汽车集团生产线，感受中国制造和中国速度。老干部骨干100余人参加。10月30—31日，处级及以上干部座谈会召开。传达习近平在全国“不忘初心、牢记使命”主题教育活动工作会上的重要讲话精神，通报区离退休干部“不忘初心、牢记使命”主题教育开展情况和“退休不褪色，离岗不离党”发挥作用现状。观看《晚晴》栏目《我爱新东城 街巷有风景》专题片，并围绕“如何调适身心，丰富退休生活”畅谈想法和体会。参观航天科工五院“精神的力量——不忘初心、牢记使命”主题航天精神展览和中国空间技术研究院展示中心。处级及以上退休干部代表参加。11月4—5日，与区国资委联合举办离退休干部“不忘初心、牢记使命”主题教育学习班，邀请区委党校政法教研室主任以《学习习近平总书记关于“不忘初心、牢记使命”重要论述》为题作专题理论辅导。区老干部宣讲团成员走进“初心讲堂”讲述初心故事，观看《助力首都发展大事 东城区老党员在行动》《参与社会治理 发挥正光正热》《暖心帮帮团》等专题片，区国资系统老同志90余人参加。11月15日，区老干部思政会召开研讨会，就学习贯彻中共十九届四中全会精神，加强理论学习进行部署，思政会成员和老干部党支部书记代表10余人参加。

（谢梦琪）

【老干部党支部建设】4月10日，区委老干部党校第一期暨离退休干部党支部书记培训班举办。邀请北京大学教授、北京市委党校副教授，对习近平新时代中国特色社会主义思想和中共十九大精神以及落实从严治党要求，加强基层党组织建设，贯彻执行《中国共产党支部工作条例（试行）》等方面内容作专题辅导。发放《平语近人——习近平总书记用典》《中共中央关于加强党的政治建设的意见》以及《中国共产党支部工作条例（试行）》单行本等学习资料。2019年，编印《加强新时代离退休干部党支部规范化建设——东城区离退休干部党支部工作法36例》，供全区离退休干部党支部相互学习借鉴。与区委组织部、区财政局、区国资委联合下发《关于为全区基层党组织中担任书记、副书记、委员的离退休干部党员发放工作补贴的通知》，完成基层党组织书记补贴统计备案情况。

（谢梦琪）

【组织多项主题活动】6月18日，与区文化和旅游局、区文联共同主办“我爱新东城 街巷有风景——庆祝中华人民共和国成立70周年”东城区离退休干部摄影展。老同志用镜头聚焦东城，用图片记录新时代首都发展和东城建设，此次展出100余幅摄影作品。区委老干部工作领导小组成员、部分单位老干部工作主管领导、工作人员和离退休老同志代表400余人参加。6月24—25日，区老干部党校培训班第三期暨“不忘初心、牢记使命”老党员先锋队主题活动举办，组织老干部观看区老党员先锋队宣传片，传达北京市老党员先锋队骨干培训班精神。区委党校副教授作《党建引领社区治理探索》的专题报告。全区老党员先锋队队长、骨干成员和各街道老干部工作人员、社区党委书记代表110余人参加。组织全区离退休干部开展庆祝中华人民共和国成立70周年“增添正能量、共筑中国梦”系列活动，召开离退休干部纪念中国共产党成立98周年暨“不忘初心、牢记使命”座谈会。10月18日，与区文化和旅游局、区文联共同主办“我和我的祖国——东城区离退休干部庆祝中华人民共和国成立70周年”文艺演出活动。王清旺出席并致辞。区委老干部工作领导小组成员单位领导、老干部工作主管领导、工作人员和离退休老同志代表390余人观看。

（谢梦琪）

【离退休干部服务工作】11月25日，举办利用社区资源做好离退休干部服务工作培训班。邀请区委党校副教授作《党建引领城市社区养老工作》专题报告。东直门街道胡家园社区和崇文门外街道兴隆都市馨园社区就利用社区资源做好离退休干部服务工作交流做法和经验。全区各街道老干部工作人员、社区党委书记代表等90余人参加。2019年，与区民政局、区医保局、区卫健委及辖区内养老驿站沟通接洽，组织参观养老机构，了解市、区养老服务和医护政策规定，利用社区资源和平台渠道推进高龄老干部就近养老服务。依托专业康复护理机构，继续开展为高龄离休干部提供康复护理服务，为老同志提供亲情化、个性化、多样化服务。

（谢梦琪）

【调研工作】2019年，围绕完善调研工作机制组织实施重点工作项目，研究老干部工作面临的形势任务，撰写的《加强党建引领 发挥老同志在做好“四个服务”中的积极作用研究》主课题调研报告，获区处级干部优秀理论文章评选二等奖。组织“我看新中国成立70周年新成就”专题调研，完成调研报告。组织全区30余家单位的老同志150人参加北京市离退休干部思想和生活状况问卷调查。

（谢梦琪）

【老干部工作会议】4月11日，老干部工作会议召开，宋铁健主持。夏林茂通报2018年全区经济社会发展情况和2019年重点工作任务，并对做好全区老干部工作提出明确要求。赵凌云代表区委老干部工作领导小组作工作报告。区委教育工委、东花市街道退休干部党支部、安定门街道退休干部作交流发言。市区领导、区委老干部工作领导小组成员、原区级四套班子老领导代表、老干部党支部成员、各单位主管领导和老干部工作人员350余人参加。

（谢梦琪）

【形势报告会】8月29日，老干部形势报告会召开，王清旺主持。金晖通报区经济社会发展情况。区委老干部工作领导小组成员单位的负责人及区老干部、老干部工作人员260余人参加。12月11日，区离退休干部学习贯彻中共十九届四中全会精神报告会举办。邀请全军学习贯彻中共十九届四中全会精神宣讲团成员、国防大学国家安全学院政治理论教研室教授、博士生导师作专题辅导报告。全区离退休干部党支部书记和理论骨干代表参加。

（谢梦琪）

直属机关党建

【概况】中共北京市东城区委区直属机关工作委员会（简称机关工委），是负责区直机关党的建设和思想政治工作的区委派出机构。内设办公室、组织部（纪工委）、宣传部（团工委、工会），行政编制14人、实有13人。机关工委下设70个直属党组织，725个基层党支部，共有党员15233人，其中在职党员6136人、律师协会党员1901人、人才职介党员2951人、离退休党员4245人。

2019年，以喜迎中华人民共和国成立70周年华诞为契机，以开展“不忘初心、牢记使命”主题教育为载体，发挥党建引领作用，压实全面从严治党主体责任，不断提高机关党的建设质量，为建设国际一流的和谐宜居之都首善之区提供思想和组织保证。开展“墨香东城 新春送福”春联征集展示、“喜迎七十载 阔步新时代”健步走、“我和我的祖国”摄影作品展、“壮丽70年 阔步新时代”征文演讲及区直属机关运动会和跳绳比赛。在全区重大工作和活动中，发挥区直机关党组织战斗堡垒作用和党员先锋模范作用，投身全区各项中心工作，参与习近平总书记到前门慰问相关系列工作，完成国庆服务保障、国家公祭日东城区纪念活动，组织机关干部参加亚洲文化嘉年华、国际冬博会北京冬奥会主题展览等各项临时性任务，完成区第十六届人大代表补选魏家选区相关组织工作。

（孙慕星）

【国庆70周年服务保障】2019年，机关工委在中华人民共和国成立70周年服务保障中承担观礼、群众游行、群众联欢、标兵、群防群治、国庆游园等任务。在组织群众联欢工作中，负责群众联欢第一方阵牵头协调保障任务。落实“精精益求精，万万无一失”的要求，第一时间成立领导小组，召开工作部署会，建立工作例会制度，建立层级管理体制，保障庆祝活动顺利进行。区直机关67个党组织投身国庆系列庆祝活动，组织抽调机关党员干部200余人参加观礼、320余人参加群众游行、350余人参加群众联欢、150人参加标兵工作、236人参加群防群治、上万名机关干部参加国庆游园。召开区直机关系统“不忘

6月27日，区直机关工委召开区直机关庆祝中国共产党成立98周年大会
（崔南翔摄）

初心、牢记使命”主题教育交流研讨暨国庆服务保障宣讲报告会，机关干部以游行展示、联欢展示、演讲、朗诵、情景剧等形式再现中华人民共和国成立70周年各项庆祝活动中感人的事迹和场景。组织机关干部参观庆祝中华人民共和国成立70周年大型成就展和彩车展，感受70年发生的巨大变化，提升爱国热情。

（孙慕星）

【思想建设】2019年，通过专家授课、百姓宣讲、征文、讲故事、宣传栏、机关党建专刊等形式，宣传习近平新时代中国特色社会主义思想，深入委办局开展理论中心组巡听工作。为区直机关理论中心组成员和机关各党支部发放《新中国发展面对面》1500余册，为党员干部发放《理论政策知识读本》《习近平关于“不忘初心、牢记使命”论述摘编》6万余册，为在职和离退休党员发放《论坚持党对一切工作的领导》《习近平总书记在出席庆祝中华人民共和国成立70周年系列活动时的讲话》4万余册。“学习强国”机关系统在职党员干部注册率、使用率达100%。修改完善工委意识形态工作制度，把意识形态工作及要求纳入年度折子工程，加强意识形态阵地管理，为直属党组织书记和基层党支部书记举办《加强意识形态工作》专题辅导。开展文化进机关活动，完成《壮美中轴之时间记忆》演出专场、慰问国庆服务保障人员演出专场、“我和我的祖国”群众文化展演季、亚洲文化嘉年华等重大活动机关干部近2000人的组织工作。深化“书香东城”全民阅读活动。选送机关干部4人参加区“不忘初心、牢记使命”主题教育红色经典诵读会，组织区直机关优秀宣讲员6人参加区百姓宣讲调研考评，区法院1人入选区百姓宣讲团。

（孙慕星）

【组织建设】2019年，召开工委委员会议4次、工委书记会议23次、基层党组织书记会议8次、全体党员干部会议42次。制订区直机关系统学习贯彻习近平总书记重要讲话精神的工作方案，推动落实。抓好基层党组织专项述职工作，70个直属党组织和各基层党组织全部述职，工委委员、党建联组长现场点评和打分。落实基层党组织民主生活会和民主评议党员，区直机关系统612个在职党支部全部召开组织生活会，参加民主评议的党员人数达1.44万人。指导基层党组织开展好“三会一课”、党支部主题党日活动，总结提炼17个基层党组织服务群众典型案例。做好党员发展、党组织按期换届工作，全年发展新党员80人，直属党组织换届37个。分层分类开展直属党组织书记、基层党支部书记、党务干部、党员和入党积极分子培训，举办培训班10期，培训3000余人次。加大调研力度，走访基层党组织42个，对反馈和存在的问题现场指导、解决。完成机构改革中党组织设置工作，印发《东城区直属机关关于调整机关党组织设置的通知》，在机构改革中协调有关部门同步健全机关党的组织，配齐党务干部，完善领导机制。完成区直机关系统涉改单位全部党组织组建和设置调整，走访、调研区直机关系统32个涉改单位，给予支持与分类指导。召开区直机关庆祝中国共产党成立98周年会议，评选表彰优秀共产党员80人、优秀党务工作者85人、先进党组织59个。开展“不忘初心、牢记使命”主题教育，为区直机关各党组织和党员配发学习材料，组织观看《决胜时刻》《我和我的祖国》等影片，组织开展各类主题党日和参观活动。举办“不忘初心、牢记使命”基层党支部书记培训班，邀请有关区领导和中央党校教授为党支部书记专题理论辅导，基层党支部书记518人参加。举办“不忘初心、牢记使命”千人党课专题报告会，邀请北京交通大学教授作专题辅导，机关干部600余人参加。

（孙慕星）

【党风廉政建设】2019年，召开2次党风廉政专题会议，梳理廉政风险点，完善廉政风险防控实施方案，做好重要时间节点廉政提醒和督促检查。开展述职述责述廉工作，组织区直机关党组织书记述职述责述廉，并现场评议打分。制订《关于进一步发挥机关党组织纪检委员党内监督职责的意见》，完善直属党组织纪检委员台账，对区直机关工委承担的国庆服务保障各项任务，注重做好政治审查、人员组织、服务保障等环节的全程监督。抓好经常性教育，利用纪委下发的典型教育材料选编、问题通报和党纪条规，组织全体干部开展经常性的学习教育，在青年干部中开展“系好人生第一粒扣子”专题教育活动。开展廉政文化活动，参加区纪委开展的廉政书画展、廉政曲艺专场，组织参观廉政文化教育点，提升反腐倡廉意识。落实签字背书、工作报告、党务公开制度，对于党费收缴使用情况等事项，通过公示栏、权利公开平台等载体，向党员干部群众公开，接受监督。

（孙慕星）

【群团工作】2019年，以会员需求为导向，开展丰富多彩的活动，发挥工会服务职工的作用。为工会会员办理职工互助京卡、公园年卡，购买生日蛋糕，发放节日慰问品，开展“5元看大片”活动。为劳动模范和先进工作者发放节日慰问金和慰问品，协助总工会开展劳模疗养和学习工作。以“健康生活 快乐工作”为主题，举办拔河、登山、划船、健步走等活动，参加区总工会组织的各种文体活动，累计参与人数达5000人。贯彻落实区群团工作会议精神，注重对团员青年和女干部职工的教育引导。深化机关青年思想教育，开展“学习总书记讲话 做合格共青团员”教育实践活动。弘扬“当代雷锋”孙茂峰志愿服务精神，进社区、养老院开展志愿服务活动。开展“弘扬生态文明、建设美丽北京”义务植树活动。春节和“六一”等节日，组织机关团干部到隆福寺社区看望结对的贫困家庭儿童。以窗口单位、服务行业为重点，发挥巾帼文明示范岗和巾帼志愿者作用。三八妇女节开展“穿出美丽，扮靓人生”服饰搭配讲座活动，机关妇委会开展“巾帼建功”标兵和“最美家庭”推荐工作。

（孙慕星）

【扶贫济困】建立健全关心关爱机关党员干部机制，持续开展“党心连民心，亲情进万家”活动。元旦、春节期间走访慰问困难党员211人，发放慰问金45.4万元。“七一”前夕，慰问困难党员230人，发放慰问金48.8万元。开展共产党员献爱心捐献活动，捐款40余万元。开展“博爱在京城”捐款活动，捐款16万余元，用于帮助因病致困的机关干部。完善困难党员帮扶机制，做好困难党员走访慰问、党员重大疾病日常帮扶、建国前老党员困难帮扶等工作。协调红十字会等有关部门，为因病致困的机关干部申请救助金。

（孙慕星）

【党建引领】2019年，以各类活动为载体，发挥党建引领作用，创新机关党建。开展“墨香东城 新春送福”春联征集展示活动，组织机关党员干部写春联、送福字2000余幅。开展“喜迎七十载 阔步新时代”健步走活动，将线上红色虚拟路线和线下科学健走相结合，区直机关党员干部1800余人参加。开展“我和我的祖国”主题摄影活动，从近300幅摄影作品中遴选出70幅参加摄影展开幕式展示。开展“壮丽70年 阔步新时代”征文演讲活动，上报征文250余篇。举办区直属机关运动会和跳绳比赛，69个区直机关党组织的党员干部5000余人参加竞赛项目，2000余人参加跳绳比赛的集体和个人项目。区文化旅游局、区园林绿化局、区体育局首次作为机关系统单位参加，区委教工委、区卫健委、区国资委、区委社会工委、东城园工作委员会等5个党工委应邀参加。

（孙慕星）

党校教育

【概况】中共北京市东城区委党校（简称区委党校），兼办北京市东城区行政学院和北京市东城区社会主义学院。区委党校是在区委直属领导下培养全区党员领导干部和理论干部的学校，也是区委哲学社会科学研究机构；区行政学院是教育培训东城区公务员的主渠道；区社会主义学院是培训全区民主党派、无党派人士和统一战线其他方面代表人士及统战工作干部和理论研究人才的基地。内设办公室、机关党委办公室、基本理论教研室、政法教研室、管理教研室、社区建设教研室、科研科、教务科、培训一科、培训二科、对外培训科、信息科、财务科、老干部科、综合管理科、综合服务科16个科室。编制87人、实有教职工74人，其中列入参照《中华人民共和国公务员法》管理范围人员54人，事业编制人员19人（其中高级职称 7人、中级职称5人）。

2019年，针对干部、党员、党外人士代表等培训对象，完成各类培训班次109期（主体班31期、其他培训班78期），累计培训学员1.39万人次。通过强化教学研究，开发和完善《从东城革命精神看中国共产党人的初心和使命》等21门系列课程，其中2门课程作为市委组织部选定的标准课程（共4门），参加电视台录制并在全市推广。学习《中国共产党党校（行政学院）工作条例》《社会主义学院工作条例》，深入调研，形成的《关于加强和改进新时代社会主义学院工作的意见》经区委常委会审议通过。

（徐秋一）

【年轻干部培训班】3月1—8日、10月14—18日，区委党校举办两期年轻干部培训班。课程设置有理论与党性教育、能力建设两个单元，理论与党性教育单元主要培训内容为习近平新时代中国特色社会主义思想、党史、党章、党规、党纪等；能力建设单元主要培训内容为市情区情、思维与能

3月1日，东城区委党校（行政学院）举行2019年春季学期开学典礼（陈纪军摄）

力素质提高。年轻干部96人参加。

（徐秋一）

【副处级领导干部进修班】3月1—29日、10月14日至11月8日，区委党校举办两期副处级领导干部进修班。课程设置分为习近平新时代中国特色社会主义思想、理论教育、党性教育、能力培训和综合知识5个模块。习近平新时代中国特色社会主义思想部分包括《习近平新时代中国特色社会主义思想》《习近平新时代关于我国外交思想的论述》《习近平新时代关于依宪治国的论述》等课程；理论教育部分包括《新时代继续把改革开放推向前进》《新时期群众工作方法》《贯彻落实北京城市总体规划（2016年—2035年）》《四个伟大的历史使命》等课程；党性教育部分包括《认真学习党章 严格遵守党章》《不忘初心——党的奋斗历程与优良传统》《新时代政德建设》等课程；能力培训部分包括《城市治理中的利益冲突与协调（情景模拟）》《博弈论与行政管理策略》《领导干部的压力管理与心理调适》等；综合知识部分包括《保密知识》《统战知识》《消防安全知识》《北京市艾滋病流行形势和防控策略》等。教学活动包括现场教学、小组研讨、学员论坛等形式。副处级领导干部104人参加。

（徐秋一）

【公务员初任培训班】3月1—22日、11月11—29日、12月9—27日，区委党校举办3期公务员初任培训班。培训以"不忘初心，做一名人民满意的公务员"为主题，以了解区情和熟悉工作规范为主线，全面提高新任公务员适应岗位要求和本职工作的能力，为建设高素质、专业化的公务员队伍打下良好基础。主要课程包括《习近平新时代中国特色社会主义思想解读》《现代政府与现代公务员》《〈中华人民共和国公务员法〉及配套法规解读》《公务员职业道德建设》《公文写作与处理》《东城区区情》等，综合运用案例课、演示课、参观座谈等教学形式，引导学员了解国家公务员的权力义务和行为规范，了解相关的法律制度等，坚定全心全意为人民服务的信念。参训学员173人。

（徐秋一）

【公务员科级任职培训班】3月11—29日、11月11—29日，区委党校举办两期公务员科级任职培训班。培训班以探讨政府治理创新为主线，以提升科级公务员的政治素质、业务素质为重点，全面提高履行公共服务职责的能力，以更好地适应东城首都功能核心区的定位。培训课程包括当前形势、政府管理创新和行政能力三大板块，具体课程有《习近平新时代中国特色社会主义思想解读》《胡同文化的传承与发展——以东四胡同博物馆为例》《科长的职位分析和素质要求》《舆情信息的收集与分析研判》《结合十九大精神，学习领会新宪法修正案》等。培训方式主要有专题讲座、案例式教学、现场教学、实地参观、讨论交流等。科级干部109人参加。

（徐秋一）

【社会组织动员能力提升研究班】6月17日至7月26日，区委党校举办6期社会组织动员能力提升专题研修班。重点培训基层社会治理、社会组织动员等方面内容，邀请中央党校有关专家学者和民政部、市委组织部、市民政局、部分街道"一把手"专题授课。培训采取"干部教、教干部"方式，推动领导干部上讲台，发挥基层干部小教员作用，用好东城区《新时代群众工作方法研究》系列教材，综合采取课堂教学、现场教学、分组研讨、理论测试、交流发言等教学形式，提升培训的针对性和实效性。通过培训，帮助街道干部明确新时代对街道工作的要求、街道职能定位的新变化，学习掌握社会组织动员的内涵及有效形式，强化宗旨意识、社会动员意识，提升社会组织动员能力。300人参加。

（徐秋一）

【街巷吹哨部门报到专题班】7月2—5日，区委党校举办两期深化"吹哨报到"，推进"接诉即办"工作培训班。教学课程分为专题辅导和现场教学两部分，专题辅导主要通过邀请中央、市区相关领导和有关专家学者就加强街道工作、深化"吹哨报到"、市民热线"接诉即办"、社区协商议事等内容进行帮带授课，现场教学采取组织学员赴怀柔区相关街道和社区进行现场教学、专题研讨、学习交流，提升培训的针对性和有效性，强化学员的责任担当，转变工作作风，牢固树立和践行以人民为中心的思想，把解决群众身边问题的实效作为检验工作的标准，全面提升解决社区问题和服务居民的工作能力，增强群众的获得感、幸福感和安全感。参训学员60人。

（徐秋一）

【统一战线领域代表人士培训班】2019年，举办统一战线各领域代表人士培训班11期，参训学员1200人。包括区民主党派区委领导班子成员和新阶层代表人士培训班1期，140人；区基层统战干部培训班1期，130人；区宗教界人士培训班1期，110人；区文化金融研修班1期，200人，民革党员培训班1期，100人；民盟、民建、民进、农工党联合学习班2期，180人，九三学社中青年干部培训班1期，120人；雍和宫培训班1期，80人；侨联侨界代表人士培训班1期，100人；政协常委学习班1期，160人。统一战线各领域代表人士培训班以坚定走中国特色社会主义道路为主题，开展新时代中国特色社会主义理论体系、中国特色社会主义制度和社会主义核心价值体系教育，以基础理论、政治素养、统战政策、法律知识、能力培养为主要内容的教学布局，设置"一个主题、三个教育、五个教学模块"的课程体系，强化共识教育，突出能力

6月20日，全区党史工作联络员培训班举办（王建国摄）

培养。

（徐秋一）

【科研工作】2019年，秉持“大科研”观，坚持开门搞科研、科研覆盖全领域，推进教学、科研、咨政“三位一体”建设。围绕新时代首都核心区城市治理和街区更新等重大改革部署，打造“党建+文化+社会社区治理+X”学科建设体系，以区委区政府的重点难点热点问题为着力点，开展10项课题研究，包括校内课题2项、区内委托课题3项、申报市委党校协作课题2项、市社院协作课题2项、市思政研究会基层课题1项。其中《以“四化”举措打造首都核心区一流营商环境的探索与思考》课题转化的咨政报告获得区委书记夏林茂批示。

（徐秋一）

【校刊编印】2019年，编印校刊《培训主阵地》4期，前3期校刊内设领导讲话、经典导读、东城视窗、东城发展之我见、党的建设、社区治理、社会主义核心价值观、党校科研、考察报告、社科基地专栏、视野等10余个栏目。紧跟时事热点，优化校刊《培训主阵地》的内容，分期增设“两会”专栏、“不忘初心、牢记使命”主题教育、用学术讲政治专栏等，加强对党章党规、习近平新时代中国特色社会主义思想的学习宣传。第4期进行改版，紧跟时事热点、加大对党建和习近平新时代中国特色社会主义思想的宣传，设立党的十九届四中全会、庆祝新中国成立70周年、“不忘初心、牢记使命”主题教育、习近平新时代中国特色社会主义思想在东城、党史党建、校院之声6个栏目。全年刊登文章100余篇，28万余字。校刊寄发全市党校系统、区各地区各部门，寄发近5000册。

（徐秋一）

党史征研

【概况】中共北京市东城区委党史工作办公室（简称区委党史办）与区地方志编纂委员会办公室合署办公，正处级参公事业单位，负责全区党史、地方志工作。内设综合科、党研科、方志科、编辑科，编制16人、实有15人。

2019年，收集区委主要工作和重大举措等有关资料、政府折子工程、政府在直接关系群众生活方面办的重要实事进展与落实情况等资料；收集整理2018年度组织史资料；修改、完善《中国共产党北京市东城区历史》；续编《马克思主义在中国早期传播》史料丛书；开展党史研究、学术交流、宣传教育等，在省市级及以上期刊或专题文集中发表论文5篇，入选各学术研讨会论文4篇；在区级期刊或杂志发表论文和宣传文章2篇；编辑出版《东城史志》季刊总第100—103期；按照区委统一部署，开展“不忘初心、牢记使命”主题教育。

（马德川）

【史料征集】2019年，收到来自全区近100家单位的组织史相关资料，完成区2018年度组织史资料的归纳整理；推进北平军事调处执行部资料征集，先后赴安徽安庆、山东德州等地收集档案、报刊资料和口述资料10余万字，珍贵照片20余幅；收集整理北平军事调处执行部存续期间的《解放日报》《大公报》等报刊资料20余万字。

（马德川）

【学术成果】2019年，在省市级及以上期刊或专题文集中发表《从北京箭杆胡同到上海渔阳里：陈独秀从新文化运动主将到中共创始人转变的时空轨迹》《博古在〈解放日报〉艰难转身中的身影》《东城区历史文化名城保护的实践与成效》等论文5篇，入选各学术性研讨会4篇，其中1篇论文获优秀论文二等奖。

（马德川）

【党史宣传】2019年，开展以“礼赞新东城 奋进新时代——庆祝中华人民共和国成立70周年”为主题的史志宣传月活动，开展党史“四进”（进机关、基层、社区、学校）活动，到北京市委老干部局党校、西城区档案局、北新桥街道北官厅社区等单位讲党课7次，向北新桥街道党群工作办公室北二环商务楼宇工作站赠送党史书籍。

（马德川）

【提升主题展】2019年，继续提升拓展《初心——中国共产党的孕育与创建》主题展，对原展陈中史实叙述、历史评价进行修改调整，重新撰写前言后记，在保持原展览主题和原有展陈大纲脉络的基础上，对部分内容进行史料补充、译文修订、实物充实、史料修订，提升展陈运维水平。开展讲解员培训，提升讲解内容，并策划主题活动。

（马德川）

【史志季刊】编辑《东城史志》4期（总第100—103期），刊载反映记载东城史事与庆祝中华人民共和国成立70周年珍贵档案资料、文章史料共60篇，40万字，以资料板块存史、以研究板块资政、以宣教板块育人。中央军委原副主席迟浩田，中央文献研究室原主任逄先知，《北京志》原主编段柄仁，国家一级战斗英雄、共和国最美奋斗者史光柱为刊物题词撰文。每期向域内各单位发放1000册，向市委党史研究室、市地方志编纂委员会办公室、北京党史学会及各区史志办等部门赠送200余册，向外省市地级以上党史部门交流100余册，被国家哲学社会科学学术期刊数据库全文收入，被国家图书馆、国家博物馆、首都图书馆等文博单位列为馆藏刊物。

（马德川）

【业务交流】5月19—24日，赴安徽安庆、山东德州等地调研，实地走访陈独秀旧居、陈独秀史料馆、黄镇纪念馆、军调小组在德州驻地，与当地史志部门就加强史料征集、编研和展陈交流座谈。

（马德川）

【联络员队伍建设】6月20日，全区党史工作联络员培训会召开，以“红色领导力——向开国元勋学领导力”为主题作专题讲座，80余人参加。

（马德川）

4月18日，区委党建工作领导小组会暨全区党建工作会召开（区委办提供）

综合服务

【概况】区委办公室是区委工作机关，为正处级。3月，机构改革后，对外加挂区档案局牌子，区保密局设在区委办公室，撤销区委督查室和区密码管理局2个副处级内设机构，5个科室更名，新增1个科室。区委办公室内设综合科、区委值班室、协办科、信息科、秘书科、法规科、决策督查科、专项督查科（原专项查办科）、党建协调科（原党建规划协调科）、党建督考科（原党建督导考核科）、密码管理科、信息化管理科、保密宣传科（原宣传法规科）、保密检查科（原技术检查科）、档案管理科15个科室。区党委数据服务中心是区委办公室正科级纳入规范管理的事业单位。全办有公务员编制64人（含局级领导4人），事业编制6人，实有65人（含局级领导3人、事业编制6人）。

2019年，围绕全区中心工作，把握新形势新任务对党委办公部门提出的新要求，提升“四个服务”水平，为区委各项决策落实提供服务保障。开展“不忘初心、牢记使命”主题教育，完成集中学习、交流研讨和领导干部讲党课等规定动作，举办区委“理论夜校”区委办公室分校，推动读原著、学原文、悟原理制度化常态化。完成中华人民共和国成立70周年庆祝活动相关服务保障任务，组织起草东城区服务保障工作领导小组组织机构方案及相关工作职责，统筹协调做好借调人员、应急值守保障和值守工作，完成相关重要会议的服务保障，编发国庆信息专刊，做好信息保障值守任务。完成习近平总书记到前门东区看望慰问基层干部群众、第二届“一带一路”高峰论坛、世园会等活动期间服务保障工作。做好领导调研活动会议信息服务保障，结合市委主要领导关注点持续挖掘工作亮点，服务区委领导决策。加强全区性会议统筹力度，最大限度整合、压缩会议，控制各类会议规模和时间，提高会议效率。牵头制订并落实《东城区关于解决形式主义突出问题为基层减负的工作措施》文件精神，从源头控制，加强前置审核，压缩下发文件数量。强化督查工作职责，推动中央和市委、区委重大决策部署和领导批示事项的贯彻督查落实。加强党建工作统筹谋划力度，明确工作重点，压实具体责任。深化周末卫生大扫除活动，创新开展大扫除挑战赛活动，打造示范社区、示范胡同、示范院落、示范楼门，破解“党员干、群众看”难题，打造周末卫生大扫除2.0升级版。

（杨睿颖）

【区领导调研策划】2019年，完成习近平总书记视察前门地区的统筹协调和服务保障任务，完成中央和北京市领导视察调研活动50余次，其中北京市委主要领导调研41次。安排区委主要领导调研活动140次，其中“四不两直”调研52次。完成中华人民共和国成立70周年庆祝活动相关服务保障任务，做好市区主要领导调研国庆保障工作14次。服务保障区领导出席全市领导干部会议、全区领导干部大会等重要会议70余次。完成区领导走访最高人民检察院、文化和旅游部、民政部、商务部、人社部、国家能源集团、驻区部队，到市政府便民电话中心接听市民热线，出席义务植树日、劳模表彰、孔庙国子监国学文化节等重要活动的服务保障工作106次。

（杨睿颖）

【区委会议服务保障】2019年，组织召开并服务保障区委重要会议124次，其中区委全会4次；区委常委会41次，审议议题218项，编发会议纪要41期；区委书记专题会48次，研究议题60项；工作调度会8次；区委常委扩大会议11次；全区领导干部大会4次；区级领导班子工作务虚会2次，街道工委书记月度工作点评会4次，街道工委书记会1次，巡视整改工作部署会1次。完成中华人民共和国成立70周年庆祝活动相关会议服务保障任务，研究制订领导小组及其办公室相关会议制度，组织召开区国庆服务保障工作领导小组会议5次、专题会议6次，编发会议纪要5期。

（杨睿颖）

【督查工作】2019年，督查94项区委折子工程落实情况，做好市区主要领导调研指示精神、会议决策事项等督办事项106项。办理市区领导批示件、信276件，办理媒体反映问题、市民热线、网络诉求督办件158件。完成29件党派（团体）、政协委员提案及15件党代表提议的办理工作，满意率100%。

（杨睿颖）

【公文制发及流转】2019年，印发区委文件23件，东办通报8期，发文数量较2018年降低31%。做好中华人民共和国成立70周年庆祝活动公文保障，印发庆祝活动服务保障工作领导小组组织机构方案、活动总体方案、突发事件应急预案等文件12件。履行《中国共产党重大事项请示报告条例》，制订向市委请示报告事项清单，系统梳理请示报告事项21类53项，向市委及市有关部门请示报告工作76件次。向市委报备党内规范性文件16件，报备率和及时率均为100%。办理中央、市委文件传阅1026件，转办各类函件899件，收到并办理市委主要领导批示164件，编制《区领导批示摘编》10期，收录区领导批示570条。

（杨睿颖）

【信息工作】做好领导调研活动会议信息服务保障，完成省部级及以上领导调研150余次、区委主要领导调研170余次，2019年编发《东城信息》661期，《国庆信息专刊》18期，《重要事项》230期，采编信息6000余条（篇）。全年被《北京信息》采用信息130余条（篇），5篇信息得到市领导批示。

（杨睿颖）

【党委系统信息化】2019年，保障市、区各类视频会议505次，同比增长677%，参会人员3.13万人次，同比增长232%。完成庆祝活动视频保障任务，建立区总指、南区指挥部和各分指视频会议指挥调度体系，国庆期间召开视频会议105次，为庆祝活动期间的指挥调度提供保障。

（杨睿颖）

【党建工作谋划部署】2019年，召开11次党建工作领导小组会议，审议党建议题19项，涉及市委巡视反馈整改、党的政治建设、年度工作安排、落实全市街道工作会议精神、区委系统绩效考核、街道工委书记月度点评会、周末卫生大扫除等内容，加大对党建类议题针对性研究。研究制订《区委党建工作领导小组2019年度工作要点》，细化8大类39项具体任务，梳理45个重点项目，明确牵头单位和完成时限。

（杨睿颖）

【党建督导考核】2019年，针对区级层面全面从严治党主体责任清单和责任书的落实情况进行2次督导。针对全区全面从严治党主体责任重点任务分工的推进和完成情况，重点对各牵头单位督促检查并形成工作报告。发挥党委主体责任运行管理平台作用，利用信息化手段，加强对各部门、各单位党建工作的日常监督、检查和指导。

（杨睿颖）

中国共产党北京市东城区委员会领导人员

书　记　张家明（1月免）　夏林茂（1月任）
副书记　金　晖（女）　宋铁健
常务委员　张家明（1月免）　夏林茂（1月任）　金　晖（女）　宋铁健　汤钦飞
邹劲松（4月任）　徐文熬　张立新（女，12月免）　种　磊
周家雷（7月免）　王清旺　陈本宇　赵海英（女，12月任）

东城区委系统工作机构负责人

办公室主任　陈本宇
组织部部长　王清旺
宣传部部长　周家雷（12月免）
赵海英（女，12月任）
新闻出版局局长、区政府新闻办公室主任
王铁峰（5月任，兼）
融媒体中心主任
王铁峰（5月免，3月任，3月免新闻报道中心主任）
王继志（5月任）
统战部部长　汤钦飞
台湾工作办公室主任　王宝祥
研究室主任　石利生（3月免）　于锋池（3月任）
网络安全和信息化委员会办公室（互联网信息办公室）主任
王跃锋（3月免网络安全和信息化领导小组办公室主任）
饶景东（3月任）
区委机构编制委员会办公室主任
邵惠安（3月任，3月免区机构编制委员会办公室主任）
直属机关工作委员会书记　王清旺（兼）
区委巡察工作领导小组办公室主任　李　薇（女）
老干部局局长　李长华（11月免）　刘贤才（12月任）
社会工作委员会书记
严　岩（女，3月免）
姬　峰（3月任，3月免民政局党组书记）
教育工作委员会书记　刘　藻（女）
卫生健康工作委员会书记
贾红梅（女，3月免区委卫生和计划生育工作委员会书记）
王建辉（3月任）
党校校长　宋铁健（兼）
社会主义学院院长　汤钦飞（兼）
党史工作办公室主任　彭积冬

东城区政府工作机构、群团组织党委（组）书记

政府办公室党组书记　王　森

发展和改革委员会党组书记

陈军义（5月免）　刘　健（女，5月任）

科技和信息化局党组书记

邱少军（3月任，3月免区科学技术委员会党组书记）

民族宗教事务办公室党组书记　雷新隆（畲族）

司法局党组书记

李凌波（3月免区政府法制办公室党组书记）

李利平（女，11月免）

贾红梅（女，11月任）

财政局党组书记　崔燕生

人力资源和社会保障局党组书记　王佑明

市规划和自然资源委员会东城分局党组书记

邵　培（3月任）

生态环境局党组书记

董险峰（3月任，3月免环境保护局党组书记）

住房和城市建设委员会党组书记

刘景地（3月免）

刘海军（3月任，3月免房屋管理局党组书记）

城市管理委员会党组书记

韩卫国（5月免城市综合管理委员会党组书记）

陈大鹏（5月任）

商务局党组书记

王万青（3月任，3月免商务委员会党组书记）

文化和旅游局党组书记

王伟东（3月免文化委员会党委书记）

李雪敏（女，3月任，3月免旅游发展委员会党组书记）

退役军人事务局党组书记　邢　磊（5月任）

应急管理局党组书记

陈　君（3月任，3月免安全生产监督管理局党组书记）

市场监督管理局党组书记　王厚廷（3月任）

审计局党组书记　侯立华（女）

外事办公室党组书记

谢霄鹏（3月免区政府外事侨务办公室党组书记）

王　昕（女，3月任，11月免）　周桂芳（女，11月任）

国有资产监督管理委员会党委书记　李连喜

体育局党组书记　耿学森（3月任，3月免党委书记）

统计局党组书记　杨　峰

园林绿化局党组书记　梁成才（3月免党委书记）

苏振芳（女，11月任）

贾红梅（女，3月任，11月免）

金融服务办公室党组书记

于锋池（3月免产业和投资促进局党组书记）

贾　邦（3月任）

政务服务管理局党组书记

关　波（满族，3月任，3月免政务服务管理办公室党组书记）

人防办党组书记　王迪生（3月任，3月免民防局党组书记）

信访办公室党组书记

邱宏庆（3月任，3月免区委、区政府信访办公室党组书记）

对外联络服务办公室党组书记　武　鸿

政府研究室党组书记　吴　笛（满族）

医疗保障局党组书记　林　杉（3月任）

中关村科技园区东城园工作委员会书记　李照宏

区王府井地区管理委员会党组书记

葛俊凯（兼，12月免市王府井地区建设管理办公室党组书记）

吕　绘（女，10月任）

北京站地区管理委员会党组书记

刘宗琦（3月免）　郭立峰（3月任）

市前门大街管理委员会党组书记　李卫华（11月免）

东二环交通商务区建设管理办公室党组书记　杨　桦（11月免）

城市管理综合行政执法局党组书记

吴志辉（2月免城市管理综合行政执法监察局党组书记）

胡国伟（8月任，8月免城市管理综合行政执法监察局党组书记，2月任城市管理综合行政执法监察局党组书记）

网格化服务管理中心党组书记　张　伟

档案局党组书记　胡家文（3月免）

机关事务管理服务中心党组书记

张春燕（女，5月免）　杨海明（5月任）

房屋征收事务中心党组书记　刘志刚

环境卫生服务中心党委书记　李勇泉

国家税务总局东城区税务局党组书记　赵增科

烟草专卖局党组书记　李　梅（女）

总工会党组书记　王先勇（11月免）　赵茂杰（11月任）

共青团东城区委党组书记　李晓光（蒙古族，5月免）

妇女联合会党组书记　杨立萍（女）

科学技术协会党组书记

李小康（3月免）　邢　磊（3月任，5月免）　李　军（5月任）

文学艺术界联合会党组书记

王富国（满族，10月免）　张志勇（10月任）

归国华侨联合会党组书记　谭　菲（女）

残疾人联合会党组书记　从艳梅（女）

红十字会党组书记　刘宗琦（3月任）

工商业联合会党组书记　郝国信

北京市东城区人民代表大会

1月8日，东城区第十六届人民代表大会第五次会议召开（区人大提供）

综述

2019年，区人大常委会坚持以习近平新时代中国特色社会主义思想为指导，落实市委、区委第五次人大工作会议精神和区十六届人大五次会议决议，围绕中心，服务大局，认真履行宪法和法律赋予的各项职责。

重要会议。2019年，区人大常委会召开9次常委会会议，听取、审议议题40项，其中听取、审议“一府两院”专项工作报告12个，计划、预算、决算和审计报告7个，依法作出决议、决定8个；召开15次主任会议，研究讨论议题62项。开展执法检查2项；对9件规范性文件进行备案审查；依法补选区人大代表16人；任免国家机关工作人员105人次；组织23人进行任前法律知识考试、31人进行宪法宣誓。

监督工作。紧扣党中央和市区委决策部署开展监督，加强国有资产监督职能，听取和审议区政府关于行政事业性国有资产的专项报告，书面听取区政府关于国有资产管理情况的综合报告；加强对重点支出与重大投资项目的监督，建立“双重”项目库，听取项目执行情况的报告，加快推进预算联网监督系统建设。紧扣全区中心工作开展监督，聚焦高质量发展，围绕优化营商环境、提升楼宇经济发展质量组织代表考察、调研，围绕推进实施“十三五”规划开展跟踪监督；聚焦街区更新，听取区政府关于百街千巷环境整治提升、街区更新规划制订情况的报告；聚焦打好污染防治攻坚战，组织代表考察工地扬尘治理、机动车尾气监测，听取区政府环境状况和环境保护目标完成情况专项报告；聚焦非物质文化遗产保护传承，组织代表考察非遗保护传承基地和非遗主题文创园，听取区政府非物质文化遗产保护传承工作报告。紧扣人民群众重大关切开展监督，调研东城区贯彻实施《北京市院前医疗急救服务条例》情况。紧扣全面推进依法治区开展监督，对东城区贯彻实施交通“两条例一决定”情况进行执法检查；强化司法监督，听取区政府关于加强反恐处突和社会防控面、公共法律服务工作情况的报告，听取区法院关于“和立方”工作机制暨“多元调解+速裁”工作情况的报告，听取区检察院关于公益诉讼检察工作情况的报告。

重大事项决定。听取和审议区政府关于2018年重要实事完成及2019年重要实事编制情况的报告，并做出决议。开展授予“东城区优秀法官”“东城区优秀检察官”“东城区优秀人民警察”荣誉称号工作，依法作出授予荣誉称号的决定。

议案建议督办。督办“加强静态交通治理，提高城市精细化管理水平”议案。督办区十六届人大五次会议提出的137件建议，听取和审议建议督办工作意见、办理和督办情况报告，听取部分重点承办单位办理情况报告，与区政府联合开展建议办理情况“回头看”，切实解决一批涉及群众切身利益、代表反复提出、制约东城区发展的问题。

代表工作。坚持区人大常委会主任、副主任接待和走访人大代表制度，密切与人大代表的联系，加强街道代表之家和社区代表联络站建设，拓展代表联系人民群众渠道。组织代表列席区人大常委会会议和区政府常务会议，旁听法院公开审理案件，参加半年工作情况通报会以及考察、检察、调研、座谈等各项活动。组织开展“万名代表下基层，全民参与修条例”活动，对《北京市生活垃圾管理条例》修订工作进行宣讲，组织开展“助推街区更新，人大代表在行动”主题活动，助力破解核心区环境治理难题。组织市人大代表向区人大常委会述职并接受评议，组织区人大代表向选民述职。举办代表履职培训班、代表大讲堂活动，提升代表依法履职能力。依法开展人大代表补选工作。

自身建设。认真贯彻落实中央部署和市、区要求，扎实开展“不忘初心、牢记使命”主题教育，把服务保障中华人民共和国成立70周年庆祝活动作为主题教育的生动实践，组织市、区人大代表15人参加民主法治方阵群众游行，组织代表和机关干部参加演练、观礼、群众联欢活动。坚持问题导向，围绕增强人大监督刚性、市民热线“接诉即办”、加强人大专门委员会自身建设和代表履职管理监督等重点工作，围绕优化营商环境、公共法律服务、非物质文化遗产保护传承等监督议题深入开展调查研究。加大宣传力度，加强与市、区新闻媒体联系，通过多种渠道宣传人民代表大会制度，及时全面反映常委会和代表履职情况，讲好人大故事、代表故事。

（郭媛媛）

重要会议

【十六届人大五次会议】1月8—10日，东城区第十六届人民代表大会第五次会议召开。区人大常委会主任吴松元主持大会开幕式，区领导夏林茂、金晖、宋铁健等出席开幕式。会议审议东城区人民政府工作报告、东城区2018年国民经济和社会发展计划执行情况与2019年计划草案的报告、东城区2018年预算执行情况和2019年预算草案的报告、东城区人大常委会工作报告、东城区人民法院工作报告及东城区人民检察院工作报告，并通过关于各项报告的决议。会议选举吴松元为北京市东城区第十六届人民代表大会常务委员会主任，张智敏、陈平为北京市东城区第十六届人民代表大会常务委员会委员，金晖为北京市东城区人民政府区长，表决通过陈平为北京市东城区第十六届人民代表大会财政经济委员会主任委员、张智敏为北京市东城区第十六届人民代表大会教育科技文化卫生体育委员会主任委员。开展代表咨询活动。

（郭媛媛）

表4　**2019年东城区人大常委会会议一览表**

时　间	会　次	议　题
2月28日	第16次	传达贯彻市十五届人大二次会议精神；审议通过东城区人大常委会2019年工作要点和主要议题安排（草案）；听取和审议区政府关于东城区2018年重要实事完成情况及东城区2019年重要实事编制情况的报告；审议通过东城区第十六届人民代表大会第五次会议代表建议办理工作意见（草案）；听取东城区人大常委会各街道工作委员会2018年工作报告；审议通过有关人事免职事项
3月21日	第17次	听取和审议区政府关于东城区2019年预算调整方案的报告；审议通过有关人事任免事项；被任命人员进行宪法宣誓
4月25日	第18次	听取区政府关于加强反恐处突和社会面防控工作情况的报告；市人大（东城团）代表述职评议；审议通过有关人事任免事项；被任命人员进行宪法宣誓
4月30日	第19次	审议通过有关人事任职事项；被任命人员进行宪法宣誓
6月27日	第20次	听取和审议区政府关于东城区2018年决算草案的报告，审查和批准2018年决算；听取和审议区政府关于东城区2018年预算执行和其他财政收支的审计工作报告；审议通过东城区人大常委会关于开展授予“东城区优秀法官”“东城区优秀检察官”“东城区优秀人民警察”荣誉称号工作的决定（草案），并通过工作方案（草案）；听取区法院关于“和立方”工作机制暨“多元调解+速裁”工作情况的报告；听取区政府关于非物质文化遗产保护传承工作情况的报告；审议通过有关人事任免事项；被任命人员进行宪法宣誓
8月29日	第21次	听取和审议区政府关于东城区2019年国民经济和社会发展计划上半年执行情况的报告；听取和审议区政府关于东城区2019年上半年预算执行情况的报告；听取和审议区政府关于东城区2019年预算调整方案的报告；听取区政府关于应急管理工作情况的报告；听取东城区人民检察院关于公益诉讼检察工作情况的报告；听取区政府有关部门关于区十六届人大五次会议代表建议办理情况的报告；审议通过有关人事任免事项；被任命人员进行宪法宣誓
10月24日	第22次	听取和审议区政府关于加强静态交通治理，提高城市精细化管理水平议案办理情况的报告，并进行网络图文直播；听取区政府关于东城区公共法律服务工作情况的报告；听取和审议东城区第十六届人民代表大会常务委员会代表资格审查委员会关于个别代表的代表资格的报告（草案）；作出关于补选东城区第十六届人大代表的决定，并通过补选工作实施方案；审议通过有关人事任免事项
11月28日	第23次	听取和审议区政府关于东城区第十六届人民代表大会第五次会议代表建议、批评和意见办理情况的报告；听取和审议区人大常委会关于东城区第十六届人民代表大会第五次会议代表建议、批评和意见督办工作的报告；审议通过东城区人大常委会关于授予“东城区优秀法官”“东城区优秀检察官”“东城区优秀人民警察”称号的决定（草案）；听取和审议区政府关于东城区2018年预算执行情况和其他财政收支审计查出问题的整改情况报告；听取和审议东城区2018年度行政事业性国有资产管理情况的专项报告；听取区政府关于东城区2018年度国有资产管理情况的综合报告（书面）；审议通过东城区人大常委会关于东城区第十六届人民代表大会第六次会议召开时间的决定；听取和审议东城区第十六届人民代表大会常务委员会代表资格审查委员会关于补选代表的代表资格审查报告（草案）；审议通过有关人事任免事项；被任命人员进行宪法宣誓

续表4

时 间	会 次	议 题
12月19日	第24次	听取区政府关于街区更新规划制订情况的报告；听取区政府关于“百街千巷”环境整治提升三年行动计划完成情况的报告；听取区政府关于东城区2019年环境状况和环境保护目标完成情况的报告；讨论北京市东城区人民代表大会常务委员会工作报告（草案）；听取和审议东城区第十六届人民代表大会常务委员会代表资格审查委员会关于个别代表的代表资格的报告（草案）；审议通过有关人事任免事项；被任命人员进行宪法宣誓；讨论区十六届人大六次会议有关事宜，并通过预备会议议程和列席人员名单

（刘　蕾）

表5

2019年东城区人大常委会主任会议一览表

时 间	会 次	议 题
1月4日	第37次	关于调整区十六届人大五次会议主席团、秘书长名单草案的有关事宜
2月19日	第38次	讨论有关人事免职事项；研究东城区人大常委会2019年工作要点和主要议题安排（草案）；研究东城区第十六届人民代表大会第五次会议代表建议办理工作意见（草案）；研究东城区第十六届人民代表大会常务委员会关于东城区2018年重要实事完成情况及东城区2019年重要实事编制情况的报告的决议（草案）；研究区十六届人大常委会第十六次会议有关事宜
3月19日	第39次	讨论有关人事任免事项；研究并通过东城区人大常委会2019年监督工作计划（草案）；研究并通过东城区人大常委会听取和审议区政府关于加强静态交通治理，提高城市精细化管理水平议案办理情况报告的工作方案（草案）；研究并通过关于组织开展“助推街区更新，人大代表在行动”代表主题活动实施方案（草案）；研究并通过2019年东城区人大常委会主任、副主任接待人大代表工作方案（草案）；研究关于批准东城区2019年预算调整方案的决议（草案）；听取区人大各专门委员会2019年工作要点的汇报；研究区十六届人大常委会第十七次会议有关事宜
4月16日	第40次	讨论有关人事任免事项；听取区政府关于东城区第十六届人大常委会第十次会议对东城区贯彻实施《北京市烟花爆竹安全管理规定》执法检查情况报告审议意见的研究处理情况报告；研究关于在区人大常委会会议上开展市人大代表述职评议工作的建议；通报关于配合市人大常委会开展听取和审议推进居家养老医养结合服务工作的调研情况；研究区十六届人大常委会第十八次会议有关事宜
4月24日	第41次	讨论有关人事任免事项
4月29日	第42次	讨论有关人事任职事项；研究区十六届人大常委会第十九次会议有关事宜
5月23日	第43次	听取区政府关于东城区2018年优化营商环境情况的报告；研究并通过东城区人大常委会对“东城区国民经济和社会发展第十三个五年规划纲要实施情况的中期评估报告”审议意见的跟踪监督任务分解；研究并通过东城区人大常委会对“关于在疏解整治促提升中，深入推进街巷环境整治，促进腾退空间用于民生改善议案办理情况报告”审议意见的跟踪监督任务分解
6月18日	第44次	讨论有关人事任免事项；研究东城区人大常委会关于开展授予“东城区优秀法官”“东城区优秀检察官”“东城区优秀人民警察”荣誉称号工作的决定及工作方案（草案）；讨论关于配合市人大开展《北京市非机动车管理条例》《北京市人民代表大会常务委员会关于修改〈北京市实施中华人民共和国道路交通安全法办法〉的决定》执法检查情况报告；讨论关于配合市人大开展《北京市机动车停车条例》执法检查情况的报告；研究关于批准东城区2018年决算的决议（草案）；研究区十六届人大常委会第二十次会议有关事宜；汇报赴外省市学习考察情况
8月20日	第45次	讨论有关人事任免事项；听取区政府关于东城区第十六届人大常委会第十二次会议对东城区贯彻实施《北京市生活垃圾管理条例》执法检查情况报告审议意见的研究处理情况报告；研究关于批准东城区2019年预算调整方案的决议（草案）；研究区十六届人大常委会第二十一次会议有关事宜

续表5

时 间	会 次	议 题
9月24日	第46次	听取并通过东城区人大常委会对东城区2019年国民经济和社会发展计划上半年执行情况的报告的审议意见（草案）；听取并通过东城区人大常委会对东城区2019年上半年预算执行情况的报告的审议意见（草案）
10月17日	第47次	讨论有关人事任免事项；听取区政府关于东城区第十六届人大常委会第十三次会议对东城区人民政府关于东城区国民经济和社会发展第十三个五年规划纲要实施情况的中期评估报告审议意见的研究处理情况报告；听取区政府关于东城区第十六届人大常委会第十三次会议对东城区人民政府关于加大文物腾退力度，保护传承优秀传统文化议案办理情况报告审议意见的研究处理情况报告；听取区政府关于东城区第十六届人大常委会第十三次会议对东城区人民政府关于“百街千巷”环境整治提升工作进展情况报告审议意见的研究处理情况报告；听取区十六届人大五次会议建议督办情况的汇报；听取东城区第十六届人民代表大会常务委员会代表资格审查委员会关于个别代表的代表资格的报告（草案）；讨论关于补选东城区第十六届人大代表的有关事宜；研究区十六届人大常委会第二十二次会议有关事宜
11月19日	第48次	听取区政府关于东城区第十六届人大常委会第十四次会议对东城区人民政府关于在疏解整治促提升中，深入推进街巷环境整治，促进腾退空间用于民生改善议案办理情况报告审议意见的研究处理情况报告；听取区政府关于东城区楼宇经济发展情况的报告；听取区政府关于东城区院前医疗急救服务工作情况的报告；研究东城区人大常委会关于授予“东城区优秀法官”“东城区优秀检察官”“东城区优秀人民警察”称号的决定（草案）；听取并通过区人大常委会对加强静态交通治理，提高城市精细化管理水平议案办理情况的报告的审议意见（草案）；听取区人大各专门委员会关于2020年部门预算初审情况的汇报；研究东城区人大常委会关于东城区第十六届人民代表大会第六次会议召开时间的决定（草案）；研究区十六届人大常委会第二十三次会议有关事宜
11月26日	第49次	讨论有关人事任免事项
11月29日	第50次	讨论北京市东城区人民代表大会常务委员会工作报告（草案）
12月10日	第51次	听取并通过东城区人大常委会对东城区2018年预算执行和其他财政收支审计查出问题的整改情况报告的审议意见（草案）；听取并通过东城区人大常委会对东城区2018年度行政事业性国有资产管理情况专项报告的审议意见（草案）；讨论区人大各专门委员会2019年工作报告；讨论《北京市东城区第十六届人民代表大会第六次会议宪法宣誓组织方案（草案）》；研究区十六届人大六次会议有关事宜；研究区十六届人大常委会第二十四次会议有关事宜
12月17日	第52次	讨论有关人事任免事项；研究调整区十六届人大六次会议依法列席人员名单草案、列席人员名单草案的有关事宜

（刘 蕾）

【区委第五次人大工作会议】11月6日，区委召开第五次人大工作会议。区委书记夏林茂出席会议并讲话，区人大常委会党组书记、主任吴松元就《中共北京市东城区委关于新时代加强和改进人大工作的实施意见》的主要内容和区人大常委会党组贯彻落实举措作说明，区委副书记、区政协主席宋铁健主持会议。会议深入学习贯彻习近平新时代中国特色社会主义思想、习近平总书记关于坚持和完善人民代表大会制度的重要思想，落实市

11月6日，区委召开第五次人大工作会议（王铮摄）

委第五次人大工作会议精神和文件要求，研究部署当前和今后一个时期东城区人大工作。

（郭媛媛）

【授予“三优”荣誉称号大会】12月5日，东城区人大常委会召开授予“东城区优秀法官”“东城区优秀检察官”“东城区优秀人民警察”荣誉称号大会。区人大常委会主任吴松元主持会议，区领导夏林茂、宋铁健出席会议。会议宣读《北京市东城区人大常委会关于授予“东城区优秀法官”“东城区优秀检察官”“东城区优秀人民警察”荣誉称号的决定》，授予王广存等10人“东城区优秀法官”荣誉称号，授予刘超颖等8人“东城区优秀检察官”荣誉称号，授予马志强等22人“东城区优秀人民警察”荣誉称号。区领导向荣获荣誉称号人员颁授奖章和荣誉证书，获得荣誉称号的优秀法官、优秀检察官、优秀人民警察代表分别作发言。

（郭媛媛）

人事任免

【任命人员】3月21日，第17次常委会会议决定：任命谢霄鹏为北京市东城区科学技术和信息化局局长；任命李凌波为北京市东城区司法局局长；任命董险峰为北京市东城区生态环境局局长；任命张晓峰为北京市东城区住房和城市建设委员会主任；任命王万青为北京市东城区商务局局长；任命李雪敏为北京市东城区文化和旅游局局长；任命陈君为北京市东城区应急管理局局长；任命韩非为北京市东城区市场监督管理局局长；任命王昕为北京市东城区人民政府外事办公室主任；任命高崇耀为北京市东城区园林绿化局局长；任命贾邦为北京市东城区金融服务办公室主任；任命关波为北京市东城区政务服务管理局局长；任命王迪生为北京市东城区人民防空办公室主任；任命邱宏庆为北京市东城区信访办公室主任；任命林杉为北京市东城区医疗保障局局长。4月25日，第18次常委会会议决定：任命贺卫为北京市东城区人民检察院副检察长、检察委员会委员、检察员，代理北京市东城区人民检察院检察长职务，并报北京市人民检察院和北京市人民代表大会常务委员会备案；任命梁成才为东城区人大常委会崇文门外街道工作委员会主任；任命吕晓东为东城区人大常委会龙潭街道工作委员会主任；任命于家明为东城区人大常委会东花市街道工作委员会主任。任命王建辉为北京市东城区卫生健康委员会主任。4月30日，第19次常委会会议决定：任命邹劲松为北京市东城区人民政府副区长。6月27日，第20次常委会会议决定：任命邢磊为北京市东城区退役军人事务局局长；任命邵培为北京市规划和自然资源委员会东城分局局长。8月29日，第21次常委会会议决定：任命陈志坚为东城区人大常委会朝阳门街道工作委员会主任；任命韩卫国为东城区人大常委会东四街道工作委员会主任。任命陈大鹏为北京市东城区城市管理委员会主任。10月24日，第22次常委会会议决定：任命李益岚为北京市东城区人民法院审判委员会委员；任命程新桐、马媛婧、耿侃、薛蓓、游煜聪、张丹、李国平、古悦、王心悦、靳欣为北京市东城区人民法院审判员；任命王丽娟、张薛、蔡东彬为北京市东城区人民检察院检察员。11月28日，第23次常委会会议决定：任命韩莹为北京市东城区人大常委会研究室主任；任命卢艳丽为北京市东城区人大常委会景山街道工作委员会委员；任命周桂芳为北京市东城区人民政府外事办公室主任；任命贾红梅为北京市东城区司法局局长。12月19日，第24次常委会会议决定：任命杨凯为北京市东城区监察委员会委员；任命郝润栋为北京市东城区人民检察院副检察长、检察委员会委员、检察员。

（王　梅）

【接受辞职人员】4月25日，第18次常委会会议决定：接受蓝向东辞去北京市东城区人民检察院检察长职务的请求，报北京市人民检察院检察长提请北京市人民代表大会常务委员会批准，并报东城区人民代表大会备案。11月28日，第23次常委会会议决定：接受刘亚光辞去北京市东城区人民政府副区长职务的请求，并报北京市东城区人民代表大会备案。12月19日，第24次常委会会议决定：接受葛俊凯辞去北京市东城区人民政府副区长职务的请求，并报北京市东城区人民代表大会备案。

（王　梅）

【免职人员】2月28日，第16次常委会会议决定：免去董菲的北京市东城区人民法院刑事审判第二庭庭长、审判委员会委员、审判员职务；免去乔志民、王彤、冯延生、高建荣的北京市东城区人民法院人民陪审员职务。3月21日，第17次常委会会议决定：免去杜娟的东城区人大常委会龙潭街道工作委员会主任职务；免去韩新星的东城区人大常委会崇文门外街道工作委员会主任职务；免去李承刚的东城区人大常委会东花市街道工作委员会主任职务；免去荀连忠的东城区人大常委会东四街道工作委员会主任职务；免去谢霄鹏的北京市东城区人民政府外事侨务办公室主任职务；免去王万青的北京市东城区商务委员会主任职务；免去高崇耀的北京市东城区住房和城市建设委员会主任职务；免去王迪生的北京市东城区民防局局长职务；免去李利平的北京市东城区司法局局长职务；免去梁成才的北京市东城区园林绿化局局长职务。4月25日，第18次常委会会议决定：免去蓝向东的北京市东城区人民检察院检察委员会委员、检察员职务，免去祝宇娇的北京市东城区人民检察院检察员职务;免去林琳的北京市东城区人民检察院检察员职务；免去郭莹的北京市东城区人民检察院检察员职务。6月27日，第20次常委会会议决定：免去牛红伟的北京市东城区监察委员会委员职务。8月29日，第21次常委会会议决定：免去宁洁的北京市东城区人大常委会研究室主任职务；免去陈大鹏的东城区人大常委会朝阳门街道工作委员会主任职务；免去陈志坚的东城区人大常委会体育馆路街道工作委员会主任职务；免去韩卫国的北京市东城区城市综合管理委员会主任职务；免去高菲的北京市东城区监察委员会委员职务。10月24日，第22次常委会会议决定：免去赵艳丽、张劼的北京市东城区人民法院审判员职务；免去姚志刚、吴京利、杨凯的北京市东城区人民检察院检察委员会委员、检察员职务；免去王建军、陆军、夏志军、李京龙、彭启立、臧文忠、高锋、王艳秋、王焕民、李永惠、梅郁、彭巍、张然、朱晓玉、刘炳汐、吴昊、赵阳、仝立柱、韩密、李婧超的北京市东城区人民检察院检察员职务。11月28日，第23次常委会会议决定：免去蓝向东的北京市东城区人大常委会天坛街道工作委员会委员职务；免去谷琛婷的北京市东城区人大常委会景山街道工作委员会委员职务；免去沈永刚的北京市东城区人大常委会体育馆路街道工作委员会委员职务；免去王昕的北京市东城区人民政府外事办公室主任职务；免去李凌波的北京市东城区司法局局长职务。12月19日，第24次常委会会议决定：免去李春生的北京市东城区人民检察院副检察长、检察委员会委员、检察员职务；免去李向东、倪燕江、陈刚、张洪铭的北京市东城区人民检察院检察员职务。

（王　梅）

监督工作

【财政经济监督】2019年，区人大财政经济委员会围绕经济高质量发展、推进预算监督改革等热点难点内容开展监督工作。全年召开5次委员会会议，讨论通过委员会2019年度工作要点，听取和审议《关于东城区2019年国民经济和社会发展计划上半年执行情况的报告》《关于东城区2019年重大投资项目执行及2020年重大投资项目安排情况的报告》等9个报告；听取和初审《关于东城区2019年国民经济和社会发展计划执行情况与2020年计划草案报告》《关于东城区2019年预算调整初步方案的报告》等5个报告；听取《2019年上半年东城区经济运行分析报告》《关于东城区减税降费政策落实情况的报告》等8个报告；对规范性文件进行备案审查。建设预算联网监督系统，实现与财政部门的互联共享，运用预算联网监督系统开展对2020年度部门预算编制的初审工作。组织开展“加强东城区行政事业性国有资产管理”专题调研，实地查看新鲜胡同小学、区机关事务管理服务中心资产实物、管理系统以及资产档案，围绕提高行政事业单位国有资产管理效能、完善监督机制建设等内容建言献策。组织召开优化营商环境，推动楼宇经济发展研讨会，会议围绕经济发展要素、金融产业招优引强、疏解腾退楼宇转型升级等方面进行研讨，并在政策培训、楼宇改造升级审批、有效提供企业服务等方面提出建议。与区政府对口联系部门召开联席会暨审议意见落实情况督办会，听取区政府关于《东城区第十六届人大常委会第十三次会议对“东城区国民经济和社会发展第十三个五年规划纲要实施情况的中期评估报告”的审议意见》的研究处理方案和区政府关于《东城区第十六届人大常委会第十四次会议对“关于在疏解整治促提升中，深入推进街巷环境整治，促进腾退空间用于民生改善议案办理情况的报告”的审议意见》的研究处理方案的工作落实情况汇报，促进审议意见落实。视察区政务服务大厅、中粮置地广场，了解东城区优化营商环境、商务楼宇转型升级等方面情况。

（刘　旭　何健辉）

【法治监督】2019年，区人大法制委员会围绕事关改革发展稳定和人民群众普遍关心的问题开展监督工作。全年召开5次委员会会议，讨论通过委员会2019年工作要点，部署2019年涉及议题相关部门工作任务和区人大常委会少数民族代表小组、区人大法制委员会妇女青少年代表小组有关工作；听取并讨论区政府关于加强反恐处突和社会面防控工作情况的报告，区法院关于深化多元调解与速裁工作体制改革的工作报告，区检察院关于开展民事、行政公益诉讼工作情况的报告等11项报告；围绕加强社区公共法律服务平台建设、培养公共法律服务专业人员、实施精细化普法工作、建立服务效果反馈制度等提出意见建议。对“两条例一决定”（《北京市机动车停车条例》《北京市非机动车管理条例》及《北京市人民代表大会常务委员会关于修改〈北京市实施中华人民共和国道路交通安全法办法〉的决定》）在东城区的贯彻实施情况进行执法检查，实地考察永定门外街道永铁苑小区7号楼电动自行车临时标识核发站、张自忠路十字路口非机动车牌照悬挂情况和交警对非机动车违法行为的现场处理情况，听取东城交通支队有关情况汇报。调研公共法律服务工作，听取区司法局关于公共法律服务实体、网络、热线、项目四级平台建设情况的汇报，组织人大代表与律师现场视频连线，了解远程法律咨询服务功能，以问题为导向深入社区开展座谈。调研公益诉讼工作情况，实地察看检察服务中心、案件管理中心，听取区检察院公益诉讼工作情况的汇报，围绕公益诉讼案件线索来源、公益诉讼职能和效果宣传以及其他社会关切问题提出意见建议。

（马雅伟）

【教科文卫体监督】2019年，区人大教育科技文化卫生体育委员会围绕民生和社会领域热点开展监督。全年召开4次委员会会议，讨论通过委员会2019年工作计划，听取关于非物质文化遗产保护传承情况的汇报、关于东城区开展院前医疗急救服务情况的汇报等。召开“加大文物腾退力度，保护传承优秀传统文化”议案办理情况报告审议意见落实情况督办会，听取区政府有关部门就落实审议意见相关情况的工作汇报，加强跟踪督办。走访东四五条幼儿园、永东幼儿园、北京第一师范学校附属小学等，了解学校发展、办学和招生等方面情况；到区体育局、大磨坊文化创意产业园、北京市和平里急救工作站及东城区急救站等调研，针对东城区对冰雪运动普及发展、体育设施建设、非遗保护与传承、院前医疗急救服务等提出意见建议。

（张　钰）

【城建环保监督】2019年，区人大城建环保委员会围绕环境保护和城市治理，紧扣热点难点问题，关注群众生活财产安全，围绕静态停车治理、街区更新、环境保护、应急管理等依法开展监督工作。全年召开4次委员会会议，讨论通过委员会2019年度工作要点、《区人大常委会听取和审议“加强静态交通治理，提高城市精细化管理水平”议案办理情况报告工作方案》；听取和初审区政府关于“加强静态交通治理，提高城市精细化管理水平”议案办理情况报告及《关于应急管理情况的报告》《关于街区更新规划制定情况的报告》《关于“百街千巷”环境整治提升三年行动计划完成情况的报告》《关于环境状况和环境保护目标完成情况的报告》等5个报告；听取区政府关于东城区贯彻实施《北京市生活垃圾管理条例》执法检查情况报告审议意见的研究处理情况报告和《关于“百街千巷”环境整治提升工作进展情况报告》审议意见的研究处理情况报告，促进审议意见落实。组织委员针对东城区安全生产、静态交通治理、街区更新、环境保护等开展调研，实地查看了解王府井大厦中控室、区应急值班室、南锣鼓巷南口停车场平改立建设、雨儿胡同街巷胡同停车治理、交道口东大街道路停车电子收费管理、东方置地公司东城区智慧停车平台建设及运营、机动车尾气检查点及工地扬尘治理等情况，围绕东城区应急管理、停车治理、街区更新、大气污染防治等方面建言献策。通过暗访、实地视察、听取汇报等方式对东城区贯彻实施“两条例一决定”情况执法检查，全面了解居民停车自治、停车设施建设、停车资源共享、非机动车管理等情况，提出执法检查意见，并针对处理僵尸车、治理旅游大巴车等问题向市人大提出完善法规的建议。组织代表考察雍和宫大街升级改造、交东社区党建引领社区治理工作、新鲜胡同“百街千巷”环境整治等典型案例。

（任学明）

11月14日，区人大常委会组织代表进行集中视察（区人大提供）

议案建议督办

【议案督办】对东城区第十六届人民代表大会第五次会议确定的“加强静态交通治理，提高城市精细化管理水平”议案进行督办。组织调研组成员赴广州、深圳学习考察先进经验，组织召开座谈会5次，开展考察调研活动4次，针对东城区停车资源紧缺，供需矛盾突出；街巷胡同、老旧小区停车治理尚需加强；错时共享停车尚待进一步推进；尚有政策瓶颈需要市级层面明确等困难和问题，提出深入挖潜，增加停车位供给；加强管理，强化执法，巩固成果；街道办事处依法发挥主体作用；完善政策，统筹推进静态交通治理的意见建议。区政府从加强法规宣传引导，强化顶层设计完善制度，开展多元共治，协同推进等方面多措并举。

（任学明）

【代表建议督办】区十六届人大五次会议期间收到代表建议137件，办理期限内解决119件，解决率86.9%；代表表示满意的128件，满意率93.4%。2月28日，东城区第十六届人大常委会第十六次会议通过东城区第十六届人民代表大会第五次会议代表建议办理工作意见。3月20日，区政府召开东城区2019年人大代表建议、政协提案交办工作会，区领导金晖、高丽萍、杜娟出席。4月10日，区人大常委会代表联络室以书面形式向领衔代表征集办前沟通情况，并将意见建议梳理汇总反馈至区政府办和区人大各专门委员会办公室。4月19日，吴松元到朝阳门街道调研，实地察看代表反映的二中拆迁滞留区情况，高丽萍参加。4月23日，吴松元到崇文门外街道调研，实地察看代表反映的完善崇东社区配套设施有关情况，高丽萍参加。8月29日，区人大常委会听取区人力社保局、东城公安分局、区卫生健康委、区住建委所作的关于十六届人大五次会议代表建议的办理情况报告。10月15日，以书面形式向领衔代表征求建议办理和督办意见。11月28日，东城区第十六届人大常委会第二十三次会议审议听取东城区第十六届人民代表大会第五次会议代表建议办理情况报告和区人大常委会代表建议督办工作报告。

（张　勇）

代表工作

【代表履职培训】6月10—12日，区人大常委会在中华全国总工会培训中心举办2019年东城区第十六届人大代表集中培训活动，市区两级代表、人大机关和人大街工委干部300余人参加。培训期间，全国人大常委会办公厅研究室副主任陈勇，东城区委常委、副区长张立新分别以“学习贯彻习近平总书记关于坚持和完善人民代表大会制度的重要思想”和“推进东城区街区更新规划”为题作辅导报告。结合各专门委员会工作重点，组织以人大预算联网监督、皇城根下的多元调节、文化东城、大城市停车精细化管理为题的小班专题讲座。全年举办代表大讲堂活动2次，市、区两级人大代表，区人大机关全体干部，基层街道人大干部以及社区代表联络员600余人次参加。6月24日，区人大常委会举办第一期人大代表大讲堂活动，邀请专家进行宪法专题讲座；11月25日，区人大常委会举办第二期人大代表大讲堂活动，中央党校（国家行政学院）教授围绕学习贯彻党的十九届四中全会精神进行专题讲座。

（冯　岩）

【密切联系代表】2019年，坚持区人大常委会主任、副主任接待人大代表制度，围绕优化营商环境、加强道路交通安全、维护地区安全稳定、加强社区卫生服务体系建设等，开展接待活动7次，接待区人大代表100余人次。坚持常委会主任、副主任走访代表制度，深入45个市、区代表单位，介绍区情和重点工作进展情况，听取意见建议，了解代表工作情况，支持和保障代表依法履职。组织代表参加考察检查活动和半年工作情况通报会、列席区人大常委会会议和区政府常务会议。

（张　勇）

【代表“家站”建设】2019年，东城区设立代表之家6个、代表联络站121个，人大代表进“家站”646人次，开展活动386次，接待选民1.8万余人，征集意见1400余条。7月10日，高丽萍到东花市街道调研，部署全区代表联络站建设工作推进会相关筹备工作，并与人大东花市街工委负责同志和部分人大代表联络站联络员交流座谈。全国人大，外省、北京市以及区外人大代表多次到区调研代表“家站”建设工作，先后实地考察东花市街道北里社区代表联络站、外交部街社区代表联络站、安定门街道花园社区代表联络站、北新桥街道藏经馆社区代表联络站等，听取代表“家站”建设有关情况，对东城区给予肯定。

（郭媛媛）

【代表补选】10月24日，东城区第十六届人民代表大会常务委员会第二十二次会议做出补选东城区第十六届人民代表大会代表决定。10月24日，东城区第十六届人大代表补选工作领导小组召开第一次会议，高丽萍主持。会议宣读补选东城区第十六届人民代表大会代表的决定、补选代表工作领导小组成员名单和补选代表工作实施方案；讨论通过补选办法、选民资格审查工作意见和领导小组办公室各组工作职责。11月1日，核实登记15个选区选民44157人。11月15日，东城区第十六届人大代表补选工作领导小组召开第二次会议，高丽萍主持。会议听取各补选地区关于核实选民名单、划分选民小组、召开选民小组会议、设置投票站等情况的汇报，研究通过正式代表候选人名单，并部署下阶段投票选举工作。11月20日，吴松元、于静、毛炯、王中华、王兆康、许汇、高丽萍分别带

11 月 20 日，选民投票补选区人大代表（区人大常委会提供）

队实地察看人大代表补选工作投票情况，选民42952人在15个选举单位25个投票站进行投票。11月21日，东城区第十六届人大代表补选工作领导小组召开第三次会议，高丽萍主持。会议听取选举结果情况汇报，依法确认选举结果合法有效。

（王永跃）

东城区第十六届人民代表大会常务委员会组成人员

主　任	吴松元（1月任）				
副主任	于　静（女）	毛　炯	王中华	王兆康	许　汇
	高丽萍（女）	张树华			
委　员	丁文理	丁迪红（女）	马　龙（回族）	王先勇	王　欢（女）
	王崇恩（回族）	王瑞芝（女，蒙古族）	王　曦	毛惠华	方国根
	尹向敏（女）	叶江川	朱传芳	任万平（女）	危天倪（女）
	刘红宇（女）	许金玉（女）	李冬亮	杨立新（女，回族）	
	杨　梅（女）	吴之梅（女,蒙古族）	何志才	张卫民	张苏晶（女）
	张智敏（女）	陈　平	陈晓梅（女）	范文华（女）	罗　强
	周秋来	郝兆阳	柳学全	童之磊	曾文军（女）

东城区人大常委会工作机构负责人

办公室主任	朱传芳	财政经济办公室主任	陈　平
研究室主任	韩　莹（女）	教科文卫体办公室主任	张智敏（女）
代表联络室主任	毛惠华	城建环保办公室主任	陈晓梅（女）
法制办公室主任	周秋来	预算工作室主任	许金玉（女）

北京市东城区人民政府

2 月 14 日，东城区 2019 年政府全体（扩大）会议暨深入推进疏解整治促提升工作部署会召开（王峥摄）

综　述

2019年，全区地区生产总值增长6%左右；区级一般公共预算收入完成189.7亿元，增长8%；建安投资实现68亿元；社会消费品零售总额增长5.5%左右；居民人均可支配收入增长8%左右；城镇登记失业率为0.84%；万元GDP能耗下降率在5.5%左右；细颗粒物年均浓度44微克/立方米，下降15.4%。

保障重大活动。强化主战场意识，建立健全三级指挥体系，统筹开展全区21个方面60项安保任务，实施9大类26项环境整治提升工程，做好23处集结疏散路段保障，所有安全生产高风险点位得到有效管控，交通运行和停车管理顺畅有序，水电气热等城市生命线运行平稳，圆满完成三次演练和庆祝活动当日服务保障任务。全区近47万人次直接参与国庆各项工作，完成群众游行、联欢活动、观礼和游园活动等各项任务，获得中央、市委市政府和社会各界的高度评价。全面履行核心区使命担当，高质量完成全国“两会”、第二届“一带一路”高峰论坛、世园会、亚洲文明对话大会等重大活动服务保障任务。完善“区级统筹、部门对口、属地负责”三级联动工作体系，坚持区级领导定期走访，主动对接需求，精准开展服务。建立与驻区中央党政军机关常态化沟通交流机制，在“疏解整治促提升”、文物腾退等方面协同配合、深度合作，50余家中央、市属单位参与“周末卫生大扫除”活动，与民政部等6家中央单位共同开展对口扶贫协作，推动央地共建共治共享。

优化营商环境。出台东城区构建“高精尖”经济结构实施意见等18项政策，成立金融发展联盟，农银理财等19家金融机构入驻东城，建立健全以商招商机制，回迁异地纳税企业130余家。区属国企深度参与区域发展，分别成立王府井、中关村东城园平台公司并开始运营。建立政府引导基金，出台促进中小企业发展若干措施，成功举办中小企业创新创业大赛，7个项目入围北京市百强。东城区创建“国家文化与金融合作示范区”正式获国家批复同意。成功举办中国文化金融峰会。推出“故宫以东”文商旅融合发展品牌，举办艺术品交易文化旅游季。加快服务业扩大开放，新设外商投资企业95家，实际利用外资6.25亿美元，进出口增速位居城六区第一。提升政务服务水平，制订进一步优化营商环境实施意见，召开“优化营商环境、推动高质量发展”大会，推出“紫金服务”品牌。出台构建亲清政商关系十项举措，为830家重点企业配备服务管家，走访服务企业1291户次，利用早餐会、下午茶等形式，开展政企交流互动活动100余场，解决需求和问题326项，解决率75%。全面落实国家各项减税降费政策，全年累计减负145.5亿元。完成清理拖欠民营企业、中小企业账款年度任务。开展“减证便民”行动，精简办事材料60%以上，600个高频事项实现“最多跑一次”或“一次不用跑”。设立企业服务“专窗专线专区”，企业变更登记基本实现“一次办结、即时取照”。完成街道政务服务中心综合窗口改革，149项民生事项实现“全区通办”。营商环境评价排名位居全市前列。开展“楼宇摸排”行动，为257座楼宇配备“楼宇管家”，与37座楼宇签订合作协议，成立区域楼宇发展平台公司，动态监测1200余家重点企业。王府井步行街实现北延开街。引进品牌旗舰店、首店29家，设置外摆休闲区，整治清退好润王府井小吃市场，前门故宫文创馆启动实施。成功举办中关村论坛平行论坛、第十届创意点亮北京等活动，东城园高新技术企业突破千家，园区地均产出排名保持全市第一。

城市更新改造。建立街区更新工作体系，在全市率先出台街区更新实施意见和规划编制技术导则，全部街道完成控规编制对接。探索老城整体保护实施路径，建立老物件收集利用标准，在全市率先出台老材料、老构件收集及使用管理办法。南锣鼓巷出台全市首个文保街区停车规划，雨儿胡同完成“共生院”改造，实现胡同不停车。完成皇史宬文物腾退和庐陵会馆等4项修缮工程。南中轴御道实现全线贯通。雍和宫大街完成环境整治提升。举全区之力开展三大民生项目攻坚，天坛周边简易楼腾退项目签约率达100%，已拆除43栋；望坛棚改项目整体签约率达99.1%，非住宅房屋全部完成拆除，2400余套外迁房源完成入住，4000套回迁房实现开工；宝华里危改项目已签约1115户，签约率达97.5%。西河沿项目西区安置房启动回迁，东区实现开工建设。完成5栋简易楼腾退，修缮改造直管公房698间。老旧楼房加装电梯开工13部，投入使用10部。豆各庄项目1547套保障房竣工。实现棚户区改造1366户，提前超额完成市级棚改任务。

城市治理。完成天泽祥菜市场改造，加快推进百荣世贸商城转型升级，建设、提升便民商业网点40个。天坛医院实现整体搬迁。拆除违法建设14万平方米，封堵违规开墙打洞606处，实现无证无照、占道经营、新增违建、地下空间违规住人等动态清零。完成340座公厕品质改造提升，全区公厕等级达标率达到100%。基本完成“百街千巷”三年行动计划，累计完成1175条街巷整治提升，902条支路胡同通信架空线梳理入地，清理线缆2万公里，拔杆1.1万根，整饰外立面135万平方米，整修道路75万平方米。雨儿胡同、草厂四条等5条胡同被评为北京“最美街巷”，73条胡同被评为“首都文明街巷”，数量居全市之首。全面完成14项市级“疏整促”专项行动任务，常住人口规模达到市级要求。加强大气污染防治，保持高压执法态势，查处扬尘问题890起，处罚重型柴油车超标车近1.2万辆，完成2586家单位油烟深度治理改造。在全市率先实现垃圾分类全覆盖，全部垃圾由专车分类转运。垃圾分类深度知晓率达90%、参与率达60%以上，厨余垃圾分出率15.1%。完成安德城市森林公园、燕墩公园建设，建成17处口袋公园，启动龙潭中湖公园建设。“河长制”工作稳步推进，东便门、筒子河、龙潭湖断面水质均实现市级考核达标。获首批“全国节水型社会建设达标区”称号。续建次支路16条，完工通车3条。实施灯市口、东单等26处堵点交通治理，整治17所学校、10家医院周边交通秩序。精简、拆除护栏140公里，完成25公里自行车道慢行系统整治。建成8处停车设施，新增停车位1500余个、共享停车位1000余个。实现全区85条道路6000余个停车位电子收费全覆盖。全区无停车胡同累计达39条。全面完成城市安全隐患治理三年行动任务，1633项挂账隐患全部销账。安全生产责任保险参保单位达到3184家。开展扫黑除恶专项斗争，110刑事警情连续3年保持下降，刑事案件破案率持续上升，发案量持续保持全市最低水平。297件市级交办信访积案全部结案，完成率100%。加强金融监管和处置协调，有效防范化解金融风险。完成1.5万平方米早期人防工程回填整治。首创下凹式立交桥截源引流法，有效解决汛期桥区积水问题。累计完成3824家单位“阳光餐饮”工程。

社会治理。制订教育现代化2035战略规划，出台全面深化新时代教师队伍建设改革、加强学校管理实施意见等系列文件。启动教育部“智慧教育示范区”建设项目。推进第三期学前教育行动计划，增加学位2100余个，有效缓解“入园难”。深化学区制改革，义务教育优质资源覆盖率达98%。推进冰雪运动进校园，开展爱眼护眼宣传。全面实施医耗联动综合改革，调整6621项医疗服务价格。基层诊疗量增长8%以上。落实医疗救助相关政策，严厉打击欺诈骗保行为。完成应急救护培训7200人，在全市首创红十字“15分钟救助圈”。食品抽检合格率达99.75%，药品抽检合格率达100%。国家基本公共卫生服务考核和社区卫生绩效考核均居全市第一。17个街道全部建成市级“全民健身示范街道”。“全国话剧展演季”等五大戏剧节轮番举办，惠及群众20万人，推出东城故事原创剧目7部。新增区级非遗项目28个。举办永定门灯光秀、中秋诗会等文化活动850余场。举办地坛、龙潭春节文化庙会和元宵节灯会，前门历史文化节、孔庙国子监国学文化节影响力持续提升。初步建成退役军人三级服务保障体系，完成军转干部和退役士兵安置。应届高校毕业生就业率达97.7%。在全市率先开展劳动关系纠纷诉前调解。建立12个残疾人帮扶性就业基地，开展残疾人康复服务1.2万人次。建成区级养老服务指导中心，已运营社区养老驿站达51家，为独居老人2027人提供巡视探访服务。17个街道全部设立困难群众救助服务所，精准帮扶困难家庭243户。设立“东城阳光精准扶贫慈善信托”计划。对口帮扶地区全部实现“脱贫摘帽”。全年受理“12345”热线诉求9万余件，年度综合成绩位居全市前列，获全国“12345”热线治理实践奖。处置城市管理、便民服务事项57万件，结案率达91%。完成第十届社区居委会换届选举，开展社区全响应服务。23项区级重要民生实事项目全部完成。

政府机构改革。落实全面从严治党主体责任，开展“不忘初心、牢记使命”主题教育，落实市委巡视整改意见。强化对工程建设、扶贫协作、扫黑除恶等重大决策部署的监督检查。发挥政府党组作用，落实意识形态责任制。完善审计整改工作体系，建立整改清单制度。严格公务用车和行政事业单位办公用房管理，重点整治公园绿地认养和用房问题，严查“小官贪腐”和“微腐败”。深化运用监督执纪“四种形态”，持续整治“四风”，完成政府系统机构改革，设置区政府工作部门32个。事业单位改革按计划推进。完善城市管理综合执法体制，各街道、地区全部成立综合执法中心。严格落实行政执法公示和重大执法决定法治审核制度，依法办理行政复议案件228件、行政诉讼案件584件。区政府首次向区人大专项报告行政事业性国有资产管理情况。办理各级人大代表议案、建议和政协委员提案415件，实现见面率和办结率100%，解决率达87.6%。

（郑亚男）

重要会议和活动

【区政府全体（扩大）会】2月14日，东城区2019年政府全体（扩大）会议暨深入推进疏解整治促提升工作部署大会召开。会议播放东城区2018年“疏解整治促提升”工作纪实宣传片，宣读给予2018年度疏解整治促提升专项行动表现突出集体和个人通报表扬的决定，区领导向受表扬的代表颁发荣誉证书。规土分局、交道口街道、天坛街道进行经验交流。区长金晖与部门、街道代表签订《2019年疏解整治促提升工作目标责任书》。区领导金晖等出席，区政府各部门、各街道主要领导及部分行政副职、通报表扬的集体和个人代表参加，民进市委有关领导，区委部门、各民主党派、区属企业的相关单位领导，非公企业代表、党风廉政监督员、特邀监察员等列席。

（郑亚男）

表6　2019年东城区政府常务会一览表

日　期	会　次	题　目
1月21日	第58次	区政府办关于报审《关于东城区2018年重要实事完成情况及东城区2019年重要实事编制情况的报告》（送审稿）的请示；区政府办关于报审《2019年东城区政府工作报告重点工作分工方案》的请示；区财政局关于报审《北京市东城区人民政府关于落实向区人大常委会报告国有资产管理情况制度的实施办法（试行）》的请示
2月25日	第59次	召开东城区安委会2019年第一次全体会议；区政府办关于春节期间全区总体情况的通报；区发改委关于报审《东城区2019年迎接营商环境集中督导检查工作方案》的请示；区发改委关于报审《东城区2019年经济工作方案》的请示；区环保局关于东城区2018年空气质量状况及蓝天保卫战行动计划完成情况的通报；区质监局关于报审《关于开展质量提升行动的实施方案》的请示；区卫计委关于报审《2019年东城区国家卫生区复审工作实施方案》的请示；区房屋征收中心关于太庙文物腾退项目申请财政借款的请示；区人力社保局关于人事任免事项的请示
3月18日	第60次	区政府办关于市、区“两会”期间人大代表议案、建议和政协提案有关工作的请示；区财政局关于报审《关于东城区2019年预算调整方案的报告》的请示；区发改委关于报审2019年东城区政府投资基本建设项目及资金安排建议的请示；区环保局关于报审《东城区污染防治攻坚战2019年行动计划》的请示；区人力社保局关于人事任免事项的请示；区国资委关于企业领导人员任免的请示
4月1日	第61次	区人力社保局关于人事任免事项的请示
4月15日	第62次	领导干部学法：《京津冀及周边地区2018—2019年秋冬季大气污染综合治理攻坚行动量化问责规定》解读；召开2019年东城区第二季度公共安全形势分析会暨安委会第二次全体会议；区发改委关于报审《东城区2019年一季度经济社会发展形势分析》的请示；区司法局关于报审《东城区行政执法专项工作通报（2018年度）》的请示；区教委关于报审《东城区2019年义务教育阶段入学工作实施细则》《东城区2019年本市户籍无房家庭承租人适龄子女入学审核实施细则》《东城区2019年非本市户籍适龄儿童少年入学审核实施细则》的请示；区人力社保局关于人事任免事项的请示
4月28日	第63次	区人力社保局关于人事任免事项的请示
5月6日	第64次	区生态环境局关于东城区一季度空气质量状况及打赢蓝天保卫战进展情况通报；区网格中心关于东城区2019年一季度城市管理综合监督情况通报；区商务局关于报审《东城区落实〈全面推进北京市服务业扩大开放综合试点工作方案〉实施方案》的请示；区信访办关于东城区2019年一季度信访工作情况通报
5月22日	第65次	区应急局关于报审《东城区2019年防汛工作方案》《东城区防汛应急预案》的请示；区财政局关于报审东城区2018年决算草案报告的请示；区审计局关于报审东城区2018年度预算执行和其他财政收支的审计工作报告的请示；区人力社保局关于人事任免事项的请示
5月29日	第66次	区人力社保局关于人事任免事项的请示
5月30日	第67次	区房屋征收中心关于北京国际戏剧中心改扩建工程项目向区财政借款的请示；区人力社保局关于人事任免事项的请示
6月17日	第68次	领导干部学法：新《中华人民共和国个人所得税法》解读；召开东城区安委会2019年第三次全体会议；区税务局关于报审《东城区个人出租房屋委托代征税费及代开发票工作实施方案》的请示；区网格中心关于2019年6月东城区市民热线“接诉即办”工作情况分析；区生态环境局关于报审《北京市东城区2019—2020年餐饮业大气污染防治工作方案》《北京市东城区油烟净化设施升级改造以奖代补资金管理办法》的请示；区文旅局关于报审《东城区非遗传承与保护工作情况汇报》的请示

续表6

日　期	会　次	题　目
6月28日	第69次	领导干部学法：《北京市城乡规划条例》解读；区卫健委关于2019年东城区迎接国家卫生区复审工作进展情况的通报；区规自分局关于2018年度城市体检有关工作报告的汇报；区应急局关于报审《关于开展2019年应急管理和安全生产工作督察方案》的请示；区外联办关于东城区“四个服务”工作情况报告的汇报；区房地一中心关于申请南锣鼓巷地区四条胡同修缮整治项目借款的请示
7月15日	第70次	区政府办关于对2018年度市政府绩效考评情况和2019年度市政府绩效任务的通报；区财政局关于东城区2019年1—6月份财政支出情况的通报；区发改委关于报审《关于东城区2019年国民经济和社会发展计划上半年执行情况的报告》的请示；区政府研究室关于报审《东城区2019年上半年经济社会发展情况和下半年重点工作安排》的请示；区网格中心关于报审《东城区进一步深化市民热线“接诉即办”工作实施方案》的请示
7月29日	第71次	区财政局关于报审《关于东城区2019年上半年预算执行情况的报告》的请示；区财政局关于报审《关于东城区2019年预算调整方案的报告》的请示；区市场监管局关于《2018年度北京市公众质量满意度调查情况的报告》中本区情况的分析报告；区信访办关于2019年二季度信访工作情况及下一阶段工作安排的汇报；区消防支队关于“防风险保平安迎大庆”消防安全执法检查专项行动工作情况的汇报；区人防办关于报审《东城区规范在用人防工程使用管理专项整治工作方案》的请示
8月12日	第72次	区人力社保局关于人事任免事项的请示
8月19日	第73次	领导干部学法：《2018年区政府涉诉行政案件司法审查报告摘要》；区司法局关于报审《东城区行政复议、行政诉讼案件统计分析报告（2018年度）》的请示；区司法局关于法治政府建设示范创建申报工作进展情况通报及下一步工作安排的请示；区发改委关于报审《东城区进一步优化营商环境的实施意见》的请示；区发改委关于报审《东城区提升民营经济活力 促进中小企业创新发展的若干措施》的请示；区发改委关于东城区2019年优化营商环境企业满意度调查情况的汇报；区编办关于东城区区属部门权力清单梳理工作有关情况的汇报
9月24日	第74次	区环卫中心关于申请环卫作业车辆购置费的请示；区人力社保局关于人事任免事项的请示
10月13日	第75次	区发改委关于东城区2019年1—9月疏解整治促提升工作情况的汇报；区网格中心关于2019年9月份东城区市民热线“接诉即办”工作情况的汇报；区城管委关于报审《关于加强静态交通治理，提高城市精细化管理水平议案办理情况的报告》的请示；区人力社保局关于人事任免事项的请示
10月26日	第76次	召开东城区安委会2019年第四次全体会议；区应急局关于东城区2019年应急管理和安全生产督察工作情况的汇报；区发改委关于报审《东城区2019年1—3季度经济社会发展形势分析》的请示；区审计局关于报审《关于东城区2018年度预算执行和其他财政收支审计查出问题的整改情况报告》的请示；区财政局关于报审《关于东城区2018年度行政事业性国有资产管理情况的报告》《关于东城区2018年度国有资产管理情况的综合报告（书面）》的请示；区审计局关于报审《关于北京市东城区2018年度行政事业性国有资产专项审计工作报告》的请示；区网格中心关于2019年10月份东城区市民热线“接诉即办”工作情况的汇报；区生态环境局关于东城区三季度空气质量状况及打赢蓝天保卫战行动计划进展情况的汇报；区城管委关于东城区2019年10月份环境建设专项检查考评情况的汇报；区人力社保局关于报审《关于做好东城区当前和今后一个时期促进就业工作实施方案》的请示；区人力社保局关于报审《东城区办理〈北京市工作居住证〉实施细则》的请示
11月9日	第77次	区人力社保局关于人事任免事项的请示
11月23日	第78次	区政府办关于对2019年度市政府绩效管理考评细则的相关汇报；区政府办关于报审《关于东城区第十六届人民代表大会第五次会议代表建议、批评和意见办理情况的报告》的请示；区生态环境局关于报审《关于东城区环境状况和环境保护目标完成情况的报告》的请示；区人力社保局关于人事任免事项的请示

续表6

日　期	会　次	题　目
11月30日	第79次	区政府研究室关于报审《2020年政府工作报告（征求意见稿）》的请示；区发改委关于报审《东城区2019年国民经济和社会发展计划执行情况与2020年国民经济和社会发展计划（草案）的报告》的请示；区城管委关于报审《关于“百街千巷”环境整治提升三年行动计划完成情况的报告》的请示；区财政局关于东城区2020年预算安排情况的汇报暨《2019年预算执行情况和2020年预算（草案）的报告》的请示；区人力社保局关于东城区2019年度根治欠薪工作情况的汇报；区国资委关于企业领导人员任免的请示；金晖区长就2019年11月份东城区市民热线“接诉即办”工作提要求
12月15日	第80次	区民政局关于报审2020年春节期间开展走访慰问送温暖活动工作安排的请示；区应急局关于报审《东城区关于推进城市安全发展的实施意见》的请示；区财政局关于报审《东城区政府投资引导基金管理办法》的请示；区商务局关于报审《东城区落实“菜篮子”区长负责制实施方案》的请示；区城管委关于2019年11月份环境建设专项检查考评情况的汇报；区信访办关于2019年下半年信访工作情况的汇报；区人力社保局关于人事任免事项的请示
12月21日	第81次	区城管委关于拨付区管城市道路挖掘修复费用的请示（财政借款）

（郑亚男）

表7

2019年东城区政府专题会一览表

日　期	题　目
1月2日	区民政局关于报审2019年春节期间开展走访慰问送温暖活动工作安排的请示；区外侨办关于东城区2018年外事港澳侨务工作情况的汇报；区住建委关于申请安排京诚集团2016年度东城区（北片）棚户区平房大修修缮资金尾款的请示；区税务局关于报审将原北京市东城区地方税务局资产无偿划转至国家税务总局北京市东城区税务局的请示
1月7日	区住建委关于申请安排2016年老旧小区公共区域环境整治工作预算资金的请示
1月11日	区烟花办关于报审《东城区2019年元旦春节烟花爆竹安全管理工作方案》的请示；区财政局关于报审《东城区关于深入推进行政事业单位自管住宅类房产处置工作方案》的请示；区重大办关于报审前门东区三里河周边B1地块项目前期工作成本审计和商品房预售价格的请示
1月21日	区政府办关于报审2019年东城区政府全体（扩大）会议暨深入推进疏解整治促提升动员部署大会安排意见的请示；区人力社保局关于给予东城区2018年度疏解整治促提升专项行动表现突出的集体和个人通报表扬的请示；区城管委关于申请2016年市级重点环境建设项目剩余资金的请示；区城管委关于申请大通滨河公园环境建设项目剩余资金的请示；区环卫中心关于申请环卫专业作业车辆购置费的请示
1月30日	区城管执法局关于确定2019年东城区拆除违法建设及开墙打洞工作任务的请示；区城管委关于2019年东城区环境整治提升重点工作任务及资金情况的汇报；区国资委关于天街集团投资设立北京钟鼓楼龙苑文化发展有限公司的请示
3月18日	区网格中心关于申请完善东城区市民热线办理机制提升“接诉即办”能力保障经费的请示；区国资委关于天街集团前门会馆博物馆项目申请补助资金的请示；区教委、发改委关于解决教育项目超投资资金安排的请示；区产促局关于民生银行、华夏银行、中文在线、北京麦当劳申请签订一事一议协议的请示；区财政局关于民生证券、首旅集团、中诚信申请签订一事一议协议的请示；区发改委关于2018年度东城区一事一议企业政策兑现工作的请示

续表7

日　期	题　目
4月8日	区发改委关于东城区优化营商环境迎检工作安排的汇报；区发改委关于东城区2019年一季度“疏解整治促提升”工作进展情况的通报；区住建委关于报审《东城区拆迁滞留项目现场专项整治工作方案》的请示；区网格中心关于报审《东城区落实市民热线“接诉即办”工作实施方案》的请示；区人力社保局关于报审《东城区评比达标表彰活动管理实施细则（试行）》的请示；区国资委关于京诚集团西河沿危改项目申请银行贷款的请示；东华门街道关于东华门街道组建故宫周边综合整治工作专班及所需经费的请示；区城管委关于开展赵堂子胡同、宝珠子胡同电力架空线入地工作的请示；区文化和旅游局关于报审批准第六批东城区级非物质文化遗产代表性项目目录的请示
4月15日	区外办关于报审2019年东城区因公出国赴港澳计划的请示
4月22日	区委政法委关于东城区扫黑除恶专项斗争开展情况汇报；区文促中心关于申请“全球音乐教育联盟”项目房租补贴的请示；龙潭街道关于租赁、装修光明西街1号院办公用房的请示；金融办关于给予东北证券股份有限公司新设分公司一事一议政策的请示；区人防办关于报审2019年早期人防工程回填治理计划安排的请示
5月5日	区卫健委关于报审《第十一届地坛中医药健康文化节活动方案》的请示；区住建委关于拨付光明楼21号楼火灾事故善后修缮工程余款的请示；区住建委关于京诚集团申请直管公房设备设施改造工程资金的请示；规自分局关于拨付东城区街区更新规划研究工作经费的请示；区城管委关于国庆70周年东城区环境整治提升和工程建设工作有关情况的汇报；区发改委关于给予中篮联（北京）体育有限公司一事一议政策扶持的请示；区金融办关于给予中邮创业基金管理有限公司一事一议政策扶持的请示
5月20日	区园林绿化局关于报审青年湖甲18号楼民事诉讼赔付方案的请示；区城管委关于报审《北京市东城区用水精细化管理工作实施方案》的请示；区发改委关于报审《东城区关于贯彻落实〈东城区 怀柔区推动生态涵养区生态保护和绿色发展结对协作框架协议〉（2019年—2022年）的工作方案》的请示；区发改委关于报审《东城区与怀柔区扶持项目资金管理办法》的请示；区发改委关于2018年度东城区税源建设政策兑现工作的请示；区住建委关于箭厂胡同2栋直管公房简易楼腾退相关事项的请示；区国资委关于申请海运仓小区、什锦花园5号楼消防设施升级改造资金的请示；区发改委关于东城区2019年1—4月疏解整治促提升工作情况的汇报
5月30日	区国资委关于天街集团向钟鼓楼龙苑公司增资事项的请示；区财政局关于向北京东方信达资产经营总公司有偿转让北京市崇信担保中心持有北京首创融资担保有限公司股本金和托管资金及其他相关事项的请示；区房屋征收中心、永外街道关于报审《望坛棚户区改造项目收尾阶段综合整治方案》《望坛棚户区改造项目收尾阶段综合整治工作方案》的请示；区外联办关于东城区2018年扶贫协作和支援合作工作情况及2019年重点任务的汇报；区国资委关于办理光明日报社房屋产权情况的汇报；区规自分局关于北京市崇明规划信息服务中心转制过程中资产处置事宜的请示；区国资委关于组建王府井街区管理运营公司的请示；区商务局关于拨付2018年度生活性服务业品质提升项目补助资金的请示；区园林绿化局关于报审《东城区人民政府关于对绿地认建认养及公园配套用房出租中侵害群众利益问题开展专项整治工作的方案》的请示
6月5日	区发改委关于报审《东城区促进楼宇经济高质量发展的若干措施》的请示；区发改委关于给予苹果电子产品商贸（北京）有限公司一事一议政策扶持的请示；区住建委关于报审广外南街项目142套房源接收和后续手续办理工作等有关情况的请示；区住建委关于阳光佳苑项目房源对接望坛项目综合整治工作有关问题的请示；体育馆路街道关于开展“崇外六号地”低洼院落平整工作的请示；区国资委关于北京东方文化资产经营公司转让所持北京东方文华国际置业有限公司1%股权及D4项目北楼10%收益权事项的请示
6月17日	区发改委关于东城区2019年1—5月疏解整治促提升工作进展情况的通报；区城管委关于报审《南锣鼓巷历史文化街区机动车停车规划》的请示；区城管委关于申请追加2018年“百街千巷”范围之外拆违封堵工程监理费、全过程管理费的请示
6月28日	区外联办关于与福建省南平市缔结友好区市的请示；区金融办关于给予保利金砖资本投资有限公司一事一议政策的请示；区金融办关于给予中国农业银行股份有限公司新设理财子公司一事一议政策的请示；天坛街道关于申请西草市街、西草市东街精细化提升资金的请示

续表7

日　期	题　目
7月15日	区发改委关于东城区2019年上半年疏解整治促提升工作情况的汇报；区国资委关于报审《佳源公司组建东城园平台公司工作方案》的请示；区文旅局关于申请原中法大学修缮工程（施工、监理）文物修缮专项补助资金的请示；区外办关于我区与马来西亚古晋南市建立友好城市关系的请示；北新桥街道关于申请由区政府垫付雍和宫大街二期整治提升工程预付款的请示
7月29日	区金融办关于给予北京金融控股集团有限公司及其新设资产管理公司一事一议政策的请示；区金融办关于给予国网英大产业投资基金管理有限公司及国家电网东西扶贫基金一事一议政策的请示；区金融办关于给予摩根士丹利北京相关公司一事一议政策的请示
8月12日	区发改委关于东城区2019年1—7月疏解整治促提升工作情况的汇报；区城管委关于2019年7月份环境建设专项检查考评情况的汇报；区网格中心关于2019年7月东城区市民热线“接诉即办”工作情况的汇报；区生态环境局关于报审《东城区空气质量改善专项工作方案》的请示；区生态环境局关于报审《东城区落实〈柴油货车污染治理攻坚战行动计划〉实施方案》的请示；区科信局关于报审《2019年东城区社会信用体系建设重点工作任务》的请示；区调度运行中心关于先行拨付国庆70周年庆祝活动部分经费的请示；崇远公司关于崇远公司所属便宜坊集团在山西省筹建便宜坊北京填鸭养殖基地的请示；区人防办关于和平里中街甲14号（地坛大环）人防工程隐患治理结构加固相关情况的请示
8月19日	区网格中心关于报审《2019年东城区网格化综合监管考核实施细则》的请示；区国资委关于北京钟鼓楼龙苑文化发展有限公司股权综合调整事项的汇报；区发改委关于国药股份、国控北京、国药华鸿申请续签一事一议协议的请示；区发改委关于北京野力房地产开发有限公司申请续签一事一议协议的请示；区城管执法局关于报审《东城区关于进一步加强违法建设治理工作的若干意见》的请示；区城管委关于实施北京站区域综合交通改善项目（二期）及所需资金的请示；区城管委关于开展电力线缆“线平杆直”整治工作及所需经费的请示；区城管委关于申请追加2019年上半年东城区路侧停车电子收费管理服务经费的请示；区城管委关于申请重大活动环境保障工作运行经费的请示
9月7日	区发改委关于东城区2019年1—8月疏解整治促提升工作情况的汇报；区财政局关于报审《东城区贯彻落实过“紧日子”工作措施》的请示；区网格中心关于2019年8月份东城区市民热线“接诉即办”工作情况的汇报；区城管委关于推进15个街道胡同精细化深度保洁作业工作及所需经费的请示；区文旅局关于报审《东城区关于促进文商旅融合发展的实施意见》的请示；王府井建管办关于无偿划转王府井置业投资有限公司股权的请示；景山街道关于美术馆后街40号院项目建设情况及运营筹备方案的请示；区住建委关于报审《北京市东城区人民政府 北京首都开发控股（集团）有限公司深化合作战略协议》的请示；区城管委关于增设路侧停车电子收费前端设备的请示；区生态环境局关于申请东城区空气质量改善督查调度中心编外用工的请示；区生态环境局关于申请大气监测网络建设经费的请示
9月9日	东城园管委会关于给予北京京港网信中医药科技文化发展中心有限公司一事一议政策扶持的请示；东城园管委会关于给予北京网库信息技术股份有限公司一事一议政策扶持的请示；区财政局关于给予中青旅控股股份有限公司及其下属公司一事一议政策扶持的请示；区财政局关于给予北京居然之家家居新零售连锁集团有限公司一事一议政策扶持的请示；区财政局关于给予达信（中国）保险经纪有限公司一事一议政策扶持的请示；区财政局关于给予五矿财富投资管理有限公司一事一议政策扶持的请示
9月16日	天街集团关于天街集团向杭州银行融资的请示
9月24日	区金融办关于给予中粮期货有限公司一事一议政策的请示；区金融办关于给予中新融创资本管理有限公司一事一议政策的请示
10月13日	区财政局关于向国庆游园会指挥部各成员单位先行拨付部分活动经费的请示；区发改委关于报审《东城区支持重点企业发展的若干措施》的请示；区住建委关于申请皇史宬文物腾退项目资金的请示；区园林绿化局关于申请王府井主街北延绿化景观工程资金的请示；区生态环境局关于申请2019年区属单位食堂油烟净化设施升级改造工程所需经费的请示

续表7

日　期	题　目
10月26日	区发改委为关于东城区人才激励办法政策兑现工作及2018年度兑现方案的请示；区财政局关于给予瑞钢联集团有限公司一事一议政策扶持的请示；区体育局关于给予北京快乐运动体育用品有限公司一事一议政策扶持的请示；区国资委关于东城区人民政府拟与大悦城控股集团股份有限公司签订战略合作框架协议的汇报；区生态环境局关于启动东城区2019年"煤改电"新增峰谷电表及电取暖设备、老旧电取暖设备更新工作的请示；区发改委关于2018年度东城区支持鼓励节约能源项目及资金安排建议的请示；区发改委关于推进楼宇合作机制工作的汇报
11月9日	崇远公司关于北京大北服务有限责任公司购买朝阳区西大望路42号院2号楼-1至1层2-4房产的请示；区园林绿化局关于报审《东城区绿地认建认养及公园配套用房出租问题专项清理整治工作整改方案》的请示；区人力社保局关于报审《东城区纳入规范管理事业单位改革过渡方案（试行）》的请示；区人力社保局关于规范奖励性补贴及调整离退休费有关工作的汇报；区城管委关于申请2014—2015年区级环境建设项目剩余资金的请示；区城管委关于申请2017年环境建设项目剩余资金的请示；区发改委关于给予中国森田企业集团有限公司一事一议政策扶持的请示；区发改委关于给予长春中天能源股份有限公司一事一议政策扶持的请示；区人防办关于报审《关于危改、回迁小区用于居住停车的地下人防工程使用收费的减免意见》的请示
11月23日	区发改委关于东城区2019年1—10月疏解整治促提升工作情况的汇报；区发改委关于报审《关于推动东城区经济高质量发展的若干实施意见》的请示；区住建委关于开展东直门外北二里庄申请式退租及街区更新试点工作的请示；区住建委关于开展雍和宫大街直管公房院落申请式退租和恢复性修建试点工作的请示；区金融办关于给予中诚信托有限责任公司一事一议政策扶持的请示；区金融办关于兑现2019年度东城区上市挂牌企业政策奖励的汇报；区人防办关于报审《关于用于居住停车的人防工程使用收费的减免意见》的请示；区机关服务中心关于北京市东城区纪委监委办公及业务用房改造项目的请示；王府井建管办关于申请2019年王府井重点区域和重点建筑广告牌匾、夜景照明概念设计资金的请示
11月30日	区外联办关于国务院东西部扶贫协作考核工作情况的汇报；区园林绿化局关于报审《第三十五届地坛、第三十七届龙潭春节文化庙会总体方案》的请示；区文促中心关于2019年东城区"文菁计划"企业奖励类评审工作的汇报；前门街道关于申请草厂地区"燃气改电"项目经费及解决遗留问题的请示；区人力社保局关于审议成立东城区就业工作领导小组有关事项的请示；区金融办关于报审《北京市东城区金融业高质量发展三年行动计划（2020年—2022年）》的请示
12月7日	国庆调度运行中心关于拨付重大活动经费的请示；区文促中心关于给予中文在线数字出版集团股份有限公司一事一议政策扶持的请示；区发改委关于给予北京鑫企旺物业管理中心一事一议政策扶持的请示；区发改委关于给予宝蓝物业服务有限公司一事一议政策扶持的请示；区发改委关于给予北京万物商企物业服务有限公司一事一议政策扶持的请示；区规自分局关于报审《东城区关于〈切实解决历史遗留房地产开发项目不动产登记有关问题的意见〉的落实方案》的请示；区城管委关于2016年重点大街环境建设项目剩余资金的请示
12月15日	区发改委关于东城区2019年1—11月疏解整治促提升工作进展和2020年工作计划制订情况的汇报；区文化和旅游局关于报审《东城区2020年元旦、春节、元宵节期间文化活动指挥体系工作方案》的请示；区机关服务中心关于龙潭路10号院老干部活动中心消防安全改造及房屋修缮北楼部分项目改造资金的请示；区发改委关于给予苹果电子产品商贸（北京）有限公司一事一议政策扶持的请示
12月21日	区住建委关于西河沿房改带危改项目剩余安置房价格审核的请示；区住建委关于豆各庄保障房项目剩余安置房价格审核的请示；东城园管委会关于给予安科迪阵列视觉科技（北京）有限公司一事一议政策扶持的请示；区金融办关于东城区人民政府与富华国际集团有限公司签署战略合作协议的请示；区金融办关于东城区人民政府与招商银行股份有限公司北京分行签署战略合作协议的请示；区城管委关于报审《东城区海绵城市专项规划》并建立东城区海绵城市建设工作联席会议制度的请示

（郑亚男）

表8　**2019年东城区区长主要调研一览表**

时　间	内　容	参加调研人员
1月30日	金晖调研燕墩遗址保护工作，实地察看燕墩遗址历史遗存、文物保护情况及周边环境，听取公园规划设计方案汇报，要求进一步完善方案，统筹做好文物保护、道路整改、环境整治等工作	陈献森
2月28日	金晖检查全国“两会”驻地环境和安全保障，慰问工作人员，要求提高政治站位，层层压实责任，做细做实各项服务保障工作	
3月12日	金晖调研望坛棚改项目，实地查看回迁房建设、现场拆除情况，听取项目进展、收尾阶段计划等情况汇报，要求完善现场指挥部工作机制，搭建各服务保障平台，妥善处理重点难点问题，保障项目平稳有序推进	张立新　薛国强
3月12日	金晖带队到西城区北京坊调研，参观北京坊建筑和入驻商户，实地查看PAGE ONE书店、WeWork联合办公空间和星巴克臻选店等特色餐饮商户，并围绕北京坊的建设运营经验座谈交流	葛俊凯
3月14日	金晖到体育馆路街道调研社区规范化建设工作，参观四块玉社区菜站、老年餐桌和驹章胡同43号社区服务站，并召开座谈会，听取全区社区规范化建设、社区议事协商、社区减负和社区居委会换届等工作情况汇报	赵凌云
4月12日	金晖到北京市第二中学调研，实地察看二中国际部校园环境，听取学校整体工作情况汇报，要求区教育部门研究在优质均衡发展的基础上进一步优化学校管理，推动东城教育再上新台阶	刘俊彩
4月12日	金晖到区政务服务中心调研优化营商环境工作，实地查看大厅环境、各窗口服务等情况，与办事群众交流，了解实际工作中遇到的问题，要求进一步强化窗口管理，加强政策培训，提升服务质量和工作水平	刘俊彩
5月1日	金晖到王府井地区调研，听取277号院整治提升工作进展以及拆违消隐、宣传、安全维稳等工作方案汇报；实地查看新中国儿童用品商店、东安市场等节日安全工作落实和消费市场情况	邹劲松　葛俊凯
5月3日	金晖调研宝华里危改项目，实地查看签约大厅居民签约情况，听取项目总体进展情况汇报，要求加强现场风险管控，集中力量解决制约居民签约的各类问题，保证签约率	刘俊彩
6月1日	金晖调研雨儿胡同修缮整治提升工作，实地查看部分院落修缮整治进展、胡同公共空间整治提升工作，要求坚持精细化提升，加快施工，补足公共服务功能，打造居民满意的民心工程	
6月24日	金晖到东城园调研文化人才、楼宇党建工作，在东城文化人才创业园听取企业服务平台、人才平台和党建平台建设情况汇报，在恒信东方文化股份有限公司调研数字文化产业发展情况，在东城园党群服务中心听取园区党建等工作情况汇报	单欣昌
7月11日	金晖到崇外街道调研垃圾分类工作，要求坚持问题导向，抓好分类投放、收集、运输和处理各环节，健全考核评价制度，创新宣传形式，提升垃圾分类工作水平	陈献森
7月18日	金晖调研区市民热线“接诉即办”工作，听取区“接诉即办”工作开展情况及下一步工作思路汇报并进行研讨，要求加强制度规范管理，着力解决好技术性问题	种　磊　陈献森 赵凌云

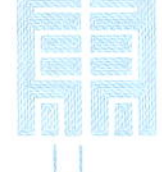

续表8

时　间	内　容	参加调研人员
8月1日至4日	金晖赴内蒙古自治区兴安盟阿尔山市调研两地扶贫协作工作，实地查看东城区帮扶项目进展和区医疗专家义诊情况，出席东城区专家人才座谈会、挂职干部座谈会、东城区医疗设备捐赠仪式，并慰问建档立卡贫苦户，组织召开京蒙两地扶贫协作工作座谈会	王清旺　毕博闻
8月15日	金晖调研区属企业改革发展工作，实地察看菖蒲河皇城艺术馆，召开座谈会听取区属国资国企改革发展工作开展情况及下一步思路汇报，要求明确区属国企未来发展方向和战略定位，推动国有经济高质量发展；着力抓好风险防控，全面完成中华人民共和国成立70周年服务保障任务；紧紧围绕中心和大局，持续深化国企改革；切实履行从严管党治党责任，全面加强区属企业党的领导和建设工作	邹劲松　单欣昌
9月21日	金晖调研中轴线申遗工作，实地查看南中轴线110场站、永定门公园，了解文物保护、消隐项目开展等情况，要求科学保护和利用历史文物，加强消隐项目管理，严格控制成本，助力中轴线申遗工作	张立新　陈献森
9月28日	金晖围绕“不忘初心、牢记使命”主题到东四街道走访调研，实地察看东四六条43号花友汇创意空间，并召开座谈会听取干部群众对城市建设、社区治理的意见建议，结合“接诉即办”工作现场为群众解决实际问题	王中华
10月25日	金晖调研王府井步行街北延工作，听取工作进展及下一步工作安排汇报，要求加快施工进度，严格按照节点推进各项工作	葛俊凯

（郑亚男）

【南锣四条胡同整治提升部署会】2月23日，东城区深入推进南锣鼓巷地区四条胡同修缮整治提升工作部署大会召开。会议研究部署进一步推进南锣鼓巷地区四条胡同修缮整治提升工作；宣读成立中共北京市东城区南锣鼓巷四条胡同修缮整治项目临时委员会的决定。区委书记夏林茂讲话并提出要求。区领导夏林茂等参加。区长金晖主持。

（郑亚男）

3月6日，东城区经济工作会议召开（张维民摄）

【东城区经济工作会议召开】3月6日，东城区经济工作会议召开。区发改委、区财政局、区统计局分别汇报区经济工作进展情况和下一步思路。区长金晖讲话并提出要统一思想，树立发展信心，明确任务，确保完成全年经济发展目标，提高政治站位，推动全面从严治党向纵深推进。

（郑亚男）

【区机构改革新组建部门挂牌】3月22日，区政府机构改革新组建部门挂牌仪式举行。区领导金晖、薛国强，市应急管理局副局长唐明明为区应急管理局揭牌；区领导金晖、葛俊凯分别为区文化和旅游局、区市场监管局揭牌。区领导张立新、市重大项目办副主任郝小兵为区住建委揭牌；区领导张立新、市规自委副主任王玮为规划和自然资源东城分局揭牌；区领导陈献森、市生态环境局副局长张英健为区生态环境局揭牌。区领导葛俊凯为区商务局揭牌。区领导赵凌云，市退役军人事务局副局长王岚为区退役军人事务局揭牌。区领导刘俊彩、王冬玲，市卫健委副巡视员高小俊为区卫生健康委揭牌；区领导刘俊彩、王冬玲，市医保局党组书记于学强为区医疗保障局揭牌；区领导刘俊彩为区政务服务管理局揭牌。新组建部门的主要负责人在揭牌仪式上作表态发言。

（郑亚男）

【与阿尔山市对口帮扶联席会】4月3日，区领导与阿尔山市代表团召开对口帮扶工作联席会议。葛俊凯介绍东城区2019年扶贫工作计划。夏林茂讲话并提出要求，表示东城区将在资金项目、人才支持、产业合作、模式创新等方面持续加大对阿尔山市支持力度，推动各项措施落细落实。区领导夏林茂、金晖等，阿尔山市委书记高长胜、兴安盟副盟长孟文涛参加。

（郑亚男）

【完成第十届社区居委会选举】2019年，东城区全面完成第十届社区居委会选举。全区177个社区全部参加本届居委会选举，并一次选举成功。本届选举累计登记选民40.85万人，划分4276个居民小组，选举产生新一届居民代表1.02万人，64个社区同意流动人口参加选举；5个社区采取全民选举方式，103个社区采取户代表选举方式，69个社区采取居民代表选举方式，直选、户选比例为61%，比上届提高近20%，达到全市指标要求。选举产生新一届社区居委会成员1332人，主任177人、副主任324人、委员831人。

（郑亚男）

【东城区缩短企业开办申请时间】2019年，东城区企业开办迈入“一时代”。具体为：一个环节，企业开办涉及的申请营业执照（含免费公章）、领用发票及用工信息采集等环节合并为1个，数据填报量减少45%。一次申请，通过“e窗通”服务平台，企业可一次性申请全部信息，实时查询办理进度。1小时内予以核准并向企业颁发电子营业执照，最快8分钟即可完成营业执照核准，其他事项2小时内并行办理完成。一窗办理，在区政务服务大厅专设新企业开办综合窗口，“前台综合受理、后台分类审批、窗口统一出件”，为企业提供“一窗办理”前台服务。一天办结，新设企业材料齐全可当日一次性发放营业执照、公章、发票等办理结果“服务包”，并在现场对有需要的企业提供银行开户服务，办理时间由2018年5个工作日缩短至1个工作日。

（郑亚男）

7月22日，东城区优化营商环境推动高质量发展大会召开（张传东摄）

【优化营商环境】7月22日，东城区优化营商环境推动高质量发展大会召开。大会以“紫禁之东 文商共荣”为主题，邀请专家学者、商界精英、行业领袖300余人共话东城营商环境，助推经济高质量发展。企业家代表在会上发言；现场发布“紫金服务”品牌，为营商环境特邀监督员代表颁发聘书，为百强企业代表授牌；召开政务服务专题研讨会、楼宇经济专题研讨会、文化产业专题研讨会、金融业发展联盟成立大会、信息服务业专题研讨会等5场专题活动。夏林茂、金晖、吴松元等区四套班子领导，国家发改委对外经济研究所、市投资促进服务中心、市地方金融监督管理局、市经济和信息化局、民革北京市委、新京报社等负责人出席会议。

（郑亚男）

【天坛简易楼腾退项目完成签约】8月31日，天坛周边简易楼腾退项目完成签约。项目于2015年10月15日启动签约，是核心区最大规模的简易楼成片改造项目，以“解危排险，消除公共安全隐患，适当改善居住条件，保护风貌提升环境”为目标，腾退范围包括57栋简易楼，总占地8.3万平方米，涉及住宅2414户，非住宅产权单位1家、房屋9处。2019年8月31日，完成最后1户居民签约，实现签约率100%。

（郑亚男）

【安德城市森林公园完工】8月底，安德城市森林公园完工。项目位于北中轴与北二环交界处，北至安德路、西邻鼓楼外大街，总面积1.6万平方米。2019年3月，项目完成前期立项、方案设计、工程招标等手续办理，3月16日开工建设。公园建设坚持生态优先、以人为本的原则，满足周边居民休闲、健身、游览等日常需求，设置各类景观小品，完善各类基础设施。植物配置以乡土树种结合银红槭等新优彩叶树作为主基调，新种植地被植物和宿根花卉15种34.2万株、早园竹8000株，铺设冷季型草坪350平方米。

（郑亚男）

【皇史宬腾退全部签约】12月9日，皇史宬文物腾退项目签约率达100%。腾退范围涉及居民23户，产权房屋面积577.06平方米。12月7日正式启动签约。该项目是继社稷坛、天坛、太庙后，东城区顺利实施完成的第四处中轴线重点文物腾退项目，也是首个采取中央、市、区三级联席机制实施的文物腾退项目。

（郑亚男）

【主办2019中国文化金融峰会】12月13日，2019中国文化金融峰会在东城区举办。峰会以“文化金融深度融合——金融助力文化产业高质量发展”为主题，由清华大学五道口金融学院和东城区委区政府共同主办。文化和旅游部产业发展司领导现场宣读文旅部办公厅、央行办公厅、财政部办公厅《关于同意北京市东城区创建国家文化与金融合作示范区的复函》，东城区发布第一批46家“文菁计划”支持企业名单并为企业代表颁牌。文化界、金融界知名专家和企业家约30人作主题演讲并进行圆桌对话。区领导邹劲松、赵凌云、刘俊彩参加。

（郑亚男）

【王府井步行街北延开街】12月20日晚，王府井步行街北延开街庆祝活动启动。王府井步行街北延从金鱼胡同延至灯市口大街，长度由原548米延长为892米，更好串联故宫、天安门等周边景点，促进商业、文化、商务等多种要素资源融合发展，优化公共空间，增加步行空间，缓解人流压力。开街庆祝活动持续至12月27日，步行街北延公共区域内举办京东应用科技展、阿里巴巴中国礼物、品牌快闪、街头体育赛事等9场活动，步行街南段举办科技品牌快闪和冰雪嘉年华2场活动。商务部流通业发展司、市商务局等市相关部门负责人及区领导夏林茂、金晖、吴松元、宋铁健等参加启动仪式。

（郑亚男）

【首个直管公房申请式退租项目】12月23日，东城区首个直管公房申请式退租项目启动。项目涉及72户、261人，包含129.5间房屋，正式房屋建筑面积累计超2000平方米。居民自愿进行申请式退租，以货币为补偿方式，退租房屋补偿金额根据退租房屋市场价值总额扣除房屋重置成新价款确定，私房按照房屋市场价值总额进行补偿，符合条件的居民可申请共有产权房或承租公租房。

（郑亚男）

【金融业高质量发展三年计划】12月28日，东城区金融业高质量发展三年行动计划（2020年—2022年）发布仪式暨“紫金服务”政银企交流会举行。活动以“聚焦东城区金融业高质量发展，‘紫金服务’助力银企融资对接”为主题，邀请金融机构、金融科技服务平台及中小微企业代表100余人共同见证东城金融业高质量发展三年行动计划发布。邹劲松代表区政府与富华国际集团负责人签署战略合作协议；区相关部门负责人介绍三年行动计划“一体两翼一核”的产业发展思路、国家文化与金融示范区创建工作情况；东方信达与北京小微企业金融综合服务公司负责人共同发布东城区普惠金融综合服务平台；开展政银企交流会，杭州银行北京分行、北京重力丰画影视文化有限公司、北京神工科技有限公司负责人分别发言。区领导金晖、邹劲松、单欣昌，市地方金融监管局、市银保监局等相关人员参加。

（郑亚男）

政务服务管理

【概况】东城区政务服务管理局（简称区政务服务局），根据《北京市东城区机构改革实施方案》（京东发［2019］2号），将原区政务服务管

12月20日，王府井步行街北延开街庆祝活动启动（张传东摄）

理办公室的职责，以及相关机构的行政审批制度改革工作职责，区政府办公室的信息和政务公开职责整合组建成立。主要负责统筹推进全区简政放权、放管结合、优化服务改革和行政审批制度改革。组织开展改革调查研究。协调、指导、督促各部门落实改革重大任务。协调推进全区政务服务体系建设。指导、协调、监督、服务各委办局、街道和社区政务服务机构的建设、运行和管理。负责组织推动政务服务方式创新。负责政务服务事项规范管理，推进政务服务标准化、集成化。负责区政务服务中心建设、运行和管理，对进驻区政务服务中心窗口单位及工作人员进行综合管理、监督检查和考核评价。负责全区一体化在线政务服务平台的建设、管理。推进、指导、协调、监督区政府信息公开和政务公开等。内设办公室、审改协调科、体系监督科、信息化科、政府信息公开和政务公开科5个科室，行政编制24人、实有16人。

2019年，完成“放管服”改革、政务服务三级体系及互联网+政务服务建设工作，政府网站、政府信息公开、政务公开、公共资源交易平台新职能推进工作，在全区优化营商环境工作中排第二名。开展“不忘初心、牢记使命”主题教育活动，开展集中封闭式学习40学时，专题交流研讨3次，深入5个专厅、17个街道、4个社区、4个委办局，开展调查研究74次，发现问题并立行立改18个，形成调研报告5个。开展漠视群众利益专项整治，制订《“漠视侵害群众利益”专项整治工作方案》《“12345”接诉即办审核工作机制》，“接诉即办”受理办结案件53件。

（李　坤）

【深化“放管服”改革】2019年，区政务服务局落实国务院、北京市取消、下放和清理规范的政务服务事项，开展减证便民行动，印发第四批取消证明和保留证明的通知，及时解决企业群众办事创业中遇到的出具证明问题，公示保留证明目录。落实精简办事材料60%以上，精简不动产登记领域申请材料、建设工程竣工联合验收改革和招投标领域改革，压缩办理时限，精减企业群众办事流程和环节，加强信息共享互认，推行容缺受理。公布“全程网办、马上办、就近办、一次办、最多跑一次、高频事项、全区通办（跨区通办）、自助办、掌上办”事项清单。以事项规范化梳理为基础，编制“办好一件事”主题事项60余个，推动区、街两级高频事项实现“最多跑一次”或“一次不用跑”，扩大“一门”受理事项范围，实现“一站式”办理。

（肖　芳）

【三级政务服务体系建设】2019年，区政务服务局落实政务服务“一门、一窗、一网、一次”改革，印发《东城区区级政务服务中心规范化、标准化建设工作实施方案》《东城区街道政务服务中心规范化、标准化建设实施方案》。组织政务服务事项标准化梳理培训会，实现三级政务服务事项标准化梳理、办事指南优化和申报材料的统一规范；编制审批服务事项办理流程图（表）、简明绘本、解读小视频，对重点领域重点事项，逐项编制标准化工作规程和办事指南，完成东城区政务服务事项1.02万余项标准化梳理工作；推进政务服务“一站式”办理，实现1475项行政许可、行政确认等7类依申请区级政务服务事项进驻区级政务服务大厅，其中区政务服务中心进驻1188项，进驻率80.6%，“一窗受理”90.2%；街道政务服务事项149项全部进驻各街道政务服务中心，实现“全区通办”，进驻率、“一窗受理”率均达100%。建设“小东快办”街道政务服务便民受理平台，实现企业群众办事“只对一窗”，实施“前台综合受理、后台分类审批、综合窗口出件”的窗口运行模式。各街道政务服务自助终端全覆盖，每个终端可办理事项107个，在建国门、交道口等街道设置24小时自助服务区。各政务服务大厅落实服务承诺、首问负责、一次告知、暖心服务、亮明身份、帮办代办、办事窗口服务包、一号统领咨询电话、服务效率促进等9项基本工作制度，开展咨询、引导、帮办、代办服务和错峰延时、全时服务、邮寄服务、自助服务、容缺受理等服务，公开工作人员身份、工作岗位、服务承诺、联系方式，自觉接受群众监督。

（肖　芳）

【优化营商环境】2019年，区政务服务局加强窗口督查力度，通过“一区、一报、一册、一网”开展宣传。在三级政务服务中心设立“优化营商环境天天讲”宣传区；组织开展面对面政策咨询解答讲座40余次；制作发放“一图读懂”宣传海报和宣传册4670册、“北京市优化营商环境政策学习手册”1000余册；在东城区网上办事平台和微信公众号开设“优化营商环境”专栏，集中宣讲优化营商环境新政。组织工作人员学习优化营商环境新政策，多形式、多批次开展培训239场次，合计8485人；推出“专窗、专线、专区”利企便民新举措，即专业窗口、政策咨询专线和政策宣讲专区，专窗日均接待140人次，专线日均接待30人次，专区开展综合问题组团讲、单一问题一对一讲、共性问题预约讲，组织开展讲座160余次。组织参加市优化营商环境竞赛考试。

（肖　芳）

【区政务服务中心工作】2019年，区政务服务中心接待办事人约24.69万人次，日均980余人次，累计受理13.86万件，日均550件，累计出件12.85万件，日均510件，累计咨询7.56万人次，日均300人次。接听政务热线1327人次，回复网上在线咨询904人次，回复微信平台咨询431人次。接待调研、检查35批次、343人

7月22日，东城区举办优化营商环境推动高质量发展大会（区政务服务局提供）

次。整合政务服务资源，推进“一门、一窗、一网”改革。7月18日，在全市率先将区交通支队机动车驾驶证业务18项进驻区政务服务中心。搭建平台，将区民政局、区城管委、区档案局、区民宗办、区委组织部等12个部门106个事项进驻中心。依托e窗通系统，同步推送相关部门，全程前后台无缝对接，一天全办好，打造东城区企业服务包，为企业一次性发放营业执照、公章、税票等办理结果。全年新开企业4106户，免费刻章4079套，为企业节约成本122.37万元。落实社会投资简易低风险工程建设项目，通过“一站通”服务系统，同步发送规自分局、发改委、住建委等部门，六大环节压缩至21天办结，全年办结5件。

（李　菲）

【政民互动】2019年，区政务服务局建设7×24小时全年候政务咨询智能客服体系，按照法人事务、个人事务、建议投诉等进行语音导航分级，将具体咨询业务范围划分为市场准入、建设项目、食品药品等11项，汇总整理事项要素、常见问题、基础信息等6万余条，整合400热线、微信、微博、在线咨询等途径，科学分配统一管理，实现智能客服、人工客服最优化组合。

（李　菲）

【政务新媒体】11月，政务新媒体管理机制建立。针对北京市通报的政务新媒体检查结果，组织召开全区政府网站和政务新媒体工作会，通报存在问题并强调工作重点，督促各责任单位整改。

（李　曼）

【接诉即办】2019年，区政务服务局接到区网格中心“12345”系统派发办件60件，其中企业服务类办件18件，全部按要求时限从系统中办结；接到市政务服务局转办的区级、街道（乡镇）级政务中心、区级部门专业大厅的政务服务投诉与建议、“12345”市民服务热线等问题投诉、意见建议22件，全部按期办理并反馈市政务服务局。

（尹婷婷）

【监督管理】2019年，督办核实预警、到期、超期事项1133件。接待线上线下群众来电来访186次，咨询答复144次，诉求办理42次。办理信访件1件。处理市投资项目在线审批平台预警事项148件，无证照上传事项95件。

（尹婷婷）

人事管理

【概况】东城区人力资源和社会保障局（简称区人力资源社会保障局），是负责全区人力资源和社会保障工作的区政府工作部门。设办公室、党建科、职业能力建设科（法规科）、表彰任免科、就业促进科、人力资源开发科（积分落户工作办公室）、专业技术人员管理科（事业单位人事管理科）、劳动关系科、工资福利科、养老保险科、工伤保险科、社会保险基金监督办公室、劳动人事争议调解仲裁科、劳动保障监察科、信访办公室、财务科、人事科、行风建设办公室等18个内设机构。下设社保中心、劳服中心、劳动人事仲裁院、劳动保障监察队、劳动鉴定中心5个参照公务员法管理事业单位，人力资源公共服务中心、职业技能鉴定管理中心、人事考试中心、信息管理中心、机关服务中心、职业能力建设指导中心、北京市东城区专家顾问联络办公室等7个事业单位。编制623人、实有543人，其中局机关88人，事业单位453人，机关工勤2人。

2019年，开展“不忘初心、牢记使命”主题教育，组织领导班子成员集中学习7个工作日、专题教育12次和专题交流研讨4次，领导班子成员、二级单位负责人和局属各级党组织书记讲主题党课30场。局属12个党组织集中学习94次，开展专题教育84次，交流学习研讨72次。领导班子确定8个调研课题，以“四不两直”形式开展调研85次，查改问题21个。完成国庆服务保障工作，从全局抽调党员干部59人参与群众游行、联欢、观礼、群防群治等任务。完成机关党委和直属12个党组织的换届改选。全年组织党员1300余人次到社区报到参加“四服务四带头”活动，1420余人次参加周末卫生大扫除。开展特色职工文体活动，建成职工书屋、母婴室，创新建立青年干部政治激励、平台激励、荣誉激励三种激励机制。坚持深化廉政警示教育，编制局《2019年版政府部门权力清单》，开展社保基金和财政就业补助资金管理风险、机关和事业单位养老退休审批工作流程2个专项督查，聘请会计师事务所对促进就业优惠政策落实情况进行全覆盖核查，在全市各区中首个实现人事考试考务费“非现金”支付，确保基金资金安全。全区就业形势保持稳定，劳动关系总体和谐稳定，率先推行建筑工程领域“全流程管理、全环节管控、全周期联动”的“三全”管理新模式；联合区法院在全市率先开展劳动关系纠纷诉前调解试点工作，发挥仲裁院女职工权益争议审理庭品牌效应，获“北京市工人先锋号”称号。

（何晓晖）

【专业技术人才推荐】2019年，区人力资源社会保障局推荐3人参加领军人才正高级工程师职称“直通车”评审，推荐2人参加正高级经济师职称评审，推荐10人参加正高级教师职称评审。并获得相应专业技术职称。

（何晓晖）

【纳入规范管理事业单位改革】2019年，区人力资源社会保障局制订《东城区纳入规范管理事业单位改革过渡方案（试行）》，做好岗位等级套转、晋升工作，审核全区47家规范事业单位的改革过渡方案。

（何晓晖）

【事业单位招聘】2019年，全区共补充事业单位工作人员1137人，其中教育、卫生系统招聘医疗、教育人才926人，其他事业单位招聘191人，定向招聘退役大学生士兵15人、优秀社区工作者5人。

（何晓晖）

【积分落户】2019年，区人力资源社会保障局平稳推进积分落户工作，实现申报流程全网通办，累计受理2578家单位8259人申报，502人取得落户资格。

（何晓晖）

【工作居住证办理】2019年，区人力资源社会保障局制订《东城区办理〈北京市工作居住证〉实施细则》及《东城区人力资源和社会保障局办理〈北京市工作居住证〉工作规程》，精准对接企业人才需求，突出区域产业特色，重点支持符合东城区发展规划的金融、文化、信息服务等产业。全年为驻区企业各类人才办理北京市工作居住证2052人。

（何晓晖）

【编外用工管理】2019年，区人力资源社会保障局修订《东城区机关事业单位编外用工管理暂行办法》，按照“减存量、控增量、保重点、提效能”的总体原则，精简编外人员2040人，节省财政资金9300余万元，完成编外人员精简10%的目标。

（何晓晖）

【人事考试情况】2019年，区人力资源社会保障局完成21项考试项目，11项考试报名现场资格审核，13项项目证书发放，全区参加人事考试共计18.13万人次，其中资格考试14.07万人次，公务员考试3.49万人次，其他类考试5605人次。

（何晓晖）

仲裁院女职工权益争议审理庭获“北京市工人先锋号”称号（何晓晖摄）

信息化管理

【概况】东城区科学技术和信息化局（简称区科技和信息化局），根据《北京市东城区机构改革实施方案》（京东发［2019］2号）及区委、区政府批准的《北京市东城区科学技术和信息化局职能配置、内设机构和人员编制规定》（京东办字［2019］14号）文件要求，由原区科学技术委员会、原区信息化工作办公室组建而成的政府职能部门，加挂大数据管理局牌子。主要职责是统筹规划、综合协调、监督管理全区信息化工作，组织有关信息化工作的行业管理、宣传、培训、技术服务和国内外交流合作。全面推进东城区大数据工作，负责拟定大数据发展战略、规划、改革措施和相关标准规范体系。负责政务数据和相关数据的整合、管理、应用和服务体系建设工作。统筹推进全区科技创新体系建设，落实科技成果转移转化和促进产学研深度融合的相关政策措施。负责高新技术企业和科技类单位的服务工作，组织申报并指导实施科技项目。拟订科学普及计划并组织实施，参与全国科技创新中心建设相关工作。承担全区工业经济发展调控相关职责，指导和促进中小企业和非国有经济发展。内设办公室、科学技术发展科、信息化促进科、大数据应用科、中小企业促进科；下设北京市东城区信息中心（北京市东城区中小企业服务中心）1个科级事业单位，行政编22人、实有19人，事业编26人、实有26人，机关工勤事业编1人、实有1人。

2019年，围绕全区重点工作，推进“智慧东城”建设，提高政务信息化服务效能。以大数据应用为引领，助力区域经济与社会协调发展；以信用体系为抓手，优化全区营商环境；以信息化平台为支撑，推进全区医疗卫生资源有效整合；将信息网络安全生产检查常态化，将数字网站管理运维规范化，打造网络安全和公共服务发展体系。召开2019年社会信用体系建设重点工作任务座谈会、落实优化营商环境城市信用监测指标月报填报培训会，编制《东城区信用监测培训指南》，并对问题集中的红黑名单认定、联合奖惩、信用承诺、信用修复、“信易+”、信用事件等问题做集中解读。对国家2019年第一、二季度“双公示”考核评估抽检到的3家区级职能部门开展“双公示”迎检评估辅导会。加强信用培训宣传，先后召开2019年社会信用体系建设重点工作任务座谈会2次、落实优化营商环境城市信用监测指标月报填报培训会1次、“诚信建设万里行——企业信用培训讲座”2次；组织地坛公园主题诚信建设宣传活动、开展“信用进社区”“信用进企业”等宣传活动。

（王　静）

【社会信用体系建设】2019年，区科技和信息化局编制完成《2019年东城区社会信用体系建设重点工作任务》《2019年东城区社会信用体系建设重点工作任务责任分工》，明确各单位任务职责，经区政府专题会审议通过后向联席会议成员单位下发。完善“东城区信用信息管理服务平台”及“信用中国（北京东城）”，统一网站名称，调整专栏设置，新增标准规范、专项治理、行业信用等16个栏目，并于2019年11月11日正式上线运行。督促开展监测月报，按照《北京市关于报送优化营商环境城市信用监测指标的通知》要求，于每月30日前梳理汇总60家成员单位需填报的14张监测月报表格，按时向北京市报送。

（王　静）

【大数据建设】2019年，区科技和信息化局建立大数据核心部门工作机制，完成大数据支撑平台建设，初步形成跨部门大数据共享共用模式，并指导各部门开展本领域、本行业大数据建设深化设计，推广大数据成果典型应用。落实北京大数据行动计划2019年重点工作任务，开展全区三级目录体系建设，并通过目录链与市级对接。实施大数据支撑云平台扩容，满足大数据平台对云硬件计算和存储方面的需求，支撑全区大数据和云平台应用。

（王　静）

【5G产业建设与应用】2019年，区科技和信息化局协调北京移动、北京联通等移动通信运营商，将王府井街区、南锣鼓巷等特色街区优先纳入5G覆盖计划，推进5G应用落地；联合王府井建管办组织召开东城区5G应用需求调研座谈会4次，搭建运营商与政府部门的联系桥梁，推进双方需求对接，推进东城区5G产业和应用协同发展。制订《东城区关于落实北京市人民政府办公厅印发〈关于加快推进5G基础设施建设的工作方案〉的意见》，加快推进东城区5G基础设施建设。

（王　静）

【政务信息化服务】2019年，区科技和信息化局研发东城区政务人员内部沟通协作云平台，为区政务人员提供安全可靠的内容沟通交流平台。实施大数据支撑云平台扩容，满足大数据平台对云硬件计算和存储方面的需求，用以支撑全区大数据和云平台应用。完成等保三级域项目建设，通过联系属地公安和专业测评机构先后完成网络架构三级备案和等保测评，取得北京测评中心出具的评定报告。改造实名认证系统，对现有服务器充分整合，为系统前台和数据库各扩展出一组冷备机，并且通过人工定期同步方式保持数据库可用性和一致性。

（王　静）

【“数字东城”网站建设】2019年，区科技和信息化局规范网站管理运维，实施政府网站集约化建设，按照《关于贯彻落实政府网站发展指引的实施意见》和北京市信息资源库体系标准实现区级数据与市级信息资源库对接。完成网站快速应急与恢复系统扩容，提升网站及应用系统容错恢复和应急能力，解决政务网站及应用系统数据安全问题及业务连续性问题。

（王　静）

【部门预算信息化项目评审】2019年，区科技和信息化局征集项目202个，申报金额6.1亿元。经多次与申报单位沟通交流，9次专家评审，聘请会计师事务所进行资金评审，最终审定项目140个，审定金额1.92亿元，审减率约为68.56%。

（王　静）

【信息化项目管理】2019年，东城区实现线下申报评审转为线上进行，有效节约资源，提升评审效率。经过9次专题需求讨论，该系统于8月1日正式上线试运行，经2020年部门预算信息化项目评审工作线上运行测试，系统性能稳定，功能良好。针对区运维项目数量多、费用高、绩效不明确等问题，讨论出台全新的运维项目评审方案。

（王　静）

【安全生产检查】2019年，区科技和信息化局组织开展3次安全生产大检查。其中包括核心及汇聚机房、电力电池室、设备间等。重点排查安全隐患、消防器材配备情况及使用规范、用电设备及线路老化情况、机房管理及应急值守情况等。要求发现问题立行立改，层层落实，责任到人。及时清理机房与设备间内杂物，盘点报废老旧设备，定期更换电器和消防设备等，保障全区信息网络安全生产环境稳定。

（王　静）

【软件正版化培训】10月11日，区科技和信息化局召开区国家机关软件正版化工作培训会，邀请北京市使用正版软件工作联席会议办公室、北京市版权产业联盟的专家授课，解读软件正版化政策文件和计算机软件授权规范，对90余家单位的软件正版化工作负责人100余人进行软件正版化相关知识及检查考核培训。

（王　静）

【社会信用体系建设联席会】11月8日，东城区2019年社会信用体系建设联席会召开。会议介绍国家、北京市社会信用体系建设情况，听取各成员单位2019年信用重点工作任务完成情况；区科技和信息化局汇报当前东城区信用工作情况，根据《2019年东城区社会信用体系建设重点工作任务》部署下一步工作安排。东城区社会信用体系建设联席会成员单位（42家委办局、17个街道办）100余人参会。

（王　静）

【优化营商环境】11月11日，东城区信用信息管理服务平台与“信用中国（北京东城）”网站正式上线，为全区信用信息共享提供平台支撑。升级“优化营商环境 东城在行动”专题网站功能，构建部门专题优化营商环境栏目。推进双公示工作，督促各委办局报送双公示内容，根据国家和北京市“双公示”考核评估标准，审核27家区级部门“双公示”台账和目录，调研辅导抽检区级部门3家，通过双公示检查工作。依托紫金服务管家体系，持续加大重点企业走访服务力度，走访联通时科、招通致晟2家“服务包”重点企业，协调解决企业发展中面临的困难问题。完成《街区更新之王府井智慧商街建设研究》，实现王府井商业区转型升级。

（王　静）

12月4日，中共北京市委宣传部软件正版化检查组检查东城区2019年软件正版化工作（陶冶鸣摄）

【软件正版化检查获得通过】12月4日，中共北京市委宣传部软件正版化检查组检查东城区2019年软件正版化工作。检查组听取全区国家机关及卫生健康系统软件正版化工作汇报，现场检查各单位材料，实地抽查建国门街道、区财政局、区教委、区委党校机关单位4家和区卫生健康监督所、区建国门社卫中心、区第一人民医院卫生健康系统单位3家正版化工作。检查组肯定东城区软件正版化工作的常态化管理机制。2019年软件正版化工作检查顺利通过。

（王　静）

信访工作

【概况】东城区信访办公室（简称区信访办），2019年3月，由原中共北京市东城区委北京市东城区人民政府信访办公室更名而来，是东城区受理人民群众来信来访的区政府工作部门，内设综合科、来访接待科、来信办理科、排查调处科、复查复核科、督查宣教科，行政编制22人、实有22人，另有工勤编制1人、实有1人。

2019年，区信访办受理群众来信来访1万余件次，其中来信3818件次，来访6223批、8002人次。发生区级集体访53批、1119人次，发生市级集体访共25批、301人次。受理信访事项复查申请62件，均已办结。

（张　静）

【区领导研究信访工作】2019年，区委、区政府定期在区委常委会和政府常务会上听取信访工作汇报，研判信访形势、调度疑难重点问题。区领导到基层下访、调研39次，接待信访群众26批、43人次，对重点矛盾、信访问题作出批示42次，解决问题8件。

（张　静）

5月24日，东城区开展信访宣传日活动（鹿贻光摄）

【信访宣传】5月25至6月25日，为期1个月的信访条例暨网上信访宣传月活动在全区范围内开展。5月24日，全区统一开展宣传日活动。活动期间张贴信访宣传海报500余张，向群众发放信访宣传折页7000余份。向国家信访局、北京市信访办等上级单位汇报、宣传区信访工作的经验和成效。2019年，在国家信访局主办的《人民信访》杂志上发表文章1篇，国家信访局、北京市信访办微信公众号多次刊登区信访办稿件。

（张　静）

【信访排查及信访联席会】2019年，区信访办开展全面排查2次，针对全国“两会”、中央领导暑期办公、中华人民共和国成立70周年等重大活动开展动态排查5次，排查出矛盾纠纷18件，确定信访重点人103人。对排查出的矛盾纠纷严格按照谁主管、谁负责的原则，明确化解责任和措施。召开信访联席会议4次，解决信访疑难问题3件，公租房指标1件通过区住保联席会议配给。

（张　静）

【重大活动保障】2019年，在保障中华人民共和国成立70周年庆祝活动期间，区信访办会同区委政法委组成5个督导组，对17个街道、3个地区开展督导检查，及时化解矛盾隐患。选派干部参与望坛征收项目、e租宝案，配合工作组现场做群众工作，第一时间化解矛盾。在市委巡视组入驻东城期间，组织人员负责承办巡视期间的信访举报工作，接收巡视组转送信访件337件，均已办结。参与领导调研、保障市委领导下基层检查等各类现场维稳保障任务170余次。

（张　静）

【信访积案化解】2019年，市信访联席办向区交办信访积案297件，区信访办制订下发《关于推进信访积案化解工作的方案》《关于交办信访积案的通知》。会同区纪委区监委、区委政法委联合下发《关于积案化解工作专项监督检查的通知》。信访件297件完成率100%。全年召开信访协调会、专题会65次，到基层带案下访、调研50次，对基层单位电话督办200余次。

（张　静）

【第三方参与信访工作】2019年，区信访办提供法律咨询服务125人次，提供心理咨询服务94人次。开展第三方（律师事务所）参与疑难信访问题评估化解工作，评估拆迁遗留案5件，召开专题研讨会4次，完成案件走访、约谈及评估报告撰写任务。

（张　静）

【信访培训】4月28—29日，区信访办举办2019年信访业务培训班。副区长薛国强出席开班仪式并作动员讲话。全区各委办局、街道办事处、企事业单位信访工作主管领导及信访干部170余人参加。9月6日，举办2019年依法分类处理信访诉求专题培训班。17个街道办事处信访工作主管领导及信访干部100余人参加。9月17日，举办2019年信访工作培训班，全区委办局、街道办事处主管领导和信访干部120余人参加。

（张　静）

调查研究

【概况】东城区人民政府研究室（简称区政府研究室）是承担综合性政策研究和咨询任务的区政府工作部门。区政府研究室内设综合科、调研科。行政编制8人、实有8人。

2019年，围绕全区中心工作和重大任务，开展文稿起草和调研工作。完成政府工作报告、区政府全会、领导重要讲话等文稿近180篇，约57万字。组织召开调研座谈会、专家研讨会及实地走访等各类调研活动26次，加强与北京建筑大学、北京工业大学等相关研究机构的交流，围绕经济社会发展重点、难点开展共生院建设、文化创新融合、区属医院和社区卫生机构联动发展等多项课题研究，形成调研报告3篇，编辑《区长参考》4篇，为区政府决策提供建议和参考，发挥参谋助手作用。

（程　迪）

【重要文稿起草撰写】完成《2019年北京市东城区人民政府工作报告》、《2019年上半年经济社会发展情况和下半年重点工作安排》、区政府主要领导在区政府全会、区政府廉政工作会等重要会议上的讲话稿。牵

10月30日，区政府研究室开展中粮广场商务楼宇升级改造调研（唐志立摄）

头起草高质量发展、雨儿胡同修缮整治提升、停车治理等重要汇报材料。在“不忘初心、牢记使命”主题教育中，起草区政府党组的检视剖析、党性分析、整改方案等材料。

（程　迪）

【课题调研】2019年，坚持首善一流标准，聚焦街区更新难点，加强与高等院校的协作，联合举办城市更新与城市治理研讨会，完成市级重点课题《开展街区更新 推进历史文化街区保护复兴》研究，形成3.4万字的综合研究报告和8000余字的调研文章，并积极推动调研成果转化。

（程　迪）

【服务区域发展】2019年，加强与区政府各部门工作配合，起草区产业政策介绍、深化“接诉即办”工作实施方案等文稿，为区重点工作推进提供智力支持。为市政府研究室提供打造“四全”服务模式、营造高效营商环境的相关区情材料。

（程　迪）

外事及港澳事务

【概况】东城区人民政府外事办公室（简称区政府外办）是区政府负责外事和港澳事务的职能部门。内设综合科、国际交流科、因公出入境管理科。机关行政编制13人、实有13人。

2019年，区政府外办服务中央总体外交和首都外事大局，为第二届“一带一路”国际合作高峰论坛、亚洲文明对话大会、北京世园会等重大国际国事活动提供优质服务保障。接待智利总统及夫人、匈牙利国会常务副主席等党宾国宾团组18批、284人次。与马来西亚砂拉越州古晋南市签署备忘录，国际友城数量增至28个。加强顶层设计和战略谋划，梳理和统筹对外优势资源，形成《东城区国际友城工作情况报告》《东城区对外交流资源报告》《因公出国（境）交流成果报告》。

（刘　颖）

【服务保障中央外交首都外事】1月15日，完成国家主席习近平夫人彭丽媛同芬兰总统夫人豪吉欧欣赏音乐诗会服务保障工作。2月25日，服务保障津巴布韦中央委员、马尼卡兰省委主席迈克尔·马蒂罗率领津巴布韦非洲民族联盟-爱国阵线高级干部考察团一行25人参观考察区交道口街道福祥社区基层党建工作。5月13日，服务保障希腊总统夫人一行5人参观前门步行街、苏绣博物馆。7月1日，服务保障博茨瓦纳民主党干部考察团一行参观考察区交道口街道福祥社区基层党建工作情况，了解区基层党建工作先进做法与特色。7月4日，服务保障奥地利、白俄罗斯、丹麦、韩国等10个国家和地区的北京市国际友城官员汉语培训班代表团一行16人参观区三里河修复改造工程、前门大街。8月17日，服务保障香港特别行政区大屿山少年警讯代表团一行44人访问并参加天乐园大戏楼京剧沙龙活动。9月6日，服务保障匈牙利国会常务副主席玛特劳伊·玛尔道参观红桥市场。10月21日，“中巴青少年文化交流周”暨中巴青少年“一带一路”绘画比赛获奖作品展开幕，活动由京津冀三地友协、东城区政府、首都图书馆与全巴基斯坦中国友好协会共同主办，东城区工美附中、一零九中学22幅学生获奖作品参加绘画展。10月22日，服务保障澳门公务人员联合总会代表团一行10人参观区政务服务中心。11月4日，日中友好协会青年委员会代表团一行18人参观前门三里河修复改造工程。11月14日，服务保障南部非洲政党党建干部部级考察团一行21人到区交道口街道福祥社区考察基层党建。12月5日，服务蔡奇书记会见怡和集团执行主席班哲明·凯瑟克一行。

（刘　颖）

【国际友城交往】3月28日，副区长赵凌云会见马耳他中国友好协会主席雷诺·卡莱亚先生一行4人，双方就共同促进东城区与国际友城马耳他姆迪纳市的友好交往进行会谈。5月28日，副区长刘俊彩会见法国巴黎伊西市尤尼斯库中学代表团一行，希望通过友好校互访，加强不同文化背景孩子的相互了解，开阔两区青少年的国际视野，进一步发展东城区与伊西市的友好交流与合作。6月10日，区长金晖会见希腊维利亚市市长弗利亚季迪斯·科斯坦丁诺斯并签订合作备忘录，就东城区与维利亚市在文化、旅游、经济、城市管理等各领域开展全面合作交换意见，签订《希腊共和国维里亚市和中华人民共和国北京市东城区关于文化、旅游、商贸等领域的谅解和合作备忘录》。6月13日，赵凌云会见欧洲泛用设计联合会主席奥尼·艾哈格女士，表示将进一步加强在历史文化风貌保护、智慧城市规划设计等领域的交流与合作。6月19日，赵凌云会见俄罗斯莫斯科市中央区副区长皮萨仁科·亚历山大一行，就进一步发展两区友好合作提出建议。6月20日，副区长薛国强会见俄罗斯莫斯科市中央区副区长皮萨仁科·亚历山大一行，双方在体育、交通、应急管理等领域的经验做法交换意见。8月2日，赵凌云会见马来西亚砂拉越州古晋南市市长曾长青，就东城区与古晋南市在教育、文化、旅游、经贸、城市管理、社会保障等领域开展交流合作交换意见，共同签署《中华人民共和国北京市东城区与马来西亚砂拉越州古晋南市友好交流备忘录》，古晋南市成为东城区第28个国际友好城市（区）。8月6日，赵凌云会见蒙古乌兰巴托市苏赫巴特尔区副区长史及尔并签订两区友好交流协议，就双方在教育、文化、经贸等领域开展交流合作深入交换意见，正式签订《关于加强教育、文化、经贸等领域交流的协议书》。8月12日，区人大常委会主任吴松元会见东城国际友好区-韩国首尔市中浪区议长曹喜钟一行。8月26日，金晖会见德国柏林市夏洛滕堡-威尔敏斯多夫区区长莱茵哈德·瑙曼，双方就“2019柏林—北京新丝路老爷车拉力赛”终点站仪式举办情况及经贸、文化、友好校互访、姊妹商街交流、社会管理等交换意见。8月26日，金晖会见德中文化交流基金会主席张彧女士一行，探讨中德文化交流中心和中德文化科技产业园项目落地东城。10月24日，赵凌云会见瑞典环境科学研究院副院长奥斯顿·艾肯格林先生一行，希望双方加强交流与合作，助力核心区生态环境建设。11月11日，赵凌云会见德中文化交流基金会主席张彧女士一行，双方就德中科技文化产业园区落户东城进行商谈。

（刘　颖）

【涉外服务与管理】2019年，区政府外办完善涉外应急工作方案和流程，开展全区涉外风险隐患排查与管控，与相关部门加强协作，做好重要节点和重大活动期间全区涉外维稳工作。妥善处理法国、美国、蒙古、瑞典籍精神病人等16起涉外突发事件。强化涉外服务意识，配合完成外媒集体采访孔庙、77文创园等工作。完成16家驻区企业、22人次APEC商务旅行卡办理和毕马威、德勤等驻区企业外国人来华材料审核工作。举办涉外情景对话及涉外突发事件处置培训会、第九期高级英语培训班、红桥市场行业英语培训、小语种专项培训等，继续完善全区外语人才库队伍和市民讲外语活动点建设，对王府井、簋街等地区进行英语标识校对核查并督促整改。

（刘　颖）

【因公出国（境）管理】2019年，区政府外办科学统筹制订全区因公出国（境）计划，切实遵守外事纪律和各项规定，从严从实安排出访任务。全年完成因公出国及赴港澳团组117个、394人次（党政干部团组出访30个、71人次，其中自组团11个、52人次；随北京市团组19个、19人次），同比2018年出访团组和人次分别减少11.4%和4.4%。规范党政机关干部因公出国（境）经费审批及监督管理，建立覆盖全区的因公护照收缴网络管理系统，加强外事政策、法规和纪律的宣讲，全年未发生任何外事违规违纪问题。

（刘　颖）

10月21日，“中国巴基斯坦青少年文化交流周”暨中巴青少年“一带一路”绘画比赛获奖作品展开幕（宋羽琴摄）

国内合作交流

【概况】东城区对外联络服务办公室（简称区外联办）是负责全区对外联系服务工作的区政府工作部门，承担联系服务驻区中央单位、外省市驻京办事机构的综合协调服务和日常联系交流；组织并参与实施东城区扶贫协作和支援合作工作；组织协调东城区与国内友好市区的友好交流。根据3月22日区机构改革工作领导小组会议审议，区委办、区政府办印发《关于北京市东城区对外联络服务办公室加挂牌子的通知》（京东办字〔2019〕45号），批准区外联办加挂“区扶贫支援办”牌子。全区有驻区中央国家机关26家，外省市驻京办事机构40家，对口帮扶协作地区5个，国内友好城区53个。外联办内设综合科、对外联络科、对口帮扶和区域合作科。行政编制13人、实有11人。

2019年，发动全区力量，全方位推进与张家口市崇礼区、兴安盟阿尔山市和乌兰察布市化德县、拉萨市当雄县、十堰市郧阳区的脱贫攻坚，及与怀柔区低收入农户帮扶工作，推动实现一县一策一方案和一县一品，以产业扶贫、消费扶贫、致富带头人培养为抓手，助力打赢脱贫攻坚战，在北京市扶贫协作和支援合作考核中东城区获评“好”等次。主动融入首都发展大局，在全市率先出台全面提升“四个服务”工作指导意见，与驻区中央单位主动加强对接、做好精准服务，为央地协同共建构筑良好发展环境，服务中央单位工作考评始终居于北京市前列。

（单洁萍）

【共驻共建活动】4月4日，东城区开展2019年首都义务植树日活动。最高法机关、公安部机关、人社部机关服务中心、国家文物局机关服务中心等驻区中央国家机关代表出席活动，与驻区各部队领导和战士、全国先进工作者、全国劳模以及区绿委成员、最美家庭、社区青年汇、小学生等各界代表300余人一同植树增绿，区领导夏林茂、吴松元、宋铁健等出席活动。4月16日，第五届外联杯乒乓球邀请赛暨第十三届和谐杯乒乓球比赛启动，最高人民法院领导，市有关部门负责人，区领导夏林茂、金晖等参加启动仪式，驻区中央企事业单位及外省市驻京办事机构20余家单位组队参赛。10月18日，东城区第五届行走健康徒步大会在龙潭公园举行，邀请最高人民法院机关党委、人力资源和社会保障部机关服务中心党委、文化和旅游部机关服务局党委等中央单位有关负责人，区有关领导出席。12月30日，东城区举办2020新年音乐会，驻区中央和北京市机关、事业单位领导，驻区部队领导及官兵代表，区四套班子领导与东城区各界代表近1000人参加。区领导吴松元发表新年致辞。

（单洁萍）

【服务驻区中央单位】2019年，建立常态化沟通交流机制，落实区领导走访中央单位制度，推动区级层面对中央单位一对一走访交流，推动全区联系服务中央单位制度化、常态化。聚焦精准服务，发挥各成员单位联络员作用，响应中央单位日常服务需求，推动一般事务性服务需求事项即接即办。以扶贫协作为突破口，推动央地共建合作，探索携手中央单位建立脱贫攻坚共帮机制。民政部助力当雄县脱贫攻坚，动员中华慈善总会、中国社会福利基金会等社会组织对当雄县实施精准扶贫，已在医疗卫生、社会救助、职业培训、产业扶贫等方面提供支持，捐赠款物近1000万元。民建中央协同中华思源工程扶贫基金会、芭莎公益慈善基金向东城区扶贫支援及区域合作地区81所基层医院捐赠救护车100辆。人力社保部支持东城区在京务工人员之家项目，推动该项目入选2019年人社扶贫典型案例。国家林业和草原局在生态护林员、退耕还林还草、森林抚育等方面给予有关受援地区政策倾斜支持；国家民航总局为阿尔山市增开旅游旺季的航线，力争输送更多客源。

（单洁萍）

4月4日，驻东城区中央单位代表与东城区领导和各界群众参加2019年首都义务植树日活动（区外联办提供）

【对口帮扶协作】2019年，全方位推进与河北省张家口市崇礼区、内蒙古自治区兴安盟阿尔山市、内蒙古自治区乌兰察布市化德县、西藏自治区拉萨市当雄县、湖北省十堰市郧阳区的扶贫协作和支援合作，东城区委、区政府先后召开8次会议研究部署，主要领导、分管领导13人次到受援地区调研对接，主要领导调研深入贫困户和项目现场。投入区财政援助资金2636.44万元用于开展32个帮扶项目，出台《东城区扶贫协作和支援合作工作财政援助资金项目管理办法》，落实旬调度、月分析、季报告项目推进机制，确保资金项目取得实效。向受援地区捐赠款物908.58万元。引导企业28家到受援地区投资16.16亿元，带动贫困人口3262人脱贫，消费扶贫累计销售特色产品3487.76万元，惠及贫困人口1518人。

选派干部12人、专业技术人才64人赴受援地区挂职锻炼；为贫困人口1674人开展职业技能培训，引导就业6185人。组织街道社区与24家乡镇、24个贫困村结对共建；组织企业与51个贫困村签署共建协议；组织社会组织与14个贫困村结对；组织学校、医院与32家学校、14家医院结对共建；为致富能手461人举办培训，带动贫困人口4837人。构建扶贫大格局，动员民政部、人力社保部、国家林草局、国家民航局、民建中央等单位参与东城区扶贫协作工作。经双方共同努力，东城区结对帮扶的5个地区均已退出国家级贫困县序列，顺利脱贫摘帽。

（宋　毅）

【京冀对口帮扶】5月13日，区长金晖带队赴张家口市崇礼区调研对接，慰问贫困户1户。投入区财政援助资金720万元用于开展帮扶项目7个。向崇礼区捐赠款物444.11万元。引导企业到崇礼区投资12.05亿元，消费扶贫累计销售特色产品706.76万元。选派干部3人、专业技术人才30人赴崇礼区挂职锻炼。深化结对帮扶，组织街道社区与10家乡镇、5个贫困村结对共建；组织企业与22个贫困村签署共建协议；组织社会组织与4个贫困村结对；组织学校、医院分别与9家学校、5家医院结对共建；为致富能手247人举办培训。在崇礼区建立种植养殖等类型劳务实训基地6个；举办职业技能培训班6期，培训贫困人口702人；召开专场招聘会2场，提供就业岗位4000余个；入东城区对口帮扶地区在京务工人员之家100余人，帮助崇礼区贫困人口4757人就业。经双方共同努力，崇礼区已于2019年脱贫摘帽。

（宋　毅）

【北京内蒙古对口帮扶】5月12—13日，区长金晖带队赴化德县调研对接，慰问贫困户1户。投入区财政援助资金1172.47万元用于开展帮扶项目17个。向化德县捐赠款物157.23万元。产业合作方面，引导企业到化德县投资3.80亿元，消费扶贫累计销售特色产品2667万元。选派干部2人、专业技术人才19人赴化德县挂职锻炼。为贫困人口957人开展职业技能培训，引导就业1374人，召开专场招聘会3场，提供就业岗位5000个，入东城区对口帮扶地区在京务工人员之家100余人。深化结对帮扶，组织街道社区与6家乡镇、10个贫困村结对共建；组织企业与24个贫困村签署共建协议；组织社会组织与8个贫困村结对；组织学校、医院分别与17家学校、6家医院结对共建；培训致富能手192人。与国家林草局召开四方会议，为化德县等受援地区在生态护林员、退耕还林还草、森林抚育等政策方面给予指导支持；民建中央协调下属中华思源工程扶贫基金会向化德县基层医疗卫生机构捐赠救护车6辆、价值42万元。8月1—4日，区长金晖带队赴阿尔山市调研，慰问贫困户1户。投入区财政援助资金743.96万元用于开展帮扶项目8个。向阿尔山市捐赠款物307.24万元。引导企业到阿尔山市投资0.32亿元，消费扶贫累计销售特色产品114万元。选派干部2人、专业技术人才15人赴阿尔山市挂职锻炼。为贫困人口15人开展职业技能培训，引导就业54人；召开专场招聘会2场，提供就业岗位2200个；入东城区对口帮扶地区在京务工人员之家100余人。深化结对帮扶，组织街道社区与8家乡镇、9个贫困村结对共建；组织企业与5个贫困村签署共建协议；组织社会组织与2个贫困村结对；组织学校、医院分别与6家学校、3家医院结对共建；为致富能手22人举办培训。与国家林草局召开四方会议，为阿尔山市等受援地区在生态护林员、退耕还林还草、森林抚育等政策方面给予指导支持；协调国家民航局拟为阿尔山市增开旅游旺季航线；民建中央协调下属中华思源工程扶贫基金会向阿尔山市基层医疗卫生机构捐赠救护车4辆、价值28万元。经双方共同努力，化德县、阿尔山市已于2019年脱贫摘帽。

（宋　毅）

【京藏对口支援】8月22—25日，区长金晖带队赴当雄县调研，慰问贫困户1户。投入区财政援助资金400万元用于开展帮扶项目。向当雄县捐赠款物119万元。引导企业到当雄县总投资约1.8亿元，消费扶贫累计销售受援地区特色产品约200万元，直接或间接带动建档立卡贫困人口近6000人。派出政府机关干部4人、区属企业干部1人、东城区医疗人员5人以及首农集团农畜专业干部1人赴当雄县挂职锻炼；培训当雄县党政干部11人次；组织当雄县处级党政干部2人次，到京参加东城区委党校主体班跟班学习1个月。为致富能手22人举办培训。深化结对帮扶，东城区组织8家街道与当雄县6乡2镇结对，实现街道乡镇结对全覆盖；组织26家企业、商会参与万企帮万村精准扶贫行动，与当雄县29个贫困村签署共建协议，实现贫困村结对全覆盖；深化校际结对共建，选派教师赴当雄县开展交流，接收当雄县干部教师50人进京学习。开展卫生专业技术讲座14次，门诊诊疗376人次。构建扶贫大格局，民政部将当雄县作为部长蹲点调研联系点，开展精准扶贫。与民建中央对接，协调中华思源工程扶贫基金会向当雄县捐赠救护车9辆，价值63万元。经双方共同努力，当雄县已于2018年脱贫摘帽。

（宋　毅）

综合服务

【概况】东城区人民政府办公室（简称区政府办）是协助区领导处理区政府日常工作的政府工作部门。设综合科、文书科、秘书科、信息科、办信科、联络科、协办科、区政府值班室、决策督查科、专项督查科、东城区政府绩效管理办公室、党群工作办公室、人事科13个科室，行政编制64人、实有62人。

2019年，以“不忘初心、牢记使命”主题教育为重点，以规范支部各项工作为抓手，提升党组织建设水平，做好区政府党组、区政府办党组的服务保障。提高信息刊物质量，发挥上情下达、下情上达平台作用，准确传达区领导重要部署要求、全区重点工作开展和各单位工作推进落实情况。通过制订年度议题计划、落实“周二无会日”制度、严格会议报批、强化现场调研等多项举措，压减会议数量，提高会议效率和质量。规范公文流转工作流程，提高公文办理效率质量。做好政务值班和区领导联络服务保障，组织安排重点工作调研、走访慰问等活动。做好市区重要实事项目、政府工作报告重点工作督查工作；加大税源建设、大气污染防治等重点领域专项督查力度；提高政府绩效管理水平，聚焦基层减负，优化考评方式，组织完成区政府年度绩效考评各项工作。做好议案、建议和提案办理工作，加强信件督办，完善办信工作流程。

（郑亚男）

【党务工作】2019年，区政府办成立党群工作办公室，起草制订区政府党组从严治党主体责任清单、理论中心组学习计划，服务保障区政府党组开展“不忘初心、牢记使命”主题教育；强化政府办党组服务工作，完成党总支委员补选，开展党组织活动、周末卫生大扫除20余次，组织党员参加国庆群众联欢活动。

（郑亚男）

【信息工作】2019年，累计编发《东城手机报》250期；《昨日区情》普刊262期，《东城政务舆情》普刊280期，区领导批示166条；向市政府办公厅信息处报送政务信息360余条，被《昨日市情》采用121条、特刊采用7篇，市领导批示6条。

（郑亚男）

【会务工作】坚持年初征集议题、每月催报、合并开会、严格报批、控制时长、控制规模、主动对接沟通等措施，增强会议统筹力度，压减会议数量，提升会议效率和质量，为区政府依法科学民主决策提供有力保障。2019年，累计办理区政府各类会议149次，安排上会议题278个。

（郑亚男）

【公文流转】做好公文各环节的管理与衔接，实现公文接收、批办、催办、反馈闭环管理，完成档案收集、整理、上架及电子归档。2019年，累计制发公文1323件，办理流转各类公文1.09万件，催办公文1154件，办结率100%。

（郑亚男）

【政务值班和领导联络】2019年，区政府办完成春节、全国“两会”、中非合作论坛、国庆等节假日和重要时期的值班值守，围绕优化营商环境、重点工程建设、民生保障等重点工作安排区政府领导调研活动1500余次。

（郑亚男）

【政府督查】2019年，督查东城区主责的市政府工作报告分工方案、市重要实事项目及区政府工作报告重点工作、区实事项目完成情况；围绕税源建设、大气污染防治等重点工作，加大专项督查力度，累计现场督查约160人次；提高政府绩效准入门槛、严审纳入依据、精选考评重点，区政府部门绩效考评专项任务由55项精简为31项，街道办事处绩效考评专项任务由57项精简为28项。

（郑亚男）

【议案建议提案办理】2019年，办理全国政协提案2件，北京市人大代表建议25件、政协提案25件，区人大代表议案和建议148件、政协提案215件，建议提案办结率和代表委员见面率做到“双100%”，建议提案解决率和代表委员满意率做到“双提升”。

（郑亚男）

【办信工作】提高群众来信办理质量和效率，优化办信工作流程，明确办理时限，及时将问题化解在萌芽状态。2019年，接收信件1506件，办结率98.5%，区领导批示信件173件。

（郑亚男）

机关事务管理

【概况】东城区机关事务管理服务中心（简称区管理中心）是区直属正处级事业单位，经费全额拨款，工资纳入公务员规范管理。承担区委、区人大、区政府、区政协机关及部分行政事业单位的机关事务管理及服务保障工作。内设办公室、人事科、财务科、国有资产监督管理科、基建科、办公用房管理科、公共机构节能监督管理科、安全综合科、车辆管理科、综合服务科、膳食科、接待科、管理一科、管理二科、管理三科、管理四科、管理五科17个科室，编制83人、实有79人。下辖1个差额拨款事业单位东城区人民政府机关服务中心，编制40人、实有33人。

2019年，以满足机关干部职工服务需求为出发点和落脚点，加强集中统一管理和标准化、信息化建设，以中华人民共和国成立70周年庆祝活动服务保障为主线，保障12个食堂机关干部职工近5000人就餐、加值班餐160余万次。落实垃圾分类要求，联合中华环境保护基金会开展垃圾分类宣传讲座，张贴垃圾分类宣传海报120余张，配置标志清晰的垃圾桶240余个。保障科级及以下在职、退休干部职工、非编人员体检965人次。医疗保健站开通线上支付功能，提升就医缴费工作效率，全年完成门诊诊疗2330余人次、健康咨询810余人次、理疗60人次，组织12家单位共20人义务献血。完成各项会议接待工作3380余次，接待人数17万余人。接转电话23万余次。开展机关卫生检查800余次，全面卫生清洁12次。收回旧家具及调整办公家具900余件次，日常维修更换3200余件次。提供美发服务3360余人次，清洗衣物1.42万件，印制文件179万印，保障办公用品230.62万元，收发室日均发放报刊1.4万余份。

（刘瑞杰）

【完成疏解整治任务】2019年，落实区属行政事业单位房产清理专项行动要求，依照合同日期、难易程度、任务数量对年度目标进行分解，细化每周、每月、每季度清理计划，对难度大、人口集中的房产进行逐一走访，实地摸排出租出借房产30余处，协调解决存在困难。全年累计清理房产27处，疏解人口239人，全面完成全年目标任务。

（刘瑞杰）

【公务用车管理】2019年，统计汇总全区各党政机关、事业单位新购置车辆信息，完成112台公务车辆终端设备安装工作，安装率95%，设备正常上线运行率100%，达到车辆静动态监管效果。持续巩固公车改革成果，按照全覆盖安装、全时段监控、全过程留痕原则，推进公务用车终端监控管理平台组建，完成设备安装工作。

（刘瑞杰）

【财政资金管理】2019年，区管理中心完成42家财务代管单位2018年度财务决算工作，2018年全年收入9.18亿元，支出7.54亿元，结余1.77亿元。科学编制2020年预算，全年收入6.51亿元，其中基本预算2.02亿元，项目预算4.49亿元。配合区审计部门和巡察组完成7个批次的审计工作。

（刘瑞杰）

【国有资产管理】2019年，审批审核处置资产233批次1.67万件，涉及金额1.03亿元。加强大学生宿舍管理，全年安置入住74人，全面检查宿舍安全5次，部分抽查6次；与19家行政事业单位对接，接收拓展房源，完成152套自管住宅类房产信息核对汇总。

（刘瑞杰）

【基建工程管理】2019年，区管理中心完成东城区档案馆（北馆）改造、东城分局看守所院区地下管网改造、1号院办公楼中央空调整体改造及天坛街道办事处新址改造等4项重点工程施工，完成日常零星修缮项目101项。按期推进东花市街道办事处办公楼抗震加固及节能改造工程、龙潭路10号消防安全改造及房屋改造工程。绩效考评项目9个，针对绩效评价组提出的问题建议，制订整改措施6项。

（刘瑞杰）

【公共机构节能管理】2019年，推进幸福大街32号院空调系统节能诊断工作，提出诊断建议和改造方案，测试该地厨房风道系统问题，并提出解决方案。推进金宝街52号院节能监测系统调试和运行工作，全面整改联网、热力监控、三维模型图等。联合节水办、区发改委共同开展全国节能宣传活动，推动机关人员形成崇尚节约和低碳环保的社会风尚。

（刘瑞杰）

【安全管理】2019年，区管理中心组织75家委办单位、18个科室签订安全责任书，明确安全责任及责任人，压实安全责任。对区政府集中办公区进行电气火灾报警系统改造，升级改造监控、消防系统，安装高清摄像机308台，消除监控盲区。劝解疏导门前上访群众2454人次，成功处置极端上访、群体上访事件，将不良影响降到最低。全年完成大型活动及施工值勤保障任务80余次，出动安保人员550余人次，疏导车辆1.6万余台次。全年安全检查12次，监控维保巡查228次，消防维保巡查234次，对16处院落进行电消检，出具检查报告，制订整改措施，及时消除隐患，确保院落安全。

（刘瑞杰）

【第十届岗位技能竞赛】2月，区管理中心开展第十届岗位技能竞赛，分预赛和决赛两部分，设置安全保卫、车辆维修、膳食、综合服务、接待礼仪五类11个项目，职工200余人参与。

（刘瑞杰）

东城区人民政府领导人员

区　长　金　晖（女，1月任）

副区长　邹劲松（4月任）　张立新（女）　陈献森　葛俊凯（12月免）

赵凌云（女）　薛国强　刘俊彩（女）　王冬斌

刘亚光（挂职，11月免）

东城区人民政府系统工作机构负责人

政府办公室主任 王　森

发展和改革委员会主任 刘　健（女）

教育委员会主任 周玉玲（女）

政府教育督导室主任 付　癸（女，3月免）

周玉玲（女，3月任，兼）

科技和信息化局（区大数据管理局）局长

孙占军（3月免科学技术委员会主任） 谢霄鹏（3月任）

民族宗教事务办公室主任 雷新隆（畲族）

民政局局长 李小洁（女）

财政局局长 崔燕生

人力资源和社会保障局局长 王佑明

市规划和自然资源委员会东城分局局长 邵　培（6月任）

生态环境局局长

董险峰（3月任，3月免环境保护局局长）

住房和城市建设委员会主任

高崇耀（3月免）

张晓峰（3月任，3月免房屋管理局局长）

城市管理委员会（城市环境建设委员会办公室、交通委员会、水务局）主任（局长）

韩卫国（8月免城市综合管理委员会主任、城市建设委员会办公室主任、区交通委员会主任）

陈大鹏（8月任）

商务局局长

王万青（3月任，3月免旅游发展委员会主任）

文化和旅游局局长

李伟东（3月免文化委员会主任）

李雪敏（女，3月任，3月免商务委员会主任）

卫生健康委员会主任

林　杉（3月免卫生和计划生育委员会主任）

王建辉（4月任）

退役军人事务局局长 邢　磊（6月任）

应急管理局局长

陈　君（3月任，3月免安全生产监督管理局局长）

市场监督管理局局长 韩　非（3月任）

审计局局长 侯立华（女）

外事办公室主任

谢霄鹏（3月免区政府外事侨务办公室主任）

王　昕（女，3月任，11月免）

周桂芳（女，11月任）

国有资产监督管理委员会主任 白京涛

体育局局长 耿学森

统计局局长 杨　峰

经济社会调查队队长 孙书振（10月免）

园林绿化局局长 梁成才（3月免） 高崇耀（3月任）

金融服务办公室主任

于锋池（3月免金融服务办公室主任、产业和投资促进局局长）

贾　邦（3月任）

政务服务管理局局长

关　波（满族，3月任，3月免政务服务管理办公室主任）

信访办公室主任

邱宏庆（3月任，3月免区委、区政府信访办公室主任）

对外联络服务办公室主任 武　鸿

政府研究室主任 吴　笛（满族）

医疗保障局局长 林　杉（3月任）

台湾事务办公室主任 王宝祥

国家税务总局东城区税务局局长 赵增科

国家安全局东城分局局长 姜志成

中关村科技园区东城园管理委员会主任 空　缺

区王府井地区管理办公室主任

葛俊凯（兼，12月免市王府井地区建设管理办公室主任）

吕　绘（女，11月任）

北京站地区管理委员会主任 薛国强（兼）

城市管理综合行政执法局局长

吴志辉（8月任，8月免城市管理综合行政执法监察局局长）

网格化服务管理中心主任 张　伟

防范和处理邪教问题办公室主任 王　磊（回族，3月免）

区前门大街管理委员会主任

李卫华（11月任，11月免市前门大街管理委员会主任）

东二环交通商务区建设管理办公室主任

杨　桦（11月免）

行政学院院长 金　晖（女，兼）

档案馆馆长

胡家文（11月免，3月免档案局局长）

李利平（女，11月任）

地方志编纂委员会办公室主任 彭积冬

机关事务管理服务中心主任

张春燕（女，5月免） 杨海明（5月任）

环境卫生服务中心主任 李勇泉

房屋征收事务中心主任 刘志刚

国家统计局东城调查队队长 空　缺

烟草专卖局局长 李　梅（女）

中国人民政治协商会议北京市东城区委员会

1月7日，中国人民政治协商会议北京市东城区第十四届委员会第三次会议召开（区政协提供）

综 述

2019年，区政协把握团结、民主两大主题，依靠和团结带领全体政协委员，围绕中心，服务大局，全面履行政治协商、民主监督、参政议政职能。

重点工作。开展“不忘初心、牢记使命”主题教育活动，牢牢把握守初心、担使命，找差距、抓落实的总要求，提前预热、周密部署，把学习教育、调查研究、检视问题、整改落实贯穿全过程。坚持开门搞教育、成立委员检视团，推动政协党的建设，做到规定动作不走样、自选动作有创新。坚持“两手抓”，把开展主题教育与做好国庆服务保障、学习贯彻中央和市委政协工作会议精神等中心工作结合起来，以实际行动践行初心使命，激发干事创业的精气神，推动政协工作高质量发展。围绕中华人民共和国成立70周年庆祝活动，组织委员18人参加民主法治方阵群众游行，建立临时党支部，召开座谈会、动员会，统一思想行动。班子成员深入街道社区指导服务保障工作，区政协系统100余人圆满完成群众联欢、观礼及服务保障任务。

政治协商。围绕“优化商务楼宇营商环境”“细化‘共生院’模式，构建老胡同与现代生活融合方式”“东城区历史文化发掘与展示”，召开专题议政性常委会议和主席会议，向区委、区政府报送建议案，得到区委、区政府高度重视并由相关部门推动落实。在三次全会期间，举办“以中轴线申遗为契机，做好东城区历史文化发掘展示”联组议政会，区委主要领导出席，充分肯定委员对东城文化建设工作做出的贡献。高标准完成北京市政协“全面落实总体规划，加强老城保护与有机更新”议政会分会场组织工作，按期保质完成“深化党建引领‘吹哨报到’改革”北京市政协分调研，得到市政协高度肯定。

民主监督。围绕做好“四个服务”、推动经济高质量发展、建设精致东城等全区重点工作，开展多层次、广范围的监督性调研视察；围绕群众关心的热点问题，开展经常性监督。各民主监督组围绕食品安全、医联体建设、花园东城建设、财政预算执行情况等开展专项民主监督活动，提出意见建议，推动惠民政策落实。

参政议政。召开提案工作座谈会，完善主席会议成员领衔督办重点提案制度，围绕“城市精细化治理”“停车管理”等重点提案开展督办，组织“微视察”“微协商”“微培训”等举措，提案办理关注民生改善。建立社情民意信息定期通报等制度，充实特邀信息员队伍，引导委员提供有份量、有质量的社情民意信息，社情民意信息回应民生关切。委员们发挥专业优势，参与制作大型人文专题纪录片《70年，古都新韵》，深受观众欢迎。响应区委关于宝华里危改项目搬迁收尾工作部署，完成第一个成套住宅楼腾退。鼓励引导委员扶贫助困办好民生实事，全年委员80余人在精准扶贫、困难群体帮扶及爱心公益等活动中捐款捐物达2000万余元。

（杨林泽）

7月27日，区政协委员参与庆祝中华人民共和国成立70周年方阵游行活动训练（刘璐摄）

重要会议

【十四届委员会第三次全体会议】 1月7—10日，政协北京市东城区第十四届委员会第三次会议在北京国际会议中心举行，区政协副主席李铁生主持。区政协主席宋铁健作区政协十三届委员会常务委员会工作报告，副主席毕博闻作关于十三届区政协提案工作情况的报告，参会区政协委员列席区人民代表大会会议，听取并讨论《东城区人民政府工作报告》《关于东城区2018年国民经济和社会发展计划执行情况和2019年国民经济和社会发展计划（草案）的报告》《关于东城区2018年财政预算执行情况和2019年财政预算（草案）的报告》《东城区人民法院工作报告》《东城区人民检察院工作报告》。举办大会发言和联组议政会，听取提案委员会关于第十四届委员会第三次会议期间提案审查情况报告，审议并通过《中国人民政治协商会议北京市东城区委员会第十四届委员会第三次会议决议》。补选政协北京市东城区第十四届委员会副主席1人。闭幕式上区委书记夏林茂作重要讲话，宋铁健作表态发言。市政协秘书长严力强，区领导金晖、吴松元出席。

（杨林泽）

【主席会议】2019年，区政协召开主席会议6次。通过《中国人民政治协商会议北京市东城区第十四届委员会关于主席、副主席、秘书长联系界别的分工（草案）》《中国人民政治协商会议北京市东城区第十四届委员会关于主席、副主席、秘书长工作分工调整的决定（草案）》《东城区政协2019年“同心筑梦 共庆辉煌”专题议政会暨中秋联谊活动方案（草案）》《中国人民政治协商会议北京市东城区第十四届委员会关于表彰2019年度优秀提案的决定（草案）》；《中国人民政治协商会议北京市东城区第十四届委员会关于表彰2019年度社情民意信息工作先进单位的决定（草案）》《中国人民政治协商会议北京市东城区第十四届委员会关于表彰2019年度优秀社情民意信息工作者的决定（草案）》；研究确定主席、副主席、秘书长督办重点提案有关事宜；听取《中共政协北京市东城区第十四届委员会党组成员工作分工》的通报和区政协信息化建设筹备情况的汇报。主席会议成员围绕《关于细化“共生院”模式，构建老胡同与现代生活融合方式的建议案》进行专题视察，实地察看雨儿胡同30号、25号、20号、14号院修缮整治提升工作情况。

（杨林泽）

表9　2019年东城区政协常委会一览表

时　间	会　次	议　题
1月9日	第13次	听取各组讨论区政协两个报告、区政府工作报告，人事事项和推选监票人情况汇报；审议通过区政协有关人事事项，《中国人民政治协商会议北京市东城区第十四届委员会第三次会议总监票人、副总监票人、监票人名单（草案）》《中国人民政治协商会议北京市东城区第十四届委员会提案委员会关于第三次会议期间提案审查情况的报告（草案）》《中国人民政治协商会议北京市东城区第十四届委员会第三次会议决议（草案）》《中国人民政治协商会议北京市东城区第十四届委员会常务委员会2019年工作要点（草案）》
5月10日	第14次	传达学习北京市政协第九次常委会议精神；通报东城区经济形势，审议通过《东城区持续优化商务楼宇营商环境的建议案（草案）》《中国人民政治协商会议北京市东城区第十四届委员会常务委员会关于专门委员会调整的决定（草案）》《中国人民政治协商会议北京市东城区第十四届委员会常务委员会关于调整专门委员会主任、副主任的决定（草案）》和相关人事事项
11月7日	第15次	实地调研雨儿胡同30号院、24号院、25号院、20号院修缮整治提升及“共生院”改造情况。审议通过《关于东城区历史文化发掘展示工作情况跟踪调研的建议案（草案）》和区政协机关人事事项
12月25日	第16次	听取区政府关于2020年重点工作任务、办理区政协2019年提案工作情况和建议案落实情况的通报；听取区委统战部关于调整部分区政协委员所在界别的通报；审议通过关于召开区政协十四届三次会议的决定和常委会工作报告、提案工作报告等有关文件，审议通过有关人事事项

（杨林泽）

4月11日，区政协组织委员调研雨儿胡同“共生院”建设工作（刘璐摄）

通报等制度，充实特邀信息员队伍，引导委员提供有份量、有质量的社情民意信息。2019年收集信息970余篇，编报290余篇，有效发挥直通车作用。关于网约车合规化、稳定生猪生产、对境外“涉独”企业实施制裁等3篇信息被全国政协采用，关于垃圾分类等14篇信息被市政协采用、3篇被市委市政府采用，5篇得到市级领导批示。关于“共生院”建设、精细化管理、胡同停车治理等信息得到区委区政府领导批示12人次，助推相关工作开展。2019年信息采用数量在各区中保持领先。

（杨林泽）

参政议政

【专题调研】2019年，开展优化商务楼宇营商环境专题调研，组织经济、科技、工商联、民建等界别共同开展调研走访和委员沙龙、协商恳谈会等活动，形成调研报告及建议案，助推区域营商环境改善；对2018年建议案持续开展跟踪调研，形成《关于东城区历史文化发掘展示工作情况跟踪调研报告》及建议案，为科学决策提供依据；围绕细化“共生院”模式，构建老胡同与现代生活融合方式开展调研，吸收市规自委、故宫博物院古建部等专家学者全程参与，提出建立保护修缮机制、推动“活化传承”等八方面建议，得到区委区政府重视，并由相关部门推动落实，彰显协商民主优势和凝聚共识职能；组织实施市政协“深化党建引领‘吹哨报到’改革”分调研，通过组织实地调研、专题访谈活动，查找基层党建存在的主要问题，以重点把握“向党建引领深化”的具体路径和措施为着力点，提出推动“双报到”常态化、加强党对物业管理工作的领导等四方面12条建议，调研报告获市政协肯定。

（杨林泽）

【提案建议】2019年，区各民主党派、人民团体和政协委员提案272件，立案247件，立案率90.8%。其中党派团体提案21件，界别提案3件，会议小组提案1件，委员提案222件。内容涉及全区经济、政治、文化、社会和生态文明建设等方面。所有提案全部按期办结，办复率100%。委员对办理结果表示满意和非常满意的占98.8%。提案建议被采纳、问题得到解决的216件，占提案总数87.4%。

（杨林泽）

【社情民意】建立社情民意信息定期

民主监督

【监督视察】3月11日，区政协委员走访北京兆如健康科技有限公司董事长，就企业在京蒙扶贫中开展职业技能培训事项进行会商。3月29日，召开全体会议，通报全年工作安排。5月22日，走访区政协委员北京市中闻律师事务所律师，围绕组

7月4日，区政协委员视察望坛棚改项目（刘璐摄）

织开展律师参与基层社会治理对口协商议题进行座谈。8月30日，到东城区检察院就公益诉讼检察工作情况开展专题调研。11月21日，召开专委会工作总结会。

（杨林泽）

【民主监督小组】2019年，围绕做好“四个服务”、推动经济高质量发展、建设“精致东城”等全区重点工作，开展多层次、广范围的监督性调研视察；围绕“接诉即办”、老旧小区物业管理、垃圾分类、居家养老、学前教育三年行动计划、律师参与基层治理等热点问题，开展经常性监督。各民主监督组围绕食品安全、医联体建设、花园东城建设、财政预算执行情况等积极开展专项民主监督活动，提出了许多具有针对性、专业性的意见建议，推动惠民政策的落实。

（杨林泽）

委员活动

【界别活动】2月26日，工会界别在东城区工人文化宫举办“建功新时代 拼搏展风采”——2019年东城区总工会庆三八国际劳动妇女节女职工文化体验大讲堂活动。3月8日，医药卫生界别举办健康知识讲座。邀请区政协常委、北京协和医院主任医师、妇产科主任开展“关于正确认知HPV及选择疫苗”专题讲座。3月6日，妇联界别组织委员参观视察草厂四条、七条、八条胡同环境整治情况，并慰问社区守望岗志愿者和社区基层妇女工作者。4月29日，召开党派界别工作会。5月9日，政协委员建国门街道活动小组开展5G体验参观活动。5月30日，科技界别和科协联合组织活动庆祝第三个全国科技工作者日。

（杨林泽）

【街道活动小组】建立委员联系社区、与社区书记结对子等机制，为委员深入基层畅通渠道、搭建平台。委员们利用专业优势，为风貌保护、共生院建设、胡同物业管理等献计出力，为群众提供教育、医疗、法律等专业化服务。2019年，组织开展委员街道小组活动89次，270余人参加。

（杨林泽）

【工作交流】2019年，参与北京市政协领导带队到东城区调研7次，接待上海、重庆、天津、江苏、安徽、内蒙古、辽宁、福建、湖北、江西、重庆等省、市、区政协到东城区政协学习交流100余人次。区政协主席、副主席分别带队赴西城区、房山区、昌平区政协学习交流政协工作。

（杨林泽）

中国人民政治协商会议
北京市东城区第十四届委员会常务委员会组成人员

主　席　宋铁健

副主席　李铁生　颜　华（女）　毕博闻　杜　娟（女）　姚卫海　朱岩石　肖　燚

秘书长　赵茂杰

常务委员（以姓氏笔画为序）

于鸿雁	马水清	马宝刚	王宝祥	王富国	石广志	叶晓溪
闪增宏	任继霞（女）	刘志刚	许睢宁	苏　平	李　辉（女）	李　辉（女）
李小康	李拥军	李建安	李晓光	李照宏	杨　壮	杨　菲（女）
杨金魁	吴志辉	吴国清	余晓辉（女）	沉　浮	宋东方（女）	张　东
张　伟（女）	张　玮	张　威（女）	张　瑾（女）	张小梅（女）	张晓娟（女）	陈　芃（女）
陈　靖（女）	苑晓红（女）	周玉玲（女）	周旭辉	周丽霞（女）	郑　欣（女）	房峥嵘（女）
赵青仲	郝国信	郝金明	徐　岩	徐建胜	高　阳	高崇耀
崔媛媛（女）	康玉杰	雷新隆	蔡燕霞（女）	谭　菲（女）		

注：因委员重名，名单中有两名李辉（女）委员，一名为民盟界别委员，一名为致公界别委员。

东城区政协专门委员会负责人

提案委员会主任	方　芳（女）	教文卫体委员会主任	周玉玲（女）
学习委员会主任	吴志辉	社会和法制委员会主任	李小洁（女）
文史委员会主任	王富国（满族）	民族和宗教委员会主任	雷新隆（畲族）
经济科技委员会主任	李照宏	港澳台侨委员会主任	谭　菲（女）
人口资源环境和建设委员会主任	高崇耀		

东城区政协机关工作机构负责人

办公室主任	刘　洁（女）	专委会工作三室主任	侯文君
研究室主任	石利生（5月任）	专委会工作四室主任	方　芳（女）
专委会工作一室主任	韩小平（女）	专委会工作五室主任	高秀文（女）
专委会工作二室主任	徐　龙		

纪检监察

7月2日，东城区青年干部纪律教育活动举行启动仪式（陈庆摄）

综　述

2019年，全区纪检监察系统以习近平新时代中国特色社会主义思想为指导，贯彻落实中央纪委、市纪委全会和区委全会决策部署，强化“四个意识”、坚定“四个自信”、做到“两个维护”，大力践行“红墙意识”，忠实履行党章和宪法赋予的职责，坚持稳中求进工作总基调，创新纪检监察体制机制，巩固发展反腐败斗争压倒性胜利，推动纪检监察工作高质量发展。

履行政治责任。深入学习贯彻习近平新时代中国特色社会主义思想和党的十九大精神，开展“不忘初心、牢记使命”主题教育。加强对党的基本理论、基本路线、基本方略和重大战略部署以及习近平总书记系列重要讲话精神贯彻落实情况的监督，抓好全区重大活动和中心工作的监督。开展专项监督检查，纠正党内政治生活不认真、不严肃，在坚持民主集中制等方面存在的突出问题。坚持集中整治以形式主义、官僚主义态度对待重大决策部署的问题，做好市委巡视反馈意见所涉问题的整改落实。协助区委推进全面从严治党，梳理总结东城区在推进全面从严治党主体责任落实中的经验做法，细化深化全面从严治党主体责任相关制度。继续完善全面从严治党（党建）工作考核，综合运用多种手段提升考核成效。

强化监督职责。突出政治监督属性，紧盯关键少数、重点领域、薄弱环节，把法定监察对象全部纳入监督范围，使监督更加聚焦、精准、有力。贯彻落实中央八项规定及其实施细则精神，对顶风违纪问题从严查处，对典型案例公开通报曝光，坚持作风建设一抓到底。聚焦群众痛点难点焦点，深化扶贫领域腐败和作风问题专项治理，加强扶贫协作监督，严肃查处帮扶工作中的形式主义、官僚主义问题。开展民生领域突出问题集中整治，对群众反映强烈、损害群众利益的突出问题及时优先查处，严查“小官贪腐”和“微腐败”，继续开展人防系统腐败问题专项治理，推进扫黑除恶监督执纪问责工作，增强群众的幸福感安全感。

完善监督体系。按照中央和北京市关于深化派驻机构改革的部署要求，分类推进派驻机构改革，加强对派驻机构的统一管理。持续深化政治巡察，围绕中央和市委、区委工作要求，综合运用常规巡察、专项巡察、机动巡察等方式，强化巡视巡察上下联动，对市委巡视发现问题比较突出的单位加大关注力度。创新工作思路和举措方法，把巡察与考核政治生态状况相结合，与整治群众反映强烈问题相结合，与解决日常监督发现问题相结合，加强与组织、审计等部门的协作，推进巡察监督向社区延伸，完善巡察工作制度体系，压实被巡察党组织整改主体责任。

巩固反腐败成果。紧盯重大工程、重点领域、关键岗位，依法查处职务违法和职务犯罪。做好信访举报受理处置、综合分析工作，加强对问题线索的精细化管理与监督，提升审查调查工作质量和效率，削减存量、遏制增量。落实办案安全责任制，守住办案安全底线。开展追逃追赃工作，深化“追防一体化”机制建设。坚持严管和厚爱结合、激励和约束并重，突出严格执纪，为敢于担当的干部担当。做好对受党纪政务处分及问责处理人员回访关爱工作。发挥以案治本作用，深化对典型案件的分析研究，督促相关部门查找症结、建章立制、堵塞漏洞、推动发展。

（周　易）

重要会议与服务保障

【概况】中共北京市东城区纪律检查委员会（简称区纪委）由中共北京市东城区代表大会选举产生，是党的纪律检查机关；北京市东城区监察委员会（简称区监委）由北京市东城区人民代表大会产生，是监察机关。区纪委与区监委合署办公，实行一套工作机构、两个机关名称，履行党的纪律检查和国家监察两项职能，对区委全面负责。区纪委区监委机关设办公室、组织部、宣传部、研究室、党风政风监督室、信访室、案件监督管理室、第一监督检查室、第二监督检查室、第三监督检查室、第四监督检查室、第五审查调查室、第六审查调查室、第七审查调查室、第八审查调查室、第九审查调查室、案件审理室、纪检监察干部监督室18个内设机构和1个机关党委。行政编制136人、实有116人。所属事业单位东城区纪检监察信息技术保障中心，事业编制12人、实有5人；派驻纪检监察组，行政编制121人、实有95人；行政执法专项编制8人、实有4人。中共北京市东城区委巡察工作领导小组办公室（简称区委巡察办）是区委工作机关，负责区委巡察工作领导小组日常工作，设在区纪委，编制5人、实有5人；区委巡察组编制10人、实有7人。

2019年，开展“不忘初心、牢记使命”主题教育，加强对庆祝中华人民共和国成立70周年服务保障及“接诉即办”等工作的监督检查，通过以查促改层层推动落实全面从严治党“两个责任”。严肃整治群众身边腐败和作风问题，强化扶贫协作、扫黑除恶等重点领域监督，集中整治形式主义、官僚主义突出问题，巩固拓展作风建设成效。聚焦监督第一职责，运用监督执纪“四种形态”，加大专项治理力度，做深做细做实日常监督。深化政治巡察和巡察整改，在全市率先开展街道纪检监察体制改革试点，把制度优势转化为治理效能。

（徐休明　周　易）

【区纪委全会】2月18日，召开区纪委十二届四次全会。会议传达十九届中央纪委三次全会精神和市纪委十二届四次全会精神，种磊代表区纪委常委会作工作报告，全会审议通过区纪委常委会工作报告和全会决议。区领导班子成员，区法院院长、区检察院检察长，区纪委委员，区属各单位正科级以上领导干部，纪检监察系统全体干部，各街道社区党委书记、纪委书记共2800余人参会。8月2日，召开区纪检监察半年工作会。会议传达学习全市纪检监察工作会议和区委十二届十次全会精神，总结上半年东城区全面从严治党、党风廉政建设和反腐败工作，部署下半年重点任务，邀请市纪委市监委相关负责人到会指导并围绕“如何有效开展监督工作”和《中国共产党纪律检查机关监督执纪工作规则》《监察机关监督执法工作规定》进行授课。区纪委区监委领导班子成员、区纪委委员、全区纪检监察系统党员干部及第八届区级“两员”约300人参会。

（周　易）

【东城区警示教育大会】9月19日，东城区“以案为鉴、以案促改”警示教育大会以电视电话会议形式召开，宋铁健主持。观看警示教育片《歧路无归——高琦腐败案警示录》《陨落的青春——肖一南、王雪、赵晶案警示录》。种磊通报东城区监督检查、审查调查和巡察中发现的突出问题、典型案例。夏林茂作讲话。“不忘初心、牢记使命”主题教育市委第一巡回指导组组长、副组长，市纪委第六监督检查室副主任，市纪委宣传部副部长、文化处副处长及区领导班子成员，区法院、区检察院，全区处级单位领导班子成员，正科职以上干部，社区党组织书记、区属医院党组织书记共2700余人参会。

（程禹嘉　周　易）

【制订规范性文件】2019年，开展纪检监察规范性文件清理修改完善工作，分阶段、分步骤清理党的十八大至2019年7月间制订的84件纪检监察规范性文件，建议继续有效49件，废止12件，宣布失效2件，修改21件。制订《关于对巡察发现问题整改落实情况实施监督的暂行办法》《北京市东城区纪委区监委实施诫勉的办法》《关于加强东城区街道纪检监察工作的实施意见》《东城区关于对意识形态领域问责的实施办法》《关于在查办党员和公职人员涉嫌违纪违法犯罪案件中加强协作配合的实施细则（试行）》《东城区纪委区监委关于提出纪律检查建议和监察建议的办法（试行）》6项制度，并上报市纪委市监委法规室备案。

（王　善）

2月18日，中共北京市东城区第十二届纪律检查委员会第四次全体会议召开（陈庆摄）

【调研成果】2019年，组织全系统围绕重点难点问题开展调查研究，形成调研报告63篇，其中包括《东城区街道纪检监察体制改革试点工作的实践与思考》《纪检委员推动全面从严治党主体责任落实的实践与思考》《监察体制改革以来纪检监察干部能力与素质相关问题研究》和《问题线索科学化评估与再分流机制研究》等重点调研报告。《以审计监督助推巡察监督的思考与对策》获2019年度北京市纪检监察系统优秀调研成果评选二等奖。协助中央纪委、市纪委开展专项调研，围绕“压实监督责任，实施精准问责”“监委向人大常委会报告专项工作”“做精做准政治监督”等主题，形成《在“压实监督责任，实施精准问责”座谈会上的发言提纲》《关于人大常委会听取本级监委专项工作报告情况的汇报》和《关于区监委向区人大常委会报告专项工作情况的汇报》等调研材料。

（王　善）

监察体制改革

【概况】2019年，持续深化监察体制改革。全面贯彻“监察法”，对标监督执纪工作规则，整合优化工作流程。推进执纪执法贯通、有效衔接司法，完善审查调查与审理衔接机制，推动形成监察权、检察权、审判权互相配合、互相制约体制机制。完善权力监督格局，推进“四个监督”协调衔接，推动党内监督同国家机关监督等各方面监督有效贯通。严格执行重要事项报告制度，及时向市纪委市监委和区委报告专项工作及重大问题、重大突发事件。推动监察向基层延伸，向宝华里危改、南锣四条胡同修缮等重点项目派出监察专员，探索区属国企向二级企业党组织派出专职纪检员，在全区177个社区成立居务监督委员会，打通监督的“最后一公里”。

（周　易）

【审查调查制度建设】4月28日，制发《东城区纪委区监委问题线索督办工作办法（试行）》，明确问题线索重点督办范围，提升问题线索查办效率；制订《东城区纪检监察系统问题线索管理员管理办法（试行）》，规定承办部门由专人管理问题线索，做到线索处置全过程留痕。5月8日，区委常委会审议通过并印发《关于在查办党员和公职人员涉嫌违纪违法犯罪案件中加强协作配合的实施细则（试行）》，规范区纪检监察机关与党政机关、人大和政协机关、政法机关在查办党员和公职人员涉嫌违纪违法犯罪案件的协作配合。8月5日，制发《东城区纪委区监委关于提出纪律检查建议和监察建议的办法（试行）》，规范各类建议书，增强纪委监委制发建议的权威性和严肃性。11月25日，修订第二版《东城区纪检监察组织监督执纪工作考核办法》，增强考核的针对性和实效性。

（秦健立）

【街道纪检监察体制改革】5月，区纪委区监委与市纪委市监委第六监督检查室共同就东城区街道纪检监察组织在工作中存在的突出问题及制约因素开展调研，形成《关于在东城区探索试点派出监察机构的调研报告》。6月20日，区纪委常委会会议审议通过《东城区街道纪检监察体制改革试点实施方案（试行）》，决定采取归口方式向全区17个街道派出纪检监察室，设置3个派出纪检监察室，各派出纪检监察室配备工作人员6人，原则上从每个街道抽调纪检监察干部1人统筹使用，主要履行对归口负责街道的党员干部违反党纪、监察对象职务违法行为的党纪、政务案件的审查调查职责。8月14日，区纪委区监委召开街道纪检监察体制改革部署会，部署全区街道开展纪检监察体制改革试点工作，明确职责任务，宣布人员安排。将《东城区纪委区监委派出纪检监察室问题线索处置及办案审批流程》《东城区纪委区监委派出纪检监察室监督执纪常用工作文书》《东城区纪委区监委监督检查审查调查措施使用规定》《东城区纪委区监委监督检查审查调查措施常用文书格式》《关于执纪审查专题会所需文书说明及报会材料格式规范》《办案安全手册》汇编成册，下发派出纪检监察室作为工作指南。至年底，3个派出纪检监察组接收问题线索53件，初核16件，初核了结21件，立案14件，对外移送线索2件，第一种形态处理9人。

（徐休明　秦健立）

【调整派驻（出）机构设置】11月27日，制发《关于调整东城区纪委区监委派驻（出）机构设置的通知》，将全区派驻机构数量从原来的20个调整为21个，撤销事业编制的驻王府井地区建设管理办公室纪检监察组，组建行政编制的驻区政务服务局纪检监察组；新增驻区市场监督管理局纪检监察组。将区直机关纪工委调整设置为区直机关纪检监察工委，实现区级党和国家机关派驻机构全覆盖。

（徐休明）

纪检监察队伍管理

【概况】2019年，从严从实加强纪检监察干部队伍建设，加大干部选拔任用和轮岗交流力度。围绕市委巡视反馈意见整改、“不忘初心、牢记使命”主题教育等召开班子专题民主生活会，将整改工作与全年重点任务有机结合、同步落实。抓好机关党建，分级制订责任清单，全员签订承诺书，落实谈心谈话等制度，以机关带系统，共同提高党建质量。深化全系统大学习、大培训、大调研，开展业务大练兵大比武、主题党日和文体活动，增强队伍凝聚力、战斗力。

（周　易）

【纪检监察干部教育培训】3月28—29日，举办社区全面从严治党专题培训班。讲授社区纪检组织职能定位、主要职责、工作方法等内容，并开展工作交流。将177个社区党委书记、纪委书记纳入培训范围，推动社区“两个责任”有效落实。4月2—4日，举办全区纪检监察系统业务培训班。邀请中央纪委、市纪委领导讲授派驻机构改革工作、充分履行监督第一职责、执纪审查工作中谈话的策略与方法、纪检监察信息化实战应用方法与技巧等内容，纪检监察干部244人参加。12月30日，举办东城区纪检监察系统业务大练兵大比武，来自区纪委区监委机关、派驻纪检监察组、街道纪工委和区属国企纪委的21人组成7支参赛队，以现场竞赛形式检验学习培训成效。2019年，自主及合作开设12个培训班次，培训干部2520人次，确保纪检监察系统干部培训全覆盖、无遗漏。

（徐休明）

【干部监督工作】6月，成立纪检监察干部监督室，加强对纪检监察干部的执纪监督。12月6日，东城区纪检监察系统召开警示教育大会。会议播放警示教育片，种磊通报纪检监察系统近期发生的突出问题及违纪违法典型案件，就发生问题根源进行剖析，并向全区各级纪检监察组织和全体纪检监察干部提出要求。区纪委区监委机关、派驻（出）机构，区委巡察机构、区直属国有企业、区属医院、社区纪检监察干部近400人参会。2019年，受理纪检监察干部问题线索9件，发现苗头性问题3个，实施“第一种形态”批评教育3人。

（阳　威）

反腐倡廉宣传教育

【概况】2019年，把握守正创新的总体要求，在做好纪律教育、警示教育全覆盖的同时，分层分类开展靶向教育。贯彻落实全区警示教育大会精神，编印查处违纪违法人员忏悔录，制作区内典型案件警示教育片，用好用活典型案例。优化网络宣传平台建设，加大对纪检监察中心工作宣传力度，全方位展示东城区全面从严治党工作新成效。

（周　易）

【警示教育】2月、10月、12月，先后组织全区各单位干部代表600余人旁听高琦、赵晶、王雪案庭审。3月，组织全区纪检监察系统干部分两批赴北京市警示教育基地参观学习。4月至7月，面向全区街道、社区干部开展“守住‘最后一公里’”纪律教育进社区系列活动。7月至9月，面向全区青年干部开展“扣好‘第一粒扣子’”青年纪律教育活动，邀请东城区青联委员中的知名人士拍摄《扣好第一粒扣子》微视频、策划拍摄《纪检干部谈初心》及《初心·选择》公益短片。9月，推出《歧路无归》《陨落的青春》两部警示教育片。9月至11月，在全区开展“以案为鉴、以案促改”警示教育，编辑完成并向各街道、单位发放《东城区严重违纪违法人员忏悔录》。

（程禹嘉　周　易）

【廉洁文化】6月11日，举办廉政曲艺专场演出，全区党员、监察对象代表近400人观看。9月，组织全区党员、监察对象代表近400人观看廉政话剧《碧血丹心大将军》。12月，拍摄完成区2019年党风廉政建设责任制检查汇报专题片《全面从严治党工作纪实》。2019年，升级更新东城区反腐倡廉警示教育基地，全年接待社会各界参观620余场次；组织11批次36人次处级领导干部任前廉政法规知识测试；组织开展29次党委理论中心组（扩大）学习。

（程禹嘉）

【宣传推广】2019年，在中央纪委网站、《中国纪检监察报》等中央纪委媒体登载信息16篇，在北京市纪检监察网站登载信息76篇，在“清风北京”微信公众号登载信息19篇，在人民网、《北京日报》、澎湃新闻等主流媒体刊发报道10余篇；“古韵正声”网站发布信息3300余篇，网站全年访问次数6.7万余人次，浏览量18万余人次；“廉政东城”微信公众号推送内容49期共87条，粉丝量稳步增长；“廉政东城”官方微博粉丝近7万人，在北京市纪检监察系统官方微博中名列第一；结合东城区纪检监察工作拍摄的《改革创新街道纪检监察工作机制》《以案促改，让“吃空饷”及长期不在岗者无处遁形》《聚焦“抽屉里的钱”——监督资金使用“最后一公里”》《走进东城区三祠官德教育基地》等6部专题片在中纪委网站、北京电视台、“清风北京”微信公众号等平台展播。

（程禹嘉）

党风政风监督

【概况】2019年，坚持重大决策部署到哪里、监督检查就跟进到哪里，严肃党内政治生活，对全区各单位领导班子年度民主生活会和落实市委巡视反馈意见整改、主题教育等专题民主生活会进行全覆盖、全过程监督，坚持精准问责。协助区委召开全面从严治党专题常委会，研究推进党风廉政建设和反腐败工作。召开东城区“以案为鉴、以案促改”警示教育大会，督促各单位以案促改、促教、促建、促管。协助区委对区四套班子、区级

6月11日，东城区举办廉政曲艺专场演出（陈庆摄）

领导干部全面从严治党主体责任进行细化并抓好落实。定期向市纪委市监委、区委汇报纪检监察全面工作情况，向区委常委会报告信访举报、审查调查情况，及时向分管区领导以及相关部门通报巡察、监督检查、审查调查情况，制发《关于贯彻落实区委要求进一步深化作风建设的通知》，盯住重要节点，开展明察暗访1803人次，查处多件违反中央八项规定精神类案件。深化为官不为和为官乱为问题以及严肃查处群众身边的不正之风和腐败问题专项治理，谈话函询193人，组织处理59人，立案41件，党纪政务处分42人。健全完善扶贫协作相关工作机制，对扶贫协作成员单位履职情况开展监督检查，助推对口帮扶地区全部脱贫摘帽。围绕“接诉即办”工作强化监督执纪问责，集中核查“接诉即办”案件906件，核查市纪委市监委转交群众诉求5批、7件次，通过发建议书、内部通报等方式处理。集中整治形式主义、官僚主义问题，随机抽取12个街道机关和34个社区开展表格清理检查，对问题较多的单位下发监察建议书责令整改落实。统筹协同纪律监督、监察监督、派驻监督、巡察监督。组织10家处级单位党政主要领导和纪检监察组织负责人10人向区纪委全会述责述廉。对群众身边腐败、“四风”问题以及实施问责等24件次典型案例予以通报曝光。开展3轮对22个党组织的常规巡察，对23个社区党组织开展侵害群众利益不正之风问题专项巡察，对规划和自然资源领域开展交叉巡察，对人防系统开展机动巡察，全年向被巡察党组织反馈问题682个，移交问题线索16件。区委区政府领导分别参加所分管或联系单位的巡察情况反馈会，并持续跟进督促问题整改。形成巡察发现、单位整改、监督跟踪的闭环机制，对巡察发现问题实行“一张清单到底”制度。制订《关于对巡察发现问题整改落实情况实施监督的暂行办法》，对个别单位党组以形式主义对待区委巡察整改专题民主生活会等问题严肃处理。

（周　易）

【巡察工作】1月17日，区纪委区监委就巡察发现问题整改落实情况实施监督制订暂行办法，督促被巡察单位党组织全面落实主体责任，解决在巡察中发现的党的领导、党的建设、全面从严治党等方面问题。5月、12月，区委分别启动第六、第七轮常规巡察：第六轮对区网格中心、区总工会、区信访办、天街集团、区商务局、区委党校、前门街道、前门大街管委会、北新桥街道9家单位开展巡察，同时对前门、北新桥2个街道的15个社区党委开展侵害群众利益不正之风问题专项巡察；第七轮对区房屋征收中心、区工商联、区残联、区红十字会、区外联办5家单位开展巡察。8月起，对东直门街道、永定门外街道、市规划和自然资源委员会东城分局、区住建委开展规划和自然资源领域专项巡察，采取交叉巡察方式，由西城区委派出2个巡察组对上述4家单位巡察，巡察组受东城区委和巡察工作领导小组领导，向东城区委负责并报告工作，同时东城区委派出2个巡察组赴朝阳区开展巡察工作。各轮巡察结束后，均召开区委巡察工作领导小组会和区委书记专题会议，听取巡察工作情况和巡察问题线索汇报，研究巡察重点。区委各巡察组向被巡察单位党组织主要负责人和被巡察单位反馈巡察意见。区委常委、党员副区长先后22人次参加所分管或联系单位的巡察情况反馈会。

（冯　健）

【落实中央八项规定精神】1月25日，启动严肃整治领导干部利用名贵特产类资源谋取私利问题监督检查。4月26日，印发《关于2019年“五一”、端午期间加强监督检查驰而不息纠正“四风”的通知》。9月10日，印发《关于强化2019年中秋、国庆期间监督检查驰而不息纠正“四风”工作的通知》。9月24日，向全区通报查处的侵害群众利益问题、“四风”问题等典型案件。12月27日，印发《关于2020年元旦、春节期间驰而不息纠正“四风”推动作风建设持续好转的通知》，并向全区处级以上党员领导干部“点对点”发送廉政短信。2019年，开展会所“回头看”，针对东城区在整治会所歪风过程中涉及的5家场所，以“四不两直”的形式开展“回头看”。加强与财政、税务等职能部门的沟通与协作，运用信息化手段集中筛查问题线索，形成监督合力。全年查处违反中央八项规定精神类案件13件。

（崔玉邦）

【问责追责】2月22日，制订《东城区纪委区监委实施诫勉的办法》。4月28日，制订《东城区关于对意识形态领域问责的实施办法》，强化对意识形态领域的问责力度。2019年，对党员干部22人和党组织2个进行问责；落实《区纪委区监委关于对受党纪政务处分问责处理党员、公职人员开展回访关爱的办法（试行）》规定，对29人次受党纪政务处分、问责处理的党员和公职人员开展回访关爱。

（崔玉邦）

【落实全面从严治党主体责任】3月12日，完善《2019年度区委深化落实全面从严治党主体责任清单》《2019年度区委主要负责人深化落实全面从严治党主体责任清单》，强化监督情况定期报告通报制度，协助做好东城区2018年度区委系统考评工作，结合东城区全面从严治党主体责任检查考核结果，向全区通报2018年全面从严治党主体责任检查考核情况，实名通报问题，向51家政府部门、17家街道反馈2018年绩效分析意见，向24家现场检查单位反馈2018年全面从严治党主体责任专项检查考核反馈意见。9月25日，启动2019年东城区全面从严治党主体责任检查考核工作，协助做好北京市民意调查。2019年，对全区各部门、各单位及党政领导干部进行廉政画像，深化东城区廉政档案信息平台。

（崔玉邦）

【执纪监督】2019年，制订《关于对巡察发现问题整改落实情况实施监督的暂行办法（试行）》等制度。对全区监察对象摸排统计，录入2.48万人。制订加强对机构改革工作监督检查方面的相关制度。部署加强对区委重点决策落实情况监督检查。围绕“一带一路”论坛、世园会、亚洲文明对话北京峰会等重点工作开展监督检查。区纪委常委会通过2019年执纪监督工作要点，明确25项重点监督内容，起草《派驻派出机构执纪监督工作手册》并在各派驻派出机构开展试运行。对全区窗口接待单位、政务大厅开展监督检查。制订中华人民共和国成立70周年庆祝活动服务保障实施监督的工作方案，监督检查117人次。制订落实市民热线“接诉即办”工作中强化监督执纪问责的实施方案，起草《关于对2019年1—5月份“接诉即办”工作中考核排名靠后单位进行约谈的建议方案》，协助区委主要领导约谈排名靠后的6家街道及网格管理服务中心。制订向宝华里危改项目指挥部、南锣鼓巷地区四条胡同修缮项目指挥部派出监察专员的方案，加强对重点项目中行使公权力的公职人员监督。与拉萨市当雄县纪委监委签订《扶贫协作监督执纪问责工作机制的协议》，推动对口扶贫协作工作廉洁高效开展。与东城公安分局、区检察院、区扫黑除恶专项斗争领导小组办公室加强协作，对全区22家单位及纪检监察组织扫黑除恶工作开展情况专项监督检查，规范处置涉黑涉恶问题线索，立案8件。制订以职务犯罪案件查黑恶的工作机制，撰写《区纪委监委关于对中央督导组反馈问题整改的报告》。推进党员干部长期不在岗专项整治，立案13人，组织处理14人，督促相关部门建立长效机制。推动人防系统腐败问题专项治理，协调财政、审计开展专项检查，立案审查调查后移送司法机关1人。监督全区75家单位政府购买服务、绿地认建认养和公园配套用房出租等情况。摸底调查全区党员干部、公职人员及其配偶子女获取境外永久居留资格或国籍情况。汇编《东城区“不忘初心、牢记使命”主题教育“8+1”专项整治工作分方案》，起草《关于“漠视侵害群众利益问题”的整改方案》。印发《关于对东城区“不忘初心、牢记使命”专题民主生活会开展监督的工作方案》，开展主题教育监督工作。围绕加油卡、ETC、GPS定位等方面对公务用车相关信息进行统计并开展治理。

（崔玉邦）

【“两员”工作】2019年，修订《东城区特约监察员、党风廉政监督员工作办法》，规范“两员”工作，捋顺“两员”与纪委监委的关系，全年组织“两员”参加区纪委全会和区政府常务会及各类监督检查185人次。

（崔玉邦）

【派出派驻工作】2019年，各街道纪工委（监察组）向工委会提交全面从严治党、党风廉政建设和反腐败工作议题建议180余项，与街道、社区干部廉政谈话280余次，开展各类巡查活动190余次，接收、受理信访举报近190件次，进行谈话函询160余人次。强化对街道班子议事决策过程监督，围绕市区和街道重点工作开展专项监督检查治理，在重大节日和重大活动期间实施定点定时监督，依法依规对街道管辖范围内行使公权力的公职人员监督，并协助区监察委员会开展调查。做好对庆祝中华人民共和国成立70周年、“一带一路”峰会等重大活动、中心工作的监督检查，对“吹哨报到”、“接诉即办”、社区“两委”换届等重点工作监督检查。深入社区开展调研，推动基层纪检监察从有形覆盖向有效覆盖转变，发挥社区纪检监察作用，将监督延伸至“最后一公里”。各派驻纪检组参加监督单位各类会议690余次，与各级干部谈心谈话710余次，到各监督单位现场检查360余次，受理信访举报和问题线索近540件次，进行谈话函询134人次。定期以多种形式进行全方位、全过程监督，及时发现问题，促使各监督单位履行好全面从严治党主体责任，助推压力传导到位。聚焦主责主业，紧盯关键环节、重要节点、重点岗位，加大监督检查力度，开展中央市区重大决策部署、营商环境、“三重一大”、集中清理整治形式主义官僚主义、落实中央八项规定

4月17日，东城区纪律教育进社区活动启动仪式举行（陈庆摄）

精神等情况的专项监督检查，将日常监督检查常态化。协助做好党员和领导干部廉洁自律教育，促使各监督单位完善廉洁教育工作。

（周　易）

【信息技术保障】2019年，将东城区纪委移动办公平台、大数据分析作为特色项目上报市纪委申请试点。全年比对7699条公车数据，筛选出1277条疑似问题线索，分析全区具有行政处罚权力的26家单位的5.93万次行政处罚结果；购置手机取证设备和手机画像系统，提供5次手机提取技术工作。改善办公网络环境，提升纪委监委信息化水平，完成市纪委专网接入工作，为派驻纪检监察组配置区电子政务内网终端；推进东城区廉政档案系统应用。

（姜月娇）

案件审查调查和审理

【概况】2019年，开展“12388”电话举报受理系统试点。加强对问题线索的监督管理和处置，加大审查调查力度，将党的十八大以来东城区纪检监察系统接收并处置的问题线索逐件核对、汇总并上报，做到底数清、情况明，集中力量重点查处市纪委市监委交办的“8·28”专案、中国人民银行专案、“5·15”专案中涉恶腐败和“保护伞”系列案件，严肃查处区内人防、军休等系统一批严重违纪违法案件，追逃追赃工作受到市纪委市监委表彰。回访关爱受党纪政务处分、问责处理的党员和公职人员，有针对性提出纪律检查、监察和工作建议书112份，出具党风廉政意见1183人次。执行《监督执纪工作规则》和《监督执法工作规定》，修订完善监督检查、审查调查措施使用常用文书，开展办案业务流程检查和监督检查、审查调查工作互查，对2018年涉案财物处置情况进行检查。

（周　易）

【信访举报及办理】2019年，受理纪内信访举报812件次，接待来访群众1278批、1370人，召开信访排查会23次。做好重点时期矛盾隐患排查工作，在中华人民共和国成立70周年庆祝活动等重点时期未发生到中央纪委、市纪委的集体访和非正常访。开展整治纪检监察信访举报处理工作中形式主义、官僚主义问题专项工作，对31件重点信访举报件挂账督办。强化对信访举报情况分析研判，形成信访月报12期报区委主要领导，并向区委常委会专题汇报2次。

（张烜境）

【审查调查与案件审理】2019年，全区纪检监察系统处置问题线索1300件，其中中央在京和市属单位人员职务违法职务犯罪问题线索110件，办结653件。新立案129件。结案86件。给予或者建议给予党纪政务处分93人，免予处分2人，移送司法机关21人，采取留置措施17人。运用监督执纪“四种形态”党员、监察对象689人次，其中“第一种形态”605人次，“第二种形态”49人次，“第三种形态”14人次，“第四种形态”21人次。全年审结各类违纪违法案件111件，其中直查案件43件，统一审理案件55件，批复案件10件，申诉复查案件1件，恢复党员权利案件2件，问责案件1件。根据不同类型案件的特点，研究确立科学规范实用的案件质量评查标准，对2018年6月至2019年4月期间办结的93件案件开展质量评查，发现问题与相关部门沟通，及时补充完善。会同区委组织部、区人力资源社会保障局，开展处分决定执行情况专项检查，对2017年6月至2019年4月已结的128件案件处分决定执行情况与2017年专项检查中发现问题的整改纠治情况进行检查。东城区处分决定执行情况到位率显著提升，案件处理取得良好效果。

（秦健立　王佳佳）

【查处大案要案】7月18日，区纪委区监委第九审查调查室将外逃新西兰12年的“百名红通人员”、中国汽车工业协会原常务副理事长兼秘书长、中国贸促会汽车行业分会原会长蒋雷案调查终结并移送审理，该案为东城区监察委员会成立以来办理的首个“百名红通”案件。

（杨　凯）

【追逃追赃】1月9日，外逃加拿大近10年的单位行贿犯罪嫌疑人李某某经劝说回国投案自首，这是东城区和北京市2019年追回的首名外逃人员。1月10日，在国内潜逃22年之久的挪用公款犯罪嫌疑人姚某某在上海警方协助下被抓获，由区监委派人将其押解回京。6月18日，外逃泰国近10年的贪污犯罪嫌疑人崔某某经劝返主动回国自首，为2019年北京市追回的唯一一个“红通人员”。

（杨　凯）

中国共产党北京市东城区纪律检查委员会（北京市东城区监察委员会）领导人员

书　记（主　任）　种　磊

副书记（副主任）　陈　岗　李　婧（女）　姚志刚

民主党派

4月19日，民革、致公党东城区委联合调研工作会召开（民革东城区委提供）

中国国民党革命委员会北京市东城区委员会

【概况】中国国民党革命委员会北京市东城区委员会（简称民革东城区委），成立于2011年7月。2016年5月召开中国国民党革命委员会北京市东城区第二次代表大会，选举产生民革东城区第二届委员会。有主委1人，副主委3人，专职副主委1人、秘书长1人，委员17人。下设调研、社情民意信息、祖国统一、学习宣传、经社（文化）、青年与妇女、老龄文史、法制（人资环）8个专项委员会。基层支部16个，民革党员897人，其中全国政协委员2人、市政协委员6人（其中常委1人）、区政协委员22人（其中副主席1人，常委2人），民革中央委员2人、民革市委委员4人（其中副主委1人、常委3人），区人大代表3人，担任各级特约监察员5人，各级人民法院人民陪审员8人，年度新发展民革党员32人。区民革党员中具有台胞、港澳同胞和海外侨胞（简称三胞）关系的400余人。

2019年，围绕市、区中心工作和发展大局，开展思想政治建设年各项工作、“不忘合作初心，继续携手前进”主题教育活动、庆祝中华人民共和国成立70周年系列活动、“我身边的优秀民革党员”学习活动等。开展届中评议工作，全年召开主委会议7次，全委会议2次。举办“中山论坛”、党员培训班、传达全国“两会”精神报告会、党史教育报告会等主题活动。参加区委统战部举办的民主党派领导班子成员培训。第四支部被民革中央授予民革示范支部。

（冯　燕）

【调研与提案】在全区统战系统参政议政优秀调研成果评比中，与致公党区委的联合调研《进一步提高东城区城市精细化治理的调研报告》获2018年度统战系统区参政议政优秀调研成果建言成果奖。对《关于落实新版“总规”，实现老城整体保护复兴的研究》《保护视力，促进青少年健康成长》《进一步提高东城区城市精细化治理》等课题深入考察调研，形成调研成果3项，党派提案3件。党派联合调研成果转化形成的提案《关于进一步提高东城区城市精细化治理的建议》得到区委书记批示，并作为重点提案由东城区委副书记、区政协主席督办。在区政协十四届四次全会上作题为《大力推进学前教育，缓解幼儿入园需求》的大会发言，《关于互联网+新型养老模式在东城区医养结合中的探索的建议》获年度党派团体优秀提案，2篇个人提案获年度委员优秀提案。全年报送社情民意信息145篇，其中民革市委采纳22篇，区政协采纳24篇，区领导批示2篇，市领导批示2篇，市政协采纳5篇，市委市政府采纳1篇，市委统战部采纳3篇。获2018年度东城区统战系统信息工作优秀单位三等奖，党员5人被评为优秀信息员。在政协东城区第十四届委员会第四次会议上，被评为2019年度社情民意信息工作先进单位。举办首届“中山论坛”，建言优化营商环境。

（冯　燕）

【民主监督】2019年，党员5人担任区特约监察员，党员8人被任命为各级人民法院人民陪审员。党员代表民革履行职责，参加多个单位多种形式的民主监督活动。

（冯　燕）

【民主协商】围绕区委、区政府工作报告，重点从纪检监察工作、“戏剧东城”建设、老城平房区的整体保护、健全“接诉即办”工作机制等方面提出意见建议。

（冯　燕）

【祖国统一工作】配合民革中央、市委开展涉台青年交流活动。党员1人应邀参加以“推进中国和平统一，实现民族伟大复兴”为主题全球华侨华人促进中国和平统一大会，并在分论坛参加研讨，应邀参加第三届海峡两岸经济社会发展论坛。党员1人全程参与“两岸新锐设计竞赛华灿奖”活动。党员4人分别协助和参与民革中央两岸青年创业大联盟、第二届海峡两岸粤港澳大湾区音乐节、第四届两岸青年和平发展论坛、接待台湾杰出青年代表团来访、第八届台湾青年暑期实习活动、乐舞棠助力祖国统一等工作。组织召开迎中秋三胞联谊会，解读岛内形势，通报最新对台工作精神，介绍2019年台湾最新选情

10月12日，民革东城区委与民革浙江省台州市委会结对共建签约仪式
（民革东城区委提供）

以及东城区对台工作情况，民革中央、区委统战部、区台办等单位领导出席会议。

（冯　燕）

【社会服务工作】2019年，参加“西部温暖计划”青海玉树雪灾公益捐助活动筹集善款3.11万元，冬衣122件。到怀柔（杨宋镇）、中粮大厦、福田汽车开展义诊活动。联合台州企业商会到长青养老院开展敬老服务。与东城区残疾人体育运动协会签订“精彩相伴、与爱同行”三年公益行动服务协议，为残疾人提供资金等形式捐助文化体育志愿服务。在交道口街道、建国门街道举办“法律服务进社区”体验活动。到中粮大厦、福田汽车举办法律咨询服务。

（冯　燕）

【主题教育活动】2019年，开展23项“不忘合作初心，继续携手前进”主题教育活动；举办党员培训班，邀请原民革中央副主席做主题报告，区委主委作《中国国民党革命委员会的历史和优良传统》报告；参观“伟大历程 辉煌成就——庆祝中华人民共和国成立70周年大型成就展”，参加区委统战部举办的民主党派领导班子成员培训和第二期东城区民主党派“同心圆”大讲堂暨国庆服务保障先进事迹统战专场报告会；参加民革中央和京津冀三地庆祝中华人民共和国成立70周年大型系列纪念活动；召开区委扩大会，听取区委委员、支部主委对区委领导班子及区委工作的意见建议。举办“砥砺前行凝共识，帕墨丹青绘华章”活动启动仪式；开展纪念征文和摄影作品征集、评比活动，征集作品10篇，演讲稿件2篇，其中1篇在市委统战部“时代新人说——我与祖国共成长”演讲比赛中获纪念奖，2篇在民革市委庆祝中华人民共和国成立70周年演讲比赛中分别获得三等奖和纪念奖；征集摄影作品94幅，其中14幅作品获表彰。举办庆祝中华人民共和国成立70周年欢度重阳节活动。党员6人参加国庆群众游行活动。党员1人担任第四指挥部艺术指导、27方阵“体育强国”方阵总导演、广场联欢晚会（东城）特色表演板块导演、负责群众游行（天坛公园、龙潭公园）体育展示策划和组织工作，在北京市筹备和服务保障工作总结表大会上被评为先进个人。

（冯　燕）

中国民主同盟北京市东城区委员会

【概况】中国民主同盟北京市东城区委员会（简称民盟东城区委）成立于1998年11月，主要由从事教育以及科学技术工作的高中级知识分子组成，具有政治联盟特点，致力于建设中国特色社会主义事业的参政党。东城区1951年始有民盟支部。2016年5月22日召开民盟东城区第二届代表大会，产生新一届领导班子，领导班子由主委1人，常务副主委1人，副主委4人，秘书长1人组成。民盟区委下设工作机构为“五部”“九委”及“三会一团”。其中区委下设组织部、参政议政部、宣传部、社会服务部、专委会工作部五部；教育、文化、卫生、体育、经济、科技、妇女、老龄和文化创意9个专门工作委员会；统战理论研究会、社情民意信息工作委员会、《东城盟讯》编委会、民盟东城区委艺术团。有民盟基层委员会2个，基层总支1个，基层支部55个，盟员1723人。盟员6人当选新一届民盟中央委员。盟员中任全国政协委员1人；市人大代表4人；市政协委员3人；区人大代表7人，其中任区人大常委2人；区第十四届政协委员19人，其中任区政协常委5人。民盟中央委员6人，民盟市委委员9人。任市委、市政府特约监察员2人，区委、区政府特约监察员5人。

2019年，民盟东城区委深入学习贯彻中共十九大精神，参加盟中央、盟市委和中共东城区委统战部组织的各种理论学习班、专题研究班和党派干部骨干培训班，围绕区大事、要事开展调查研究，了解和反映群众的要求，积极参政议政，组织盟员开展社会服务、慰问等活动。被东城区政协授予2018年度社情民意信息工作先进单位称号；被中共东城区委统战部授予东城区统战系统信息工作优秀单位一等奖。

（翟　洋）

【调研与提案】在政协东城区第十四届委员会第三次会议上，《关于整合医疗资源，在东城区推行“医养结合”养老模式的建议》被评为2018年度党派团体优秀提案。区委常务副主委提交的《关于借助冬奥会推进东城“文化强区”建设的建议》、盟员2人提交的《关于加强电动自行车管理的几点建议》和《关于实施促进养老消费和加大供给措施推进东城区“医养结合”养老产业快速发展的建议》，被评为2018年度委员优秀提案。区委和农工党区委联合调研《建立高效率、高效益养老驿站运营机制，提高可持续发展和社区养老保障能力——东城区养老驿站运营情况调查报告》获2018年度东城区参政议政优秀调研成果献策成果奖。5月29日，民盟湖北省委《共建共治共享社会治理格局下的城市基层治理体系问题》课题调研组一行6人到前门草厂四条及三里河水系开展实地调研走访活动，区委常务副主委陪同调研。

（翟　洋）

【民主协商】2019年，区委搭建协商议政平台。每次协商会前，以电子邮件、召开专题座谈会等形式，向各支部主委、参政议政骨干盟员征求协商会建议。民盟区委领导班子重视参政议政工作，把调查研究作为党派履行参政议政职能的载体，在协商议政会上履职。协商会前组织区委委员、支部主委、政协委员、人大代表以及参政议政骨干盟员对区政府工作报告、区委工作报告及其他重要文件征求意见建议。2019年，中共东城区委、区政府召开协商会议2次，民盟区委结合调研成果对“共生院”建设、“文商旅融合发展”、“非物质文化遗产国际化传播”、“中轴线南延保护”等问题议政建言。盟员4人被聘为特邀监察员参加街道、区委宣传部等部门党风廉政监督工作。

（翟　洋）

【社情民意信息】2019年，区委通过开展社情民意信息工作，凝聚盟内智慧和力量，关注民生、反映民意，助力东城发展。区委开办新盟员暨社情民意信息培训班，新盟员50余人参加培训。定期发布信息热点，做好与参政议政骨干盟员约稿工作，确保信息稿件质量和水平。民盟区委获区政协2019年度社情民意信息工作先进单位称号。全年报送社情民意信息161篇。中央统战部《零讯》采用2篇，国务委员批示1篇，全国政协转送1篇，全国政协采用1篇。中共北京市委采用4篇，均得到中共北京市委书记批示，市人大采用1篇，市政协采用2篇。民盟中央采用6篇，民盟市委采用39篇。中共东城区委统战部《议政建言直通车》采用7篇。区委专职干部1人被评为2018年度东城区统战信息工作优秀信息员。9月18日，区委在昆泰嘉华酒店召开2019年骨干盟员社情民意信息培训班，区委常务副主委和副主委2人出席，部分支部主委、骨干盟员、新盟员及积极分子共50余人参加。

（翟　洋）

【组织建设】2019年，发展新盟员57人，全区盟员1723人，55个支部。主界别盟员896人，占51%。保持民盟在教育、科技、文化为主的界别优势。全年召开2次主委会，4次全委扩大会。完善盟区委五部、九委、三会一团的组织构架。实施“四四三”分层组织管理模式，即贯彻支部工作“四个一”、专委会工作“四个一”和盟员发展“三个一”工作要求。形成区委委员联系支部、调查研究工作、社情民意信息员培训、组织发展等一系列自身建设机制。向中共东城区委统战部推荐体制内优秀盟员82人。组织指导第六十五中学、汇文中学等4个支部完成换届工作。规范支部达标率76%，完成预期目标。

（翟　洋）

【思想建设】春节前夕，区委主委率队、常务副主委陪同，走访慰问离退休老主委。举办迎春电影招待会；三八妇女节开展“庆三八妇女节，塑造完美自我”活动；九九重阳节组织老盟员参观庆祝中华人民共和国成立70周年主题展览《光影抒华章，奋斗新时代》等。4月18日，民盟东城区委组织盟员20人参加“民盟先贤肖像巡回展 张澜家风轶事展”开展仪式。5月17日，民盟区委开展“不忘合作初心，继续携手前进”主题教育活动，主委带队，盟员20人参观“张澜家风轶事展”。6月25日，民盟、民建、民进、农工党东城区委2019年联合学习班专题报告会在东城区社会主义学院举行，学员180余人参加培训。7月16日，区委常务副主委参加东城区庆祝中华人民共和国成立70周年书法美术作品展开幕式。9月23日“民盟先贤肖像巡回展走进东城”主题教育活动启动仪式在东城区社会主义学院举行，民盟北京市委、中共东城区委统战部、区政协、区社会主义学院相关领导、民盟东城区委领导班子成员和盟员代表共计40余人出席。

（翟　洋）

【社会服务】民盟中央对口重庆彭水县结对帮扶，北京汇文中学与重庆彭水一中合作共建，自2011年起彭水一中老师累计20人到京交流学习。参加民盟中央在甘肃省临夏州东乡族撒拉族自治县的教育扶贫活动，进行教学示范及教研讲座。参加民盟市委老龄委在内蒙古敖汉旗四家子镇的义诊活动，接诊200余人。聚集东城区委区政府对口帮扶十堰郧阳区、张家口崇礼区，发挥中医科学院盟员作用，开展医疗帮扶活动，分别为当地群众300余人进行义诊。

（翟　洋）

【支部活动】4月20日，民盟东城长征支部召开2019年课题启动工作会，就支部2019年2个课题启动工作进行研讨交流和工作部署。7月1日，民盟第二十五中支部举办“不忘合作初心，牢记历史使命”主题支部活动。3月9日，民盟东城经济支部与燕华支部举办2019年第一次联合足球比赛。民盟燕华支部成立《关于东城区共生院修缮改造的调研》课题组，召开第一次调研课题会议。3月20日，民盟东城区委东城经济支部为景山尚爱老年养护中心的老人们送温暖。4月

5月17日，民盟东城区委盟员参观“张澜家风轶事展”（民盟东城区委提供）

17日，民盟燕华支部调研课题组举行课题调研第二次会议。4月19日，在信通大厦民盟东城法律支部召开参政议政暨法律支部工作会。8月29日，民盟长征支部赴北京市文化和旅游局就“北京非物质文化遗产国际化传播”调研课题进行相关调研。10月13日，民盟东城区委崇文科技支部组织支部盟员及亲友20余人，到门头沟区清水镇参加第十届北京国际山地徒步大会。10月20日，民盟科技支部围绕“不忘合作初心，继续携手前行”开展主题教育活动。10月26日，民盟长征支部领导班子集体学习习近平新时代中国特色社会主义思想，以“不忘合作初心，继续携手前进”为主题，围绕“如何推进主题教育系列活动”开展专题交流研讨。11月6日，民盟长征支部开展主题教育活动，决定对以雍和宫、地坛的古都文化遗产保护利用开展调研；围绕四中全会精神，为四个中心建设履职尽责进行座谈。11月29日，民盟北京市第二十二中学支部的盟员到位于亦庄开发区的京东总部，开展“不忘合作初心，继续携手前进”主题教育活动。

（翟　洋）

【参加党政会议】1月，区委主委、常务副主委2人参加区民主党派、工商联负责人和无党派代表人士征求意见座谈会，就区委常委班子及常委强化创新理论武装，树牢“四个意识”，坚定“四个自信”，做到“两个维护”，勇于担当作为，以求真务实作风坚决把党中央决策部署落到实处，加强自身建设等方面提出意见建议，并对区四套班子及区级党员领导干部、区委统战部提出意见建议。7月，区委主委、常务副主委2人出席东城区党派团体协商通报会，就中共东城区委十二届六次全会工作报告与区2018年上半年经济社会发展情况和下半年重点工作安排提出意见建议。主委发言。12月，区委主委、常务副主委2人出席东城区党派团体协商通报会，就区有关人事安排、区委区政府工作报告提出意见建议，主委发言。

（翟　洋）

中国民主建国会北京市东城区委员会

【概况】中国民主建国会主要是由经济界人士组成的、具有政治联盟特点的、致力于建设中国特色社会主义事业的政党。1956年10月成立民建东城区工作委员会（民建市委派出机构），2001年11月成立中国民主建国会东城区委员会（简称民建东城区委）。2011年6月18日，召开第一次代表大会，选举产生民建东城区第一届委员会。2016年5月28日，召开第二次代表大会，选举产生民建东城区第二届委员会领导集体，主委1人、副主委7人、秘书长1人、区委委员24人。全区共有民建会员1931人，共有40个基层组织、14个专门委员会。其中全国政协委员5人，北京市人大代表3人，北京市政协委员5人，区人大代表14人，区政协委员22人，有5人分别担任各级人大、政协、政府等职务。

2019年，民建东城区委坚持以习近平新时代中国特色社会主义思想为指导，深入学习贯彻中共十九大精神，深刻领会习近平总书记对北京重要讲话精神，全面落实中共东城区委和民建市委决策部署，发挥领导班子核心作用，按照大学习、大宣传、大培训、大调研、大提高工作思路，围绕中心，服务大局，为全面助力首都区域经济社会发展发挥积极作用。

（路泽真）

【调研与提案】2019年，赴基层调研4次，6月课题组成员跟随市政协文物保护课题组实地走访鼓楼、景山、永定门；7月课题组成员走访坐落于先农坛的北京古代建筑博物馆，调研北京中轴线建筑文物保护的工作现状；11月组织联合调研组成员赴嘉兴、苏州异地调研，进行文物保护和申遗对比考察。课题组收集完善资料，围绕市区政府重点工作并结合自身优势选好调研课题，以年初部署、期中推进、期末结题形式，完成市区调研报告23篇，党派提案3篇，政协大会发言2篇，议政建言1篇。向民建北京市委、民建东城区委提交调研报告23篇，调研成果数量创历史新高，并获得多项奖励。其中《以产业链现代化为抓手 推进京津冀协同发展》获

民建东城区委参加快闪歌唱“我和我的祖国”活动（民建东城区委提供）

北京市民主党派参政议政优秀调研成果二等奖，《加强老城整体保护 再现古都风貌 擦亮北京城市金名片》获年度北京市民主党派参政议政优秀调研成果三等奖。《关于持续优化东城区商务楼宇营商环境的调研》获年度东城区政协优秀调研成果一等奖，《中轴线遗产保护问题的研究》获二等奖，《关于推动存量商务楼宇改造升级的调研报告》和《探索符合东城区情的文物保护利用之路 搞好顶层设计 提升“文化东城”品质》获三等奖。

（路泽真）

【社情民意信息】2019年，民建东城区委将撰写社情民意信息工作纳入新会员培训体系，成为常态化，加强对支部和新会员的管理和培训，及时发布每个时期信息报送重点，有效提高会员反映社情民意信息积极性。要求各支部和新入会的会员要有信息上报数量，作为年终评选优秀支部和会员的条件之一。全年反映信息300余篇，中央统战部采用2篇，民建市委采用24篇，区政协采用43篇，多篇被市、区领导批示，被区政协、区委统战部评为优秀信息单位。

（路泽真）

【民主协商】7月22日，主委、专职副主委出席东城区党派团体协商通报会，主委代表民建东城区委对区纪委区监委上半年的工作表示肯定，希望区纪委区监委持续加强对形式主义、官僚主义等不正之风的整治，不断完善容错纠错机制，营造干部能干事、想干事、干成事的良好氛围；对2个聚焦全区中心工作，思路清晰、重点突出，能够客观务实地反映区委区政府半年来的成绩和问题的报告表示完全赞同，并就2个报告中从加强文化传承、文物保护、推进街区更新、着力提升规划建设品质等方面提出意见建议。12月，主委、专职副主委出席东城区党派团体协商通报会，就东城区有关人事安排、区委区政府工作报告提出意见建议，主委代表发言。

（路泽真）

【组织建设】制订2019年度工作任务分解表，按季度对工作划分32项，明确责任单位和责任人。召开主委会6次，全委会4次，参与中共东城区委组织的政党协商会5次。不定期召开领导班子民主生活会，开展批评与自我批评，听取不同意见，创建民主、团结、和谐的工作氛围。6月，开展届中民主评议，召开民主生活会，增强班子成员廉洁自律意识。召开2次申请入会人员座谈会，全年共吸收积极分子69人入会，其中中上层占比23.19%，高科技人数占比5.8%。面向新会员、骨干会员举办培训班，组织60人次参加各类学习培训。6个支部班子成员进行换届和调整，支部活动参与率大幅提升。对2018年区委工作中做出成绩的优秀会员53人予以表彰，5个支部被评为市级先进基层组织，会员61人被评为市级优秀会员。组织干部按时完成在线学习。组织参观抗日战争纪念馆；针对女会员，举办法律视角下女性家庭财产管理讲座；五四青年节组织参观北大红楼、鲁迅博物馆；各支部开展多种形式学习交流会、研讨会、座谈会等。

（路泽真）

【社会服务】2019年，开展消费扶贫，全年购买丰宁扶贫产品6.32万元；为丰宁李泉窝铺村和苇子沟村捐赠扶贫款10万元、捐赠并种植文冠果树苗2000棵；为河北隆化县11户贫困户捐资助学2.3万元；帮助贫困生20余人找到爱心资助；购买崇礼爱心圆白菜25吨，为社区6000户居民免费发送；组织医疗专家赴阿尔山市五岔沟镇及西口村、门头沟雁翅镇房良村开展义诊，诊疗群众400余人。走进中国藏语系高级佛学院开展健康讲座及义诊、赴垦华监狱慰问干警帮教服刑人员、常年为残疾人及家属组织学习班及政策宣讲、协调解决艾滋病弃婴2人进入红丝带学校上学。会员赴肯尼亚捐赠8万余元物品等，服务非洲百姓近1000人次。把主题教育活动成效转化为助力脱贫攻坚实效。东城区委被民建中央授予民建脱贫攻坚奖先进集体称号，会员4人被授予民建脱贫攻坚奖先进个人称号。

（路泽真）

【参加党政重要会议】1月24日，主委、专职副主委2人参加东城区党外人士迎新春座谈会，会议由区长主持，座谈会围绕学习贯彻习近平新时代中国特色社会主义思想和中共十九大精神，庆祝中华人民共和国成立70周年，深入实施新版总规，立足“四个中心”功能建设，结合区“一条主线、四个重点”战略任务及自身工作实际，就如何带领本组织成员做好年度工作等主题进行座谈。2月14日，专职副主委参加2019年东城区政府全体（扩大）会议暨深入推进疏解整治促提升工作部署会。

（路泽真）

中国民主促进会北京市东城区委员会

【概况】中国民主促进会北京市东城区委员会（简称民进东城区委），第一届委员会成立于2011年6月11日，2016年5月29日换届选举，成立第二届民进东城区委。主委1人，副主委5人，专职副主委1人，秘书长1人，委员11人，下辖教育一、教育二、教育三、文化社会、经济科技、青年6个委员会。有基层支部62个，会员1735人。会员中全国政协委员1人，市人大代表1人，市政协委员3人（其中常委1人），区人大代表9人（其中常委1人），区政协委员15人（其中常委2人）。

2019年，以习近平新时代中国特色社会主义思想为指导，深入学习贯彻中共十九大和十九届四中全会精神，贯彻落实民进中央、民进北京市委以及中共东城区委的决策部署，继承和发扬多党合作优良传统，紧紧围绕东城区中心工作，发挥自身特点和优势，积极履行参政议政、民主监督、服务社会的职能。1个支部被评为民进全国先进基层组织，会员3人被评为民进全国组织建设先进个人，区委被评为民进北京市委参政议政优秀组织一等奖和社会服务工作先进集体，3个支部被评为民进北京市委社会服务工作先进集体，会员13人被评为民进市委社会服务工作先进个人。

（陈　颖）

【组织活动】1月4日，民进北京市第二十四中学支部与学校党支部召开统战工作座谈会。1月10日，民进北京景山学校支部与民进北京市第五十四中学支部举行“以球会友、健康快乐、与你同行”羽毛球友谊交流赛。1月19日，民进东城经济综合支部召开2018年总结暨2019年新春联谊会，会员40余人参加联谊会。1月21日，民进东城区委组织现任班子成员和退休老领导共16人参观北京大兴国际机场建设。民进东城区委召开二届七次主委会，班子成员6人参会。1月23日，民进东城区委领导班子成员2人陪同中共东城区委统战部副部长走访民进退休老领导。1月24日，民进东城区委走访杰出民进会员单位，中共东城区委常委、区委统战部部长带队，民进东城区委班子成员1人参加。1月30日，民进东城经济综合支部委员3人慰问支部退休老会员。同日，民进东城文化综合支部召开迎新春联谊会暨第二批属地化欢迎会，班子成员2人及会员10余人参加。3月6日，民进东城区委举办“中国梦·民进情”庆三八妇女节传统文化体验式讲座，女会员50余人参加。3月15日，民进东城、西城金融支部联合举办讲座，就财税及投资等热点问题进行研讨，会员30余人参加。4月11日，民进东城区委召开2019年工作部署会，40余个基层支部负责人参会。4月22日，民进东城教育研修学院支部召开学习贯彻落实民进东城区委2019年工作部署会，会员8人学习会章、会史。4月23日，民进东城金融支部针对科创板的设立，为会员30余人举办科创板专题讲座。5月17日，民进东城青委会组织东城区在职民进会员40余人到北京科学中心进行以“我在未来”为主题的参观与学习活动。5月20日，民进北京市第二中学分校支部会员1人走进社区，为孩子们义务排练合唱歌曲，庆祝六一儿童节。5月21日，民进东城区委召开二届五次全委会暨届中民主评议工作动员会，班子成员5人及区委委员8人参加会议。5月23日，民进东城经济综合支部会员20余人参加北京市市场监督管理局下属北京市产品质量监督检验院的实验室开放日活动。6月1日，民进东城经济综合支部与民进东城青委会联合组织14组会员家庭参加“中华小大使”活动。6月2日，民进东城经济综合支部组织会员20余人到北京牡丹电子集团公司参加第四届首都国企开放日活动。6月25日，民进东城区委联合民盟、民建、农工党东城区委举办时政专题报告，民进会员40余人参加。7月8日，民进东城区委召开二届八次全体会暨届中民主评议工作会，班子成员8人进行届中述职，23人参加。7月14日，民进东城博物馆支部和民进东城金融支部联合举办“京华秀梦”非遗京绣体验活动。7月16日，领导班子成员2人和会员2人参加东城区庆祝中华人民共和国成立70周年书法美术展开幕式。8月15日，民进北京市第二中学分校支部召开摄影、诗歌征集活动动员会，并于9月26日召开以庆祝中华人民共和国成立70周年为主题的摄影、诗歌征集活动座谈会，收到20余幅作品。12月7日，民进东城区委举办健身联谊活动，慰问参加国庆群众游行、联欢和后勤保障活动的会员。

（陈　颖）

【调研与提案】2月22日，民进北京市委召开调研立项报告会，区委副主委1人带领课题组成员3人参加，阐述调研立项思想和设想。3月12日，民进北京自然博物馆支部与民进社科院支部联合组织调研活动。3月21日，民进北京市第二十四中学支部到东四胡同博物馆参观调研，与东四街

7月8日，民进东城区第二届委员会届中民主评议工作会召开
（民进东城区委提供）

道办事处座谈商讨课题的具体选题角度及内容。5月23日，民进东城区委和民进东城经济综合支部到北京市产品质量监督检验院参观、座谈和调研，就质量检测工作遇到的问题进行调研，会员20人参与。5月31日，民进北京自然博物馆支部就“做好科学绿化，弘扬生态文明，建设花园东城的建议”的党派政协提案与北京市东城区园林绿化局副局长进行沟通。8月16日，中共东城区委统战部召开统战系统调研工作总结部署会，区委副主委2人参加，汇报课题进展。10月30日，民进东城文化综合支部召开参政议政工作会，介绍支部调研开展情况，了解东城区的地理概貌、植物分布、文化服务等一系列问题，为做好下一步支部社情民意提案作准备。副主委2人和会员20人参加。11月6日，参加政协集体提案会，副主委1人汇报党派提案。11月14—15日，参加民进北京市委参政议政工作会，会上会员3人的调研报告分别获得二等奖和三等奖。2019年上交3篇调研报告，其中1篇作为党派联合调研提交中共东城区委统战部，获东城区民主党派、无党派参政议政优秀调研成果创新成果奖，2篇被民进北京市委采用，1篇转化为东城区政协提案，被评为党派团体优秀提案。

（陈　颖）

【社情民意信息】6月16日，民进东城区委举办社情民意信息骨干培训班，会员36人参加。全年报送社情民意信息145条，被民进中央采用1篇，被民进北京市委采用10篇，被市政协采用1篇，被蔡奇书记批示1篇，被张家明副市长批示1篇，被区政协采用21篇，被区领导批示1篇，1篇报全国政协。会员2人获得民进北京市委优秀信息成果一等奖，会员2人获二等奖，会员4人获三等奖。民进东城区委被评为东城区统战系统信息优秀工作单位三等奖，会员1人被评为东城区统战系统信息工作优秀信息员。会员3人被评为优秀政协委员，会员4人被区政协评为优秀社情民意信息工作者，会员1人被评为庆祝中华人民共和国成立70周年活动做出突出贡献的委员。

（陈　颖）

【参加党政会议】1月24日，参加区政府召开的党外代表人士迎新春座谈会，民进东城区委主委在会上发言，用“凝聚思想共识，弘扬团结奋进正能量”“把握原则、统筹推进，夯实组织发展基础”“不负职责使命，参政议政助力社会发展”“多方联动、服务社会，推动社会服务工作新发展”四句话，总结民进区委2018年工作，并表示要以政治建设为统领，以系列重大纪念日和重要活动为契机，以基层组织建设为工作重点，以服务大局为宗旨，以“擦亮品牌·创新服务”为目标，助力北京市和东城区的经济社会发展。1月，领导班子成员1人参加区民主党派、工商联负责人和无党派代表人士征求意见座谈会，就区委常委班子及常委强化创新理论武装，树牢“四个意识”，坚定“四个自信”，做到“两个维护”，勇于担当作为，以求真务实作风坚决把党中央决策部署落到实处，加强自身建设等方面提出意见建议，并对区四套班子及区级党员领导干部、区委统战部提出意见建议。4月26日，成员3人参加党风廉政建设通报会。7月22日，领导班子成员2人出席东城区党派团体协商通报会，就中共东城区委十二届六次全会工作报告与区2018年上半年经济社会发展情况和下半年重点工作安排提出意见建议。12月19日，领导班子成员2人出席东城区党派团体协商通报会，民进东城区委主委发言，就区有关人事安排、区委区政府工作报告提出意见建议。

（陈　颖）

【国庆70周年主题教育活动】为庆祝中华人民共和国成立70周年，4月12日，民进东城区委制订印发“不忘合作初心，继续携手前进”主题教育活动工作方案。8月16日，举办“不忘初心，爱我中华”主题活动，组织会员380余人观看爱国影片。8月24日，组织会员12人参与“我和我的祖国”歌曲快闪活动。9月26日，组织会员200余人观看国庆献礼影片《决胜时刻》，重温中华人民共和国建国史，坚定新征程中民主党派成员跟党走的理想信念。10月12日，召开二届八次主委会，总结主题教育活动实施情况，领导班子7人参会。10月17日，组织退休老会员参观中国电影博物馆，观看庆祝中华人民共和国成立70周年主题展览《光影抒华章 奋斗新时代》。11月6日，举办“牢记合作初心，实现伟大梦想”专题讲座，会员30人参加。11月14日，组织会员30人到中国邮票邮政博物馆，参观中华人民共和国成立70周年邮票展。11月29日，召开主题教育总结会，总结经验，交流方法，领导班子7人参会。11月30日，民进北京东城经济综合支部开展“不忘初心·京城京韵文化之旅”主题教育活动，会员及家属20人参加。7月至11月，组织书画家3人、摄影爱好者2人、教师4人参与书法、美术、摄影、征文等讴歌中华人民共和国成立70周年成就的活动，选送4幅书画作品、6幅摄影作品、3篇征文参加比赛。会员22人参加国庆庆典群众游行、联欢和后勤保障，会员10人参加国庆庆典观礼。

（陈　颖）

【社会服务】1月16日，民进东城区委组织民进书画家10余人到东城区朝阳门街道新鲜社区开展送春联进社区活动，为社区居民送200余副对联。1月23日，民进东城区委携手东城文化志愿者走进北京武警总队执勤第二支队，送春联进军营，书画家3人及其他志愿者现场书写200余副对联和400个福字给军营。4月12日，民进东城区委联合民进北京市委到河北安新中学开展支教活动。4月17—20日，民进东城区委联合民盟、农工党东城区委组织医疗、教育专家一行34人赴湖北省十堰市郧阳区开展社会服务，民进会员对十堰市郧阳区实验中学教师300余人进行教育教学培训。5月31日至6月1日，民进东城区委促进北京第五中学通州校区和河南省安阳幸福中学交流合作，在幸福中学签订友好合作协议。8月25日，民进东城经济综合支部在大兴区常子营镇小黑垡村开展“扶残助残，你我同行”的主题助残活动，会员40余人参加。8月26—29日，民进东城区委带领教育讲师团成员5人到安阳幸福中学，对教师200余人进行为期4天的教育培训。8月27日，民进东城区委联合民进朝阳区委、民进怀柔区工委，走进怀柔区喇叭沟门满族乡对角沟门村，开展文化下乡活动，送去文艺演出，现场为村民书写歌颂祖国的对联和福字。11月20—22日，民进东城区委到金沙县开展“同心·彩虹行动”教育结对和对口帮扶活动，考察3所对口帮扶学校，代表小码王专项公益基金向金沙县第二、第三中学，金沙县鼓场街道初级中学共捐赠图书3000册，会员1人为金沙县教师570人开展两堂讲座。

（陈　颖）

中国农工民主党北京市东城区委员会

【概况】中国农工民主党北京市东城区委员会（简称农工党东城区委），成立于2011年6月。是以医药卫生、人口资源和生态环境领域中高级知识分子为主、具有政治联盟特点、致力于建设中国特色社会主义事业的政党，是同中国共产党通力合作的参政党。内设主任委员1人，副主任委员6人，委员14人，下辖24个支部，党员991人。党员中有全国政协委员1人，市人大代表1人，区人大代表3人（其中区人大常委1人），市政协委员2人（其中市政协常委1人），区政协委员7人（其中区政协常委2人），农工党市委委员5人（其中农工党市委常委3人）。

2019年，农工党东城区委加强思想宣传工作，组织党员观看国庆献礼影片《决胜时刻》，参观庆祝中华人民共和国成立70周年邮票展；2幅书画作品、3幅摄影作品、2个微视频、4篇征文作品参加农工党中央、农工党北京市委、东城区委统战部举办的书画、摄影展、微视频大赛及征文活动，其中一幅摄影作品获得农工党中央摄影比赛二等奖；党员20人在国庆庆典当天承担医疗保障服务、群众游行、文艺演出等任务，党员10余人参加东城区委统战部组织的“不忘合作初心·颂歌献礼祖国”快闪活动。农工党东城区委、农工党东城区委三支部委员会、农工党东城区委天坛医院支部委员会、农工党东城区委教育支部委员会，分别获农工党北京市委授予先进集体称号，党员2人分别获农工党中央授予首届农工党青年提案三等奖、优秀奖，党员71人获农工党北京市委授予优秀党员称号。组织红色教育基地参观活动：在郧阳区义诊期间，带领党员参观南化塘烈士陵园；参观平西抗日纪念馆。

（梁　轩）

【组织建设】5月，召开农工党东城区第二届委员会届中述职工作会，领导班子集体述职和个人述职，区委委员、支部主任对班子成员政治把握能力、参政议政能力、组织领导能力、合作共事能力、解决自身问题能力进行评议。全体区委委员提交书面述职报告。8月，农工党中央常务副主席到东三支部开展调研，区委领导和骨干13人围绕支部组织建设、班子建设、代表性人士建设情况与农工党中央领导进行交流座谈。全年共发展党员31人，其中45岁以下中青年党员21人，医药卫生领域24人，硕士以上学历19人，中级以上技术职称22人；完成原市委直属桥牌支部、北京市文化局支部党组织关系划转。推荐党员3人为市级代表性人士，党员4人加入东城区新联会，召开新党员培训班1次。

（梁　轩）

【民主协商】7月、12月参加东城区党派团体协商通报会、东城区纪检监察半年工作情况通报会，听取工作汇报，并围绕社区卫生信息系统建设、老城保护利用、接诉即办等工作提出意见建议13条。主委代表农工党在会议上发言。

（梁　轩）

【调研与提案】2019年，围绕市、区中心工作开展调研。组织课题成员到北京市规划展览馆、北京市疾病预防控制中心、东城区西园子社区等地调研，邀请原北京市文物局局长针对名城保护、共生院建设发展问题开展讲座。年底形成调研报告7篇，其中3篇调研参与区政协优秀调研成果评选表彰；1篇转化为党派提案。《关于提升东城区学前教育核心品质的建议》提案获区政协2019年党派团体优秀提案。

（梁　轩）

【社情民意信息】2019年，报送86篇社情民意，其中中检院支部党员撰写的《关于加快推动新能源汽车充电桩及配套设施建设的建议》和综合支部党员撰写《关于在体育场馆普及 AED 急救设备的建议》被农工党中央采用，市中医院支部党员撰写的《关于在钟楼湾社区试点推广电动粉碎马桶的建议》《关于在钟鼓楼社区继续开展治理僵尸自行车行动的建议》获得区领导批示。市政协采用4篇、市委统战部采用1篇。

（梁　轩）

【社会服务】4月、6月、8月分别到东城区对口帮扶地区湖北省十堰市郧阳县、河北省张家口市崇礼区、内蒙

11月15日，农工党东城区委赴陕西省商洛市丹凤县开展医疗扶贫活动
（杨凯摄）

古化德县开展医疗帮扶工作，医生党员30余人参加义诊和专业讲座，累计接诊800余人次，培训医务人员600余人次。4月，联合东二支部，组织党员20余人赴怀柔区公安分局开展义诊服务活动。6月，赴密云区鼓楼街道社会福利中心开展义诊活动。11月15日，主委带队，联合中国社会科学院扶贫办赴陕西省商洛市丹凤县开展医疗扶贫活动，问诊500余人次，开展主题为“高血压社区管理策略”专题讲座1场，受众70余人次。

（梁　轩）

中国致公党北京市东城区委员会

【概况】中国致公党北京市东城区委员会（简称致公党东城区委），成立于2011年6月25日，第二届委员会成立于2016年6月5日。有主委1人，常务副主委1人，副主委3人，副主委兼秘书长1人，委员10人。设1个参政议政领导小组和7个专委会。基层支部13个，党员481人。党员中有致公党中央委员2人、各专委会委员21人。致公党市委常委2人、委员4人，监督委员会委员2人，各专委会副主任5人、秘书长1人，委员33人。市人大代表1人，区人大常委1人、代表2人。全国政协委员1人，市政协委员1人，区政协常委3人、委员8人。区侨联副主席2人、常委2人、委员3人。区特约监察员、监督员3人。

2019年，坚持理论学习和专题教育并重原则开展活动，围绕市区中心工作，积极参政议政，参加民主协商，开展社会服务。2人被致公党中央评为优秀党员；1人被致公党中央评为优秀组织工作者；致公党区委被致公党市委评为2013—2018年度参政议政工作先进集体；25人被评为参政议政工作先进个人。1人被北京市归国华侨联合会授予北京市侨联工作先进个人。

（李　辉）

【调研与提案】1月7—10日，在区政协第十四届委员会第三次会议上，区委提出的《关于改善我区非公中小企业劳动关系协调机制建设的建议》被评为党派团体优秀提案，2人提出提案被评为委员优秀提案，5人被评为优秀政协委员，3人被评为优秀社情民意信息工作者，1人代表致公界别作题为《进一步提高东城区城市精细化治理》大会发言，1人在区政协举办“以北京城市中轴线申遗为契机，做好东城区历史文化发掘工作”为主题的联组议政会上作《致敬历史——文化与科技两翼齐飞》交流发言。1月8—10日，在东城区第十六届人民代表大会第五次会议上提交2件建议案。3月30日，在致公党北京市委参政议政表彰会上，1人执笔《基层食品药品监督执法能力现状与评估分析》被评为参政议政优秀调研成果奖。4月19日，致公党、民革区委组织召开联合调研工作会，研讨、部署联合调研工作。6月11日，两党派区委调研组成员参加提案协商督办会，听取区城管委等相关部门对《关于进一步提高东城区城市精细化治理的建议》提案的答复情况。该提案得到夏林茂书记批示，并作为重点提案由东城区委副书记、区政协主席宋铁健督办。8月16日，在全区统战系统信息调研工作总结部署会上，致公党东城区委、民革东城区委联合调研《进一步提高东城区城市精细化治理的调研报告》被评为2018年度东城区参政议政优秀调研成果建言成果奖。10月11—15日，致公党东城区委、民革东城区委就“落实新版总规，做好老城整体保护复兴的研究”课题调研组15人，到浙江省台州市、绍兴市、杭州市开展联合调研活动。

（李　辉）

【社情民意信息】全年报送社情民意信息123条，致公党北京市委采用30条，市委统战部采用2条，市委市政府采用1条，市政协采用2条，区政协采用22条。在致公党北京市委参政议政表彰会上，1人撰写的《关于简化企业开办审批流程的建议》被评为优秀社情民意信息。

（李　辉）

【民主协商】7月22日，2人参加中共东城区委召开的党派团体协商通报会，就区委、区政府半年工作报告和2019年纪检监察半年工作情况与各民主党派、工商联负责人和无党派代表人士进行协商，并听取意见建议。12月19日，2人参加中共东城区委召开的党派团体协商通报会。

（李　辉）

【组织建设】1月17日，区委召开老干部和20年党龄党员迎新春座谈会，班子成员4人出席。1月20日，区委召开2018年度工作总结表彰大会，致公党北京市委专职副主委等领导出席。春节前夕，班子成员和各支部分别走访慰问老党员、老干部，送去慰问品和新春祝福。3月7日，庆祝三八妇女节，组织女党员观看电影《绿皮书》。4月24日，区委召开二届九次全委（扩大）会议，布置支部换届和2019年调研工作。5月，第一至第九支部相继召开支部委员会换届选举会议，新增的第十支部召开支部委员会选举会议，按照《中国致公党章程》要求，选举产生支部主委10人、副主委10人和支部委员30人。7月23日，区委召开二届十次全委会议，开展届中民主评议工作，并召开民主生活会，针对民主评议中反映出的问题和不足开展批评与自我批评，制订整改措施。全年发展新党员34人，从外省转入4人，去世3人。

（李　辉）

【社会服务】1月11—13日，由致公党东城区委委员发起并协助有关部门在北京市东城区少年宫举办第四届钟鼓楼相声汇，致公党中央、北京市委、致公党区委的党员及家属200余人观看演出。3月6日，区委班子成员1人，在妇女节来临之际，向东花市街道困难母亲赠送“母亲邮包”。5月29日，1人带领爱心队伍到西藏，举办当雄县公塘乡中心小学六一表彰大会暨文艺演出，现场向中心小学学生捐赠图书400本，书包100个，笔袋100个，手风琴5台，国安足球2个。7月17—19日，致公党、民建区委赴内蒙古自治区阿尔山市联合开展调研与对口帮扶，组织医务专家7人为2个村镇250余人进行医疗义诊，律师3人为村民普及法律知识。8月12日，开展“致惠公益精准帮扶计划”活动，向新疆维吾尔自治区英也尔乡卫生院，捐赠一台价值17万元便携式彩色B超机。8月23日，向东花市地区10户低收入家庭子女发放3万元助学金。8月28日，致公党、民建区委组织医务专家10人赴门头沟雁翅镇房良村为100余人进行医疗义诊。11月21日，1人出席成都师范学院德阳高级中学举办的爱心资助捐赠仪式，并向贫困学生500人捐赠500个书包、文具及生活用品，价值10万元。

（李　辉）

【主题教育活动】4月15日，18人参加首都统一战线庆祝中华人民共和国成立70周年主题教育活动启动仪式。4月20日，第九支部、老龄专委会共同举办“我和我的祖国”主题活动——游什刹海、讲老北京故事，合唱《我和我的祖国》。5月8—9日，组织党员参观“寻根之行——走进中国政协文史馆”纪念中华人民共和国成立70周年暨人民政协70周年主题系列活动。7月30日，4人参加东城区庆祝中华人民共和国成立70周年摄影作品开幕式，有2人作品参展。同日，5人参观首都统一战线庆祝中华人民共和国成立70周年——“与共和国同行”主题艺术展。8月24日，区委统战部与致公党区委在明城墙遗址公园联合举办“不忘合作初心·颂歌献礼祖国”快闪活动，共同唱响《我爱你中国》和《歌唱祖国》。8月28日，致公党、民建区委开展主题教育活动，参观京西山区中共第一党支部纪念馆和崔显芳烈士纪念馆。9月4日，召开第二届委员会第十一次会议（扩大），动员部署“不忘合作初心，继续携手前进”主题教育活动。9月19日，3人参加“五侨”举办的“寄语新中国 我对祖国有话说”座谈会并发言。同日，第四、九支部联合召开座谈会，结合党史谈体会，并参观77文创园主体建筑及园内特色艺术空间。9月24日，1人参加东城区统一战线庆祝中华人民共和国成立70周年座谈会。9月25日，组织部分党员前往北京香山革命纪念地——双清别墅、来青轩等革命旧址参观。10月20日，第四支部与民革丰台工委第一支部联合活动，围绕“中国梦 教育情”开展互动交流。10月24日，第四、六、八支部15人到爱国主义教育基地中山堂参观《孙中山与北京》及孙中山先生生平事迹展。10月25日，第一、二、三、五、七支部组织30人参观北

8月24日，区委统战部与致公党东城区委在明城墙遗址公园联合举办“不忘合作初心·颂歌献礼祖国”快闪活动（致公党东城区委提供）

京科学中心，感受科技的魅力和祖国的强盛。12月14日，区委第十支部、致公党西城区委第一支部和青委会、致公党海淀区委民族大学支部联合开展主题教育活动——青年党员学习交流会，30余人参加。

（李　辉）

【参加党政重要会议】1月24日，致公党区委班子成员3人参加东城区举办党外人士迎新春座谈会。7月10—12日，区委班子成员及委员7人参加区委统战部举办的“同心同行70载·不忘初心再出发”——2019年东城区民主党派区委领导班子成员和新阶层代表人士培训班。8月29日，2人参加致公党中央召开的健康中国人行动专题座谈会，1人在会上发言。9月26日，14人参加区委统战部举办的东城区民主党派“同心圆大讲堂”。10月12日，11人参加区委统战部举办的东城区民主党派“同心圆大讲堂”暨国庆服务保障先进事迹统战专场报告会，1人作为致公党区委代表就参与国庆活动沿线服务保障工作，作“初心如磐同见证，使命勇担报国恩”主题发言。11月30日，组织12人参加致公党北京市委举办“我爱你中国”主题交流会。12月20日，主委及班子成员、支部委员参加致公党北京市委召开的第九届委员会第八次全体（扩大）会议，致公党北京市委主委作《中国致公党北京市第九届委员会常务委员会2019年工作报告（审议稿）》并进行分组讨论。区委主委代表致公党区委就2019年工作从5个方面进行交流发言。

（李　辉）

【海外联络】7月12—16日，2人应邀参加“菲律宾中国洪门致公党119周年庆典活动”。1人代表致公党市委侨海工作委员会致辞。1人在当地3个支部改选会上致辞、现场展示书画技艺。

（李　辉）

九三学社北京市东城区委

【概况】九三学社是以科学技术界高、中级知识分子为主的、具有政治联盟特点的政党，是接受中国共产党领导、同中国共产党通力合作的亲密友党，是进步性与广泛性相统一、致力于中国特色社会主义事业的参政党。九三学社北京市东城区委员会（简称社北京市东城区委）第一届委员会成立于2011年7月3日，第二届委员会于2016年6月11日选举产生，主委1人，副主委5人，专职副主委兼秘书长1人，委员16人，下辖妇女、青年、参政议政、老龄4个委员会。有支社19个，社员1006人；社员中有全国人大代表2人、区人大代表5人、全国政协委员6人（其中常委2人）、市政协委员3人（其中常委1人）、区政协委员14人（其中政协副主席1人，常委2人，政协关系在其他区县3人）。

2019年，学习贯彻习近平新时代中国特色社会主义思想，围绕全市、全区中心工作，以“新时代 新使命 新社员 新担当”为口号带领社员履行参政议政、民主监督和参加中国共产党领导的政治协商等职能。开展义诊1次，慰问培智学校1次。召开调研报告研讨会1次。1人获年度九三学社中央组织部组织工作先进个人称号，47人获2017—2018年度社北京市委优秀社员称号，1人获得2017—2018年度社北京市委社务工作突出贡献奖，2人获得2017—2018年度社北京市委社会服务工作突出贡献奖，2人获得年度社北京市委突出贡献奖，15人被评年度社北京市委优秀社员，4人被评年度社北京市委优秀社务干部。

（卢　迪）

【调研与提案】2019年，向区政协十四届三次会议提交《关于把东城区东四街区打造成街巷文化展示区的建议》《关于推进家庭医生制度 完善分级诊疗的建议》2件党派提案及10余件委员联名、个人提案，向中共东城区委统战部提交调研报告3份。向区政协十四届二次会议提交的《关于适应北京区划调整要求，切实加强我区历史文化名城保护的建议》获得2018年党派团体优秀提案，社北京市东城区委主委在联组议政会上作“以北京城市中轴线申遗为契机，做好东城区历史文化发掘工作”主题发言。政协委员社员2人被评为区政协年度优秀政协委员，社员2人获得区政协年度优秀社情民意信息工作者称号。4月26日，召开调研课题开题会。领导班子成员4人出席，区委委员、各支社代表及调研课题申报人20余人参加。东城第二综合支社、应急管理部支社、崇文综合支社、文物美术支社4个支社作申报课题开题陈述，聚焦社区建设、医联体建设、营商环境、旅游资源、文商旅运营、文物保护等主题。会上还通报社情民意工作情况；传达社北京市委年度社务工作会精神，部署纪念五四运动百年、义诊、帮扶及届中评议等社务工作。7月25—28日，银川金凤区支社社员1人，联合东城中国中医研究院支社社员1人，在宁夏中药材种植与深加工方面开展调研，了解当地中药材产业发展中所面临的困难和问题。

（卢　迪）

【社情民意信息】2019年，上报社情民意信息203条，主要涉及古城保护、民生福祉、城市管理、社会建设等领域。获东城区统战系统社情民意信息工作一等奖。信息被九三学社中央采编1篇，被北京市政协采编1篇，被社北京市委采编33篇，获得北京市委常委批示1篇。10月30日，九三学社东城区委参政议政委召开专业小组组长会议，总结参政议政信息收集报道情况，讨论鼓励社员撰写信息和报道的激励方案，组长交流工作。参政议政委副主任2人、5个专业小组组长参加会议，专职副主委兼秘书长列席会议。12月6日，九三学社东城区委参政议政委召开工作会。总结信息收集报送情况，通报社情民意信息集第一册印制情况；国家体育总局支社主委介绍提案撰写要求；中国社会科学院支社社员、区人大代表介绍议案撰写要求；讨论参政议政工作方法。12月8日，九三学社东城区委参政议政委员会第四工作组举办“小组下午茶”主题议政活动。12月10日，国家体育总局支社社员1人应市教委邀请进行专题面商，市教委基教一处等单位领导参加。社员10月初提交的《应加强对“非遗进校园”的师资管理》被北京市政协《诤友》2019年第217期刊载，获得市委常委批示。

（卢　迪）

【政党协商】1月，领导班子成员1人参加区民主党派、工商联负责人和无党派代表人士征求意见座谈会，肯定东城区四套班子及区级党员领导干部、区委统战部的工作成绩，并提出4点建议：要关注民主党派机关干部个人成长，帮助支持各民主党派区委培养高素质的机关干部，营造和谐工作氛围；组织开展民主党派各级组织间交流学习及与中共组织的交流学习活动，互学互鉴；协助各民主党派机关完善机关档案标准化建设、机关制度建设、加强业务知识培训；进一步发挥民主党派事务管理信息系统的作用，做好该系统的维护与更新保障工作，以便各党派实现人员、事务、文档等数据库管理和更新，提高工作效率和水平。7月19日，领导班子成员2人出席东城区党派团体协商通报会，就区委区政府工作报告提出意见建议：建议报告中要突出东城区支持副中心和市行政办公区搬迁建设方面的工作成绩；建议在区政府报告中适当加入建设医联体与医养结合等相关工作的内容；建议采纳专家社员提出“共生院”与“共生街区”概念；建议将东四三至八条、东交民巷周边街区着力打造成“博物馆型街区”。9月20日，领导班子1人参加东城区庆祝中华人民共和国成立70周年座谈会，并发言回顾中华人民共和国成立与多党合作制度确立70年来，各党派在中国共产党领导下，荣辱与共、肝胆相照的峥嵘岁月，肯定各党派区委在中共东城区委的正确领导下，在中共东城区委统战部的具体指导下，紧紧围绕区中心工作，履职创新，共献深化改革之计，共谋经济社会发展之策，政治素质、参政议政、社会服务、自身建设成绩傲人。12月，领导班子成员2人出席“东城区党派团体协商通报会”，就区有关人事安排、区委区政府工作报告提出意见建议，主委朱岩石在会上建言：建议2个报告中提及的数据表述相统一；建议在学习新时代中国特色社会主义理论时，注重创新学习形式，重视对党建工作的标准化、量化、具体化，建议开设“东城文化会客厅”系列活动，打造文化东城之文化生产、文化生意、文化生机、文化生态、文化生活5个方面文化生态环境建设；建议东城区建立以故宫、东交民巷、北大红楼、天安门广场为核心的4个文化展示区；建议将大数据技术充分融入未来区委区政府的各项工作与决策，建立“民生账本”，深入了解民情，主动发现问题；建议联系国家体育总局，结合北京冬奥会等契机，带动区经济、建设、文化等综合协调发展，联系国家林业和草原局，为区对口扶贫地提供智力扶持。

（卢　迪）

【民主监督】4月11—18日，国家林业和草原局支社副主委1人参加社中央主席武维华率队赴陕西省山阳县开展脱贫攻坚民主监督工作，负责扶贫资金使用情况督查。4月25日，领导班子1人参加东城区党风廉政建设和反腐败工作通报会，肯定东城区纪委区监委2018年的工作成绩，并就2019年相关工作提出3点建议：对教育、卫生、人社局系统基层单位的领导设置、“三重一大”等问题的监察；对于区属企业干部的审计工作也有待进一步提高，堵住风险漏洞；督促各纪检监察派驻组主动与党派监督员联系。12月4—7日，文物美术支社社员1人参加社北京市委组织赴浙江、上海开展社会服务与专项民主监督工作调研。2019年，社员2人被聘为东城区第八届特邀监督员。

（卢　迪）

【组织建设】2019年召开主委会8次，全委（扩大）会3次。4月16日，社北京市委主委在中国社会科学院考古研究所主持召开社北京市委第十三届委员会第十八次主委（扩大）会议，听取东城区委工作汇报，调研东城社务工作开展情况。社北京市委副主委4人出席，理论研究会主任、副秘书长，社北京市西城区委、社北京市东城区委负责人和社北京市委机关各部门负责人列席会议。社北京市东城区委主委汇报2016年换届以来，社北京市东城区委进一步发挥优势，打造品牌，建设充满生机活力区级组织的经验：在组织建设上倡导开放共享模式，增强基层组织活力；在参政议政上完善工作机制，激发履职热情，在社会服务上整合资源，突出特色，扩大影响。5月31日，社北京市东城区委第二届委员会召开届中评议会。东城区统战部党派组2人，社北京市委组织部干部1人，社北京市东城区委主委及领导班子成员4人出席会议，区委委员11人参加会议。党派组组长代表东城区统战部做届中评议工作动员，提出3点建议：继续加强思想建设，广泛凝聚共识；继续加强参政本领的建设，积极建言献策；继续加强队伍建设，为党派自身发展储备人才。8月1日，社北京市东城区委组织入社积极分子15人召开2019年度第二期入社积极分子座谈会。会上，向到会人社积极分子讲解社北京市东城区委概况、统一战线基础知识及入社手续；讲解参政议政稿件撰写知识。9月25日，社北京市东城区委在东城区社会主义学院召开二届十次全委（扩大）会议，九三学社北京市东城区委主委、副主委4人、专职副主委兼秘书长出席会议，区委委员16人参加。会议传达各民主党派中央关于新时代组织发展工作座谈会纪要精神；主委与区委委员开展廉洁从政从业教育集体谈话，传达社北京市委《关于加强廉洁从政从业教育的通知》精神；通报区委“不忘合作初心、继续携手前进”主题教育第四季度相关活动方案；主委还对社北京市东城区委届中调整和社北京市东城区委参政议政委员会工作进行相关说明。12月12日，东城科技园区支社在南锣鼓巷南锣书店与四川泸州市江阳区支社开展基层组织联谊。

（卢　迪）

【社会服务】1月24日，社北京市东城区委法律指导和心理健康教育服务团队到二中分校宣讲。服务团队与东城区教委及3所学校的领导、老师交流巡讲事宜。对二中分校年级组长、班主任、德育干事进行法治心理培训。5月7日，社北京市东城区委法律指导和心理健康教育服务团到安外三条小学宣讲，为全校老师进行法治和心理培训。5月11日，社北京市东城区委组织社员20余人到东花市街道北里社区活动中心开展“共建和谐社区”社会服务活动。东直门医院支社、北京医院支社、同仁医院支社、东城第一综合支社、崇文综合支社、北京口腔医院支社等医卫界别社员为社区百姓免费诊治疾病。东城法律支社、崇文综合支社法律界别社员为居民解答法律问题。服务居民近200人次，社区百姓送来感谢信1封。5月17日，中国中医研究院支社应社北京市委九三名医工作室邀请，联合中国中医科学院党支部、行政支部党员到门头沟区妙峰山镇陈家庄村，送义诊到村，接诊100人次。5月24日，社员27人到东城区培智学校开展“关注弱势群体　助力培智学校”活动，医卫社员6人为学校学生、家长及教职工进行义诊；社员2人为学生家长提供法律咨询；社员21人作为陪同志愿者或服务志愿者，与学生一起参与心理健康日体验活动。8月6—8日，社北京市东城区委选派医卫专家社员4人参加区政协专家团到内蒙古自治区化德县医疗帮扶，为化德县医院、中蒙医院、莲德医院及各乡镇卫生院医生做2场专题讲座，在化德县医院、中蒙医院开展带教查房、义诊活动，服务百姓200人次。10月10—13日，中国中医研究院支社主委应社中央社会服务部邀请，到四川省旺苍县、广元市参加“九广”合作义诊活动，在广元市旺苍县中医医院、广元市中医院等地义诊，服务百姓近100人次。

（卢　迪）

【社务活动】1月7日，九三学社北京同仁医院支社召开年终总结会，同仁医院党委书记和社北京市东城区委主委及社员40余人参加会议，总结2018年支社社务工作及社员业务工作；向社务突出社员颁奖。1月16日，东城第一综合支社举办“关注健康，迎新纳福”迎新座谈会。1月19日，崇文综合支社联合社河北省石家庄市委裕华区委员会、社天津市委河北区联合一支社到故宫博物院，开展九三学社京津冀协同发展，三地社员开展“贺岁迎祥——紫禁城里过大年”活动。社北京市委专职副主委等领导、部分社员及家属60人参加活动，活动邀请故宫博物院科研处社员1人讲解，民进书画家1人作为嘉宾，三地社员齐集在午门前，集体参观故宫博物院特展，崇文综合支社为社友送上福字，民进书画家分别向三地基层支社赠送书法作品，各地基层支社代表分别发言，社北京市东城区委副主委代表社北京市东城区委发言，希望在未来的联合活动中携手并进，社北京市委专职副主委肯定崇文综合支社在创建方面有所突破，希望3个基层组织继续联合开展社务活动，三地社员亲如一家，促进京津冀社务协同发展。1月27日，东城第二综合支社举办2019年迎新春团拜会活动，总结2018年社务，展望2019年工作，新社员自我介绍，并就多个新兴领域知识进行交流，社员18人参加。1月至2月，社北京市东城区委联合基层支社慰问资深社员50人。3月1日，社北京市东城区委妇委会组织女社员40余人到顺义爱慕内衣工厂店参观。3月14日，社北京市东城区委“翰墨临风”书法班在子瞻书画教育正式开班；文物美术支社支委、区青联委员1人应邀授课；全年共开学习班7次，累计学习超过120人次。3月17日，崇文综合支社举办2019年第一期“社员有话说”系列活动之“遇见美丽”。社员2人与大家交流护肤知识、女性健康专题。4月16日，东城第一综合支社组织社员参观京作榫卯艺术馆。4月15日，社北京市东城区委组织社员15人参加东城区统战部在明城青少年活动中心举行的践行“红墙意识”·不忘合作初心——东城区统一战线庆祝新中国成立70周年主题教育活动启动仪式。4月19日，交通运输部支社副主委1人组织所在单位在职党派成员学习活动并传达统战工作精神。4月21日，中国中医研究院支社赴中央国家机关廉政教育基地恭王府参观学习。4月28日，交通运输部支社召开支委会，考察积极分子3人，商讨推荐计划；各支委汇报分管工作；商定社务活动方案。4月至12月，社北京市东城区委组织社员200余人次到中国人民抗日战争纪念馆、全国政协文史馆、王选纪念馆、国家博物馆、北京展览馆、华侨博物馆等6个博物馆开展“不忘合作初心 继续携手前进”系列主题教育活动，夯实社员共同思想政治基础。5月6日，社北京市东城区委老龄委邀请东直门医院支社专家社员2人，就老年病为老社员作专题报告。5月7日，社北京市东城区委联合社北京市朝阳区委联合举办“同心、同向、同行——纪念五四运动100周年”主题活动，集体参观北大红楼；在商务印书馆涵芬楼，青年社员代表2人代表两区青年社员，发出“同心、同向、同行——纪念五四运动100周年”联合倡议；北京师范大学历史学院历史学教授作五四运动百年的纪念与思考主题报告。东城区统战部、社北京市朝阳区委、社北京市东城区委等单位领导、社中央组织部干部到场，社员50余人参加。5月30日，由故宫博物院古建部、中国紫禁城学会、社北京市东城区委主办，东城区政协港澳台侨委、文物美术支社、社北京市东城区委青委会、社北京市朝阳区委青委会协办的“中纹之美”文化沙龙活动在故宫博物院内举办。活动邀请故宫博物院古建部专家、青年艺术家社员及金山软件公司专家分别从古建纹饰、写意书画的文化内涵及传统图样数字化角度分别作专题报告，现场社员与讲座专家进行互动，有关领导及社员50人参加。6月21—22日，社北京市东城区委社员5人参加北京市社会主义学院举办的年度北京市民主党派新成员培训班（第　期）。6月29日，全国政协委员、搜狗CEO、东城科技园区支社社员获第十五届中国青年科技奖。7月至10月，社北京市东城区委社员8人参加国庆游行活动，7人社员代表九三学社参加民主法治方阵，1人代表新的社会阶层人士参加中华儿女方阵。8月10日，同仁医院支社社员为儿童免费开展眼部筛查活动，服务儿童20人。8月13日，商务印书馆支社社员3人参观本支社社员“记忆北京”油画作品展。8月30—31日，社北京市委、社天津市委、社河北省委、中国林业产业联合会森林康养分会主办，社北京市东城区委协办，国家林业和草原局支社、中国林业科学研究院支社共同承办的第二届“三林论坛”（京津冀森林康养产业发展研讨会）暨全国森林康养基地试点建设单位授牌仪式在津举行，有关领导及京津冀三地政府主管部门，专家、学者，九三学社社员共100余人参加研讨会。8月31日，东城科技园区支社组织举办主题为“初鉴·故宫”的故宫博物院参观活动，社员和家属40人参加。9月25日，社北京市东城区委在东城区社会主义学院举办社北京东城区委参政议政委2019年工作会暨中青年骨干培训班，通报社北京市东城区委参政议政委新设5个工作小组的决定，介绍小组设立的意义、依据、组长人选及产生过程、工作小组运行机制等问题，并宣布5个工作小组正式成立，到会领导为工作小组组长颁发聘书并讲话，东城区委统战部研究室主任结合自己工作经历分享社情民意信息写作知识。5个工作小组分别开展专题讨论，分享6篇社情民意稿件。有关领导及骨干社员、新社员115人参加。9月26日，参加东城区委统战部主办的第一期东城区民主党派“同心圆大讲堂”。10月11日，社中央文化工作委员会在故宫博物院举办“学习传统文化、传承中华精神”讲座，社北京市东城区委主委朱岩石出席并讲座。10月12日，中共东城区委统战部举办第二期东城区民主党派“同心圆”大讲堂暨国庆服务保障先进事迹统战专场报告会。社东城区委专职干部、崇文综合支社组织委员分享参与国庆70周年群众游行感受。10月14日，社北京市东城区委老龄委举办庆重阳手工制作活动，领导班子成员2人及老社员24人参加。10月20日，参加中华人民共和国成立70周年庆典社员3人，在东城第二综合支社与社员17人，分享参加活动的心得体会。10月29日，崇文综合支社与听工场评书社联合举办“忆九三先贤 共筑中国梦”评书专场，纪念支社成立20周年，青年评书演员们为大家演绎启功、徐邦达、茅以升、赵九章先贤的光辉事迹。支社新社员、赵九章先生外孙回忆外祖父事迹。11月初，该活动经社中央宣传部推送九三学社社员之家APP上线。11月10日，东城第二综合支社开展学习十九届四中全会精神。11月24日，东城第二综合支社分享中国燃料能源储藏和生产近况；学习习总书记重要讲话精神、社中央国庆70周年寄语、九三学社章程。11

5月7日，九三学社东城区委、九三学社朝阳区委联合举办同心、同向、同行——纪念五四运动100周年主题活动（九三学社东城区委提供）

月26—27日，社北京市东城区委社员3人参加市第十五次归侨侨眷代表大会，1人当选为北京市侨联委员。12月1日，东城第一综合支社总结迎新会，医卫社员2人现场做心脑血管和骨科康复讲座；总结2019年的全年社务；通报社费情况。

（卢　迪）

台湾民主自治同盟北京市东城区委员会

【概况】台湾民主自治同盟北京市东城区委员会（简称台盟东城区委），成立于2011年6月，有盟员99人，设台盟中央、全国台联、在职、乐龄4个支部，有区委委员9人，主任委员1人、副主任委员4人，其中专职副主委1人。盟员中有全国人大代表1人、全国政协委员4人、市人大代表2人、市政协委员5人、区人大代表1人、区政协委员5人（增补区政协委员2人），担任最高人民法院特约监督员1人、市区各级特约监察员3人、市人民检察院特约检查员1人、市政府人民建议征集特邀建议人3人、市政协新闻舆论民主监督组成员1人、区党风廉政监督员3人。

2019年，台盟东城区委主委会召开3次会议，区委会召开3次会议，发挥团队力量，做到信息沟通，集体决策，充分协商。台盟东城区委坚持以习近平新时代中国特色社会主义思想为指导，深入学习贯彻中共十九大、十九届三中、四中全会和习近平总书记系列重要讲话精神，以纪念中华人民共和国成立70周年、北京台盟成立70周年和全盟开展“不忘合作初心、继续携手前进”主题教育活动为契机，切实加强理论武装，巩固政治共识，强化责任担当，推进自身建设，自觉承担起“好参谋、好帮手、好同事”的历史重托，紧紧围绕首都“四个中心”功能定位和全区政治、经济、文化、社会和生态文明建设，建言献策、议政发声，完成各项工作任务，获台盟中央2019年地市级参政议政先进集体称号和台盟中央2019年参政议政市级组织突出进步奖。向各级部门报送纪念中华人民共和国成立70周年相关征文27篇，摄影作品9幅，其中2篇征文在台盟中央“我们与奋进的70年”征文活动中获二等奖，167人次参加各级部门组织纪念中华人民共和国成立70周年系列活动。

（王玉燕）

【调研与提案】1月，在政协东城区十四届三次会议和人大东城区十六届五次会议上，提交《关于东城区街道管理模式创新的几点建议》（被区委书记批示）的党派团体提案以及《发挥东城区区域传统京味文化优势，促进两岸文化交流》的政协大会发言，代表和委员提交的《关于让百工坊民间传承技艺回归老城区的建议》等7件个人建议和提案，2018年度区政协大会期间递交的《关于进一步促进创意产业在东城区的发展的建议》团体提案被评为党派团体优秀提案；在市政协十三届二次会议上，盟员提交的《关于发挥法律服务机构作用，做好老年人意定监护工作的提案》《关于加大对违规代步车管理力度的提案》被评为市政协委员优秀提案。《关于东城区街道管理模式创新的调研报告》获2018年度区统战系统参政议政优秀调研成果奖。《中轴线遗产保护问题的研究与调研报告》被台盟市委评为2019年度优秀调研报告一等奖，2人以全市参政议政成果评分第一、三名的成绩被台盟市委评为2019年度参政议政先进个人。开展《中轴线遗产保护问题的研究与调研报告》调研1项，盟员参与台盟市委调研9项，2019年召开调研工作会3次，与相关单位座谈7次。

（王玉燕）

【社情民意信息】1月，在政协东城区十四届三次会议上，被区政协评为2018年度优秀社情民意信息工作先进单位，2人被区政协评为2018年度优秀社情民意信息工作者；在市政协十三届二次会议上，2人被聘为市政协系统信息顾问；8月，在区统战系统2018年度参政议政工作评选中，获信息优秀工作单位三等奖，1人被评为优秀信息员；被台盟市委评为2019年度信息先进集体，6人分别获得台盟市委2019年度信息先进个人一、二、三等奖。2019年，收到信息线索和素材10条，报送社会、经济、民生、对台等建议类信息114条，其中被全国政协采用1条，被市委、市政府、市政协采用8条，被台盟中央采用4条，被台盟市委采用77条，被中共东城区委、区政府采用3条，被区政协采用17条，被中共东城区委统战部采用28条，被市领导批示1条，被区领导批示1条。其中《关于对境外“涉独”企业实施制裁的建议》被全国政协、台盟中央、市政协采用，《关于在国庆观礼活动期间保护环境卫生的建议》被市政协采用并被副市长批示，《关于市、区政府防汛办注意排查危险树杈的建议》被中共东城区委、区政府采用并被区领导批示。

（王玉燕）

【民主协商】1月，领导班子成员1人参加区民主党派、工商联负责人和无党派代表人士征求意见座谈会，就区委常委班子及常委强化创新理论武装，树牢“四个意识”，坚定“四个自信”，做到“两个维护”，勇于担当作为，以求真务实作风坚决把党中央决策部署落到实处，加强自身建设等方面提出意见建议，并对区四套班子及区级党员领导干部、区委统战部提出意见建议；区政协副主席、主委肖燚和专职副主委参加区党外人士迎春座谈会。7月、12月，领导班子成员4人出席东城区党派团体协商通报会，就中共东城区委十二届六次全会

7月6日，台盟东城区委盟员及专职干部参加纪念北京台盟组织成立70周年座谈会合影（台盟东城区委提供）

工作报告、区2019年上半年经济社会发展情况和下半年重点工作安排、区有关人事安排、区委区政府工作报告提出意见建议。

（王玉燕）

【民主监督】1月10日、6月19—21日、12月19日，盟员中最高人民法院特约监督员1人参加特约监督员工作座谈会和长江流域生态环境司法保护调研座谈会。1月22日、5月6日，盟员中区纪委特邀监察员2人分别列席区第58次、64次区政府常务会。2月18日、2月28日、4月29日，盟员中区纪委特邀监察员1人参加区第十二届纪委第四次全会、暗访区不动产登记大厅、王府井建管办党风廉政建设工作部署会。3月11日、18日，盟员中区纪委特邀监察员1人参加区国资委主体责任专项检查部署培训会和下属企业（东方置地和燕夏物业）主体责任专项检查。3月27日，盟员中最高人民法院特约监督员1人旁听知识产权法庭案件审理。12月25日，盟员中的市政府特邀建议人1人参加市政府特邀建议人培训。2019年，盟员中各级部门特约监督员、特约监察员、特约检查员、特邀建议人参加相关会议及活动20余人次。

（王玉燕）

【组织建设】1月12日，召开2018年台盟东城区委工作总结会暨2019新春座谈会，主委作2018年工作报告并提出2019年度工作思路，宣读《台盟东城区委关于表彰2018年度优秀盟务工作者和社情民意信息先进个人的决定》，对获得社情民意信息先进个人和优秀盟务工作者各7人予以表彰。6月14日，召开二届十次全委（扩大）会议，进行届中评议工作，主委代表区委班子作届中述职，全体领导班子成员依次进行个人述职。与会盟员填写民主测评表，对领导班子及其成员履行职责情况进行民主评议。随后，区委领导班子召开民主生活会，针对民主评议中反映的问题和不足开展批评与自我批评，制订整改措施。9月20日，召开二届十一次全委(扩大)会暨台盟东城区委开展“不忘合作初心，继续携手前进”主题教育活动部署会，会议学习台盟市委下发文件精神、部署《台盟东城区委开展“不忘合作初心，继续携手前进”主题教育活动方案》，并成立台盟东城区委“不忘合作初心，继续携手前进”主题教育活动领导小组和下设办公室。12月21日，召开二届十四次主委会暨“不忘合作初心，继续携手前进”主题教育活动民主生活会，台盟市委专职副主委、秘书长应邀参会，主委等领导班子成员分别对照分工职责和履职情况参照表，从政治把握能力、参政议政能力、组织领导能力、合作共事能力、解决自身问题能力5个方面进行自我剖析，有针对性地指出自己的不足，开展批评与自我批评，并制订整改措施。

（王玉燕）

【思想建设】4月，分别参加“同心同行七十年·坚定不移跟党走——首都统一战线庆祝新中国成立70周年主题教育活动启动仪式”和“践行‘红墙意识’·不忘合作初心——东城统一战线庆祝新中国成立70周年主题教育活动”启动仪式。6月，按照台盟市委《纪念北京台盟组织成立70周年活动工作分工方案》，收集报送“我与北京台盟的故事”为主题的征文，并撰写东城区工作亮点、品牌活动的总结性文字材料和提供相关图片资料，并在全市台盟组织内巡展。7月6日，70岁以上30年盟龄的老盟员5人在纪念北京台盟组织成立70周年纪念大会上被颁发荣誉证书。7月，举办“同心奋进——致敬新中国成立70周年暨台盟东城区委、海淀区工委2019年暑期读书班”、开展“台盟东城区委纪念建国70周年——砥砺奋进七十载、不忘初心向前行第六期读书活动”，向盟员推荐学习贯彻十九大会议精神读物以及纪念台盟成立70周年的相关读物，读书活动参与率达50%以上。盟员将自己读过的知识类、文教类图书捐给困难学生，推动边远地区的教育事业发展。9月，参加台盟中央纪念中华人民共和国成立70周年座谈会和东城统一战线庆祝中华人民共和国成立70周年座谈会。10月，组织盟员参加纪念国庆观礼活动。

（王玉燕）

【开展主题教育活动】9月，乐龄支部在首都博物馆参观山河·家国——西山永定河文化展。中秋前夕，开展"常回家看看"——中秋慰问实践活动，探索实践活动新形式，中青年盟员与老盟员结对，由中青年盟员代表台盟东城区委走访看望老盟员、老台胞、驻区小微台商共18家，中青年盟员12人参与。10月，专职副主委兼秘书长1人在东城区民主党派、无党派第二期同心圆大讲堂暨国庆服务保障先进事迹统战专场报告会上做汇报发言。12月，承办台盟市委"不忘合作初心、继续携手前进"第十一届同心杯运动会；协办台盟市委"不忘合作初心，继续携手前进"2020年新年联谊会。2019年，各级部门举办14项主题教育活动，183人次参加。

（王玉燕）

【社会服务】1月29日，区政协副主席、区委主委肖燚，台盟东城区委专职副主委兼秘书长到永外街道各社区，走访慰问10户低保户、残疾人等困难群众，了解居民生活中的具体难处和身边最关心的事情，以及对永外街道看法和建议，为居民排忧解难、办好实事。4月14日，台盟东城区委、朝阳区工委赴延庆区旧县镇大柏老村联合开展义务植树活动，盟员、台胞及区（工）委专职干部50人共种植50棵树。5月29日，承办台盟市委为门头沟付家台小学"助梦启航"爱心助学主题东城行活动，带领付家台小学学生10人和教师2人登正阳门城楼、参观杜莎夫人蜡像馆和大城小像微缩景观馆，盟员及机关干部43人为学校捐资3720元。6月，副主委1人在2019年度台盟中央"筑梦医者"医师培训班第一期上，为赫章县县、乡、村医疗卫生机构200余人作关于妇科、产科相关疾病诊断与治疗报告。7月，副主委1人与来自北京、上海、台湾的医疗专家24人到甘肃天祝县开展两岸医师健康咨询公益活动，为天祝县安远镇等9个乡镇群众800余人提供诊断和咨询服务。8月，邀请贵州省黔西南自治州和甘肃省兰州榆中县两地贫困学生及教师88人到京参加为期6天的"新时代·新青年——在爱国情怀和文化传承中成长"主题夏令营，夏令营活动参观圆明园遗址公园、故宫博物院、天安门、新文化运动纪念馆等爱国主义教育基地。

（王玉燕）

【对台工作】1月，部分盟员参加《告台湾同胞书》发表40周年纪念会，并撰写习近平总书记在纪念会上重要讲话的反映信息；主委肖燚参加区台商联谊会举办的"在京乡亲、齐聚东城、共喜迎春"活动并发言。2月、4月、9月，组织盟员及专职干部7人参加台盟市委京台青年读书会活动。4月、11月，组织骨干盟员20人参加台盟市委台情报告会。6月，组织盟员5人参加区政协台海形势分析报告会。9月，组织骨干盟员20人参加台盟市委举办的交流与共享研讨会。11月，联合区台办召开区台办、区国资委与台籍市政协委员专题座谈会，介绍东城区对台工作情况和便宜坊高雄项目工作进展，围绕进一步开展对台工作进行座谈讨论。春节、中秋节前夕，走访凤城食品等10家区属台商、台店，送去节日问候，了解台胞实际困难，为台胞、台青在北京交流与就业创业提供便利。2019年，加强与台盟兄弟区委、区统战系统联系和交流，多次联合举办台情研讨会，分析岛内政情等方面动态，参会人员围绕深入学习中央对台工作讲话精神，理解两岸关系和平发展理念，全方位多层次做好争取台湾民心工作，研讨新形势下台盟如何进一步开展对台交流活动。

（王玉燕）

东城区民主党派负责人

中国国民党革命委员会北京市东城区委员会主委
姚卫海

中国民主同盟北京市东城区委员会主委
柳学全

中国民主建国会北京市东城区委员会主委
张树华

中国民主促进会北京市东城区委员会主委
罗　强

中国农工民主党北京市东城区委员会主委
危天倪（女）

中国致公党北京市东城区委员会主委
杨金生

九三学社北京市东城区委员会主委
朱岩石

台湾民主自治同盟北京市东城区委员会主委
肖　燚

人民团体

话剧《碧血丹心大将军》在北京人艺实验剧场首演（区文联提供）

东城区总工会

【概况】北京市东城区总工会（简称区总工会）是区委领导下的人民团体，是党联系职工群众的桥梁纽带。内设办公室、基层工作部、党建人事部、宣教发展部、网络工作部、权益工作部、财务资产部。有行政在编人员33人，含工勤编制2人。有下属事业单位6个，编制202人。东城区工会组织1922个，覆盖单位9178家，会员19.3万人。

2019年，完成中华人民共和国成立70周年庆祝活动服务保障任务，深入开展 “不忘初心、牢记使命”主题教育，总体上完成工会改革任务，在强化党建引领，健全沟通机制，凝聚职工思想力量，构建和谐劳动关系，优化普惠服务等方面取得新成绩，各项工作迈上新台阶。区总工会获全国“安康杯”竞赛先进单位、全国互助保障先进单位称号。以“和平、繁荣、发展、振兴、富强”为主题，开展区级“主题展示版面设计”职工技能大赛。各基层工会分别开展餐饮服务、急救员等15个工种的岗位练兵和技能大赛，职工参与1200余人。围绕区老字号、非物质文化遗产等行业，评选出区级劳模创新工作室5家。通过集中授课、送教上门、实地教学等方式完成通用能力培训和特色培训1万余人次。推进“在职职工职业技能素养双助推计划”，免费培养优秀职工近500人完成学历教育。发挥工人文化宫的教育培训基地优势，免费开展书法、摄影、舞蹈、健身等11个项目兴趣班，培训职工4.5万余人次。（殷　琼）

【庆“五一”暨劳模表彰大会】4月28日，区总工会在明城墙遗址公园劳模墙，举行庆祝“五一”劳动节暨劳模表彰大会。中国劳动关系学院副院长、劳模代表等致辞。领导为2019年东城区劳动模范和先进个人颁发奖章，为先进集体代表颁发奖牌，并为13家职工“爱心理发”志愿者服务岗授牌。来自全区各条战线的劳模代表与获奖个人和集体代表参观劳模墙并进行交流。

（殷　琼）

【劳模工作扎实推进】10月26日，举办刘少奇同志接见时传祥60周年暨时传祥纪念馆开馆10周年庆祝活动，并举办“四种精神”进校园签约仪式，组织劳模、工匠、学生志愿宣讲员，宣讲劳模和工匠事迹，在全区营造劳动最崇高、劳动最伟大、劳动最光荣、劳动最美丽氛围。开展劳模宣讲、座谈、讲堂、走近身边的劳模工匠等活动，发挥劳模先进引领作用。制订《东城区总工会关于节日慰问劳模的管理办法》，完善劳模服务管理制度。开展劳模节日慰问、休疗养、健康体检、教育培训、在职劳模专享服务等活动，做到对劳模政治上关心、事业上支持和生活上照顾。

（殷　琼）

【技能人才队伍建设】2019年，组织辖区美发行业职工参加首届“京台职工美发技艺交流赛”，促进两岸同行业技能人才交流；开展区级“主题展示版面设计”职工技能大赛；各基层工会分别开展餐饮服务、急救等15个工种的岗位练兵和技能大赛，职工1200余人参与。围绕东城区老字号、非物质文化遗产等行业，评选出区级劳模创新工作室5家；通过集中授课、送教上门、实地教学等方式完成通用能力培训和特色培训1万余人次；推进在职职工职业技能素养双助推计划，免费培养优秀职工近500人完成学历教育；发挥工人文化宫教育培训基地优势，免费开展书法、摄影、舞蹈、健身等11个项目兴趣班，培训职工4.5万余人次。评选职工创新工作室6家、创新成果5项。发挥区职工技术协会骨干作用，在不同行业开展各具特色的培训、交流、竞赛等活动，提高职工技术技能水平。

（殷　琼）

【引导职工依法维权】2019年区、街工会全面建立律师顾问制度。加强区街劳动争议调解联动机制建设，发挥各级劳动争议调解组织作用，化解争议780件，涉及金额3502万元。通过劳动法律监督员培训、非律师调解

党的十九大代表、全国五一劳动奖章获得者李萌为学生讲解时传祥事迹（郭鹏摄）

员片区座谈等形式，提高监督员和调解员履职能力。通过工会网站、微信公众号、《新东城工会报》等宣传载体，加大对劳动法律法规宣传力度。以案例大讲堂、社区法律服务工作室、“尊法守法·携手筑梦”服务农民工行动等方式，开展志愿律师进基层法律讲座236次，法律咨询2160余次，发放各类宣传品3.5万份，涉及7.5万人。开展快递行业劳动关系基本情况调研，了解快递行业劳动关系情况。

（殷　琼）

【集体协商工作】2019年，出台《东城区集体协商规范化质效评价标准指引》，细化43项协商内容，完善洽商机制，提升职工获得感。组织集体协商培训和演讲比赛，提升集体协商代表能力和水平。编印集体协商宣传手册，制作集体协商动漫片。全区签订集体合同、工资专项集体合同、女职工特殊保护合同的企业9911家，覆盖职工13.03万人，签订率99%。东城区代表北京市参加“集体协商和争议处理国际研讨会”，就簋街餐饮业行业集体协商作主旨发言。宏源餐饮管理有限公司构建和谐劳动关系的经验做法，被列为北京市首次发布的构建和谐劳动关系十大典型案例。

（殷　琼）

【厂务公开民主管理】健全完善“党委统一领导，行政主体到位，工会主动配合，职工积极参与”的领导体制和工作机制。150家企事业单位修订完善职代会实施细则，5700余家基层企事业单位依法召开职代会。对建会企业职工董事、职工监事建制情况进行摸底核查。组织职工代表培训，规范工作流程，提升职工代表工作水平。全区已建制职代会企事业单位1.02万家，建制率达到99%，覆盖职工17.12万人。

（殷　琼）

【慰问国庆70周年服务人员演出】12月17日，东城区总工会在崇文文化宫举办慰问区国庆70周年服务保障人员文艺演出，东城区总工会领导班子成员、劳模代表、国庆服务保障人员代表和职工代表600余人观看演出。一段由东城区劳模为庆祝中华人民共和国成立70周年拍摄的快闪视频《我和我的祖国》拉开演出序幕；歌手们的几首工匠歌曲，让大家用歌曲的方式感受劳模精神和工匠精神；著名评书艺术家田连元先生关门弟子张军为现场观众带来单口评书《开国将帅》，现场观众连连叫好；一段大变活人互动魔术，让大家近距离感受到魔术魅力；模仿邓丽君全国大赛总冠军为大家带来多首邓丽君演唱曲目，演出在全场合唱《歌唱祖国》中落幕。

（殷　琼）

【文体活动】2019年，围绕庆祝中华人民共和国成立70周年开展 “我和我的祖国”主题演讲比赛，拍摄劳模快闪宣传片，举办楹联征集和书法笔会活动，组织部分劳模和职工参加全总和央视联合主办的“中国梦·劳动美”“五一”特别节目录制，增强劳模和职工荣誉感、参与感和融入感，强化全区职工热爱新中国、奉献新时代的思想动力。持续开展“121健步走”“万步有约”健走大赛，参与职工2.8万余人。继续开展常态化的知识技能和兴趣爱好培训班，开展体质测试和心理体验活动。

（殷　琼）

【职工书画摄影展】6月17—23日，区总工会在崇文工人文化宫幸福小剧场举办第十届“挥笔聚焦新东城”职工书画摄影展评活动。6月24日，东城区总工会为职工书画摄影展获奖作品颁奖，此活动已连续举办十届，2019年共展出职工书画作品89件，摄影作品980幅，其中涌现出一大批歌颂党、歌颂祖国及庆祝中华人民共和国成立70周年优秀作品。

（殷　琼）

【困难帮扶】2019年，修订《东城区总工会关于深入开展困难职工解困脱困工作的实施办法》《东城区总工会应急救助实施办法》，全区79个直属基层工会分别建立应急救助机制，做到职工帮扶工作系统化、制度化和常态化。先后为本人、子女身患重病或因病去世职工6人拨付应急救助金6.45万元。精准实施在册困难职工物质、医疗、助学等项帮扶，人均慰问金额1.6万元。区总工会通过政府补助，上级工会拨款支持，本级工会投入，基层工会量力而行，多渠道、多层次筹措慰问款物329万余元，开展送温暖活动，其中区总工会在档的困难职工10人每人5000元慰问金，400元慰问品，慰问金较2018年度增加1000元；向坚守一线的职工、外来务工人员、平房物业人员送去价值66万元的慰问金和慰问品。春节前夕，区有关领导到困难职工家中慰问。

（殷　琼）

【就业帮扶】2019年，以“促进就业共创和谐”为主题，举办就业援助月、春风行动、民营企业招聘月等招聘会8场，提供岗位信息1.25万条，涉及机械、电子、服装设计、餐饮服务、物业管理等行业，现场达成就业意向100余人。

（殷　琼）

【交友联谊活动】2019年，全区各级工会以“情缘东城、幸福一生”为主题开展9场交友活动，吸引单身职工600人参加，单身青年牵手成功30余对，交友联谊活动为单身职工牵线搭桥，得到广大职工的肯定。

（殷　琼）

【普惠服务】2019年，加大会员普惠服务力度，区总工会全年投入600万元，组织会员专享活动113个，服务职工16万人次。各级工会组织推出活动372个，服务职工28万人次。在春节、“五一”等节日继续做好“五元看大片”、“关爱伴成长——欢乐亲子儿童剧”、龙潭湖冰雪嘉年华等活动，并新推出 “新春送福”免费领取稻香村熟食、“快乐合家欢个性化邮票定制”、“劳动快乐鸭——便宜坊烤鸭免费领取”、“春日养生祛湿——杂粮组合免费领”、“劳动最光荣——免费领取洗衣液”等活动，深受职工会员欢迎，增强职工获得感、幸福感。

（殷　琼）

【女职工活动】2月26日，东城区总工会在东城区工人文化宫举行以“建功新时代 拼搏展风采”为主题的庆三八国际劳动妇女节女职工文化体验大讲堂活动启动仪式。活动历时3天，涵盖劳模、非遗、饮食、服饰、文创、健康等文化元素，以讲堂、展示、体验、咨询、互动等形式，分为6个板块：畅谈劳模精神·立足岗位建功；传承文化技艺·传播匠心精神；体验文创互动·品味幸福生活；关爱女职工·真情送健康；法律伴“职”通；情系郧阳·共奔小康。

（殷　琼）

共青团东城区委员会

【概况】共青团东城区委员会（简称团区委）是在东城区委、区政府领导下，负责全区共青团工作的群众团体机关。团区委设办公室、基层工作部、社会服务与权益部3个内设机构，书记1人，副书记2人，机关行政编制21人、实有19人。截至年底，全区有基层团委62个、团工委21个、团总支17个、团支部1114个。团干部人数1554人，其中专职团干部68人，占4.3%。

2019年，开展新青年城市体验营8次；专职社工胜任力培训活动2次；年度社区青年汇“一汇一品”创新项目批复项目39个，提供资金支持39万元。18家社区青年汇开展群体活动541场，直接参与青年1.6万人次。元旦、春节走访慰问困难青少年家庭257户，发放慰问金20.7万余元，发放慰问物资350余份；派出合适成年人77人次、开展涉诉未成年人社会调查22例、帮扶教育6次，有效配合未成年人案件的审理工作，维护未成年人合法权益；法治副校（园）长配备率、普法进校率双100%。

（白媛媛）

【青年人才工作】3月27日，举办社区团组织换届专题培训班，各街道党群办副主任、团工委书记以及团区委机关干部40余人参加。5月4日，共青团北京市委员会、北京市人力资源和社会保障局联合授予北京青年29人“北京青年五四奖章”，东城区青年3人获奖，11月6日，组织130余人参加“不忘初心跟党走 青春建功新时代”东城区第九期团干部调训班。

（白媛媛）

【社区青年汇建设】2019年，继续开展社区青年汇文化体育季、“午间一小时”等区级特色活动。先后接待全国团省委班子成员80余人以及柬埔寨奉辛比克党干部考察团20人，共100余人到社区青年汇参观交流。组织东城社区青年汇迎新会，团结凝聚专职社工，为下一步青年汇工作奠定好基础。围绕世园会、五四运动100周年、亚洲文明对话大会等关键时间节点，组织全区18家社区青年汇完成包括世园开园测试、五四运动历史之旅、国企开放日走进身边国企、“五四奖章”获得者进社区宣讲、绿跑志愿公益等市级青年汇活动，组织召开社区青年汇“一汇一品”创新项目专题汇报会、拍摄东城社区青年汇宣传片。在上半年北京市社区青年汇中期总结表彰中，1家社区青年汇获社区青年汇优秀服务项目；1家社区青年汇获最受青年欢迎的群体活动优秀奖；1家社区青年汇获最受青年欢迎的群体活动精品奖。

（白媛媛）

【社区青年汇文化体育季活动】7月、8月、12月，先后举办“青春梦想活力飞Young”东城社区青年汇游泳比赛、羽毛球比赛以及冰蹴球比赛，参与青年600余人。

（白媛媛）

【青少年思想引领】以纪念五四运动100周年为契机，联合北京公交集团团委，在北大红楼开展“青春心向党 建功新时代”主题团日活动暨五四专车开通仪式；组织青联委员和青年榜样代表100余人在“光辉起点·中国共产党早期组织在东城”红色教育基地以“快闪”形式高歌《我爱你，中国》。发动全区各基层团组织开展“青春心向党 建功新时代”特别主题团日活动130余场。组织全区80余个团组织，团员青年、团干部近7100人观看纪念五四运动100周年大会、学习习近平总书记在大会上的讲话精神并交流学习感想。以庆祝中华人民共和国成立70周年为主线，在青少年中弘扬以爱国主义为核心的民族精神。将新媒体线上活动与线下活动相结合，开展“我和我的祖国”“我和祖国共成长”线上作品征集、揭秘27方阵背后故事、国庆志愿服务等以爱国主义为核心的主题宣传报道，线下开展“读书助成长”“荣耀中国人”征文演讲等活动，培养青少年爱国情怀；选拔36人组建东城青年讲师团，将党的政策、团的声音传递给青年。以推进文化体育活动为手段，引导青少年培育和践行社会主义核心价值观。

（白媛媛）

【全媒体宣传与舆论引导】完善和创新团属网络媒体，完成“东城小伙伴儿”微信公众号改版升级和提质增效，拓宽宣传矩阵，公众号全年发布文章607篇，阅读量达91.3万人，粉丝量近1.2万人。纪念五四运动100周年特别主题团日活动暨“五四专车”开通仪式在新浪微博和直播平台获得319.9万次观看和223万次点赞，创基层团属微博直播历史纪录。“不忘初心、牢记使命、祝福祖国”主题教育活动Vlog获得9725次观看，微博正文阅读达41.7万次。“光辉起点·中国共产党早期组织在东城”主题展快闪活动阅读量达42.3万次。加强团刊团讯宣传，集中展示团的工作。除季度刊，《东城团讯》陆续推出“五四专刊”“我和我的祖国·六一专刊”“不忘初心、牢记使命”专刊，做大做强正面宣传。

（白媛媛）

【青年志愿服务】1月23—29日，辖区中学生团员1万余人完成志愿者实名注册，在177个社区报到并加入社区志愿服务队。春节前夕，开展为志愿者“两节送温暖”活动，团区委书记、副书记参加慰问活动。春节前后，开展“温暖回家路”春运志愿服务活动，青年志愿者300余人次参与，为游客近1万人提供贴心服务。3月3—4日，东城青年志愿者参与市区2019年“爱满京城”学雷锋推动日主题活动。两会期间，持续开展青年参与东城守望岗志愿服务，志愿者800人共提供1600余个小时志愿服务。4月13—20日，青年志愿者110人参与第九届北京国际电影节志愿服务。4月18日，“东城青年榜样·十佳青年突击队”主题教育总结表彰会举行。4月20—27日，东城青年志愿者开展“一带一路”峰会期间志愿服务活动，志愿者近200人提供800余小时服务。4月30日至5月10日，组织青年志愿者积极参与“光荣—传承”悬挂光荣牌活动，东城青年志愿者413人参加悬挂光荣牌志愿行动，挂牌总数达7667个，相关事迹被《人民日报》报道。5月5—12日，开展“2019北京世园会”志愿服务，志愿者51人服务大型活动12场，花车巡游10场，服务游客2万余人次。5月9日，宋铁健一行慰问东城“2019北京世园会”青年志愿服务队。5月25日，青年志愿服务队亮相东城区新时代文明实践中心揭牌暨推动日启动仪式。6月7—8日，开展高考志愿服务活动，志愿者110余人为考生及家长5000余人提供服务。7月19日，团市委副书记一行到交道口街道“暖空间”调研东城区志愿服务工作，市志联副主任、团市委监督巡查组第三组组长、市志联会员服务部部长、东城团区委书记、副书记参加调研。11月16日，东城团区委、东城区青年志愿者协会组织党团员志愿者到三和老年公寓，开展“不忘初心、牢记使命”主题教育敬老爱老志愿服务。12月5日，在史家小学礼堂举办以“守初心 担使命 再出发”为主题的“12·5”国际志愿者日活动，东城区区长助理、北京市志愿服务指导中心副主任及东城区志愿者代表110余人参加活动。12月，联合区团少工委、乐予慈善基金会开展“情系东城 温暖西部”——化德站活动。全区82所学校、95个校区、学生5.79万人参与捐赠，共募集衣物5万余件，书籍8万余本。

（白媛媛）

【青年就业创业】4月26日，联合区内相关单位，为群众200余人宣传保护知识产权知识，营造尊重知识产权、尊重创新的社会文化氛围，助力塑造公平健康的营商环境。7月23—24日，联合相关单位共同举办“创客北京 创意东城”2019年东城区中小企业创新创业大赛，107家企业和创业团队参赛。11月7日，联合区人力社保局共同举办2019年青年就业启航计划专场招聘会，350人参加招聘会，59人与企业达成初步就业意向，为80人提供求职登记、法律咨询和职业咨询指导服务，发放宣传材料400余份。

（白媛媛）

【国庆70周年志愿服务】6月5日，区群众游行和志愿者指挥部，召开国庆东城区群众游行和志愿者工作推进会。7月9日，召开东城区国庆70周年志愿服务工作推进会，会上下发《东城区国庆70周年志愿者工作实施方案（征求意见稿）》，全面启动国庆70周年志愿者招募工作。8月16日，举办“不忘初心、牢记使命”志愿者青春跑步活动，区有关领导、志愿者单位分管领导、区优秀志愿者代表100人参加。8月29日，东城区国庆70周年志愿者培训会暨上岗誓师大会，北京市志愿服务联合会副主任、团区委书记、团区委副书记、志愿者单位主管领导及城市志愿者骨干及核心区域志愿者代表220余人参加。9月1日，

10月1日，志愿者参加国庆70周年庆祝大会活动（团区委提供）

国庆70周年城市志愿服务正式启动，37天志愿服务中，志愿者3386人服务3.27万个小时。9月6日，在天安门广场人民英雄纪念碑下，举办志愿者“不忘初心、牢记使命”主题教育活动，城市志愿者、核心区域志愿者骨干共50人参加活动。9月28日，区领导夏林茂等分别走访交道口街道“暖空间”、天坛街道天坛公园南门、安定门街道国子监街、和平里街道东单菜市场等城市志愿服务站点，慰问城市志愿者，了解城市站点志愿服务开展情况。10月1日，志愿者169人完成国庆70周年庆祝大会、联欢活动直接服务观礼嘉宾、群游群众志愿服务任务。10月1—7日，国庆70周年“十园风采”“百园荟萃”游园志愿服务持续开展，500余人次高校志愿者参与。10月2日，区有关领导慰问天坛公园和地坛公园志愿者。开展“志愿服务担使命 不忘初心再出发”志愿者观影系列活动，服务国庆70周年庆祝活动的志愿者300余人观看红色影片。

（白媛媛）

【希望工程】通过“希望之星”“学子阳光”等活动对贫困青少年进行有特色、有实效的资助和帮扶，全年下发“希望之星”奖学金10人次，青少年共获1.2万元捐助。

（白媛媛）

【重点青少年服务管理】依托北京共青团信息系统，动态掌握有不良行为的普通学校学生、涉嫌犯罪未成年人、服刑人员未成年人子女、未成年人社区矫正人员、社区“五需”青少年、流浪未成年人、家庭经济困难青少年等7类工作对象基本情况。针对精准帮扶对象1018人进行信息更新、完善，同时确定困境青少年年度帮扶对象753人，开展学业辅导、教育资源和经济资源链接等服务，以及医疗救助申请、医疗资源链接、康复训练等服务，就业资源链接、就业指导等服务，法律援助、法律资源链接等服务，心理援助资源链接等服务，对存在日常生活困难的青少年提供生活协助等7个方面的服务。根据不同年龄段为年度帮扶对象，配发慰问品并开展政策普及、政策咨询等工作，100%覆盖年度帮扶对象。

（白媛媛）

【涉诉未成年人权益保护体系建设】2019年，在合适成年人队伍中继续引入北京农学院法学、社会工作学的高校志愿者，使东城办案中心合适成年人派出工作更加顺畅，派出合适成年人77人次；开展涉诉未成年人社会调查22例，帮扶教育6次，实现京籍、非京籍全覆盖，办案过程全覆盖，为司法机关对涉诉未成年人进行综合考量提供参考；附条件不起诉制度得到落实，犯罪记录封存制度在公检法司全面实施，涉罪未成年人关护工作、涉诉未成年人民事案件社会观护工作均得到有力推动。

（白媛媛）

【青少年法治宣传教育】2019年，开展“青春自护”主题教育活动30场，覆盖青少年1830余人次。联合安定门街道团工委在青少年活跃聚集的分司厅社区建立禁毒主题社区青年汇，持续开展禁毒宣传教育活动，引导青少年树立禁毒意识，真正使禁毒工作实现有效控制、有效预防。联合交道口街道，在“暖·空间”社区青年汇建立青少年防艾工作站，通过开展防艾讲座、一对一咨询、个案帮扶、心理调适、图书借阅、小组社会工作等活动，做好青少年预防艾滋病的教育引导。不断强化东城区阳光地带社区青年汇建设，发挥阵地法治宣传教育功能，全年累计开展法治宣传活动15次，覆盖青少年300余人次。

（白媛媛）

【调研快递行业】联合区工会就辖区内快递行业基本情况开展专题调研。通过摸底、访谈、座谈、调查问卷等相结合的研究方法，对全区57个站点青年1000余人开展调研，重点走访、调研建国门、景山、龙潭、北新桥、朝阳门街道辖区内顺丰、京东、韵达等10家公司的快递人员，分析他们的群体特征和存在的主要问题，并探索提出相应的政策建议。

（白媛媛）

【两节送温暖活动】在2019年“两节”送温暖活动中，全团共走访慰问青少年家庭257户，发放慰问金20.7万余元，发放书包、健身套装、书籍等慰问物资350余份。

（白媛媛）

【法治副校（园）长工作】2019年，实现全区中小学、幼儿园法治副校（园）长配备率、普法进校率双100%。每年年初，团区委定期对法治副校（园）长队伍进行调整，并做好台账更新整理。至年底，全区共有来自最高人民检察院、区公安、检察院、法院、司法局、交通支队等单位的业务精良、经验丰富的人员142人担任法治副校（园）长，覆盖东城103所中小学、55所幼儿园。全区法治副校（园）长在开展传统法治教育的同时，探索工作新方式、新方法。以新媒体的有效利用为切入点，提高活动组织开展效率和青少年参与积极性。在六一儿童节、五四青年节等节日，针对全区青少年开展全方位、多层次的法治宣传教育，提高青少年法律素养和法律意识。开展法治进校园主题活动，在区公安分局、检察院、法院、司法局、交通支队等法治副校（园）长派出单位的配合下，促进工作连续性和常态化，建立东城区法治副校（园）长授课资源库，促进各法治副校（园）长派出单位结合自身特长，推出经典课程，交流授课经验，打造东城区法治副校（园）长工作品牌特色。

（白媛媛）

【阳光地带权益主题社区青年汇】加大对社工的专业培训和工作保障，建好青少年基层服务和维权工作阵地。依托阳光地带社区青年汇开展困境青少年个案帮扶工作、小组互助工作、法治宣传工作，维护青少年合法权益，预防青少年违法犯罪，服务青少年健康成长。

（白媛媛）

【扶贫工作】团区委开展扶贫协作和支援合作工作。2019年继续依托东城团区委官方网站等传统媒体，运用“东城青联”官方微博、“东城小伙伴”东城共青团微信群等新媒体，为受援助地区的服装产业、农牧业、养殖业、旅游业、天然水、农副产品等情况持续宣传报道。号召东城区有合作意向的企业界人士赴受援助地区开展实地考察、资源对接、项目洽谈等活动。与赴各受援助地挂职的领导、干部保持联系，详细了解当地情况、帮扶需求，同时建立“团团携手奔小康”微信群，实时了解受援地区的最新动态、活动安排等。发挥青联委员作用，组织青联委员赴受援地区进行实地考察调研。组织青联委员赴湖北省十堰市郧阳区开展东城共青团对口帮扶，涉及方向涵盖共青团工作、农林医药、餐饮、文化、投资、高新技术产业等多个领域，开展公益捐赠、座谈交流、参观学习等活动。赴河北省阜平县开展“百名致富带头人”扶贫协作，在晋察冀边区革命纪念馆开展“不忘初心、牢记使命”主题教育。邀请青联企业家赴首农双创中心参加专场展销会，其中保利教育集团、北京世知国际文化交流中心、北京河豚家族餐饮管理有限公司，与受援地联系洽谈大宗采购项目。发动东城区青年及青年干部参加专场展销活动。

（白媛媛）

东城区妇女联合会

【概况】东城区妇女联合会（简称区妇联）是区委领导下的群众团体，是党联系妇女群众的桥梁和纽带，基本职能是代表和维护妇女权益，促进男女平等。下设办公室、组宣部、权益部、儿童部（包括区妇儿工委办公室）。行政编制15人，工勤编制3人，实有人员17人，工勤退休人员1人。至12月底，全区有街道妇联17个，社区妇联177个，机关妇委会81个。

2019年，围绕庆祝中华人民共和国成立70周年主线，开展“巾帼心向党 礼赞新中国”群众性宣传教育活动。举办“爱的建设”纪念三八国际妇女节109周年表彰大会，表彰先进个人20人、先进集体20个。巾帼志愿组织“暖心帮帮团”获全国学雷锋志愿服务最佳志愿服务组织奖。培育树立3户全国级、20户市级、100户区级最美家庭。“两节”和“六一”期间，争取市、区价值15万余元款物，走访慰问社区儿童之家2个、特困妇女儿童265人。以“扶智+扶志”为宗旨助力脱贫攻坚，为当雄、崇礼、郧阳、化德和阿尔山5地开展女性就业技能提升培训，面向全区开展扶贫助困献爱心活动，发动区女企协等社会组织捐赠衣物2046件，价值146万元。以党建引领、专业支持、项目带动、提升发展模式，打造“巾帼党员靓东城”党建工作品牌，举办服务活动17场。依托社区“儿童之家”，开展未成年人思想道德教育活动25场。实施“书香东城”家庭领读人计划，成立30人的志愿者队伍，举办读书会50场。作为中华人民共和国成立70周年群众游行第27方阵服务保障联络处牵头单位，参与训练保障19次，发放餐水3.98万份，打扫训练场地141次，分发服装1.65万件、运动鞋1654双，调换服装10次，分装、发放道具6648件，签署各类服装道具购置制作合同10个。制订区妇联宣传工作管理制度，以“东城女性”入驻抖音、头条号等资讯平台，发布官方微博698条、微信219条。全年累计受理区网格平台交办案件及信访案件74件，响应率、解决率及满意率为100%。春节期间，区妇联争取市、区慰问金、慰问品共计14万余元，重点走访和慰问单亲困难母亲家庭、老妇救会主任、贫困妇女、患癌贫困妇女、困难失独母亲及困难先进女性等248人。

（张明旭）

【友好往来】1月10日，日本政府代表团一行14人，到东城区文化人才创业园（东城区巾帼创业孵化基地）友好访问。旨在了解北京市在促进女性参与经济建设、社会发展、政治决策等方面的情况。参观过程中，代表团一行对大气团公司 “DIY甲骨文识字印章”项目和蒋蒋茶书院茶道表演印象深刻。对中国政府，尤其是妇联组织对女性创新创业重视和支持深有感悟。7月5日，广州市花都区妇儿工委一行8人到区学习考察妇女儿童工作。到交道口街道“暖·空间”，参观儿童之家，并座谈交流推动实施妇女儿童规划等工作。

（张明旭）

【隔代教育大讲堂】3月5日，东城区妇联在崇外街道西花市南里南区社区儿童之家，举办隔代教育大讲堂活动。邀请北京市东城区家庭教育文化推广中心创始人、中国家庭教育高级指导师进行讲解。社区家长50余人参加活动。通过讲座，家长们清楚认识到隔代教育利与弊，学习到更多家教知识，掌握更多与子女和孙辈沟通的技巧。

（张明旭）

【纪念三八国际妇女节109周年】3月7日，东城区纪念三八国际妇女节109周年暨向国庆70周年献礼——东城区巾帼建功标兵、巾帼文明岗表彰大会召开。与会领导为受到表彰的巾帼建功标兵代表20人、东城区协调办东单站等20个巾帼文明岗代表领发证书，并启动2019年寻找最美家庭活动，有关领导和部门200余人出席纪念活动。

（张明旭）

【扶贫工作】东城区女企协根据扶贫协作和支援合作地区需求，发动社会组织、企业、个人到帮扶地区开展扶贫对接、公益活动、志愿服务，捐赠衣物2046件，价值146万余元。3月30日，4月4日、8日，区妇联党支部带领党员和妇联社会组织之家部分成员30余人参加北京市消费扶贫市区联动东城区主题日活动。5月14日，阿尔山市妇联一行来区妇联就两地对口帮扶工作进行座谈。会上，东城、阿尔山两地对2018年对口帮扶工作进行简要回顾，双方再次就 “扶智+扶志”方面开展对口帮扶工作达成共识。7月10日起，区妇联陆续向郧阳区妇联寄送图书、文具、书架、玩具、衣服等47箱。郧阳区妇联将物品分别送至杨溪铺镇青龙泉社区东城幼儿园、城关镇兴郧路社区妇女儿童之家、茶店镇樱桃沟村妇女儿童之家、刘洞镇扶贫车间。此次捐赠活动得到东城区女企协等社会组织爱心人士大力支持。

（张明旭）

【十三届五、六次执委（扩大）会】4月12日，区妇联召开十三届五次执委（扩大）会，会议替补区妇联十三届执委会执委13人，增补执委2人、常委1人。区妇联主席作《以习近平新时代中国特色社会主义思想为引领 团结动员广大妇女在更高水平上推动“国际一流的和谐宜居之区”建设》工作报告，执委代表3人，分别围绕过去一年在各自领域的履职情况做交流发言。区委常委、统战部部长到会并讲话。有关领导和部门100余人参会。6月6日，第十三届六次执委会召开，选举产生东城区出席北京市第十四次妇女代表大会代表31人。分别来自教育、卫生、文化、体育、金融、科技、“两新组织”等领域，具有代表性、广泛性和先进性。其中基层一线代表21人，占67.74%。中共党员23人，党外人士8人，其中民主党派人士4人。具有本科及以上学历30人。少数民族4人。

（张明旭）

【巾帼党员靓东城】东城区妇联打造“巾帼党员靓东城”党建工作品牌，4月26日项目正式启动。该品牌旨在把优秀女性党员培养成公益性志愿者，同时为困难的女性党员提供帮扶。进而挖掘、带领各社会组织将所长形成特色。开展“建功新时代 巾帼党员靓东城”“不忘初心 牢记使命 建功新时代 巾帼党员靓东城”“巾帼心向党 礼赞志愿行”等3场大型集中体验式服务活动和“党群联创 巾帼先锋行”“不忘初心、牢记使命——敬老服务”14场送服务进社区活动，覆盖4个街道、15个社区。参与服务的志愿者100余人次，被服务人群500余人次。

（张明旭）

【社会组织之家】4月26日，东城区妇联“5·15”家庭综合服务项目资源对接会召开，为东城区各街道、社区与东城区妇联社会组织之家搭建服务对接平台，活动现场达成项目对接意向48个。通过“自愿+组织匹配”组团方式，社会组织分组承接区妇联“三八”送技能活动1次，惠及龙潭、景山、朝阳门3个街道4个社区，有就业意愿低收入妇女、困难单亲母亲30人。

（张明旭）

【妇儿工委工作会】4月28日，东城区妇儿工委2019年工作会召开。会上，区妇儿工委副主任、区妇联主席作《强化责任 创新机制 推动东城妇女儿童事业科学发展》工作总结，部署2019年重点工作。区检察院、东花市街道分别围绕未成年人保护工作、社区儿童之家创建工作进行交流发言。市妇儿工委办公室常务副主任到会并讲话。区妇儿工委成员单位主管领导60余人参加会议。

（张明旭）

【家庭教育协同发展项目】5月9日，区妇联家教专家到区家庭教育协同发展实践基地——雄安新区端村学校，以“努力成就最好的自己”为主题，为学校留守儿童上心灵微课，引导孩子们表达对父母思念，鼓励孩子们在成长过程中培养自己良好生活习惯和学习习惯。分别以“建立学习型家庭 与孩子共同成长”和“良好习惯是给孩子最大的财富”为主题开设家长大课堂活动，为家长们讲述如何建设学习型家庭和营造学习型家庭氛围以及养成好习惯重要性等。

（张明旭）

【庆祝“六一”节活动】在六一儿童节前夕，东城区妇联围绕建设好家庭、传承好家教、弘扬好家风，在角楼图书馆举办 “家国情 少年志 我和祖国共成长”庆祝“六一”暨“最美家庭”揭晓主题活动。活动在“最美家庭”代表们的好家风、好家训宣讲中开始。在读书分享环节，选取优秀青年思想修养读物、素质教育经典范本《傅雷家书》做分享图书。与会人员共同高唱《我和我的祖国》，用歌声表达对祖国的热爱和赞美之情。北京市第九十六中学部分师生和东城区最美家庭代表60余人参加活动。东城区妇联还开展“情系儿童 情暖童心”系列关爱儿童活动，机关干部深入自己所联系的街道，与街道、社区妇联主席共同入户走访慰问17户品学兼优困难儿童家庭，送去节日慰问金共计1.7万元。部分区妇联党员干部提前了解慰问儿童家庭情况和兴趣爱好，自费购买玩具、文具和书籍送给他们。儿童节前夕，区妇儿工委办公室慰问交道口街道暖空间社区儿童之家和东花市枣苑社区儿童之家，支持鼓励社区儿童之家，以庆祝中华人民共和国成立70周年为契机，围绕立德树人、社会主义核心价值观、家庭教育等内容，开展社区儿童教育活动。

（张明旭）

【反家庭暴力培训】7月30日，东城区妇联在朝阳门街道举办“建设法治东城·巾帼在行动”系列活动之——对家庭暴力说“不”，街道、社区妇联干部170余人参加培训。北京市妇联“巾帼维权·送法到家”宣讲团讲师、北京五辰律师事务所专职律师现场授课，分别从家暴的概念、表现形式、种类及法律后果等方面，结合发生真实典型案件引导参训人员如何辨识家庭暴力、家庭暴力发生时的应对策略及建立反家庭暴力联动工作机制。

（张明旭）

【未成年人安全自护提升】暑假期间，东城区妇联继续与专业社会组织合作，在全区17个街道儿童之家实施暑期未成年人安全自护能力提升项目。针对东城区广大未成年人实际生活中各大安全隐患，通过开展互动体验式各类安全主题讲座，帮助儿童掌握自护自救技能，有效预防伤害。还通过对课程升级和创新，以丰富多彩活动形式帮助孩子们在暑期获取到更多安全知识，提高自我保护意识。

（张明旭）

【参加国庆70周年纪念活动】10月1日，区妇联组织部分市级三八红旗手、最美家庭、社会组织代表、机关党员干部在天安门广场，参加中华人民共和国成立70周年庆典。10月10日，组织各族各界优秀妇女、最美家庭代表100人参观在北京展览馆举办的“伟大历程 辉煌成就——庆祝中华人民共和国成立70周年大型成就展”。10月10—30日，东城区妇联组织千名“最美家庭”等优秀家庭代表、三八红旗手、巾帼建功标兵等各类优秀妇女典型、女性团体代表、巾帼志愿者、妇联专兼职妇联干部、妇联执委等其他妇女群众参观成就展，感受伟大祖国的光辉历程。引领妇女更加紧密团结在以习近平同志为核心的党中央周围，坚定“四个自信”，立足本职岗位建功立业。

（张明旭）

12月17—18日，区妇联开展巧娘骨干能力提升培训班（区妇联提供）

【工作培训】11月11—15日，区妇联扶贫协作和支援合作地区女性就业技能提升培训班开班。来自西藏当雄、河北崇礼、湖北郧阳、内蒙古化德和阿尔山地区共30人参加开班仪式及培训。通过培训助力各地区姐妹在就业工作中解放思想和更新观念，进一步拓宽创业就业渠道，助推女性创业创新；让姐妹们真正学到一技之长，结合本地特色，引领和帮助家乡姐妹共同增收致富。11月14—15日，区委组织部、区妇联联合举办“守初心担使命 塑造魅力女性”——东城区女性领导力提升专题研讨班。围绕新形势要求和女性领导特点，分别邀请东城区委党校政法教研室主任讲授《学习习近平总书记关于“不忘初心、牢记使命”重要论述》；北京大学医学部精神卫生研究所博士讲授《阳光心态与女性心理健康》；北京读书形象大使、北京金牌阅读推广人、宸冰阅读文化传媒创始人带领大家一起重新深入认识阅读。培训班还安排区情教育现场教学，参观整体提升后隆福寺北里园区、WEWORK、木木艺术社区及隆福文化中心。12月17—18日，区妇联开展为期2天的巧娘骨干能力提升培训班。此次培训全部邀请非遗传承人为巧娘讲授京派剪纸新法、风筝制作、彩绘脸谱和内画鼻烟壶等课程。不仅宏观上了解4门非遗课程，也从动手体验中收获新技能和授课技巧，为提升自身理念、打开授课思路提供支持。全区17个街道巧娘工作室及东城区巧娘协会巧娘骨干40人参加培训。

（张明旭）

东城区科学技术协会

【概况】东城区科学技术协会（简称东城区科协），是东城区科技工作者的群众组织，是中共东城区委领导下的人民团体，是党和政府联系科技工作者的桥梁和纽带，是推动科技事业发展的重要力量。下设3个科室，有公务员编制8人、实有8人，工勤编制1人、实有1人。有基层学会（协会）33个，其中街道科协17个，专业学

（协）会16个，会员2万余人。

2019年，坚持为科技工作者服务、为创新驱动发展服务、为提高全民科学素质服务、为党和政府科学决策服务的职责定位，决策咨询，开展学术交流研究。推荐科技工作者8人为区青联委员，2人为区政协委员候选人。完成2018年社区科普益民计划检查工作。组织实施申报2019年科普益民计划2个项目，获得科普益民计划专项资金40万元。组织开展覆盖全区、贯彻全年的主题科普活动200余次。

（李海旻）

【全国科技工作者日系列活动】5月24日，由区科协、区文化和旅游局、龙潭街道工委、北京老科学技术工作者总会主办，区第二图书馆以及北京科技诗苑承办的科技工作者诗歌朗诵会在京举行。老科技工作者朗诵诗歌15首，歌颂中华人民共和国成立70年科技成就以及科学家赤子情怀。5月30日，区科协联合区政协共同组织部分专家和科技界别政协委员20余人，参观北京教学植物园，观赏珍稀物种、学习植物知识。

（蒋晓京）

【科普之夏】7月至9月，围绕“礼赞共和国、智慧新生活”主题，贴近社区、贴近居民、贴近生活，开展“赞赞我的国”、垃圾分类知识普及、暑期青少年科技制作、参观科普基地、广场科普舞起来、科普讲座等丰富科普活动190余场次，发放科普宣传资料1万余份，受众2万余人次。

（马　元）

【科普进社区】2019年，通过文艺演出、科普板报、科普讲座、科普知识竞赛、科普趣味活动竞赛等形式，重点宣传建设绿色、生态、智能化社区和节水、节源、减排、卫生保健等知识。以纪念日、宣传日、活动节为载体，如爱耳日、爱眼日等，组织专项科普进广场活动。

（马　元）

【青少年科技教育】2019年，组织全区近100所中小学学生参加区青少年科技创新大赛、青少年机器人竞赛、动手做竞赛等大型竞赛活动，7万余人次参与。东城区青少年在多项大赛中获得优异成绩，在山东淄博举办的全国中小学生信息技术创新与实践大赛决赛中获智能环保机器人全国二等奖2人；在上海举办的环球自然日2019全球总决赛中获全国二等奖2人；在浙江嘉兴举办的全国青少年电子制作锦标赛中获一等奖2个，二等奖3个，三等奖5个。在湖南长沙举办的2019全国青少年航海模型锦标赛中获一等奖8人，二等奖13人，三等奖19人，其中Eco-BL项目包揽冠亚季军。在宁夏吴忠红寺堡参加2019全国航空航天模型锦标赛亦取得团体第二名。第三十四届全国青少年科技创新大赛获二等奖1人、三等奖1人。第二十届全国青少年机器人竞赛获一等奖2人、二等奖2人。第三十九届北京青少年科技创新大赛28人获一等奖、79人获二等奖、64人获三等奖。获第十八届北京青少年科技创新市长奖3人。第二十届北京青少年机器人竞赛3人获一等奖、3人获二等奖、7人获三等奖。

（刘跃进）

6月，区科协委员参观市少年宫（区科协提供）

【科普大篷车进校园】2019年，崇文科技馆教师专门开发传统文化与人工智能相结合的体验课程。2019学年共组织16次活动，涉及光明小学、崇文小学、板厂小学、体育馆路小学、金台小学、十一中学、前门外国语学校、天坛青少年活动中心、北京市第三幼儿园、前门幼儿园等学校，受益学生3500余人。

（刘跃进）

【科普信息化建设】实施科普信息化建设和“互联网+科普”行动，继续建设“东城科普”微信公众号，推进科普内容、表达形式、传播方式、运营管理的机制创新，全年推送科普文章576篇，关注数1.96万人，最高阅读数量7726人次。东城科普答题平台用户数2379人，参与答题人数1269人。

（马　元）

【金桥工程】2019年，完成150个项目申报，其中5个项目获得合计16万元种子资金支持，位列区属科协前列。中国医学科学院北京协和医院项目《β+电子发射断层眼显像技术在眼用新药系统-局部药代动力学计算机模型化研究中的应用》获得A类即6万元种子资金支持，首都医科大学附属北京同仁医院《一种抑制导尿管相关感染便携式超声仪的研发》获得B类即4万元种子资金支持，中国医学科学院北京协和医院《可注射温敏外泌体凝胶系统的构建及用于非创伤性股骨头坏死修复的探索研究》、北京医院《RelB介导李斯特菌感染过程中肠道上皮细胞与ILC3s对话机制的研究》、北京市隆福医院《脊柱内镜BEIS技术骨性通路修整专利组套工具的PCT申报》3个项目获得C类即每个项目2万元种子资金支持。

（蒋晓京）

【院士工作站课题研究】2019年，《某生物活性物质对肿瘤相关成纤维细胞与肿瘤细胞交互作用的影响》《某生物活性物质对免疫抑制系统的作用研究》《k-001新药质量控制方法的优化》《k-001对人源免疫系统重建小鼠荷人胰腺癌PDX（PC-2-001）移植瘤生长抑制作用研究》进展顺利。启动《富硒螺旋藻培养技术及应用的研究》课题。

（蒋晓京）

东城区归国华侨联合会

【概况】东城区归国华侨联合会（简称区侨联），成立于1985年6月，是由归侨侨眷组成的人民团体，是党和政府联系归侨侨眷的桥梁和纽带。履行服务经济发展、依法维护侨益、拓展海外联谊、参政议政、弘扬中华文化、参与社会建设工作职能，无内设机构。编制4人、实有4人。有17个街道侨联和教委、卫健委2个系统侨联及区归国留学人员联谊会。

2019年，召开二届四、六次全委（扩大）会和二届五次全委会；承办第九届首都新侨乡文化节乒乓球邀请赛；配合中国侨联和市侨联领导到区多次调研；开展纪念中华人民共和国成立70周年系列活动和走访慰问、志愿者服务、区归国留学人员联谊会等活动；举办侨界代表性人士培训班。11月25日，市第十五次归侨侨眷代表大会，区侨联、东花市街道侨联、龙潭街道侨联、卫健委系统侨联获北京市侨联工作先进集体称号；11人获北京市侨联工作先进个人称号；12人获北京市归侨侨眷先进个人称号；从事侨联工作20年以上专职干部3人获荣誉证书；从事侨联工作10年以上兼职干部8人获荣誉证书。

（窦跃斌）

【走访慰问】1月31日，市侨联主席到东城区慰问朝鲜归侨和印尼归侨2户，向他们致以新春祝福，并送去慰问品。春节前夕走访区侨联老领导，慰问老归侨70余人次，并慰问与机关支部接对子社区、帮扶对象3户。

（窦跃斌）

【参政议政】1月，参加区领导干部大会，听取区主要领导职务变动事项；参加区政协十四届委员会第三次会议，提交团体提案2件——《关于背街小巷整治防止反弹的建议》《关于加快东城区区块链技术研究与应用的建议》，侨界委员提交个人提案10件；列席区人大会议，听取区长作2019年度政府工作报告；参加区委十二届八次全会；参加区领导干部大会，传达习近平总书记视察北京重要讲话精神。 2月，参加北京市侨联第十四届七次全会。3月，参加区机构改革动员部署会；参加统战系统党风廉政建设工作会；参加中共东城区委统一战线工作领导小组会议。4月，参加东城区巡视整改工作部署会；参加中共东城区委统战部同心同行70年，坚定不移跟党走系列活动启动仪式；参加区全面从严治党主体责任专项检查情况通报会；参加北京市侨联专项工作会议。5月，参加北京市委意识形态工作责任制落实情况反馈意见整改推进工作会；参加北京市侨联委员大讲堂。6月，举办“认根、铸魂、追梦——新中国成立70周年主题教育活动”；参加中国侨联领导到区听取“不忘初心、牢记使命”主题教育建议、征求意见座谈会。7月，参加中共北京市东城区第十二届委员会第九次全体会议；参加东城区统战部全面从严治党、党风廉政建设半年工作会议；组队参加中华人民共和国成立70周年群众游行集训。8月，参加北京市侨联第十五次归侨侨眷代表大会推荐代表工作部署会；参加“以案为鉴，以案促改”全市警示教育大会；参加东城区中华人民共和国成立70周年庆祝活动服务保障工作动员会。9月，参加北京市“不忘初心，牢记使命”主题教育活动第一批总结暨第二批部署会；参加东城区“不忘初心，牢记使命”主题教育动员部署会；组队参加国庆观礼；召开区侨联二届五次会议，选举出席北京市第十五次归侨侨眷代表大会的代表29人。10月，参加统战部“不忘初心、牢记使命”主题教育党课；参加东城区国庆服务保障先进事迹报告会；参加北京市第二批“不忘初心、牢记使命”主题教育先进事迹报告会。11月，参加全市党的十九届四中全会精神宣讲报告会，参加东城区委第五次人大工作会议。归侨侨眷100人出席北京市第十五次归侨侨眷代表大会开幕式；参加东城区公务员职务与职级并行工作推进会。12月，参加全区领导干部大会，传达蔡奇参加东城区委班子“不忘初心、牢记使命”民主生活会讲话精神。参加中共东城区委第十二届委员会第十次全体会议。

（谭　菲）

【侨联主要会议】3月20日，二届四次（扩大）会召开，邀请东城区侨界新当选的北京市人大代表和北京市政协委员，介绍北京市“两会”相关情况；传达中国侨联十届二次全委会议《关于新时代加强基层侨联建设的指导意见》和市侨联十四届七次全会精神，总结区侨联2018年工作，部署2019年工作，区侨联委员和全区19个基层侨联组织负责人参加。8月16日，二届五次全委会召开，选举产生参加第十五次市归侨侨眷代表大会代表29人。12月19日，二届六次全委（扩大）会召开，区侨联主席传达北京市第十五次侨代会精神，学习市委书记和中国侨联主席在北京市第十五次侨代会开幕式上的讲话精神及市委常委、市委统战部长在闭幕式上讲话精神，为获得2014—2018年度北京市侨联工作先进集体、先进个人和归侨侨眷先进个人颁发奖牌和证书，获得先进集体称号的基层侨联组织代表作交流发言。

（窦跃斌）

【志愿服务活动】4月12日，携手龙潭街道侨联在龙潭街道安化楼社区养老驿站举行东城区侨联关爱老侨进社区志愿服务项目启动仪式。区侨联主席和小棉袄养老服务中心主任为此次活动致辞，并与小棉袄养老服务中心达成侨界老侨社区居家养老服务协议，由小棉袄养老服务中心为有养老需求的老归侨提供一系列爱老惠老服务。5月16日，携手朝阳门街道侨联、北京茶语艺琳文化发展有限公司，继续与北京小棉袄养老服务中心合作，在朝阳门街道头条社区养老驿站举行“关爱老侨进社区”活动。6月6日，联合东城区体育馆路街道侨联、北京茶语艺琳文化发展有限公司、北京慈爱嘉养老服务有限公司，在体育馆路街道南岗子社区养老驿站举行端午节敬老“关爱老侨进社区”活动。10月10日，在地坛公园承办市侨联志愿服务周暨侨法宣传月活动启动仪式。有关领导、市侨联“侨志总”和区侨联系统各志愿服务队、侨界志愿者代表400余人参加。

（窦跃斌）

【新侨乡文化节】5月28日，承办“亲情中华 侨韵北京——第九届首都新侨乡文化节乒乓球邀请赛”。北京市部分城区、总公司、高等院校、街道侨联和侨界社团的13支代表队、运动员70余人参加比赛。经过激烈角逐，体育馆路侨联代表队获冠军，北京大学医学部侨联代表队获亚军，石景山区侨联代表队和北京交通大学侨联代表队并列季军。市、区侨联有关领导，区政协、区纪委有关领导出席开幕式。

（窦跃斌）

【国庆70周年主题教育】6月18日，在中国华侨历史博物馆举行“认根、铸魂、追梦——同心同行70年，坚定不移跟党走”庆祝中华人民共和国成立70周年主题教育活动。区侨联主要领导宣读倡议书，区政协党组副书记、副主席李铁生讲话，老侨代表、新侨代表、侨界人大代表、政协委员代表等畅谈感受。7月9日，组织侨界群众前往国家体育总局训练局荣誉馆，学习国家体育发展历史，铭记国家竞技体育荣耀瞬间，进行爱国主义教育。9月19日，在北京市华侨服务中心与区人大法制委员会、区侨办、区政协港澳台侨委员会、致公党东城区委联合举办“寄语新中国，我对祖国有话说”座谈会，庆祝中华人民共和国成立70周年。侨界市政协委员、侨界区政协委员、致公党党员代表、老侨代表、街道侨联代表等侨界代表性人士分别从不同经历和不同视角，分享经历、畅谈感受，表达对党对祖国的热爱。

（窦跃斌）

【赴内蒙古扶贫】6月22—23日，与北京市和平里医院和医杏林志愿服务队开展为期2天的首都医疗专家志愿者赴内蒙古巴彦淖尔盟乌拉特前旗蒙中医医院送医送健康活动；在蒙中医医院举办远程医疗系统捐赠仪式，乌拉特前旗政府副旗长、卫健委主任和当地医院医务人员近100人参加。来自北京博爱医院、北京第六医院及和平里医院外科、骨科、消化内科、心内科、中医科及眼科专家，为当地群众义诊，义诊病人210余人次，指导当地医生做胃镜检查1例，预约手术11台，共同会诊9例，为当地百姓提供健康咨询、治疗建议和日常保健等服务。首都医疗专家还与当地医生开展学术交流。

（窦跃斌）

【侨界代表性人士培训班】11月8日，举办侨界代表性人士培训班，全区19个基层侨联委员会90余人参加培训，邀请专家讲授“基层统战工作的形势与任务”“华侨的历史与现状”。

（窦跃斌）

6月18日，区侨联举行“认根、铸魂、追梦——同心同行70年，坚定不移跟党走”庆祝中华人民共和国成立70周年主题教育活动（区侨联提供）

东城区青年联合会

【概况】东城区青年联合会（简称东城青联）是东城区委、区政府领导下，团结和引领全区各族各界青年的爱国统一战线组织，下设区青联秘书处。有青联委员323人。委员会设主席1人，常务副主席1人，副主席8人，秘书长1人。

2019年，东城区青联贯彻落实中共十九大精神，学习习近平新时代中国特色社会主义思想，依托“一条主线、四个重点”的战略任务，围绕疏解非首都功能和推动京津冀协同发展这条主线，团结、引领和服务全区各族各界、各行各业青年，提高组织号召力、凝聚力和影响力，推动全区青年统战工作深入开展。11月，东城青联召开第六届委员会第二次常委（扩大）会，总结东城青联2019年度工作。落实青联改革精神，调整委员结构、发展团体会员、扩大基层和一线青年代表在委员会和常委会中的比例，抓好新的社会阶层人士的统战工作，扩大青联组织的团结面和覆盖面。

（陈明秀　白媛媛）

【纪念五四运动100周年】4月22日，东城共青团、东城青联与区委宣传部联合开展“青春心向党·建功新时代”主题教育活动，东城青年100余人在“光辉起点——中国共产党早期组织在东城”主题展览馆高歌《我爱你，中国》，活动融合五四文化、东城文化，以青年人的激情、活力讴歌伟大祖国、歌唱新时代，展现东城区各行各业、各族各界青年传承五四精神，坚定理想信念，努力奋斗的精神面貌。活动被人民网、《北京日报》等媒体报道，活动视频被学习强国平台收录，在微博平台获得38.1万次观看，阅读量达41.9万次。

（陈明秀　白媛媛）

11月，东城区青年联合会开展“不忘初心 牢记使命”主题教育（陈明秀摄）

【品牌沙龙活动】2019年，开展沙龙活动30余场，参与委员300余人次，提升青联活力及凝聚力。开展多项活动，加强界别交流。促进委员在事业与家庭、素质与修养、生活与健康等多方面成长发展，丰富委员业余生活，为委员搭建交流交往平台，成立东城青联委员成长学院。关心关爱女委员身心健康，聚焦女委员能力提升、助力女委员事业发展。引导界别结合特点，开展主题活动。发挥好界别组长、秘书长作用，树立界别文化、发展跨界别活动。文化体育界别组织开展艺术节，经济金融界别在顺义开展素质拓展活动，新的社会阶层和社会组织界别发起“走进四条胡同修缮整治指挥部活动”和跨界别“不忘初心、牢记使命”学习活动。组织富有文化性、延续性的系列活动，增强青联组织活力，增进委员间沟通交流。尝试性发起青春读书会活动，以文会友，共同成长。成立青联健走跑团兴趣小组，吸引委员在运动中发展友谊，健康体魄。东城青联篮球队参加全市青联篮球赛，进一步凝聚队伍，增进友谊。与东城区新的社会阶层人士联谊会加强联系，共同举办“青春心向党 建功新时代”新的社会阶层人士健步走主题活动。

（陈明秀　白媛媛）

【推优荐才】2019年，东城青联继续通过北京市五四奖章评选、北京市青年榜样评选、东城区党外知识分子联谊会理事推荐等多种市、区级评选推荐工作，多渠道培养和发现优秀青年人才。推荐中国青年企业家协会会员5人、北京市五四奖章3人、北京市妇女代表大会代表3人、北京青年榜样5人、北京学者3人、百千万人才工程市级人选3人、团市委青年讲师团2人、区新的社会阶层人士联谊会会员5人、区党外知识分子联谊会理事3人、区优秀人才资助5人、区人才专家库3人。

（陈明秀　白媛媛）

东城区工商业联合会

【概况】东城区工商业联合会（简称区工商联），是中国共产党领导的以非公有制企业和非公有制经济人士为主体，具有统战性、经济性、民间性有机统一特征的人民团体和商会组织，是党和政府联系非公有制经济人士的桥梁纽带，是政府管理和服务非公有制经济的助手，是中国人民政治协商会议的重要组成部分。工商联工作是党的统一战线工作和经济工作的重要内容，以促进非公有制经济健康发展和非公有制经济人士健康成长为工作主题，其工作对象主要包括私营企业、非公有制经济成分控股的有限责任公司和股份有限公司、港澳投资企业等，私营企业出资人、个体工商户、在内地投资的港澳工商界人士等。机关内设办公室、宣传教育科、会员科（商会管理科）和经济服务科，编制17人、实有16人。截至年底，有基层组织38家，其中街道商会17家、特色街区商会6家、重点地区商会1家、科技园区商会1家、楼宇商会1家、异地驻京商会2家、功能性商会10家，有各类会员2400余家。

2019年，走访慰问专家人才12人；向区委组织推荐优秀人才培养资助项目7个；12家商会和会员企业党组织被市工商联评为非公党建示范单位和党员驿站示范点，14人被评为优秀党组织书记和优秀党务工作者；东四街道商会获评全国“四好”商会；企业“小巷管家”探索社会治理新模式，获全国工商联系统2019年度“创新中国”最佳案例；被全国工商联评为民营企业调查点示范单位。推荐获评“中国好人榜”上榜好人1人，首都慈善楷模奖4人，首都慈善捐赠企业奖1家，2017—2018年度“首都精神文明建设奖”1家，“2018·感动东城”道德模范1人，2019年度东城区“学雷锋品牌团队”1家，“最美志愿家庭”1个。

（郑　江）

【党建工作】2019年，开展“不忘初心、牢记使命”主题教育，推动主题教育向基层延伸。组织青年企业家参观香山革命纪念馆，组织各基层商（协）会、商会联合党委、顾问单位代表集体观看电影《决胜时刻》、红色经典话剧《人民英雄纪念碑下的沉思》。建立街道商会联合党委工作台账，及时调整维护党员名册和党员信息表，定期召开工作会、座谈会，指导各街道商会联合党委开展公益慰问、志愿服务、精准帮扶、演讲征文以及理想信念教育等党建活动180余项。

（郑　江）

【执委常委会会议】5月17日，区工商联（商会）召开十届五次执委（扩大）会。通报东城区工商联（商会）2019年1月至5月工作情况和下半年重点工作计划。会议表决通过区工商联（商会）人事调整事项，部署东城区工商联推进各基层商（协）会加强自身建设，全面融入“小巷管家”工作方案。区委常委、统战部部长出席会议并讲话。区工商联全体执委、各街道（地区）主管领导、商会工作负责人、专职工作者参加会议。12月17日，区工商联（商会）召开十届六次执委会暨2019年商会工作总结会暨第三、四季度商会工作例会。会议观看工作记录片《我的小巷·我的家》，审议通过《东城区工商联（商会）第十届执行委员会第六次会议工作报告》，表决通过区工商联（商会）人事调整事项。东花市街道商会和安定门街道商会分别作商会工作交流发言，就春节前重点工作进行动员部署。

（郑　江）

【参政议政】区工商联会员中有区人大代表38人，包括区人大常委3人；区政协委员72人，包括区政协常委12人。会员中人大代表提交建议案19件（市人大2件、区人大17件）、政协委员提交提案64件（市政协3件、区政协58件、团体3件），其中团体提案《关于积极主动为民营企业服务 构建亲清新型政商关系的建议》获得区政协优秀提案。跟踪协调有关部门做好会员提议案答复工作，完成工商联负责的1个主办、3个会办的答复意见，并组织完成主办单位对2件个人提案、3件团体提案的答复。11月1日，召开工商联系统人大代表、政协委员撰写提案议案培训会，区政协领导出席会议并讲话。

（郑　江）

【商会建设】2019年，制订并下发《各基层商（协）会需要向工商联请示及报告事项》，梳理完成《东城区工商联基层商（协）会品牌项目清单》《东城区工商联基层商（协）会办公场地及人员保障等情况统计表》，推进街道商会和商会联合党委工作场所的全覆盖，并沟通协调街道商会党建指导员和工作经费保障等问题。指导基层商（协）会开展年检工作，合格率100%。完成青创会登记注册。聚焦信息服务、金融、文化东城区三大主导产业，结合会员结构优化需求，发展新会员64家。3月12日、6月14日，组织2期新会员培训班，培训新会员200余人。建立基层商（协）会工作例会制度，围绕优化营商环境、“送温暖”活动、会员发展、招商引资、参与社会治理等重点工作，组织区工商联、区商会两套班子成员，各基层商（协）会主管领导、会长、联合党委书记进行工作交流。推广“南锣经验”“簋街模式”，在所属街道商会和骨干会员中全面部署“小巷管家”“接诉即办”“垃圾分类”工作，实现各基层商（协）会及骨干会员企业“小巷管家”工作覆盖率100%和参与率100%，企业“小巷管家”近200人参与街巷环境整治提升工作。成立10支企业家志愿服务队，开展社区服务、环境整治等工作600余项，协助办理“12345”市民热线投诉事项40余件。承接市商务局“深夜食堂”活动，承接区体育局“快乐周末”、区教委“阳光赛事”等活动项目，承接张家口崇礼区“2022冬季奥运会”法律服务项目，全程参与东城区2019—2020年餐饮业大气污染防治专项等工作，在引导商（协）会参与提高城市精细化管理水平上取得初步成效。

（郑　江）

【服务会员】协调搭建政企对接新平台。结合全区机构改革情况，重新梳理、完善顾问单位信息库，协调顾问单位服务企业发展。收集归纳民营企业发展8大类、249条问题建议，推动建立每季度和区政府领导、有关部门对接沟通机制，开通区委统战部议政建言直通车，利用多种渠道，向区委区政府及有关职能部门反映，协调、推动解决企业发展难题。全面参与优化营商环境工作。1月8日，召开“持续优化营商环境 助推民营经济发展”议政会，组织界别政协委员为破解区民营经济发展建言献策。有关领导及部门120人参加会议。组织召开“优化营商环境，推动非公经济发展座谈会”，区领导、区属相关职能部门与民营企业家围绕优化营商环境和非公企业生产经营中遇到的困难问题座谈交流，协调解决企业发展难题，服务非公经济发展。分别与市工商联、东城区发改委共同举办北京市优化营商环境“9+N”2.0版政策宣讲会，宣传、解读相关政策、措施。配合做好东城区首届营商环境发展大会，推荐18家商（协）会会长担任东城区优化营商环境监督员，引导会员企业积极融入东城区优化营商环境工作。8月20日，组织开展东城区优化营商环境——民营企业开放日活动，区有关领导、工商联会员企业、特邀异地驻京商协会及企业代表20余人，参观升级改造后的区政务服务大厅，并在窗口体验企业办理流程，区政务服务局介绍企业办理最新的相关政策。8月26日，举办“检察护航民企发展”公众开放日，帮助企业增强法律维权意识，促进企业健康发展。10月30日，召开进一步优化营商环境座谈会。作为专属服务管家，为3家会员企业送上个性化服务包，完成服务包事项7项，帮助企业解决发展中的实际问题，开展法律、就业、金融等服务。11月14日，与东城区律师协会联合举办为民营企业法治体检“回头看”专项座谈会。11月22日，与区人力社保局共同举办民营企业职业技能培训专题研讨座谈会。12月12日，举办“送法进企业 护航促发展”系列活动启动仪式。东城区工商联非公企业党委联手区法院民三庭（知产庭），开展送法进企业系列活动。与东城区老字号协会、东城区科技产业商会、东城区信息化协会联合举办法律咨询日，组织会员企业参加北京市民营企业普法大讲堂等活动。组织会员企业参加2019年东城区文化金融研修班，联系金融机构开展金融政策和优惠项目介绍，为会员企业提供金融服务。推荐会员企业参与第九次民营企业军民两用高新技术及产品研发生产情况专项调查、2019年科技综合服务等专项扶持政策，帮助企业提质增效、转型发展。

（郑　江）

【合作交流】2019年，接待天津市南开区工商联、天津市武清区工商联、广东省深圳市罗湖区工商联、四川省巴中市工商联、内蒙古巴彦淖尔市工商联、内蒙古自治区工商联来访，组织安排座谈、经验交流和实地参观考察。与内蒙古巴彦淖尔市工商联和河北省玉田县工商联建立友好商会关系。12月4日，与区发改委到中国青年企业家协会开展交流座谈。组织会员企业参与第四届京津冀非公经济产业对接交流会暨三地民营企业走进北京城市副中心推介会、2019年首都非公经济金融服务推进会、2019年山东省无棣县承接京津冀产业转移推介会、第二届秦巴山区绿色农产品投资洽谈会等经贸交流活动。

（郑　江）

【原工商业者工作】2019年，完成原工商业者及遗孀的困难补助申请和发放130余人次，金额26万余元。接待办理原工商业者信访2人次。

（郑　江）

【对口帮扶】2019年，多次组织会员企业赴内蒙古自治区乌兰察布市化德县考察、对接，与化德县签订援建帮扶车间协议，捐助10万元援建扶贫车间，5家服装制造业重点会员企业与当地5家结对企业签订结对帮扶协议，2家会员企业与化德县10所学校签订捐赠协议，为全体在校学生每人做新校服，实现乡镇、村中心学校捐赠校服全覆盖。捐赠价值13万余元的图书5000册，捐赠平板电脑100台，捐赠其他文化用品价值2万余元。组织会员企业赴湖北省十堰市郧阳区开展座谈交流、调研扶贫产业、走访贫困家庭，达成部分农副产品合作意向。组织会员企业赴北京市怀柔区开展低收入帮扶工作，达成初步帮扶意向。组织机关干部及会员企业参与“消费扶贫”，参加北京市消费扶贫市区联动东城区主题日、北京消费扶贫日、2019光彩北京消费扶贫进社区启动仪式等活动。发动机关干部及会员企业购买帮扶地区特色产品，认购崇礼区种植户玉米6万余个，帮助当地群众增收12万元，解决玉米滞销问题。购买化德县文件盒1万个，帮助当地企业增收10万元。

（郑　江）

【光彩事业】坚持第13年开展“为千户家庭送温暖”活动。23家商（协）

7月4日，非公经济人士到天坛周边简易楼腾退项目指挥部慰问一线工作人员（区工商联提供）

会，794家会员企业参与“送温暖”活动，捐款、捐物、提供服务累计470余万元，惠及贫困家庭2500余户及其他受助群众2.2万人次。连续4年开展“手拉手 共成长”资助百名品学兼优贫困学生活动。参与活动的青年企业家累计210余人次，捐款累计150余万元。5月5日，非公经济人士到宝华里危改项目总指挥部慰问一线工作人员。7月4日，非公经济人士到天坛周边简易楼腾退项目指挥部慰问一线工作人员。完善会员光彩事业数据库。据统计，全年会员企业自主参与光彩事业、精准帮扶、对口支援和社会公益项目300项，捐款、捐物、投资项目及提供教育、法律、文化等服务累计金额5000余万元。

（郑　江）

【调查研究】开展《关于东城区工商联坚持“五强五感”培育和弘扬优秀民营企业家精神的探索与思考》《关于优化东城区营商环境 促进民营经济高质量发展的调查与思考》重点课题研究，调研报告在《中华工商时报》上刊登。调研成果转化信息“北京市东城区工商联积极服务民营企业见成效”，被全国工商联《工商联改革情况》第33期专刊刊登，转化信息“东城区工商联大力弘扬优秀企业家精神，培育‘五有’企业家”被市工商联《工作信息》第48期专刊刊登。转化决策咨询报告《以“四化”举措打造首都核心区一流营商环境》被区委书记批示，常务副区长主持召开专题会研究落实。4月2日，区政协副主席等到区工商联调研，就工商联界别委员履职情况、发挥作用情况以及调研课题开展情况等深入研讨。5月20日，副区长到区工商联座谈调研，工商联领导就重点工作及优化营商环境，服务企业发展情况进行专题汇报，与会企业代表围绕企业发展面临的困难、问题及建议进行交流。5月28日，副区长到景山、东华门、体育馆路街道商会和联合党委开展调研，听取区工商联进一步加强街道商会、联合党委工作的措施和思路，听取街道商会、联合党委参与街道“小巷管家”、开展非公企业党建等方面工作情况介绍，了解会员企业经营、发展面临的问题和困难，就如何改善营商环境和服务企业发展工作征求意见、建议，并就街道商会、联合党委工作场地、人员、经费等问题进行交流、探讨。6月13日，到东四、北新桥街道商会和簋街商会走访调研，推进“小巷管家”工作，相关街道主管领导、商会会长、联合党委书记参加。7月30日，市工商联、市政研会到区工商联召开民营企业家代表座谈会。与会企业家代表结合自身企业实际，围绕北京营商环境的总体评价、亮点举措、政策效果以及如何改进等方面畅谈感受，就政策该如何落地落细、政策应保持稳定性和延续性、加强宣传营造重商亲商环境、改变执政理念、创新服务思维等方面提出意见建议。8月7日，到南锣鼓巷商会参加志愿南锣周三行动并就垃圾分类和商会建设工作进行走访调研。区工商联开展企业运行调查，建立完善183家会员企业信息调查点，完成全国工商联、市工商联民营企业调研问卷5次，完成2019年民营企业劳动关系状况监测调查。东城区47家企业入选北京市民营企业百强企业。

（郑　江）

【宣传教育】2019年，开展以“守法诚信经营，坚定发展信心”为重点的理想信念教育实践活动。重点开展年轻一代非公经济人士教育引导。5月10日，组织青年企业家学习贯彻习近平总书记在纪念五四运动100周年大会重要讲话精神。开展“我与青创会共成长”和“为祖国健康工作五十年”系列活动。组织“手拉手 共陪伴”活动慰问东城独居高龄老人。围绕参与社会治理、承接政府转移职能、商会党建及对口帮扶等重点工作，搜集和反映商会和会员企业的意见建议和典型事例，进行重点宣传报道400余篇次。6月14日，组织召开2019年上半年信息宣传工作总结会暨信息员培训会，区工商联各基层商会、企业信息员100余人参加培训。至年底，推送微信公众号400余条、《工商联简报》123期，发布政务微博400余篇。被上级单位及媒体采纳刊登的信息稿件共110余篇，其中《人民日报》《中华工商时报》《中国工商》等中央级媒体20篇，《北京日报》《劳动午报》等市级报刊14篇，《新东城报》8篇，《东城信息》《昨日区情》《舆情报》20篇，北京电视台报道5次，其他网络媒体、新媒体和电视媒体43篇。全国工商联信息专刊1篇、普刊5篇、市工商联专刊3篇、普刊53篇、精准扶贫专刊5篇。

（郑　江）

东城区人民团体负责人

总工会主席	许　汇	科学技术协会主席	李小康（3月免）
共青团东城区委书记	李晓光（蒙古族）		孙占军（6月任）
青年联合会主席	李晓光（蒙古族，兼）	归国华侨联合会主席	谭　菲（女）
妇女联合会主席	杨立萍（女）	工商业联合会主席	王　曦

法　治

7月1日，东城区委依法治区委员会、国家安全委员会、平安东城建设领导小组第一次全体会议召开（刘恩强摄）

综 述

2019年，东城区围绕中心工作，全面推进法治建设，在依法行政、矛盾纠纷化解、群防群治、扫黑除恶、维护社会稳定等方面取得成绩。

依法行政。推进全面依法治区各项工作，完成全国法治政府建设示范创建活动申报。落实行政执法公示和重大执法决定法治审核制度，做好区政府常务会材料、规范性文件备案审核、立法草案征求意见等各项行政文件合法性审查。发挥内部监督职能，强化监督纠错职能作用，依法办理行政复议、诉讼案件。优化行政复议、应诉案件办理审批流程，提高办案效率，从严把握案件审理尺度，确保每一起行政复议、诉讼案件都经得起司法审查。依法办理行政复议案件228件、行政诉讼案件584件。公共法律服务体系不断健全完善。区政府首次向区人大专项报告行政事业性国有资产管理情况。办理各级人大代表议案、建议和政协委员提案415件，实现见面率和办结率100%，解决率达87.6%。创新开展普法，整合全区普法资源，组织开展扫黑除恶、“疏解整治促提升”、“寻找最美法治社区”、“青春微普法”、法治格言书法巡展等专项法治宣传活动。

群防群治及矛盾纠纷化解。高度重视重点时期、重大活动期间的社会面防控工作，发挥“东城守望岗”作用，动员社区、群众参与社会治安防控。严厉打击各类刑事犯罪，受理审查逮捕案件1186件、1531人，审查起诉案件1219件、1584人。深化平安东城建设，依法办理严重暴力犯罪89件、106人，多发性侵财犯罪404件、562人，切实增强人民群众获得感、幸福感、安全感。严惩非法集资和洗钱等破坏金融秩序犯罪，办理涉众型经济犯罪案件164件、230人。以案卷评查、走访检查和重点时期“日报告”制度为抓手，拓展矛盾排查的广度和深度，通过街道、社区、楼门院长三级联动，拓展社情民意收集渠道，提高纠纷化解的及时性和有效性。推进社区议事协商常态化，加强“诉调对接”深度融合，探索“法官+司法助理员+人民调解员三联动”社区人民调解新模式。针对涉众、涉舆论炒作、群体类等重大敏感案件，同步做好依法办理、舆论引导和社会面管控工作，确保案件平稳顺利办结，全年未发生影响首都安全稳定事件。

扫黑除恶专项斗争。坚持露头就打，保持打击黑恶势力犯罪的高压态势，单独立账登记涉黑涉恶线索及案件12件、117人。加大对社会乱象的打击力度，办理“非法一日游”“号贩子”系列“治乱”案件。加强律师代理黑恶势力犯罪案件的全程跟踪指导和代理律师教育管理，严格落实相关报备程序，实现律师代理涉黑涉恶案件，违法违规零风险。与国庆安保风险隐患排查同布置、同行动、同督导，深入开展司法行政系统涉黑涉恶线索矛盾大排查，全面排查涉黑涉恶线索，采取普遍排查和重点排查相结合、定期排查和专项排查相结合的方式，强化公共服务人员扫黑除恶专项斗争意识。加强宣传营造声势，通过各类媒体推送扫黑除恶法律知识和释法案例130余次。

（赵 妍）

12月16日，东城公安分局领导慰问雨雪天气值守的一线民警（李振斌摄）

社会治安综合治理

【概况】中共北京市东城区委政法委员会（简称区委政法委）是区委领导和管理政法工作的职能部门，中共北京市东城区委国家安全委员会办公室（简称区委国安办）设在区委政法委。根据3月22日中共北京市东城区委办公室关于印发《中共北京市东城区委政法委员会职能配置、内设机构和人员编制规定》的通知（京东办字［2019］9号），原中共东城区委政法委、原区综治办合并成立中共北京市东城区委政法委员会。内设办公室、研究室、社会稳定科、法治科、综治督导科、社会治理科、重点整治科、反邪教科、国家安全科、政工科。行政编制45人、实有42人。

2019年，学习贯彻习近平总书记

关于政法工作的重要论述和《中国共产党政法工作条例》，聚焦中华人民共和国成立70周年庆祝活动维稳安保主线、聚焦维护核心区政治安全这个头等大事、以开展“不忘初心、牢记使命”主题教育为抓手，履行职责，做好领导考察、调研，安全维稳，依法治区等各项工作。

（姜云飞）

【东城区法制副校长工作调度会】2月16日，东城区法制副校长工作调度会召开。会上，区教工委、团区委分别汇报东城区法制副校长工作总体情况。与会领导就相关问题进行讨论并对东城区法制副校长工作提出具体要求。区有关领导及部门20余人参加。

（姜云飞）

【区委政法工作会议】2月28日，东城区委政法工作会议召开。会议学习贯彻习近平总书记在中央政法工作会议重要讲话精神，总结2018年全区政法工作，部署2019年政法工作任务。区委书记夏林茂出席会议并讲话。区有关领导及部门400余人参加。

（姜云飞）

【中央扫黑除恶督导组到区走访】6月13—14日，中央扫黑除恶第11督导组第四下沉小组分成2个工作组，分别对区公安分局、区文化旅游局、区卫健委、区住建委、体育馆路街道、东花市街道、建国门街道、东华门街道8家单位下沉走访。督导组听取被督导单位关于扫黑除恶专项斗争工作汇报，检查档案材料，并通过座谈、问卷调查等了解情况。

（姜云飞）

【依法治区委员会等全体会议】7月1日，东城区委召开依法治区委员会、国家安全委员会、平安东城建设领导小组2019年第一次全体会议。会议传达市委依法治市委员会、国安委、平安北京建设领导小组第一次全体会议精神，部署2019年度重点工作并提出具体要求。区有关领导、中央驻区单位、武警部队、政法各单位及全区177个社区代表参加。

（姜云飞）

【拆迁滞留项目专项整治推进会】7月3日，区委政法委在东华门街道组织召开“黄图岗3号地”拆迁滞留项目专项整治工作推进会。会议听取前期工作汇报，强调加强直管公房转租转借摸排管理，建立台账，并进行安全隐患排查。项目综合治理组成员单位20余人参加。

（姜云飞）

【夏季反邪教宣传活动启动仪式】7月9日，东城区夏季反邪教宣传活动启动仪式在龙潭西湖公园举行。活动主题为“科学健步走，一起反邪教”，活动由区委政法委主办，体育馆路街道工委、办事处承办，东城薄荷茶空间、龙潭西湖公园协办。活动通过环湖健步走、反邪教知识有奖问答、发放宣传品等形式进行反邪教宣传。市、区委政法委及区园林绿化局领导出席，“薄荷茶”反邪教志愿者、各街道反邪教工作者及群众400余人参加。

（姜云飞）

【群租房及地下空间整治推进会】8月7日，区委政法委组织召开违法群租房及地下空间整治工作推进会。会议通报违法群租房摸排台账，并对重点工作进行说明。区住房城市建设委、区市场监管局、东城公安分局人口大队及各街道30余人参加。

（姜云飞）

【群租房专项整治工作会】11月21日，区委政法委组织召开漠视群众利益群租房专项整治工作会。会议通报区委政法委检查组现场督查检查情况，听取各部门、各街道漠视群众利益群租房专项整治迎检工作情况汇报。区公安分局人口支队、区住建委、区市场监管局主管领导及各街道社区平安办主任30余人参加。

（姜云飞）

【治安形势通报会】11月21日，东城区治安形势通报会召开。会议通报社会治安形势，部署东城区社会面防控工作。通报社会治安形势，与会部门就相关问题进行讨论并提出建议。有关领导和部门及17个街道主管领导50余人参加。

（姜云飞）

【物业纠纷问题协调会】11月26日，区委政法委组织召开物业纠纷问题协调会。会议通报物业纠纷问题，各单位围绕职责汇报物业纠纷问题核查情况及下一步工作计划。区委政法委、区公安分局刑侦支队、区住建委、东四街道、东四派出所相关负责人20余人参加。

（姜云飞）

法治政府建设

【概况】2019年，东城区司法局做好区政府常务会材料、规范性文件备案审核、立法草案征求意见等各项行政文件合法性审查工作。全年审核区政府文件263件，其中区政府上会材料合法性审查80件、区政府信息公开告知审核49件，公文制发材料审核89件，办理各类征求意见45件，为区政府决策提供法制保障。

（张成雷）

【行政复议和诉讼案件办理】2019年，区司法局发挥内部监督职能，强化监督纠错职能作用，依法办理行政复议、诉讼案件。优化行政复议、应诉案件办理审批流程，提高办案效率，从严把握案件审理尺度。接待来人来电各类咨询700余人次，办理行政复议申请211件，办理以区政府为被告的行政诉讼案件574件，办理市政府受理的东城区行政复议案件40件。

（张成雷）

【行政执法监督】2019年，区司法局组织全区行政执法集中培训，开展行政处罚案卷评查评验和排查纠治行

11 月 13—15 日，2019 年东城区依法治区工作专题培训班开班（刘恩强摄）

政执法等重点工作。印发《东城区行政执法专项考评工作通报（2018年度）》《区政府绩效考核行政执法专项考评评分标准》《北京市东城区2019年度行政执法计划汇编》《东城区全面落实行政执法公示制度执法全过程记录制度重大执法决定法制审核制度实施方案》等，编写完成《推行行政执法三项制度的原理探究与实证分析》调研报告。

（张成雷）

【信访与接诉即办工作】2019年，区司法局接收“12345”事项70件，其中市司法局转办事项20件，接收区网格化管理服务中心转办50件。全年接待群众来访、接听群众电话171人次，受理群众信访诉求40件。信访和接诉即办事项主要涉及律师业务、公证、司法鉴定等公共法律服务等内容，所有事项均已全部办结。

（张成雷）

公　安

东城公安分局

【概况】北京市公安局东城分局（简称东城公安分局）受北京市公安局和东城区委、区政府双重领导，依照法律赋予的权利维护国家安全和社会治安秩序，保护人民，惩罚犯罪，保证国家长治久安。局机关27个业务部门，下设户籍派出所20个，治安派出所5个。

2019年，东城公安分局运用制度威力防范化解重大风险，优化社会面巡逻防控布局，重点人、涉访易聚集部位始终平稳在控，快速处置突发案事件，保障宝华里选房签约、王府井步行街北延等区重大事项顺利推进。完善社区巡防队、“三网融合”立体化治安巡防体系，深入开展实战大练兵。坚持发展新时代“枫桥经验”，推广朝阳门、天坛派出所全国、全市先进典型成功经验。选派优秀党员社区民警177人到社区兼任社区党组织副书记，分3期开展党员社区民警兼任社区党组织副书记政治轮训。保持情报预警高等级运转，深度获取高质量内幕情报，严密防范和打击各种渗透颠覆破坏活动。固化完善“基础、行业、专业、联合、全民、科技”六位一体反恐防恐机制建设，适时启动敏感节点专项维稳，严防暴恐袭击、个人极端行为。紧盯网上舆论风险，专项部署扫黑除恶、平安行动、冬季百日会战等，开展夏季打击破案会战，先后打掉“7 · 21”非法一日游等公安部、市、区督办涉恶团伙6个，铲除九类涉恶因素类犯罪团伙32个。全年刑事拘留1612人、同比上升23.1%，全部案件、当年现案破案数量同比分别上升51.7%和48.6%，破案率同比分别提升13.3和11.4个百分点，命案破案率连续8年保持100%，8类危害严重和九类涉恶案件破案率分别达到87%和86.3%。与群众安全感密切相关的“两抢”、盗窃非机动车、入室窃、扒窃、电信诈骗案件立案同比分别下降47.1%、44.1%、47.6%、43.2%、31.3%。“110”刑事警情、治安警情同比分别下降21.7%

12 月 5 日，东城公安分局组织召开“冬季百日会战”第一次推进会（武军摄）

和4.1%。接报经济案件警情524起，受理案件362起，立案侦办326起，破获案件141起，刑事拘留197人，逮捕108人，办理取保候审48人。应急物资总储备达到574件，应急保障2次，开展演练3次。加强干警培训，编制典型案例经验教学片2部、战时培训微视频5部、安保培训专刊8期，开展专题讲座和实战送教活动57次，累计培训民警和支援警力6260人次。干警812人获得不同层次表彰，其中获公安战线二级英模4人，获一等功8人、集体1个，获二等功26人、集体11个，获三等功185人、集体9个，获嘉奖566人、集体22个，获省部级荣誉称号1人、集体1个，获市级荣誉称号12人、集体8个。

（李露云）

【国庆70周年庆祝活动重大安保】2019年，持续开展社会面及警卫基础信息采集更新，搭建筹备阶段安保组织架构和战时矩阵指挥体系，89项工作目标体系、114项“链条式”责任体系、三级120个方案预案体系、安全风险防控体系到位。围绕国庆70周年庆祝大会，部署民警7707人、保安2106人。

（李露云）

【国庆游行要害设施服务安保】国庆70周年安保工作中，东城公安分局负责国庆群众游行和要害设施服务保障专项安保任务。组建1个安保领导小组，下设10个安保专班，撰写风险评估报告8份、制订安保方案18份，投入警力220人、保安员700人，警车11部。负责群众游行和服务保障人员7200人、6辆年号标语车、7万个广场气球、7万羽和平鸽、34辆彩车的安全护送，确保长安街30只灯杆扩声声柱安装、2382个设施井盖和东城区13处加油站、15个电力铁塔的绝对安全。

（李露云）

【重大外事活动安保】2019年，东城公安分局将第二届“一带一路”国际合作高峰论坛、中国北京世界园艺博览会和亚洲文明对话大会三场重大外事活动安保一体化统筹，强化点、线、面各项安保维稳措施，部署民警1872人、保安502人，累计投入警力16万余人次，完成警卫勤务433起。全区“110”刑事警情、治安警情同比分别下降83.3%和68.5%。

（李露云）

【完善体制机制建设】2019年，东城公安分局在持续深化固化“10+X”机构设置、“两队一室”、7×24小时社区警务等改革成效基础上，优化完善警务运行机制。将反恐怖和特巡警支队的政治中心区巡警、全区巡逻防控职能灵活调整至指挥处，强化指挥体系、巡防体系、视频巡控体系的深度融合，提升扁平指挥、智能指挥效能。

（李露云）

【执法规范化源头监督】2019年，东城公安分局采取执法监督措施2.92万件，一线解决派出所受立案问题192件，规范案管组台账88件。创新战训合一，推进落实机制，分批对全局执法办案民警开展案审队跟班轮训。全年检察机关批准逮捕和决定起诉数量同比分别上升36.4%和15.8%，刑拘转捕率、移送起诉率同比分别提升4.8个百分点和1.5个百分点。

（李露云）

【执法指引】2019年，编撰《东城分局执法办案手册》，制订《重点行业管理适用〈反恐怖主义法〉指导意见》《涉车类突出问题专项行动经验材料》等执法指导文件19件。加强执法培训，组织法律讲座、庭审旁听等培训23次，开展送教下基层，发放培训资料13类1812册，参训民警1.6万余人次，基本级执法资格考试100%通过。

（李露云）

【执法办案系统建设】2019年，东城公安分局完成23个独立涉案财物保管室建设，投入运行远程提讯系统、82套语音笔录设备、46台高速扫描仪，推进“BJCM”试点建设，提升执法办案监督信息化、规范化水平。

（李露云）

【重点治安基础领域管控】2019年，针对行业、危物、保安等重点治安基础管控领域，强化机制化运作，严格执行重点时段访客报告核查、旅店人脸比对等管控措施，处罚行业场所81家次，罚款10.78万元；取缔黑开旅馆105家（含违规日租房），疏解关停中小旅店59家；组织完成104项、297场次活动安全监管任务。

（李露云）

【群体访处置】2019年，坚持严密涉访易聚集部位防控，做好与上访人员谈话、拦截劝返。围绕情报、控制、处置、劝返、打击5个环节，坚持防范处置并重，组织投入处访警力6.4万余人次。处置各类群体访1096批次、3.82万人次，个人访12.93万人次，分别下降35.8%、上升12.2%和19.63%。处理违法行为上访人员324人（上升165.6%）。

（李露云）

【名录制管理开锁企业及人员】1月4日，东城公安分局启动换发开锁备案登记证明和开锁技工备案登记卡工作，将开锁企业全部纳入名录制管理。对已纳入名录制的开锁企业，不分有效期限，一律重新换发证照，对尚未纳入名录制的开锁企业，要求其纳入名录制管理，并依照名录制的标准要求进行审查。对符合备案条件且申报材料齐全的开锁企业17家，逐家填写《北京市开锁业经营单位信息登记表》，并将所属员工65人等相关信息报治安支队、派出所两级存档。

（李露云）

【优化巡防布局】2019年，开展社区巡防队建设，制订《社区巡防队管理实施办法》，整合13类社区群防群治力量，组建92支社区巡防队，实施“三网融合”立体化治安巡防体系建设。制订《关于进一步加强全区社会面整体防控工作的意见》，重新编

9月24日，东城公安分局领导督导检查辖区长安街沿线设施井盖防控工作
（李振斌摄）

排布局防控点位及巡逻路线和停靠点，与交通、武警防控布局实现对接。国庆安保期间，确定2288个治安志愿者守望岗，发动群防群治力量6.2万人。

（李露云）

【社区基础摸排】2019年，东城公安分局制订社区基础信息摸排方案，列出人、地、物、事、组织五大类77项和出租房屋两大类30项基础信息采集范围，组织各派出所成立177个基础信息调摸小组，完成10次基础信息摸排，摸排各类重点人信息1.44万件，重点地信息9.84万件，重点物信息4.9万件，重点事信息23件，重点组织信息2041件，摸排消除各类矛盾纠纷4272件。

（李露云）

【社区防范】2019年，东城公安分局80个7×24小时社区警务室接待群众1.5万人次，就近处警5900余次，调处矛盾纠纷2606件，抓获入室盗窃嫌疑人20人，破获案件32起。新建智慧安防系统小区7个，安装智慧门禁94个、高清监控探头82个。7个小区实现全年零发案。通过安防系统治安拘留5人，刑事拘留3人，破案4起。永外革新西里智慧小区建设项目，获全国第二届中国警务信息化建设成果评选活动最佳公共服务解决方案及星光中国芯工程应用示范合作贡献奖（世界首枚嵌入神经网络处理器SVAC国家标准XPU芯片）。

（李露云）

【社区巡防队建设】2019年，东城公安分局建立工作例会、绩效考核、日常培训、经费保障、奖励惩处等五项长效工作机制，整合社区群防群治力量7288人、平房物业保安员741人、政府出资雇佣保安员575人和辖区单位保安员717人，新组建92支社区巡防队。在民警带领下采取自行车巡、步巡等方式，有针对性地在重点时段和重点部位开展社区巡逻防控，加强夜间背街小巷巡逻防控。6月13日至10月底，夜间发案10起，同比下降85%，巡防队提供各类有价值信息线索790件，协助民警抓获违法犯罪嫌疑人42人。

（李露云）

【流动人口和出租房屋管理】2019年，东城公安分局联合区住建委等相关部门，约谈辖区链家等7家房屋租赁中介机构，对群租房、日租房进行限期整改，确保国庆前夕区出租房屋隐患清零；依托市局流转的网络短租房源信息名单，组织社区民警和流管员开展落地核查，核实在账813处，新发现158处，关停取缔3022处。组织开展社区各类安全隐患排查，化解矛盾纠纷177件，查处消防隐患110处，拆除违法群租房508处，关停取缔日租房623处，整改地下空间17处，罚款处罚群租房出租人61人，金额3.7万元，拘留日租房经营人64人。组织开展实有人口和实有房屋基础信息摸排，新登记出租房屋1.68万户、流动人口4.89万人，核销出租房屋1.6万户、流动人口5.13万人，消除各类隐患问题1514件；建立流动人口和出租房屋督导检查工作机制，检查结果与派出所执法质量考评挂钩。

（李露云）

【户政信访矛盾化解】国庆安保期间，东城公安分局针对户政信访问题，通过建立梳理摸排、风险评估、重点攻坚、多部门联动、战时会商等机制，解决疑难户口81件，结办各类信访事项201件，结办率100%，提升群众满意度。

（李露云）

【首批“枫桥式派出所”创建】2019年，东城公安分局组织派出所开展首批“枫桥式派出所”创建工作。经市局评选，推荐朝阳门派出所作为向公安部申报的“枫桥式公安派出所”命名对象，天坛派出所被评为创建“枫桥式公安派出所”活动示范单位。11月28日，朝阳门派出所被公安部命名为首批“枫桥式公安派出所”。

（李露云）

【复核清整住区外国人】2019年，东城公安分局以外国人专项治理为牵动，持续对外国人居住集中的重点社区、违法犯罪高发区域及外国人易涉足场所等开展多波次、全方位、立体化清查，复核清整各项隐患。累计检查涉外出租房4877间次、涉外留宿单位1158家次，查处违住类案件490起，办理三非类案件193起，其中警告592人，罚款40人，行政拘留51人。

（李露云）

【科技推动警务】2019年，东城公安分局实施大数据警务战略，成立科技信息化建设应用工作领导小组，组建科信办，与网安总队、区科信局共同创建大数据联合实验室，加强系统对接、数据共享、深度开发应用等领域合作。搭建起视频监控、车辆识别、人像识别等六类监控网，重点公共区域视频监控高清比例达到67.3%。加强云存储、云计算平台建设，数据处理效率提升10倍，整合41个委办局视频专网联网运行，114家社会单位1.01万路视频监控联网接入，形成一主多分共享格局；建设应用实战指挥平台，实现街面警力和警车实时定位显示、视频即时通信、预警实时推送、勤务自动报备、核录数量显示等功能，提升智能指挥能力。

（李露云）

【网上网下联动宣传】2019年，东城公安分局利用“互联网+”新媒体宣传优势，强化网上网下双向联动，利用公众号推出“东城警说”22期、“东城警视”35期，拓展学习园地、LED显示屏等宣传平台，组织拍摄原创微视频44篇，开展主题宣传和战时政治动员16次，举办专题图片展10期，更新各类图片400余张。

（李露云）

【“110”宣传日活动】1月10日，东城公安分局在来福士商场门前小广场举行“警民牵手110，共创平安迎大庆”主题宣传日活动，分局派出所设立23个分会场。分局及相关职能部门主管领导参加活动。活动采取多种形式，突出活动主题，向群众宣传防盗、防骗、防电信诈骗、防抢、防火、禁毒等法律法规知识。接待各界群众咨询3000余人次，发放“110”宣传材料及宣传品1.2万余份。

（李露云）

6月26日，东城区禁毒办在王府井银泰中心门前举办“健康人生，绿色无毒”主题禁毒宣传教育活动（李振斌摄）

【打击防范经济犯罪宣传日活动】5月15日，东城公安分局在新世界商场二期广场举办主题为“与民同心，为您守护”打击经济犯罪宣传日活动。区检察院、区烟草专卖局、北京市税务局第二稽查局、区金融办、市场监督管理局主管领导，分局业务部门有关领导参加。活动发放宣传材料及纪念品，出动警力25人，发放宣传资料1000份、礼品1000套，解答群众咨询300余次。

（李露云）

【中意警务联巡启动仪式安保】6月24日，2019年中国、意大利警务联合巡逻启动仪式在永定门城楼南广场举行。公安部、外交部、文化和旅游部、北京市政府外事办、北京市文化和旅游局等部门领导，意大利驻华大使、内政部代表团官员，北京、上海、重庆市公安局和广东省公安厅领导，以及市公安局相关单位领导、中意警员，中央及市属主流媒体等200余人参加。东城分局投入警力72人、保安30人开展现场秩序维护工作。

（李露云）

【禁毒宣传教育活动】6月26日，东城区禁毒办在王府井银泰中心门前举办“健康人生，绿色无毒”主题禁毒宣传教育活动。活动设立宣传展板30块、大型电子屏1块，发放禁毒宣传品4万余份，受教育群众6万余人。区有关领导，市、区有关部门参加主会场活动。17个街道办事处同步举办分会场宣教活动。

（李露云）

【古尔邦节安全保卫】8月11日是伊斯兰教传统节日古尔邦节，东城公安分局在全区6座清真寺部署安保警力77人，会同区民宗、交通部门和属地街道工委办事处，严格落实反恐处突、巡逻防控、安检查验和交通疏导措施，确保参与活动穆斯林群众1600余人的人身财产安全。

（李露云）

【全警实战大练兵规范执法抽考】11月27日，东城公安分局组织开展全警实战大练兵规范执法抽考抽测，局属各派出所执法办案领导干部和民警代表46人参加。

（李露云）

【防范电信诈骗主题宣传日】12月11日，东城公安分局组织相关派出

11 月 27 日，东城公安分局组织开展全警实战大练兵规范执法抽考抽测（武军摄）

所、银行网点支行在通正大厦、领航国际大厦、银河SOHO、东方银座写字楼、东方广场、新世界写字楼等6家重点区域写字楼宇，统一时间、开展防范电信诈骗主题宣传日活动。采取设置宣传台，面对面宣传咨询等宣传形式，为参加活动人员、商户进行现场交流互动、答疑解惑。参加活动人数1000余人次，发放各类宣传材料1800余份。

（李露云）

表10　2019 年东城公安分局派出所一览表

单位名称	地　址	电　话
安定门派出所	东城区豆腐池胡同11号	84081556
安外大街派出所	东城区地坛公园西门外	84081567
北京站派出所	东城区盔甲厂胡同甲4号	84081568
北新桥派出所	东城区东内北小街西羊管胡同10号	84081553
朝阳门派出所	东城区朝内南小街121号	84081551
崇文门派出所	东城区国瑞城中区9号楼	84081172
东方广场派出所	东城区王府井大街218-1号	84081569
东花市派出所	东城区东花市北里西区2号楼	84081171
东华门派出所	东城区锡拉胡同8号	84081559
东交民巷派出所	东城区东交民巷甲9号	84081566
东四派出所	东城区东四五条170号	84081552
东直门派出所	东城区新中街9号	84081554
和平里派出所	东城区和平里中街六区5号楼	84081555

续表10

单位名称	地 址	电 话
建国门派出所	东城区金宝街69号	84081550
交道口派出所	东城区板厂胡同7号	84081557
景山派出所	东城区什锦花园33号	64042045
龙潭派出所	东城区光明西街3号	84081176
前门大街派出所	东城区长巷二条1号	84081178
前门派出所	东城区西打磨厂街51号	84081175
体育馆路派出所	东城区东壁街16号	84081174
天坛派出所	东城区清华街46号	84081173
王府井派出所	东城区王府井菜厂胡同5号	84081561
永外派出所	东城区永外大街88号	84081177
天坛公园派出所	东城区天坛西里甲1号（天坛公园西门内）	67021104
隆福寺大街派出所	东城区隆福广场B座2层201号	64035350

（李露云）

天安门地区公安分局

【概况】北京市公安局天安门地区分局（简称天安门地区分局），负责天安门地区的治安、侦查、内保、外事管理和警卫等工作。内设机构14个。7月成立防爆安检专班临时党支部。

2019年，完成全国“两会”、第二届“一带一路”国际合作高峰论坛、世界园艺博览会、亚洲文明对话大会、国庆70周年等安保任务，始终将核心警卫作为安保工作的重中之重，启动超常规措施，以最高标准、最实基础、最严措施、最佳形象、最好效果完成各项任务。围绕全年“五大安保”工作，紧抓3次国庆安保演练时机，强化警力部署、流程衔接、责任落实。把握大人流态势，创新实施环天安门“三区管控”举措，持续强化守点控线、精准安检、岗长负责、分级响应等措施，确保黄金周期间1060万游客安全游览，并在超大人流管控领域形成新经验。推进地区科技信息化建设，推进警务数据融合共享，实现警务流程升级再造。测试研发“智慧天安·警务指挥平台”，集预警发布动态化、态势研判实时化等多项功能于一体，实现警务科技信息化建设跨越式发展。获2017—2018年度首都精神文明建设奖1人，获北京市筹备和服务保障中华人民共和国成立70周年庆祝活动先进个人荣誉称号3人，获全国公安机关70周年大庆安保维稳工作成绩突出个人荣誉称号2人。

（张 烨 赵 超）

【妥善应对国庆“黄金周”大客流】2019年，天安门地区分局结合往年地区客流实际，精准测算承载能力、安检速率等区情区位，提前研判“黄金周”大客流趋势，争取政策支持、辅助上级决策。增设10条安检通道，设置6条路面应急通道，规划地区通行流向，实时监测客流情况，动态调整措施部署，建立四级响应机制。高位协调市各部门及各公安分局，采取公交地铁甩站、合理封控、交通管制、人流卡断措施，建立地区外环导控机制，确保“黄金周”期间1060万游客安全游览，大人流平稳度过。

（张 烨 赵 超）

【三重大排查专项工作】2019年，天安门地区分局先后编制修订6版次

《基础管控要素台账》，组织20波次滚动排查。针对重点人、重点物、重点部位，分别走访62家驻区单位和1.3万从业人员，背景审查施工人员2万余人，对地区内枪支文物、生活用刀等安全隐患细致排查，外迁燃料存放点，清除低毒农药，完善制高点、隐患点位物防措施，排查梳理通行窄道和高风险点位。

（张　烨　赵　超）

【强化秩序清整】2019年，依托扫黑除恶专项行动，天安门地区分局有效整合地区各单位力量，联合地区综治、交通、城管等执法部门，先后组织召开秩序维护专项行动部署会议12次，牵动各单位对各类无照扰序违法行为和治安突出问题，开展“雷霆行动”“并肩治乱”“除尘2019”等专项行动，紧盯地区重点时间、重点部位秩序问题。全年查处地区无照人员1.9万余人次，行政拘留 300余人次。12月18日，天安门地区分局开展的清整行动，被中央电视台《新闻直播间》专题报道，赢得社会广泛好评。

（张　烨　赵　超）

【重大活动安保】2019年，天安门地区分局启动专项安保方案，开通现场指挥部，落实方案部署细化工作措施，做好全国“两会”、2019北京国际长跑节暨北京半程马拉松比赛、五一“心连心”文艺演出特别活动、“亚洲影视周”启动仪式、2019华夏幸福北京马拉松比赛等活动安全保卫工作，确保中央首长、与会嘉宾和勤务现场的绝对安全。

（张　烨　赵　超）

【科技兴警】2019年，天安门地区分局推进科技信息化建设，建立10K画质显示大屏投入实战，替换升级老旧模拟摄像机245部，新增架设点位90处，打造更清晰的视频“天眼”。完成人群流量监测系统建设，升级非身份证件采集功能，优化22处核录桩及4处数据门。全年协助查获各类预警人员28.8万人次。

（张　烨　赵　超）

【升国旗仪式安保】1月1日，天安门广场举行新年第一天升国旗仪式，群众7.5万人观旗。天安门地区分局开通升旗仪式现场指挥部，23家局属单位落实各项安保措施，维护现场秩序，确保广场升国旗仪式安全有序。

（张　烨　赵　超）

【智慧警务指挥系统启动仪式】3月1日，天安门地区分局在指挥中心大厅举行智慧警务指挥系统（试运行）启动仪式。系统汇总现行各类勤务方案部署，实现辖区全息地图展示，精确实时警力投放点位，规范勤务管理，改善警务督导，融合现有科技防控手段，强化预警查控，挖掘核心业务数据，深化分析研判，促进后台数据向实战成果转化，为指挥决策提供参考。

（张　烨　赵　超）

【提升地区防控效能】7月，天安门地区分局防爆安检专班成立。组织各类安检培训28次，开展安检督导检查96次。强化科技手段应用和分级分类安检、团队剥离，实现保安全和保畅通有机统一。召开地区反恐工作会议21次，同步强化携犬震慑、犬只搜爆、场地安检等任务部署，发挥专班牵动、专业指导、督导检查等职能作用，全面提升地区安全系数。

（张　烨　赵　超）

【反恐宣传】9月3日，天安门地区反恐办、公交总队反恐办和中山公园，在中山公园南门小广场联合举办“全民反恐·构建和谐社会”反恐宣传活动。分局警犬技术组和公交总队特警大队进行警犬技术及警务实战展示。向游园群众200余人发放手册、手提袋、折扇等宣传品，现场普及反恐防恐相关知识。

（张　烨　赵　超）

【国庆70周年庆祝活动安全警卫】10月1日，中华人民共和国成立70周年庆祝大会和联欢活动在天安门广场举行。天安门地区分局坚持最高标准、最实举措，强化警力部署，严密管控措施，强化清场封控、焰火监管、“低慢小”反制、转场衔接等工作。

（张　烨　赵　超）

【全警实战大练兵活动启动仪式】11月22日，天安门地区分局以“铸警魂、塑形象、强警技、保平安”为主题，在劳动人民文化宫太庙广场举办全警实战大练兵暨警务规范化建设专项练兵活动启动仪式。分局党委班

10月1日，国庆70周年联欢活动期间，天安门地区分局民警在现场执行安保任务（王雪原摄）

10 月 1 日，国庆 70 周年联欢活动期间，天安门地区分局民警维持现场秩序，引导演职人员退场（钱佳昕摄）

子、局属各单位主要领导、武警教官、分局专职教官代表、局属单位兼职教官代表、民警代表、勤务辅警以及保安员代表100余人参加。

（张 烨 赵 超）

检 察

【概况】东城区人民检察院（简称区检察院）是国家法律监督机关，行使检察权，对人民代表大会及其常务委员会负责并报告工作，受市检察院领导。内设办公室（行政事务管理局）、政治部（机关党委、机关纪委）等11个部门。

2019年，区检察院受理各类案件5366件，办结5479件，发挥监督、审查、追诉基本职能作用，维护社会公平正义。保持打击黑恶势力犯罪的高压态势，单独立账登记涉黑涉恶线索及案件12件117人，依法办理上级交办的涉黑涉恶专案，批准逮捕犯罪嫌疑人25人，审查起诉27人。发挥捕诉一体办案优势，建立审查引导侦查常态化工作机制，与公安机关召开联席会494次，制发补充侦查提纲1658份。严格落实入额领导干部办案制度，带头办理重大疑难复杂案件，办结各类案件710件，占审结案件总数的13%。落实认罪认罚从宽制度，适用认罪认罚从宽制度办理案件693件784人。深入推进检察机关“十进百家、千人普法”法治宣传教育活动，结合辖区特点和群众法治需求开展“宪法在我心中”“生命无价·酒后禁驾”等法治活动36次。通过市检察院评估，保留“双一流”争创活动综合先进单位称号。举办“歌唱祖国七十载、砥砺奋进新时代”主题活动。干警1人被最高人民检察院评为全国检察机关调研骨干人才，干警2人被国家检察官学院评为国家检察官学院优秀学员，干警8人被区人大常委会评为东城区优秀检察官。

（胡晓彤）

【刑事检察】2019年，严厉打击各类刑事犯罪，受理审查逮捕案件1186件1531人，审查起诉案件1219件1584人。依法妥善办理政治敏感类案件68件72人，依法办理严重暴力犯罪89件106人，多发性侵财犯罪404件562人。严把案件事实关、证据关、法律适用关，对不构成犯罪或证据不足的决定不批准逮捕382人、不起诉32人。贯彻宽严相济的刑事政策，探索完善刑事和解、检调对接等纠纷解决机制，实现案件全程教育转化，最大

9 月 27 日，区检察院举办“歌唱祖国七十载、砥砺奋进新时代”主题活动（信连心摄）

限度减少社会对抗。

（胡晓彤）

【刑事侦查监督】2019年，监督侦查机关立案2件21人、撤案35件37人，纠正漏捕23人、纠正漏诉87人，发出书面纠正违法通知书7份，通报轻微程序违法案件26件。建议行政执法机关移送涉嫌犯罪案件24人，公安机关立案25人，9人被法院作出有罪判决，其中林某某等人特大虚开增值税专用发票案获评北京市检察机关“行刑衔接”五大精品案件之一。

（胡晓彤）

【刑事审判监督】2019年，建立“专业办案组+轮值办案组”模式，依托一审判决同步审查机制，提出口头纠正24次，使用检察公函纠正1件，法院均已采纳；建立健全检察长列席审委会常态化监督机制，定期就监督情况进行通报，促进司法工作良性发展。

（胡晓彤）

【未成年人案件检察】2019年，严厉打击侵害未成年人合法权益犯罪，批准逮捕16件18人、提起公诉17件55人。推动社会化帮教救助体系建设，联合政府部门和社会公益组织，创新开展综合法益、身体、心理、经济等“全方位救助”。净化校园及周边环境，将法治教育从娃娃抓起理念落到实处，组建检察官36人的法治副校长队伍，在“中小幼”讲授法治课，受众6000余人。与区教工委、区教委、区专门学校协作配合，共同探索建立未成年人罪错行为预防矫治机制。针对部分中小学校周边100米范围内销售烟草及商户未张贴禁止向未成年人售烟标识问题，向相关行政管理部门制发检察建议，督促其依法履职，保护未成年人权益。

（胡晓彤）

【经济和网络电信犯罪检察】2019年，严惩非法集资和洗钱等破坏金融秩序犯罪，办理涉众型经济犯罪案件164件230人。深挖“华赢凯来”巨额非法集资案中案，此案属全市数额最大的洗钱案。力促追赃挽损，自行追回4700余万元，与公安机关协作配合追回1.4亿余元，挽回群众财产损失。开展经济犯罪领域撤案专项监督，监督撤案36件，防止违法动用刑事手段插手经济纠纷，依法平等保护民营企业合法权益。

（胡晓彤）

【职务犯罪检察】2019年，强化监察机关和检察机关沟通协调，完善落实工作衔接机制，受理区纪委区监察委移送职务犯罪案件17件18人，促进形成反腐败工作合力。发挥联席会议、案件会商等制度机制作用，加强与区纪委区监委的全方位、多层次、常态化沟通、协作和配合，在职务犯罪案件办理、线索移送、社会治理等方面形成工作合力，巩固发展良性监检关系。

（胡晓彤）

【刑事执行监督】2019年，受理刑事申诉案件8件，针对判决人员信息错误问题制发检察建议督促纠正。办理羁押必要性审查案件175件，提出变更建议38件，被采纳31件。开展监外巡视检察186次，针对缓刑考验期计算错误等问题向外省法院制发书面纠正意见，相关问题得到及时纠正。

（胡晓彤）

【民事行政检察监督】2019年，分别受理民事、行政诉讼监督案件65件和5件。在严格审查的同时，深入开展释法说理和息诉罢访工作，依法维护审判权威和社会稳定。力求民事抗诉精准化，聚焦典型案件，通过抗诉发挥对类案的指导作用，提请上级院抗诉3件，制发检察建议8件。坚持双赢多赢共赢，依法开拓公益诉讼。发现线索20件，立案19件，依法制发诉前检察建议13件，取得良好效果。

（胡晓彤）

【检察管理监督及调研】2019年，发起流程监督2362件，以周报、月报和季报方式通报检察官办案情况，并对1起检察官因责任心不强造成工作失误问题报区纪委区监委给予党纪处分，对1起检察官违反办案程序问题给予全院通报批评，进一步强化检察官责任意识，规范履职行为。检察官、检察官助理完成调研性课题、类案研究、案例分析等文章40余篇。在《人民检察》《人民检察首都版》《检察日报》内参等知名期刊及其他报纸杂志、学术会议论文集等发表10篇次。

（胡晓彤）

6月14日，区检察院走进天坛公园开展“防范非法集资 远离高息诱惑”主题宣传活动（信连心摄）

【化解社会矛盾】2019年，处置各类群众来访857批3348人次，将矛盾风险化解在萌芽状态。将办案职能向社会治理领域延伸，针对案件反映的倾向性、趋势性问题，以及案发地区、部门、单位管理上的漏洞等，深入调研分析并提出检察建议41份，做到办理一案、治理一片。

（胡晓彤）

【检务公开】2019年，公开案件程序性信息3197条、法律文书1147份，受理电话咨询1890次，最大限度保障人民群众知情权。尽可能为律师执业提供便利，接待律师1230次，阅卷772次，保障律师合法权益。向人大代表政协委员推送东检微讯手机报共计36期，发布官方微博840余条、官方微信260余条、今日头条266期。

（胡晓彤）

【国庆70周年活动】2019年，区检察院参与全区国庆节志愿服务保障工作，干警31人参加国庆70周年群众联欢，并在队伍中成立临时党支部，历经3个月近30余次训练。干警8人参加志愿服务保障工作，在国庆阅兵、群众游行、联欢晚会期间，连续坚持上岗30余小时。

（胡晓彤）

法　院

【概况】东城区人民法院（简称区法院）是国家审判机关、负责审理辖区内刑事、民事、商事、行政等一审案件。内设立案庭（诉讼服务中心）、刑事审判庭、民事审判一庭、民事审判二庭、民事审判三庭（知识产权审判庭）、行政审判庭、综合审判庭、执行局、天坛人民法庭、审判管理办公室（研究室）、政治部（机关党委、机关纪委）、综合办公室、司法警察大队13个机构。

2019年，受理各类案件4.3万件，结案4.3万件，结收比为100%。区法院获全国法院学术讨论会三十年组织工作突出贡献奖银奖、全国法院学术讨论会组织工作先进奖、北京法院学术讨论会组织工作先进奖、北京法院联络工作先进法院。民二庭被评为全国维护妇女儿童权益先进集体，原执行二庭被评为全国法院全面停止军队有偿服务工作先进集体，原立案庭被评为北京法院立案登记先进单位，原诉讼服务办公室被评为北京法院诉讼服务专项服务工作先进单位。1人被最高人民法院授予二等功，1人被评为全国法院全面停止军队有偿服务工作先进个人，1人被授予首都劳动奖章。2人被评为北京法院办案标兵，1人被评为北京法院司法辅助标兵，1人被评为北京法院综合保障标兵，1人被评为北京法院知识产权审判业务标兵，1人被评为北京法院法官助理业务标兵，1人被评为北京法院司法警察业务标兵。1人被评为北京法院学术讨论会组织工作先进个人，1人被评为北京法院信息工作先进个人，1人被评为北京法院联络工作优秀个人，10人被评为东城区优秀法官。12人学术论文在全国及北京法院第三十一届学术讨论会中分别获一、二、三等奖及优秀奖，3人在首都百名法学家百场报告会中获优秀奖，3人在全国法院优秀案例评析活动中分别获一、三等奖及优秀奖，1人在北京市法院优秀裁判文书评选中获三等奖，12人在市法院优秀调研课题中分别获二、三等奖及优秀奖，2人获北京法院优秀司法建议二等奖。

（门　莹）

【刑事审判】2019年，审结刑事案件1119件，判处罪犯1019人。依法审结危险驾驶、盗窃、故意伤害、诈骗等案件615件，提升群众安全感。扫黑除恶专项斗争取得阶段性成果。审理东城区首例也是唯一一例恶势力犯罪团伙敲诈勒索案，审结治乱相关案件8件，坚决打击涉黄敲诈勒索、非法一日游和“号贩子”等。审结非法吸收公众存款案91件，同比增长225%。严厉打击职务犯罪行为，判处罪犯10人。

（门　莹）

【民事审判】2019年，新收民事案件1.46万件，同比增长26.5%；审结1.44万件。审结家庭纠纷案件1990件，重点推动反家庭暴力，建立家事调查制度、家庭暴力干预机制，发送人身安

12月5日，获得东城区人大常委会授予“优秀法官”荣誉称号的区人民法院法官合影留念（区人民法院提供）

全保护令8件。妥善化解医患纠纷案件120件。在全市法院首创医疗鉴定远程视频听证机制，缩减案件审理周期。审结房屋买卖、租赁、物业和相邻关系纠纷案件2229件，审结劳动争议案件1608件，公正高效化解家园网络公司、中国青旅实业公司等劳动者100余人集体维权纠纷。

（门　莹）

【商事审判】2019年，新收商事案件9766件，审结9647件，提升审判效益，案件平均审理天数相比2018年缩短19天。加强商事审判流程各环节时限管控。作为全市首家基层法院与市工商联签署《北京民营企业产权保护战略合作协议》，共同设立民营企业产权保护调解室，成立东城区法院驻北京投融资商会民营企业产权保护调解工作站。加大破产清算案件审理力度，高效审结案件47件。

（门　莹）

【知识产权审判】2019年，审结知识产权案件1668件。继续依法加大对恶意侵犯知识产权、不正当竞争行为的惩罚力度，审结中文在线公司诉苹果公司侵犯信息网络传播权系列案件、央视国际公司诉某网络直播平台未经授权直播奥运会不正当竞争一案。依法维护老字号合法权益，审结侵犯稻香村、茅台、老凤祥等老字号权益案件71件。法官走入金宝和园区、南锣鼓巷等文创产业聚集区，开展座谈、授课、普法宣传等活动，加强对文创产业健康发展的指引。

（门　莹）

【行政审判】2019年，审结行政诉讼案件1344件，其中审结涉区属行政机关案件901件。加大对行政机关依法行政的监督力度，向全区行政机关发布行政案件司法审判年度报告。针对公积金征缴、违法建设拆除等执法中存在问题，向行政机关发送司法建议。到市公安局公交分局、区民政局等行政机关授课，助力行政机关执法严格规范。

（门　莹）

【案件执行】2019年，执结案件1.36万件，执行到位金额45.54亿元。发挥执行措施高压威慑作用，被执行人1人被判处拒不执行判决裁定罪，拘留被执行人124人次。被执行人2214人迫于被列入失信名单、限制高消费等信用惩戒而履行全部义务，同比提升84%。建立集约查询送达、集约查控财产、集约评估拍卖等“六集约”工作模式，提升执行效率，结案平均用时较2018年缩短16.5天。加大司法网络拍卖力度，拍卖706次，成交金额11.4亿元，同比增长124%。针对特殊物品难变现问题，率先尝试对无法确定评估价格的财产和小额财产实行无底价拍卖。执结涉及宝华里危改、望坛棚改、天坛周边简易楼腾退、南锣鼓巷四条胡同修缮整治、南中轴线申遗文物腾退等重点项目案件84件，相关执行案件被评为北京法院为“疏整促”专项行动提供司法保障十佳案例。

（门　莹）

【司法便民】2019年，完成诉讼服务大厅升级改造，建成新型“一站式”诉讼服务中心。引入自助查询终端、诉讼文书智能终端、风险评估智能终端等现代化设备，提供智能化诉讼服务。设立网上立案室。在立案窗口安装服务评价器，方便当事人评价立案人工作，评价满意率98%以上。做好群众来信来访、政法民生热线办理工作，加强全程跟踪办理、节点化提醒，实现交办案件100%办结。

（门　莹）

【司法公开】2019年，同步直播案件1.07万件，实现庭审直播常态化。保持裁判文书上网公开率100%。利用官方网站、微信公众号、微博、今日头条等自媒体平台，加强信息公开力度，发布信息2000余条，累计阅读270万余次。东城区法院微信公众号多次登上北京政法系统微信影响力上升榜前列，中央和市级媒体报道近600件次。

（门　莹）

【审判管理】2019年，以《审判管理动态》《审判管理月报》《审判管理参考》为载体，增强审判态势分析敏锐度。制作审判质效体检表，建立短板指标倒计时台账，紧扣短板指标指导督促。开展审限管理专项评查，制订《审限管理规定》，统一扣审及延审操作规范，保持法定审限内结案率100%。组织案件质量专项评查，自

11月14日，北京市东城区人民法院举行“和立方”工作机制新闻发布会
（区人民法院提供）

查互查8269件。

（门 莹）

【司法体制改革】2019年，完成内设机构改革，将原有的32个部门整合为13个。严格规范院庭长在权力清单范围内行使审判监督权，充分发挥院庭长监督作用。约请陪审员445人参审各类案件4878件，会同区司法局首次评选优秀陪审员45人。创建“和立方”品牌“多元调解+速裁”工作机制，形成“简案前端快审、繁案后端精审”的审判工作新格局。前端法官人均结案960件，每案平均用时仅为30天；后端法官人均结案202件，每案平均用时114天。以22%的民商事速裁法官审结全院64%的民商事案件，全年速裁结案1.63万件。驻院人民调解员、特邀律师、11个外设诉调对接工作站，诉前成功调解案件5442件，同比上升232%，调解成功率21.5%。

（门 莹）

【审学研一体化】2019年，完成重点调研课题23项，调研课题5篇在市法院优秀调研课题中获奖；组织报送案例80余篇，案例3篇在全国优秀案例分析评选中获奖；编发信息简报141篇，被最高法院及市委采用5篇，获得市及区领导批示5篇，其中1篇获得市委常委、政法委书记批示肯定；论文6篇在全国法院第三十一届学术讨论会获奖，其中1篇论文获得全国法院一等奖；发送司法建议30篇，回函率53.3%，司法建议1篇获北京法院优秀司法建议二等奖。制订《五年人才工作规划》，推进人才培养工作。选聘干部67人担任北京市东城区人民法院兼职教师，为全院举办各类自主培训进行授课，并在新入职人员、人民陪审员等岗前培训中发挥帮扶带教作用。

（门 莹）

【外事接待】4月24日，土耳其司法部一行8人到东城区法院访问交流，双方围绕内设机构改革、审判团队组建、人民陪审员制度、案件审理机制、法官队伍建设等进行座谈。7月30日，国际法院院长优素福一行3人到访交流，围绕知识产权案件类型、速裁程序适用范围和地区法院基础建设等进行座谈。9月5日，老挝法官研修班一行23人到访交流。10月17日，蒙古法官研修班一行30余人到访交流。

（门 莹）

司法行政

【概况】东城区司法局（简称区司法局）3月，根据中共北京市东城区委、北京市东城区人民政府印发《北京市东城区机构改革实施方案》（京东发〔2019〕2号），由原区司法局、原区法制办整合重组成立。主要承担全面依法治区重大问题政策研究，统筹推进全区法治政府建设，规划全区法治社会建设，指导、监督全区社区矫正工作和刑满释放人员安置帮教工作，拟定全区公共法律服务体系建设规划并组织实施，统筹和布局全区法律服务资源等。内设办公室、法治协调科、规范性文件审查科、行政复议科（区政府行政复议接待室）、行政应诉指导科、行政执法协调监督科、社区矫正管理科、普法与依法治理科、人民参与和促进法治科、调解工作科、行政审批科、公共法律服务管理科、律师工作科、装备财务保障科、组织人事科、党建工作科16个科室。设街道司法所17个。区司法局机关编制67人、实有62人，街道司法所政法专项编制61人、实有56人。

2019年，区司法局承办区委全面依法治区委员会第一次会议，区委全面依法治区委员会守法普法协调小组第一次全体会议，区委全面依法治区委员会法治政府建设协调小组第一次（扩大）会议等，传达市委会议精神，审议通过相关文件。完成全国法治政府建设示范创建活动申报工作。加大行政执法监督力度，依法做好复议、诉讼案件办理。创新开展普法依法治理工作，推进公共法律服务。提升社区矫正工作质量，年度社区矫正对象在册103人，其中管制1人，缓刑85人，假释6人，暂予监外执行11人。组织开展矛盾纠纷排查1.39万人次，受理人民调解案件1048件，调解成功1012件，法院诉前调委会调解案件1500余件。

（张成雷）

【农民工法律援助专项维权服务】1月，东城区开展农民工法律援助专项维权服务季活动，在全区177个社区的40余个在建工地农民工2000余人中开展“关爱农民工，公共法律服务在行动”活动，利用公共法律服务律师的专业作用，加强宣传，使农民工了解有关法律知识，维护自身合法权益。

（张成雷）

【宝华里危改项目调解委成立】1月30日，东城区成立宝华里危改项目人民调解委员会，由区人民调解协会组建、以永外街道调委会为依托，主要负责宝华里项目区域内涉及婚姻家庭、继承、财产等家事民事纠纷的人民调解工作。永外街道调委会安排专人对调解案件审核把关。区司法局与区法院共同研讨，建立重点项目人民调解案件司法确认的快速机制，增强对市、区重点项目公共法律服务支持力度。全年调解矛盾纠纷120余件。

（张成雷）

【多方联动社区调解新模式】3月6日，区司法局、区法院联合举办深化社会矛盾多元调解、加强“诉调对接”深度融合试点启动会，正式开启“法官+司法助理员+人民调解员三联动”社区人民调解新模式。该模式由区司法局、区法院选取法院受理案件比较集中、调解基础较好的街道（社

1 月，东城区法律援助中心到前门街道开展农民工法律援助宣传（杜红娟摄）

区）级调委会，搭建街道（社区）联合调解平台。区司法局、区人民法院及试点街道、司法所领导和工作人员近30人参加。

（张成雷）

【修缮整治项目调委会成立】4月4日，区司法局、区法院、交道口街道联合在交道口街道福祥社区召开“南锣鼓巷地区四条胡同修缮整治项目人民调解委员会”启动及法律保障推进会。该人民调解委员会的成立，以四条胡同修缮整治工程“吹哨”的方式，通过整合相关职能部门资源，以法治、德治、自治和共治“四治融合”模式，建立四条胡同修缮整治工程推进矛盾纠纷快速化解机制，安排专业律师、区调解协会知名调解员参与案件调解，保障四条胡同修缮整治工程按时完成。区司法局、区法院、交道口街道领导及群众20余人参加。

（张成雷）

11 月 29 日，东城区“迎国庆 彰法治 寻找最美社区”主题活动暨最美法治社区颁奖典礼在东城区少年宫举行（齐越摄）

【东城区司法行政工作会议】4月26日，区司法局在区委党校召开2019年东城区司法行政工作会议。会议传达全国司法厅（局）长会议、全市司法行政工作会议精神，全面总结2018年东城区司法行政工作并部署2019年工作任务。市司法局、东城区领导出席会议并讲话。区司法局领导班子成员，机关、司法所、各事业单位全体人员、各公证处负责人、矫正干警、各协会代表等150余人参加。

（张成雷）

【残疾人法律援助专项维权月】5月19日，是第29次全国助残日，区司法局围绕“法援惠民生·助力残疾人”主题，开展残疾人法律援助专项维权服务活动。咨询活动地点配备无障碍通道，为残疾人咨询提供帮助，打造一刻钟法律援助服务圈，提供一站式、窗口化服务，为不便上门咨询的残疾人提供面对面专业律师解答。对行动不便残疾人群体，鼓励开展上门办理援助手续、询问会见等。全区办理涉及残疾人法律援助案件5件，举办各类讲座、普法课堂20余场，现场解答咨询800余人次，累计发放宣传资料900余份。

（张成雷）

【法治文艺节目展演】11月29日，东城区第七届“法治文化你我他”法治文艺节目展演暨最美法治社区颁奖典礼在东城区少年宫举行。展演围绕“荣耀之光”“执着之路”“逐梦之行”3个主题，展示一批展现东城法治建设发展历程和工作成效的法治文化作品，并表彰在2019年东城区“迎国庆，彰法治，寻找最美法治社区”主题活动中获得卓越奖和优秀奖的社区代表。区人大、区政协领导出席，区属各单位普法与依法治理工作领导、干部职工，各街道、社区的法治文艺骨干和居民群众代表500余人观看演出。

（张成雷）

【北京睦邻法律服务中心揭牌】12月21日，北京睦邻法律服务中心东华门街道公益法律服务站成立揭牌仪式在东华门街道黄图岗社区举办。服务站联合街道和司法所，通过开展普法宣传活动、接待来访，化解矛盾纠纷，参与公共法律服务。活动中，最高人民检察院退休法律志愿者为群众提供公益法律咨询。副区长赵凌云及区司法局、东华门街道办事处领导等参加活动，并为法律服务站志愿者颁发证书。

（张成雷）

【国家宪法日宪法宣传周】12月，东城区以“弘扬宪法精神，推进国家治理体系和治理能力现代化”为主题，开展“12·4”国家宪法日宪法宣传周活动。将宪法宣传与法治文化建设相结合，把宪法精神、法治元素融入文化建设，通过文艺演出、书画展览等形式，营造法治文化氛围。组织开展宪法进机关、进学校、进企业、进万家活动，提高群众参与度和覆盖面。开展各类宪法宣传学习活动300余场，累计发放宪法海报、读本、宣传品10万余份。

（张成雷）

表11 **2019年东城区驻区公证处一览表**

序 号	单位名称	地 址	联系电话
1	东方公证处	东城区安定门外大街168号	84217035
2	信德公证处	东城区珠市口东大街4号3层3-A1	67124408

（张成雷）

表12 **2019年东城区街道司法所一览表**

序 号	单位名称	地 址	邮 编	联系电话
1	和平里街道司法所	东城区和平里中街甲27号	100013	84226030
2	安定门街道司法所	东城区方家胡同19号	100007	64067183
3	交道口街道司法所	东城区土儿胡同10号楼二层	100009	64029694
4	景山街道司法所	东城区连丰胡同16号	100010	84017954
5	东华门街道司法所	东城区东厂北巷甲4号	100006	65248621
6	东直门街道司法所	东城区新中街66号	100027	64165479
7	北新桥街道司法所	东城区民安街14号楼3层	100007	64034116
8	东四街道司法所	东城区东四四条43号	100007	64001548
9	朝阳门街道司法所	东城区西水井3号114室	100010	65125881

续表12

序号	单位名称	地址	邮编	联系电话
10	建国门街道司法所	东城区朝内南小街18号楼	100005	65142699
11	前门街道司法所	东城区前门东小街甲2号	100051	67016543
12	崇文门外街道司法所	东城区西花市南里东区14号楼	100062	67010401
13	天坛街道司法所	东城区西草市东街66号	100050	67025835
14	龙潭街道司法所	东城区光明楼23号龙潭街道办事处院内	100061	67166372
15	体育馆路街道司法所	东城区体育馆西路1号	100061	67199653
16	东花市街道司法所	东城区东花市北里中区甲25号楼301室	100062	67188642
17	永外街道司法所	东城区沙子口路70号食品工业研究所南楼三层	100075	67227507

（张成雷）

东城区法治机构负责人

政法委书记 陈本宇
政法委员会政治部主任 李祎星（满族）
维护稳定工作领导小组办公室主任 赵小平（3月免）
综治办主任 王伟民（3月免）
司法局局长
李利平（女，3月免）
李凌波（11月免，3月任，3月免区政府法制办公室主任）
贾红梅（女，11月任）
北京市公安局东城分局局长 王冬斌
政委 辛光跃
北京市公安局天安门地区分局局长 刘 锋
政委 田 峡（女）
北京市公安局公安交通管理局东城交通支队支队长
金连成（12月任）
政委 空 缺
区人民检察院检察长
蓝向东（畲族，4月免）
贺 卫（4月任代理检察长）
区人民法院院长 赵 军

军　事

12 月 9 日，武警战士进行军事训练（李岳峰摄）

区人民武装部

【概况】东城区人民武装部（简称区人武部）受北京卫戍区和中共东城区委、区政府双重领导，是区委的军事部和区政府的兵役机关。

2019年，以中华人民共和国成立70周年庆典阅兵保障任务为统领，深入学习贯彻习近平强军思想特别是习主席视察卫戍区重要讲话精神，按照“铸忠诚、尽职责、抓从严”总要求和卫戍区举旗铸魂、聚焦打赢、厉行法治、强基固本、创新推动、坚强班子的抓建思路，对照卫戍区党委《决定》，突出备战打仗、铸魂育人、党的建设、安全稳定，科学统筹、把握重点，改进作风、狠抓落实，较好完成各项工作任务，人武部全面建设取得发展进步。

（郝诗国）

【兵员征集】2019年，严密组织兵役登记和网上报名，全区年满18岁应参加兵役登记率100%。面向社会和高校进行宣传发动，协调区领导与区属7所高校领导和武装部长座谈交流，促进高校对征兵工作重视。8月25—31日，组织预征青年进行役前训练，确保兵员质量，向部队输送新兵200余人。从北京化工大学入伍的哈萨克族学生1人获评2019年全国大学生年度人物。

（郝诗国）

【民兵执勤】2019年，全国“两会”、国庆节期间，组织出动民兵1.2万余人次对辖区内长安街、二环路沿线60处桥梁和过街通道进行定点守护，及时发现并处置上访人员3人，上缴捡拾物品20余起，帮助走失儿童联系家人1起，消除火灾隐患4起，救助过往的患病群众6人次，提供便民服务4400余次，圆满完成安保执勤任务。

（郝诗国）

【停偿工作】2019年，牵头负责协调区属25个委办局、17个街道和31个团级以上驻区部队单位，妥善处置停偿项目移交，做好部队全面停止有偿服务“下篇文章”，为部队推进停偿工作给予支持。

（郝诗国）

【慰问部队】1月28日，区领导夏林茂、陈本宇一行16人，到北京卫戍区机关、中部战区空军走访慰问，与部队领导座谈，并赠送慰问品；区领导金晖一行7人，到空军后勤部、中央军委联合参谋部情报局走访慰问，与部队领导座谈，并赠送慰问品。2月3日，区领导夏林茂、吴松元等四套班子领导，到中央军委政治工作部群众工作局开展春节慰问活动，增进军地之间感情和友好联系。

（郝诗国）

【常委议军会】6月5日，区领导夏林茂主持召开区委常委专题议军会，研究《东城区民兵组织整顿工作实施办法》。要求着力在健全组织、提高编组质量上下功夫，真正把民兵队伍编实编强，优化民兵组织结构，提高快速动员、快速集结和遂行多样化任务能力。

（郝诗国）

【新兵欢送会】9月6日，区召开新兵入伍欢送大会。会议宣读夏秋季入伍批准书，表彰部分东城籍优秀现役军人和优秀军属，新兵代表、家长代表和接兵部队代表发言。区领导张立新代表区委区政府，向被批准入伍的新战士表示祝贺，向积极送子参军的家长和受到表彰的优秀现役军人、军属致以敬意，向奋战在征兵工作一线的同志们表示问候，并对新战友们提出希望。有关部门及新兵家长380余人参加。《新东城报》、中国民兵公众号等媒体宣传报道。

（郝诗国）

9月6日，东城区欢送新兵入伍大会召开，全体奏唱《中国人民解放军军歌》（郝诗国摄）

【军事日活动】9月11日，区领导及有关部门负责人到阅兵村过“军事日”活动，组织观看阅兵部队合练并慰问官兵。区领导夏林茂、吴松元和区正处级以上地方领导干部40余人参加。

（郝诗国）

【慰问新兵】11月18日、25日，区委常委、区人武部政委徐文熬，副区长赵凌云，分别带队前往顺义、丰台、房山，看望慰问武警执勤一支队、执勤二支队，卫戍区一师四团新训官兵，并送去猪肉、鸡蛋、牛奶、水果等慰问品，受到各部队领导和新训官

6 月 12 日，区人武部领导走访慰问崇外街道伤残军人陈明，并为其家悬挂光荣牌
（崇外街道摄）

兵欢迎。

（郝诗国）

【贴心办实事】2019年，协调区政府、区环保和电力等单位，对卫戍区东四十三条平房家属院进行煤改电升级改造，解决该家属院冬季取暖问题。牵头组织开展“悬挂光荣牌、向军人致敬”挂牌仪式20余场次，为军人3.9万余人及优抚对象家庭悬挂光荣牌，悬挂率99.6%。协调军人军属安置和子女入学，接收安置转业干部86人；协调区在全市率先启动面向随军家属定向招聘社区工作者行动，80余人走上社区工作者岗位；按照就近、优质、尽保原则，协调全区接收军人子女495人入学，100%落实部队子女义务教育阶段优先入学政策。

（郝诗国）

驻区部队

中国人民解放军 66381 部队

【概况】中国人民解放军66381部队组建于1954年11月8日，前身为中共中央社会调查部便衣队，是一支有着光荣历史荣誉的警卫部队。主要担负保卫党中央、中央军委以及党政军首脑机关、首长住地等重要目标的警卫任务，分布于北京市9个区划内。

2019年，部队以党在新时代强军目标为统领，牢固确立习近平强军思想指导地位，认真学习贯彻习近平视察北京卫戍区部队时的讲话精神，紧紧围绕上级党委决策部署，全面贯彻军委基层建设会议精神，扎实打基础、精准抓落实、全面求进步，确保以警卫执勤为中心的各项任务圆满完成。全年1人立二等功，56人和8个集体立三等功；部队创作的微视频《手机disco》获陆军军营法治微课评选二等奖；在《解放军报》《人民陆军报》等中央媒体发表宣传报道9篇。

（田少华）

【警卫工作】2019年，在完成常设目标警卫勤务基础上，完成全国“两会”、国庆升国旗分队等90余起专项勤务，妥善处置人员上访数百起千余人次，成功处置“低慢小”目标滋扰10余起，成功处置多起火情，有效制止个人极端行为10余起。

（田少华）

【双拥共建】2019年，坚持和发扬“驻东城、爱东城、建东城”优良传统，持续培育“军民同心、育人为本、无私奉献、持之以恒”的共建精神，与区退役军人事务局、安定门街道、安定门派出所、第七幼儿园等单位保持共建联系，与驻区居民建立鱼水情谊。随军干部家属及转业干部19

7 月 12 日，解放军 66381 部队参加安定门街道便民服务日活动
（解放军 66381 部队提供）

人落户，干部子女3人入读东城区重点学校，立功受奖官兵10人参加东城区双拥疗养活动，为部队培养心理骨干10人。参加东城区义务植树活动及拔河比赛活动；部分立功受奖官兵参加退役军人事务局疗养；参加安定门街道“驻东城、爱东城、建东城”便民服务日活动；与东城区退役军人事务局、华健社会关爱中心共同组织迎“八一”亲子教育进军营活动；参加“9·30”东城区烈士日公祭活动；区人武部、区退役军人事务局、安定门街道到部队新兵营走访慰问，并奉送文艺演出。

（田少华）

武警北京市总队执勤第一支队

【概况】中国人民武装警察部队北京市总队执勤第一支队（简称武警执勤一支队），前身为武警北京市总队二师第十支队。2018年1月，因编制体制调整，由团级支队升级为旅级支队，主要担负天安门广场及周边重要目标执勤安保、处突反恐等任务。

2019年，统筹推进“传承红色基因，担当强军重任”“不忘初心、牢记使命”两大主题教育，持续开展广场意识系列教育，扎实开展“强军风采”系列文化活动，被总队评为政治教育、新闻宣传和网络舆论工作先进支队。以国庆70周年庆祝活动安保任务为主线，坚持实战实训，专勤专训，执勤维稳能力显著增强，被总队评为军事训练优秀单位和执勤工作先进单位。深入开展“条令年”和百日安全竞赛活动，全年实现“五无”（无等级责任事故、无刑事案件、无自杀、无违反“五条禁令”和严重违纪事件）。先后78人立三等功，支队被武警部队表彰为维稳维权先进集体和安全工作先进单位，被总队表彰为基层建设先进支队。

（余　伟）

【安全警卫】2019年，完成以全国“两会”、国庆70周年庆祝活动安保为重点的1525起各类勤务，妥善处理各类有碍安全情况3520起1.13万人次。

（余　伟）

【双拥共建】2019年，坚持和发扬“驻东城、爱东城、建东城”优良传统，多次参加献血、铲冰除雪、清扫街巷等活动，安排军医赴正义路社区巡诊，组织驻区党政机关干部、学校师生、企业职工以及社会团体1000余人到天门城楼中队参观见学，普及国防知识。加强与区委政法委、人社局、退役军人事务局、园林局等36个区属单位沟通联络，随军干部家属8人落户，干部子女10人入读东城重点学校。东城区委常委、区武装部政委徐文熬等领导多次到支队走访慰问，为支队建设提供大力支持。

（余　伟）

4月，武警天安门城楼中队在军营开放日活动中为群众进行队列表演
（武警执勤一支队提供）

武警北京市总队执勤第二支队

【概况】中国人民武装警察部队北京市总队执勤第二支队（简称武警执勤二支队），担负警卫、守卫、巡逻三大类勤务以及防区内处突、反恐、抢险救灾等任务。

2019年，聚焦为中华人民共和国成立70周年营造安全稳定环境主线，推进8处目标智慧磐石建设，采取分期集训、网上培训、以考促训方式培养情报信息员，先后邀请专家学者6人围绕指挥技能和参谋“六会”进行授课。全年组织9批2000余人次勤训轮换，轮训率突破97%。组织为期3个月的院校招生集中培训，战士16人考入军队院校。组织教练员集训5批次，为基层培养“四会”教练员200余人。全年接受领导50余人检查、慰问部队45次。支队主题教育和智能政工平台做法在总队推广，2人分别被评为北京总队十佳、优秀“四会”政治教员，文艺创演《睡在我上铺的兄弟》获全军三等奖，1人获武警部队优秀分队指挥员。

（夏永杰）

【开展多种教育活动】2019年，二支队以条令年活动为牵引，推进治“三不”、防风险等活动。组织《纲要》培训，常态开展大练基本功。开展“三大”“四月”教育整顿，推进“治违法、严纪律”实践活动，全员全时开展国庆安保倒计时和百日安全竞赛活动，推进总队风气监察联系点建设。以“习语金句”“双百”微课等载体，组织3批次理论服务走基层活动，统筹推进“两项主题教育”和使命专题教育。

（夏永杰）

【安全警卫】2019年，围绕“迎大庆、保大庆”主线，与3个属地分局和区委政法委建立军地情报“双六联”机制，完成以北京站春运秩序维护、全国“两会”安保、“一带一路”国际合作高峰论坛和北京“世园会”安保、“亚洲文明对话大会”安保、国庆70周年庆祝活动安保任务为核心的各类临时任务1623场次，成功处置有碍安全情况8起87人次，参与社会群众救助2起，展示首都武警良好形象。

（夏永杰）

【双拥共建】2019年，二支队坚持“驻东城、爱东城、建东城”理念，开展拥政爱民工作，加强与东城区区委组织部、宣传部和政法委、人社局、民政局、园林局等62个区属单位的沟通联络，积极争取地方资源，先后为干部13人解决子女入学入托问题。支持地方建设，参与治安维护任务，完成各类庙会安保、烟花限放等临时勤务；参加区植树活动和精神文明大会；参加区机关运动会；参加东城区2019年双拥工作领导小组会暨创建全国双拥模范城“八连冠”动员部署会及北京站地区反恐演练观摩会；参加东城区2019年烈士纪念日公祭活动；参加文化和旅游部、司法部举办的庆祝中华人民共和国成立70周年升国旗仪式。全年参与地方政府和街道办事处举办各类活动100余场次。

（夏永杰）

人民防空

【概况】东城区人民防空办公室（简称区人防办），是负责全区人民防空工作的政府工作部门。内设办公室、工程建设管理科、指挥通信科、法制科。公务员编制18人、实有17人，工勤编制2人、实有2人。下辖正科级规范工资事业单位2个，其中区人防工程管理服务中心，在编17人，现有14人；区人防指挥通信中心，在编22人，现有17人。根据北京市委、市政府批准的《北京市东城区机构改革方案》，经3月22日东城区机构改革工作领导小组会议审议通过，将区民防局更名为区人民防空办公室，仍作为区政府工作部门，不再保留区地震局牌子。

2019年，围绕“战时防空、平时服务、应急支援”使命任务，坚持党建引领，开创人防建设新局面，提高精细化管理水平，加强人防指挥通信建设保障，各项人民防空工作有序推进，确保国庆70周年庆祝活动人防工程绝对安全。推进早期人防工程回填整治，消除安全隐患。按时完成人防工程维护维修，确保人防工程完好率。做好人防工程安全生产，完成年度防汛工作。开展人防工程规范使用管理，解决历史遗留问题，建立长效机制。优化营商环境，做好人防审批服务事项。推进人防081工程项目建设，促进文化活动中心项目整体完成，拓展人防宣传教育。

（王跃明）

【工程建设管理】2019年，实施人防工程安全隐患治理三年行动，制订《早期人防工程回填治理工作项目管理制度》，回填整治1.5万平方米，081工程、大环加固项目稳步推进，完成60处无口部早期人防工程探测。正式接受办理人防工程建设项目标准审查，全年办理完成2件，规划人防工程建筑面积4333平方米。完成106处人防工程的专业维护维修，施工质量和安全情况良好。对公用人防工程漏水、跑电、设备简单等日常维护维修50处。制订《区人防办国庆70周年庆祝活动安全服务保障方案》，成立国庆人防服务保障工作领导小组，持续对长安街沿线人防工程开展拉网式巡查，发现隐患问题，紧盯整改。开展人防规范使用管理专项整治活动，收缴人防使用欠费1700万元，规范人防工程使用55处。梳理完善审批事项，规范网上申报程序，缩短审批办理时限，无积压件；承接市人防办下放审批事项，制订《人防工程建设项目审批工作实施方案》。全年受理行政许可197件，办理发放人防工程使用许可170份，竣工验收备案10件，人防工程易地建设审批（社会投资项目）2处，退件15件。

（封　华）

“十一”期间，武警执勤二支队担负国庆安保任务（武警执勤二支队提供）

9月21日，区人防办在东四奥林匹克社区公园开展国防教育日暨警报试鸣日人防宣教活动，介绍防毒面具使用方法（陈松江摄）

【安全度汛】2019年，按照保安全、少塌洞、不伤人的工作目标，做好应急物资储备和设备检修，修改完善防汛工作方案和应急预案，组织防汛应急抢险演练和拉练。开展汛前普查，明确重点防汛部位，层层签订防汛责任书。及时处置早期人防工程口部下陷等各类险情17处，确保汛期人防工程安全。

（封　华）

【指挥通信】2019年，区人防办参加第19个全民国防教育日，制订警报试鸣方案和脚本，区领导及成员单位观摩警报试鸣及宣传教育活动。完成东城区人民防空五大体系303项指标建设进行评估核查，参加京津冀“3+2”人民防空协同室内推演训练。完成日常警报器维护和各项指挥通信训练演练，重要时期组织应急值守和安全保障工作。推进社区人防建设，在29个“基础管理型”社区，创新组建人防志愿者队伍394人。11月，组织志愿者骨干160人进行人防培训。利用“一网一微”传统与新媒体平台，发布信息80余条。开放人防宣教基地7处，全年接待1.2万余人。利用LED显示屏传播防空防灾知识，举办社区大讲堂人防知识讲座40场。安装人防标示牌3000块和LED人防宣传屏4块，发放宣传品3.6万件，为社区订阅《中国人民防空》《北京人防》60份。

（管桂新）

【应急救援队伍建设】2019年，完成年度应急救援训练任务4期，累计8天112余人参加。完成11个人防专业队中队以上干部培训，战时指挥能力得到提升。社区内设立防空防灾疏散标志牌，建立应急避难场所3处，发放防空防灾应急包220个。

（管桂新）

【行政执法】2019年，开展对人防工程使用情况执法检查510次，执行行政处罚案件13件，罚款总额4.16万元。落实市、区政务改革优化营商环境工作部署，制订人防行政职能审批优化服务方案，完成人防行政事项进区政务大厅综合窗口，实行统一受理。人防使用受理申请、审查核发人防工程使用证180份。

（张建刚）

东城区军事机构负责人

区人民武装部党委第一书记　夏林茂

部长　于洪源

政委　徐文熬

人防办主任

王迪生［3月任，3月免民防局（地震局）局长］

区消防救援支队支队长　李　军

政委　马国明

中国人民解放军66381部队团长　田英贺

政　委　张树鹰

中国人民武装警察部队北京市总队执勤第一支队

支队长　刘彦武

政　委　王建华

中国人民武装警察部队北京市总队执勤第二支队

支队长　段会喜

政　委　杨京栋

重点地区管理

12 月 20 日，王府井大街步行街北延开街仪式（李婉摄）

北京站地区管理

【概况】北京市人民政府北京站地区管理委员会（简称北京站地区管委会），为负责组织协调北京站地区管理工作的市政府派出机构，委托东城区政府代管。负责北京站地区的综合管理，组织协调北京站地区公安、工商管理、城市管理、园林绿化、市政市容、环境卫生等工作。设办公室（监察处）、行政财务处、综合治理办公室、商务管理处、城建管理处、联防指挥中心（应急指挥办公室），直属事业单位北京站地区环卫所。行政编制26人、在编22人，事业编制10人、退休1人、在编6人。根据东编委［2019］74号文件通知，10月11日撤销北京站地区环卫所，在编6人带编划转安置到区属同类事业单位——东城区机关事务管理服务中心。

2019年，北京站客运管理正常有序，全年发送旅客1146.5万人次，下车旅客1098.4万人次，完成专运警卫任务237次。党建引领、深入调研、创新举措，完成中华人民共和国成立70周年及其他重大活动、春暑运等重点时期服务保障任务。物防技防同步跟进，完成站区交通转换环境综合整治。完成北京站地区监控指挥信息化平台建设，地区科技化、精细化水平显著提升。整合站区执法力量，巩固强化地区管理工作机制，地区综合治理水平稳步提升。

（李红杰）

【客运管理】管委会制订春（暑）运工作方案、应急预案，召开动员部署会，明确职责任务，提出工作要求；发挥统筹协调作用，组织各单位落实各项工作措施，各相关单位严格按照方案要求，落实责任、团结协作。2019年春运期间，发送旅客377.7万人次，同比涨幅0.1%，下车旅客359.4万人次，同比涨幅4.7%；暑运期间发送旅客768.8万人次，下车旅客739万。完成专运警卫任务237次；地铁北京站共运送乘客572万人次；春运期间清理各类扰序人员1856人，协调有关部门拘留42人，抓获网上在逃人员52人；查获各类危险品5945起、1.3万件；查扣非法运营车辆232辆，查处出租汽车各类违章172起，非现场处罚违章运营出租车712辆；现场处罚机动车480余起，粘贴违法停车告知单900余张，扣留车辆30余辆，拖车35起，劝离违停车辆4000余起；查扣小广告1000余张，清理窗贴68条、违规户外广告17块，查扣渣土车1辆，罚款1500元；组织安全检查40次，检查商户300户次。暑运期间，继续加大综合执法力度，坚持每天对站区各种“乱象”问题开展综合执法，重点加强夜间执法力度，确保暑运期间各项秩序稳定良好。

（李红杰　陆　江）

【全国“两会”期间安保防控】全国“两会”期间，北京站地区管委会召开会议部署安全保障工作，与春运保障工作无缝衔接，铁路公安制订反恐处突方案和集体上访事件应急方案，在出站口设置到站安检。及时与北京站沟通信息，动态掌握代表到达情况。各执法单位加强站区秩序整治，发挥北京站地区综合执法队作用，与各单位整治形成错时和弹性工作。同时加强对地区公共设施和商户各项安全检查，及时消除安全隐患。按要求启动社会面等级防控，每天出动执法力量500余人次，设置治安志愿守望岗10个，动员群防群治力量220人参与站区秩序维护，以稳定、优美、良好的站区秩序确保全国“两会”代表、委员抵离京安全。

（李红杰　陆　江）

3月9日，北京站地区维护交通秩序夜间联合执法（陆江摄）

【联合执法】2019年，北京站地区管委会针对北京站地区存在的各类扰序问题，结合春暑运、全国“两会”、“一带一路”高峰论坛、亚洲文明大会、中华人民共和国成立70周年庆祝活动等重点工作，组织站区公安、交通、城管、环卫等单位开展联合执法行动。全年共组织联合执法行动320余次，出动执法力量1000余人次，保安2000余人次，保洁人员500余人次，清理倒卖地铁票人员35人，没

6月16日，北京站地区管委会开展安全生产宣传活动（吴国红摄）

收地铁票50余张，清理无照游商484起，没收小广告6000余张，查扣“黑车”1258辆次，处理违章出租车1170辆次，非现场处罚违章出租车1754辆次，贴条处罚违停机动车190辆。

（李红杰　陆　江）

【优化站区交通组织】2019年，管委会调整非机动车组织方案，迁移广场原有东、西停车场，新增设非机动车停放点360平方米。完成北京站地区非机动车车道彩铺，拆除地区所有机非隔离护栏，提高地区交通组织秩序性、合理性；完善交通科技，安装32套智能违法停车监测系统，并在显著位置增设3块违法停车告知显示屏，通过技防手段加强对违法停车非现场执法能力，严控地区违法停车问题。

（李红杰　刘芳冰）

【改造旅客换乘环境】2019年，管委会合理利用空间资源解决出租车调度站排队问题，建设出租车候车区，设计单栱顶棚，考虑无障碍设施要求，提高候车旅客舒适度，解决出租车等候队伍横跨广场、阻隔客流疏散等秩序问题；协调市交通委完成对北京站东天桥加装电梯，并加装防翻跃设施，更换广场内临时岗亭护栏，增强广场景观效果。

（李红杰　刘芳冰）

【安全生产防火专项整治】围绕保障中华人民共和国成立70周年活动安全，管委会开展12项专项整治，以“防风险、保平安、迎大庆”专项行动为中心，从源头抓起。召开北京站地区安全生产、消防安全工作会，调整委员会组成人员，签订安全生产责任书140余份。深入推进“防风险、保平安、迎大庆”专项行动、“百日安全行动”和“三自活动”，制订工作方案，明确职责，主任办公会每月听取工作汇报。全年完成全国“两会”、春暑运、亚洲文明对话、“一带一路”、世园会、国庆重大活动和三次预演保障任务。完成地区“安全社区”创建评审，完成地区43家单位安全生产责任险办理。开展燃气安全、食品安全、餐饮场所消防安全联合检查，推进高风险电梯整治。聘请专业老师，组织开展地区餐饮企业、后厨人员、地区安全管理人员、中控室值班操作人员、有限空间作业单位、高风险电梯等培训会，全年组织集中培训5次并开展消防演练活动。印发宣传资料800余份，结合安全生产宣传月，在湖南大厦和新华社屏媒上每天滚动播放安全宣传标语。

（李红杰　吴国红）

【打击非法小广告】全年北京站地区清理粘贴小广告2.12万处，收缴散发类非法广告2.46万张，控制小广告张贴人员30余人，移送执法部门处理。

（李红杰　刘芳冰）

王府井地区建设管理

【概况】北京市东城区王府井地区管理委员会根据区委编办《关于调整组建北京市东城区王府井地区管理委员会的通知》（东编办［2019］143号）文件精神，8月，在北京市王府井地区建设管理办公室的基础上，调整组建北京市东城区王府井地区管理委员会（简称王府井管委会），作为东城区政府派出机构，为正处级。主要职责是负责王府井地区规划、建设、管理的组织协调工作。

2019年，王府井管委会围绕市委市政府提出的把王府井建设成为全国步行街的典范目标，明确国际化、高品质、市民休闲目的地的街区定位，从规划编制研究、品牌优化升级、公共空间提升、体制机制改革四方面核心任务着手，发挥文化引领作用，系统推进转型升级各项工作，全力打造独具人文魅力的国际一流步行商业街区。北京市百货大楼、新东安、穆斯林大厦、银泰in88等主要商业设施加快业态调整升级步伐，加大首店、旗舰店引进力度。全年引进8家全球旗舰店、5家全国旗舰店、16家首店。乐高旗舰店、NBA旗舰店和百货大楼和平菓局的入驻，丰富街区体验，成功吸引年轻人、本地人回流，带动街区业态品质向高端化、品质化、体验

8月12日，王府井百货大楼转型升级项目启动暨和平菓局开业典礼（李婉摄）

化方向提升。

（吴云萍）

【健全街区管理体制机制】建立“部-市-区-街”四级联动指挥体系，完善王府井商业区转型升级指挥部运转机制，下设“一办七组一平台”，形成上下联动、简洁高效的指挥推动体系。创新审批机制，推动建立市区广告牌匾重设等联审机制。成立街区建设管理平台公司，全面承担街区规划实施、基础设施建设和物业管理等职能。

（吴云萍）

【国庆70周年阅兵保障】2019年，为3次国庆活动演练和1次庆典活动提供服务保障。及时撤除地台312个、铁索围栏56个、推拉式移动护栏4组、商业外摆14处、花箱23组、五彩铜牛艺术品1组，确保群游路线和彩车撤离路线畅通无阻。配合设置帐篷式和拖拉式临时公厕19座，清理核心区警戒区固定车辆846辆、非机动车700辆。动员地区102户商家和属地2.3万从业人员按时完成撤离，确保社会秩序安全平稳，圆满完成服务保障任务。

（吴云萍）

【王府井步行街北延】国庆节前，完成步行街北延方案论证、畅通周边胡同交通微循环、风险评估等前期准备工作。10月15日实施公交导改和机动车导改，同步启动环境景观提升工程。北延段景观设计以“城市印迹”为主题，主路采用熟褐色沥青，提升整体色调亲和度，两侧步道采用生态再生砖，以意向方式勾勒王府井老街轮廓的形态“印迹”，材料质感均匀，生态环保。金鱼胡同口节点采用智能交通引导系统。合并整合多种功能，设置智能灯杆，实现多杆合一。为弥补绿化不足，增设14组可移动花箱座椅，改善街道尺度，增加舒适度。12月20日，举行盛大开街仪式，步行街实现向北延长344米至灯市口大街，全长892米。

（吴云萍）

【步行街保洁达居家环境标准】2019年，王府井步行街按照室外保洁，室内标准的原则制订保洁作业方案，实施精细化深度保洁作业模式，日间对步行街44个网格区域进行人机结合保洁；晚间人机配合对步行街地面及城市家具进行彻底冲刷清洗。召开地区动员部署会，强化“门前三包”制度，动员驻区单位开展环境卫生整治行动等，实现街区尘土残存量由每平方米53克降至7克以内，达到居家环境标准。

（吴云萍）

【提升街区活力】全年举办街区活动40余场。5月，举办京交会分会场王府井时尚消费嘉年华开幕式暨品牌发布秀。国庆期间，雅诗兰黛、李宁等品牌快闪店相继亮相，成为街区活动亮点。11月2日，天猫理想之城“北京冬奥之城”主题活动开幕，通过创新和深度体验营销模式，为消费

8月，王府井百货大楼喷泉广场前举办青春热力街区活动（陈菁摄）

者带来新的互动体验。12月20日，以“迎新年、庆开街”为主题，举办北延开街庆祝活动，举行商业外摆、文艺演出、运动快闪、灯光秀等一系列活动，当日王府井街区延长营业时间至零点，打造夜间经济消费新亮点。

（吴云萍）

【校尉胡同口袋公园】5月18日，管委会完成校尉胡同口袋公园建设，新增绿地3230.7平方米。该项目为2018年区政府折子工程，主要内容为拆除项目地内原有临建，在拆除的腾退地块上开展景观提升。公园以一条与南北向校尉胡同一致的“历史轴”贯穿口袋公园，以铺设有编年故事的不锈钢板和雕刻代表校尉名称的马褂树叶作为装饰，并设置朴素长椅供市民游客驻足欣赏协和医院百年建筑，充分展现校尉地轴、协和长卷、口袋花园三张“明信片”。

（吴云萍）

【277号院改造升级】5月28日，管委会完成清退111家占道商户、拆除违法建设临时建筑3800平方米。按照统规自建原则，明确金街会客厅定位，形成区域业态规划和公共空间提升设计方案及建筑风貌导则，编制8栋建筑（含片区）提升设计方案。7月21日，启动区域公共空间提升工程，完成公共空间市政管线入地及老北京风情街建筑外立面改造、南墙提升工程。

（吴云萍）

前门大街建设管理

【概况】北京市前门大街管理委员会（简称前门管委会）根据《中共北京市委机构编制委员会办公室关于调整东城区政府派出机构的批复》（京编办行［2019］154号）文件精神，8月6日，北京市前门大街管理委员会并入北京市前门街道办事处，对外保留北京市前门大街管理委员会牌子，并核增前门大街管理委员会专职副主任1人（副处级），不再保留单设的北京市前门大街管理委员会。前门管委会负责前门商业区综合管理和地区经济发展工作。设办公室（纪检监察科）、产业发展科、综合管理科。行政编制11人、实有8人，下属正科级事业单位北京市前门商业区服务中心人员编制20人、实有17人。

2019年，持续优化营商环境，优化业态配比，完成2个区域规划编制；举办前门历史文化节，彰显前门文化内涵，提升街区文化品位；围绕古都风貌、高端引领，组织开展19项活动，全力打造前门夜京城地标，带动前门商业街区经济效益稳步提升；加大综合执法力度，完成重点时段及重大活动期间安全维稳、服务保障工作。

（陈柚西）

【综合治理】2019年，管委会落实安保主体责任，做好街区安全维稳服务保障工作。统筹驻街各职能部门、业主单位及街区保安、街区商户等各方力量，完成春节、全国“两会”、第二届“一带一路”国际合作高峰论坛、亚洲文明对话大会、中华人民共和国成立70周年、东城区对口帮扶地区（前门）推介展销会活动及“一县一品”品牌推荐会等重大活动期间安全维稳、服务保障工作。坚持综合执法组例会制度，沟通街区重要工作情况，反映商户基本诉求，解决热点、难点问题；召开例会30次，解决街区维稳、安全生产、环境整治、商户服务等问题；至5月底，签署“门前三包”154份，签订率100%，1月至9月，检查“门前三包”300余次，并对违反市容环境卫生条例和生活垃圾管理条例的违法行为加大惩治力度，通过“12345”网格热线协调整改环境卫生问题100余起。防汛期间，前门商业区防汛物资储备到位、隐患排查到位、应急值守到位，准备防汛沙袋1200袋，水泵20台，吸水机10台，每日确保固定人员28人、24小时全天候在辖区内巡视。优化管理服务，做好商户室内外装修、户外广告牌匾及临时占用公共区域等工作的协调监管服务，收到室外装修和广告牌匾申请44件，出具施工许可通知书19件，室内装修备案9件，户外活动（临时占用公共区域）审批43件；网格化管理工作保持高效，案卷处理率

11月1日，第六届前门历史文化节盛大开幕（前门管委会提供）

11月1日，第六届前门历史文化节暨2019北京前门当代艺术文创IP展开幕
（前门管委会提供）

达100%。以春节、全国“两会”、“一带一路”国际合作高峰论坛、国庆等为重点，对街区重点区域、重点点位开展拉网式安全生产检查，做到定岗、定位、定人、定责，加强日常巡查，及时发现和消除安全隐患。全年实现街区191家生产经营单位安全检查全覆盖；通过开展“5·12”防灾减灾日、安全生产咨询日等宣传活动，强化安全生产、消防安全宣传教育，累计受众800余人。前门商业区5月至12月开展“防风险、保平安、迎大庆”消防安全执法检查专项行动。重点检查宾馆酒店、施工工地、商户内部装修等场所，及时消除违规用火用电用气、电动自行车违规停放充电、疏散通道不畅通、消防设施损坏停用、日常管理机制不健全等问题。至10月，组织检查467家生产经营单位，发现隐患639项，下达隐患整改通知书237份；复查生产经营单位258家，复查整改隐患问题515项，核销隐患问题124项。

（陈柚西）

【挖掘展示前门历史文化】2019年，管委会编制完成《建设前门历史文化展示区 打造首都文化金名片》《前门商业区2018年—2020年产业发展规划》。8月，土耳其驻华大使阿卜杜勒访问前门华韵，双方以“跨文化交流，融合工匠精神”为主题，以非物质文化遗产创新为探讨点展开交流。11月，前门大街举办扶贫协作对口支援特色产品推介会暨第二届南水北调中线工程核心水源区湖北十堰郧阳特色产品北京展销会，推动对口支援地区农特产品通过多渠道在北京市场提高销量，加大精准脱贫帮扶力度。

（陈柚西）

【第六届前门历史文化节】11月1日，第六届前门历史文化节开幕，11月18日落幕。文化节以“传承精粹历史文化、探索街区发展路径、提升文化商业价值、倡导文化消费升级”为主线，通过开幕式、“百年记忆 前门今昔”前门历史文化展、北京中轴线文化传承创意摄影展、当代雕塑与装置艺术展、“好玩的艺术”文创市集、文创IP快闪集合店等丰富多彩的文化及商业活动，为中外游客及本地消费者，特别是年轻群体提供时尚化、现代化的消费体验。文化节期间，前门商业街纯租金商户总销售额1122.12万元，进店总客流15.45万人次，销售额同比增长17%，进店总客流同比增长7%。

（陈柚西）

经济管理

3月22日，东城区市场监督管理局揭牌仪式（何筱强摄）

经济改革和社会发展

【概况】东城区发展和改革委员会（简称区发改委）统筹辖区国民经济和社会发展、协调经济体制改革综合工作。内设办公室、审批协调科、发展规划科、国民经济综合科、固定资产投资科、人口发展科、协同与功能疏解科、产业发展科、营商环境科、投资促进科、组织人事科（党务办公室）、街区更新科12个科室。编制57人、实有48人；工勤3人、实有3人。

2019年，全区经济总体稳中向好，重点工作扎实推进，主要指标实现预期计划。地区生产总值增长6%左右；万元GDP能耗下降率3.87%。全区疏解整治促提升各领域涉及各类人口变化5.9万人次，完成全年任务的112%；常住人口降至79.4万人，比2018年减少2.8万人。出台《东城区进一步优化营商环境的实施意见》，召开联席会15次，制订政策制度17项。构建“1+4+3+17”企业服务工作网，出台构建亲清政商关系十项举措；成立紫金服务管家团，为830家重点企业配备服务管家，开发政企服务APP，畅通政企沟通渠道；牵头组织召开东城区优化营商环境大会，加强招商宣传推介，参加京治会，设置展台，推介东城投资环境。制订年度疏解整治促提升工作计划及《东城区疏解整治促提升工作考评实施细则（2019年）》，完成疏整促市级工作任务；开展街区更新顶层设计和街道单元划分，出台街区更新实施意见，制订《北京市东城区推进京津冀协同发展2019年重点任务落实工作专项督查方案》，建立区级京津冀协同发展组织工作体系；出资1亿元，加强与怀柔区在教育、体育、旅游、干部交流、就业、卫生医疗等方面的合作交流。组建东城区委财经委员会，制订财经委制度文件和年度工作要点，召开年度东城区经济工作会议，制订年度经济工作方案和主要指标任务分工；建立重点产业项目库，储备项目36个，推荐11个项目进入北京市重点项目储备库，推进东直门金融城、D4项目、百荣、望坛等项目。开展全区产业空间布局研究规划，分析全区空间利用情况、特征，研提产业空间布局规划。推动重点项目建设，牵头制订年度投资指标任务分解方案，涉及政府投资、社会投资项目约130个，总投资规模约2200亿元，实行“挂图作战”；争取市政府资金近9亿元，保障区第一人民医院异地迁建、简易楼解危排险腾退、公共空间等重点项目建设。梳理全区74个历史遗留超投资项目。开展“不忘初心、牢记使命”主题教育活动。落实“8+1+N”专项整治任务，采取微党课、领导干部大讲堂、自编自演舞台剧等形式，推动主题教育引向深入。党组集体学习11次、领导干部大讲堂7次、专题学习研讨6次，微党课10人次，自编自演舞台剧2场，编发《智慧发改 党建领航 工作快报》主题教育专刊13期。全年办理信访8件、街道吹哨及“12345”投诉举报案件212件，响应率100%。全年主动公开政府信息528件，依申请公开信息12件。办理人大建议、政协提案30余件，非常满意率达100%；推动依法行政工作，健全依法决策机制，履行决策程序，加强法治教育培训，落实会前学法及重要时间节点的法制宣传工作，举办法治专题讲座4次，参观宪法宣传主题展览等普法宣传活动3次。办理行政复议案件5件，行政诉讼案件2件，民事诉讼1件。

（戴卫兵　贾　巍）

【年度计划报告】1月4日，区发改委起草《关于北京市东城区2019年国民经济和社会发展计划执行情况与2020年国民经济和社会发展计划的报告》，经区第十六届人民代表大会第六次会议审议通过。

（孟宪宇）

【机构改革】3月，区产业投资促进局职责划入区发改委，其所属事业单位区产业发展服务中心一并划转；区物价检查所、区价格认证中心整建制划入区市场监管局。

（贾　巍）

【节能宣传】6月17—24日，区发改委举办“绿色发展，节能先行”为主题的东城区节能宣传周活动。其间，在回民小学、日坛公园、汉能清洁能源展示中心，采取多种形式开展节能宣传活动，营造全民参与氛围，践行节能低碳，发放宣传册1

7月22日，区发改委为首批营商环境特邀监督员20人颁发聘书（刘伟杰摄）

万余份。

（安 冷）

【区委财经委工作】10月17日，组织召开东城区委财经委员会第一次会议。会议传达市委财经委2019年三次会议精神，通报区委成立中共东城区委财经委员会决定，审议通过《中共北京市东城区委财经委员会工作规则》《中共北京市东城区委财经委员会办公室工作细则》《中共北京市东城区委财经委员会办公室内部工作制度》《东城区委财经委员会2019年工作要点》。

（刘素萍）

【搭建政银企对接平台】12月28日，区发改委在丽亭酒店举办紫金服务政银企交流活动。40余家来自文化、科技、贸易、商务等多个领域的实体企业与20家银行、证券、保险、信托、财富管理等金融机构现场对接洽谈。

（杨睿夫）

【产业政策体系】2019年，区发改委统筹组织完善全区产业政策，适时开展政策织补，形成“1+5+N”新型产业政策体系。“1”是指《东城区加快文化创新融合，构建高精尖经济结构的实施意见》，宏观指引全区产业发展；“5”是指产业发展、资金支持、空间利用、人才保障以及营商环境5个方面的支持；“N”是指涵盖各类要素的具体支撑政策。

（孟宪宇）

【企业投资审批】2019年，区发改委完成核准备案项目86个，总投资154.9亿元，其中新批准核准类项目11个、延期4个，总投资105.6亿元；备案类项目71个，总投资49.3亿元。

（廉思文）

【价格监测与管理】2019年，区发改委监测居民副食品、成品油、液化气、日用消费品等300余个商品价格，针对猪肉等价格异常波动，启动价格应急监测机制，上报监测数据4万余项，报送主要生活必需品价格动态、价格预警等信息100余篇，确保国庆70周年重大活动及节日期间市场价格稳定。

（刘伟杰）

【固定资产投资工作】2019年，区发改委编制完成《东城区2020年重点投资项目计划表》。安排区财政性基本建设资金4亿元，推动全区重点项目按计划落地实施；完成固定资产投资262.84亿元，其中建安投资完成75.36亿元。

（张晓丹）

【促进楼宇经济发展】2019年，区发改委制订《东城区促进楼宇经济发展工作意见》《东城区促进楼宇经济高质量发展的若干措施》，为全区257座商务楼宇配备紫金服务管家，与37座楼宇签订协议，合作招商；推动20处老旧工业厂房、交易市场等腾退空间和低效写字楼实现品质、业态、贡献提升。

（杨睿夫）

6月20日，区发改委组织节能宣传走进学校活动（刘伟杰摄）

财 政

【概况】东城区财政局（简称区财政局）是区政府综合经济管理部门，内设办公室、综合科、法制科、财政监督科、预算科、税政科、街道财政管理科、国库科、绩效评价科、行政事业资产管理科、行政政法科、教科文科、社会保障科、经济建设一科、经济建设二科、政府采购管理科（挂东城区政府控制社会集团购买力办公室牌子）、企业科、国有资本经营预算科、金融科、会计科、行政科、人事教育科、机关党委办公室、离退休干部科24个科室，下属区财政国库支付中心、区财政监督检查所、区财政预算编审中心、区财政绩效考评中心事业单位4个，公务员编制104人，机关工人编制10人，事业编制94人，实有175人。

2019年，区财政局研究分析辖区经济形势，关注重点企业重点税种变化，精准掌握收入进度，确保财政收入预算有序执行。同区税务、发改、商务等部门组合联动，实施“紫金服务”行动计划，提升服务企业质量。强化管理停车占道费、临时审批用地停车场收费、人防工程使用费等非税收入，防止跑冒滴漏，有效提升收缴效率。组建财税专班招优引强，聚力财源建设。围绕产业、资金、空间、人才、营商环境5个方面，合力打造“1+5+N”产业政策体系，吸引优质企业落户；以楼宇空间为载体，重点关注楼宇经济功能、产业定位，发挥区域楼宇在引企引税方面的积极作用，吸引符合东城产业发展方向的企业落户。严格把控预算执行管理，落实过“紧日子”各项措施，强化预算硬约束，执行支出进度通报制度和预算支出责任制度，提高预算执行率。区财政局搭建从严治党主体责任管理系统，绘制履行主体责任全过程跟踪地图，推进全面从严治党主体责任做精做实。制订党支部规范化建设方案和具体措施18条。开展“正风肃纪、淬炼党性”党风廉政宣传教育月、“扣好第一粒扣子”青年纪律教育等活动。深化事业单位改革与管理，撤销并办理注销局会计教育考试办公室等6个机构，推进公务员职务与职级并行制度改革。加强干部交流轮岗，交流调整干部21人，选派干部17人参加区委“不忘初心、牢记使命”主题教育巡回指导、区委巡察、百街千巷环境整治等工作。党组理论中心组学习20余次，参加区委理论学习中心组扩大学习14人次。做好庆祝中华人民共和国成立70周年等重大活动服务保障，深化扫黑除恶相关工作。

（陈家钰）

3月7日，区财政局召开东城区2019年规范企业经营秩序专项工作布置会（常盛轩摄）

【公共预算收支情况】2019年，区财政资金使用效益稳步提高，财政收入保持平稳增长，财政管理改革不断深化，财政服务水平进一步提升。2019年，一般公共预算收入189.7亿元，完成全年任务的104.3%，同比增长8.0%，一般公共预算支出259.32亿元，完成年度预算的93.8%，同比增长3.1%。政府性基金预算收入29.26亿元，完成预算的146.3倍。支出80.41亿元，完成年度预算的99.9%。城乡居民养老保险（含老年保障）基金收入8885万元，完成年度预算的100.9%，支出8444万元，完成年度预算的96.8%。国有资本经营预算收入1.38亿元，完成年度预算的180%。支出6410万元，完成年度预算的100%，调入一般公共预算2295万元。

（陈家钰）

【财政收入】2019年，增值税完成54.29亿元，为年度预算的103.2%，同比增长4.6%。超额完成预算主要是2019年居民人均可支配收入、社会消费平稳增长。2月底，国地税税务系统合并，部分纳税规模较大的企业税收关系转入东城区，带动区增值税产生净增收。企业所得税完成49.7亿元，为年度预算的92.5%，同比下降3.1%。未完成预算主要是2018年同期部分企业股权转让，缴纳一次性税款导致基数较高。7月至8月，区税务局按照市税务局要求退付部分企业大额税款，导致税款规模低于年初预期。房产税完成29.97亿元，为年度预算的102.7%，同比增长6.3%。超额完成预算主要是部分新增楼宇投入使用，作为房产税计征依据的租金收入平稳增长带动增收。土地增值税完成12.7亿元，为年度预算的181.4%，同比增长411.7%。超额完成预算主要是土地增值税清算项目超过年初预计。城市维护建设税完成12.75亿元，为年度预算的93.1%，同比下降5.5%。未完成预算主要是受2019年增值税降率等政策性减税效应影响，作为其附加税的城市维护建设税收入规模低于年初预期。同时为落实“六税两费”减征政策，在税额幅度内减征小规模纳税人50%城建税，也产生一定减收影响。印花税完成7.72亿元，为年度预算的105.7%，同比增长9.8%。超额完成预算主要是部分单位缴纳一次性印花税带动增收。车船税完成2.9亿元，为年度预算的101.7%，同比增长2.7%。同比略有增长主要是全市车船税收入正常增长，东城区按全市车船税的固定比例享受北京市通过调库方式返还的税款。城镇土地使用税完成7093万元，为年度预算的88.7%，同比下降7.1%。未完成预算主要是按照属地征收政策，东城区可征收的城镇土地使用税有限，每年税款规模较为稳定，略有波动。营业税完成405万元，同比下降47.6%。主要是受“营改增”税制改革政策影响，不再征收营业税，企业补缴以前年度零星税款情况不断减少。资源税完成256万元，为年度预算的85.3%，同比下降50.3%。主要是2018年部分企业入库一次性资源税导致基数较高。专项收入完成7.97亿元，为年度预算的90.5%，同比下降25.3%。专项收入主要包括教育费附加收入和残疾人保障金收入。其中教育费附加收入完成3.2亿元，同比下降5.5%，主要是受增值税和教育费附加在中央、市、区分成比例因素影响，教育费附加收入规模低于年初预期。残疾人保障金收入完成4.77亿元，同比下降34.6%，下降较多的主要原因，是受2017年残疾人保障金征期调整影响，2018年

1月初入库残疾人保障金2亿元，基数较高；2019年7月《北京市残疾人就业保障金征收使用管理办法》修订，残疾人安置比例由1.7%下调至1.5%，导致区残疾人保障金收入政策性减收0.6亿元。行政事业性收费收入完成2.25亿元，为年度预算的102.1%，同比增长56.6%。同比增长较快主要是2018年同期基数较低。同时自2019年起，东城区实行道路停车电子收费改革，停车占道费征收效率显著提高，预计全年同比增收5000万元。罚没收入完成7051万元，为年度预算的156.7%，同比增长77.3%。超额完成预算主要是2019年北京市实施机构改革，部分罚没收入由市级收入调整为区级收入。国有资源（资产）有偿使用收入等其他收入完成7.93亿元，为年度预算的259.2%，同比增长60.4%。超额完成预算主要是加强非税收入管理，入库一次性非税收入合计3.5亿元，以及区属一级国有企业上缴利润收入2亿元带动增收。

（陈家钰）

1月8日，区财政局接待区“两会”代表、委员咨询（索彦军摄）

【财政支出】2019年，一般公共服务支出完成21.6亿元，同比下降25.9%。支出下降较多的原因主要是税务系统体制上划后，部分大额项目支出不再由区财政列支；2018年一次性拨付基本建设资金规模较大，2019年无此因素。支出主要是保障政府职能部门正常运转支出，同时确保各项厉行节约工作措施落实到位。公共安全支出完成23.14亿元，同比增长11.7%。主要是加大安保工作经费投入，依托“雪亮工程”建设，提升区域视频监控网络建设水平；保障扫黑除恶专项行动所需工作经费；保障辅警人员及交通协管员的经费支出，提升警力装备配置水平，提高公共安全突发事件的应对能力；保障政法部门正常运转经费支出。做好依法行政、普法宣传、法律援助、社区矫正等司法专项工作经费保障。教育支出完成70.55亿元，同比增长7.7%。主要是保障教育优先发展，推进新一轮教育综合改革；加快发展普惠制优质学前教育，推动幼儿园建设；加大校园内外安全联动机制经费投入，提升校园安全和后勤保障水平；加强教师队伍建设，进一步提高教师队伍素质；提升优质教育资源配置水平，推进景山学校通州校区建设；按照工程进度，足额安排校舍维修改造专项资金等。科学技术支出完成1.37亿元，同比增长14.8%。支出主要是拨付智慧东城信息化建设项目资金，加大政府智能网络系统建设力度；保障中关村科技园区产业促进和企业服务工作经费；推进开展科普宣传及科学技术交流活动工作等。文化体育与传媒支出完成7.23亿元，同比下降12.8%。下降原因主要是2018年市财政历史文物保护一次性转移支付规模较大，2019年无此因素。支出主要是进一步完善公共文化服务体系建设；提升图书馆、文化馆和街道文化活动中心等基层文化设施服务水平；将培养专业优秀体育人才和全民健身工作相结合，加大运动员训练经费投入，深入开展全民健身体育活动；安排会馆博物馆补助资金。社会保障和就业支出完成34.51亿元，同比增长1%。主要是拨付社区公益性就业组织岗位补贴，发放各项困难群众基本生活补贴、各项社会救助和义务兵优待金，开展各项残疾人帮扶工作，及时拨付中央退役安置补助资金、离退休经费，以及上缴市财政补充养老保险基金专项经费等。卫生健康支出18.8亿元，同比增长1.6%。主要是深化医药卫生体制改革，提升综合医院医疗保障能力，以医联体为载体推进分级诊疗，加快社区卫生服务标准化建设，方便百姓就医；安排基本公共卫生服务经费，开展卫生防病、妇幼保健等专项工作；安排资金保障医疗卫生机构正常运转、落实城镇居民医疗保险政策，拨付在京中央单位公费医疗资金，足额上缴城乡居民医疗保险等支出。节能环保支出完成2.1亿元，同比下降20.9%。下降较多的原因主要是2018年拨付锅炉低氮改造以及环卫电动三轮车辆更新专项资金规模较大，2019年无此因素。支出主要是拨付“2019年蓝天保卫战行动计划”专项经费；拨付东城区居民供暖燃料补贴款、煤改电以及大气污染防治费；兑现支持鼓励节约能源项目资金，加大机动车排放管理工作力度及对大气污染治理方面的投入力度。城乡社区支出完成66.89亿元，与2018年持平。

支出主要是继续推进“疏整促”各项工作，推进环境整治提升；加大力度进行公厕改造；创新生活垃圾处理新模式，深化垃圾分类试点工作；继续足额保障道路清扫、绿地养护、夜景照明、环卫车辆更新等资金投入。保障阿苏卫垃圾处理设施建设村庄搬迁安置、城市绿廊景观工程等经费。安排专项资金保障重点区域环境品质提升工作。援助其他地区支出7927万元。主要是兑现市财政关于生态涵养区对口帮扶政策，拨付资金促进怀柔区各项事业发展。住房保障支出完成5.86亿元，同比增长273.9%。支出增长较多的原因主要是拨付市财政转移支付共生院、平房直管公房及简易楼腾退修缮改造项目款以及景山学校通州校区项目资金等。支出主要拨付景山学校通州校区市级转移支付项目资金，做好直管公房修缮，落实保障性住房租金补贴政策专项资金。灾害防治及应急管理支出2.26亿元，为2019年新增功能分类。主要是发挥安全生产专职安全员岗位职能，加强安全宣传教育活动，推动开展安全生产检查执法等相关工作。增设小型消防站，增加专职消防员，保障全区消防安全，确保消防应急救援工作顺利开展。其他支出完成4.22亿元。主要是增加辖区林业投入，加大产业扶持财政投入，进一步优化营商环境，推动经济高质量发展。

（陈家钰）

【助力打好三大攻坚战】2019年，区财政局制订《北京市东城区政府性债务风险应急处置预案》，构建债务风险防范机制，确保民生支出精算平衡。支持脱贫攻坚，深入开展“携手奔小康”行动，统筹安排援助资金4014万元，加大扶贫协作和支援合作资金支持力度。推进大气污染防治工作，筹措资金1.61亿元，重点用于煤改电“两增一更新”、燃气燃油锅炉低氮改造、餐饮油烟净化设备的升级改造等大气污染防治项目。

（陈家钰）

【推进城市精细化管理】2019年，区财政局继续落实疏整促工作以及百街千巷三年行动计划，结合全区经济社会发展中的热点、难点问题，统筹安排市、区、街三级资金，推进中心城区重点区域整治提升、街区更新、背街小巷环境整治、拆除违法建设等重点工作。破解联系服务群众“最后一公里”难题，安排资金2.08亿元，专项用于落实网格化管理、“接诉即办”以及“街道吹哨，部门报到”等相关工作，并从经费使用范围及程序、资金垫付及管理、完善统筹机制等方面规范资金使用，助力街道服务能力提升。文化投入转向扶持文化产业方向，实现文化和旅游产业进一步融合。聚焦东城历史文化特色，安排资金1.1亿元，专项用于文物和历史文化名城保护，打造东城特色名片。安排市区资金3.6亿元，推进绿化景观提升、小微绿地和精品街区、公园湖水治理提升改造等。

（陈家钰）

【深化惠民工程建设】2019年，区财政局加大社会保障和就业支持力度，提升东城区重点群体就业质量。投入资金2.02亿元，深化医耗联动综合改革，落实医改阶段性工作任务，持续跟进医疗机构财务平衡分析，提升综合医院医疗保障能力。安排资金1000万元，用于推进生活性服务业发展。深化住房保障资金管理，确保廉租住房及公共租赁住房租金补贴发放、实物廉租房回购及后期管理费落到实处。安排专项补助资金1.43亿元推动发展普惠优质学前教育，落实普惠性民办园奖补政策，增加学位供给，解决学龄儿童入园难问题；加大校园内外安全联动机制经费投入，提升校园安全和后勤保障水平；完善公共文化服务体系建设，安排资金3106万元用于提升图书馆、文化馆和街道文化活动中心等基层文化设施服务水平。安排群众体育工作经费2477万元，开展丰富多彩的全民健身体育活动，提高全民健康水平。

（陈家钰）

【保障公共安全与服务】2019年，区财政局安排政法部门基本经费支出，确保国庆70周年庆祝活动服务保障工作及时到位。加大安保工作经费投入，依托“雪亮工程”建设，提升区域视频监控网络建设水平；安排资金保障扫黑除恶专项行动；安排辅警人员及交通协管员经费保障，提升警力装备配置水平，提高公共安全突发事件应对能力；做好政法部门资金保障，维护区域安全稳定，为国庆70周年庆祝活动、全国“两会”、第二届“一带一路”高峰论坛等重大活动保驾护航。

（陈家钰）

【推进全面绩效管理】2019年，区财政局首次开展地方债资金项目绩效评价，做到绩效预算管理无盲区。首次随政府决算公开财政绩效评价报告，对200万元以上重点项目随部门预算公开。突出对重大项目、重要决策、重要部门开展全流程绩效管理，加大对政府购买服务项目评价力度，开展政府性基金预算和国有资本经营预算项目事后评价，严把评价环节，提升资金使用效能。全年评价资金规模预计超过140亿元。

（陈家钰）

【国库管理制度改革】2019年，区财政局加大非税收入管理力度，压缩非税收入缴库时间，将路侧停车占道费纳入非税收入收缴改革范围。将部门决算代编单位纳入公开范围，新增4家市属垂直管理单位；首次随部门决算一并公开政府购买服务项目数、预算总额及支出总额。增加对公款违规购买名贵特产资金支付行为的重点监控；开展预算单位资金存放专项检查，选取20家预算单位重点抽查，防范资金存放安全风险和廉政风险。

（陈家钰）

【规范国有资产管理】2019年，区财政局开展国有资产向人大报告工作，全统计、审核国有资产规模及运行情况，为国有资产规范管理奠定数据基础。专项整治区属行政事业单位投资办企业，脱钩处置100家企业；清理整治房产管理，清理房产27处，疏解人口239人。

（陈家钰）

【健全财政监督体系】2019年，区财政局开展街道系统内控规范检查评价工作，详细了解其内控机构组成、运行和制度执行情况，提出整改意见，提升内控水平。加强对重大项目、重大决策的监督检查力度，选取6个重点街区开展“疏整促”资金支出进度专项检查、拆违封堵工程资金支出进度专项检查，督促预算支出进度和项目推进力度协同一致，实现监督服务专业化。拓宽监督检查范围，全年对19家区级单位开展财政财务检查，加大区属二级预算单位、区属国有企业、属地管理的社团组织的监督检查力度，实现监督领域多样化。建设完成东城区人大预算联网监督系统，提升审查监督内容的翔实性和时效性，增强审查监督工作的针对性和有效性，推动预算编制和执行的规范化、精细化，实现预算结果监督向全过程监督的转变、粗放型监督向精细化监督的转变，实现监督工作精准化。

（陈家钰）

税 务

【概况】国家税务总局北京市东城区税务局（简称区税务局），受国家税务总局北京市税务局和东城区政府双重领导，贯彻执行国家的各项经济、税收政策，组织各项税收收入，维护和规范税收秩序，促进国家经济持续、快速、健康发展。内设办公室、法制科、货物与劳务税科、所得税科、财产和行为税科、社会保险费和非税收入科、收入核算科、纳税服务科、征收管理科、国际税收管理科、税收经济分析科、税收风险管理局、财务管理科、人事教育科、考核考评科15个职能科室，另设机关党委（党建工作科）、老干部科、纪检组，第一税务所、东华门税务所等22个派出机构，信息中心、纳税服务中心2个事业单位。全局有工作人员1193人，其中公务员1153人、工勤人员17人、事业干部23人。

2019年，区税务局依法进行税费收入主业，完成组收任务。巩固扩大税收治理成果，促进新政改革、税收征管和营商环境提质增效。局党委推进“不忘初心、牢记使命”主题教育活动，中心组专题学习15次、集中研讨21次。各党支部坚持每天自学1小时、每周研讨2次，跨支部学习交流15次，开展党的十九届四中全会专题研讨41次。严格、规范执行民主集中制，全年召开党委会34次，研究“三重一大”问题300余个。激活基层党组织动能，开展优秀共产党员、优秀党务工作者、先进党支部评选表彰活动，组织“初心永葆强信念，使命在肩铸税魂”等主题党日活动。夯实全面从严治党“两个责任”，做好廉政谈话及节假日廉政警示，严格执行主要负责人节假日遵规守纪报告制度，开展违规收受礼品礼金专项整治。运用“第一种形态”对5个部门、21人次进行谈话、批评警示。开展廉政教育11场，接受教育2100余人次。开展分级分类干部教育培训，组织脱产培训23期，非脱产培训6期，涉及2554人次。区税务局有三师（注册会计师、税务师、国家司法资格考试）77人，入选税务总局第六批全国税务领军人才培养对象2人。第一税务所获全国巾帼文明建设先进集体、全国税务系统先进集体称号，3人分获首都劳动奖章、中国好税官、北京市税务系统最美退役军人荣誉称号。

（郑　妍）

【组织收入与管理】2019年，区税务局坚持清欠、堵漏、固本、促新四措并举，以落实税收政策、加强税收监管和解决历史遗留问题为切入点，建立东城区重点税源企业信息动态管控机制，组织疑点产权登记信息核查、重点楼宇涉税排查，加强重点税源管理。完成各项税费收入961.5亿元，同比下降0.1%；完成税收收入906.5亿元，同比下降2.9%；完成一般公共预算收入465亿元，同比下降5.6%，其中完成区级公共预算收入174.6亿元，增收7.8亿元，同比增长4.7%，占全区财政收入的92.1%。

（郑　妍）

【征收管理】2019年，区税务局成立转变税收征管方式和深化“放管服”改革领导小组，建立健全工作机制。梳理优化税务注销流程，设立一窗通办窗口。与区政府相关委办局建立重点税源迁出预警联动机制，加强部门间协作配合。按照先试点后推广原则，推进个人出租房屋委托代征税费及代开发票工作，启用代征点3处，完成建设6处。规范文明执法，组建税收执法责任制工作领导小组，出台《涉税检举受理、移交及答复工作办法（实行）》。

（郑　妍）

【纳税服务】2019年，区税务局推进优化营商环境，通过世界银行、国务院督导组及各级领导检查。优化服务厅办税流程，多项业务实现“一窗通办”，简事项、简资料、简表单，提升纳税人办税便利度。成立纳税服务热线小呼中心，落实市民热线“接诉即办”。上线智能应答微信平台，电话咨询减少80%以上。推广网上自主办税，窗口手工申报率下降至0.01%，网厅受理实现“实时提交，优先受理”，登记、注销、跨区迁移等业务完成时间降至要求时限的三分之一。

（郑　妍）

【税收政策扶持】2019年，区税务局打造减税降费“硬账单、铁账本”，建立“日常审核为主、定期会审为辅”的数据审核机制，提高数据质量和生成速度，全年新增减税降费全口径101.4亿元（总局口径），办理退税8840户次，退税992万余元。推进落实“深化增值税改革+小微企业增值税优惠政策”，利用“互联网+实地”方式，组织系统内外培训辅导30余场。成立个税汇算清缴专班、临时办税厅，对重点扣缴单位开展跟进式服务，做好首次个人所得税汇算清缴准备工作。

（郑　妍）

【国际税收】2019年，区税务局推进外汇、境外发债核查，加强非居民纳税人税收变动监控，制订反避税措施，强化管理质效，确保应收尽收。完成2913户非居民企业所得税汇算清缴和关联申报1286户，申报率均为100%，全年非居民税收入库44.17亿元。开展走出去纳税人清册采集，加强重点项目跟踪，推进境外涉税风险管理；加强走出去企业政策宣传与辅导，组织召开100余户走出去企业政策辅导会，为企业答疑解惑。

（郑　妍）

【风险防控】2019年，区税务局实施发票分类分级管理，织密发票风险过滤网。总局下发增值税快速反应风险企业核查，全市涉及33批116户，东城区为零。开展扫黑除恶专项斗争工作，核查注册虚假地址、非法买卖发票、虚开发票等问题，全年走逃企业306户，同比下降51.35%，失控发票6895份，同比下降43.57%。成立风险应对团队，提升专业化水平。全年推送风险任务148批，涉及纳税人3517户次，组织税收收入26.41亿元。

（郑　妍）

【服务区域经济】2019年，区税务局领导带队走访民生信托、杭州银行、宁波银行、苹果电子等企业，了解企业生产经营状况、涉税诉求，宣传税收政策。各税务所实行一所一册、一户一档制度，组织辖区企业参加李克强总理和韩正副总理减税降费座谈会，向企业推送红利账单。协同区市场监管局、区行政服务中心，推进新设企业一窗式办理，节约新办企业时间和成本。

（郑　妍）

【税收宣传】2019年，区税务局围绕税收征管体制改革、减税降费、优化营商环境等工作，规范管理外网信息，及时推送涉税时政热点，提升税收宣传渗透力，在报刊、电视、广播和新媒体上刊发新闻稿件93篇。编写《增值税减税降费宝典》和减税降费政策宣传连载漫画册，制作减税降费和优化税收营商环境平面公益广告，拍摄的宪法宣传公益广告《N胞胎》获市普法办二等奖。

（郑　妍）

金融服务

【概况】东城区金融服务办公室（简称区金融办）。根据（中共东城区委京东办字［2019］24号），2019年3月成立，是区政府工作部门，负责辖区金融产业发展和金融机构风险防范处置相关工作，内设综合科、金融发展科、金融工作协调科3个科室，行政编制15人、实有15人。东城区金融发展促进中心2019年10月成立（中共东城区委东编委［2019］63号），为区金融办所属正科级财政补助公益一类事业单位，编制10人、实有5人。

2019年，引进金融机构22家，新增年度区级税收5.3亿元。制订并落实辖区上市挂牌企业奖励政策。完善全办制度体系，制订并印发区金融办制度汇编，涉及班子建设5项、行政办公18项、人事管理4项、财务管理18项。完善廉政风险防控管理工作要点，更新权力网上公开透明运行平台相关内容，完成主体责任运行平台填报57项，涉及材料100余份。深化“三个体系”建设，

5月16日，区税务局在东城区政务服务中心开展减税降费宣传活动（岑明摄）

12月28日，东城区金融业高质量发展三年行动计划（2020年—2022年）发布仪式暨“紫金服务”政银企交流会（张馨予摄）

完善全办权力清单、责任清单、风险清单，重新梳理岗位风险点，修订权力运行流程图15张。在全体党员中开展“不忘初心、牢记使命”主题教育活动。

（王宏宇）

【金融服务】2019年，区金融办制订金融业高质量发展三年行动计划，明确以传统金融为一体、以国际和文化金融为两翼、以智能金融核心为引擎的“一体两翼一核”发展战略，实施以金宝街、长安街、东二环以及东直门国际生态金融城、文化金融示范区、前门财富管理集聚区等重点项目为抓手的“两横一纵、一城多点”发展空间布局。举办三年行动计划发布仪式，以“聚焦东城区金融业高质量发展，紫金服务助力银企融资对接”为主题，邀请100余家金融机构、金融科技服务平台及中小微企业参加。推进服务型政府建设，减少行政审批环节，促进基金业合规健康发展，实现中海油基金、保利金砖基金等头部央企基金机构设立，完成北京市第一家外资试点基金QFLP在东城落地。

（王宏宇）

【金融风险防范】2019年，区金融办接待投诉举报718批2389人次，处理50人次规模以上集访事件6起，100人次规模以上集访事件3起，涉及金融交易类信访量约占全区总量50%。警示约谈企业122家次，稳步实现“三降”（降借贷余额、降出借人、降借款人）工作要求。边控机构实际控制人、法人、高管134人。对东二环、长安街沿线重点商务楼宇开展地毯式排查，实地核查企业213家次，清理各类风险企业104家，移送公安、市场监管部门线索提示、预警通报14次。开展打击非法集资宣传大讲堂70余场，涉及1万余人次。4家P2P平台经市金融局初核，同意转型为网络小贷公司。

（王宏宇）

【防范金融风险宣传活动】3月6日，区金融办联合南仓门社区开展防范金融风险宣传活动。增强居民群众对非法集资、电话诈骗等违法犯罪行为的防范意识，维护良好经济秩序和社会和谐稳定。对防范金融风险、提高维权意识进行重点宣传教育，增强老年群众识别、防范、抵制电话诈骗、非法集资等不法行为的能力。近100人参加，现场发放宣传材料100余份。

（王宏宇）

【区金融业发展联盟成立】7月29日，东城区金融业发展联盟正式成立。40余家驻区金融机构成为首批成员单位。联盟为每家成员单位安排配备金融服务专员，提供精准服务，着力打造“紫金服务”品牌。

（王宏宇）

【政银企交流会】12月28日，东城区金融业高质量发展三年行动计划（2020年—2022年）发布仪式暨“紫金服务”政银企交流会在丽晶酒店举行。驻区金融机构、金融科技服务平台、中小微企业代表100余人参会，聚焦东城区金融产业高质量发展，东城区政府与富华国际集团签署战略合作协议，推动金宝街智能金融街区建设。

（王宏宇）

【工行东城支行】中国工商银行股份有限公司北京东城支行（简称工行东城支行），设公司金融业务部、个人融资业务部、机构金融业务部、零售金融业务部、国际业务部、综合管理部、运行管理部、财务会计部、信贷与投资管理部、内控保卫部、纪委办公室11个部室以及银行卡业务团队、电子银行业务团队、小企业金融业务团队、个人融资业务团队4个直营团队，下辖支行营业室、东四支行、北新桥支行、安定门支行、海运仓支行、新中街支行、东直门支行、东直门内大街支行、万国城支行、工体北路支行、交道口支行、东四头条支行、平安支行、隆福支行14家网点支行，从业人员490人。

2019年，工行东城支行围绕利润贡献增长、考核排名提升、各项基础管理工作3个重点，深化体制机制改革，整体经营情况发展平稳，各项重点指标均完成全年计划。坚持量价协调、精细管理，推动存款高质量增长。按照“重日均、稳时点、求实效”原则，加强对资金总量、流向和时间节点的分析研判和预测，精准施策、精细管理，巩固扩大负债业务

12月16日，工行东城支行获客户锦旗称赞诚信服务（李香丽摄）

竞争优势。本外币存款时点日均余额双破千亿元大关，其中本外币时点存款较年初增加217.49亿元、增幅25.43%，日均存款余额较年初增加154.4亿元、增幅17.75%。服务实体经济，推动投融资业务创新转型。深化金融供给侧结构性改革，合理把握投融资总量、结构、节奏和定价，服务经济高质量发展。持续改善资产质量，把好新增准入、存量化解、不良处置三道关口，推动资产质量持续提升。至年底，全行本外币贷款时点余额较年初增长21.05亿元，其中人民币法人贷款时点余额207.41亿元，较年初增长25.15亿元，法人不良贷款率连续10年保持为零，实现资产质量与信贷规模同步发展。多方施策推动中间业务持续增长。深化经营转型，夯实基础业务，推动短板业务增收提速。挖掘创新潜能，结合外部市场变化，加强业务创新，提高产品增量贡献。中间业务收入较2018年同期增加4304万元，增幅12.33%，其中代理及个人理财、投资银行、担保承诺收入超过4000万元。开展“不忘初心、牢记使命”主题教育，组织各类主题党日活动40余次，与企事业单位党日结对共建10余次。开展演讲比赛、征文比赛、红歌比赛，制作线上理论知识答题二维码，配发多种党建读物，组织红色观影、观演活动2场，形成理论学习常态化。深化“两个从严”，确保安全平稳运营。牢固树立“三个意识”，压紧压实内控案防主体责任，维护安全稳定运营局面，确保零案件、零重大责任事故，保持“内控评价一类行”地位。2019年，工行东城支行被北京分行授予公司金融先进集体、资产托管先进支行、信贷与投资管理十佳支行、结算与先进管理先进支行、大同业突出贡献奖等称号，海运仓网点支行获评年度客户体验提升先进网点，东四网点支行获评年度运行管理先进网点称号。

（李　澂）

【工行崇文支行】中国工商银行股份有限公司北京崇文支行（简称工行崇文支行）内设综合管理部、内控保卫部、纪委办公室、财务会计部、运行管理部、渠道管理部、信贷与投资管理部、零售金融业务部、机构金融业务部、公司金融业务部、个人融资业务部11个部室，银行卡业务、私人银行业务、机构业务3个直营团队，下辖永定门分理处、体育馆路支行、新世界支行、东花市支行、马家堡支行、崇文门外大街支行、左安门支行、广渠门支行、夕照寺支行、天坛东路支行、大都市支行、龙潭支行、南站支行、百荣世贸支行14家网点支行，有员工492人。

2019年，工行崇文支行聚焦客户服务质量，提升存款竞揽能力，树立精细算账意识，注重量价协调发展，推动发展存款产品，线上线下双轮驱动，人民币存款日均余额较年初增长4.44亿元。以业务转型和量质同进为发展目标，落实全融资理念，支持市属企业重点项目落地，强化网点资产业务服务能力，推进普惠金融，助力小微企业发展。资产质量保持稳定，不良贷款额和不良率呈双降态势，不良法人信贷资产保持为零。人民币贷款余额较年初增加15.84亿元。推进经营转型，各专业条线贯彻北京分行“六最”发展要求，积极应对复杂多变的外部形势，坚定增规模、优结构、创利润工作思路，主动作为，凝心聚力，统筹做好客户服务和业务推动，支行整体中间业务收入保持稳健发展态势。强化底线思维，做好风险防控工作。深化业务风险与员工异常行为排查的有机结合，加强案件风险闭环管理，完善全业务分析、全风险扫描、全流程排查的风险排查机制。提升全员反洗钱意识和能力，推动实现反洗钱集中处理与全员参与，相互促进。全年无重大案件和风险事故发生。

（战昶明）

【工行王府井支行】中国工商银行股份有限公司北京王府井支行（简称工行王府井支行），内设综合管理部、机构金融业务部、运行财务管理部、零售金融业务部、信贷与投资管理部、纪委办公室、公司金融业务部、集团客户金融业务部、国际业务部、内控保卫部、个人融资业务部11个部室及私人银行业务团队、银行卡业务团队、小企业金融业务团队、电子银行团队4个直营团队，辖金街支行、北京站支行、东长安街支行、东四南支行、新东安支行、禄米仓支行、华润大厦支行、电信大楼支行、灯市口支行、朝内大街支行、东华门支行、正义路支行、支行营业室、台基厂支行14个网点支行及朝南储蓄所。在职员工497人。

2019年，工行王府井支行克服地域限制，推动稳存增存，以传统贷款为基础，推动信贷业务可持续发展。本外币贷款余额较年初增幅为6.21%，本外币存款余额较年初增幅为3.06%，储蓄存款时点余额完成全年任务的139.59%；公司本币贷款时点余额完成全年任务的101%；坚持网点阵地全员营销，管户阵地重点营销，持续夯实储蓄存款发展基础，通过加强分类指导、统一行动，做到全年存款工作有部署、有落实，有重点、有节奏，实现时点、日均、中收三方获益。扎实服务民营及小微企业，以供应链融资为基础加强与核心企业合作，发展“国内信用证+委托代理议付”普惠金融业务，落实一体两翼均衡发展战略，控制按揭贷款规模，努力调结构、促转型，加大非住房类个人贷款投放，组合搭配新老产品，满足客户真实消费融资需求，提供更多元化服务。贯彻总分行党委各项决策部署，落实“六最”发展要求，提升基层党组织党建工作质量，提升服务水平，强化案件风险排查主体责任，落实排查考核要求，完成全年排查计划；督促部室参加网点案防会，从专业角度指导监督网点案防具体工作，落实下沉一级机制；把握总行修订评价指标精神，落实闭环管理，推动支行各项工作稳步开展。新东安支行获中国银行业文明规范服务千佳示范单位称号，北京站支行、东长安街支行获中国银行业文明规范服务五星级示范单位称号。

（赵　敏）

3月13日，工行王府井支行举办普惠金融推介会合生汇专场活动（贾昱摄）

【建行东四支行】中国建设银行股份有限公司北京东四支行（简称建行东四支行），内设综合管理部、业务管理部、驻东四支行纪检组、公司业务部、集团客户部、新兴金融业务部、普惠金融事业部、个人金融部、信用卡业务部、住房金融业务部10个部门，下辖东四支行营业部、海油支行、朝内大街支行、东方广场支行、平安大街支行、王府井支行、王府井大街支行、潘家园支行8个网点，有员工241人。

2019年，建行东四支行实现对公存款余额467亿元，新增80.65亿元；同业存款余额570亿元，新增270亿元；对公条线综合排名连续两年位列北京分行第一位；贷款余额502亿元，新增83.04亿元；对公有效客户2.51万户，新增8281户，位列分行第一位；个人住房贷款发放41.68亿元，完成全年计划210.52%，公积金贷款发放67.88亿元，位列分行第一位，获得中央国家机关优质服务网点称号；普惠金融供应链融资累计投放96.14亿元，连续两年位居总行系统第一位；普惠金融贷款余额21.13亿元，连续两年位列分行第一位；“民工惠”业务累计投放量8.45亿元，投放13.13万人次，位列分行第一位；金融科技社会化平台指标位列分行第一位；存房业务实现732套，上线房源1.3万套；跨境人民币结算30.95亿元，绿色信贷余额17.64亿元，较2018年增加2.07亿元，完成调整信贷结构。推进智慧政务，加强与区政府及各委办局联系，承办东城区“我和我的祖国”百姓宣讲活动，区直机关工委、社会工委、教育工委、国资委、卫计委、公安分局、各街道工委等16家政府机构100余人参加。与景山、安定门、东四等街道开展交流，作为街道党建活动基地、金融服务先锋队，组织美化东城、平安守望岗、金融知识进社区等志愿服务4次。支行党委开展“不忘初心、牢记使命”主题教育，提站位、强担当，迅速行动，部署周密，达到“理论学习有收获、思想政治受洗礼、干事创业敢担当、为民服务解难题、清正廉洁作表率”五大目标。与东城区发改委、区人大、金融办、中国青年报社、中国科学院大学、国家能源集团财务公司、中交集团、海关总署等单位开展联学共建，学习各行业先进榜样及事迹，普及建行新金融理念，深化主题教育成果。为

3月2日，建行东四支行青年志愿者开展学雷锋进军营服务活动（建行东四支行提供）

东城区打造全国文化金融示范区、科技创新、老城复兴保护、楼宇经济、改善居住环境、拆迁腾退，提供金融支持，服务实体经济发展。丰富和探索新金融内涵及实践，推进住房租赁战略，缓释社会住房刚需；推动普惠金融落地，创新模式引领市场；发力金融科技创新，海纳百川汇聚新动能；温情打造劳动者港湾，引发社会同频共振；开放建设建行大学，打造产教融合新模式；银政合作助力社会治理体系现代化，助力政府提升治理能力、改善营商环境。建行东四支行的安居、乐业、共享实践，体现以人民为中心的发展思想。

（唐淑玉 李妮妮）

【农行东城支行】中国农业银行股份有限公司北京东城支行（简称农行东城支行）下设综合管理部、纪委办公室/监察室/内控合规部/安全保卫部、风险管理部/信用管理部、公司业务部、网络金融部、运营财会部、国际金融部、个人金融部8个部门；东城支行营业部1家营业部；东四北支行、青年湖支行、和平里东街支行、建国门支行、健德支行、惠新里支行、长安支行、交道口支行、东单支行、奥园支行、银街支行、朝阳门支行、太阳宫支行13家二级支行，有在职员工313人。

2019年，农行东城支行开展综合管理攻坚年活动，在基层党建、客户建设、双基管理、技能服务、机关作风5个方面深耕细作，加强综合管理能力建设，促进提升经营管理水平。全年本外币核心存款时点余额增长9.13%，对公存款余额增长11.90%，储蓄存款余额增长2.48%；对公贷款余额增长7.08%，综合绩效考核排名北京分行第二名。坚持党的领导，开展“不忘初心、牢记使命”主题教育，构建基层党建量化考核评分体系，探索党建+扶贫、党建+团建、党建+服务工作模式，激发党员队伍的活力和干劲，形成党建工作与业务经营共同发展的良性互动机制。采取总、分、支行三级联动营销模式，将营销重点定位为区域性、集团型大客户和大项目。优化客户结构，对内创造良好营销环境，对外加大拓展力度，构建面向客户、上下联动、分层负责、协调高效的营销体系。推进数字化转型、网点转型，被评为北京分行数字化转型试点支行，东单支行转型标杆网点、银街支行5G+智慧银行项目受到总、分行重视与肯定。私人银行、贵金属、基金等零售业务进展明显，获分行零售业务综合营销最佳支行。突出营销重点，优化资产业务，掌握石油、能源、烟草等央企在京总部及央企金融板块业务需求，配合推进国企改革、机构改革及业务创新。开展银医合作、银政合作，拓展合作品种。坚持扩户提质，拓展优质客户、储备优质项目，为农银理财公司等优质客户开立账户，开发税银e贷、网捷贷、质押贷款等线上业务，推动发展普惠金融、个贷业务。以业

11月20日，农行东城支行组织员工参观庆祝中华人民共和国成立70周年大型成就展（农行东城支行提供）

务发展带动中间业务收入，在保持传统结算业务存量份额不下降基础上，依靠投行业务、互联网金融和黄金租赁等业务，提升新兴业务对中间业务收入占比。建立双基管理体系，涵盖信贷、运营、合规、员工管理等7个领域，提升精细化管理水平，保证业务发展平稳进行。化解不良贷款风险，年末不良贷款余额和占比双降，全年风险管理考核排名位列北京分行第一位。运营管理质量稳步提升，被评为总行运营基础管理先进单位。强化平安银行建设，东城支行营业部被推选为总行三化三达标先进单位。加强青年人才库建设，指导青年员工做好职业规划，提高员工薪酬满意度，增进员工幸福感、获得感。

（张　宇）

7月5日，农行崇文支行开展“不忘初心、牢记使命”主题教育党日活动（农行崇文支行提供）

【农行崇文支行】中国农业银行股份有限公司北京崇文支行（简称农行崇文支行）内设综合管理部、公司业务部、个人金融部、国际金融部/机构业务部、信用卡与网络金融部、运营财会部、风险管理部/信用管理部、纪委办公室/内控合规监督部/安全保卫部8个部门，下辖营业部、先农坛支行、世贸支行、龙潭支行、永外支行、崇文门支行、建欣苑支行、宣外支行、劲松中街支行、富贵园支行、广渠路支行11家营业网点，在职员工261人。

2019年，农行崇文支行坚持党建引领，开展主题教育，全行参加志愿服务90人次，为身边群众办好事21件。坚持四比争先，拓展市场，深化经营转型，突出创新驱动，夯实业务、客户、管理、队伍四项基础，实现营业收入4.42亿元，净利润2.28亿元。坚持总分联动，加强与政府部门、事业单位沟通交流，关注财政、机构、部队、市国资委以及房地产企业，客户建设取得新进展。发展普惠业务，加大线上业务营销及投放力度，普惠贷款净增1.65亿元，超额完成计划。坚持线上线下联动，突出网点营销阵地作用，发展两金一险一财等新兴中间业务，零售指标进步明显，部分短板实现破冰。推动数字化转型，新增互联网消费场景商户36户、互联网产业链场景商户69户。提升信贷业务审查质量，不良贷款余额及占比实现双降，资产质量持续向好。推进线上扶贫商城建设，中国残疾人联合会、中国记协等单位入驻扶贫商城，发布扶贫倡议书，与对口扶贫定点武强县加强联络，采购扶贫商品近10万元，助力脱贫攻坚。履行企业发展和社会责任，坚持经济效益与社会效益有机统一，实现互利共赢与可持续发展。

（吉一阁）

【中行崇文支行】中国银行股份有限公司北京崇文支行（简称中行崇文支行）内设公司业务部、交易银行部、个人数字金融部、消费金融部、银行卡部、风险内控部、计划财会部、纪委办公室、综合管理部9个部室，下辖崇文支行营业部、崇文门支行、崇外大街支行、劲松支行、方庄支行、潘家园支行、双井支行、恒基中心支行、现代城支行、大北窑支行、东大桥路支行、东花市支行、光华东支行、松榆里支行、广渠门支行、针织路支行、科丰桥南支行、百子湾支行18家网点支行，在岗职工455人。

2019年，中行崇文支行紧跟总分行发展战略，储备公司贷款项目，条线资产业务时点较年初净增4.89亿元。多措并举促进普惠金融业务发展，条线普惠金融余额新增432.1%。调整产品结构，抓住二手房主导地位契机，二手房贷放款总量新增101.14%。建立中银E贷业务流程，助力消费金融业务发展，加大推广力度，中银E贷产品余额、激活客户数保持领先。优化存款结构，以产品为抓手，实现需求对接，增加客户黏性。中间业务方面，公司板块投行业务发展较快，支网联动开展债券分销业务，中标客户数在分行居前。个金板块加大理财队伍培训力度，保持产品经理专业指导、理财经理专业营销、市场走势专业分析，财私产品销售提速明显，个金金融市场业务优中更优，分期业务结构逐步优化。守住风险底线，确保业务发展质量。推进精进风控体系落地实施，新建或修订各项规章制度18项，开展各条线检查31次。加强安保工作，提高全员安全保卫意识，强化

6月19日，中行崇文支行与东城区残联开展党建共建活动（彭璇摄）

报告制度，把好人防、物防、技防关。落实监管部门相关要求，组织开展金融知识进万家等宣传教育活动10余次，进学校、进社区、进企业，将消费者权益保护宣传工作常态化。贯彻全面从严治党，扎实落实党建工作，与东城区残联、中国电建集团财务有限责任公司等单位开展党建共建工作。推广复兴壹号党建平台，将党建融入业务。2019年，崇文支行营业部获中国银行业文明规范服务百佳示范单位称号。员工1人获年度首都劳动奖章。

（陈　佳）

【人保东城支公司】中国人民财产保险股份有限公司北京市东城支公司（简称人保东城支公司）内设车商业务一部、车商业务二部、车险团队业务部、代理业务部、非车险直销业务部/汽车金融业务部、非车险直销业务二部、综合部/财务部、业务管理部、运营支持部9个部门，有员工84人。

2019年，人保东城支公司保险业务收入7.23亿元，同比增长5.69%。其中机动车辆保险业务收入5.25亿元，占比72.7%，非车险保险业务收入1.97亿元，占比27.3%。车险保费来源主要包括三大部分：政府合作业务、汽车4S店业务和电商业务。落实上级公司“去中介、降成本、优服务、强粘性”要求，促进车险商业化转型，渠道结构稳中求变，改善车险盈利能力；利用差异化配置手段，提高4S店份额占比和新车占比。组建电销团队、团体车险团队，参与军队车险投标，提高车险应标能力及专业能力。保持责任险、意健险、财产险、货运险等传统业务发展水平，拓展新的保险市场领域，开发汽车金融保险、工程质量潜在缺陷保险、汽车延保业务、票务损失保险、信用保证保险、国际保险业务等新型业务。人保北京分公司与东城区政府签署合作协议，区财政出资200万元，为全区党政机关、事业单位和人民团体组织统一投保公共管理综合保险，保险责任包括全区行政区域公众责任保险以及自然灾害、见义勇为、恐怖主义袭击、重大食品安全、职业中毒、突发环境污染、甲类传染病、精神病人伤人等在内的多项无责救助责任保险。人保东城、崇文支公司共同组建专业团队配合区应急局做好安责险服务工作，参加区安全生产宣传咨询月活动，做好安责险宣讲、培训、签单、理赔工作。加强非车险大客户点对点服务，重点对标青岛鲁诺集团产品责任险、北京外企服务公司补充医疗保险、深圳天马集团系列保险服务工作。建立IDI专业工作团队，开展北京市工程质量潜在缺陷保险业务。布局汽车金融保险，实现险种间协同融合发展，严控汽车金融项目风险敞口，形成降赔减损贷后资产处置体系。参与奥吉通汽车延保项目投标。推行专业兴司，提升精细化管理水平，围绕重点险种、重点项目建立专业化团队，培养专业化人才队伍。与东城寿险公司联合开展业务交叉互动培训。为优客工场保

10月28日，人保东城支公司组织员工开展主题党日活动（杨金凯摄）

险项目定制保险服务方案。参与全市道路运输行业两客一危企业共保工作。开展非法集资风险排查和假保单扫雷专项行动。支行党支部组织党员干部参观延庆大庄科平北红色第一村革命教育基地，接受红色教育。开展为期2个月“不忘初心、牢记使命”主题教育。党员干部集中5天集体学习习近平新时代中国特色社会主义思想。支部书记讲党课4次，召开党员大会18次，支委会16次，党小组会12次，中心组专题学习13次。在市分公司网站发表党建信息稿件38篇。发展新党员2人。组织团员青年参观北京新文化运动纪念馆。组织员工观看中华人民共和国成立70周年献礼影片《我和我的祖国》。开展PICC员工爱心日捐款活动，员工82人参加。开展“情暖重阳，关爱职工”金秋健步走活动，在平谷国际徒步大道步行10公里，员工40人参加。

（杨金凯）

东城区金融及保险机构负责人

中国工商银行股份有限公司北京东城支行行长、党委书记　王耕欣

中国工商银行股份有限公司北京崇文支行行长、党委书记　肖　斌

中国工商银行股份有限公司北京王府井支行行长、党委书记　聂建文

中国建设银行股份有限公司北京东四支行行长、党委书记　吴庆慧

中国农业银行股份有限公司北京东城支行行长、党委书记　广　淼

中国农业银行股份有限公司北京崇文支行行长、党委书记　陈　婷（5月免）

中国银行股份有限公司北京崇文支行行长、党委书记　张　娅（1月免）

李　毅（1月任）

中国人民财产保险股份有限公司北京市东城支公司总经理、党支部书记　梁建生

统　计

【概况】东城区统计局、东城区经济社会调查队（简称东城局队）是负责东城区统计调查和国民经济核算工作的职能部门。实行融合办公的一体化管理模式，内设办公室、调查队办公室（使用党群工作办公室名称）、人事科、宣传调研科、法规科、计算机管理科、综合统计科、普查中心/数据中心、功能区统计所/监测调查科、工业城建统计科、社会科技统计科、能源监测科、服务业调查科、商调队、住户调查科、专项统计调查科、价格调查科、统计执法检查队、城调队（使用人口统计科名称）19个科室。向全区17个街道派出17个统计所。东城局队编制198人、实有172人。

2019年，东城局队定期监测全区批发零售业、住宿餐饮业、服务业、工业、金融等行业运行情况，被调查单位涵盖除第一产业外的全部18大行业门类；对东城区投资消费、居民生活、消费价格、生产价格、房地产价格、劳动就业、科技文化、能源消耗等进行监测。开展全区第四次全国经济普查；运行重点企业大数据监测平台；建立楼宇监测评价体系；完善通信大数据人口动态监测体系。完成年度人口抽样调查和各类专项统计调查。定期向区领导决策支持系统提供统计数据和统计分析，服务领导决策需求。组织开展统计课题研究并撰写定期统计分析报告，发挥统计数库和智库作用。加大数据发布解读力度，增加对全区经济社会主要指标、重点产业等方面的解读内容，全年发布数据信息422条，以及时准确的统计声音解读东城经济发展。局党组贯彻落实党的十九大精神，推进两学一做学习教育常态化制度化，开展“不忘初心、牢记使命”主题教育。完成国庆70周年服务保障相关工作。落实全面从严治党主体责任，逐级签订党风廉政建设责任书45份。落实统计管理体制改革精神，完成与国家统计局东城调查队的职能调整。获2018年度疏解整治促提升专项行动表现突出集体。1人获评第四次全国经济普查国家级先进个人。

（李　子）

【经济社会发展监测】2019年，东城局队组织月度会商会和季度分

析会16次，对纳入区政府折子的重点指标做好预警预测预判，把握苗头性、倾向性问题，反映情况，判断趋势，为辖区高质量发展提供支撑，重点监测信息服务、金融、文化三大主导产业运行发展及变化趋势，反映重点产业对辖区经济发展的影响和贡献。

（李　子）

【疏解整治促提升监测】2019年，东城局队完善疏整促监测指标体系，重点监测各类专项行动完成量和任务完成进度，掌握发展态势，开展预警分析。全年撰写监测周报14期，月报10期，向区委区政府上报全区疏整促工作进展情况，为领导决策提供数据支撑。开展数据质量核查，针对开墙打洞整治、无证无照整治、直管公房居改商清理整治3个领域开展核查，涉及890个项目，实地检查项目疏解情况和效果，分析查找疏整促工作中存在的反弹问题，为服务疏整促工作提供意见建议。

（李　子）

【第四次全国经济普查】1月2日，东城区召开全区第四次全国经济普查领导小组第二次全体会议。1月至2月，集中督导检查17个街道经普办，协调解决工作中出现的困难和问题。3月26日，东城区召开第四次全国经济普查领导小组第三次会议。4月19—23日，检查区级普查数据质量。4月26日，区经普办成立专班，对迁址到城市副中心的市委市政府大院内相关单位进行普查集中登记。5月上旬，区经普办协同局队执法队对部分仍未报送经济普查资料的单位开展执法催报。5月27—31日，市经济社会调查总队长一行检查东城区第四次全国经济普查市级数据质量。6月16—18日，国务院经普办质量抽查北京检查组抽查东城区开展第四次全国经济普查事后质量，被抽查小区的普查单位数量和主要经济指标均符合检查要求，相关组织工作得到上级部门肯定。

（李　子）

【楼宇经济监测评价体系】2019年，东城局队开展楼宇调查，摸清全区商务楼宇总量、结构、效益情况；搭建起楼宇贡献、楼宇品质、楼宇效率、楼宇信用4个维度楼宇评价体系；建立监测系统，通过楼宇数据、企业数据、经济数据、监测数据、风险数据等方面数据信息展示东城楼宇整体情况。

（李　子）

【人口抽样调查】8月至12月，东城局队开展年度辖区人口抽样调查，调查标准时点为2019年11月1日0时。8月16日，召开年度人口抽样调查样本核实工作会。9月25日，召开年度人口抽样调查小区图绘制培训会。10月10日，召开区年度人口抽样工作部署会。10月10—11日，召开人口抽样调查业务培训会。东城局队完成组织领导、样本核实、经费保障、机构组建，人员选聘、调查宣传、入户登记、集中督导、质量控制、数据评估等阶段工作。在辖区58个社区张贴宣传画330张、一封信330份，在入户摸底期间制作入户宣传品19种，计1.07万个，其中区级宣传品2700个，街道自制宣传品8000个。在入户登记期间，发放一封信1.25万份、宣传品1.17万份。东城区年度人口抽样调查涉及全区17个街道、109个调查小区，入户调查登记1万余户、2.79万人。

（李　子）

【专项调查】2019年，东城局队完成专项调查16项，其中国家、市局总队调查11项，有北京市服务零售结构调查、新设立小微企业和个体经营户跟踪情况季报、2019年“互联网+政务服务”效果评价调研、北京市家庭医生签约服务需求调查、中美贸易摩擦对北京涉美企业发展影响状况调查、全市重点商务楼宇摸底调查、减税降费实施效果调查、北京市2020年重要民生实事项目线索调查、北京市医耗联动综合改革实施效果调查、北京市小微企业融资状况调查以及北京市城乡居民垃圾分类意识及现状调查；自主调查5项，有东城区腾退空间再利用情况月度监测、东城区群众安全感调查、疏解整治促提升效果民意调查、东城区商务楼宇调查、东城区高精尖企业调查。

（李　子）

【信用体系建设】2019年，东城局队组织评定辖区统计诚信示范企业。对企业提交的材料，进行现场集中审核。专业科室查询提供近3年申报企业报表数据质量。东城局队在申报、审核、评定等各环节全程做好企业跟踪服务指导。经专业科室推荐、企业自荐、实地核查、综合评定等环节，最终评选出统计诚信单位14家。

（李　子）

【课题研究和调研工作】2019年，东城局队开展统计科研课题8项，均已结项。其中区领导关注1项、重点研究3项、自主研究4项。研究内容涉及重点商务楼宇效能评价、利用大数据综合评价重点企业经营情况、高新企业创新发展等。落实区委区政府关于加强重点企业监测要求，全年组织各类调研130余次，其中处级领导带队调研83次，相关业务科室实地走访基层单位了解影响数据质量原因以及减税降费等调研40余次，到兄弟区县调研3次，赴诚信单位调研10次。

（李　子）

【统计服务】2019年，东城局队编印《2018年东城区经济发展统计报告》《北京市城六区主要数据汇编》《东城区2018年国民经济和社会发展统计公报》《北京市东城区经济发展月报》《数说东城2018》《北京市东城区统计年鉴2018年》等统计产品；全年编发统计报告、统计专报、统计快报、经济快讯等各类统计分析信息213篇，其中11篇获区领导批示；加大数据发布解读力度，网站全年发布数据信息422条；面向17个街道编印

12 月 3 日，区统计局向统计诚信示范单位颁发证书（区统计局提供）

《东城区经济社会发展数据手册（街道）》；为区属各有关部门提供数据64万余笔；举办数说时代统计有我政府统计开放日活动。

（李　子）

【统计执法】2019年，东城局队执法检查企业380家，完成市局下达任务的118.75%；配合经济普查工作，电话通知调查对象100余家，发出催报通知书49家；完善以案释法制度，约谈执法检查中有轻微错误的单位21家。

（李　子）

【法治宣传教育】2019年，东城局队开展统计违纪违法案件警示教育活动，组织统计造假专项整治，落实整改措施26项；编印《依法统计知识手册》，组织普法作品成果展示、法治宣传月等活动；完善普法责任制，初步形成大普法工作格局。

（李　子）

东城调查队

【概况】国家统计局东城调查队（简称东城调查队）根据（《国家统计局关于同意在北京地区设立东城调查队的批复》（国统人事函［2018］141号），2019年8月成立，是国家统计局的派出机构，由国家统计局垂直管理，国家统计局授权国家统计局北京调查总队管理，主要负责城乡居民收支调查、月度劳动力调查、居民消费价格调查、工业生产者价格调查、住房价格调查及快速反应的专项调查等统计调查工作，承担地方党委、政府委托的专项统计调查任务。东城调查队内设办公室、综合科、住户调查科、价格调查科、专项调查科，行政编制16人、实有10人。

2019年，东城调查队成立“不忘初心、牢记使命”主题教育领导小组，制订学习计划，每次有明确主题，由班子成员领学并做交流体会发言，开展集中学习研讨，撰写交流材料33篇。开展调查研究，围绕建队初期工作难点问题和干部群众反映热点焦点问题，班子成员到企业、调查户、街道、统计所、区直机关工委等部门走访调研，梳理形成调研简报11篇。对标对表检视问题，对照党章党规，围绕“四个对照”“18个是否”，结合统计调查工作和新建队实际，落实“五问五找”“五查五改”，检视问题，制订整改措施42项，按照检视问题清单和整改措施，落实整改到位，立行立改11项。按照国家统计局北京调查总队部署，在队内开展基层党组织软弱涣散、扶贫领域腐败和作风等9项专项整治。制订《国家统计局东城调查队工作规则（试行）》等制度。全体党员干部完成社区报到，参加建国门街道志愿服务活动。

（张铭睿）

【参加“统计开放日”活动】8月30日，东城调查队联合东城区统计局等单位举办以“数说时代、统计有我——开放的统计”为主题的东城区政府统计开放日活动。

（张铭睿）

【住户调查】2019年，东城调查队组织完成辖区17个街道、40个调查社区、400户调查户的住户调查数据月季报收审上报工作。加强数据分析，按季度撰写东城区居民人均可支配收入、消费支出情况专报报送区委、区政府；加强对各街道住户调查业务指导，按月反馈日记账工作注意事项，按季度召开调查员、督导员例会明确工作要求；提高电子记账率，至12月，东城区住户调查电子记账率达到90%以上。

（张铭睿）

【价格调查】2019年，东城调查队组织完成东城区消费价格监测和工业品、固定资产投资、房地产价格调查工作。整理基础资料，强化人员管理，建立健全价格数据审核评估机制，提高数据质量。做好食品价格监测，按月向东城区委、区政府报送当月东城区食品价格运行情况，1篇报告获区领导批示。就二手住宅成交及价格变动情况对房地产企业开展调研20次，就一般工商业电价下调对企业经营状况影响，对3家工业生产企业和1家固定资产投资企业开展调研2次。

（张铭睿）

11月15日，东城调查队开展主要食品价格监测工作（董潇然摄）

【专项调查】2019年，东城调查队完成专项调查6项，即东城区新设立小微企业和个体经营户跟踪调查、国家统计局部署的全面从严治党民意调查、中央八项规定精神落实情况民意调查、服务零售结构调查、城乡居民收入分配与生活状况调查和农民工市民化进程动态监测调查。

（张铭睿）

【劳动力调查】2019年，东城调查队组织完成东城区5个社区、80户调查户的全国月度劳动力调查数据月报收审上报工作。在工作中建立一对一联系督导模式，每人负责一个社区，开展入户陪访，强化现场指导。

（张铭睿）

审　计

【概况】东城区审计局（简称区审计局）是负责辖区审计工作的区政府工作部门，受区政府和市审计局双重领导。内设办公室、人事科、党群工作办公室、综合科、法规审理科、电子数据审计科、内部审计指导监督科、固定资产投资审计科、城市运行管理审计科、财政审计科、街道财政审计科、教科文体审计科、社会保障审计科、经济责任审计科、企业审计科15个科室及财政补助事业单位东城区审计事务中心。编制83人、实有68人。

2019年，区审计局审计单位47个，其中审计44个，专项审计调查3个。查出主要问题金额9.73亿元，其中违规金额12万元、管理不规范金额9.73亿元；审计发现非金额计量问题127个；损益（收支）不实金额3800万元；出具审计报告和专项审计调查报告74篇，被批示、采用29篇次。审计处理处罚金额226万元，其中应上缴财政226万元；移送司法机关、纪检监察机关和有关部门处理事项7件，移送处理金额65万元。提出审计建议107条，被采纳93条；推动被审计单位制订整改措施148项；提交审计信息175篇，被批示、采用40篇次。在扫黑除恶专项斗争中，贯彻落实相关工作要求，开展扫黑除恶宣传，定期报送摸排涉黑涉恶问题线索和工作信息。关注减税降费、清理拖欠民营企业中小企业账款、疏解整治促提升等时事热点，提高政策措施跟踪审计的针对性，召开减税降费企业座谈会，向区领导进行专题汇报，为政府工作提供保障。在重点领域、重点资金的审计监督中，构建审计分析模型，提供数据支撑，分析核查全区会议费、培训费数据，梳理近3年会议培训费整体支出趋势情况。区审计局党组围绕“不忘初心、牢记使命”主题，坚持把学习教育、调查研究、检视问题、整改落实有机融合，贯穿始终；抽调全局近50%人员完成国庆70周年庆祝活动服务保障任务。2019年，区发改委的重大项目稽查职责、区财政局的预算执行情况和其他财政收支情况的监督检查职责、区国资委承担的国有企业领导干部经济责任审计和国有企业监事职责划入区审计局，拓展审计监督在重大政策落实、国有企业、城市管理、自然资源资产等领域的广度和深度。

（吴　兰）

【审计委员会成立】2019年，区审计局牵头组建成立区委审计委员会和区委审计委员会办公室，召开第一次会议，审议通过《中共北京市东城区委审计委员会工作规则》《中共北京市东城区委审计委员会办公室工作细则》等文件，出台《东城区关于进一步深化审计整改工作的方案》。

（吴　兰）

【财政审计】2019年，区审计局审计监督全部一级预算单位，加强对二、三级预算单位审计覆盖力度，启动17个街道办事处轮审机制。结合区政府核心任务、社会热点，将审计结果反映给疏整促、环保、教育、文化等工作部门，向全区通报部门预算执行审计发现的69项问题，审计结果得到区委、区政府、区人大肯定。

（吴　兰）

【经济责任审计】2019年，区审计局坚持任中审计和离任审计相结合，任中审计比例保持在50%以上，首次开展事业单位党政主要领导同步审计。自然资源资产离任审计取得新突破，建立东城区自然资源资产审计对象台账和责任台账，建立起符合区情的自然资源资产审计制度。

（吴　兰）

【固定资产投资审计】深化固定资产投资审计，加强对工程管理、建设程序履行、工期进度控制和资金拨付使用的监督。2019年，区审计局完成东城区微循环次支路建设项目跟踪审计、百街千巷架空线入地和规范梳理项目资金使用情况专项审计、老旧小区综合整治项目跟踪审计、简易楼腾退等疏整促项目，垃圾分类等城市管理项目审计，提高各个领域审计监督覆盖面。对重点项目涉及的106.9亿元财政资金进行审计监督，对滞留财政资金、建设程序履行不完整等问题提出审计整改意见，并通过专人联系、定期沟通、督促整改等方式，推进项目建设单位制订措施，保障财政投入的工程建设资金安全、高效使用。

（吴　兰）

【专项资金审计调查】2019年，区审计局围绕脱贫攻坚，组织开展扶贫协作和支援合作资金管理和使用情况审计调查，局领导带队到河北省张家口市崇礼区实地调研走访扶贫工作开展情况，延伸审计受援地区，现场了解核实扶贫资金帮扶项目的进展情况。围绕污染防治，对龙潭东湖水质改善、垃圾处理、古树名木等进行专项审计调查。聚焦民生项目，对区公厕提升改造工程、拆违封堵工程专项资金开展审计，客观反映民生资金在管理和使用中存在的问题，审计结果得到区政府重视。

（吴　兰）

【企业审计】2019年，区审计局重点关注国有企业在贯彻执行党和国家经济方针政策方面的工作情况，通过审计建议函，佳源公司上交区财政1亿元，崇远投资经营公司按照审计报告要求上缴所得税2000万元。制订《东城区审计局关于深化国有企业和国有资本审计监督的实施意见》，明确对区属国有企业和国有资本开展审计监督的主要方向及7项重点内容，并制订5年轮审计划。

（吴　兰）

【内部审计】2019年，区审计局在预算执行和其他财政资金收支情况自查自纠内部审计工作中，运用数据分析为内部审计单位推送疑点，提高自查自纠工作时效。组织开展对政府投资基本建设项目进度情况的内部审计，了解掌握区政府投资基本建设项目实际进度和资金拨付情况，推进项目完成，审计报告得到区领导批示。加强对内审人员的业务培训，开展内审工作评价和质量检查，召开内审工作交流会，内审人员394人参与内审网络教育学习。

（吴　兰）

5月7日，区审计局召开2019年经济责任审计工作启动会（曹艳摄）

市场监督管理

【概况】东城区市场监督管理局（简称区市场监管局）根据中共东城区委、东城区人民政府关于印发《北京市东城区机构改革实施方案》的通知（京东发〔2019〕2号），2019年3月成立，加挂东城区食品药品安全委员会办公室、东城区知识产权局牌子。内设办公室、人事教育科、党建工作科、计划财务科、法制科、执法协作科、登记注册科、市场监督管理一科、市场监督管理二科、企业信用科、广告科、网监科、消费者权益保护科、公平竞争科、质量发展科、产品质量科、特设科、计量与认证科、标准化科、食药协调科、特食科、食品流通科、食品市场科、餐饮科、应急管理科、药械市场科、药品科、医疗器械科、化妆品科、知识产权科30个科室。根据（《关于组建北京市东城区市场监管综合执法大队的通知》（东编委〔2019〕35号），6月成立东城区市场监管综合执法大队。区编办批复在17个街道及王府井地区、北京站地区、天安门地区设置市场监管所，作为区市场监管局派出机构。区市场监管局有干部职工753人，其中公务员编制576人、事业编165人、工人12人。

2019年，区市场监管局落实区

委区政府和市局的决策部署，以服务保障中华人民共和国成立70周年庆祝活动为主线，扎实践行“以人民为中心”的发展思想，召开党组会38次，局长办公会29次，讨论通过机构改革等重大事项62项，整合出台行政办公等工作制度29个。机关内设机构和人员全部到位，物理整合全面完成，化学融合积极推进，实现机构改革期间思想不乱、工作不断、队伍不散、干劲不减，做到机构改革和市场监管“两不误、两促进”，完成各项工作任务。区市场监管局坚持党建引领，完善大党建格局。签订意识形态工作责任书，运用四种形态，开展廉政风险防控工作。组织开展“不忘初心、牢记使命”主题教育，领导班子集中学习3天，主题研讨6天，专题教育5次，基层党组织集中学习438次，研讨292次，主题党日活动219次，派出4个巡回指导组和1个群众督导团，对全局73个基层党支部进行全覆盖、多批次延伸指导。继续做好非公党建工作，实地调查小微企业2344户、个体工商户323户，扩大党的组织和党的工作两个覆盖。加强干部队伍建设，制订干部管理、日常工作考核、全员业务脱产培训等制度，推动干部队伍融合，塑造忠诚干净担当的市场监管干部队伍。东华门食药所获评全国市场监管系统优秀市场监管所。区市场监管局1人获评全国市场监管系统先进工作者。

（王晓晔）

【重大活动服务保障】2019年，区市场监管局抽调90人，组建重大活动综合保障团队，紧盯重点地区、重点领域和关键环节，做好各项服务保障。选拔业务骨干20人，派驻至驻地酒店和观礼台供餐单位，24小时保障核心点位食品安全。全局干部全面停休，做好区域面、社会面的风险综合管控，完成中华人民共和国成立70周年庆祝活动、第二届“一带一路”国际合作高峰论坛等重大活动服务保障任务16次，参与人员12.58万人次，实现辖区重大活动食品安全和特种设备零事故。

（王晓晔）

【“接诉即办”工作】2019年，区市场监管局加强专班建设，统筹“接诉即办”工作，优化工作流程，形成“接单—派单—回访—处置—督查”全流程闭环式工作机制。创新出台双派单、督查督办、抽查回访、消费维权指导员派驻重点企业指导等制度，实现降诉压量目标。全年接收办理市民热线诉求1.11万件。

（王晓晔）

【登记注册更加便捷】2019年，区市场监管局着力优化营商环境，登记审批改革持续加深。专设新企业开办综合窗口，提供一窗受理服务，E窗通可实现新设企业营业执照、刻制公章、办理涉税事项等业务合并办理，全部办事时间不超过1天。简易注销业务即来即办、即时办结。优化行政许可审批流程，小规模食品生产经营许可备案当天办理，尝试营业执照及经营许可证并联式审批，进一步减免行政许可提交材料。全年，辖区新设立企业3897户，免费刻制印章3871套，为企业节省开办成本116万元，办理食品药品类许可4883件，质量监督类行政许可1440余件，内资有限公司新设全程电子化率90%，行政许可一次性通过率99%。

（王晓晔）

【消费者权益保护】“3·15”期间，召开东城区2018年度消费市场环境状况发布会，开展信用让消费更放心普法宣传，开展诚信服务承诺单位评选和消费体验活动。强化“12315”数据分析，提升应用效果。持续关注重点经营主体、重点难点消费问题，提请投诉增量较大主体和新增投诉集中主体的管辖部门关注。2019年，区市场监管局开办消费课堂15场，消费教育进社区17次、进企业22家，发放宣传材料2万余份。

（王晓晔）

【注重质量提升】2019年，成立东城区质量提升行动领导小组，组建首席质量官队伍，开展公众质量满意度调查，制订区域质量管理政策。培育东城标准品牌，推进公共服务标准化国家级试点项目建设，建立东城区网格化管理和地坛体育馆服务两项公共服务标准体系并通过中期评估。其中地坛体育馆建立标准141项，东城区网格化数据信息建立标准130项。已通

5月16日，东城区市场监管局组织世界计量日宣传活动（何筱强摄）

过评估的国家级试点项目——居家养老服务标准化建设进行再检查、再提升。结合东城区产业布局和标准化工作基础，引导文化、金融、信息服务领域企业参与企业标准领跑者工作，提升产品和服务质量，形成品牌效应。

（王晓晔）

【非首都核心功能疏解】2019年，区市场监管局打好疏整促组合拳，累计未通过审批属于禁限目录的市场主体118户，禁限行业零增长。整治关停并销账无证无照主体159户，处置开墙打洞任务点位388处，超额完成市区两级整治任务。加大有形市场疏解力度，关停1家，转型6家，升级改造3家，疏解面积4902平方米，清理空壳市场6家，清理虚数869户。全区存量企业个体比为5.4：1，市场主体结构持续优化，明显高于全市总体水平。

（王晓晔）

【知识产权保护】2019年，区市场监管局开展知识产权执法铁拳行动，查办侵犯知识产权和制售假冒伪劣商品案件132件。东城区成为国家知识产权试点城区，建设周期为2019年6月至2022年6月。申报一区一特色专项工程，助推老字号传承发展，形成《东城区老字号企业知识产权保护调研》。市知识产权局授予东城区市场监管局北京市知识产权公共服务东城区中心牌匾，中心下设东城区中小企业服务中心工作站，标志着市、区、工作站三级知识产权公共服务体系组建完成，提供更加便捷、专业、高效的知识产权服务。

（王晓晔）

【信用监管】2019年，区市场监管局开展双随机、一公开抽查30批次，涉及经营主体4898户次，专项重点检查29批次，涉及经营主体1.04万户次，联合区住建、卫生、烟草等部门开展房地产经纪、烟草销售等领域跨部门抽查12批次。清理经济户口虚数2450户，夯实辖区经济户口基础。推进企业信用信息公示和联合惩戒，在评优评先、人才奖励等方面激励守信企业374户次，限制失信企业10户次，并将列入经营异常名录、严重违法失信及拟吊照主体及时推送税务等相关部门。建立区级信用监管平台，8月开始运行，已导入商事主体信息7.29万条，执法检查人员996人，检查事项清单373项，发起跨部门联合抽查8次。

（王晓晔）

【食品安全监管】2019年，区市场监管局创新上线“你点我检”3.0校园版，东城区96个校园食堂、54个托幼机构全部纳入。推进完成阳光餐饮工程建设3824家，其中中小学及托幼机构食堂完成率为100%。品质提升验收餐饮单位261家，完成率100%。与福建省南平市签订武夷山水品牌产品区域协作全程监管合作框架协议，建立原产地农产品农超对接机制，提升东城区优质食用农产品品质。常态化监管示范超市，确保“放心肉菜示范超市”一直放心。健全食品药品安全社会监督机制，17个街道聘任食品药品安全信息员177人。专项整治校园及周边食品、网络餐饮服务单位、保健品市场、消毒餐饮具，提升辖区食品安全整体水平。全年抽检食品3539件，合格率99.75%，快速检测3839件，合格率100%。

（王晓晔）

【药品安全监管】2019年，区市场监管局现场监督检查药械生产环节65家次。到医疗机构器械使用部门，实施产品末端倒查，现场检查辖区514家医疗机构537户次，17家医疗器械生产企业51家次。对辖区内4家麻醉药品和一类精神药品批发企业、15家二类精神药品和2家使用特药原料药生产企业、38家特殊药品使用单位实施月检查、季巡查、年覆盖，无缝隙监管消除风险隐患。监督销毁过期失效麻精药品57个品规、6880公斤。检查全区1400余家药品和医疗器械经营企业，专项整治执业药师“挂证”、中药材和中药饮片等。开展化妆品专项整治，执法检查1504户次，处理投诉举报863件。在全市首次创新开展医疗机构和药品零售连锁企业药学服务帮扶结对，促成5家医疗机构与5家连锁企业结对开展药学服务帮扶，打通百姓安全用药“最后一公里”。2019年，药品、化妆品抽检合格率均为100%。

（王晓晔）

【特种设备监管】2019年，区市场监

6月21日，东城区市场监管综合执法大队成立（何筱强摄）

管局制订高风险电梯风险管控方案，完成高风险电梯统计摸排982台、4级高风险电梯治理44台、老旧住宅电梯风险评估330台。开展特种设备安全隐患治理，以大型游乐设施、高风险承压类特种设备为重点，全年出动执法人员1298人次，检查单位649家，检查检测各类特种设备1.47万余台，超期未检率较2018年大幅降低。

（王晓晔）

【产品质量监管】2019年，区市场监管局推进大气污染综合治理，强化车用燃油、车用尿素、建筑类涂料和胶粘剂质量监管，落实清洁空气行动计划。加强安全帽、危险化学品、液化石油气、电动自行车等重点产品专项检查，防控产品安全风险。全年组织重点商品质量抽检47次，涉及消防器材、儿童服装等商品16类325件。

（王晓晔）

【专项执法检查】2019年，区市场监管局联合区住建委等单位夜查网租房、群租房，规范房地产经纪机构经营行为。打击医疗领域虚假宣传，查处违法广告行为，广告违法率较2018年下降8个百分点。加大直销企业和电商企业监管力度，与当当网等26家企业建立全市首个互联网领域打击传销诚信体系联盟。整治旅游行业乱象，为各地游客挽回经济损失30余万元。查处各类价格违法案件184起，涉案财产价格认定637件。全年完成强检计量器具3.04万台，建立社会公用计量标准18项。办理行政处罚案件1.08万件，罚没款总计2017.87万元，涉及职权数341个，职权履行率14.65%。

（王晓晔）

应急管理

【概况】东城区应急管理局（简称区应急局）根据（中共东城区委京东办字〔2019〕21号），2019年3月组建，负责辖区应急管理、安全生产监管，指导各部门和各街道（地区）应对安全生产类、自然灾害类等突发事件和综合防灾减灾救灾工作，承担区突发事件应急委员会办公室、区安全生产委员会办公室、区防汛应急指挥部办公室、区防灾减灾（地震）应急指挥部办公室工作。内设办公室、党建组织科、应急管理科、应急指挥科、应急保障科、宣传动员科、科技与信息化科、法制科、危险化学品监管科、事故调查科、指导督查科11个科室，有参公事业单位安全生产执法监察大队1个、全额拨款事业单位应急事务中心和督查事务中心2个。编制50人、实有45人。

2019年，区应急局接报各类突发事件和突出情况290起，其中自然灾害类11起、事故灾难类157起、公共卫生类6起、社会安全类116起，及时按程序向市区报送初报、续报、终报情况。全年发生安全生产亡人事故6起，亡6人，其中生产经营性道路交通事故5起、亡5人，同比下降16.7%；生产安全事故1起，亡1人，与2018年持平；未发生生产经营性火灾和铁路交通亡人事故。区安委会召开全体会议4次、公共安全形势分析会2次。每季度召开全区应急委公共安全形势分析会，通报上一季度生产安全事故、火灾及道路交通事故情况，分析研判公共安全形势，部署应急管理和安全生产重点工作任务。区应急局规范执法监督制度，评查行政执法案卷90余本，发现问题20余处，提出改进意见和建议。开展公共安全风险评估，识别评估四类风险666处，逐一细化、落实管控措施，及时整改消除安全隐患。召开年度防汛动员部署大会，创新推广截源引流法，有效解决下凹式立交桥积水，被北京电视台报道，在全市推广。2019年，修订完成19个分指挥部、空气重污染、突发环境事件、粮食供给、防汛、火灾救援、扫雪铲冰、供热、救助、地震、危化品、突发林木有害生物事件、电力事故等应急预案。修订编制《庆祝活动期间东城区突发事件应急处置总体方案》，包括组织框架、指挥体系、信息报告、资源配置、力量部署等内容，组织突发事件应急处置实兵演练5次。完成元宵灯会、清明、“五一”、“一带一路”峰会、中华人民共和国成立70周年庆祝活动等节假日及重大活动安全保障任务。完成第三批安全社区创建永外街道、天坛街道、景山街道、和平里街道、体育馆路街道、龙潭街道、北新桥街道、北京站地区评审验收工作。龙潭街道新家园社区、北新桥街道藏经馆社区、和平里街道人定湖社区获国家级综合减灾示范社区称号。

（付连刚）

【全国“两会”安全保障】3月，区应急局制订《2019年全国“两会”安全生产保障工作方案》，排查辖区代表委员驻地周边500米范围内生产经营单位283家，建立隐患台账。出动执法人员618人次，安全检查辖区加油站13个、工业企业6家、生产经营单位306家次，查处隐患137处。专职安全员检查生产经营单位4475家次，查处隐患4812处，下达限期改正通知书2214份。

（王 慧 郭 婷）

【特种作业专项执法检查】4月，区应急局组织辖区焊工、电工等特种作业专项执法检查，将特种作业检查作为日常检查和重大活动保障安全检查必查项目之一，以建筑工地、宾馆饭店、综合楼宇、文保单位、旅游景点为重点，重点打击无证上岗、持伪造证件上岗行为。查处安全隐患问题136处，下达责令整改指令书63份，处理举报投诉2起，依法处罚无证上岗、特种作业操作证过期未检等违法违规行为6起，处罚金额4万元。

（郭 婷）

【多项检查加强安全监管】5月，区应急局排查活动核心保障区200米范围内生产经营单位，建立工作台账，督促企业自查自纠；组织各街道（地区）安全生产检查队对辖区各行业领域、各街道（地区）的生产经营单位加强安全监管；开展危险化学品、区属工业企业等行业领域专项检查，强化监管加油气站、散装油；组织开展焊工等特种作业专项执法检查和图书、报纸、刊物存储经营单位消防安全专项抽查。区应急局出动执法人员586人次，检查生产经营单位290家次，查处各类安全隐患135处，下达限期整改指令书78份，立案处罚36起。专职安全员出动检查人员8782人次，检查生产经营单位4509家次，查处隐患7169处，下达限期改正通知书2598份。

（王　慧　郭　婷）

【“护航·70”专项行动】4月至9月，区应急局组织开展辖区安全生产“护航·70”专项行动。对中华人民共和国成立70周年庆祝活动场所周边500米范围内和行车沿线生产经营单位进行隐患排查，建立健全基础台账。对天安门周边、东长安街沿线、东北二环沿线、平安大街沿线、天坛公园周边、地坛公园周边及生产经营单位进行三轮次安全检查，累计检查生产经营单位2055家次，查处隐患627处，下达责令限期整改指令书378份，立案224起，处罚191起，处罚金额156.83万元。

（郭　婷）

【应急管理和安全生产督察】7月至8月，区应急局制订《东城区2019年应急管理和安全生产督察工作方案》，联合区城管委、东城消防救援支队、区住建委、区商务局分别牵头组建督察组5个，区委组织部选派正处级以上干部5人担任组长，实地督察17个街道和3个地区，与相关负责人126人开展个人谈话，发现并整改制度层面问题145项，以“四不两直”方式延伸检查生产经营单位81家，发现并整改企业隐患问题336项。

（赵　帅）

【灾害信息员培训】11月4—5日，区应急局专项培训17个街道灾害信息员500人。讲解灾害信息报送、灾害形势评估、灾害现场危险识别与管理等内容，提高信息员业务素质，加强基层组织发现、处置风险和应对突发公共事件的能力。

（揆培剑）

【行政许可】2019年，区应急局受理危险化学品行政许可到期换证15家，变更申请13家，注销危险化学品经营许可证4家，劝退新危险化学品企业经营申请5家，东城区危险化学品经营单位缩减至46家，达到总量控制目标。备案办理第二、三类非药品类易制毒化学品经营企业3家，注销第二类、第三类非药品类易制毒经营备案单位1家。

（薛继斌）

【编制隐患清单】2019年，辖区三级达标企业257家完成隐患清单编制工作。隐患清单企业系统使用率达到85%以上。与624家企业签订东城区隐患清单企业确认书，指导、帮助企业提升应用隐患排查治理系统能力，巩固隐患清单编制成果。

（王湘辉）

【安全生产标准化】2019年，区应急局超额完成市应急局下达年度安全生产标准化达标创建工作。辖区257家企业达到三级标准，占年度计划的129%；小微岗位达标企业569家，占年度计划的190%。

（李怀兵）

【专职安全员队伍建设】2019年，东城区在岗安全生产专职安全员432人。其中注册安全工程师5人，助理注册安全工程师10人，56人取得地下有限空间监护作业证，139人取得低压电工特种作业操作证。专职安全员分布在17个街道、2个地区、14个职能部门，承担全区生产经营单位安全生产检查（督查检查）、台账动态更新、安全法规宣传、重大活动保障等工作。区应急局修订印发《东城区安全生产专职安全员管理暂行办法》，提升专职安全员廉洁自律水平，各安全生产检查（督查检查）队规范化建设考评达标率100%，企业检查覆盖率100%，专职安全员人均检查量367家次，人均责改量101份，隐患核销率99.95%，全年完成专职安全员人均培训87.7学时。

（徐少京）

商务行业监督管理

【概况】东城区商务局（简称区商务局）是主管辖区国内外经济贸易和对外经济合作的工作部门。内设办公室、人事科、规划发展科、社区商业科、流通管理科、外经外贸科、商务服务科、外资管理科、市场监管科、粮食酒类管理科10个科室。编制43人、实有41人。

2019年，区商务局结合全区中心工作和当前商务重点任务，围绕消费升级、外贸进出口、服务业扩大开放等确定调研课题6个，主题调研47次，发现问题32个，现场解决32个，无挂账督办问题。制订《东城区2019年促进消费升级实施方案》《东城区扩大内需建立完善总消费政策促进体系工作方案》，组织“体验消费 品味东城”主题消费促销，开展年货购物季、美食体验季等活动，创造群众能消费、敢消费、愿消费基础条件。完成中华人民共和国成立70周年服务保障任务。转移保管控制区煤气罐665个，完成578家商场市场、32家仓储库房、1683家餐饮单位风险隐患排查整改任务。出动4482人次，安全生产检查国庆重点场所周边3515家餐饮企业。对市国庆办下达的72项高风险（可能引发爆炸）逐家每个点

5月28日，区商务局参加中国国际服务贸易交易会王府井地区时尚消费嘉年华系列活动（雷显义摄）

位进行检查整改，对36家高风险企业进行5轮风险排查，防护措施落实到位。商务局督查检查队被评为全市“护航·70”专项行动成绩突出检查队。区商务局加强党的建设，落实主体责任，制订《党员学习制度》《党员“三会一课”制度》《党务公开制度》《党组理论学习中心组学习制度》，以及党总支、党组理论学习中心组学习计划等，不断完善党建制度体系建设，召开全体党员大会5次，支委会22次，组织党组理论学习中心组学习17次，党员集体学习40次，其中13次政治理论学习，4次“商务大家谈”。参与永外街道党员志愿服务活动2次，结对帮扶困难群众3人。局党组在“不忘初心、牢记使命”主题教育中守初心、担使命、找差距、抓落实，党组书记带头讲党课，引导党员坚定“四个自信”，树立“四个意识”。全年领导班子提醒谈话8人次，观看警示教育片3部，反腐倡廉警示教育12次，营造崇廉拒腐良好氛围。8月，全区典当行业监管职责移交至区金融办。

（贺蔚蔚）

【非首都功能疏解】2019年，区商务局完成4家商品市场疏解升级，百荣世贸商城年度商户疏解任务，关停北京好润王府井小吃市场，升级改造天泽祥菜市场、王府井风情街，疏解商户209户，疏解从业人员1016人，超额完成年度疏解任务。

（贺蔚蔚）

【行业监管】2019年，区商务局培训各类安全人员1200人次，出动安全生产检查人员4278人次，检查督导企业1887家次，排查整改各类安全隐患6601处，实施安全生产行政处罚一般程序3件；落实常态化隐患排查整治，开展春夏火灾防控、天然气使用安全隐患排查、电动自行车火灾防控、大型商业综合体消防安全等专项排查整治行动；以天安门、中南海为核心，对整个政治中心区的沿街餐饮、商业零售经营单位，开展安全隐患大排查、大清理、大整治专项行动，重点排查整治无购物出口、排油烟管道清理和安全生产例会制度等方面的安全隐患；完成全国“两会”、中华人民共和国成立70周年庆祝活动等重点时期服务保障工作；推进安全生产标准化建设、城市风险防控体系建设等，实现安全生产标准化创建全覆盖，行业监管关口前移，源头管控。

（贺蔚蔚）

【商务大厦企业集中办公区】崇文商务大厦企业集中办公区2019年续签企业354家，清理、清退企业14家。至年底，有注册资本138亿元，贡献税收约8.69亿元。

（贺蔚蔚）

【生活性服务业品质提升】2019年，制订《东城区生活性服务业设施规划》，新建或规范提升各类便民商业网点40个，其中蔬菜零售11个、便利店26个，完成年度总任务的121%。建成社区商业便民服务综合体6个。东花市街道东花市南里社区创建北京市核心区生活性服务业示范街区。驻区品牌连锁企业29家入选年度北京市生活性服务业品牌连锁企业资源库。

（贺蔚蔚）

【参加交易会】5月28日至6月1日，东城区组织企业参加中国国际服务贸易交易会，采取一主一辅方式，设立展览展示版权服务和王府井地区时尚消费嘉年华系列活动2个板块。在主会场承办版权交易板块，实现签约额近1.3亿美元；在王府井分会场聚焦消费升级，开展时尚消费嘉年华系列活动。

（贺蔚蔚）

【簋街不夜街活动】8月7—18日，区商务局牵头、簋街商会组织2019簋街不夜街活动，36家商户参与，延长营业时间至凌晨4点，设置小龙虾节、啤酒节、网红直播、小型演出等游戏环节，增加活动趣味性、互动性和公益性。

（贺蔚蔚）

【百荣啤酒花园】8月19日至10月底，区商务局牵头、百荣世贸商城组织百荣啤酒花园——深夜食堂2.0版营销活动，设夜间文艺演出、影视、娱乐、游戏互动等服务板块，形成美食名吃、体验娱乐、文化休闲等消费场景。啤酒花园占地近2000平方米、可容纳食客500人，每日17点营业至24点，满足夜京城多元消费需求，助推商业服务业发展。

（贺蔚蔚）

【参加进口博览会】2019年，区商务局制订《第二届中国国际进口博览会北京市交易团东城区分团组织工作方案》，成立进口博览会北京市交易团东城区分团。东城交易团登记单位124家，人员414人。4家企业与展览商达成合作协议，签订采购合同，成交金额2092万美元，同比增长38%。中穆控股有限公司与美国翡翠展览有限公司签署1000万美元服务贸易协议；北京挖玖电子商务有限公司与西班牙歌蔔源集团、毕克拉酒庄、爱百德集团、保加利亚VP BRANDS集团、法国DTF精品酒业、澳大利亚太平洋酒业酒庄等企业签订780.4万美元年度意向合作协议；北京佛州阳光商贸有限责任公司与波兰VICI集团签订300万美元采购框架协议；北京众拓达科贸有限公司与日本株式会社京三制作所签订11.5万美元轨道交通装备设备采购意向。

（贺蔚蔚）

【扶贫地区展销会】10月，区商务局在前门大街举办2019东城区扶贫协作和对口支援地区特色产品展销会，实现销售额约470万元，产品意向签约订单约670万元，扩大帮扶地区特色产品品牌影响力，增加贫困群众收入，助力精准脱贫。

（贺蔚蔚）

5月28日，区商务局参加中国国际服务贸易交易会版权交易板块现场活动（雷显义摄）

国有资产监督管理

【概况】东城区人民政府国有资产监督管理委员会（简称区国资委）是区政府授权代表国家履行国有资产出资人职责的区政府直属特设机构。内设办公室、企业发展科、资产管理科、统计评价科、财务预算科、党群办公室、组织人事科、业务指导科8个科室，有下属事业单位2家，东城区政府采购中心为参公事业单位，东城区中华民族艺术珍品馆为全额拨款事业单位。区国资委机关编制39人、实有35人。

2019年，区国资委坚持和加强区属国有企业党的建设，召开年度系统党建工作暨党风廉政建设推进会，与直属9家企事业单位党组织签订意识形态责任书。公开招聘国有企业领导人，高管10人到岗。召开区国资委系统年度全面从严治党工作会，层层签订2019年东城区全面从严治党主体责任目标责任书500余份。修订完成7家一级企业“三重一大”工作制度。系统近400人参加“以案为鉴 以案促改”警示教育大会。专项检查考核2018年度区属国有企事业单位落实党风廉政建设责任制情况。制订《东城区国有企业工资总额管理办法》（试行），完善国有企业工资分配监管体制，完成2018年度企业负责人业绩考核、薪酬兑现，并公开企业负责人薪酬情况。召开东城区国资委企业董事会年度工作报告会和外部董事工作会，完成区属国有企业2018年度董事会工作报告和对一级企业年度评价。区国资委监管企业222家，其中一级企业集团7家（北京天街集团有限公司、北京崇远投资经营公司、北京东方信达资产经营总公司、北京建远投资经营有限公司、北京东方置地投资发展有限公司、北京佳源投资经营有限责任公司、北京京诚集团有限责任公司），二级子企业72家，三级子企业105家，四级及四级以下子企业38家。监管企业年末汇总资产总额929.35亿元，负债总额613.41亿元，所有者权益315.94亿元，资产负债率66%；全年实现营业总收入75.95亿元，实现利润总额7.96亿元，净利润5.36亿元，上缴税金总额10.67亿元。

（付建华　朱玥璘）

【非首都功能疏解】2019年，制订《东城区国资委系统2019年度疏解整治促提升专项行动方案》，完成国有企业房产清理、老旧小区改造、背街小巷环境整治、胡同和老城街区风貌保护、开墙打洞拆违、社区便民商业优化业态升级调整等工作任务，累计疏解清理房产289处，面积2470.98平方米。

（杨　璨）

【政府重大项目建设】2019年，区国资委所属企业完成雨儿胡同“共生院”改造、前门地区“青年公寓”项目、王府井步行街北延开街。宝华里危改项目签约1115户，签约率97.5%。豆各庄定向安置房竣工1547套。地铁8号线鼓楼大街站织补项目完成土地入市，收回土地一级开发成本。续建16条次支路，3条道路完工通车。组织承办地坛、龙潭春节文化庙会，完成“地坛文化庙会高雄之旅”。

（张晓青）

【国资国企改革发展】2019年，区国资委制订《关于进一步深化区属国资国企改革发展的意见》，加快推动“3+1”国有经济布局调整。按照现代集团新启动、便民体系新形象、老字号品牌新发展要求，以东方置地、佳源公司为实施主体，分别组建王府井街区管理运营平台公司、东城园运营平台公司，承担重要街区、重点楼宇环境整治提升、基础设施建设和公共物业服务管理等职能。推动东方信达发挥国有资本投资运营公司平台作用，服务于区域战略需要。制订下发《2019年退出企业警示名单》，清理劣势企业10家。配合做好经营类事业单位转企和区属行政事业单位投资办企业脱钩工作，明确一级企业接收主体，实现区属经营性资产统一监管。

（浦声琦　李　睿）

【房产资源和产权管理】2019年，东城区国资委系统房产管理平台上线运行，实时更新企业房产数据，为人口疏解、业态提升等区域重点工作提供基础信息，实现房产信息透视功能。全年办理产权新设、变动和注销登记38项，协调办理企业无证房产办理工商登记手续87处，完成投资核准和备案工作6项，出具产权划转决定3项，核准产权交易事项3项，资产评估备案或核准2项。

（王星华）

【经济责任内审】2019年，区国资委制订下发《2019年东城区国有企业内部审计工作要点》。完成天街置业、崇远公司等3人任期经济责任审计。对7家一级企业内审工作及流程进行专项审计。组织举办内部审计人员培训工作会2次，内审及财务人员200余人次参加。

（沈九久）

【国有资本经营预算管理】2019年，区国资委完成年度企业国有资本预算收益收缴，收缴国有资本收益1.38亿元。编制完成2020年国有资本经营预算、2012—2019年国有资本经营预算汇编。印发《东城区国资委内部控制手册》《东城区国资委内部控制制度汇编》，提升内部控制管理水平。

（郝留红）

【安全生产和信访维稳】2019年，区国资委制订《东城区国资委安全生产“党政同责、一岗双责”暂行办法》、国资委系统四有考核体系，层层签订安全生产责任书，每季度召开安全生产专题会，落实企业主体责任。在全国“两会”、夏季防汛、中华人民共和国成立70周年等重大活动、重要时段和重点区域，化解社会矛盾，排查整改安全隐患。全年出动检查人员4.44万余人次，累计检查经营网点2.53万家店次，排查整治一般隐患1668项，化解各类矛盾纠纷1000余起。

（杨　威）

【天街集团】北京天街集团有限公司（简称天街集团）实行四位一体管理架构，即党委会统领、董事会决策、经营层落实、纪委监督。集团党委下设3个党总支和3个党支部，设党群工作部、工会；董事会设战略与风险控制委员会、文化艺术委员会、审计预算与薪酬管理委员会3个专业委员会，下设董事会办公室；集团纪委下设纪检监察室；经营层下设总经理办公室、企业发展部、企业管理部、审计部、法律服务室、财务部、信访维稳室、安保部、人力资源部、品牌信息部10个部门，在职员工1017人。

2019年，习近平总书记到前门东区草厂四条胡同看望慰问基层干部群众，沿途察看市政改造、街区更新、厕所革命情况，并到天街集团权属东方容和物业公司物业服务中心，听取关于平房区物业管理情况的介绍，对前门东区街区更新和老城复兴以及平房区物业管理工作给予肯定。天街集团推动从严治党向纵深发展、一体推进“三不”机制，加强纪检监察组织建设，向各二级公司派驻纪检员，该做法得到中纪委、市纪委高度肯定，在其官网给予报道。青云胡同恢复性修建试点项目落成，由29号及周边院落7个院落打通形成，将依托地域传统文化资源，打造胡同里的艺术天

11月7日，天街集团承办的第六届前门历史文化节开幕（任川摄）

地。天街集团协办的“城市更新国际高峰论坛暨2019北京国际设计周设计之旅开幕活动”在青云胡同举办，来自海内外知名专家学者围绕“新生于旧”主题交流研讨旧城保护与更新的深度思考。天街集团在时间博物馆举办回溯初心红色经典主题艺术展，以初心为主线，分为忆伟大领袖、溯峥嵘岁月、绘国家华章、颂火红年代、迎改革春风5个专题板块，用美术作品反映和表现中华人民共和国成立70周年光辉历程和伟大业绩。天街集团权属北京喜剧院主办的第九届北京喜剧艺术节历时3个月，累计演出45场，接待观众2.7万余人次。天街集团承办的戏剧东城·第三届全国话剧展演季，历时2个月，演出剧目22部，累计44场，接待观众2万余人次，开幕大戏为北京人民艺术剧院国家一级导演唐烨执导、张民编剧，天街集团投资出品的《红马甲》。天街集团承办的第六届前门历史文化节在广和楼开幕，文化节期间，组委会组织前门大街商户开展好玩的艺术潮玩文创市集、亲子游学体验、鲜鱼口美食节、天街亮宝会、民俗游戏等一系列具有传统文化内涵的商业活动。东苑戏楼被商务部全国茶馆等级评审委员会评定为五星级茶馆。2019年，天街集团营业收入22.53亿元，利润4.47亿元，资产总额293亿元。

（任　川）

【崇远公司】北京崇远投资经营公司（简称崇远公司），下设便宜坊集团、国艺源、东方奥天、崇远万家、大北公司、天润金百、五洲医药一级企业7家，内设党委办公室、纪检监察室、工会办公室、董事会办公室、行政办公室、人事管理部、财务管理部、经营管理部、审计统计部、资产安保部10个部门，有在职员工44人。

2019年，崇远公司推进利生体育商厦业态升级调整。指导便宜坊鲜鱼口店推出京味食足文化用餐。组织便宜坊集团所属8个品牌参加龙潭文化庙会。组织珐琅厂、盛锡福帽业参加首届故宫庙会活动，扩大企业品牌影响力。修订《品牌与商标管理制度》《老字号发展指导意见》，建立集团内部品牌商标基础数据台账。北京制帽厂、北京市前进鞋厂获评北京老字号。国艺源公司举办第二届非遗文化体验季。崇远文化培训中心创建创新合作共享模式。弘钰博古玩城举办书法楹联作品展、绘画联展、中国书画精品展等，宣传和展示老字号品牌价值。崇远万家公司按照悠惠万家VI店面设计方案，提升6家示范店及14家店铺形象品质，并以鑫龙示范店为试点，搭载系统内启元茶叶、崇正家政服务、扶贫专柜等项目，以多元化经营满足周边居民需要。完成坤盛谊和公司国有股权收购，办理崇东所属椰树公司的工商税务注销登记手续。完成所属企业房产租赁、预留资金使用专项审计、国有资本预算项目跟踪审计及6家企业领导9人经济责任审计。崇远公司制订投资管理、担保管理、国有资本经营预算资金管理、资产处置、项目招投标和投资建设工程项目管理、人力资源及行政管理制度，编制下发《2018版崇远公司制度汇编》。严格房屋出租审批程序，规范合同范本，提高房产出租效率，降低空置率，实现系统资产质量、租金水平、业态布局、使用效能四提升。崇远公司落实安全生产主体责任，全系统检查网点1.8万余处次，出动人员2.65万余人次。制订《关于在崇远系统开展“不忘初心、牢记使命”主题教育的实施方案》《关于崇远系统基层党支部开展“不忘初心、牢记使命”主题教育指导意见》，贯彻落实，以上率下，公司领导班子成员开展专题学习13次，党委理论中心组学习29次，组织各类专项业务培训21期，参训人员1106人次。公司党委召开临时会议4次，党委会22次。召开经理办公会27次。全年落实帮扶资金4.1万元，帮扶困难党员19人。组织献爱心捐款，党员、群众1200余人募集善款9万余元。选派崇远万家公司高管赴西藏当雄县净土公司挂职，组织系统内对口商业企业，搭建销售平台，打通销售渠道，助推脱贫进程。评选表彰区级及区国资委系统先进基层党组织8个、各类先进个人36人。崇远公司全年营业总收入21.15亿元，完成年度预算的102.67%，实现利润总额1.38亿元，完成年度预算的107.81%，上缴税利总额2.39亿元，

3月7日，崇远悠惠万家鑫龙店开业（张盛摄）

净资产收益率3.37%，国有资本保值增值率103.44%。

（初　祺）

【建远公司】北京建远投资经营有限公司（简称建远公司）内设党委办公室、行政办公室、纪检监察室、财务部、审计部、投资经营部、资产监管部7个部室，有员工1200人。

2019年，建远公司监管企业北京正阳恒瑞置业公司（简称正阳恒瑞）完成通州“两站一街”E5、E6东城区定向安置房项目A4组团1328套安置房规划验收、消防验收和竣工验收，实现竣工交用；取得A6组团33-36号楼及配套楼规划工程许可证，11月开工，至年底，完成住宅部分基坑土方开挖、地基处理CFG桩施工、基坑边坡支护施工；取得代建景山学校通州校区建设用地规划许可证和建设用地划拨决定书，完成小学部、初中部金属屋面基层结构施工，教学楼、食堂、图书馆内外装修施工，体育馆楼承板安装，浇筑混凝土；安装完成实验楼主体钢结构，艺术楼钢结构安装完成70%。完成代建前门东大街16号、18号楼楼体提升工程、前门街道环境综合整治项目、前门西打磨厂绿化提升工程、前门地区广告牌匾改造工程竣工验收和审计。2019年，重启宝华里危改项目（简称项目），控股企业北京宝华地产有限公司为实施主体，5月3日，启动项目剩余居民签约，至8月31日，搬迁签约比例97.5%，交房率94.8%，至12月31日，办理东惠家园安置房入住手续752套，办理西河沿安置房入住手续55套。完成2、4号地人防工程图纸审查和3号地人防工程标准审查报审；取得路网规划设计成果；市政管线完成给水、中水、雨污水、燃气、热力、电信的方案咨询；报装3号地施工用电，完成变台基础施工；缴清水费欠费、申请自来水关止、报装3号地施工用水；拆除及改移供电线路，报审水资源评价。控股企业建新市政公司承建东城区次支路建设项目16个，文化中心北侧路、西晓市街、夕照寺中街完工通车，通过市区两级验收。其他项目中，革新南路基本完成施工；后椅子胡同、长青南路、龙潭路东段、自然博物馆北路、北极阁头条、法华寺路等6条道路正在施工；安乐林路、革新中街、文化用品公司东路、刘家窑路、手帕胡同、夕照寺东西线等6条道路正在组织搬迁征收。直管企业北京红桥市场有限责任公司，以党建为引领，打造和建设红桥珠宝四个中心项目、趣质生活项目、非遗走进红桥市场项目，提升市场品质。完成“非遗遇上冰雪，红桥连接世界”迎冬奥1000天倒计时暨红桥“冰雪+非遗”主题展销馆开馆仪式。自主研发的37件作品参加年度北京文博会，“2019东城文化+创意展”、青非文博展览，北京国际设计周张家口分会场展览，部分优秀产品被选为“一带一路”文化巡展作品送往以色列、埃及展出。推进天坛文创项目落地，开启“红桥智 创文化创意空间”项目，推进“红桥大师讲堂”企业品牌，开展系列展示、沙龙活动，推进“红桥互联网+红桥珍珠”线上平台运营和直播运营，拓展红桥市场文化发展新方向。完成外事接待活动16次，接待外事人员228人次；党建示范点累计接待近5万人次，发挥活动点、议事点、交流点、宣传点的作用。红桥市场获市人力社保局颁发的北京市构建和谐劳动关系先进单位、北京市消费者协会颁发的诚信服务承诺单位、中国珠宝玉石首饰行业协会颁发的中国珠宝玉石首饰行业诚信示范单位等荣誉称号。监管企业北京天元时尚商业文化有限公司建设创意驿站，清退企业9家，新引入企业10家，入驻率100%，获区产业扶持项目补助资金20万元。建远公司做好重大活动期间安全维稳保障工作，印发工作方案、应急预案，成立专项工作领导小组，开展全方位、拉网式自查排查，累计出动检查5114人次。选派政治过硬、作风优良的干部职工参加中华人民共和国成立70周年庆祝活动，其中5人为观礼嘉宾，18人参加群众联欢，10人作为标兵，红桥市场1人参加街道组织的群众游行。开展“不忘初心、牢记使命”主题教育，组织为期一周的理论中心组封闭学习，开展专题交流研讨6次，

11月，宝华里危改项目居民入住东惠家园（建远公司提供）

确定调研课题11个，指导所属12个党组织开展集中学习76次，交流研讨45次，特色活动55次，覆盖全体党员229人；建远公司党委完成换届，指导系统5个党支部完成换届；召开党委会16次，审议“三重一大”事项50余次。建远公司推进企业三大核心板块建设，提升国有资产运营管理能力，实现国有资产保值增值。2019年，公司总资产227.82亿元，总负债200.27亿元，所有者权益27.55亿元。实现利润6891万元，上缴各项利税合计约为2.78亿元，其中上缴税款1.85亿元，上缴税后净利润4300万元，上缴国有资本经营收益5014万元。

（王　楠）

【东方信达公司】北京东方信达资产经营总公司（简称东方信达）内设11部1室，即战略管理部、资本运营部、房产管理部、股权管理部、财务部、审计部、人力资源部、党群工作部、纪检监察部、安全保障部、退管部、办公室。公司本部在岗员工53人。

2019年，东方信达3个项目纳入区政府楼宇发展计划。南阳胡同6号项目总建筑面积4235平方米，总投资额约1000万元，东四七条项目总建筑面积2393.9平方米，总投资额约700万元，以上2个项目完成升级改造并投入运营。敬业西里项目总建筑面积5.36万平方米，已确定文化金融园区定位及改造运营方案，纳入2020年东城区楼宇改造项目名单。2019年，以协议转让方式受让天街集团所持龙苑公司部分股权。出资4940万元，受让北京市崇信担保中心持有北京首创融资担保有限公司股本金和托管资金。出资100万元参与组建北京新华阅生活文化中心有限公司。提出《东城金融产业促进平台方案》，推进国网英大人才奖励计划，编制东城区金融业高质量发展三年行动计划，编制金融业扩大开放政策研究与区域应对对策，举办系列金融主题论坛活动，建设普惠金融综合服务平台，完成人才引导基金受托管理工作，筹备区政府投资引导基金。首次承办2019年地坛春节文化庙会，设立80个文创展位，汇集42个原创IP品牌、28个设计师品牌，为游客提供1600余款、1万余件文创产品。新增品牌连锁和社区服务10处，面积3087.4平方米。全资子公司东信空间新签房屋租赁合同59份，租金平均涨幅30.57%。房产运营收益显著提高，市场化运营面积的租金连续3年实现增长。解决改制企业低租金和转租问题8处，1426.4平方米。沟通推进192号项目未交付面积交付和租金补偿。完成地铁五号线东四站A区幼儿园引进并开园，C2区整改取得实质性进展。疏解房产4处，面积1900平方米，疏解人口70人，超额完成区国资委下达任务。创客基金新增投资讯众股份，投资420万元，累计投资金额4340万元。完成创投基金投资，其中百融金服项目启动境外IPO计划，收到第一次收益分配款660万元。完成二级企业王府井置业无偿划转至东方置地，清算注销下属企业远东诊所、金地泰、鑫地泰、利安经济等空壳企业。东方信达落实党委主体责任，领导班子集中学习、交流研讨5次，讲党课7场，理论中心组学习31次。按照党委会、经办会、董事会议事规则审议公司重大事项，对三重一大事项落实党委会前置要求，召开党委会23次，听取、讨论议题94项。推进5家权属企业、11个基层党支部开展主题教育活动。集中学习中央纪委第三次全体会议精神，逐层逐级签订2019年党风廉政建设责任书，集中听取党风廉政建设工作汇报2次。完成区属国企如何优化基层党组织设置调研。领导班子成员开展调研27次，在调研过程中发现问题16个，现场解决问题10个，挂账督办问题6个，已解决3个。各部室完成《新零售形势下吴裕泰新媒体营销策略研究》《企业财务制度制定及执行情况》等调研报告12个。制订《企业负责人薪酬管理暂行办法》《企业负责人综合考核评价暂行办法》，与权属企业负责人签订《2019—2021年度任期经营业绩责任书》，建立年度考核与任期考核、长期激励相衔接的考核体系，研究拟订企业年金设立方案。组织本部及权属企业36人参加中华人民共和国成立70周年联欢活动，完成30余次分练、4次阅兵村合练、3次天安门地区通宵演练。开展我爱我的祖国专题演讲征文，集体观看《我和我的祖国》，参观庆祝中华人民共和国成立70周年大型成就展、西藏民主改革60周年特展。制订《2019年安全生产工作要点》，层层签订安全生产责任书，召开例会及专项工作部署会7次，向党委会、经办会、董事会汇报12次。落实24小时领导带班值班制度，累计值班178天、576人次。元旦、春节等重要节日和汛期、第二届“一带一路”高峰论坛、中华人民共和国成立70周年等重大活动期间，公司领导带队，对5大重点区域74处房产开展地毯式检查。累计检查出租经营网点139处，出动检查人员354人次，查出安全隐患38处，全部完成整改。开展不稳定因素、矛盾纠纷排查，针对版权中心、厚德基金、计算机二厂等信访问题，梳理化解矛盾、完善信访机制，督促华章东信、版权中心解决信访问题。处理转办信访件6件，网上信访件16件，人员来访8起，市民热线“接诉即办”12件。利用视频教学、现场授课等形式开展培训及演练19次，组织消防逃生、防汛消防设备使用培训5次，522人次参加。发放消防告知书及宣传挂图300余张，微信推送宣传信息90余条。组织应急演练、防汛演练5次，233人次参加。全年营业收入约7.1亿元，利润总额8740万元，实现净利润7340万元，上缴税收约6728万元。资产总额26.96亿元，净资产约

14.16亿元。

（韩晶晶）

【东方置地】北京东方置地投资发展有限公司（简称东方置地）内设组织人事部、纪检审计部、综合办公室、安全管理部、财务管理部、经营管理部、投资发展部、合同预算部、项目管理一部、项目管理二部10个部室，有燕厦物业、东创空间、东城静态交通公司、王府井置业权属企业4家，有在职职工64人。

12月6日，东方置地召开国庆服务保障工作座谈会（魏唯达摄）

2019年，东方置地经营用房出租收入超额完成预算指标，完成朝阳区全部197户房改房办证，发放石景山、东城、朝阳347户房改房产权证，完成东雍电梯维修、更换消防主机等大中修工程8项。第一人民医院项目完成全部基坑支护桩施工，165根止水帷幕桩，土方开挖6000立方米。青年湖小学东楼项目完工。125中学教学楼修缮工程完成主体结构加固及外立面文物修缮施工。东城区青少年科技馆改扩建工程实现开工。全年累计开复工面积4.85万平方米，竣工面积2290平方米。完成2018年百街千巷环境整治提升工程收尾，竣工验收。2019年，该项工程继续推进，完成安定门街道6个社区49条胡同及国子监大街东段；拆除王府井小吃街33处3300平方米违建；拆违封堵和平里街道27处2994平方米；施工完成雍和宫大街房屋翻建及景观绿化；竣工验收360条街巷。金鱼池二期项目，签约产籍户37户，建筑面积794.85平方米，签约率84%，交房54户，拆除51户。2019年，各权属企业运行平稳。燕厦物业颁布实施《2019年度专项奖励办法》，移交康宁居锅炉房，与业委会签订新的物业合同，保证撤管前康宁居小区物业管理正常运转。8月，区国资委将王府井置业公司划归东方置地管理，完成东方信达90%和王府井建管办10%股权无偿划转手续，完成王府井大街277号院提升整治一期工程，完成王府井大街北延工程，年底开街。权属东城静态交通公司非税收入6615万元，超额完成收入预算指标；接管辖区48个高点视频路段、6个矮桩视频路段、20个地磁设备路段、11个POS机路段，计85个路段6086个车位；推广路侧停车电子收费，全年服务车次957万余次，服务车辆379万辆，创建订单476万笔；完成习近平总书记春节前到前门东区看望慰问基层干部群众及中华人民共和国成立70周年庆祝活动等16次停车保障任务；取得路外公共停车场备案证53处，已接收33处，运营管理27处，车位1285个；统筹管理全区停车资源，全部纳入静态交通智慧管理平台，中标区186条背街小巷标识标线、停车位和非机动车停放区施划项目，选取前门街道、和平里街道为试点，推进街道居住规范停车。权属东创空间超额完成收入预算指标，收到中关村现代服务业文化产业园扶持资金补贴收入，新、续签合同40份，出租率98%；安装电动自行车智能充电柜，改造主楼消防系统，提升楼宇品质；完成前永康胡同11号产业园项目定位方案及合同协议文本。2019年，东方置业成立安全管理部，加强安全管理工作，出动人员约1.8万人次，安全检查约2.7万处；燕厦物业各小区清理可燃物障碍物3400吨，投入安全资金约150万元。全年公司及各权属企业未发生重大安全生产责任事故。2019年，东方置地以党建统领全局，把方向、管大局、保落实，履行党建一岗双责主体责任，逐级签订党风廉政建设责任书；修订房屋租赁合同模板；制订《公司出资企业产权管理规定》《公司派出董、监事管理办法》《公司律师管理制度》；修改"三重一大"事项管理办法、中层管理人员选拔任用办法；全面实施钉钉协同办公系统；补充选拔公司副总经理2人；选派公司干部1人、任用副总经理1人，加强燕厦物业领导力量；调整东创空间副总经理1人的劳动关系，规范其隶属关系；选聘员工主管19人；选派党员干部16人参加中华人民共和国成立70周年庆祝联欢活动。全年办理"接诉即办"网格件184件；办结16年前拆迁遗留案件1件，获0.4加分。东方置地全年营业总收入1.07亿元，实现利润总额1021.95万元，实现净利润822.11万元，上缴税费913.47万元，资产总额4.4亿元（不含王府井置业）。

（魏唯达）

2019 年，佳源公司承建的豆各庄保障性定向安置房南山园、晨风园等项目办理居民入住 3050 户（王仁摄）

【佳源公司】北京佳源投资经营有限责任公司（简称佳源公司）内设财务部、纪检监察部、保障房建设项目部、预算合同部、前期规划部、经营管理部、党群人事部、企业发展部、城区更新项目部、综合办公室10个部室，下设北京东住天华投资有限责任公司、北京市东屿物业管理有限责任公司、北京晟世鸿承物业服务有限公司、北京天华雍和科技园建设发展有限公司4个子公司，有三级企业1家，参股企业3家，有职工61人。

2019年，佳源公司完成豆各庄项目2-06#、2-08#、2-09#住宅楼竣工备案，达到交付入住条件，共计住宅1212套，超额完成区折子工程任务。取得渠西2号地国有建设用地使用权出让合同，2-01#和2-10#住宅楼、2-11#幼儿园及地下车库A、B区建设工程规划许可证，渠西3号地国有建设用地使用权不动产权证书（出让部分），3-01#、3-04#、3-07#楼栋及地下车库建设工程规划许可证，市发改委关于渠东地块重新核准的立项手续。渠东市政4号地完成通水、通电、通气等各项验收，5号地高压线入地110KV已完工。新开工2号地2-01#和2-05#住宅楼，可提供房源695套。1号地1-01#配套及地下车库A段实现竣工。2号地2-06#、2-08#、2-09#住宅楼、2-11#幼儿园实现竣工。3号地3-01#、3-04#、3-07#配套及地下车库实现竣工。2号地2-05#住宅楼实施基槽开挖。4号地4-01#、4-02#、4-03#、4-04#、4-05#、4-06#住宅楼基本完工。4号地4-07#、4-08#、4-09#，5号地5-01#、5-02#、5-04#、5-05#住宅楼主体结构封顶，进行内外装修工程施工。5-07#、5-08#住宅楼基本完工。为解决广渠门马圈项目拆迁居民回迁诉求，佳源公司多次与朝阳规土委沟通，用分割的方式取得土地手续，办理建筑工程规划许可证，向马圈项目拆迁居民提供豆各庄2号地2-08#住宅楼86套房源。为解决豆各庄晨风园小区3号地居民停车诉求，与朝阳规自委、朝阳区土地储备中心沟通，取得建筑工程规划许可证，推进办理后续相关手续。所属晟世鸿承物业公司管理的南山园1号院（豆各庄项目一号地）、晨风园2号院（豆各庄项目三号地）、晨风园9号院办理居民入住3050户，报修回访率100%，增加业主居住舒适度和满意度。南山园1号院物业费收缴率99%、商业物业费收缴率100%，晨风园2号院物业费收缴率95%，相比2018年，物业费收缴率明显提升。2019年，东城区启动首个申请式退租试点东直门外北二里庄项目，佳源公司作为该项目实施主体，完成入户调查、居民意见征询、退租前的项目实施方案、资金测算等准备工作。佳源公司更新改造东四文化宫、崇文文化宫；开展安定门、东直门环境整治提升工程，实施全过程管理。2019年，组建东城园平台公司，为佳源公司下属全资企业，负责开展中关村东城园区项目开发建设及运营管理。佳源公司党总支做好中华人民共和国成立70周年服务保障工作，精心部署，选拔优秀干部职工组成国庆项目团队，完成各项任务。制订《2019年度公司党建工作要点》，督促各党支部制订全年党建工作计划，各二级企业制订党建工作要点，将党建引领融入公司改革发展。全年召开党总支会17次，审议公司重大决策议题79个。开展“不忘初心、牢记使命”主题教育，理论学习中心组进行为期5天的集中封闭学习。研究编制《后备干部培养管理办法》《佳源公司人才队伍建设五年规划纲要》，规范人才培养和引进、选人用人管理机制。将纪检监察工作与内审相结合，监督体制、内审机制贯穿业务工作始终，做到全覆盖。组织开展对佳源公司全系统的内审监督检查，包括党风廉政建设责任制、工作制度、决策机制、合同管理、六费公开等内容，对发现的问题进行监督整改，不断增强领导班子成员及重点岗位人员廉洁从业的自觉性。佳源公司严守安全底线，制订并在全系统下发《佳源公司“防风险保平安迎大庆”专项行动方案》《国庆70周年大庆期间保障方案》及应急预案，开展可燃物清理等专项行动。2019年，系统内未发生人员伤亡事故，安全生产形势稳定。

（王　兰）

【京诚集团】北京京诚集团有限责任公司（简称京诚集团）内设党委会、董事会、经营层，下设党委工作部、纪检监察部、行政办公室、工会、财务部、审计部、房产经营部、工程管理部、企业发展部、物业管理部、人力资源部、安全保卫部、策划投资部、信息技术部、法律事务部、信访室、督查室17个部室，下属具有独立法人资格子公司25个。有在职职工1325人，退休职工4937人。

2019年，京诚集团通过承接政府购买服务项目，管理直管公房建筑面积296.42万平方米（其中平房127.39万平方米，楼房169.03万平方米），居民7.51万户。全年实收直管公房租金5478.8万元，收缴率99.1%；规范办理更名、翻建及其他各项变更手续1798件，完成本管界售房238件，外管界售房330件，标准价改成本价售房24件；严格管控直管公房转租转借，保持动态清零；清理整治“居改商”，完成市级300户、区级500户任务指标，累计疏解人口1415人；推进房屋档案电子化进程，启动集团信息化平台建设。完成直管公房安全检查及抢修加固，全年检查平房7.77万间、楼房674栋，总查房面积267万平方米，更新附换柁13架、木附檩498根、墩附柱192根，及时排除房屋安全隐患；安全检查14.68万平方米拆迁滞留区直管公房及9470平方米受区住建委委托的标准租私房。汛期累计投入3892个工日，复查平房3.63万间、楼房364幢；落实24小时值班制度，备勤7258人次、雨中巡查平房1.72万间次、楼房1459幢次；苫盖房屋491.5间、疏通排水、抽水10处；实现“两不两少”防汛目标。组建28个冬季查房小组，投入5387个工日，实查平房7.82万间，楼房654栋，整改存在的问题和薄弱环节。直管公房平房完成大修460户，中修附柁6架、加固柁9架、串附檩595根、墩附柱200根、拆砌山檐墙92个、瓦房屋面维修2413间、平顶房屋面防水3.05万平方米、局部挑顶241间、新做下水2947.7米、平房三项改善365间，其他中修2061间等。完成零星维修1.49万户次，及时率100%。实施南锣鼓巷蓑衣、福祥、雨儿、帽儿4条胡同老城保护修缮整治项目，院内拆违涉及53个院落、房屋533间、建筑面积4221.16平方米；雨儿胡同修缮整治提升工程6月底完成，被评为北京最美街巷。完成台基厂三条5号、东堂子胡同4号、6号腾退收尾工作，启动文物修缮和利用。完成育芳胡同8号住宅翻改建项目施工。推进宏恩观、正阳桥疏渠记方碑文物院腾退修缮项目，参与钟鼓楼周边环境整治、清华寺周边环境整治、法华寺解危排险。完成年度各简易楼项目腾退收尾工作。推进雍和宫大街申请式退租和恢复性修建项目、光明楼17号简易楼拆除重建项目、金鱼池中区3号楼腾退项目；参与区内街区更新项目，以及皇城保护区、钟鼓楼片区、隆福寺片区、三眼井片区、二中拆迁区整治提升储备项目。西河沿项目西区住宅回迁，为165户回迁居民、54户对接项目居民办理入住手续；完成东区基础结构及局部地上部分施工。完成胡家园老旧小区社区居民综合服务用房及地下车库项目主体结构施工，同步推进架空线入地改造和公共空间改造提升项目。配合完成安定门、交道口、建国门街道辖区166条街巷环境整治与提升任务；东四街道、体育馆路街道环境整治提升工程全过程管理工作；承接交道口、东四、建国门、北新桥等平房地区物业服务项目，总服务面积69.9万平方米、243条胡同。做好春节、全国“两会”、第二届“一带一路”高峰论坛、亚洲文明对话大会、世界园艺博览会、中华人民共和国成立70周年大庆等重要时间节点和重大活动期间安全保障工作。强化安全生产管理，以平房院落、餐饮场所、施工工地等11类关键部位为重点，组织安全检查568次，出动检查人员3964人次，检查点位2676处，排除隐患122处，开展重要点位安全检查1.2万余处，查改隐患1003处，张贴发放宣传材料5000余份，全年安全形势总体稳定。受理“12345”派单和为民服务平台“接诉即办”案件3027件，回访1251

10月28日，京诚集团西河沿危改项目西区安置房启动回迁（张红红摄）

件，解决718件，市民满意911件；受理群众来信、来访、来电1277件657批1036人次，市、区人大建议案、政协提案、党派提案18件，办结率100%；办理诉讼案件141件。审理各类协议、合同182件，办理一案一报案件81件，挽回经济损失40万余元，受理各类法律事务咨询353人次。京诚集团全年实现收入总额5.64亿元，社会贡献总额3.92亿元，完成区国资委下达的经营收入指标。

（朱　菲）

东城区国资委系统及集体经济公司负责人

北京天街集团有限公司

董事长、党委书记	李　桦
总经理	李　军

北京崇远投资经营公司

董事长、党委书记	高　琦（2018年11月免）
	李承刚（3月任）
总经理	李润杰

北京建远投资经营有限公司

董事长、党委书记	陈　艳（女）
总经理	李永强

北京东方信达资产经营总公司

董事长、党委书记	彭　湘
总经理	邹宜凡

北京东方置地投资发展有限公司

董事长	张　跃（8月免）
	王伟东（8月任）
党总支书记	张　跃（3月免）
	王伟东（3月任）
总经理	刘海江

北京佳源投资经营有限责任公司

董事长、党总支书记	丁文理
总经理	王晓彤

京诚集团有限责任公司

董事长、党委书记	赵春军
总经理	曹国庆

烟草专卖

【概况】东城区烟草专卖局（公司）为烟草专卖行政主管机关（简称东城烟草），依法负责行政辖区的烟草专卖管理，在行政辖区内对烟草制品实行专卖专营。内设办公室（安保科）、专卖监督管理科（专卖稽查支队）、内部专卖管理监督派驻办公室、法制科、营销网建科、财务科、人事科、党建工作科（纪检监察科）8个科室。编制95人、实有86人。

2019年，东城烟草开展禁止向未成年人售烟的专题法制宣传活动。制作《致卷烟零售商户的一封信》，逐户发放到商户，特别是学校周边售烟商户，法制人员现场宣传讲解禁止向未成年人售烟的法律法规以及相关处罚规定，在经营场所醒目位置粘贴不向未成年人售烟的警示语。东城烟草开通烟草专卖零售许可证委托邮寄送达业务，申请人不承担邮寄费，EMS邮政特快专递直接将审批制作好的许可证寄递至申请人指定地址。开展调查研究，召开座谈会3场，实地走访零售客户54户，发放各类调查问卷109份、统计表8份、征求意见表37份，汇总整理意见建议10余条。企业管理工作逐步形成体系，建立目标指标库，制订全年目标指标64项。东城烟草落实从严治党主体责任，逐层签订责任书，规范落实“三会一课”制度，从内容、形式、效果等方面从严要求、从实推进，全年召开党员大会6次，支部委员会17次，党小组会36次，党组成员讲党课5次。组织共产党员献爱心捐款，筹款2200元。组织党员27人参与社区清理小广告，党员25人参与扶贫采购，为困难群众捐助冬衣36件。组织全体员工签订廉洁自律承诺书，召开警示教育专题会2次。重大节日通过微信群向全体员工发布廉政提醒信，开展两员督察240户次，开展任前廉政谈话6人。调查东城烟草廉政风险防控工作情况，梳理查找问题，为提升工作质量提供决策依据。搭建考核评价体系，突出党建、企管和主要业绩在考核中的作用，专卖部门重点推进考核管理，按贡献拉开人员差距。推动制度建设，梳理工作流程140项，绘

6月2日，东城烟草接收零售户送来的锦旗（梁明珠摄）

制流程图99项。修订红头文件，清理白头文件，提升营销人员规矩意识。管理部门就一线反映强烈的采购、报销、合同审核流程，解决工作堵点、空白点。开展内部审核，使PDCA从"C"开始，引入分析，形成闭环。全年上报课题38个（含QC课题9个、精益项目2个），获北京烟草QC发表赛二、三等奖，引进型QC一等奖。2019年立案229起，查获总烟量297.83万支，查获假私烟量145.83万支。全年实现卷烟销量2.98万箱，同比降低6.39%；单箱结构3.43万元，同比下降0.2%；实现利税2.07亿元。

（梁明珠）

【联合市场整治】7月11日，东城烟草会同公安机关对辖区北京站、王府井、簋街、新世界等区域开展重点整治行动，出动民警16人，专卖执法人员20余人。查获卷烟假烟1.01万支，走私烟14.09万支，非渠道9.44万支，总计24.54万支，价值23.53万元。

（梁明珠）

【治理无证户】7月17日，东城烟草联合区市场监管局、区公安分局开展校园周边无证户治理行动，查获无证经营卷烟案件1件，涉嫌违法卷烟11.68万支，案值6.87万元，刑拘1人。

（梁明珠）

【查获案件】8月13日，东城烟草联合东城公安分局破获1件通过发名片方式销售假烟案件，查获假冒注册商标且伪劣卷烟11.88万支，涉案金额21.37万余元，刑拘1人。

（梁明珠）

【涉烟执法座谈会】12月4日，东城烟草与区公安分局经侦部门、检察院召开涉烟执法案件座谈会，研究市场涉烟违法行为变化情况，与公安探讨联合执法权限衔接、证据固定收集技术手段，与检察院交流涉烟违法犯罪案件中证据认定标准问题。10余人参加。

（梁明珠）

工业　建筑业

4 月 26 日，东单街头花团锦簇喜迎盛会（闫文摄）

综　述

2019年，东城区工业总产值实现小幅增长。三大重点行业呈现“两升一降”的态势，其中文教、工美、体育和娱乐用品制造业，同比增长2.3%；石油和天然气开采业同比增长43.6%；医药制造业同比下降14.4%。东城区建筑业企有227家，其中施工总承包企业50家（特级1家，一级16家，二级19家，三级14家），专业承包企业170家（一级26家，二级100家，三级43家，特种作业1家），劳务分包企业7家。

（王　静　王守月）

工　业

【概况】2019年，东城区工业生产保持小幅增长，全年累计完成工业总产值177.4亿元，较2018年同比增长1.4%；累计完成工业销售产值177.5亿元，较2018年同比增长4.7%；三大重点行业呈现“两升一降”态势，产销衔接良好。根据市经信局《关于组织申报第三批国家工业遗产的通知》，推荐北京市珐琅厂有限责任公司、北京胶印厂申报第三批国家工业遗产认定，北京市珐琅厂被工业和信息化部认定为第三批国家工业遗产。

（王　静）

5月3日，金漆镶嵌公司制作的大型百宝嵌《九龙壁》添彩北京世界园艺博览会（周向东摄）

【北京金漆镶嵌有限责任公司】北京金漆镶嵌有限责任公司（简称金漆镶嵌公司），设生产经营部、财务部、党政办公室、6个大师工作室；下设英明斋、艺俱轩、物华苑、天宝楼、金漆艺术馆、金漆镶嵌奇石馆、金漆宫、燕京八绝艺术馆8个连锁经营门店，有职工186人。

2019年，金漆镶嵌公司参加工美杯北京工艺美术创新设计大赛，汉风琴桌凳获银奖、新式漆画书案获铜奖。参加中国漆器艺术精品展暨中国扬州工艺美术精品展，金漆百宝镶嵌仿清多宝格式挂屏获漆花杯工艺美术精品大赛金奖、金漆镶嵌素髹脱胎多瓣盒获银奖、平金开黑平安和美套盒获铜奖。参加全国手工艺产业博览会国匠杯优秀参展作品评选，竹胎描金漆山水人物长方盒获金奖、百宝嵌红楼梦人物四条屏、大漆五福捧寿四方盒获最佳创作奖。公司研发制作的金髹海屋添筹屏风、大型精工花卉九围带帽屏风以及多件金漆镶嵌漆艺精品，入选第二届“一带一路”国际合作高峰论坛接待陈设。金漆镶嵌“漆·源”女包系列亮相女装品牌“盖娅传说·熊英（HEAVEN GAIA）”2020春夏巴黎时装周。金漆镶嵌公司联合中国工艺美术协会漆器专业委员会、玉器专业委员会等单位，举办“大运河文化 致敬祖国70华诞 漆玉传情扬州工艺精品北京特展”，1万余件漆器玉器精品参加展出。联合北京工艺美术行业协会、北京工艺美术学会、北京燕京八绝协会等单位共同举办“漆道·师承国家级非物质文化遗产金漆镶嵌髹饰技艺传承人拜师仪式——暨2019北京金漆镶

6月19日，金漆镶嵌髹饰技艺传承人拜师仪式（张卓凌摄）

嵌传承大师精品展”，金漆镶嵌三代传人共聚一堂，第七代传承人敬拜师茶、行拜师礼，正式列入北京金漆镶嵌传承谱系。金漆非遗博物馆群落成开放，包含金漆镶嵌艺术精品馆、中华古床博物馆、中国金丝楠博物馆、古代木雕博物馆、大厂回族自治县燕京八绝博物馆、燕京八绝文化展示体验中心6个主题博物馆。2019年，金漆镶嵌公司接待多项考察调研，其中全国县市文旅局长180余人参观调研金漆镶嵌博物馆群；北京工艺美术设计创新能力技师研修班40余人到大厂生产基地参观考察；美国艺术中心设计学院师生20余人到公司总部参观学习；区文旅局组织的心手相传系列活动之示范基地赏非遗在大厂生产基地举行，社区居民和来自各国留学生70余人参加。金漆镶嵌公司参加多项展会活动，包括参加在全国政协文史馆举办的北京非物质文化遗产汇报；参加中国北京世界园艺博览会；参加中国工艺美术博览会；参加在摩洛哥举办的“艺术中国·北京宫廷非遗技艺精品展”活动；参加北京保利艺术中心举办的第三届保利艺术嘉年华活动。

（张卓凌）

1月28日，珐琅厂参加中华老字号故宫过大年活动（赵蕊摄）

【北京市珐琅厂有限责任公司】北京市珐琅厂有限责任公司（简称珐琅厂）内设党政办公室、人力资源部、财务部、策划部、公共服务部、设计部、经营销售部、生产制作部、资产保卫部9个部门，有国家级传承人1人、市级传承人4人、区级传承人4人、国家级工艺美术大师3人、市级工艺美术大师4人、国家级高级技师20人、技师9人，有员工167人。

2019年，为庆祝中华人民共和国成立70周年，珐琅厂制作盛世宝鼎、牛气冲天圆盘等红色主题作品，盛世宝鼎和丝路花语获首届百鹤杯工艺美术设计创新大赛百鹤奖，祥瑞天和获2019百花杯中国工艺美术精品博览会金奖，华韵四季情定北京笔筒系列、龙凤呈祥对瓶获2019年北京国际设计周文博设计优秀奖。承接北京世园会外事活动大厅室内装饰工程，设计制作16套景泰蓝柱头、柱墩、门拉手等。承接制作第二届“一带一路”高峰论坛会议厅、钓鱼台国宾馆玉兰厅12幅景泰蓝挂片及2个景泰蓝花架，挂片长200厘米，宽45厘米，以传统景泰蓝地儿绿色为主色调，高洁、典雅的玉兰花与各色小鸟穿插其间，与玉兰厅主题风格和谐交融；景泰蓝花架为圆面，高束腰，带托腮，如意式牙，三弯腿，外翻如意云头足，桌儿面中心掐万字、蝙蝠纹，腰部装饰草龙、缠枝莲、宝相花等吉祥纹样，结构连绵不断，具有生生不息之意。为东城区文化中心大厦大厅设计制作高4米、长18.2米的景泰蓝大型壁画中轴盛景图。与北京剧装厂合作制作锦绣乾坤，作为国礼赠送马耳他前总统玛丽·路易斯·科勒略·普雷卡。2019年，京珐文创店开张营业，有胶带、冰箱贴、手账本、留念护照打卡本、中国牛图案保温杯等文创产品20余种，花色30余种。举办第六届景泰蓝皇家艺术庙会、第七届景泰蓝老物件淘宝大集、匠心筑梦劳动最美大国工匠体验日等10余次主题活动。参加第四届德国科隆中国节、北京宫廷非遗技艺精品展走进摩洛哥、中华老字号故宫过大年活动、深圳文博会等展览、展示活动60余场次。成功申报国家工业遗产项目和北京市艺术基金。珐琅厂各党支部按照“两学一做”常态化、制度化要求，全年组织集中学习10余次，观看先进事迹展览、道德模范颁奖仪式、扫黑除恶专题片、大型反腐专题片等10余次。在职在岗职工每人每月增加浮动工资300元；发放退休职工企补养老金和住房补贴；经过工企双方协商，续签《集体合同》等3项合同；为在职职工办理重大疾病互助合作保险、住院医疗合作保险、意外伤害互助保险等。全年营业收入7302.83万元，其中主营业务收入5971.66万元，实现利润同比增长5.78%，上缴国有资产占用费320万元，比2018年增加80万元，实缴税金1119.25万元，其中东城区财政贡献360.37万元，支付离退休人员费用246.84万元，国有资产保值增值率达122.25%。

（张　莉）

【北京剧装厂】北京剧装厂（简称剧装厂）内设综合办公室（含党政工团、劳资、行政、安全等职能）、财务科、业务部（含门市部）、生产车

5 月 27 日，美国客人参观剧装厂国粹苑（徐亚宁摄）

间5个部门。有在职职工41人，退休职工247人。

2019年，剧装厂参加各种展览展示活动10余次，其中设计师4人携皇大缎朝服、清旗袍等精美剧装和摆件赴重庆参加第54届全国工艺品交易会；参加2019年中国国际服务贸易交易会，锦绣乾坤挂屏赠送给马耳他共和国前总统；参加中国戏曲文化周活动，展示绿大缎男蟒、红大缎对披等剧装和京绣精品。剧装厂配合天坛街道完成剧装一条街改造，在开街仪式上展示传统京剧服装。与天坛街道共同成立天坛街道京绣纺，每期均有20余人参与京绣工艺传承与学习。剧装厂入选成为剧装行业协会会长单位（有12家会员单位）。党支部开展“不忘初心、牢记使命”主题教育活动，组织党员、干部观看爱国主义教育电影《我和我的祖国》。2019年，剧装厂完成工业总产值624.1万元，同比减少8.2万元；营业总收入851万元，同比减少122万元；上缴税金171万元，同比减少9万元；完成利润36万元，同比增加3万元。

（杨鹏雁）

10 月 2—7 日，剧装厂参加中国戏曲文化周活动（焦志锋摄）

【北京市工艺木刻厂】 北京市工艺木刻厂有限责任公司（简称工艺木刻厂）有北京市工艺美术大师、工艺美术师和高级技师3人，内设综合办公室、财务部、销售部3个工作部门。

2019年，工艺木刻厂搬迁至十八里店乡。为节约开支，走抱团取暖之路，与玉海翠园有限责任公司在百工坊共租一间房，进行产品展示展卖，合作创新，共渡难关，实现销售收入40万余元。4月，区文旅局推荐北京木雕小器作申报国家级非物质文化遗产保护项目，木刻厂完成撰写材料、填写申报表等工作。10月，市文旅局组织专家评审通过。

（冯　军）

【北京象牙雕刻厂有限责任公司】 北京象牙雕刻厂有限责任公司（简称象牙雕刻厂）有国家级工艺美术大师3人，北京市级工艺美术大师22人，高级技师24人，国家级象牙雕刻非物质文化遗产传承人2人，北京市级象牙雕刻非物质文化遗产传承人1人，东城区级象牙雕刻非物质文化遗产传承人1人。内设办公室、财务科、生产经营科3个部门，有员工17人。

2019年，象牙雕刻厂以产品艺术化、品种多元化、经营市场化、管理职业化、职工利益最大化为指导思想，开发猛犸象牙产品，引进抚顺琥珀雕件，构建销售新渠道，搭建网络平台，设计创新产品，更新管理制度。全年完成工业总产值283万元，业务收入515万元，上缴税金60万元。

（邵艺卉）

【北京远东仪表有限公司】 北京远东仪表有限公司（简称远东仪表）内设技术中心、企业管理部、市场部、党群工作部、人力资源部、综合办公室、物业管理部、审计法务部、财务管理部9个职能部门，工业物联网事业部、罗斯蒙特产品事业部、自动化产品事业部、制造部4个业务执行部门。有员工389人，工程技术人员占30%以上，其中高级职称12人、中级职称48人、高级技师5人、技师9人。

2019年，远东仪表继续以成为最具价值力的自动化品牌公司为愿景，聚焦提质增效，推动企业转型升级高质量发展，利润总额、现金流均创历史新高，企业发展呈现出良好态势。推进落实国资委国企改革要求，启动实施职业化改革，开展组织架构整合、管理岗位竞聘、基层员工岗位双选等工作。主营业务在传统流程工业市场取得进展，承建的首个危废处理项目系统一次点火成功，该项目日处理规模70吨，年运行时间不少于300天，标志远东仪表已具备独立承担危废处理自控解决方案的能力。久泰能源（准格尔）年产60万吨甲醇深加工项目投产，提升远东仪表在甲醇转化烯烃行业的影响力。增强仪器仪表产品研发能力，技术创新取得突破，维金斯煤气柜活塞状态智能监测装置、基于即时路由的无线自组网方法及装置、一种用于水流量装置的称重系统、一种流量装置中水流量稳定性检测方法及检测系统等4项发明专利获得国家知识产权局授权。获取DN25、DN32、DN40、DN350、DN400、DN500、DN600共7个口径电磁流量计型式评价批准证书。电磁流量计为重点产品，准确度等级达到0.5%，取得最新7个口径后，产品规格达到16种，实现从DN25—DN600口径型评资质全覆盖。以联合体形式参加的工信部高质量发展专项“工业互联网标识解析二级节点（仪表行业应用服务平台）”通过评审。推进营销体系建设，加大市场宣传力度，塑造自主品牌，参加首届工业物联网（乌镇）展、上海环博会、上海国际水展等展会，在中国石油化工行业数字化工厂会议上推出工业物联网行业应用系统-钛准安全管控平台。完善内部控制体系建设，建立以年度为周期单位的制度修编长效机制，修订完善公司级制度14项、补充新建制度5项。推进场地资源调整，提高和平里园区房产土地资源利用效率，已有39家企业入驻远东科技园区，入驻率90%。其中科技、文化类型企业占比85%以上。加强人才队伍培养，全年开展各种培训近1200人次，强化绩效管理考核，提高人均效率组织效能，2019年人均利润同比上升20%。提升企业安全管控能力，保持公司安全生产稳定局面。全年开展各级各类安全检查113次，排查整改安全隐患135项。签订各级各类安全生产责任书，分解落实企业安全生产主体责任，保证节假日、全国“两会”等节点公司安全。远东仪表当选为中国仪器仪表行业协会第八届理事会（2019—2023）理事单位、中国仪器仪表行业协会自动化仪表分会第八届理事会（2019—2023）理事单位，自主产品高稳定性宽量程智能流量装置、质量流量计的研发与产业化应用获中国仪器仪表学会科学技术奖三等奖，智能型电磁流量计产品获市新技术新产品（服务）证书。

（吴　婷）

【龙顺成中式家具有限公司】北京市龙顺成中式家具有限公司（简称龙顺成）内设综合管理部、财务部、技术研发部、品控部、文化传承中心、品牌运营中心、销售管理中心、生产制造中心8个部门，有在职职工130人。

2019年，龙顺成创新工作模式，整合资源，提高企业运行质量和盈利能力，调整生产布局和产品结构，开发红木工艺品研制，实施红木收藏品制作发展战略，根据合同要求，分门别类安排生产，确保订单如期履约。加大京作家具研发与创新，实现常规产品与商务礼品、收藏品与工艺品相融合的经营模式。继续参与故宫文物修复工程中木器类文物抢救性修复，完成荷花宝座、龙凤条桌、炕脸（沿）等木器修复工作。使用企业收藏的古典老家具残损部件，运用龙顺成古旧文物家具修复技艺，修复完成明代黄花梨木方桌一件、明代黄花梨扶手椅一对，记录修复过程，建立修复日志和档案，收藏于龙顺成博物馆并对外展示。为红木家具收藏者修复红木方桌、楠木箱等古旧家具10余件，实现修缮收入12万元。参加京津冀非遗联展、第十四届中国北京国际文化创意产业博览会、首届中国工艺美术博览会。举办元宵节猜灯谜、龙顺成二月二龙抬头非遗文化交流会、鲁班工匠节、国企开放日等活动。举办京作非遗臻品联展暨龙顺成第八届京作文化节，展出景泰蓝、花丝镶嵌、雕漆等艺术品，设立榫卯拆装、点蓝等互动项目，文化节期间销售收入200万元。以传承京作非遗技艺为定位，发扬京作硬木家具传统制作技法，辅以高精度自动化设备，运用现代管理手段，致力于打造国家级京作非遗示范基地。北京市龙顺成中式家具有限公司邸保忠出版《龙顺成京作硬木家具》。经北京家具行业协会等十八省市家具协会审核认定，龙顺成被评为中国十八省市家具行业年度诚信企业，经北京家具行业协会等十省市家具协会审核认定，龙顺成牌家具被评为中国十省市环保家具知名品牌，中国民协家居消费专业委员会授予中国家居优选品牌，通过国建联信认证中心对龙顺成综合管理体系（GB/T19001质量管理体系、GB/T24001环境管理体系、GB/T28001职业健康安全管理体系）运行情况现场监督审核。经市经信委、首都文明办、市工商局、市地方税务局审核认定，龙顺成再获北京市诚信创建企业称号。全年销售收入6078万元。

（代可心）

【一商红都服装服饰有限公司】北京一商红都服装服饰有限公司（简称一商红都）设综合办、财务部、劳资部、质采部、生产部（下设制作中心、精品车间、良乡红都生产基地、

6月2日，在第四届国企开放日，市民代表参观一商红都高级定制工艺展示（邓海燕摄）

华表车间）、经营部（下设市场部、团装部、红都店、国华商场店、东四店、鼓楼店、北太平庄店、西坝河店、南新仓店）、产品研发部（下设红都设计研发中心、国服工作室、北服—红都工作室，中华技艺大师工作室，首席技师工作室），从业人员226人。

2019年，一商红都以“走高档路线，走精品路线”为发展战略，加快创新工艺技术，开发工团装业务，盘活无形资产，提升品牌核心竞争力。服务全国“两会”，准备各类服装110种，计1.08万件，连带商品20种，2000余件，设立的技能技艺大师服务岗受到代表委员认可。参加中国国际服务贸易交易会，展出中华礼服、盛世国服、京式旗袍3款特色产品，同时展示“红帮”时代使用的制衣老物件以及红都盘扣工艺品。在第四届国企开放日，策划鉴赏——聆听——观摩——见证等参观项目，来自前门社区和社区青年汇市民代表45人参加活动。成立中华人民共和国成立70周年阅兵服装制作工作领导小组及6个专业小组和2个安保小组，由高级技师牵头建立工艺创新技术攻关团队，完成民兵方阵、群众游行方阵、晚间联欢会千人合唱团服装制作。为第二届“一带一路”国际合作高峰论坛访华的部分外国元首制装，为柬埔寨国王西哈莫尼参加日本天皇退位及太子继位的庆祝典礼制作燕尾服、晚礼服及小礼服。研发中心开发无衬里新工艺夏季西服，推出僧装长袍新品。一商红都党支部有正式党员33人，预备党员1人，每月20日定为主题教育日，以党建带动劳动竞赛、经营服务、产品创新，增强党组织凝聚力。员工1人获国务院等单位颁发庆祝中华人民共和国成立70周年纪念章。全年营业收入2.27亿元，上缴税费436.7万元。

（邓海燕）

【北京东华服装有限责任公司】北京东华服装有限责任公司（简称东华服装）设股东会、董事会、监事会，实行总经理负责制。内设经理办公室、行政办、基建网点开发部、财务部、组织人事部、劳资部、外联部、计算机室、工会9个部门。有员工117人，其中在职71人，退休返聘46人。

2019年，东华服装换届选举产生新一届董事会和监事会，健全职工代表大会为基本形式的民主管理，探索企业职工参与管理的有效方式，保障职工的知情权、参与权、表达权和监督权，新增设立职工董事和监事各3人，增加在职注册股东3人，解决注册股东年龄老化，陆续实现注册股东代际更迭。按照精简效能原则，董事会决议注销北京东华服装有限责任公司新颖服装店和北京东华服装有限责任公司华天诚时装分公司两家分公司。利用“东华消息”微信公众号平台，发布公司相关会议精神、经济效益情况、经营决策部署、相关知识及简报信息。制订完善19项企业管理制度。权属企业兴华公司坚持生命安全第一重要原则，更换兴华大楼整套消防预警设施，加强所属经营网点安全管理工作，做到有巡查、有抽查，与70余租户签订安全责任书。公司党委开展“不忘初心、牢记使命”主题教育，组织党员集中学习5次，参观大型成就展2次，观看电影3部，专题研讨4次，主题党课1次，召开党委组织生活会，实施党员民主评议。评选两优一先，评选出街道级优秀共产党员2人，公司级优秀共产党员5人，优秀党务工作者3人，先进党支部1个，公司党委被评为景山街道先进党组织。完成公司党委、纪委换届选举，与各分公司党政负责人签订党风廉政建设责任书4份。预备党员1人转正，确定入党积极分子3人。在献爱心活动中，党员52人、群众21人捐款2040元。

（刘轶娴）

【北京白领时装有限公司】北京白领时装有限公司（简称白领公司）内设总部办公室、人力资源、管理中心、信息中心、营销中心、电子商务中心、设计中心、研发中心、配送中心、形象中心10个部门，下设北京白领时装有限公司经济技术开发区分公司，有员工476人。

2019年，白领公司集设计、生产、销售服装服饰于一体，主要产品为女士高级套装、针织衫、风衣、大衣、裘皮服装、礼服等。年生产能力12万件。与北京燕莎、金源、当代、翠微等商场联营零售；在上海、长春、沈阳、大连、济南、青岛等城市设立直营专柜；与购物中心合作，开设北京燕莎奥特莱斯店、长春砂之船奥特莱斯店；在武汉机场、银川机场、上海浦东机场等设立专营店。经过20余年经营与发展，白领公司拥有WHITE COLLAR、SHEE'S、K.UU、GOLD COLLAR等4个主要品牌，可以满足各阶层顾客不同需求。全年营业收入2亿元，上缴税费1900万元。

（刘　莲）

11月1日，庄子公司为北京人和足球俱乐部赞助服装（林江城摄）

【北京庄子工贸有限责任公司】北京庄子工贸有限责任公司（简称庄子公司），内设营销中心（包括销售部、企划部、客服部、商品部、物流部）、研发中心（包括采购部、皮装部、男装部、女装部、技术部）、生产中心（包括办公室、裁剪车间、缝制车间、毛领车间、原料库、辅料库）、管理中心（包括管理部、行政人事部、总务部）。有员工200余人，其中专业服装设计和技术人员60人。

2019年，庄子公司为北京人和足球俱乐部赞助服装，为球队主教练、队长、主力队员等160人提供量身定制西装160套（件）。为北京卫视财经频道—诚信北京栏目组主持人2人提供服装20件。庄子公司董事长兼总经理受邀参加中华人民共和国成立70周年国庆观礼活动。组织全体员工开展庆祝中华人民共和国成立70周年活动。2019年，庄子服装获全国质量检验稳定合格产品、庄子皮革服装获评中国消费品市场高质量发展优选品牌、全国服装行业质量领先品牌，庄子公司获评全国产品和服务质量诚信示范企业、年度北京市诚信创建企业、全国质量诚信标杆企业等。全年销售收入10047万元；上缴税费484.5万元。

（胡羽歆）

【北京格格旗袍有限公司】北京格格旗袍有限公司（简称格格）内设总经办、行政部、财务部、产品研发部、营销部、电商运营部、商品部、品牌推广部、物流部、技术部、生产部11个部门，有员工300余人。

5月，格格参加济南中华服饰设计周，担当闭幕式压轴大秀品牌，发布2019秋冬产品系列—飒姐儿。8月，位于北京当代商城中关村店和翠微集团龙德广场店的格格专柜，进行品牌形象升级后重装开业。12月，甘家口百货专柜品牌形象升级重装开业，经营旗袍、生活装、婚庆礼服3个系列1000余件商品。格格全年生产各式服装10万余件套。

（罗　天）

东城区工业企业单位负责人

北京金漆镶嵌有限责任公司

董事长	柏德元（7月去世） 柏　群（8月任）
党总支书记	柏德元（7月去世）
总经理	柏　群

北京市珐琅厂有限责任公司

董事长	衣福成
党总支书记	谢燕华
总经理	钟连盛

北京剧装厂党支部书记	石金栓
厂长	石金栓（12月免） 张顺龙（12月任）

北京市工艺木刻厂有限责任公司

董事长、党总支书记	曹海平
总经理	马洪双

北京象牙雕刻厂有限责任公司

董事长、总经理	肖广义
党支部书记	洪　燕

北京远东仪表有限公司
董事长、党委书记　卢继伟（1月免）
　刘　枫（1月任）
北京龙顺成中式家具有限公司
经理、党支部书记　高自强
北京一商红都服装服饰有限公司
经理　张　培
党支部书记　孙玉冰
北京东华服装有限责任公司
董事长　林建华
党委书记　何桂英
北京白领时装有限公司
董事长、总经理　苗红兵
北京庄子工贸有限责任公司
董事长、总经理　庄再强
党支部书记　蒲文献（1月免）
　张向东（1月任）
北京格格旗袍有限公司董事长　王金乔

建筑业

【概况】2019年，东城区建筑业企业共有227家。按资质类别分，施工总承包企业50家（其中特级1家，一级16家，二级19家，三级14家），专业承包企业170家（其中一级26家，二级100家，三级43家，特种作业1家），劳务分包企业7家。根据《建筑业企业资质管理规定》，专项核查区内建筑企业资质，建立台账，登记企业详细信息，重点核查一级资质和设计施工一体化分离出来的施工企业。全年受理办结建筑业企业“三类人员”（建筑业企业主要负责人、项目负责人、专职安全生产管理人员）安全生产考核合格证书续期1084人次。

（王守月）

表13　　东城区建筑业企业一览表

	资质类别	特、一级	二级	三级	合计
总承包	房屋建筑	12	9	4	25
	机电安装	1	1		2
	通信工程	1	1		2
	市政公用	1	7	7	15
	公路工程	2			2
	石油工程		1		1
	矿山工程			1	1
	电力工程			2	2
	冶金工程				
	水利水电				
小计		17	19	14	50
专业承包	装饰装修	14	72		86
	消防工程	4	6		10
	港航设备安装				
	隧道工程				

续表13

	资质类别	特、一级	二级	三级	合计
专业承包	输变电工程			8	8
	桥梁工程				
	地基基础	2	1		3
	建筑防水防腐	1	5		6
	古建筑工程	2			2
	模板脚手架工程				
	机电设备安装	1	1	17	19
	城市及道路照明			8	8
	电信工程		1		1
	公路路基工程				
	电子与建筑智能化工程	1	13		14
	建筑幕墙				
	环保工程		1	8	9
	公路交通工程	1			1
	起重设备			1	1
	钢结构			1	1
	特种工程			不分级1	1
小计		26	100	44	170
劳务分包				不分级7	7
总　计		43	119	65	227

（王守月）

房地产开发

【概况】2019年，完成现房销售备案业务20件，涉及6个开发项目；商品房预售许可证延期业务3件，涉及1个开发项目；办理商品房合同注销14件；期房预查封52笔。

（肖　彤）

【北京东兴建设有限责任公司】北京东兴建设有限责任公司（简称东兴建设），下设组宣部、研究室、办公室、工程部、技术质量部、人事部、财务部、安保部、工会9个业务部室及一分公司、二分公司、三分公司、四分公司、五分公司、七分公司、古建分公司7个基层单位，有职工219人。

2019年，东兴建设确定的工作主题为铸魂、创优、扩展。召开第三届九次职代会，审议2018年度行政工作报告、安全生产工作报告等9个文件，通过《2019年度北京东兴建设有限责任公司〈工资集体协商专项〉决议》等议案，并形成大会综合决议。召开第三届第二十四次董事会，审议通过2018年工作报告、2018年企业利润分配方案等文件，决定提交股东会审议。第二十九次股东会议审议通过董事会工作报告、监事会工作报告、2018年企业利润分配方案等报告、方案及公司章程修正案。召开年度工作会，通报2018年各分公司履行工效挂钩经营责任书考核情况，宣布工效挂钩经营责任书执行通知及对获得结构长城杯单位进行奖励的决定。召开2019年专业工作会，公司中高层

4月19日，全国妇联主席视察中华女子学院贤良祠古建维修工程（马慧光摄）

领导、各分公司经理、副经理、主管财务、技术质量、安全、生产管理及机关业务部室相关负责人90人参加。成立安全联合检查组，到胡家园社区民用综合服务用房及地下车库工程现场，检查该项目安全防护、临时用电、消防保卫、绿色施工、生活区管理、安全资料等施工及管理情况，就检查过程中发现的安全隐患下发通知单，责令限期整改，并委派专人复检复查，坚决遏制施工现场各类安全隐患。成立经济运行检查组，由工程、统计、财务、劳务、技术、安全、行政等主管领导及部室人员组成，听取各分公司工程结算及年底资金安排情况汇报，要求在施工进展、成本支出、过程控制、工程结算上细算账，做到心中有数，有效安排资金。召开项目成本分析会，对胡家园社区综合服务用房及地下车库、北京市化工职业病防治院、于家务3个工程成本进行详细分析，根据各工程不同的施工特点，制订相应措施。2019年，东兴建设引进广联达BIM5D软件平台系统，并在胡家园项目中使用。该系统集成土建、机电、钢结构、幕墙等专业模型，以集成模型为载体，关联施工过程中的物资、成本、质量、安全、进度、图纸等信息，为项目质量、进度、成本管控、物资管理等提供数据支撑，协助管理人员有效决策和精细管理，促进工程管理实现自动化、智能化、系统化、集成化目标。接待全国妇联主席、市环保督查组、长城杯评审组专家、东城区领导等，检查、考察、调研东兴建设承建的中华女子学院贤良祠古建维修工程、胡家园工程、于家务工程等，指导公司提高工程质量管理意识，提高企业施工质量管理水平。接待朝阳门街道工委来访，就朝阳门地区城市建设、东兴建设施工生产现状及双方关心的民生问题交换意见，认为双方要加强沟通、相互支持、鼎力合作，为做好党建工作共同努力。2019年，东兴建设举办“牢记使命砥砺行 苦练技能建新功”安全管理、劳动人事专业职工技能大赛，26人参加，14人分获第一、二、三名及优胜奖，公司领导为获奖职工颁发奖品以资鼓励。召开党员大会，选举新一届党委和纪委。召开支部书记会议，部署“党建+”工作，打造红色企业。公司党委及各分公司支部组织召开民主生活会，主题为“不忘初心、牢记使命，深刻反思、强化认识，努力营造良好政治生态”，达到“照镜子、正衣冠，红红脸、出出汗”的目的。在“不忘初心、牢记使命”主题教育中，30余人听取党委书记讲党课，组织《中国共产党问责条例》《施工现场安全管理》等主题岗位知识宣讲5期，号召党员群众100余人参与“七一”献爱心，捐款4600元，举办“牢记使命——传播红色思想”主题诗歌朗诵比赛，丰富职工文化生活，提高企业凝聚力和向心力。2019年，东兴

4月21日，东兴建设五分公司承建的北京市化工职业病防治院应急救援楼项目举行开工奠基典礼（马慧光摄）

建设被北京市建筑业联合会评为北京建设行业AAA信用企业、北京建设行业诚信企业。公司承建的朝阳区豆各庄3、4号地通惠灌渠西侧地块东城区旧城保护定向安置房项目2-07#住宅楼工程，获2019—2020年度北京市结构长城杯银质奖工程且被评为2016年度北京市绿色安全工地。北京稻香村（霸州）食品有限公司年产5万吨食品生产基地工程，获2019—2020年度结构长城杯银质奖工程。全年完成产值3.78亿元，实现经营利润333.39万元，缴纳税金1047.73万元。

（孙丽娟）

【北京筑邦建设有限责任公司】北京筑邦建设有限责任公司（简称筑邦公司），设行政部、财务部、人力资源部、经营管理部、工程部5个部门，辖第一、四、五分公司及1个施工处，有工程技术人员及经营管理人员218人。

2019年，在“房住不炒”大背景下，房地产及建筑市场处于持续调控期，筑邦公司开拓京外建筑市场，承揽保定市定兴县北京世代状元府住宅小区6#、7#楼工程，该项目建筑面积3.1万平方米，地下2层、地上18层，年底完成结构施工。参与市区背街小巷整治工程及胡同提升改扩建工程，完成外墙粘贴仿古砖约780平方米，小亭泥砖墙砌筑1000平方米，中式随墙门楼5座，外墙真石漆喷涂2200平方米，合瓦及平台翻建450平方米，仿古式断桥铝门窗400平方米，油漆彩绘380平方米。承接北京航天实验技术研究所民用航天研发试验厂房改造工程。筑邦公司党总支开展“不忘初心、牢记使命”主题教育，组织党员干部参观香山革命纪念地、庆祝中华人民共和国成立70周年成就展、遵义会议会址及四渡赤水纪念馆，增强党员守初心、担使命的思想自觉和行动自觉。全年完成产值4792万元，缴纳各项税金350.6万元。

（王勇涛　王春岩）

10月9日，筑邦公司全体党员参观伟大历程辉煌成就展（杨宗刚摄）

【崇新公司】北京崇文·新世界房地产发展有限公司（简称崇新公司）设人事行政部、法务部、财务部、合约成本部、工程部、销售及市场推广部、资产管理部、拆迁部、品牌及传讯部9个部门，在职员工103人（包含崇裕、电子）。公司党支部有正式党员19人。

2019年，崇新公司承接崇文门外大街1号、5号、6号地旧城改造、房地产开发、商品房销售业务，租赁经营管理新世界中心一期、新世界酒店、燕京大厦、新怡商务楼、新裕商务大厦等商场、公寓、写字楼。公司被评为年度东城区统计诚信示范企业，北京市工商联非公经济组织党建示范单位，连续15年获区政府颁发的百强企业奖牌及证书。2019年，变更公司董事长孙雷为陈耀豪。全年销售收入1601万元，租赁收入9952万元，缴纳各项税金4054万元。

（王　爽）

【北京崇裕房产开发有限公司】北京崇裕房产开发有限公司（简称崇裕公司），2019年实现销售收入2469万元，租赁收入3868万元，缴纳各项税金2260万元。

（王　爽）

【中国新世界电子有限公司】中国新世界电子有限公司（简称新电公司），2019年租赁经营管理商场、公寓、写字楼业务，全年租赁收入4404万元，缴纳各项税金1029万元。

（王　爽）

【北京住六】北京住总第六开发建设有限公司（简称北京住六），是国有控股建筑安装施工企业。下设组织部、党委办公室、宣传部、团委、纪检监察部、工会、市场营销管理部、技术部、质量管理部、法务事务部、人力资源管理部、资产财务部、项目管理部、安全监管部、材料招标采购管理部、劳务管理部、行保离退管理部、审计部、董事会秘书室（标准化办公室）、合同预算部、企业发展部、计量室、经理办公室（信息中心）23个部室，有北京住六欣意租赁有限责任公司、北京住六欣跃机电安装有限公司、北京住总鸿运房地产开发有限公司3家专业公司，在通州、银川、龙口设有分公司，有职工837人，其中高级职称28人、中级职称103人、一级建造师60人、二级建造师46人。

2019年，住六公司持续推进“两业并举、多元发展”产业布局，以企业发展战略为引领，融入城市建设，立足京津冀，提升服务品质，打造品牌形象，推动企业高质发展。承建北京银行顺义科技研发中心、会展誉景、平谷小学、天津大自然广场等公建工程；永乐店敬老院、东四街道环境提升项目、东城区第一妇幼保健院基础设施维修项目、隆福医院装修改造工程、黑庄户定向安置房、天津市宝坻区天秀园住宅小区、密云王各庄棚改、通州区通和家园、昌平区未来科学城定向安置房工程等住宅工程；承建轨道交通13号线回龙观车辆段、4号线马家堡车辆段、房山阎村车辆段工程；承建通州台湖地区富民路标段、崔家窑南街、太平中二路、和顺路市政道路等市政工程。住六公司获首都十大名企称号，跻身全国建筑业500强企业行列，创造国家专利8项、全国及北京市优秀QC成果等建筑业新技术应用示范工程32项。持有质量、环境、职业安全健康国际标准“三标一体”认证。北京航空航天大学沙河校区公共实验室（组团3、4）工程获国家优质工程奖，密云棚改工程获结构长城杯金奖，北京市第二儿童福利院工程获竣工长城杯金奖。国展三期工程QC小组的《提高顶板梁柱节点分等级浇筑合格率》课题和平谷小学工程QC小组的《提高外墙仿砖涂料质量合格率》课题，获评2018年度北京市工程建设质量管理小组活动成果一类和二类。住六公司注重安全环保工作，及时消除安全、环保薄弱点、风险源。在大气污染综合治理攻坚行动、首都蓝天保卫战、安全生产月、节假日、北京重大政治活动等关键时段，以及项目重大危险源作业中，两级领导带班巡视，实现全年安全零事故、环保零超标、消防零冒烟目标。 2019年，完成综合经营额17.5亿元，施工规模105.21万平方米，其中新开工28.7万平方米，竣工20.4万平方米。中标面积30万平方米，新签合同额18.89亿元。完成结算15项，合同结算金额7.08亿元，全年纳税额1682.8万元。

（徐子扬）

东城区房地产开发企业负责人

北京东兴建设有限责任公司

董事长	张建忠
总经理	韩　威（1月免）
	富兴华（1月任）
党委书记	张建忠（4月免）
	蒋春晖（4月任）

北京筑邦建设有限责任公司

董事长、党总支书记	陈小虎
总经理	何广林

北京崇文·新世界房地产发展有限公司

董事长	孙　雷（3月免）
	陈耀豪（4月任）
总经理	孙　雷（3月免）
	陈耀豪（4月任）
党支部书记	黎　霞

北京崇裕房产开发有限公司

董事长	孙　雷（3月免）
	陈耀豪（4月任）
总经理	孙　雷（3月免）
	陈耀豪（4月任）
党支部书记	黎　霞

中国新世界电子有限公司

董事长	孙　雷（3月免）
	陈耀豪（4月任）
总经理	孙　雷（3月免）
	陈耀豪（4月任）
党支部书记	黎　霞

北京住总第六开发建设有限公司

董事长、党委书记	靳国忠（9月免）
	侯喜悦（10月任）
总经理	郭顺祥

商业　对外经济

9月7日，北京利生体育商厦（庄蕊摄）

综　述

2019年，宏观经济持续下行，东城区扎实做好稳增长、促改革、调结构、惠民生等各项工作，努力提升商务经济质量效益。全年累计实现社会消费品零售总额1105.2亿元，完成全年任务的100.93%，比2018年同期高4.96%；同比增长5%，高于全市增速0.6个百分点，高于年度任务1个百分点，高于2018年同期1.9个百分点，增速全年领跑城六区。累计实现进出口总额1173.2亿元，同比增长13.3%，占全市进出口总值的4.1%，增速在城六区排名第一。实现实际利用外资6.25亿美元，同比增长0.2%，全市占比4.4%，居全市第四位。

网点建设。编制《东城区生活性服务业设施规划》，新建或规范提升便民商业网点43个（蔬菜零售11个、超市便利店26个，建成社区商业便民服务综合体6个），完成年度任务的121%，连锁化率提升3.4个百分点。开展居民满意度调研，群众满意率96.69%。东花市街道东花市南里社区成功创建北京市核心区生活性服务业示范街区。

疏解提升。8月底提前完成全年区域性专业市场疏解任务，关停好润王府井小吃市场，完成王府井风情街、天泽祥菜市场升级改造。百荣世贸商城引入零售、餐饮服务、儿童教育等业态，不断向购物中心转型，带动永外地区市场整体疏解。

释放消费活力。打造以“体验消费 品味东城”为主题的全年促消费活动，开展“年货购物季”“美食体验季”等活动。打造前门“夜京城”首席地标、簋街餐饮聚集区、王府井时尚休闲区、崇外文化购物区、永外市民休闲娱乐区，其中簋街不夜街、前门啤酒花园、和平菓局、京珐艺苑、永外商圈“燕京·百荣啤酒花园”成为较为突出的夜间经济热点区域，形成具有东城特色的夜间经济集群。

培育特色消费品牌。加大老字号品牌保护力度，北京稻香村、吴裕泰茶业获“2019年度北京十大商业品牌”奖。簋街、南新仓、前门（鲜鱼口）商业街、南锣鼓巷、红桥市场和五道营六条特色街区成为北京特色消费街区。积极引进盒马鲜生等新业态项目，鼓励市场综合体引进国内外知名品牌，提升品牌档次，吸引高端购买力回归。

优化营商环境。构建“亲、清”新型政商关系，加快推进一网通办，深化“放管服”改革，按照“一门、一窗、一网”服务新模式，在政务服务大厅设立办理窗口，实行一站式办公，简化优化办事流程。全年办理备案、年审等事项150余项，涉及金额6501.4万元，接待群众800余人，窗口零投诉。制订《2019年东城区总部企业区级税收贡献预期增幅6%工作方案》，调研走访企业280余家，挖掘企业税收存量，当好企业参谋助手和服务管家。举办3场商务政策宣传培训，惠及企业600家。

外资企业发展向好。坚持“引进来”和“走出去”相结合，推动“云团式”项目发展，聚焦政策突破，新设外商投资企业92家，同比增长41.5%，全市占比5.6%，排名第三位，仅次于朝阳、海淀，其中服务业扩大开放重点领域新设外商投资企业75家，同比增长56.3%，占全部新设外商投资企业的81.5%。梳理重点项目48个，全市占比超过10%，投资额超过560亿元，其中落地32个，预期收入约160亿元，预期区级税收约2亿元。阪急国际旅行社申请试点经营中国公民出境旅游业务项目被列为市级统筹项目。

（贺蔚蔚）

商业服务业

【概况】2019年，区商务局依据商务工作职能，精心谋划思路、精细制订措施、精准落实要求，抓好商务系统老字号发展、精准扶贫两个精品工程。制订《东城区推动老字号传承发展实施办法》，组织8家老字号企业参与北京电视台《老号新生》专题片拍摄，节目播出反响热烈。组织老字号参加亚洲美食节、京交会老字号板块，联合举办老字号篆刻艺术展、老字号品牌走进街道社区等活动。加强文商旅融合，5家老字号企业参与“故宫以东”2019艺术品交易文化旅游季，老字号技艺上线爱彼迎平台“体验匠心”非物质文化遗产旅游示范项目。组织老字号、商贸流通、餐饮等企业赴湖北郧阳区实地考察，在东花市南里社区举办“东城对口支援地区农产品消费扶贫进社区推介活动”，通过牵线搭桥，辖区3家企业与受援地达成合作。区商务局扎实做好“菜篮子、米袋子、肉案子”市场储备供应工作，构建“储备商品、应急企业、应急预案、应急培训”四位一体应急体系，增强市场调控与保供能力。强化粮食管理，建设粮食安全保障体系，完成粮食安全区长责任制考核、2018年度粮食社会调查统计、汛期粮油物资储备检查等工作。制订《东城区商务局关于区级应急救灾储备物资调拨工作机制》，定期检查，确保区级应急救灾物资库物资安全。完成2019年中国国际服务贸易交易会相关工作任务。承办京交会版权交易板块，实现签约额近1.3亿美元。

（贺蔚蔚）

【东集泓业公司】北京东集泓业资产经营股份有限公司（简称东集泓业公司）内设经营部、财务部、人力资源部、权益部、办公室5个部室，有在职员工38人。

2019年，东集泓业公司坚持以市场为导向，以效益为核心，落实精细化管理，根据市场变化调整经营思路，提升现有房产品质，开拓创新，挖掘潜能，房产收入再创佳绩，完成全年各项目标任务。在加强企业管理、提高经营收益基础上，注重提升退管服务质量，为全体退休退养职工每人发放200元生活补贴；重阳节，走访慰问95岁以上老职工40人；妥善处理解决上访、遗留问题；每月更新退休退养数据库，在信息核查中注重与各部门沟通，将核实无误的变动情况及时反映在数据库内，确保数据库"新、全、准"。公司党建、工会工作围绕总体目标，加强团队建设，着力打造一支勇于进取、善于创新、执行力强、充分发挥作用的队伍。党委与工会联合组织开展"文化、古建游"主题团建活动；参与和平里街道工会夏季为职工送清凉包、冬季送电影票等活动；为党建图书室购置图书30余册，倡导全员阅读。完成公司工会换届及工会法定代表人变更手续。2019年，编制《安全管理工作规范手册》，抓房产经营主线，聘请专业老师对全员进行安全培训及消防设备实操演练。景山、新中出租汽车公司整合后，领导班子平稳融合，出台经营管理举措，实现管理　制度统一，组织学习王建生"345"创新运营服务法和生态驾驶五步法，提升车辆运力，提高司机收入，设立司机安全服务奖，落实安全追责问责，变管理为服务，出租车"油改电"更换车型，得到协会和公司给予的资金支持。

（赵家慈　王　悦）

【东方奥天公司】北京东方奥天资产经营有限公司（简称东方奥天）设董事会、监事会、经营层，内设办公室、经营改革发展部、财务部、审计部、资产安全管理部、人力资源部、党群工作部7个部门，在册职工1098人，离退休6654人。

11 月 11 日，盛锡福皮帽制作技艺参加北京礼物颐和园项目推介会（杨帆摄）

2019年，东方奥天举办节日营销及购物节活动60余次，实现销售收入4160万元，推动电子商务发展，全年电商销售收入1068万元。参加第126届中国进出口商品交易会，参展商品近100种；参加第七届中国（北京）国际服务贸易交易会，亮相非物质文化遗产展区；参加王府井步行街北延开街活动，配合金街过大年惠民促销活动，开展品牌打折优惠；参加2019年全国诚信兴商宣传月活动。权属企业东单菜市场在区政府协调下，与市消费扶贫双创中心对接，建设东城区消费扶贫双创分中心，发挥"消费扶贫、政府采购、旅游推广、形象展示、产业协作、爱心捐赠"六大平台作用，呈现受援地区脱贫、企业增收的双赢结果。权属企业利生体育商厦、儿童用品商店被北京市老字号协会认定为北京老字号企业，授予北京老字号牌匾。利生体育商厦在地下一层开设斯凯奇品牌旗舰店，经营面积1000余平方米，设立4个经营区域，有9大类近1000种商品，商厦拓宽业务渠道、扩大品牌影响力，与光大银行北京分行签订700万元大额团购业务订单。权属企业同升和鞋业、盛锡福帽业合营店在东单北大街90号开张营业，致力打造银街老字号专业特色店，有各类花色品种鞋类产品300余个、帽品40余款。东方奥天组织权属企业举办或参加多项展会活动，其中盛锡福帽业参加中华老字号故宫过大年展，入选第四届首都国企开放日单位，开展"辉煌七十载，再谱新华章"主题参观活动，通过图板展示、媒体播放、现场制作演示等形式，展示百年企业背后独具匠心的制作技艺；参加市文旅局主办的第八届北京国际旅游商品及旅游装备博览会，皮帽制作技艺第五代传承人吴子镝代表企业携多种帽品参加，其中裘皮帽系列入选北京礼物优秀文创精品；参加北京礼物颐和园项目推介会，亮相2019王府井大街最红"打卡地"——和平菓局；参加"不忘初心·传颂经典——北京老字号传承典范经验分享会"，国家级非遗传承人李金善获北京老字号工匠称号。同升和鞋业开展"众里寻他千百步"企业品牌文化建设活动，专程拜访同升和40年前老顾客，共同回忆同升和当年的经营盛况、鞋厂生活、制鞋技艺以及老北京历史文化。区领导到利生体育商厦、儿童用品商店调研转型升级工作推进情况。东方奥天召开5年发展规划推进会、职工代表大会、工作会，与各权属企业签订绩效目标、党风廉政建设、综合治理责任书，分解落实各项指标任务，加强董事会和董事队伍建设工作，按照《公司法》和《公司章程》，根据崇远公司任命与委派，调整董事长等董事会成员3人，以保持公司整体工作稳定。董事会履行“定战略、管团队、议大事、控风险”职能，全年召开董事会6次，审议通过决议16项，涉及年度财务预决算方案、人员任免、内部借款、对外合作、房屋租赁等重大事项。公司党委开展“不忘初心、牢记使命”主题教育活动，在10个党支部全体党员中开展3次专题研讨交流会；制订2019年员工教育培训计划，组织经营、资产、财务、人事、行政、党务等专题培训93项次，2836人参加；注重安全培训教育，组织安全培训53次，消防应急演练60次，检查网点2275次，出动人员3086人次，督办隐患整改61处，确保企业安全生产零事故。公司党委、党员和职工7人受到区国资委表彰。全年营业总收入7.35亿元，利润3527万元；资产总额12.49亿元，国有资本保值增值率103.26%；全公司上缴税利4605万元。

（赵文若）

【东方祥泰公司】北京东方祥泰投资管理有限公司（简称东方祥泰），有北京青蓝大厦有限责任公司、北京京教物业管理有限责任公司、北京育东劳务服务中心有限责任公司等权属企业13家，内设综合办公室、人力资源部、财务部、企业管理部、安全管理部、党群工作部6个部门，在职员工470余人。

2019年，东方祥泰下属单位青蓝大厦利用剧场资源，向东城区各教育机构、学校提供文化活动技术支持与服务，打造以发展教育产业、服务教育事业为理念的品牌意识。推进东城区学校后勤社会化进程，新增汇文第一小学、府学小学什锦花园校区及美术馆后街校区、第七幼儿园分园园区、史家实验学校分校校区、黑芝麻胡同小学、帽儿胡同校区6所校区后勤服务，新增岗位23个。至年底，服务教育直属机关单位4家，小学和幼儿园14家（30座校址），服务总面积22万余平方米，提供后勤服务工作人员280余人。东方祥泰积极探索开发物业管家服务项目，打造专业化、精细化服务模式，以服务质量赢得更多市场。全年实现零事故、零投诉。开发普度寺青少年艺术与美术基地资源，组织承办“童心巧手传文化 翰墨书香迎华诞”“爱，让色彩飞扬”“正大气象——全国正书六家展第四回巡回展”等主题书画展6次。东方祥泰贯彻“安全第一、预防为主、以人为本、综合治理”安全方针，层层签订安全目标责任书24份，日常检查188次，出动人员294人次，发现隐患36处，已完成整改，安全培训4次，参加105人次，应急预案演练4次，安全投入33万余元，公司全年运行无事故。东方祥泰党总支下设本部、青蓝2个支部，坚持党建引领企业发展与基础，认真执行“三重一大”政策，召开总经理办公会32次，审议议题81项，其中涉及房产出租、大额资金使用、制度制订修订等19项议题，严格执行事先听取党委意见的规定。完成东方信达总公司规定的各项经济指标，全年总收入6096万余元，上缴税金900万余元，为在岗职工缴纳五项社会保险734万余元。

（李　宁）

【北京市百货大楼】王府井集团股份有限公司百货大楼（简称百货大楼）内设总经理办公室、业务营运部、市场营销部、财务部、人力资源部、顾客服务部、物业管理部、党委工作部、工会、安全保卫部、储运部11个职能部门；珠宝精品销售部、化妆销售部、女装销售部、皮具销售部、男装销售部、家用儿童销售部、超市销售部、功能管理部8个销售及管理部门，有在岗员工660人。

2019年，面对国内外环境复杂、行业内竞争严峻、顾客消费需求升级的形势，百货大楼推进转型提升和创新落地，强化核心竞争力，创新探索经营资源和体验开发；打造首店经济、旗舰店项目，在地下二层建造场景沉浸式体验空间——京味儿和平菓局，还原京城胡同场景，开发北京伴手礼，做讲究的北平风味和京式细点；六层餐饮区引进网红品牌一乐拉面，开业当天流量大幅提升，带动日均客流7000人次，环比提升75%，功能销售环比提升近9%。百货大楼举办传承国家级非物质文化遗产宜兴紫砂与扶残助残相结合公益活动，宣传宜兴紫砂，顾客既体验手工制作乐趣，又切实帮助残疾手工艺者提高收入。提升服务核心竞争力，7月至9月开展服务专项行动，设置立行立改、提升、攻关3个类别大项，包括13个小项目，其中部门级3个，商店级10个，专项行动整改期间，检查问题775起，同比上升54.7%，考核45次，警示93次，提示643次，分别同比上升36.4%、19.2%和80.6%，专项行动达到全员服务提升、顾客体验提升目的。开展金牌店长评选，评选金牌店长13人，以点带面，促进提升导购员队伍素质。完成全国“两会”、“一带一路”国际合作高峰论坛、亚洲文明对话、北京世界园艺博览会、中华人民共和国成立70周年大阅兵等政治活动安全保障工作。2019年，针对不同主题、不同安全防范重点，实战演练9次，强化全员安全意识及安全管理理念，提升全员突发事件处理能力和协同作战能力。签订联营商户（租赁商户）安全生产管理协议书，修订《百货大楼启封店制度》，完善隐患排查机制，加大层级隐患排查，全年累计进行安全排查2200余次，查出隐患并进行整改2000余项，约谈单位15次，下达整改通知书45份，开展安全培训240余次，培训1.2万余人次。全年未发生安全事故。发放困难补助4人，14.95万元。全年销售收入15.95亿元，利润1.57亿元，较计划、同期分别增加238万元、585万元，实现双超。

（王夕晨）

【王府井东安市场】王府井集团股份有限公司东安市场（简称东安市场）设置珠宝皮具、服装服饰2个销售部，总经理办公室、业务营运部、市场营销部、人力资源部、财务部、顾客服务部、行政安全部、党群工作部、工会9个职能部室，有员工186人。

6月28日，东安市场举办收银员技能比赛（王颖摄）

2019年，东安市场由坚守向开拓转变工作方针，由等待调整转为主动出击，积极谋划，广寻开源，深挖潜力，优化机制，开拓创新，树立以效益为中心的工作导向，释放管理潜能，提高工作效能，开创工作新局面，发扬东安市场百年老店历史传承精神，调整商场经营定位，制订转型调整方案，向东城区区委、区政府、王府井建管办进行专题汇报。商场首层开辟客流最大的区域作为快闪区，以灵活的商业合作方式进行产品发布、促销商品售卖及体验活动，集合12个品牌实现区域坪效收益，高于同期30%。调整二层、三层低产和空置区域，扩展儿童服饰、男装品类，新引进品牌10个，移位品牌4个，撤柜品牌12个。打开三层、二层与APM购物中心垭口处，加强融合，解决自我遮挡，增宽通道，互通客流，带动垭口周边品牌日均销售同比上升15%以上。打破经营单一合作模式，品牌灵活合作，取得较好效果。在各楼层寻找闲置区域添加功能性设施，如冰街1946、可口可乐自动贩卖机、街电充电宝、鲜花自助售卖机等，增强顾客体验感，促进业绩提升。围绕场庆、重点节假日开展多主题营销活动14次，营销天数158天，占全年自然日的44.4%。打造东安惠选营销品牌，通过重点品牌特卖会、单品惊爆价、珠宝节、暖衣节等形式，赋予其精选、特惠的特性，成为贯穿全年的营销线索，树立东安自有营销特色品牌。创新互动营销形式，增强线下引流，线上增加H5互动游戏，举办游戏积分抽奖、线下领取奖品活动，调整、丰富公众号表达方式，加入游戏、小视频、微访谈、互动话题等内容，优化排版，充实画面，提升公众号阅读趣味性，全年推送41期，243条，分享次数同比上升166.67%，阅读总数同比上升175.3%。全年开展会员抽奖、返券、双倍积分、注册送礼、网上商城活动11次，85天，至12月31日会员数量同比增长20.1%，会员消费人数同比增长2.68%，交易次数同比增长17.29%。注重激励效应，开展8次13期劳动竞赛，奖励重心向一线倾斜。在多次单项奖励评选中，评选优秀班组长28人次，收银之星24人次，总台之星6人，颁发大麦店家奖牌75家，金牌店小二奖章178人次，奖励大单销售300人次，连单销售595人次，调动全员销售积极性。举办收银员年终冲刺63天劳动竞赛，设立团队奖、个人奖、贡献奖、全勤奖，激发收银员提升服务质量和综合技能。组织冰点内购群信息达人评比，调动专柜店长及导购员积极性。选拔魅力店长，进行经验交流与分享，培育服务人员排头兵，发挥优秀店长引领作用，提升导购员服务热情及服务质量。组织商场收银员和专柜导购参加北京市第九届商业服务业技能大赛，参加收银、美陈项目比赛，S.DEER专柜店长被评选为美陈之星。2019年，东安市场整合组织架构，优化人员组合，完善梯队结构，人员调整涉及商场10个部门51人次。开展“不忘初心、牢记使命”主题教育，领导班子理论学习13次，党员学习98次，主题党日70次，党员大会37次，党课25次。制订与签订个性化廉政责任书、严格落实廉政提醒制度、不定期开展廉政风险点排查和廉政谈话。完善相关制度与工作标准流程，发布《东安市场功能体验项目管理办法（试行）》《东安市场公务车辆使用管理办法》《东安市场加油卡管理办法》《东安市场意识形态工作责任制实施细则》《东安市场党总支部委员会议事规则》等多项管理制度与工作方案；制订《东安市场2019年春节、两会安保工作方案》《东安市场防汛工作预案》《东安市场2019年安全生产月暨应急宣传进万家系列活动方案》《东安市场关于〈开展“防风险保平安迎大庆”安全专项行动〉的工作方案》，明确《东安市场总值代班人员工作规定及流程》，制作《东安市场总值代班人员处置突发事件流程图》，明确安全责任，加强安全意识。进行各类安全教育培训16次，应对突发事件应急演练4次，加强商装现场及验收管理，保障施工安全。

（何　睿）

【王府井工美大厦】北京工美集团有限责任公司王府井工美大厦（简称工美大厦）内设办公室、组织部、工会、人力资源部、财务审计部、工程部、保卫部、物业部、信息部、商场管理办公室、业务部、经营部、员工餐厅13个部门，在职员工207人。

2019年，工美大厦配合集团公司完成第六层商业场地整层招租项目，年租金同期增长88.2万元。撤销综合管理办公室、后勤部，职责分别并入办公室、财务审计部、工程部、保卫部。调整质量管理体系文件，明确岗位职责，优化业务流程。在世园会国际馆开设世园特许商品零售店，5月1日开业，10月7日闭馆，销售总额371万元，单日销售最高11.5万元，单日成交最高1600笔。冬奥特许商品零售店8月3日首发北京冬奥徽宝，11月2日上市冬奥吉祥物，全年销售2109万元，同比增加1380万元，增幅189%；其中销售冬奥徽宝129方，收入1311万元。开设北京礼物旗舰店，将知名品牌北京礼物与自营传统品牌民间工艺相互嫁接，得到消费者及北京礼物品牌管理中心认可，获我最心仪的北京礼物最佳店中店奖。12月12日，工美造办国礼馆开业，是首家汇聚国礼典藏版及国礼衍生品的自营实体店，当月销售20万余元。全年举办淘老货、主题书画展、展销会、工艺品DIY活动20余次，实现销售330万余元；组织、参加大型内购会近30场，实现销售260万余元。从学习教育、调查研究、检视问题、整改落实四方面深入开展“不忘初心、牢记使命”主题教育，贯彻落实习近平新时代中国特色社会主义思想。修订完善《固定资产管理办法》《全面预算管理办法》《写字间出租管理办法》等项制度。召开八届十二次职工代表大会，审议通过《北京工美集团有限责任公司企业年金方案》《北京工美集团有限责任公司企业年金管理办法》；召开八届十三次职工代表大会，审议通过《关于王府井工美大厦工会使用工会经费支付2019年度体检费用的议案》。组织安全培训11次，培训人员359人次，专项突发事件演练3次，参加演练人员100余人次；进行安全检查37次，整改问题19项。完成国庆70周年活动安保任务，配合公安部门完成3次阅兵演练后勤保障。实施二次供水改造，保证供水卫生；组织冷冻管道除锈保温及截门更换工程，节能降耗；实施电力增容改造项目，增加2台500千伏安变压器，满足楼宇整体用电需求。获北京市诚信创建企业荣誉。全年营业收入4.4亿元，利税233.5万元。

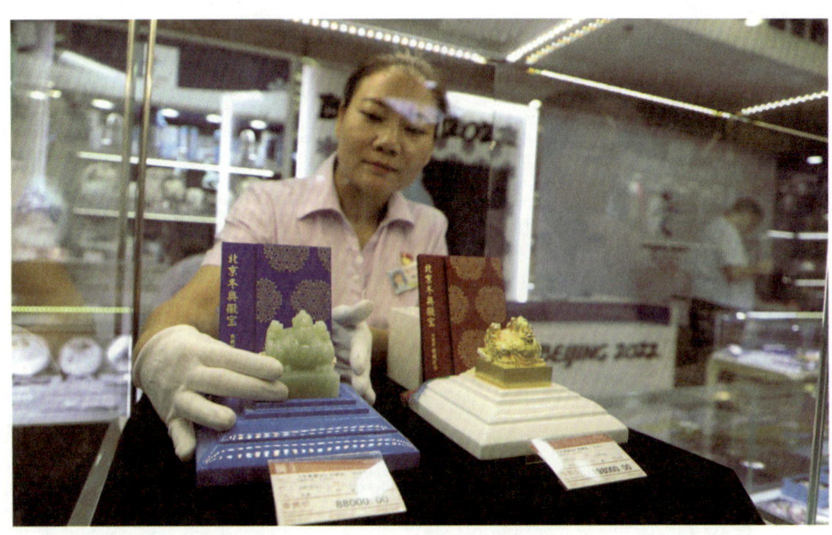

8月3日，冬奥徽宝在工美大厦一层特许商品零售店首发（付海鑫摄）

（范　琳　郭　莹）

【北京同仁堂】中国北京同仁堂（集团）有限责任公司（简称同仁堂集团）内设党委办公室、党委组织部（人力资源部）、党委宣传部、党委巡察办公室（审计办公室）、纪委办公室（监察专员办公室）、文化传承中心、战略规划部（董事会办公室）、综合办公室、运营管理部、市场监管部、科技质量部、安全工装环保部、法律事务部（品牌风控部）、投融资管理部、财务管理部、信息化管理部16个部门。有7个二级集团：北京同仁堂股份集团、北京同仁堂科技发展集团、北京同仁堂国药（香港）集团、北京同仁堂健康药业集团、北京同仁堂商业投资集团、北京同仁堂药材参茸投资集团、北京同仁堂医养产业投资集团；2个院：研究院、教育学院；3个直属子公司：制药公司、生物制品公司、颗粒饮片公司）；1个党校。有职工3.63万人。

2019年，同仁堂集团调整部室设置，将原有27个部室优化至16个。接待朝鲜最高领导人金正恩考察同仁堂股份制药厂亦庄分厂。开展高质量发展战略咨询，制订折子工程。接收华润医药所属北京医药党校等事业单位5家，在干部职工培训、技艺技能传承、继续教育、中医药及医养护理等方面培养更多专业技术人才。组建成立同仁堂医养投资集团，结合医养产业特色，发展医疗、养老、内购、培训、药膳等业务，完成医疗基金注册，募集资金近2亿元。受邀参加全国中医药大会。在第三届“一带一路”中医药发展论坛，发表让中华传统医药为世界人民健康服务主旨报告。参加市国资委主办的手拉手、肩并肩，开创合作发展新局面——深化国企战略合作大会，与绿地集团、华夏银行签署战略合作协议框架。同仁堂集团被商务部、国家中医药管理局认定为首批国家中医药服务出口基地。2019年，召开同仁堂品牌创立350年庆祝会，筑牢党建、质量、诚信三大基石，表达同仁堂作为中华老字号、国有企业矢志不渝跟党走的坚定决心。配合系列庆祝活动，发行纪念同仁堂创立350年特别限量版邮票。召开第三次集团党代会，选举产生新一届党委和纪委领导班子。同仁堂集团从产业、就业、消费、公益四方面开展扶贫工作，采购北京市对口支援五省区产品2013万元，向张家口市捐赠流动卫生室中型救护车10辆，以及价值100万元的中成药。结对帮扶北京市房山区十渡镇卧龙村，实现346人低收入户全部脱低，承担内蒙古自治区兴安盟扎赉特旗新林镇864万元中药材采购扶贫工作，实现302人脱贫摘帽。全年营业收入176.86亿元，同比下降7%；利润总额20.82亿元，同比下降26%；资产总额306.11亿元，同比增长4%。

（葛　冰）

【中国医药】中国医药健康产业股份有限公司（简称中国医药）下设中国医药保健品有限公司、中国医疗器械技术服务有限公司、美康中药材有限公司、海南通用三洋药业有限公司、新疆天山制药工业有限公司、天方药业有限公司、河南天方药业中药有限公司、湖北科益药业股份有限公司、海南通用康力制药有限公司、上海新兴药业股份有限公司、北京长城制药有限公司、湖北丽益医药科技有限公司、西藏中健药业有限公司、北京美康百泰医药科技发展有限公司、北京美康永正医药有限公司、广东通用医药有限公司、河南省医药有限公司、新疆天方恒德医药有限公司、江西省医药集团公司、江西南华通用医药有限公司、湖北通用药业有限公司、中国医药黑龙江有限公司、沈阳铸盈医药有限公司、河北金仑医药有限公司、河南通用医药有限公司、重庆医药健康产业有限公司（参股企业）26家公司。内设董事会办公室、总裁办公室、财务部、人力资源部、党群工作部、企业发展部、审计部、纪检室、法律部、信息中心、投资中心、医药工业事业部、医药商业事业部、业务拓展部、市场网络部、产品技术部16个部室。在委内瑞拉、厄瓜多尔、古巴、墨西哥等国家和地区设有工作组。有员工2.17万人（含参股企业）。

2019年，中国医药推进“一体两翼”发展战略，完善国内外网络布局，推进自主推广与精细化招商体系建设，拓展商业物流配送网络。发挥国际化经营优势，构建以进出口业务为依托的国际营销体系。推进研发体系建设，通过整合内外部研发资源，打造开放型研发体系。丰富品种资源，优化品种结构，组建商业联合体。搭建国外产品引进体系，形成有竞争力的进口代理品种群。中国医药联合中国通用技术集团收购重庆医药健康产业有限公司49%股权，提升中国医药经营实力和行业地位，在拓展商业网络覆盖、引入优质品种、丰富零售和康养等业态方面，具有战略意义。中国医药开展投融资工作，推进全面预算管理，完善财务指标体系和评价机制，强化内部精细化管理，深化人事制度二次改革，夯实经营管理基础，保障各项业务健康良性发展。2019年，中国医药各级党组织坚持以习近平新时代中国特色社会主义思想为指导，以党的政治建设为统领，深入开展“不忘初心、牢记使命”主题教育，深化巡视整改工作，抓基层、打基础、补短板、强弱项，党的领导和党的建设得到巩固和加强。根据2019年工信部公布的2018年排名，中国医药工业板块在全国医药工业企业排名中位居45位，医药商业板块在医药批发企业主营业务收入排名中位居第9位，医药保健品进出口企业100强位列第3位。中国医药获中国明星企业奖、中国百强企业奖、2019中国十大医药制造上市公司奖等项荣誉。全年营业收入352.85亿元，实现利润总额16.93亿元。

（刘　璇）

【亚泰永安堂】北京亚泰永安堂医药股份有限公司（简称亚泰永安堂）内设财务资产部、人力资源部、综合管理部、产品管理部、营销管理部（批发、零售）、配送中心、市场拓展部、质量管理部、数据服务中心9个管理部门，有直营店26家，加盟店1家，有员工276人。

2019年，变更亚泰永安堂原注册地址东城区交道口南大街69号一层，为东城区朝内大街243-1号，变更永安堂连锁原注册地址东城区东四南大街118号，为东城区朝内大街243-2号。调整办公用房，将在东城区交道口南大街69号一层的采购部、销售部、质管部搬至朝内办公区，公司所有职能部室全部集中办公。北新药店年初因政府对雍和宫大街进行整体整治而停业，年底在原址重张开业，整治后房屋由原来的三层独栋楼房变为一层平房。开启线上销售营销模式，至年末实现线上销售收入6.34万元。亚泰永安堂药品批发和零售企业通过GSP验收。全年营业收入1.38亿元，完成全年预算目标100%，实现利润总额703.63万元。

（何向阳）

【北京全聚德前门店】中国全聚德（集团）股份有限公司北京全聚德前门店（简称北京全聚德前门店）内设餐厅部、厨房部、公关销售部、后勤保障部、安全保卫部、人力资源部、财务部、采购供应部、综合办公室9个部室，有在职职工300余人。

2019年，前门店接待多国政要、各界宾客等客人参观及用餐，接待中国国际广播电台、浙江卫视、北京电视台到店录制全聚德烤鸭、鸭风味菜肴、挂炉烤鸭技艺、现场片鸭表演等宣传片，弘扬老字号传统文化及非物质文化遗产。前门店与人民出版社联合主办“道北京，话老字号——刘一达先生详解《道北京》暨签售活动”，《北京晚报》、新浪网等媒体给予报道。前门店选派热菜厨师组建团队参加联合利华饮食策划杯第八届全国烹饪技能竞赛，在北京赛区和总决赛取得特金奖、金奖、银奖及铜奖等成绩。前门店人选米其林餐盘优质美食推荐餐厅，获评品质餐饮示范店、北京餐饮门店100强、首都精神文明标兵、全国文明单位等荣誉，完成“一带一路”国家外宾来华接待服务工作。接受集团公司质量/食品安全/环境管理体系内审组审核，通过审核；接受食品安全示范区复查验收小组到店检查食品安全制度、实施阳光餐饮、设置公示栏等情况，验收合格；全年安全生产零事故；未发生食品安全事故和重大服务投诉。

（白　杰）

【便宜坊集团】北京便宜坊烤鸭集团有限公司（以下简称便宜坊集团）内设2个办公室（行政办公室、董事会办公室）、9个部门（党群工作部、审计监察部、营运管理部、技术研发管理部、店铺拓展部、资产管理部、人力培训部、财务管理部、安全保卫部），有在职员工1843人。

2019年，便宜坊集团深化集团各项管理工作，提升经营管理水平；以科技和文化作为创新引擎，把绿色健康和环保低碳作为经营动力，挖掘老字号文化内涵和品牌价值，传承匠心品质，讲好品牌故事；以满足消费者对餐饮服务的新需求为导向，做好就餐体验大文章；以完善规章制度和健全体系机制为依托，从严管理、从细要求，不断推进集团持续健康发展。2019年，便宜坊集团参加多项展会及营销活动，春节期间，旗下8个品牌17个摊位参加龙潭庙会；参加第三届烤鸭名厨邀请赛，获最佳风味奖；参加京交会文化展示、产品售卖；参加在德国举办的中国节活动。2019年，都一处烧麦制作技艺传承人获北京市有突出贡献的高技能人才及北京老字号工匠称号，便宜坊焖炉烤鸭制作技艺传承人获北京老字号工匠称号，便宜坊集团获北京老字号传承典范品牌、2019年度东城区统计诚信示范企业。全年营业收入4.21亿元，实现利润2583.39万元，完成全年利润指标100.07%。

（魏　森）

【北京稻香村】北京稻香村食品有限责任公司（简称北京稻香村）内设总经理办公室、人力资源部、财务部、市场营销部、法务部、信息管理部、总务部、销售中心办公室、销售管理部、直营店运营部、加盟店运营部、北京经销运营部、外埠经销运营部13个部门，有213家连锁店，1个物流配送中心，有员工2994人。

2019年，北京稻香村以创新发展质量年为工作主题，落实存量稳规模、增量求创新、管理增效益工作要求。开展教育培训与换岗轮岗，宣贯企业文化，提升员工队伍综合水平。北京大兴国际机场稻香村门店开业，是继首都机场T3航站楼专营店、天竺店之后，在北京开业的第三家机场店，与传统门店不同，机场店均为伴手礼类包装产品，包装设计上融入门票、如意、天坛等各类北京特色元素，方便乘客携带。北京稻香村技艺传承人受邀参加央视2019年元宵节晚会，现场表演传统摇元宵，呈现打元宵工艺。北京京西学校、前门小学师生到食品厂生产车间参观，DIY包粽子，了解传统糕点文化。参加在奥林匹克公园举办的亚洲美食节，主题是“享亚洲美食、赏京城美景、品古都文化”，北京稻香村在技艺展示区制作传统月饼，吸引游客观看。参加2019年京交会，师傅们现场包制颇具北方特色的小枣粽子。北京稻香村助力广汽传祺2019北京国际长跑节北京半程马拉松，向参赛者提供补给食品。在2019年北京焙烤行业年货展示推介活动中，团圆稻香礼盒获北京金牌年货、奶皮京八件礼盒获北京金

5月11日，便宜坊集团参加第三届全国流行菜北京站暨东风养殖杯·中华鸭节活动（便宜坊集团提供）

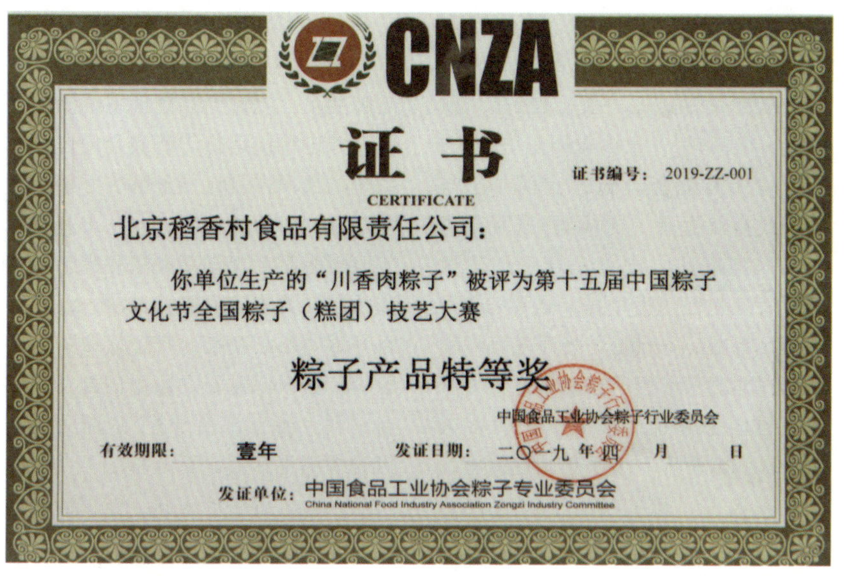

4月，北京稻香村川香肉粽获第十五届粽子技艺大赛特等奖（刘璐摄）

牌特色食品。在第十五届中国粽子文化节全国粽子（糕团）技艺大赛中，川香肉粽被评为粽子产品特等奖。在北京市第74届质量管理小组成果发布会上，获二等奖2个、优秀奖1个。北京稻香村获2019年度北京十大商业品牌、第十六届人民之选匠心品牌奖。第二十五届中国月饼文化节获中国特色月饼荣誉。物流部包装组获国家级质量信得过班组称号。员工1人获评首届东城工匠。

（刘　璐）

【吴裕泰茶业】北京吴裕泰茶业股份有限公司（简称吴裕泰）内设财务部、营运部、市场营销部、人力资源部、办公室（党群部）、物流生产部、信息部、产品采购部、质检部9个部门，有在职职工373人，退休职工379人（其中离休2人）。

2019年，吴裕泰以"一一五"战略为统领，克服内外部诸多不利因素，抓业绩、拼销售、强管理，营业总收入和利润实现双达标。新开连锁店43家，全国连锁店总数为518家。被市商务委确定为北京市重要会议、重大活动茶叶供应单位。完成中华人民共和国成立70周年庆祝活动茶叶供应保障任务，供应茶叶15个品种，配送阅兵村及长安街沿线8家酒店35次，4578个包装单位，被阅兵联勤保障兵站授予中华人民共和国成立70周年阅兵服务保障单位奖牌。吴裕泰开展茶叶质量安全月活动，领导带队分7组检查内蒙古、黑龙江、吉林、辽宁、山西、河南、河北、山东、陕西等区域116家加盟店茶叶质量，卖老百姓喝得起的放心茶。举办以"臻享有机·裕践未来"为主题的吴裕泰有机茶上市发布会，推出有机普洱茶、有机绿茶等7款新品。吴裕泰五大类19款有机茶全部面市。参加在北京展览馆举办的2019北京国际茶业展，实现销售26.4万元，再创历史新高。王府井店二楼茶馆装修改造后突出现代、时尚、亮丽特点，经营定位为茶水、紫砂销售与小型会议接待，Mini茶文化博物馆对外开放，设立茶史悠远、裕泰飘香、非遗技艺3个主题，采用微缩模型与实物相结合展陈形式，顾客用手机扫描二维码语音导览系统，就能获取解说，提升顾客的体验感。吴裕泰董事长接待湖北省十堰市政府领导和企业家，双方洽谈精准扶贫等合作事宜。2019年，在全体党员中开展"不忘初心、牢记使命"主题教育，要求守初心、担使命、找差距、抓落实，实现理论学习有收获、思想政治受洗礼、干事创业敢担当、为民服务解难题、清正廉洁作表率。在所有门店开展一流商品、一流服务、一流体验竞赛活动。召开年度加盟商大会，230余人参加，总结2019年营运工作，举办吴裕泰连锁经营20周年纪念及颁奖活动。吴裕泰全国连锁店微信商城上线，开启移动

10月7日，吴裕泰获中华人民共和国成立70周年阅兵服务保障单位奖牌（吴裕泰提供）

销售新模式。公司党总支被授予东城区先进党组织和东城区国资委系统先进党组织称号，前门店店长被区国资委党委授予优秀共产党员称号。公司被市文明办、北京电视台等单位授予“3·15”诚信企业，获北京十大商业品牌、中国茶业卓越企业、中国茶叶百强企业等称号。吴裕泰品牌价值16.11亿元。获2019金芽奖中国花茶（茉莉花）标志性品牌大奖。吴裕泰贡毫、茉莉花茶王和有机茶被中国茶叶流通协会、中国茶叶学会分别授予特别金奖、金奖和五星名茶。在武夷山杯首届全国评茶员职业技能竞赛总决赛中，获个人全能赛一等奖1个、个人全能赛二等奖1个、个人单项赛三等奖1个。

（赵连颇）

【天润金百公司】北京天润金百投资集团有限责任公司（简称天润金百）内设经营部、资产管理部、财务部、人力资源部、审计部、安保部、政工部（工会）、综合管理部8个部室，有职工138人（其中在岗65人），离退休职工1837人。

2019年，天润金百改造升级幸福大街38号，磁器口大街132号，磁器口大街134号，永内东街东里1号楼底商房屋及配套设施，实现业态与经济效益双提升。完成对5家所属子公司内部审计，出具审计管理建议书；监管工程建设项目，送审112.77万元，审减6.66万元。修订《房屋租赁管理办法》《资产管理制度》《工程项目内部审计制度》《招投标办法》《安全管理制度》等制度措施。成立安保部，落实安全生产责任，出动人员5308人次，检查网点1359家次。配合朝阳区王四营乡人民政府进行广渠路沿线环境整治，完成腾退商户、查找房产历史信息、签订腾退协议、建立共管账户、款项划拨、房屋交接等工作，拆迁腾退唐新村360号库房。召开第三届股东会第十次会议和第六届董事会第三次会议，审议通过董事会工作报告、财务预决算报告和利润分配方案。所属前门亿兆商场开展联营，推出多元化商品，制订业态升级方案，完成北京市老字号年审，拓展加盟店1家。元隆公司梳理品牌故事，制订商品管理系统操作手册，并进行试运行。所属金伦公司联系华融公司，制订债务解决方案，解除双方债权债务关系。北京市前门化工原料有限公司创新办法和措施，完成改制，各项工作平稳过渡。天润金百开展“不忘初心、牢记使命”主题教育，在天润党员之家微信群发送学习材料，各支部召开3个主题交流研讨和组织生活会。召开总部工会会员代表大会，选举产生新一届工会委员会，完成工资集体协商，续签《集体合同》《工资专项协议》《女职工权益保护专项协议》。召开党员大会，完成总部党支部、金伦党支部、元隆党支部换届选举工作。发展中共预备党员3人。全年营业收入6099.62万元，完成计划指标的109.28%，利润总额2117.30万元，完成计划指标的100.82%。

（李　洋）

【华江文化公司】北京华江文化集团有限公司（简称华江文化）内设研发中心、政府事务部、国际项目联络部、财务部、人力资源部、公关策展部、系统运营部、行政部、法务部、采购部、大客户事业部、奥运特许综合管理部、特许事业部、贵金属事业部、顺义文创园区、物流仓储部、研发设计部、北京礼物事业部18个部门，在北京、阜平、香港等地以及新加坡、美国设有全资子公司。有员工80人（含海外员工）。

2019年，华江文化各项业务指标完成预期要求，在产品研发、项目运营、对外交流、宣传推广、制度建设等方面进一步优化。开展北京冬奥会特许产品研发营销项目，研发特许产品约170款，销售收入约6000万元。完成北京世园会特许产品研发营销项目，研发特许产品约300款，销售收入约1000万元。国礼研发取得进展，福运连绵景泰蓝香熏炉入选第二

4月，华江文化研发福运连绵景泰蓝香熏炉被选为第二届“一带一路”国际合作高峰论坛国礼（杨凡摄）

届“一带一路”国际合作高峰论坛国礼。中非合作论坛国礼锦绣和美手包获2019中国设计红星奖、2019工美杯金奖；北京世园会昆虫系列徽章套装获2019工美杯铜奖；北京冬奥会特许产品2019银章日历、风韵古都银卷轴获2019工美杯优秀奖。华江文化经市科委审定复核，获得设计创新中心资质（2019—2021）；经市经信局、首都精神文明办等单位审定，获评北京市诚信创建企业；经市工商联审定，获评2019北京民营企业社会责任百强。2019年，公司党支部获评崇外街道先进基层党组织；党员2人获评东城区委、崇外街道党工委优秀共产党员。华江文化全年营业收入8681.24万元，上缴税金339.68万元。

（杨　凡）

【百荣集团】百荣投资控股集团有限公司（简称百荣集团）内设财务管理部、资金管理部、工程管理部、董事会办公室4个部门。有员工1100余人，其中集团总部研究生及以上学历7人，大学本科10人，大专及以下学历21人。

2019年，百荣集团坚持以科学发展观为统领，贯彻落实安全、卓越、创新、和谐的发展方针，全面推行正德厚生、臻于至善、德正商立、功成业满价值观念。百荣集团党总支下设3个支部，有党员42人。

（邢娇娇）

【百荣世贸商城】北京市百荣世贸商城市场有限责任公司（简称百荣世贸商城），隶属于百荣投资控股集团，下设经营部、综合管理部、人力资源部、计划财务部、综合业务部、营销策划部、招商部、后勤管理部、安全管理部、工程管理部10个部门，有员工517人。

2019年，百荣世贸商城有序推进转型升级工作，结合功能定位，在业态调整、品牌提升及形象环境等方面取得成效。商城从区域改造、品类优化、外围整治入手，重点强化形象档次升级，引导商户创意创新装饰装修、美术陈列，全年完成维修、维护、零星改造工程53项，集中整治美化东广场、楼体北立面等外围环境。完成1012户商铺装修施工审查，保障商户施工安全及质量；调整品牌，打造美饰生活馆，丰富中庭展示展销活动，经营布局更加合理、场景氛围不断优化。商城抓实抓细安全管理，分析排查存在安全薄弱环节和隐患，设备设施100%全覆盖检查，确保全年安全责任事故为零。制订完善《商户服务指南》《商户管理公约》制度规范，不同职级、岗位人员培训13场，参训960人次。全年开展员工行为规范检查11次，检查员工347人，开具整改单5份，督促落实整改。区领导、区商务局、规划局、私个协等领导多次到商城检查指导，了解商城升级变化，在促进管理规范、服务提升、调整升级等方面提出建议。区市场监管局化妆品科培训指导商户学习《化妆品经营企业索证索票和台账管理规定》，要求商户诚信经营、合法经营。2019年，商城被区政府评定为区百强企业。

（武　悦）

【大北服务公司】北京大北服务有限责任公司（简称大北公司）内设行政办公室、党委办公室、经营管理部、财务计划部、人力资源部、安全保卫部6个部门。有职工340人，在岗职工254人。

2019年，大北公司召开党委会19次，办公会8次，董事会3次，党委中心组（扩大）集体学习活动12次。多次举办党员、团员和职工外出参观及竞赛活动。春节期间，大北照相实现销售额176万元，超同期12万元，增幅7.21%；初二，前门店创下单日销售额14万元的历史新高；初五，《北京青年报》对大北照相进行专访。除夕至初六，永定门饭店营业总收入达15.4万元，超同期5万元，增幅48%。全国“两会”期间，大北照相拍摄党和国家领导人接见政府工作报告起草班组人员、广西代表团等合影活动3场。永定门饭店实现收入38万元，同比增收3万元，增长5%；接待3754人次，总出租率100%。公司组织党务与工会工作实务培训、经营管理与安保工作实务培训、财务与人力资源工作实务培训，并于培训后进行答卷，培训使管理干部能够准确理解和把握企业各项规章制度，明晰工作流程，对开展工作起到保障作用。大北照相第5家直营店在海淀区甘家口大厦开业，该店建筑面积270余平方米，内

5月9日，大北照相前门班组获全国工人先锋号（王晓泽摄）

11月15日，宏源公司举办第十二届岗位技术技能比赛（邝迎杰摄）

设多个不同功能分区，可同时满足多种服务项目类型，服务团队由技术过硬的专业人员13人组成，新店可为北京西北部城区百姓提供更加便捷、优质的照相服务，更是大北照相落实走出去战略，向连锁化、品牌化、便利化、区域化经营而迈出的坚实一步。公司组织大北照相摄影师参加摄影比赛，初赛通过19人，复赛通过10人，在决赛中，揽获二等奖所有名额，其中1人获第二名，1人获第三名，二人同时获得金手指奖。大北照相员工1人获东城区优秀共产党员称号。大北公司全年营业收入8479.65万元，同比增长8.3%；实现利润1080.35万元，同比增长35.97%；国有资产保值增值率124.15%，同比增长4.57个百分点。全体一线职工平均上调基本工资6%。（张　楠）

【宏源公司】北京宏源餐饮管理有限公司（简称宏源公司）总部内设党办、行政业务部、运营部、人力资源部、财务部、配送中心6个部门，旗下有连锁店16家，分别位于北京地区，河北廊坊市、涿州市，上海市和海南三亚市，有员工800余人。

2019年4月，南门涮肉国贸店试营业。国贸店从装修理念、装饰文化、设备等级等方面注入新的文化特色和品牌特点，提升用餐客人的就餐体验。宏源公司及分店创新项目62个，其中新研发或升级菜品10个，管理创新52个。菜品升级创新，丰富菜品品种、提升出品盘型美观度，确保菜品质量稳定性。管理创新提升工作效率，提高安全生产系数及管理成效。宏源公司总部和南门涮肉总店通过食品安全、质量管理、危害分析与关键控制点三体系认证年审。举办宏源公司第十二届岗位技术技能比赛，决赛分别在上海总店、北京东单店举行，上海区域获切鲜肉第一名，东单店获刨冻肉第一名、切百叶第一名，国贸店获兑小料第一名，东单区域获团体一等奖，上海区域获团体二等奖，南门区域和国贸店并列获团体三等奖。召开第三届第三次职工代表大会，签订2020年工资集体协议书。宏源公司参加天坛街道红十字会组织的博爱在京城募捐，捐款1万元；参加东城区工商联为千户家庭送温暖活动，捐款2万元。慰问东城区公安交通等一线干警，送去价值为60万元的矿泉水1.5万箱；慰问南门社区志愿者，送矿泉水和北冰洋汽水各100箱；参加对口支援化德公益活动，出资4500元购买文件盒。宏源公司首都劳动奖章获得者2人参加烈士纪念日向人民英雄纪念碑敬献花篮仪式，公司董事长及员工5人参加庆祝中华人民共和国成立70周年群众游行活动。宏源公司董事长被市总工会授予北京市构建和谐劳动关系先进个人称号，副总经理被授予首都劳动奖章。（邝迎杰）

【通利达汽车租赁公司】北京通利达汽车租赁有限责任公司（简称通利达）设立租赁业务部、财务部、车辆管理部、人力资源部、行政管理部、安全技术部、维修部（修理厂）、电商管理部8个机构，下设9个分公司，

3月1日，兼职安全员到通利达培训员工使用灭火器（施喆摄）

3个子公司，有在职员工61人。

2019年，通利达开展《中华人民共和国反恐怖主义法》专题宣传与培训活动，全体在职与退休返聘员工80余人参加。协助北京市公安局公交保卫总队开展反恐怖防范工作规范宣贯暨全国两会租赁行业安保工作会，由总队及租赁队领导分别讲解落实《北京市汽车租赁行业反恐怖防范工作规范》要点重点，并布置汽车租赁行业两会期间安保工作，全市主要租赁企业代表60余人参加。通利达组织全体员工参与集中消防培训，并安排兼职安全员10人次前往各办公场所宣传培训灭火器的使用及检查、维护方法。通利达对全公司范围内各办公、停车场地开展消防检查，针对新能源汽车充电设施开展专项安全检查，出动检查30人次，投入资金6000余元，更新灭火器60余具，检修自有充电桩35具。通利达通过ISO9001质量管理体系复审，完成ISO14001环境管理体系认证及OHSAS18001职业健康管理体系认证换证再认证工作。参加为千户家庭送温暖活动，向贫困家庭捐款1万余元。被市交通委评为2018年度汽车租赁行业考评优秀企业。全年营业收入1.57亿元，上缴税金2224.25万元。

（施　喆）

【世纪天鼎】世纪天鼎（北京）文化科技有限公司（简称世纪天鼎），2018年4月成立。内设办公室、财务部、招商部、客服部、企划部、工程部、安保部7个部门。有职工54人。

2019年，世纪天鼎投资建设的天鼎218文化金融园经过10个月改造正式亮相，成为东城区利用老旧厂房拓展文化空间的典型范例、东城文化空间新地标。园区引进创新能力强、辐射带动大的优质企业入驻，着力培植文化创新平台，聚焦发展文化创意、文化金融、文化科技等高端业态。园区导入个性化文化科技创新、政策支撑、投融资、知识产权、传播推广等平台体系，为入驻企业提供一站式、一条龙创新增值服务。2019年，世纪天鼎与北京银行雍和文创支行签署合作协议，内容涵盖意向性授信、供应链金融、重大文创项目建设等全方位金融服务。天鼎218文化金融园承办“歌华有线杯·2019北京文化+创意大赛”东城分赛场暨2019东城文化+创意大赛颁奖典礼，获大赛优秀服务机构奖牌。天鼎218文化金融园承办北京文化创意大赛总决赛暨颁奖大会，董事长做“破茧成蝶——天鼎218文化金融园转型升级的路径探索”主题发言。世纪天鼎党支部注重党建，组织党员及积极分子20余人参观中国人民抗日战争纪念馆、新文化运动纪念馆。

（朱雪芹）

【天天洁公司】北京天龙天天洁再生资源回收利用有限公司（简称天天洁公司）下设营销部、网点管理部、生产部、市场部、网络部、分拣中心、物流部、客服部、总经办、财务部10个部门，有员工88人。

2019年，天天洁公司在东花市街道、天坛街道开展“绿猫”垃圾分类资源减量活动。向居民宣传简化垃圾分类参与方法，居民仅需记住三句话：有废品，找绿猫；可腐烂垃圾投绿桶；垃圾袋、其他垃圾投黑桶。居民通过关注绿猫微信公众号或下载绿猫APP，注册之后，一键呼叫上门回收，绿猫回收员通过手机智能回收系统回复上门时间，20分钟即上门。采用“互联网+再生资源”方式，最大限度方便居民参与。厨余垃圾不限定投放时间，引导居民用会不会腐烂辨识是否是厨余垃圾，单独收集，单独投放。提醒居民裸投，即装垃圾的袋子要投放进黑桶，提高厨余垃圾纯净度，利于再利用，全年分拣厨余垃圾3197吨。

（肖丽丽）

【民族艺术珍品馆】北京市东城区中华民族艺术珍品馆（简称珍品馆）内设办公室、陈列展览处、库房保管处、宣传教育处、市场开发处、安全保卫处、征集处、人事财务处8个处室，编制30人、实有25人。

2019年，珍品馆牵头策划组织展览10个，包括固定展览2个、专题展8个。专题展有马家窑文化彩陶珍品展、紫禁城杯创新作品展、庆祝中华人民共和国成立70周年牡丹之歌国画展、星湖春晓砚展、传拓艺术公益巡

2019年，利用旧厂房拓展的天鼎218文化金融园外景（王志鹏摄）

7月10日，远古之光——马家窑文化彩陶珍品展开幕式（王婧摄）

展（北京展）、全国十大木版年画精品展、北京手工艺术精品展和“丰碑永铸·颂英烈”书画作品展。固定展燕京八绝精品展更新展品40件，新增加的国礼系列展览，展出国礼35件。全年各项展览主流媒体宣传95次（纸媒24次、网媒61次、电视台6次、公交2次、地铁灯箱2次）。马家窑文化彩陶珍品展参观人数3万余人。举办世界视野中的马家窑文化学术研讨会、中华老字号文化创新发展论坛等学术活动。2019年，珍品馆征集馆藏品26件。完成拍摄《匠心北京》系列节目10期。作为2019北京文化创意大赛文博创意设计赛区承办单位，同时负责策划和执行高校巡讲工作，在8所高校进行赛区宣讲，获得最佳赛区奖和优秀赛区组织奖。推进成立北京市博物馆文创产品创新与展示中心。推动辛意传统文化培训项目落地。完善收藏制度。配合文化街公司完成24号楼消防设备维修项目。在楼体四周、楼前广场、重要通道及库房等位置加装摄像头38个，五层专题展厅安装报警探测器40个，三、四、五层及楼外安装巡更点30个。

（沈　晨）

【京城百工坊】北京京城百工坊艺术品有限公司（简称百工坊）2003年建立，建筑面积1万余平方米，有商户120余家，汇集近20项非物质文化遗产名录项目和代表性传承人，是具有自主知识产权、有规模的非物质文化遗产传承和保护基地。

2019年，百工坊接待俄罗斯、日本等外国朋友，香港、北京、四川等地10余家校园团体，1600余人参观交流，体验京剧脸谱面具制作等传统文化活动。百工坊向公众展示国家级非物质文化遗产传承人、工艺美术大师、传统手工艺大师制作的非物质文化遗产瑰宝，有景泰蓝国家级代表性传承人张同禄作品万代吉祥葫芦、鸟杯；雕漆国家级代表性传承人殷秀云作品剔红花鸟大瓶；玛瑙雕国家级代表性传承人李洪斌作品四羊方尊、花熏；北京料器国家级代表性传承人邢兰香作品料花；泥人张第五代传承人张宏岳作品天桥八大怪之数来宝、摔跤；内画传承人张宝华作品内画水晶大瓶等。开发花丝镶嵌、雕漆、泥人、中国结、兔儿爷、真丝手绘、内画等现场互动项目，向外国朋友、国内观众及首都市民展示中国传统手工技艺魅力。百工坊携剪纸、毛猴制作、中国结等简单易上手传统民俗手工技艺到街道社区、中小学校及公司单位举办展示，开展动手活动，传播传统文化精髓，保护和弘扬祖国非物质文化遗产。

（杨梦琳）

东城区商业企业单位负责人

北京东集泓业经贸有限责任公司
董事长、党委书记　马大为
总经理　谢小轩
北京东方奥天资产经营有限公司
董事长、党委书记　刘岳均（9月免）
司　可（10月任）
总经理　刘　玮
北京东方祥泰投资管理公司
董事长、党总支书记　刘洪林（2月任）
总经理　刘洪林（5月免）
于小凡（5月任）
北京王府井百货（集团）股份有限公司百货大楼
总经理、党委书记　田怀亮
北京王府井百货（集团）股份有限公司东安市场
党总支书记　张志刚（3月免）
高　辉（3月任）
总经理　张志刚（3月免）
胡绮年（3月任）
中国北京同仁堂（集团）有限责任公司
董事长、党委书记　梅　群（12月免）
王贵平（12月任）
总经理　高振坤
中国医药健康产业股份有限公司
董事长、党委书记　高渝文
北京亚泰永安堂医药股份有限公司
董事长　刘晓峰
总经理　杨啓忠（4月免）
马东梅（4月任）
党总支书记　安秦川
中国全聚德（集团）股份有限公司
北京全聚德前门店总经理　王晓珊
党总支书记　曹晓俊
北京便宜坊烤鸭集团有限公司
董事长、党委书记　姜　璇
北京稻香村食品有限责任公司
董事长、总经理　毕国才
党总支书记　毕国才（11月免）
梁　硕（11月任）

北京吴裕泰茶业股份有限公司
董事长、总经理、党总支书记　赵书新
北京天润金百投资集团有限责任公司
董事长、党委书记　宋海燕
总经理　赵文兴（6月任）
北京工美集团有限责任公司
王府井大厦党委书记　刘　鹏（12月免）
罗凤华（12月任）
总经理　谢景山（9月免）
刘　鹏（12月任）
北京华江文化集团有限公司
总裁　陈绍枢
党支部书记　陆英毅
北京市百荣世贸商城市场有限责任公司
董事长　蒋百荣
党总支书记　王丽华
北京大北服务有限责任公司
董事长、党委书记　汪东儒
北京宏源餐饮管理有限公司
董事长　马　龙
党总支书记　马　军（1月免）
贾　敏（1月任）
北通利达汽车租赁有限责任公司
董事长　李建秋
总经理　邹存生
党支部书记　王显平
北京世纪天鼎商品交易市场有限公司
董事长　林存余
党支部书记　王　方
北京天龙天天洁再生资源回收利用有限公司
总经理　刘　权
党委书记　郭长华
北京市东城区中华民族艺术珍品馆
馆长　席文韬
党支部书记　王志军
北京京城百工坊艺术品有限公司
总经理　臧　微

对外经济

【概况】东城区对外经贸工作由区商务局主管。2019年，东城区新设外商投资企业92家，其中合资25家，独资67家，同比增长41.5%；实际利用外资6.25亿美元，同比增长0.21%。实现进出口额1173.2亿元，同比增长13.3%，其中出口额217.5亿元，同比增长6.1%，完成全年目标的106%。进口额955.7亿元，同比增长15.1%。外贸出口额超额完成年度目标205亿元的任务。

（贺蔚蔚）

【行政服务事项】2019年，区商务局对外贸易经营者备案登记222件，其中变更103件、新设104件、注销13件、遗失补办2件。办理服务外包及软件出口合同登记，审核35家企业执行合同，执行总金额6.61亿美元，其中ITO（信息技术外包）5.97亿美元、BPO（业务流程外包）1195.7万美元、KPO（知识流程外包）5159.2万美元。

（贺蔚蔚）

【扶持外贸企业】2019年，区商务局申报2018年最后一批中小企业开拓国际市场项目。16家企业43个项目通过初审，其中境外展会项目23个；国际市场考察项目10个；产品体系认证及商标注册项目5个；国际市场宣传项目2个；提高经营决策项目3个。开展服务贸易及服务外包资金初审。上半年，3家企业、208人申请服务外包企业新录用人员补助项目；1家企业、3人申请服务外包企业在职人员专业资格认证补助项目；2家企业申请服务外包企业办公用房租赁补贴项目，拟补贴金额180.8万元；11 家企业申请服务贸易出口贴息资金项目，涉及合同1637个，金额4.16亿美元；1家企业申请鼓励重点服务进口贴息资金项目，涉及合同9个，金额190.75万美元；1家企业申请鼓励会计师事务所参与国际竞争项目。下半年，2家企业、4人申请服务外包企业新录用人员补助项目；4家企业申请服务外包业务贴息项目，拟补贴金额144.44万元；3家企业申请服务外包企业办公用房租赁补贴项目，拟补贴金额122.89万元；1家企业申请服务外包企业创新研发补助项目，软件著作权4个，费用4400元；14家企业申请服务贸易出口贴息项目，涉及合同380个，金额8.66亿美元。挖玖电子商务公司、四指遥北京科技发展有限公司申报跨境电商体验店和跨境电商平台系统建设项目。

（贺蔚蔚）

【服务贸易统计监测】2019年，区商务局审核服务贸易重点企业统计监测系统中企业注册信息及数据直报信息，393家企业通过审核，1.3万余条直报数据信息。委托策马信息咨询公司开展服务贸易统计监测，完成年度市级统计监测工作考核，服务贸易重点企业统计监测平台注册单位393家，上报数据单位231家，上报服务贸易出口金额24.19亿美元。

（贺蔚蔚）

旅 游

7月26日，游客们参与东四街道国风静巷复古骑行活动（庄蕊摄）

综 述

2019年，制订《东城区关于促进文商旅融合发展的实施意见》，通过政策引领和拉动，推动文化和旅游消费成为促进服务性消费的重要力量。全年辖区旅游业收入1245.2亿元，同比增长7.5%；净游客量7675.9万人次，同比增长1.8%。

打造文旅品牌提升影响力。打造故宫以东文旅品牌，在夜间消费、旅游演出、艺术展览、特色餐饮等领域，挖掘旅游资源和文化内涵，提高消费层级。推出故宫以东下午茶项目，结合王府井大街升级改造和区域内各种文化主题活动，推出王府井文化探访路以及体验匠心等一批文化和艺术高端精品旅游体验产品。打造嘉德艺术品交易旅游消费季等高端消费亮点。组织辖区AAAA级景区开展中国旅游日主题活动。策划“19小时寻找北京”目的地营销热点，邀请新浪微博大V10人分头体验，发布19个包括文化旅游探秘、非遗互动体验、网红美食探店、晚间消费街头采访等古都新体验Vlog短视频，集中展示东城区文化旅游资源和区域文化风貌，助力中轴线申遗和夜经济发展，进一步提升辖区旅游文化影响力。

优化旅游企业营商环境。落实“服务管家”职责，完善对驻区重点企业管家化、常态化的精准、精心、精细服务。引进华程国际旅行社，全口径税收规模1380万元。服务重点企业，召集12家重点旅游企业召开营商环境座谈会，帮助企业解决实际困难。提升服务质量，加强行业管理。对景区、饭店基础设施、服务质量进行常态化规范。完成2019年度星级饭店年审复核工作，包括三星级以下饭店7家。

健全机制加强市场管理。成立东城区文化和旅游安全生产和消防安全工作领导小组，要求各基层单位、文化和旅游企事业单位成立相应管理机构，形成“一级抓一级、层层抓落实”工作格局。制订印发《东城区文化和旅游局安全生产和消防安全工作领导小组职责分工》《东城区文化和旅游局安全生产“党政同责、一岗双责”实施办法》等制度，做到责任到人，任务到岗，措施到位，将安全生产工作纳入公务员考核范围，实行一票否决。与各文化和旅游企事业单位签订东城区文化和旅游行业2019年安全生产暨消防安全目标责任书，增强安全生产责任意识。2019年，出动执法人员4200余人次，检查旅游文化娱乐场所经营单位500余家次，出版物经营单位、印刷厂、报刊亭等400余家次，不可移动文物210家次，网络文化经营单位及卫星地面接收单位636家次，立案207件，结案203件，罚没款11.25万元。

做好重大活动安全保障。全国“两会”、第二届“一带一路”国际合作高峰论坛、世园会、亚洲文明对话大会、中华人民共和国成立70周年庆祝活动等重大活动期间，结合行业实际制订安全保障工作方案，与各相关部门协调配合，实行领导分片包干责任制，24小时值守，保持对文化和旅游行业的高压监管态势，重点监控代表驻地、行进路线、长安街等周边200米范围内区域，全面安全检查文化和旅游企事业单位，排除各类安全隐患，检查覆盖率100%，整改复查合格率100%。区文旅局督查检查队被市应急管理局评为“护航·70”成绩突出安全生产检查（督查）队，专职安全员4人参加国庆群众游行活动，被评为中华人民共和国成立70周年庆祝活动保障及“护航·70”专项行动成绩突出专职安全员。

推进行业安全管理规范化。组织辖区文化和旅游企事业单位开展安全生产标准化到期复评，编制完成东城区生产安全事故隐患排查治理“一企一标准，一岗一清单”，督促各旅游企业投保安全责任保险。评估长安街周边25家文化和旅游企事业单位城市安全风险等级。组织开展文化和旅游行业安全隐患治理三年行动。全年检查文旅行业企事业单位2807家次，5918人次，发现隐患1265处，完成整改1056处。

（刘晶伟）

旅游资源设施

【概况】2019年，区文旅局划转市级转移支付资金56.93万元，完成北京市旅游公共服务设施建设专项资金补贴的建设项目，包括改造地坛公园厕所4个，增加第三卫生间4个，改造明城墙遗址公园和青年湖公园标识牌191块，提升辖区旅游公共服务水平。

（张晓丽）

【A级旅游景区（点）】2019年，东城区辖区内有A级旅游景区12家，其中AAAAA2家，AAAA5家，AAA3家，其他2家。

（崔京京）

表14　　2019年东城区A级旅游景区（点）一览表

序　号	景区（点）名称	等　级	地　址	街　道
1	故宫博物院	AAAAA	景山前街4号	东华门
2	天坛公园	AAAAA	天坛内东里7号	天坛
3	龙潭公园	AAAA	龙潭路8号	龙潭
4	地坛公园	AAAA	安定门外大街	和平里
5	明城墙遗址公园	AAAA	崇文门东大街9号	东花市
6	孔庙和国子监博物馆	AAAA	国子监街13-15号	安定门
7	中山公园	AAAA	中华路4号	东华门
8	前门大街景区	AAA	珠市口东大街19号	前门
9	青年湖公园	AAA	安定门外大街	和平里
10	南新仓	AAA	东四十条22号	东四
11	劳动人民文化宫	AA	天安门东侧	东华门
12	京城百工坊	AA	光明路乙12号	龙潭

（刘晶伟）

【三星级以上饭店】2019年，东城区辖区内有五星级饭店13家，四星级饭店15家，三星级饭店14家。

（崔京京）

表15　　2019年东城区三星级以上饭店一览表

名　称	星　级	地　址	街　道
北京饭店	五星	东长安街33号	东华门
贵宾楼饭店	五星	东长安街35号	东华门
国际饭店	五星	建内大街9号	建国门
国际艺苑皇冠假日饭店	五星	王府井大街48号	东华门
王府半岛酒店	五星	金鱼胡同8号	东华门
华侨大厦	五星	王府井大街2号	东华门
天伦王朝酒店	五星	王府井大街50号	东华门
首都大酒店	五星	前门东大街3号	东华门
东方君悦大酒店	五星	东长安街道1号东方广场	东华门
好苑建国酒店	五星	建国门大街19号	建国门
丽晶酒店	五星	金宝街99号	建国门
金隅喜来登酒店	五星	北三环东路36号院	和平里
励骏酒店	五星	金宝街90-92号	建国门

续表15

名　称	星　级	地　址	街　道
北方佳苑饭店	四星	王府井大街218-1号	东华门
东方花园饭店	四星	东直门南大街6号	东直门
和平宾馆	四星	金鱼胡同3号	东华门
保利大厦	四星	东直门南大街14号	东直门
丽亭酒店	四星	金宝街97号	建国门
宁夏大厦	四星	分司厅胡同13号	安定门
鑫海锦江大酒店	四星	金宝街61号	建国门
新侨饭店	四星	东交民巷2号	东华门
翠明庄宾馆	四星	南河沿大街1号	东华门
宝辰饭店	四星	建内大街甲18号	建国门
天伦松鹤大饭店	四星	灯市口大街88号	东华门
天坛饭店	四星	体育馆路1号	体育馆路
北京金龙建国温泉酒店	四星	建国门南大街5号	建国门
北京敦煌飞天商贸大厦	四星	东二环广渠门南大街5号	东花市
内蒙古大厦	四星	崇文门内大街2号	建国门
江苏大厦	三星	安定门外大街88号	和平里
华风宾馆	三星	前门东大街5号	东华门
和平里大酒店	三星	和平里北街16号	和平里
青蓝大厦	三星	东四十条24号	东四
沙滩宾馆	三星	沙滩后街28号	景山
中谷酒店	三星	北京站东街6号	建国门
和平里宾馆	三星	兴化路化工大院4号楼	和平里
崇文门饭店	三星	崇文门西大街2号	崇外
黄河京都大酒店	三星	夕照寺中街29号	龙潭
陶然大厦	三星	马家堡路1号	永外
大宝饭店	三星	左安门内大街3号	龙潭
交通饭店	三星	东四块玉南街35号	体育馆路
张家口饭店	三星	安德路甲10号1号楼	和平里
金泰绿洲大酒店	三星	永外彭庄甲58号	永外

（刘晶伟）

【北京人家】2019年，东城区辖区内有北京人家住宿类7家，餐饮类4家，参观类1家。

（崔京京）

表16　　2019年东城区北京人家一览表

名　称	地　址	类　别
北京杜革酒店	前圆恩寺胡同26号	住宿类
北京秦唐府客栈	南锣鼓巷前鼓楼苑胡同7号	住宿类
北京阅微庄宾馆	东四四条37号	住宿类
北京康桥思源商务会馆	景山东街三眼井胡同丙68号	住宿类
北京红云阁龙腾酒店	安定门东大街57号	住宿类
北京吉庆堂宾馆	北锣鼓巷纱络胡同7号	住宿类
北京侣松园宾馆	板厂胡同22号	住宿类
北京宝月出品餐馆	汤公胡同19号	餐饮类
北京悦真餐饮文化有限公司	安定门东大街53号院	餐饮类
刘宅食府	蒋家大院8号	餐饮类
利群烤鸭店	北翔凤胡同11号	餐饮类
史家胡同博物馆	史家胡同24号	参观类

（刘晶伟）

故宫以东

【概况】2019年，区文旅局在文旅融合背景下，探索和尝试区域旅游品牌构建和目的地形象打造，推出故宫以东区域文化旅游目的地品牌。结合现代人消费需求和社交网络传播特质，宣传文旅资源，促进时尚消费，以文兴旅、以旅彰文、落脚于商，使文商旅资源变成可看、可听、可走、可体验、可回味的生活方式。通过品牌合作、授权等方式，从内容端、产品端、活动端调动企业积极性，策划研发一系列落地产品。内容端推出的第一季主题产品包，包括寻迹、跃动、腔调、骑迹4个系列，我家住在紫禁城、漫步中轴线、小鬼当家、网红日记、夜行动物、最佳视角等22个主题活动；产品端联手寺库生活方式、凯撒旅游、Airbnb爱彼迎、中国旅游集团、中青旅等旅游企业及平台，推出不同主题、不同定位的体验型产品；活动端联手中国嘉德举办故宫以东艺术品交易文化旅游季，创新政企合作模式，打造以嘉德为原点的5分钟文化艺术圈，联合金茂万丽、王府井希尔顿、王府半岛酒店、丽晶酒店、东苑戏楼、古城老院、王府中环等五星级酒店及餐饮品牌13家，推出故宫以东下午茶，品味时尚都市生活方式。

（方晨子）

【故宫以东产品上线】3月19日，区旅游委与寺库集团签署旅游资源推介合作备忘录，在合作期间授权寺库使用故宫以东品牌进行资源整合和产品开发，同时上线覆盖东城区20余个人文景点的故宫以东系列旅游产品。双方在旅游产品研发、衍生品制作、宣传渠道共享等方面合作，将多元化的旅行方式与北京核心区丰富的文化底蕴相结合，打造高品质文化旅游体验产品，让文化遗产会说话。市文旅局、建国门街道办事处相关领导参加签约发布会。8月13日，区文旅局与凯撒旅游在东四胡同博物馆举办故宫以东之文化行旅项目特约合作签约仪式，共同设计研发主题产品。

（甘晓帆）

【非遗技艺展示市场化】6月28日，在东四胡同博物馆举办非遗匠人国际化旅游技能和文化传播公益培训，景泰蓝制作技艺、箜篌艺术、便宜坊焖炉烤鸭、都一处烧麦制作技艺、北京面人、毛猴制作技艺等东城区近40项非遗项目及传承人参加。10月29日，由东城区、成都市、广州市越秀区、贵州省黔东南州四地政府与Airbnb爱彼迎共同发起的体验匠心第一阶段非物质文化遗产旅游示范项目闭幕式在智化寺举办。相关领导及非遗传承人等嘉宾出席。活动期间，遴选及培训10项非遗体验项目，进行旅游体验化包装，形成文化内涵丰富、互动性强的非遗旅游新产品，并配合产品上线进行系列宣传活动，以提升目的地旅游产品的文化属性。

（甘晓帆）

【故宫以东下午茶】2019年，金茂万丽、王府井希尔顿、王府半岛酒

5月29日，启动故宫以东艺术品交易文化旅游季（区文旅局提供）

店、丽晶酒店、东苑戏楼、古城老院及王府中环等五星级酒店及品牌餐饮13家，共同推出故宫以东下午茶。

（甘晓帆）

【艺术品交易文化旅游季】5月29日，2019故宫以东艺术品交易文化旅游季在嘉德艺术中心启动，为期半个月，活动主题“故宫以东·艺术臻享”，包括嘉德春拍等内容，王府中环、金宝汇、华尔道夫酒店、励骏酒店、金茂万丽、大董、TRB故宫店、天乐园创新京剧体验等37家商业综合体、高端酒店、品牌餐饮、文化机构参与活动。

（甘晓帆）

旅游活动

【概况】2019年，区文旅局招募旅游志愿者151人，派出志愿服务252人次，志愿服务36天，语言类服务7100余次，其中外语服务230余次。组织杜莎夫人蜡像馆、广誉远、首都宾馆、亮相文化、郧商等企业参加年度北京国际旅游博览会、广东国际旅游产业博览会、中国旅游产业博览会等旅游展会，参展企业宣传推介各自特色产品。东城区展台被评为最佳创意奖，获优秀组织奖。

（于珊珊）

【王府井文化探访路】2019年，区文旅局在故宫以东文化旅游品牌框架下，设计推出故宫以东之王府井文化探访路，其中包括一条日游线路“穿越七百年的繁华——历史上的王府井”和一条夜游线路“从杂货市场到‘第一商业街’——夜幕下的王府井”。探访路采用2小时左右的City Walk（城市漫步）形式，12人以内成团，探访百年金街王府井不为人知的角落和背后的历史故事。游客可通过飞猪、穷游网等线上渠道进行预定和购买。

（甘晓帆）

【旅游志愿服务】2019年，区文旅局开展“五一”“十一”黄金周假日志愿服务、故宫北门暑期专项志愿服务，为游客提供旅游信息咨询、游览路线规划、应急状况处理等多项志愿服务。故宫以东微信公众号推出“我志愿，我快乐”专题报道，北京电视台都市阳光节目报道，东城区携手高校开展旅游咨询志愿服务获好评。组织志愿者参加“志愿服务 爱满东城”学雷锋志愿服务推动日、2019年东城区第五届“行走健康”徒步大会、世园会东城专场推介活动等，现场推介故宫以东本地特色文化旅游资源，推出新版东城文化和旅游地图及5种特色街区地图，提供东城旅游热点资讯、线路规划等服务。发放《骑迹东城》、主题折页、百工坊及文明旅游宣传书签等1万余份。

（于珊珊）

【参加旅游商品及装备博览会】10月18—20日，区旅游咨询服务中心组织中国邮政东城分公司、吉兔坊、广誉远、敬人文化、御茶膳房、郧商等6家企业参加第八届北京国际旅游商品及旅游装备博览会。郧商带来36个品类、550余件土特产，广誉远、中国邮政东城分公司和吉兔坊接受北京时间媒体采访，介绍老北京主题彩色邮资机戳图、印象南锣立体景观、中草药香囊及禧事兔儿爷等文创代表产品。东城展台获优秀组织奖。

（于珊珊）

旅游行业管理

【概况】2019年，东城区有A级景区12家，星级饭店54家。区文旅局做好旅游行业标准化宣贯、评定复核工作，年审复核三星级以下饭店7家。规范景区、饭店基础设施及服务质量，进行常态化管理。清理整治小旅馆，提升社会旅馆服务质量。做好辖区文旅行业控烟宣传，发放宣传品1000余份，标识500余张，与文旅企业签订控烟责任书。组织AAAA级景区开展中国旅游日主题活动。对三星级以下饭店内审员开展星级饭店标准化培训。

（崔京京）

【旅游投诉处理】2019年，区文旅局受理各类旅游投诉148件，其中通过市文旅局“12301”热线来源投诉39件，通过“12345”便民服务热线来源投诉109件。

（崔京京）

【旅游市场乱象治理】2019年，区

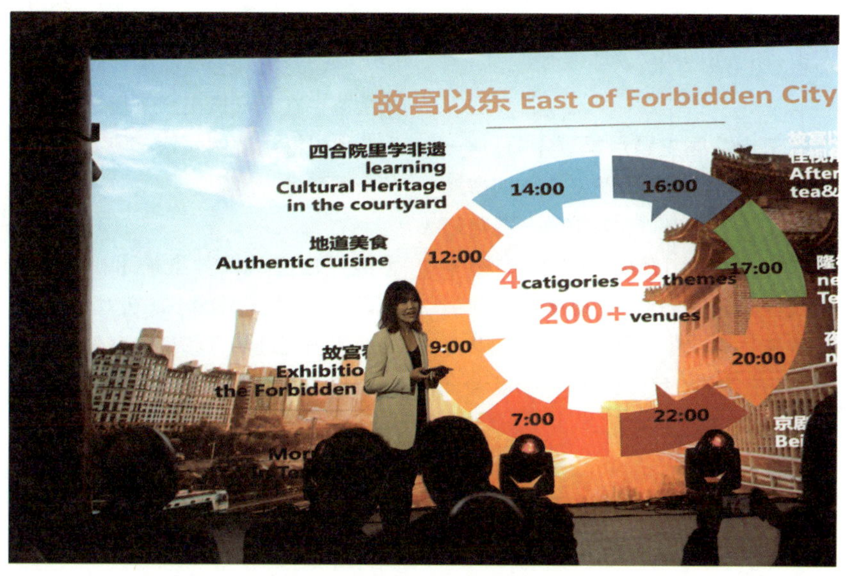

10月30日，驻华大使艺术沙龙活动（区文旅局提供）

文旅局会同多部门开展旅游市场秩序综合治理。坚持日常巡查，每月参加核心区旅游大巴车联合治理，规范旅游大巴停放秩序；配合公安、城管等部门开展“非法一日游”三轮车、天安门及其周边涉旅乱象、南锣鼓巷地区黑导游等专项整治，处理旅游市场投诉举报10余起；派人常驻故宫周边综合整治工作专班，配合属地街道加大对故宫周边秩序整治力度。

（刘　星）

【旅游创意产业】2019年，区文旅局参加在广州举办的“2019广东国际旅游产业博览会”、在天津举办的“2019中国旅游产业博览会”等国内旅游展会，宣传推介故宫以东特色品牌资源。现场发放“经典中的别样——情调篇”“老北京的味道——京味篇”“最长情的告白——亲子篇”“官方旅游指南”“玩转东城”及京味、情调、亲子特色主题折页等宣传品1000余份。

（于珊珊）

【假日旅游监控】2019年，东城区假日办在7个假日（元旦、春节、清明、“五一”、端午、中秋、国庆）监测景区14家（故宫博物院、雍和宫、中山公园、地坛公园、劳动人民文化宫、孔庙和国子监、天坛公园、龙潭公园、明城墙遗址公园、前门大街、王府井、南锣鼓巷、钟鼓楼、天安门城楼），全年接待游客1640.28万人次，营业收入9.23亿元，门票收入1.03亿元。区文旅局重点监控的13家住宿业（黄河京都大酒店、天伦王朝酒店、中谷酒店、北京新侨饭店、北京宝辰饭店、北京贯通现代酒店、和平宾馆、香江鼎富酒店、桔子水晶酒店、中煤宾馆、翠明庄饭店、亚洲大酒店、崇文门饭店），全年接待游客47.15万人次，营业收入2683.94万元。

（郭　霞）

天坛公园

【概况】北京市天坛公园管理处（简称天坛公园）隶属于北京市公园管理中心，属全民所有制事业单位，承担保护天坛，合理利用其文化价值，接待游览、参观等管理职能。天坛历史坛域面积273公顷，现管辖面积201公顷，古建筑面积4.67万平方米，绿地面积170公顷，古树3562株，绿化覆盖率84.37%。天坛始建于明永乐十八年（1420年），是明清帝王祭天祈谷的场所，是中国现存规模最大、形制最完整的古代祭天建筑群，同时也是世界上最大的祭天建筑群。1918年，天坛正式作为公园对公众开放，1961年3月，天坛被国务院公布为首批全国重点文物保护单位。1998年12月，联合国教科文组织世界遗产委员会将“天坛——北京的皇家祭坛”列入世界遗产名录。2005年，天坛公园被国家旅游局评为国家首批AAAAA级旅游景区。2008年，被评为全国文明风景旅游区示范单位。2012年，获全国首批旅游标准化示范单位、国家旅游系统先进单位等称号。公园管理处内设办公室、党委工作部等14个科室，下设殿堂部、票务部等13个队级建制。至年底，在册职工760人，其中管理专技人员367人，技术工人393人。

2019年，服务中外游客1812万人次，同比增长4.9%。完成国家重要外事接待任务53批次569人，完成第二届“一带一路”高峰论坛、北京世园会、中轴线申遗国际学术研讨会等6次活动电瓶车保障任务、完成中华人民共和国成立70周年游园活动和假日保障工作。高质量完成机械厂区域环境整治项目，整治面积3.77公顷，新增开放面积2.91公顷。编制天坛遗产监测方案，对140余个构筑物遗产本体进行病害勘察与结构稳定性检测。完成泰元门修缮和祈年殿、丹陛桥、圜丘等重点古建筑保养维护项目。打造《遇见天坛》节目。以“明星职业体验文化综艺真人秀”形式，拍摄节目9期，展示天坛文化精粹与中华民族创造力的同时，顺势推出中和韶乐八音盒、天香香水、祈福礼盒丝巾套装等文创产品。全面打造祈年贺岁文创产品主题，推出《祈年历》、国潮黄金首饰系列祈年贺岁产品及系列贵金属产品、二十四节气收藏版门票等多款文创产品。强化安全生产标准化建设，全面做好全国“两会”、“一带一路”高峰论坛、国庆活动和节日期间安全保障工作。注重做好绿化养护。持续加大古树养护力度。

（张　群）

【外事接待】2019年，累计完成外事任务53批次，其中完成哈萨克斯坦总统纳扎尔巴耶夫、希腊总统帕夫洛普洛斯一级任务2批次，格鲁吉亚副总理茨基季什维利、泰国副总理威萨努和奥地利联邦议会议长英戈·阿佩等二级任务6批次，智利众议院智中议员友好小组主席埃斯皮诺萨、英国空军参谋长希利尔上将、智利副外长巴尔迪维亚、法国最高行政法院副院长拉塞尔等三级任务13批次。其他重要外事任务32批次。

（张　群）

【有限空间普查】2月28日至3月21日，开展有限空间普查。保卫科、管理队、后勤服务队、绿化一队、绿化二队、绿化中心组成的有限空间普查组，对园内3600余处地下设施逐一核查，对其中主要空间进行登记、拍照、标记点位，汇总数据形成完整翔实的公园有限空间管理台账，共计1238个有限空间点位，并绘制点位图，为公园安全生产打下基础。

（冀婷丽）

【机械厂绿地改造工程】为配合中轴线申遗，天坛公园于2018年启动区域住户和办公用房腾退工作，拆除管理类建筑8000余平方米。原机械厂区域拆除后将以绿化为主，同时沿内坛墙设置游览步道，进行广利门和御路等遗址展示，恢复内坛完整性和天坛历史风貌。该项目于4月初施工，5月21日竣工验收。经过绿化改造，机械厂区域恢复绿植区，在腾退区域以行列式种植桧柏。该项目改造面积约为3.6万平方米，移植桧柏604株，移植国槐18株，建成节水灌溉设施8000余延米、天圆地方栏杆870余延米，种植麦冬草2.1万平方米，新开放绿化面积2.91万平方米。

（王　安）

【第三十八届主题月季展】5月18—29日，天坛公园举办第三十八届主题月季展。主题为“胜春绽放·花路迎宾”，分为北门至祈年殿沿线、祈年殿景区、月季园3个主要区域，共展出木桶月季、嫁接树状月季、地栽月季等1万余株（盆），200余个品种，展出面积2万余平方米。

（王　安）

【南神厨厕所提升改造工程】2019年，对南神厨厕所进行提升改造，工程于5月21日开工，7月25日竣工验收，完成厕所内部整体装修；增加第三卫生间；水、电、通风系统改造及设施更新改造；外立面整体油饰，瓦面查补整修等项目，完成改造144平方米。

（陈洪磊）

【文化和自然遗产日宣传活动】6月8日，天坛公园在皇乾殿后举办以“保护文物人人有责、传承文明美美与共，讲好文物故事、展现中国形象和文物活起来、生活美起来”为内容的文化和自然遗产日宣传活动。通过现场咨询、发放游客调查问卷和宣传材料，利用皇乾殿后大屏幕、微信公众号等方式对活动进行全方位宣传。宣传活动回收有效调查问卷100份，发放天坛文化遗产和文物保护宣传品400份。

（段　超）

【提升公园旅游餐饮档次】6月3日起，天坛公园全面停售方便面、烤肠等低端食品。为弥补“老三样”食品停售后对游客购买方便食品需求，商业网点增加自加热米饭、三明治、汉堡、凉面、快餐盒饭等食品，最大限度满足游客餐饮需求。8月28日，“天坛甜品”店营业，该店位于公园北门内，建筑面积约25平方米，店内装修装饰充满天坛元素。“天坛甜品”是天坛公园与宏达正品（北京）国际贸易有限公司合作的联名品牌店，经营意大利著名品牌“陶诗奇”冰激凌。在天坛推出“天坛之约”月季花冰淇淋、调制软饮、现磨咖啡等40余款产品。

（许　霏）

【重点古建筑保养维护】祈年殿、丹陛桥、圜丘3个区域在2005年及2006年进行过部分修缮，室外铺装、围墙经自然侵蚀和游客踩踏造成磨损，局部产生较轻病害，为防止病害进一步扩大，对其进行保养维护。工程于6月6日开工，9月12日竣工验收，施工内容包括：祈年殿院落及丹陛桥地面破损、残损城砖剔补；分区域用白灰浆灌实油灰勾缝。圜丘坛内、外壝补配墙帽瓦件、脊件，整体小麻刀青灰捉节夹垄；剔补风化酥碱下碱砖，墙体上身清理重新刷浆；散水青灰勾缝；棂星门油灰勾缝等保养维护。北具服台、丹陛桥下北券洞剔补墙面风化酥碱城砖，墙体勾缝；古建地面挖补灌浆勾缝，刷桐油保护；石构件清除原有缝灰，重新勾缝；散水挖补，局部揭墁，对券洞部分剔补风化酥碱城砖；券洞地面清理、挖补、灌浆、勾缝等保养维护。工程由北京市文物建筑保护设计所负责设计，北京房修一建筑工程有限公司负责施工，北京华林源工程咨询有限公司负责监理。完成地面保养面积2.04万平方米，墙体保养长度915米，券洞保养长度40.4米。

（陈洪磊）

【安全生产宣传日】6月16日，天坛公园在北门设立宣传台，开展主题安全生产宣传日咨询活动。现场悬挂安全月主题“防风险、除隐患、遏事故”横幅1条，摆放展板18块，发放各类宣传资料2000份。开展游客安全满意度调查，收集游客调查问卷100份，发放环保袋纪念品100份。保卫科、游客中心、票务部和管理队50人参加。

（冀婷丽）

【消防安全培训】6月25日，组织公园安全骨干、社会化用工和保安人员140余人到东城区消防支队，开展消防安全灭火技能培训。参训人员首先参观支队建设、专业消防设备和应急救助器材，支队警官就基本消防安全知识、常见灭火器材使用以及初期火灾扑救等消防基础常识进行讲解。支队警官根据公园古建筑多、林区密集特点，从火灾预防入手，着重向现场职工传授日常检查消除火灾隐患和排查重点。为现场职工讲解如何利用灭火器扑救初期火灾，现场职工实地体验使用干粉灭火器对油火进行扑救。

（冀婷丽）

【禁毒宣传】6月26日，在公园北大门内小广场开展“珍爱生命、拒绝毒品”主题宣传。活动现场悬挂横幅1条，摆放展板6块，向游人介绍毒品危害，发放宣传材料1000份。保卫科、票务部和管理队人员30人参加活动。

（冀婷丽）

【内坛墙及坛门修缮工程】为恢复历史原貌，天坛内坛墙及3处内坛门（东天门、泰元门、广利门）进行整体修缮方案设计。其中泰元门修缮工程于7月1日开工，10月31日竣工，修缮内容包括：瓦面揭瓦，重做泥灰背，檐头斗拱整修，檐口挂保护铜网；彩画现状保护；墙体重抹靠骨灰及罩浆，下碱破损城砖剔补；大门整修，新做一麻五灰地仗及油饰，补配门钉、栓杆石及门栓，台基及地面整修。按施工图纸完成泰元门修缮248平方米。工程由北京市文物建筑保护设计所负责设计，北京市文物古建工程公司负责施工，北京华林源工程咨询有限公司负责监理。

（陈洪磊）

【制作安装丹陛保护架】8月，天坛公园完成天坛祈年殿南侧三层丹陛、祈年门南侧丹陛和斋宫无梁殿前3处丹陛保护架制作、安装工作。保护装置采用与建筑景观协调书案式紫铜材质防护架，表面配置3块钢化双层夹胶玻璃罩，起到表面稳固和挡雨雪作用，四周中空，以利于空气流通；安装两道防滑杆防止人为攀滑踩踏，保护架顶部安装挡水板防止雨水滴溅和雪水侵蚀石雕表面；预估台阶沉降不一，底部采用单体圆角可调节地脚支架，便于整体结构的调整，并在地脚底部加胶垫以保护汉白玉台阶。安装完成后，对保护架的保护效果进行雨中实时观测，确保保护架对丹陛保护的有效性。

（段 超）

【第三十八届菊花展】9月20日至11月17日，天坛公园举办菊花展。菊花展主题为“金菊花开庆华诞”，在祈年殿西南侧设置6个展棚，主题分别命名为“秋菊佳色庆华诞”“九九登高寿祚长”“张灯结彩迎佳节”“金秋硕果菊花香”“金菊花开颂吉祥”“龙腾盛世中国梦”。展览多种类型，展出数量约3000盆，还利用天坛公园微信公众号，开展科普讲座。

（段 超）

【国庆70周年游园活动】10月1—2日，天坛公园开展“普天同庆·共筑中国梦”主题国庆游园活动。接待游客14.15万人次，发放国庆游园门票10.08万张，其中门区发放8.48万张，预约票1.6万张。10月2日国庆游园活动，在祈年殿院内安排3场文艺演出，接待游客4500余人。在东门健身广场东南侧举办太极拳（剑、扇）、健身气功等体育展示活动及传统健身、民俗健身等体育互动各两场，5500余人参与。在西二门餐厅前广场开展2场非遗互动。在北二门内、七星阁南侧设置两处展览展示区，展出“大国中轴”主题图片，宣传京城中轴文化。

（许 霏）

【《天坛监测方案》编制】2019年，完成《世界文化遗产地：北京的皇家祭坛——天坛监测方案》编制工作，设计单位中国文化遗产研究院天坛遗产监测项目组，对天坛祈谷坛、圜丘坛、斋宫、神乐署建筑群，内外坛墙、坛门及迁建古建等140余组建筑物、构筑物开展本体病害勘察与结构稳定性检测，对重点建筑物、构筑物开展水准测量、三维激光扫描等工作，对遗产总平面图修改完善及遗产要素确认，对遗产保护现状、信息化、档案管理、安防等开展需求研

10月1—2日，天坛公园开展“普天同庆·共筑中国梦”主题国庆游园活动
（天坛公园提供）

究，完成项目方案，经专家评审、公园行政办公会审议通过，根据专家评审意见及公园行政办公会反馈意见，补充材料、修改完善，完成方案终稿编制。

（段　超）

【可移动文物修复】2019年，天坛公园就可移动文物残损程度，分类挑选具有代表性的文物开展可移动文物修复工作。委托中国文化遗产研究院文物保护修复所开展祭器类文物修复。包括瓷器、铜器共30件（套），是天坛公园首次与国内顶级文物修复单位合作开展文物修复。委托首都图书馆古籍保护中心开展古籍及诏书两类纸质文物修复，包括清道光《钦定太常寺则例》23册、清咸丰《太常寺则例》9册，计32册古籍，1册清光绪诏书，并对所有修复内容留存电子文件，便于日后学习查阅。

（段　超）

【可移动文物档案数字化管理】2019年，天坛公园委托专业文物摄影师对库内未存图像资料铜器、瓷器、丝织品等各材质文物450余件进行拍摄及资料留存，拍摄过程严格按照文物拍摄规范、多角度进行拍摄，并对1500余张照片按材质及文物级别进行整理。对《大驾卤簿图》进行数字化和仿制工作，委托西部文献修复中心对坛庙乐章等相关书籍资料进行修复及复制，对坛庙服饰、典制等相关书籍进行搜捡、收集、仿制。

（段　超）

【园林有害生物综合管理】2019年，病虫害防控采取生物防治、物理防治、园林养护措施、化学防治相结合的综合防治措施，从环境保护和防控效果全面考虑防控方法。释放天敌昆虫肿腿蜂20万头、释放蒲螨4000管，受益古树400株。施放饵木1000根诱集古柏蛀干害虫1000余头。悬挂美国白蛾、梨小食心虫、桃潜叶蛾、国槐小卷蛾等性诱捕器500个，人工清理病枝虫枝，刮除腐烂病、蚧虫，打药防治蚜虫、红蜘蛛、国槐尺蠖，有效控制全园主要病虫害发生。

（张　卉）

【传统节日活动】2019年，天坛公园以“弘扬传统文化，增强文化自信，传播天坛精神，丰富游客生活”为主旨，完成春节、元宵节、清明节、端午节、七夕节、中秋节、重阳节假日活动及环境布置，节日期间组织开展多项主题活动，让游客在活动中进一步了解中国传统文化、了解天坛文化。春节、元宵节期间，通过灯笼、中国结、道旗等环境布置，突出整体景观效果，为广大游客营造安定和谐、欢乐祥和的喜庆节日氛围，并以丹陛桥大驾卤簿仪仗道具展、神乐之旅专场音乐会的形式，向游客展示中国传统祭天文化和天坛历史文化。春节、元宵节期间，全园布置国旗1面、彩旗8面，“春节”牌示3套，2.2米红灯笼4个、2.6米落地造型红灯笼4组，大型中国结14个、小型中国结10个，仿真桃树20棵，灯笼拱架24组，造型福字、祈年殿福字150个，道旗300面，小型景观红灯笼1000个，以及大驾卤簿仪仗道具120件。清明假期，开展“寻花识香”科普活动、“花丛慢跑”主题活动以及“缅怀先烈”朗诵活动。端午假期围绕端午节习俗，结合天坛建筑、天坛植物、天坛非遗知识，广利门开放区域开展“传承民族根脉 共筑文化天坛”主题文化活动。七夕节期间，推出“四月天”天坛文房情侣套装，套装内包括毛笔、笔架、墨汁，以及团扇、笔袋、鼻烟壶套装等产品13种。中秋佳节，在丹陛桥西文创店举办“我心中的中秋节”亲子活动；为东城区军属、烈属120人及部分军人举办“天坛公园晚间游览专场活动”。重阳节当日，天坛礼物文创店前举办“福满重阳寄思亲”活动，60岁以上老年游客现场邮寄明信片、制作祈福香包、在祈福许愿墙上粘贴愿望单，为家人朋友送上节日的美好祝福。

（许　霏）

城市建设与管理

10月28日，西河沿危改项目西区回迁仪式（王梦超摄）

综 述

2019年，东城区城市建设与管理工作全面落实北京新版“总规”和核心区控规，加快城市功能的再调整和再优化，有序推动街区更新、住房改善、交通治理和城市环境优化，中心城区城市化功能水平再提升。

推进城市更新改造。建立街区更新工作体系，在全市率先出台街区更新实施意见和规划编制技术导则，全部街道完成控规编制对接。明确在途项目分类处理意见，推动“双控四降”工作。探索老城整体保护实施路径，建立老物件收集利用标准，在全市率先出台老材料、老构件收集及使用管理办法。南锣鼓巷出台全市首个文保街区停车规划，雨儿胡同完成“共生院”改造，实现胡同不停车。完成皇史宬文物腾退和庐陵会馆等4项修缮工程。南中轴御道实现全线贯通。在街区更新理念的指导下，雍和宫大街完成环境整治提升，实现“多杆合一”“箱体三化”，成为全市样板街巷。

改善居民居住环境。举全区之力开展三大民生项目攻坚，天坛周边简易楼腾退项目签约率达到100%，已拆除43栋；望坛棚改项目整体签约率达到99.1%，非住宅房屋全部完成拆除，2400余套外迁房源完成入住，4000套回迁房实现开工；宝华里危改项目已签约1115户，签约率达到97.5%，700余户居民实现当年搬迁、当年入住安置房，回迁房地块实现开工。西河沿项目西区安置房启动回迁，东区实现开工建设。完成5栋简易楼腾退，修缮改造直管公房698.5间。营房西街等4个老旧小区完成年度整治任务。老旧楼房加装电梯开工13部，投入使用10部。豆各庄项目1547套保障房竣工。完成229户家庭共有产权住房选房配售工作。实现棚户区改造1366户，提前超额完成市级棚改任务。

整治交通收效明显。续建次支路16条，完工通车3条。实施灯市口、东单等26处堵点交通治理，整治17所学校、10家医院周边交通秩序。精简、拆除护栏140公里，完成25公里自行车道慢行系统整治。开展全区道路停车管理改革，建成8处停车设施，新增停车位1500余个、共享停车位1000余个。实现全区85条道路6000余个停车位电子收费全覆盖。推进街巷胡同停车治理，制订全市首个文保街区停车规划《南锣鼓巷历史文化街区停车规划》。全区无停车胡同累计达到39条。王府井周边7条胡同在全市率先建成交通安宁步行友好街区。完成北京站地区监控指挥信息化平台建设，实现站内、公安、交通监控资源多方共享。全区高峰时段交通拥堵指数下降8.6%，降幅居城六区首位。

优化城市环境品质。以中华人民共和国70周年庆祝活动为主线，坚持“高标准、精细化”工作要求，优化城市环境品质，提升精细化管理水平，完成各项目标任务。完成中华人民共和国成立70周年庆祝活动等重大活动服务保障任务。开展迎国庆9大类26小项环境整治提升和工程建设。“百街千巷”三年行动计划基本完成，累计整治提升171条大街、1004条背街小巷。市政基础设施建设有序开展，完成5项疏堵工程和27公里自行车道整治，推进垃圾分类，全市率先实现“垃圾分类全覆盖”和分类垃圾专车转运，南锣鼓巷发布全国首个商业街垃圾分类自律公约。完成扫雪铲冰及供热服务保障工作。完成公厕品质提升改造，等级达标率100%。办理建筑垃圾渣土运输车辆准运证32件，开展联合夜查92次。提高平房区物业和街巷长、小巷管家管理服务水平。提升水务防救能力。开展节水检查和供水管线安全隐患排查及水环境联合执法整治。完成“一户一表”改造4070户。完成停车诱导系统建设和用户终端APP研发。增设违法停车智能抓拍探头。建立旅游大客车联合执法机制，规范旅游大客车管理。加强非机动车管理，核减共享单车至5万辆，故宫和王府井周边区域试点共享自行车电子围栏区域内入栏结算。接办“12345”停车管理类案件3230件。

（杨慧平　张　谊）

规划和自然资源管理

【概况】北京市规划和自然资源委员会东城分局（简称规自分局）3月22日正式挂牌成立。根据中共北京市东城区委、北京市东城区人民政府关于印发《北京市东城区机构改革实施方案》的通知（京东发［2019］2号）文件正式更名。主要职责是贯彻落实北京城市总体规划，按规定组织编制、实施东城区国土空间规划、分区规划、控制性详细规划和公共服务、公共安全设施、城市基层设施、城市地下空间等专项规划，组织开展国土空间规划实施监测、评估和预警及城市体检评估工作，承担特色景观风貌塑造和公共空间环境品质提升等城市设计工作；负责全区自然资源和国土空间规划的实施管理，承担历史文化名城保护相关工作，组织拟订并实施土地等自然资源年度利用计划，负责工程建设项目规划和用地管理相关工作；负责全区自然资源调查监测评价工作，组织土地、水、森林、湿地等自然资源基础调查、变更调查、动态监测和分析评价，承担全区不动产确权登记工作；负责全区自然资源和国土空间规划管理的督察工作，依法承担工程建设项目的规划核验，查处自然资源和国土空间规划有关违法行为等。分局设办公室、法制科（信访与信息公开科）、规划编制与城市设计科、规划实施科（名城保护科）、市政交通科、综合审批科、规划土地核验科、自然资源调查监测科、自然资源所有者权益科、财务科、机关党委（党建工作科、人事科）、纪检办公室12个内设机构。下属北京市东城区规划和国土资源执法队、北京市东城区不动产登记事务中心、东城区规划信息中心、北京市土地整理储备中心东城区分中心、北京市东城区土地利用事务中心5个单位。编制175人、实有150人，其中机关编制62人、实有59人；工勤编制9人、实有4人；所属单位编制104人、实有87人。

2019年，探索街区更新规划研究，配合区发改委在全市率先出台街区更新实施性文件《东城区街区更新实施意见（试行）》，制订《东城区街区更新规划编制技术导则》，选取北新桥街道、雍和宫一级更新单元及雍和宫大街（北段）二级更新单元作为试点，开展街区更新示范设计，完善实施机制和政策体系。深入推进老城保护复兴，聚焦南锣鼓巷四条胡同修缮，完成雨儿胡同“共生院”改造。核发各类规划审批138件。不动产登记深化营商环境改革，实现“一窗办理”，登记受理3.37万件。金鱼池二期西项目完成搬迁总量99%。全面启动东城区第三次国土调查工作。组织开展“4·22”世界地球日、“6·25”全国土地日、信访宣传月、国家宪法日等主题宣传活动。

（崔　蕾）

【规划编制】2019年，规自分局落实北京新版“总规”和核心区控规，加快城市功能调整和优化。有序推动街区更新，在全市率先出台街区更新实施意见和规划编制技术导则。明确在途项目分类处理意见，组织为期1个月的核心区控规草案公示，在17个街道设立微展厅，广泛征求并听取公众意见建议，3311人参观，书面留言255人，共计留言322条。遵循“以时间换空间”原则，制订《东城区规划减量初步工作方案》，分类提出11项减量路径，重点研究101个在途项目减量工作，通过分区域、分类别的减量措施，压缩在途项目增量112万平方米，削减比例达到34.69%，实现全区建筑规模减量目标。

（崔　蕾）

【名城保护】2019年，规自分局聚焦南锣四条胡同修缮，牵头组建规划设计组，组织27支优秀设计团队，开展一院一策、一户一设计。协调市测绘院对四条胡同院落高程、房屋角点坐标等相关数据进行现状测绘并快速出具测绘成果。将清乾隆至今不同年代的地形图、院落现状平面图等收集整理并按胡同分别编印成册，研究历史演变过程，为设计团队开展设计提供技术支撑。实行设计方案平台初审、规划设计组审查、顾问专家组评审、指挥部审定四级把关制度，同时依托“多规合一”协同平台联合审查机制，探索平房翻改建项目办理程序。雨儿胡同26个院落的设计方案经专家评审和指挥部审议通过，已完成施工。完成其他3条胡同共35个涉及腾退修缮院落设计方案。30个院落已通过专家评审和指挥部审议并实施建设。

（崔　蕾）

【规划实施与土地利用】2019年，规自分局完成2020年度国有建设用地供应计划和保障性安居工程用地供应计划编制。落实产业用地政策，参与研究制订《中关村东城园构建高精尖产业用地管理办法》。组织开展全区9家地热开采单位矿产资源统计报送和勘查开采信息公示等工作。

（崔　蕾）

【综合审批】2019年，规自分局共核发各类审批138件，其中建筑工程许可50件，市政工程许可34件，规划验收合格37件，地名类11件，土地协议出让2件，划拨4件。建设工程规划许可证办理时限由原20个工作日压缩至

3月22日，北京市规划和自然资源委员会东城分局正式挂牌成立（魏延栋摄）

7个工作日，简易低风险项目进一步压缩至5个工作日，市政工程规划许可证压缩至4个工作日。

（崔　蕾）

【重点工程】2019年，规自分局运用区级“多规合一”协同平台，组织召开内部会商会4次，外部会商会5次，纳入区级“多规合一”协同平台研究建设项目共17个，包括鲁能中心综合楼项目、地铁6号线东四站织补项目、民安小区10号院职工住宅项目、玉河南区SZ05-2（左）地块、SC06地块、SC04-4地块。

（崔　蕾）

【土地储备开发】2019年，金鱼池二期西项目确认签约产籍户37户，建筑面积794平方米，完成居民搬迁总量的99%。彭庄拆迁滞留项目完成搬迁总量的63.3%。马圈项目完成全部搬迁。地铁8号线鼓楼站织补项目、地铁六号线东四站织补项目完成入市工作。

（崔　蕾）

【批后监管】规自分局加强对辖区内已供应土地的监管，通过自然资源部及市规自委批后监管系统上报项目 69个。 2019年东城区共涉及督察整改闲置土地项目41个，所有拟收回项目，均已归集成本形成收回方案；其余推进项目逐个研究规划方案。在全部41宗闲置项目中，已完成7宗整改，其中有6宗已经开工建设，1宗收回。

（崔　蕾）

【不动产登记】2019年，规自分局深化营商环境改革，实现一窗办理，4项登记业务办理时限由5个工作日压缩至3个工作日，2项登记业务时限按现行制度执行，其余事项全部纳入当日办结业务范围。全年登记受理3.37万件，全业务当日办结率达到96.8%。

（崔　蕾）

【地籍地名】2019年，规自分局按照第三次全国国土调查工作部署，开展辖区土地调查，完成底图制作及外业图斑提取，核实5282块图斑利用状况，采集图斑用途照片5209张，查清各类土地分布和利用情况，形成成果分析报告、工作报告、技术报告及数据成果。

（崔　蕾）

【规划监督】2019年，规自分局审核核验项目65件，予以通过26件，建筑面积7.4万平方米。加快代征道路用地移交，分类统计259条代征道路清单，对拟列入第一年代征道路用地移交计划中的项目进行现场查看，初步掌握70余条代征道路现状情况。

（崔　蕾）

【执法监察】2019年，规自分局重点检查历史文化街区、文保单位相关建设工程及在施重点项目507次，完成154处线索核查上报，立案查处违法建设214件，新生一般违法建设4处全部整改到位。完成2019年前立案违法建设行政处罚4件，其中没收1处，罚款3处，共处罚金2290余万元，全部上缴区财政。

（崔　蕾）

【信访诉讼】2019年，规自分局办理信访诉求290件，办结率100%，其中来信来访220件，主任信箱46件，区长信箱24件。办理行政诉讼案件85件，行政复议案件11件。

（崔　蕾）

【政府信息公开】2019年，规自分局办理依申请公开235件，其中分局自收205件，市规自委、区政府协查30件。接待申请群众1300人次，完成北京市政府信息公开管理系统依申请公开工作平台信息录入205件。

（崔　蕾）

建设管理

【概况】东城区住房和城市建设委员会（简称区住房城市建设委）是区政府工作部门，3月，按照中共北京市东城区委、北京市东城区人民政府《北京市东城区机构改革实施方案》（京东发［2019］2号）文件精神，由原住房和城市建设委员会、重大项目协调办公室、房屋管理局机构改革重新组建而成。加挂北京市东城区住房保障办公室（简称区住房保障办）、北京市东城区人民政府房屋征收办公室（简称区政府房屋征收办）、北京市东城区历史文化名城保护工作委员会办公室（简称区名城办）、北京市东城区住房和城市建设综合执法大队牌子。区住房城市建设委负责贯彻落实国家和北京市有关住房和城市建设方面的法律法规、规章和政策，负责房屋管理、物业服务监督管理、历史文化名城保护、工程建设管理、新建商品房销售监督管理等工作，负责全区国有土地上房屋征收与补偿，建立和完善住房保障管理制度等工作，统筹老旧小区综合整治，承担房屋使用、建设工程施工安全监督工作。行政机关内设28个科室，下设东城区建筑行业管理处、东城区住房保障事务中心、东城区历史文化保护事务中心、东城区住宅小区管理中心、东城区房屋安全鉴定管理所、东城区建设工程发包承包交易中心、东城区房屋管理局测绘一所、东城区房屋管理局测绘二所8个事业单位。公务员编制118人、实有114人，机关工勤2人；参公事业单位编制86人、实有61人；纳入工资规范管理事业单位编制53人、实有50人；全额拨款事业编制9人、实有8人；差额拨款事业单位4人、实有3人。12月18日，经区委编办研究同意，撤销区住房和城市建设委员会所属北京市东城区房屋管理局测绘一所、北京市东城区房屋管理局测绘二所2个事业单位的16个事业编制由区委编办收回。

2019年，区住房城市建设委探索

创新老城恢复性修建标准体系，顺利推进中轴线申遗各项任务，皇史宬文物腾退项目12月7日启动签约，奖励期内签约率100%。继续推进民生工程，天坛周边简易楼腾退项目签约率达100%，望坛棚改项目整体签约率达99.01%，宝华里危改项目签约率达97.5%。豆各庄项目1547套保障房竣工。东城区首次开展共有产权住房选房配售工作，229户家庭完成选房。胡家园东区等4个老旧小区完成年度整治任务。完成5栋简易楼腾退，修缮改造698.5间直管公房。多层住宅增设电梯新开工13部，完工10部。实现棚户区改造1366户，提前超额完成市级棚改任务。以市民热线“接诉即办”为抓手，推进基层社会治理改革创新，选取9个不同类型小区作为试点，探索党建引领物业管理纳入社区治理体系改革。

（肖　彤）

【名城保护】2019年，区住房城市建设委深入推进中轴线申遗工作，完成公交110路场站附属物腾退及绿地建设，实现中轴线南段（正阳门至永定门）步行道全线贯通，于“十一”前正式亮相，贯通并衔接南中轴御道和周边景观，提升中轴线南段整体步行环境。完成重点建筑贯通现代酒店外立面整治及永定门公园御道遗址的保护与展示，达到国际专家会现场视察的要求。完成钟楼主体建筑安全检测、钟楼永乐铜钟悬挂系统及钟架安全无损检测2项文物修缮任务。

（肖　彤）

【老旧小区综合整治】2019年，区住房城市建设委坚持“六治七补三规范”原则，有序推进老旧小区综合整治。春秀路小区综合整治完成，营房西街1-5号、朝阳门内大街216-218号和宝钞胡同107号综合整治基本完成。

（肖　彤）

【保障房建设】2019年，豆各庄1500套保障房基本建成，望坛、“两站一街”、顺义区、大兴区对接东城区安置房有序推进，西河沿项目东区进行基础施工，西区已于10月回迁入住。筹集百子湾定向安置房116套、共有产权住房750套，用于全区“疏整促”工作及共有产权住房公开配售。组建区级保障房平台公司，明确以东城区政府为主的决策管理方式。完成东城区首个用于直管公房申请式退租工作的共有产权住房阳光佳苑项目房源性质调整工作，确定销售价格和产权份额。

（肖　彤）

【工程质量安全监督】2019年，东城区在监工程212项331.48万平方米，在监在施工程138项227.04万平方米，其中地铁工程7项，市政工程3项，装修工程91项，结构工程37项。基本形成了施工前综合交底，过程中日常监管和行政执法，竣工时联合验收（包括消防验收）的质量安全监管体系。日常监督以事中、事后监管和服务为主，结合行政执法工作，建立“一个综合应急指挥平台，两个技术专家库，三类专业检测鉴定”的专业保障体系。拟定《东城区非标工程及小微工程施工现场综合监管工作方案》（试行）和《现场安全技术导则》，指导全区非标工程及小微工程日常管理。

（肖　彤）

【招投标管理】2019年，区住房城市建设委共办理建设工程施工、监理招投标项目78项，建设规模71万平方米，合同金额约85亿元。发出公开招标项目中标通知书66项，项目经理解锁51项，合同变更备案13项，发布公告71项，完成开标、评标服务160次。办理小型工程摇号16个，中标价847.69万元。

（肖　彤）

【行政审批与服务】2019年，区住房城市建设委27项公共服务事项全部进驻政务大厅，实现审批事项集中统一办公。全年共办理行政许可事项和行政管理事项1393件，其中核发建筑工程施工许可证及变更234件，建设工程竣工验收备案32件，建筑企业资质审批及变更74件，二级建造师注册679件，建筑节能专项验收备案2件，施工登记2件。办理房地产开发企业二级及以下资质核定（区级）40件，房地产开发项目手册备案1件，居住项目建设方案备案2件，建筑起重机械登记备案82件，建筑起重机械使用登记24件，建筑施工项目安全生产标准化考评（绿色安全工地创建）43件，联合验收79件，消防备案及验收99件。

（肖　彤）

【直管公房管理】2019年，区住房城市建设委会同市住建委起草《北京老城房屋修缮与保护技术导则》（2019版），在全市率先出台《东城区老城房屋修缮中老材料、老构件收集利用暂行管理办法》，规范老物件收集利用程序、使用原则，使有价值的老物件、老材料物尽其用，发挥其历史文化价值。组织研究东城区老城修缮队伍准入机制，明确队伍选取的范围和原则。按照“民生为先、安全第一、规模适度、量力而行”选取原则，确定在2个试点片区开展申请式退租工作。12月23日东城区首个申请式退租试点项目，即历史文化街区外北二里庄直管公房院落腾退项目正式启动。12月30日，历史文化街区内雍和宫大街周边院落腾退项目正式启动，东城区申请式退租工作进入具体实施阶段。

（肖　彤）

【简易楼腾退改造】2019年，区住房城市建设委完成箭厂3-4号、宝华里37-39-41号共5栋直管公房简易楼腾退，涉及居民93户。完成东华门地区东厂胡同28号、五四大街13号共4栋单位自管产简易楼现场踏勘，研究推进东四地区3栋直管公房简易楼腾退的政策和工作方案等。开展李村东里17-18号、新中街灰9-10号、光明楼17号简易楼拆除重建可行性研究，

3月22日，景山地区直管公房简易楼申请式腾退项目预签约中，第一户居民顺利完成签约（赵青摄）

以光明楼17号楼为试点，从政策、设计、资金等多角度研究实施方案和补偿方案。

（肖　彤）

【征收拆迁】2019年，东城区发布房屋征收决定项目12个，其中5个项目全部完成协议签订，其余7个项目处于收尾阶段，累计应征收9036户，已征收8942户，累计完成98.96%，剩余94户。夕照寺东西线道路工程项目、手帕胡同道路工程项目完成评估机构选定工作，刘家窑路道路工程项目发布暂停公告，进入征收程序。制订《东城区拆迁滞留项目现场专项整治工作方案》，针对15处拆迁滞留区环境卫生脏乱差、基础设施老化薄弱、房屋年久失修等问题，重点开展消防安全专项整治，摸排平房院落491个、生产经营单位22家、居民楼46栋、鳏寡孤独等火灾重点防控人群996人。各项目均按要求建立房屋安全隐患台账，小零修房屋1232间，中修311间，大修98间，拆除房屋78间，清运垃圾1.52万立方米，清运生活垃圾2.15万立方米，清理转租转借92间。起草制订《东城区房屋征收补偿安置实施细则》《东城区房屋征收服务机构服务行为评价细则》等。

（肖　彤）

【住房保障】2019年，区住房城市建设委完成保障性住房资格新申请审核备案2338户，公租补贴申请审核备案325户，市场租房补贴申请审核备案413户。完成已备案家庭变更2577户，资格终止1109户；公租房复审5555户，公租补贴复审3651户，市场租房补贴复审1804户，实物廉租房复审1969户，经适房、限价房复审5户；共计解锁2531户，其中新申请家庭解锁463户，变更解锁205户，家庭复核解锁及配租核验解锁1119户，配租核验解锁198户。开展东城区首次共有产权住房配售工作，经过申请登记、公证摇号，2516户家庭完成选房，229户家庭选到满意房源。

（肖　彤）

【物业管理】2019年，区住房城市建设委以市民热线“接诉即办”为抓手，推进基层社会治理改革创新。印发《东城区党建引领物业管理纳入社区治理试点工作方案》及配套文件，即“1+X”工作方案，探索党建引领物业管理纳入社区治理体系改革。选取9个不同类型小区作为试点，试点项目全部实现“四有四亮相”，即有楼门院长、有居民自治组织、有志愿服务团队、有居民自治公约，并实现功能型党支部全覆盖。以落实住宅项目负责人到社区报到为契机，推动物业企业参与社区共治共建，多级联动，妥善回应居民诉求。

（肖　彤）

【防汛工作】2019年，结合工作实际，区住房城市建设委成立防汛总指挥部，根据不同领域下设9个分指挥部。排查全区在施工程及各类房屋，明确15个深基坑、837间危房作为汛期监管重点。向单位自管房发放查房通知挂号信1700余封，向私房产权人发放查房通知2万余份，全区各在监建筑工程应急备勤人员3738人，防汛物资储备充足。依托京诚集团成立全区统一房屋应急抢险队伍，与北京建工集团应急抢险大队签订合作协议，利用专业力量第一时间开展抢险救援工作。

（肖　彤）

【房地产市场管理】2019年，全区备案的房地产经纪机构及分支机构和住房租赁企业共计337家，共约谈44次105家中介机构，立案处罚12起，处罚金额42万元。完成平房测绘成果审核412件，建筑面积共计1.03万平方米，楼房实测绘成果审核15件，建筑面积共计40.38万平方米。交易服务窗口完成个人购房资格审核1338件，存量房网上签约1326件，网签合同注销104件。

（肖　彤）

【协调推进全区重点项目】2019年，人艺项目实现结构封顶。隆福寺地区综合整治中，隆福大厦运营顺利，地铁织补地块取得施工许可开工建设。旧鼓楼大街P保护区8号线织补地块项目完成护坡桩施工。新景商务楼、西部会馆、融坤养老中心项目结构封顶，进入外立面施工和内部机电安装阶段。西河沿危改项目西区部分居民回迁入住，东区施工结构出正负零，望坛项目征收取得较大进展，回签楼开工量完成年度任务。历史遗留项目东直门交通枢纽、东华国际广场商务区顺利复工。

（肖　彤）

【依法守法】2019年，区住房城市建设委共发生诉讼、复议案件926件，同比上升116%，其中诉讼878件，复议48件。已结案820件，其中复议案件败诉3件，行政诉讼案件败诉3件，败诉率为0.6%。共受理政府信息依申请公开350件，同比上升57.9%。

（肖　彤）

【行政执法】2019年，区住房城市建设委完成执法检查2949件，人均检查量196.6件；完成行政处罚344件，其中简易处罚272件，一般处罚72件。人均处罚量22.93件，罚没款总额107.99万元。建筑市场管理科、招投标管理办公室实现检查量零突破。在市住建委组织的案卷评查中，被抽查的11件处罚案卷均被评为优秀卷。

（肖　彤）

【棚户区改造】2019年，东城区年度棚改任务指标为100户，全年完成1366户。天坛周边简易楼腾退项目共涉及征收总户数2416户，至8月底，征收范围内未签约居民已经清零，实现100%签约。望坛棚户区改造项目累计完成签约5786户，完成比例为99.1%，现场非住宅全部完成签约并拆除。宝华里危改项目5月3日启动居民签约，至年底累计签约1115户，签约率97.5%。南中轴路周边环境整治项目累计签约70户，剩余5户。

（肖　彤）

【信访接待】2019年，区住房城市建设委受理来信、来访及区长信箱共计2062件，同比下降15.32%，完成市、区交办信访积案47件，解决一批住房特别困难家庭公租房实物配租等历史遗留问题。

（肖　彤）

建设工程

【概况】2019年，经区住房城市建设委受理、初审及决定竣工验收备案的公建工程共有6项，投资35851.56万元，面积7.94万平方米。

（赵琳艳）

表17　　2019年度竣工重点工程项目（11项）

工程类别	序号	项目名称	项目法人（建设单位）	建设地点	建设规模及内容	总投资（万元）	竣工时间
公建工程（6项）	1	首都宾馆地下车库建设与庭院整治项目	首都宾馆	东城区前门东大街3号	11810平方米，地下3层，地上1层	8289.737	2018年12月25日
	2	北京市第五十五中学地下学生食堂及附属用房工程项目	北京市东城区教育委员会	东城区新中街12号	12150.79平方米，地下2层，地上1层	8289.7026	2019年1月25日
	3	1-01#公共服务配套设施及1#地下车库A段（豆各庄一号地块东城区旧城保护定向安置房项目）	北京佳源投资经营有限责任公司	朝阳区豆各庄乡	8519.26平方米，地下2层，地上4层	2015.09	2019年8月28日
	4	3-7#配套公共服务设施、地库南段（豆各庄3、4号地通惠灌渠西侧地块东城区旧城保护定向安置房项目）	北京佳源投资经营有限责任公司	朝阳区豆各庄乡	15216.18平方米。3-7#配套公共服务设施地下1层，地上2层；地下车库地下2层	5844.5066	2019年8月14日

续表17

工程类别	序号	项目名称	项目法人（建设单位）	建设地点	建设规模及内容	总投资（万元）	竣工时间
公建工程（6项）	5	3-1#、3-4#配套公共服务设施、地下车库北段（豆各庄3、4号地通惠灌渠西侧地块东城区旧城保护定向安置房项目）	北京佳源投资经营有限责任公司	朝阳区豆各庄乡	29254.79平方米。3-1#配套公共服务设施地下1层，地上4层；3-4#配套公共服务设施地下1层，地上2层；地下车库地下2层	10394.054	2019年8月14日
	6	2-11#幼儿园（豆各庄3、4号地通惠灌渠西侧地块东城区旧城保护定向安置房项目）	北京佳源投资经营有限责任公司	朝阳区豆各庄乡	2500平方米，地上3层	1018.47	2019年10月29日
经济适用房工程（4项）	1	2-6#住宅楼(豆各庄3、4号地通惠灌渠西侧地块东城区旧城保护定向安置房项目)	北京佳源投资经营有限责任公司	朝阳区豆各庄乡	45186.1平方米，地下3层，地上29层	9350	2019年8月23日
	2	2-8#住宅及配套楼（豆各庄3、4号地通惠灌渠西侧地块东城区旧城保护定向安置房项目）	北京佳源投资经营有限责任公司	朝阳区豆各庄乡	33591.9平方米，地下2层，地上27层	7982.49	2019年10月9日
	3	2-9#住宅及配套楼（豆各庄3、4号地通惠灌渠西侧地块东城区旧城保护定向安置房项目）	北京佳源投资经营有限责任公司	朝阳区豆各庄乡	43878.89平方米，地下2层，地上27层	9926.577	2019年10月9日
	4	19#-24#住宅楼（经济适用房）等（通州区两站一街E5、E6地块东城区旧城保护定向安置房项目）	北京正阳恒瑞置业公司	通州区台湖	总面积121936平方米。19#住宅楼20595平方米，地下1层，地上28层；20#住宅楼20532平方米，地下2层，地上28层；21#住宅楼20595平方米，地下1层，地上28层；22#住宅楼20532平方米，地下2层，地上28层；23#住宅楼20528平方米，地下1层，地上28层；24#住宅楼19154平方米，地下2层，地上26层	29521.81	2019年10月18日
商品房（1项）	1	东城区前门东区三里河周边B1地块棚户区改造项目（1#～14#楼等4项）	北京大前门投资经营有限公司	东城区前门东区	总面积35372.4平方米。1#～14#楼16974.52平方米，地下1层，地上2层；15#楼1520.58平方米，地下1层，地上2层；16#楼2819.05平方米，地下1层，地上2层；汽车库14058.25平方米，地下1层	29165.52	2019年4月29日

（赵琳艳）

房屋征收

【概况】东城区房屋征收事务中心（简称区房屋征收中心），受区政府房屋征收办公室委托，承担东城区房屋征收与补偿具体实施工作，为全额拨款事业单位。设综合办公室、财务管理科、征收补偿一科、征收补偿二科、征收补偿三科、征收补偿四科6个科室，人员编制38人、在编35人。

2019年，区房屋征收中心承担实施项目7个，其中国有土地房屋征收项目6个，分别为望坛棚户区改造项目，天坛周边简易楼腾退项目，革新南路道路工程项目，南中轴路棚户区改造项目，地铁七号线珠市口站东南出入口用地项目，刘家窑路道路工程征收项目；文物腾退项目1个，皇史宬文物腾退项目。

（李　英）

【望坛棚户区改造项目】望坛棚户区改造项目涉及居民5842户，住宅5755户，非住宅87户，建筑面积18.21万平方米。2019年签约64户，住宅53户，非住宅11户，共46户选房、执行11户、办理入住550户、区领导到项目调研调度50次。自项目启动以来累计签约5786户，签约率99.04%，其中住宅签约5702户，签约率达99.1%。

（李　英）

【革新南路道路工程项目】革新南路道路工程项目涉及被征收14户，其中住宅10户，非住宅4户，占地面积2.57万平方米。2019年签约3户，累计签约14户，签约率100%。

（李　英）

【天坛周边简易楼腾退项目】天坛周边简易楼腾退项目涉及简易楼57栋，居民2410户，总建筑面积7.2万平方米。2019年签约36户，拆除简易楼24栋。全年完成执行10次，执行24户。自项目启动以来累计签约2393户，至8月31日已拆除简易楼43栋，完成签约率100%。

（李　英）

【南中轴路棚户区改造项目】南中轴路棚户区改造项目涉及被征收75户，其中住宅70户，非住宅5户，占地面积2184.58平方米。2019年签约4户，执行7户，累计签约63户，签约率84%。

（李　英）

【皇史宬文物腾退项目】皇史宬文物腾退项目涉及被腾退23户，全部为住宅户，建筑面积577.05平方米。12月7日启动，12月9日签约23户，签约率100%。

（李　英）

【地铁七号线珠市口站用地项目】地铁七号线珠市口站东南出入口用地项目（第二期）共涉及被征收22户，其中住宅18户，非住宅4户，占地面积750.72平方米。自项目启动以来累计签约22户，签约率100%。

（李　英）

【刘家窑路道路工程征收项目】刘家窑路道路工程征收项目涉及住宅89户，建筑面积约2213平方米；非住宅9户，房屋建筑面积约5617平方米。7月10日起区房屋征收中心组织开展征收入户调查，全年完成项目范围内入户调查、数据分析、资金房源测算以及部分服务单位招投标等工作。

（李　英）

网格化服务管理

【概况】东城区网格化服务管理中心（简称区网格中心）是区政府负责全区网格化服务管理事项监督评价与统筹协调工作的正处级行政机构。主要职责是研究拟订网格化服务管理中长期发展规划，制订年度计划，并组织实施；研究拟订网格化服务管理事项立案、处置、结案标准以及监督评价办法；采集、派遣、协调、督办出现的城市管理和社会服务管理问题；整理、分析城市管理和社会服务管理信息，监督检查各有关部门履行城市管理和社会服务管理职责情况；统筹指导街道和部门网格化服务管理工作；领导和管理城市管理监督员队伍，负责城市管理监督员招聘、培训、考核及日常管理；统筹指导全区网格化服务管理信息系统和为民服务热线的

12月7日，皇史宬文物腾退项目签约现场（高森摄）

建设、运行、维护及数据更新；研究、协调、落实、督导网格化服务管理体系建设和拓展深化；对北京市非紧急救助服务中心转办事项进行日常处理，登记、受理来自热线、网络、媒体及其他政务渠道的诉求，反馈办理结果。设办公室、考评科、城市管理科、社会服务科、社会治理科、督察科、信息采集一科、信息采集二科、信息采集三科、信息采集四科、科技信息科、体系建设办公室、人事科、宣传科、财务科15个行政科室和北京市非紧急救助服务中心东城分中心、为民服务中心、城管事务处理中心3个全额拨款事业单位。行政执法专项编制78人、在编75人，事业编制48人、在编42人。劳务派遣员工262人，外包信息采集员57人。

2019年，区级平台内部监督渠道发现各类城市管理问题71.48万件。立案派发共56.78万件，其中立案派发职能部门48.11万件（同比上升14.86%），有效结案45.55万件，有效结案率94.68%；立案派发企业8.67万件。监督员自行处理14.7万件。专项检查1.08万件。全年受理热线诉求9.59万件，平均响应率100%；平均解决率65.15%（全市平均解决率58.37%），全市第三；满意率78.95%（全市平均满意率76.09%），全市第五；综合成绩81.68（全市平均成绩78），全市第四。推进政府信息公开，主动公开机构职能、法规文件、业务动态等信息86条，受理公众申请公开24件；承办区政府、区委督查、绩效件60件，均按时反馈落实情况；办理区人大常委会、政协提案议案3件。

（李　霞）

【接诉即办工作】2019年，网格中心制订《东城区落实市民热线“接诉即办”工作实施方案》《东城区进一步深化市民热线“接诉即办”工作实施方案》，分别明确10项工作机制和15项工作措施，建立网格中心日调度、工作专班周调度、区主要领导月调度的三级调度机制，形成区级大循环、街道小循环、社区微循环三级“接诉即办”工作体系；成立“接诉即办”工作专班，形成案件办理“三快”标准，“三核实一告知”回复标准、六有结案标准等一系列工作标准规范；编制《“接诉即办”工作手册》《“接诉即办”典型案例集》《“接诉即办”特例及加分案例集》，至年底，培训全区各街道、各部门主管领导及平台工作人员2300余人；印发《东城区市民热线每日专报》212期、回访周报22期、物业管理类通报15期、背街小巷诉求通报7期、企业服务事项案件办理情况周报5期，每月形成“接诉即办”月度分析报告，市级考核成绩连续4个月位居前三；将街道、部门“接诉即办”工作情况纳入区政府年度绩效考评和年度党组织书记抓基层党建述职评议考核，对考核排名靠后的单位进行约谈问责。

（李　霞）

【网格化城市管理】网格中心严格落实《东城区垃圾分类工作行动方案》，将垃圾分类纳入2019年东城区网格化综合监管考核。制订《东城区网格化服务管理中心关于落实2019年首环办考核等重点工作加强网格案件上报的标准说明》。出台《2019年东城区网格化综合监管考核实施细则（试行）》，突出综合执法专项考核。环保扬尘类问题实现执法双派双考，从源头上加大对扬尘问题的控制力度。

（李　霞）

【数据服务支撑】2019年，网格中心搭建社区数据汇聚共享服务平台，将网格化服务向社区治理延伸，依托东城区网格化数据辅助分析项目，深化数据应用。通过整合综合执法、“雪亮工程”等相关平台和业务系统数据，整理汇集网格化城市管理平台案件、“12345”市民服务热线数据、首都环境考核评价数据、河长制、媒体舆情、环保等来源相关案件，找出市民关注的热点难点问题，为城市管理提供数据支持。建立全区探头点位台账，针对首环办检查点位、学校周边安全隐患及监督员无法上报的乱点难点点位进行重点巡查。

（李　霞）

【拓宽公众参与渠道】2019年，网

9月9日，东城区“接诉即办”工作推进会召开（区网格中心提供）

格中心利用“随手拍”APP开展推广宣传活动共计29场，参与人数1217人次。北京卫视、BTV新闻、《新东城报》报道“随手拍”“接诉即办”等工作22次。

（李　霞）

【标准化试点建设】2019年，区网格中心围绕标准化试点建设任务目标，通过需求分析，形成专项调研报告，并在此基础上建立科学合理、层次分明、立体化全流程的东城区网格化数据信息公共服务标准体系。该标准体系由通用基础、数据规范、技术支撑、管理应用和创新服务五大子体系组成，共138项标准，其中国家标准76项、行业标准3项、地方标准12项、网格中心制订内部标准47项。标准体系已通过专家论证。北京市市场监督管理局组织专家对试点建设情况进行中期评估。专家组对试点建设成果给予高度评价，尤其是在新技术应用、新模式探索方面，专家认为试点建设工作已经体现出特色和亮点。标准体系的发布实施对全区网格化信息系统平台建设与运行管理、吹哨报到机制的建立、接诉即办专项重点工作推进等进行标准化规范。结合试点建设，中心还通过发起涵盖各方力量的团体标准组织、制订团体标准、参与国家标准、发表署名文章、多方位宣传等方式，推广东城区网格化成功经验，不断扩大品牌效应。

（李　霞）

【法制工作】区网格中心严格推行政府法律顾问制度，开展合同审查、劳动仲裁等各项工作，落实“七五”普法各项重点任务。按照财务专项要求，从2019年度市、区财政法律顾问定点服务机构名录中筛选相关律所进行三方询价比价，主任办公会审议通过，确定与康达律所签订法律顾问协议；开展针对处级领导、科级实职和监督员队伍的预防职务犯罪与劳动用工权益保护等不同专题法律知识培训，编发“以案释法”不同主题的学习宣传活动简报，设计推出有关国旗法、国歌法、国徽法等普法模块，让广大干部职工在身边案例中了解学习法律知识，做懂法守法合格公民；与万福千顺劳务公司合作完成关于原监督员文莉案区法院调解工作，审查各类合同48份。

（李　霞）

【宣传工作】2019年，数字东城网站更新网格中心要闻、图片新闻、党务公开、财政工作等栏目，信息共计680篇，公众举报案件办理621条，考核工作通报10期，市政府信息公开更新信息65篇，《网格东城》报纸出刊11期，微信发布188条，微信粉丝3564人，微博发布1379条，粉丝数5698人。区网格中心接待国内外团体考察调研105批次、1567人次。

（李　霞）

【监督员与网格员队伍建设】2019年，区网格中心强化对重要节点和重点任务网格监管，做好全国“两会”、第二届“一带一路”国际合作高峰论坛、亚洲文明对话大会、中华人民共和国成立70周年等重大活动服务保障任务；组织城管监督员开展专项普查44次，上报问题2.23万件；提升信息采集质量，提高监督员工作效率，完成7个街道信息采集任务外包工作，完成编外用工人员核减工作；全年，共查处并处理违纪监督员44人次，督报各类遗漏问题3.82万件，督报街巷提升问题94件；加强网格助理员日常管理和业务指导，制订《关于落实网格助理员通过随手拍APP上报案件的工作方案（试行）》，以《东城网格助理员工作动态》专刊为抓手，刊出“随手拍”APP数据分析专刊27期。

（李　霞）

【党风廉政建设】制订区网格中心2019年党风廉政和反腐败工作计划，召开2019年党风廉政建设工作会，签订落实全面从严治党主体责任目标责任书和任务清单；组织党建工作会，抓好党员教育活动，学习、传达相关会议文件精神，理论中心组学习18次；开展党员干部长期不在岗问题专项整治工作，印发《关于进一步加强机关日常管理的通知》，修订考勤制度，强化内部管理；召开主体责任落实征求意见座谈会，有效运用监督执纪“四种形态”；针对区委第一巡察组对中心党组巡察工作中发现的4方面13类问题45项具体问题，制订整改措施，落实到责任领导和部门，明确整改完成时限，定期汇报整改进展，确保整改可量化、可检查、可追责。

（李　霞）

城市管理执法

【概况】东城区城市管理综合行政执法局（简称区城管执法局）是负责东城行政区域城市管理综合行政执法工作的区政府直属正处级行政执法机构。根据《关于北京市东城区城市管理综合行政执法监察局更名的通知》东委编［2019］39号文，6月24日更名为东城区城市管理综合行政执法局。行使13个方面432项行政处罚权。负责在东城行政区划内有关城市环境秩序的行政执法工作，参与研究、完善区城市管理综合行政执法体制的意见和措施；负责城管执法队伍行政执法中跨区域协调工作，市、区交办重大案件的查处工作，全区各类重大活动环境秩序保障和突发事件处置的调动和指挥工作；负责街道城管执法队的业务指导、专业培训和执法监督；负责承担区城市管理综合行政执法协调领导小组办公室职责，具体协调、监督区城市管理综合行政执法，组织、指导街道（地区）开展城市管理综合行政执法工作。设办公室、法制科、执法监督科、综合执法协调科、财务科、宣传科、组织人事科、党群工作办公室、机关事务管理科、信访科、拆违办公室11个内设机构，指挥中心、督察队、直属执法队3个直属机构以及全额拨款事业单位事务中心。行政编制82人、在编81人，纳入规范事业编制69人、在编51人，工勤5人。

2019年，城管执法局共出动执法人员8.9万人次，执法车辆3.7万车次。先后开展打赢蓝天保卫战、燃气安全专项执法检查、占道经营违法行为治理、非法小广告重点点位整治、“夏季攻势”集中整治行动、“并肩治乱”非法运营类问题突击整治等市区交办的各类专项执法任务242次。部署中华人民共和国成立70周年庆祝活动、春节两坛（潭）庙会、全国“两会”、“一带一路”国际合作高峰论坛、北京世界园艺博览会、亚洲文明对话、“五一”、端午、中秋、国庆、中高考、工体赛事等重大活动、节假日外围环境管控115次。部署领导出行期间特勤保障78次，空气重污染防控等临时性执法保障任务25次，通过市环保督导组、安全生产督察组考核验收。拆违工作圆满完成，全区共拆除违法建设2919处，面积13.81万平方米。封堵违规“开墙打洞”609处，完成市级销账609处。根据市联席办第十期察访核验工作简报通报结果，全区反弹率为零。2019年共收到群众来电表扬1557次，来信表扬94件，锦旗38面。

（马婷婷）

【占道经营整治工作】2019年，区城管执法局结合“夏季攻势”、夜间经济执法保障等专项执法行动，及时妥善处置群众举报，有效遏制占道经营违法行为反弹。全年占道经营类行政处罚案件8730件，受理占道经营类群众举报2272件，同比下降37.57%，全区执法举报比达384.24%。20个街道（地区）阶段性达到动态清零标准。

（马婷婷）

【生活垃圾分类治理】2019年，区城管执法局制订下发《区城管系统垃圾分类专项执法方案》，在生活垃圾专项执法基础上，用足用好法律法规，配合行业主管部门，开展延伸执法，推动分类投放、分类收集、分类运输、分类处理的垃圾分类工作体系建立。调整生活垃圾专项执法定量任务，提高在千分制考核中的评分标准，督促各执法队履职。全年共查处生活垃圾类违法行为398起。

（马婷婷）

2月5日，区城管执法局做好春节地坛庙会环境秩序保障（城管执法局提供）

【大气污染治理】2019年，区城管执法局制订下发《区城管执法系统大气环境精细化管控工作标准》（试行），对大气环境精细化管理工作中城管执法目标、措施、工作要求等作出具体规定。持续开展“每周行动日”运输车辆专项执法检查，联合交警、城管委等部门在重点地区夜间设卡，对违规运输、泄露遗撒车辆加强监管执法力度，在依法予以处罚的基础上，倒查工地源头。强化对施工工地落实建筑垃圾运输车辆进门查证、出门查车制度的检查，在土方产生、运输、消纳环节加强监督管理。全年立案处罚施工扬尘类违法行为318起，道路遗撒435起，露天烧烤59起，露天焚烧84起。

（马婷婷）

【私装地桩地锁治理】2019年，区城管执法局联合公安、交管、住建委等相关部门综合施策，指导属地工作，持续跟进各街道私装地锁整治情况，对举报量高发街道采取周预警、月通报形式进行预警警示、跟踪督办。探索疏堵结合工作办法，总结、提炼典型经验进行推广，进一步推动由整治向治理转变。全年组织联合执法801次，出动综合执法队员621人次，保安1714人次，摸排87处点位，清理地锁障碍物2695个。

（马婷婷）

【违法建设拆除】2019年，区城管执法局持续加强制度建设，完善、规范拆违和资金管理工作流程，强化对各街道的指导力度严控新生违建 。做到拆违——整治——管理三到位，打造东四街道朝阳门北小街35号院、雍和宫大街等亮点项目。完成存量违建销账2919处，面积13.81万平方米，完成市级任务10万平方米的138%，完成区级任务13.5万平方米的102%。

（马婷婷）

【“开墙打洞”长效治理】2019年，区城管执法局坚持实施“开墙打洞”长效治理八项机制，会同区市场监管局，有效控制反弹复发，实现2019年上半年反弹率最低。年内封堵“开墙打洞”553处，完成“三有五无”市级销账381处，达到市级任务150处的254%，区级任务364处的104%。

（马婷婷）

【综合执法平台建设】2019年，区城管执法局开展综合执法实体化运作，基本模式落地实施。各街道（地区）综合执法组织架构体系基本建立，成立综合执法中心，执法人员600余人全部到位并充实到基层一线，综合执法工作机制进一步完善。发布《街道（地区）综合执法队分区划片及巡查管控措施指导意见（试行）》，建立属地分区划片管控台账，合理划分管控片区，做到边界一致，无缝对接，全面覆盖，合理配备。研究制订考核办法，并将考评结果纳入区网格中心考评体系。

（马婷婷）

【信息宣传】2019年，区城管执法局持续加大政务信息报送力度，在及时、准确上报业务信息同时，加大问题建议类信息报送范围。全年编辑信息普刊42期，其中信息247条、简讯307条，向市城管执法局上报信息253条，市局采用123条；向区两刊上报信息152条，两刊合计采用110条。在《北京日报》、北京电视台、人民网、千龙网等多家媒体共刊登605篇次，其中中央级媒体12篇次，市级295篇次，区级66篇次，新媒体232篇次。

（马婷婷）

市政市容环境管理

【概况】东城区城市管理委员会（简称区城管委），挂东城区城市环境建设管理委员会办公室（简称区环境办）、东城区交通委员会（简称区交通委）、东城区水务局（简称区水务局）牌子。负责全区城市环境建设、城市管理综合协调，市政基础设施、市政公用事业、市容环境卫生、能源日常运行、交通、水行政等管理工作的区政府工作部门。内设17个机构，办公室、综合协调科、社会化工作科、环境卫生科、固废管理科、市政设施科、能源管理科、环境建设科、环境整治科、交通运行科（东城区国防动员委员会交通战备办公室）、停车管理科、水务管理科（河长制工作科）、应急管理科、调研信息科、法制审批科、财务内审科、党建工作科。行政编制95人、在编87人。

2019年，区城管委完成传统节日和国庆期间景观布置、环境卫生保障。继续实施百街千巷环境整治提升，完成25公里自行车道整治，道路精细化养护4.32万平方米。实施5项疏堵工程。开展2020年“美丽院落”建设项目统计。完成100座公厕品质提升改造。收、运、处理餐厨（余）垃圾7.43万吨。开展街巷长、小巷管家管理及平房区物业管理。开展市政设施及管线安全隐患排查。处置区管城市道路突发事件144件。优化营商环境，审批时间由8个工作日缩短至5个工作日。制作安装141条道路名牌，设置立杆路牌725套，胡同挂墙路牌66面，道路标识牌3面。制订《东城区地下管线监督管理机制指导实施意见（试行）》，实现电力服务100%嵌入社区网格化，热力、燃气及排水等企业制订衔接方案，完成100%衔接工作。制发《东城区电动汽车充电设施建设和管理工作方案》，推进电动汽车充电基础设施建设。区城管委联系城区供电公司，建立应急联络机制，完成电力迎峰度冬、度夏，处理10KV故障97起，0.4KV故障213起。区交通委修订完善学校、医院实施方案，实现“一校一策”“一院一策”。静态交通管理平台完成招投标，正式投入开发，完成东城区停车APP、居民停车五证认证工作功能开发。完成交通基础设施建设、学校医院周边综合治理、堵点乱点治理等69项交通综合治理考核任务。新增107个停车场、5674个停车位，审核通过备案证停车场325个。

（王景平　杨慧平）

【迎国庆环境整治提升】2019年，区城管委开展迎国庆9大类26小项环境整治提升和工程建设。完成支路胡同电力架空线入地2条、通信架空线入地44条；梳理支路胡同通信架空线129条；美化457条支路胡同及平安大街沿墙通信线缆及设施；拔除2200根无主电杆；精细化提升背街小巷360条；完成雍和宫大街二期、东单北大街、崇文门内大街、国子监街东段、西草市东街周边、南锣鼓巷四条胡同（雨儿胡同、帽儿胡同、蓑衣胡同、福祥胡同）及院落内、王府井大街277号院环境整治提升；改造提升公厕228座；改造提升南北河沿大街、前三门大街、东北二环建筑物楼体夜景照明；28条道路补建路灯；提升186条背街小巷标识标线、停车位等交通设施；37条大街增设违法停车智能抓拍探头；高位视频停车管理设备赋能违停功能；提升前三门大街、皇城根遗址公园、菖蒲河公园绿化及设施；生态治理公共区域园林绿化裸露地；完成18处城市空间立体绿化建设；完成重要道路及景观节点花卉布置及东直门外重点大街绿化工作；整修道路24条；完成外立面修复清洗粉饰；实施南池子大街及贵宾楼段红墙保养修复工程。

（杨慧平　杨雨晨）

【国庆70周年环境卫生保障】2019年，区城管委会同区环卫中心配合市交管局、市环卫集团、国网城区电力公司多次逐一实地踏勘环境卫生保障点位，对接交通设施移除、电力接驳、上水接入、排水接出等工作。会同区环卫中心保障点位落实到人，协调区环卫中心、区园林绿化管理中心、各街道（地区）落实安全责任制，组建应急抢险队伍，落实人员和物资，排除事故隐患，提高防范和快速反应能力。出动专业作业人员3.3万余人、各类作业车辆3000余车次，清理非法张贴广告4000余张，清运生活垃圾8000余吨，抽运粪便4000余吨，道路机械化作业用水2.4万余吨。国庆活动演练期间，天安门地区每日参加环卫保障人员1040人次，环卫车辆73辆。活动当日，天安门地区参加环卫保障人员1278人次，环卫车辆73辆。

（杨慧平　范苳冉）

【重大活动景观布置】2019年，区城管委完成春节、元宵节、端午节等传统节日和国庆期间景观布置。实地踏勘道路情况、灯杆数量、桥体情况确定布置范围，针对不同节日完成景观布置方案设计。春节期间，“七横八纵、五周边”67条大街和9座过街天桥，布置景观小品1个、张挂各式灯笼1.2万个；端午节期间，龙潭公园内及周边道路748根灯杆布置道旗；国庆期间，新世界、国瑞城等4块户外电子显示屏播放国庆宣传口号，北京站和东长安街沿线2处广告位设置国庆宣传画面。

（杨慧平　许海胜）

【百街千巷环境整治提升】2019年，区城管委完成44条大街、509条背街小巷环境整治提升。拆除违章建筑8.85万余平方米，治理“开墙打洞”1975.56平方米，整饰外立面63.03万余平方米；拆除违规牌匾1271个；整修破损路面40.35万余平方米，补建绿化植被7.19万余平方米，清理建筑垃圾24.01万余吨，治理乱停车1472处，清理私装地锁1065个。

（杨慧平　杨雨晨）

【夜景照明管理】2019年，区城管委做好自管夜景照明设施运行维护，开展安全检查86次，发现整改安全隐患92处；完成南北河沿大街、前三门大街和东北二环80栋楼楼体夜景照明提升方案设计，更新原有灯具和照明设备；完成市级为民办实事28条有路无灯道路路灯增设。完成东长安街6号楼外立面及夜景照明改造提升。

（杨慧平　许海胜）

【政府信息公开】2019年，区城管委更新政府门户网站内容，主动公开政府信息422条，其中机构职能类9条、更新工作动态380条、水务信息12条、优化营商环境信息21条；网站发布政务公开全清单；完成政府信息公开年度报告编写；受理并办结依申请公开5例，其中予以公开2例，信息不存在2例，其他情况1例；接受依申请公开咨询6人次。

（杨慧平　韩宁超）

【环境卫生大扫除】2019年，区城管委开展环境卫生大扫除活动6次，1600余家社会单位3.8万余人参加，清理堆物堆料、积存垃圾2200余吨，清理白色污染2.1吨，清除擦拭非法小广告2.6万余张（处）。

（杨慧平　范苳冉）

【扫雪铲冰】2019年，区城管委制发2019—2020年东城区冬季扫雪铲冰应急预案，确定各相关单位扫雪铲冰工作联系人，建立扫雪铲冰指挥系统，对接驻区部队扫雪铲冰应急支援工作。储备扫雪铲冰应急物资，设立积雪应急消纳点。降雪期间，发动扫雪铲冰人员6976人次，融雪车辆251车次、多功能除雪车辆2车次、动用撒布器4台次，施撒固态融雪剂269吨，施撒融雪剂溶液2476吨。

（杨慧平　范苳冉）

【实施垃圾分类】2019年，区城管委开展示范片区建设，其中5个街道通过市里验收，12个街道完成创建材料上报。按照《东城区垃圾分类工作考核办法》，考核餐饮企业1020家，考核党政机关、企事业单位510家。实现781家党政机关垃圾强制分类，3465家餐饮单位纳入餐厨垃圾规范管理，形成分类投放、分类收集、分类运输、分类处理的运行体系，完成9大类、111项、6893个责任主体基础信息普查，绘制分类设施点位图、车辆收运路线图。建立街道垃圾分类排放登记系统。编制发放东城区垃圾分类学生行动指导手册10万册，开展垃圾分类宣传活动105场，开展餐厨垃圾排放单位上门分类宣传指导7000余次；发放《致全区餐厨垃圾排放单位的一

9月29日，完成环境整治提升后的天坛街道西草市街（马念瑶摄）

封信》2000余份。开具垃圾分类不达标整改通知书51起，移交执法部门处置垃圾分类不达标案件13件47家，各街道组织餐厨垃圾类执法检查800余次。

（赵　波　保　罗）

【建筑垃圾运输管理】2019年，东城区建筑垃圾运输车辆增加至26辆，办理建筑垃圾渣土运输车辆准运证32件。区城管委每月定期约谈6家运输企业负责人，召开建筑垃圾管理联席会议13次。牵头组织联合执法夜查91次，出动检查人员3425人次，查处违法违规运输车辆348辆，查处渣土车尾气排放超标698辆，查处违规工地352个，移交建筑垃圾违法违规案件77件，约谈施工工地17次，向工地施工单位、运输企业发放建筑垃圾宣传材料1270余份，办理建筑垃圾消纳证540件，建筑垃圾运输车辆准运证件32件，开展严厉打击建筑垃圾违规消纳专项行动联合执法检查38次，出动检查人员1511人次，发现尾气超标182辆，违规渣土运输车99辆。

（杨慧平　张　丹）

【广告牌匾管理】2019年，加强重大活动户外电子显示屏网络安全保障，建立管理台账，签订《网络安全责任书》；规范管理牌匾标识设置，拆除违规牌匾标识346块，拆除违规广告428块，指导社会单位规范重设牌匾标识205块；指导王府井大街和崇雍大街开展牌匾标识规划方案设计。

（杨慧平　许海胜）

【公共服务设施减量】2019年，区城管委加强重大节日设施保障，组织各设施产权单位加强巡查，建立工作联系表，开展集中检查。开展闲置电话亭清理，电话亭从1280座减量至109座。根据《关于印发邮政报刊亭规范提升工作方案的通知》要求，落实报刊亭规范提质，撤除严重影响环境、阻碍交通、闲置报刊亭10个，报刊亭存量下降至60个。配合区交通支队开展人行道设施整治，挪移邮筒1个，撤除电箱格栅1组，同时做好对市民的沟通解释工作。

（杨慧平　许海胜）

【平房区物业管理】2019年，东城区加强平房区物业监督管理力度，严格执行月通报制度，严格执行“十无”标准对街巷进行管控，处理城市管理网格案件6.29万件，接访及上门服务1450余次，2个街道5个院落试点推行物业服务管理入院。

（杨慧平　许海胜）

【街巷长、小巷管家管理】2019年，东城区建立“日巡、周查、月评、季点名”机制；坚持月例会制度，召开工作例会10次；实行街道轮转；形成通报点评机制，根据网格平台统计数据每月考核街巷长，并发布《东城区街巷长工作通报》；组织街巷长、小巷管家参与垃圾分类大挑战和中华人民共和国70周年大庆保障工作；组织小巷管家培训7360余人次。召开街巷长、小巷管家表彰会。

（杨慧平　许海胜）

【区属道路运行保障工作】2019年，区城管委制订应急保障处理措施，成立区管城市道路保障抢险队伍，配备相关机械设备、工具、材料，指挥处置区管城市道路突发事件144件，其他公共设施应急突发事件35件。铺设沥青路面1515平方米，步道砖路面430平方米。

（曹　鹏　单翔宇）

【代征道路建设用地移交】2019年，区城管委完成北京汇文中学1号教学楼翻建工程、北京市文化用品有限公司仓储楼及停车楼等5个建设项目代征道路建设用地移交，参与代征道路现场查验，履行移交接收手续并签订移交协议，承担移交后代征道路用地管理职责。

（杨慧平　单翔宇）

【疏理跨区道路25条】2019年，区城管委摸排跨区区管道路情况，疏理界限不明、管理混乱问题道路25条，协同朝阳、丰台两区道路管理部门现场确认，明确道路养护责任。

（杨慧平　单翔宇）

【占掘路行政许可审批】2019年，区城管委办理占掘路行政许可170件，其中掘路件140件、临时占道30件。加强区管城市道路巡查力度，发现纠正私占、私掘等道路问题129起，处罚私掘城市道路问题6起，约谈私掘道路企业3家。

（杨慧平　单翔宇）

公共事业管理

【概况】2019年，区城管委完善突发事件应急专项预案，定期开展应急技能培训。围绕春节、国庆、中高考等重大时间节点，开展电力保障和燃气安全管理。完成“一户一表”改造4070户，老旧小区供水管线改造26个。开展节水型单位和小区创建及水环境联合执法整治行动32次。

（杨慧平）

【河长制管理】2019年，编制完成《东城区水土保持规划》《东城区海绵城市专项规划》《2019年“一河（湖）一策”方案》。围绕“总河长令”，推进“清四乱”工作，专项治理辖区内河湖环境卫生、非法排污、水污染防治、雨水篦子违法倾倒行为，实现涉河湖违法建设及河道垃圾渣土清零。协调关停玉蜓桥餐厨垃圾转运站。街道河长34人每月巡河率100%，全年巡河916人次，巡河2566公里，发现解决问题155个。社区河长每周巡查、发现、协调解决河湖环境问题。不定期开展集中整治河道范围内捕鱼、游泳、乱放共享单车等行为。清理非法捕鱼35次，清理保洁不到位26处，处置非法排污2次，开展劝阻钓鱼、游泳、滑野冰行动20余次。约谈东华门街道、和平里街道河长办，查找问题，制订提升整改措施。印发东城区河长制工作月报12期、工作通报25期，街道河长制工作情况打分排名12次，8河6湖打分排名12次，督促处置河湖问题217件。结合世界水日和中国水周主题宣传活动，开展“建设节水城市，推进绿色发展”宣传活动；联合学校、街道开展河长制宣传活动19次，悬挂横幅40余条；创新活动《北京日报》网络版报道1次、北京卫视《都市阳光》栏目报道5次。

（杨慧平　陈　锋）

【海锦城市建设和河湖管理划定】2019年，《东城区海绵城市专项规划》通过专家技术评审；市规自委两次听取规划汇报，完成送审和报批程序，区政府专题会审定。建立东城区海绵城市建设工作联席会议制度，确定职责分工、工作机制。委托市水科院负责河湖管理保护范围划定，调查确定涉河湖岸线无违法建设，调查河湖管理保护范围现状，起草《东城区区管河湖管理保护范围划定要求》；收集整理河道地形图，布置测量区管河湖管理保护范围线，绘制河道管理范围平面图、上图市管河湖管理保护范围等内容。

（杨慧平　陈　锋）

【水务联合执法】2019年，区城管委组织区公安分局、区环保局、河湖管护单位、街道等部门，开展水环境联合执法整治行动32次；开展医疗废水、污水监测三级以上医院8家，处罚超标排污1家。联合市水务局、环保局、东城公安分局等部门，专项执法检查15家餐饮企业排水情况，处罚1家；加大水保执法力度，现场检查全域，追踪检查后续手续，与市水务局法制处、水保处、水保总站对接移送处罚程序，核查54个水土保持遥感扰动图斑，移交市水保总站处罚未批先建项目1个。

（杨慧平　陈　锋）

【节水管理】2019年，区城管委联合相关部门开展节水宣传教育活动。重新核定6662家单位供水指标2947.69万吨，建立用水计划指标台账进行考核，下发用水超计划预警通知书96家，下发加价通知72家，受理审批临时施工用水单位1家。完成自来水“一户一表”改造2685户。完成辖区26个老旧小区供水管线改造。15个单位争创市节水型单位，65个小区争创市节水型小区。安装淋浴器花洒5000套。网格管理员380人助力节水工作开展。

（杨慧平　阳　辉）

【节水检查和供水管线隐患排查】2019年，区城管委联合市水务局、环保局、东城公安分局等单位开展餐饮业排水专项执法检查15家，处罚1家；联合区卫健委开展居民小区制售水机尾水回收设施专项执法检查，督促11个小区安装回收装置，处罚2家单位；约谈区公园绿化中心和环卫中心节水负责人，处罚未报备洗车站点4家，处罚用自来水作景观用水1家；组织区教委、龙潭等5个街道办事处9个物业公司，开展自来水供水管线安全隐患排查，普查居民小区13个、学校6所。

（杨慧平　阳　辉）

【老旧小区电力改造】2019年，区城管委协调街道、社区、物业及产权单位，推进官书院小区、李村、白桥苑小区、东花市北里4个遗留老旧小区外线电力改造；召开工作协调会，加强与区人大代表、7453工厂及5家产权单位沟通，做好7453工厂配合工作和产权单位出资工作，推进安德里北街25号院老旧小区配电设施改造。

（杨慧平　单翔宇）

【冬季供暖】2019年，区城管委组织召开供热工作动员部署会，修订《东城区2019—2020年度采暖季居民供热工作方案》，健全供热工作及应急指挥系统，成立供热保障组织领导机构，落实市、区、街道联动协调机制。依托热力集团东城分公司组建4支供热应急抢险队，配备各类抢险器材及设备设施，处理供热突发事件。依托供热投诉平台，处理居民供热工单1.05万件。聘请第三方安全检查机构检查居民供热锅炉房290余家次，消除供热安全问题1500余处。推进浙商银行、崇文小学、社会科学出版社和龙潭公园管理处等单位锅炉房并网工作。协调解决朝内大街75号院热力站问题、东华门大街14号楼热力站无人运营问题，确定天坛医院锅炉房改

9月29日，区城管委对辖区7家液化石油气供应站开展安全检查（霍然摄）

造和运营主体。

（杨慧平　董文昊）

【燃气安全检查与宣传】2019年，区城管委印发《东城区2019年燃气安全工作要点》，落实安全制度，开展7个液化气站日常安全检查和不定期抽查，录入北京市执法信息服务平台检查信息96条。重大节日和重要政治活动期间，做好燃气安全服务保障工作，出动检查人员740人次，检查供应站、餐饮单位等185家次，查处整改隐患63处。燃气安全宣传方面，全年开展燃气安全进社区宣传活动8次，出动宣传人员100余人次，设置条幅和展板54条（块），发放宣传资料及宣传品1.1万余份。

（杨慧平　董文昊）

【燃气消隐及应急处置】2019年，区城管委协调市燃气集团完成4处燃气管线抢修处置；协调燃气集团完成天坛周边简易楼腾退征收项目、望坛棚户区改造项目及南中轴路周边棚户区改造项目强制执行腾退过程中燃气阀门切断；协调市燃气集团、市液化石油气公司配合街道，做好安德城市森林公园项目用地燃气管道拆改，白桥大街24号楼燃气消隐改造，东营房九条25号院加装天然气，天坛西里北区1号、2号楼天然气接入，草园胡同12号楼加装天然气，宝钞胡同107号楼燃气引入，东四十一条25号天然气接入事宜，歌华大厦员工食堂燃气改造事宜，幸福大街液化石油气置换站事宜，龙潭街道夕照寺西里2号楼5户居民私接燃气管线消隐。

（杨慧平　董文昊）

【重大活动期间燃气安全保障】2019年重大活动期间，区城管委做好重点区域燃气安全保障，协调市液化石油气公司清移17家商户液化石油气瓶41瓶，街道自行清移商户液化石油气瓶230瓶；采取关站并清空气瓶的保障方式，清移张自忠路供应站、沙滩供应站、崇西供应站内气瓶1227瓶。组织街道与液化气公司对接，安全巡检平房区及拆迁滞留区使用液化石油气居民用户，东华门、前门、崇外、东花市、体育馆路街道聘请专业工作人员入户检查3633户。

（杨慧平　董文昊）

【民用液化石油气补贴政策调整】2019年，东城区推进民用液化石油气补贴政策调整工作，平价气用户初审数量7.5万余户，街道办事处复审确认7.2万余户。

（杨慧平　董文昊）

【防汛工作】2019年，区城管委组织召开水务专项指挥部汛前准备工作会，加强物资储备、救援装备、应急救援队伍协调联动；维修、保养雨量计40个；推进“清管行动”专项整治，清理雨水箅子2.4万余块，排查保养排河口200余座、闸门19座，检查雨水管线260公里，重点养护雨水设施20公里，清疏雨水口支管46.5公里；23座下凹式立交桥区部署180余人汛期抢险力量，抢险能力最高每小时9000立方米；准备防汛排水泵6台，吸水膨胀麻袋600个，沙袋35个，应急抢险25人；开展3处下凹式立交桥横截沟截源引流法试点；完成前三门盖板河调蓄工程建设。

（杨慧平　陈　锋）

交通管理

东城交通委员会

【概况】2019年，交通委完成85条道路停车电子收费上线。创建10处立体停车设施和2处地下停车场建设台账，梳理待建设公共停车场项目12处。完成159辆个体出租汽车调整燃油附加费。发送路侧停车催缴短信5365条。小客车指标申请窗口受理指标申请5621份。王府井地区17条道路安装38个违法停车智能抓拍探头，地安门东大街等37条大街增设181处违法停车智能抓拍探头。

（杨慧平）

【静态交通秩序治理及行政执法】2019年，东城区实现路侧停车电子收费全覆盖，85条道路6043个停车位，安装高点视频设备840套，POS机和地磁设备883套。停车协管员150人不间断巡查执法30个网格区域，粘贴违法停车告知单17.28万起。在王府井地区17条道路安装38个违法停车智能抓拍探头；地安门东大街、东四北大街、鼓楼东大街等37条大街增设181处违法停车智能抓拍探头。全年开展行政执法22笔，罚款6900元，补缴停车费5385.75元。

（杨慧平　贺钰淇）

【非机动车秩序管理】2019年，区交通委开展非机动车乱停乱放整治行动，共享单车总量从17万辆减至5万余辆，清理废旧车辆8000余辆，监督运营企业回收破损车辆3.4万余辆；设置非机动车规范停放区156个和17个禁停区，实行入栏结算；复划、增划非机动车停放区；试点共享单车码放队，实施分区域责任管理制度；区和街道每月考核单车公司。

（杨慧平　贺钰淇）

【经营性停车场日常管理】2019年，区交通委优化停车场经营备案流程，建立东城区经营性停车场千分制考核体系，编制《东城区停车场质量信誉考核基础指标》，优化《东城区经营性停车场现场检查表（试行）》，安排停车场日常经营检查人员172人次，行程2574公里，完成429件停车场备案及年检现场检查工作。

（杨慧平　贺钰淇）

【街巷胡同停车治理】2019年，区交通委总结复制王府井地区停车错时共享成功经验，会同各街道办事处梳理属地停车资源，多方协调，采取停车资源挖潜、共享等措施，向居民提供错时共享车位3300个。新增青龙胡同、雨儿胡同等17条不停车胡同。指导17个街道推进居住停车自治管理，施划6048个居住白虚线停车位，东四街道地区试点停车收费。

（杨慧平　贺钰淇）

【旅游大客车治理】2019年，东城区草厂三条、大江胡同、美术馆东街地区设置旅游客车限时停车专用区位10个，加装违停智能抓拍探头6个。组织交通支队、文旅局、城管等部门建立旅游大客车联合执法机制，开展旅游客车治理现场联合执法10余次，安排协管员常态化管理违停频发区域，旅游大巴违停现象得到缓解。

（杨慧平　刘　伟）

【路侧停车电子收费投诉处理】2019年，东城静态交通执法站接听“12328”交通运输服务监督投诉电话1.71万次，办结率100%。接听热线监督电话1.08万次，处理问题1320个。处理“12345”市长热线情况案件1060个。审核电子收费催缴系统逾期30天未缴费订单16.86万条，发送催缴短信5365条，东城区政府网公示公告未收到短信1371条。

（杨慧平　陈淑珺）

【小客车指标申请】2019年，东城区小客车指标申请窗口受理指标申请5621份。其中个人新购车辆申请838份，个人更新车辆申请51份，个人信息变更申请3859份，个人普通小客车延期以及切换指标类型申请57份，单位新购车辆申请97份，单位更新车辆申请16份，单位信息变更申请557份，打印申请人获得指标通知书143份，被盗抢车辆指标申请3份，接听咨询电话1.13万余人次。

（杨慧平　李　昭）

【公共自行车租赁系统运营】2019年，东城区开通运营公共自行车网点231处，运营设备7000套，运营公共自行车7000辆；办卡11.4万张，租、还车次数3745万次；解答咨询电话108万次；调度车辆220万次。

（杨慧平　贺钰淇）

【个体出租汽车管理】2019年，区交通委完成159辆个体出租汽车调整燃油附加费。协助个体出租汽车车主办理车辆过户11起，从业人员上岗29人，更新车辆30辆；申请发放个体出租车油料补贴170余万元；接待来访20余次；解决咨询、投诉35起。

（杨慧平　贺钰淇）

东城交通支队

【概况】北京市公安局公安交通管理局东城交通支队（简称东城交通支队）是全员行政执法单位，主要担负东城区的道路交通秩序维护、特勤交通保卫、交通事故处理、交通安全宣传和规划维护交通设施等项工作。下设11个行政办公机构。

2019年，东城交通支队完成全国“两会”、“一带一路”高峰论坛、世园会开幕式、亚洲文明对话大会、中华人民共和国成立70周年庆祝活动等重大交通安保任务，组织完成路线交通警卫任务3886次，出动警力5.48万人次。实现交通安保任务万无一失，区域交通拥堵进一步缓解，静态交通秩序不断改善，道路交通亡人事故稳中有降，交通安全监管不断深入，“12345”工作机制有效运转，科技助力效应明显。

（付少琨）

【交通警卫】2019年，东城交通支队完成特勤警卫任务3931次，出动警力5.21万人次。其中一级473次、一级疏导83次，二级231次、二级疏导475次，三级1021次、三级疏导1651次。

（付少琨）

【122处警】2019年，东城交通支队接各类122报警9.16万次，其中交通事故报警4.43万次，同比下降8.62%；交通拥堵报警4705次，同比下降4.00%；群众求助及情况反映3.74万次，同比下降1.99%。

（付少琨）

【交通秩序管理】2019年，东城交通支队路面现场处罚机动车违法行为30.61万起，其中处罚货车违法行为1.52万起，处罚酒后违法行为947起，处罚涉牌（12分）违法377起，处罚非机动车违法3.21万起，处罚违法停车3393起，拘留非司机279人，扣留两轮、三轮摩托车902辆，拖车865辆，粘贴违法停车告知单18.33万张，非现场录入违法停车行为34.92万起，清理僵尸车182辆。

（付少琨）

【交通设施管理】2019年，东城管界内有交通护栏160.8公里，其中中心隔离护栏50公里、机非隔离护栏51.5公里、便道护栏59.3公里。全年拆除护栏82.3公里，其中便道护栏49.9公里，拆除率84%；非机隔离护栏32.4公里，拆除率62.9%。更换标志630面，复划标线2100平方米，便道桩562根，禁停标志78面，施划禁停标线4500余米。

（付少琨）

【交通事故处理】2019年，东城区发生交通事故13422起，伤4242人，亡15人，较2018年增加1018起，上升8.2%，伤人数减少572人，下降11.9%，亡人数减少8人，下降34.8%。其中重大事故15起，伤2人，亡15人；一般事故80起，伤94人，较2018年减少101起，伤人数减少66人；大简易事故100起，伤59人；快速处理交通事故13227起，占事故总数的98.5%。全年拘留652人，其中刑事拘留297人，行政拘留355人；处罚658人，吊销驾驶证320人。全年收到锦旗15面，表扬信3封。

（付少琨）

【交通执法监督管理】2019年，行政复议案件424件;行政诉讼9件，行政诉讼败诉率0;办理审核危险驾驶案238件；审核行政拘留案355件。

（付少琨）

【交通安全宣传】2019年，东城交通支队以“交通安全大家说、社区唱响平安歌”等为主题，针对不同群体，

11月13日，东城交通支队联合滴滴代驾开展“酒后不驾车、幸福欢乐多”交通安全主题宣传活动（张建摄）

开展交通安全主题宣传活动近1000场次。依托一区一警工作机制，联合街道办事处、社区物业，以34个社区（单位）作为“吹测酒检进社区”试点，开展“社区酒检平安行”活动，变被动式路面查处，为主动式提前干预，将消除酒驾违法，向前延伸一公里。17个驻区交安联办专题讲授《北京市道路交通安全防范责任制》《北京市实施〈道交法〉办法》116场。在区委宣传部和崇外街道办事处支持下，举办全市122全国交通安全日开放式教育“酒后不驾车、幸福欢乐多”主题宣传活动。

（付少琨）

【交通安全监管】2019年，东城交通支队召开公开执法大会10次，下发隐患整改通知书773份（其中禁驶执法卷223份），约谈辖区单位安全负责人78次，深入辖区单位安全检查工作145次，加大对隐患单位交通安全监管力度。全年对专业单位138家采取限期整改处理，挂黄牌整改单位16家，采取禁止上道路行驶措施119家。动态监管运输车辆96次，督促企业严格落实车辆“GPS”24小时动态监控管理制度。围绕履行安全防范责任制度，禁止酒后驾车、闯红灯、三超一疲劳等严重违法行为，对驾驶员进行交通安全法律法规培训和宣传教育工作。召开重点驾驶员培训12次。

（付少琨）

【交通事故预防】2019年，驻区民警对管界10所中小学校、11家医疗机构周边道路进行隐患排查、走访调研，完成交通组织优化。东城支队协调北京城市照明管理中心进行实地踏勘，对管界内低弱照明桥区、路段、街巷进行照明调整25处，实现主要道路、大街夜间交通无盲区。

（付少琨）

【电动自行车临时号牌发放】至4月30日，全区核发11万余块电动自行车临牌。正式号牌累计核发4.31万块。先后解答群众咨询20余万人次。全区自2018年11月1日至2019年11月1日。开设电动车临牌核发站点17处，出动警辅及社工100余人次。

（付少琨）

【交通科技建设】2019年，东城区新建、启用智能违停球设备378套，实现了对115条道路违停监控全覆盖，采集违法34.5万笔，同比增加8.3倍。在全国首创，将路侧电子停车收费设备应用于交通管理工作。自2019年6月陆续启用执法以来至12月31日，赋能542套设备，实现对47条大街覆盖，采集违法2.6万笔。在全市首创实现210路雪亮工程设备自动生成违法停车、外地车限行等图片类、视频类违法数据。4月试用，至12月31日，雪亮设备生成违法8.3万笔。

（付少琨）

消　防

【概况】东城区消防救援支队为副总队级二类支队，下设办公室、指挥中心、作战训练处、信息通信处、组织教育处、人事处、队务处、纪检督察处、防火监督一处、防火监督二处、防火监督三处、防火监督四处、防火监督五处、法制与社会消防工作处、火调技术处、新闻宣传处、后勤装备处、财务处18个处室，花市、北新桥、王府井、金宝街、地坛、龙潭湖、前门、安定门外8个消防救援站，正义路和应急通信与车辆2个勤务站；东直门、景山、永外、东花市、天坛、东四、龙潭、建国门、交道口9个小型消防站。支队编制人数501人，配备人数413人，实际在位403人，不在位10人。专职消防员189人，文职人员54人，社会化人员44人。

2019年，支队荣立集体二等功并被部局评为安保工作先进集体，4人荣立个人二等功，34人荣立个人三等功，1人被部局评为安保工作先进个人，3人被市委市政府评为筹备和服务保障国庆70周年庆祝活动先进个人，1人被评为全市应急先锋，指战员8人、党支部1个被总队评为优秀共产党员、优秀党务工作者和先进党支部，金宝街中队荣立集体一等功，花市中队被部局评为改革转制教育整训先进中队。

（魏　刚）

【消防安保勤务工作】2019年，支队共执行各类消防安保勤务99次，部署消防车903车次、指战员8980人次，累计上勤时间7.26万余小时，以“精精益求精、万万无一失”工作标准和“细致、精致、极致”工作作风，实现安保期间零失误、零差错、零火情的最佳防控效果。《应急管理报》刊发题为“点面防控一寸不让、工作管理一抓到底”的文章，对安保工作机制进行报道。

（魏　刚）

【火灾及防火检查】2019年，全区共发生火灾94起，同比下降15%，连续2年未发生有伤亡、有影响的火灾事故。支队全年共检查单位1.82万家次，发现并整改隐患1.49万处，临时查封207处，责令“三停”单位114家，罚款1037.7万元，行政拘留74人。罚款金额、拘留人数比前4年同期均值分别上升29.46%和89.74%，消防监督执法实现零诉讼、零复议。

（魏　刚）

【接警出动处置警情】2019年，支队累计处置警情1496起，出动消防车4196车次、指战员2.52万次，抢救被困人员79人，疏散419人，成功处置“9·13”新世界太华公寓二座电梯困人、“10·26”草园胡同84号房屋起火等事故。

（魏　刚）

【物防技防措施逐步完善】2019年，支队配合区政府将电动自行车集中充电设施建设纳入折子工程，全年177个社区完成新增建设任务。为全区60岁以上户籍老年人家庭安装“联网型”感烟火灾探测报警器2万个。在龙潭街道60栋木质屋顶住宅建筑试点加装超细干粉防护装置2334个。

（魏　刚）

【消防队伍管理】2019年，支队建立消防员个人信息档案、消防员财务收支公开制度。扎实推进“百日安全创建”活动，严格落实十项管控措施。全年开展各项督导检查1000余次，错时涉酒召回1700余人次。投入10万元开设第二课堂；慰问指战员100余人，救济困难指战员13人，重要节日开展走访慰问，队伍长期保持安全稳定。

（魏　刚）

【国庆70周年消防安保工作】9月29日，东城支队召开中华人民共和国成立70周年系列庆祝活动消防安保部署大会，理清任务、明确责任，确保安保任务万无一失。支队政委代表支队党委进行思想动员，要求支队上下统一思想、凝聚意志，明确任务、坚定信心，以最佳精神状态、工作状态、应急状态、平安状态，坚决打赢国庆安保这场硬仗。在国庆安保中，支队全员上阵、全力以赴，实现各类消防安保零失误、零差错、零火情。

（魏　刚）

【东城消防救援支队挂牌】12月31日，东城消防救援支队举行挂牌仪式，支队政委作动员讲话，强调队伍要站在新起点，主动适应新时代新使命新要求，主动对标国家队主力军职责定位和适应全灾种大应急任务需求，加快实现消防救援力量转型升级，充分发挥应急救援“拳头”和“尖刀”作用，在防范化解重大消防安全风险、维护社会公共安全、保护人民生命财产安全的实践中为党和人民再立新功。

（魏　刚）

【第二十九届“119”宣传月】11月8日，东城区在龙潭公园袁庙广场，举行第二十九届“119”消防宣传月启动仪式。启动仪式上，与会领导为优秀社区宣传大使17人颁奖；东城区教委领导宣读东城区“小小消防员”优秀绘画作品获奖名单；区领导为龙潭公园主任颁发东城区消防宣传大使聘书。启动仪式主会场装备技能展示区，消防指战员展示器材装备，演示“夹乒乓球”“切钢丝”等实用消防技能，并现场指导群众进行学习和尝试；在模拟真实体验区，消防指战员引导群众亲身体验地震车、烟雾逃生帐篷，VR消防实景体验等环节。区有关部门、街道、东城消防支队相关人员及群众代表500余人参加启动仪式。活动现场，《光明日报》、《劳动午报》、《北京日报》、北京电视台、《新京报》、《北京青年报》等10余家媒体全程报道。

（魏　刚）

11月8日，东城区第二十九届“119”宣传月启动（东城消防支队提供）

生态环境保护

2019 年新建成的校尉胡同西侧口袋公园（薛毅摄）

综　述

2019年，东城区持续深化“一微克”行动，坚决打好蓝天、碧水、净土保卫战，生态环境质量全面持续改善。细颗粒物年均浓度44微克/立方米，下降15.4%。

生态环境持续改善。成立东城区委生态文明建设委员会，下设“一办七组”，召开2次生态文明委全体会议，学习习近平生态文明思想，审议工作规则，研究部署生态文明建设重点工作。成立东城区生态环境损害赔偿制度改革工作领导小组，制订实施方案，健全资源有偿使用制度。成立区空气质量督查调度中心，实现对全区各街道和重点部门督导工作全覆盖，共发现扬尘问题1.37万件，处罚扬尘违法行为890起，罚款782.5万元，提请市住建委暂停扬尘违规单位在京建筑市场投标资格建议书23件。加强大气污染防治，保持高压执法态势，查处扬尘问题890起，处罚重型柴油车超标车近1.2万辆，完成2586家单位油烟深度治理改造。在全市率先实现垃圾分类全覆盖，全部垃圾由专车分类转运。垃圾分类深度知晓率达到90%，参与率达到60%以上，厨余垃圾分出率15.1%，生活垃圾近年来首次出现减量拐点，总量同比减少16.7%。完成安德城市森林公园、燕墩公园建设，建成17处口袋公园，启动龙潭中湖公园建设。“河长制”工作稳步推进，东便门、筒子河、龙潭湖断面水质均实现市级考核达标。荣获首批全国节水型社会建设达标区称号。

“留白增绿”稳步推进。完成国庆70周年服务保障和绿化任务。“留白增绿”工程建设稳步推进，精细化管理水平不断提升，建成1.6万平方米的安德城市森林公园和1.9万平方米的燕墩公园。群众性绿化创建活动有序推进，创建和平里街道和平里公寓首都绿化美化花园式单位1个、建国门街道东总布社区花园式社区1个。在柳荫公园建成东城区首个“互联网+全民义务植树”基地，为义务植树进一步全年化、常态化、多元化提供更多可能。2019年，全区完成扩大改造绿地15万平方米，屋顶绿化1.2万平方米；栽摆花卉370万余株盆，复壮古树170株。

环卫精细化水平提升。加强道路环卫作业管理，统筹人工清扫保洁、机械清扫、道路冲刷、洒水降尘作业，完成全区日间道路降尘全覆盖。159条大街、11座立交桥，白天出动45辆水车进行道路洒水降尘作业；全区50条重点大街日间洒水达到4次，全区大街日间普遍洒水降尘2次，主要大街“冲、扫、洗、收”新工艺作业率达到95%。加强和规范生活垃圾收运管理，加大餐厨垃圾收运力度，确保垃圾日产日清，垃圾密闭收运率、无害化处理率保持100%；按照“冬天不冷、夏天不热、全年无味”要求，加强公厕保洁维修管理，减少跑冒滴漏，确保厕内外环境整洁。

（张　谊　席　俊）

环境保护

【概况】3月，根据《北京市东城区机构改革实施方案》（京东发［2019］2号）要求，组建北京市东城区生态环境局（简称区生态环境局），整合原东城区环境保护局职责，东城区发展和改革委员会应对气候变化和减排职责，东城区城市管理委员会（东城区水务局）编制水功能区划、排污口设置管理、流域水环境保护职责等。区生态环境局作为区政府工作部门，主要职责是贯彻落实生态环境法律法规和规章政策；建立健全环境保护工作制度，并负责监督检查和协调实施；组织编制环境保护规划和计划，负责环境形势综合分析；牵头组织协调环境污染事故和生态破坏事件的调查处理，参与突发环境事件的应急处置；落实污染减排目标，负责环境污染防治的监督管理和污染源日常监督管理；负责环境监察，组织开展环境保护执法检查；负责限期治理，排污申报登记，排污收费等制度的实施，参与促进清洁生产；负责建设项目环境影响评价审批，开展“三同时”监督管理，负责建设项目竣工环境保护验收；负责辐射安全监管，参与辐射环境事故应急处置，对废弃的放射源、放射性废物处置进行监督管理；负责环境监测，组织实施环境质量监测和污染源监督性监测；组织环境保护宣传教育，开展环境保护科研，加强“四个服务”工作；承办区政府交办的其他工作。设办公室、综合规划科、法制宣教科、污染减排科、环境影响评价科、环境监理科、辐射安全监管科7个科室，辖东城区环境保护监察队1个执法机构，东城区环境保护监测一站、监测二站、东城区机动车排放管理一站、机动车排放管理二站4个事业单位。编制134人、在编114人，其中公务员29人、机关工勤1人、执法机构27人、纳入事业38人、全额事业19人。

2019年，区生态环境局以改善生态环境质量为核心，以大气、水、土壤污染防治为重点，加强生态环境保护与建设，实现生态环境质量持续改善，污染防治攻坚战重点任务考核部分的各项指标完成情况良好。细颗粒物（PM2.5）累计年均浓度为44微克/立方米，同比下降15.4%。在全区2664家餐饮单位中开展油烟提标改造，超额完成900家的任务要求。人工检查重型柴油车6.92万辆，超额完成人工检查重型柴油车4万辆的任务要求；淘汰国Ⅲ排放标准柴油货车

676辆。秋冬季期间，东城区细颗粒物（PM2.5）累计浓度为50微克/立方米，重污染天数9天，完成秋冬季控制目标。全年水环境质量整体稳中向好，土壤环境质量保持稳定。制订《东城区打好净土保卫战2019年行动计划》，建立土壤污染风险评估报告、风险管控（修复）效果评估报告评审机制，开展全区土壤状况摸底调查，对关停企业进行疑似污染地块筛查。完成电取暖设备新增及更新2万余台，安装峰谷电表175表户及配套的内、外线电力设施。落实第一轮中央环保督察和市级环保督察整改工作，根据生态环境损害责任追究问题，对相关责任人进行问责。

（席　俊）

6月5日，东城区开展“6·5”环境日主题宣传活动（王祎摄）

【国庆70周年服务保障】2019年，区生态环境局选派党员6人参加服务保障国庆70周年庆祝活动联欢表演。国庆节前夕启动空气重污染橙色预警后，全局人员停休，实行24小时不间断执法，10月1日当天空气质量达到优良。

（席　俊）

【第二次全国污染源普查】2019年，区生态环境局完成工业源88家（含热力供应业）、加油站13家、生活源锅炉房374处（1蒸吨以上）、餐饮业3823家、汽修19家（一类、二类）、医疗机构465家入户调查、数据审核及系统录入。开展污染源产排污核算，编制完成《北京市东城区第二次全国污染源普查工作总结报告》《北京市东城区第二次全国污染源普查数据分析报告》。通过市污普办验收。

（席　俊）

【环保宣传】2019年，区生态环境局通过微博号“北京东城环保”发布微博909条，覆盖人数550万人次；“美丽环保东城”微信公众号发布842条，阅读量2万余次。联系新闻媒体宣传环保50余次。组织开展以“小气场凝聚生态环境大气候”为主题的世界环境日宣传，通过“小手拉大手”活动形式，让儿童成为传递环保公益的主人翁，凝聚社会共识，形成环保“大气候”。开展东城区“美丽中国，我是行动者”主题实践活动公众参与典型案例征集活动，评定优秀案例4个，典型案例若干。组织学雷锋志愿服务日、东城区水文化节、国家安全日、防灾减灾日及科技宣传周等集中宣传活动20场，发放宣传材料3万余份。

（席　俊）

【环评文件审批审查】2019年，区生态环境局加快推进环评制度改革，推进一窗受理，实现三级以上网上办理深度，推进不见面全程网办审批，实现年度精简受理要件60%以上，压缩时限55%以上。全年累计审批建设项目13个，其中报告表类8个、验收建设项目5个。登记备案类（含辐射类）1233个，发放排污许可证512件次，否定124个不符合东城区功能定位等问题的新建项目。

（席　俊）

【辐射安全行政许可】2019年，区生态环境局受理各类辐射安全行政许可事项90件，全部办结，其中辐射安全许可证相关手续66件、放射性同位素备案24件。

（席　俊）

【环境质量】2019年，区生态环境局落实蓝天保卫战行动计划各项措施，细颗粒物（PM2.5）年均浓度为44微克/立方米。可吸入颗粒物（PM10）年均值68微克/立方米，二氧化氮年均值38微克/立方米，二氧化硫年均值4微克/立方米，降尘年均值6吨/平方公里·月。区域环境噪声平均值53.6分贝（A），道路交通噪声平均值67.8分贝（A），道路平均车流量3703辆/小时。

（席　俊）

【环境监测】2019年，区生态环境局完善环境质量监测网络和技术支持，建设覆盖全区大气环境监测网络，在所有社区安装PM2.5和TSP监测设备，实现街道—社区实时监测，加强对国控子站周边精细化管理和分析。完成环境质量监测、污染源监测、信访监测、应急监测等各类监测任务，为全面了解和掌握东城区环境质量状况及污染物排放情况提供数据支撑。大气主要污染物方面，东城区细颗粒物（PM2.5）年均浓度为44微克/立方米，同比下降15.4%；

二氧化硫（SO_2）年均浓度为4微克/立方米，同比下降33.3%；可吸入颗粒物（PM10）年均浓度为68微克/立方米，同比下降15%；二氧化氮（NO_2）年均浓度为38微克/立方米，同比下降15.6%。水质考核方面，东城区市控断面为龙潭东湖、筒子河和东便门。2019年东便门和筒子河为Ⅲ类水质，龙潭东湖为Ⅳ类水质，3个断面均稳定达到国家标准。声环境方面，东城区区域噪声环境质量稳定达标。区内共有噪声网格测点107个，达标网格数95个，达标率88.8%；区域环境噪声平均值为53.6dB（A），达到国家55dB（A）的限值要求；区道路交通噪声环境质量稳定达标。建成区交通噪声监测路段59条，达标路段46条，达标率77.1%；道路交通噪声平均值为67.8dB（A），声环境质量保持稳定。

（席　俊）

【机动车污染防治】2019年，区生态环境局以重型柴油车为监管重点，对超标重型柴油车进行闭环管理。通过机动车路检夜查、入户、遥测等执法手段，共检查机动车40.3万辆，其中入户检查1.2万辆，路检夜查5.7万辆，遥测31.5万辆，巡查检测场1.9万辆。全年处罚超标车1.2万辆，处罚遥感非现场超标车24辆，处罚检测场违规操作1起。检查非道路移动机械318台，处罚超标机械63台，处罚金额45.5万元。全年淘汰国Ⅲ排放标准柴油货车676辆。

（席　俊）

【油气排放监管】2019年，区生态环境局累计巡查辖区内加油站496座次，抽测152座次，油品清净性15座次，非甲烷总烃13座次；处罚油气回收系统超标加油站3座，罚款6万元。

（席　俊）

【大气污染防治】2019年，区生态环境局聚焦柴油货车、扬尘、餐饮油烟三大重点防治领域，通过提升精细化管理水平，治理大气污染。完善“时调度、月通报、季汇报”统筹协调机制及约谈机制，区大气办每月通报空气质量情况、各街道排名和重点任务完成情况，约谈空气质量、降尘量排名靠后街道，并与区政府督查室建立联合督查机制，定期督查大气污染控制措施落实情况。完成北京市对东城区提出的全部指标任务。

（席　俊）

7月24日，监测人员在进行北京市生态环境监测大比武技术演练（王祎摄）

【扬尘污染控制】2019年，区生态环境局锁定工地、道路、裸地等扬尘来源，强化扬尘闭环管理。组织第三方专业机构巡查扬尘污染源，全年共移送扬尘污染隐患案件1.37万件，反馈处罚1.23万件，罚款31.88万元。

（席　俊）

【空气重污染应急】2019年，东城区累计启动空气重污染预警3次10天。空气重污染期间，区领导多次带队深入一线督导检查，全区各单位、各街道严格按照应急预案要求，第一时间启动应急响应，严格落实停工、停驶、停限产等保障措施，最大限度发挥削峰、降速作用，有效缓解空气重污染带来的不利影响。落实指挥部办公室职责，对各成员单位工作落实情况进行监督，加强与成员单位信息沟通，及时通报反馈检查情况，确保信息及时有效。

（席　俊）

【餐饮行业油烟检查】2019年，区生态环境局对辖区餐饮油烟开展精细化监管，重点检查治理设施建设和运行情况、监测平台及监测口设置情况、环保备案手续办理情况等，加快推进餐饮企业油烟排放治理技术升级改造。共出动执法人员8684人次，检查餐饮企业4374家次，监测油烟298家次，发现环境违法行为并作出行政处罚83件，罚款81.4万元。针对崇文门商圈、簋街等餐饮集中区，运用“点穴”式执法、全时执法等手段，开展多次大规模执法检查。

（席　俊）

【污染物总量减排】2019年，北京市政府考核东城区大气主要污染物总量减排指标氮氧化物和挥发性有机污染物2项任务。全区氮氧化物、挥发性有机污染物分别减排3.7%和1%，均完成北京市下达的削减2%和1%的指标任务。

（席　俊）

【水污染防治】2019年，区生态环境局加强地表水质监测和评价，每月2

次对辖区内6河6湖地表水断面进行全覆盖监测；分析水质变化趋势规律，编写《东城区地表水环境质量月报》并及时通报全区。结合北京市监测数据建立覆盖到各街道的水环境质量监测评价体系，且每月对各街道地表水断面水质状况进行通报、排名。

（席　俊）

【危险废物监管】2019年，区生态环境局整理产危企业台账459家，召开全区一级以上医疗机构医疗废物及医疗废水排放管理工作会，利用辖区内汽修行业、医疗机构、工业企业、宠物医疗机构、加油站、实验室6个工作群，定时发布生态环境保护法律法规，加大宣传和日常督促。组织区应急局安全员队伍对辖区所有产废企业进行全方位监管，检查工业、医疗机构、实验室、宠物医院及汽修行业共975家次。

（席　俊）

【污染源监管】2019年，东城区无散乱污企业。区生态环境局强制性清洁生产审核工人日报社1家企业，完成强审任务。督促8家医院在网上完成信息公开，对24家单位突发环境事件应急预案进行备案和公示。

（席　俊）

【辐射安全监管】2019年，全区辐射工作单位193家，其中涉源单位14家、放射源104枚，射线装置单位179家、射线装置668台（套）。全年检查辐射工作单位125家次，出动人员280余人次，检查各类密封放射源104枚、各类开放性场所8处、各类射线装置380台（套）。联合区公安分局、区卫健委对重点涉源单位开展联合检查、专项检查，并对10家违法作业单位进行44万余元行政处罚。

（席　俊）

【政务信息公开】2019年，区生态环境局公开政府信息658条，其中全文电子化率达100%。通过部门网站公开493条，微博、微信公众号各公开信息165条（不含转载）。网站公开信息中，双公示类信息151条，重点领域信息公开29条，部门动态类信息230条，执法监督类信息31条，通知公告类信息19条。微博、微信公众号各公开信息117条（不含转载）。接受公民、法人及其他组织政府信息依申请公开7人15件（6件主动公开，3件同意公开，6件申请信息不存在），其中当面申请3件，网络申请5件，信函申请7件，均在法定时限内办结。

（席　俊）

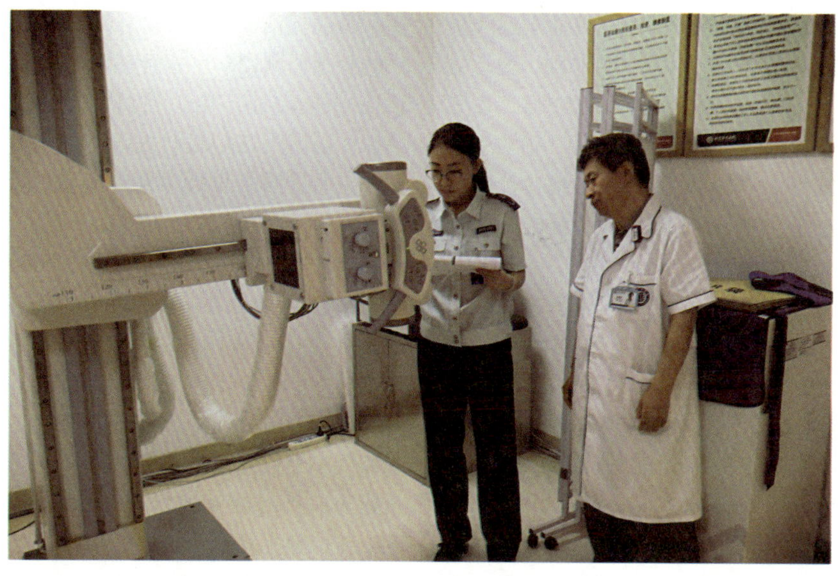

8月2日，执法人员对华尔医院辐射安全情况进行检查（涂爱国摄）

【环保教育】2019年，区生态环境局开展“东城生态环境大讲堂”活动22场，内容包括节水节电、大气污染防治、保护海洋、垃圾分类、保护森林、土壤和可持续生活方式等，覆盖9个街道16个社区、11所学校和64家医疗机构，受众1900人。组织开展全区中小学生演讲比赛，东城区选送的优秀选手在北京市第二十三届小学生“我爱地球妈妈”演讲比赛和北京市第十九届中学生中英双语演讲比赛中，分获中学组二等奖和小学组一等奖、三等奖。

（席　俊）

【环境统计年报】2019年，全区纳入环境统计调查范围并确定为重点调查对象的工业企业24家。环境统计数据通过强制性指标审核、必要性指标审核、辅助指标审核，对企业进行实地核查，对区域总量数据进行分析。

（席　俊）

【行政执法】2019年，区生态环境局在全区范围内开展大气执法行动，落实双随机抽查制度，完成重大活动空气质量保障、空气重污染应急、大气执法攻坚战、污染源监管、环境投诉办理等工作任务。全年累计出动1.3万人次，检查各类污染源6374个次（其中双随机抽查329家次），发现环境违法行为并处罚104起，同比增加58起，罚款217.1万元。下达责令整改决定书82件，查封扣押12起。

（席　俊）

【排污许可证核发】2019年，区生态环境局对排污许可证应核发行业和单位进行整理，召开2019年北京市东城区排污许可证申请与核发启动会。全年共核发排污许可证512份，其中锅炉行业单位511家，电子行业单位1家，重点管理单位13家，简化管理单位499家。

（席　俊）

【环境信访】2019年，区生态环境局受理“12345”市民服务热线接诉即办案件1524件，涉及噪声污染635

件，大气污染587件，机动车尾气排放污染105件，煤改电183件，光污染5件，辐射类5件，水污染3件，备案类1件。受理区长信箱5件，信访系统26件，“12369”举报热线69件，均办理完毕。按期办结1件区级人大代表建议会办件。

（席　俊）

【绩效管理环境保护专项考评】2019年，市生态环境局对东城区年度污染防治攻坚战专项考评认定：积极推进污染防治攻坚战2019年行动计划重点任务落实，污染物减排任务基本完成，PM2.5平均浓度44微克/立方米，但同比降幅小于全市平均降幅；降尘量均值同比下降29%以上。辖区龙潭湖等三断面达标。有效防范建设用地土壤环境风险；污染地块安全利用率达到90%以上。

（席　俊）

环境卫生

【概况】北京市东城区环境卫生服务中心（简称区环卫中心）是负责辖区环境卫生技术性、服务性、事务性工作的区政府财政补助事业单位，是区公共环境卫生服务保障执行部门。内设办公室、市容业务管理科、市容业务监督检查科、基建科、设备安全保卫科（武装部）、劳动人事科、行政科、财务科（审计科）、法制科、党委办公室（团委）、工会11个科室。下设区环卫中心一所至十所、机械清扫队、经济开发管理所、材料站以及北京市东城区渣土消纳管理所、北京市王府井地区环境卫生管理所、北京环境科技开发中心16个事业单位。中心人员编制2587人、实际在编1341人，编外职工3881人。

2019年，区环卫中心保洁主要大街175条、立交桥14座、过街天桥44座、道路保洁面积543.24万平方米；保洁管理公厕1266座，管理密闭式清洁站68座（5座停用）和44个挤压车站点。清运生活垃圾41.85万吨，4月至12月收运厨余垃圾和餐厨垃圾6.07万吨，抽运粪便23.31万吨。干路机扫率98.14%、洗地率97.38%、冲刷率98.12%，便道冲刷率100%，垃圾密闭式收运率达100%。完成落叶清理、扫雪铲冰等季节性工作及元旦、春节等重要节日和中华人民共和国成立70周年等重大活动环卫保障工作。全年市管委专业考评得分98.36分，全市环境卫生综合考核评价列首都功能核心区第二名。

（何淑梅）

【国庆70周年环卫保障】中华人民共和国成立70周年大庆前期筹备历时10个月，区环卫中心完成公厕摆放点位现场踏勘、设置、协调、验收、接收；制订并修订《环境卫生运行保障服务经费预算》，制订工作方案、应急预案、进场、转场路线，完成保障范围内清洁站、公厕、粪井、道路、作业车辆等保障力量的定人、定责、定位等一系列工作。3次国庆演练活动中，环卫中心保障指挥部全体成员到现场，对数万人在短时间内同时如厕导致活动厕所没有上下水并相继出现关停的现象连夜进行桌面推演、论证，将抽粪车作为大型粪便收纳器和拖挂公厕一对一连接，同时调整水车点位，及时给没有水源的公厕补水。又经过多次现场踏勘和点位调整，实现重大活动保障史上第一次活动公厕零关停，厕所粪箱零满冒，确保近30万人的如厕需求。9月30日晚至10月2日凌晨庆祝活动中，干部职工1748人、作业车73辆连续工作超过40个小时。共计清运垃圾220余吨、粪便390余吨，保障219组（座）公厕平稳运行，完成国庆70周年庆祝活动环卫服务保障任务。

（何淑梅）

【接收餐厨垃圾收运】4月1日，区环卫中心正式接收东城区餐厨垃圾收运工作。通过招投标委托北京固废物流有限公司负责东城区17个街道办事处产生的餐厨和厨余垃圾的收集和运输，安排工作人员55人负责项目的协调、沟通、检查和调度。4月至12月，收运餐厨垃圾、厨余垃圾6.07万吨。

（何淑梅）

5月10日，环卫中心道路养护车在冲刷路面（董思雨摄）

【公厕改造提升】2019年，区环卫中心完成公厕改造提升341座，全面提升东城区公厕设施水平，实现厕所冬天不冷、夏天不热、全年无味的目标。

（何淑梅）

【环卫车辆淘汰更新】2019年，区环卫中心根据2020年轻型环卫作业车辆基本为电动车的目标，对环卫车辆淘汰更新数量进行测算，购置新能源环卫车112辆，报废环卫作业车140辆。

（何淑梅）

【道路降尘作业】2019年，区环卫中心加强道路环卫作业管理，统筹做好人工清扫保洁、机械清扫、道路冲刷、洒水降尘作业，全区大街日间普遍洒水降尘2次，主要大街冲、扫、洗、收新工艺作业率达到95%。东四、天坛街道范围内便道冲刷作业频次达每周3遍，358条街巷冲刷洒水作业及东四、天坛胡同深度精细化保洁作业取得显著成效。王府井地区率先达到“席地而坐”标准。

（何淑梅）

【密闭式清洁站维修管护】2019年，区环卫中心对5座垃圾楼进行大修，更新吊装设备4套、除臭设备6套、大箱上盖210套、购置垃圾不锈钢大箱8个，确保密闭式清洁站安全正常运行，确保了垃圾密闭收运、日产日清。

（何淑梅）

【业务检查】2019年，中心、所队两级业务检查队伍检查干路7373条次、地下通道218条次、过街天桥150座次，检查密闭式清洁站792座次、公厕1679座次、粪井1679座次，检查大街小广告清除作业7373条次、大街垃圾不落地3794条次、胡同积尘负荷检测1038条次、胡同深度保洁61条次，检测街道尘土残存量210条次，移交扬尘线索1376件次。自查发现整改扣分问题46项，其中下达扣分单33份、整改单13份。

（何淑梅）

【城市网格和便民热线办理】2019年，区环卫中心接收网格化管理部件、事件案件共计3.32万件，接办市“12345”便民热线共计3753件，其中接诉即办案件2325件，街道吹哨、部门报到14次，所有接办案件全部按期办结。

（何淑梅）

【信访工作】2019年，区环卫中心开展人民内部矛盾排查3次，接待群众来访43件次，办理群众来信来电反映问题120余件次，办理网信、区长信箱转来信件40件次，全部按时办复。

（何淑梅）

园林绿化

【概况】东城区园林绿化局挂区绿化委员会办公室牌子（简称区绿化办），是负责辖区园林绿化的政府工作部门，主要职责负责全区绿化规划编制监督实施，组织指导监督园林绿化美化、资源保护，进行园林绿化行政执法，负责园林绿化的行业管理，监督指导区管公园管理和服务，承担区绿化委员会日常工作等。根据3月15日，中共北京市东城区委发布（京东委［2019］39号）文件，撤销中共北京市东城区园林绿化局委员会，设立中共北京市东城区园林绿化局党组；根据3月15日《中共北京市东城区委办公室、北京市东城区人民政府办公室关于调整北京市东城区园林绿化局职责机构编制的通知》（京东办字［2019］42号），区园林绿化局（区绿化办）进行职责机构编制调整。调整后，区园林绿化局（区绿化办）内设：办公室、绿化科、园林管理科、规划发展科、资源保护科、组织人事科、计划财务科7个科室，机关行政编制27人、实有24人。根据8月6日区编委会《关于同意调整东城区部分涉及改革处级事业单位机构设置的批复》（东编办事［2019］97号），东城区园林绿化管理中心更名为北京市东城区公园管理中心，机构规格由相当正处级调整为相当副处级，隶属关系由区政府直属调整为东城区园林绿化局所属事业单位，并核定主任1人（副处级）。

2019年，东城区园林绿化局完成

4月4日，首都第35个义务植树日活动（薛毅摄）

扩大改造绿地15万平方米，屋顶绿化1.2万平方米；创建首都绿化美化花园式单位1个，首都绿化美化花园式社区1个；栽摆花卉370万余株盆，复壮古树170株。在柳荫公园建成东城区首个“互联网+全民义务植树”基地，为义务植树进一步全年化、常态化、多元化提供更多可能。东四园艺驿站正式挂牌，举办第二届东四花友节和首届“菊香东四——胡同菊花节”。对区属公园、主要道路、重点街巷和重点小区共计7500株杨柳树雌株注射“抑花一号”药物，达到控制翌年杨柳飞絮目的。从扩大监管范围、严格监管标准、完善监管机制3个方面完善绿化养护管理第三方监理机制。推进公园精细化、差异化管理，全面加强安全生产，督促指导各公园重要节日和重要会议期间的环境和服务保障工作。（曹　慧）

【全民义务植树】4月4日，首都第35个义务植树日，区园林绿化局在安德城市森林公园开展以“弘扬生态文明，建设花园东城”为主题的全民义务植树活动。区四套班子领导、驻区部队领导、驻区单位领导、区绿委成员代表，劳动模范和最美家庭、社区青年汇、小学生代表等300余人共同栽植油松、白皮松、银红槭等乔灌木200余株。

（曹　慧）

【安德城市森林公园工程】项目位于北中轴与北二环交界处，北至安德路，西邻鼓楼外大街，总面积1.6公顷。3月16日开工建设，8月底完工，该项目是北京市2019年新一轮百万亩造林绿化和城市森林建设重点项目，列入市、区两级折子工程。公园建设坚持生态优先、以人为本原则，坚持城市森林理念，依托北中轴路及安德路的植物特点，运用近自然异龄、复层、混交的种植手法进行合理搭配、组合、布局，打造成规模的、连续成片的近自然城市森林景观。全园保留杨树等原有乔木19株，新植油松、栾树、法桐、银杏等乔灌木43种1329株，其中乡土树种占70%以上。推广乡土野生地被植物，种植崂峪苔草、萎陵菜、绣球等地被植物和宿根花卉15种34.2万株，铺设冷季型草坪350平方米，种植早园竹8000株。体现生物多样性，搭建“昆虫旅馆”3处、鸟窝30个，营造多类型栖息环境。践行绿色低碳环保理念，建设海绵绿地，利用修剪树枝等园林废弃物，经打碎压制形成新型环保铺装，建设雨水花园、卵石沟等集雨绿地，发挥海绵效应，有效消纳地表径流。

（曹　慧）

9月3日，安德城市森林公园正式开园（薛毅摄）

【燕墩公园建设工程】工程位于南二环外侧，北临铁路沿线、南临西革新里小区，公园总面积3.9公顷，分两期建设，一期于2017年年底竣工并对外开放，二期约1.9公顷，于3月16日开工，8月31日完工，9月9日开园。该项目为市、区两级折子工程和实事项目，市2019年新一轮百万亩造林绿化重点项目。场地内的重要文化遗产“燕墩”，是北京传统中轴线之南延长线周边代表性文物古迹。公园建设坚持多种树、种大树的绿化原则，在保留现状大树基础上，植物配置主要选用适应性较强的乡土植物；充分利用狭长地块优势，将一二期甬路贯通，形成全长1.2公里的林荫步道；设置多处林下儿童活动场地、林下健身场地、室外半场篮球场等，弥补京津城际铁路南侧优质户外活动空间不足的缺欠。项目共整理地形6980立方米，栽植乔灌木3498株、地被花卉1.3万平方米；砌筑景墙及花池挡墙约80米，铺设广场道路1954平方米，敷设各类管线9120米等。

（曹　慧）

【口袋公园建设工程】2019年，区园林绿化局完成校尉胡同西侧口袋公园、香河园口袋公园、检察院外侧绿地、天安门东南角绿地、同仁医院口袋公园、磁器口口袋公园、广渠门口袋公园、天坛东门口袋公园、幸福大街南口口袋公园、天坛周边4个口袋公园等17处口袋公园建设，共计3.5万平方米。

（曹　慧）

【万株月季绿植赠送活动】2019年，区园林绿化局开展“绿满万家，爱在东城”绿植进家庭、进校园、进军营、进养老院活动，向5家养老院、8家驻区部队、14所学校和500个家庭赠送花卉和绿植。

（曹　慧）

【乐享自然、快乐成长系列活动】2019年，区园林绿化局在青年湖、龙潭西湖、南馆、劳动人民文化宫等公园，针对少年儿童开展“乐享自然、快乐成长”系列活动，打造公园里的自然课堂。各公园开门办课堂，让孩子们在大自然中学习生态知识，体味自然乐趣，感悟生命之美。全年共计开展活动160余场。

（曹　慧）

【认建认养活动】2019年，区园林绿化局指导各街道、单位挖掘优势资源，做好服务接待，吸引社会单位和个人参与树木、绿地认养。全区共计认养绿地1.7万平方米，树木2449株，古树名木54株。

（曹　慧）

【有害生物监测防控】2019年，区园林绿化局向各街道、社区、驻区单位、居住区购置并发放多种防控药品1.05万公斤，督导各单位进行打药普防。通过释放周氏啮小蜂、悬挂异色瓢虫虫卵等举措，最大限度利用天敌特性控制园内害虫虫口密度，对蛴螬辅以专一性药剂灌根。共计发放周氏啮小蜂3千万头，瓢虫卡片1万卡。

（曹　慧）

【古树名木保护】2019年，区园林绿化局通过地上和地下生长环境改良、围栏保护、有害生物防治、树冠整理、树洞修补、支撑加固以及宣传标牌设置等措施，完成170株濒危、衰弱古树名木复壮任务。

（曹　慧）

2月5日，第三十四届地坛春节文化庙会开幕（薛毅摄）

【地坛龙潭春节文化庙会】第三十四届地坛春节文化庙会、第三十六届龙潭春节文化庙会于2月5—9日举办。地坛庙会以“盛世古坛 创意新春”为主题，为游客呈现出一台丰富多彩、年味十足、独具特色、传统与创新兼具的文化盛会；龙潭庙会以“相约龙潭 乐享冰雪”为主题，以冰雪运动为亮点，在弘扬传统文化基础上，将民俗活动和冰雪体育有机融合。两大庙会共举办文艺演出180余场次，其中地坛庙会推出仿清祭地表演、民间花会、欢歌笑语、吉舞祥歌、河北杂技等5台演出；设置“京城瞬间·国庆70周年”“美丽街巷 我的家”“美丽乡村·牵手文明”“镜头中的北京国企”“我为东城拍张照”“北晚拍客”“玩转北京·迎冬奥”优秀摄影作品等7组图片展；举办二十四节气特色主题艺术创意展和“祈福纳祥”民俗互动体验；开展邮政爱心包裹和儿童基金会爱心助学两项公益活动。龙潭庙会结合同心共建、冬奥冰雪、非遗文化、京津冀特色、文体互动、地方特色和京城文化七大主题，推出民间花会、笑语欢歌、杂技、曲艺等四大舞台演出；开展冰雪嘉年华、棋类比赛、新春接福等3项互动活动；设置“相约2022”冬奥、百街千巷环境整治成果、“非遗”文化、“画说老北京”、京津冀民俗文化和新时代、新东城等6组图片展览；龙潭庙会冰雪嘉年华，在延续往年雪山冲浪、雪地坦克等传统项目的同时，建成高质量的冰上运动场，并引进模拟滑雪器，游客可体验冰雪运动的独特魅力。两大庙会依托东城区文化资源优势，引进文创产品、原创设计产品、非物质文化遗产名录、老字号、连锁品牌产品，共设置展位212个，其中地坛庙会突出文创庙会理念设置文创展位80个，龙潭庙会继续突出传统民俗特色，设置展位132个。5天时间，2个庙会投入各类安防、服务保障人员6100余人，接待游人141.2万人次，其中地坛庙会接待游人80.2万人次，龙潭庙会接待游人61万人次。新华社、《人民日报》、《北京日报》、中央电视台、北京电视台、北京人民广播电台以及美联社、法新社等50余家中外新闻媒体报道，电视、广播和报刊报道100余篇，网媒报道及转载600余条，论坛、微信、微博近2000条。

（王　金）

【永定门公园正月十五灯光秀】2月19日，“福满京城 春贺神州”正月十五灯光秀在永定门公园举办。活动现场共设18组大型民俗立体灯饰，包括十二生肖、中华国粹、生旦净末丑、舞狮闹春、福气满满、中国梦等主题。市、区领导及市民1.2万余人参加活动。

（王　金）

【北京明城墙梅花文化节】3月9—31日，第十二届北京明城墙梅花文化节在明城墙遗址公园举行。本届梅花文化节以“赏梅花古楼新春 品城垣悠久文化”为主题，以观赏性、科普性、知识性、趣味性、参与性为特点，以独具特色的梅花景观和更为丰富的文化活动为亮点，突出生态、文化、和谐三大元素。梅花文化节以城为依、以梅为介、以文聚神，注重传承梅花精神，展现历史文化内涵。园内通过花廊、风车及灯笼墙装饰烘托春日游园赏梅气氛，并铺设多条赏梅栈道，方便游人近距离欣赏梅景。梅花文化节期间，通过开展赏梅、画梅、摄梅、咏梅特色主题活动，包括赏梅会及梅花科普展、第四届室内梅花盆景展、青少年摄影绘画作品展示、“绿色使者”树木认养、花卉展卖等多个精彩项目，全方位展示梅花的形态、品质，弘扬源远流长的梅花文化。

（王　金）

【柳荫公园柳文化节】4月5—7日，第九届柳文化节在柳荫公园举办。本届活动以“春风化人 柳色新”为主题，在东门广场设置以柳叶形的船体载满传统柳字与鲜花的置景，传递公园传播传统文化理念，开幕式有歌伴舞、咏柳诗词吟诵、书法一心多用、四方舞、传统服饰舞蹈与展示、祓禊仪式等表演。来自北京汉语研修学院的外国友人50余人现场与中国传统书法老师互动，促进中外文化交流。柳文化节设置80余幅柳文化与清明文化科普展板，发放2万余份科普宣传资料，普及传统文化和生态环保知识。除此之外，“天生我才”故事会第二季活动、柳文化自然体验活动、少年先锋队植树节活动、金蜗牛心智障碍家庭服务中心文艺会演与劳技活动等也为游客带来更多文化体验，从多个角度领悟柳文化的深邃内涵。第九届柳文化节活动为期3天，共接待游客1.5万余人次，北京电视台、湖北电视台、《北京日报》、《北京青年报》、人民网等10余家媒体进行现场报道，“中青在线”对开幕式全程网络直播。北京市林业碳汇工作办公室、北京市野生动物救护中心、北京林学会及区园林绿化局、区公园管理中心领导和相关负责人出席活动开幕式。

（王　金）

【地坛金秋银杏文化节】11月1—10日，第七届地坛金秋银杏文化节在地坛公园举办，活动以“金色地坛，银杏传情”为主题，活动内容主要包括地坛金秋银杏文化展、“深秋·银杏最美时”摄影大赛、北京老字号及非遗文化展、云南民族文化主题周等四大主题。地坛公园银杏大道作为北京最古老的银杏大道，以其独特的“红墙金叶”让市民和游客感受京城秋日中的风景，30万余人次参与活动。

（王　金）

科　技

7月31日，科信局联合怀柔科委走访怀柔科学城企业（区科信局提供）

综　述

2019年，东城区科学技术和信息化局加强科技项目、科创中心、应用场景建设，加大科技投入，扶持科技产业发展，推进5G应用落地，同时，加大科普工作力度。

落实科技计划项目工作。面向全区重点产业征集科技计划项目69个，其中立项支持14个，支持金额300万元。

打击假冒伪劣，保护知识产权。在年度打击侵犯知识产权和制售假冒伪劣工作考核中，东城区以96.44分最高得分位列全市第一。其中侵权假冒案件立案183件，办结152件，罚没款243.1万元；组织商品抽检91次，抽检商品16类，涉及重点商品723组；东城法院受理侵犯知识产权纠纷案件67件，审结案件56件。

支持新型企业，促进智能化发展。东城区大力加强对第五代移动通信（5G）、大数据、人工智能、物联网等领域的创新型企业支持力度。依托“紫金服务”管家体系，加大重点企业走访服务力度，2019年走访重点企业50余次，全力协调解决企业发展中面临的困难问题。组织召开行业领域百强企业座谈会，宣讲政策，挖掘线索，了解需求、困难，听取意见建议。完成《街区更新之王府井智慧商街建设研究》，实现王府井商业区转型升级，推进5G应用落地，5G产业和应用协同发展。制订《东城区关于落实北京市人民政府办公厅印发〈关于加快推进5G基础设施建设的工作方案〉的意见》，加快推进东城区5G基础设施建设。牵头开发建设“紫金服务”APP，实现1000余家重点企业信息管理、全区管家体系管理和全流程管家服务管理。

推进5G应用落地。协调北京移动、北京联通等移动通信运营商，将王府井街区、南锣鼓巷等特色街区优先纳入5G覆盖计划，推进5G应用落地。

开展科普活动，普及科普知识。东城区科普工作联席会议各成员单位共投入科普活动经费890.95万元，举办科普讲座（报告）1492场，听讲人数15.63万人次，举办科技竞赛108场，参加人数3.8万人次。共有各级科普画廊120个，画廊总长度2173米。有市级科普基地34家，社区科普体验厅5个，社区科普活动室124个，科普志愿者557人，全年举办重大科普活动20次。

（王　静　赵　阳）

科技活动

【概况】东城区科学技术和信息化局（简称区科技和信息化局）根据《北京市东城区机构改革实施方案》（京东发〔2019〕2号）及区委、区政府批准的《北京市东城区科学技术和信息化局职能配置、内设机构和人员编制规定》（京东办字〔2019〕14号）文件要求组建。主要职责是统筹规划、综合协调、监督管理全区信息化工作，全面推进电子政务、电子商务、智慧社区的建设和信息资源开发利用，组织有关信息化工作行业管理、宣传、培训、技术服务和国内外交流合作；统筹推进全区科技创新体系建设，落实科技成果转移转化和促进产学研深度融合相关政策措施；负责高新技术企业和科技类单位服务工作，组织申报并指导实施科技项目；拟订科技普及计划并组织实施，参与全国科技建设相关工作；承担全区工业经济发展调控相关职责，指导和促进中小企业和非国有经济发展。内设办公室、科学技术发展科、信息化促进科、大数据应用科、中小企业促进科；下设北京市东城区信息中心（北京市东城区中小企业服务中心）1个科级事业单位，行政编22人、实有19人，事业编26人，实有26人，机关工勤事业编1人、实有1人。

2019年，东城区共有201家企业被认定为国家高新技术企业，145家企业被认定为中关村高新技术企业，112家企业通过科技型中小企业评价；全区技术合同交易2863项，较2018年同期减少20.4%，交易金额477亿元，增长0.1%，其中技术交易额406.5亿元；举办“文化金融生态环境，数字经济重构未来”签约仪式，与5家公司签订5项合作协议。

（王　静　赵　阳）

【科技活动周】5月19日，东城区科技活动周主场活动在北京自然博物馆开幕，科技周以“科技强国 科普惠民”为主题，主场通过视频、图片、实物模型、互动体验、科普游戏等方式，展示优秀科技成果和科普互动产品。东城区青少年科技馆、崇文青少年科技馆、北京自然博物馆、景泰蓝艺术博物馆、中国铁道博物馆、北京自来水博物馆、北京文博交流馆、北京教学植物园、鼓楼中医院、北京口腔医院、中华口腔医学会、北京电力展厅、北京古观象台、北京营养源研究所、青鸟科普志愿服务分队等科普场馆和学会单位，结合自身优势，设立特色展区，展示内容丰富、互动性强、参与性强的展品和活动项目。科技活动周期间，全区各单位组织开展科技周活动210余项，参与人数2.6万余人次，制作展板、悬挂横幅10余块（条），发放宣传材料约1.1万份。

（王　静　赵　阳）

【东城区中小企业创新创业大赛】7月23—24日，由东城区科学技术和信息化局参与主办，由创园国际和瀚海集团承办“创客北京 创意东城”2019年东城区中小企业创新创业大赛在北电科林文创园举办。大赛评出一、二、三等奖24个奖项，其中20

个项目晋级北京市决赛。

（王 静 赵 阳）

【天鼎文化金融园区建成】8月，由区文促中心组织落实，世纪天鼎北京文化科技公司具体实施，天鼎218文化金融主题园区项目建设完成，该园区主打文化金融、文化科技，建筑面积约3.5万平方米。

（王 静 赵 阳）

【创意点亮北京活动】9月3—8日，中关村科技园区东城园管委会主办，以“创新·智联·未来”为主题的创意点亮北京活动。作为北京国际设计周东城分会场，通过“追光”创意互动特展、“创新·智联·未来——创意点亮北京”开幕论坛、“创意当下·创造未来”和“新航星·新文娱”等系列活动，记录中关村东城园，坚持文化科技融合发展、文化金融创新发展前行历程。2.2万人参与，央广网、《经济日报》等权威媒体报道超过60家，新媒体报道超百家、点击率超过10万次。

（王 静 赵 阳）

【科普展览】10月1—7日，东城区科信局在地坛公园组织开展二十四节气、京味科普展览，通过文字、图画、视频、音频、实物、现场展示、现场制作、交流互动等多种形式，向广大游客普及二十四节气蕴含的天文、农业、气象知识、大自然变化规律知识体系和社会实践，以及景泰蓝、象牙雕刻等燕京八绝和京味非遗制作技艺。1万余人次参观展览。

（王 静 赵 阳）

【营商环境与科技政策解读培训】11月7日，区科信局在区中小企业服务中心举办营商环境与科技政策解读培训。邀请区发改委、区委组织部和市科委政策法规宣讲团专家，深入解读东城区“1+5+N”产业政策、东城区人才政策、首都科技创新政策和北京市科技计划项目政策，并解答企业在生产经营、人才引进、科研发展等方面提出的一系列问题，50余家企事业单位参加。

（王 静 赵 阳）

5月19日，东城区科技活动周开幕（区科信局提供）

【王府井智慧商街研究项目验收】11月15日，区科信局聘请北京大学大数据科学研究中心、清华同衡规划设计研究院、长城战略咨询相关专家，评审王府井智慧商街建设研究项目，会议听取课题组关于研究成果汇报，审阅相关材料，并就有关问题进行质询和讨论。专家组认为研究报告内容翔实、建设目标明确、实施路径清晰，具有较高的创新性、前瞻性和可实施性，对王府井智慧商街建设具有重要的参考价值和指导意义，研究成果达到预期目标，专家组一致同意通过验收。

（王 静 赵 阳）

【重点项目推荐申报】2019年，区科信局向市经信局推荐北京市珐琅厂、北京胶印厂申报国家工业遗产，其中北京市珐琅厂被国家工信部正式确定为第三批国家工业遗产；推荐观典防务公司“无人智能装备创新服务平台建设”、易特思维公司“一体化移动政务应用平台”、亿丰盛元公司“社区智能健康服务平台示范项目”3个项目为市区两级重大关键任务科技支撑专项项目；推荐龙潭西湖公园管理处成果《家门口的自然课堂》，参加北京市科学技术奖评选；与区委宣传部共同推荐中文在线，申报国家文化和科技融合示范基地。

（王 静 赵 阳）

【科普专项实施】2019年，区科信局共征集14家单位18个科普项目，经过走访、专家评审等环节，支持龙潭西湖公园管理处的《家门口移动生态课堂》等4个科普项目，共209万元。

（王 静 赵 阳）

【特色科普对接活动】2019年，区科信局组织开展北京市科普基地与街道（社区）、中小学校特色科普对接活动，共征集科普对接活动31项，支持对接活动29项，受益人数约2500人，支持活动经费22.91万元。

（王 静 赵 阳）

【科普文化长廊建设】2019年，区科信局和王府井古人类博物馆，共同利用王府井古人类博物馆在地铁王府井站A出口至东方广场东方新天地商场门口的约100米科普文化长廊灯箱进行科普公益宣传，全年开展全国科技活动周、知识产权保护、爱牙日、邮票知识、景泰蓝制作等11次科普公益宣传，日覆盖客流4万余人。

（王　静　赵　阳）

【青少年科普专项活动】2019年，青少年科技馆开展“东城区青少年探秘中国古代科技发明创造”系列科普活动，通过教师培训、专家讲座、视频宣传、学生实践等活动，对全区25所学校、学生3000人进行中国古代科技发明创造方面知识普及；开展中国古代科技发明创造进校园活动10场；出版《东城区青少年“探秘中国古代科技发明创造”实践活动成果集》；录制专家视频微课10集。

（王　静　赵　阳）

【5G应用落地】协调北京移动、北京联通等移动通信运营商，将王府井街区、南锣鼓巷等特色街区优先纳入5G覆盖计划，推进5G应用落地，联合王府井建管办组织召开4次东城区5G应用需求调研座谈会，搭建运营商与政府部门的联系桥梁，推进双方需求对接，共同推进东城区5G产业发展。

（王　静　赵　阳）

知识产权保护

【概况】2019年东城区专利申请量1.24万件，同比增长4.7%，位列全市第六位，专利授权量7721件，同比增长5.9%，位列全市第五位；推荐4家单位申报北京市知识产权试点单位，并全部被认定为北京市知识产权试点单位；面向全区重点产业征集科技计划项目69个，其中立项支持14个，支持资金300万元。

（王　静　赵　阳）

【知识产权护航文创企业】4月24日，东城区市场监督管理局联合区中小企业服务中心、金宝和空间园区，在建国门社区博物馆为入驻园区企业举办以“文化创意产品的知识产权保护”为主题的创新创业知识产权保护培训。东城区市场监督管理局邀请著名专利代理人、知识产权资深律师，讲授企业商标、专利维权案例，围绕文创企业如何布局知识产权发展战略进行授课。

（王　静　赵　阳）

【知识产权培训】4月17日，东城区市场监督管理局联合东城区中小企业服务中心知识产权维权工作站，在东雍创业谷为园区的入驻企业举办创新创业知识产权保护培训，邀请著名的专利代理人、知识产权保护专家，围绕专利信息检索、分析、预警、管理战略咨询等进行授课。执法人员结合工作职责围绕商标注册、商标使用管理和保护以及专利的申请、审查和保护等有关企业知识产权发展等问题进行讲解，同时针对企业知识产权运用疑难问题进行现场答疑。北京知识产权维权援助中心东城工作站人员以及北京知识产权保护志愿专家参加培训。 10月10日，东城区市场监督管理局知识产权科应邀到区人力社保局，对新创业的大学生创业者开展有关知识产权创造及保护的专题培训。围绕“知识产权的创造与保护”主题，通过讲授企业商标、专利维权案例，围绕新创办企业如何布局知识产权发展战略进行授课。重点对商标注册、商标使用管理和保护以及专利的申请、审查和保护等有关企业知识产权战略发展等问题进行讲解，同时现场答疑企业知识产权运用的疑难问题，收集企业有关知识产权保护的需求，此次培训是专门针对大学生创业者开展，服务大学生创业、创新，也是知识产权科将知识产权保护窗口前移，加强辖区企业及创业者知识产权保护意识的举措。

（王　静　赵　阳）

【知识产权宣传活动】4月26日是第19个世界知识产权日，东城区市场监督管理局（东城区知识产权局）在辖区设置1个主会场5个分会场，首次尝试“1+5”主题宣传模式，开展“严格知识产权保护 营造一流营商环境”大型世界知识产权日主题宣传活动。主会场设在来福士广场，南锣鼓巷、王府井大街、雍和大厦、百荣世贸商场、红桥市场为分会场，实现宣传活动对社区、街区、园区、写字楼、市场、商场的全区域覆盖，个体工商户、中小企业、高新企业、文创企业全对象服务，现场接受商户、群众咨询200余次，发放商标注册指导书、专利快速预审手册、专利年报等宣传材料1000余册，宣传品1000余份。

（王　静　赵　阳）

【获批国家知识产权试点城区】7月19日，国家知识产权局下发通知《关于同意北京市延庆区等城市（城区）、江苏省泰州市高港区等县（市、区）、江苏省武进国家高新技术产业开发区等园区开展国家知识产权试点示范工作的通知》（国知发运字［2019］39号），确定北京市东城区为国家知识产权试点城区，建设周期为2019年6月至2022年6月。

（王　静　赵　阳）

【知识产权公共服务中心挂牌】12月3日，北京市知识产权局向包括东城区在内的首批9个北京市知识产权公共服务区中心进行授牌。同日，北京市知识产权公共服务东城区中心在东城区市场监管局正式挂牌。中心旨在贯彻国务院、北京市知识产权建设的相关政策及工作意见，落实《关于推进北京市知识产权公共服务体系建设的意见》规定，完善东城区知识产权公共服务体系建设。

（王 静 赵 阳）

科技园区

【概况】东城园管委会是区政府派出机构，是统筹协调和管理部门。东城园区总规划占地面积603.33公顷。拥有国家级文物5处，市级文物7处，保护院落4处，先后获3块国家级和5块市级授牌。涉及文化艺术、新闻出版、艺术品交易、旅游休闲、广告会展、数字版权、移动互联网7个文化科技融合领域、4个文化演艺板块、77文创园等19处胡同创意工厂。管委会下设7个处室和中关村东城园服务中心1个公益正处级全额拨款事业单位。东城园编制51人，其中行政编31人、事业编20人，实有人员44人。

2019年，东城园管委会提出空间布局调整意见，调人永外地块和体育馆路北侧地块，调出鼓楼—北锣鼓巷地块，净调减0.81公顷。完成园区“1+2”高精尖产业研究和东城园构建新型服务体系建设研究工作。东直门东华广场项目滞留11年后重新复工，成立东城园管委会牵头的招商专班。永外城项目完成抗震性检测及管线物探、代征道路建设用地移交和项目调研报告编制。推进航星园107厂房遗留问题处理。累计联系企业616户次，收集各项需求241个，问题答复率100%、解决率75%；组织培训28场次，累计培训人员2560人次；依托创新孵化集聚区引进企业（符合东城区产业政策企业）35家。国家高新技术企业认定申报工作全部完成，共139家申报，企业申报总数创历年新高。坚持党建引领，建立党员联系点25个，处级领导干部成长型企业联系点35个。组织理论宣讲党建培训等活动21场，服务企业60家，培训党员590人次。成立东城园工委党校，成功申报区级党建示范点，党群服务中心获东城区职工之家称号。7月1日，东城园工委党校正式成立，东城园新时代文明实践基地正式揭牌。

（蒋 欣）

【入选北京市文化创意产业园区】1月25日，北京市文化创意产业促进中心发布33家首批北京市文化创意产业园区名单，东城园内77文创园（包括美术馆、雍和宫、国子监等3家）、嘉诚胡同创意工场（包括嘉诚有树、科玛斯车间、东城文化人才创业园、嘉诚印象、菊儿胡同7号等5家）和中关村雍和航星科技园3家园区入选。

（蒋 欣）

【东城园政策宣讲会】3月6日，由东城园管委会和区工商分局主办的优化营商环境政策宣讲培训会在77文创园举行。培训内容包括北京市“9+N”2.0版政策、中关村“1+4”政策体系、中小企业营商环境、国家高新技术企业认证与评审标准，东城园90余家企业代表参加。

（蒋 欣）

【新社会阶层人士联谊会成立】3月14日，中关村东城园新社会阶层人士联谊会第一届理事会第一次会议暨成立大会在歌华大厦举行。东城园新联会由东城园高新技术企业、文创企业联合发起成立，共有理事45人。北京亿幕信息技术有限公司CEO常锴当选第一届理事会会长，理事以民营企业高管为主要成员，社会组织从业人员、自由职业人员、新媒体从业人员择优补充。会上发布东城园新联会品牌活动“新东城 新阶层 知趣思享会”。

（蒋 欣）

【视联动力获得认定】3月28日，北京市经济信息化局发布《关于公布2018年度第21批北京市企业技术中心名单通知》，47家企业获认定，其中东城园企业视联动力信息技术股份有限公司获认定。

（蒋 欣）

【新阶层分享沙龙举办】4月9日，由中关村东城园新的社会阶层人士联谊会主办的“智趣 思享会”在中粮置地广场举行。“思享会”是东城园新联会开创新阶层专属分享沙龙，旨在聚合社会中坚力量新阶层人士，增强交流，提升区域发展和社会进步，为大众弘扬传递正能量。首场“思享会”邀请专家从内容、渠道、商业模式、组织思维等维度，分享对泛娱乐

6月13日，中关村科技园区东城园天坛体育文化园揭牌仪式举行
（东城园管委会提供）

时代的思考。作为一个开创性文化沙龙，活动以文化名人纯智识分享、新思潮演讲及有智有趣深度探讨为主，2019年举办3期活动，累计300余人次参与分享。

（蒋　欣）

【4家企业入选中关村金种子企业】5月29日，中关村管委会发布《关于第八批中关村金种子企业评选通过机构名单公示的通知》，其中东城园内北京蛙鸣华清环保科技有限公司、北京千种幻影科技有限公司、北京康迈特汽车文化有限公司和爱动超越人工智能科技（北京）有限责任公司4家企业入选。

（蒋　欣）

【全国双创周宣传推介】6月13日，东城园管委会牵头在中关村展示中心举办东城区专场宣介活动，介绍东城园概况、产业链和发展规划。推出东城区产业发展支持政策，包括《东城区加快文化创新融合构建高精尖经济结构的实施意见》《东城区支持金融产业发展的若干意见》《东城区关于鼓励企业上市挂牌融资的若干措施》《东城区文化创意产业发展引导基金管理办法》《中关村东城园构建高精尖产业用地管理办法》等。首批申报科创板创新型企业，视联动力信息技术股份有限公司、文化科技金融企业代表北京市文化科技投资担保公司、大型科技园区代表中关村雍和航星科技园进行企业展示，分享双创体会。东城园管委会、区发展改革委、区人力社保局、区文促中心等部门相关负责人和与会企业代表进行现场互动问答、发放宣传材料，累计900余人参加活动。

（蒋　欣）

【楼宇经济专题研讨会】7月22日，东城园管委会以“紫禁之东 文商共荣”为主题召开楼宇经济专题研讨会。会上，区相关委办局解读最新楼宇改造提升政策，规划、消防手续办理流程，并就楼宇升级改造中较为集中的诉求进行解答。东城园管委会与天恒大厦、居然大厦、永外城项目公司签订楼宇战略合作协议，扩大商务楼宇提质增效试点范围，为高精尖项目落户东城园提供更多空间。

（蒋　欣）

【中关村知识产权创新沙龙】8月20日，由中关村知识产权促进局和东城园管委会主办，首都知识产权服务业协会、北京中金浩资产评估有限责任公司等单位承办的第三期中关村知识产权创新沙龙在东城园举行。以“知识产权金融创新与保护”为主题，会上就知识产权金融创新生态链、知识产权运营基金模式、商标品牌的培育运营与维护等知识产权业务热点领域进行交流。园区企业知识产权管理、法务、研发人员和知识产权服务机构人员等40余人参加。

（蒋　欣）

【中国北欧发展与创新论坛】10月18日，由东城区政府主办，东城园管委会、中关村雍和航星科技园承办的中国北欧可持续发展与创新论坛在京举行。论坛为2019年中关村论坛系列活动之一。开幕式上，中欧无废城市产业与创新平台暨北欧无废城市技术与投资联盟、中国北欧创新联合体合作签约。瑞典、芬兰、丹麦、挪威等国驻华使节以及商协会和企业代表160余人参加。

（蒋　欣）

【入选北京民营企业百强榜单】11月15日，在北京民营企业100强发布会上，市工商联发布2019北京民营企业百强、北京民营企业科技创新百强、北京民营企业文化产业百强、北京民营企业社会责任百强“1+3”百强榜单。东城园内北京当当网信息技术有限公司获民营企业百强、民营企业文化产业百强2个奖项；天脉聚源（北京）科技有限公司获民营企业科技创新百强、民营企业文化产业百强2个奖项；中文在线数字出版集团股份有限公司获民营企业文化产业百强、社会责任百强2个奖项。

（蒋　欣）

【入选中国文创新品牌榜50强】12月28日，江苏银行北京分行杯2019中国文创新品牌榜发布仪式和总结大会在京举行，北京市文化创意产业促进中心发布2019中国文创新品牌榜单，东城园企业恒信东方文化股份有限公司入选文创新品牌榜50强。文创新品牌榜50强基于北京文化创意大赛平台近1000个优质文创品牌和项目评选产生，分别来自创意农业、文化金融、创意生活、广告传媒、文化旅游和文化教育等行业领域。

（蒋　欣）

教育

5月30日，东城区教育系统举办庆“六一”活动（刘毅摄）

综　述

2019年，东城区教育系统以召开全区教育大会为统领，主动作为、团结拼搏，高起点、高标准、高质量完成各项任务。

落实三项重点任务。东城区教委坚持党对教育工作的全面领导，完成三项重点任务：召开东城区教育大会。研究编制《东城教育现代化2035》、新时代教师队伍建设改革、全面发展素质教育、加强学校管理的相关文件，形成并推进“1+5”目标任务体系。完成中华人民共和国成立70周年庆祝任务。启动“我和我的祖国”爱国主义教育系列活动，“同学新思想”“同唱一首歌”“同讲主旋律”“同做奉献者”成为年度主题，师生2000余人完成群众游行、晚会联欢、中心区合唱、气球保障等多项任务。开展“不忘初心、牢记使命”主题教育。基层党组织119个、党员7000人参与，巡回指导组下校700余次，编辑专题党课87万字，整理列出问题1100个，制订整改措施1338项。全面落实《北京市中小学校幼儿园安全管理规定（试行）实施方案》，127所中小学、幼儿园达到平安校园标准；联动主流媒体发布各类新闻通稿、专版宣传等20余万字，教育发展风清气正，社会影响力不断提升。

提升教改教育质量。落实、推进中高考改革新要求，成绩在高位平台再次提升。“健康·成长2020工程”进入全面总结阶段；推广“体育作业”，举办三大球等18项阳光体育运动赛事；实现冰雪运动四季体验常态化，16个单位获评全国及北京市冰雪运动特色学校，10个单位获评全国及北京市2022年冬奥会和冬残奥会奥林匹克教育示范学校。推进落实《北京市儿童青少年近视防控十条措施》，成为北京市唯一全国儿童青少年近视防控试点区；召开学生援助工作推进会；组织心理教师参加多项培训、展示，多策略促进心理教师专业化成长。承办中国教育学会美育研究分会“美育·戏剧教育”主题论坛。推进东城区义务教育阶段学生艺术素质测评标准；加大艺术教育普及力度，举办第二十二届、第二十三届艺术节，8800余人次参加，以书法、绘画、戏剧、舞蹈等多种形式全面提升青少年文艺素养。劳动教育深耕实践，成立职业体验中心助力劳动教育基地资源建设，首次将劳动教育效果纳入“文明校园”评价指标体系，开展初中开放性科学实践及综合社会实践，知行合一、提升心志成为师生共识。因公出国出境团组78批次，出访师生2670人次，赴芬兰等18个国家开展交流。368门“学院制”课程覆盖100%的小学和98%的中学，服务学生36万余人次。加强民办学校监管，联动市场监管局、街道、卫生、城管等部门加大辖区内无证园治理力度。学有所教，学有优教，各学段各类型教育有效聚焦人的终身发展。

推进学校管理达标。义务教育阶段招生入学工作平稳、顺利完成。学区制改革进一步深化，义务教育优质资源覆盖率达98%。采取新建改扩建公办园、审批民办园等多种渠道，增加学前教育学位2190个。完善职业教育改革方案，确立并推进“一校两中心”建设布局。市重点工程方面，汇文中学1号教学楼翻改扩建项目实现新校址办学，青少年科技馆项目正式开工，特教学校改扩建项目进行可研评审；景山学校通州校区项目建设加快推进。启动建设国家“智慧教育示范区”，联合上海、湖南、河北、浙江等地成立智慧教育生态协同发展共同体，提出“1+7+N”智慧教育建设总体框架，探索未来学校建设7项重点工程。高素质专业化人才队伍建设持续创新，首次入轨推行校长职级制；建立“一校一册一校一案”制度，动态分析干部情况；基层班子和机关干部调整点位逐步落位；推动“双名”工程向“四名”工程延伸，探索建立名教研员工作站和名学科基地；高效能完成系列干部及教师培训。启动师德师风建设年主题教育系列活动；召开教师节主题座谈会，表彰教育系统先进个人644人。获全国中小学青教赛一等奖1人。获评全国优秀教师1人，获评全国模范教师

3月22日，东城区教育系统“同上一节课”主题活动暨师德师风建设年启动仪式在北京市广渠门中学举行（刘毅摄）

1人，获评全国教育系统先进集体1个。获国家级基础教育教学成果奖一等奖2个，二等奖4个。

（关　英　李银娅）

教育管理

【概况】中共东城区委教育工作委员会、东城区教育委员会（简称两委）。中共东城区委教育工作委员会是负责辖区教育系统党的建设、思想政治工作和干部管理工作的区委派出机构，东城区教育委员会是负责辖区地方教育事业的行政职能部门，区委教育工委和区教委合署办公。两委机关科室30个，其中教工委8个：教工委办公室、组织部、统战部、宣传部、老干部科、教育工会、团少工委、党建办。教委20个：教委办公室、教育改革发展研究室、德育科、中学教育科、小学教育科、学前教育科、职业成人与社区教育科、民办教育科、校外教育科、体育卫生科、对外交流与合作科、政策法规科、信息办、人事科、财务科、基建科、审计科、保卫科、信访办、机关事务管理科。督导室2个（督学科、督政科）。公务员编制140人，在编133人。

2019年，东城区教委辖属教育单位186个（幼儿园58所、小学51所、中学40所、中等职业学校4所、特殊教育学校2所、工读学校1所、成人教育学校4所、其他法人单位26个）。招生3.19万人（幼儿园6162人、小学1.19万人、初中8602人、普通高中4931人、中等职业学校191人、特殊教育学校15人）；毕业2.48万人（幼儿园4400人、小学9503人、初中5549人、普通高中4993人、中等职业学校299人、特殊教育学校20人）。在校生11.76万人（幼儿园1.8万人、小学6.16万人、初中2.26万人、普通高中1.47万人、中等职业学校605人、特殊教育学校192人）。教职工总数1.71万人（其中幼儿园3245人、中小学1.2万人、中等职业学校501人、特殊教育学校120人、工读学校54人、成人教育学校169人、校外教育350人、其他教育单位618人）。正高级教师26人，北京市特级教师54人；北京市级学科教学带头人28人、北京市级骨干教师158人，东城区级学科教学带头人401人，东城区级骨干教师1533人。

（李媛媛）

【全区教育大会】5月24日，东城区教育大会在区少年宫召开。大会贯彻全国、全市教育大会精神；肯定东城区在教育改革、推进教育治理体系和治理能力现代化等方面取得的阶段性成果和经验。东城区以《坚持优质均衡发展 举全区之力建设教育现代化示范区》为题作大会主报告。区有关部门和部分中小学及幼儿园代表先后发言。东城区教委与中国教育学会、北京师范大学、首都师范大学签订战略合作框架协议。有关单位领导及代表600余人参会。

（蒋仁超　李银娅）

【国家安全日主题教育】4月12日，“建固国家安全，共筑钢铁长城”国家安全主题教育活动启动仪式在北京市第五十五中学举行。活动邀请中国著名军事理论家、前国防大学军事后勤与军事科技装备教研部副主任以场外连线方式给同学们上一堂国家安全教育微课。特邀特警嘉宾向师生讲述特警故事。引导全区中小学生树牢总体国家安全观，维护国家安全，凝聚强大意志力量。教育部、市教委、东城区政府、区安全局、区教委等相关领导出席，东城区各中、小学领导，史家实验学校师生代表及五十五中学生、家长代表400余人参加。

（陈艾汐　李媛媛）

【“五四”表彰大会】4月29日，区教委在东城区少年宫举行“我和我的祖国”爱国主义主题教育活动暨“逐梦青春·筑梦未来”2019东城区中学生“五四”表彰大会。活动表彰2019年东城区教育系统优秀中学生、先进班集体，并为获得区级三好学生、优秀团员、优秀学生干部、优秀团干部等荣誉称号的学生颁发证书，为在2018—2019学年获得“感动东城学子”称号的学生颁奖并致颁奖词。活动勉励青年学生珍惜韶华、奋发有为，自觉把个人理想融入民族伟大复

5月24日，东城区教育大会在区少年宫召开（刘毅摄）

4月29日，区教委在东城区少年宫举行“我和我的祖国”爱国主义主题教育活动暨“逐梦青春·筑梦未来”2019东城区中学生“五四”表彰大会（刘毅摄）

兴中，为祖国奉献青春、贡献力量，争做德智体美劳全面发展的社会主义合格建设者和可靠接班人。市委宣传部、市教委、东城区人大、区政协、区委宣传部、区文明办相关领导出席，全区优秀学生代表、教师代表、家长代表600余人参加活动。

（陈艾汐　李银姬）

【纪念五四运动百年座谈会】5月5日，“青春心向党 建功新时代”东城区教育系统纪念“五四”运动100周年座谈会在北京市第二十五中学召开。与会青年代表围绕学习习近平总书记在纪念五四运动100周年大会上的重要讲话精神，立足自身工作岗位分享自己的学习体会与收获。座谈会希望青年们勇于担当时代重任，做走在时代前列的奋进者、开拓者和奉献者，为建设和谐宜居之区贡献青春力量；练就过硬本领，立足本职岗位，加强政治理论学习和专业学习，保持学习紧迫性，做到真学真信；锤炼品德修为，将正确的道德认知与本职工作联系起来。全区部分中小学和幼儿园党政负责人、团委书记、青年教师代表、学生代表24人参会。

（杨　娜　李银姬）

【防灾减灾周主题活动】5月7日，东城区教委联合区应急管理局在回民小学举办“5·12”防灾减灾周启动仪式。活动中，与会人员观看防灾减灾主题宣教片，进行消防和地震灾害模拟疏散演练；向专职消防员和防灾减灾专家学习急救包扎等互救自救技能操作；参与体验创伤管理、心肺复苏、安全知识问答、小小急救员、小小消防员、救援绳索练习、烟雾模拟逃生舱、交通安全飞行棋等活动。活动强调，东城区作为首都功能核心区，要不断强化防灾减灾和应急管理各项工作，持之以恒强化安全管理工作。

（高岱琳　李银姬）

【视力健康达人赛】6月4—5日，“呵护健康双眼 照亮光明未来”东城区儿童青少年近视防控推进会暨视力健康达人赛活动在史家胡同小学举办。达人赛活动设置火眼金睛、一目千里、明察秋毫、力争上游、眼球摇摆等项目，考察学生远距离辨字能力、远视力极限和用眼卫生知识掌握情况。评选出全能达人奖3人，单项达人奖21人，学校团体奖10个。推进会上，北京景山学校、东城区史家胡同小学、新中街幼儿园分别作经验交流；与会领导和来宾为在视力健康达人赛中获奖学生颁奖，并向家长、学生代表、学校赠送近视防控手册；北京大学儿童青少年卫生研究所专家作专题讲座，为东城区下一步推进近视防控工作给出专业指导意见。活动强调，家校配合很重要，要让孩子们有更多户外活动时间，真正提高学生的健康素养。

（金雅静　李银姬）

【服务保障国庆70周年活动】10月1日，在中华人民共和国成立70周年庆祝活动中，东城区教育系统共有44校次、师生近2000人参与，完成中心区合唱、群众游行、联欢晚会演出等任务，观礼组织工作及气球存放、集结疏散地服务保障。

（郭文伟　李媛媛）

【与崇礼区结对校签约】11月14日，东城区教育系统相关学校与张家口市崇礼区结对校签约仪式在崇礼举行。北京市国际职业教育学校与崇礼职业技术教育中心，北京市第五中学分校、北京市第五中学分校附属方家胡同小学分别与崇礼二中、高家营完全小学签署教育帮扶协议。各结对校将通过师徒结对帮扶、互派师生交流、开展常态化教学研讨及教学资源共享等形式进行深度合作。

（李　倩　李媛媛）

【区域智慧教育共同体成立】12月19日，东城区智慧教育示范区建设推进会暨区域智慧教育生态协同发展共同体成立大会在北京市东直门中学召开。会议介绍东城智慧教育推进情况和阶段性成果以及未来发展方向。区域智慧教育生态协同发展共同体正式成立，并为智库专家代表颁发聘书，技术联盟代表5人共同发布技术联盟公约。东城区青少年信息素养学院挂牌成立，现场发布“人脸识别”“目标跟踪”“三维交互技术—全息投影”等10余节供中小学学生选择学习的网络课程。

（邢少伟　李媛媛）

教育科研

【概况】2019年，重点服务东城区中、小、幼、职成、校外、直属单位130余家，“十三五”阶段在研全国教育科学规划课题3项，北京市教育科学规划课题109项，东城区教育科学规划课题494项。

（沈兴文　傅继军）

【尊重课题中期研讨会】4月28日，“十三五”中国教育学会重点课题《以尊重为价值导向 培养未成年人与人交往中“友善”人格素养的研究与实践》中期研讨会在北京市文汇中学召开。研讨会分为课程展示、中期总结报告、交流研讨环节。北京市文汇中学、东城区文汇小学和北京市第二幼儿园3所课题实验校8节尊重教育理念指导下的班会和学科教学课程进行展示；中期总结报告提炼总结出新时期未成年人必备的“尊重理念下友善人格素养”的六大行为准则；来自北京市和四川省眉山市6所课题实验校干部、教师、家长进行子课题汇报及“我与尊重共成长”小型论坛交流。会议要求课题实验校要在尊重教育理念的引领下，提升学生综合素养，关注学生实际获得，在实践中发现“友善”，将尊重融入教育教学中，继续推动东城教育改革纵深发展。

（陈艾汐　李银姬）

【科技后备人才拔尖培养汇报会】6月13日，东城区青少年科技后备人才拔尖培养计划工作汇报会在北京市广渠门中学召开。会议总结东城区青少年科技后备人才拔尖培养计划推进情况，对第一期优秀学员进行表彰；优秀学员代表4人分享自己在培养计划中的学习感受；访谈交流环节，东城区青少年科技后备人才拔尖培养计划基地校校长、指导教师、学生及家长代表作为访谈嘉宾就“科技后备人才培养项目的内涵与外延”问题与主持人进行交流。教育系统干部教师350余人参会。

（王司光　李媛媛）

教师队伍建设

【概况】2019年，区教委实施双名工程、引才工程、引智工程等，成立36个名教师工作室。东城区教育系统共有教职工1.71万人，其中专任教师1.4万人。正高级教师26人，北京市特级教师54人；北京市级学科教学带头人28人、北京市级骨干教师158人，东城区级学科教学带头人401人，东城区级骨干教师1533人。

（谢小云　李银姬）

【同上一节课主题活动】3月22日，东城区教育系统“同上一节课”主题活动暨师德师风建设年启动仪式在北京市广渠门中学举行。活动设置学科课程展示、专家评课和习近平总书记重要讲话精神专题学习会3个环节。来自广渠门中学教育集团小学、初中、高中学段的10节课，涉及政治、历史、语文、班队会。活动特邀北京市教科院基础教育研究中心思政教研室专家作为点评专家，对初三年级的一堂道德与法治课进行评课。启动仪式传达习近平总书记在学校思想政治理论课教师座谈会上发表的重要讲话精神并部署“对照六项要求、践行十项准则，做新时代东城区好老师”师德师风建设年主题教育活动，来自北京市东直门中学、广渠门中学、东城区教师研修中心、史家胡同小学、灯市口小学的干部教师作为代表交流发言。会议强调，要办好政治课；建起一支让党放心的东城教师队伍；注重学生实际获得感，提高政治课的针对性和实效性；注重思政课与社会实践活动的结合；发挥好各类课程协同配合作用；注重课程一体化建设，根据学生身心发展规律因材施教。

（谢小云　李银姬）

【教师师德展示活动】4月18日，区教委以“潜心立德树人 花开课外校外”为主题举办课外校外教师师德展示交流活动。市教委、北京学生活动管理中心有关领导出席。活动通过传承、坚守、前行3个篇章反映东城区校外教育的发展历程，呈现各个时代

4月18日，东城区教委以“潜心立德树人 花开课外校外”为主题举办课外校外教师师德展示交流活动（唐晨摄）

学生在东城区校外阵地成长的情景，展现东城区校外教师传承优良传统，为提升学生综合素养而坚守教育理想的感人事迹，呈现出校外教育人的教育情怀。

（王雨涵　李银姬）

【教师节表彰座谈会】9月10日，东城区以“不忘初心奉献祖国 做新时代好老师”为主题，召开庆祝第35个教师节表彰座谈会。座谈会上表彰2018—2019学年度东城区教育系统先进个人644人，与会领导、来宾为获得2019全国优秀教师、全国模范教师、全国教育系统先进集体荣誉称号的教师和学校及获得区师德标兵、优秀班主任、教育新秀、育人奖的代表颁奖。获奖代表结合各自的工作岗位，分享他们从教多年的经验与感悟，以及办好人民满意教育的思考与实践。

（陈星玲　李媛媛）

【德育干部研修班结业】11月19日，东城区教育系统“十三五”德育干部素养提升研修班主题论坛暨结业典礼在北京汇文中学举办。德育干部研修班负责人从班级建设、培训内容、培训收获与感悟3个方面进行总结。学员以小组为单位，围绕理论学习、实践锻炼、德育研究、党性教育4个方面展示学习成果。与会领导、专家为学员40余人颁发荣誉证书和合格证书。

（李媛媛）

教育督导

【概况】东城区人民政府教育督导室（简称教育督导室），主要职责是对东城区教育工作实施监督、检查、评估监测和指导。内设督政科、督学科；有公务员编制10人并聘为专职督学，其中主任1人，副主任3人，督政、督学两科室6人，另有兼职督学35人。

（苏　炜　李媛媛）

【幼儿园办园质量督导评估】3月25日，东城区正式启动2019年北京市幼儿园办园质量督导评估工作，先后组织东城区学前领域30余人次参加市级培训；组织全区各级各类幼儿园负责人、幼儿园挂牌责任督学及学前教研员、专职督查员200余人开展区级培训。指导全区各级各类79所幼儿园完成网络自评。组建区级督导评估专家队伍，完成2次区级专家培训。全年共完成11所民办园实地督评工作，完成幼儿园评估意见反馈，组织参评幼儿园根据督评结果完成整改报告；完成年度东城区幼儿园办园质量督导评估工作报告。

（苏　炜　李媛媛）

【国家义务教育质量监测】5月23日，东城区20所中小学学生以及校长、教师代表600人参加国家级义务教育质量监测。北京市国家义务教育质量监测工作实施小组市级视导员到北京市第二十二中学、东城区和平里第一小学对东城区现场测试环节进行巡视检查，对各项监测工作给予肯定。东城区获得2019年国家义务教育质量监测实施县级优秀组织单位荣誉称号。7月，东城区作为结果应用实验区参加国家义务教育质量监测结果应用暨教育评价改革高峰论坛，并在大会作经验介绍。

（苏　炜　李媛媛）

【综合督导实地检查】11月5—7日，北京市教育督导检查组一行17人，对东城区政府履行教育职责情况进行综合督导实地检查，相关委办局主要领导和主管领导、教委相关科室负责人、部分中小学校长、幼儿园园长代表参加督导实地检查工作。检查组听取副区长赵凌云题为“坚持优质均衡发展 举全区之力 建设教育现代化示范区”的工作汇报，并就义务教育综合改革、学前教育学位供需矛盾等方面进行交流。检查组分别召开区政府相关委办局、教育行政相关科室和中小学校长、幼儿园园长座谈会，就东城区落实教育优先发展、全面优化区域教育规划布局和资源配置、全面落实区域教育发展的条件保障、加强教育管理、及时进行整改等5个方面听取各方代表发言，并查阅区政府履行教育职责情况相关档案资料。检查组还分别对北京市第二十二中学、史家实验学校、东城区明城幼儿园等10个教育

3月25日，东城交通支队、东城区第二幼儿园共同举办“礼在北京·感恩每一次与你相遇”中小学交通安全主题教育活动（徐鹏摄）

单位进行实地检查。巡视校园文化建设情况、专用教室使用情况、教学设备设施安全情况，同时听取学校工作汇报，分组进班听课，与干部、教师进行访谈、座谈，了解师资配置情况、办学体制机制改革及招生等情况。

（张 净 李媛媛）

10月30日，中芬学前教育研讨会在北京市第一幼儿园海晟实验园召开（唐晨摄）

学前教育

【概况】2019年，东城区教委辖属幼儿园58所（含非教育部门办28所），幼儿园在园幼儿1.8万人（含非教育部门办园6449人）。幼儿园教职工3251人，其中专任教师2174人。

（关 英 李媛媛）

【童心杯展评活动】3月15日，东城区第六届“童心杯”总结表彰暨第七届“童心杯”启动会在北京市第六十五中学召开。会议从基本情况、典型特点、存在问题3个方面对第六届“童心杯”展评活动进行总结，对获奖单位及教师进行表彰。启动第七届“童心杯”展评活动，解读《东城区第七届“童心杯”展评活动方案》《东城区幼儿园区域游戏活动评价标准》，崇文第三幼儿园及新中街幼儿园教师代表进行交流分享。

（王 娟 李媛媛）

【东城区学前教育工作会】10月21日，“以高质量党建为引领，努力办人民满意的东城学前教育”主题党课暨2019年东城区学前教育工作会在东城区安乐幼儿园召开。区教委从深入学习贯彻习近平总书记关于教育的重要论述，学前教育地位、现阶段突出矛盾及东城区存在的问题，如何进一步扩增学位3个方面讲述主题党课。光明幼儿园、安乐幼儿园及北京市第一幼儿园进行经验分享；东城区实验幼儿园、前门幼儿园、明城幼儿园、北京市七幼结合园所实际工作表态：将不忘初心再出发，为办好人民满意的学前教育不断奋斗。会议指出：要树立牢固的信念力量，保持不竭的精神力量，鼓足前进的奋斗力量，促进东城区学前教育质量不断提升。教育系统80余人参加会议。

（王 娟 李媛媛）

【中芬学前教育研讨会】10月30日，中芬学前教育研讨会在北京市第一幼儿园海晟实验园召开，会议介绍北京市及东城区学前教育情况；芬兰驻华大使馆参赞介绍芬兰学前教育开展情况。6个芬兰教育参与机构分别围绕教师培训、课程体系建设、教学资源开发使用和体育教育等方面分享实践经验。芬兰驻华大使馆参赞，北京市教委，东城区教委相关领导出席，东城区教师研修中心学前研修部、30所幼儿园的教师代表参加。

（杨仁忠 李媛媛）

表18 **2019年东城区幼儿园（所）一览表**

校　名	地　址	电　话
北京市第一幼儿园	东四北大街汪芝麻胡同19号	64049426
北京市第一幼儿园（吉祥分园）	南吉祥胡同28号	64042800
北京市第一幼儿园（黄化门半日班）	黄化门街8号	64049426

续表18

校　　名	地　　址	电　　话
北京市第一幼儿园（附属实验园）	小黄庄一区7号楼	84275712
北京市第一幼儿园（海晟实验园）	东直门外十字坡东小街1号	84530874
北京市第二幼儿园	北新桥三条38号	84018171
北京市第二幼儿园（分部）	东直门南小街5号	69945978
北京市第二幼儿园（十二条分园）	东四十二条26号	64068978
北京市第三幼儿园	中华路4号中山公园内	66056886
北京市第五幼儿园	夕照寺街3号	67122474
北京市第五幼儿园（附属实验园）	西滨河路松林街2号院	67215618
北京市第五幼儿园分园	法华南里33号楼	67161804
北京市第七幼儿园	宝钞胡同23号	64045040
东城区第二幼儿园	广渠门内大街31号	67116076
东城区第二幼儿园（安化北里）	安化北里64号	67113328
东城区第二幼儿园（学前部）	东花市北里西区一号	67146141
东城区第二幼儿园（崇外分园）	西花市南里东区12号楼	67119175
东城区崇文第三幼儿园	幸福北里甲12号	67115628
东城区东四五条幼儿园	东四五条41号	64040197
东城区东四五条幼儿园（分部）	藏经馆27号	64017401
东城区分司厅幼儿园	分司厅胡同57号	84037302
东城区东华门幼儿园	北河沿大街149号	65254467
东城区东华门幼儿园（小班部分园）	大鹁鸽胡同14号	65222838
东城区东华门幼儿园分园	南河沿大街19号	65126497
东城区新中街幼儿园（本园）	东直门外胡家园小区24号楼	84543262
东城区新中街幼儿园（鼓楼分园）	草厂胡同24号	64457032
东城区东棉花胡同幼儿园	东棉花胡同20号	64075246
东城区华丰幼儿园	和平里六区21楼	84220194

续表18

校 名	地 址	电 话
东城区大方家回民幼儿园	朝内南小街后芳嘉园3号楼	65229658
东城区大方家回民幼儿园（春松分园）	春松胡同1号	65261583
东城区大方家回民幼儿园（小牌坊分园）	小牌坊胡同37号	65250958
东城区大方家回民幼儿园（站东分园）	柳罐胡同2号	65595007
东城区大方家回民幼儿园（春江分园）	朝内大街124号	65252712
东城区光明幼儿园	光明楼甲25号	67116906
东城区光明幼儿园（弘善分园）	朝阳区弘善家园410楼	87823929
东城区崇文回民幼儿园	东花市北里东区12号楼	67120322
东城区崇文回民幼儿园（分园）	东八角胡同27号	67050076
东城区安乐幼儿园	永外杨家园路10号	67212868
东城区安乐幼儿园（大班部）	安乐林路17号	87671230
东城区安乐幼儿园（天天家园半日部）	安乐林路22号1号楼	87880471
东城区永东幼儿园	永内东街中里23号	67025321
东城区永定门幼儿园	西园子街32号	67019659
东城区崇文幼儿园	法华南里甲14楼	67156893
东城区前门幼儿园	草厂九条35号	67014546
东城区明城幼儿园	盔甲厂胡同9号	65595651
东城区春江幼儿园	南水关胡同60号	65252712
东城区实验幼儿园	松林街2号	67215618
东城区天坛南里幼儿园	天坛南里西区16号	67021473
东城区革新里幼儿园	西革新里116号院7号楼	
东城区景山魏家幼儿园	魏家胡同19号	64042880
东城区红湖幼儿园	龙潭北里3条3号	67123029
财政部幼儿园	大佛寺东街8号	64018360
商务部幼儿园	台基厂三条2号	65246084

续表18

校　　名	地　　址	电　　话
北京军区空军育翔幼儿园	板厂南里11号	66912137
东城区卫生局第一幼儿园	锡拉胡同19号	65274213
东城区卫生局第三幼儿园	和平里民旺园丙7号	64283571
国家林业局幼儿园	和平里七区21号楼	64212759
北京鸿运达物业管理有限责任公司第一幼儿园	旧鼓楼外大街64号	62360237
中央军委政治工作部幼儿园	安德里北街21号	66791070
国家安全生产监督管理总局机关服务中心幼儿园	和平里九区甲3号	64250516
中共北京市委机关幼儿园	光明路1号	67111793
中国人民解放军空军后勤部蓝天幼儿园	北锣鼓巷99号	66725225
东城区杰思幼儿园	东直门外大街C座101-201	64179960
东城区精英未来幼儿园	青年湖西里4号院甲1号	84130379
东城区金鼎实验幼儿园	和平里中街29号	64206209
东城区青青藤幼儿园	安化北里18号院6号楼	87926515
东城区九月幼儿园	净土胡同9号	84084683
东城区育萌幼儿园	天坛东路13号天坛体育中心院内13-1楼	52172266
东城区环球教育实验幼儿园	天坛东路九号院	64439722
东城区和乐蔷薇幼儿园	培新街10号	67166117
北京市大地实验幼儿园	东花市北里西区9号	67115191

（李媛媛）

基础教育

【概况】截至9月，东城区共有在办普通中学40所（含非教育部门办2所），其中初中8所，高中3所，完全中学24所，九年一贯制学校2所，十二年一贯制学校3所；小学51所，特殊教育学校2所，工读学校1所。基础教育在校学生9.96万人（含非教育部门办239人），其中普通高中1.47万人，初中2.26万人，小学6.16万人，特殊教育学校在校生192人，工读学校在校生16人。小学教职工5660人，普通中学教职工6291人，特殊教育教职工120人，工读学校教职工54人，校外教育教职工350人，其他直属单位教职工618人。

（关　英　李媛媛）

【中学教学工作会】3月7日，东城区2018—2019学年度第二学期中学教学工作会在区教师研修中心召开。会议就学期教学重点及毕业年级相关工作安排部署，邀请首都师范大学就依托COP项目进行的课堂教学情况分析和讲座，引导教学干部深入课堂、科学分析课堂。会议结合教学质量工作主线，就学校的重点工作、管理制度等提出明确要求。各中学教学干部100余人参会。

（张英新　李银娅）

【小学世界读书日主题活动】4月23日，东城区举办“悦读新时代　学习新思想　做好接班人”——2019年小学“世界读书日”主题活动。北京市第一六六中学附属校尉胡同小学、东城区安外三条小学、东城区东四十四条小学、东城区史家实验学校等以师生共读、榜样引领、经典联唱、动画制作等形式，从德育、智育、体育、美育和劳动教育等方面展示东城区小学学校文化建设成果。活动结合“世界读书日”主题，倡导深入开展全民阅读活动，持续推进“书香校园”建设，从区域层面推进落实“学习新思想，做好接班人”主题阅读活动，活动还表彰新一批区级学校文化建设示范校，推进学校文化特色建设和内涵发展，实现学校办学品质提升和育人质量提高。

（刘　哲　李媛媛）

【小学美术创意课程优秀作品展】6月22日，2019年小学美术创意课程优秀作品展在奥加美术馆开幕。共展出300余幅优秀作品，既有敦煌壁画风格的作品，黑白线描的世界名画，还有拼贴艺术创作、童话人物创意画，呈现东城区青少年教育学院与工美附中携手面向学生开办公益性艺术课程的教育成果。东城区政协、东城区委教工委、区教委、东城区青少年教育学院、东城区美术家协会、北京英杰硬石艺术博物馆、工美附中相关领导专家及师生100余人参加活动。

（李媛媛）

【学年中学教育工作会】8月26日，“落实教育大会精神　推进中高考改革　全面提高教育质量”东城区2019—2020学年中学教育工作会召开。报告会上通过2019年中高考质量分析报告的翔实数据对各校中高考成绩进行客观分析，提出基于质量提升的建议；从统编教材、未来人才、五育并举、多元评价、依法办学等方面进行梳理分析，为下一步工作明确目标，指明任务。会议指出，要把“全面提高教育质量”转化为落实教育大会精神的实际行动；以科学的教育质量观深化中学教育教学改革创新；围绕中高考改革，以问题为导向提升学校教育质量。

（邱　玉　李媛媛）

【中小学民族团结教育周】9月19日，“筑梦新时代　同心创未来”东城区第十三届中小学民族团结教育周主题活动启动仪式在回民小学举行。学校教师现场展示语文、道德与法治、劳技、综合实践活动课程等学科课堂教学，生动呈现民族教育进课堂的成功做法。与会领导和嘉宾为全区各中小学赠送《我的家在中国·民族之旅》系列图书。北京市民族教育学会、市教委，区民族宗教办、区委教工委、区教委相关领导及东城区委“不忘初心、牢记使命”主题教育第十巡回指导组成员出席，各中小学民族团结教育工作主管干部和学生代表150余人参加。

（刘　哲　李媛媛）

【校外教育工作会】10月25日，东城区“不忘初心、牢记使命”推动校外教育高质量发展暨2019年东城区校外教育工作会在北京市第五十中学召开。8所校外教育机构负责人从办学理念、机构管理、校园文化、队伍建设、学生培养、品牌打造等方面介绍经验做法。会议对东城校外教育及校外教师队伍在活动育人、项目建设等方面发挥的作用给予肯定，并要求校外教育与立德树人相结合、与校内课程相结合、与信息化相结合、与学生健康成长相结合、与祖国优秀文化的传承相结合，为东城区校外教育高质量发展贡献力量。教育系统300余人参加会议。

（王雨涵　李媛媛）

【课改培训月主题活动】11月15日，“奋进新时代　展现新作为　办好人民满意的教育”2019—2020学年度小学教育工作会暨东城区第十五届小学课改培训月主题活动在史家胡同小学举行。东城区12所小学师生代表做道德与法治、科学、语文等12个学科的课堂教学展示；教师代表分享教育信息化可持续发展方面的实践收获与思考；回顾10届东城区“东兴杯”教师基本功培训与展示活动的发展历程，展示教学基本功、分享教育故事。教育系统400余人参加。

（刘　哲　李媛媛）

【中小幼防个人极端培训大会】11月20日，东城区公安分局、区教委联合主办的东城区中小幼防个人极端培训大会在东直门中学召开。会议部署校园隐患排查工作，讲解如何制订突发事件的处置预案，现场教学应急装备的使用。会议要求教育系统各单位深入排查校园安全隐患，制订扎实有效措施，确保教育系统绝对安全，为东城百姓平安作出应有的贡献。教育系统560人参加培训大会。

（高岱琳　李媛媛）

【中小学德育工作会】12月12日，“不忘初心追梦前行　争做新时代教育先锋”2019年东城区中小学德育工作会在北京景山学校召开。大会期间，共展示学科渗透德育课、班队会课、职业生涯课18节；举办“学科德育到学科育人”微讲座；书记、校长、德育干部、教师、保安等多部门工作人员共同讲述全员育德故事；德育干部从心理健康教育、家校协同育人两方面做经验分享。会议提出“以德为先坚持全面育人路径”。会上开启北京市东城区中小学红色文化教育地图。红色文化教育地图整合区内17家爱国主义教育基地及16家红色文化教育基地，为思想政治课、实践活动、师资培训、亲子教育的第二课堂提供学习实践资源。全区教育系统400余人到会。

（陈艾汐　李媛媛）

【青少年素质教育成果展示】12月18日，“花开课外校外 绽放多彩童年”东城区青少年素质教育成果展示活动在东城区少年宫剧场举办。活动分“在这里·启航”“在这里·成长”“在这里·绽放”3个篇章，来自全区7所校外教育机构及部分小学师生通过舞蹈、合唱、器乐、朗诵、京剧等艺术表演形式，汇报近两年东城区校外素质教育立足新时代，不断改革创新所取得的成果。

（刘　丹　李媛媛）

【少先队第七次代表大会】12月26—27日，中国少年先锋队北京市东城区第七次代表大会在东城区少年宫召开。会议回顾东城区第六次少代会以来取得的丰硕成果，听取和审议中国少年先锋队北京市东城区第六届工作委员会工作报告，选举产生中国少年先锋队北京市东城区第七届工作委员会，通过《中国少年先锋队北京市东城区第七次代表大会提案工作报告（草案）》。大会命名、表彰东城区教育系统首批英雄集体，英雄中队集体代表进行风采展示。团中央、团市委、市教委、区委、区人大、区政协等相关领导出席，区少代会代表、少先队辅导员、少先队工作者等600余人参加。

（杨　娜　李媛媛）

表19

2019年东城区小学一览表

校　名	地　址	电　话
东城区和平里第一小学	和平里中街甲21号	84223532
东城区和平里第三小学	和平里兴化路9号	84281424
东城区和平里第四小学	和平里交林夹道1号	64207723
东城区和平里第四小学优质资源带（和二校区）	和平里民旺南胡同20号	64274217
东城区和平里第四小学优质资源带（东师附小校区）	安定门外东河沿乙7号	64263926
东城区和平里第九小学	和平里七区20号楼	84252025
北京市第一七一中学附属青年湖小学	安外安德里北街20号	64126076
东城区安外三条小学	上龙北巷3号	84132605
东城区地坛小学	和平里九区甲2号	64262206
东城区分司厅小学	鼓楼东大街小经厂2号	64041261
东城区分司厅小学优质资源带（北锣鼓巷小学校区）	安定门内千福巷5号	84024198
东城区黑芝麻胡同小学（本部）	黑芝麻胡同11号	64031828
东城区黑芝麻胡同小学优质资源带（织染局小学校区）	水簸箕胡同甲5号	64032065
东城区黑芝麻胡同小学（前圆恩寺校区）	后圆恩寺胡同甲20号	64031828

续表19

校　　名	地　　址	电　　话
东城区府学胡同小学	府学胡同65号	64045995
东城区府学胡同小学优质资源带（美后校区）	美术馆后街57号	84034452
东城区府学胡同小学优质资源带（什锦花园校区）	美术馆后街48号	64042123
东城区府学胡同小学优质资源带（十四条校区）	东四十四条100号	64029960
东城区府学胡同小学优质资源带（香饵校区）	香饵胡同9号	64045995
东城区帽儿胡同小学	帽儿胡同17号	64067114
东城区东四十四条小学	东四十三条73号	64042750
东城区东四十四条小学（北校区）	板桥胡同乙3号	64042750
北京市第五中学分校附属方家胡同小学	方家胡同17号	64014841
东城区史家小学分校	海运仓小区北门仓1号	84070087
北京市东直门中学附属雍和宫小学	藏经馆胡同27号	64045703
东城区史家实验学校	东中街铜厂子胡同8号	64169554
东城区西中街小学	东直门外十字坡东里10号	64172386
东城区北新桥小学	东直门北大街乙2号	64616471
中央工艺美院附中艺美小学	东直门外胡家园20号	64674998
北京市第一六六中学附属校尉胡同小学	校尉胡同8号	65252652
东城区灯市口小学	灯市口北巷14号	65250582
东城区灯市口小学优质资源带（北池子校区）	北池子大街46号	65250582
东城区灯市口小学优质资源带（东高房校区）	沙滩北街13号	65250582
东城区东交民巷小学（西校区）	台基厂大街14号	65131284
东城区东交民巷小学（东校区）	船板胡同63号	65131595
东城区东四七条小学	东四七条31号	64043873

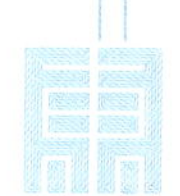

续表19

校　　名	地　　址	电　　话
东城区东四九条小学	东四九条67号	64043778
东城区回民小学	朝内大街124号	65225008
东城区新鲜胡同小学	新鲜胡同36号	65252498
东城区史家胡同小学	南弓匠营2号	64065588
东城区史家胡同小学（二年级部）	史家胡同59号	64065588
东城区史家胡同小学（一年级部）	金宝街65号	64065588
东城区西总布小学	西总布胡同19号	65263874
东城区东总布小学	新开路胡同55号	65251340
北京市汇文第一小学	丁香胡同7号	65241994
东城区前门小学	西河沿甲211号	67036606
东城区前门小学（新怡分校）	新怡家园9号	67036606
北京市崇文小学	花市枣苑小区12号	87193638
东城区新景小学	西花市南里西区7号楼	67122908
东城区文汇小学	广渠门外忠实里南街乙58号	87715309
东城区回民实验小学	东花市大街99号	67122965
北京市广渠门中学（附属花市小学）	东花市北里西区1号	67161982
东城区板厂小学	板厂南里7号	67114386
东城区板厂小学（低年级部）	板厂南里7号	67114386
东城区板厂小学（高年级部）	双玉中街35号	67189481
北京光明小学	光明路甲12号	67123839
北京光明小学（幸福校区）	福光路5号	67162311
北京光明小学（和义校区）	丰台区和义东里四区6号	67968590

续表19

校　　名	地　　址	电　　话
北京光明小学（广渠门校区）	广渠家园14号	67123839
东城区培新小学	幸福巷4号	67128497
东城区培新小学优质资源带（永生校区）	永生巷6号旁门	67188005
东城区体育馆路小学	法华南里21号	67131514
东城区体育馆路小学（低年级部）	左安门浦园4号楼	67163645
东城区精忠街小学	精忠街11号	67021505
东城区金台书院小学	东晓市街203号	67011700
东城区天坛东里小学	天坛东里内8号	67037588
东城区景泰小学	永定门东街7号	67212156
北京第一师范学校附属小学	永定门外桃杨路7号	87921073
北京第一师范学校附属小学（低年级部）	安乐林路17号	87921073
东城区革新里小学	永定门外管村5号	67222093
东城区宝华里小学	沙子口路63号	67221380
东城区定安里小学	定安里26号	87277890
北京汇文实验小学朝阳学校	朝阳区弘善家园119号楼	67119481

（李媛媛）

表20　**2019 年东城区特殊教育学校一览表**

校　　名	地　　址	电　　话
东城区特殊教育学校	安外小黄庄路一区16号楼	84283449
东城区培智中心学校	体育馆西路23号	67020405

（李媛媛）

表21

2019年东城区一贯制学校一览表

校名	地址	电话
北京市第一中学	宝钞胡同甲12号	64043280
北京市第一零九中学（本校区）	幸福大街43号	67119431
北京市第一零九中学（法华寺校区）	葱店西街56号	67119431
北京景山学校（本部）	灯市口大街53号	65252555
北京景山学校（北校区）	北官厅胡同11号	65267755
北京市和平北路学校	安外大街168号	64211049
北京市第一一五中学	天坛东路13号	67011604

（李媛媛）

表22

2019年东城区中学一览表

校名	地址	电话
北京市第二中学	内务部街15号	65252231
北京市第二中学（国际部）	内务部街15号	65252231
北京市第二中学分校	南竹杆胡同81号	65231981
北京市第五中学	细管胡同13号	64068564
北京市第五中学分校（地安门校区）	地安门东大街127号	64039667
北京市第五中学分校（鼓楼校区）	鼓楼东大街152号	64039667
北京市国子监中学	国子监街26号	64039683
北京市第十一中学（金鱼池校区）	金鱼池西区1号	67025095
北京市第十一中学（东晓市校区）	东晓市大街101号	67018640
北京市第十一中学实验学校	永外街道西革新里114号	67223113
北京市第十一中学分校	天坛南里西区14号	67024119

续表22

校 名	地 址	电 话
北京市第二十一中学	交道口北三条57号	64058672
北京市第二十二中学（交道口校区）	交道口东大街77号	64042225
北京市第二十二中学（安定门校区）	交道口北二条43号	64041325
北京市第二十四中学	外交部街31号	65254402
北京市第二十五中学	灯市口大街55号	65257525
北京市第二十七中学	东华门大街智德前巷11号	65255586
北京市第五十中学	夕照寺街13号	67173905
北京市第五十中学分校	永定门外安乐路14号	67271390
北京市第五十四中学	和平里六区9号	64214855
北京市第五十四中学（分部）	和平里中街27号	84228550
北京市第五十五中学	新中街12号	64173343
北京市第五十五中学（中国部）	新中街12号	64164252
北京市第五十五中学（国际部）	新中街12号	64164252
北京市第六十五中学	北河沿大街115号	65251745
北京市第九十六中学	崇文门西小街3号	65114904
北京市第九十六中学（南校区）	新世界家园甲5号	65114904
北京汇文实验中学（一二五中学）	后沟胡同乙2号	65246227
北京市第一四二中学（宏志中学）	和平里中街43号	64219035
北京市第一六五中学	育群胡同45号	64004843
北京市第一六六中学	灯市口同福夹道3号	65255651
北京市第一六六中学（东四六条校区）	东四六条甲44号	65255651
北京市第一七一中学	和平里北街8号	64212702

续表22

校　　名	地　　址	电　　话
北京市第一七一中学（分部）	青年沟路9号	84282509
北京市东直门中学	东直门内北顺城街2号	64014988
北京市东直门中学（南校区）	北沟沿甲4号	64047132
中央工艺美术学院附属中学	东直门外胡家园小区23号	64674127
北京市崇文门中学	东花市北里西区5号	67182515
北京市文汇中学	忠实里9号楼	87757485
北京汇文中学	培新街6号	67119016
北京市广渠门中学	白桥大街甲1号	67126951
北京市广渠门中学（分部）	夕照寺中街19号	67112448
北京市龙潭中学	板厂南里3号	67174149
北京市前门外国语学校	前门东大街甲14号	67023169
北京汇文中学朝阳学校	朝阳区弘善家园201号楼	87876618
北京市翔宇中学	东直门北大街甲2号	84481148
北京阳光情中学	北京经济技术开发区（亦庄）天宝北街甲2号	67871129

（李媛媛）

高等教育

北京协和医学院

【概况】北京协和医学院1917年由美国洛克菲勒基金会创办，是中国最早设有8年制临床医学专业和护理本科教育的重点医学院校。中国医学科学院1956年成立，是中国唯一的国家级医学科学学术中心和综合性医学科学研究机构，为北京协和医学院提供师资和技术力量。北京协和医学院有18个直属所院，有北京协和医院、中国医学科学院阜外医院、中国医学科学院肿瘤医院、中国医学科学院整形外科医院、中国医学科学院基础医学研究所、中国医学科学院药物研究所、中国医学科学院医药生物技术研究所、中国医学科学院药用植物研究所、中国医学科学院医学信息研究所（图书馆）、中国医学科学院实验动物研究所、中国医学科学院微循环研究所、中国医学科学院病原生物学研究所、中国医学科学院血液病医院（血液病研究所）、中国医学科学院放射医学研究所、中国医学科学院生物医学工程研究所、中国医学科学院皮肤病医院（皮肤病研究所）、中国医学科学院输血研究所和中国医学科学院医学生物学研究所；6个直属学院，有北京协和医学院临床学院、北京协和医学院基础学院、北京协和医学院护理学院、北京协和医学院公共卫生学院、北京协和医学院人文社科学院和北京协和医学院继续教育学院。北京协和医学院占地面积113.02万平方米，学校产权校舍建筑面积91.82万平方米、非产权校舍建筑面积21.20万平方米。院校有23个研究所（院、基地）、6家医院、7所学院、56个创新单元，是集医教研防产为一体的国家医学科学中心和综合性医学科学研究机构。院校有6所直属医院，有中国医学科学院北京协和医院、阜外医院、肿瘤医院、整形外科医院、血液病医院和皮肤病医院，集综合医院和专科医院于一体，形成国内外闻名的医疗、教学和研究紧密结合的临床医学体系。

2019年，北京协和医学院全年教育经费投入6.03亿元，其中国家拨款4.95亿元，自筹经费1.08亿元。固定资产总值6.36亿元，其中教学、科研仪器设备资产值8072.42万元，信息化设备资产值8692.46万元。有计算机（含虚拟化工作站）820台，有学校多媒体教室（含无线投屏教室、标准录播教室、互动录播教室、学术报告厅等）22个，校园网出口总带宽6450兆位/秒。图书馆藏书287.44万册，电子图书26.68万册。北京协和医学院与中国医学科学院实行院校合一管理体制。本科开设4个专业，专科开设1个专业；在教育部学科评估中有6个A类学科。具有一级国家重点学科2个，二级重点学科8个，国家重点（培育）学科1个，一级省、部级重点学科4个，二级省、部级重点学科3个；博士学位授权一级学科点9个，硕士学位授权一级学科点3个，硕士学位授权二级学科点2个；学校获批国家“双一流”建设学科4个；博士后科研流动站6个。有国家重点实验室5个、国家临床医学研究中心5个、国家工程实验室1个、国家工程技术研究生中心2个、国家地方联合工程研究中心1个、卫生部重点实验室7个、教育部重点实验室2个、北京市重点实验室19个、北京市工程技术研究中心1个、中医药管理局实验室4个、其他省级（或直辖市级）重点实验室10个。院校正式编制教职工1.2万人（正高级1057人，副高级1625人），其中专任教师1541人（正高级870人，副高级542人）；研究生指导教师1945人（正高级1161人，副高级784人），其中博士生及硕士生导师852人，硕士生导师1093人；有中国科学院院士7人，中国工程院院士17人，“长江学者奖励计划”讲座教授29人，“国家杰出青年科学基金”获得者39人。至8月31日，学校在校学生总数（以下均不含成人教育）为4987人（其中博士研究生2231人、硕士研究生1843人、本科生913人）；2019年招生1463人（其中博士研究生619人、硕士研究生624人、本科220人）；2019届毕业生1271人（其中博士研究生545人、硕士研究生587人、普通本科87人、普通专科52人）；学校成人教育在校生人数426人，本学年成人本科招生0人，成人本科生毕业325人。高考北京地区理科685分。

（孙莉娜）

【学术咨询委员会及学部成立】8月8日，中国医学科学院学术咨询委员会成立暨首次学部委员会议在中国医学科学院礼堂召开。中国医学科学院学术资源委员会作为高端学术咨询机构与智库，为国家医学科技创新体系与核心基地建设，医学健康科技发展等提供战略咨询。学术咨询委员会设立临床医学部、口腔学部、基础医学与生物学部、药学部、卫生健康与环境学部、生物医学工程与信息学部等6个学部，聘任中国科学院与中国工程院院士191人、北京协和医学院“百年协和”一级教授8人、生物医药领域专家199人担任首批学部委员。大会的召开，标志着中国医学科技创新体系与核心基地建设迈上新征程。

（孙莉娜）

【顾方舟获授人民科学家称号】9月29日，中华人民共和国国家勋章和国家荣誉称号颁授仪式在人民大会堂举行。中国医学科学院北京协和医学院原院校长、病毒学家顾方舟获“人民科学家”国家荣誉称号。顾方舟是我国脊髓灰质炎疫苗研发生产的拓荒者、科技攻关的先驱者。他研发的脊髓灰质炎疫苗“糖丸”，使中国进入无脊髓灰质炎时代。1月2日，顾方舟在京逝世。

（孙莉娜）

【首批院外研发机构挂牌运行】1月，中国医学科学院为老年医学研究院、呼吸病学研究院、华西研究基地及12个创新单元等院外研发机构挂牌，并正式运行，为中国医学科技创新体系核心基地建设开启崭新一页。

（孙莉娜）

【医学教育改革】2019年，院校临床医学培养模式改革试点班和卓越护理人才贯通培养改革试验班招生。试点班着力于提高中国未来在医学科学领域的核心竞争力。培养思想品德高尚，具备社会担当、国际视野、创新精神和实践能力的多学科背景的复合型高层次卓越医学领军人才。试验班着力于面向健康中国培养未来护理学界的领军人才，根据“加强基础、注重素质、整体优化、面向临床”的原则，培养适应社会健康照护需求，具备宽厚坚实理论知识，具备开拓进取科学精神和求真务实科学态度，具有宽广国际视野和持续发展能力，具有娴熟专业技能和博爱人文精神，能在医疗、预防、保健和康复等机构从事护理实践、护理管理的专业领军人才。试点班和试验班是北京协和医学院创新人才培养的开拓性探索。

（孙莉娜）

【开学毕业仪式承启协和精神】2019年，学校着力加强具有人生坐标意义的“入学第一课”和在校“最后一课”教育。7月9日，2019届毕业典礼首次在首都剧场举行，院校两院院士、师生代表和毕业生亲友等近2000人参加，共同见证毕业生1300余人开启人生新旅程时刻。8月30日，学校在东单三条9号院举行2019年开学典礼，新生1800余人庄严宣誓，为国家卫生健康事业发展和人民健康奋斗终身。

（孙莉娜）

【中国医学健康新闻发布会】11月21日，由中国医学科学院主办的中国医学健康新闻发布会正式启动。首期发布会的主题为“让科学警醒吸烟之害”，邀请中国工程院副院长、中国医学科学院北京协和医学院院校长王辰院士，国家癌症中心主任、中国医学科学院肿瘤医院院长赫捷院士和中日医院烟草病学与戒烟中心主任、呼吸中心副主任肖丹教授做发布。作为国家最高医学研究机构，中国医学科学院在国家卫生健康委指导下，定期举办中国医学健康新闻发布会。发布会聚焦医学与健康2个关键领域，立足医学进展和科学普及2个任务，围绕《健康中国行动（2019—2030年）》15个专项行动及全球重大医学科技事件，阐述科学事实，介绍医学进展，促进公众健康行为。为公众搭建权威、准确、可信的健康信息平台，引导社会形成正确的医学健康环境和舆论。

（孙莉娜）

【由心讲堂正式开讲】12月19日，中国医学科学院“由心讲堂”在北京协和医学院小礼堂正式开讲。“由心讲堂”是由中国医学科学院学术咨询委员会所属6个学部轮值主办的高端学术讲坛，主要由中国医学科学院学部委员与各界杰出学者主讲，内容涉及与医学相关的自然科学、社会科学与人文学科。首次“由心讲堂”主题为“科技创新与临床实践”。国家心血管病中心主任、中国医学科学院阜外医院院长胡盛寿学部委员以“大数据时代的心血管病防控”为题、上海交通大学医学院附属瑞金医院副院长宁光学部委员以“证据与临床医学实践”为题、北京大学第三医院院长乔杰学部委员以“生物前沿技术与临床医学实践”为题作报告，330人参加。

（孙莉娜）

【首发中国医学院校科技量值】12月19日，由中国医学科学院主办的2018年度中国医院科技量值与2018年度中国医学院校科技量值（STEM）发布会在中国医学科学院礼堂举行。院校长王辰院士现场解读并发布《2018年度中国医院科技量值报告》与《2018年度中国医学院校科技量值报告》。

（孙莉娜）

12月19日，中国医学科学院“由心讲堂”正式开讲（栾童林摄）

中央戏剧学院

【概况】中央戏剧学院是新中国第一所戏剧教育高等学校，教育部直属院校，是中国戏剧影视艺术教育最高学府，是国家确定的世界一流学科建设高校，是中国高等戏剧教育联盟总部、亚洲戏剧教育研究中心总部和世界戏剧教育联盟秘书处所在地，是世界著名艺术院校。占地面积25.76万平方米，产权校舍建筑面积18.55万平方米。2019年教育经费投入4.73亿元，其中国家拨款3.65亿元、自筹经费1.08亿元。固定资产总值12.94亿元，其中教学、科研仪器设备资产值2.51亿元。图书馆建筑面积1.05万平方米，藏有纸质图书58.02万册、电子图书439.6万册。拥有计算机1200台，多媒体教室座位3432个。学校信息化经费投入607.76万元，信息化设备资产5688.3万元，网络信息点6033个，校园网出口总带宽2560兆位/秒，电子邮件系统用户4173个，数据库49个。设置12个系，2个教学部；开设7个本科专业，覆盖2个学科；具有一级学科2个，一级学科博士点2个，博士学位授权点2个，硕士学位授权点2个和专业学位授权点1个；博士后流动站2个，其中博士后研究人员在站3人，国家重点学科1个。教职工528人，其中专任教师269人，包括教授65人、副教授84人；博士、硕士生导师54人、硕士生导师65人；享受政府特殊津贴专家43人，外籍教师11人。毕业生616人，其中学历教育学生中全日制研究生85人（博士生17人、硕士生68人）、普通本科生531人，非计划招生高等教育学生中在职人员攻读硕士学位3人。招生707人，其中学历教育学生中全日制研究生130人（博士生34人、硕士生96人）、普通本科生577人。在校生2933人，其中学历教育学生中全日制研究生415人（博士生99人、硕士生316人）、普通本科生2518人，非计划招生高等教育学生中在职人员攻读硕士学位3人。留学生毕业24人、招生56人、在校生90人。

2019年，继续推进学科通识教育和学年学分制改革，面向全体在校本科生开设26门线下公共选修课程。参与本科教学工程的申报与建设，表演专业、戏剧影视导演专业、戏剧影视文学专业获批国家级一流本科专业建设点。完成2019年度本科专业考试及招生录取工作，确保公平公正。成立发展规划处，进一步规范一流学科管理。优化戏剧影视学科基本布局，成立戏剧学系，舞台美术系增设戏剧影视导演专业（演艺声音设计方向）；戏剧影视导演专业（戏剧教育方向）调整为戏剧教育专业。与美国奥城大学、日本大学艺术学部、日本文化学园大学、西班牙艾丽西亚·阿隆索高等舞蹈学院、英国皇家威尔士音乐与戏剧学院签署校际合作协议。制订《中央戏剧学院科研、教学和创作奖励办法》《中央戏剧学院一流学科建设科研专项管理办法》《中央戏剧学院科研诚信管理办法》。9月24日，中央戏剧学院与北京演艺集团签署战略合作协议，双方决定在艺术创作、人才培养、文化交流等领域开展全方位、深层次合作，实现优势互补、资源共享，互利共赢。

（王兴民）

【京剧名家名师教学顾问委员会】 1月12日，中央戏剧学院京剧专业名家名师教学顾问委员会成立，著名京剧表演艺术家尚长荣、寇春华、叶少兰、刘长瑜、孙毓敏、朱世慧、陈少云、于魁智、李胜素、王蓉蓉、孟广禄、奚中路被推选为委员会委员，并受聘客座教授。

（王兴民）

【亚洲戏剧教育研究国际论坛】 5月17—20日，第十一届亚洲戏剧教育研究国际论坛在中央戏剧学院举行。论坛是在“亚洲文明对话大会”期间，作为“亚洲文明联展（主题沙龙）”的系列活动而举办。论坛举办期间，各成员院校以“亚洲国家本民族传统戏剧经典重现”为主题，带来3台本民族的戏剧演出，即中国中央戏剧学院《白蛇》、蒙古国立艺术文化大学《棕马》和韩国中央大学《嫦娥星——月光美人》。来自亚洲7个国家和地区的13个成员院校代表近100人参会。

（王兴民）

【欧阳予倩130周年诞辰活动】 为纪念学院首任院长、中国著名戏剧艺术家、戏剧教育家欧阳予倩130周年诞辰，中央戏剧学院举办系列纪念活动，活动包括排演话剧《桃花扇》、欧阳予倩电影回顾展、生平成就主题展和学术研讨会4大版块。欧阳予倩毕生致力于戏剧实践和戏剧教育工作，在戏曲改革、电影创作和舞蹈研究方面卓有成就，是新中国戏剧教育奠基人。

（王兴民）

【全国播音主持专业教学研讨会】 5月29—30日，第二届全国播音与主持专业教学研讨会在中央戏剧学院举办，研讨会主题为“新时代融媒体环境下主持艺术发展新思考”，全国40余所院校的专家学者70余人出席。

（王兴民）

【《暗夜逐光》上演】 6月21—24日，由中央戏剧学院、北京市禁毒教育基地管理中心联合出品的校园禁毒戏剧《暗夜逐光》在北京上演。《暗夜逐光》通过两个时代背景、两个地域、三条线索展开叙事，再现清朝道光年间民族英雄林则徐虎门销烟的历史场景。该剧获北京市首届“校园禁毒文化作品大赛”戏剧小品类一等奖。作为北京市“禁毒教育高校公益联盟”成员，中央戏剧学院已连续多年创作禁毒题材戏剧，以戏剧艺术形式传播禁毒理念，通过戏剧向社会尤其是青年学生宣传毒品的危害，引导青年学生洁身自好，远离毒品。

（王兴民）

【首届校园运动会】 6月1日，校园运动会在学院体育场举行，这是学校体育场建成投入使用后举办的第一届运动会。12个系及研究生、留学生、教职工组成15支队伍参赛。通过举办运动会，弘扬更快、更高、更强的体育精神，锻炼学生身心，增强学生集体观念，培养学生团结合作精神。

（王兴民）

【网络视听节目《红色书信》】 7月1日，电影电视系教师党支部发挥专业优势，推出以缅怀革命先辈、传承红色基因为主要内容的网络视听节目《红色书信》，通过组织党员师生诵读革命先辈在不同历史时期的30余封个人书信，讲述革命先辈家书背后不为人知的感人故事，教育青年党员铭记革命历史，牢记共产党人的初心和使命。该节目被“学习强国”、全国高校思政网、腾讯视频等多家平台转发报道，得到社会各界广泛好评。

（王兴民）

【师生音乐会】 9月27日，学院举行“我和我的祖国”师生音乐会；11月1日，举行“歌唱祖国”师生音乐会。通过两场音乐会，在全院营造喜庆热烈、欢乐祥和的庆祝氛围，用歌声向祖国母亲献上最真挚的祝福，表达新时代文艺工作者的担当与责任感，引导师生深入生活、扎根人民，创作生产出更多优秀的文艺作品，通过戏剧作品旗帜鲜明树立爱国导向，生动形象讲好爱国故事。

（王兴民）

【国庆70周年宣教活动】 在中华人民共和国成立70周年之际，中央戏剧学院举办系列宣传教育活动。组织53

9月27日，中央戏剧学院举办“我和我的祖国”师生合唱音乐会
（中央戏剧学院提供）

支实践团队，利用暑假深入农村、企业、社区，开展“小我融入大我、青春献给祖国”社会实践。将理想信念教育、爱国主义教育融入思政课教学，先后开展以“筑魂新时代”“铭记历史”为主题的课堂情景教学活动，让学生以戏剧化方式再现相关历史情节和场景，引导学生思考中国共产党人为救亡图存所进行的艰苦探索、浴血奋战的光辉进程。举办“祖国丰碑”绘画作品征集活动，让学生在创作参与中了解共和国历史、传承革命精神。走访慰问离休老干部、老党员，为离休老干部、老党员25人颁发庆祝中华人民共和国成立70周年纪念章。分批次组织师生600人赴北京展览馆参观庆祝中华人民共和国成立70周年大型成就展。

（王兴民）

【参加国庆70周年群众游行】中戏师生240人参与组成“中华文化”方阵，参加庆祝中华人民共和国成立70周年群众游行。学院挖掘国庆活动形成的宝贵精神财富，联合北京城市学院组建首都教育系统服务保障国庆活动宣讲团，赴内蒙古师范大学开展主题宣讲和学习交流活动，引导学生将参与群众游行活动的经历，转化为鲜活生动的爱国主义教育课，形成鼓舞师生奋进新时代的精神动力。

（王兴民）

【高雅艺术进校园】10月10—25日，由中戏师生排演的话剧《桃花扇》，作为2019年“高雅艺术进校园”剧目，赴湖南、广东10所高校进行巡演，共计演出10场，1万余人次观看演出。

（王兴民）

【世界戏剧教育联盟戏剧展演】10月14—22日，世界戏剧教育联盟2019国际大学生戏剧展演在中央戏剧学院举行。中央戏剧学院、德国恩斯特·布施戏剧学院、日本桐朋学园艺术短期大学、韩国中央大学戏剧系、波兰国际戏剧学院、俄罗斯国立舞台艺术学院、俄罗斯戏剧艺术学院、乌克兰基辅国立戏剧影视大学、美国奥城大学戏剧学院等来自不同国家的12所院校参会，共完成8场戏剧工作坊和9台莎士比亚喜剧剧目展演。

（王兴民）

【第八届国际戏剧学院奖】11月1—5日，由中央戏剧学院与青岛市人民政府共同主办的第八届“国际戏剧学院奖”展演在山东青岛开幕，这是“国际戏剧学院奖”自创办以来第一次在北京以外的其他城市举行，既提升“国际戏剧学院奖”影响力，也弘扬戏剧艺术，助力地方文化建设。学院奖主题为“不忘初心、传承经典”，从近100部报名参选的戏剧作品中选出15台剧目进行展演，评选出15个优秀剧目奖、6个最佳主角奖、7个最佳配角奖和2个最佳新人奖。

（王兴民）

【中英演出制作管理研讨会】11月13—15日，由中国戏剧文化管理协同创新中心主办的中英演出制作管理研讨会在中央戏剧学院举办。邀请来自英国国家剧院、英国巴比肯艺术中心、英国伦敦金融城市政厅音乐与戏剧学院、英国Anystage制作有限公司、中国国家大剧院、中国上海话剧艺术中心、中国北京四海一家文化传播有限责任公司、中国艺术科技研究所标准研究中心等单位高级管理者和专家40余人出席。

（王兴民）

【学科建设国庆70年北京论坛】11月20日，“戏剧与影视学学科建设新中国70年北京论坛”在中央戏剧学院举行。论坛由中央戏剧学院、国务院学位委员会戏剧与影视学学科评议组和教育部高等学校戏剧与影视学类专业教学指导委员会联合主办。论坛回顾总结中华人民共和国成立70年以来“戏剧与影视学”学科建设的发展历程，对学科面临的时代境况进行深入分析，并对今后发展作出规划。

（王兴民）

职业与成人教育

【概况】2019年，东城区共有在办中等职业学校4所（含非教育部门办2所），其中独立设置职业高中3所，成人中专1所。另有其他学校附设中职校3所（不计校数）。中等职业学校在校生605人（含非教育部门办44人），其中职业高中学生522人，成人中专学生83人。东城区共有独立设置成人高校4所，成人高等学历教育在校生4675人。职业教育教职工468人，成人教育教职工169人。

（关 英 李媛媛）

【国职文保走进北大】6月10日，区教委与北京大学首都发展研究院、考古文博学院共同举办2019年北京大学国子监大讲堂走进北大学习实践活动，组织北京国际职业教育学校文物保护与修复专业师生近100人走进北京大学考古专业，开展专业学习体验活动。考古文博学院教授作题为《文物会生病吗？》的专业讲座。课后，全体师生进入文物修复实验室观摩文物修复流程，学习修复技术和仪器操作技巧，并参观赛克勒考古与艺术博物馆。这是中职学校师生首次走进北京大学，为今后依托考古文博学院的专业资源，助力国职文保专业的建设与发展奠定基础。

（杨成莲 李媛媛）

【家校社共育工作推进会】12月3日，东城区“相伴成长，筑梦未来”家校社共育工作推进会在北京市第十一中学召开。会议以“建家校社共育体系，促立德树人质量提升”为题，汇报东城区家校社共育工作开展情况，并提出东城区要构建“共谋、共建、共生”的新型家校社关系，加强“三全育人”格局建设，打造区域教育共同体，推动家校社共育工作迈上新台阶。有关部门领导及学校师生、家长300余人参加。

（叶廖沙 李媛媛）

表23

2019 年东城区职业高中一览表

校 名	地 址	电 话
北京国际职业教育学校（鼓楼校区）	宝钞胡同21号	64006286
北京国际职业教育学校（北京站校区）	柳罐胡同2号	65598391
北京国际职业教育学校（和平里校区）	和平里南口民旺园33号	64280559
北京现代职业学校	定安里12号	67017646
北京市第一七九中学	左安浦园4号	67125384
北京百年农工子弟职业学校	望京西路51号	64790702
中央音乐学院鼎石实验学校	南河沿大街19号	65388475
北京市国际美术职业高中	东直门外小街甲27号	64686672
北京市东城区古城职业高中	顺义后沙峪古城村裕民大街11号	80484523

（李媛媛）

表24　　2019年东城区成人教育学校一览表

校　　名	地　　址	电　　话
北京市东城区职业大学	朝阳门外潘家坡1号	65520824
北京市东城区职工大学	东四西大街48号	65520824
北京开放大学东城分校	豆腐池胡同39号	67153071
北京开放大学崇文分校	板厂南里5号	67153071

（李媛媛）

民办教育

【概况】2019年，东城区有在办民办普通中学1所，中等职业学校2所，幼儿园14所。民办在校生共计1742人，其中普通高中161人，中等职业教育44人，幼儿园1537人。东城区民办及其他办学校（幼儿园）教职工1338人。

（关　英　李媛媛）

【年检工作】2019年一季度末，东城区共有各级各类民办教育机构156所。上半年完成156所学校年检、发办学许可证延期等工作。年审重点核查学校行政管理、教学管理、财务管理及办学条件等情况，对办学中存在问题的学校给予缓检并提出整改意见。经2019年年检统计，2019年共培训各类人员41.75万人次。

（马　丹　李媛媛）

【第十五届全民终身学习活动周】11月13日，东城区第十五届全民终身学习活动周开幕式在北京国际职业教育学校举办。开幕式上，解读东城区第十五届全民终身学习活动周方案；为获得全国、北京市终身学习品牌项目称号集体和2019年首都市民学习之星个人颁奖；为2019年北京市民终身学习示范基地、北京大学国子监大讲堂国职讲堂、周海宽古书画装裱与修复工作室挂牌。东城区第十五届全民终身学习周安排中老年市民计算机应用能力竞赛、清风墨韵书画展、市民业余棋类比赛等11项主题活动。故宫博物院、东城区人大、北京开放大学、市教委、北京大学首都发展研究院、中国华侨历史博物馆、东城区各委办局、街道办事处、学区市民学习基地、市民职业体验中心、市民学习团队、驻区单位领导及代表150余人参会。

（连　莲　李媛媛）

【行政许可审批工作当年办结】至12月31日，东城区教委共受理有关民办教育行政许可事项46件，其中设立11件、终止10件、变更举办者7件、变更名称1件、变更地址17件。上述事项全部予以审批许可并办结。

（马　丹　李媛媛）

文化

11 月 13 日，第三届全国话剧展演季开幕式在首都剧场举行（区文旅局提供）

综　述

2019年，制订《东城区2018—2019年传统节日文化活动实施方案》，在春节、元宵节、清明节、端午节、中秋节举办传统文化活动。挖掘利用各类工业转型发展和疏解腾退的空间，合理规划基层文化设施布局，盘活基层文化场所。建设景山街道市民文化休闲中心。角楼图书馆举办“北京会客厅”“非遗52日”“来角图过中国节”等特色活动，成为弘扬传统文化主阵地。

公共文化服务提质增效。公共文化服务社会化成果复制推广到9个街道、100个社区。文化馆、图书馆区级文化设施以政府管理运营为主线，以社会化合作为亮点，努力提升开放水平。开展东城区公共文化服务群众满意度调查，增加旅游公共服务公众需求与意见反馈调查，摸清群众需求。举办“怀旧时光·原版电影海报展”、我和我的祖国公益电影展映，全年放映公益电影850场。编制教材口袋书，明确公共文化基层设施建设、服务标准，举办文化干部培训2期，培训文化干部近600人。2019年，区、街两级图书馆到馆读者107万人次，外借书刊56.5万余册次，开展读者活动948场，惠及群众14.2万人次。书香东城全民阅读数字平台访问量达282.7万次，数字图书下载量18.8万次，听书下载量19.48万次。

文化活动惠及区域民众。全年举办活动5420场次，覆盖22.76万人次。其中区级以上文化活动1406场次，覆盖9.85万人次；街乡镇级文化活动1192场次，覆盖7万人次；社区村级文化活动2822场次，覆盖5.92万人次。举办百姓周末大舞台演出100场，全年开展首都市民系列文化活动6000余场次，覆盖21万余人次，完成送演出进社区活动52场。购买3000张艺术演出票送到群众手中，老百姓走进高雅艺术殿堂。广泛开展区域文化交流，赴三沙市、北海市和防城港市开展“春雨工程”文化志愿者边疆行和全国公共文化示范区省际互动文化交流活动；赴崇礼、化德举办手拉手文艺会演，助力受援地区发展文化工作，实现大文化发展格局。

修缮保障文物安全。稳步推进文物修缮工程。完成花市火神庙、庐陵会馆、万庆当铺旧址、袁崇焕墓和祠修缮工程，启动修缮广东韶州会馆、奋章胡同53号、关帝高庙（青云胡同23号）。探索文物合理利用，结合老城保护和中轴申遗，挖掘钟鼓楼文化内涵，提升展陈设计水平，落实展示利用项目；启动永定门城楼历史博物馆、曹雪芹故居纪念馆展陈项目。陈独秀旧居引进社会服务组织，定期开展读书会等文化活动。传承保护非物质文化遗产，开展文化和自然遗产日宣传展示及东城区非遗心手相传等活动。

推进建设戏剧东城。制订《东城区进一步促进“戏剧东城”建设发展的实施意见》，编制《2019年戏剧东城蓝皮书》。推出《男保姆》《跑吧，儿子》等讲述东城故事的原创剧目7部，首演35场，二轮演出14场。举办2019东城故事原创剧目展演暨戏剧进基层演出，9部原创剧目及7部传统戏曲演出26场。举办东城故事原创剧目天津展演，5部剧目演出10场。组织戏剧进校园15场。发放惠民票2万余张。举办南锣鼓巷戏剧展演季（剧目28部，演出64场）、第九届中国儿童戏剧节（剧目56部，演出191场）、北京国际青年戏剧节（剧目23部，演出46场）、北京喜剧艺术节（剧目10部，演出45场）、全国话剧展演季（剧目20部，演出50场）等五大戏剧展演活动，共上演剧目137部，演出场次396场，惠及群众20万人。开展戏剧开讲、戏剧体验课、戏剧大课堂等戏剧普及活动40余场次，近3000人次参与。戏剧东城官方微信公众号累计关注4.14万人。协助拍摄“70年，古都新韵”之“大戏东望”。东城戏剧具有原创作、小剧场、社会化、重扶持、有特色的特点，形成戏剧生态链，成为“崇文争先”亮点内容。

（刘晶伟）

文化事业

【概况】东城区文化和旅游局（简称区文旅局）根据中共东城区委、东城区人民政府关于印发《北京市东城区机构改革实施方案》的通知（京东发〔2019〕2号）成立于3月。区文旅局职责为贯彻落实国家和北京市关于文化、文物、旅游工作方针、政策、法律、法规、规章，统筹管理辖区文化、文物、旅游业，拟订发展规划并组织实施。内设行政办公室、党群办公室、政策法规科、公共服务科、大型活动科、行业管理科、市场促进科、安全与应急科（假日办）、文物管理科、行政审批科、演艺发展科、非物质文化遗产科、财务科、人事科14个科室，下属基层单位18个，有在岗人员351人。

2019年，区文旅局以“普天同庆　共筑中国梦”为主题，在天坛、地坛、龙潭、柳荫4家公园分别举办中华人民共和国成立70周年游园活动，组织文艺演出10场，观众8300人次；文化互动10场，观众4000人次。举办庆祝中华人民共和国成立70周年主题放映活动，放映电影近100场，观影人数近2000人次。举办“我和我的祖国”——庆祝中华人民共和国成立70周年专场音乐会、“不忘初心、牢记使命”暨庆祝中华人民共和国成立70周年原创演唱会“再一次起航”等活动，营造隆重热烈、喜庆祥和节日气氛。组织辖区70余个单位演职人员2600余人，完成国庆群众联欢工作任务，表现万家灯火、阖家欢乐、千家万户一片幸福和谐景象，展现东城区人民良好风貌。区文旅局所属区文化活动中心及景山、天坛南里2个市民文化活动中心项目在建。建成史家胡同博物馆、东四胡同博物馆、朝阳门社区文化生活馆、角楼图书馆、更读书社、春风习习、缘庆书苑等一批有特色、有影响力的城市文化空间。深化和打造一街道一品牌、一社区一特色，推动服务、活动、经费三下沉，形成一批有影响力、群众参与度高、获得广泛社会关注的活动品牌，如安定门街道的国学文化节、和平里街道的五六民族团结日、崇外街道的花市元宵灯会、东直门街道的东直门曲艺汇、东四街道的报春活动等。区文旅局获市委、市政府授予北京市筹备和服务保障中华人民共和国成立70周年庆祝活动先进集体称号，4人获评先进个人。区文旅局党委改党组后，搭建3级党组织架构，构建“党组领导下，1个机关党委+12个基层党支部”的党组织工作格局。局党组加强领导班子建设，坚持人岗匹配原则，建立班子成员AB角制度，定期分工轮岗。针对市委巡视反馈的7个问题，区委巡察反馈的80个问题，明确责任人，细化工作措施，定期汇报整改进展，巡视巡察整改落实到位。区文旅局获市文旅局颁发年度北京礼物最佳组织奖；区文化委行政执法队党支部获中共东城区委授予东城区先进党组织称号；东城区第二图书馆获市精神文明办、团市委、市教委、市文化局、市少工委联合颁发年度北京市红领巾读书活动优秀组织奖。

（刘晶伟　张晓丽）

【社会化服务购买】2019年，区文旅局制订《东城区公共文化设施社会化运营指导意见》，鼓励不同供给主体发挥专长优势，增强公共文化服务发展动力，发展公共文化服务便利性、多样性，满足群众日益增长的文化生活需求。辖区内9个街道综合文化中心实行专业化、社会化运营，覆盖100个社区。

（张晓丽）

【街道综合文化中心效能评估】8月至11月，市文旅局委托第三方调查机构，评估街道综合文化中心设施与服务效能。辖区17个街道建有街道综合文化中心17个，面积全部达标，平均得分78.02分，评定为效能较高，9个实施社会化运营街道平均得分81.56分。

（张晓丽）

【公众满意度调查】2019年，区文旅局在各文化场馆内及周边随机拦访群众进行问卷调查，设置文化场馆到访情况、设施评价、馆内基本服务评价、文化活动开展等题目，了解文化设施服务水平、公众满意度评价、群众意见和需求。调查表明，辖区公共文化服务质量稳定，公共文化设施与服务满意度综合指数为83分。各街道公共文化设施与服务满意度综合指数83分，有11个街道低于指数，6个街道高于指数。

（张晓丽）

文化设施

【概况】东城区17个街道全部建有文体中心，总建筑面积3.9万平方米，平均每个街道文化中心面积2300平方米。全区有161个社区文化室，总建筑面积4.4万平方米，平均每个社区为270平方米。街道管理的室外文化广场46个、公益电影放映点17个。在建3个公共文化设施项目（区级1个、街道级2个），形成区级—街道级—社区级三级管理模式，以及区级—片区级—街道级—社区级四级功能保障模式覆盖均匀、便捷高效的“十分钟文化圈”。2019年，区文旅局向17个街道划转中央级“三馆一站”免费开放专项资金17万元，向文图四馆划转中央级“三馆一站”免费开放专项经费40万元，划转团队扶持专项资金45万元。全区有区级文化团体43个，街

10月2日，区文旅局举办群众文化活动（区文旅局提供）

道、社区级文化团体918个。

（张晓丽）

【东城区第一文化馆】2019年，举办东城区新年音乐会、第二十九届新春游乐会、第三十四届地坛春节文化庙会文艺演出、第十三届北京管乐节、第十届百姓环保戏剧展演、第九届中法戏剧交流公益演出、第九届北京东城国际喜歌剧公益演出等品牌文化活动。开展“我的舞台 我的梦”群众文化系列文化演出活动48场，参与群众1万余人次。举办各类书画、摄影、美术、集邮展览23场。面向社区百姓开展戏剧、舞蹈、声乐、古筝、钢琴、美术、魔术等公益讲座培训60余场，受益群众1.1万余人次。周末相声俱乐部举办48场演出，吸引观众1.5万余人次。举办东城书场46场，观众近4000人次。放映公益电影50场，观影群众3000余人次。举办公益舞会50场，参与百姓2800余人次。志愿者服务分中心文化志愿服务累时长4万余小时，6万余人次，受益群众12万余人。

（张晓丽）

【东城区第二文化馆】2019年，参与完成中华人民共和国成立70周年联欢活动及天坛公园游园活动。组织完成2019中国北京世界园艺博览会东城周活动、2019年北京文化季赴台湾非物质文化遗产项目展演活动。在传统节日期间，举办龙潭庙会、东城区新春非遗庙会、清明风筝放飞、中秋诗会、大雪节气主题活动等文化活动。在“五一”、“六一”、“八一”、国际残疾人日等时间节点，慰问驻区企事业单位、学校、社区、部队。原创歌曲“锣鼓巷”代表北京参赛，入围第十八届群星奖音乐类作品决赛。原创舞台剧“壮美中轴之时间记忆”在北京喜剧院连续演出10场，观众1万余人次。组织开展北京快板邀请赛、东城区非遗“心手相传”系列活动、“艺术有约”文艺培训等活动。

（张晓丽）

【东城区第一图书馆】总面积1.12万平方米，是北京市精神文明先进单位、首都文明单位标兵，国家一级图书馆。书海听涛系列活动获市委宣传部、市文旅局主办“阅读北京——2019年首都市民系列文化活动”年度推介品牌。获年度我和我的祖国北京市诵读大赛优秀组织奖。获中国图书馆学会授予2019阅读推广星级单位称号。书香东城数字阅读平台获年度中国图书馆学会颁发阅读推广优秀奖。2019年，图书馆文献总藏量77.8万册（件），总流通人数84万人次，外借书刊36.6万册次，组织各类读者活动418场，5.3万人次参与。书香东城全民阅读数字平台访问量282.7万次，数字图书下载量18.8万次，听书下载量19.48万次。

（张晓丽）

【东城区第二图书馆】东城区第二图书馆设火神庙外借处、左安门借阅处、正仁大厦六层临时办公点3处，以及分馆角楼图书馆，下辖7个街道图书馆和79个社区图书馆（室），366个送书点。2019年，新办读者证1264个，其中成人证579个，少儿证616个，集体证69个。加工分编图书2.5万册，报纸45种，期刊256种，馆藏图书总量81万余册。接待读者总量23.1万人次，图书外借总量19.1万册次，集体送书29次计1.77万册，举办活动530次，参与8.9万人次。结合“我和我的祖国”“我们的节日”“世界读书日”“不忘初心、牢记使命”等主题，举办新春送福、猜灯谜、展览、读者阅读需求调研问卷、走进社区送文化大餐、南城往事、法律咨询、诗歌朗诵会、诵读大赛等活动。助力东城100领读人计划，与东城区妇联领读人团队合作，开展以家庭和睦为主题的系列读书会。定期开展文化志愿服务，举办法律咨询19场，为北京市残疾儿童定点康复机构阳光路公益活动服务中心提供志愿帮扶服务7次。举办第二届全球华语朗诵大赛暨第五届“曹灿杯”青少年朗诵展示活动。开展阅读活动进社区、进校园、进部队、进企事业单位，让更多人参与阅读，感受阅读魅力、汲取书籍力量。编辑出版《北京往事之“角图早读”》。微信公众服务号更新电子图书3万册、音视频4000余集，丰富数字资源。将100台智能听书机激活、拷贝数据，交付区残联使用。获北京市红领巾读书活动优秀组织奖。

（张晓丽）

文化活动

【概况】2019年，区文旅局组织开展庆祝中华人民共和国成立70周年联欢、游园活动、世园会东城周、传统节日、重大节日演出、东城区群众文化展演季、百姓周末大舞台、送演出到基层、精品演出、对口帮扶、京津冀区域文化交流、文化联动及春雨工程边疆行等活动。与首都文明办等单位联合举办端午文化节活动。7月30—31日举办2场庆“八一”慰问演出。区文旅局采取菜单式管理、订单式服务方式，选取8支在东城区注册的民办非企团队，为街道社区居民提供52场文化演出。购买话剧《莲花》，芭蕾舞《仙女们》《天方夜谭》，俄罗斯红旗歌舞团2019巡演北京站等各类演出11场、门票1510张，丰富人民群众精神文化生活，满足文化专业干部观摩学习需求。区文旅局邀请多位艺术家组成演出团，赴张家口市崇礼区，举办东城崇礼文化手拉手曲艺名家名段专场演出，加强崇礼区文化惠民工作，助力2020年冬奥会。赴内蒙古乌兰察布市化德县开展文化帮扶工作。组织2批次文艺工作者、非遗产传承人以及书画家等赴海南省三沙市和广西壮族自治区防城港

10月2日，“普天同庆 共筑中国梦”主题展演（区文旅局提供）

市、北海市进行文化交流。

（宋景琳）

【国庆联欢晚会】10月1日晚，中华人民共和国成立70周年联欢晚会在天安门广场举行，东城区群众联欢区块位于主舞台东侧。以幸福生活为主题，通过队形变换和表演展现出万家灯火、阖家欢乐、千家万户一片幸福和谐的景象。区文旅局负责联欢活动的群众组织、节目编排、集中排练等。参加联欢活动的包含老、中、青各年龄段市民，特色人群包括首都和谐家庭、少先队员、三好学生代表，以及金帆艺术团、社区特色舞蹈团队和老年模特队等。

（宋景琳）

【国庆游园活动】区文旅局负责国庆游园活动中的文艺演出和文化互动，以“普天同庆 共筑中国梦”为主题，按照隆重热烈、喜庆祥和、安全有序、勤俭节约、注重效果工作要求，通过舞台文艺演出、非遗项目展示互动、京剧主题展演、少儿阅读等文化活动，展现70年取得的伟大成就。活动在天坛、地坛、龙潭、柳荫公园进行。10月2日，全天演出10场、文化互动10场，服务观众游客1.16万人次。

（宋景琳）

【世园会东城周活动】7月9日，区文旅局带领文艺演出及文化互动团队，赴延庆区举办2019年北京世界园艺博览会“京韵炫彩——北京民间艺术荟萃 ”之“民间艺术·艺韵东城”活动。“东城周”期间，杂技团队表演柔术、肩上芭蕾、高车踢碗、集体造型等节目。曲艺团队表演快板、相声、京韵大鼓、双簧、口技节目。东城区区级非遗传承人29人开展“工艺美术，匠心东城”展示和互动活动，其中包括玉雕、料器、绢花、面人、雕漆等15个国家级和北京市级非遗项目。7月9—16日，世园会“东城周”为观众奉献16场曲艺演出、16场杂技演出，8场舞龙舞狮和踩高跷行进表演，吸引观众和游客5万余人次。

（宋景琳）

【2019年地坛龙潭庙会】地坛庙会设置全国优秀民间花会展演、吉舞祥歌、欢歌笑语、河北杂技4个文艺演出舞台，有辽宁盖州高跷秧歌、山西太重鼓乐、河北井陉拉花、浙江嘉兴平湖伞舞等8支非物质文化遗产队伍演出近100场。龙潭春节文化庙会设置花会舞台、河北杂技舞台、天津曲艺舞台、笑语欢歌舞台4项文艺演出。吉林延吉象帽舞、河南原阳盘鼓等8支来自全国各地的民间花会团队表演精彩节目。

（宋景琳）

【2019永定门灯光秀】2月19日元宵节，以“福满京城 春贺神州”为主题，在永定门公园举办东城区2019永定门创意灯光秀，展出18组大型民俗立体灯饰。1.1万余人次观看。

（宋景琳）

【欢度中秋】9月13日，“月圆京城，情系中华”2019东城区中秋节文艺演出在北京喜剧院举办，学生代表、部队官兵代表、劳模代表、环卫工人代表、社区群众代表1000余人观看。中秋当晚在明城墙遗址公园举办中秋诗会。

（宋景琳）

【新年音乐会】12月30日,东城区2020新年音乐会在北京喜剧院奏响，驻区中央单位代表、企事业单位代表、劳模代表、国庆筹备和服务保障人员代表、部队官兵、中小学生、环卫工人以及来自辖区17个街道的社区群众近1000人一同观看演出。

（宋景琳）

【群众文化展演季】7月10日，2019东城区群众文化展演季在玉蜓公园市民文化广场开幕。展演季以庆祝中华人民共和国成立70周年“我和我的祖国”为主题，观众1000人观看歌舞《新时代动起来》、音乐快板《辉煌七十年》、小品《欢乐时光》、歌曲《我爱你中国》等节目。10月31日，举办展演季闭幕式暨东城区街道文艺团队优秀节目会演。活动为期3个月，举办各类文化活动160项、1000余场次，参与演出人员近1万人，累计服务群众4万余人次。

（宋景琳）

【百姓周末大舞台】4月至10月的每个周末，地坛公园和玉蜓公园均有文艺节目上演，演出团体有北京曲艺团、中国杂技团、北京市河北梆子剧团等专业艺术表演团体，有综艺节目、折子戏、儿童剧、杂技专场等，演出100场，累计吸引观众3万余人次。

（宋景琳）

【京津冀文化交流】11月7日，举办“成兆才杯”京津冀评剧票友大赛。11月29日至12月1日，区文旅局组织景泰蓝、雕漆、玉雕非遗项目传承人，到天津市南开区参加“魅力京津冀 相约在南开”——天津市南开区第五届民俗文化博览节，与天津市、河北省的非遗项目开展展示互动活动。

（宋景琳）

戏剧东城

【概况】2019年，东城区有演出剧场37家，演出团体79家，演出经纪机构260家，全年演出5416场，吸引观众196.5万人次，票房收入3.06亿元。区文旅局扶持《跑吧，儿子》《男保姆》等原创剧目7部，演出55场，发放1万张惠民演出票。举办戏剧东城·2019南锣鼓巷戏剧展演季、第九届中国儿童戏剧节、第十二届北京国际青年戏剧节、2019北京喜剧艺术节、戏剧东城·第三届全国话剧展演季等品牌活动。组织10期戏剧开讲、10期戏剧大课堂、36期戏剧体验、戏剧普及一帮一等戏剧普及活动，近5000人参加。

（杨 虹）

【第二届隆福戏剧月】2月13日在隆福剧场开幕，持续2个月，分为邀演单元、展演单元、大学生小剧场、戏剧沙龙4个单元，征集戏剧作品近200部，入选《命中注定》《蒋公的面子》《安德鲁与多莉尼》等51部，举办戏剧沙龙活动7项。

（马 赫）

【南锣鼓巷戏剧展演季】5月20日开幕，以戏剧即生活为主题，持续近4个月，分为原创剧目、邀演剧目、环境戏剧3个板块。7部2019东城故事原创剧目与20部邀演剧目共演出64场，发放公益票和惠民票8000余张。环境戏剧板块在青年湖公园、77文创园和角楼图书馆分别上演，24个戏剧经典片段和10场戏剧互动游戏吸引近600人参与。

（马 赫）

5月20日，南锣鼓巷戏剧展演季于中戏实验剧场开幕
（区文旅局提供）

【第九届中国儿童戏剧节】7月6日至8月11日在北京举办，以“让戏剧走进孩子的生活”为主题，上演14个国家和地区的56部剧目，191场演出，惠及16万观众。首次举办中外儿童戏剧夏令营。

（马 赫）

【国际青年戏剧节】11月1日，第十二届国际青年戏剧节在国家话剧院开幕，演出《安娜·卡列尼娜》。本届青戏节以未来、创意、希望、梦想为关键词，20部剧目演出50场，戏剧节期间举办戏剧工作坊、朗读会、48小时V戏剧等活动。

（马 赫）

【第九届北京喜剧艺术节】10月16日在北京喜剧院开幕，持续3个月，以弘扬、传承、创新为主题，是展演剧目类型最多的一届，《戏台》《老宅》《水曜日》等10部剧目演出45场，举办多场媒体发布会、亲子互动坊、主创见面会等互动活动。

（马 赫）

【第三届全国话剧展演季】11月13日在首都剧场开幕，上演东城原创剧目“红马甲”。展演季以“戏剧·城市·未来”为主题，持续至年底，分为不忘初心、美好生活、东城原创、特别邀约4个板块，在首都剧场、北京喜剧院等8家剧场，集中展演来自全国11个省市的23部优秀剧目。11月20日，举办戏剧东城之第三届全国话剧展演季国际戏剧文化高端对话，戏剧节组委会成员、戏剧艺术家、中青年戏剧领军人物代表、城市规划发展领域专家学者以及媒体代表，聚焦未来戏剧街区建设与文化产业的合力构建。

（马 赫）

【戏剧进基层】10月10日至11月3日，在隆福剧场、国话先锋剧场上演9部东城故事原创剧目和7部经典传统戏曲26场。

（马 赫）

【天津展演】10月31日至12月18日，东城区文旅局与天津北方演艺集团共同举办戏剧东城之2019东城故事原创剧目天津展演，《跑吧，儿子》《男保姆》《可说呢》《老丁头的安居生活》《最美的时光》5部剧目演出10场。

（马　赫）

【戏剧开讲】东城区文旅局与北京人艺连续举办4年，2019年在人艺菊隐剧场开讲，邀请罗锦鳞、方旭、杨乾武、顾威等业内专家进行专题讲座10期，戏迷1000余人次参与。

（马　赫）

【戏剧大课堂】2019年，区文旅局与区总工会、东四工人文化宫联合举办，以泛戏剧范畴的文化普及为核心内容，在隆福剧场邀请戏剧行业专家、专业团队、从业人员与戏剧爱好者交流分享。全年举办戏剧大课堂10期，1500余人次参与。

（马　赫）

【戏剧零基础体验课】2019年，戏剧体验课每周四晚在东城区第一文化馆举办，有互动创作课、台词发声课、剧本朗读排练、表演技巧学习、经典剧目片段、暑期亲子戏剧体验等课程，38期活动约2000人参与。

（马　赫）

【戏剧一帮一普及成果展演】12月19日，2019东城区戏剧普及成果展演暨2019戏剧东城蓝皮书发布会在77剧场举行，成果展演活动由东城区戏剧建设促进委员会主办、东城区演出行业协会承办，5天时间集中展演26个帮学对子创排演的26部百姓故事，业余演员200余人登上戏剧舞台，3万余人次参与线上投票。

（马　赫）

文化市场监管

【概况】2019年，全区有网吧35家、娱乐场所39家、电影放映单位17家、演出场所经营单位23家、实体在经营图书音像店111家、印刷厂22家、卫星地面接收持证单位66家、网络文化经营单位66家、普通登记文保单位53家。区文旅局落实文化市场监管职责，全年出动执法人员近6000人次，检查场所2500余家次、不可移动文物280余家次。行政执法立案259起，结案250起，罚没款18.35万元，同比增长102%，没收非法出版物37本，参加街道吹哨、部门联合检查等200余次。《中国文化报》发表“北京东城：健全文化市场综合执法运行机制”特别报道；《北京日报》以“加强对演出场所监管，确保每场演出能提供视频”为题，宣传东城区演出市场监管经验。

（刘　星）

【文化市场综合执法大队成立】7月10日，组建成立东城区文化市场综合执法大队，有队员30人。执法大队整合区文化执法队职责以及旅游市场执法职责，为区委宣传部与区文旅局双重管理的行政执法机构。

（刘　星）

【事前约谈】2019年，对营业性演出活动及实体书店举办的签售、交流等活动坚持事前约谈，做到关口前移。审核演出活动方的报批材料，对主办单位、主要演员等提出要求，做好现场监管，杜绝违法违规行为；对实体书店活动情况进行备案，掌握了解相关情况。全年共约谈演出单位131次，涉及剧目364个，演出1340场；收到23家实体书店344份备案材料，涉及活动344场。

（刘　星）

【非法宗教类出版物治理】2019年，区文旅局通过“三加强”，治理非法宗教类出版物。加强对雍和宫、国子监重点地区的执法检查和普法宣传；加强对宗教类出版物专营实体书店检查力度，确保书店经营资质合规、内容合法；加强对宗教类出版物的抽查，根据上级部门违禁出版物名单进行重点排查，并通过“扫黄打非”系统进行随机抽查。

（刘　星）

【非法卫星设施整治】2月，接到群众举报反映辖区某住宅小区楼顶涉嫌存在非法卫星接收设施，经执法人员调查取证，多方沟通，最终采用公告途径对本案进行处理，拆除非法设施。2019年，区文旅局加大卫星接收设施使用情况巡查力度，排查三星及三星级以下宾馆、饭店的电视信号，纳入监管范围，监测排查“黑广播”。

（刘　星）

【净化网络空间】2019年，区文旅局在网络出版、网络游戏和网络音视频3个板块，重点监管政治性有害信息、淫秽色情、恐怖暴力等内容，日常监管与引导企业强化自审相结合。全年网络文化领域立案42起，结案42起，处罚金额2.1万元。

（刘　星）

文化遗产保护

【概况】2019年，全区有不可移动文物356处，其中国家级37处、市级69处、区级58处，尚未核定公布为文物保护单位的不可移动文物192处。区文旅局落实文物安全监管职责，坚持日常巡查与重点时段检查相结合，督促各文博单位履行安全保护主体责任。配合中轴线申遗，开展永定门、钟鼓楼、正阳桥疏渠记方碑等中轴主要节点保护及展示利用。

（朱亚齐）

【文物保护修缮】2019年，区文旅局推进完成花市火神庙围墙地基加固、庐陵会馆修缮、万庆当铺旧址墙体修缮工程。推进开展中法大学修缮、观音阁修缮、袁崇焕墓和祠修缮、芜湖会馆修缮、肖公庙迁建、长巷头条13号湖北会馆迁建、东堂子胡同4、6号近代建筑修缮、广东韶州会馆修缮、奋章胡同53号修缮、关帝高庙修缮等工程。

（朱亚齐）

【中轴线申遗】2019年，区文旅局配合中轴线申遗专项工作，完成中轴线南段重要标志性文物正阳桥疏渠记方碑石质结构安全状况无损检测；完成北京钟楼、鼓楼主体建筑安全结构稳定性专项技术检测；推进皇史宬、宏恩观等文物腾退项目。

（朱亚齐）

【依法保障文物安全】2019年，区文旅局处理市级部门文物安全与执法案件督查、东城区网格中心、群众信访等部门转来举报案件11件。

（朱亚齐）

10月2日，区文旅局在天坛、地坛、龙谭公园举办群众文化活动（区文旅局提供）

表25 2019年东城区文物保护单位一览表

编号		名称	地址及位置	级别	公布时间	类别		年代
总编号	子编号					大类	子类	
1		正阳门	天安门广场南侧	国家级	1988：全国三批	古建筑	城垣城楼	明
2		北京城东南角楼	崇文门东大街9号	国家级	1982：全国二批	古建筑	城垣城楼	明
3		北京大学红楼	五四大街29号	国家级	1961：全国一批	近现代重要史迹及代表性建筑	文化教育建筑及附属物	1918年
4		天安门	天安门广场北	国家级	1961：全国一批	古建筑	城垣城楼	明
5		人民英雄纪念碑	天安门广场内	国家级	1961：全国一批	近现代重要史迹及代表性建筑	烈士墓及纪念设施	1958年
6		北京故宫	景山前街4号	国家级	1961：全国一批	古建筑	宫殿府邸	明、清
7		天坛	永定门内大街东侧	国家级	1961：全国一批	古建筑	坛庙祠堂	明
8		智化寺	禄米仓胡同5号	国家级	1961：全国一批	古建筑	寺观塔幢	明
9	1	袁崇焕墓和祠	东花市斜街50、52号	国家级	2006：全国六批	古墓葬	名人或贵族墓	明、清
	2	袁崇焕庙	龙潭路8号龙潭公园内	国家级	2006：全国六批	古建筑	坛庙祠堂	1917年
10		国子监	国子监街15号	国家级	1961：全国一批	古建筑	其他古建筑	清

续表25

编号		名称	地址及位置	级别	公布时间	类别		年代
总编号	子编号					大类	子类	
11		北京孔庙	国子监街13号	国家级	1988：全国三批	古建筑	坛庙祠堂	元至清
12		雍和宫	雍和宫大街12号	国家级	1961：全国一批	古建筑	寺观塔幢	清
13		皇史宬	南池子大街136号	国家级	1982：全国二批	古建筑	坛庙祠堂	明
14		古观象台	东裱褙胡同2号	国家级	1982：全国二批	古建筑	亭台楼阙	明
15		太庙	天安门东侧	国家级	1988：全国三批	古建筑	坛庙祠堂	明、清
16		社稷坛	天安门西侧，今中山公园内	国家级	1988：全国三批	古建筑	坛庙祠堂	明、清
17		崇礼住宅	东四六条63、65号	国家级	1988：全国三批	古建筑	宅第民居	清
18		北京鼓楼、钟楼	钟楼湾临字9号	国家级	1996：全国四批	古建筑	城垣城楼	明、清
19		可园	帽儿胡同7、9、11、13号	国家级	2001：全国五批	古建筑	宅第民居	清
20		孚王府	朝阳门内大街137号	国家级	2001：全国五批	古建筑	宫殿府邸	清
21	1	东交民巷使馆建筑群——奥地利使馆旧址	台基厂社区台基厂头条3号	国家级	2001：全国五批	近现代重要史迹及代表性建筑	重要历史事件和重要机构旧址	20世纪初
	2	东交民巷使馆建筑群——比利时使馆旧址	崇文门西大街9号	国家级	2001．全国五批	近现代重要史迹及代表性建筑	重要历史事件和重要机构旧址	1866年
	3	东交民巷使馆建筑群——东方汇理银行旧址	东交民巷34号	国家级	2001：全国五批	近现代重要史迹及代表性建筑	金融商贸建筑	1917年
	4	东交民巷使馆建筑群——法国使馆旧址	东交民巷15号	国家级	2001：全国五批	近现代重要史迹及代表性建筑	重要历史事件和重要机构旧址	1861年
	5	东交民巷使馆建筑群——花旗银行旧址	东交民巷36号	国家级	2001：全国五批	近现代重要史迹及代表性建筑	金融商贸建筑	1914年
	6	东交民巷使馆建筑群——日本公使馆旧址	东交民巷21、23号	国家级	2001：全国五批	近现代重要史迹及代表性建筑	重要历史事件和重要机构旧址	1885年

续表25

编号		名称	地址及位置	级别	公布时间	类别		年代
总编号	子编号					大类	子类	
21	7	东交民巷使馆建筑群——日本使馆旧址	正义路2号	国家级	2001：全国五批	近现代重要史迹及代表性建筑	重要历史事件和重要机构旧址	清
	8	东交民巷使馆建筑群——意大利使馆旧址	台基厂大街1号	国家级	2001：全国五批	近现代重要史迹及代表性建筑	重要历史事件和重要机构旧址	1901年
	9	东交民巷使馆建筑群——英国使馆旧址	东长安街14号	国家级	2001：全国五批	近现代重要史迹及代表性建筑	重要历史事件和重要机构旧址	1861年
	10	东交民巷使馆建筑群——正金银行旧址	正义路甲4号	国家级	2001：全国五批	近现代重要史迹及代表性建筑	金融商贸建筑	1910年
	11	东交民巷使馆建筑群——法国兵营旧址	台基厂三条3、5号	国家级	2001：全国五批	近现代重要史迹及代表性建筑	军事建筑及设施	20世纪初
	12	东交民巷使馆建筑群——国际俱乐部旧址	台基厂大街8号	国家级	2001：全国五批	近现代重要史迹及代表性建筑	重要历史事件和重要机构旧址	1912年
	13	东交民巷使馆建筑群——淳亲王府旧址	东长安街14号	国家级	2001：全国五批	古建筑	宫殿府邸	清
	14	东交民巷使馆建筑群——圣米厄尔教堂	东交民巷甲13号	国家级	2019：全国八批	近现代重要史迹及代表性建筑	宗教建筑	1904年
22		柏林寺	戏楼胡同1号	国家级	2006：全国六批	古建筑	寺观塔幢	元至清
23		地坛	安定门外大街东侧	国家级	2006：全国六批	古建筑	苑囿园林	明、清
24		京师大学堂分科大学旧址	安德里北街21号	国家级	2006：全国六批	近现代重要史迹及代表性建筑	文化教育建筑及附属物	20世纪初
25		清陆军部和海军部旧址	张自忠路3号	国家级	2006：全国六批	近现代重要史迹及代表性建筑	军事建筑及设施	清
26		孙中山行馆	张自忠路23号	国家级	2006：全国六批	近现代重要史迹及代表性建筑	重要历史事件纪念地或纪念设施	民国
27		协和医学院旧址	帅府园胡同1号	国家级	2006：全国六批	近现代重要史迹及代表性建筑	医疗卫生建筑	1904—1928年

续表25

编号		名称	地址及位置	级别	公布时间	类别		年代
总编号	子编号					大类	子类	
28		亚斯立堂	后沟胡同丁2号	国家级	2006：全国六批	近现代重要史迹及代表性建筑	宗教建筑	1909年
29	1	明北京城城墙遗存——明北京城墙遗迹	崇文门东顺成街	国家级	2013：全国七批	古遗址	城址	明
	2	明北京城城墙遗存——左安门值房	左安门内大街东南端	国家级	2013：全国七批	古建筑	城垣城楼	明
30		文天祥祠	府学胡同63号	国家级	2013：全国七批	古建筑	坛庙祠堂	明
31		普度寺	普庆前巷35号	国家级	2013：全国七批	古建筑	寺观塔幢	清
32	1	大运河——南新仓	东四十条22号	国家级	2013：全国七批	古建筑	其他古建筑	明
	2	大运河——玉河故道	东不压桥胡同南口至帽儿胡同西口	国家级	2013：全国七批	古遗址	水利设施遗址	元代
33		东堂	王府井大街74号	国家级	2013：全国七批	近现代重要史迹及代表性建筑	宗教建筑	1904年
34		基督教中华圣经会北京分会旧址	东单北大街21号	国家级	2013：全国七批	近现代重要史迹及代表性建筑	宗教建筑	1928年
35		北京大学地质学馆旧址	沙滩北街15号	国家级	2013：全国七批	近现代重要史迹及代表性建筑	文化教育建筑及附属物	1935年
36		智珠寺	嵩祝院胡同23号	国家级	2019：全国八批	古建筑	寺观塔幢	清
37		北京站	建国门大街南侧	国家级	2019：全国八批	近现代重要史迹及代表性建筑	交通道路设施	1959年
38		京奉铁路正阳门东车站旧址	前门大街东侧	市级	2001：北京六批	近现代重要史迹及代表性建筑	交通道路设施	1903年
39		福建汀州会馆北馆	长巷二条48号	市级	1984：北京三批	古建筑	驿站会馆	明
40		阳平会馆戏楼	小江胡同36号	市级	1984：北京三批	古建筑	驿站会馆	清
41		崇文区新开路二十号四合院	新革路20号	市级	1984：北京三批	近现代重要史迹及代表性建筑	传统民居	民国
42		花市火神庙	西花市大街113号	市级	2003：北京七批	古建筑	寺观塔幢	明

续表25

编号		名称	地址及位置	级别	公布时间	类别		年代
总编号	子编号					大类	子类	
43		隆安寺	白桥大街南里1、3号	市级	1984：北京三批	古建筑	寺观塔幢	明
44		金台书院	东晓市街203号	市级	1984：北京三批	古建筑	学堂书院	清
45		正阳桥疏渠记方碑	红庙街78号	市级	1984：北京三批	石窟寺及石刻	碑刻	清
46		燕墩	永定门外铁路桥西侧（原地址为永外大街31号）	市级	1984：北京三批	石窟寺及石刻	碑刻	清
47		毛主席纪念堂	天安门广场中轴线的南部	市级	1979：北京二批	近现代重要史迹及代表性建筑	重要历史事件纪念地或纪念设施	1977年
48		毛主席故居	吉安所左巷8号	市级	1979：北京二批	近现代重要史迹及代表性建筑	名人故、旧居	民国
49		东四清真寺	东四南大街13号	市级	1984：北京三批	古建筑	寺观塔幢	明
50		嵩祝寺	北河沿大街25号、嵩祝寺北巷4、6号	市级	1984：北京三批	古建筑	寺观塔幢	清
51		宣仁庙	北池子大街2号	市级	1984：北京三批	古建筑	坛庙祠堂	清
52		凝和庙	北池子大街46号	市级	1984：北京三批	古建筑	坛庙祠堂	清
53		和敬公主府	张自忠路7号	市级	1984：北京三批	古建筑	宫殿府邸	清
54		于谦祠	西裱褙胡同21、23号	市级	1984：北京三批	古建筑	坛庙祠堂	清
55		老舍故居	丰富胡同19号	市级	1984：北京三批	近现代重要史迹及代表性建筑	名人故、旧居	1949年
56		茅盾故居	后圆恩寺胡同13号	市级	1984：北京三批	近现代重要史迹及代表性建筑	名人故、旧居	1974年
57		旧宅院	帽儿胡同35、37号	市级	1984：北京三批	古建筑	宅第民居	清
58		礼士胡同129号四合院	礼士胡同129号	市级	1984：北京三批	近现代重要史迹及代表性建筑	传统民居	民国
59		内务部街11号四合院	内务部街11号	市级	1984：北京三批	古建筑	宅第民居	清

续表25

编号		名称	地址及位置	级别	公布时间	类别		年代
总编号	子编号					大类	子类	
60		圆恩寺后街7号、9号四合院	后圆恩寺胡同7号、9号	市级	1984：北京三批	近现代重要史迹及代表性建筑	其他近现代重要史迹及代表性建筑	民国
61		国祥胡同2号四合院	国祥胡同甲2号	市级	1984：北京三批	古建筑	宫殿府邸	清
62		方家胡同13、15号四合院	方家胡同13号、15号	市级	1984：北京三批	古建筑	宫殿府邸	清
63		府学胡同36号四合院	府学胡同36号，交道口南大街136号	市级	1984：北京三批	古建筑	宅第民居	清
64		国子监街	国子监街	市级	1984：北京三批	古建筑	其他古建筑	清
65		北新仓	北新仓胡同甲16号	市级	1984：北京三批	古建筑	其他古建筑	明
66		禄米仓	禄米仓胡同71、73号	市级	1984：北京三批	古建筑	其他古建筑	明
67		原中法大学	东黄城根北街甲20号	市级	1984：北京三批	近现代重要史迹及代表性建筑	文化教育建筑及附属物	20世纪30年代
68		顺天府学	府学胡同65号	市级	1984：北京三批	古建筑	坛庙祠堂	清
69		京师大学堂建筑遗存	沙滩后街55、59号	市级	1990：北京四批	古建筑	学堂书院	清
70		大慈延福宫建筑遗存	朝阳门内大街223号	市级	1990：北京四批	古建筑	寺观塔幢	清
71		西堂子胡同25-37号四合院	西堂子胡同25、29、31、33、35号	市级	1990：北京四批	古建筑	宅第民居	清
72		北京饭店初期建筑	东长安街33号	市级	1990：北京四批	近现代重要史迹及代表性建筑	金融商贸建筑	1917年
73		军调部1946年中共代表团驻地	南河沿大街1号	市级	1995：北京五批	近现代重要史迹及代表性建筑	重要历史事件和重要机构旧址	1946年
74		孑民堂	北河沿大街83号	市级	1995：北京五批	近现代重要史迹及代表性建筑	重要历史事件纪念地或纪念设施	1947年
75		法国邮政局旧址	东交民巷19号	市级	1995：北京五批	近现代重要史迹及代表性建筑	其他近现代重要史迹及代表性建筑	1910年

续表25

编号		名称	地址及位置	级别	公布时间	类别		年代
总编号	子编号					大类	子类	
76		美国使馆旧址	前门东大街23号	市级	1995：北京五批	近现代重要史迹及代表性建筑	重要历史事件和重要机构旧址	1903年
77		荷兰使馆旧址	前门东大街11号	市级	1995：北京五批	近现代重要史迹及代表性建筑	重要历史事件和重要机构旧址	1909年
78		帽儿胡同5号四合院	帽儿胡同5号	市级	2001：北京六批	古建筑	宅第民居	清
79		美术馆东街25号四合院	美术馆东街25号	市级	2001：北京六批	近现代重要史迹及代表性建筑	传统民居	清
80		东棉花胡同15号院及拱门砖雕	东棉花胡同15号	市级	2001：北京六批	古建筑	宅第民居	民国
81		前鼓楼苑胡同7、9号四合院	前鼓楼苑胡同7号	市级	2001：北京六批	古建筑	宅第民居	清
82		鼓楼东大街255号四合院	鼓楼东大街255号	市级	2001：北京六批	近现代重要史迹及代表性建筑	传统民居	民国
83		宁郡王府	北极阁三条69、71号，新开路胡同92、94、96、98、100号	市级	2001：北京六批	古建筑	宫殿府邸	清
84		陈独秀旧居	箭杆胡同20号	市级	2001：北京六批	近现代重要史迹及代表性建筑	名人故旧居	民国
85		皇城墙遗址东城段	菖蒲河社区长安街、景山东街等地	市级	2003：北京七批	古建筑	城垣城楼	明
86		黑芝麻胡同13号四合院	黑芝麻胡同13号	市级	2003：北京七批	古建筑	宅第民居	清
87		绮园花园	秦老胡同35号	市级	2003：北京七批	古建筑	宅第民居	清
88		前永康胡同7号四合院	前永康胡同7号	市级	2003：北京七批	近现代重要史迹及代表性建筑	传统民居	清
89		僧王府	位于炒豆胡同73、75、77号，南锣鼓巷110-1、110-2号，板厂胡同30、32、34号	市级	2003：北京七批	古建筑	宫殿府邸	清
90		总理各国事务衙门建筑遗存	东堂子胡同49号	市级	2003：北京七批	古建筑	衙署官邸	清
91		恒亲王府	朝阳门内大街55号	市级	2003：北京七批	古建筑	宫殿府邸	清

续表25

编号		名称	地址及位置	级别	公布时间	类别		年代
总编号	子编号					大类	子类	
92		沙井胡同15号四合院	沙井胡同15号	市级	2003：北京七批	古建筑	宅第民居	清
93		原麦加利银行	东交民巷39号	市级	2003：北京七批	近现代重要史迹及代表性建筑	金融商贸建筑	1919年
94		协和医院住宅群	外交部街59号，北极阁三条26号	市级	2003：北京七批	近现代重要史迹及代表性建筑	典型风格建筑或构筑物	20世纪20年代
95		北京大学女生宿舍	沙滩北街乙2号	市级	2003：北京七批	近现代重要史迹及代表性建筑	文化教育建筑及附属物	1935年
96		东黄城根南街32号宅院	东黄城根南街32号	市级	2011：北京八批	古建筑	宅第民居	清
97		大清邮政总局旧址	小报房胡同7号	市级	2011：北京八批	古建筑	衙署官邸	清
98		史家胡同51、53、55号宅院	史家胡同51、53、55号，内务部街44、甲44号	市级	2011：北京八批	古建筑	宅第民居	清
99		顺天府大堂	东公街9号	市级	2011：北京八批	古建筑	衙署官邸	清
100		魏家胡同18号宅院	魏家胡同18号、小细管胡同15号	市级	2011：北京八批	近现代重要史迹及代表性建筑	传统民居	1919年
101		全聚德烤鸭店门面	前门大街30号	市级	2011：北京八批	近现代重要史迹及代表性建筑	中华老字号	清
102		北平电话北局旧址	东黄城根北街14号	市级	2011：北京八批	近现代重要史迹及代表性建筑	工业建筑及附属物	1938年
103		欧美同学会	南河沿大街111号	市级	2011：北京八批	近现代重要史迹及代表性建筑	重要历史事件和重要机构旧址	民国
104		蔡元培故居	东堂子胡同75号	市级	2011：北京八批	近现代重要史迹及代表性建筑	名人故、旧居	民国
105		北总布胡同2号宅院	北总布胡同2号	市级	2011：北京八批	近现代重要史迹及代表性建筑	名人故、旧居	1918年
106		清末自来水厂旧址	香河园大街3号	市级	2011：北京八批	近现代重要史迹及代表性建筑	工业建筑及附属物	1908年

续表25

编号		名称	地址及位置	级别	公布时间	类别		年代
总编号	子编号					大类	子类	
107		兴隆街四合院	东兴隆街52号	区级	1984：崇文一批	古建筑	宫殿府邸	清
108		奋章胡同四合院	奋章胡同53号	区级	1989：崇文二批	古建筑	宅第民居	清
109		花市清真寺	西花市大街80号	区级	1984：崇文一批	古建筑	寺观塔幢	明
110		药王庙	东晓市街101号	区级	1989：崇文二批	古建筑	寺观塔幢	明
111		法华寺	法华寺街65、67、69号，法华寺东街甲17号	区级	1989：崇文二批	古建筑	寺观塔幢	清
112		南岗子天主堂	永生巷6号	区级	1989：崇文二批	近现代重要史迹及代表性建筑	宗教建筑	民国
113		三一八烈士纪念碑	培新街6号	区级	1989：崇文二批	近现代重要史迹及代表性建筑	烈士墓及纪念设施	1926年
114		夕照寺	夕照寺中街13号	区级	1984：崇文一批	古建筑	寺观塔幢	明
115		安乐禅林	安乐林路63号	区级	1989：崇文二批	古建筑	寺观塔幢	明、清
116		杨昌济故居	豆腐池胡同15号	区级	1984：东城一批	近现代重要史迹及代表性建筑	名人故、旧居	民国
117		通教寺	针线胡同19号	区级	1984：东城一批	古建筑	寺观塔幢	清
118		惠王府	富强胡同3号，灯市口西街5号	区级	1984：东城一批	古建筑	宫殿府邸	清
119		吉安所	吉安所右巷10号	区级	1984：东城一批	古建筑	坛庙祠堂	清
120		朱启钤宅	赵堂子胡同3号	区级	1984：东城一批	近现代重要史迹及代表性建筑	名人故、旧居	民国
121		段祺瑞宅	仓南胡同5号	区级	1984：东城一批	近现代重要史迹及代表性建筑	名人故、旧居	民国
122		东总布胡同53号宅院	东总布胡同53号	区级	1986：东城二批	近现代重要史迹及代表性建筑	传统民居	20世纪30年代

续表25

编号		名称	地址及位置	级别	公布时间	类别		年代
总编号	子编号					大类	子类	
123		北沟沿胡同23号宅院	北沟沿胡同23号	区级	1986：东城二批	古建筑	宅第民居	民国
124		旧宅院（荣禄宅）	菊儿胡同3号、寿比胡同6号	区级	1986：东城二批	古建筑	宅第民居	清
125		僧格林沁祠堂	地安门东大街47号	区级	1986：东城二批	古建筑	坛庙祠堂	清
126		田汉故居	细管胡同9号	区级	1986：东城二批	近现代重要史迹及代表性建筑	名人故、旧居	1953年
127		欧阳予倩故居	张自忠路5号	区级	1986：东城二批	近现代重要史迹及代表性建筑	名人故、旧居	1949年
128		当铺旧址	门楼胡同3、5号	区级	1986：东城二批	近现代重要史迹及代表性建筑	金融商贸建筑	民国初年
129		黄米胡同四合院	黄米胡同5、7、9号，亮果厂6号	区级	1986：东城二批	古建筑	宅第民居	清
130		桂公府	芳嘉园胡同11号、新鲜胡同40、42号	区级	1986：东城二批	古建筑	宫殿府邸	清
131		雨儿胡同13号四合院	雨儿胡同13号	区级	1986：东城二批	古建筑	宅第民居	清
132		东四六条55号四合院	东四六条55号	区级	1986：东城二批	古建筑	宅第民居	清
133		东四四条5号四合院	东四四条5号	区级	1986：东城二批	古建筑	宅第民居	清
134		板厂胡同27号四合院	板厂胡同27号	区级	1986：东城二批	古建筑	宅第民居	清
135		东四八条71号四合院	东四八条71号	区级	1986：东城二批	古建筑	宅第民居	清
136		富强胡同6号、甲6号、23号四合院	富强胡同6号、甲6号、23号	区级	1986：东城二批	古建筑	宅第民居	清
137		什锦花园胡同19号四合院	什锦花园胡同19号	区级	1986：东城二批	古建筑	宅第民居	清
138		东直门外清真寺	东直门外察慈小区6号	区级	1986：东城二批	古建筑	寺观塔幢	清
139		东四五条55号四合院	东四五条55号	区级	1986：东城二批	古建筑	宅第民居	清
140		法华寺碑	多福巷32号、44号	区级	1986：东城二批	石窟寺及石刻	碑刻	清
141		傅恒征西川碑	现存于北京石刻艺术博物馆	区级	1986：东城二批	石窟寺及石刻	碑刻	清

续表25

编号		名称	地址及位置	级别	公布时间	类别		年代
总编号	子编号					大类	子类	
142		慧仙女校碑	现存于北京石刻艺术博物馆	区级	1986：东城二批	石窟寺及石刻	碑刻	清
143		文昌庙碑	帽儿胡同21号	区级	1986：东城二批	石窟寺及石刻	碑刻	清
144		（文昌帝君庙）皇帝敕谕碑	景阳胡同4号	区级	1986：东城二批	石窟寺及石刻	碑刻	清
145		慧照寺修建碑	东四十三条19号	区级	1986：东城二批	石窟寺及石刻	碑刻	明
146		宝和店碑	现存于北京石刻艺术博物馆	区级	1986：东城二批	石窟寺及石刻	碑刻	清
147		（成寿寺）皇帝敕谕碑	现存于钟鼓楼文物保管所	区级	1986：东城二批	石窟寺及石刻	碑刻	清
148		东安门遗址	东安门大街西口	区级	2009：东城三批	古遗址	城址	明
149		贝子宏昨府	大取灯胡同9号	区级	2009：东城三批	古建筑	宫殿府邸	清中期
150		承恩公志钧宅	大佛寺东街2、4、6号，美术馆后街44号	区级	2009：东城三批	古建筑	宅第民居	清
151		正白旗觉罗学建筑遗存	新鲜胡同36号	区级	2009：东城三批	古建筑	学堂书院	清
152		镶黄旗官学建筑遗存	后圆恩寺甲20号	区级	2009：东城三批	古建筑	学堂书院	清
153		莲园	红岩胡同甲19号，新鲜胡同18号	区级	2009：东城三批	古建筑	苑囿园林	清
154		宏恩观	张旺胡同2、4号，豆腐池胡同21、23号、甲23号，赵府街71号	区级	2009：东城三批	古建筑	寺观塔幢	清
155		翠花胡同27号四合院	翠花胡同27号	区级	2009：东城三批	近现代重要史迹及代表性建筑	重要历史事件和重要机构旧址	清
156		朝阳门内大街头条203号近代建筑群	朝阳门内大街头条203号	区级	2009：东城三批	近现代重要史迹及代表性建筑	文化教育建筑及附属物	20世纪20年代
157		朝阳门南小街439号近代建筑	朝阳门南小街439号	区级	2009：东城三批	近现代重要史迹及代表性建筑	名人故、旧居	民国
158		朝阳门内大街81号近代建筑	朝阳门内大街81号	区级	2009：东城三批	近现代重要史迹及代表性建筑	宗教建筑	20世纪20年代

续表25

编号		名称	地址及位置	级别	公布时间	类别		年代
总编号	子编号					大类	子类	
159		贝满女中建筑遗存	灯市口大街55号	区级	2009：东城三批	近现代重要史迹及代表性建筑	文化教育建筑及附属物	19世纪晚期至20世纪前期
160		同福夹道4号近代建筑	同福夹道4号	区级	2009：东城三批	近现代重要史迹及代表性建筑	名人故、旧居	民国
161		东堂子胡同4、6号近代建筑	东堂子胡同4、6号	区级	2009：东城三批	近现代重要史迹及代表性建筑	名人故、旧居	清
162		原北京大学图书馆	北河沿大街甲83号	区级	2009：东城三批	近现代重要史迹及代表性建筑	文化教育建筑及附属物	1934年
163		菊儿胡同7号近代建筑	菊儿胡同7号	区级	2009：东城三批	近现代重要史迹及代表性建筑	典型风格建筑或构筑物	民国
164		玉河庵	东不压桥北侧	区级	2009：东城三批	古建筑	坛庙祠堂	清

【东城区北京市历史文化保护区】

一、景山前街

该保护区位于故宫紫禁城筒子河与皇家园林景山之间，全长740米。明清时，景山与故宫之间建有北上门、北上东门、北上西门。1931年各门拆除辟路，划分三段：中为景山前街，东为景山东前街，西为三座门大街，1965年统一定名为景山前街。

二、景山后街

该保护区位于景山公园北侧，东起景山东街，西至景山西街，中与地安门内大街相连，全长482米。元代为大都御苑；明清为皇城。临街南侧古建筑是清乾隆年间所建寿皇殿，为清代皇家供奉先祖神像之所。街北东、西两侧是中华人民共和国成立后建设的办公楼，屋顶采用中国传统建筑坡屋顶形式，立面为传统建筑形式的装饰，与南侧景山相互呼应、衬托，形成对景，是保持古都历史风貌的范例。

三、景山东街

该保护区位于景山公园东侧，全长546米。街旁明代曾设有司礼监、都知监、印绫监等衙署。因西邻景山，清末称景山东大街，1956年定现名。街两侧绿树成荫。街东有清光绪二十四年（1898年）开办的中国第一所大学——京师大学堂。吉安所左巷8号是毛泽东1918年在北京时住过的地方。

四、五四大街

该保护区东起东四西大街，西至景山前街，全长740米。1965年曾定名汉花园大街，后改五四大街至今。街北侧为北京大学“红楼”。1919年5月4日的游行队伍，即从“红楼”北边的广场集合出发，1947年被命名为“民主广场”。陈独秀、李大钊、鲁迅、蔡元培、胡适等革命先辈和文化巨匠曾在此任教。中国共产党北京小组诞生于此。“红楼”内现保存李大钊工作室。“红楼”在中国近代史上具有重要的地位和作用。街东段北侧的中国美术馆是20世纪50年代著名的大型文化设施。现在“红楼”为新文化运动纪念馆。

五、南池子　六、东华门

该保护区位于北京皇城内，故宫东南侧，北起东华门大街，南至长安街，西临筒子河、劳动人民文化宫，东接东黄城根南街，总用地面积34.5公顷。该地区处于喧闹的王府井商业街与森严僻静的故宫城墙之间，独特的城市环境造成地段内具有传统风貌的居住街区的独特建筑环境。

七、北池子

该保护区紧邻紫禁城东侧，规划范围东以东黄城根南街为界，西以筒子河为界，北至五四大街，南邻东华门大街，东与东黄城根北街相连，总用地面积39.22公顷。该地区传统居住区的特色构成故宫一侧较为幽静的居住环境，其灰色宁静的形式更有益衬托、表现宫城的宏伟气度。就北京旧城整体而言，其低矮、平缓、匀质的建筑格局也是风貌构成的重要组成部分。

八、东交民巷

该保护区位于天安门东侧，东接崇文门内大街，南临前门东大街，西至天安门广场东侧，北面东长安街，总用地面积62.84公顷。该地区建筑多为西式风格。现以机关办公为主，兼有办公与居住的混合使用形态，在整体上保持了历史文化街区原有的异域风貌特色，在老城区的传统建筑文化基调中独显特质。

九、东四三至八条

该保护区位于朝阳门内大街以北、东四十条以南、东四北大街以东、朝阳门北小街以西。包括整个头条至九条广大地区，总用地面积65.70公顷。该地区是典型传统的四合院落为主的居住性成片街区，从“一进院”到“四进院”都有留存，风貌与质量相当完好，是展示传统四合院的极佳场所。

十、雍和宫－国子监

该保护区位于旧城东北部，西至安定门内大街、北至北二环、东至东直门北小街西侧的育树胡同、炮局头条、后永康北条、东城煤炭一厂和华侨饭店用地东边界、南至北新桥三条、方家胡同，总占地面积约74公顷。该地区是北京旧城内重要寺庙建筑和重要文物集中的街区，包括国子监、孔庙、国子监街、雍和宫、柏林寺等。

十一、南锣鼓巷

该保护区位于北京北中轴线东侧，四至为地安门外大街、平安大街、地安门东大街、鼓楼东大街，总用地面积83.8公顷，该地区是北京最老的街区之一。与元大都同期建成，现仍保持了传统的胡同结构和大量的传统四合院，是目前北京旧城保存最完整、四合院最集中的地区。

十二、北锣鼓巷

该保护区南至鼓楼东大街，北至车辇店、净土胡同，西至什刹海保护区东界，东至安定门内大街，总面积约45.27公顷。该地区与什刹海、南锣鼓巷、国子监三个历史文化保护区相邻，是皇城的重要背景，也是保护旧城整体风貌和沿中轴线对称格局不可缺少的地段。

十三、张自忠路北

该保护区南至张自忠路，北至香饵胡同，东至东四北大街、西至交道口南大街，总面积约为42.11公顷。该街区集中了和敬公主府、段祺瑞执政府旧址、孙中山逝世纪念地、欧阳予倩故居等多家文物保护单位。

十四、张自忠路南

该保护区南至钱粮胡同，北至张自忠路，东至东四北大街，西至美术馆后街，总用地面积约为62.81公顷。该区域处于皇城与东四三条至八条保护区之间，现有胡同格局完整，有马辉堂花园等文物保护单位。

十五、新太仓

该保护区南至东四十条，北至东直门内大街，东至东直门内南小街，西至东四北大街，总用地面积约为56.88公顷。该区域现有胡同格局完整，有梁启超旧居、当铺遗址区级文物保护单位。

十六、东四南

该保护区南至干面胡同，北至前炒面胡同，东至朝内南小街，西至东四南大街，总面积约为34.32公顷。该区域是以典型传统的四合院落为主的居住性成片街区，风貌与质量相当完好，是展示传统四合院的极佳场所。现有礼士胡同129号院，内务部街11号院，史家胡同51、53、55号四合院等文物保护单位。

十七、皇城

是北京旧城整体保护的重点区域，包括景山地区、北池子、南池子。内含紫禁城、太庙、社稷坛、北海、中南海及第一批历史文化保护区，占地面积约6.8平方公里。

十八、鲜鱼口

该保护区西至前门大街，北至西打磨厂、长巷四条、西兴隆街，东至草场十条，南至薛家湾胡同、北芦草园胡同、青云胡同、得丰东巷、得丰西巷、小席胡同、大席胡同。规划用地为36.25公顷，净用地面积为32.47公顷，现状总建筑面积为26.5万平方米（不含私搭乱建的建筑），规划总建筑面积为44.5万平方米。鲜鱼口地区主要是以居住功能为主的街区，居住用地面积26.81公顷，占整个保护区的73.96%。

十九、什刹海(钟鼓楼属此片,东城占半片）

该保护区位于北京旧城中轴线北部，属东城区的部分四至为草厂胡同一线以西、旧鼓楼大街以东、鼓楼东大街以北、北二环以南，总用地面积26.96公顷。

（刘晶伟）

表26

2019年东城区国家级非物质文化遗产一览表

（31项）

名称	类别
便宜坊焖炉烤鸭技艺	传统技艺
全聚德挂炉烤鸭技艺	传统技艺

续表26

名称	类别
景泰蓝制作技艺	传统技艺
雕漆技艺	传统技艺
都一处烧麦制作技艺	传统技艺
月盛斋酱（烧）牛（羊）肉制作技艺	传统技艺
京作硬木家具制作技艺（龙顺成）	传统技艺
北京料器	传统技艺
东来顺涮羊肉制作技艺	传统技艺
盛锡福皮帽制作技艺	传统技艺
北京金漆镶嵌传统技艺	传统技艺
象牙雕刻	传统美术
北京玉雕	传统美术
北京绢花	传统美术
剧装戏具制作技艺	传统美术
北京宫灯	传统美术
围棋	传统体育、游艺与杂技
象棋	传统体育、游艺与杂技
同仁堂中医药文化	传统医药
智化寺京音乐	传统音乐
古书画临摹复制技艺	传统技艺
青铜器修复及复制技艺	传统技艺
古字画装裱修复技艺	传统技艺
葡萄常料器	传统技艺
吴裕泰茉莉花茶制作技艺	传统技艺
风筝制作技艺（北京扎燕风筝制作技艺）	传统技艺
天坛传说	民间文学
数来宝	曲艺
古代钟表修复技艺	传统技艺
官式古建筑营造技艺	传统技艺
中医传统制剂方法（安宫牛黄丸制作技艺）	传统医药

（刘晶伟）

表27

2019年东城区市级非物质文化遗产一览表

（61项，含国家级非物质文化遗产31项）

名称	类别
意拳	传统体育、游艺与杂技
前门的传说	民间文学
老北京叫卖	传统音乐
天坛神乐署中和韶乐	传统音乐
北京杠箱	传统舞蹈
北京绢人	传统美术
泥人张彩塑（北京支）	传统美术
北京补花	传统美术
北京绒花(绒鸟)	传统美术
北京刻瓷	传统美术
北京扎彩子	传统美术
北京木雕小器作	传统美术
京派内画鼻烟壶	传统技艺
毛猴制作技艺	传统技艺
壹条龙清真涮肉制作技艺	传统技艺
厨子舍清真菜民间宴席制作技艺	传统技艺
北京豆汁制作技艺（锦馨）	传统技艺
北京花丝镶嵌制作技艺	传统技艺
绒布唐工艺	传统技艺
红都中山装制作技艺	传统技艺
京式旗袍制作技艺	传统技艺
北京蒙镶	传统技艺
王氏装裱技艺	传统技艺
花市元宵灯会	民俗
掌礼司太狮老会	传统舞蹈
北京鸽哨制作技艺	传统技艺
谭家菜制作技艺	传统技艺
吴式太极拳	传统体育、游艺与杂技
北京绢人	传统美术
京作硬木家具制作技艺	传统技艺

（刘晶伟）

表28

2019年东城区区级非物质文化遗产一览表

（188项，含国家级、市级非物质文化遗产61项）

名称	类别
崇文门的传说	民间文学
北京的传说	民间文学
藏头诗	民间文学
同聚公乐云车老会	传统舞蹈
花棍舞词	传统舞蹈
群英同乐小车圣会	传统舞蹈
箜篌艺术	传统音乐
古琴艺术	传统音乐
京剧（余派老生）	传统戏剧
拉洋片	曲艺
牛骨数来宝	曲艺
白派京韵大鼓	曲艺
常氏中幡圣会	传统体育、游艺与杂技
众友同心中幡圣会	传统体育、游艺与杂技
白猿通背拳	传统体育、游艺与杂技
宋氏形意拳	传统体育、游艺与杂技
老北京冰嬉	传统体育、游艺与杂技
陈式太极拳	传统体育、游艺与杂技
祁家通背拳	传统体育、游艺与杂技
宝三跤场跤艺	传统体育、游艺与杂技
抖空竹	传统体育、游艺与杂技
东直门沾衣十八跌功夫跤	传统体育、游艺与杂技
史式八卦掌	传统体育、游艺与杂技
双石技艺	传统体育、游艺与杂技
京绣	传统美术
北京骨刻	传统美术
北京剪纸（徐阳）	传统美术

续表28

名称	类别
北京真丝手绘	传统美术
北京火绘葫芦	传统美术
北京传统风筝（王硒新）	传统美术
北京传统风筝（张世德）	传统美术
金 · 马派风筝	传统美术
北京面人（张俊显）	传统美术
北京纸扎花灯	传统美术
北京彩蛋	传统美术
琢玉（印章）	传统美术
人物剪纸（张秀兰）	传统美术
京绣（于美英）	传统美术
京绣（仝玉英）（已故）	传统美术
京绣（王淑卿）（已故）	传统美术
竹刻	传统美术
大北照像黑白照片人工着色技艺	传统美术
北京彩塑“金光洞兔儿爷”	传统美术
京剧脸谱绘制	传统美术
古书画临摹复制技术（仿古山水）	传统美术
传统押花葫芦	传统美术
北京面人	传统美术
核桃微雕技艺	传统美术
北京彩塑脸谱	传统美术
北京纸塑	传统美术
印章篆刻艺术	传统美术
毛猴制作技艺	传统技艺
内画鼻烟壶制作技艺	传统技艺
天兴居炒肝制作技艺	传统技艺
正阳楼螃蟹宴制作技艺	传统技艺

续表28

名称	类别
中国结技艺	传统技艺
样式雷烫样技艺	传统技艺
蒙镶制作技艺	传统技艺
天字号首饰套件制作技艺	传统技艺
毛绣制作技艺	传统技艺
锦芳元宵制作技艺	传统技艺
老正兴寿桃制作技艺	传统技艺
都一处炸三角制作技艺	传统技艺
全聚德全鸭席制作技艺	传统技艺
北京金鱼培育技艺	传统技艺
都一处马莲肉制作技艺	传统技艺
庆林春茉莉小叶花茶制作技艺	传统技艺
压金银丝嵌宝技艺	传统技艺
万隆合青铜器制作技艺	传统技艺
风车制作技艺	传统技艺
面人汤面人制作技艺	传统技艺
面人曹面人制作技艺	传统技艺
白魁烧羊肉制作技艺	传统技艺
金糕张金糕制作技艺	传统技艺
西德顺爆肚王爆肚制作技艺	传统技艺
聚宝斋装裱	传统技艺
玉印制作	传统技艺
随园官府菜制作技艺	传统技艺
京作硬木家具烫蜡技艺	传统技艺
传统理发技艺	传统技艺
糖画制作技艺	传统技艺
叶派内画技艺	传统技艺
隆庆祥传统西装制作技艺	传统技艺

续表28

名称	类别
金石传拓技艺	传统技艺
点翠工艺	传统技艺
堂前燕毽子制作技艺	传统技艺
京式月饼手工制作技艺	传统技艺
蜜供制作技艺	传统技艺
葫芦雕刻	传统技艺
传统单钩开锁技艺	传统技艺
绒帽制作技艺	传统技艺
千层底制作技艺	传统技艺
折扇手工制作技艺	传统技艺
兔儿爷制作技艺	传统技艺
中国传统绘画矿物质制作技艺	传统技艺
板寸技艺	传统技艺
京派手工沿条缝绱工艺	传统技艺
太平燕	传统技艺
绳结	传统技艺
清式斗拱营造技艺	传统技艺
东来顺清真特色菜	传统技艺
龙须面制作技艺	传统技艺
北京稻香村京八件手工制作技艺	传统技艺
大兵黄砂板糖制作技艺	传统技艺
南庆仁堂中药制剂方法	传统医药
千芝堂中药炮制技术	传统医药
长春堂闻药	传统医药
金针疗法	传统医药
同仁堂手工塑制蜜丸传统制作技艺	传统医药
同仁堂手工泛制水丸传统制作技艺	传统医药
同仁堂阿胶传统制作技艺	传统医药

续表28

名称	类别
同仁堂西黄丸传统制作技艺	传统医药
同仁堂牛黄清心丸传统制作技艺	传统医药
手工水丸制作技艺	传统医药
北京永安堂手工塑制蜜丸制作技艺	传统医药
同仁堂微丸传统手工制作技艺	传统医药
同仁堂壮骨药酒传统制作技艺	传统医药
中医传统制剂方法（血余蛋黄油制作技艺）	传统医药
中医传统制剂方法（黑色拔毒膏制作技艺）	传统医药
中医传统制剂方法（子宫锭制作技艺）	传统医药
前门上元灯会	民俗
雍和宫密宗金刚驱魔神舞	民俗
普天同乐开路圣会	民俗
来今雨轩红楼饮食文化	民俗
清明习俗之家训格言	民俗
立春习俗之鞭打春牛	民俗
北派茶礼	民俗

（刘晶伟）

表29

2019年东城区国家级非物质文化遗产传承人一览表
（49人）

姓名	类别	公布年份
孙　森（已故）	象牙雕刻	2007
王树文	象牙雕刻	2007
钱美华（已故）	景泰蓝制作技艺	2007
张同禄	景泰蓝制作技艺	2007
文乾刚	雕漆技艺	2007
卢广荣	同仁堂中医药文化	2007
金霭英	同仁堂中医药文化	2007

续表29

姓名	类别	公布年份
关庆维	同仁堂中医药文化	2007
田瑞华	同仁堂中医药文化	2007
张本兴（已故）	智化寺京音乐	2008
宋世义	北京玉雕	2009
金铁铃	北京绢花	2009
邢兰香	北京料器	2009
种桂友	京作硬木家具制作技艺	2009
孙　颖	剧装戏具制作技艺	2009
李金善	盛锡福皮帽制作技艺	2009
白永明	便宜坊焖炉烤鸭技艺	2009
满运来	月盛斋酱（烧）牛（羊）肉制作技艺	2009
胡庆学	智化寺京音乐	2012
柴慈继	象牙雕刻	2012
李春珂	象牙雕刻	2012
柳朝国	北京玉雕	2012
李博生	北京玉雕	2012
钟连盛	景泰蓝制作技艺	2012
殷秀云	雕漆技艺	2012
费保龄	北京扎燕风筝制作技艺	2012
柏德元（已故）	金漆镶嵌髹饰技艺	2012
万　紫	金漆镶嵌髹饰技艺	2018
孙丹威	吴裕泰茉莉花茶窨制技艺	2012
常　弘	葡萄常料器	2018
陈立新	东来顺涮羊肉制作技艺	2018
马元良	北京宫灯	2018
王有亮	青铜器修复及复制技艺	2012
恽小钢	青铜器修复及复制技艺	2018
吕团结	青铜器修复及复制技艺	2018

续表29

姓名	类别	公布年份
徐建华	古字画装裱修复技艺	2012
杨泽华	古字画装裱修复技艺	2018
周海宽	古字画装裱修复技艺	2018
单嘉玖	古字画装裱修复技艺	2018
张旭光	古字画装裱修复技艺	2018
祖　莪	古书画临摹复制技艺	2012
郭文林	古书画临摹复制技艺	2018
李永革	官式古建筑营造技艺（北京故宫）	2012
刘增玉	官式古建筑营造技艺（北京故宫）	2012
李增林	官式古建筑营造技艺（北京故宫）	2018
吴生茂	官式古建筑营造技艺（北京故宫）	2018
李建国	官式古建筑营造技艺（北京故宫）	2018
白福春	官式古建筑营造技艺（北京故宫）	2018
王　津	古代钟表修复技艺	2018

（刘晶伟）

表30

2019年东城区市级非物质文化遗产传承人一览表
（87人，含国家级非物质文化遗产传承人49人）

姓名	类别	公布年份
张　錩	泥人张彩塑（北京支）	2008
崔　洁	北京补花	2008
郭石林	北京玉雕	2008
舍增泰	厨子舍清真菜民间宴席制作技艺	2008
舍源泰	厨子舍清真菜民间宴席制作技艺	2009
程淑美	北京花丝镶嵌制作技艺	2008
唐玉婕	绒布唐工艺	2008
马启斌	盛锡福皮帽制作技艺	2009
闫瑞环	红都中山装制作技艺	2008

续表30

姓名	类别	公布年份
黄荣贵	北京杠箱	2009
赵树昌	北京宫灯	2009
张志平	北京玉雕	2009
戴嘉林	景泰蓝制作技艺	2009
米振雄	景泰蓝制作技艺	2009
李　侃	京式旗袍制作技艺	2009
赵小刚	同仁堂中医药文化	2009
姚承光	意拳	2012
滑树林	北京绢人	2012
茅子芳	北京刻瓷	2012
李连贵	北京扎彩子	2012
吴中凤	北京蒙镶	2012
屈永增	智化寺京音乐	2015
董　云	掌礼司太狮老会	2015
李秉慈	吴氏太极拳	2015
张铁城	北京玉雕	2015
杨根连	北京玉雕	2015
王希伟	北京玉雕	2015
栾燕军	象牙雕刻	2015
李志刚	雕漆技艺	2015
衣福成	景泰蓝制作技艺	2015
李　静	景泰蓝制作技艺	2015
王　旭	王氏装裱技艺	2015
王兆琪	北京木雕小器作	2015
李燕春	京式旗袍传统制作技艺	2015
蔡金昌	红都中山装制作技艺	2015
何永江	北京鸽哨制作技艺	2015
吴华侠	都一处烧麦制作技艺	2015
王　悦	安宫牛黄丸制作技艺	2015

（刘晶伟）

表31

2019年东城区区级非物质文化遗产传承人一览表

（271人，含国家级、市级非物质文化遗产传承人87人）

姓名	类别	公布年份
屈炳庆	智化寺京音乐	2015
王　辉	智化寺京音乐	2018
王　玲	天坛神乐署中和韶乐	2015
臧志彪	老北京叫卖	2018
孙忠喜	群英同乐小车圣会	2010
陈起环	拉洋片	2010
李世儒	数来宝	2015
时贵新	牛骨数来宝	2010
黄　勇	众友同心中幡圣会	2010
王玉书（已故）	白猿通背拳	2010
田秋生	老北京冰嬉	2010
王　哲	白猿通背拳	2015
周常仁	祁家通背拳	2015
翁福麒	吴式太极拳	2015
刘　伟	吴式太极拳	2018
王凤明	陈式太极拳	2015
冯秀茜	陈式太极拳	2015
刘全福	抖空竹	2018
孟尊荣	东直门沾衣十八跌功夫跤	2018
史乃健	史式八卦掌	2018
韩国卿	宝三跤场跤艺	2018
刘建华	象牙雕刻	2010
张树中	象牙雕刻	2015
郑士儒	象牙雕刻	2018
员向阳	北京玉雕	2010
姜文斌（已故）	北京玉雕	2010

续表31

姓名	类别	公布年份
蔚长海	北京玉雕	2010
赵　琦	北京玉雕	2015
王　建	北京玉雕	2015
崔奇铭	北京玉雕	2018
苏　伟	北京玉雕	2018
李　东	北京玉雕	2018
朱寅寅	北京玉雕	2018
滑淑玲	北京绢人	2010
崔　欣	北京绢人制作技艺	2010
杨利平	北京扎燕风筝制作技艺	2010
孙　贺	北京扎燕风筝制作技艺	2015
张宏岳	泥人张彩塑（北京支）	2010
姚晓静	泥人张彩塑（北京支）	2015
崔比德	北京补花	2010
张新超	北京补花	2015
常　燕	“葡萄常”玻璃技艺	2015
徐汶静	北京绢花	2010
郭燕青	北京宫灯	2010
翟玉良	北京宫灯	2010
石金栓	京绣	2010
蔡志伟	北京绒花（绒鸟）	2010
王华安	北京骨雕	2010
张淑兰	北京骨雕	2018
徐　阳	北京剪纸	2010
续　清	北京真丝手绘	2010
季　顺	北京火绘葫芦	2010
张世德	北京传统风筝	2010

续表31

姓名	类别	公布年份
王硒新	北京传统风筝	2010
彭小平	北京面人	2010
彭　天	北京面人	2015
张俊显	北京面人	2010
邱志刚	北京纸扎花灯	2010
刘锦茹	北京彩蛋	2010
耿鸿国	北京木雕小器作	2010
马慕良（已故）	北京木雕小器作	2010
杨宝忠	琢玉（印章）	2010
张秀兰	人物剪纸	2010
于美英	京绣	2010
边溪良	竹刻	2010
林爱幸	北京彩塑“金光洞兔儿爷”	2015
盛　华	京剧脸谱绘制	2015
徐天嘉	古书画临摹复制技术（仿古山水）	2018
黄　涛	传统押花葫芦	2018
马　宁	雕漆技艺	2015
杨之新	雕漆技艺	2015
李　根	雕漆技艺	2018
邱贻生	毛猴制作技艺	2010
萧掌华	毛猴制作技艺	2010
肖　静	毛猴制作技艺	2015
高东升	京派内画鼻烟壶	2010
郑旭晔	内画鼻烟壶	2010
吕铁智	金·马派风筝	2010
安全来	月盛斋酱（烧）牛（羊）肉制作技艺	2010
李广瑞	月盛斋酱（烧）牛（羊）肉制作技艺	2018

续表31

姓名	类别	公布年份
杨景山	东来顺涮羊肉制作技艺	2018
刘更生	京作硬木家具制作技艺	2010
张　颜	剧装戏具制作技艺	2010
刘　宇	北京料器	2010
刘　星	北京料器	2010
耿英建	景泰蓝制作技艺	2010
李佩卿	景泰蓝制作技艺	2010
陈继凯	景泰蓝制作技艺	2010
张　颖	景泰蓝制作技艺	2015
罗淑香	景泰蓝制作技艺	2015
王宝双	景泰蓝制作技艺	2015
王荣欣	景泰蓝制作技艺	2018
张　旭	景泰蓝制作技艺	2018
李德伦	金漆镶嵌制作技艺	2015
柏　群	金漆镶嵌制作技艺	2015
侯　雪	金漆镶嵌制作技艺	2018
马万兰	盛锡福皮帽制作技艺	2015
陈江山	盛锡福皮帽制作技艺	2015
赵占强	中国结技艺	2010
于正勋	样式雷烫样技艺	2010
张景民	蒙镶制作技艺	2010
马秀峰	天字号首饰套件制作技艺	2010
萧掌柜	毛绣制作技艺	2010
张志国	官式古建筑营造技艺（北京故宫）	2018
张秀芬	官式古建筑营造技艺（北京故宫）	2018
张志祥	官式古建筑营造技艺（北京故宫）	2018
金家桐	官式古建筑营造技艺（北京故宫）	2018

续表31

姓名	类别	公布年份
白　强	官式古建筑营造技艺（北京故宫）	2018
贾永茂	官式古建筑营造技艺（北京故宫）	2018
张吉年	官式古建筑营造技艺（北京故宫）	2018
黄有芳	官式古建筑营造技艺（北京故宫）	2018
翁国强	官式古建筑营造技艺（北京故宫）	2018
焦久芳	官式古建筑营造技艺（北京故宫）	2018
张世荣	官式古建筑营造技艺（北京故宫）	2018
刘建华	官式古建筑营造技艺（北京故宫）	2018
凌泽杰	吴裕泰茉莉花茶制作技艺	2018
赵洪泉	庆林春茉莉小叶花茶制作技艺	2010
李志强	庆林春茉莉小叶花茶制作技艺	2018
潘德珠	压金银丝嵌宝技艺	2010
孟宪忠	万隆合青铜器制作技艺	2010
王国华	风车制作技艺	2010
汤　岭	面人汤面人制作技艺	2010
刘荫茹	面人曹面人制作技艺	2010
杨广佳	白魁烧羊肉制作技艺	2010
王　欣	西德顺爆肚王爆肚制作技艺	2010
邢景翠	京式月饼手工制作技艺	2018
田振江	北京鸽哨制作技艺	2015
孙凤山	北京木雕小器作	2015
王泽旭	金石传拓技艺	2018
袁小杰	隆庆祥传统西装制作技艺	2018
杨晓樱	聚宝斋装裱	2015
于建国	北京金鱼培育技艺	2015
郑建华	天兴居炒肝制作技艺	2015
吴秀敏	传统理发技艺	2015

续表31

姓名	类别	公布年份
耿进兴	传统理发技艺	2015
王来凤	京作硬木家具制作技艺	2015
王燕英	京作硬木家具制作技艺	2015
陈翠路	京作硬木家具制作技艺	2015
吴中立	京作硬木家具制作技艺	2018
李胜利	京作硬木家具制作技艺	2018
田　磊	京作硬木家具制作技艺	2018
于鸿雁	京作硬木家具烫蜡技艺	2015
张　倩	剧装戏具制作技艺	2018
刘　忠	谭家菜制作技艺	2015
舍英旗	“厨子舍”清真菜民间宴席制作技艺	2015
舍　鸥	“厨子舍”清真菜民间宴席制作技艺	2015
高增维	点翠工艺	2018
殷　文	堂前燕毽子制作技艺	2018
刘江华	叶派内画技艺	2018
李广辉	糖画制作技艺	2018
姜　波	蜜供制作技艺	2018
殷顺海	同仁堂中医药文化	2010
陆建国	同仁堂中医药文化	2010
梅　群	同仁堂中医药文化	2010
张志红	同仁堂中医药文化	2015
王志举	同仁堂中医药文化	2015
卢振英	同仁堂中医药文化	2015
杜月新	同仁堂中医药文化	2015
赵　军	同仁堂中医药文化	2015
鲍志东	同仁堂中医药文化	2015
孔燕萍	同仁堂中医药文化	2018

续表31

姓名	类别	公布年份
丁永玲	同仁堂中医药文化	2018
崔庆利	同仁堂中医药文化	2018
毛　民	同仁堂中医药文化	2018
张冬梅	同仁堂安宫牛黄丸传统制作技艺	2015
于葆墀	同仁堂安宫牛黄丸传统制作技艺	2015
谢振茂	同仁堂安宫牛黄丸传统制作技艺	2015
刘天良	同仁堂安宫牛黄丸传统制作技艺	2015
王立梅	同仁堂安宫牛黄丸传统制作技艺	2015
项英福	同仁堂安宫牛黄丸传统制作技艺	2015
郭凤华	同仁堂安宫牛黄丸传统制作技艺	2015
王伯位	同仁堂安宫牛黄丸传统制作技艺	2018
张志广	同仁堂安宫牛黄丸传统制作技艺	2018
陈振会	同仁堂牛黄清心丸传统制作技艺	2018
葛惠明	同仁堂阿胶传统制作技艺	2018
刘立春	同仁堂阿胶传统制作技艺	2018
薛连贵	同仁堂西黄丸传统制作技艺	2018
李　宁	同仁堂西黄丸传统制作技艺	2018
王德胜	同仁堂手工塑制蜜丸传统技艺	2018
刘明华	同仁堂手工塑制蜜丸传统技艺	2018
谢锡昌	同仁堂手工泛制水丸传统制作技艺	2018
钮雪松	金针疗法	2018
范永利	普天同乐开路圣会	2010
冯建华	北派茶礼	2018

（刘晶伟）

文化创意产业

【概况】北京市东城区文化发展促进中心（简称文促中心）是区委宣传部所属副处级全额拨款纳入规范管理的事业单位。负责促进区域文化产业发展，开展产业调研，组织文化活动等。设产业部、事业部、综合部，编制11人、实有11人。

2019年，举办中国文化金融峰会，打造国内最高端、最具影响力的文化与金融合作盛会。落实文化产业发展专项资金政策，支持项目64个，支持资金5632.27万元。发布《东城区“文菁计划”实施办法》，启动奖励项目征集，征集企业75家，支持企业共46家，奖励资金2450.52万元。建设东城区文化产业（线上）服务平台，搭建政企沟通服务平台。成立全国首家区级文创园区协会，支持利用“疏整促”腾退空间、胡同平房院落、老旧厂房改造升级建设文创园区。组织参加第十四届北京文博会展览展示工作，举办2019年东城区文化+创意大赛。

（赵　亮）

【文化产业发展】1月，中关村雍和航星科技园、北京德必天坛WE国际文化创意中心、77文创园、嘉诚胡同创意工厂4家园区被认定为首批北京市文化创意产业园区。4月26—28日，举办东城区文化金融研修班，区内文化企业、金融机构中高层管理者近200人参加培训。5月14日至8月8日，举办东城文化+创意大赛，面向全市征集105个创业项目，涵盖非遗IP开发、文化教育、科技创新等领域，75个项目入围初赛，26个项目入围复赛，6个项目分获一、二、三等奖，分别获得6万元、4万元、2万元奖金，奖金总额20万元。7月10日，东城区文创园区协会正式成立，首批会员单位41家。7月，发布《2018年东城区文创产业发展报告》（白皮书），东城区规模以上企业总体收入1722.9亿元，同比增长4.2%，占全市收入比重达13.4%。11月14日，举办第七届京津冀文化创意产业合作及项目推介会北京市主宾城区（东城区）活动。

（赵　亮）

【文化金融融合】2月26日，北京银行发布“雍和印象”文化金融服务方案，推出“文菁贷”系列产品，2019年北京银行雍和文创专营支行累计放款12亿元。3月21日，举办北京市畅融工程——东城区文化与金融资源对接会，20余家金融机构及80余家文化企业参加。支持“北京文创板”建设，累计注册企业用户7000余家，注册的投资机构、金融机构800余家，全年累计撮合投融资额超过60亿元。10月16日至11月20日，举办东城区文化金融专题系列培训，5场400余人次参加培训。12月6日，文化和旅游部、财政部、中国人民银行正式批复同意东城区创建国家文化与金融合作示范区，创建时间从2020年1月至2021年12月。

（赵　亮）

【“创意东城”亮相北京文博会】5月29日至6月1日，东城区参加第十四届北京文博会，东城展区以“老胡同的文创新生活”为主题，包含VR教育互动、木作工坊、非遗展示、古法造纸、非洲鼓体验等文创项目的展示与互动活动。主展场有敬人文化、大小木作、咏园、巴山文化、东方恒信等5家文化企业参加展示，并通过网络直播平台全程直播。除主展场外，东城区以“创意东城”为主题分别在角楼图书馆和内务部街27号院举办2场分会场活动。主展场与分会场实现文化企业与公众的互动联通，为文化企业搭建交流展示与融合发展平台，激发文化产业生态活力。

（赵　亮）

12月13日，2019中国文化金融峰会举办（闫文摄）

【2019中国文化金融峰会】12月13日举办，本次峰会由清华大学五道口金融学院和东城区委、区政府共同主办，以“文化金融深度融合—金融助力文化产业高质量发展”为主题，包括全体大会和“文化和旅游产业的消费新趋势”“数字经济时代文化产业新机遇”主题论坛。全体大会由区领导赵凌云主持，文化和旅游部产业发展司副司长宣读《文化和旅游部办公厅、中国人民银行办公厅、财政部办公厅关于同意北京市东城区创建国家

文化与金融合作示范区的复函》。东城区发布第一批46家“文菁计划”支持企业名单。区领导邹劲松致辞，并为“文菁计划”第一批支持企业代表颁牌。区领导刘俊彩在主题论坛上发表主旨演讲。知名专家和企业家近30人发表主题演讲及圆桌对话，国内文化、金融领域的专家学者和精英800余人参加，30余家媒体现场采访报道，各类媒体报道数量超过1800篇，宣传覆盖逾1000万人次。

（赵　亮）

报刊 影视

【概况】东城区融媒体中心（简称区融媒体中心）是区政府直属相当正处级财政补助公益一类事业单位，归口区委宣传部领导。主要承担全区新闻采访和发布工作。2019年，根据中共北京市东城区委办公室、北京市东城区人民政府办公室关于印发《北京市东城区融媒体中心职能配置、内设机构和人员编制规定》（京东办字［2019］27号）的通知的精神，完成机构改革。区融媒体中心“三定”方案经东城区机构改革工作领导小组会议审议通过，明确区融媒体中心单位性质和主要职责，重新核定事业编制及内设机构。设办公室、总编室、采访科、摄影科、摄像科、平媒制作科、视频一科、视频二科、新媒体一科、新媒体二科，编制60人、实有48人。

2019年，围绕国庆盛典、“不忘初心 牢记使命”主题教育、疏解整治促提升、老城风貌保护、“文化+”、优化营商环境、繁荣夜间经济等各项重点工作，加强正面宣传力度，形成融媒体宣传合力。全年召开新闻发布会、新闻通气会175场。在中央及市属各类媒体上发稿1.45万篇，其中电视报道182条，平面媒体刊发文字稿6675篇，中央媒体发稿587篇（条），共计整版346个、半版217个、头版823个、头条517篇、主图739篇。在新浪平台发布微博4442条、“北京东城”政务微信累计推送内容516条。

（韩苗苗）

【重大主题新闻宣传】2019年，围绕中华人民共和国成立70周年主题，组织并邀请中央、市属主流媒体集中采访，发布相关报道227篇（条），其中纸媒217篇，电视新闻10条，其中《东城奏响老城复兴最美变奏曲》等报道取得良好反响。围绕“不忘初心、牢记使命”主题，在中央及市属新闻媒体，包括中央电视台《新闻联播》、北京电视台《北京新闻》等主流媒体发布相关报道192篇（条），其中10月9日《北京日报》刊发《把国庆活动形成的宝贵精神财富转化为强大动力 更好践行初心使命 高质量推进首都各项工作》具有代表性。围绕疏解整治促提升召开36场新闻发布会、通气会。重点报道环二环绿廊、宝华里危改、崇雍大街二期提升工程、雨儿胡同不停车、王府井周边7条胡同精细化提升工程等，在中央及市属各类媒体发新闻稿件871篇，其中头版、头条、整版、半版、主图稿件共计258篇。围绕“我们的节日”主题，在春节、元宵、清明、端午等传统节日，举办地坛、龙潭春节文化庙会，“福满京城 春贺神州”永定门元宵灯光秀、“和满京城 奋进九州”端午文化节等活动，弘扬传统文化、彰显东城底蕴。通过与新华社合作，利用新华社客户端，讲好东城故事，为纪念五四运动100周年，发布《最美的青春，唱给最爱的祖国！》宣传片，点击率67万人次。参与组织“重访习近平总书记走过的胡同”、北京高质量发展、环二环绿道、中央媒体回访雨儿胡同、外国媒体到前门等集中采访活动。

（韩苗苗）

【《新东城报》推动融媒转型】2019年，《新东城报》以纸媒为主阵地，加强媒体融合，提升报道传播力。在围绕“五个东城”（“文化东城”“活力东城”“精致东城”“创新东城”“幸福东城”）建设各项重点任务开展的宣传报道中，打造深度报道，将传统媒体与新媒体优势相融合，综合运用“两微一端”（微信、微博、手机终端）等各类传播渠道进行同步推广，提升传统媒体的传播触角。同时，《新东城报》加强与“学习强国”、《北京日报》——北京号等新媒体平台良性互动，推动优质内容融媒化。报纸加强与中心其他平台联动合作，短视频制作逐步成为新闻内容生产的有力补充。《新东城报》平台通过修订记者绩效考核办法，释放新闻生产力，打造具备融媒体能力的记者队伍。全年完成《新东城报》出刊102期。

（韩苗苗）

【互联网宣传】9月，东城区委宣传部联合北京电视台新闻频道，推出专题纪录片《70年，古都新韵》，东城官方微博发起并主持#我和北京合个影#活动，引导网友观看、转发、热议专题片。专题片在微博酷燃视频播放达855万次，#我和北京合个影#话题阅读量达2.7亿人次，讨论量达3.3万人次。该话题进入微博新时代话题榜前十名，获评中华人民共和国成立70周年微博服务北京、宣传北京优秀项目。在《人民日报》联合新浪微博发布《2019政务指数·微博影响力报告》中，东城区官方微博“@北京东城”位列北京十大党政新闻发布微博第三名。2019年，“北京东城”官方微博在新浪平台发布微博4442条，获阅读量1.3亿人次，累计粉丝超80万人。“北京东城”微信公众号累计推送内容516条，阅读量94.8万余人次。全年累计向“96010”诉求受理平台上报网友诉求135起，全部受理完结并及时向网民进行公开回应。开通并认证“北京东城”快手号，发布视频49条，播放量超475万人次，账号粉丝数达25.7万人。

（韩苗苗）

【在电视台播出率增长45%】3月4日起，北京电视台周播栏目《都市阳光》改为日播，增强新闻时效性。4月，《都市阳光》栏目中播出的东城区新闻在“北京东城”微信公众号上线。为迎接中华人民共和国成立70周年，开辟《壮丽70年 奋斗新时代》《爱国情 奋斗者》《庆祝中华人民共和国成立70周年》专栏，在“十一”期间播出系列特别节目《70年，古都新韵》。2019年还开设《民有所呼 我有所应》《优化营商环境》《“不忘初心、牢记使命”主题教育》《烈日下的劳动者》等专栏。《都市阳光》共播出东城区新闻625条，比2018年增长45%。

（韩苗苗）

【《东城探秘》收视量突破200万】2019年，“美丽东城”网络电视《东城探秘》栏目播出节目15期。其中廉政三祠“忠贞润廉心”系列节目《探访文天祥祠》《探访于谦祠》《探访袁崇焕祠》播出后社会反响很好，并选入“学习强国”平台供广大党员干部学习。《时尚的京剧艺术体验馆》播出后，新华社APP客户端采用播出，《东城探秘》节目首次登陆新华社APP客户端，节目总收视量20余万。“见证文创园蝶变之旅”四集系列节目《奏响非遗“咏”叹调》《大磨坊里忆“粮事”》《老电车厂的“蝶变”新生》《新隆福“十二时辰”》，选题新颖、视角独特、趣味性强，节目播出后收视效果良好，“学习强国”北京学习平台和新华社APP客户端相继转发，其中《大磨坊里忆“粮事”》在新华社APP客户端收视量累计达90万。为庆祝中华人民共和国成立70周年，《东城探秘》栏目推出三集特别节目《胡同新生》《以文化城》《大街重现》，展示70年来东城区翻天覆地的变化、人民生活水平日益提高、精神文化追求不断提升、获得感和幸福感与日俱增。该节目先后被“学习强国”北京学习平台和新华社APP、头条等客户端转发，其中仅新华社客户端收视量就达218.4万，实现历史性突破。

（韩苗苗）

【“北京东城”APP全媒体平台】2019年，“北京东城”APP客户端一期内容建设完成，iOS版于5月15日正式登录苹果商店，Android版6月10日登录腾讯应用商店。“北京东城”APP客户端作为东城区官方APP客户端，以东城区居民、驻区单位、关心东城发展的社会各界人士为服务对象，坚持“三贴近”原则，将“北京东城”APP打造成适应核心区事业发展需要的新闻发布与舆论引导平台、对外交流与形象传播平台、政务信息发布与政民交互平台，实现“新闻+政务”“新闻+服务”“新闻+监督”功能。至2019年年底，“北京东城”APP累积用户数1.19万人，累计日活跃用户1.8万人，启动次数4.4万次。“北京东城”APP主界面分为“首页”“视频”“服务”“我的”4个栏目。“首页”栏目包括推荐、新时代、新闻、胡同、文化、教育、健康、专题、读图、旅游、消费11个频道；“视频”栏目包括视频和直播2个频道；服务栏目包括东城街道、我要吐槽、政务服务、东城区信息查询等功能；“我的”栏目开设“扫一扫”功能、活动中心入口及我的订阅、我的点赞等用户设置功能。与东城区政务服务局合作，12月14日正式上线“政务服务”功能，提供办事指南、进度查询、在线投诉、在线评价、政务公告、政策服务、电话咨询等7项在线功能，为居民办事提供便利。12月30日上线“活动中心”，增加线上、现场抽奖功能。至2019年年底，“北京东城”APP发布图文信息2056条，视频258部，头版故事16条，快讯105条，轮播图335张，直播14场，上线“2020东城两会进行时”“不忘初心 牢记使命”“首都功能核心区控规草案今起公示”“垃圾分类 从我做起”“接诉即办”“壮丽70年 奋斗新时代”“优化营商环境 东城在行动”等13个专题。

（韩苗苗）

9月16—23日，北京电视台新闻频道播出《70年，古都新韵》（区委宣传部提供）

地方志编修

【概况】东城区地方志编纂委员会

办公室（简称区地方志办）与区委党史工作办公室合署办公，正处级参公事业单位，负责全区党史、地方志工作。内设综合科、党研科、方志科、编辑科，编制16人、实有15人。

2019年8月，召开区第二轮修志工作总结研讨会，总结经验研讨不足；地名志编纂工作有序推进；东城年鉴编辑部坚持每周例会制度，完善年鉴框架，对年鉴主笔进行撰稿业务培训1次，申报中国精品年鉴工程，《北京东城年鉴》（2019卷）通过全国专家二次评审，《北京东城年鉴》（2018卷）获第六届全国地方志优秀成果（年鉴类）“一等年鉴”；按照区委统一部署，开展“不忘初心、牢记使命”主题教育。

（马德川）

8月9日，召开东城区第二轮修志工作总结研讨会（王建国摄）

【志书编纂】2019年初，《东城区志》《崇文区志》出版，向全区各单位发放4000册。8月，召开区二轮修志工作总结会，总结修志工作取得的成绩和经验，研讨存在的不足，为第三轮修志作准备。做好修志档案的整理、归档和修志人员解聘等工作。

（马德川）

【地名志编纂】6月，完成《东城区地名志》词条初稿收集，约150万字；7月，对上报资料进行审核、修改。完成《北京市地名志》“交通设施”“生产建筑公共建筑”“古迹名胜”篇采词工作，共上报词条248条；核实、修改已上报的“政区聚落”释文78条；撰写、修改《北京市地名志》有关东城区的条目，共计15万字。

（马德川）

【年鉴培训会】4月26日，召开东城区年鉴工作培训会，总结2018年情况，部署2019年工作。会议要求提高站位，增强认识；加强学习，注重质量；加强协作，群策群力。围绕年鉴框架及编纂过程中出现的问题开展研讨，160余人参加。

（马德川）

【年鉴编纂】4月，召开年鉴工作部署会启动年鉴编纂；5月，完成年鉴收稿和申报中国精品年鉴工程；6月20日，向中国地方志领导小组办公室提交申报中国精品年鉴篇目；7月14日，完成年鉴组稿；7月31日，根据中国精品年鉴工程申报篇目研讨会专家6人的意见修改年鉴框架；8月31日，完成修改交排版公司排版，形成东城年鉴初稿；11月，按市年鉴专家评审意见修改后的《北京东城年鉴》（2019卷）上报中国地方志领导小组办公室参加中国精品年鉴工程评审；至年底，通过全国专家二次评审。

（马德川）

【志鉴理论研究】围绕提高年鉴编纂质量和规范化水平，加强年鉴理论研究，撰写论文《关于城市区级综合年鉴条目编写规范化问题的思考与探索——以〈北京东城年鉴〉编纂为例》，发表在《史志学刊》第4期。

（马德川）

【业务交流】开展地方志援藏工作，对口支援西藏自治区拉萨市城关区，协助完成《拉萨市城关区志》终审稿编辑修改任务；撰写《拉萨市城关区街道志》框架；撰写拉萨毛主席纪念馆布展脚本。

（马德川）

【咨询服务】为区属单位提供区志、年鉴、地情资料书籍等5700余册；对全区街道系统进行地名志工作业务指导2次。

（马德川）

档案管理

【概况】东城区档案局馆（简称区档案局馆），3月15日根据《中共北京市东城区委、北京市东城区人民政府关于印发〈北京市东城区机构改革实施方案〉的通知》（京东发［2019］2号）要求“将区档案局（区档案馆）的行政职能划归区委办公室，对外加挂区档案局牌子，区档案馆仍作为区委直属事业单位，归口区委办公室管理，不再保留与区档案馆合署办公的区档案局”。3月22日，经区编办审核通过，实现局馆职能剥离，以东城区档案馆名义对外办公。区档案馆是东城区集中保存、管理档案的文化事业机构，是区委直属事业单位（正处级），归口区委办公室管理。主要职责是收集和接收本馆保管范围内对国家和社会有保存价值的档案；对所保存的档案严格按照规定整理和保管；采取各种形式开发档案资源，为社会利用档案资源提供服务；承办区委、区政府交办的其他事项。是区档案安全保管基地、爱国主义教育基地、档案利用服务中心、政府信息公开查阅中心和电子文件管理中心，为国家一级档案馆，分南馆（幸福大街32号）、北馆（外交部街甲28号）两地办公，设有查档接待室、档案阅览室、档案展览室等服务设施，为利用者提供档案查阅、已公开政府信息查阅、电话及来函代查、档案展览参观等服务。内设办公室、档案管理一科、档案管理二科、档案鉴定科、接收征集科、档案利用科、档案编研科、信息技术科、展览陈列科、综合业务科、人事财务科11个科室。人员编制50人、实有46人。

2019年，加强档案“三个体系”建设，区档案馆新办展览《百姓身边的变化——庆祝中华人民共和国成立70周年》，区档案局、区档案馆向报社、杂志报送信息32条，其中《北京档案》刊发4条，《中国档案报》刊发12条，《中国档案》刊发1条。区档案馆修缮并提升改造北馆各项功能，于10月底竣工，改善北馆档案保管条件，北馆升级为东城区永久保存档案的保管基地。

（吴海琰）

【档案利用服务】2019年，区档案馆接待查档利用者1万余人次，利用档案1万余卷(件)，出具档案证明近9000份，为群众办理退休、户口迁移、核实工龄、保险补助、婚姻状况等提供有效凭证；为区纪检部门调查案件、处理区信访问题等提供档案查阅服务。开展“大力优化营商环境，打造优质高效政务服务”专项工作。

（吴海琰）

【档案接收征集】2019年，区档案馆接收原崇文区政府办等4个单位全宗共2869卷档案进馆。围绕南锣鼓巷修缮整治项目、前门大街修缮整治项目、西打磨厂修缮整治项目、西河沿改造项目等开展城市记忆拍摄，拍摄照片262张。征集2018年12月31日发行的《北京晨报》最后一期1份。

（吴海琰）

【档案编研】2019年，区档案馆编撰出版《东城决策纪实（1999—2004）》，记录中共东城区第八届委员会常委会历次会议情况，主要内容为常委会会议纪要汇编。完成《北京东城年鉴》（2019卷）、区党史资料征集工作；修改《北京档案年鉴2016》《北京档案年鉴2017》《北京档案年鉴2018》。

（吴海琰）

【基础业务及信息化建设】2019年，区档案馆完成馆藏档案3.2万余件开放初审、近0.7万件开放复审工作。完成馆藏档案1万余卷、100万余页数字化扫描加工。

（吴海琰）

【档案科研课题研究】2019年，区档案馆会同惠诚律师事务所开展北京市级科研课题“档案类常见违法行为解析及防范研究”，完成《档案类常见违法行为解析及防范研究课题研究报告》《档案类违法行为解析及防范研究课题工作报告》。组织撰写《档案类常见违法行为案例解析》。

（吴海琰）

【业务监督指导】2019年，区档案局按照“分级管理，需求优先”的工作原则，围绕新组建单位、涉改单位及其他区属单位的不同需求，建立了东城区档案局工作微信群，通过线上、线下相结合的方式，开展了调研型、保障型、常规型等有针对性的监督指导工作。编制《关于监督指导全区机构改革档案工作的实施方案》，印发《东城区档案工作交接规定》，起草《关于在全区机构改革中加强档案工作的实施意见》并通过东城区委办、区政府办向全区各单位印发。完成对中华人民共和国成立70周年庆祝活动、“不忘初心、牢记使命”主题教育、习近平总书记视察东城等重大活动档案指导培训，配合区人力社保局联合对其所属医保中心、公共服务中心、军转中心等13家单位开展档案工作专项检查，对51家单位开展实地指导149人次；对14家单位进行专项业务培训334人次。

（宋　瑜　吴海琰）

【档案宣传】6月至7月，区档案局、区档案馆联合举办东城区第十届《档

6月10日，市民参观“百姓身边的变化——庆祝中华人民共和国成立70周年”展览（区档案馆提供）

案法》宣传月、第十一届档案馆日活动。活动中举办《依法治档 为档案工作保驾护航》法治讲座、自编自演拍摄微电影《档案员成长记》、举办《百姓身边的变化——庆祝中华人民共和国成立70周年》展览、开展“新中国的记忆”主题征文、精编一套《常见档案违法案例概览》宣传折页等，开展了知识竞赛、参观交流、开放利用、发放资料、服务咨询等多项活动，发放各类档案知识宣传资料3000余份。东城区档案馆荣获国家档案局举办的档案科普知识竞赛“优秀组织奖”。

（宋 瑜 吴海琰）

【行政执法监督】2019年，区档案局通过更新执法平台数据、制作随机抽签系统、规范行政执法程序，增强了执法检查的权威性和实效性。7月至12月对13家区属单位开展档案行政执法双随机检查，责令1家单位限期整改。

（宋 瑜）

【教育培训】11月11日，区档案局举办档案专业知识面授培训班，区属单位档案员58人参加，完成5天40学时面授培训、24学时网上档案人员基础知识培训。

（宋 瑜）

文学艺术活动

【概况】北京市东城区文学艺术界联合会（简称区文联）是在中共东城区委、区政府领导下，负责联系全区文艺家、文艺工作者和业余文艺爱好者的群众团体机关。内设办公室、宣传科、组织联络科，编制10人、实有10人。有14个文艺家协会（学会、研究会）：东城作家协会、东城戏剧家协会、东城书法家协会、东城美术家协会、东城摄影家协会、东城民间文艺家协会、东城民间艺术家协会、东城音乐家协会、东城舞蹈家协会、东城曲艺家协会、东城广角摄影学会、东城区书画研究会、东城书画协会、东城影视家协会；17个街道文艺工作者联谊会（简称街道文联），会员总数2000余人。

2019年，东城区文联发挥党和政府联系文艺界的桥梁纽带作用，团结引领东城区广大文艺工作者和爱好者围绕市区中心工作，繁荣东城文艺事业。持续深化改革，重点完成搭建东城区文联会员信息管理系统，建立全市首个文联会员数据库，加强基层文联组织体系建设。与北京市文联、北京电影家协会共同完成的非遗纪录片《无法完成的订单》，在第七届亚洲微电影节中获最佳品牌作品奖，《迎风飞翔》在第四届“中国梦·冬奥情·京津冀”微电影原创作品征集推优活动中获优秀表彰作品奖。东城作家协会副主席创作的《寻找旅行者一号》获第四届中国长诗奖最佳文本奖。东城区文联被市文联评为年度文联系统信息工作先进单位，1人被评为年度文联系统信息工作先进个人。

（张 倩）

【座谈调研】3月21日，中国文联文艺研修院副院长一行到区文联实地调研，走访前门传统文化园区、非遗体验中心、青春鼓曲社等，调研区文联工作、非遗传承保护工作和文化创意产业，与区文联、东城曲艺家协会、前门大街管委会、永新华韵文化产业有限公司代表就如何持续推进区域文艺繁荣发展进行座谈。5月7日，北京市文联主席到区文联调研指导工作，在区文化艺术创作基地进行座谈。7月4日，北京市文联党组成员、副主席和事业发展和维权部主任等一行4人，到东花市北里中区社区文化中心调研指导工作，了解文艺志愿服务的开展情况。同日，北京市文联党组成员、副主席一行4人到区文联开展基层文联建设工作调研座谈会。与会人员就如何发挥基层文联在文化建设中的作用、市文联在基层文联建设中的作用进行交流研讨。

（张 倩）

【文艺演出深入基层】1月，由东城书法家协会、东城美术家协会、东城书画研究会、东城区书画协会、东城民间文艺家协会、东城民间艺术家协会200余人组成的10余支东城文艺小分队，进企业、进农村、进机关、进校园、进社区、进军营，共开展10大类40余场文艺特色惠民慰问活动，惠及1万余人次。8月16日，由文化和旅游部离退休人员服务中心、东城区文学艺术界联合会、东城区交道口街道工委办事处共同举办的“老艺术家文化志愿服务工程”——慰问修缮整治项目建设者专场文艺演出，在交道口街道福祥社区文体活动中心举行。交道口街道干部职工、一线建设者和社区居民100余人观看演出。邀请知名老艺术家等国家一级演员8人，为群众演出歌曲、京剧、诗朗诵、器乐演奏等节目。

（张 倩）

【书画家送春联和福字】1月21日，东城书画研究会书画家小分队到崇外街道，开展“迎新春 送春联”文艺志愿服务活动，社区居民近100人参加。同日，东城书法家协会到东城区园林局绿化一队送春联、送“福”字，慰问一线职工。1月22日，东城书画研究会开展“我们的中国梦”——文化进万家新春慰问活动，到前门派出所及前门小学，慰问公安干警及学校教职工。1月23日，东城书法家协会组成书法小分队，到崇文口腔医院，用书法作品、对联、“福”字慰问医务工作人员。1月26日，东城书画研究会书画小分队到天安门国旗护卫队驻地，为国旗护卫队指战员创作“福”字春联并送上新春祝福。1月27日，东城书画研究会到东花市南里社区，开展“迎新春 送春联”春节慰问活动，为社区居民送上新春祝福。2月1日，由东城区书画协会副主席等书画家10余人组成的2支文艺小分队，分别到王府井图书馆和歌华大厦，用书画作品为东城群众送上新春祝福。

（张　倩）

【书法美术作品展】6月4日，由东城区文联、东城区书画协会联合主办的“翰墨歌盛世 丹青颂祖国”主题书画小品展在东城区第一文化馆开幕。展出书画作品272幅，共计1000余人次参观，展览持续至6月10日。9月20日，由东城区文联、东城书画研究会联合主办的“丹桂飘香 翰墨寄情——庆祝中华人民共和国成立70周年”会员书画作品展在大磨坊文创园开幕。展出书画作品100余幅，题材广泛、形式多样、时代感强。9月24日，由东城区文联、东城书画协会联合主办的书画邀请展在区第一文化馆开幕，书画爱好者100余人观展。11月19日，由区文联、区文化和旅游局、东城美术家协会主办，东城美术家协会艺术委员会、区第一文化馆承办的“江山如画——北京市东城美术家协会艺委会学术邀请展”在风尚美术馆开幕。展出作品100余幅，既是向祖国70年华诞献礼，也是东城美术家艺术创作水平的全面呈现。

（张　倩）

【摄影作品展】7月30日，由区委宣传部、区委统战部、区直机关工委、区文化和旅游局、区文联共同主办的“我和我的祖国——美丽东城我的家”，东城区庆祝中华人民共和国成立70周年摄影作品展在区第一文化馆开幕。展览从近2000幅作品中选出150幅入围，展出的作品来自东城摄影家、摄影工作者、机关干部和新的社会阶层人士等各界人士。展览持续至8月11日，免费对公众开放。9月20日，东城摄影家协会副主席《时光留影·朝阳门南小街》摄影作品展在史家胡同博物馆举办。展出作品40幅，记录朝阳门南小街18年的变迁。

（张　倩）

【非遗纪录片】6月13日，由市文联、北京电影家协会主办，区文联、东城影视家协会承办的非遗主题纪录片《迎风飞翔》《无法完成的订单》首映式活动在飞天大厦举行。两部非遗纪录片分别以国家级非遗项目“哈氏风筝”“葡萄常”为拍摄对象，每部时长30分钟，通过对非遗技艺起源、各历史时期表现形式、艺术特色、制作手法、传承特点的详细介绍，体现非物质文化遗产的多样性和精粹的技艺，展现深厚的艺术魅力和思想文化底蕴。首映式增设捐赠收藏仪式，由市文联、北京电影家协会、区文联、东城影视家协会、非遗传承人分别向中国电影博物馆捐赠纪录片《迎风飞翔》《无法完成的订单》原片及非遗作品。11月7日，在第七届亚洲微电影艺术节“金海棠奖”颁奖典礼现场，《无法完成的订单》获最佳品牌作品奖。

（张　倩）

【戏剧创作】9月4日，由区文联组织创作，北京可立欧文化产业发展有限公司出品，北影新青年戏剧工坊制作，区纪委区监委、区文化和旅游局、东城戏剧家协会等单位联合支持的原创话剧《碧血丹心大将军》在北京人艺实验剧场首演。该剧由东城戏剧家协会副主席执导，是以东城区“三祠”（于谦祠、文天祥祠、袁崇焕祠）为主题精心打造的历史英雄题材作品“丹心三部曲”之终结篇，表现极富家国情怀的英雄袁崇焕刚正不阿、不畏艰险、挺身而出、勇于担当的优秀品质。反映东城深厚的历史底蕴，弘扬百折不挠的民族精神。该话剧在人艺实验剧场持续上演至9月12日，演出20余场，累计5000余人次观看。

（张　倩）

【曲艺建设】5月至7月，区文联组织引导东城曲艺家协会成立曲艺文艺小分队，开展曲艺进校园专题实践活动。先后到史家实验学校、史家七条小学、和平里四小、二十五中学、汇文实验中学5所学校，开展曲艺汇报演出，成立校园曲艺项目基地。6月25日，由区文联主办，区曲艺家协会、和平里第四小学承办的东城曲艺家协会校园曲艺项目基地揭牌仪式及曲艺专场演出，在和平里第四小学礼堂举办，区文联副主席、区曲艺家协会主席为和平里第四小学授牌。7月12日，区文联、区曲艺家协会和东城区七条小学共同举办《开心一课》，以曲艺课程形式进行汇报结业式。

（张　倩）

【国庆70周年庆祝活动】7月1日，“我和我的祖国”——东城区庆祝中国共产党成立98周年暨喜迎中华人民共和国成立70周年专场文艺演出举行。活动由区委宣传部、区教工委、区教委、区文联共同主办。演出分为经典节目和东城原创作品，通过反映群众生活，展现社会风貌，表达爱国情怀，弘扬时代主旋律。市、区有关领导及机关单位负责人、各界群众代表、驻区部队官兵约600余人观看演出。7月16日，由区委宣传部、区委统战部、区文化和旅游局、区文联共同主办的“我和我的祖国”——东城区庆祝中华人民共和国成立70周年书法美术作品展，在区第一文化馆开幕。展览以“我和我的祖国”为主题，坚持以人民为中心的创作导向，从东城书画家、书画爱好者、新的社会阶层人士等各界人士投稿的200余幅作品中精心遴选出103件（套）书法、美术作品参加展览。展览持续至7月26日，期间免费对外开放。9月20日，由区文联，崇外街道工委、办事处联合主办的庆祝中华人民共和国成立70周年“不忘初心 牢记使命”主题慰问演出上演。有关单位领导及群众300余人观看演出。12月1日，为庆祝中华人民共和国成立70周年和澳门回归20周年，由北京书法家协会、区文联和澳门基金会主办的“中国梦、濠江情”当代中国书法艺术名家作品

7月1日，“我和我的祖国”——东城区庆祝中国共产党成立98周年暨喜迎中华人民共和国成立70周年专场文艺演出举行（区文联提供）

展，在水立方开幕。展览共展出内地和澳门两地书法家24人作品80余幅，展览持续至12月4日，期间免费对公众开放。

（张 倩）

【京津冀文艺协同发展】1月18日，由区委宣传部、天津广播电视台、中共正定县委县政府联合主办，区文联、中共正定县委宣传部、正定县广播电视台、正定县文化广电体育和旅游局、正定县文联共同承办的2019京津冀春节惠民文艺演出在河北省正定县举行。三地有关领导，有关部门，及各界群众700余人观看演出。东城区文联与天津市、河北省正定县已连续3年开展文艺交流与展示活动，此次演出正是三地文艺成果的又一次集中展示，是贯彻京津冀协同发展规划纲要的重要举措。

（张 倩）

【文艺精准扶贫】7月18日，区文联组织召开年度赴内蒙古乌兰察布市化德县文艺对口帮扶行前会。介绍活动意义及整体情况，部署工作安排，并就各项活动进行讨论。7月23—25日，区文联赴内蒙古乌兰察布市化德县开展“文化手拉手 携手奔小康”京蒙协作文艺对口系列帮扶活动。区文联主席、秘书长及由东城作家协会、书法家协会、美术家协会、摄影家协会组成30余人的文艺小分队，在化德县开展座谈交流、书画笔会、采风创作等10余场活动，用文艺凝聚脱贫攻坚的强大信心，讲好脱贫攻坚的“化德故事”，助推脱贫攻坚。

（张 倩）

【文联业务培训班】5月31日，区文联在区委党校举办年度文艺工作者和新的社会阶层文艺人士培训班，文艺工作者80余人参加。中国文联文艺研修院副院长为全体学员讲授《理想信念教育——做有信仰、有情怀、有担当的文艺工作者》；首都文化发展研究中心副主任、研究员讲授《东城文艺工作者坚持和强化首都核心功能的使命担当》。

（张 倩）

【传统节日文艺活动】2月19日，由区文联、东花市街道办事处主办的东花市南里社区第八届元宵灯会，在东花市南里社区文化活动中心举办，南里社区居民100余人参加。6月6日，由区文联、东华门街道共同主办，东城民间艺术家协会承办的“和满京城 奋进九州”2019年端午文化活动，在多福巷社区文体服务中心举办。北京师范大学艺术与传媒学院艺术学博士后讲授《端午话屈原》。东城民间艺术家协会会员以“端午纳祥”为主题创作手工艺作品50余件，展出面塑、剪纸、折纸、香包等手工艺品，并带领居民体验民间手工艺制作。居民80余人参加。9月11日，由区文联、东城曲艺家协会共同主办的2019年中秋曲艺专场演出，在永外街道革新里社区举行，社区居民50余人参加。10月8日，由北京曲艺团、区文联、东城曲艺家协会共同主办的“孝满京城 德润人心——我们的节日”重阳节曲艺专场演出，在前门街道社区服务中心举办，社区居民50余人参加活动。

（张 倩）

【民间工艺作品展】1月16日，由中国华侨历史博物馆、区文联主办，区民间文艺家协会协办的“南北遗韵 灵指相承”民间工艺展，在中国华侨历史博物馆开幕，非遗爱好者及地区居民、青少年100余人参加，中国侨联副主席为非遗传承人8人颁发捐赠证书。展览选取东城区与侨乡福建省泉州市9个非遗项目进行展示，展览专辟非遗进校园教学成果展区，展出10余所中小学的108幅手工艺作品，展览增设体验与互动环节，现场设置皮影体验、答题集印章等活动，并通过举办多场次非遗讲座、手工体验等活动，令观众近距离体验非遗文化魅力，展览持续至3月10日。10月17日，东城民间艺术家协会在中华民族珍品馆举办挂牌入驻仪式，区文联主席、区国资委调研员、中华民族艺术珍品馆馆长、东城民间艺术家协会主席及理事近100人出席活动。

（张 倩）

【“不忘初心、牢记使命”主题教育】6月11日，由区纪委区监委、区文旅局、区文联共同主办的“不忘初心、牢记使命”——东城区廉政曲艺专场演出在风尚剧场上演，反腐倡廉题材的西河大鼓《寇准罢宴》、京韵大鼓《三鞠躬》、相声《咨询热线》、快板《天安门前看升旗》等节目用文艺形式传递廉洁东城正能量。全区各委办局、各街道、部分企业党员代表、监察对象代表近400人观看演出。9月20日，由区文联主办的“不忘初心、牢记使命”主题慰问演出在崇外街道上演，区政协副主席出席，街道一线建筑工人、基层党建工作者、非公企业人士、文艺家代表、社区居民、社区工作者等300余人观看演出。9月29日至10月11日，区文联深入驻区文艺院团、文化企业、部分文艺家协会，开展“不忘初心、牢记使命”主题教育专题调研，走访3个文艺院团（中国国家话剧院、北京演艺集团、快板沙龙）和6个文艺家协会（东城戏剧家协会、东城民间文艺家协会、东城民间艺术家协会、东城曲艺家协会、东城书画研究会、东城摄影家协会）。聚焦如何服务区委区政府中心工作，制约各协会发展的瓶颈短板和最急最忧的突出问题展开调研。10月18日，区文联党组书记、主席以《学党史 忆初心 高标准做好核心区文艺工作》为题作专题党课报告，主要从共产党人的初心和使命是什么、如何坚守初心担当使命、如何做好核心区文艺工作3个方面阐述。10月29日，区文联党组分别以“坚持以人民为中心，在为民服务解难题中守初心担使命”“守纪律讲规矩，做廉洁自律表率”为主题，围绕理想信念、宗旨意识、政治纪律和政治规矩、廉洁自律开展专题交流研讨。10月30日，区文联全体机关党员干部到香山革命纪念馆参观学习，观看《为新中国奠基——中共中央在香山》主题展览。10月31日，区文联党组成员、副主席，党组成员、秘书长依次以《在真学真信真干中坚定理想信念 永葆政治本色》和《以真抓实干精神奋力开创东城文艺事业新局面》为题讲党课。

（张　倩）

故宫博物院

【概况】北京故宫博物院成立于1925年10月10日，是建立在明清两代皇宫（紫禁城）的基础上，兼容建筑、文物与蕴含其中的丰富宫廷历史文化为一体的综合型博物馆，也是世界上极少数同时具备艺术博物馆、建筑博物馆、历史博物馆、宫廷文化博物馆等特色，且符合国际公认的“原址保护”“原状陈列”基本原则的著名博物馆。故宫占地106公顷，现存古建筑面积约23万平方米，馆藏文物数量186万件（套）。1961年被国务院公布为第一批全国重点文物保护单位，1987年被联合国教科文组织列入《世界遗产名录》，2008年被国家文物局列为首批国家一级博物馆。1925年故宫博物院正式成立并对外开放。1931年“九一八”事变后，故宫文物被迫避敌南迁。历时10余年，行程数万里，文物基本无损，创造了第二次世界大战中保护人类文化遗产的奇迹。中华人民共和国成立前夕，南迁文物中的极少部分被运往台湾。建院90余年来，尤其是中华人民共和国成立以来，故宫博物院在国家和社会各界的支持和在历届同仁的努力下，在古建筑保护、院藏文物保护管理、陈列展览和学术研究等方面，取得很大进步。故宫博物院为隶属文化和旅游部的事业单位，内设处级机构38个，在职职工1400余人。

2019年，故宫博物院深入学习贯彻习近平新时代中国特色社会主义思想和中共十九大以及十九届二中、三中、四中全会精神，开展“不忘初心、牢记使命”主题教育活动。4月，王旭东院长到任，围绕平安故宫、学术故宫、数字故宫以及活力故宫，推进“四个故宫”建设，求真务实、开拓进取，努力推动故宫博物院各项事业健康发展。全年接待中外观众1933万人次，再创年度观众数量新高。

（郭安娜）

【专题论坛部长级会议】10月28—29日，第三届文明古国论坛部长级会议学者论坛在故宫博物院召开。论坛以“保护人类文明遗产，促进遗产可持续发展”为主题，研究和探讨人类

10月28—29日，第三届文明古国论坛部长级会议学者论坛召开
（故宫博物院提供）

文明遗产的保护和可持续发展问题。来自中国、埃及、希腊、伊朗、伊拉克等9个成员国、多个观察员国及国际组织文化遗产领域的重要学者参加，就“古代世界诸文明形态的异与同”“现代文明中继承的古代文明遗产”“考古视野下的丝绸之路”等议题展开讨论，相互交流对于当下人类文明遗产处境的认识，共同探讨保护和传承人类文明遗产的有效途径。“文明古国论坛”由希腊和中国共同倡议发起，第一届部长会于2017年4月24日在希腊雅典举行。除部长级会议外，论坛还同步举办平行的学者论坛。2019年，第三届文明古国论坛部长级会议学者论坛与故宫博物院自2016年起持续举办的太和世界古代文明保护论坛合并，由中华人民共和国外交部、文化和旅游部、新华通讯社、国家文物局支持举办，故宫博物院、北京故宫文物保护基金会主办。

（郭安娜）

【平安故宫工程】2019年，“平安故宫”工程建设稳步推进。北院区项目已完成土地利用总体规划调整、人防规划设计方案论证及第一阶段地下管线探测、考古调查勘探，编制可行性研究报告并上报文化和旅游部；基础设施维修改造一期（试点）工程已完成近半，二期工程已召开地质专家咨询会；世界文化遗产监测项目在持续监测的同时，开展重大风险监测研究并完成技术探索项目；安防系统功能提升项目已交付使用，文物藏品技术防范系统软件开发工作已完成90%，应急指挥平台建设进入系统试运行；院藏文物抢救性科技修复保护，全年修复保养文物共711件；故宫文物医院接待学习参观109批次、2315人次。

（郭安娜）

【古建筑保护与文物管理】2019年，文化遗产保护管理持续优化，古建筑研究性保护项目初显成效。奉先殿区已完成主体建筑彩画信息采集、建筑院落勘察测绘等工作。怡情书史、延庆殿、西城墙、鸟枪4处古建筑抢险工程等修复工程竣工。乾隆花园保护项目，开展以符望阁为主的第四进院落及其他院落各殿座原状陈设复原，完成丝毛织品、贴落等仿制。统筹文物库房使用规划，开展宁寿门外西院地面文物库房改造试点工程。开展全院文物部门业务培训，从操作及流程全面保障文物安全。接受清代《王知敬书金刚经》拓本捐赠，收购北朝至隋青釉贴塑瓶等4件藏品。

（郭安娜）

【安全保卫与开放管理】节假日和重点时段对重要施工现场和布展现场实施安全大检查，并进行隐患治理，持续组织安全检查和“拉网式”排查，实现隐患排查治理工作常态化、制度化、规范化。保证全年敏感时期和重大政治活动期间全院安全工作总体平稳。在中华人民共和国成立70周年庆典活动期间，坚持高标准、严要求、零失误，研究制订工作方案，圆满完成安保任务。进一步健全消防机制，故宫博物院调整防火安全委员会成员，由院长任防火安全委员会主任，其他领导班子成员任副主任，夯实故宫博物院消防工作责任制。以法国巴黎圣母院和日本首里城重大火灾为鉴，紧盯重点环节抓整治，在全院展开消防自查和复查，对违规行为给予严肃处理，加强应急管理和义务消防队建设，消防处成立应急处置科。安全技术防范系统建设进一步完善，升级防盗报警系统并验收使用。观众参观体验环境不断优化，持续推进网络售票，分时段控制观众流量，在实施8万人限流的情况下达到旺季平稳，淡季不淡，确保全年开放工作安全顺利。不断加强与公安、消防、武警之间的协调联动，依法严厉打击各种违法违规行为，全年抓获黑导游、非法散发“小广告”人员等2511人。全部打通中轴线及两侧的无障碍通道，新设标识牌453个，石台阶原状台面保护改造467平方米，加强开放设施设备维护保养，及时消除安全隐患。

（郭安娜）

【陈列展览与宣教服务】2019年，举办17项院内临时展览。为庆祝中华人民共和国成立70周年举办的“万紫千红——中国古代花木题材文物特展”，系统展示中国古代花木题材艺术之美及文化意涵，是国内外第一个以花木题材文物为主题的大型综合展，展览主题契合国庆，与喜庆的节日氛围呼应，祝福伟大祖国欣欣向荣，繁荣昌盛。“须弥福寿——当扎什伦布寺遇上紫禁城”特展，拉开紫禁城建成600年纪念活动序幕；“传心之美”梵蒂冈博物馆藏中国文物展是故宫博物院与梵蒂冈博物馆共同策划的中国文物主题展，也是国内首次展出梵蒂冈博物馆藏中国文物，意义非凡；“天下龙泉——龙泉青瓷与全球化”展，是故宫博物院首次同时向多个国家借展，对“一带一路”沿线国家间的文化交流发挥重要作用。在境内文博机构举办或参展34个，包括“龙泰宸宇——故宫养心殿文物特展”“趣从幽处有真情——故宫博物院藏韩槐准捐献瓷器展”“和硕清雅——雍正故宫文物大展”等。故宫博物院全年提供咨询38万人次，志愿者提供志愿讲解8042人次，讲解员接待观众21.8万人次，观众使用自动讲解器271万人次，举办各类教育活动2239场。通过“送客到校”的形式，在北京市中小学开设故宫课程。

（郭安娜）

【文创产品研发与出版】至2019年，故宫博物院文创产品研发总量达1.3万余种。2019年研发新品超过1000种，并随展研发众多产品。故宫文创参加德国法兰克福国际文具及办公用品展览会、第十七届香港国际授权展、2019中国（宁波）特色文化产业博览会、2019中国旅游产业博览会、2019美国国际品牌授权展等展览活动，并获2019青岛国际版权交易会中国IP企业领军奖、2019中国旅游产业博览会优秀组织奖、2019中国旅游产业博览会优秀展台奖等奖项。全年成书共170种。《中国考古学》系列图书获2018年度全国文化遗产十佳图书称号。《谜宫·如意琳琅图籍》获2019年金竹奖年度大奖，并与《你好呀！故宫》一同入选国家新闻出版署2019年度数字出版精品。《故宫日历》连续第11年出版，年印数达到130万册，《故宫日历·2019》英文版入选中宣部年度对外出版项目，成为中国传统优秀文化走出去的代表出版物，继续引领日历图书出版潮流。“悦读故宫”项目列入中宣部国家文化发展项目库。故宫出版社有限公司在年度全国新文创企业50强中居第一。

（郭安娜）

【数字故宫】2019年，官方网站全年访问人次超800万人，较2018年增长70%。推出“数字文物库”，挖掘数字文物新价值，在公开186万件（套）文物藏品基本信息基础上，首批精选5万件高清文物形象公开，4个月内网页访问数达到3000万次。故宫出品APP应用全年下载量超100万次，全新发布APP“紫禁城600”，下载量13万次。新浪微博粉丝数量达850万人，总阅读量超过15亿次；微信粉丝数量近170万人，“微故宫”推送图文阅读量达1400余万次。“V故宫·数字多宝阁”于7月16日正式上线，点击超过26万人次；完成第八部虚拟现实节目《地下寻真》，这是首次以故宫考古为主题的节目；发布上线7款最新数字产品。12月11日，故宫博物院以高票入选“中国公众科学素质联合体”副理事长单位。《上新了·故宫》第二季上映，收视率居同类节目榜首。《故宫新事》第三集上线，观众浏览量超1500万次。《清明上河图3.0》项目获文化创新奖，并代表文化和旅游部参加改革开放40年成就展，成为最受观众欢迎的展览项目。

（郭安娜）

【学术科研】2019年，“西辽国物质文化资料的整理与研究”项目获国家社科基金“冷门绝学和国别史等研究专项”项目；主持国家社科基金艺术学项目“伊朗阿德比尔清真寺藏中国瓷器及相关问题研究”“俄罗斯皇宫典藏中国瓷器研究”；承担国家社科基金项目及子课题“故宫博物院藏殷墟甲骨文整理与研究”“新中国出土墓志整理与研究”“吐鲁番出土高昌国文书再整理与研究”；参加国家社科重大项目“非洲出土中国瓷器与海上丝绸之路研究”，国家自然科学基金项目“临清砖的历史谱系及其烧造工艺关键技术指标的量化研究”；继续推进国家语委重大专项研究项目“殷商占卜思想文化再检讨——以甲骨形态、甲骨文部首、田猎刻辞研究为中心”，国家文物局重大项目“长沙走马楼三国吴简保护与整理”；出版《甲骨文人选“世界记忆名录”发布会暨“甲骨收藏与绝学振兴”高峰论坛纪实》；面向院内员工开设藏文中级、高级培训班及学术专题系列讲座。故宫研究院与北京大学、敦煌研究院、清华大学、中科院高能物理研究所等高校和科研院所签署战略合作协议。新成立玉文化研究所等5个研究所，申报并立项国家级课题5项。考古研究所开展雄安新区容城县城子遗址调查勘探、安徽凤阳明中都遗址考古测绘与发掘、内蒙古化德县新石器时代早期遗址年度考古调查和发掘等工作。故宫学院已在全国建成立9个分院，举办故宫讲坛35场。承办国家文物局、地方市级文物局、博物馆等单位委托培养的培训班6个，涉及官式古建筑木构保护及木作营造技艺、藏传佛教文物保管与保护、文化创意产品开发与市场运营等主题。

（郭安娜）

【交流合作】2019年，涉外及港澳台地区展览共4项，包括赴美国佛利尔与赛克勒美术馆举办的“凤舞紫禁：清代皇后的艺术与生活展”，赴莫斯科克里姆林宫博物馆举办的“18世纪的东方盛世及清高宗乾隆皇帝展”，赴香港文物探知馆举办的“穿越紫禁城：建筑营造展”，赴香港科学馆举办的“内里乾坤——故宫文物修复展”。分别与乌兹别克斯坦国家历史博物馆、塞尔维亚国家博物馆、香港特别行政区政府渔农自然护理署签署谅解备忘录。国际博物馆培训中心举办春季和秋季培训班，学员59人。国际文物保护修复学会培训中心举办第五期专题培训班。配合国家“大湾区”战略，推动第三届故宫青年实习计划，接收粤港澳三地实习生48人。故宫考古部赴乌兹别克斯坦、吉尔吉斯斯坦等国开展考古工作。

（郭安娜）

故宫博物院负责人

故宫博物院院长	单霁翔（4月免） 王旭东（4月任）

医疗卫生

2019 年，北京口腔医院新址奠基仪式（郎希萌摄）

综　述

2019年，东城区共有医疗卫生机构554个，其中医疗机构533家，营利性医疗机构259家、非营利性医疗机构274家。一级及以上医院60个。实有床位9938张（平均每千人拥有床位数12.52张），卫生技术人员2.59万人，其中执业（助理）医师1.02万人（平均每千人拥有执业（助理）医师12.9人），注册护士1.07万人（平均每千人拥有注册护士13.52人）。全年门急诊诊疗数2465.79万人次，病床使用率87.24%，病床周转次数44.5次，全年住院手术26.82万人次，医护比为1：1.05。区属医疗机构门急诊诊疗691.01万人次，出院5.34万人次，其中社区卫生服务机构总诊疗271.29万人次。全年办理医师多执业机构备案1356人次，取消多执业机构备案115人次。全年出院43.54万人次，病床使用率87.24%，平均住院日（不含精神专科医院）6.98天。

深化医药卫生体制改革。建立高效顺畅的组织管理机制、会商推进机制、信息报送机制、督导检查机制和风险防范机制。医药费用增长控制幅度全市排名第一。确定东城区医耗联动综合改革、推动现代医院管理制度建设等9个方面32项深化医改工作任务。在全区公立医院启动国家集中招标采购药品配备使用试点。启动东城区2019年医耗联动综合改革，242家医疗机构参加改革，对6621项医疗服务价格完成调整，实现居民零投诉。选取北京市第六医院为加强公立医院党的建设试点单位，北京市普仁医院为薪酬制度改革试点单位，北京市隆福医院为落实现代医院管理制度试点单位。为全区全面深入推进医药卫生体制改革先行先试，完善制度建设，奠定基础，积累经验。

深化卫生健康机构改革。3月22日，东城区委卫生健康工委、区卫生健康委揭牌，将区卫生计生委职责、区安监局职业安全健康监督管理职责、区发展改革委深化医药卫生体制改革职责、区老龄工作部分职责进行整合，新部门突出全生命周期健康服务理念。

深入推进健康东城建设。积极落实健康东城2018—2020三年行动计划。完成国家卫生区复审工作。至12月31日，全区甲乙类传染病报告发病率为132.9/10万。完善东城区高危孕产妇转会诊网络，建立东城区保障孕产妇安全三级响应机制，无孕产妇死亡。推进国家科学育儿试点区建设，深化与北京儿童医院、首都师范大学合作。东城区成为中国计生协全国设立的28个优生优育指导中心项目点之一，也是北京市第一个国家级计生协优生优育指导中心。推进学校卫生工作，与区教委共同举办东城区近视防控推进会暨视力健康达人赛活动。承办国家卫生健康委儿童青少年预防近视主题宣传活动。

提高医疗服务质量。持续推进改善医疗服务行动，开展“互联网+护理服务”试点。深入推进医联体内涵建设，2019年获评全国城市医联体建设试点城市和北京市紧密型医联体建设试点区。建成综合医联体6个，专科医联体6个，推进东城区中西医结合紧密型医联体建设。第六医院、普仁医院、隆福医院、区妇幼保健计划生育服务中心4家医院的11个学科通过区级重点专科验收。在研国家级、市级、区级科研课题95项，其中独立项目69项，合作项目26项，已结题8项，科研立项质量稳中有升。全系统共发表论文337篇，其中属于中国科技论文源统计期刊121篇，SCI论文1篇，专利1项。推进“1+1+N”驻区高精尖人才医疗保障服务体系。

持续推广智慧家医模式。组建家医团队235个，签约26.88万人，其中重点人群签约17.03万人，签约率达90%；总诊疗197.66万人次，门急诊196.89万人次。试点运行“智慧健康处方”系统，结合危险因素与预防权重关系，提出营养膳食、心理减压、健康运动等“八个维度”健康处方指导管理建议，通过嵌入东城区社区卫生服务信息系统，动态监测居民健康状况并进行个性化管理。启动东城区社区卫生服务“互联网+健康”精准服务应用平台建设，为签约居民提供健康咨询智能应答服务和便捷的精准化健康管理服务。

（贾英仙）

行政管理

【概况】东城区卫生健康委员会（简称区卫生健康委），为东城区政府职能部门，负责全区卫生健康工作。2019年，机关内设科室25个。系统单位37个，编制7517人（含机关工勤7人），其中行政机构3个，公务员编制229人、实有193人；医疗机构单位9个，事业编制4778人、实有3909人；公共卫生机构及其他单位25个（含两家集体单位），事业编制2503人、实有1864人（含两家集体单位79人）。

（贾英仙）

【信息化建设】2019年，信息化建设总投入1834万元。建设区医学影像协同业务中心，实现社区远程会诊、远程诊断。建设区医疗检验中心平台，建立区域内一体化检验中心资源集成服务模式，以及服务于社区医疗卫生机构的快速反应实验室服务模式。建设以和平里医院为核心，下接和平里社区卫生服务中心的紧密型医联体信息系统，实现人财物一体化管理和医疗信息资源聚合管理。建设社区卫生精准化健康服务系统及“互联网+健康”精准服务应用平台，提升智能化精准服务能力，实现信息惠民、便民服务。

（贾英仙）

【经费管理】2019年，卫生健康系统总收入51.77亿元，其中财政拨款15.24亿元，事业收入35.89亿元；总支出52.28亿元。

（贾英仙）

【基本建设】2019年，基建总投资1.45亿元，其中财政投入资金1.44亿元，单位自筹资金65.05万元。全年无扩建工程，无房屋面积增加。全年实施基建项目51个，其中社区卫生项目25个。至2019年年底，已完工47个，其中社区卫生项目23个。全力推进重点基建工程项目，完成普仁医院（尼奥大厦）中西医结合康复诊疗中心建设工程并投入使用，第六医院南北楼加固及节能改造主体工程，加快实施第一人民医院异地迁建项目及异地迁建配套建设项目，第六医院电力增容改造及门诊急诊楼、东楼加固节能及消防系统改造项目，普仁医院病房楼加固及节能改造，精神卫生保健院节能保温改造项目，和平里医院综合楼建设项目，疾病预防控制中心节能及加固改造工程；组织实施系统污水、供暖、安防监控、锅炉改造等小型修建、技防、消防工程，解决重点安全隐患问题；推进社区标准化建设，完成新设置安定门、交道口社区卫生服务中心及外交部街、东四三条社区卫生服务站装修改造，完成建国门、朝阳门、东花市、天坛、永外、体育馆路社区卫生服务中心局部修缮改造，完成北京站东、东革新里、法华寺、长青园社区卫生服务站修缮改造。

（贾英仙）

医政管理

【概况】持续推进改善医疗服务行动，开展“互联网+护理服务”试点。深入推进医联体内涵建设，2019年获评全国城市医联体建设试点城市和北京市紧密型医联体建设试点区。建成综合医联体6个，专科医联体6个，推进东城区中西医结合紧密型医联体建设。

（贾英仙）

【医疗工作】完成医师、护士、医疗机构、麻醉、一类精神药品等行政许可事项初审5484件，其中医疗机构相关许可事项98件，医师相关许可事项1471件，护士相关许可事项3898件，麻醉、一类精神药品许可事项17件。组织并启动辖区医疗机构医师定期考核工作，2019年再次考核报名医师231人。

（贾英仙）

【医疗质量管理】组建东城区药学质量控制和改进中心，由和平里医院担任主任委员单位。5个区级质控中心组织10次专题培训班，培训600余人次，组织现场检查12次。区属公立医院第三批重点专科建设项目，北京市第六医院医学影像科、北京市普仁医院医学检验科（病理科）通过建设期第一年度考核。

（贾英仙）

【医疗专科建设】2019年，委托东城区医学会对区属4家公立医院，11个学科重点专科建设项目进行终期验收。北京市第六医院骨科、心血管科、普外科、神经内科，北京市普仁医院骨科、肿瘤科、内分泌科、神经内科，北京市隆福医院老年病科、呼吸内科，北京市东城区妇幼保健计划生育服务中心妇科均通过验收，正式确认为区级重点专科。

（贾英仙）

【医护双节】开展年度区卫生系统优秀护士、优秀护理管理工作者评选，共评选出优秀护士36人、优秀护理管理工作者30人，满30年护龄护士252人。举办“爱在人间·微笑天使”摄影展评选活动，评选出护理工作者微笑服务摄影个人单项奖12个、组织奖12个。召开东城区卫生健康系统纪念“5·12”国际护士节暨先进表彰大会，向年度区卫生健康系统优秀护理工作者、优秀护理工作管理者、满30年护龄的护士代表颁发荣誉证书。

（贾英仙）

【互联网+护理服务】申报国家“互联网+护理服务”试点，制订《北京市东城区卫生和计划生育委员会关于开展“互联网+护理服务”试点工作方案》，对东城区开展“互联网+护

1月23日，北京市中西医结合老年健康研究所落户隆福医院（区卫健委提供）

理服务”试点的工作目标、工作内容、实施步骤等做出明确规定。北京市第六医院、北京市普仁医院、北京市和平里医院、北京市隆福医院、北京市鼓楼中医医院和北京市东城区第一人民医院申报成为试点医院。通过业务知识技能、职业安全培训和技术操作标准考核，至12月底共有护理人员248人参加。入户服务700余人次，未发生医疗纠纷和意外事件。

（贾英仙）

【国家药品4+7集中采购】对25种中选药品第一年度任务量进行分配，各试点医疗机构完成全员培训并制订工作应急预案。委属70家试点医疗机构均完成中选药品备货入库，采购平台于3月23日零时正式启动。11月1日起辖区医疗机构麻醉药品、第一类精神药品购用印鉴卡全部实施电子化管理。

（贾英仙）

【对口支援】2019年，与河北张家口市崇礼区，内蒙古化德县、阿尔山市，湖北郧县郧阳区，西藏当雄县，北京市怀柔区对接，在原有共建基础上，东城区卫生健康委与当雄县卫生健康局签订携手奔小康结对帮扶协议书，并组织北京市普仁医院、北京市和平里医院与化德县朝阳镇卫生院、德善乡卫生院结对共建。组建医疗队，选派骨干医务工作者16人赴崇礼、化德、阿尔山、当雄医疗机构挂职锻炼、驻点帮扶。组织区属医院选派专家134人次赴受援地区开展支医活动，通过义诊、学术交流、技术指导、科室对接等方式进行合作，受益群众942人次，其中建档立卡人口168人次，入户11人次。组织开展受援地区乡村医生多发病、常见病诊治，中医适宜技术等方面培训，共培训13场次，525人次参加。接收受援地区31名骨干医师到京跟岗进修，在京举办北京市东城区卫生对口帮扶阿尔山市精准医疗扶贫培训班，对当地医务人员开展急诊急救知识、中医适宜技术培训，共培训55人。统一采购并捐赠医疗设备合计约139万元，共90件。捐赠医疗卫生常见病和多发病健康扶贫培训手册7200本，捐赠针对乡村医生制作的常见病和多发病健康扶贫教学光盘和U盘72套。与受援地搭建远程会诊平台，成功开展远程会诊19例，业务培训5次。

（贾英仙）

【血液管理】全年区属医院用血：全血0单位，红细胞5642单位，自体输血442单位。全区献血点11个，其中9个固定献血点，2个临时献血点（地坛、龙潭两个庙会献血点）。全年无偿献血13.2万单位（其中团体无偿献血4751单位、街头无偿献血12.72万单位）。

（贾英仙）

4月30日，北京妇产医院与北京市第六医院举行妇科专科医联体签约仪式（区卫健委提供）

医疗改革

【概况】建立高效顺畅的组织管理机制、会商推进机制、信息报送机制、督导检查机制和风险防范机制。在北京市2018年度各区医改绩效综合考评中获得第二名（上升一名），医药费用增长控制幅度全市排名第一。确定东城区医耗联动综合改革、推动现代医院管理制度建设等9个方面32项深化医改任务。

（贾英仙）

【医疗体制改革】编制印发东城区医耗联动综合改革、落实建立现代医院管理制度相关文件并全面贯彻落实。成功实施医耗联动综合改革，辖区参加改革医疗机构242家。6月15日改革启动以来，辖区归口管理的234家医疗机构，接诊结算平稳有序，药品和耗材供应正常。

（贾英仙）

【医联体建设】2019年，东城区获评全国城市医联体建设试点城市、北京市紧密型医联体建设试点区，对辖区医联体布局进行网格化规划调整。北京市鼓楼中医医院与首都医科大学附属北京中医医院签订医联体合作协议；以首都医科大学附属北京妇产医院为核心医院，签约成立妇科专科医联体。至年底，辖区共建立6个综合医联体，分别是：东直门医院医联体、北京医院医联体、北京协和医院医联体、北京同仁医院医联体、（原）陆军总医院医联体和北京中医医院医联体；6个专科医联体，分别是：精神专科医联体、儿童专科医联体、口腔专科医联体、神经专科医联体、眼耳鼻喉专科医联体、妇科专科医联体。辖区各综合医联体累计上转患者3575人次，下转患者3423人次，专家2298人次下沉成员单位开设专家门诊，医务人员407人次在医联体内完成进修学习。

（贾英仙）

【医养结合】组织开展敬老月活动。推选区级“孝顺之星”34人。建立区级医养结合信息平台，实现信息互通共享，确保分级诊疗高效运作，达到连续性医疗服务理想模式。为托底和扶助老人开展入户医疗评估及入户医疗服务达1.2万余人次。开展老年心理健康与关怀服务试点。隆福医院转型为中西医结合三级老年专科医院并成立北京市中西医结合老年健康研究所。鼓楼中医医院打造中医健康养老“身边工程”。推进六院、鼓楼中医医院、第一人民医院老年友善医院创建工作。2019年东城区获评国家级安宁疗护试点区和老年健康评估试点区。

（贾英仙）

【医疗信息化建设】2019年，组建家医团队235个，签约26.88万人，其中重点人群签约17.03万人，签约率达90%；总诊疗197.66万人次，门急诊196.89万人次。

（贾英仙）

社区卫生

【概况】2019年，全区正式运行7个社区卫生服务中心、54个社区站（包括中心站），全部为政府办机构。全区社区卫生系统在岗职工总数1469人，其中在编1248人，劳务派遣及退休返聘221人；其中医师（含见习）581人、全科医师352人、护士（含见习）496人；全年总诊疗271.29万人次，门急诊270.26万人次。

（贾英仙）

【家庭医生签约】全区共组建236个全科团队，累计签约28.79万人，平均每个团队签约1220人，签约率达到36.26%，重点人群签约率94.5%。全区建城乡居民健康档案70.14万份，规范化电子档案建档率88.34%；65岁以上老年人健康管理6.47万人，健康管理率达69.1%；高血压管理5.88万人，规范管理率70.07%；糖尿病管理2.88万人，糖尿病规范管理率70%。

（贾英仙）

【双向转诊】2019年，二、三级医疗机构支援社区医务人员累计1056人次，开展门诊1.81万人次，讲座32场，体检、义诊等其他服务1.88万人次。全年社区上转病人2.58万人次，下转病人4451人次。

（贾英仙）

表32　**2019年东城区社区卫生服务机构一览表**

序　号	机构名称	地　址	联系电话
1	北京市东城区东花市社区卫生服务中心	广渠家园13号楼	67118044
2	北京市东城区龙潭社区卫生服务中心	光明中街25号	67111096
3	北京市东城区体育馆路社区卫生服务中心	法华南里25号楼西侧	67120019
4	北京市东城区天坛社区卫生服务中心	粉厂胡同57号、珠市口东大街2号107、108室	67074337
5	北京市东城区朝阳门社区卫生服务中心	东四南大街灯草胡同31号	65138019
6	北京市东城区和平里社区卫生服务中心	小黄庄一区9-1号、黄寺大街甲8号9楼	84282143
7	北京市东城区建国门社区卫生服务中心	后赵家楼胡同9号	65256218
8	北京市东城区社区卫生服务中心	朝内大街192－1号	65125503
9	北京市东城区永定门外社区卫生服务中心	丰台区蒲黄榆二里2号院	67020979
10	北京市东城区安定门街道花园社区卫生服务站	安定门内花园东巷25号	64013430

续表32

序　号	机构名称	地　址	联系电话
11	北京市东城区安定门街道五道营社区卫生服务站	安定门内大街永康胡同9号	64012290
12	北京市东城区北新桥街道北新桥社区卫生服务站	东直门大街184号	64053216
13	北京市东城区北新桥街道海运仓社区卫生服务站	海运仓小区南颂年3号楼	84073206
14	北京市东城区北新桥街道民安社区卫生服务站	民安14号楼	84078626
15	北京市东城区北新桥街道青龙社区卫生服务站	东直门北小街青龙胡同甲1号	64027190
16	北京市东城区北新桥街道十三条社区卫生服务站	东四北大街168号内一层2112号	64053927
17	北京市东城区朝阳门街道朝内头条社区卫生服务站	朝内大街203号	64015610
18	北京市东城区朝阳门街道大方家社区卫生服务站	小牌坊胡同30号	85111691
19	北京市东城区朝阳门街道内务社区卫生服务站	内务部街73号	65136054
20	北京市东城区崇文门外街道都市馨园社区卫生服务站	兴隆都市馨园13号楼D102-103	67021437
21	北京市东城区崇文门外街道新景家园社区卫生服务站	西花市大街62、64号	87186099
22	北京市东城区东花市街道东花市南里社区卫生服务站	东花市南里东区13号楼107-108	87103147
23	北京市东城区东花市街道铁辘轳把社区卫生服务站	东花市大街33号	67120077
24	北京市东城区东花市街道忠实里社区卫生服务站	忠实里西区7号楼1层106号	67118044
25	北京市东城区东华门街道东华门社区卫生服务站	南河沿大街磁器库南巷1号	65597833
26	北京市东城区东华门街道多福巷社区卫生服务站	东四南大街报房胡同45号	65127470
27	北京市东城区东华门街道甘雨社区卫生服务站	西堂子胡同15号	65240060

续表32

序　号	机构名称	地　址	联系电话
28	北京市东城区东华门街道韶九社区卫生服务站	韶九胡同22号	65240100
29	北京市东城区东华门街道台基厂社区卫生服务站	台基厂大街台基厂二条3号	65126450
30	北京市东城区东四街道东四三条社区卫生服务站	东四三条45号	64006790
31	北京市东城区东四街道东四社区卫生服务站	东四北大街东四六条甲62号	64017470
32	北京市东城区东四街道南门仓社区卫生服务站	朝阳门内北小街仓南胡同5号、罗家大院1号	84068240
33	北京市东城区东直门街道东直门社区卫生服务站	东直门外察慈小区7号楼	64610470
34	北京市东城区东直门街道清水苑社区卫生服务站	东直门北大街乙4号楼	64611494
35	北京市东城区东直门街道十字坡社区卫生服务站	东直门外十字坡西里10号楼北	64161320
36	北京市东城区东直门街道王家园社区卫生服务站	王家园胡同37号院1号楼一层	65519556
37	北京市东城区东直门街道新中街社区卫生服务站	新中西里6号楼迤北平房院	64165425
38	北京市东城区和平里街道安德里社区卫生服务站	安德里北街21号	84127060
39	北京市东城区和平里街道安德路社区卫生服务站	安外青年路南街11号	84130209
40	北京市东城区和平里街道东河沿社区卫生服务站	东河沿甲7号	64205058
41	北京市东城区和平里街道和平里社区卫生服务站	和平里北街18号西门	64215168
42	北京市东城区和平里街道和平里中街社区卫生服务站	和平里六区六号一层	84220399
43	北京市东城区和平里街道交通社区卫生服务站	交林夹道甲2号	64213430
44	北京市东城区和平里街道青年湖社区卫生服务站	青年湖东里9号楼北	84112543

续表32

序号	机构名称	地址	联系电话
45	北京市东城区和平里街道小黄庄社区卫生服务站	小黄庄一区9-1号、黄寺大街甲8号	84282143
46	北京市东城区建国门街道苏州社区卫生服务站	崇文门内大街苏州胡同120号、北京站东受禄街28号	65124640
47	北京市东城区建国门街道外交部街社区卫生服务站	东单北大街东堂子胡同24号	65281974
48	北京市东城区交道口街道交东社区卫生服务站	土儿胡同10号楼	84046916
49	北京市东城区交道口街道圆恩寺社区卫生服务站	板厂胡同30号院内西南角内院41-66号	65123327
50	北京市东城区景山街道吉祥社区卫生服务站	水簸箕胡同甲5号-1	64007169
51	北京市东城区景山街道宽街社区卫生服务站	美术馆后街12号	64006540
52	北京市东城区景山街道魏家社区卫生服务站	东四北大街249号	84032330
53	北京市东城区龙潭街道龙潭北里社区卫生服务站	夕照寺街35、37号	67183342
54	北京市东城区龙潭街道幸福家园社区卫生服务站	幸福家园19号楼1101、1102号	67111096
55	北京市东城区龙潭街道左安门社区卫生服务站	左安浦园1号楼旁平房	87198967
56	北京市东城区前门街道前门社区卫生服务站	草厂六条4号	67073468
57	北京市东城区体育馆路街道法华寺社区卫生服务站	体育馆西路1号	67133157
58	北京市东城区体育馆路街道长青园社区卫生服务站	长青园16号楼迤南2-2-1-72-29	67120567
59	北京市东城区天坛街道金鱼池社区卫生服务站	金鱼池小区西区13楼1单元001，002，101，102室和16楼5单元103，104室，珠市口东大街2号大厦109室	67023088
60	北京市东城区天坛街道天坛东里社区卫生服务站	天坛东里南区79号	67010624
61	北京市东城区天坛街道天坛南里社区卫生服务站	永内东街西里11号	67073468

续表32

序　号	机构名称	地　址	联系电话
62	北京市东城区永定门外街道东革新里社区卫生服务站	东革新里40号	87265202
63	北京市东城区永定门外街道富莱茵社区卫生服务站	沙子口路72号富莱茵小区9-1-101	87817703
64	北京市东城区永定门外街道景泰西里社区卫生服务站	景泰西里西区8号楼底商	67222060
65	北京市东城区永定门外街道望坛社区卫生服务站	永定门外桃杨路二条2号	51335257
66	北京市东城区永定门外街道永建里社区卫生服务站	永定门西滨河路8号院8-2底商	67020979

（贾英仙）

中医中药

【概况】建立健全具有东城特色的三级联动中医药医疗服务体系，推动区域中医医疗资源有效利用，巩固中医药健康服务平台建设。开展区域中医药文化资源调查及转化，依托区域内丰富的中医药文化资源，推进中医药健康旅游产业发展。

（贾英仙）

【国家中医药发展改革试验区】依托北京中医药大学等单位，在中小学中有效推进中医药文化进校园。结合“故宫以东”旅游品牌，挖掘区内特色健康旅游产品，并尝试与“故宫以东”产品的嫁接，通过官方旅游营销推广，扩大区中医药旅游的影响力。组织北京广誉远展览有限公司和北京正安康健医药科技发展有限公司开展“北京中医药文化旅游示范基地”建设。

（贾英仙）

【名医工作室建设】2019年，引进颜正华国家级名老中医工作室在隆福医院设立分站，引进巫君玉名家研究室在鼓楼中医医院设立分站。

（贾英仙）

【中医药文化节】举办第十二届北京中医药文化宣传周暨第十一届地坛中医药健康文化节活动。活动由北京市中医管理局、东城区人民政府共同主办，以“弘扬传统文化 促进健康服务”为主题，围绕“文化自信 科普惠民 责任担当”主旨，呈现我国传统中医文化的自信和传承。活动现场在方泽坛内划分医脉千秋、道济当代、天地其所、五行人生四大区域，并设立国际交流、中医药特色专科、国家中医药改革、中药现代化互联网、非物质文化遗产展、名家传承、民族医药、多元化服务展示区、中医药健康旅游文创等展示区及VR神奇中医药体验馆、地坛组委会指挥部+地坛直播间等11个主题区域。同时还安排中医药文化传承创新日，设置母亲节、护士节等专场主题活动。

（贾英仙）

5月10日，第十二届中医药健康文化节开幕（区卫健委提供）

医学教育科研

【概况】组织开展第六批北京市级中医药专家学术经验继承选拔工作，推荐1人为首都国医名师指导老师候选人，推荐3人为首都名中医候选人，推荐2人为第三届首都群众喜爱的中青年名中医候选人，为高层次的中医人才提供高层次成长平台。输出陈文伯名家研究室在京城易安中医门诊部建立分站，促进北京市名老中医药专家优质资源在本系统利用、共享、传播。立足区名医工作室培养本土中医人才。

（贾英仙）

【医疗科技人才培养】对9个区知名中医工作室进行结题验收，对学术经验继承人、中医适宜技术岗位能手进行出师考核，对第三批10个区名医工作室（“希望之星”中青年工作室）进行中期考核，考核结果全部合格。参加北京市卫生健康委组织的精神科医师转岗培训2人；参加儿科医师转岗培训3人；全科医生转岗培训5人，医师2人参加2019年全科医师转岗免培直考并通过考试。参加住院医师规范化培训52人，录取47人；选拔骨干参加北京市卫生健康人才骨干培训15人；医务人员在“中法急救”培训中受益20人。4个中医药学科团队获评北京市中医管理局第三批基层中医药学科团队基地，医师3人报名参加。东城区医疗卫生人才创新发展平台二期建设完成初步验收。

（贾英仙）

【医学教育】2019年，组织申报国家级继续医学教育项目，1个项目获批；组织申报北京市级继续医学教育项目，22个项目获批。开展区级继续医学教育项目评审，获批区级继续医学教育培训项目2078项，并进行公布。完成北京市实验室生物安全全员必修课培训、流行性感冒预防知识全员培训。全年举办继续医学教育项目培训5528场，受训55.95万人次，5909学分，其中举办区级继教项目培训2305场，受训24.07万人次，2280学分。实现参培率、达标率2个100%工作目标。

（贾英仙）

【医疗科学研究】2019年，区卫健委用于科研专项的总经费为202万元。全系统在研国家级、市级、区级科研课题95项，其中独立项目69项，合作项目26项，8个项目已结题。项目资助资金总额364万元，单位匹配资金214万元。组织申报148项北京市科委金桥工程种子资金科研项目，5个项目获批。组织评选出18项2019年度东城区卫生科技计划项目，26项2018年度东城区卫生科技计划项目进行了结题验收。全系统共发表论文337篇，其中属于中国科技论文源统计期刊121篇，SCI论文1篇，专利1项；课题质量、论文质量、水平有所提升。

（贾英仙）

【科普教育】2019年，区卫健委开展科普活动106项，受众1.88万人次，发放宣传材料、手册8644份，参加活动专家86人次，参加科技周工作人员282人次。医学会受理医疗事故鉴定5起。

（贾英仙）

疾病控制

【概况】2019年，全区甲乙丙类传染病共计发病1.25万例。甲类传染病发病数0例，死亡0例。乙类传染病发病1017例，死亡16例（艾滋病死亡3例，肝炎死亡13例）。乙类传染病发病率前三位的疾病是痢疾（发病率36.98/10万）、肺结核（发病率27.01/10万）、梅毒（发病率26.64/10万）。结核病发病人数222例，死亡0例；性病（淋病+梅毒）发病人数270例，死亡0例；艾滋病发病人数34例，死亡3例。狂犬病发病人数0例，死亡0例；人感染H7N9禽流感发病人数0例，死亡0例；手足口病发病人数325例，死亡0例；布病发病人数2例，死亡0例。

（贾英仙）

【慢病防治】完成国家脑卒中社区筛查2073人；完成北京市社区脑卒中高危人群随访3076人，其中死亡28人，随访率95.53%。完成北京市户籍肿瘤患者社区随访1950例，失访172例，失访率8.9%。落实《城市癌症早诊早治项目》，全区完成问卷评估3122例，筛出高危1734例，高危检出率55.54%，完成临床筛查1234例，总体任务完成率为112.18%。2018—2019年度《心血管病高危人群早期筛查与综合干预项目》，6家社区卫生服务中心累计完成初筛5544人，初筛完成率92.4%；筛出高危1347人，高危检出率24.3%；三家基地医院共完成高危检查1064人，高危筛查完成率78.99%。持续开展慢病适宜技术推广，全年新增高血压自我管理小组13个、糖尿病患者同伴支持小组14个，社区覆盖率分别为78.5%和37.9%。

（贾英仙）

【精神卫生】2019年，辖区在册严重精神障碍患者3721人，正常管理2814人，失访患者160人，拒访患者72人，住院患者675人。报告患病率4.37‰，在册患者规范管理率92.45%，在册患者规律服药率88.66%，面访率97.61%，免费服药政策惠及率61.53%。

（贾英仙）

【学校卫生】2018—2019学年，辖区中小学生共9.75万人，视力不良实检人数9.33万人，检出人数为5.75万人，检出率61.63%；营养不良实检人数9.33万人，检出人数为7456人，检出率7.99%；肥胖实检人数9.33万人，检出人数为1.33万人，检出率14.3%；贫血实检人数9.31万人，检出人数为1210人，检出率1.3%；恒牙龋齿实检人数9.33万人，检出人数为2.15万人，检出率22.99%。处理中小学暴发疫情3起，其中流感疫情暴发2起；水痘疫情暴发1起，未发生学校集体食物中毒事件。

（贾英仙）

【计划免疫】2019年，东城区接种免疫规划疫苗11种15.19万剂次，报告疑似预防接种异常反应72例。接种非免疫规划疫苗26种13.97万剂次，报告疑似预防接种异常反应48例。外来务工人员接种含麻疹成分疫苗1063剂次，流脑A+C疫苗969剂次。2019年流感季，共接种免费流感疫苗6.39万人（其中老年人2.23万人，学生3.8万人，保障人员863人，医务人员1849人，教师860人），自费2926人。应急接种麻风疫苗515剂次，麻腮风疫苗34剂次，水痘疫苗161剂次。

（贾英仙）

【职业卫生】全区有职业病危害因素企业67家（含放射性因素），职工总人数2.49万人，应体检6900人，实际体检7049人，实检率102.2%，其中岗前体检130人，在岗体检6869人，检出职业禁忌症病例24人，调离岗位1人；离岗体检50人。2019年共接报10例职业病病例，其中2例石棉肺病例，3例煤工尘肺病例，1例矽肺病例，2例哮喘病例，1例电光性皮炎，1例慢性苯中毒。接到2例农药中毒病例报告。完成辖区118家（次）用人单位有毒有害作业工人体检数据审核。

（贾英仙）

【食品卫生及生活饮用水检测】完成食品及相关7类17种165件样品的19类化学污染物监测，其中区级扩大监测任务中检测邻苯二甲酸脂类40件，检出13件，检出率32.5%。食品微生物及致病因子监测采集样品12类15种325件，致病菌检出率为13.5%，其中中式凉拌菜的检出率为45%。食源性疾病主动监测439例，共检出致病菌100株，沙门菌、副溶血性弧菌、致泻大肠埃细菌和空肠弯曲菌的检出率分别为4.33%、0.46%、9.8%和6.83%。肠道病毒监测439件，诺如病毒检出率为9.11%，轮状病毒检出率为0.23%。全年共采集水样376件，监测完成率100%。其中市政末梢水216件，高层建筑二次供水160件。检测项目包括PH值、氯化物、硝酸盐、溶解性总固体、总硬度、耗氧量、氟化物、硝酸盐（二次供水）/硝酸盐氮（市政末梢水）、游离性余氯等具有连续性数值的指标，检测结果显示市政末梢水和二次供水全部样本指标均合格，样品整体检测合格率为100%。监督生活饮用水卫生1495户次，监督覆盖率99.79%，合格率96.82%，行政处罚206户次，罚没款金额共计18.3万元。

（贾英仙）

健康促进

【概况】2019年，东城区通过国家卫生区复审，被国家卫生健康委、全国爱卫办评选为2018年度健康城市建设示范市、各省份排名第一位城市。

（贾英仙）

【健康促进】2019年全区医疗机构二三级网络共完成健康大课堂1830场，受众达8万余次，发放宣传材料965种，11.3万份。开展健康促进医院、社区、学校创建工作，共创建健康社区148家，健康单位15家，健康医院27家，健康食堂28家，健康餐厅17家。辖区所有中小学校均获得北京市健康促进学校称号。

（贾英仙）

【病媒防治】2019年出动1080人次对辖区17个街道办事处177家社区重点场所进行不定时督查。开展环境治理394次，消杀处理地下管井2550个，消杀越冬蚊蝇藏地面积1288.98万平方米，消杀处理蟑螂藏地面积1091.93万平方米，投放毒饵站6078个，投入鼠药1899.5千克，实现辖区内各类环境消毒合理有效，有鼠区域灭鼠投药全覆盖，病媒生物孳生环境得到有效治理。

（贾英仙）

【禁烟控烟】2019年，全区30家单位被评为北京市控烟示范单位。监督检查各类场所8415户次，处罚违法吸烟个人378人，罚款2.3万元；处罚违法单位96户，罚款31.4万元；对787户不合格单位和个人进行责令改正。

（贾英仙）

行业监督

【概况】严格履行决策程序，做好重大行政决策和规范性文件合法性审查。继续做好依法行政和“七五”普法各项工作。有序完成机构改革职业健康职能平稳承接，完成医耗联动综合改革专项监督检查。

（贾英仙）

【公共卫生监督】2019年，监督检查辖区公共场所1695户，量化分级1362户。监督8224户次，监督覆盖率99.08%，合格率89.57%，行政处罚747户次，罚没款金额130.9万元。监督学校卫生631户次，监督覆盖率100%，合格率98.07%，给予警告行政处罚24户次。监督放射卫生192户次，覆盖率97.95%，合格率89.88%，行政处罚14户次，罚没款金额41.8万元。监督职业卫生4户次，覆盖率100%，合格率100%。监督传染病防治和消毒产品卫生1092户次，监督覆盖率99.44%，合格率

98.43%，行政处罚23户次，罚没款金额6.4万元。

（贾英仙）

【医疗卫生监督】监督医疗机构1865户次，监督覆盖率99.78%，合格率98.32%，行政处罚31户次，罚没款金额19.9万元。血液监督23户次，监督覆盖率100%，合格率95.45%。无吊销医疗机构执业许可证的行政处罚。2019年，调查处理涉及非法行医举报投诉98起，依法给予行政处罚44起，罚款33.6万元，没收违法所得17.69万元，罚没款共计51.29万元。案件移送工商部门33起，食药部门1起，公安部门1起。

（贾英仙）

【计划生育监督】2019年，监督检查32户次实施计划生育手术单位，未发现违法行为，全年无相关处罚。

（贾英仙）

【生物安全】开展日常生物安全督察83户次，元旦、春节、中秋、国庆期间组织专家开展辖区生物安全督导工作2次，到辖区协和医院、市CDC等8家单位进行生物安全现场监督检查，开展年度生物安全管理培训工作会。

（贾英仙）

老龄健康

【概况】2019年，辖区60周岁及以上老年人户籍人口30.41万人，占全区户籍总人口比例30.77%；80周岁及以上老年人户籍人口5.96万人，占全区户籍总人口比例6.03%，占60周岁及以上户籍老年人口比例19.61%。

（贾英仙）

【老年健康服务】辖区形成集医疗、康复、护理、养老、保健、临终关怀六位一体的老年健康服务三级网络体系。医养结合框架结构搭建成型，成立东城区老年医疗康复护理指导中心，组建区域专家库，开展辖区医养结合人才培训、技术指导及质控；成立东城区老年医疗综合评估中心，对老年人失能情况、需求情况、医疗分级情况进行统一评估；成立东城区老年医疗服务中心，按需为老年人提供医养服务。建立医养结合信息平台，整合区域内政府信息管理平台资源，实现区属医院、社区间，医联体机构间互联互通机制。为托底、扶助老人开展入户医疗评估及入户医疗服务达1.2万余人次。试点开展老年心理健康与关怀服务。社区卫生服务机构为辖区老人开展健康教育讲座、义诊咨询、健康促进等各种活动150余场。配合民政对养老机构、养老驿站质量督导检查2次。成立安宁疗护团队，为终末期病人提供全人、全家、全队、全程照顾。

（贾英仙）

【老年友善医院建设】隆福医院晋升为中西医结合三级老年医院，1月23日建立北京市中西医结合老年健康研究所；东城区第一人民医院向康复机构转型；打造“一中一西、一南一北”2个养老精品特色驿站，推进中医药健康养老身边工程，组建中医健康养老联合体；改善提升医疗服务，推进老年友善医院建设；发挥国家级中医药示范区、医联体优势资源，为实现老年人治疗期住院、康复期护理、稳定期生活照料、安宁疗护一体化的健康和养老服务打下基础。

（贾英仙）

【老年优待】2019年开展公共法律服务护航夕阳红活动，向社区老年人讲解《老年人权益保障法》等法律知识，为社区百姓提供免费法律咨询和帮助，开展养生、养足等专业助老活动，解答法律咨询1500人次，发放各类法律援助宣传品8000余份；利用司法大讲堂平台开展维护老年合法权利讲座，发挥老年法律援助律师团作用，做好维护老年人合法权益的宣传活动。

（贾英仙）

7月11日，中国计生协优生优育指导中心东城项目点启动（区卫健委提供）

计生服务

【概况】2019年，推动东城区“互联网+儿童健康”管理模式，利用移动互联网，通过线上、线下协同服务，为父母们提供系统、专业和科学的儿童健康指导，促进东城区2万个婴幼儿家庭健康发展。

（贾英仙）

【妇幼卫生】2019年，辖区孕产妇死亡数0，死亡率0；新生儿死亡数11，死亡率1.41‰；婴儿死亡数17，死亡率2.18‰；5岁以下儿童死亡数19，死亡率2.44‰。围产儿出生缺陷发生率24.41‰，主要出生缺陷病种为先天性心脏病、多指、外耳其他畸形、肾积水、尿道下裂。11月22日区妇幼保健院举办妇幼健康发展交流研讨会暨纪念杨崇瑞博士建立助产学校附设产院成立90周年大会。

（贾英仙）

【生殖健康】2019年，免费孕前优生健康检查定点医院为区妇幼保健院，全年孕前优生筛查637对，咨询1274人，发放婚育包599个。多种形式开展生殖健康教育活动，开展孕妇课堂88场，特色小班课6堂，宣传日活动29场，院内及辖区健康大讲堂26场，义诊13场，科普文章20余篇，宣教视频（抖音）6个，举办生殖健康进机关、进社区活动7次，内容包括女性两癌筛查保健知识、关爱女孩健康成长、高龄备孕、乳腺增生防治，受众约1.8万余人次。

（贾英仙）

【计划生育服务】承建北京市唯一中国计生协国家优生优育指导中心阵地建设，承担中国计生协家庭健康指导中心项目（北京市仅东城区和西城区），开展婴幼儿早期发展社区亲子示范课程研究、0-3岁婴幼儿家庭养育环境指导、婴幼儿早期心理和社会适应性指导等社会实践，促进专家和学者的科研成果落地。7月11日中国计划生育协会在东城区举办纪念“世界人口日”主题活动暨优生优育指导中心东城项目点启动仪式。

（贾英仙）

【计生药具管理】2019年，新调入五大类计划生育药具1157箱，调出1223箱；全年任务1110箱，库存169箱，任务调入完成104%，任务调出完成110%。药具免费发放网点315个，其中社区发放网点数195个，社区卫生服务站56个，身份证自助发放网点57个（包括医院、社区卫生服务中心/站、市场、写字楼、人员聚集地、机关单位等），物流网点5个，区级药具管理站1个，婚姻登记处1个，其中满足24小时发放网点数202个，免费药具发放网点覆盖率178%，24小时免费发放药具网点比例为64%。

（贾英仙）

【计生关怀】2019年，发放独生子女父母奖励费45.9万元，发放计划生育一次性奖励费45.07万元，全区对计划生育特殊家庭发放慰问金（品）和一次性经济帮助全年累计412.38万元，其他利益导向投入240.08万元。

（贾英仙）

驻区三甲医院

【北京医院】北京医院有卫技人员2609人，其中正高级职称200人、副高级职称218人、中级职称1074人、初级师929人、初级士188人。2019年医院总收入40.34亿元，其中医疗收入28.03亿元。医院占地面积5.58万平方米，建筑面积22.78万平方米。

2019年，医院以国家卫生健康委现代医院管理制度为基础，以综合绩效考核为抓手，以进一步改善医疗服务行动计划为指南，全面推进医院“一院一校一室两个中心”建设。2019年复旦版中国医院排行榜中，北京医院老年医学专科继续蝉联第一名。在新一期中国医院科技量值（STEM）排名中，医院排名稳步向前，其中护理学排名位居第七，首次进入全国前十。全年出院5.36万余人次，床位周转次数48.13次，床位使用率104.06%，平均住院日7.56天，住院手术2.93万台次，剖宫产率31.5%。有221个病种实施临床路径管理，入径3.61万例。共准入临床新技术28项，检验新项目13项，涉及全院20余个临床及医技科室。全院药占比35.62%，其中门诊药占比50.39%、住院药占比23.09%。住院患者抗菌药物使用率42.5%，抗菌药物门诊处方比例5.7%、抗菌药物急诊处方比例29.30%。医保（含城镇+城乡）门诊1185.16万人次，总金额6.75亿元；住院2.84万人次，总金额6.48亿元。异地住院持卡1.04万人次，总金额2.9亿元。北京医院作为东城区成立的首个医联体——北京医院医联体的核心成员单位，2019年北京医院医联体成员增加至19家。牵头成立中国老年护理联盟并发布《老年患者出院准备服务专家共识》，配合三级公立医院绩效考核，保持优质护理服务病房和重点环节覆盖率100%，开展护理员试点工作，全面落实责任制整体护理，不良事件上报率与整改率均为100%。全年共申报科研项目289项、中标46项，其中国家级项目申报128项、中标13项、获批专项经费664万元；省部级项目申报83项、中标9项、获批专项经费240万元、医院匹配经费33万元；市局级项目申报60项、中标10项、获批专项经费33万元，院校级项目申报18项、中标14项、获批专项经费550万元。获年度北京医学科技奖三等奖1项，获授权专利8项。北京医院为北京大学医学部、北京协和医学院、清华大学、中国科学院大学的教学医院，并设有卫生部北京老年医学研究所独立招生。承担北京大学医学部五年制本科生和硕士博士研究生教学任务，北京协和医学院硕士博士研究生的教学任务；承担卫健委北京老年医学研究所硕士研究生教学任务。医院现有教授及副教授106人，博士生导师31人，硕士生导师155人。年度录取硕士研究生50人、博士研究生25人。在职参加学历教育人数17人，

11月28日，北京医院举行国家老年医学中心、北京医院博士后科学研究工作站揭牌仪式暨中华医学会老年医学分会老年护理学组成立仪式（孙可摄）

获得学位14人。脱产学习13人，进修38人。派出长期出国22人次，其中赴外脱产攻读学位3人次。接待外国专家学者共计9个团组65人次，出国出境考察、参加国际会议共计52个团组72人次，聘任名誉教授、兼职教授8人。继续推进门诊自助系统功能完善，启动混合云平台建设，推进前列腺癌人工智能科研大数据平台建设，启动人工智能语音录入项目，继续优化和完善北京医院互联网医院服务，串联线上线下服务，推动互联网+多场景应用。

（郝金娟）

【北京协和医院】中国医学科学院北京协和医院（简称协和医院）是集医疗、教学、科研于一体的现代化综合三级甲等医院，是国家卫生健康委指定的全国疑难重症诊治指导中心，最早承担高干保健和外宾医疗任务的医院之一，也是高等医学教育和住院医师规范化培训国家级示范基地，临床医学研究和技术创新国家级核心基地。以学科齐全、技术力量雄厚、特色专科突出、多学科综合优势强大享誉海内外。有正式在编职工4284人，其中专业技术人员4032人（卫生专业技术人员3689人、其他专业技术人员343人），包括正高级职称321人、副高级职称466人、中级职称1486人、初级职称1847人，其他164人。院士3人，长江学者1人，国家杰青2人，省部级以上“突出贡献”专家18人，享受政府特殊津贴专家25人，万人计划科技创新领军人才3人，“百千万”人才国家级人选9人，南丁格尔奖1人。

2019年，医院组建资深专家与管理专家联合MDT团队，完成全部科室首轮督导工作。遴选首批45项医疗新技术项目落地。举办护理技术大比武大练兵。首届临床医学博士后出站，首批科研助理上岗。成为全国罕见病诊疗协作网唯一一家国家级牵头单位。建立首个国家罕见病注册登记系统。国家皮肤与免疫疾病临床医学研究中心落户，国家妇产疾病临床医学研究中心通过评估。完成北京市医耗联动综合改革。完成全院资产负债清查，实施政府会计制度。职能处室集中合署办公。全年医院门诊356万余人次，急诊20.1万人次，手术5.39万人次。开放床位2005张，入院11.44万人次，出院11.41万人次，床位使用率91.9%，床位周转次数57次，平均住院日5.9天。国内首家全面实现身份证就医一证通。预约就诊率75%。开展门诊检验检查治疗一站式综合自助预约，实现线上建大病历流程，600余项门诊检验检查治疗报告实现电子化。建设院内楼内智能导航系统。门诊疑难病会诊（MDT）专业组新增6个。筹开用药咨询门诊。药占比29.22%。门诊抗菌药物处方比率2.75%，急诊抗菌药物处方比率

5月，北京协和医院职能处室集中合署办公，提供“一站式”服务（王鹏飞摄）

26.16%，住院患者抗菌药物使用率32.73%。全年抗菌药物临床应用指标全部达标。落实4+7带量采购工作。全年报告传染病5776例。医院感染现患率3.21%。全年医保出院2.83万人次，总费用5.97亿元，次均费用2.11万元。完成异地医保住院费用实时结算3.9万人，新农合住院费用实时结算598人。完成国家重大活动医疗保障任务。派出第五批“组团式”援藏医疗队等京外医疗队6支，累计派出专家41人次，总工作量达164个月。修订护理职称聘任工作量化考核标准。成立营养、重症、内镜、消毒供应、循证5个专科护理小组。探索开展尿路造口、慢性伤口和血栓预防专科护理门诊。通过中华护理学会专科基地初评和复评。全年SCI文章978篇，最高影响因子59.1。获国家科技进步二等奖1项；中华医学科技奖二等奖1项、三等奖7项，华夏医学科技奖一等奖1项，二等奖1项、三等奖 2项，中华预防医学会科学技术奖三等奖2项。获授权专利385项。在职博士生导师184人、硕士生导师263人，博士点22个、硕士点29个。国家级继续医学教育基地6个、国家住院医师规范化培训专业基地19个、国家专科医师规范化培训试点基地8个。在院学习八年制医学生454人（含清华八年制学生70人）。全年招收硕士生119人、博士生104人，同等学力研究生32人，招收住院医师104人。接收进修生709人。制订“4+4”新型八年制课程体系。接待院级外事参观交流339人次，因公临时出国（境）学习、考察、参加学术会议229人次。派出国际交换培训项目住院医师16人。转化医学综合楼工程主体结构封顶。院内新建、改建、修缮改造项目176项，完成设备设施更新改造17项。在复旦大学医院管理研究所公布的“中国医院排行榜”中连续10年蝉联榜首。

（王子姝）

【北京同仁医院】首都医科大学附属北京同仁医院，是一所以眼科学、耳鼻咽喉科学为国家重点学科的综合三甲医院。2019年医院卫技人员3030人，其中正高级职称232人、副高级职称358人、中级职称1448人、初级师762人、初级士230人。2019年医疗设备净值13.9亿元。其中甲、乙类医用设备7台，年度新购置医用设备总金额8427万元。医院2019年总收入32.12亿元，其中医疗总收入31.76亿元。医院占地面积9.59万平方米、建筑面积18.83万平方米。

2019年，以医耗联动综合改革和改善医疗服务行动计划为抓手，持续提高患者就医体验。与首都儿科研究所签订紧密型儿科医联体合作协议，在医院亦庄院区儿科挂牌首都儿科研究所同仁诊疗中心。与华为、依图科技、云众科技共同打造同仁医院智能技术安防系统样板工程，将人脸识别、报警联动、智能分析等现代化智能化安防手段，应用于打击“号贩子”工作。调整门诊布局，扩增晚间门诊，开展日间手术和双休日手术。全年出院人数10.9万人次，床位周转率67.52%，床位使用率98.39%，平均住院日5.33天，住院手术7.79万人，手术8.05万人次。实行非急诊全面预约挂号，创新号源管理模式。联合京医通平台建立预约号源退号候补机制，改进当日号源退号流转机制。全年预约就诊224.43万人次，预约就诊率88.07%。修订医院医疗技术管理制度，简化新技术、新项目立项及审批流程，缩短临床等候审批时间。全年医院审核准予临床应用新技术、新项目17项。落实京津冀协同发展战略和京张联合申办冬奥会医疗卫生保障要求，选派耳鼻喉科和眼科2人赴张家口市第四医院工作。选派内分泌科1人赴大兴区人民医院挂职副院长；分别选派耳鼻咽喉头颈外科、重症医学科-中心ICU各1人赴新疆和田地区人民医院、拉萨市人民医院开展为期一年援疆、援藏工作。开展爱眼日、爱耳日主题活动及光明行系列公益活动，完成甘肃环县健康扶贫任务。2019年，医院外派应急医疗队员9人次，参加多起国内卫生应急现场处置，承接爆炸伤、车祸、食物中毒等群体伤患者和多起重点区域自杀自残等人员救治。全年新增33项延续性护理服务项目，通过深入开展优质护

10月1日，北京同仁医院完成庆祝中华人民共和国成立70周年各项保障任务（龙赫摄）

理，扩展延伸护理范围，从根本上改善和落实优质护理服务。实施目标管理，落实护理质量管理委员会职能，管理科学化，采用护理质量大查、质控护士长日常督导及护士长夜查房相结合方式进行质量督导；每季度召开医院质量分析讨论会，提出整改意见及持续改进项目。开发手机终端学习方式，采取实名登录、自主选课、随时学习、在线考试等方式，方便临床护理人员利用碎片时间进行学习。2019年获批中华护理学会专科护士临床教学基地6个，包括护理管理者专项培训、安宁疗护专科护士、麻醉专科护士、心血管专科护士 、呼吸专科护士和静脉治疗专科护士。2019年医院申报科研课题获批54项，其中国家级项目20项、省部级9项、局级25项，共获得资助经费2311.45万元，医院匹配经费667.79万元。在研课题181项，结题35项。医院获省部级科技成果奖4项，《慢性鼻窦炎发病机制及关键诊疗技术的创新与应用》获华夏医学科技奖一等奖，《近视眼防控技术的研究与应用》获教育部高等学校科学研究优秀成果一等奖，《眼部影像在全身健康评估、重大疾病预测的价值及预警体系建设》获教育部高等学校科学研究优秀成果二等奖，《糖尿病发病机制和诊疗关键技术的研究与应用》获中华医学科技奖二等奖。全年医院共获授权国内发明专利38项，其中职务发明专利5项、实用新型专利30项、外观设计专利3项。医院牵头联合中国信息通信研究院和清华大学共同申请的《医学人工智能研究与验证实验室》获得工业和信息化部2019年工业和信息化部重点实验室认定并正式启动。医院有教师842人，其中教授60人、副教授87人。2019年录取博士生31人，硕士生92人，新招录住院医师60人，其中本院住院医师18人、外院委培住院医师9人、社会人员33人。2019年获批国家级继续医学教育项目54项，市级58项、区县级348项、院级1040项。职工外出培训累计233人次，含外出进修4人次，在职参加学历教育79人。2019年医院继续与北京航空航天大学合作，建立医工结合人员储备库，筹备开展双方合作对接，促进医工深度融合，并借助“同仁-北航大数据精准医学高精尖创新中心”建设平台，通过开放基金资助，做好技术储备和方向布局，为成果转化落实、实施奠定基础。完成医院三区无线WIFI网络覆盖，开通互联网专线，方便职工和患者。

（郑　洁）

【北京中医医院】首都医科大学附属北京中医医院，是北京市三级甲等综合性医院。占地面积2.8万平方米，总建筑面积5.5万平方米。卫生技术人员1520人，正高级职称148人，副高级职称202人，中级职称544人，初级师472人，初级士154人。医疗设备净值2.32亿元，2019年新购置医用设备总金额9481.58万元。

2019年，北京中医医院成立医耗联动综合改革领导小组，制订出台有关医耗联动综合改革多项实施方案、配套文件和工作制度。梳理医改风险点30余项，18个品种的药品实行带量采购，改善医疗服务56项，完成747项服务项目价格调整，2820项手术项目价格调整。6月15日零时医院信息系统切换，成为北京市医院管理中心系统首家切换成功医院。开展对4家托管医院支援工作，总计656人，并对医疗质量与安全进行评价，涵盖托管医院管理、质控、病案、院感等10个项目。完成年度医院医疗骨干培训，培训医院及托管医院医疗骨干100余人。派出799人参与“名中医身边工程”。医师在外院开展多地点执业268人，外院在本院开展多点执业医师共46人。完成医院知名专家认定13人。全年引进人才71人，其中招聘应届毕业生50人，调入21人。门急诊人次212.7万，同比上升2.88%，通过预约挂号人次占门诊总人次91.52%。出院人次2.33万，同比上升1.38%；床位周转次数38.37，床位使用率100.87%；手术科室手术量4546例，其中三、四级手术3046例，占67%；平均住院日稳中有降，达到9.43天，同比下降0.56天；医药收入增长6.52%，门诊收入占71.28%；医疗收入占45.92%，同比增长3.11%；非饮片药占比23.98%，同比下降8.14%；饮片处方比39.25%，同比增长1.57%；中医非药物治疗率21.44%，同比增长2.17%。23个科室共实施115个病种的临床路径。接受上转病人936人次、下转病人417人次。参加第三期援疆任务1人，第五批“组团式”援藏任务1人。对内蒙古奈曼旗蒙医医院帮扶，落实市卫健委京沈对口合作要求。开展中医师承，接收10家技术合作医院徒弟及医师34人、护士18人、管理人员4人到院进修、轮岗。全院22个护理单元，医护比例1：0.84（601：507），床护比例1：0.59（606：363）。建立静脉护理、疮疡护理、乳腺护理3个院级

6月15日零时，北京中医医院信息中心医耗联动综合改革启动（吕宏科摄）

护理工作室。护理门诊在京医通平台上线，全年护理门诊量7.32万人次。深化以病人为中心的整体护理工作模式，以中医整体护理观念推广优质护理服务。启动护爱天使临床护理人员心理健康关爱项目，成立医院护士心理健康小组。成立外治护理学组，举办燕京护理名术临床应用论坛。全年申报科研课题300项，累计中标纵向课题39项，其中国家级课题13项，省部级课题7项，局级课题19项。获批纵向课题经费2358.7万元，其中国家级课题995.7万元，省部级课题374万元，局级课题989万元。累计在研课题235项，课题结题55项。有教师461人，其中教授24人，副教授61人。完成首都医科大学、北京中医药大学等高校的教育教学工作。首次增加中医临床实践课程36学时的排课、授课和考核工作。2019年录取博士研究生14人，硕士研究生103人。在职参加学历教育及获得学位38人。全年外派进修医师40人次。出国进修、学习6人次。国际交流中心承办1期培训班，学员30人来自11个国家；接待外宾9次，来自30余个国家142人。因公出国团组26个38人次。完成国家中医药管理局2018年“中国-新加坡中医药中心”项目结题答辩及2019年“中国-新加坡中医药中心”项目申报。接待新加坡中医管理委员会委员一行17人参观交流。获批国家外国专家局出国（境）培训项目8项（个人），其中6项获经费资助（上级部门资助境外费用100%）。因公赴台随团团组2个共2人。新院区建设项目取得《社会稳定风险分析报告审查意见》《社会稳定风险分析报告》《建设项目用地预审意见》。

（芦云珊　管子金）

【北京口腔医院】首都医科大学附属北京口腔医院（简称北京口腔医院）是集医疗、教学、科研、预防为一体的三级甲等口腔专科医院。有卫技人员998人，其中正高级职称78人、副高级职称105人、中级职称216人、初级师396人、初级士203人。2019年医疗总收入5.97亿元。医疗设备净值7686.6万元，新购医疗设备1294.2万元。6月15日零时完成医耗联动综合改革信息系统切换，涉及价格调整项目703项。“多点”布局口腔门诊部工作得到市医管中心批准。成为北京2022年冬奥会和冬残奥会定点医院。

2019年，医院门急诊86.66万人次，口腔综合治疗台295台；出院2651人次，床位周转42.08次，床位使用率91.74%，平均住院日7.99天，住院手术2443例。预约挂号管理采取“京医通”平台、北京市预约挂号统一平台、医生工作站预约等方式。预约挂号人次占门诊总人次的94.54%。患者100人使用272单位红细胞悬液、33单位少白红细胞、4000ml单位普通冰冻血浆，浓缩血小板6单位。实施临床路径涉及5个科室13个病种。院内开展新技术3项：《富血小板血浆制品在口腔种植领域的应用》《Medpor在口腔颌面外科领域的应用技术》《硅胶材料在口腔颌面部畸形整复中的应用》。药占比2.56%，门急诊抗菌药物使用率6.96%、住院患者抗菌药物使用率31.95%。全年北京市本地医保54.1万人次、基金申报4693.62万元；异地住院实时结算227人次。接收医联体合作单位转诊4例，残疾人绿色通道预约22例。投保医责险444人，费用49万元。有护士392人，医护比为1∶0.96，床护比1∶0.5，病房床位数63张，PACU床位6张，20个护理单元。口腔颌面头颈肿瘤外科和整形创伤外科均实施责任制整体护理。根据质量管理要求，开展科室责任制护理专项督导、老年住院患者风险评估、延续护理服务。定期召开病友会、家属健康讲堂、公休座谈会，加强医务人员与患者及家属的沟通；在门、急诊候诊区为患者提供口腔健康知识讲课；推出口腔护理咨询、儿童预防龋齿、肿瘤专科护理3个护理门诊的号源。护理不良事件上报率100%、整改率100%。履行医疗合作单位共计68家，其中专科医联体成员单位57家，技术协作5家，技术合作5家，对口支援单位1家。全年外派专家52人次，外派基层9人，医师下社区220余人。通过远程医疗

11月，北京口腔医院王松灵教授当选口腔医学领域首位中国科学院院士
（北京口腔医院提供）

网络平台录制远程教育课程共计58节，并免费向所有合作单位口腔医务人员开放。年度项目申报180项，获批50项，获资助经费1396.8万元，其中国家自然科学基金项目8项（包括重大项目课题1项），国家“万人计划”1项，省部级项目16项，局级项目10项，其他项目15项。在研各级各类项目164项，结题66项。新获授权专利11项。教授3人获第十三批“北京市有突出贡献的科学、技术、管理人才”，入选第四批国家“万人计划”科技创新领军人才，获国务院政府特殊津贴。《北京口腔医学》收到稿件347篇，刊登稿件83篇，影响因子0.57。承担首都医科大学口腔医学专业五年制、“5+3”一体化、口腔医学技术高职班理论授课及实习带教工作，研究生、博士后各阶段的培养。教师87人，其中教授30人、副教授33人。录取统招研究生60人，其中硕士38人、博士22人；录取在职硕士13人、在职博士16人。选派学生4人进行国际交流和联合培养。口腔医学专业获得首批国家级一流本科专业建设点和北京高校“重点建设一流专业”。选派医师8人出国研修，选派技师1人赴日本进行口腔修复制作工艺学习；医师1人随团赴美国参加青年科学家人工智能前沿技术研究与应用培训。邀请荷兰拉德布德牙学院专家2人进行口腔种植专题讲座。与美国哈佛大学福赛斯研究院达成初步合作意向。全年自组团组29批75人次赴美国、日本、瑞士、意大利、俄罗斯等国家参加国际会议和学术交流访问。医院信息化建设总投入650余万元，重点实施集成平台项目，已经达到初步验收标准。开通“京医通”复诊预约和收费挂号窗口移动支付功能；开通处方前置审核系统；开通院内预算管理系统。北京口腔医院迁建工程在审批手续方面取得《建设项目用地预审意见》《设计方案审查意见的函》《施工准备函》；新院区设计方面，取得设计方案审查意见函；项目建议书（代可研）完成初评；与樊家村签署征地拆迁委托框架协议并拨付1.3亿元资金，完成地上物全部拆除等，达到土地平整；完成基坑设计方案和清单编制、监理单位和土方施工单位招投标、项目地块勘察、社会风险评估等系列工作。项目于9月26日举行土方施工开工奠基仪式。北京市牙病防治所协助市卫生健康委制订《北京市健康口腔行动方案（2019—2025年）》。启动北京市0-3岁婴幼儿口腔综合保健试点项目。组织全市医疗机构共为儿童27.24万人提供免费口腔检查服务。为1976所幼儿园学龄前儿童41.28万人提供免费氟化泡沫预防龋齿服务。连续第9年开展口腔健康哨点监测项目，调查北京市5岁儿童口腔健康状况，为每年度北京市政府公布人群健康状况报告提供数据。申报年度北京市基层科普行动计划项目获得资助，持续开展“护齿训练营”公益项目，完成健康大讲堂及院外科普宣讲35场。

（李丽璇）

【北京妇产医院】首都医科大学附属北京妇产医院、北京妇幼保健院是集医疗、教学、科研、预防、保健为一体，以诊治妇产科常见病、多发病和疑难病症为重点的国内知名三级甲等妇产专科医院。有卫技人员1552人，其中正高级职称116人、副高级职称152人、中级职称371人、初级师707人、初级士206人。护士716人，其中本科479人、研究生3人。接收进修护士71人。第四期助产士规范化学习班招生助产士30人。录取研究生44人，其中硕士生32人、博士生12人。医护比1∶1.3，床护比1∶0.7。NICU床位70张。医疗设备净值1.61亿元，其中乙类医用设备2台。新购置医用设备总金额7334.9万元。业务总收入11.62亿元，其中医疗总收入11.33亿元。

2019年，出院5.13万人次，床位周转96.33次，床位使用率111.32%，平均住院日4.23天。住院手术3.71万例。剖宫产率36.92%，无孕产妇死亡，新生儿死亡率1.05‰，围产儿死亡率3.5‰。实施临床路径管理5个科室6个病种。全年用红细胞2196u、血浆15.26万ml、血小板56治疗量；自体输血78人次、自体输血321u。全年预约挂号125.94万人次，占门诊总人次的90.76%。门诊药占比18.29%，住院药占比21.16%。门诊抗菌药物使用率6.57%、急诊抗菌药物使用率14.01%、住院抗菌药物使用率41.96%。医疗责任险参保人员1469人，保险总费用为192.64万元。发生医疗纠纷86例，已协调解决81例。其中经北京市医疗纠纷人民调解委员会调解10例、诉讼解决7例、自行化解64例。医疗纠纷总体化解率为94.19%。年度赔偿总额154.96万元，其中医院承担108.72万元。开展扩张期/假体置入乳房再造术、自体组织移植（背阔肌肌皮瓣/横行腹直肌肌皮瓣）乳房再造术、经宫腔镜子宫异常组织机械旋切术、亚低温治疗、新生儿振幅整合脑电图监测、运动评估与训练、肌筋膜触发点技术、经皮穿刺下腔静脉滤器置入及取出术、SaCoVLM一次性使用可视化喉罩气管导管用于产科全麻手术的引入性研究等新技术、新项目9项。申报课题166项，获批局级以上课题34项，获得资助458.3万元。其中国家级课题3项，获得资助95万元；省部级课题8项，获得资助196万元；局级课题23项，获得资助167.3万元；以上共匹配经费314.95万元。在研局级以上课题97项，结题41项。富氢水对免疫性卵巢早衰的保护作用、一种新型肝脏枯否氏细胞吞噬纳米药物粒子的组合抑制剂及其应用2项获发明专利，改进型利普刀头及利普刀1项获实用新型专利。科技部重大专项“建立出生人口队列开展重大出生缺陷风险研究”已建立14万队列，样本达73万余份。开展卵巢组织冻存57例，发表相关SCI文章3篇，相关课题4项。举办国家级学术会议17次、市级学术研讨会18次。邀请国际著名高校及研究机构的知名学者26人到院开展合作。派出24批59人分赴美国、英国、德国、意大利、奥地利、西班牙、澳大利亚等多个国家参加国际学术会议、进修学习及合作项目交流等。信息化建设总投入1259.27万元。利用“乐活APP”官方应用APP建立“北京妇产医院线上便民服务专区”。自主开发患者建档信息录入、智能导医、超声一站式预约、出院健康处方、超声报告查询、放射报告查询、心电图报告查询、盆底治疗预约、诊断证明真伪验证等16个功能模块。自主开发手机移动医生工作站APP系统，利用互联网+技术，为医生在个人手机上打造移动工作平台。以建院60周年为契机，推动理念体系、视觉传达体系、业务体系三大体系建设。院庆当日举办院士论坛，邀请中国工程院院士、中国科学院院士4人授课。修建院史馆确保文化传承。通过社区妇幼规范化门诊创建项目，实现北京市300余家基层卫生服务机构妇幼保健标准化建设全覆盖。重新遴选市级转诊中心，建立新生儿先心病筛查、诊断和治疗转会诊网络。做好保障母婴安全各项工作，试行区域孕产妇安全风险评估，开展危重孕产妇救治专项工作飞行检查16次。首次实现北京市助产人员同质化考核，举办危重孕产妇救治快速反应团队救治展演。完成5岁以下儿童死亡市级评审。努力推进生命全周期服务，推进婚检婚登一站式服务，开展先天性骶尾部位畸形专题评审，启动北京市新生儿先天性心脏病筛查项目，举办认识成长、拥抱青春——青少年夏令营3期，首次举办青少年家长课堂，开展防治妇女子宫颈癌和乳腺癌科普宣传和咨询公益活动，启动更年期综合保健工作室建设。提升妇幼信息化水平，完成北京市签发管理人员767人备案资料电子化管理和16区36家签发管理机构现场督导，开展妇幼三期各业务模块用户测试及机构试运行工作，开展“产科中重度贫血和妊娠期高血压疾病”数据上报质控。提升妇幼健康素养和科普知识传播水平。7月，北京市卫生健康委员会批复，同意以北京妇幼保健院为主任委员单位，成立北京市产科质量控制中心，作为北京市首批妇科专科医联体核心医院与东城区6家医院成立妇科医联体。京津冀妇女与儿童保健专科联盟新增21家成员单位，成立6个子联盟。帮扶雄安新区容城县妇幼保健院创建首个儿童早期发展中心，创立雄安新区第一个儿童健康管理平台。帮扶怀柔妇幼保健院建设完成新生儿危重症监护病房。帮扶内蒙古自治区呼和浩特市武川县医院筹划并组建新生儿病房，开设新生儿保健门诊，率先在呼和浩特市开展新生儿危重先天性心脏病（CCHD）筛查。

（刘雪姣）

4月30日，北京妇产医院与东城区6家医院成立妇科医联体（张鹏摄）

【东直门医院】北京中医药大学东直门医院（简称东直门医院），是一所集医疗、教学、科研于一体的现代化综合性三级甲等中医医院。有卫技人员1230人，其中正高级职称148人、副高级职称179人、中级职称282人、初级及以下职称621人。新引进各类专业技术人员29人，包含高级专业技术人才10人、中级职称骨干12人。聘用合同制专业技术人员223人。接收应届毕业生18人，招录规范化培训医师33人，出站博士后2人。外出进修37人。取得教师证18人。2019年，医院推进“两院合一、主体东迁”战略。9月22日，举行通州院区二期大楼试开诊仪式，并于12月28日正式开诊。两院区高质量发展战略取得明显进展，收入结构持续优化。

2019年，出院1.99万人次，床位周转35次，床位使用率104%，平均住院日10.8天，全年使用红细胞1416单位、血浆3.48万ml、血小板228治疗量。自体血采集（包括术前和术中）共918单位。药占比27.28%，门诊药占比28.33%、住院药占比25.28%。门诊、急诊、住院患者抗菌药物处方比例分别为4.11%、39.50%、40.41%。参加医责险1126

9月22日，东直门医院通州院区试开诊（金鑫鑫摄）

人，总金额94.78万元。处理医疗纠纷21件，调解3例，诉讼8件。年度赔付总金额360.51万元。全年有38项新项目、新技术通过医疗技术论证，包括个体化用药基因现场快速检测、神经传导速度测量、房间隔缺损补片修补术等。完善医院医保管理体系，加强新医保政策宣传；严格落实实名就诊制度，防止骗保。医保出院人次2.74万人次，总费用10.05亿元。推行分时段预约就诊，预约方式包括京医通、北京中医药大学东直门医院官网及微信公众号、114电话预约，全年预约挂号就诊35.6万人次，占门诊总人次的24%。年底医疗设备净值9964.46万元、新购置医用设备4189.89万元，医院总收入17.67亿元，其中医疗总收入15.84亿元。2019年医院在东城区、西城区、通州区、昌平区、密云区5个区的17个社区和乡村继续进行医疗帮扶活动，开展义诊、健康咨询等服务1000余人次；对口帮扶医院西藏自治区班戈县藏医医院、甘肃省定西市中医院管理人员到院交流学习，并签订对口帮扶协议。参加第七届北京中医药专家宁夏行，与中卫市中医医院脾胃病科签订京宁协作第二批重点专科建设项目协议。郭维琴、武维屏等名医传承工作站分别在对口帮扶单位中卫市中医医院、宁夏回族自治区中医医院举办培训班，近500人参加。医院通过中国人口福利基金会为山西省五寨县捐款200万元并采购五寨县特色农产品91.6万元，落实中药材产业扶贫工作，帮助销售中药材36万元。有注册护士564人，其中本科323人、研究生6人；床护比1∶0.43，ICU床位10张，CCU床位10张。护理不良事件上报率和整改率达到100%。改善医疗服务，落实属地管理职责，优化门诊区域管理。将护理不良事件上报及相关风险评估纳入护理管理系统。严格落实护士长夜间二线值班制度，节假日执行护理部行政值班和护士长值班制度，保障24小时无缝隙管理。培养专科护士11人，参加全国中医护理骨干人才培训2人，参加北京市中医护理骨干人才培养2人，派护士到外院进修10人，参加中医健康养老师资培训20人，参加学术交流相关会议200余人次。共承接临床实习护生217人，见习护生303人；进修护士32人；课堂兼职教师16人进入大学讲堂完成7门护理专业课程理论授课。中标课题192项，其中国家重点研发计划课题3项、国家自然科学基金课题17项、省部级课题5项，获得经费4939.74万元，医院匹配科研经费960.7万元。在研课题289项，结题194项。获奖励4项，授权专利11项，SCI收录论文104篇。有省部级重点实验室2个、国家中医药管理局三级实验室2个。承担北京中医药大学中医学专业教改实验班、卓越中医班、岐黄国医班、针灸推拿学院、中药学院、新加坡中医学研究院、日本后藤学园、法国皇家中医学院等的部分实习教学及带教任务。有教师504人，其中416人持有教师证。有教授66人、副教授36人。录取研究生382人，其中硕士生286人、博士生96人。接待来自美国、澳大利亚、加拿大、孟加拉国、哈萨克斯坦、德国等多个国家和国际组织的专家学者100余人到院交流访问。邀请境外知名专家来院讲学15人次。赴境外参加学术交流10人。骨干教师赴中国-德国中医药中心（魁茨汀）即北京中医药大学德国中医中心工作6人，赴北京中医药大学澳大利亚中医中心担任主任1人、北京中医药大学美国中医中心担任主任1人。主办国内学术会议38场、国际学术会议2场，参加国内学术会议881人次，发表会议交流论文329篇，在全国性学术会议上做特邀报告236人次。信息化总投入1229.73万元，完成新机房搬迁。推广使用企业微信在线办公系统，上线院内导航系统，并建成视频会议系统。编制完成《北京中医药大学东直门医院东城院区疏解改造项目一期工程可行性研究报告》。

（赵　玲）

表33　　2019年东城区医疗机构一览表

序　号	机构名称	地　址	联系电话
1	北京医院	东单大华路1号	85138505、8536、8537
2	北京中医药大学东直门医院	海运仓5号	84013212
3	中国医学科学院北京协和医院	帅府园1号	69155810/5811
4	首都医科大学附属北京妇产医院	朝阳区姚家园路251号	52275417
5	首都医科大学附属北京口腔医院	天坛西里4号	67099114
6	首都医科大学附属北京同仁医院	东交民巷1号	58265727
7	首都医科大学附属北京中医医院	美术馆后街23号	52176515
8	北京市和平里医院	和平里北街18号、和平里西街19号楼一层12307号	58043023
9	北京市隆福医院（北京市东城区老年病医院）	美术馆东街18号、沙滩后街14号、三眼井胡同乙68号、昌平区东小口镇中滩村290号、朝阳区北苑5号院606号楼	87947350
10	北京市崇文区中医医院	西兴隆街1号、西园子三巷24号	67117972
11	北京市第六医院	交道口北二条31.36号、东直门内大街184号	64033703
12	北京市普仁医院	崇文门外大街100号、白桥大街8号楼101	67117711－1611
13	北京市东城区第一人民医院	永外大街130号	67222060
14	北京市鼓楼中医医院	豆腐池胡同13号、和平里中街14－2号、安乐林路10号、新中街一条67号	64069506
15	北京市东城区妇幼保健计划生育服务中心	交道口南大街136号，法华南里25号楼东侧	64043259
16	北京市东城区精神卫生保健院	东直门外察慈小区7号楼	64681578
17	北京市崇文口腔医院	东花市北里西区24号楼	67120052
18	北京市东城区北新桥社区服务中心	东直门内大街184号	64040500
19	北京市东城区朝阳门医院	东四南大街灯草胡同31号	65138019
20	北京市东城区东外医院	察慈小区7号楼	64681578
21	北京市东城区建国门医院	朝内南小街后赵家楼胡同9号	65256218

续表33

序　　号	机构名称	地　　址	联系电话
22	北京市东城区口腔医院	交道口东大街4－28号、东四北大街490号、雍和宫大街53号	84258118
23	北京市东城区老年康复护理院	东四六条甲62号	64018363
24	北京市东四中医医院	东四六条甲62号、朝内大街97号	84046478
25	北京市疾病预防控制中心门诊部	和平里中街16号	64407136
26	北京市东城区疾病预防控制南部分中心门诊部	西晓市街16号	67021006
27	北京市东城区疾病预防控制中心门诊部	北兵马司胡同5号	64014120
28	北京市东城区结核病防治所	西晓市街16号	67022677
29	北京市东城区结核病防治所	和平里北街18号	64298123
30	北京市东城区皮肤性病防治所	东直门内大街184号	64010046
31	北京市东城区急救站	崇文门外大街100号	67181818
32	北京市东城区急救站	安内中绦胡同甲2号	64035289

（贯英仙）

东城区三级甲等医院负责人

北京医院党委书记　汪　耀
院长　王建业
北京协和医院党委书记　姜玉新（6月免）
　　张抒扬（6月任）
院长　赵玉沛
北京同仁医院党委书记　金春明
常务副院长　张　罗
北京中医医院党委书记　信　彬
院长　刘清泉
北京口腔医院党委书记　郑东翔（9月免）
　　谷　水（9月任）
院长　白玉兴
北京妇产医院党委书记　陈　静（4月免）
　　张　建（5月任）
院长　严松彪
东直门医院党委书记　叶永安
院长　王　显

体 育

10月，东城区举办“健康生活 快乐工作”跳绳比赛（王建国摄）

综　述

2019年，加大全民健身场地设施投入，满足群众健身需求，在天坛体育活动中心建成北京市二环以内最大网球基地，占地5000平方米。推进东单体育中心整体改造工程，加强科学健身知识宣传推广，满足群众共享健身需求。开展冬奥知识大讲堂活动，进一步营造期盼冬奥、参与冬奥的良好氛围。完成对区内属地467家单位和各类体育场地入户调查，完成数据收集、数据审核和数据上传等工作。

群众性体育活动。2019年举办体育活动382次，参加体育活动160万人次。在全区17个街道开展60场冬奥知识大讲堂普及冬奥知识，参与群众达6000余人次，营造良好的冬季文化氛围。开展第五届"行走健康"徒步大会，干部职工及徒步爱好者近2000人参与，为群众健身提供更多途径。举办第六届龙潭公园冰雪嘉年华活动、东城区冰蹴球对抗赛，并开展冰壶球、模拟滑雪体验活动，参与群众达30万余人次。

竞赛体育。竞技比赛成绩出色，组队参加市第一届冬运会，获得23金25银19铜和团体总分第一、奖牌总数第一、金牌总数第二的成绩。东城区体育局输送的运动员获奖牌总数达937枚，其中国际级比赛奖牌28枚，国内级比赛奖牌44枚，省市级比赛奖牌885枚。

体育人才建设。全区共有裁判员1475人，其中国际级裁判员8人、国家级裁判员12人、一级裁判员71人、二级裁判员764人、三级裁判员620人；共有教练员76人，其中高级教练员12人、中级教练员32人、初级教练员32人。

体教结合。区体育局与30余所学校先后开展合作，组织冰雪嘉年华活动。开展滑雪基本技能培训，与区教委组织部分中小学生在天坛体育活动中心利用滑雪模拟机进行滑雪基本技能培训，参与活动300余人次。为推进青少年后备人才培养，区体育局结合东城区的实际情况，利用社会资源，将体校组队与社会俱乐部联合组队相结合，扩大运动队规模，改善运动员结构，2019年北京市批准东城区冬季项目运动队12支，注册人数由411人增加到566人。

（乔明昊）

12月27日，东城区举办第五届冰蹴球对抗赛（区体育局提供）

群众体育

【概况】东城区体育局是东城区政府主管辖区体育工作的职能部门，主要职责是贯彻执行国家和北京市关于体育工作的方针、政策和法律、法规、规章，负责全区体育体制改革、体育事业管理，推动多元化体育服务体系建设，推进本区体育公共服务。内设办公室、党委办公室、群众体育科、体育法制科、青少年体育科、体育产业发展科、人事财审科7个科室。有公务员编制31人，工勤编制1人；实有公务员28人，工勤人员1人。下属事业单位9家，其中公益一类单位5家，即东城区社会体育管理中心、东城区体育科学研究所、东城区体育运动学校、东城区青少年业余体校、东城区体育后勤服务中心；公益二类单位4家，即北京市东单体育中心、北京市地坛体育馆、北京地坛体育中心、东城区天坛体育活动中心。有事业编制348人，实有250人。

2019年，组织举办、参加各类活动62项（次），组织举办国家级活动2项，组队参加国家级活动5项，举办、参加京津冀级活动6项，组织举办市级活动6项，组队参加市级活动19项，组织举办区级活动24项，活动覆盖17个街道、5个地区和10个系统，覆盖率达到100%，近40万人次参与。

（乔明昊）

【滑雪项目社会体育指导员培训】2019年，贯彻落实《北京市东城区全民健身实施计划（2016—2020年）》，推广滑雪运动，普及滑雪文化，助力2022年北京冬奥会，全面推进区冬季全民健身活动开展，在机关干部中培养滑雪项目社会体育指导员，发挥特定人群示范和引领作用。12月4日，区体育局在天坛体育活动中心模拟滑雪馆举办滑雪项目社会体育指导员培训班。来自全区机关干50余人参加培训。培训为期1个月，经过8次技能培训，学员参加技能考核和理论考核，区体育局为考核合格者50人颁发三级社会体育指导员证书。

（乔明昊）

【冬奥大讲堂】持续推动冬奥知识、冰雪运动进校园、进社区，营造期盼北京冬奥、参与冬奥的良好氛围。6月至12月，在全区17个街道开展“冬奥大讲堂”系列活动。特邀国家体育总局人力资源中心专家、北京市冬奥工作专家走进社区、机关、校园进行冬奥知识宣讲，全年共举办60场，参与6000人次。借助区体育局微信公共号同步对外宣传冬奥宣讲知识。

（乔明昊）

【体质测试】2019年，完成1500人《国家体育锻炼标准》达标工作和3000人次体质测试，结合有效数据，进行总体情况分析和总结，出具运动处方并建立健康档案，引导群众科学健身。

（乔明昊）

竞技体育

【概况】2019年，按照自主项目组队、合作项目组队及委托项目组队的方式，完成12支冬季项目组队，566人注册。与4所学校及俱乐部在冰球、花样滑冰、短道速滑、冰壶4个项目上加强合作联系。选聘高水平冰上教练员7人执教。与区教委共同举办第二届东城区冰球联赛，全区10所中小学16支队伍参加比赛；配合区教委推进6块冰场建设，为普及冰上运动给学生提供场地；在已评选7所市级冰雪特色校的基础上，推动区级冰雪特色校评选。全年办理二、三级运动员263人，审核一级运动员14人的申报材料。

（乔明昊）

【参加世界体操锦标赛】10月4—13日，在德国斯图加特举行世界体操锦标赛。东城区体育运动学校有2人选入国家队参赛，1人获男子团体第二名、全能第四名、自由操第三名和双杠第四名。1人获女子团体第四名和全能第二名。

（乔明昊）

【参加第十四届全国冬季运动会】10月13—15日，在锡古尔达举行第十四届全国冬季运动会。东城区体育运动学校有2人参赛，分获男子单人雪橇银牌、女子个人项目第四名和团体接力第四名。

（乔明昊）

【承办第三届京津冀柔力球大会】7月18日，第三届京津冀柔力球交流大会在北京市地坛体育馆举办。此次大赛由北京市社会体育管理中心、北京市民族文化交流中心、天津市社会体育管理中心、河北省体育局社会体育中心主办，北京市民族传统体育协会和东城区体育局承办。竞赛分为花式集体规定套路社会组和学生组、花式集体自编套路社会组和学生组、花式双人自编套路社会组和学生组、花式个人自编套路社会组和学生组8个组别，52个代表队，运动员600余人参赛。区体育局参与大赛安排、场地提供、秩序维护、食宿保障的工作，并派出200余人参加开幕式和闭幕式活动。

（乔明昊）

青少年体育

【概况】“健康·成长2020工程”进入全面总结阶段；推广“体育作业”，举办三大球等18项阳光体育运动赛事；实现冰雪运动四季体验常态化，16个单位获评北京市及全国冰雪运动特色学校，10个单位获评北京市及全国2022年冬奥会和冬残奥会奥林

7月18日，第三届京津冀柔力球交流大会举办（区体育局提供）

5月8—12日，东城区第二届中小学生冰球联赛在浩泰冰上运动中心举行
（刘毅摄）

匹克教育示范学校。

（李媛媛）

【中小学网球比赛】10月26日，阳光体育2019年东城区中小学网球比赛在天坛体育中心举行，比赛设置网球九宫格、网球滚动保龄球等项目。广渠门中学、一七一中学、东直门中学分别获得中学团体总分第一名、第二名和第三名。崇文小学包揽小学混合团体第一、第二名，和平里第九小学、第三小学联盟校及和平里第四小学并列第三名。16所中小学学生300余人参加。

（李媛媛）

【中小学跳绳、踢毽比赛】11月30日，由区教委、区体育局主办，区中小学体质健康管理中心承办的“阳光体育2019年东城区中小学跳绳、踢毽比赛”在地坛体育馆举行。金台书院小学获小学组团体总分第一名；前门外国语学校获中学组团体总分第一名；府学胡同小学、板厂小学获花样跳绳一等奖。区教委和区体育局连续20余年举办中小学跳绳踢毽比赛，为传统体育项目提供展示交流平台，有力推动中小学生冬季体育锻炼的发展。来自东城区36所中小学的学生1600余人参赛。

（李媛媛）

【中小学生冬奥知识竞赛】11月27—28日，2019年东城区中小学生冬奥知识竞赛在区少年宫举行，此次知识竞赛由区教委主办，区中小学体质健康管理中心承办，区少年宫与北京阳光动量体育管理有限公司协办，灯市口小学、府学胡同小学、广渠门中学附属花市小学获得小学组前三名；第十一中学、广渠门中学、北京汇文中学获得初中组前三名；北京汇文中学、广渠门中学、第二十二中学获得高中组前三名。比赛3个组别的冠军队伍代表东城区参加北京市中小学生冬奥知识竞赛总决赛。全区38所学校43支代表队200余人参赛。

（李媛媛）

【“草根”篮球挑战赛】10月28日至11月15日，由区教委主办的中小学校园“草根”篮球挑战赛开幕，经过3周比赛，培新小学获得U8组冠军，和平里第一小学获得U10男子组、U10混合组冠军。第一六六中学、第五十五中学分获初中组、高中组冠军。此次篮球挑战赛参赛球队近100支、运动员1000余人。

（李媛媛）

【中小学轮滑比赛】11月16日，由区教委、区体育局共同主办的阳光体育2019年“和九飞跃杯”中小学轮滑比赛在地坛体育中心举办。广渠门中学、东直门中学、工美附中获得中学团体总分前三名；和平里第九小学、府学胡同小学、西总布小学获得小学甲组团体总分前三名；分司厅小学、府学胡同小学、定安里小学获得小学乙组团体总分前三名。东城区14所中小学的学生300余人参加。

（李媛媛）

【中小学生大体操比赛】11月16日，由区教委、区体育局主办的阳光体育2019年中小学生大体操比赛在地坛体育馆开幕。比赛分为啦啦操和排舞两个比赛项目，设置幼儿组、小学组、中学组单项和集体奖项。大方家回民幼儿园、府学胡同小学、安外三条小学、回民实验小学、板厂小学、11中分校等18所学校分别获得啦啦操幼儿组、小学甲组、小学乙组、小学丙组、小学丁组和中学组各组别一等奖，东华门幼儿园、革新里小学和165中学等18所学校获得排舞各组别一等奖。来自东城区32所中小学、幼儿园的55支参赛队、学生1000余人参加。

（李媛媛）

【中小学短道速滑比赛】12月7日，2019年东城区第一届中小学生短道速滑比赛闭幕。此次比赛由区教委、区体育局主办，区中小学体质健康管理中心承办，是东城区第一次举办短道速滑比赛，本次比赛设有初中组、小学甲组、小学乙组、小学丙组四个组别，设4圈、500米、1000米个人赛项目和2000米接力表演赛，共产生14枚个人赛金牌。此次比赛旨在进一步推进全区校园冰雪运动发展，集中展示校园冰雪运动成果，逐步实现冰雪运动在本区中小学校全覆盖。来自东城区11所中小学运动员50余人参赛。

（李媛媛）

1月24日，广渠门中学展示“乐动冰上梦、韵舒冬奥情”冰上课程成果（区体育局提供）

体育设施建设

【概况】2019年，加大全民健身场地设施投入，满足群众舒适健身需求。在天坛体育活动中心建成北京市二环以内最大的网球基地，占地5000平方米。更换天坛体育活动中心、地坛体育中心2块足球场草皮约1.7万平方米及2条400米塑胶跑道。推进东单体育中心整体改造工程，完成外立面设计方案、工程立项。改造第一一五学校内部操场为面积1000平方米的季节性冰场。

（乔明昊）

【加强全民健身设施监督管理】2019年，通过委托专业机构完成每半年一次的器材巡检，向各街道通报器材巡检情况，指导街道完成问题器材维修，排除安全隐患。督促街道加强普及安全使用健身器材。完成全区623件到期及严重损坏器材的更新工作，并继续通过对全区全民健身器材购买意外伤害险的方式，为群众健身保驾护航。

（乔明昊）

【新增网球场地】2019年取得中国网球协会等级评定资格授权，改造室外网球场地及设施，拆除房屋，新建一片网球场地，增加区内体育活动空间和网球场地数量。形成拥有4块室内场地、3块室外场地的格局，是北京市二环内最大的网球基地。网球外场于3月改造，6月完工，占地2400平方米，7月对外营业。全年开展网球进校园活动、東基杯网球赛、阳光体育中小学生比赛等活动。

（乔明昊）

【健身步道建成】2019年，东城区建成健身步道总长度7.5公里，第一标段为工人体育馆外步道（0.44公里），第二标段为环二环滨水绿道东便门——永定河段（7.06公里）。健身步道于11月18日开工，第一标段于12月5日竣工并完成验收。第二标段已于12月28日竣工并完成验收。

（乔明昊）

体育产业

【概况】2019年，完成两项区级折子、重点工作任务。全面开展东城区体育场地统计调查、优化营商环境、为体育企业提供服务保障、稳步推进地坛体育馆国家级标准化试点项目等工作。提升服务企业的水平，为体育

天坛体育中心户外网球场（区体育局提供）

9月19日，区体育局为体育科技产业授牌（区体育局提供）

企业在东城区健康发展营造良好的成长环境。

（乔明昊）

【体育场地统计调查】3月，东城区启动体育场地调查统计工作，成立以主管区长为组长、区体育局局长和区统计局局长为副组长的专项工作领导小组，设成员单位22家。区体育局对流程和细节进行优化设计，按照条块结合原则，各行业与街道属地相互配合，聘请第三方保证调查数据的专业性，经过3个月的全面调查统计，完成对东城区属地467家单位内各类体育场地的入户调查工作，完成数据采集、场地定位、数据审核、数据上传、撰写调查报告等工作。根据调查统计结果显示：2018年年底，东城区常住人口82.2万人，体育场地数量1336块，体育场地面积80.41万平方米，人均体育场地面积0.98平方米。

（乔明昊）

【优化体育企业营商环境】2019年，区体育局围绕东城区重点税源建设、服务包事项办理落实、重点企业监测等着重发力。7月22日，东城区优化营商环境推动高质量发展大会发布“紫金服务”品牌，着力打造全覆盖、全过程、全方位、全天候的“四全服务”模式，全面了解体育企业的需求，及时跟进和解决企业困难，为体育企业持续提供精准、精心、精细服务，当好企业的“服务管家”。区主管领导带队走访中篮联（北京）体育有限公司，为企业颁发“东城区百强企业”牌匾，推进实现体育企业与东城区的共享双赢。

（乔明昊）

【500强重点企业监测】2019年，区体育局重视服务企业工作，确立500强企业监测与分类协调服务机制，并纳入日常重点业务工作之中，建立重点体育组织和企业服务管理台账、企业服务事项的应急处理机制，为服务体育企业工作提供坚实的组织保障，形成服务企业新常态。

（乔明昊）

【北京市体育产业基地】2019年，东城区新增北京市体育产业示范项目1个，即体育科技企业北京卡路里信息技术有限公司申报的“‘Keep’打造全产业链运动科技平台”项目。至年底，全区共有5家北京市体育产业示范单位（北京市地坛体育馆、北京市东单体育中心、北京市东城区天坛体育活动中心、北京地坛体育中心、北京华江文化发展有限公司）、1个北京市体育产业示范项目（“Keep”打造全产业链运动科技平台）。

（乔明昊）

【标准化试点项目】开展地坛体育馆体育公共服务标准化试点建设。5月，完成试点项目中期评估。7月31日，发布《北京市地坛体育馆体育场馆公共服务标准体系》。8月至12月，进入标准体系实施阶段，北京市地坛体育馆对所有部门进行标准实施动员，宣传贯彻标准，明确标准化体系建设的内容和意义，推进落实标准实施日常记录、检查反馈等工作细节。各部门根据制订的管理目标与工作标准，在各自领域组织开展实施，标准化领导小组制订标准实施检查工作计划，联合各部门负责人开展实施检查工作，通过记录标准实施过程中存在问题，结合工作实际，进行调整更新，不断完善标准体系，为2020年的终期验收做准备。

（乔明昊）

【体育企业服务常态化】落实区重点企业服务包制度，体育局作为服务管家负责对服务包体育企业提供服务，2019年纳入服务包的体育企业1家。针对企业的四项实际需求，建立专项服务措施，定期与企业联系掌握最新进展情况，完成双平台系统数据更新与督查，建立健全分类协调机制，建立完善企业服务事项的应急处理机制，做好重点企业服务，实现示范带动发展，建立服务新常态，拉动区体育产业规模性发展。

（乔明昊）

社会建设

3月14日，天天家园社区居委会进行换届选举（区民政局提供）

综 述

2019年，继续加强社会治理体系和治理能力现代化建设，筑牢党建工作基础，不断完善社会服务体系建设，创新基层社会建设和社会治理，在深化“街道吹哨、部门报到”，推进社区共建共享共治，提升社工队伍服务水平，大力培育发展社会组织等方面迈上新台阶。

党建工作协调委员会体系。建立协商议事机制。搭建协商议事的平台，定期召开会议，通报和研究区域内重大党建工作事项，协调解决党建工作重要问题。建立定期沟通机制。通过日常联系、定期走访、座谈协商、活动联办、信息通报等方式，推动各单位间的联系从临时性、随机性向经常性、长效性转变。建立双向服务机制。将驻区单位列入日常服务对象，帮助化解矛盾、排忧解难。同时，引导驻区单位发挥人才、信息、专业等优势，参与社会服务管理。

社区建设规范化和推动社区治理现代化。东城区完成第十届社区居委会选举工作，建立社区议事厅月协商制度，制订《2019年东城区社区月协商工作计划》，17个街道共开展110场社区协商活动。推进区、街道、社区三级协商联动机制试点工作。总结南锣鼓巷四条胡同项目公众参与的经验，在落实城市总体规划、配置社区公共服务资源、落实民生实事项目的决策和执行过程中，广泛吸纳居民群众参与协商，增强政府工作与民生需求对接。推动构建党委、政府、社会力量、社区共建共享的老城居住区治理格局。丰富社区参与活动载体。举办首届“社区邻里节”活动，全区177个社区围绕“以邻为伴、幸福社区”主题，举办398场社区活动，有2.33万余人次参加。完成17个社区之家示范点建设。通过推动社会资源开放共享，促进社会资源优化整合利用。指导街道、社区签订社区之家共建协议，整合辖区服务资源，促进驻地单位履行社会责任。研究制订《社区服务站改革试点工作方案》，逐步实现“全科社工、全能服务”。印发《关于进一步深化社区规范化建设工作的意见》，探索研究“吹哨报到”延伸至社区。

社区协商共治。指导街道完成110场每月一主题的社区协商活动计划，推进社区协商常态化机制化。持续开展协商成果转化，形成前门街道草厂社区“小院议事厅”、南锣鼓巷四条胡同公众参与、朝阳门街道院落“微更新”等基层治理有效做法。推进东直门和龙潭街道两级协商联动机制试点工作，并进一步扩大试点街道范围，在体育馆路街道、建国门街道开展协商工作。以交道口街道为试点，进一步推进区、街、社区三级协商联动机制试点工作，策划开展3场开放空间讨论会议，在公共空间规划、重点院落整治、腾退空间利用、交通秩序管理等方面，搭建居民参与议事决策的协商平台。及时完成全区177个社区公约的修订工作，并完成17个“四有四亮相”小区示范点建设，指导社区通过民主协商的方法，完善共治共享的社区治理长效机制。

深化精神文明创建工作。推动全国文明城区常态化建设，把创建指标融入日常工作，纳入考核督查，落实指标责任，巩固全国文明城区创建成果。定期开展文明城区指标落实情况检查，提高市民对创建文明城区的参与意识，发动社会各界力量，共同支持和参与创建工作，营造全社会同心共创的氛围。开展文明单位创建活动、文明社区和文明风景旅游区创建活动、文明校园创建活动、文明家庭创建活动，发挥各类精神文明先进单位的示范引领作用。做好道德模范评选表彰，开展第七届全国道德模范、“中国好人榜”上榜好人、“北京榜样”、“东城榜样”推荐选树工作，时传祥获中宣部等部委颁发的“最美奋斗者”称号，1人入选2019年“中国好人榜”上榜好人，6人获“北京榜样”称号。持续推进学雷锋志愿服务活动，推荐4个项目被评为全国学雷锋志愿服务“4个100先进典型”，命名10个区级学雷锋教育实践基地和

6月18日，大兴社区居民议事会为胡同环境治理献策（张孟颖摄）

10支学雷锋品牌团队。

（钱　琳　冯宏梅）

社会治理

【概况】中共北京市东城区委社会工作委员会（简称区委社会工委）是区委派出机构。3月22日，根据《中共北京市东城区委社会工作委员会、北京市东城区民政局职能配置、内设机构和人员编制规定》（京东办字〔2019〕15号）文件精神，区委社会工委与区民政局合署办公，为正处级单位。负责贯彻落实中央、市委关于社会建设的工作方针、政策、决策部署和区委有关工作要求，在履行职责过程中，坚持和加强党对社会建设的集中统一领导。内设办公室、法制科（综合执法科）、社区党建科（社会建设综合协调科）、基层政权和社区治理科、社会组织管理科、社会工作队伍建设科、街道工作科、养老服务科、儿童福利科、慈善工作科、社会救助科、社会事务科、财务科、政工科14个科室，行政编制58人、实有58人。

2019年，创新基层社会建设和社会治理，提高民生服务保障水平。规范社区治理模式，深化社区减负增效，加大社会组织培育发展力度，提升社会治理能力；改善养老服务供给结构，推动养老服务事业高质量发展；搭建多层次社会保障体系，实现困难群众帮扶保障精准精细；完善社会福利制度，各类困难群体权益得到有效保障，服务对象获得实惠持续增多。深化"街道吹哨、部门报到"，出台《东城区关于加强新时代街道工作的有关安排》，完成区级牵头20项工作任务；完成第十届社区居委会选举工作；规范社工队伍管理，在全市率先实施社区全响应服务制，社区工作者以值班和预约等方式，全覆盖、全时段、全方位服务居民。

（钱　琳）

【社区居委会换届选举】2018年12月至2019年4月，开展第十届社区居委会选举工作。经社区规模调整，全区177个社区全部参加本届选举，其中5个社区采取全民选举方式，103个社区采取户代表选举方式，69个社区采取居民代表选举方式，直选、户选比例为61%。选举产生新一届社区居委会成员1333人，其中主任177人、副主任324人、委员832人。换届后，社区党组织书记和社区居委会主任"一肩挑"的164人，比例为92.6%，比上届86.3%提高6.3个百分点。社区居委会成员中党员559人，占41.94%；平均年龄41.52岁，其中：30岁以下97人，占7.3%；31-50岁1022人，占76.7%；51岁以上214人，占16%；大专以上学历1252人，占93.9%，其中研究生学历16人、大学学历764人。持有社会工作资格证书504人，占38%，较上届提高11%。社区居委会成员中，居住或户籍在本社区的528人，占成员总数的40%。

（冯　磊）

【深化"吹哨报到"改革工作】5月30日、11月19日，召开两次街道工作联席会，宋铁健出席，赵凌云主持。党建工作组、基层管理体制改革组、民生保障和改善组、城市精细化管理组、社会治理创新组、干部激励保障组6个专项工作组和17个街道汇报落实北京市街道工作会议的情况。7月2—5日，组织全区17个街道工委书记、办事处主任、相关委办局负责人100余人开展深化"吹哨报到"、推进"接诉即办"为主题的专题培训班。完成年度由区牵头的20项街道工作重点任务和由市级部门牵头的15项街道工作重点任务。8月至9月底，指导17个街道开展"美丽东城·美好家园"挑战赛，打造具有东城底蕴的示范社区、示范胡同、示范院落、示范楼门。至9月底，各街道调动驻区单位、社会组织、社区居民和在职党员等开展不同主题的社区、街道级挑战赛，其中东花市、东四、景山、体育馆路街道展开区级擂台赛，分别获得最佳邻里奖、最佳人文奖、最美客厅奖、最佳互助奖。东四街道获本期最佳人气奖，擂台赛于9月29日在北京电视台《向前一步》栏目播出。

（谢正芳）

8月24日，景山街道开展"美丽景山 环境清洁"挑战赛（谢正芳摄）

【推动社区共建共治共享】建立社区议事厅月协商制度，制订《2019年东城区社区月协商工作计划》，全区17个街道共开展110场社区协商活动，以“五民群众工作法”为手段，引导社区居民自觉参与环境整治、街巷提升、停车管理等公共事务。推进区、街道、社区三级协商联动机制试点工作，将交道口街道作为试点单位，制订《东城区交道口街道三级协商联动机制工作方案》。实施南锣鼓巷四条胡同修缮整治提升项目，以雨儿胡同为切入点，引入专业社会力量，组织居民对胡同居住环境改善与公共空间愿景、院落环境与功能改善以及公共空间有效利用等议题进行讨论，调动居民参与公共事务积极性，提升居民对整治修缮工作认同感，通过搭建胡同居民议事平台、引导建立有序的公众参与讨论机制、探索胡同院落管理长效机制，推动构建党委、政府、社会力量、社区共建共享的老城居住区治理格局。开展首届社区邻里节。联合区属13家单位和各街道制订实施方案，活动主题为“以邻为伴、幸福社区”，主会场为前门街道，全区177个社区共举办398场展现东城地域特点和人文特色，居民喜闻乐见的邻里活动，覆盖老、中、青、幼等各年龄段人群。

（冯　磊）

【推进社区规范化建设】2019年，确定新创建社区之家示范点17个，完成标识上墙、共建协议签订等，通过推动社会资源开放共享，促进社会资源的优化整合利用。制订《社区服务站改革试点工作方案》，逐步实现全科社工、全能服务，8个“一站多居”试点开始试运行。推进社区减负工作，召开基层社区职责清单梳理座谈会和职能部门社区事项梳理会，共梳理出社区依法履职事项20项，社区依法协助政府履职事项24项。起草《关于贯彻落实“街道吹哨 部门报到” 深化社区减负增效工作的实施意见》，制订并印发《关于建立东城区社区工作准入制度的实施意见》，建立社区工作事项准入制度、社区准入联席会制度、区级层面社区工作发文联审制度、社区工作综合评估机制以及市、区两级联审等制度。印发《关于进一步深化社区规范化建设工作的意见》，围绕规范社区党建工作、规范社区服务管理标准、规范平安社区建设机制、规范和谐社区工作机制、规范社区服务保障机制等5个方面，明确60项工作措施，深化社区规范化建设工作。

（冯　磊）

11月13日，东城区第十五届全民终身学习活动周开幕式在北京国际职业教育学校举行（区教委提供）

社区教育

【概况】东城区教委辖属南、北社区学院2所，依托学区建立和平里、安定门—交道口、北新桥—东直门、东四—朝阳门—建国门、景山—东华门、东花市—崇文门—前门、龙潭—体育馆路、天坛—永定门外8个学区市民学习基地以及安外三条小学和五中分校2个市民学习中心，依托北京国际职业教育学校、现代职业学校2个市民职业体验中心，开展市民教育。

（连　莲）

【社区教育工作会】4月25日，东城区社区教育工作会在东城区职工大学崇文社区学院召开。会议总结2018年社区教育工作，部署2019年工作计划，介绍社区学院数字化建设和市民学习品牌建设情况，重点推介社区文艺骨干培训项目。与会人员现场观摩社区文艺骨干培训项目舞蹈、合唱课程，并交流研讨如何开展市民教育课程。全区各街道社区教育负责人，社区学院相关干部、教师50人参会。

（连　莲）

【景山街道社区流动课程研讨会】5月13日，景山街道社区教育流动课程研讨会在北京国际职业教育学校鼓楼校区举行。北京国际职业教育学校汇报开设社区教育流动课程情况。授课教师代表、景山街道民生保障部负责人、各社区市民教育负责人20余人交流开展市民教育课程的经验、体会及市民学习需求。

（连　莲）

社会组织服务管理

【概况】2019年，全区共有社会组织690家，其中社会团体227家，民办非企业单位463家。完成行政许可100项，其中社会团体27项，民办非企业单位73项。应检社会组织523家，共办理年检398家，其中社会团体137家，民办非企业单位261家，年检率达76%。社会组织培育发展工作突出党建引领，形成区、街道、社区三级社会组织服务平台联动合力，由区级社会组织服务平台整合社会资源，重点开展公益创投和政府购买服务工作，调动社会各方力量参与社区治理和社会建设，打造共建共治共享的社会治理格局。公益创投以培育社区社会组织和街道级平台运营能力为双重目标，指导和支持街道级平台挖掘社区需求，形成服务项目，通过项目的实施，培育带动社区社会组织成长，同时提升街道级平台运营能力，推进街道级平台实体注册。促进政府购买服务规范发展，在公共服务领域开展政府购买服务，引入第三方机构在项目实施过程中进行全程监测与评估，抓监管促效率。

（孙晓飞　赵　蕾）

【政府购买服务】3月20日，社会组织指导服务中心组织召开政府购买服务需求对接洽谈会，先后分4批发布41个政购项目，涵盖养老、助困、体育健身等服务民生领域，吸引近300家社会力量参与，项目资金总额近1115万元。按照合同签订的项目周期，在2019年度实施完成的项目22个，累计开展活动2755次，实际受益人次达到13.73万人次，其中11个项目获媒体报道，涉及媒体、自媒体19家，促进社会各界对政府购买服务项目的了解，提升社会组织的社会认知度。经过项目结题评审会专家审议，实施的22个项目均按合同要求如期完成。

（赵　蕾）

12月6日，东城区2019年公益创投成果分享暨2020年公益创投项目征集发布会召开（梁爽摄）

【公益创投】4月至7月，公益创投围绕为老服务、困难群众服务保障、社区自治、环境保护等重点领域，征集100份社区社会组织公益服务项目申请，经过项目初筛、尽职调查、专家评审等环节，最终确定扶持培育51个项目，其中街道级平台建设项目8个、社区社会组织项目43个，项目资金共计65.9万元。12月6日，以“聚焦基层社会治理创新实践”为主题，召开东城区2019年公益创投成果分享暨2020年公益创投项目征集发布会，展示公益创投优秀项目成果，分享街道级平台和社区社会组织典型项目案例，社会治理领域专家给予点评。

（赵　蕾）

【社会组织党建工作】对民政局业务主管的51家社会组织党建情况进行调研与摸排，其中24个社会组织覆盖党员48人（专职工作人员党员18人、兼职工作人员党员30人），准确及时更新社会组织党员相关数据信息台账，为功能型（只具备开展党内组织生活和学习）党支部转变为实体型（党员3人以上，可以发展党员）党支部奠定基础。10月至11月，开展“不忘初心、牢记使命”主题教育，采取支部分头自学、统一集中授课、组织参观红色基地、交流心得体会相结合的学习方式，聚焦学原文、悟原理、领会精神，民政局业务主管的51家社会组织参与主题教育，结合自身实际追溯初心，践行使命，激励社会组织发挥自身专业优势，为东城区社会建设贡献力量。

（赵　蕾）

社会工作队伍建设

【概况】2019年，东城区委社会工委区民政局分层分类推进社会工作人才队伍建设和社会心理服务体系建设。推进社区工作者队伍管理规范化，修订社区工作者职数设置，完成社区工作者招考，在全市率先实施社区全响应服务制；重人才培养，推进队伍素质专业化，重基础强化，分类开展社工专业人才培养培训；重环境营造，提升社会认知度和参与度。加强对社区工作者队伍的激励奖励，开展社工宣传周系列宣传活动、离退居委会老积极分子送温暖活动。加强协管员队伍整合，开展社会心理服务站点试点建设，为全区社会建设提供人才保障。

（刘　静）

【社工人才队伍建设】3月，开展社工宣传周系列宣传活动，展示社会工作者专业形象与服务成效，提高社会工作认知度和影响力。4月15日起，在全市率先实施社区全响应服务制，社区工作者以值班和预约等方式，全覆盖、全时段、全方位服务居民。6月，完成2019年北京市社会工作者职业水平证书登记工作；加强社工队伍规范管理，修订社区工作者职数管理文件。6月至9月，开展社区工作者招考工作，共招录345人。10月，组织社工和群众代表30人作为观礼嘉宾参加中华人民共和国成立70周年观礼等重大活动。落实五星级社区党组织奖励、社区党建进步奖励，共有53个社区党组织被评选为年度五星级社区党组织，并评选出22个社区党建进步奖。2019年，在17个街道购买专业社工岗位，在7个社区开展专业社工社区服务督导，引进专业社工带领社区工作者在培育社会组织、社区自治自管、为老服务等方面，运用专业理论和方法开展工作。研究制订社区工作者区内调动管理办法、辞职辞退办法等管理制度。建设完成社区工作信息管理系统。加强区级相关部门的协调，做好数据分析和经验总结，指导街道对现有协管员队伍进行再分类、再优化、再整合。按照政策做好离退居委会老积极分子服务管理。

（刘　静）

【社工人才培养】促进社工人才能力素质提升，分负责人、后备、专业人才、新社工、全员5个层次开展社工人才培养。8月起，以培训常态化、课程广覆盖、内容重实效为原则，举办以“着力提升社区工作者能力素质，不断推进社区治理水平更上新台阶”为主题的东城区社区工作者能力素质提升主体培训班。10月起，实施社区社会工作人才专业督导项目暨东城区启明星再行动工作坊，以陪伴和指导社区社会工作者完成社会工作服务项目的方式，提升社会工作者的沟通技巧、社区评估与调研等能力，搭建社区、社工、社会组织互动交流平台。

（刘　静）

8月20日，东城区社区工作者能力素质提升主体培训班开班（李文鑫摄）

【社会心理服务体系建设】开展社会心理服务站点建设，在前门街道、体育馆路街道、和平里街道西河沿社区完成3个社会心理服务站点试点建设，确保场地、设备、经费、力量、服务、制度“六到位”。依托3个试点站点，开展心理服务，满足居民需求，提升地区居民群众心理健康水平。

（刘　静）

精神文明建设

【概况】东城区精神文明建设委员会办公室（简称区文明办），是区委负责协调、指导精神文明建设的工作部门，挂靠区委宣传部。3月15日，按照中共北京市东城区委北京市东城区人民政府关于印发《北京市东城区机构改革实施方案》的通知要求，将区精神文明建设委员会办公室由挂靠区委宣传部改为设在区委宣传部。

2019年，以春节、元宵节等传统节日为抓手，举办“我们的节日”主题活动和“志愿服务 温暖东城”学雷锋主题活动，开展感动东城道德模范先进人物评选及文明单位、文明社区、文明风景旅游区、文明家庭、文明校园创建活动，发挥各类精神文明先进单位在工作中的示范引领作用。

（冯宏梅）

【公共文明引导行动】1月11日，2019年首个公共文明引导日，组织全区引导员在各自服务的公交地铁站台和15个交通路口开展宣传活动。全区共有好乘客24人、社会志愿者37人参加活动，发放宣传材料1万余份、纠正劝导不文明行为931人次，咨询指路1882人次，清理站台周边共享单车

500余辆。1月21日至3月1日全区引导员投入春运服务，在公交地铁站台为乘客服务。组织公共文明引导员骨干80人在北京站开展为期40天的春运宣传、引导服务。引导员累计加班2.47万小时，向乘客发放各类宣传材料1.42万份、发放线路便民条1.79万张、照顾老幼病残孕乘客5832人次、捡拾物品17件、帮助寻人13人次、劝阻不文明行为9327人、为乘客咨询指路35.5万余人次，为外国友人服务17人次，收到乘客来信来电及口头表扬125件、锦旗9面。4月26日，做好第二届“一带一路”国际合作高峰论坛会议期间交通保障服务，并抽调公交站台公共文明引导员60人，支援14个地铁重点站台。5月17日，完成4场“中超”赛场的引导、服务、保障工作。8月28—30日，分别为地铁公交站台举办3次新上岗人员培训会，包括队伍的发展历程、性质、总任务、纪律要求、岗位服务行为规范、服装、服饰装备礼仪规范、宣传喊话等八部分，通过抓技能、抓服务、抓特色，提高全区公共文明引导工作水平。9月11日，在第一图书馆举办“迎国庆　展形象”公共文明引导宣讲暨誓师动员主题活动。引导员用亲身经历讲述热爱岗位，真情服务乘客的动人故事。全体文明引导员宣誓：团结一心，不怕困难；文明引导，重任在肩；七十庆典，使命光荣；为首都争光，为祖国奉献。12月10日，全区开展公共文明引导工作总结评比，表彰区级金牌引导员10人、区级规范服务标兵10个、区级优良秩序交通口10个、区级学雷锋志愿服务品牌团队10个、好乘客推荐活动先进集体和个人各10个。

（冯宏梅）

12月10日，东城区召开2020年公共文明引导工作推进会（王硕摄）

【讲文明、树新风】春节期间，组织各街道、各单位开展“善满东城送吉祥”活动，将“善满京城”春节吉祥包发放到全国道德模范及提名奖获得者、首都道德模范及提名奖获得者、“北京榜样”、身边好人、感动东城道德模范等模范人物手中。清明节期间，组织各街道、各单位围绕祭奠革命先烈、节日民俗、“网上祭英烈”等内容，营造文明过清明，绿色祭先贤的节日氛围。开展“讲文明树新风——做谦恭有礼的中国人”主题活动成果展示观摩会，从全区各系统、各街道申报的24项主题活动中评选出和平里医院“杏林绽芳华——初心永在　益路同行”等14个最佳活动奖；东直门街道“喜乐迎国庆　幸福东直门”等10个最佳活动提名奖。

（冯宏梅）

【未成年人思想道德建设】4月，开展“清明祭英烈”主题教育实践活动，在未成年人中开展革命传统教育，引导未成年人继承先烈遗志，传承红色基因，弘扬优良传统。东城文明网“网上祭英烈”专题累计点击量近9万人次，留言2000余条。全区组织开展祭扫、诗会、红色研学、志愿服务等活动，帮扶复退军人、烈士家属300余人。5月至7月，组织未成年人参与北京市“多彩童谣　绘美中国”新童谣配画作品征集活动，共有12幅配画作品获奖（一等奖5幅，二等奖3幅，三等奖3幅，优秀奖1幅）。6月，以庆祝中国共产党成立98周年为契机，联合区委教工委、区教委在全区各中小学校开展童心向党歌咏活动，引导未成年人学唱传唱歌颂党、歌颂祖国、歌颂中国梦的优秀歌曲。8月，开展区2019年度首都未成年人思想道德建设创新案例征集评选活动，向首都文明办推举优秀案例7个，其中区教委“习惯教育促成长”活动获首都未成年人思想道德建设创新案例奖，朝阳门街道“小啄木鸟”活动获首都未成年人思想道德建设创新案例提名奖。9月至10月，以“扣好人生第一粒扣子”为主题，开展“向国旗敬礼”活动。利用东城文明网站专题网页，组织青少年5.3万人上网面向国旗敬礼并签名寄语，发表寄语、感言9252条，活动点击量累计21.35万人次。利用爱国主义教育基地、红色旅游等资源，组织升国旗唱国歌、观看红色影片等教育实践活动，累计9.78万人次参加。2019年，启动区“新时代好少年”推荐工作，全区收到17家单位的“新时代好少年”材料53份。联合区委教工委、区文旅局、团区委、区妇联召开“新时代好少年”评比推荐活动，评出东城区“新时代好少年”人选30人，其中10人作为2020年“首都新时代好少年”候选人向市里推荐，东四十四条小学1人入选首都“新时代好少年”。

（冯宏梅）

【群众性精神文明创建活动】6月3日，开展“迎国庆 展形象 做新时代文明北京人”——第二届礼让斑马线专项行动广场舞比赛，东城区选派代表队获全市一等奖，东城区获优秀组织奖。11月至12月，开展区首都文明街巷和首都文明商户推荐工作，经过部署、推荐、考评等程序，33条街巷被评为首都文明街巷，37家商户被评为首都文明商户。12月27日，举办区网络文明传播志愿者培训会，为全区网络文明传播志愿者骨干讲授正能量政务新闻传播。2019年，东城文明网站制作“网上祭英烈”“领略底蕴东城 走进家门口的博物馆”等9个专题，发布信息4500余条。“文明东城”微信公众平台新增东城故事、东城榜样、特色活动3个栏目。围绕暖心东城、未成年人、旧貌换新颜等栏目发布信息1500余条，制作“我们的节日”H5活动页面7个，制作“东城金秋最美打卡地在这里 醉美东城”“诗意东城”等原创策划200余个，累计阅读达到35万人次。

（冯宏梅）

【学雷锋主题活动】3月4日，举办“志愿服务 爱满东城”学雷锋主题活动。宣读《争做新时代雷锋传人的倡议书》，一零九中学学生表演情景剧《忠孝》，参与街道志愿服务的文明引导员、小巷管家、环卫工人、保安和街巷长通过歌曲联唱的形式，演绎《学习雷锋好榜样》歌曲。区相关委办局和街道组织的学雷锋志愿服务队在现场开展医疗咨询、义诊服务和食品药品安全知识宣传等活动，并进行志愿者招募活动。活动中还为新命名的北京电力展示厅等10个学雷锋教育实践基地授牌，为新命名的东城城管志愿服务队等10支学雷锋品牌团队代表授旗，为新当选的3个全国学雷锋志愿服务“4个100”先进典型代表赠送书籍。区领导和有关部门及代表200余人参加活动。

（冯宏梅）

【精神文明建设工作会】6月10日，精神文明建设暨推进新时代文明实践中心建设工作会议召开，区领导宋铁健主持。宣读2018年东城区精神文明建设先进典型的表彰决定，部署2019年精神文明建设及东城区新时代文明实践中心建设工作任务。区税务局、交道口街道、区公共文明引导队代表作典型发言。市委宣传部副部长、首都文明办主任滕盛萍对东城区精神文明建设工作提出要求，夏林茂讲话。区文明委各位委员、区文明委成员单位主管精神文明工作的领导和有关负责人、首批区新时代文明实践基地负责人200余人参加。

（冯宏梅）

【文明城区建设】10月21日，东城区文明城区测评迎检工作部署会召开，宋铁健主持。部署文明城区测评迎检工作，夏林茂对做好测评迎检工作提出要求。区领导陈本宇、陈献森出席，区委组织部、区科信局、区民政局等相关单位负责人参加。12月，东城区通过北京市文明城区测评。

（冯宏梅）

社会生活

10月26日，东城区首届“社区邻里节”活动在前门街道大江社区举行启动仪式（区民政局提供）

综 述

2019年，东城区以促发展、保民生为目标，在就业创业、维权帮扶、提高社保水平和服务质量、完善社会福利等方面重点推进。

就业创业。城镇登记失业率0.84%，远低于2%的控制指标。全年促进失业人员实现就业9849人，完成考核任务指标的123.1%。研究出台指导辖区就业、职业技能培训工作的纲领性文件及配套制度，释放政策红利，减轻重点就业群体培训负担，为东城区促进就业工作的长期发展奠定制度基础。完成8353人次考生技能鉴定资格审核，完成国家职业资格统考，服务考生2405人次。组织春风行动、民营企业招聘月、金秋招聘月、服务类企业专场招聘会，服务企业1193家，提供空岗信息18.44万条。开通流动人员人事档案网上服务，人事档案公共管理服务子系统正式上线，累计加工完成流动人员人事档案35万份，流动人员人事档案服务管理数字化、便捷化水平大幅提升。举办2019东城区“文化+”创意大赛，征集105个创业项目参赛，9个项目入围全市百强项目，3个项目在市级决赛中分获一、二、三等奖。加强创业政策宣传服务，挖掘17项东城特色创业样板案例，编印《东城区创业者故事》，全面发挥创业成功者的示范带动作用。

困难帮扶及劳动权益维护。挖掘开发属地资源，多方协作开展系列扶贫工作，开发在京就业岗位1.73万个，贫困人口5364人实现在京或就近就地就业。健全在京务工人员之家配套工作机制，为在京务工人员提供职业介绍、技能培训、劳动维权等全方位就业服务。对口帮扶地区全部实现“脱贫摘帽”。劳动者就业稳定性增强，辖区企业劳动合同签订率、续订率分别达99.09%和90.52%。探索诉调对接新机制，联合区法院在全市率先开展劳动关系纠纷诉前调解试点，全年调解案件226件，为劳动者226人追回劳动报酬894.78万元。加大对劳动密集型加工制造、文化传媒、教育培训等重点行业日常巡查力度，全年累计检查企业4211家，涉及劳动者5.06万人，为劳动者485人追回劳动报酬504.28万元。强化应急维稳，全年处置群体性讨薪突发事件24起，涉及劳动者415人、资金733.47万元，同比分别下降11%、69%和68%。强化全区联动，及时妥善处置农民工欠薪案件166件。加强仲裁委员会、基层调解组织、法律援助站建设，完善裁审工作机制，全年受理劳动争议仲裁案件4900件，结案率97.18%，调解率61.74%，一裁终局率44.23%。

社会保障。全年服务参保人数超过160万，社会保险基金收支541.24亿元，社保基金平稳运行。落实“降低社会保险费率”政策，为企业减少养老保险费负担1.71亿元。完成2019年各项社保待遇调整工作并补支到位，涉及全区5014家参保单位退休职工32万人，补支调整金额3.71亿元。以案促改提升退休资格审批业务水平，规范管理企业年金方案备案，完成218家单位、1.6万余人特殊工种备案，行政争议案件同比下降50%。开展工伤保险政策宣传，规范工伤认定审批管理，全年受理工伤认定申请1233件、认定1131件。初步建成退役军人三级服务保障体系，完成军转干部和退役士兵安置。应届高校毕业生就业率达到97.7%。建立12个残疾人帮扶性就业基地，开展残疾人康复服务1.2万人次。建成区级养老服务指导中心，已运营社区养老驿站51家，为独居老人2027人提供巡视探访服务。17个街道全部设立困难群众救助服务所，精准帮扶困难家庭243户。设立“东城阳光精准扶贫慈善信托”计划，创新利用金融工具精准扶贫。

（赵　妍）

就　业

【概况】2019年，全区城镇登记失业率0.84%，远低于2%的控制指标；“七有”“五性”监测指标中城镇登记失业人员就业率66.51%，位列城六区第二名；促进失业人员实现就业9849人，完成考核任务指标的123.1%；困难失业人员实现就业7432人，完成考核任务指标的140.2%；应届高校毕业生就业率97.7%，有就业意愿的困难家庭毕业生100%实现就业；零就业家庭保持动态为零。

（何晓晖）

【辖区就业政策】2019年，区人力资源社会保障局出台《关于做好东城区当前和今后一个时期促进就业工作的实施方案》《东城区职业技能培训生活费补贴管理办法》《东城区职业技能提升行动实施方案（2019—2021年）》等指导辖区就业、职业技能培训工作文件，确定认真落实各项就业优惠政策、加大创业带动就业工作力度、鼓励重点群体参加职业技能培训、强化就业服务能力建设、鼓励用人单位招用失业人员、鼓励失业人员和高校毕业生到单位见习等6大工作举措，充分发挥就业补助资金作用。

（何晓晖）

【就业政策落实】2019年，区人力资源社会保障局加大失业保险金返还力度，为1244家企业返还1.2亿元；完成333家企业2449人岗位补贴和社会保险补贴申请，补贴资金2287.91万元；审核个人申报技能提升补贴1887

人，涉及资金250.45万元；公益性就业组织招用就业困难人员353人，审核发放岗位补贴1484.66万元；审核灵活就业、自主择业人员2.86万人次，拨付社会保险补贴资金2.12亿元，以上各项政策涉及资金3.7亿元，惠及群众20余万人。

（何晓晖）

【创业就业活动】2019年，区人力资源社会保障局举办专场招聘会81场，失业人员1936人达成就业意向；举办2019东城区“文化+”创意大赛，征集105个创业项目，9个项目入围全市百强，3个项目在市级决赛中获奖。开创“以赛代训、赛训结合”新模式，举办“东城区家政服务员、养老护理员职业技能大赛”，宣传引导443人报名参赛。

（何晓晖）

【就业见习】2019年，区人力资源社会保障局完成北京京港地铁有限公司、北京市华夏典当行有限责任公司等10家企业就业见习基地申报，累计发布见习岗位656个，成功匹配见习人员53人，并全部签订见习协议，在全市率先超额完成市级下达的年度指标。

（何晓晖）

【对口帮扶】2019年，区人力资源社会保障局组织开展致富带头人培训班，受援地致富能手86人参加；赴受援地开展专场招聘和技能培训，累计开发在京就业岗位1.73万个，379人与北京企业达成就业意向；重点向深度贫困地区内蒙古化德县捐赠价值40余万元的技能培训设备设施，与当地共建10个扶智扶技实训基地，组织职业培训32场，累计培训2039人，贫困人口150人通过技能培训实现就业。“东城区对口帮扶地区在京务工人员之家”成功选入全国“2019年人社扶贫典型事例”。

（何晓晖）

社会保障

【概况】2019年，区人力资源社会保障局落实降低社会保险费率政策，为企业减少社会保险费负担13亿元；完成全区5014家参保单位退休职工32万人社保待遇调整补支工作，涉及金额3.71亿元。加大工伤、养老等政策宣传力度，区内施工项目参保率达100%。

（何晓晖）

【社会保险基金运行】2019年，东城区社会保险基金收支规模594.82亿元，其中收缴355.83亿元，同比增长5.41%；支付238.99亿元，同比增长10.46%；结余116.84亿元，收支平稳运行。

（何晓晖）

【社会保险支付】2019年，全区企业职工养老保险累计支付148.73亿元，同比增加8.1%；企业职工医疗保险累计支付42.6亿元，同比增加9.55%；失业保险累计支付4.54亿元，同比增加20.08%；工伤保险累计支付1.4亿元，同比增加17.86%；生育保险累计支付7.79亿元，同比增加16.95%。

（何晓晖）

【五项保险参保人数】2019年，全区参加基本养老、基本医疗、失业、工伤和生育保险人数分别为151.67万人、163.96万人、115.79万人、116.36万人和104.05万人，分别比2018年末增加3.5万人、0.92万人、0.08万人、14.01万人和6.28万人，分别比上年增长2.36%、0.56%、0.07%、13.69%和6.42%。

（何晓晖）

【基金资金监管】2019年，区人力资源社会保障局制订《东城区社会保险经办管理风险评估制度（试行）》《内控监督管理办法》，构建内部控制风险防范体系。开展社保稽核追缴工作，办结投诉举报案件585件，追缴社保基金3246.6万元。规范基金追缴工作程序，制订《社会保险费划拨管理办法》，通过划拨方式追缴社保基金50余万元。完善《关于加强社会保险基金管理风险防控，构建基金监督体系的工作方案》，搭建起系统性、整体性、协同性的三级防御监管体系。

（何晓晖）

【加大根治欠薪力度】2019年，区人力资源社会保障局牵头搭建根治拖欠农民工工资工作协调小组，组织召开工作部署会16次、培训会12次，依托根治拖欠农民工工资工作协调小组信息平台做到欠薪隐患即时处理、每日通报，每周调度；创新建筑工地包片负责制，联合行业主管部门和属地街道开展执法检查活动96次，覆盖全区72家在施工地（政府投资工程项目32个、国企项目13个、社会项目27个）；开展每周四执法日活动，加大对劳动密集型加工制造、P2P金融、IT、教育培训、文化传媒等重点行业巡查力度，并代表北京市顺利通过国务院治欠保支工作考核；落实劳动保障重大违法行为社会公布、工程建设领域拖欠农民工工资不良信息通报等制度，对发生严重欠薪行为的企业及时纳入“黑名单”管理；完善“行刑衔接”机制，及时向公安部门移送拒不支付劳动报酬的犯罪案件，形成打击恶意欠薪的高压态势。全年累计巡查用人单位4211家，涉及劳动者5.06万人，为劳动者485人追回劳动报酬504.28万元；受理群众投诉举报案件1094件，时效内结案率100%；做出行政处罚46件，处罚金额44.1万元，向社会公布6家企业重大劳动保障违法行为，将2家企业纳入工程建设领域不良信用企业名单，对2起重点案件相关责任人拒不支付劳动报酬的行为进行“行刑衔接”，处置群体性讨薪突发事件24起，涉及劳动者415人、资金733.47万元，同比分别下降

11%、69%和68%，完成市政府下达的“两个清零”工作目标。

（何晓晖）

【创新诉调对接机制】2019年，区人力资源社会保障局联合区法院在全市率先开展劳动关系纠纷诉前调解工作，创新以人民调解为依托，投诉举报、接诉即办、日常巡查为线索，劳动监察为手段，司法确认为支撑的长效工作机制，通过“收案+调解+司法确认”三环节，对劳动者有明确金额诉求的纠纷先行调解，由点及面解决欠薪问题，及时将风险隐患化解在萌芽状态。全年调解案件226件，为劳动者226人追回劳动报酬894.78万元。

（何晓晖）

【三全管理模式】2019年，区人力资源社会保障局落实推动“全流程管理、全环节管控、全周期联动”管理新模式要求，在辖区部分在施工程项目开展根治欠薪“三全”管理模式试点。该模式设置工程立项、资金拨付、台账管理、施工监管、行业验收5类管理项目，并在5类项目中设置27小项，记录企业管理、政府监管、执法检查、农民工权益保护等工作落实情况，囊括签订劳动合同、工资支付、农民工实名制管理、农民工工资专用账户管理、总包代发工资、工资保证金、维权公示7大指标，初步形成“监管、信用、维权”全链条管理。

（何晓晖）

【女工庭品牌】2019年，区人力资源社会保障局发挥首家劳动人事争议仲裁“女工庭”品牌示范作用，结合流动仲裁庭模式，专门面向女职工开展一对一维权服务。在全国骨干女仲裁员示范培训班上完成教学任务，收到人力社保部书面感谢信。该教学内容被制作成教学课件放置在全国劳动人事争议调解员仲裁员在线学习平台，成为全国仲裁员、调解员学习材料。

（何晓晖）

【劳动争议调解】2019年，区人力资源社会保障局受理劳动争议仲裁案件5042件，结案率97.86%，调解率61.56%，一裁终局率43.99%。

（何晓晖）

【劳动合同管理】2019年，东城区企业劳动合同签订率达到98.67%，城镇职工劳动合同续订率达到92.1%，劳动者就业稳定性增强。

（何晓晖）

【一窗式办理工作机制】2019年，区人力资源社会保障局通过流程再造和培养“窗口通才”，重新调整设置综合窗口，实现存档人员保险、退休、失业、档案服务等业务“一窗通办”。制订《“一窗式办理”业务操作管理办法》，统一各类业务表单，规范业务流程，对各环节业务风险点进行全方位、标准化监控，真正做到流程严密、闭环管理、高效服务。自“一窗式”办理以来，群众办事等待时间由高峰期平均52.53分钟缩短至10.41分钟，耗时率下降约80%，基本实现即来即办。

（何晓晖）

【人力资源服务管理改革】2019年，区人力资源社会保障局全面承接北京市人力资源服务行政许可备案报告工作，结合辖区实际制订《东城区经营性人力资源服务行政许可备案报告工作手册》，通过优化工作流程、规范审批程序、提供便捷服务等方式将办理时限由30个工作日压缩至2个工作日，实现企业零跑路。改革颁发后的全市首张《人力资源服务许可证》在市《昨日市情》刊登宣传。

（何晓晖）

【接诉即办有成效】2019年，区人力资源社会保障局成立接诉即办领导小组，抽调业务骨干组建接诉即办专班，明确疑难案件局领导包案、以面谈为主、倡导增值服务的工作思路。领导班子成员8人包案并解决问题100件。强化制度保障，建立7×24小时实时响应、局内吹哨疑难问题化解等机制，创新“快速受理、精准派单、强化办理、高效办结、精心回复、认真核验”六步工作法，完善日报告、周调度、月总结的通报、督办、考核制度。召开专班会22次，局长办公会专题研究12次，编发196期《接诉即办每日快报》。强化未诉先办，通过推进“一窗式”办理改革、创新“诉调对接”工作模式、畅通电话咨询服务等方式，从源头解决群众反映集中的问题。全年受理案件2514件，响应率100%，解决率、满意率位居

1月16日，辖区服务企业向区人力资源和社会保障局赠送锦旗（何晓晖摄）

11 月，区人力资源和社会保障局干部参加“人社系统练兵比武全国赛”获三等奖（何晓晖摄）

全市前列，在全市人力社保系统“七有”“五性”考核中排名第一，其中劳有所得方面得分99.13分，高于北京市平均分18.98分。

（何晓晖）

【比武练兵赛】2019年，区人力资源社会保障局在全市率先举办练兵比武比赛，强化宣传引导、全员覆盖，实现练兵比武和日常工作深度融合，倒逼干部提升服务能力和水平。人力社保部官网专版刊发办赛模式，选派干部作为北京市代表队队长进入全国赛总决赛，并获团体三等奖。

（何晓晖）

【政务咨询电话效用发挥】2019年，区人力资源社会保障局整合全局政务咨询电话，统一设立对外咨询热线，建立专业话务员队伍，开通智能查询平台，基本实现一号通答。组建业务指导团队，对话务员进行培训指导，对群众提问进行“分诊转办”和“会诊研究”。咨询电话接起率由原来的14%提升到92.5%，回访满意率达到99%以上。社保中心获全国人社系统2017—2019年度优质服务窗口称号。

（何晓晖）

医疗保障

【概况】东城区医疗保障局（简称区医保局）于2019年3月22日根据区委、区政府批准的《关于印发〈北京市东城区医疗保障局职能配置、内设机构和人员编制规定〉的通知》（京东办字［2019］26号）要求正式组建成立。区医保局由区人力社保局、区发改委、区民政局相关职能整合、人员转隶后组成。主要职责是贯彻落实党中央、市委关于医疗保障工作的方针政策、决策部署和区委有关工作要求，在履行职责过程中坚持和加强党对医疗保障工作的集中统一领导；贯彻执行国家和北京市有关医疗保险、生育保险、医疗救助等医疗保障制度的法律法规和政策待遇规定等。内设综合科、规划待遇保障科、医药服务监管科。编制16人、实有14人。下设东城区医疗保险事务管理中心，为财政补助公益一类事业单位（参照公务员管理），编制83人、实有66人。

2019年，是东城区医疗保障局履行职责的第一年。区医保局坚持提质增效稳步推进，强化基金监管，严厉打击欺诈骗保行为，推进医耗联动综合改革，加强协议监管，提升医保管理服务水平，落实医疗保障各项待遇；强化统筹协调，确保城乡居民参保“不落一人”；持续优化营商环境，服务惠及社会民生。

（许迎新）

【医保基金平稳运行】2019年，区医保局审核结算城镇职工基本医疗保险1615.02万人次，总金额116.23亿元，基金支付83.21亿元。审核结算城乡居民基本医疗保险112.66万人次，总金额5.93亿元，基金支付2.79亿元。审核结算生育保险3.19万人次，总金额1.9亿元，基金支付9300万元。审核完成异地持卡实时结算总金额21.76亿元，同比上升56.66%。医保基金运行平稳。

（李　贺）

【医耗联动综合改革】6月15日，医耗联动综合改革正式实施。医保局制订具体实施方案，对全区定点医院组织多轮全覆盖政策培训，紧盯信息系统改造，连续48小时在岗值守。改革当日，医保局全员上阵，对辖区所有定点医院的医保系统切换、医改政策执行等情况实现现场督导全覆盖。改革实施以来，整体运行符合预期，定点医院基金申报同比增长控制在4%以内的合理增幅。

（李　贺）

【药品集中采购】2019年，东城区119家定点医疗机构共使用25种通用名药品1.9亿元，医保内金额1.7亿元，使用人次181.19万，数量789.77万个品规。25种通用名药品中，非中标药人均费用164.94元，中标药人均费用48.85元。医保基金支出明显降低，参保群众个人药费负担明显降低。

（李　贺）

【打击欺诈骗取医保基金行动】2019年，区医保局对全区158家定点

6月15日，区医保局领导到协和医院督导医耗联动综合改革（周莹摄）

医药机构开展全覆盖的现场检查，查处存在违规行为定点医院33家、违规个人1014人，追回违规金额484.82万元。对1家定点医院予以解除协议处理，对1家定点医院予以中断服务协议6个月处理，对医生4人做出暂停医保处方权处理，移交司法机关5人。

（李　贺）

【社会救助对象医疗救助】4月，启动全区医疗救助审批工作，严格执行《关于调整社会救助对象医疗救助相关标准的通知》（京医保发［2019］15号）文件要求，按时完成社会救助对象（低保、低收入、特困供养人员）的医疗救助审批，确保社会救助对象医疗救助待遇落实到位。全年审批医疗救助6877人次，涉及救助资金2125.54万元。

（陈小虎）

【实施城乡居民基本医疗保险】区医保局制订《东城区2019年度城乡居民医疗保险参保缴费工作方案》。2019年度城乡居民基本医疗保险集中参保期为2018年9月1日至2018年11月30日，东城区城乡居民参加基本医疗保险人数17.53万人，其中老年人参加基本医疗保险人数1.75万人，学生儿童参加基本医疗保险人数15.36万人，劳动力年龄段居民参加基本医疗保险人数4224人。

（陈小虎）

民　政

【概况】北京市东城区民政局（简称区民政局）是区政府工作部门。3月，根据中共北京市东城区委办公室、北京市东城区人民政府办公室关于印发《中共北京市东城区委社会工作委员会、北京市东城区民政局职能配置、内设机构和人员编制规定》（京东办字［2019］15号）的通知要求，区委社会工委与区民政局合署办公，负责贯彻落实中央、国务院、市委市政府关于民政工作的方针政策、决策部署和区委区政府有关工作要求。内设机构同社会工委，下设东城区救助管理咨询站、东城区社会组织指导服务中心、东城区社区服务中心、东城区婚姻登记事务中心、东城区接收捐赠工作站等9家事业单位，事业编制112人、实有95人。

2019年，规范社区治理模式，深化社区减负增效；改善养老服务供给结构，推动养老服务事业高质量发展；搭建多层次社会保障体系，实现困难群众帮扶保障精准精细；完善社会福利制度，各类困难群体权益得到有效保障，服务对象获得实惠持续增多。深化“街道吹哨、部门报到”，出台《东城区关于加强新时代街道工作的有关安排》，完成区级牵头20项工作任务；完成第十届社区居委会选举工作；规范社工队伍管理，在全市率先实施社区全响应服务制，社区工作者以值班和预约等方式，全覆盖、全时段、全方位服务居民。

（钱　琳）

【社会救助】1月1日，城市低保标准从家庭月人均1000元上调为1100元。至年底，全区有低保对象6185户9800人，累计支出救助资金1.38亿元。新增低保对象471户659人，退出615户934人。为532人次办理临时救助，发放救助资金172.37万元。享受供暖救助3457户，支出救助资金459.34万元。享受高等教育新生入学救助72人，支出教育救助资金32.04万元。享受城市特困供养待遇人员243户243人，支出特困资金798.13万元。通过政府购买服务，委托专业社工机构承接运营方式，在17个街道实现困难群众救助服务所全覆盖。

（王　淼）

【扶贫济困送温暖】春节期间，区民政局与区财政局、区人力社保局、区总工会、区老龄办、区老干部局、团区委、区妇联、区残联、区红十字会和各街道办事处等联合开展走访慰问活动。走访慰问低保家庭、优抚对象、困难残疾家庭、困难职工、困境青少年等各类群众1.68万人，及节日期间坚守一线的环卫、园林、卫生、公安等系统20家基层单位，发放慰问资金1046.51万元。区领导29人重点走访全区60户困难家庭，为每户送去500元慰问品和1000元慰问金。

（王　淼）

【地方退休人员经费发放】2019年，为区地退人员调整基本养老金106.95万元，调整退休待遇323.93万元。春节前夕，为区地退人员（含征地超转人员）发放慰问金15.63万元。其中为建国前老工人、劳模、高级专家及特困人员发放慰问金1.53万元。中秋、国庆两节为区地退人员（含征地超转人员）发放节日慰问金21.37万元。为区征地超转人员发放生活补助6.07万元。

（王　淼）

10月，开展东城区见义勇为人员参观疗养活动（焦卫东摄）

【流浪乞讨人员救助】2019年，救助流浪乞讨人员621人次，提供乘车凭证412张，提供饮食374人次，完成网格案卷3629件，处理接诉即办案卷27件，实施医疗救助56人次，救助未成年人22人次，救助疑似精神病人20人次，联系亲属、单位接回32人次，处理死亡人员1人，出动巡视救助车辆1000余次，救助护送返乡1人。

（胡　澄）

【殡葬管理】2019年，宣传引导群众移风易俗、绿色殡葬理念，提倡新型祭扫方式，弘扬追思先人、缅怀逝者的传统殡葬文化。清明节期间，全区设立宣传咨询站52个，张贴宣传海报和《文明祭扫倡议书》510处约3600张，制作展板、横幅260个，发放《北京殡葬服务指南》8000余册、《文明祭扫倡议书》1000余份、环保袋和其他宣传品2000份。结合扫黑除恶专项斗争，监督医院加强太平间强化服务意识，保护逝者家属合法权益。在丧葬补贴审批、遗体外运许可等公共服务事项中，以法规制度为尺度，兼顾群众关切和人性化需求，优化工作流程。全年完成无丧葬补贴审批182件，办理遗体外运行政许可1例。

（许宏军）

【残疾人两项补贴】规范困难残疾人生活补贴和重度残疾人护理补贴工作程序，建立残疾人两项补贴一人一档制，街道统一编号，实现电子档案一体化、规范化。全部网上办理审核，2019年，东城区残疾人享受“两项补贴”17.62万人次，补贴金额4314.87万元。

（许宏军）

【关心见义勇为人员】2019年，开展见义勇为行为确认、表彰奖励工作，确认1例1人，发放确认奖励金6.24万元。6月，第一届北京市见义勇为宣传月向社会宣传提倡见义勇为精神，扩大对见义勇为先进典型和见义勇为工作的宣传效应。向北京市推荐市见义勇为权益保护先进单位1个（龙潭街道），市见义勇为先进个人2人。元旦、春节期间，走访慰问见义勇为人员、牺牲人员家属、伤残人员110户，送去慰问金21万元。中秋节期间，走访慰问见义勇为牺牲人员家属、伤残人员3户，送去慰问金2.3万元。开展见义勇为困难人员帮扶救助，为享受低保的见义勇为人员3人发放特殊困难补助金6000元，协调见义勇为人员1人子女就近入学。加强见义勇为人员权益保护。10月，分两批组织见义勇为人员80人赴河北地区参观疗养；10月下旬至11月中旬，组织见义勇为人员55人在北京市第六医院体检中心进行体检。

（许宏军）

【未成年人保护】2019年，新审批困境儿童2人，为困境儿童30人发放生活费56万元。对寄养在市儿童福利机构的生活无着儿童47人，定期走访、节日慰问。全年向代养机构拨付儿童生活费及医疗费203.2万元。选优配强基层儿童队伍，实现街道儿童督导员和社区儿童主任全覆盖，搭建区、街、居三级儿童保护工作网络。在全市率先组织街道儿童督导员和社区儿童福利主任200余人，分批开展全员初任技能培训。建立东城区困境儿童和留守儿童保障工作联席会议制度，完善儿童关爱保护体系。全年接到收养咨询电话200余人次，其中现场咨询10余人次，网上办理批复收养登记初审25人次，办理正式登记1人。

（周　敏）

【婚姻登记】2019年，办理结婚登记9318对，离婚4864对，补领婚姻登记证2336对（件）。打造东城区品牌特色婚姻登记场所，接待国内多省市婚姻登记机构、台湾地区文化交流协会参观学习、经验交流。推进和谐婚姻家庭建设，开展结婚宣誓仪式、婚姻家庭辅导、婚姻法律咨询等业务。结合“520我爱你”“七夕情人节”“919爱要久久”等结婚登记高峰日或纪念日，举办新人小游戏和集体宣誓仪式。申请专项资金将纸质婚姻档案扫描电子化，为实现大数据提供技术保障，为当事人查阅个人信息提供便利。

（王　涛）

【福利彩票发行】2019年，东城区福利彩票总销售额2.09亿元，其中电脑福利彩票销售1.98亿元、即开型福利彩票销售1101.45万元，创造公益金6766.19万元。

（冯　标）

【养老服务驿站建设】2019年，社区级养老服务驿站累计建成51家，具备日间照料、呼叫服务、助餐服务、健康指导、文化娱乐及心理慰藉等六大功能，分别是和平里（交通、安贞苑、和平里、安德路）、安定门（分司厅、国子监）、交道口（府学、鼓楼苑、福祥）、景山（黄化门、景山、魏家）、北新桥（小菊、九道湾、海运仓）、东直门（清水苑、东环、新中街）、东四（南门仓、七条）、朝阳门（新鲜、头条、内务）、建国门（苏州、金宝街、赵家楼）、东华门（甘雨、多福巷、智德）、前门（草厂、前东）、崇外（国瑞城西、西花市南里东）、东花市（北里东区、南里东区、广外南里）、天坛（永内大街、东街东里、金鱼池西、西园子）、体育馆路（葱店、四块玉、南岗子）、龙潭（幸福、左安漪园、安华楼、华城）、永外（定安里、宝华里、桃园、管村）。

（刘丽鑫）

【养老机构建设】2019年，全区有养老机构19家，床位1229张。完成养老机构备案1家并正式运营（银杏社养老服务中心）。社区养老服务驿站新建成并运营8家，分别是和平里（安德路）、朝阳门（内务）、建国门（赵家楼）、崇外（西花市南里东）、天坛（金鱼池西）、体育馆路（南岗子）、龙潭（华城）、永外（管村）；建成4家，分别是和平里（和平里）、交道口（福祥）、东华门（智德）、天坛（西园子）；在建3家，分别是和平里（安德里）、交道口（南锣）、永外（定安里地区）。各驿站根据各自特点可提供日间照料、呼叫服务、助餐服务、健康指导、文化娱乐及心理慰藉等六大类别服务。加强养老服务机构安全监管和服务质量监管，制订《东城区“防风险、保平安、迎大庆”专项行动方案》《东城区养老机构服务质量建设专项行动实施方案》，开展大排查大整治，安全隐患整治做到立查立改。强化安全责任意识及制度建设，组建养老服务机构红袖标专职安全员保障队伍，织牢人防、物防、制度防“三防网络”。建立日常专职巡检制度，月度、季度专题分析会制度，加强养老服务机构人员安全教育培训，编发安全知识题库，提升工作人员防护技能、处置紧急突发事件能力。至2019年年底，出动巡视检查人员2368人次，督查检查养老服务机构1142家次，发现处理隐患1689处。现场评审东城区北苑汇晨老年公寓申请三星级升四星级评定、东城区东四街道光大汇晨老年公寓、东城区前门街道养老照料中心申请二星级评定、东城区建国门街道来德老年公寓申请一星级评定。

（刘丽鑫）

【居家养老服务】2019年，制订《东城区居家养老巡视探访服务工作的实施方案》，建立居家养老巡视探访服务制度，坚持精准分类、分级响应，在全面实施80岁及以上的独居老年人、与重度残疾子女共同居住的老年人、无子女或子女不在本市的独居老年人、身体状况和精神状况较差的独居老年人普遍巡访服务基础上，实行颜色分级响应，提供差异化探访服务。全年为独居老人2027人提供巡视探访服务。

（刘丽鑫）

【老年人优待工作】截至10月，90岁以上高龄津贴发放673.2元、累计6696人。截至11月，80岁养老助残补贴发放4657.33万元、累计4.28万人。全年办理60周岁以上老年优待证843人，95周岁以上医疗补助约128.25万余元，累计763人。10月1日，《北京市老年人养老服务补贴津贴管理实施办法》正式施行。10月至12月，发放养老服务补贴津贴1950.14万元，

9月19日，第二届“爱要久久”新人集体宣誓仪式（区民政局提供）

累计5.61万人，其中养老服务补贴123.37万元、1804人；失能护理补贴541.2万元、5745人；高龄老人津贴1285.57万元、4.85万人。

（秦　臻）

【社区志愿服务】2019年，通过政府购买服务，开展一帮一为老志愿服务项目。以34家养老驿站为中心，辐射全区托底老人885人，链接志愿服务资源。在东直门、交道口、建国门等6个试点街道开展东城区社区志愿服务能力建设项目。建立健全东城区社区志愿者协会、各街道分会、各社区志愿者之家三级联动机制，招募志愿者157人担任各社区志愿者之家负责人和理事，建立各志愿者队伍微信群，颁发协会会员证，挖掘培育社区志愿服务项目。选取9家有特色的养老机构，开展“走进公益机构——志愿助老与祖国同行”志愿服务活动。开展活动80余次，志愿者540人参与，累计服务时长972小时，服务老人1266人次。

（秦　臻）

【接收捐赠】2019年，东城区接收捐赠工作站累计接收捐款4.16万元，接收衣被7.85万件，其中接收日常捐款1700元，春风送暖接收捐款3.99万元，衣被3.57万件；冬衣送暖接收衣被2.82万件，全年敞开收累计接收衣被1.45万件。落实对口支援工作，签订定向捐赠协议书为张家口市崇礼区石嘴子中心敬老院定向捐款20万元和价值1.81万元物资；针对湖北省十堰市郧阳区突发自然灾害，调拨冬衣被1万件于10月1日前运至灾区。全区设置捐赠站点83个，其中实现规范化站点40个，辖区8家慈善超市规范运营开展困难群众救助、志愿服务、便民服务等活动。

（鲁　茜）

【慈善工作】2019年，完成共产党员献爱心捐献活动，全区438个单位的党员4.18万人、群众9502人参加，募集善款283.38万元。区慈善协会通过开展助老、助学、困难党员帮扶、两节救助等慈善项目累计救助困难家庭1325人次，发放救助款385.02万元。

（鲁　茜）

退役军人事务

【概况】东城区退役军人事务局（简称区退役军人局）是区政府管理有关退役军人事务的职能部门，于3月22日正式挂牌成立，内设综合办公室、双拥工作科、优抚工作科、移交安置科、军休服务管理科5个科室，下属17个事业单位，其中东城区退役军人服务中心于4月29日正式挂牌成立。

2019年，以习近平总书记关于退役军人工作重要论述和对北京重要讲话精神为根本，坚持全面从严治党，加强组织工作和队伍建设，着力提高“四个服务”工作水平。围绕“不忘初心，牢记使命”主题教育举办军休系统“我和我的祖国——放歌新时代，畅响新未来”文艺会演、诗歌朗诵等文体活动。全年组织信访、“12345”接诉即办业务培训2次。接待退役军人来电、来信、来访600余人次。积极化解矛盾纠纷，妥善办理市退役军人事务局转办信访事项，部、市两级攻坚化解积案，部、市两级重点交办案件。办理“12345”热线派发接诉即办事项90余件，退役军人帮扶援助20余件。在全市退役军人系统学党史、国史、军史知识竞赛中荣获一等奖。

（赵　蕊）

【优抚工作】2019年，全区有优抚对象1000余人，包括残疾军人（含伤残国家机关工作人员、伤残人民警察及伤残民兵民工）、烈属、享受定期抚恤补助因公牺牲军人遗属、病故军人遗属、老复员军人、参战参试退役人员、老烈士子女、60岁以上农村籍退役士兵等。为病故军人遗属发放一次性抚恤金3000余万元。及时采集退役军人和优抚对象信息并悬挂光荣牌，悬挂率达99.3%。开展“爱心献功臣”活动，为伤残军人配置残疾辅助器具，“八一”期间开展走访慰问活动。服务保障优抚对象参加国庆70周年重大活动17人，其中致敬方阵4人，观礼方阵4人，“9·30”天安门公祭活动9人。

（张　麟）

10月1日，蒋宅口所离休干部柴文征 参加国庆70周年阅兵（新华社提供）

【移交安置工作】2019年，东城区积极做好计划军队转业干部、符合国家安排工作条件退役士兵接收安置工作，实现安置率100%。接收自主就业退役士兵，开展退役士兵适应性培训，发放一次性就业补助金1000余万元。接收集中供养伤残士兵1人、复员干部6人。组织开展北京站新老兵转运工作，接待转运新老兵4000余人。及时办理企业军转干部申领生活补助。开展符合条件部分退役士兵保险接续工作。

（郝　鑫）

【双拥工作】2019年，区退役军人局组织驻区部队官兵100余人开展全民义务植树日活动。举办“不忘初心，携手前行——八一建军节”文艺演出，区四套班子领导、驻区部队官兵、优抚对象、社区群众约900余人参加。“八一”期间，区领导带队走访慰问驻区部队，赠送价值190余万元的慰问品。组织召开东城区2019年双拥工作领导小组会暨创建全国双拥模范城“八连冠”动员部署会。在汇文中学彭雪枫烈士雕塑处举办烈士公祭活动，区四套班子领导、驻区部队官兵、中小学生和群众代表200余人参加。履行国庆70周年阅兵空中梯队迫降点位应急保障牵头单位职能，投入400余人次、20余车次、10余船次，高标准完成3次阅兵演练和国庆当日的应急服务保障任务。组织社会组织拥军服务进军营，开展心理咨询、健康保健、技能培训等活动20余场，受益官兵1万余人。开设等级厨师培训班，战士72人获得等级厨师资质。助力营区绿化美化，为部队营院送去各类绿植5000余盆。组织驻区部队立功受奖官兵代表100人开展慰问疗养活动。组织驻区部队官兵72人在钟鼓楼文化广场开展法律咨询、身体检查、家庭装修咨询等便民服务。

（周　喆）

【军队离退休干部服务保障】2019年，东城区扎实做好军休干部接收安置工作。召开移交部队领导、退休干部、军休办“三见面会”20余场次。组织军休干部14人参加国庆70周年庆典活动。开展健康教育讲座10余次。组织军休干部进行健康体检。组织军休干部900余人、军休职工800余人参加疗养活动。元旦、春节、“八一”等重大节日，重点走访慰问军休干部394人次，遗属19人，慰问金额48余万元。春节走访慰问军休职工417人，其中重点慰问106人，普遍慰问80岁以上311人，慰问金额28余万元。

（林立志）

【退役军人服务保障体系建设】2019年，全区17个街道、177个社区退役军人服务站均挂牌运行。走访、指导、检查退役军人服务站35次。组建志愿服务队下访退役军人服务站200余次。开展服务体系建设调研3次。组织、实施工作部署会、现场会、培训8次。组织退役军人参加市局主办现场招聘会2场，组办创业培训1场20人。

（徐　冉）

【自主择业军转干部服务管理】2019年，东城区按计划要求，做好自主择业军转干部接收安置工作，累计接待、咨询9000余人次。认真落实核定退役金及年度增资，核发住房补贴及冬季取暖费，缴存医疗保险等相关保障待遇。办理医疗保险增减员等各类业务1200笔。组织完成审档、阅档、配合政审和有关部门调查工作。改建档案库，完成数字档案建设，实现干部人事档案电子化管理。组织、实施年度体检。宣传、组织、开展适应性培训、清华大学创业就业研修班以及干部个性化培训8期420人次。组织完成“口袋”党员梳理排查。

（徐　冉）

民族　宗教

【概况】东城区民族宗教事务办公室（简称区民族宗教办）是负责全区民族、宗教事务的政府工作机构。内设民族科、宗教科和综合科。行政编制12人、实有11人，工勤编制2人、实有2人。

2019年，承办京津冀民族体育冰雪展示交流大会暨第三届北京市冰蹴球挑战赛。开展民族团结宣传月系列活动。举办民族特需定点企业暨清真饮副食网点负责人培训班。遴选52人参加民族团结方阵，完成国庆游行民族团结方阵训练保障任务。完成第十一届全国少数民族传统体育运动会组队参赛任务，取得集体三等奖牌1枚、个人体育道德风尚奖牌6枚。举办区民族宗教工作培训班；宗教界人士培训班；开展全区宗教场所安全员专职培训。开展“五进”（国旗、宪法和法律法规、社会主义核心价值观、中华优秀传统文化、民族团结进宗教场所）活动。完成腊八节、复活节、开斋节、古尔邦节和圣诞节安全服务保障工作。在传统节日、三八妇女节、六一儿童节、教师节等节日来临之际，通过走访、座谈会、主题活动等形式看望慰问少数民族群众、民族园校教职工、宗教界人士、信教群众。全年办理提案、建议8件。开展“双随机”抽查12次。获中华人民共和国第十一届少数民族传统体育运动会优秀组织奖。

（牛志刚）

【国庆70周年重大活动服务保障】10月1日，组织东城区少数民族群众、宗教界代表人士64人参加群众游行、观礼、联欢等活动，唱响礼赞新中国、奋斗新时代的主旋律。

（牛志刚）

【清真食品市场执法检查】2019

年，加强清真食品市场监督检查力度，重点抽查人流密集商圈清真饮副食网点。回访已办理清真食品经营许可证商户。对符合许可证办理条件的商户，出具《东城区清真食品生产经营许可申请材料补正告知书》，督促限期办理相关证照；对不符合办理条件的现场整改，撤销非法清真标识。中秋、国庆等节日、庆典前夕，依托属地街道对清真食品市场执行民族政策情况进行全面自查。

（王　艳）

【民族传统体育】1月23日，区民族宗教办联合区体育局等单位举行京津冀民族体育冰雪展示交流大会暨第三届北京市冰蹴球挑战赛。4月25日，联合市民族传统体育协会、区教委承办2019年北京市民族传统体育项目教练员（教师）培训班冰蹴球项目。6月18日，由区民族宗教办协办的北京市第十四届民族健身操舞大赛决赛在地坛体育馆举行。东城区17支队伍参赛，区健身操舞协会代表队获自选套路社区组金奖，区回民小学代表队获自选套路学生组银奖，区健身操舞协会北新桥代表队获成人组规定套路铜奖。6月，联合市民族传统体育协会、区教委，开展民族传统体育项目毽球、冰蹴球推广展示活动。9月，在全国第十一届少数民族传统体育运动会上，区毽球、冰嬉代表队获冰嬉项目三等奖，毽球、冰嬉项目6人获体育道德风尚奖。12月19日，联合区教委、区体育局组织召开东城区参加全国民族传统体育运动会总结大会暨全区民族传统体育项目基地建设工作会。

（王　艳）

【民族联谊慰问】春节前夕，区领导到东花市街道、永外街道，走访慰问少数民族生活困难群众，送上区委区政府的关怀和慰问金。六一儿童节，区领导带队前往区回民小学、大方家回民幼儿园、崇文回民幼儿园、回民实验小学等民族园校走访慰问，送去节日问候和慰问金，了解园校办学情况。8月21日，区领导带队到中央民族大学走访慰问国庆庆典集训人员，感谢队员们的辛苦付出。8月28日，区领导带队看望慰问正在训练、备战全国第十一届少数民族传统体育运动会的运动员和教练员。9月5日，联合区委统战部、区人大、区政协，到区回民小学、大方家回民幼儿园、区回民实验小学和崇文回民幼儿园看望慰问教职员工。

（王　艳）

【民族文化教育活动】5月7日，区回民实验小学举行“育健康和美家庭 展民族少年风采” 2019年民族亲子运动会。市民族宗教委、区民族宗教办、区教委负责人以及全校师生、家长、嘉宾等1100余人参加。5月31日，区回民小学开展“红色歌曲炫中华，童心共筑中国梦”——第九届民族文化节暨庆祝中华人民共和国成立70周年主题活动。市民族教育学会、区民族宗教办、区教委、朝阳门派出所等单位有关领导应邀出席。在市教委、中国儿童艺术剧院等联合主办，东城区相关部门协办的“庆祝中华人民共和国成立70周年校园戏剧系列活动暨2019青少年戏剧教育成果展演”活动中，11月26日，区大方家回民幼儿园原创儿童话剧《献给祖国的歌》在中国儿童艺术剧院隆重上演。该剧目舞台设计、节目编排、现场表演，受到观众一致好评。

（王　艳）

【民族工作培训】6月28日，民族特需定点企业暨清真饮副食网点负责人培训班开班。对北京市清真标识牌证管理及少数民族经济项目扶持的政策适用等进行专题辅导，讲解党的宗教政策、宗教工作基本区情及区民族事务管理中涉及宗教工作的有关事项，传达学习党的民族政策及中央、市、区民族领域有关会议精神要求。全区各民特企业和清真网点负责人代表80人参加培训。

（王　艳）

【民族团结宣传月】4月26日，区委统战工作领导小组召开专题会议，推进部署2019年民族团结宣传月和“5·6”民族团结日相关工作。区委宣传部、统战部等35家委办局及17个街道参加。区委区政府领导主持并讲话。5月6日，由区委宣传部、区委统战部、区民族宗教办主办，和平里街道工委、办事处承办的2019年东城区“5·6”民族团结日暨民族团结宣传月启动仪式在北京地坛公园举行。市委统战部、市人大、市民族宗教委、市政协，东城区委、区人大、区政府、区政协相关部门及相关街道工委、办事处相关领导，部分区政协委员及少数民族群众代表参加活动。市、区领导为活动代表赠送宣传品。各族群众表演民族歌舞，观看并体验区民族文化、民族技艺、民族体育、民族医药事业发展最新成果，开展民族政策宣传、法律咨询和养老服务咨询等公益服务活动。5月14日，区民族宗教办组织区属30余家委办局民族工作者到王府井天主教堂参观学习。5月27日，组织区属委办局和各街道民族工作者30余人到全国民族特需定点生产企业北京工美集团贵金属检测站考察交流。

（王　艳）

【新版清真牌证换发】4月9日，区民族宗教办制订《北京市2019版清真食品专用牌证东城区换发工作方案》，并向各街道下发《关于在全区范围内换发北京市2019版清真食品专用牌证的通知》，要求将换发工作通知发放到每户清真网点。4月底前，在各街道配合下，东城区按时完成清真网点新版清真牌证的换发。

（王　艳）

【宗教节日】1月13日，通教寺、雍和宫分别举办腊八节舍粥活动，1.44万人参加。区领导看望慰问佛教界人士，向宗教界人士、信教群众及广大市民致节日问候和祝福。2019年春节，雍和宫除夕至初六敬香礼拜人数27.95万人，正月十五敬香礼拜人数3.93万人。4月21日天主教、基督教复活节，王府井天主教堂、东交民巷天主教堂、南岗子天主教堂、崇文门基督教堂、珠市口基督教堂分别举行宗教活动，信教群众1.1万人参加。6月5日伊斯兰教开斋节，东四清真寺、南豆芽清真寺、东直门外清真寺、安外清真寺、花市清真寺、沙子口清真寺举行开斋节会礼，2714人参加，其中外宾173人。区领导到各清真寺走访慰问。8月11日伊斯兰教的“古尔邦（宰牲）节”，东四清真寺、东外清真寺、南豆芽清真寺、安外清真寺、花市清真寺、沙子口清真寺举行节日宗教活动，穆斯林群众1600余人参加，其中外宾110人。12月24日平安夜，25日圣诞节，王府井天主教堂、东交民巷天主教堂、南岗子天主教堂、崇文门基督教堂、珠市口基督教堂（在临时活动点长保大厦）分别举行宗教活动。12月24日，区委、区人大、区政府、区政协主管领导到各教堂慰问，中央统战部、市民族宗教委相关领导到区指挥部慰问与神职人员进行座谈并致以问候，区领导陪同，市民族宗教委相关处室、区委统战部、区民族宗教办参加。信教群众8820人参加，受洗45人，外宾25人。

（王　媛）

【宗教联谊慰问】3月8日，开展宗教界庆祝三八妇女节活动。全区各宗教团体、宗教活动场所女性工作人员、女性教职人员和机关干部40余人参加。5月21日，伊斯兰教“斋月”期间，东城区伊斯兰教协会举办“善行斋月·精准帮扶”爱心公益活动暨开斋晚宴。中央统战部，中国伊斯兰教协会、市委统战部、市民族宗教委、区领导以及街道社区群众参加。

（王　媛）

【宗教场所安全检查】1月29日，东城区召开雍和宫春节期间服务保障工作会议。区委统战部、区政府办等19个单位负责人参加。各单位实地检查雍和宫内部殿堂、行走路线、宗教活动安排和安保措施情况，汇报工作方案和前期工作落实情况，就存在问题沟通衔接。区委区政府相关领导出席会议。4月16日，组织各清真寺开展消防安全演练。相关单位和清真寺教职人员50余人参加演练观摩，消防支队讲解消防知识。5月20日，在伊斯兰教斋月期间对全区6座清真寺消防器材、安全疏散通道等进行检查，要求各宗教活动场所增强安全意识，特别是反恐意识，确保斋月期间各宗教活动场所安全稳定。9月9—11日，委托中国人民警察学院对全区14座宗教场所进行安全员专职培训。培训理论与实践相结合，以实际操作演练为教学重点，对维护日常及重大节假日期间宗教活动场所秩序提供理论基础知识及实操经验。

（王　媛）

【宗教界人士培训】7月15—18日，东城区宗教界人士培训班开班，全区佛教、伊斯兰教、天主教、基督教界代表人士110人参加。学习党的十九大精神，解读新修订《宪法》及《宗教事务条例》，安排“不忘初心、牢记使命”“对台形势”专题讲座。组织学员参观国子监孔庙。

（王　媛）

【宗教团体建设】4月15日，首都统一战线庆祝中华人民共和国成立70周年主题教育活动启动。东城区基督教崇文门堂作为其中一个分会场150人参与活动。9月20日，东城区伊斯兰教协会为庆祝中华人民共和国成立70周年，激发各族穆斯林群众爱国主义热情，安排各寺阿訇开展以爱国为主题的“卧尔兹”宣讲，结合教义宣讲伊斯兰教爱国爱教的优良传统，引导穆斯林群众热爱祖国、自觉遵守国家政策法律、践行社会主义核心价值观、铸牢中华民族共同体意识，共同为实现中华民族伟大复兴的中国梦贡献力量。

（王　媛）

5月21日，“斋月善行 尊老敬老”社区公益行活动在东四清真寺举行（刘海摄）

老龄事业

【概况】2019年，围绕国家、市老龄工作会议精神，加强老龄工作制度设计，加快健全养老服务体系，完善老年社会保障制度，加大老龄工作宣传。制订《北京市东城区老龄工作委员会2019年工作要点》《北京市东城区老龄工作委员会工作规则》等文件。被评为国家第二批安宁疗护试点区，围绕“孝老爱亲 向上向善”主题，全区各街道举办200余场敬老月活动，6650余人参与。

（李慧娟）

【老年健康服务体系】2019年，建立医养结合信息平台，整合区域内政府信息管理平台资源，实现区属医院、社区间，医联体机构间互联互通。为托底和扶助老人开展入户医疗评估及入户医疗服务达1.2万余人次。试点开展老年心理健康与关怀服务。社区卫生服务机构为辖区老人开展健康教育讲座、义诊咨询、健康促进等活动150余场。配合民政对养老机构、养老驿站质量督导检查2次。成立安宁疗护团队，为终末期病人提供全人、全家、全队、全程的“四全照顾”。成立东城区老年医疗康复护理指导中心，组建区域专家库，开展辖区医养结合人才培训、技术指导及质控；成立东城区老年医疗综合评估中心，对老年人失能情况、需求情况、医疗分级情况进行统一评估；成立东城区老年医疗服务中心，按需为老人提供医养服务。

（李慧娟）

【老年人权益保障】2019年，开展“公共法律服务护航夕阳红”活动，讲解《老年人权益保障法》等法律知识，为社区百姓免费法律咨询1500人次，发放各类法律援助宣传品8000余份。开展养生、养足等专业助老活动。利用司法大讲堂平台开展维护老年人合法权利讲座，发挥老年法律援助律师团作用，做好维护老年人合法权益的宣传活动。

（李慧娟）

10月28日，北京市鼓楼中医医院定期前往养老驿站为老人们巡诊。临别时老人与医护人员依依不舍（区卫健委提供）

残疾人事业

【概况】东城区残疾人联合会（简称区残联）是将残疾人自身代表组织、社会福利团体和事业管理机构融为一体的综合性人民团体。具有代表、服务、管理三种职能。内设办公室、组联部（就业部）和康复部（宣传文体部）3个职能科室，编制9人、实有7人，工勤2人，理事长从艳梅。下辖公益一类事业单位3个：区残疾人就业服务中心、区残疾人综合服务中心、区残疾人职业康复中心，编制46人、实有42人。

2019年，审核2007家用人单位，按比例安排残疾人就业6616人；为596家企事业单位发放岗位补贴1872万元；全面摸排底数，为4114户精准帮扶对象建立需求清单和帮扶台账；落实全员参保计划，为残疾人2648人发放自主创业就业社保补贴3755.38万元，城乡养老保险补贴928人拨付资金88万元；发放养老助残券459.96万元；元旦、春节期间慰问困难残疾人家庭1356户，发放慰问金118.65万元；为残疾儿童165人办理康复训练补助，为残疾儿童6人安装人工耳蜗，价值94.8万元；为残疾人917人发放成人康复补贴，为残疾人1500人开展精准化社会康复服务；为7506人次残疾人办理辅具购买补贴；为残疾人及亲友4000余人开展防盲眼疾病筛查、听力残疾预防等项目；为重度贫困残疾人家庭500户提供家政服务；开展主题讲座、义诊、花草种植体验等扶残助残系列活动100余次，发放宣传品4800余份，7000余人受益；组织志愿者750余人开展“邻里守望”志愿服务活动；为贫困残疾人10人提供代理诉讼服务，举办6场“模拟法庭进社区”活动；对口帮扶化德县开发“草原富硒鸡”养殖作为落地产业项目，打造“残联+企业+合作社+残疾人”新型运营模式，项目启动以来，已购置种鸡1500只，产出鸡蛋7.17万枚，礼盒2390箱，当地残疾人35人每月增收2200元；指导崇礼区残联与社会爱心助残单位合作，建立生态农副产品加工基地，培训残疾人专业技能，从事蘑菇、木耳等农副产品采摘、清洗、烘干和包装等精加工，经营产品对口销往京津等地，实现增收致富；安置崇礼区建档立卡残疾人

11人就业，与北京企业签订1年期以上劳动合同。全国自强模范暨助残先进表彰大会授予东城区残联党组书记、理事长从艳梅全国残联系统先进工作者荣誉称号，授予东城区残疾人登山运动员夏伯渝（世界登顶珠峰年纪最大的残疾人、中国残疾人登顶珠峰第一人）全国自强模范荣誉称号，授予东城区助残社会组织北京脊髓损伤者希望之家“残疾人之家”荣誉称号。

（杨傲杰）

【“学跟听”系列活动】4月24日，区盲协和区智协在王府井吴裕泰茶庄开展“学跟听”交流会暨茶艺技能讲座活动。5月23日，区盲协组织盲人朋友及志愿者50余人到世界园艺博览会游园。5月31日，区盲协在清华大学开展“我和我的祖国”主题宣讲。7月6日，区聋协在天坛街道温馨家园举办“学技能，树信心”中式面点培训。9月19日，区智协开展“共享阳光不让悲伤深藏”植物栽培培训，帮助残疾人朋友走出家门，融入社会。

（杨傲杰）

【残疾人工作会】3月21日，区残联召开东城区2019年残疾人工作会。会议就年度重点工作进行具体部署，各街道残联理事长汇报介绍街道残疾人工作。区残联领导及各街道代表50余人参加。

（杨傲杰）

【残疾人工作培训】3月15日，区残联组织召开残疾人证管理人员培训班，对全区17个街道民生保障部负责人和残疾人证管理人员进行网上办理残疾人证新系统培训。4月16—19日，区残联举办基层残疾人专职工作者业务及素质教育培训班，培训内容涵括残疾人证网上办理程序、社会保险两项补贴政策、成人康复政策与服务和残疾人冰雪健身项目等。街道民生保障办公室副主任、残联工作负责人、社工及残疾人专职委员210余人参加。6月6日，区残联开展“接诉即办”工作专题培训，机关干部40余人参加。

（杨傲杰）

【温馨家园建设】4月3日，区残联到北新桥街道调研指导残疾人温馨家园升级改造工作。区残联领导实地察看了解整体改造工作、活动场地设施设备、各区域规划设计等情况，并在温馨家园无障碍设施建设、服务功能定位等方面给予指导，提出可行性建议。4月12日，区残联开展2019年温馨家园托管项目对接会，通报2019年温馨家园项目招标工作情况，部署项目对接工作，动员各街道报名助残微创投项目。各街道民生保障办公室残联工作负责人、温馨家园园长、温馨家园托管项目中标机构负责人50余人参加。

（杨傲杰）

【残疾人就业援助】1月15日，区残联与区人社局在区职介中心联合举办就业援助月残疾人专场招聘会，香港马会、市信德公证处、麦当劳等10家用人单位提供100余个就业岗位，当场达成初步就业意向41人。残疾人200余人参加。1月17日，区残联举办残疾人职业指导大讲堂，专家作题为“点亮人生的明灯——职业生涯规划与就业指导”讲座。残疾人40余人参加。12月4日，区残联举办残疾人专场招聘推荐会，奥士凯物美、央视市场研究、麦当劳、香港马会等12家用工单位提供就业岗位67个，残疾人200余人到场求职，达成初步就业意向60余人。12月28日，第二届“思享杯”北京残疾青年融合创业大赛决赛在北京联合大学特殊教育学院举行，东城区欢喜传媒创意音频获得此次创业大赛一等奖。此团队全职主播81人，其中10%是残障人士，核心管理层7人，其中残障人士2人。

（杨傲杰）

【职业康复中心工作】11月18日，为期两周的区职康学员景泰蓝文创产品培训班开班，18个职康站学员38人学习景泰蓝文创产品制作工艺，邀请工艺美术大师现场教授掐丝、点蓝等工艺，指导学员进行产品设计。12月3日，市第28个国际残疾人日主题活动暨残疾人就业成果展示活动举行。北新桥街道、和平里街道、崇外街道等12个街道职康站劳动产品获工匠精神奖、人气产品奖、冬奥精神奖，永外街道职康站掐丝珐琅产品获残疾人帮扶性就业基地劳动项目二等奖。

（杨傲杰）

【残疾人评定工作会】5月29日，区残联、区卫健委联合召开2019年区残疾评定工作会，会议就医疗结论上传达成一致意见，将通过医院直接上传残疾评定结论，解决因材料交接导致的办证时间延长问题，为申请人提供快捷便利。区残联、区卫健委领导和东城区7家评定医院代表参加。

（杨傲杰）

【对口扶贫】1月9—11日，区残联、区外联办带领部分残疾人帮扶企业一行7人赴化德县，走访部分残疾人贫困户家庭，调研残疾人帮扶重点项目。东城区代表团先后调研黑水虻养殖项目、启航手工艺品有限公司残疾人帮扶就业项目，与化德县县委、县政府、各乡镇残疾人工作者、部分残疾人代表、企业代表开展座谈，双方就残疾人教育就业、康复托养、服务资源、设施建设、康复训练等方面交流，研讨合作内容和方式，签订残疾人事业协同发展意向书。7月8—10日，区残联赴十堰市郧阳区就对口帮扶协作工作进行调研，实地考察十堰市郧阳区残疾人托养中心建设、精神康复医院、东风花果脑瘫儿童医院及残疾人就业创业基地，了解贫困残疾人医疗康复、就业增收等情况，实地走访慰问建档立卡残疾人家庭3户，送去爱心康复用品及慰问品。7月23—24日，区残联康复部、就业服务中心组织鼓楼中医医院、如常集团项目负责人赴张家口市崇礼区开展“心手相连 送温暖送健康”助残扶贫活动，为建档立卡贫困残疾人89人送去慰问物资，入户走访贫困重度残疾人家庭2户，并免费体检。8月12日，区残联赴内蒙古自治区乌兰察布市化德县走访慰问建档立卡贫困残疾人家庭50户，实地走访贫困残疾人家庭3户，并送去米面油等生活必需品，爱心企业如常集团为困难残疾人送去慰问金。

（杨傲杰）

【购买助残服务项目】3月26日，区残联组织开展2019年购买助残服务项目对接会。会议听取项目方案汇报，给出项目优化意见，各部门负责人、购买服务项目专家针对项目进行点评指导，第三方支持机构千禾立德社工事务所项目主管详细讲解项目评估进度安排，对项目实施进行专业培训。社会组织项目负责人、财务人员等50余人参加。

（杨傲杰）

【志愿助残】6月19日，区残联与中行崇文支行党建共建暨助残服务签约仪式在中行崇外支行营业部举行，区残联与中行崇文支行签订《党建共建助残服务协议》，区残联为中国银行崇文支行营业部志愿者服务队授旗，并为中行崇文支行“残疾人之家”称号授牌。中行崇文支行为崇外街道职康站的残疾人朋友赠送爱心助残大礼包。区残联及中行崇文支行工作人员等40余人参加。

（杨傲杰）

【残疾人康复系列活动】4月，禄祥源康复综合服务中心组织专家团队先后为各街道残疾人和老年人开展视力残疾预防宣讲与防盲筛查20次，对筛查出有康复需求的视力残疾人50人开展中医干预服务、定向行走训练、社会融合服务。8月25—30日，区残联及各街道民生保障办公室开展残疾预防日宣传周活动，先后举办“残疾预防，从我做起——圆梦光明行”活动、肢体残疾预防二次伤害系列讲座，并在全区内开展听力保健知识讲座与听力检测项目，区残联制作宣传横幅、宣传海报，发放宣传材料，部分街道组织专家义诊，举办专题讲座。东直门街道在交通枢纽开展宣传活动，发放宣传册1000册，景山街道开展残疾预防知识大讲堂等培训活动。9月17日，区残联与东城禄祥源康复综合服务中心联合开展盲人、低视力群体定向行走训练。

（杨傲杰）

【文体竞赛获奖】1月18日，东城区残疾人45人参加“第三届中国残疾人冰雪运动季暨心系冬奥，喜迎新春”冰雪嘉年华活动，区轮椅旱地冰壶队荣获第五名。在全国第十届残疾人运动会上，获得个人和团体金牌2枚，银牌3枚。4月25—26日，区残联组建轮椅组和听力组2支旱地冰壶代表队8人在市残疾人旱地冰壶比赛中获轮椅组第二名，听力组第五名。5月12日，市聋协主办“穗宝杯”第二届全国听障朗诵大赛，东城区1人获第一名。5月20日，区轮椅舞蹈队代表北京市参赛，获轮椅舞蹈比赛集体舞亚军，区听力残疾人运动员1人参加羽毛球听力组比赛获银牌。2人获国标三项比赛第八名。5月21日，在射击项目女子SH1级10米气手枪60发（P2-1-2）的比赛中，区残疾人运动员1人获个人赛金牌，打破该项目全国纪录。

（杨傲杰）

【服务项目获奖】5月28日，2018年度北京市学雷锋志愿服务“五个100”先进典型名单公布，区残联选报的“融合·爱”、“在心里，在路上”系列志愿服务项目被市委宣传部、首都文明办、团市委、市志愿者服务联合会、市残联等9家单位联合授予最佳志愿服务项目奖。

（杨傲杰）

【爱耳日宣传教育】3月1日，东城区开展第20次全国“爱耳日”暨学雷锋志愿助残活动，活动以“关爱听力健康，落实国家救助制度”为主题，宣传残疾儿童康复服务救助制度，普及开展健康教育和耳聋预防知识宣传，增强民众爱耳护耳意识。中国听力语言康复研究中心听力学专家宣讲“如何享有精准的听力康复服务”；助听器专业技术人员免费为学生们做助听器功能检测、助听效果评估、助听器保养清洗；区残联康复部工作人员介绍残疾儿童康复训练与辅具配发政策；发放电子耳挖勺、学习用品、宣传资料等600余件。

（杨傲杰）

【残疾人职业技能培训】4月24日，“我爱我的祖国”区残疾人书画培训班以及“我爱我的祖国”区残疾人摄影培训班分别在区残疾人活动中心及和平里街道温馨家园开班，聘请专家老师授课，学员70人参加。4月11日至5月16日，区聋协在区残联计算机培训教室开展数码摄影后期处理培训班五期，聋人摄影爱好者30余人参加。9月2日，区残联在强佑大厦召开残疾人网络主播第十次会员大会，在签约的网络主播30人中甄选出表演能力和语言表达能力出众的残疾人10人，将其打造成“网红带货王”，以推荐、销售区残联对口扶贫地区农副产品。2019年，区残联扩大培训范围，开展第二期“网络主播”培训，将签约会员扩大到20人。

（杨傲杰）

【全国助残日】5月14日，“自强脱贫，助残共享”——东城区庆祝第29次全国助残日暨“六地携手助残行动 精准扶贫共享阳光”系列活动启动仪式在北京市中山公园举行，中残联、市残联、东城区领导及东城区对口帮扶地区残联和当地领导出席。与会者参观六地残疾人事业巡礼展，观看残疾人文创作品公益拍卖活动。残工委成员单位及街道残疾人工作主管领导、六地残疾人代表、助残社会组织、爱心企业近200人参加启动仪式，参与公益拍卖活动。5月24日，区残联携手东花市街道、北京鼓楼中医院、北京东城区慈爱家养老服务中

1月18日，京津冀肢残人冰雪运动项目专项培训和滑雪体验活动（朱红庆摄）

心、北京美鑫护理站有限公司，联合举办“心手相连 助残共享 送温暖送健康”系列公益助残活动，开展中医体验、健康知识咨询、辅助器具体验和康复政策宣传等多项服务，庆祝全国助残日。

（杨傲杰）

【微创投项目】4月25日，区残联召开第二届东城区助残公益微创投项目宣传启动会。5月21日，区第二届助残公益微创投项目大赛在区残疾人活动中心举行，18支微创投团队残疾人60余人参加。区残联围绕“公益自助与互助 助力重度残疾人生活”主题，从报名的60支团队中初选出18支团队现场比赛，比赛围绕项目开展初衷、项目服务内容、项目执行基础、项目资金使用等多个方面进行展示，经由大赛评委会现场点评及打分后，挑选出最贴近残疾人需求、突出互助和自助精神的优秀团队15支，开展2019年助残微创投项目。

（杨傲杰）

【文化交流活动】8月13日，庆祝中华人民共和国成立70周年“我爱我的祖国”京·吉两地残疾人书画作品联展在区第一文化馆开幕，北京市和吉林省残联领导出席并讲话，京吉双方互赠书画作品，向爱心单位和爱心书画家颁发荣誉牌与证书，东城区残疾人体协和区肢协分别与爱心单位签订“精彩相伴，与爱同行”东城区残疾人文化体育3年公益行动服务协议和“点燃梦想”东城区残疾人群众文化专项基金服务协议。活动征稿期间收到社会爱心画家9人捐赠书画作品10幅，得到4家爱心单位支持。联展期间分别在两地举办笔会、写生、参观、交流等多项活动。

（杨傲杰）

【文体助残活动】1月18日，区残联组织残疾人45人赴延庆区世界葡萄园参加“第三届中国残疾人冰雪运动季”暨北京市残疾人“心系冬奥 喜迎新春”冰雪嘉年华活动，与全市残疾人900余人体验冬季趣味性冰雪运动乐趣。3月6日，区残疾人活动中心开展“阳光相伴，快乐阅读”活动，热爱阅读的盲人10余人参加，区第一图书馆为盲人朋友开辟的视障阅览室110平方米，有盲文文献建设430册。3月7日，东华门街道残联组织残疾朋友10余人观影。区残联与区文委联合推出的文化助残系列活动——“我爱我的祖国”电影放映季活动，惠及残疾人1000人次。3月12日，区残联和区第一图书馆联合创办残疾人文化品牌“残疾人素质教育大讲堂”在交道口街道邀请专家为残疾人朋友及家属50余人讲解《老北京的门楼》。6月6日，区残联在残疾人活动中心无障碍电影院举办“我爱我的祖国”《红旗渠之恋》电影赏析会，区肢协残疾人15人观影。活动特邀影片导演与残疾人面对面座谈。8月7日，区残联和区文化馆携手送出50张电影票，邀请残疾人朋友和社会人士200余人共同观影。区残联与区文化馆、图书馆合作，推出“彩虹东城，文化助残”系列活动：盲人读书、无障碍影院、素质教育大讲堂、免费赠相声票、电影票等，年受益1000人次以上。8月8日，中肢协、市体育局、市残疾人体协、东城区残联共同举办主题为“康复健身、共享残运、喜迎中华人民共和国70华诞”2019年第九届残疾人健身周—北京市体育公益活动社区行暨残疾人轮椅大步走活动，残疾人200余人围着龙潭西湖开展环湖轮椅大步走及羽毛球投准、沙包掷准、轮椅绕桩运球三项体育赛事活动，北京卫视特别关注栏目第一时间进行报道。

（杨傲杰）

红十字事业

【概况】东城区红十字会（简称区红十字会）是区级从事人道主义工作的社会救助团体。以保护人的生命和健康，发扬人道主义精神，促进和平进步事业为宗旨。有基层组织317个，会员总数11.84万人。机关行政编制12人、实有10人。下设全额拨款正科级事业单位应急救护教育中心1个，编制4人、实有4人。会长刘俊彩。

2019年，发挥区红十字会作为党和政府人道救助领域的桥梁和纽带作用，围绕提升与创新，在基层组织建设、募捐救助、对口帮扶、应急救护培训、志愿服务各方面开展工作，推进15分钟救助圈项目，逐步建立起具有东城区特色的红十字应急、赈济救助、志愿服务和宣传传播体系。

（范有余　史永红）

【募捐救助】2019年，组织接收博爱在京城活动捐赠款物177.77万元，较2018年提高17%。其中接收捐款146.17万元、接收北京贝尔达科技发展有限公司捐赠的8台总价值21.6万元的心脏除颤仪、联系北京中和珍贝科技有限公司为宝华里拆迁项目困难居民2户定向捐款10万元；发放救助款物202.27万余元（含市红会专项拨款等），较2018年上升0.5%，通过“点亮生命”、“天使圆梦”、“两节”送温暖等项目救助因病致困等各种困难家庭944人次。向郧阳区捐赠棉被、毛巾、家庭急救箱等十余种价值9.78万元的生活类救灾物资。与结对帮扶地区签订博爱助困对口帮扶项目协议，投入对口帮扶资金30万元，救助建档立卡困难户、患大病少儿、尿毒症及恶性肿瘤等困难家庭254户。

（张冬光）

【对口扶贫】2019年，区红十字会分别与崇礼区、阿尔山市、化德县红十字会签订《“博爱助困”对口帮扶工作协议》，根据帮扶地区困难情况，对建档立卡等大病困难家庭开展帮扶救助，通过理事会审议通过将其纳入“博爱在京城”项目。累计投入对口扶贫物资38.7万余元，帮扶救助困难家庭208户。

（范有余　史永红）

【红十字青少年活动】2019年，组织各学校参与北京市红十字会优秀红十字青少年活动、优秀红十字青少年会员评选，西总布小学“情系红十字、博爱在西小”活动获十佳优秀青少年活动奖；体育馆路小学“播撒博爱奉献的种子”活动获优秀红十字青少年活动特别奖；光明小学“让世界充满爱”活动等11个活动获优秀红十字青少年活动组织奖；北京市一六五中学学生22人获优秀红十字青少年会员。5月，区红十字会在学校系统组织“激扬青春、人道相伴——东城红十字青少年在行动”活动，各学校开展募捐救助、志愿服务、救护演练、会员招募等。7月，文汇中学承接中华骨髓库的人道教育试点项目。

（高　翔）

【志愿服务】2019年，区红十字会开办志愿捐献巡回讲堂17期。首次参与彩虹计划项目，为血液病患儿55人送去心愿礼物。6月，中国电信爱有天翼志愿服务队客服支队与东城区红十字会共同启动志愿捐献邀您同行——东直门献血方舱红十字志愿服务项目，此后的13个周末，合计40人次参与红十字志愿捐献宣传活动。

（高　翔）

【红十字应急救护培训基地建设】4月29日，区红十字会在诚和敬东花市南里东区养老服务驿站开展“红十字紧急救护进社区，推进15分钟救助圈”暨北京市红十字会应急救护培训基地挂牌仪式活动，正式挂牌市级红十字应急救护培训基地。至2019年年底，为东城区居家老人50余人提供紧急救助。区红十字会获北京市红十字会颁发“应急救护培训工作成绩突出”奖牌。

（范媛媛）

【应急救护培训与急救知识宣传】2019年，区红十字会举办培训班85期，完成急救技能取证7878人，首次为东城区初、高中体育考务员开展应急救护培训，超额完成工作目标。赴阿尔山红十字会交流考察2次并举办应急救护培训班；与红新月国际联合会东亚地区代表处、中国国际人道与可持续发展创新者成员到东华门街道韶九社区考察交流。全年通过举办专题讲座、发放宣传资料等方式，普及急救知识7.18万人，提升辖区群众防灾减灾意识和自救互救能力。在“5·8”红十字博爱月、“5·12”防灾减灾日期间，采取多种形式开展红十字急救知识宣传普及活动。在各街道组织急救知识宣传活动；在文汇中学开展应急救护知识宣讲并组织避险逃生演练；举行市级应急救护培训基地挂牌仪式；为街道社区救援队、养老服务员开展急救培训。在9月世界急救日宣传活动期间，联合各街道开展红十字应急救护知识主题宣传活

5月9日，区红十字会与区教委联合在文汇中学开展“红十字急救在身边　打造平安校园”应急疏散演练活动（区红十字会提供）

动；在第九十六中学举办急救知识大讲堂；在30所中小学校组织避险逃生演练活动。

（苏玉洁）

【红十字防灾减灾应急演练】5月7日，区红十字会作为协办单位，参加由区应急管理局和区教育委员会联合在区回民小学主办的东城区“5·12”防灾减灾周启动仪式。区红十字会负责学生心肺复苏、创伤包扎、安全知识问答3个体验宣传区域，发放急救宣传知识手册、防灾减灾手册等宣传品860余份。5月9日，区红十字会与区教委联合在文汇中学开展“红十字急救在身边，打造平安校园”应急疏散演练活动。9月，区红十字会与区教委联合通知要求全区各中小学在红十字应急疏散演练宣传月活动期间，将开展应急疏散演练与学校德育教育相结合，利用世界急救日、119消防日掀起演练活动高潮。北京市第二十四中学、第二十七中学、第五十四中学作为示范校分别开展应急疏散演练。

（张　楠）

【新时代文明实践推动日】5月25日，区红十字会在东城区第一文化馆广场，参加区委宣传部举办的东城区新时代文明实践中心揭牌暨东城区新时代文明实践推动日启动仪式，并接受市区领导授旗。在分会场，区红十字会在诚和敬东花市南里东区驿站开展主题为“应急救护知识进社区，推进十五分钟救助圈”的新时代文明实践推动日宣传活动，邀请专家为社区居民讲解应急救护知识，发放急救手册、应急救护简编本等急救书籍、宣传折页等500余册。7月27日，区红十字会在东华门街道韶九社区开展新时代文明实践推动日宣传活动，为社区在职党员、红十字志愿者、居民30余人讲解心肺复苏、创伤包扎等急救知识。

（张　楠）

【体外除颤仪接收暨捐赠启动】7月5日，体外除颤仪接收暨捐赠仪式启动，爱心企业北京贝尔达科技有限公司支持向东城区捐赠价值21.6万元的8台心脏除颤仪（简称AED），首台AED落户王府井百货大楼。市、区有关领导及相关部门人员参加。仪式结束后，东城区红十字会为王府井百货大楼员工30余人开展心肺复苏和AED使用培训。此后，该公司陆续为地坛公园、龙潭公园、北京站、景山学校、东直门中学等安装AED。

（孙凤茹）

居民生活

【居民收入】2019年居民人均可支配收入为8.2万元，比2018年增长8%。在人均可支配收入中，工资性收入4.4万元，占人均可支配收入的54%，比2018年增长6.7%。经营净收入1000元，占人均可支配收入的1.6%，比2018年增长3.9%。财产净收入1.4万元，占人均可支配收入的16.7%，比2018年增长6%。转移净收入2.3万元，占人均可支配收入的27.7%，比2018年增长12.3%。

（张铭睿）

【居民支出】2019年居民人均消费支出为5.3万元，比2018年增长7.5%。其中：人均食品烟酒支出1.1万元，占人均消费支出的20%，比2018年增长5.8%。人均衣着支出3000元，占人均消费支出的5.7%，比2018年下降4.3%。人均居住支出为1.9万元，占人均消费支出的36.8%，比2018年增长12.1%。人均生活用品及服务支出为3000元，占人均消费支出的5.3%，比2018年下降7.5%。人均交通通信支出为5000元，占人均消费支出的9.7%，比2018年增长0.3%。人均教育文化娱乐支出为6000元，占人均消费支出的11.5%，比2018年增长13.7%。人均医疗保健支出为4000元，占人均消费支出的7.5%，比2018年增长13.3%。人均其他用品及服务支出为2000元，占人均消费支出的3.5%，比2018年增长10%。

（张铭睿）

街 道

9月2日，整治后的雍和宫大街一隅（马天添摄）

东华门街道

【概况】东华门街道办事处是区政府派出机构。位于首都中心街区，东至崇文门内大街、东单北大街、东四南大街；南邻前门东大街、崇文门西大街；西到天安门广场西侧、中山公园西缘、故宫西墙、景山前街东段；北靠五四大街、东四西大街。面积5.35平方千米，有大街18条、胡同73条。设社区居委会12个，户籍人口2.26万户6.72万人，流动人口1.47万人。有回族、满族、蒙古族、朝鲜族等少数民族23个，人口3407人。辖区内有公安部、民政部、商务部、最高人民法院、最高人民检察院、故宫博物院、中国国家博物馆、中国美术馆、北京协和医院、同仁医院、北京妇产医院、北京市百货大楼、东安市场等单位，中央、市、区属单位200余家，中学5所，小学3所，幼儿园5所。街道工委、办事处设综合保障办公室、党群工作办公室、社区建设办公室、民生保障办公室、社区平安办公室、城市管理办公室、纪工委（监察组）、综合执法队8个科室。行政编制166人、实有149人。事业单位编制67人、实有56人。

2019年，街道工委理论中心组完成集中学习21次；交流研讨6次。对辖区所有生产经营单位进行全覆盖检查，全年共检查生产经营单位5072家次，消除隐患3010处。疏解3951人，完成全年总任务的177.7%。成立故宫周边环境整治专班，全年开展联合执法行动400余次。“12345”非紧急救助平台全年签收案件4240件，承办案件2369件，响应率100%，解决率67.84%，满意率78.36%。

（黄伟才　刘雪梅）

【城市管理】2019年，街道完成故宫周边南北池子大街、东华门大街、崇文门西大街、前门东大街环境提升工程和辖区45条街巷精细化提升工作；推进王府井二级单元街区更新，并在王府井周边地区打造全市首个“交通安宁步行友好”示范街区。全年持续推进PM2.5和降尘量降指标，实现PM2.5年均浓度比2018年下降3%，低于53微克/立方米，降尘量低于6吨/月·平方公里的年度目标。完成辖区140家餐饮单位油烟净化装置升级改造。开展人防腐败专项整治行动，配合区人防办，同辖区内防工程使用单位签订安全责任书30份。通过“央地合作”模式整治提升西堂子胡同13号院，与共青团中央密切配合，在消除安全隐患、拆除院内违建、打造美丽院落等方面取得阶段性成果。推进停车管理，协调共享停车位505个，全面推进路侧白实线车位认证，认证本地居民车辆455辆，新增挖潜停车资源共计约700余个。开展留白增绿和口袋花园建设工作，全年建设口袋公园19处，改建绿地744.85平方米，增设花箱44.2平方米。

（黄伟才　刘雪梅）

3月20日，东华门街道南池子社区居委会换届选举（刘海勇摄）

【民生保障】2019年，街道完成国家卫生区复审。在黄图岗社区康健胡同2号、东厂社区东皇城根南街22号新建2个便民蔬菜点；在甘雨胡同新增一处便民综合体。开展地区第十一届人口文化花灯展、以“共奋进建新功喜庆中华人民共和国成立70周年”为主题的“5·29”计生协会员日宣传活动。受理各类保障房新申请和资格变更345户，复核583户，补贴发放登记146户，动态核查约谈143户；截至10月底完成住房保障疏解整治家庭107户，涉及269人，达到全年任务的159.7%。发放市场化租房补贴、公租补贴、廉租补贴310万余元；低保金442.4万元；救助金额47.54万余元；扶助托底老人照顾补贴190万余元。走访慰问残疾人112户，发放慰问金9.9万元；办理独生子女父母年老一次性奖励139人、发放奖励金13.9万元；办理发放特扶家庭一次性经济帮助8人、8万元。接受劳动争议投诉举报37起，处理突发讨薪事件5起，追讨拖欠工资83万余元。完成国务院考核组、市社保局、区社保局关于辖区施工工地农民工工资支付情况检查。完成优抚对象141人信息核查，发放抚恤金180万余元。组织部分烈属，伤残军人参加国庆观礼活动。完成退役军人登记站筹建，服务退役军人登记3627人次，发放光荣牌3580个。

（黄伟才　刘雪梅）

【社会治安综合治理】2019年，街道对“两节”、全国“两会”、“一带一路”高峰论坛、亚洲文明对话大会、世园会、中华人民共和国成立70周年大庆等重大活动提前谋划统筹安排，制订专项方案，统筹协调辖区公安、消防、城管、交通等各方力量。重大活动期间，全地区启动社会面一级超常规防控，176个点位实名制上岗值班巡逻、看门护院。每日发动群防群治力量2413人次。全地区393个探头实现立体防控网络。制订《东华门街道扫黑除恶专项斗争方案》，成立扫黑除恶专项斗争领导小组。举办专题教育培训会进行宣传，开展线索排查，筛查涉黑涉恶情况，上报线索2条。通过故宫市民消防学校培训、消防学校进社区、进企业等方式组织消防培训约1万人，开展演练20余次。新安装电动自行车充电桩、充电柜12处；社区微型消防站配备消防三轮车5辆；为辖区60岁以上户籍老年人安装烟感报警器3184个；消防苫盖1.28万平方米；清理各类可燃物900余吨，及时消除安全隐患。完善公共法律服务三级网络，落实村居公益法律服务机制，及时为群众提供法律援助、律师、公证等法律服务；组织8家律师事务所与12个社区签订村居公益法律服务三方协议；村居法律顾问举办法制讲座24次，参与调解纠纷20次，提供法律咨询600人次。全年共处理网信系统信访件81件次，纸质信件103件次，来访待办件350件次，接待来访人员670人次。

（黄伟才　刘雪梅）

【社区建设】街道完成社区居委会换届选举，提升社区工作者本地化水平，居住或户籍在该社区的社区工作者所占比例由上届的55%提高到70%。健全共治共享的社区治理体系，发挥社区居民自治作用，实现居住区自治管理。每个社区有一个示范点，实现身份亮相、组织亮相、服务亮相和规则亮相。促进老旧小区自管会和停车自管会成立，在专业社会组织指导下，台基厂三条1号院利用开放空间技术，在院内成立和美馨自管会，居民主动加入，改善老旧小区的生活环境。在南池子和多福巷成立停车自管会，至年底，辖区有停车自治会6个。升级周末大扫除2.0工作，利用社区公众号和居民议事群，多途径宣传并开展流动小红旗评比，提高居民参与率。在文化建设方面，全年举办演出20场；非遗、阅读、展览展示等文化活动112场；文化原创4个；举办“赋新曲 · 共华章”中华人民共和国成立70周年展演，以及“清韵东华 文化惠民”群众文化展演开幕式活动等。联合市古代建筑研究所，做好陈独秀旧居档案收集和整理。开展全民健身活动，举办街道社区趣味运动会、东华门地区第十二届“和谐东华”杯乒乓球赛、第二届“和谐东华”杯羽毛球赛、地区双升赛，以及街道2019年体质促进暨青少年趣味活动等。2019年，街道顺利通过北京市全民健身示范街道验收。

（黄伟才　刘雪梅）

【党建工作】街道工委审核服务群众经费项目6批次63个项目，支出党组织服务群众经费281.8万元；党建经费支出约55万元；全年收取党费56.64万元，上缴33.99万元，支出1.09万元，支出补缴党费17.58万元。走访慰问困难党员、老党员188人，离退休干部66人次，故宫墙外志愿服务站点109人志愿者累计服务时长达330小时。全年开展理论中心组学习21次；制订《东华门街道2019年意识形态工作责任制项目内容（折子工程）》；开展2019年“不忘初心、牢记使命”百姓宣讲活动；中央及市属主流媒体报道89篇次；微信公众号推送信息265篇；官方微博推送644条。完成新阶层人士工作示范点和基层党组织统战工作示范点申报；街道组团赴台交流，加强基层对台交流工作，完成赴台社区结对，8月，接待台湾高雄盐埕区代表团来访。举办东华门街道新时代文明实践所（站）揭牌暨第五届“感动东华”人物颁奖活动；开展“扣好人生第一粒扣子”主题实践教育活动。新增独立工会11家，联合会30家，新发展会员1183人，办理京卡1179张。在社区、企业中建立职工之家2家，暖心驿站20家。组织各社区、楼宇召开东华门街道第三届非公有制企业职工代表大会第三次会议。

（黄伟才　刘雪梅）

【疏解整治促提升工作】2019年，街道共疏解人口任务指标3951人，完成全年总任务的177.7%。违法建设拆除完成全年人口任务指标的143.79%；占道经营、无证无照和开墙打洞整治完成全年人口任务指标的271.52%；地下空间、群租房、出租房屋及区属房产清理完成全年人口任务指标的287.71%；棚户区、竣工项目及拆迁滞留区清理完成全年人口任务指标的117.96%；公房清理及住房保障完成全年人口任务指标的141.58%。完成南北池子大街“百街千巷”环境整治提升项目新建或提升便民综合体及菜站3处。

（黄伟才　刘雪梅）

景山街道

【概况】景山街道办事处是区政府派出机构。位于东城区西部，因地处景山公园东侧而得名，东依东四北大街与东四街道办事处相连；南临东四西大街、五四大街、景山前街与东华门街道办事处为邻；西起景山东街、景山后街、地安门内大街东侧与西城区什刹海街道办事处毗连；北靠地安门东大街、张自忠路，与交道口街道办事处为界。南北最长1024米，东西最宽1702米，面积为1.62平方千米。有大街6条，胡同73条。设社区居委会8个，户籍人口1.65万户、4.22万人，常住人口1.14万户、3.11万人，流动人口7464人。有满族、回族、蒙古族、朝鲜族、壮族、藏族、锡伯族等少数民族19个、人口3012人。辖区有中央单位47个，地方单位119个，银行1家，大、中、小学及幼儿园10所，医院2所，卫生站3个。内设机构有“六办一委一队四中心”，包含综合保障办公室、党群工作办公室、社区建设办公室、民生保障办公室、社区平安办公室、城市管理办公室、纪工委（监察组）、执法队、政务服务中心、党建服务中心、社区服务中心、网格化服务管理中心。公务员编制106人、实有97人；工勤编制8人、实有6人；事业单位编制52人、实有42人。

2019年，街道完成全国“两会”、“一带一路”国际合作高峰论坛、北京世界园艺博览会、亚洲文明对话以及中华人民共和国成立70周年庆祝活动等一系列重大安保维稳任务。完善“接诉即办”常态化机制，保证群众投诉案件100%见面率。完善网格化服务管理信息平台“街乡吹哨，部门报到”功能，网上吹哨、一哨一考、全程留痕。做好平房区物业管理、垃圾分类，推进地区精细化管理。落实违法建设拆除、“开墙打洞”封堵、简易楼腾退、街巷精细化环境提升、大气污染防治，推进地区环境整治。景山街道景山东街社区获东城区2019年最美法治社区优秀奖、首都学雷锋志愿服务最佳志愿服务社区、首都学雷锋志愿服务最美志愿服务社区。景山街道吉祥社区党委获东城区先进社区党组织。景山街道钟鼓社区党委获北京市先进社区党组织，钟鼓社区党委、钟鼓社区星期守护队获“巾帼建功新时代志愿服务暖人心”先进称号，钟鼓社区居民委员会获2019年东城区健身气功站点比赛五禽戏集体项目一等奖、2019年东城区健身气功站点比赛大舞集体项目三等奖、2019年东城区太极拳（剑）集体交流赛中获得街道太极拳组二等奖，钟鼓社区家和万事兴群众调解之家获东城区示范老党员先锋队。

（申慧博）

【城市管理】2019年，地区完成冬季煤改电取暖费报销2325户，共计费用207.41万元。开展煤改电电采暖设备更新及补漏工作，为1255户居民更换设备，共计2606台。组织成立7支专业防汛抢险队伍共200人。完成所有街巷的架空线入地工作。街道级河长共开展巡河42次，累计巡查里程119公里，处置各类问题7起，玉河社区河长累计巡河60余次，总里程近70公里。发放人防防灾减灾宣传材料1万余份，协助回填人防洞口1处，创建隆福寺社区、吉祥社区为防震减灾示范社区。下发门前三包责任书，补签门前三包责任书232份。完成年度节水宣传日宣传活动，创建节水型社区4个。实行5级扫雪铲冰工作责任制，为辖区8个社区配备600余斤融雪剂。接收处置城市管理信息平台案件2.35万件，处理“12345”市民热线案件1906件，热线反映案件响应率100%，办结率100%。督促物业在辖区内设置218处、436个分类垃圾桶，日均厨余垃圾分出量3.2吨，厨余垃圾分出率达到13.61%。举办垃圾分类大型宣讲活动14次，参与居民800余人次。平房区物业共出动578人次、963车次，处置网格案件1.32万件，参与非机动车圈占车位、黑三轮拉客、清理沙滩后街29号等专项整治活动136次，清理大件废弃物1623车2810吨。针对入冬2次降雪出动160人次、7车次，使用融雪剂4.5吨。专项执法工作中拆除违法建设56处，7189.01平方米；新生违法建设2处，60平方米。

（申慧博）

【民生保障】2019年，景山地区低保人员共计319户499人，涉及低保金56.44万元；低收入8户10人，涉及低收入金额1650元，停发低保28户34人。开展低保、低收入医疗救助166人次，涉及金额57.8万元；低保低收入临时救助4人次，涉及金额1.63万元。城市特困供养人19人，发放分散供养人员13人和集中供养人员6人，供养金共计50.31万元。发放清洁能源采暖补贴52户、85人，涉及金额5.6万元。燃煤采暖补贴4户5人，涉及金额4000元。集中供暖补贴56户70人，涉及金额7.92万元。景山困难群众救助所落实精准救助11人，完成337户困难家庭建立台账。新办残疾证78个，丢失补办43个，残损换新18个，一卡通延期953人。“两节”期间为困难残疾人家庭21户发放慰问金1.59万元。至11月，为351人次发放三个季度社会保险补贴112.68万元；为2011人次发放助残券20.11万元；为198人发放燃油补贴5.15万元；为6人发放助学补贴2.67万元；为残疾儿童3人发放儿童康复补贴8万元。对残疾人1740人进行动态更新调查。慰问计生特扶人员165人，发放慰问金7.5万元，办理失独人员经济帮助16人、发放16万元，帮助30户失独家庭提供家政服务、为特扶46人提供健康体检等项服务。为劳动者追回工资5万余元，涉及劳动者15人。新增登记失业人员529人，完成失业人员就业524人，安置就业困难人员就业385人，失业人员就业率65.99%；完成城镇登记失业率0.81%；为失业人员350人办理灵活就业并为其交纳社会保险。新申请保障性住房195户，公租补贴27户，市场租补贴28户，共计250户；完成快速配租3个批次涉及2900余户。2019年共举办小型健康教育活动32场次，派发各种宣传资料、宣传品1000份。完成非京籍儿童入学联审工作，共审批通过21人。为退伍军人发放光荣牌1500个。发放独生子女父母年老时一次性奖励费240人、24万元，全年独生子女奖励费414人、2.39万元。政务服务中心社会化退休管理服务岗提供咨询和受理业务共计9000人次，涉及各类资金发放及收回资金300万余元；城乡居民保险岗共接收咨询和受理业务共计2000人次，涉及发放和收缴金额共计50万余元；社保卡补换6000人次，下沉系统信息查询5000余次，信息及医院变更1500人次。为各类人员手工报销药费总计500余人次、290万余元。

（申慧博）

【社会治安综合治理】2019年，街道办事处开展防范邪教主题教育5次。国庆节前走访慰问重点人员9人。开展集中宣传活动9次，组织应知应会答题活动3次，开展以“健康人生，绿色无毒”为主题的全民禁毒宣传月活动，为吸毒人员尿检100余人次。出动机关干部、社区工作者、公安、消防、安全生产等各类检查人员2.23万余人次，检查各类社会单位、居民院落（小区）1.1万余家（处）次，消除生产安全、消防安全隐患2100余处。设“守望岗”点位96个，安排志愿者2600余人参与社会面防控。做好群租房摸排和整治，全面完成在账2处、10人的清理任务。策划实施安全社区促进项目30余个，完成北京市安全社区建设中期划库评审工作。受理人民来信来访419件，街道自接访260件，初信初访化解率达90%以上，重信重访率控制在10%左右。组织民兵参加全国“两会”期间民兵守桥工作，共计15天、360人次、2160小时。全年完成征兵2人，为适龄青年90人办理兵役登记证，办证率达100%。景山街道及8个社区调委会共受理各类纠纷23件，调解成功22件，成功率95.7%，签订口头协议4份，书面调解协议18份。开展专项法律维权服务月活动，为辖区老年人、残疾人、妇女儿童、军人军属、农民工等群体提供法律援助700余人次。积极落实政府折子工程，累计为辖区60岁以上老人免费代写法律文书50人次，为80岁以上的老年人5人实行全面的法律援助服务。专项执法工作中“12345”非紧急求助506个；完成一般行政处罚案卷261起，罚款64.71万元；完成简易程序处罚316起，罚款1820元；保障大型活动20场、出动队员90人次，假日和大气应急保障21次、出动队员200余人次。

（申慧博）

【社区建设】2019年，街道办事处完成对8个社区第十届居民委员会、居民会议常务会、居务监督委员会选举，60人当选新一届社区居委会班子成员，党员17人，占总人数的28%，社区党委书记和居委会主任“一肩挑”的共有6人，占8个社区总数的75%。调整社区工作者，调整比例高达63.91%。以隆福寺社区钱粮胡同为试点，组织开展胡同停车秩序管理公众参与活动，成立胡同停车自治小组。根据居民群众需求新成立书法班、歌舞班、朗诵班等，8个社区共有各类社区社会组织66个。对3个养老驿站每季度一次进行督查，指导驿站完善62项养老工作。以“舞动新时代旋律 唱响社区新乐章”为主题开展景山街道首届社区文化艺术节展演，以“我和我的祖国 唱响街道新乐章”为主题开展景山街道第三十三届群众文化艺术节文艺会演，以“我和我的祖国 走进新时代”为主题组织景山地区党员、干部、社区群众、辖区单位举办迎国庆、庆“八一”消夏纳凉广场活动，举办“飞扬幸福 活力景山”2020迎新年群众文艺演出活动，以“书香诗文大众诵读”为主题举办大众阅读活动。举行保龄球、第十二届“和谐杯”乒乓球比赛、飞镖比赛、广播操比赛、划船比赛等群众体育比赛活动。开展“冬奥大讲堂”系列活动。

（申慧博）

【党建工作】2019年，街道工委完成1个非公党委、10个机关党支部、3个离退休党支部、34个社区党支部和4个非公党支部换届工作。街道纪工委（监察组）向街道工委会会议提交全面从严治党、党风廉政建设和反腐败工作议题建议14项，与街道、社区干部进行廉政谈话4次，通过实地检查、查阅资料、抽查暗查等形式共计进行监督检查50余次，制发监察建议书1份。2019年，接收预备党员6人，预备党员转正4人。慰问辖区困难党员164人，中华人民共和国成立前老党员6人，发放慰问金13.6万元，慰问品折合人民币9700元。对接其他单位党支部结对帮扶114户低保家庭，工委所属在职党支部结对帮扶低保家庭和困难家庭共31户。组织党员、群众开展周末卫生大扫除活动18次，849人参加。完成8个社区联合工会换届选举；建立20个职工“暖心驿站”。春节慰问困难职工8人，慰问劳模13人。组织辖区职工代表50人参

7月26日，景山街道举办亲子绘本活动（李汪勇摄）

加国庆花车展览；组织辖区下岗再就业人员50人次参与2场就业招聘会；受益人员200余人。14家20人以上企业完成独立工资集体协商，覆盖职工1361人；完成8个区域性工资集体协商，覆盖全部建会企业270家，职工5330人；集体合同、工资专项合同、女工专项合同续订率达到100%。联合团工委举办“很高兴遇见你”相亲活动，单身青年职工约50人参加；选送职工代表7人参与国庆保障及群众游行活动。编发14期《党务应知应会》课程，开展党务线上培训活动；开展“七一”系列活动：红色定向越野、党建服务市集、“七一”表彰。结合中华人民共和国成立70周年，征集“我爱我的祖国”“锦绣中华 大美山川”“庆祝中华人民共和国成立70周年大型摄影展”微视频5部及主题征文30余篇。推荐北京榜样候选人4人、东城榜样候选人5人、第七届首都道德模范推荐候选人5人，推荐夕阳红为老服务队参与首都最佳志愿服务组织评选。完成第四批首都学雷锋志愿服务岗、服务站、示范站的申报。开展“三八”维权宣传系列活动；加强妇女之家、儿童之家建设，三八妇女节举办“巾帼展风采”——巧手缝布包，制作立体团扇、樱花包、锦囊布袋，手工编织中国结、杯垫，春季养生讲座，茶文化体验等妇女之家系列主题活动，地区妇女近600人参加。完成妇联换届选举。以中华人民共和国成立70周年为契机，组织地区团员青年开展“我和共和国的故事”宣讲、“为祖国献礼”、“我给祖国母亲一封信”主题征文活动，150余人参加。团员回社区报到参与志愿服务，围绕“五大青年行动”发布项目10余个，参与团员200人次，累计服务540小时。开展学习培训、参观体验、公益志愿、交友联谊、文体娱乐等多类活动40余次，青年1000余人参与。完成社区第三届团支部换届。为统战人士提供养老助残、医疗卫生、文化教育、体育休闲等多种服务20余场。组织街道赴台交流13人，完成高雄市河堤合唱团到街道交流接待工作。

（申慧博）

【疏解整治促提升工作】2019年，街道办事处拆除违法建设56处、7189.01平方米。完成南吉祥23号直管公房简易楼腾退项目，19户居民住房条件得到改善。完成13项疏解整治促提升任务，疏解人口1953人，超额完成243人。对46条街巷进行精细化环境提升，通过科学规划设计和实施提升工程，恢复古都风貌，集中打造崔府夹道、大取灯胡同等一批重点精品示范街区。坚持一体化推进，统筹推进架空线入地、电力设施改造、“留白增绿”、停车线施划。认证居民路侧停车资质137个，西片区四社区施划停车车位403个，为居民下发停车证943个，对美术馆后街77个路侧停车位、什锦花园东口17个路侧停车位进行优惠停车登记171个，组织完成对地区所有街巷可以停车、能够停车的地段施划停车位1600余处。

（申慧博）

【美丽景山环境清洁挑战赛】采取自下而上、层级推进方式，引导各社区、胡同、院落自发开展形式多样的环境清洁大比拼，通过“社会参与度、环境美誉度、邻里和谐度、体制机制保障度”4个维度，开展星级示范胡同、示范院落评选。将党建协调委员会成员纳入各社区党委周末大扫除对接单位中，组织、宣传和发动群众多元力量参与。评选出39个三星级示范院落，8个四星级示范院落，4个四星级精品胡同。以美术馆东街20号院在“美丽景山——环境清洁挑战赛”前后的变化，参加北京卫视《向前一步》节目录制，并获“最美客厅奖”；三眼井胡同参与《北京日报》举办的“我家街巷最好看”推选活动，获北京最美街巷入围奖。

（申慧博）

交道口街道

【概况】交道口街道办事处是区政府派出机构。位于东城区西北部，东起东四北大街与北新桥街道相连，南至地安门东大街、张自忠路，与景山街道为邻，西依地安门外大街，与西城区什刹海街道毗邻，北到鼓楼东大街、交道口东大街，以安定门街道为界。面积1.47平方千米，有大街5条、胡同42条，设社区居委会7个，户籍人口1.4万户、5.4万人，常住人口3.4万人；流动人口1.1万人。有回族、满族、蒙古族等少数民族20个，人口2300余人。辖区有中央、市、区属单位145家，其他商业企业1055家。大、中、小学及幼儿园7所。国家级文物保护单位5处、市级14处、区级11处。除交东小区外均属于北京市40片历史文化风貌保护街区。南锣鼓巷作为北京最古老的街区之一，既是北京规划中的25片旧城保护区之一，又是完整保存800余年元大都里坊的历史遗存。地铁6号、8号线及8条公交线路途经地区。机构设置综合保障办公室、党群工作办公室、社区建设办公室、民生保障办公室、社区平安办公室、城市管理办公室、纪工委（监察组）、综合执法队和南锣鼓巷管委会办公室9个科室。公务员编制110人、实有104人；工勤人员编制6人、实有6人；事业单位5个，编制69人、实有59人。

2019年，街道深入开展“不忘初心、牢记使命”主题教育，把主题教育与中心任务相融合，坚持高标准高质量，突出交道口地区特色，把学习教育、调查研究、检视问题、整改落实贯穿全过程。4条胡同修缮整治提升，实现从大拆大建到保护性修缮、从征收拆迁到申请式改善、从街巷整治到街区更新、从粗放管理到精细化治理四大转变；引导商会发挥自治作用，做好南锣鼓巷地区保稳、降密工作；以国庆节和第二届“一带一路”国际合作高峰论坛等一系列重大活动为重点，全力做好社会面防控工作；对照《市民热线反映》通报问题，深入调研，采取有效措施，提高街区治理能力；整合资源、创新思路，在老城保护复兴视角下做好胡同交通秩序改善工作；落实东城区“紫金服务”行动计划要求，对辖区内商务楼宇和重点企业开展走访摸排，研究解决企业发展中存在的困难和问题。做好对口帮扶，动员区内兄弟帮扶中心参与扶贫对接和志愿服务，兄弟帮扶中心在崇礼采购25吨“爱心菜”免费发给社区居民，受益家庭6000余户。街道在北京市第十三届“和谐杯”乒乓球比赛系列活动中获优秀组织奖。街道舞蹈队参加2019年北京市秧歌舞蹈大赛，分获二等奖、三等奖。

（侯耀辉）

【城市管理】2019年，街道落实“百街千巷”环境整治提升三年行动计划，完成2018年“百街千巷”14条街巷的环境整治提升工程和交东大街二期收尾工作，验收除鼓东大街外13条任务街巷以及交东大街二期提升工程。全年拆除违法建设8009平方米，封堵开墙打洞116处，拆除违规户外广告牌匾标识145块，拆除地桩地锁528个。整修、粉饰外立面5454.62平方米，地面整修3007.03平方米，增加绿化植被338.07平方米，门楼修缮10个，管线整理94米。对辖区12条胡同公共区域环境开展背街小巷精细化提升工作，共补种绿植150平方米，设置花钵55个，粉刷电箱罩701个，安装旗杆支架623个，施划停车位295个，更新街巷长公示牌366个。街道背街小巷“十无”验收已通过42条。全年受理网格化城市管理平台案件1.45万件，办结1.37万件，结案率94.61%，案件数较去年同期相比增加2334件。全面落实河长制，制订《交道口街道进一步全面推进河长制工作方案》及相关配套方案，落实三查、三清、三治、三管工作要求，构建水质保障长效机制。成立街道防汛分指挥部，落实处级领导、科级干部联系社区制度，建立健全防汛责任事故追究制及安全迎汛抢险队伍责任制，发挥社会服务管理网格、街巷长作用，成立街道机关、环卫、绿化、平房区物业4支防汛抢险队伍，共87人。7月5日、7月28日等重大降雨期间，街道第一时间启动防汛应急预案，各防汛抢险队冒雨巡查抢修，各部门领导坐镇指挥调度应对险情及时处置，汛期共出动巡查人员312人次，排查隐患点位39处，巡视房屋875间，抢险倒伏、折枝树木23处，紧急苫盖房屋11处。继续完善《街道环境保护工作职责落实说明》《交道口街道空气重污染应急预案》《交道口街道2018—2019年秋冬季大气污染综合治理攻坚行动实施方案》《社区环保网格工作职责》等方案、预案、制度10余项。配合区生态环境局开展餐饮油烟废气净化设备升级工作，签订合同144家，签订率91%。严控燃煤，建立属地下沉清查模式。将燃煤监管责任有效落实到社区，签订责任书。建立多部门联动机制，取缔燃煤经营，查处贩运燃煤车辆。推进垃圾分类，以南锣商户、游客和志愿者为主体，组织“垃圾分类有你有我，志愿服务扮靓南锣”环境美化挑战赛。以“停车入位、行驶有序”为目标，统筹协调社会资源，通过居民协商、居民自治，引导居民有序参与胡同交通停车管理，推进胡同交通微循环和静态停车。实现前圆恩寺、福祥、蓑衣、炒豆、雨儿胡同不停车，其他胡同单行单停。对南锣鼓巷两侧符合条件的胡同均施划机动车车位和非机动车停车区域。以南锣鼓巷社区居委会为典型，在全街道推广居民自治式胡同交通秩序管理模式。

（侯耀辉）

【民生保障】2019年，街道对失业人员开展培训11次，培训245人，参培失业人员就业率达95%以上。政务服务中心工作人员入户走访调查，摸清失业人员现状，对不同人员、不同愿望实行再次入户面对面引导，为失业人员送岗位信息，送政策材料，送就业援助。完成街道政务服务大厅改造，完善民政、计生、劳动、住保、残联等部门进驻，开展相关业务受理。建立社会救助联席会议制度，商讨、解决疑难问题22件。成立街道困难群众救助事务所，为25户低保群众提供专业社工帮扶。实现城镇登记失业人员就业409人，完成各项就业指标，就业局势稳定。落实各项住房保障政策，完成保障房新申请与复核、市场租房补贴新签续签等工作，惠及辖区居民1400余户。开展残疾人技能培训、就业指导、节假日走访慰问等扶残助残服务，发放社会保险补贴、助残券、助学补助、康复补贴和燃油补贴等260万余元。完善2个社区养老驿站呼叫、助餐、心理咨询、日间照料、健康咨询、文化娱乐六大服务功能，全年开展各类课程330节次，便民顺手带业务3110人次，适老化改造8户，助浴1454次，助洁7834次，修脚2516次，理发1333次，健康指导（按摩）1088次，助餐1.1万人次。吸纳志愿者30人。开展志愿者积分兑换服务活动，激发志愿者服务积极性。完善社会救助体系，全年受理并发放各类保障金、救助金、补助金1.05万人次，749.8万元。全年办理一孩生育登记197人，二孩生育登记105人，再生育确认7人。全年办理生育登记302人，发放独生子女父母一次性奖励、意外经济帮助等22万元。开展幸福家庭创建，辖区李蒙家庭获全国幸福家庭称号。开展防艾、控烟等宣传，建立2个控烟示范单位。开展健康教育培训，招募健康生活指导员47人，指导辖区居民的健康生活方式。组织交道口老年防摔倒毛巾操表演队，定期开展活动，在全区比赛中

12 月 22 日，交道口街道开展鼓楼苑社区冬至饺子宴活动（张铮摄）

获第二名。

（侯耀辉）

【社会治安综合治理】2019年，街道完成重大活动、全国“两会”等重点时期社会面安保工作。街道主要领导带队开展安全生产检查16次。依托综合执法组，全年检查生产经营单位4000余家次，整改问题隐患950余处。开展专项整治活动，对辖区7家电动车销售网点进行全覆盖检查，全面落实企业安全主体责任。开展燃气安全大排查大整治行动，建立并完善辖区餐饮行业燃气使用台账，对114家企业燃气使用单位全覆盖检查。开展消防夜查行动20余次，检查重点单位40余家次。开展群租房、日租房和地下空间治理集中宣传活动，全年共查处违法群租房13处。在雨儿胡同、帽儿胡同等6个重点位置加装11个高清监控探头。完成辖区1332户60岁以上老人烟感报警器安装，更新维护2900具灭火器材。建立南锣鼓巷小型消防站，有关部门派驻专业消防员20人，配备消防车2辆，提升辖区初期火灾处置能力。强化矛盾排查化解，完善处级领导接访机制，开展全面矛盾纠纷大排查3次，办理群众来信来访360余件次，协调相关部门妥善处置涉及城市管理、环境整治、无照经营、4条胡同修缮等方面群众上访事件。加强公共法律服务体系建设，开展法律服务活动57场次，发放宣传材料2万余份，覆盖群众15万余人。组织调解民间矛盾纠纷13件，成功化解11件，成功率为84.6%。协助派出所开展养犬集中年检，完成养犬登记、年检374只。开展禁种铲毒工作，协助公安机关完成吸毒人员尿检120人次，解除社区康复1人。组建民兵应急分队，完成区民兵训练任务。成立以各社区、办事处年轻人员为主的应急民兵分队，组织部分队员参加民兵抗洪拉练和军事训练。2019年，向部队输送新兵3人，完成年度街道征兵任务。

（侯耀辉）

【社区建设】2019年，保留社区填报表格市级7项、区级5项，街道发文数量较2018年减少49%，对微信工作群以严格标准撤销、合并。探索实践党建引领、社会协同、公众参与的社区治理模式，开展雨儿胡同开放空间讨论会、社区金点子大赛等品牌活动，组织居民协商议事会20余次，将征集到的38个金点子培育整合为6个可操作公益项目。留住乡愁记忆和历史文化灵魂，严格把控施工工艺和材料做法，妥善保护和整理利用老构件、老物件，在雨儿胡同30号设置槐香客厅、议商暖阁、值年小站、文馨书馆、琢玉学堂5个功能空间，共商留住居民公约，共筑美好现代生活。申报鼓楼苑社区“小院大家”居民自治组织培育项目、交东社区青悠乐活“天天清洁日”服务项目和福祥社区的4条胡同百宝箱服务项目参与2019年度东城区公益创投，其中鼓楼苑社区“小院大家”居民自治组织培育项目被列为区级重点项目。开展“文化引领 同心共治”楼院居民自治项目，在交东社区选取一个楼门进行楼门文化建设试点。组织开展交道口街道“枢纽型”社会组织项目制度建设座谈会和项目制度手册讨论会，规范交道口街道“枢纽型”社会组织平台运作。完成第十届社区居委会换届工作，候选人63人当选新一届居委会班子成员。新招录社区工作者17人。开展社工创新力提升专题研习营项目，各社区书记、站长、共建共治主任及相关社区干部80人参加培训。开展南锣鼓巷系列民俗文化活动，邀居民体验并亲手学做非遗作品，参与区文委“送演出 进社区”系列活动。与京演集团合作引进高品质节目到社区春节联欢会，聘请专业老师为社区团队进行辅导。举办儿童剧《成长吧，少年》和《奇幻森林之旅》专场演出、民族管弦乐专场音乐会、相声专场演出、华风艺术团专场演出、重阳节敬老京剧等专场演出。

（侯耀辉）

【党建工作】2019年，街道工委开展“不忘初心、牢记使命”主题教育，成立主题教育领导小组、8个指导组和群众督导团，党员2100余人纳入学习范围，确保主题教育全部覆盖、分类推进。全年开展中心组学习20次，专题研究意识形态工作会议4次。开展纪律教育进社区、香山革命纪念地等参观学习活动。围绕4条胡同修缮整治开展课题研究，撰写理论文章、心得体会20篇。强化“红色讲坛”、周末社区大讲堂、形势政策报告会等多种载体，开展书记、主任讲党课等理论宣讲活动12场。在南锣4条胡同修缮整治项目中，成立项目临时党委，下设9个党支部、16个党小组，组建8支党员服务队，发挥领导核心作用和党员干部的先锋模范作用。推广“南锣模式”，成为全国首个引导游客开展垃圾分类、发布垃圾分类自律公约的特色商业街。全年报送舆情信息50条，阅办一般舆情23次，切实解决网民关切问题。围绕街道4条胡同修缮整治、“壮丽70年·奋斗新时代”等重大主题宣传，接受中央市属主流媒体采访，各类媒体刊登稿件220余篇。利用政务公开栏、宣传栏等载体，以微信公众号“魅力南锣”和官方微博“美丽交道口”、《南锣鼓巷杂志》为平台，做好信息公开、制度公开，全年发布微信345条，微博2100余条。印发《南锣鼓巷杂志》6000本，合订本250本。落实党风廉政建设主体责任，制订“清单式”分值管理任务表，定期听取“一岗双责”汇报。全年组织人大代表开展或参加各类活动41场次，办理区人大代表议案、建议和政协委员提案5件，实现办结率、完成率、满意率3个百分之百。打造群团服务阵地——“暖·空间”，开展服务辖区职工、地区青年、妇女、儿童系列活动310余场次，成立“南锣鼓巷”青年突击队志愿讲解服务队，在南锣鼓巷13—2号（暖空间）设置固定式志愿服务站点，为首都市民和游客提供义务讲解、义务指路、信息咨询、饮水、语言翻译、应急救助、文化宣传等服务。

（侯耀辉）

【疏解整治促提升工作】街道将非首都功能疏解与人口调控列为全年重点工作，制发《交道口街道2019年“疏解整治促提升”综合整治工作方案》，成立领导小组，统筹协调街道、区属各职能部门派出机构、驻街单位、社区、商会等各方面力量，以南锣鼓巷地区为重点，落实街道“百街千巷”环境整治提升三年行动计划，完成2018年“百街千巷”14条街巷环境整治提升工程和交东大街二期收尾工作，验收除鼓东大街外13条任务街巷以及交东大街二期提升工程。全年拆除违法建设8009平方米，封堵开墙打洞116处，拆除违规户外广告牌匾标识145块，拆除地桩地锁528个。整修、粉饰外立面5454.62平方米，地面整修3007.03平方米，增加绿化植被338.07平方米，门楼修缮10个，管线整理94米。精细化提升辖区12条胡同公共区域环境，补种绿植150平方米，设置花钵55个，粉刷电箱罩701个，安装旗杆支架623个，施划停车位295个，更新街巷长公示牌366个。

（侯耀辉）

【南锣鼓巷安全管理】2019年，街道开展巡查600余次，查处各类违规违法问题4000余件。加大对无照游商和黑三轮的打击力度，开展为期3个月的“百日行动”，改善街区经营环境和对外形象。坚持及时清除禁止业态，着力研究限制业态，积极支持鼓励业态的工作原则，以餐饮和“三无一同”业态为调控重点，对于新增、变更业态进行审核，实现业态整体水平稳中有升。完成南锣鼓巷信息管理平台一期建设，推动商户信息、街区风貌、安保力量、客流监测纳入信息化管理体系。提升保安队伍应对突发事件能力。全年重点节假日，特别是国庆期间安全保障实现“两无两零”目标，即公安无警情、交通无堵塞，工商、食药零投诉。

（侯耀辉）

安定门街道

【概况】东城区安定门街道，位于东城区西北部，北起北二环、南至鼓楼东大街、西到旧鼓楼大街、东至雍和宫大街，处在古都风貌保护区和故宫缓冲区内，区域面积1.76平方千米。辖区内有3条大街，69条胡同，9个社区居委会。共有居民2.17万户、5.42万人，其中常住人口3.65万人，流动人口7760人。地区有满族、回族、壮族、朝鲜族、维吾尔族5个少数民族，人口200人。驻地中央单位10个，市属以上单位23个，区属单位27个，企业500余家，其中70%以上属于民营企业。辖区有北京鼓楼、钟楼，国子监，北京孔庙国家级文物保护单位3个。市级文物保护单位5个，区级文物保护单位2个，历史遗存32处。中小学校及幼儿园15所。街道办事处设综合保障办公室、党群工作办公室、社区建设办公室、民生保障办公室、社区平安办公室、城市管理办公室、纪工委（监察组）和综合执法队。公务员编制108人、实有99人，事业单位编制52人、实有37人，工勤人员编制7人、实有7人。

2019年，安定门街道以服务保障中华人民共和国成立70周年庆祝活动等中心工作为主线，深入开展“不忘初心、牢记使命”主题教育，完成全年各项工作。全年一般程序案件结案265起，较2018年同比增长163%；一般程序案件罚款43.36万元，同比增长253%；简易程序结案112起，罚款2095元。运行“吹哨报道”机制，全年组织综合执法1000余次。改革政务服务综合窗口，调整窗口布局，设置综合受理窗口9个、综合出件口1个，实现“前台综合受理、后台分类审批、统一窗口出件”服务模式。围绕“五大安保”工作，特别是中华人民共和国成立70周年庆祝活动，专门制订保障方案。全年启动等级防控75次，其中一级及以上防控69次，二级防控6次，发动群防群治力量7.68万余人次。

（张　宏）

【城市管理】2019年，街道完成国子监东段环境整治提升工程，拆除违法建设面积150平方米，完成封堵21处，涉及房屋面积约300平方米。在环境提升方面，砌筑古建墙体450平方米，屋檐修缮120米，墙面修补抹灰粉刷210平方米。完成69条背街小巷精细化提升项目，完成钟楼湾小微绿地建设，新增绿化320平方米；69条胡同安装公示牌、公告牌各140个。重大活动期间出动检查人员日均12人次，及时响应空气重污染预警。辖区99家餐饮单位，油烟系统改造签约并改造达标95家。完成箭厂简易楼腾退并顺利完成选房工作。为符合公租房申请资格的9户居民申请绿色通道直配公租房。拆除宝钞胡同107号楼31处违法建设小煤棚，9列住户已有7列完成上下水改造工程，并完成楼内公共区域改造。成立“接诉即办”工作领导小组，制订《安定门街道市民热线“接诉即办”常态化管理工作方案》，形成案件流转办理闭环；对“12345”市民热线案件受理量、突出问题进行分析，从接诉即办向未诉先办转化。定期召开联席会、物业工作例会，组织物业部门配合周末社区卫生大扫除活动。规范案件处理流程和街道内部监督管理机制，形成街道内部运转的“小循环”网格化工作模式，开展垃圾分类宣传。

（张　宏）

【民生保障】2019年，街道再次成为全区第一家提前超额完成年度就业再就业工作指标的街道，其中完成失业人员就业633人，城镇登记失业率0.58%，困难失业人员就业482人。实现创业53人，带动就业229人。全年无一例“零就业家庭”。做好部分退役士兵保险接续工作，收取、录入、上传退役军人保险接续材料83份。全年发放优抚金近75万元，地退人员工资（含采暖补贴、过节费）近258万元。完成优抚对象信息采集70余人次，军工住房信息摸底160余人次。完成优抚金、军工工资、地退人员工资调标。全年2次携军工人员、见义勇为人员参加区级部门组织的外出疗养，组织优抚对象体检。对建功立业的老功臣发放中华人民共和国成立70周年纪念勋章。全年发放残疾人三险补贴292万元，为残疾人260余人进行审核、申报、归档助残券补贴。办理残疾人入住农疗4人。发放燃油补助260人，办理城乡养老保险补贴58人。审核、办理残疾证100余人，完成残疾人一卡通激活2000余人次。为辖区老人提供居家养老服务，养老驿站全年服务2165次，惠民8632人。街道文体中心各项文体活动正常开展，各艺术团队每天排练节目，全年共接待11支团队、活动6392次，活动总人数达4.09万人次。引入专业队伍，为居民提供专业培训、专业演出，全年为街道及各社区开展活动60余场，为街道文艺团队进行专业培训300余次。

（张　宏）

【社会治安综合治理】2019年，街道开展消防安全联合检查行动55次、专项检查295次，出动人员2290人次。以12家重点单位、600余家小微企业、31处有限空间、66处地下空间等为重点，实现安全检查全覆盖。对地区防火单位、居民院、生产经营门店等，实行消防安全检查，落实监管，排查隐患，督查整改。全年经排查梳理，共挂账隐患88处，经整改复查，已全部完成销账。安装固定探头560路，移动探头205路，与派出所密切合作利用探头追踪犯罪分子路线，发案情况由2018年17起，下降至2019年的4起。启动吹哨机制，消除千福巷39号隐患，加强地区简易楼安全管理。为60岁以上户籍老年人家庭安装烟感报警器910个。在安内大街292号、车辇店胡同12号安装电动车集中充电柜3组、充电桩2个。在9个社区开展消防安全知识讲座，联合北新桥消防中队、孔庙和国子监博物馆举行消防演习，张贴、发放“致居民的一封信”2万张和“看护人员工作提示卡”1282个。全年共受理网上群众来信来访17件次、17人次；纸信19件、30件次、39人次；来访55件次、193批次、220人次；接收人民建议共7件次、7人次；复查核查2件次、2人次；自接件160件次、190人次。

（张　宏）

【社区建设】街道完成社区居委会换届选举。9个社区共组织各种会议200余次，宣传人员2.3万余人次；登记选民2.27万人，划分居民小组207个，产生居民代表469人，社区选举全部一次性成功。依托专业组织对社工进行培训14次，累计课时240小时。在尊重居民意愿的基础上，每个社区确定1-2个院落，共16个院落作为“精品院落打造”目标院落。结合周末卫生大扫除活动，自发拆除、清理自家废弃煤棚和杂物。街道办事处为项目提供党建服务群众经费和社区公益金支持，并发动辖区产权单位配套经费，在环境整治方面投入45万元；在美化提升方面投入39万元；在邻里文化方面投入31万元；在自管会组建上投入12万元。组织25人参加中华人民共和国成立70周年群众游行、46人参加联欢活动、志愿者83人参加国子监街志愿服务岗。举办第七届北京孔庙国子监国学文化节，设国学展览、国学讲座、国学体验、国学传播四大板块，活动达39场。举办“舞动广场——钟鼓楼广场元宵灯会”活动，举办以“月圆京城·情系中华”为主题的中秋节传统文化体验活动。完成全民健身示范街道创建。

（张　宏）

【党建工作】2019年，街道工委开展“不忘初心、牢记使命”主题教育。确定调研主题11项，开展调研39次，现场解决问题40个，挂账督办20个，讲党课11次，查找问题110项，召开专题民主生活会1次。66个基层党组织发放各项学习资料1.37万人次，集中学习20余次，交流研讨120余次，参观13个爱国主义主题教育基地500余人次，观看先进榜样事迹专题片

11 月，安定门街道举行国学文化节进社区系列活动（范晨摄）

2000余人次，观看各种反腐倡廉专题片5000余人次，组织观影5000余人次，召开组织生活会66次，完成基层党组织小结66篇。排查非公企业和社会组织345家，动员口袋党员亮身份、回组织，参与企业管理。调整完善街道区域化党建单位成员名单，形成街道级区域化成员单位15个，社区级区域化成员单位21个，征集需求清单28条，建立项目清单7个。联合成员单位利用七夕、主题党日、暑期开展一系列服务活动，共同服务辖区居民。开展“党支部规范化建设”推进情况专题调研，收回有效问卷654份，形成支部工作改进意见建议。深化街道周末卫生大扫除活动，丰富在职党员回社区报到活动载体。结合社区党组织品牌建设，完成各社区院落营造、太阳能路灯安装，开展每月修脚和洗浴服务等项目。继续建立和完善工会组织，面向278家建会单位开展集体协商，完成职工互助保险参保2000余人，建设20家“暖心驿站”并完成上级验收。依托“方家46号·社区青年汇”，推出地区特色品牌活动。开展“好邻居”“最美家庭”评选活动。开展以“我们的节日”为主题的系列特色活动和道德讲堂工作，开展未成年人思想道德实践活动。做好民兵整组、兵役登记、夏秋季征兵和双拥共建工作。

（张　宏）

【疏解整治促提升工作】街道摸清底数、建立项目台账和基础数据台账，做好年度、季度、月度任务指标分解；加强宣传动员，通过印制《一封信》、社区报、微博微信平台，发布街道“疏整促”工作信息200余条。2019年，街道“疏整促”工作共涉及9大类、11小项工作内容，完成全年任务目标数的110.14%，涉及人口2810人。

（张　宏）

北新桥街道

【概况】北新桥街道办事处是区政府派出机构，位于东城区东北部，东起东二环路，南至平安大街，西依东四北大街、雍和宫大街，北到北二环路，面积2.62平方千米。设社区居委会12个。户籍人口2.8万户、8.17万人，流动人口1.54万人，常住人口数7.46万人。有回族、满族、蒙古族等少数民族，人口6266人。有中央、市、区属单位161个，私、民营企业4028个，商务楼宇18座，中、小学及幼儿园10所，医院3所，社区卫生站5个。辖区有著名的商业特色餐饮街——簋街，以及雍和宫、柏林寺、北新仓、通教寺等重点文物保护单位，北京市第一座以中水造景的生态水景园——南馆公园，稻香村、吴裕泰等中华老字号知名企业，中石油、中青旅、北京移动等大型企业总部。街道设综合保障办公室、党群工作办公室、社区建设办公室、民生保障办公室、社区平安办公室、城市管理办公室、簋街管委会办公室、纪工委（监察组）、综合执法队，社区服务中心、政务服务中心、网格化服务管理中心、簋街管理服务中心、党建服务中心，公务员编制132人、实有124人，事业编制68人、实有59人，工勤编制6人、实有6人。

2019年，落实中心工作，加强城市管理，完成雍和宫大街环境综合整治提升工程，完成19条背街小巷精细化提升。强化民生保障，落实“接诉即办”，探索“未诉先办”，办理办结市民诉求4717件。扎实安全维稳，推进“扫黑除恶”，完成中华人民共和国成立70周年庆祝活动安全保障。推进社区建设，完成12个社区换届选举。深化基层党建，组织“不忘初心、牢记使命”主题教育，配合东城区委第五巡察组驻街巡查，开展巡查反馈意见落实整改。街道获全国模范司法所、北京市充分就业街道、北京市离退休干部先进集体等称号，机关干部3人获市级及以上荣誉表彰。

（苏益鑫）

【城市管理】2019年，街道完成19条背街小巷精细化提升，66条街巷通过“十无街巷”验收，拆除违法建设368处、8178.52平方米，封堵违规“开墙打洞”360处，青龙胡同获评市级十大最美街巷。完成雍和宫大街环境综合整治提升，实践修旧如旧、多杆合一、多箱并集理念，拆除违法建设117处、4209.14平方米，封堵违规“开墙打洞”57处，修缮老旧房屋266间，裁撤沿街箱体64个、杆体154根，设置智慧道路设施综合杆79根，恢复雍和宫大街慢街素院、儒风禅韵、贤居雅巷、文旅客厅历史风貌。完成东四北大街115号等拆迁滞留区环境整治。做好留白增绿，在雍和宫大街、合作巷等新建口袋公园5处、1723平方米。加强簋街长效管理，发展夜经济，举办簋街不夜节；完成商户油烟净化设施改造129家；“一户一档”动态更新，办理商户事项审批172件。优化营商环境，发展楼宇经济，完成10座商务楼宇1700余家单位信息摸排上报，服务重点企业6家、重点商务楼宇4座，对15家异地纳税企业开展走访座谈7次，实现异地纳税回迁6家，实现区级税收656万元。推进停车自治，有居住停车登记车辆6708辆，开展海运仓小区停车治理，清理僵尸车20辆、地锁271个、占位障碍物323个。推进垃圾分类，完成垃圾分类工作体系建设。深化网格化管理，办理办结网格案件1.39万件，清理渣土及大件废弃物2800余处、闲置物堆积点300余处。加强占道经营、环境保护、垃圾分类、门前三包等综合执法，处罚455起、罚款51.54万元。完成地区防汛应急工作，有防汛抢险队5支、340人，汛期排查隐患47处，修缮房屋212间，新做防水1520平方米。落实河长制、湖长制，社区河长巡河200余次，街道河长巡查河湖30次、151公里。完成煤改电取暖补贴报销及“两增一更新”，发放补贴2216户、247.37万元，新增电表15户、电暖器68户，符合电暖器更新条件2100余户。

（苏益鑫）

【民生保障】2019年，街道落实“接诉即办”，成立工作专班，建立日调度、周分析、月点评及双排名、双考核机制，办理办结市民诉求4717件。全年走访慰问各类人员2366人、141.39万元。完成残疾人“温馨家园”升级改造，提供助残服务1305人次。完成保障性住房配租配售122户303人。办理生育服务登记245例，发放独生子女父母年老时一次性奖励99人、9.9万元。优化为老服务，新办老年证75张，新办居家养老助残卡291张、停发263张，发放养老助残补贴3.23万人次、324.34万元，居家照护服务补贴3971人次、138.03万元。有90岁以上高龄老人497人，其中百岁以上12人，完成高龄津贴待遇信息核实4000余人，发放高龄津贴5085人次、52.98万元。强化托底保障，有低保对象777户、1290人，发放低保金1562.39万元，特困供养金73人次、12.05万元，为低保家庭及特困供养人员办理清洁能源自采暖补贴124户、13.99万元、用电补贴1614户、3.54万元、阶梯电价补贴1574户、3.45万元，消费品价格变动补贴6005人次、2.67万元。强化社会救助，开展“救急难”救助106人次、17.66万元，慈善大病救助4人、10.3万元，医疗救助434人次、116.28万元，临时救助46人次、11.47万元。发放困境儿童生活费4人、5.54万元，大学生教育救助金13人、3.12万元。开展“爱心暖阳”社会捐助活动，接受衣被759包9880余件。做好双拥优抚，发放伤残军人优抚金及在乡伤残军人定期生活补助620人次、100.11万元，发放优抚定补金108人次、31.09万元，农籍老兵优抚金24人次、5780元，义务兵优待金8人次、40.28万元。发放军退人员、军队离退休干部工资2270人次、1752.69万元。发放见义勇为慰问金9人次、9000元。推进就业帮扶，地区登记失业率0.75%，帮扶失业人员就业809人、就业困难人员就业596人，实现创业75人、带动就业331人，完成公共就业服务户数指标171户。新增城乡居民医疗保险参保人员807人、养老保险8人，办理社保卡首发1402人次、换发2809人次、补发2879人次。发放退休人员冬季采暖补贴897人次、45万元。办理死亡退休人员养老账户一次性清算44人、62万元，丧葬费补贴65人、32.5万元。新增便民综合体1处、便民菜站2处、便民早餐点2处。

（苏益鑫）

【社会治安综合治理】2019年，街道完成中华人民共和国成立70周年

1月29日，北新桥街道举办2019年新春联欢会（马天添摄）

庆祝活动安全保障，每日动员群防群治力量1822人次。深化扫黑除恶，动态摸排3个治安乱点、10个重点区域、30个重点商户。整治非法幼儿园2处，规范清真标识13处，检查非法行医5家，清理违法群租房、出租房198户。推进“雪亮工程”，整合监控570路，安装临时监控2路。加强安全生产监督管理，出动检查人员8096人次，检查生产经营单位4048家次，发现整改隐患2967处。协调6个区级部门改造升级北新仓社区、海运仓社区消防系统，申请改造资金1100万余元。建成综合应急救援站1个、600平方米。安装集中充电设备15处，为户籍老人100人安装消防报警器，为平房院落和简易楼配发灭火器300余个，绘制胡同消防疏散提示图集，涵盖12个社区79条胡同。对700余家辖区单位开展安全生产大培训，“新安守护之盾”安全教育基地开展宣传教育20余次、培训演练60余次。全年信访接待453批次、108件次、204人次，网上信访348批次、83件次、383人次，化解信访积案20件。加强社会矛盾纠纷化解，开展矛盾纠纷排查3551次，调解民间纠纷69件、成功69件、履行69件。

（苏益鑫）

【社区建设】2019年，街道完成12个社区换届选举，居民直选社区1个，户代表选举社区6个，居民代表选举社区5个，选举居民委员会主任12人、副主任24人、委员64人，平均投票率98.08%。完成社区 “一站多居” 合并工作。制订《北新桥街道“五彩梦 四季情”微公益合作社运作手册》《北新桥街道微公益合作社项目资金使用管理办法》，开展微公益合作社项目64个。与京演集团签订公共文化服务协议，为12个社区、33支社区文化团队提供群众文化指导450余次、2.46万人。开展新春联欢会、元宵灯会、合唱舞蹈大赛、摄影艺术展等文化活动，举办第三届街道文化节，组织文化活动50场、4000余人次，惠民文艺演出12场、3000余人次。开展“阅见北新”全民阅读活动140场、6000余人次；街道、社区图书馆有藏书3.2万余册，新增1500册；全年借阅书刊8621人次、2.24万册次。开展全民健身活动，组织健身操、冰蹴球、冰壶等专业知识培训6期、600人次，举办太极拳培训班60节、1万余人次。完善小巷管家“日巡、周查、月通报”机制，开展星级小巷管家季度评优，每季度评选五星小巷管家6人、四星12人、三星36人。

（苏益鑫）

【党建工作】2019年，街道工委加强党员干部管理，发展党员20人、转正党员7人。组织“不忘初心、牢记使命”主题教育，开展领导班子集中学习5天、带头讲党课11次、集中研讨4次、专题调研30余次、查摆问题152个、制订措施107条；理论中心组学习17次，基层党支部书记轮训4天，主题教育在地区133个基层党支部全覆盖。配合东城区委第五巡察组驻街巡查，开展巡查反馈意见落实整改，涉及街道整改措施121条、社区整改措施132条。运用监督执纪“第一种形态”约谈提醒12人次、教育批评4人次、诫勉谈话1人次。开展周末卫生大扫除38次、5600余人次参加，开展“最美新桥”大扫除挑战赛4次，清运垃圾杂物370余吨。挂牌成立街道党群服务中心，全年举办活动100余次，接待参观单位15家、240余人次。做实非公党建，摸排非公企业1883次，成立派驻型党组织79个、非公党支部5个。建设宣传阵地，发行《北新桥风采报》12期，发布政务微信331篇、微博3250条，上稿市级媒体93篇、区级媒体35篇，配合北京电视台录制《向前一步》2期、《牛爷串胡同》7期，成立街道宣讲队3支，开展各类宣讲活动13场、1300余人次。全年办理人大代表建议、政协提案4件，组织开展人大代表、政协委员联组活动、群众接待日活动18场、400余人次。完成12个社区联合工会换届，新增百人以上工会3家、独立工会5家、会员2125人，建设暖心驿站20家，惠及职工7000余人次。完成12个社区团组织换届工作，依托“海巢HOT · 社区青年汇”开展主题活动41场。

（苏益鑫）

【疏解整治促提升工作】2019年，北新桥街道“疏解整治促提升”任务量2972人次，完成疏解人口3173人，完成率达107%。其中拆除违法建设368处、8178.52平方米，疏解人口1373人次；违规“开墙打洞”封堵90处，疏解人口360人次；整治出租房、群租房198户，疏解人口718人次；直管公房居改商清理66户，涉及人口变化187人次；保障房配租配售122户，疏解人口303人次；完成青龙文化创新街区二期整治，完成19条背街小巷精细化提升，完成区域性专业市场提升，在东直门南小街18号楼建成便民综合体。

（苏益鑫）

【雍和宫大街环境综合整治】2019年，街道对雍和宫大街全段实施综合整治提升，恢复雍和宫大街“慢街素院、儒风禅韵、贤居雅巷、文旅客厅”历史风貌。实施建筑织补，拆除违法建设117处、4200余平方米，封堵违规“开墙打洞”57处，修缮老旧房屋266间，提升立面6900余平方米，翻建如意门、西洋门、随墙门等各类宅门41座。打造特色景观，建成儒道禅韵、宝泉匠心、翠帘低语等特色景观3处。优化交通组织，于大街北口新建非机动车道570平方米、人行步道400平方米、机非隔离带240米，拆除临街护栏1800余米，整体拓宽人行道1米以上。裁撤沿街箱体64个、杆体154根，设置“智慧道路设施综合杆”79根。使用旧砖55万块、旧瓦13万块，保持雍和宫大街原始风貌。

（苏益鑫）

东四街道

【概况】东四街道办事处是区政府派出机构。位于东城区东中部，东起东二环路西侧，南至朝内大街北侧，西依东四北大街，北到平安大街。面积1.53平方千米，有大街4条、胡同32条。设社区居委会7个，户籍人口1.7万户、4.58万人，常住人口约4万人，流动人口8790人，有回族、满族、蒙古族等少数民族22个，人口4500人。辖区有中央、市属单位91家，中、小学及幼儿园5所，医疗卫生机构23个，国家、市级文物保护单位3处，商务楼宇17座，个体经营户263个。机构设置8个，为综合保障办公室、党群工作办公室、社区建设办公室、民生保障办公室、社区平安办公室、城市管理办公室、纪工委（监察组）、综合执法队。公务员编制105人、实有100人；工勤编制4人、实有4人；事业单位4个，为党建服务中心、社区服务中心、政务服务中心、网格化服务管理中心，编制52人、实有41人。

2019年，街道开展“不忘初心、牢记使命”主题教育，完成中华人民共和国成立70周年服务保障任务，选派85人参加群众游行和联欢活动，街道、社区干部全员上岗，定时定点定人定责，共发动群防群治力量8.15万人次，15支巡防队日夜巡逻，完成各项服务保障任务。重点抓好城市治理和民生保障，坚持党建引领“吹哨报到”，全年吹哨 77 次，办结 63 件。拆违183处、8993.05平方米，封堵开墙打洞45处，均超额完成全年任务。为解决平房院居民夜间出行不便问题，安装太阳能灯424处。举办北京市首届“胡同菊花节”，东四六条“花友汇创意空间”成为北京市区级第一家被首都绿化委员会授牌的胡同“园林驿站”。在市级以上媒体刊载新闻219条。6月14日，东四街道宣讲员、金牌小巷管家金大钧走进人民大会堂进行宣讲。以金大钧为原型之一的电影《小巷管家》公映。东四街道被首都城市环境建设管理委员会评为首都环境样板单位。东四六条社区党委被评为东城区先进党组织。东四街道社区专员1人获第九届人民满意的公务员，2人获东城区优秀共产党员称号，1人被评为东城区优秀党务工作者。

（张春梅）

【城市管理】2019年，街道开展28条背街小巷精细化提升，整治恢复传统四合院门楼110个，为推进老城保护与更新打下基础。完成东四街道东四六条43号花友汇创意空间改造及仓南胡同12院北侧、东四八条59号东侧、豆瓣3号楼南侧共计698平方米小微休闲绿地改造提升。完成29条主次干路、支路胡同通信架空线入地管道建设。推动拆违向院内延伸，现场勘查整治院落并组织实施拆违整治。完成一般行政处罚案卷261卷，罚款64.85万元。探索平房区垃圾分类新模式，成立社区垃圾分类志愿服务队，辖区垃圾分类居民知晓率在90%以上，参与率在40%以上，厨余垃圾分出率在15%以上。推进平房区停车管理，11月开始推行区域联动、单停单行、停车入位、停车收费的平房区停车自治新模式，在东四九条打造辖区首条不停车胡同。提升“接诉即办”工作质量，在“12345”市民热线办理市级考核中，街道平均成绩87.15分，在全区街道中排名第六。重点监督检查扬尘治理、散煤治理、油烟治理、露天烧烤、工业企业治理5个方面，做好空气污染应急工作。建立环保巡查专业队伍，设立专职环保巡查员3人，全天候、全区域、全领域巡查辖区施工工地情况。配合区环保局开展第二次污染源普查行动，全面开展辖区内餐饮单位油烟情况排查，核实餐饮单位油烟净化设备情况。社区巡查员开展每月2次餐饮巡查，在定期巡查基础上，街道多部门开展环保联合巡查，针对小微工地、裸地治理等项目重点督查，形成日常看守与重点巡查相结合的闭环监管体系。

（张春梅）

【民生保障】2019年，街道升级改造养老驿站、养老照料中心设施，做好托底、扶助以及普惠老年人的服务保障。在北京市民族工作重点社区豆瓣社区建成全市第一家社区清真老年餐桌，解决社区60岁以上回族老人就餐问题。创新养老服务模式，为老年人设立专业养老管家，定期探望老人，随时提供居家养老服务；开展日间照料和短期照料服务，为辖区家庭减轻照料负担；开展家庭养老床位，让老人在家中也能享受到机构式的专业服务。发挥“暖心帮帮团”等公益性平台传帮带作用，常态化为社区孤寡及行动不便老人志愿服务80余次，服务860人次。提升“一刻钟社区便民生活服务圈”品质，整合优质生活性服务业资源，结合社区已有生活性服务业空间资源条件，引导建立蔬菜零售网点13个，辖区内有知名或网红生活服务类特色小店11家。深入构建宜居、品质生活服务空间，街道作为东城区里温馨家园托管试点，开展心理疏导等活动16场。开展双拥、优抚工作，建成东四街道、社区退役军人服务站。组织见义勇为人员赴河北疗养，开展以“民族和谐 共同筑建”为主题的民族日活动，做好住房保障和社会救助。完成东城区2019年已入住廉租实物配租家庭及转公租家庭资格年度复核工作共计124户。政务服务中心以“一门、一窗、一网、一次”改革为目标，立足本职，服务群众，登记失业人员就业468人，困难人员就业371人，城镇登记失业率控制在0.74%，用工单位建档115户，实现创业49人带动就业187人，“零就业家庭”动态保持为零。

（张春梅）

【社会治安综合治理】2019年，街道完成全国“两会”等重大安保活动期间社会面防控工作，累计发动各类群防群治力量14万余人次，出动各类执法力量4908人次。深入开展扫黑除恶专项斗争，完成中央督导组督导检查的各项工作。街道网上注册志愿者3672人，占地区人口总数的8%。加强对违法群租房的宣传和治理，做好特殊人群服务管理，加强向日葵工作站建设，推动对吸毒人员服务管理。开展21次禁毒宣传活动，组织禁毒宣传及讲座13次，涉及宣传群众6000余人。开展“5·12”防灾减灾日、安全生产月等安全宣教活动，持续开展可燃物清理活动。针对辖区52处有限空间开展安全普查，建立工作台账，强化对有限空间作业的安全监管。完成高风险电梯安全治理。对图书、报刊存储经营场所开展消防安全专项整治。完成102家辖区规模以下企业安全风险评估及业务培训工作。完成247家小微企业隐患排查治理信息系统推广应用。持续推进电动自行车库（棚）和充电设施建设力度，降低火灾风险。对辖区100余户鳏寡孤独家庭以及国庆行车路线周边300余户家庭开展燃气灶具检测，查排安全隐患。完成兵役登记核验，东四地区适龄青年兵役登记率100%。加强对用人单位执法巡查，走访建档156户，及时纠正用人单位违法行为，解决劳资纠纷14人，追讨工资5.6万余元。

（张春梅）

2月3日，东四街道举办第十一届报春活动（郝飞摄）

【社区建设】2019年，街道完成第十届社区居委会换届选举，户代表选举参选率达99%，选举满意率为97%；居民代表选举参选率达95%，选举满意率为96%。依法选举产生新一届居委会组成人员57人、社区常务会成员105人。建立社区全响应服务机制，调整社区办公时间，以轮班、预约等形式，不间断、全响应服务社区居民。深化体制机制创新，推进“一站多居”服务站运行模式试点，合并东四七条和东四八条社区服务站，为2个社区居民办理相关事务。2019年开展周末卫生大扫除45次，志愿者约7000人次参与。在“美丽东城 环境清洁挑战赛”中，东四二条社区获最佳人气奖，东四四条61号中院获最佳人文奖。创新文化传承形式，举办第十一届“春燕归来落东四 金猪纳福报春来”主题“报春”活动，第十二届“忆家训、谈家风、促和谐”清明节主题教育活动，第七届胡同迷你马拉松活动，第七届奥林匹克社区全民健身健步行活动，活跃居民文化生活。

（张春梅）

【党建工作】2019年，街道工委推进“不忘初心、牢记使命”主题教育，充实街道、社区党建协调委员会成员单位，完善议事规则，建立联络员制度，61家成员单位党组织参与社区建设中。注重弘扬主旋律，先后挖掘“北京榜样”周榜人物、文化志愿者等典型人物10余人，以及花友汇、暖心帮帮团、守望岗等优秀社区组织10余个。开展“志愿服务 温暖东城——孙茂芳志愿服务队进楼宇”主题活动11场。举办“其乐融融”线上线下家庭教育12场。属地团建单位同仁堂、中信银行等选派青年志愿者116人参与国庆期间志愿服务，青年志愿者100余人参与重点社区志愿服务。深入开展社区党建“三亮”活动，制作7个社区党委党建标牌，增添党建元素。新建中共东四街道松乔联合支部委员会，督促指导6个“两新”党组织完成换届工作。深化“双报到”工作，动员61家单位党组织、党员1535人报到，参与社区各类活动。发展党员11人。北京协作者社会工作发展中心被评为北京市非公有制经济组织党建示范单位，东四街道商会联合党委党员驿站被评为市级党员驿站示范点。街道拍摄的《荡涤尘埃花自来》，在北京市党员教育电视片观摩交流活动中被评为三等奖。以东四二条社区党员为原型拍摄的《小巷管家》在全国公映。

（张春梅）

【疏解整治促提升工作】4月16日，东四街道召开2019年度拆违封堵工作部署会，针对辖区25个整治街巷369个工作点位，设置8个工作组，每个工作组由处级领导任组长，社区专员和街道社区干部为成员，共同开展拆违封堵治理工作。突出历史文化街区特点，实现街巷风貌保护和环境秩序品质双提升。重点打造东四九条精品街巷，修复旧城胡同居住区传统风貌，关注民生需求，打造宜居社区；发动社区居民参与历史街巷环境维护，开展院内环境议事协商会，制订小院公约，以共建精品花园，共享美丽家园为目标，引导居民利用拆除违建之后的空间种植葫芦、花草等绿植，打造“福禄巷”等微景观15处、街心公园4处，举办树木认养挂牌活动，认养树木182株；以社区干部和辖区在职党员为主体开展周末卫生大扫除。全年共拆除市级挂账违法建设183处、8993.05平方米，完成封堵违规开墙打洞45处，疏解人口2316人，完成全年工作任务的144%。

（张春梅）

朝阳门街道

【概况】朝阳门街道办事处是区政府派出机构。位于东城区东中部，东起朝阳门南大街，南至干面胡同、禄米仓胡同，西依东四南大街，北到朝阳门内大街。面积1.24平方千米，有主要大街4条、胡同23条。设社区居委会9个，户籍人口1.5万户、4.4万人，常住人口5.1万人，外来人口7000人。有回族、满族、壮族、蒙古族、朝鲜族等5个少数民族，人口2810人。辖区驻有中央机构编制委员会办公室、国务院新闻办公室、国务院发展研究中心等重点单位，北京市方圆公证处、北京市广播电视局等市属单位。主要商业区为东四南大街，朝阳门SOHO、三友商场等100余个商业网点。有医院、大专院校各1所，北京二中和史家胡同小学等中小学校6所，幼儿园1所。机构设置8个：综合保障办公室、党群工作办公室、社区建设办公室、民生保障办公室、社区平安办公室、城市管理办公室、纪工委（监察组）和综合执法队。公务员编制86人、实有81人；工勤编制2人、实有2人；事业单位4个，编制53人、实有42人；行政执法专项编制19人、实有18人；社区书记公务员1人（单独编制）。

2019年，完成中华人民共和国成立70周年庆祝活动等重大活动服务保障任务。开展“不忘初心、牢记使命”主题教育。完成党建服务中心建设并向党员群众开放，“党建四Hé院”品牌落地。推进精神文明建设，前拐棒、新鲜、东花厅3条胡同获得首都文明街巷称号。推进2019年度全国文明城区创建。2个社区被评为东城区首批新时代文明实践站。“小啄木鸟”活动荣获首都未成年人思想道德建设创新案例提名奖。深化党建引领物业服务企业参与社会治理，完成朝内大街216-218号老旧小区试点改造任务，制订《朝阳门街道物业党建联盟工作方案》。组织街道党员干部开展定时定点垃圾分类指导工作。“吹哨报到”成效巩固，共吹哨28次。解决演乐胡同86号院污水井堵塞问题，被北京电视台作为及时解决群众身边问题的典型案例全程报道。“接诉即办”工作共接件1586件，解决一大批物业管理、环境卫生、交通停车等方面问题。（张心雅）

【城市管理】2019年，街道完成对地区191家用水单位的核查，发放年度用水指标。开展“建设节水城市，推进绿色发展”为主题的第二十八届全国城市节约用水宣传周活动，共发放宣传手册及口袋810个，桌布810条，张贴宣传海报60张。组织街道和社区级河长开展河湖（街巷）巡查工作，定期登录“北京河长”APP，协调解决市、区河长制办公室发布的督办事项，在汛期前和汛期中共清掏雨水篦子302个。与地区人防工程使用人签署《人民防空工程安全生产综合责任书》《人防工程消防安全承诺书》。定期专人巡检各人防设施，保证重点日期和汛期安全。汛期前，对排查出存在危险隐患的86棵树木进行摘帽修剪。完成美国白蛾防控。做好国庆70周年环境保障及地区各类市政基础设施运行维护，开展水电气热及市政基础设施巡查。

（张心雅）

【民生保障】2019年，街道完成保障性住房资格复审537户；公租房新申请备案90户，市场租房补贴新申请备案20户，公租房补贴新申请备案18户。辖区239户、395人享受低保，累计发放最低生活保障金含物价补贴587.9万元；为419人次生活困难人员进行医疗救助，累计发放救助款100.93万元。开展大学生教育救助2人9000元；大二、大三学生教育救助3人，共3000元。办理老年证63张，发放照护补贴89.86万元、养老助残补贴174万元、90岁以上老人津贴28.64万元、养老服务补贴2.32万元、失能老人护理补贴12.04万元、高龄老人津贴22.32万元，报销95岁以上老人药费3.34万元。开展春风送暖活动捐赠衣物93包、2888件；“冬衣送暖”活动，募集衣被154包、3000余件。为41户失独家庭发放节日慰问金8.58万元，入户走访9户失独家庭。落实暖心计划，发放扶助卡123张，暖心卡54张。办理慈善卡救助33人，1.42万元；为散居孤儿1人发放生活费2.16万元；为政府托底保障老人建立档案177人次，为15户特困家庭发放生活费约36.1万元，报销药费约1.7万元。为残疾人340人发放生活、护理补贴约165.94万元，享受残疾人生活补贴133人、护理补贴207人。完成就业年龄段残疾人520人职业能力测评，开展指导性就业培训6次，个别化培训10次，兴趣培训5班次，开展企业就业跟踪服务300余次，帮助残疾人13人再就业，帮助智力、精神残疾人4人实现支持性就业，帮助残疾人8人实现灵活就业，帮助残疾人1人完成创业初期准备。为10户困难残疾人家庭申请居家助残服务，为入住福利机构残疾人1人申请补贴，发放残疾人个体保险补贴101人115.91万元，转移合并助残券发放153人。发放残疾人辅助器具833件，举办精准康复培训活动8次，惠及270人次，为中、重度肢体残疾24人申请到免费精准居家康复服务。实现就业99人，接收失业档案115份，为失业人员55人办理灵活就业享受社会保险补贴手续，为有求职意愿的失业人员16人提供职业指导服务。空岗信息采集1429条，帮助困难人员78人实现就业，实现创业10人，带动就业28人。

（张心雅）

【社会治安综合治理】2019年，街道完成各重点时期、重大活动期间、节假日期间安全保障工作，累计发动居民和社会单位志愿者6万余人次。开展扫黑除恶专项斗争联合执法行动4次。组织民兵守桥6次，累计发动民兵300余人次，完成年度征兵2人。强化科技创安手段，利用"雪亮工程"搭建辖区治安防护网络，新安装监控探头16处，维护191处。清理非法群租房55户，涉及人口230人。完成多合一场所动态清零。开展"七五"普法宣传，调处民事纠纷187起。开展反邪教文艺演出10次，制作展板180块。办理452批次群众信访件，办结上级交办信访积案8件，其中1件由市信访办征集作为化解典型成功案例。安全生产检查各类单位4170家次，排查隐患3730处，开具限期整改责任书839份。投保企业安责险108家，超额完成年度任务。为60岁及以上家庭安装独立烟感报警器500个，安装电动车充电桩93个，安装充电柜159个。排查民用石油液化气罐3500余个，排查电动车4400余辆，开展消防应急演练和培训活动20次，覆盖人员3500余人次。清理可燃物120余车，督促企业签订"三自"场所消防安全承诺书120份。购买656个灭火器分发至各社区。完成辖区5283辆电动自行车核发临时号牌工作，清理辖区内"僵尸车"20辆。围绕打击非法集资、国家安全日、安全生产月、烟花爆竹禁放、信访宣传日、禁毒、征兵、防灾应急、依法养犬、普法等活动开展集中宣传咨询50余次，参与居民和社会单位职工超过3.2万余人次，发放和张贴宣传材料5万余份，签订烟花爆竹禁放承诺书1200余份。

（张心雅）

【社区建设】选举产生社区居委会成员71人。组织30项社区邻里节活动，参与活动1070人。开展社区工作者能力建设项目，全覆盖培训10场，共计40学时。组织社区书记及相关居委会主任参加"凝聚社会力量，反哺志愿服务"一刻公益志愿反哺体系主题分享沙龙活动。培育孵化朝阳门文明养鸽自治管理服务队。组织开展"联众家园筑享计划"朝阳门街道社区公益微创投项目2.0。指导朝西社区成立北京市首家社区专项基金。升级改造朝阳门文化生活馆。完成社区文化空间演乐弘艺坊的前期筹备、开放空间讨论、空间维修及启动。史家胡同博物馆建立语音导览系统，社区志愿服务团队为公众提供公益讲解200余场，团体接待服务90余场。举办2019年朝阳门街道群众文化展演季活动，开展民乐、评剧、舞蹈、声乐等社区专场演出9场。举办"唱回青春·为爱点赞"朝阳门街道社区公益合唱节，社区公益大使15人及参赛选手300余人参与。史家胡同博物馆举办"名城青苗"读书会系列"北京·中轴线上的城市""梁诚与游美学务处"讲座，开展"中国原创儿童绘本插画展""对话童年展"。举办非遗项目"传统曲艺进社区"活动。组织"印象朝阳门——时光留影·朝阳门南小街"摄影展。举办"和谐杯"乒乓球比赛、社区健步行、扑克牌比赛、社区趣味运动会、"激情冰雪相约冬奥——朝阳门街道助力2022年北京冬季奥运会"主题活动。

（张心雅）

【党建工作】街道不断推进"双报到"工作，常态化开展周末大扫除活动40余次，4798人次参与。推进朝内大街216-218号院党建引领居民自管会和物业服务企业参与社区治理试点项目。做好下辖7个非公企业党组织按期换届，建立换届工作台账。组建朝阳门街道商务楼宇党支部。开展党员全员轮训工作，覆盖1100余人次。

9月12日，朝阳门街道开展"我和我的祖国"快闪活动（朝阳门街道提供）

订阅党刊690余册，完成一部党员电教片拍摄，丰富党员教育视频资源。新发展预备党员12人。开展“党员E先锋”系统专题培训。2019年共招录机关干部10人。完成面向优秀社区书记公务员招录。稳步推进职级并行。持续开展红色讲坛、百姓宣讲、和谐邻里文化节活动。张贴“公筷行动”“光盘行动”等公益海报1000余份。完成街道和社区两级妇联换届选举，开展“寻找身边的感动”“寻找身边的记忆——绘画祖国70年的变化”“非你不可 2019要有你”——贫困母亲就业技能培训等。加强团的基层建设，完成街道和社区团委换届。2019年累计开展各类志愿服务20余次，累计参与志愿者800余人次。建设朝阳门街道侨联志愿服务队，参与各类服务活动志愿者共计100余人次。加强新社会阶层人士组织建设，获得东城区新阶层人士统战工作示范点荣誉称号。完成13人为期7天赴台参访交流活动，接待高雄市木棉花合唱团和“第三届两岸大学生新媒体研习营”胡同采风。邀请区台办主任到街道开展台海形势座谈会。加强街道商会联合党委建设，商会联合党委获东城区工商联推荐为市工商联党建示范单位。

（张心雅）

【疏解整治促提升工作】2019年，街道累计完成涉及人口变化任务1475人，完成总体任务的118.76%。拆除违法建设4313.88平方米，疏解681人。完成拆违任务的107.8%。占道经营整治完成全年计划任务。保障房配租配售150人，完成总体任务的107.1%。群租房治理324人，完成总体任务的233.1%。竣工项目清理2处95人，完成总任务的118.8%。完成背街小巷精细化提升17条，重点打造示范类街巷新鲜胡同，形成具有地区特色的胡同景观。完成南竹竿和大方家社区等8条达标类胡同的违建拆除、留白增绿和设施完善任务。对8条问题导向类胡同开展集中治理，优化环境秩序。

（张心雅）

建国门街道

【概况】建国门街道办事处是区政府派出机构。位于东城区东中部，东起二环路与朝阳区建外街道相接，南至明城墙外、北京站与东花市街道为邻，西依崇雍大街与东华门街道毗连，北至干面胡同、禄米仓胡同与朝阳门街道接壤。面积2.66平方千米，有主要大街8条，胡同72条。设社区居委会9个，户籍人口2.01万户、5.69万人，常住人口3.6万人，流动人口1.16万人，有回族、满族、蒙古族等少数民族，人口2000余人。大型商务楼宇28栋，学校8所，医院4家。有古观象台、智化寺等国家级文物保护单位3个，区级文物保护单位8个。设综合保障办公室、党群工作办公室、社区建设办公室、民生保障办公室、社区平安办公室、城市管理办公室、纪工委（监察组）和综合执法队。公务员编制157人、实有145人，工勤编制5人、实有4人，事业单位4个，编制64人、实有50人。

2019年，街道组织实施“不忘初心、牢记使命”主题教育，开展理论宣讲42场。创新搭建“四个服务”新平台，探索党建引领多元共治解决老旧小区失管难题新路径。做好“疏整促”、“接诉即办”、垃圾分类、停车管理等工作，构建“一网一站多中心”垃圾分类综合体系（一网即垃圾排放登记系统，一站即大件垃圾资源化就地处理站，多中心即布局多种形式投放收集终端），倡导居民做到自主参与、源头分类、垃圾减量。完成全国和市“两会”、中华人民共和国成立70周年等重大活动的安保维稳任务。开展立春文化节、彩虹文化节、京剧演出、清明诗会、古香古韵话端午、公益编织节、全民健身周等系列活动。各项重点工作和特色活动获中央、市、区级各类媒体宣传报道492次，向《东城资讯》报送新闻线索104条、拍摄70条；累计发布新浪微博1136条；发布头条号文章87篇；发布微信公众号文章392篇；“七彩建国门”抖音号录制发布6条短视频；编发《建国门生活》报20期。

（赵丹琦）

【城市管理】2019年，街道开展周末大扫除41次，参与党员962人，带动居民共同消除卫生死角、安全隐患。做好园林绿化、树木修剪及病虫害防治管理工作，排查汛期、大风等极端天气下危险树木安全隐患，及时处理辖区内枯树、危树6次。做好大气污染防治，修订《2019年建国门街道空气重污染应急预案》，制订《2019年建国门街道进一步强化大气污染防治工作方案》。引入第三方对污染源开展动态监测，从源头削减污染物排放。对胡同路面开展多频次深度保洁，减少路面降尘量。落实油烟治理，完成第二次全国污染源普查工作，共计普查餐饮单位270家、医疗单位47家。升级改造餐饮废弃净化器设备，深度改造餐饮单位油烟排放156家。加强环境秩序管控执法力度，环境类执法立案137起，罚款7.55万元。完成289家煤改电报销，上报辖区新增煤改电工程28户。完成次支路房屋征收项目后椅子胡同房屋拆除。开展全域路网交通整治，7条胡同实行单向通行，规划胡同停车位1101个。全年拆除违建1.13万平方米，封堵开墙打洞10处。利用长期闲置的拆迁滞留地在东城区率先建立了大件垃圾资源化就地处理站，构建全流程、全品类覆盖的垃圾分类综合体系，打造“无废街道”，推动绿色生态岛项目前期规划设计。做好防汛，完成防汛应急处置工作。对全地区26

座商务楼宇进行全面梳理，实现一楼一档一负责人。以非公党建“两覆盖”为抓手，通过一企一册台账的动态更新实时掌握20座重点商务楼宇内企业现状。邀请辖区内楼宇企业代表近300人共同参与建国门地区楼宇联盟成立仪式，推进与楼宇企业的交流沟通。走访北京荷华明城实业有限公司、中粮农业产业管理服务有限公司、北京光华长安大厦、北京富华金宝中心有限公司、中国妇女活动中心等28户重点纳税企业，加强对辖区企业的服务。

（赵丹琦）

【民生保障】2019年，街道扎实开展城乡低保、特困供养等工作，做好新申请对象受理审批和撤保对象停保，每月按时发放低保金和特困供养生活费及照料费。建立困难群众救助服务所，开展东城区精准救助服务政购项目，精准帮扶10户家庭。协助残疾人1856人在网上平台申请辅助器具5268件，组织残障朋友参加区、街残联举办的就业招聘会3次，岗位推荐10余次。开展就业技能培训1204人次。举办模拟法庭2次，法律咨询54人，受益284人次。上门服务、出行陪伴、事项代办、融合活动服务约6403人次。完成申领东城区困难残疾人生活补贴和重度残疾人护理补贴663人、18.33万元。组织开展走访慰问困难残疾人家庭200余户，发放慰问金、慰问品13万余元。开展促进无障碍环境建设2019—2021年行动，残疾人温馨家园全年服务1.04万余人次。完成街道残联组织改革。完成126户公租房、公租补贴、市场租房补贴新申请，发放保障房申请家庭选房通知单13份。公租房补贴年度审核254户，开展廉租房实物年度复审78户，市场租房补贴新签合同15户，续签合同4户。完成公租房快速配租24户。为“失独”老人3人办理公园年票，为失独人员46人订阅《法制晚报》，组织失独人员43人参加体检；元旦、春节慰问在册“失独”家庭68人、6.8万元；“五一”、国庆节慰问失独家庭146人、发放慰问金3.72万元。复核一孩生育登记248例，审核二孩生育登记101例，办理再生育10例，办理流动人口生育登记20人；独生子女死亡家庭特别扶助7人；独生子女年老时一次性奖励177人；审核上报新生儿数据422条，办理流动人口协查120余人，组织社区主任、书记全员系统培训2次。举办早教课16次，惠及地区幼儿280余人。完成13对夫妻孕前优生健康检查，发放叶酸10人。完成非本市户籍适龄儿童少年入学审核。开展预防结核病、麻疹等慢性疾病的宣传。组织居民55人参加东城区健康生活方式指导员培训。受理讨薪案件3起，涉及51人，涉及金额50.4万元，经调解结案3起；开展并完成2019年北京市薪酬调查，提交24家企业薪酬数据。

（赵丹琦）

【社会治安综合治理】2019年，街道完成出租房安全检查1879户，处理“12345”举报件78件，联合社区民警、治保主任、流管员及平房物业等工作人员开展非法出租房屋联合清理整治专项行动50余次，出动检查人员800余人，治安拘留非法转租承租人4人。张贴发放宣传材料、悬挂横幅标语、安装警示牌2000余条。组织开展净化行动和夏季攻势专项整治行动，突出院区、站区、拆迁滞留区以及医疗、民生2个领域。会同建国门派出所、北京站派出所严厉惩罚号贩子，联合城管执法队开展对黑车、黑摩的、无照游商等秩序乱象的清理整治，深入开展群租、日租房治理。全国“两会”期间启动社会面一级超常规防控16天，部署“守望岗”治安志愿者执勤1.1万小时；“一带一路”高峰论坛期间启动社会面一级超常规防控6天，“守望岗”治安志愿者执勤3681个小时；亚洲文明对话大会期间启动社会面一级超常规防控3天，“守望岗”治安志愿者执勤近3000小时；中华人民共和国成立70周年庆祝活动期间启动社会面一级超常规防控18天，确保街道、社区干部389人逐人、逐点、逐岗明确任务分工，层层压实责任，建立、完善四类14项重点工作台账，安排专人入户走访鳏寡孤独等特殊群体372人，完成地区9个卡口的值守任务，将从机关和社区抽调的干部168人以及区直机关工委支援干部52人按职责落实到岗并做好后勤

5月27日，台湾里民参访团参观建国门街道社区服务中心（陈青青摄）

12月2日，建国门街道第六届公益编织节闭幕式（陈硕摄）

保障；部署民兵、保安对辖区7个地下通道、3个过街天桥、长安街沿线纵深50米的井盖进行24小时看护，成立由保安人员60人组成的社区夜间巡逻队开展地区夜间巡查，对辖区50余户养鸽爱好者逐户进行禁飞宣传。登记录入信访事项87件，其中来访98件次、127批次、185人次，网信30件、36人次。及时受理率和按期办结率均为100%。集体访1件次、5人次。处级领导干部参加接访45件次、40批次、56人次。开展各类矛盾排查18次，发现苗头2起，化解3起，化解率100%。

（赵丹琦）

【社区建设】街道完成第十届社区居民委员会换届选举，9个社区共有选民4630人参加正式投票，居委会成员本土化率达到40.6%。实施自治自管类社区社会组织培育项目，完成5个地区调研工作，入户调研2005户；成功孵化赵家楼社区2、3、4号楼代理院委会、苏州社区停车秩序引导队；完成金北社区朝内南小街16号楼、大雅宝社区南小街18号楼自治组织成员动员、招募、选举。通过联动社会力量，引进社会组织进行地区服务，接待、链接资源30余次。合并成立赵家楼片区综合服务站，梳理出服务居民事项48项，服务辖区居民4754户，人数1.42万人。举办第十三届立春文化节和第八届彩虹文化节，街道与文化共建单位北京文博交流馆（智化寺）合作，在文博馆内举办迎接中华人民共和国成立70周年京剧演出活动，吸引观众100余人；举办“继承革命先烈遗志 弘扬爱国主义精神”主题清明诗会，80余人参加；在火烧赵家楼遗址，以话剧形式再现爱国主义情怀；在国家级文物单位古观象台举办“古香古韵话端午”活动，驻地单位、地区居民、志愿者代表150余人参加；在清明节、“五四”青年节、端午节期间，均组织各种主题活动。西总布社区文化活动中心（北极阁三条22号）装修完毕，作为北京市首批历史建筑之一，将公共文化服务与古建利用相结合，突出地区文化底蕴。免费开展寒假托管班、书法国画体验班、机器人训练营公益课等服务，惠及地区学生80余人；开展戏剧体验进社区项目，提供10余次公益性魔术戏剧、戏剧教育、沉浸式戏剧体验等服务，服务居民500余人次。开展冰上体验活动，组织冰雪运动爱好者30余人到天坛体育中心滑冰场参与滑冰体验活动；开展“冬奥大讲堂”，辖区社区工作者120人参加。各社区全年组织开展冰雪讲座共计20余场，500余人参与活动。举办喜迎“国庆70周年”居民趣味运动会，来自9个社区21个社会组织成员170余人报名参赛。举办建国门地区第十二届“和谐杯”乒乓球比赛暨2019年北京市“东奥杯”建国门地区乒乓球分站赛活动，累计参加2021人次。举办建国门地区第一届电竞比赛，累计170人次参赛。开展首届建国门街道社工五子棋比赛，累计参与人次100余人。

（赵丹琦）

【党建工作】2019年，街道工委开展理论中心组（扩大）学习25次，举办理论宣讲活动42场，累计吸引1705人听课。开发、使用微信小程序，举办“红色建国门”线上答题挑战赛，辖区党员群众2000余人参与。结集印制200册反映改革开放40年来街道发展变迁的《建国门街道改革开放40周年图文集》和1000册记录街道党员干部“初心使命”感悟的《使命集》。分3批次组织地区党员群众290人参观中华人民共和国成立70周年大型成就展；组织地区党员群众350人参观中华人民共和国成立70周年主题彩车展；开展中华人民共和国成立70周年主题征文活动，累计征集文章65篇；各基层党委组织开展“昂首70载 奋进新东城”主题参观寻访活动，先后组织400余人参观各级各类爱国主义教育基地；组织街道工委中心组（扩大）成员40余人参观香山革命纪念地，先后组织地区党员群众近5000人观看主旋律影片；新增中国海关博物馆、中国妇女儿童博物馆2个全国爱国主义教育示范基地。指导71家非公企业工会预决算，对95家非公企业工会进行年度工会经费审计并明确整改内容。开展企业沟通会6场次、职工沟通会43场次。开展国庆城市志愿服务，城市志愿者累计上岗174人次，累计服务群众人数超过2万人次。开展“冬日送温暖活动”，向9个社区的困境青少年配发帮扶物资，累计服务青少年150余人次。向辖区困难单亲母亲7人送达慰问信及3500元慰问金。接待3批台湾参访团，组织干部群众赴台考察学习1次。建国门街道商会会员新增至47个。组织会员企业参与采购东城区对口帮扶地区产品，累计消费6000元。

（赵丹琦）

【疏解整治促提升工作】2019年，街道完成63条背街小巷提升整治工作，完成苏州胡同3栋楼粉刷和崇雍大街（建国门段）整治提升工程，拆除违建1.13万平方米，封堵开墙打洞10处，整治无证无照经营9户，清理占道经营4处、直管公房居改商46户，完成出租房安全检查1879户，整治非法出租房屋117处、床铺648套，累计影响人口3779人，完成全年任务121.9%。开展全域路网交通整治，对胡同进行整体规划设计，完善停车标志标识，7条胡同实行单侧通行。推进苏州胡同、崇内片区交通秩序治理，建设3座立体停车设施，规划胡同停车位1101个，打造全市首个差异化停车收费管理片区。次支路征收项目取得阶段性进展，后椅子胡同房屋拆除工作全部完成。

（赵丹琦）

【构建垃圾分类综合体系】作为东城区垃圾分类示范片区创建单位，建国门街道2019年对标对表创建标准，构建“一网一站多中心”的垃圾分类综合体系，倡导居民做到自主参与、源头分类、垃圾减量。一网，即垃圾排放登记系统，通过对小区垃圾桶、垃圾楼、转运车辆加装身份识别和称重计量设备，利用信息化数据传输、物联网技术应用以及信息采集平台，实现对垃圾产生主体的全流程监管，实时监测分类效果、统计排放量，为地区垃圾分类精细化管理提供支撑；一站，即大件垃圾（资源化）就地处理站。街道利用长期闲置的拆迁滞留地引入可移动式破碎处理线，建设大件垃圾（资源化）就地处理站，有效降低运输难度和处理成本，处理后产生的木屑、铁屑等实现资源化利用；多中心，即布局多种形式投放收集终端，因地制宜采取有人值守的垃圾分类驿站、撤桶撤站的流动收集、提前预约上门回收、引导建国门地区垃圾分类注册户数1.28万户，有组长2人、监督员4人、分类指导员63人。日产垃圾量近42吨，其中厨余垃圾量约6吨，再生资源约3吨，垃圾分类居民知晓率98%、参与率48.07%，厨余垃圾分出率15%。

（赵丹琦）

【深入推进扶贫协作】2019年，街道走访内蒙古自治区乌兰察布市化德县白音特拉乡、河北省张家口市崇礼区清三营乡，在推动原有6家合作企业深化产业帮扶的基础上，助力北京新职业技能培训产业联盟、北京民教信息科学研究院两家辖区内重点企业与贫困村成功对接。8月，建国门街道分别与化德县白音特拉乡、崇礼区清三营乡签署项目帮扶协议书。协议签订后，为白音特拉乡捐赠资金18万元，其中10万元用于内蒙古弘毅食品有限公司受援项目，8万元设置公益岗位；为清三营乡捐赠资金10万元，用于祥雨龙养殖专业合作社扶贫项目，惠及建档立卡贫困人口125人。

（赵丹琦）

东直门街道

【概况】东直门街道是东城区人民政府派出机构，位于东城区东部偏北、东二环路以东。东以春秀路、工体西路为界，与朝阳区三里屯街道相接；南以潘家坡胡同、吉市口八条北侧为界，与朝阳区朝外街道交界；北以香河园北街、柳芳南里为界，与朝阳区左家庄街道、和平街街道相接；西以东二环路为界，与东城区东四街道、北新桥街道相邻。辖区面积2.2平方千米，街道5条，胡同20个。设10个社区居委会，户籍人口1.88万户5.29万人，常住人口1.76万户4.74万人，流动人口3371户1.22万人。有回族、满族和蒙古族等少数民族21个，人口3756人。驻区中央单位7个，市属单位7个。有大学1所、中学3所、小学4所及幼儿园2所，医疗卫生机构5个，清真寺1座。街道内设综合保障办公室、党群工作办公室、社区建设办公室、民生保障办公室、社区平安办公室、城市管理办公室、纪工委（监察组）、街道城管执法队及党建服务中心、社区服务中心、政务服务中心、网格化服务管理中心。公务员编制109人、实有99人，工勤编制3人、实有3人；事业单位4个，编制56人、实有52人。

2019年，街道以科学发展观为指导，以城市精细化管理和作风建设为重点，扎实推进地区经济、文化建设，创新社会治理和社会服务，全力维护地区安全稳定，不断提高各项工作科学化水平。高效解决“12345”接诉即办件，协助处理“未诉即办”案件268件。疏解涉及人口2484人，完成率132.55%。街道登记失业人员实现就业483人；城镇登记失业率0.69%；困难人员就业110人；实现创业32人，带动就业80人。推动辖区非公有制企业和30人以下小型企业劳动合同签订工作，各类企业劳动合同签订率达到98%。组织党员参与“共产党员献爱心”活动，收到爱心款总计1.9万元。在建党98周年表彰大会上，评选先进基层党组织5个、共驻共建先进党组织6个，表彰优秀党员33人、优秀党务工作者33人。街道被评为首都环境建设样板单位，2019年首都绿化美化先进单位，北京市离退休干部先进集体。

（马存智）

【城市管理】2019年，开展道路停车综合治理、电子收费停车、老旧小区停车管理，开放王家园胡同、新中街、东中街等停车路段，协调东环广场地下停车场、新中西里20-22号简易楼腾退项目原址，全年共增加停车位356个。环境整治提升中，23条背街小巷有21条通过市级验收，其他2条街巷已完成验收材料申报工作，2019年涉及的4条街巷和1个项目的环境整治提升工作工程已全部完工并进入验收阶段。完成年度PM2.5、TSP浓度、降尘量控制指标任务。街道综合执法队总计出动68车次，170余人次，街道大物业2210人次和车次、洒水车102车次，对街道平房区和街道自管道路洒水153吨；对102家餐饮业单位油烟排放进行改造升级；保障全年4次重要活动期间空气质量。落实河长巡河制度，河长每周至少巡河1次，将垃圾乱倒、污水直排、违法建设作为巡河重点。加大联合执法力度，通过联合城管、食药、工商等部门对河湖进行联合执法，有效遏制违法行为。共计报送河长制巡查信息14篇，联合执法2次，劝导钓鱼、打牌等行为10余次，组织施工单位对亮马河东直门段受污染水体进行维护治理。拆除违法建筑68处，面积4519.72平方米，完成率119.86%。东直门街道2018—2019年度煤改电工作共涉及4个社区128户居民，补发10.05万元。开展“国防教育日”活动，向居民普及防空防灾和应急避险知识，完成辖区49家企业人防工程安全生产综合责任书签署；配合区人防对本单位设备完成定期检测。街道辖区划分为6个街区，每个街区由副处级领导1人担任街区长，由分管部门干部担任网格长，及时掌握网格内案件情况。动态追踪高发问题和疑难问题，与处置部门、社区共同研讨处置方案。结合网格发案情况、规律进行分析研讨，形成预警方案，与社区联动排查，将问题解决在萌芽状态。街道以政府购买服务方式，选聘专业物业公司，直接负责城市治理问题的发现、处置和防范。

（马存智）

【民生保障】2019年，东直门街道有低保户335户，享受低保人数557人，至5月底申报审批新增低保4户4人，停发14户18人；共发放低保金935.19万元；发放医疗救助142人次、救助资金62.66万元；为困难人员申请临时救助33人次、发放救助金11.66万元，为低保人员办理清洁能源自采暖补贴72户，发放9.26万元；为因病致贫人员申请慈善救助8人次，发放21.8万元；发放应急救助资金16人次、3.2万元；“冬日暖阳”慈善捐衣活动中，共捐各类棉衣1252件。办理残疾证145人，办理就业保险133人，核算和补发残疾人生活补贴2009人次，发放金额93.61万元，核算和补发残疾人护理补贴5037人次，发放金额68.16万元。有扶助老人195人、托底老人18人享受每月300元、500元的居家照护服务补贴，累计发放2119人次、67.51万元。为义务兵2人发放优待金10.07万元；为优抚对象365人发放伤残抚恤金63.52万元；为伤残军人2人累计发放伤残护理费7.62万元；为地退人员16人累计发放养老金84.56万元。街道公租房资格备案家庭991户，其中已入住公租房家庭289户。办理生育登记399例，其中一孩登记248例，二孩登记151例。发放独生子女父母一次性奖励15万元，发放特扶家庭一次性经济帮助12万元，办理新生儿出生上报378人，39对夫妇参加免费孕前优生健康检查。全年开展亲子活动近60次。稳步推进居家养老服务，与辖区3家养老服务驿站签订合同，为辖区老人提供呼叫服务、日间照料、助餐服务、健康指导、文化娱乐、心理慰藉六大服务，驿站共为辖区托底、扶助保障人群提供精神慰藉2360余人次，保洁1259人次，理发511人次，保健按摩2323人次，修脚服务585人次，理疗服务9600人次，就餐服务2.18万余人次，文化娱乐服务4681人次，义诊服务318人次。街道出资完成养老院硬件设施改造和环境提升，升级后的养老院共有房间17间，可容纳50人入住。2019年，街道在册79支志愿者团队，共有志愿者6036人，开展志愿者服务项目56个，累计服务时长达5.65万小时，被服务人数达2万余人次，4个项目被区里评为优秀项目。开展人力资源市场整顿、工地普查等专项执法4次，检查企业150家；日常巡查各类企业150户，涉及职工1500人；调解劳动纠纷30件；处理群体性讨薪事件38起，涉及农民工50人，追回劳动报酬15万元；开展企业薪酬调查4次，共28家；完成28家企业的劳动合同履行季报、年报工作。

（马存智）

【社会治安综合治理】2019年，街道以“平安东直门”建设为主线，在社会防控方面强化网格化防控体系，全年8万余人次参与社会面防控，聘请专业保安100人加强东直门交通枢纽、东四十条桥周边治安重点地区整治。维护主要大街胡同、繁华场所、治安乱点等重点地区的视频监控探头。对东外大街、工体北路、春秀路等重点大街和交通枢纽黑车、黑摩的非法营运现象加大执法检查力度，依法查处违法行为。组织开展各种形式的应急演练80次。加大对辖区娱乐场所、餐饮业、宾馆饭店、旅馆招待所、地下空间、商务楼宇等重点防火部位执法检查力度，全年检查生产经营单位4495家次，出动执法人员1.2万余人次，发现整改各类隐患1497处，下达整改通知书1204份，清理各类可燃杂物230余吨。联合派出所、消防、应急、城管等职能部门，加大流动人口和出租房屋的日常巡视工作，开展群租房及地下空间专项整治行动。全年清理违法群租房159处，疏解人口333人，分别完成全年任务的150%和133.4%，清理整治地下空间37处。为10个社区安装电动车智能充电柱；为1800余户居民安装烟感报警器，组织培训学习700人次，177家企业参与“安责险”投保。2019年接到居民来信（访）107件、221人次。信访总量同比有所下降（2018年同期115件）。矛盾排查5次涉及重点问题34件，重点人 1人次。领导接待52次、99人。全年107件信访问题已办结101件。

（马存智）

【社区建设】完成两委换届选举，产生居委会主任10人，副主任19人，委员76人，居民委员会主任10人，副主任20人，委员120人，居民小组长207人，居民代表554人，楼门院长317人，新招社工30人。完善网格化服务机制，落实街道接诉即办实施方案和网格长负责制，做到见人见事见结果。把“家园计划”纳入接诉即办工作，解决影响居民生活的突出问题，达到未诉先办。网格中心持续优化市民热线工作，建立快速响应机制，层层落实责任，件件跟踪督办，压缩办理时限。全年共接到网格案件2.37万件，已处理2.36万件，完成率为99.92%。在城市管理监督月排名中，街道考核成绩连续8个月评为A类。网格中心依托网格平台数据库，通过分类“图层”交叠比对等方法，综合分析每个月的预警“热区”，精确定位高发类别及重点点位，调度物业服务企业及执法力量精准执业。创新社区社会组织培育机制和管理机制，构建发展有序、覆盖广泛、结构合理、作用明显的社区社会组织培育体系，鼓励社会力量“多元参与”。有街道级社会组织2个，社区社会组织104个，引进社会组织5家，共开展活动215场次，直接服务人群9746人次。对所有社工明确职责定位，按照区统一要求，制作标识、设计版块，做到社工相片、身份和职责上墙，接受群众监督。推进“街乡吹哨、部门报到”向社区延伸，落实好“最后一公里”，从电话畅通、值班值守、服务小组、服务项目、宣传引导、服务考核6个方面提出具体要求。2019年，各社区共接收电话预约8次，接待居民16人次，办理事项开展服务活动16件。开展文化娱乐服务（健康类、学习类、法律类、手工类、美食制作类、棋牌类、健身类、书法类、绘画类、摄影类、观影类、文体类等）4681人次。

（马存智）

【党建工作】组织“不忘初心、牢记使命”主题教育活动，开展周末大扫除活动30次，参与人数2198人次，清理胡同8条，院落82个，楼房169栋，卫生死角482处，清运垃圾约14吨。社区党委开展走访慰问活动，全年共走访慰问党员139人，发放慰问金25.72万元。落实民主生活会、组织生活会、谈心谈话等制度，强化干部工作纪律日常管理监督。街道总工会全年建会35个，发展会员1562人。暖心驿站21家，完成会员1441人信息采集、办理京卡1001张。签订区域楼宇合同12份、独立签订集体劳动合同23份。为职工3254人投保，慰问困难劳模及困难职工21人次，慰问款1.8万余元；为辖区内38家企业报销工会经费223笔，金额16.67万元。做好青少年精准帮扶，定期走访困难青少年，非公企业参加团工委组织的各项活动，与企业共同建立系统协作模式，在丰富青年业余活动的同时最大化利用共享资源。完成街道团工委换届，街道团工委由10个社区团支部、1个机关团支部、1个学社衔接临时团支部组成。推进五好文明家庭、平安家庭、和谐家庭、最美家庭、双合格好家长等创建活动。完成妇联换届选举，确保100%的社区妇联主席由社区“两委”中女性成员担任。对老龄贫困妇女、单亲及贫困母亲给予重点关注，在“六一”及“两节”期间进行慰问。

（马存智）

【疏解整治促提升工作】2019年，街道疏解人口2484人，完成率132.55%。其中拆除违法建设68处，面积4519.72平方米，完成率119.86%；治理占道经营、无证无照和开墙打洞整治11处，面积83平方米，疏解涉及人口63人，

1月7日，东直门街道清水苑社区春节联欢会上模特队表演（赵晓洁摄）

完成率331.58%；地下空间清理整治2处，面积1810平方米，疏解涉及人口2人，完成率100%；群租房整治10处，面积509平方米，疏解涉及人口75人，完成率125%；出租房屋清理共整治110处，面积7732.68平方米，疏解涉及人口314人，完成率112.14%；竣工项目清理2处，面积259平方米，疏解涉及人口110人，完成率157.14%；小旅馆整治3处，疏解涉及人口20人；保障房配租配售、区属房产清理80处，面积100平方米，疏解涉及人口204人，完成率155.73%；其他零散项目共疏解涉及人口735人，面积6.9万平方米。开展“百街千巷”环境整治提升，全街道23条背街小巷全部通过市级验收。

（马存智）

和平里街道

【概况】和平里街道办事处是区政府派出机构。位于东城区最北端，东起东土城路西侧、远东仪表公司、国家林草局东墙，南至北护城河中心线，西依人定湖北巷、旧鼓楼外大街，北到青年沟路、北京第三机床厂南墙、柳荫公园北墙，整个辖区呈“凸”字形。面积6.4平方公里，有大街20条、背街小巷6条，地下通道2处，过街天桥6座。设社区居委会20个，户籍人口5万户、12.6万人，常住人口4.2万户、11万人，流动人口3.7万人，有回族、满族、蒙古族等少数民族32个，人口6229人。国家人力资源和社会保障部、国家林业和草原局、中央军委政治工作部、中国农工民主党中央委员会、工人日报社、北京航星机器制造公司等中央、市、区属单位企业3800余个，中小学及幼儿园23所。街道工委、办事处设综合保障办公室、党群工作办公室、社区建设办公室、民生保障办公室、社区平安办公室、城市管理办公室、纪工委（监察组）和综合执法队。公务员编制131人、实有121人；工勤编制7人、实有7人；事业单位4个，编制66人、实有54人。

2019年，街道完成第十届社区居委会换届工作以及20个社区“两委”、89个社区党支部、27个非公党组织换届工作。有序推进路侧停车管理，为居民完成518个优惠停车位的摇号申请，引导10个社区开展居民停车自治工作。落实街巷长、河长制巡视检查制度，规范小巷管家考核运行机制，充分发挥小巷管家作用。深入开展社区挂牌清理规范工作，清理摘除各类牌匾372块。积极推进居民自治，召开议事协商149次，为居民解决物业管理类、小区环境类等问题近80个。

（郗楚成）

【城市管理】2019年，街道有序推进路侧停车管理，为居民完成518个优惠停车位摇号申请，引导10个社区开展居民停车自治。落实街巷长、河长制巡视检查制度，规范小巷管家考核运行机制，发挥小巷管家作用。全年共接收市民热线“接诉即办”案件近5000件，月均响应率100%、解决率76.29%、满意率84.22%。全市平均排名第175名、全区第11名。全面开展垃圾分类全覆盖，辖区内每日厨余垃圾量约1.31万公斤，厨余垃圾分出率约21%。加强与产权单位、物业管理单位协调，完成化工单元示范街区试点工作，形成《和平里街道控制性详细规划（街区层面）阶段成果》。狠抓环保工作落实，完成秋冬季大气污染攻坚战，打赢蓝天保卫战。处罚施工现场泄露遗撒类案件37起，查处违规渣土运输车30起，罚款80万余元。完成234家餐饮单位油烟设备升级改造。2019年，和平里地区PM2.5平均累计实现39微克/立方米的目标，累计降尘5.5吨/平方公里/月。

（郗楚成）

【民生保障】2019年，和平里地区城镇登记失业率0.59%，为辖区低保家庭累计发放低保金615万元。优化政务服务流程，完成街道政务服务中心综合窗口改革。建立街道困难群众救助所，聘请专业社工机构开展个案精准帮扶项目。全面推进养老驿站建设，和平里、安德路、交通、安贞苑4个社区养老服务驿站建成并运营，安德里社区养老驿站完成选址。办理保障性住房资格家庭188户，精准兑现独生子女家庭政策，惠及301人、40.9万元。在区政府、区教委的支持下，开办和平里一区幼儿园。处理7起10人以上集体讨薪突发事件，追讨拖欠工资982万元，涉及农民工137人。成立和平里街道退役军人服务站，采集退役军人信息6299人，协助办理保险接续155人。推进残联组织改革，成立和平里街道残疾人工作委员会。开展3个单位对口帮扶，使用扶贫资金20万元，协助北京市消费扶贫双创中心东城分中心成立。进一步优化营商环境，解决企业停车位、企业标识等问题10余个，引进异地纳税企业4家。

（郗楚成）

【社会治安综合治理】2019年，街道以完成中华人民共和国成立70周年等重大政治活动服务保障工作为抓手，对重点人进行有效管控，全年发动群防群治力量达10万人次。持续强化平安建设，合作建成和平里街道公共安全体验馆，推进和平里街道小型消防站选址，完成北京市安全社区创建。深入开展扫黑除恶专项斗争，通过“夏季攻势”专项行动，联合职能部门查处各类违法行为为61起，罚款近30万元。安装电动自行车充电桩54个、其他集中充电设施3处。清理各类可燃物330余吨，排查并消除安全隐患2339起。落实安全生产主体责任，强化安全领域风险防控。畅通信访工作渠道，全年受理信访事件173件，结

5月6日，和平里街道第十二届“民族团结日”活动在地坛公园开幕（闫晓寒摄）

案172件。

（鄢楚成）

【社区建设】2019年，街道完成第十届社区居委会换届选举工作。指导和平里社区、北京市第五十四中学申报市级“社区之家”示范点。在西河沿社区建立并运营东城区首家社区社会心理服务站。加强社区规范化建设，20个社区均启动全响应服务制。推进社区减负，开展社区挂牌清理规范工作，清理摘除各类牌匾372块。推进居民自治，召开议事协商149次，为居民解决物业管理类、小区环境类等问题近80个。确立和平里七区31号楼作为“四有四亮相”工作示范点。举办“以邻为伴、幸福社区”为主题的首届社区邻里节。发挥社组联平台作用，确定公益创投项目16个。社区专员队伍下沉社区，破解社会治理“最后一公里”难题，为社区协调解决停车、物业类问题226件。协助西河沿房改带危改项目居民完成先期回迁工作。开展“一站多居”试点，组建和平里街道安德里片区社区综合服务站。推进和平里地区文化体育事业繁荣发展，举办群众文化展演季、“一街一品”羽毛球赛等系列活动6场。承办2019年东城区“5·6”民族团结日暨民族团结宣传月启动仪式活动。

（鄢楚成）

【党建工作】街道工委以整改市委巡查反馈提出的问题为契机，建立以各支部“三会一课”开展情况为重点的定期督查机制。完成20个社区“两委”、89个社区党支部、27个非公党组织换届工作。街道党群服务中心揭牌启用后，接待社区、非公和其他单位党组织30余个，党员600余人。以航星、金隅、燕都三个园区联合党委为依托，全面提升“两新”党组织“两个覆盖”质量，新成立非公企业党支部3个。通过开展周末卫生大扫除活动，探索发挥党员示范作用，带动影响社会力量参与社区治理的“林调经验”，国家林草局与林调社区党总支达成车位、活动场所向社区开放协议。全年累计在20个社区开展大扫除活动82次，先后开展“美丽和平里 环境清洁挑战赛”5次，驻区45家单位的在职党员7300余人参与活动，累计清理院落71处，清运垃圾杂物约855吨。街道商会企业捐助18万元扶贫基金用于精准帮扶。加强人民武装工作，完成年度征兵任务。全年开展理论中心组学习17次，做好舆情监测和负面舆情的处置引导，共收集舆情信息44条，处理网络、媒体舆情案件54件。结合中华人民共和国成立70周年开展成就性宣传报道、重大主题宣传。开展对台交流，全年组织社区工作者、“社区达人”赴台交流10人次，接待台湾来访团20人次。

（鄢楚成）

【疏解整治促提升工作】2019年，和平里街道计划涉及疏解人口减少3207人，实际涉及人口减少5150人，完成年度任务的161%，其中拆除违法建设涉及人口减少2785人，封堵“开墙打洞”减少人口113人，清理无证无照、占道经营及区属房产等减少人口210人，群租房、出租房治理涉及人口减少1091人，保障房配租配售涉及人口减少357人。高质量完成19条背街小巷整治任务，共拆除违法建设100处，面积近13.2万平方米，进一步巩固“疏整促”成果，至此，“百街千巷”环境综合整治三年行动圆满收官。完成第二届“一带一路”国际合作高峰论坛期间鼓楼外大街围栏修补、建筑外立面粉刷等环境综合整治工作。完成1.6公顷安德城市森林公园建设拆违任务。建成上龙西里、安德里北街两处口袋公园。完成新民菜市场改造，推进其经营环境升级并增设“便民服务综合体”。拆除地兴居1号楼周边违法建设118处。

（鄢楚成）

前门街道

【概况】前门街道办事处是东城区人民政府派出机构。位于天安门广场东南侧，东起祈年大街，与崇文门外街道为邻，西至前门大街，与西城区大栅栏街道毗连，南依两广大街，与天坛街道接壤，北到前门东大街，与东华门街道相邻，面积1.09平方千米，胡同街巷68条，其中大街6条，胡同62条。设社区居委会3个。有户籍人口1.95万人、常住人口6727人、流动人口1945人。地区有朝鲜族、满族、回族、苗族、蒙古族、壮族、藏族、土家族、畲族等12个少数民族，人口727人。注册法人企业486家，中小学及幼儿园4所。辖区以平房居住为主。有阳平、汀州、临汾等著名会馆，曾有寺庙25座，其中22座均始建于明清两代，有文保单位62家。8月6日，根据《中共北京市委机构编制委员会办公室关于调整东城区政府派出机构的批复》（京编办行[2019]154号）文件精神，北京市前门大街管理委员会并入前门街道办事处。至12月31日，街道内设综合保障办公室、党群工作办公室、社区建设办公室、民生保障办公室、社区平安办公室、城市管理办公室、前门大街管理委员会办公室、纪工委（监察组）、城管执法队等9个部门，财政补助事业单位5个。公务员编制117人、实有104人，事业编制72人、实有55人，工勤编制8人、实有7人。

2019年，街道围绕“一条主线、四个重点”战略任务，聚焦“不忘初心、牢记使命”主题教育，贯彻落实习近平总书记视察前门东区“让住在胡同里的居民也能过上现代生活”等重要讲话精神，完成中华人民共和国成立70周年庆祝活动服务保障任务。协同推进西打磨厂街业态升级，西兴隆街新业态引入，大江胡同B1、B2地块和第一历史档案馆，三里河绿化景观运维保障，中轴线申遗保护，前门地下城人防博物文化项目及城市公共空间提升改造试点等重点项目，综合整治祈西拆迁滞留区环境，推动为民办事常态化制度化，做好“街道吹哨、部门报到”“接诉即办”和“疏整促”等中心工作。

（杨　柳）

【城市管理】2019年，街道发起“小巷管家”志愿项目，招募“小巷管家”52人，累计巡访1.63万小时，共处理各类事件1.71万件，其中随手解决事项1.13万件，上报街巷长协调解决事项3480件。草厂五条、草厂六条、北芦草园3条胡同荣获首都文明街巷。更新维护道路铺装75平方米，更新更换广告牌匾标识4.42平方米，新增绿地面积70平方米、新增乔木1300株、灌木130株，布置花卉42.4平方米，油饰各类门板对联5套。自管绿地4000平方米，养护树木2500余棵。全年种植月季、黄杨等树苗2000余棵，清理枯树、枯枝160余车，养护草坪3000余平方米。实施垃圾分类全覆盖，促进垃圾减量并提升分拣率。

（杨　柳）

【民生保障】2019年，街道为低保对象199户、309人发放低保资金305.5万元，支付医疗救助金共计4万元。走访慰问困难群众259人，发放慰问品折款6.9万余元。为特困人员支出供养资金19.4万元，发放物价补贴2000元。发放助残券1.54万余元，为54人发放个体保险补贴31.82万余元，发放困难残疾人生活补贴108人、44.74万元，发放护理补贴364人、51.64万元。完成保障性住房复审14批、56户，市场租房补贴年审13批次、56户，公共租赁住房租金补贴复审3批次、93户等。开展艾滋病宣传，发放材料914份，宣传品1179份；组织28人无偿献血。通过2019年东城区国家卫生区复审迎检，创建第二批、第三批北京市控烟示范单位，进行4次大规模布药消杀病媒生物防治。及时处理农民工讨薪事件6起，解决307.48万元工资款项。受理生育服务登记98例，出生上报163人，为辖区免费发放各类计划生育药具3万余份。成立前门街道退役军人服务站，采集退役军人信息729人；走访慰问驻街部队；为地区优抚对象14人发放抚恤金、护理费40.3万元，发放物价补贴2800元，组织优抚对象免费体检，到西柏坡参观学习。

（杨　柳）

【社会治安综合治理】2019年，街道完成习近平总书记到前门东区视察慰问外围服务保障、中华人民共和国成立70周年等重大政治活动服务保障，累计投入专群力量4万余人次，街道成立中华人民共和国成立70周年活动指挥部，形成“1+4+N”指挥体系，配套制订9个专项工作方案，建立26册工作台账，共清移前门警戒区和管控区沿线涉及机动车1101辆、非机动车960辆，针对居民在用液化石油气罐1670具实施消隐，禁空管控养鸽户41户、鸽子1279羽，做防震处理玻璃5913块，楼（屋）顶铺设阻燃布逾2万平方米。与辖区商户门前三包责任书签约率达100%。开展综合执法42次，出动执法人员430余人次。完成31家餐饮单位油烟净化设备升级改造。与辖区329家单位签订安全生产责任书，开展安全检查2594家次，覆盖率达到100%。“南芦茶坊”信访接待室，全年接待群众来访593批、789人次，下访59次、约访40批、43人次，参加重要会议、重要活动现场维稳累计161天，布置稳控力量累计2467人次，办理网上信访39件。

（杨　柳）

【社区建设】2019年，巩固深化“小院议事厅”社区治理品牌成果，制订议事章程，新增加成员8人，全年开展议事活动20余场次，“小院议事厅”全年接待参观学习近300个团体、5000余人次，成为基层治理工作交流研讨、宣传推广的平台和典范。大江社区成立草厂头条7号院自管会，有效解决老旧小区物业真空带来的各种矛盾问题。前东社区前门东小街2号楼作为示范点，开展“四有四亮相”，已完成身份亮相、组织亮相、服务亮相及规则亮相，同时成立

6 月 27 日，“凝聚初心力量 牢记初心使命”前门街道庆祝建党 98 周年暨“党员影响力”品牌工作总结大会召开（前门街道提供）

功能型党支部——圆中方党支部，不断提高自管会的管理效率和工作水平。全年指导社区开展公益项目20余个，使用公益资金20万余元。举办北京市首届“社区邻里节”东城区主会场启动仪式暨前门地区第二届“社区邻里节”等活动，将古都风貌保护与街区历史文化传承有机结合。针对50家在册社会组织，进一步优化社会组织发展的生态环境，吸纳59家驻街单位形成资源共享库，联合开展社会组织活动。全年举办各类群众文化活动18场次，服务1591人次；举办各类培训、讲座82场次，服务3280余人次；放映电影50场次，服务781人次；新增图书717册、报刊35种，累计藏书量1.61万册，借阅流通量3560册，到馆3260人次。

（杨　柳）

【党建工作】2019年，街道工委围绕“不忘初心、牢记使命”主题教育，实现地区党员干部869人全覆盖。组织开展学习、轮训11天，组织10个方面调研课题，开展专题调研44次，发现问题51个，已全部解决。建立领导班子理论夜校分校和前门讲坛之理论沙龙长效学习机制，全年组织开展理论读书、专家解读、交流联学、外出参观等学习活动36次。每月初编发《党员干部学习材料》。开展周末卫生大扫除活动30次，参与1000余人次，清理各类垃圾130余吨。全年党组织服务群众经费支出91.2万元，发展党员5人；新成立精确集团和广誉远2个非公企业党支部，实现辖区77家非公企业党组织全覆盖。编发《前门》报24期，微信公众号96期，市级以上媒体报道街道相关工作200余篇次，区级媒体报道60余篇次。全年召开工委会34次，研究党建议题110个。签订责任书和任务清单71份，办理信访件6起，纪律处分2人。街道工会全年发展会员297人，办理京卡55张，指导企业签订集体合同13份、涉及职工695人，为一线职工发放慰问品1400余份，为地区困难职工发放补助5000元；街道团工委全年开展项目活动49场，覆盖青少年400余人次，精准帮扶青少年26人，招募志愿者50人助力中华人民共和国成立70周年大庆维稳保障工作；街道妇联完成第十届社区妇联选举工作，开展各类活动3场；开展台海形势讲座，组织机关、社区干部赴台湾开展社区文化建设交流考察，接待两个台湾团队到街道参观访问；商会企业参与慰问困难居民群众100余人次，资助2户困难学生家庭。深化扶贫协作，街道领导带队赴阿尔山市白狼镇考察调研，走访看望10户建档立卡贫困户，赠送慰问金5000元，采购受援地区特色产品，崇礼糯玉米225袋，阿尔山大米138袋。

（杨　柳）

【疏解整治促提升工作】2019年，街道疏解人口619人，完成年度任务的142.96%；拆除违法建设1000平方米，完成全年任务的100%。解决强制拆除、绿植缺失、停车规划不合理、拆迁遗留、安全隐患等问题20件，通过线上平台吹哨18次，其中委办局处置6件，街道兜底14件。落实好“吹哨报到”工作机制，累计参加各社区“吹哨报到”议事会商活动110余场次，着力解决流浪人员乞讨、黑导游大巴占道、游商散贩扰序等一系列问题。

（杨　柳）

崇文门外街道

【概况】崇文门外街道办事处是区政府派出机构。位于东城区中南部，东起南、北花市大街，与东花市街道为邻，南至两广路即珠市口东大街、广渠门内大街，与天坛、体育馆路街道毗连，西依北官园、戴家胡同，与前门街道接壤，北到崇文门东、西大街，与建国门、东华门街道相邻。面积1.12平方千米，有大街12条，胡同街巷23条。设社区居委会12个，户籍人口1.6万户3.98万人、常住人口4.2万人、流动人口1.3万人，有回族、满族、蒙古族、朝鲜族、土家族等少数民族14个，人口1456人。辖区有中央、市、区属单位109个，中小学

3所。非物质文化遗产项目11项。有新世界百货、国瑞城购物中心、搜秀商城、合景摩方等大型购物、休闲、娱乐中心。街道办事处设综合保障办公室、党群工作办公室、社区建设办公室、民生保障办公室、社区平安办公室、城市管理办公室、纪工委（监察组）和综合执法队。公务员编制97人、实有87人，事业编制52人、实有46人，机关工勤人员5人。

2019年，组织开展党委理论中心组集中学习研讨17次，指导西花市南里西区社区建立“党服超市”，国中社区成立“党建物联网”创新社区党建品牌，开展周末卫生大扫除活动47次，参与党员2500余人次。成立“蒲公英”志愿服务总队，开展各类志愿服务活动。受理市民热线2548件，结案率100%。发起吹哨报到60件。在崇西社区4、6、8号楼开展党建引领物业管理试点，腾退崇西社区4号楼、8号楼两处地下旅馆。垃圾分类全面覆盖，垃圾减量8545吨，全部实现资源化利用，每月厨余垃圾分出率基本达到18%以上，居民参与率达到60.4%，部分小区达到80%以上。

（吴　婧）

【城市管理】2019年，街道办事处发放居民煤改电低谷电价补贴18户、1.2万元。街道8个路侧停车场，合计车位643个，认证居民804人。街巷长35人和小巷管家485人主动发现并处理案件3.05万件。清理、修剪绿地600平方米，伐除、修剪危险树木16棵，绿植补栽补种1000平方米，加装树池篦子86个，种植树木26株。汛期安全检查4次，其中街道工委书记、主任带队巡查1次，重点巡查祈年大街以西国瑞地产滞留区、手帕胡同、健康里、花市上头条39号、41号平房区。巡查中发现并处理危险树木7处，其中重大危险树木1处，清掏沟通雨篦子20处，发放各类苫布15块，苫盖居民漏雨房屋4处，解决道路积滞水4处。汛期疏散群众3次、9人次。加强每日环保巡查，巡查员累计上报环保案件221件，不断提升环保工作覆盖面。全年，辖区内签订油烟净化设备改造合同的餐饮企业共204家，合同签约比例99.5%；已安装油烟净化设备的餐饮企业185家，完成比例90%，在线监控安装121家，完成59%。

（吴　婧）

【民生保障】2019年，地区新增申请保障性住房资格备案家庭92户，公租补贴资格新增16户，新增市场租房补贴资格12户，廉租补贴续签合同2户。公租房进行4次选房配租，保障轮候家庭选房。发放生活、助学、医疗、慈善救助、扶贫捐款各类救助款共计172.15万元。6月6日，西花市南里东区养老驿站正式运营。街道已将80岁以上重度失能老人320人纳入扶助保障人群，累计申请区级居家照护补贴金110万元。为80岁以上老人1890人发放养老助残券237.7万元。《北京市老年人养老服务补贴津贴管理实施办法》施行后，共为80岁以上老人1640人发放高龄老年人津贴46.5万元。街道95岁以上高龄老年人补助医疗费申请24人次，报销8.16万元。累计发放优抚对象春节慰问金2.9万元，伤残军人因病死亡抚恤金2.4万元，优抚对象残疾抚恤金32.53万元，优抚对象定期补助12.03万元。指导12个社区建立老年协会。累计慰问驻街部队6次，慰问指战员248人次，送去慰问品5万余元。发放、悬挂“光荣牌”899块。妥善处理讨薪类突发事件及投诉举报15起，涉及人员65人，资金1000万余元。超额完成年度献血指标，组织地区企业职工55人献血。按政策开具和初审非京籍子女入学证明，受理网上申请40人，通过32人。办理户籍两孩以内生育登记285例，再生育登记6例；办理流动人口两孩以内生育登记106例。计划生育家庭特扶资金发放到位率达100%。年审特扶家庭111例，新增10例，计划生育家庭特扶资金发放到位率达100%，发放5例特扶一次性经济帮助。发放个体就业残疾人社会保险补贴97人次，金额62.17万元；协助区残联发放养老助残券167人次，价值15.03万元；为残疾儿童6人发放儿童康复补贴7.64万元；为生活困难残疾人子女3人申请助学补助1.35万元；落实辖区残疾人辅具配发535人次。温馨家园开展各类活动40余场，受众1100人次。

（吴　婧）

【社会治安综合治理】2019年，街道完成全国“两会”、中华人民共和国成立70周年等9次重点时期的安保维稳和社会面防控。启动一级社会面防控等级68天，二级社会面防控等级2天，发动辖区群防群治力量21万余人次进行巡逻值守。6月，新景家园物业公司与地下室承租人全部解除合同，挂账26处地下空间全部由物业公司上锁封闭。设计制作禁毒宣传贴6000余张，开展各类禁毒宣传活动13次，发放各类宣传品5800余份。经安全生产检查队逐一排查，共检查4676家次，检查企业1863家，实现辖区企业全覆盖。开展各类宣传教育培训工作20余次，组织辖区企业700余人完成培训并取得合格证书。安装报警器2400个，禁放重点看护部位62处，向包括党员干部132人、辖区居民、中小学生发放禁放承诺书3.5万份，发放致居民的一封信2.5万份。清理可燃物200车次，清理大件废弃物、可燃物、易燃物1200吨。在民兵整组、兵役登记、八一建军节和征兵宣传期间，进行爱国主义、集体主义、《中华人民共和国国防法》法律法规教育。街道兵役登记率达100%。接待群众来访306件次、478人次，来信33封，受理各类信访代理、反映诉求、政策咨询304件，完成304件，结案率100%；完成市、区两级督办件、交办件、复查复核49件；参与矛盾纠纷排查调处活动4次，完成中华人民共和国成立70周年服务保障及市、区

6月6日，崇外街道在新怡家园社区举行垃圾分类宣传活动（毕雨稼摄）

“两会”等重大活动维稳工作3次。

（吴　婧）

【社区建设】2019年，街道完成第十届社区居委会换届选举。调整社区人员岗位42人，完成社区人才招录，新录用社区工作者18人，社干队伍扩充至207人，社工到岗率达96%。深化社区减负及社区挂牌清理规范工作，清理摘除各类牌匾200余块。举办邻里乐、邻里颂、邻里情为主题的首届社区邻里节活动。搭建区、街、社、物，四级联动责任体制，社区参与物业管理服务平台，12个社区相继成立协商自治平台。第五届公益微创投12个社区、81个项目开展公益活动916次，参与人数1516人次，公益活动受益人群1.03万人。社区专员队伍下沉社区，协调街道各部门破解社会治理难题。举办崇外地区第二届综合运动会。

（吴　婧）

【党建工作】2019年，街道工委打造“党心e家”党建智慧平台，发放“党心e家”卡2.4万余张，累计开展活动1800余场次，近5万人次参与。成立社会力量资源库，全年审核服务群众经费项目18个，支出党组织服务群众经费255.45万元。开展香山革命纪念地瞻仰学习、“忆岁月 访榜样”访谈、为民服务解难题等专题活动。在中央、市、区级媒体发稿254篇，微信推送646条，阅读量达40万余次，上报舆情512篇。街道总工会完成2家企业独立建会，累计召开39次职工沟通会，录入会员1747人；完成12家百人企业，15家独签企业工资集体协商续签；举办京卡活动7次。系统登录团员比例、团员注册志愿者比例、回社区报到比例达98.33%；举办主题团课3次、区域化团建活动3场；发放困难青少年慰问金9人、720元，为困难青少年44人发放两批物资；开展各类活动41场，参与青年900余人次；开展志愿服务活动20次；组织非公、高校志愿者257人参与国庆城市站点志愿服务保障，累计服务时长1226小时，服务群众3700余人次。商会组织、参与活动72场，发放宣传品6000册、各类纪念品1500余件，慰问困难群众、困难学生、残障人士22次，涉及人员1346人，扶贫捐款40万余元。与台湾有关县市开展互访、交流，接待台湾来访2批40人，赴台交流2批14人。走访慰问困难党员、老党员158人，发放慰问金10.53万元。开展周末卫生大扫除活动47次，2500余人次参加。发展党员23人，全年收取党费 37.73万元，上缴22.64万元。组织各基层党组织集中学习140次，覆盖党员2700余人，开展交流研讨90次，书记讲党课90人次。组织各种主题党日活动近100场，机关干部、基层党组织书记、党务工作者等近200人参加为期一周的干部教育培训季。

（吴　婧）

【疏解整治促提升工作】2019年，街道疏解人口1758人，完成全年疏解人口目标145.17%，其中拆除违法建设5760.7平方米，人口减少860人，完成总任务117.81%；完成市级占道经营重点点位清理，减少人口70人；完成市级挂账无证无照整治，减少人口7人；配合房管局进行保障房配租配售工作，减少人口174人；配合综治办完成群租房清理整治，人口减少177人；配合公安局、综治办完成出租房清理整治，人口减少403人；配合机关服务中心完成区属机关事业单位房产清理，人口减少4人；完成竣工项目清理1处，减少人口50人；治理小旅馆2处，减少人口10人。压缩培训机构1个，减少人口3人。

（吴　婧）

东花市街道

【概况】东花市街道位于东城区中心东部，东与朝阳区双井街道相连，南与龙潭、体育馆路街道毗邻，西与崇文门外街道相接，北与建国门街道相邻。辖区面积2.05平方千米。交通主干道有东花市大街，南、北花市大街，白桥大街，广渠门内、外大街，崇文门东大街7条大街，东二环主路穿辖区而过。辖区内共有社区居委会8个，户籍人口4.75万人、常住人口4.29万人、流动人口1.78万人。有回族、满族、蒙古族、朝鲜族、壮族、维吾尔族、苗族、土家族、藏族、锡伯族等15个少数民族，人口1741人。辖区内有中央、市属、区属单位61家，中学、小学及幼儿园12所、卫生服务中心1个、卫生服务站3个及甘肃省、云南省、黄山市、泰安市等驻京办事处8家。有国家级文物保护单位北京城东南角楼、北京明城墙遗址、袁崇焕墓和祠，市级文物保护单位隆安寺，未核定等级文物保护单位京奉铁路正阳门东车站信号所旧址、卧佛寺等。设综合保障办公室、党群工作办公室、社区建设办公室、民生保障办公室、社区平安办公室、城市管理办公室、纪工委（监察组）、综合执法队8个部门，事业单位4个。公务员编制108人、实有102人，事业编制56人、实有48人，工勤编制4人、实有3人。

2019年，街道办事处以中华人民共和国成立70周年庆祝活动为主线，开展"我是宣讲家"、"我和我的祖国70年"摄影展等活动10余场次，举办"初心·从未改变"东花市街道红色收藏展览、庆祝中国共产党成立98周年合唱大赛等活动。"不忘初心、牢记使命"主题教育取得实效。街道工委书记党课报告获优秀党课报告一等奖。完成全国"两会"、"一带一路"国际合作高峰论坛、亚洲文明对话大会、中华人民共和国成立70周年庆祝活动等重大活动服务保障。开展综合执法180余次，共拆除违法建设63处4521.83平方米，任务完成率100.5%。垃圾分类实现辖区全覆盖，全年共分出厨余垃圾1950.5吨，月平均分出率15.38%。为城区首个完成商业服务业规划建设的街道，并成功申报东花市南里社区为北京市生活性服务业商业示范街区。完成政务大厅硬件升级，全面推行综合窗口改革。迁入异地纳税企业4家，新增区级税收451万元。与对口帮扶地区化德县公腊胡洞乡签订扶贫项目协议，开发55个公益性就业岗位，实现贫困劳动力稳岗就业。深化退役军人服务工作，成立东花市南里"爱兵驿站"、枣苑社区"老兵心愿屋"、北里西区"战友之家"。参与拍摄的微电影《无法完成的订单》获亚洲微电影艺术节最佳品牌作品奖。街道获2019年度首都园林绿化美化先进集体称号。商会企业成立"小巷管家"志愿服务队，街道侨联获北京市侨联工作先进集体称号、"侨之家"获北京市侨联"示范侨之家"称号。东花市南里社区获全国民族团结进步模范集体称号。

（李雪莲）

【城市管理】2019年，街道办事处发放主动放弃燃煤的9户居民家庭采暖临时补助3.3万元。联合区城管委、市燃气集团一分公司、北燃环能公司、天成天龙公司等单位完成白桥大街24号楼80户燃气消隐改造。组织开展春季绿化补植1900余平方米，提升绿化面积1800平方米，摸排修剪辖区内危树40余棵。实施北里西区21号楼、中区4号楼周边道路地面改造、忠实里垃圾清运站和广渠门外大件垃圾堆放点建设等小型工程26个。落实清扫保洁一级标准，开展道路洒水作业及重点区域综合治理等。启动106家餐饮单位油烟净化装置实时监控管理，实现地区PM2.5年均浓度低于全市平均水平1微克/立方米、降尘量控制在5.5吨/月·平方千米以内。因地制宜开展垃圾分类，全年共分出厨余垃圾1950.5吨，月平均分出率15.38%。有序推进居民路侧停车工作，实施资格认证摇号，同步做好政策解释。推进东花市东街、忠实里一巷等5处区域停车自治管理，增加252个车位。开展文汇中学周边交通秩序整治，拓宽京禧阁北侧道路，解决交通安全隐患。完善街道网格工作考核制度，做好网格平台与城管执法平台对接，规范"门前三包"单位382家，查处露天烧烤7起，查扣渣土车运输车32辆，清理非法粘贴小广告2400余张，累计罚款人民币20.73万元。网格化服务管理信息处理平台共接收城市管理类案件1.39万件，平均办结合格率99.7%。在全区考核中城市管理监督排第一名。

（李雪莲）

【民生保障】2019年，地区新申请保障性住房家庭91户、变更138户、终止55户、复核582户。完成公租补贴家庭复核144户、廉租房家庭复核45户。为在册低保户281户、383人发放低保金600余万元，救助70人，发放医疗救助金45万元。发放残疾军人抚恤金32人、60余万元，为见义勇为人员4人发放慰问金7200元，为部分烈士子女和农村籍士兵发放定补1.5万元。开展一元钱养老工程，为辖区孤寡高龄独居老人30人安装智能养老服务系统，精准助老服务。为90岁以上及百岁老人180人发放高龄津贴12万元，为95岁以上老年人20人办理发放医疗补助10万余元。为在册军工、地退人员22人发放退休工资、节日费190万余元。开展2019年"春风送暖""冬衣送暖"社会捐助活动，共捐衣2800件。开展慈善救助5人次、1.83万元，大学生教育救助2人、2000元，高中生助学4人、8000元。为低保老人41人发放慈善医疗救助金1.6万元。东花市南里社区获全国民族团结进步模范集体称号。召开2019年东花市街道残疾人工作委员会成立暨东花市街道残联第七届主席团第二次全体会议，完成主席团委员、理事会理事人员调整。办理残疾人证130人、残损换新24人、开具重残证明7人。处理劳动纠纷突发事件7起，涉及劳动者87人。创业带动就业137人。城镇居民基本医疗新参保538人，享受城乡居民养老保险待遇292人，城镇居民无保障人员养老托底246人，为退休人员119人申请自采暖补贴。为外来务工人员随迁子女66人解决留京入学问题。高质量完成国家卫生城区复审迎检。办理一孩生育服务登记304个、二孩生育服务登记198个、再生育行政确认15个。办理特别扶助对象年审134人、新进入扶助对象资格确认7人。

（李雪莲）

【社会治安综合治理】2019年，街道办事处完成全国“两会”、“一带一路”国际合作高峰论坛、北京世界园艺博览会、亚洲文明对话大会和中华人民共和国成立70周年庆祝活动等系列重大活动、重点时期安保维稳工作。开展“春雷护航”“夏季攻势”“金秋守护”“冬季攻防”平安四季行动，组织发动群防群治力量28万余人次，张贴海报2000余张，发放宣传品4500份，开展安全知识讲座10余次、户外宣传活动20余次，利用新媒体平台推送信息140余条。清理地下空间散租住人2处，整治违法群租房10户。抓获广渠家园小区连续纵火嫌疑人，对地区8家写字楼进行地毯式排摸，针对高风险预警企业银湖网依法检查，并配合外省市公安机关立案调查。加大对地区20家房屋中介的检查管理力度，对社会治安“低洼地带”持续进行打击整治，配合公安机关关停违法经营场所18家。加强对文明养犬工作的宣传和引导力度，在广北、南里、南里东区、广渠门外南里4个社区推广宠物厕所系列标识，安装宠物厕所沙坑15个，便纸储便一体箱80个，宣传提示牌100个，《北京新闻》做专题报道。强化铁路沿线巡查整治，清理可燃物4处1500公斤、安装防护栏125米，确保入京第一窗口整洁有序。2019年群众安全感满意度全区排名第二。

（李雪莲）

【社区建设】2019年，街道办事处实行社区负责人周例会制度，及时掌握社区动态，加强指导监督。建立枣苑社区“七方联席”居民议事协商机制，创建忠实守望“一队四岗”，动员多元主体参与社区治理。开展“美丽楼门”挑战赛，共同营造环境优美、打造周末卫生大扫除2.0版。

1月25日，东花市街道南里社区新春游园会（江辰泽摄）

开展“互联网+社区治理”线上线下模式探索，与社会组织合作开展“花伴儿”项目，打造融邻里互动、便民服务、活动组织、公事公办等功能为一体的“花伴儿”线上平台，整合辖区社会单位资源，与各种线下活动相呼应，与社区营造相衔接。全年实名注册用户6500余人，开展各类线上线下活动159场，解决居民上报的“公事共办”案件1135件。搭建街道—社区—社会力量三方联动平台，培育一批社区自治项目，包括南里社区的“花缘礼乐·公众学堂”、忠实里的忠实守望队、北里东区的一助一老项目、广外南里的家园卫士、广北社区的红苹果服务项目、枣苑社区的枣尚好服务项目、北里西区的暖阳随行项目、南里东区的银龄互助服务项目等，依托自治项目的开展，动员多元主体参与社区治理。举办东花市街道第十二届蟠桃宫文化庙会、庆祝中国共产党成立98周年合唱大赛暨2019年群众文化展演季系列活动。举办非遗庙会、春节联欢演出等系列文化活动21场，参与8000余人次。开展“冬奥大讲堂”2场，参与居民200余人。

（李雪莲）

【党建工作】2019年，街道开展“不忘初心、牢记使命”主题教育，组织理论学习37次、研讨14次、调研82次，撰写调研报告10余篇，收集问题和群众需求108项，着力推动解决。专题研究部署全面从严治党工作37项，研究“三重一大”事项514个。开展“传承红色基因”革命传统教育、“忆初心、诵经典、担使命”红色经典诵读、“不忘初心·不移军心”老兵寻访等特色活动。依托街道工委党校，开展党支部书记集中轮训、主题讲座等多种形式培训，参与党员1000人次。健全“街道、社区、网格”三级联动的网格化基层统战模式。商会企业成立志愿服务队，全面融入“小巷管家”工作。街道工会表彰劳模代表，弘扬劳模精神。街道团工委联合多部门开展困境、低保边缘家庭青少年精准帮扶。街道妇联立足“巾帼心向党、礼赞新中国”工作成效显著，全国妇联党组书记黄晓薇到东花市进行专题调研。兵役登记率100%，完成征兵任务。完成各社区党支部委员换届。做好“双报到”工作，市、区单位在职党员2354人到街道所属社区党组织报到并参加社区活动。开展周末卫生大扫除活动90次，5700余人次参加。通过党员企业家上讲台、“政企会商上午茶”等形式，为企业解读党的政策、分享成功经验，推动“两个覆盖”从有形向有效转变。

（李雪莲）

【疏解整治促提升工作】2019年，加强部门联动，拆除违法建设63处、4521.83平方米，任务完成率100.5%。实现新生违建动态清零、常态化管控。整治规范违规牌匾70块，拆除私装地锁256个。疏解人口1984人，任务完成率151.33%。累计清洗及粉饰立面700平方米、新增绿化面积3630平方米、精细化提升300平方米。东花市街道获2019年度首都园林绿化美化先进集体称号。结合地区特色升级改造东花市南里社区“花·伴”文化长廊，展示城市更新改造和居民参与社区公共文化建设成果。利用广渠门桥西北角腾退土地新建1个口袋公园，面积1700平方米，为居民提供休闲场所。新建1处、改造提升1处便民商业网点，城区首个完成商业服务业规划建设，成功申报东花市南里社区为北京市生活性服务业商业示范街区。

（李雪莲）

【优化营商环境】2019年，街道办事处全力做好北京市优化营商环境迎接世界银行检查工作。优化政务环境，完成机关办公楼周转和政务大厅硬件升级。全面推行综合窗口改革，推动“一站式”服务落地。联合工商部门组织辖区商务楼宇物业单位开展培训，使其了解东城区优化营商环境各项政策。工商部门设立专门窗口、专人接待，为企业登记、办事提供便利。拿出约80平方米空间，挂牌成立街道商会之家、非公企业之家和台商之家，搭建服务平台。走访雍贵中心、工商联大厦、嘉禾国信等重点楼宇和重点企业，掌握企业需求。与4座楼宇签订互惠合作协议，提高楼宇经济贡献度。搭建推广服务企业“一网通”平台，打通服务企业“最后一公里”。协调周边物业为宝岛眼镜公司总部提供12个车位，对嘉禾国信大厦周边交通秩序进行专项整治，做好企业服务。完成异地纳税企业税务迁入4家，新增区级税收451万元。

（李雪莲）

龙潭街道

【概况】龙潭街道办事处是区政府派出机构。位于东城区东南部，东起护城河西岸、隔河与朝阳区相望；南止左安门护城河，与朝阳区、丰台区接壤；西依幸福大街、京广铁路，与体育馆路街道相连；北至广渠门内大街（东段），与东花市街道分界。面积3.06平方千米，有广渠门内大街（东段）、幸福大街、光明路、夕照寺街、左安门内大街等主要大街，光明、广渠门2座立交桥，京广铁路线1.5公里。设社区居委会10个，户籍人口2.35万户6.78万人，常住人口5.7万人，流动人口1.38万人，有回族、蒙古族、满族等少数民族4673人。辖区有中央、市、区属单位和无主管单位2098个，中小学及幼儿园14所。有龙潭公园、北京教学植物园、北京少年宫、京城水上游南城水系、区工人文化宫（红剧场）、京城百工坊等文旅设施及袁督师庙、夕照寺等文物保护单位。办事处设综合保障办公室、党群工作办公室、社区建设办公室、民生保障办公室、社区平安办公室、城市管理办公室、纪工委（派出监察组）和综合执法队。公务员编制110人、实有106人，事业单位4个编制52人、实有45人，机关工勤编制4人、实有4人。

2019年，完成中华人民共和国成立70周年国庆服务保障、疏解整治促提升、百街千巷环境整治提升等任务。通过打基础、补短板实现16个专项行动台账落点落图、问题点位督办销账，提前超额完成疏解整治促提升全年目标；地区96条街巷全部通过提升工程验收，72条街巷通过市级“十无”街巷验收。全面推进“接诉即办”，梳理接、派、核、办、验、访、督、结8个环节，接收市级直派“12345”热线案件共2637件，实际办结数2617件，办结率99.24%，案件响应率、回复率均为100%；拓宽“接诉即办”外延，在全市率先推出“接诉即办+未诉已办”机制。落实“街道吹哨、部门报到”，延伸打造“社区-专员-街道”三级递进式吹哨报到工作模式。新家园社区获全国综合减灾示范社区、街道获评市级理论宣讲基地等荣誉，街道微博获评优秀基层政务微博。

（韩凌雪）

【城市管理】2019年，街道加强静态交通管理，在全市率先开展路侧优惠停车认证工作，开放居民车位588个，地区停车难问题得到有效缓解；规范福光路、光明西街、光明中街3条市政道路停车秩序，新增培新街3号院自治停车位56个。完成光明34、35号楼外立面粉刷，幸福家园1、2号楼，安化北里东1楼，领行国际等点位外立面清洗，广渠门南小街、培新街等5条街巷精细化提升项目。深度聚焦大气污染防治，落实裸地治理、扬尘管控、散乱污企业整治、街巷洒水等措施，全年降尘量位居全区第一，同比下降32.7%，全年PM2.5累计浓度同比下降9.6%；高质量推进餐饮油烟深度治理，完成改造餐饮单位100家，数量位居全区前列。深入推进河长制工作，区域内河、湖水质全部达标，全年考核位居全区前三。做好平安度汛和冬季扫雪铲冰工作。地区居民垃圾分类深度知晓率为93%，深度参与率为43%，厨余垃圾分出率为15%，垃圾分类工作进入2.0时代。着力打好治理城市病和整治环境秩序痼疾顽症攻坚战，全年共处罚各种违法案件277起，实现执法全程留痕、现场全程实录、处置全程追溯。

（韩凌雪）

【民生保障】2019年，街道完成“一个中心四个驿站”养老服务设施整体布局，街道级养老照料中心开工在建，4个养老驿站均匀分布，实现地区养老资源全覆盖。推动居家养老服务模式升级，开展特色为老服务项目4个，服务地区老年人2628人次。定制慰老服务产品“365健康促进卡”，以建立个人健康档案、专家解读个人体检报告等6个服务为基础，为地区老年人健康保驾护航。科学规划并配置一刻钟社区服务圈服务设施，通过新建、规范、提升便民服务网点及便民服务综合体，补齐服务短板，基本实现生活性服务业网点全覆盖。依托日间康复、居家康复、器具辅助等形式，残疾人康复服务实现生命周期全覆盖，惠及地区残疾人400余人次。建立街道困难群众救助服务所，开展8个重点个案帮扶服务。安置失业人员就业538人，安置就业困难人员352人，登记失业率控制在1.46%，走访跟踪服务用人单位84家。发放低保金484万余元，为困难群众申请医疗和应急救助、助学金、慈善卡等296人，救助金额45万余元。办理生育登记516个，流动人口办理生育服务单66个。建立街道、社区两级退役军人服务站11个，稳步推进军休地退人员管理与服务。加强劳动保障法规宣传与监察力度，实现地区180家企业、商户巡查检查全覆盖。保障性住房、公租房和市场租房补贴市级备案218户，发放廉租补贴16万元，登记配租家庭1201户。完成第四次全国经济普查、2019年度人口抽样调查和城乡住户一体化等调查。开展与当雄县、羊八井镇等4个地区的扶贫协作，实地调研狮子沟乡、大柳乡，捐赠扶贫资金19.72万元。

（韩凌雪）

9月12日，龙潭地区“‘潭’指70载 建功新时代”温暖龙潭十大人物评选活动揭晓并颁奖（龙潭街道提供）

【社会治安综合治理】2019年，街道发动各类群防群治力量45万余人次，成立中华人民共和国成立70周年庆祝活动龙潭分指挥部，完善街道社区两级指挥体系，高质量完成国庆、全国“两会”等重点时期服务保障工作。强化地区人防、技防建设，新增监控探头22个，设置守望岗，有岗长42人。纵深推进扫黑除恶专项斗争，做好中央督导及“回头看”工作。做细做实国安反恐、反邪教工作，实现管控无盲区、零问题。强化矛盾纠纷化解和重点群体稳控，处级领导接访和主动约访60人次，接待办理群众来信来访来电等信访件283件。深入推进城市安全隐患治理3年行动，完成17个专项检查任务，累计检复查生产经营单位5466家次，整改隐患4625处。深化《龙潭街道小微企业安全生产制度》“白皮书”推广，完成“白皮书”签订1000余家，帮助小微企业完善安全生产制度，落实安全生产主体责任。为60岁以上户籍老年人家庭安装独立式烟感探测报警器5608个，配合消防部门对地区60栋木质屋脊楼加装悬挂式超细干粉灭火器2345个。围绕地区12类重点场所，开展“三清六查”及网格化社会面火灾防控等消隐专项行动，多措并举实现隐患查改“全覆盖、无死角、零容忍”。加强食品药品安全监管，食品、药品抽检合格率均达100%。

（韩凌雪）

【社区建设】2019年，街道完成社区居委会换届选举，社区党委书记与居委会主任全部实现“一肩挑”。实施调查摸底、分析研讨、宣传动员、职责分工、监督落实全流程管理，共进行选民登记2.39万人，选举产生新一届居民代表790人。规范实行社区全响应服务制，所有社区采取值班、预约等形式不间断、全响应服务社区居民。探索一站多居建设，左安浦园社区已试点建成，助力政务服务、公益服务和便民服务效能提升。以怡龙别墅小区为试点，全面推进党建引领物业管理工作，以党建为引领，以居民实际诉求为导向，建立自治、法治、共治的三治融合治理体系。探索将“未诉已办”与社会治理有机融合，主动听民意、访民情、解民难，把入户串门、宣讲政策、知情解难作为常态和常规工作，针对案件“三事分流”，全年妥善处置“未诉已办”案件930件。强化社区志愿者反哺机制建设，完善公益金项目申报流程及兑换规则，为地区志愿者1900余人申请12万余元奖励兑换。深化“5H”（绘愿景、汇资源、会人气、荟精品、惠生活）基层公共文化服务模式，组织开展“见证七十载 奋进新时代”第十届群众文化展演季活动，多家媒体宣传报道。以菜单式、订单式服务为基础，全年举办文化活动

511场，惠及群众1.5万余人次。拓展角楼图书馆线上功能，实现书刊借阅和数字资源共享双服务。开展龙潭街道第三届全民健身综合运动会，举办冰雪嘉年华、“和谐杯”乒乓球赛等全民健身活动35场。坚持北京医院急救医学知识讲堂品牌项目，开展义诊活动，受众80余人次。

（韩凌雪）

【党建工作】2019年，街道工委设计“不忘初心、牢记使命”主题教育路线图，开展集中学习、交流研讨、主题调研30余次，开展理论中心组学习18次，班子成员带头讲党课12次，参观红色教育基地3次。组织开展干部队伍建设月活动11次。开展党务工作者专题培训19次，党支部书记轮训111人次。制订各社区理论学习中心组“巡听”工作计划表，对社区党委每月开展至少1次“巡听”督查。深入开展在阵地“亮牌”、向群众“亮诺”、用服务“亮效”的社区党建“三亮”活动。举办“70载‘潭’初心‘绽放’”龙潭地区参与中华人民共和国成立70周年国庆活动畅谈分享会。启动龙潭地区“‘潭’指70载 建功新时代”温暖龙潭十大人物评选活动和点亮龙潭、薪火相传“七一”主题党日活动。以中华人民共和国成立70周年和纪念五四运动100周年为主题，广泛组织征文、演讲比赛等群众性主题宣传教育活动30余场，群众参与5000余人次。发挥双报到作用，推动周末卫生大扫除与“12345”案件办理相结合，累计开展楼道堆物堆料清运等活动19次，在职党员参与1583人次。制订党风廉政建设责任制主体责任平台77项任务分解落实清单，层层压实责任；开展典型案例学习等廉政活动12次，受教育1000余人。建设龙潭地区公共区域职工之家，举办职工专享服务活动，累计服务职工3000余人。巩固妇联团建工作，“妆点家园”志愿服务项目获得最佳活动提名奖；举办纪念五四运动100周年暨龙潭“青年说”系列活动，深化CC·社区青年汇市级品牌建设，举办活动42场，汇聚青年1000余人次。整合资源推进统战工作，深化左安门角楼图书馆“侨胞汇”建设；强化龙潭商会建设，打造“商会爱心微联盟”项目，引导商会成员参与社会治理。

（韩凌雪）

【疏解整治促提升工作】2019年，街道健全问题反弹预防机制，多举措助力街区更新改造工作。超额完成全年任务，涉及人口变化4186人，完成目标进度151%。全年拆除违法建设248处、1.4万平方米，新生违法建设实现零增长。整治“地上线”，清理占道经营147处、无证无照经营116起；推进“街面线”，完成封堵“开墙打洞”35处；严查“隐形线”，整治地下空间2处、群租房39处。继续推进幸福、龙北、板南三大片区整治提升工程，整体提升进度达100%；地区96条街巷全部通过提升工程验收，72条街巷通过市级“十无”街巷验收；完成广渠门南小街、培新街等5条街巷精细化提升项目。转变城市治理思路，聚焦街区品质提升，充分利用拆除违建后的空地，新增口袋公园5处3000余平方米；夕照寺东西线道路工程项目房屋征收稳步推进，基本完成入户调查和直管公房、私房的房屋评估。

（韩凌雪）

【小巷管家工作模式】2019年，街道实现“小巷管家”品牌升级，围绕巷巷有美、巷巷有形、巷巷有训、巷巷有为、巷巷有需、巷巷有魂六有目标，初步建立小巷管家项目支持中心，擦亮社会治理特色品牌。累计接待上级部门和兄弟单位学习交流10余次。探索社会动员新方法，启动首届公益合伙人项目，招募30余家专业社会组织，将社区社会组织与优质专业机构绑定发展，促进社区治理动员更加深入。推动“四有四亮相”工作落地，实现楼门院长身份亮相、特色自治管理组织亮相、志愿服务团队和社区社会组织服务亮相、居民自治公约规则亮相，初步构建社区共建共治共享格局。

（韩凌雪）

体育馆路街道

【概况】体育馆路街道办事处是东城区政府派出机关，位于东城区东南部，东至幸福大街，西至天坛东侧路和崇外大街，南至玉蜓桥、铁路沿线，北至广渠门内大街。面积1.84平方千米，有街巷胡同59条。设社区居委会9个，户籍人口1.59万户、4.46万人，常住人口3.58万人，流动人口9255人，有回族、满族、蒙古族等少数民族，人口3102人。辖区内有国家体育总局、中国棋院、红桥市场、天坛饭店等重点单位150个，有中小学5所及幼儿园2所，特殊教育学校1所，医院4所，社区卫生服务中心1个，社区卫生服务站2个。有法华寺、南岗子天主教堂2处区级文物保护单位。内设机构：综合保障办公室、党群工作办公室、社区建设办公室、民生保障办公室、社区平安办公室、城市管理办公室、纪工委（监察组）和综合执法队。公务员编制108人、实有100人；工勤编制3人、实有3人；事业单位4个，编制49人、实有35人。

2019年，体育馆路街道落实市区要求，强化党建引领、共建共享，坚持把方向、谋大事、抓党建、保平安，街道治理效能得到进一步提高，便民热线“接诉即办”、疏解整治促提升等工作取得成效，群众获得感不断提高。坚持开展周末大扫除挑战赛、党员先锋日志愿服务活动50余次，参与党员8000余人次。赴当雄县纳木湖乡开展扶贫考察，向纳木湖乡人民政府捐赠帮扶资金15万元，向拉萨市城关区两岛街道党建活动中心援助资金3.5万元。开展与崇礼区红旗营乡6个村帮扶对接，为红旗营乡5个村25个保洁公益岗位捐助财政帮扶资金20万元，地区企业为红旗营乡51户贫困家庭发放社会慰问资金3万元。2019年，街道共受理市民热线1695件，办结1685件，年度考核成绩排名全区第一。

（杨 泉）

【城市管理】2019年，完善市民热线“接诉即办”考核办法，明确部门负责人、社区书记为热线办理第一责任人，将责任层层传导；完善“接诉即办”能力保障经费使用暂行办法，成立街道市民热线“接诉即办”工作应急处置队，引入专业力量，确保及时、灵活解决群众诉求；坚持“五个不放过”准则，做到民生问题不放过、热点问题不放过、重复举报不放过、快速办理不放过、回复回访不放过，进一步推动市民热线“接诉即办”精细化。完成法华寺街、敬业西里南巷、双玉西街、长青园路等4条街巷的交通秩序提升，安装违停监控系统39套。完成餐饮商户油烟设备改造签约，餐饮商户油烟设备改造完成检测率全区排名第三。完成文章胡同等4条背街小巷精细化提升。开展生活垃圾分类宣传活动50余场，入户宣传7万余人次，发放宣传折页3万余份、家用厨余垃圾桶1万余个、垃圾袋5万余个，居民深度知晓率基本达到90%，楼房区厨余垃圾分出率均在15%以上。

（杨 泉）

【民生保障】2019年，街道利用“疏整促”腾退空间建成南岗子社区养老驿站，并于5月底正式运营。新开便民超市2处，菜站1处。建成街道残疾人辅助器具服务中心并投入使用。开展养老机构辐射居家项目，服务地区居民1767人，消费总次数7589人次，服务总金额2594元，居民满意率达90%以上。建立街道退役军人活动站，完善街道“老兵驿站”活动体系，组建退役军人合唱团、宣讲团、舞蹈队等，丰富退役军人文化娱乐活动。推进住房保障工作，受理保障性住房、市场租房补贴及公租房补贴新申请192户，资格变更384户。

（杨 泉）

2月19日元宵节，体育馆路地区宫灯非遗传人向少年儿童讲解宫灯知识（乔健摄）

【社会治安综合治理】2019年，完成“两节”、全国“两会”、“一带一路”高峰论坛、亚洲文明对话大会、中华人民共和国成立70周年庆祝活动期间社会面防控工作，地区累计启动社会面二级加强以上防控等级71.5天，发动各类群防群治力量14万余人次。结合国庆节和年末2个时点分别开展为期60天和为期40天的“安全隐患消消乐”活动，社区干部和社区工作者实名制排班，平房区5个社区每天清理一个院落、楼房区4个社区每天清理一个楼门单元，切实保障地区消防安全。联合地区派出所开展智慧社区建设，完成长青园20号楼智能门禁系统安装。检查生产经营单位1392家、4804家次，覆盖率100%，发现隐患4999处，整改隐患4999处，隐患消除率100%。

（杨 泉）

【社区建设】2019年，完成第十届社区居委会换届选举工作。实行社区不间断、全响应服务社区居民工作机制，继续抓好社区工作者队伍建设。举办第十届社区体育文化节运动会，辖区机关、企事业单位职工和社区居民1000余人参加。继续实施社区小冠军俱乐部公益项目、夏日文化广场、“皮卡书屋”等特色品牌活动。

（杨 泉）

【党建工作】2019年，街道工委深入开展“不忘初心、牢记使命”主题教育系列活动，组织街道领导班子成员和地区所有党支部书记参观香山革命教育基地，举办主题教育报展等活动，覆盖地区党员干部、群众等1000余人。开展党支部书记培训及党务工作者培训，覆盖180人次。强化社区党组织建设，法华南里社区、长青园社区、西唐社区获得“五星级”社区党组织称号。街道领导班子先后召开2次民主生活会。各支部组织党员认真开好组织生活会，开展民主评议党员工作，辖区党员2400余人参与述职评议。统筹使用社区党组织服务群众经费，共申报立项17个，引入审计公司对项目进行全过程监督，涉及经费190.8万元。推动实现地区“两个覆盖”工作，新成立3个非公企业党支部。完成“红砖阵地”党建示范点创建，筹备街道党群服务中心新建工作。

（杨 泉）

【疏解整治促提升工作】2019年，街道疏解人口2627人次，完成全年任务的143.4%。拆除违法建设9500.89平方米，完成全年任务的100.01%。查处、规范各类违法行为1400余起，立案一般处罚347起，罚款80余万元，简易程序处罚965起，罚款5820元。罚款数额同比上升95%，案件数同比上升58%。建设提升便民商业网点2处，在四块玉中街、文章胡同、幸福村增加3处口袋公园。完成营房西街1-5号楼58处违建拆除、楼体节能保温改造、外立面美化、小区老旧管线改造、楼内上下水管线改造、小区配套设施安装等改造项目。

（杨　泉）

天坛街道

【概况】天坛街道办事处是区政府派出机构。位于东城区西南部，东起磁器口大街、天坛东路，南至永定门东街，西依前门大街（南段）、天桥南大街、永定门内大街，北到珠市口东大街。面积4.03平方千米，有街巷70条，其中主要大街7条。设社区居委会12个，户籍人口1.8万户、5万人，常住人口5万人，流动人口1万人，有回族、满族、蒙古族、朝鲜族、土家族等少数民族27个，人口2696人。辖区内注册企业590个，中小学及幼儿园11所。有世界文化遗产天坛公园，市级文物保护单位金台书院、正阳桥疏渠记方碑，区级文物保护单位药王庙及清末传奇人物大刀王五源顺镖局旧址，新中国筹建第一座大型自然历史博物馆——北京自然博物馆，以及中华民族艺术珍品博物馆。机构设置6办1委1队（综合保障办、党群工作办、社区建设办、民生保障办、社区平安办、城市管理办、纪工委和综合执法队）4中心，公务员编制119人、实有109人；工勤编制7人、实有7人；事业编制56人、实有40人。

2019年，完成春节、全国“两会”、中华人民共和国成立70年大庆等重点时期服务保障，完成“疏解整治促提升”、“百街千巷”环境整治提升、安全隐患大排查大清理大整治和可燃物障碍物大扫除等各项重点工作。街道党校共开展系列党课活动23场次。10月，西草市街开街。完成天坛街道办公地址搬迁。由原东城区西草市74号搬至东城区珠市口东大街16号。推进天坛周边3个项目收尾工作。街道被评为北京市2019年度市级交通安全先进单位、北京市构建和谐劳动关系先进单位、北京市民兵先进连队，获中华人民共和国成立70周年阅兵服务保障荣誉证书。1人被评为北京市安全生产检查（督查检查）队队长标兵。

（牛　雨）

3月15日，天坛街道养老助残中心开业（李翠香摄）

【城市管理】2019年，天坛街道审核通过并发放正规煤改电补贴558表户，补贴金额41.93万元；发放简易煤改电补贴42表户，补贴金额4.01万元，两项共计45.94万元。开展北京义务植树日宣传，完成金鱼池小区月季种植；安装白蛾诱捕器，对辖区内2000余棵树木开展草履蚧防治；修剪危险树木134棵，修缮维护古树1棵。推进河长制巡河，加强与河湖管理单位、绿化单位沟通协调，联合执法处理河湖环境问题10余次，发现和解决河湖捕鱼、环境卫生等问题60余个；开展汛前清管行动，清理雨水篦子232个；发放辖区120家单位用水指标，开展“世界水日中国水周”宣传活动，24户居民被评为区节水先进家庭。12个社区累计环保巡查2836次，巡查人数达1.01万人次，发现问题1596件，其中大气扬尘类576件，垃圾堆放类315件，门前三包类204件，占道经营类127件，新生违建类8件，其他类366件，各类问题均已及时处理。辖区76家餐饮单位签订油烟净化设施升级改造合同，完成任务量100%。立案处罚违规施工行为53起，其中施工扬尘类26起，累计罚款37万元；违法运输车辆类27起，累计罚款5.9万元。建立应急抢险队伍，由机关干部、绿化队、专业抢险队、保洁队等部门160人组成，汛期实行全天候备班制度，防汛期间夜间值班256次，处理低洼院落及道路积水67处，抢修房屋漏雨92处。为352户居民办理停车认证352个停车位，检查和整治辖区所有停车场15次，处理居民反映停车问题30余件；开展清理僵尸车专项整治行动，清理僵尸车20余辆。对天坛辖区40余处人防地下空间进行消防安全检查，并同使用人防地下空间责任单位签订安全责任书。

（牛　雨）

【民生保障】2019年，街道新录入保障性住房申请材料275份，公租房、公租补贴、市场租房补贴备案通过310户。接收变更申请231户；受理终止申请105户；资格复核851户。发放公租房选房通知单100余份。整理申请材料档案500余份。全年拨付低保金1062.58万元、低收入补贴1.24万元、集中供热补助30.58万元，完成大一新生教育救助6人、2.64万元，医疗救助355人次、报销金额108.92万元。发放退休金、取暖费、抚恤金、过节费、物业费等各类资金达352万元。解答处理涉及社会救助行政诉讼1件、市长热线案件4件。完成市政府折子工程，建立街道困难群众帮扶所，回访地区600余户低保家庭，精准帮扶特困家庭20户。发放各种保障补贴600万余元，开展适合各类残疾人文体娱乐活动100余次，获北京市示范温馨家园评比第一名。发放残疾人两项补贴354万元，发放精神残疾病人看护补贴32万元。3月第二家社区养老服务驿站——永内东街东里社区养老服务驿站正式挂牌运营，全年为老服务5511次。永内大街社区养老服务驿站为老服务6213次。探视巡访服务独居、高龄老人178人。全年制发老年证22本、优待卡310张；拨付居家养老补贴2.68万人次、268.4万元；高龄津贴3777人次、39.95万元；发放托底和扶助老人照护补贴3678人次、123.66万元；报销高龄药费21人次、2.23万元。重大节日街道领导带队走访慰问驻街部队，慰问各类优抚对象、发放慰问金6.22万元。累计发放残疾军人抚恤金69.58万元、优抚定补21.87万元、义务兵优待金40.28万元。开展退役军人社保接续工作。巡查用工单位239家，涉及劳动用工1477人；开展专项执法检查3次，书面审查单位12家，涉及农民工266人；配合受理投诉举报27起，独立追讨农民工工资5.95万元；开展薪酬调查1次，涉及单位9家、职工666人；创建和谐劳动关系单位2家、双百双规范单位12家。全年办理人口生育登记346例；人口出生上报210人；发放独生子女父母一次性奖励费37.08万元，发放计生药具14万只；年审特扶人员229人，新增19例；办理失独人员一次性经济帮助16例。春节、端午、中秋节慰问失独人员252人次，发放慰问金7.56万元。

（牛　雨）

【社会治安综合治理】2019年，街道开展全民国家安全教育日宣传活动13场次，发动辖区各类群防群治力量20万余人次，完成全国“两会”、第二届“一带一路”国际合作高峰论坛、亚洲文明对话大会、世园会、中华人民共和国成立70周年等“五大安保”任务。在辖区内全面集中开展治安防范、反邪教、禁毒、群租房整治、地下空间整治、预防煤气中毒、扫黑除恶、防范非法集资等形式多样的宣传活动40余场次，发放各类宣传材料1万余份。推进“智慧社区”建设，以金鱼池2号院小区为试点，完成智慧社区建设验收。推进“雪亮工程”建设，配合开展公共安全视频监控建设联网应用。制订守望岗志愿者奖励机制，接到各类有效举报线索154件，奖励志愿者97人，奖励金额1.64万元。雇用保安48人组建地区巡防队。结合无照游商、黑车、黑摩的专项打击行动，联合派出所等执法部门开展检查146次，出动执法人员742人次，查处各类违法违规经营392次，责令整改数369次，行政处罚数97次，罚款2.56万元。为辖区589个楼门单元各配备2具灭火器，为845个平房院及589个楼门单元各配置灭火器放置箱1个。组织开展各类宣传活动、安全知识培训会、消防应急演练共计20余次，发放各类宣传材料10万余份。全年共检查生产经营单位4170家次，下达隐患整改通知书1460份，发现并消除隐患2922处。全年共接访130批次，办理网上信访来访件36件次、113批次、140人次；办理纸信13件次、71人次。完成辖区内应征青年上站体检、各项复查、政审、应急抢险、防汛救灾等工作。

（牛　雨）

【社区建设】2019年，完成社区居委会换届选举，12个社区共登记选民1.78万人，推举出居民代表475人。街道有在职社工195人，通过社会工作资格考试人数达37%。与第三方社工事务所合作开展社工能力培训。选派社区专员与助理12人到社区指导工作，帮助社区搭建居民议事平台，启动“吹哨”程序，及时解决居民关心关切问题。依托社区社会组织服务平台，深入12个社区开展需求调查，引入4家社会组织服务机构打造社区品牌项目，组织开展地区社区节、金婚老人主题庆祝等活动。投入使用永内东街社区服务站，探索一站多居、全科社工，大力推行综合窗口模式，打造南门社区为“四有四亮相”示范社区，打造“悦读共享+”项目。持续推进社区减负增效，优化社区职责清单和管理台账，实行社区工作者全响应服务制，受理预约服务70人次。组织开展社区居民议事会，内容包括违建拆除、停车规范、环境提升等。新组建24支文化团队，成立“京绣坊”巧娘工作室，举办“中轴申遗 文明有我”天坛街道“文明杯”广场舞大赛，开展以“中华人民共和国成立70年，我的家与国”为主题文化展演季系列演出20场。组织社区居民310人完成国民体质测试；设立两处健身气功站点，参与健身锻炼80余人，获东城区团体一等奖。参加东城区广播体操、特色工间操比赛，分别获得广播体操二等奖、工间操团体一等奖。“健康东城”羽毛球混合双打团体赛获单位组三等奖；区第十三届和谐杯乒乓球赛，获女子单打第五名；北京市民体质促进项目挑战赛获得优秀奖。

（牛　雨）

【党建工作】2019年，街道工委开展“不忘初心、牢记使命”主题教育，开展天坛街道优秀共产党员、优秀党务工作者、先进党组织评选表彰，共评选优秀共产党员50人、优秀党务工作者50人、先进党组织8个。推进成立街道、社区两级党建工作协调委员会，并结合“七一”表彰大会召开街道党建工作协调委员会议，推进区域化党建工作。全年组织12个社区开展周末卫生大扫除126次，并在日常扫除基础上，开展“美丽东城 靓丽天坛”环境清洁挑战赛。全年发展党员14人。元旦、春节期间，开展走访慰问活动，惠及老党员及生活困难党员817人，市、区、街共投入慰问资金40.2万元。“七一”期间，走访慰问困难党员807人，市、区、街投入慰问资金27.62万元。表彰10个优秀学习型党组织和学习标兵138人。以“青春心向党 · 建功新时代”为主题，在全地区开展纪念五四运动100周年特别主题团日活动。开展传承红色基因系列教育活动。把学雷锋、志愿服务活动引向深入。开展“最美家庭”评选品牌活动，筹建巧娘京绣坊，做好妇联送温暖活动。

（牛　雨）

【疏解整治促提升工作】2019年，街道通过开展疏解整治促提升专项行动，推进完成各项任务目标，共疏解人口3953人，完成全年任务139.9%。各部门、各社区形成合力，狠抓落实，责任到人，深入了解民情，提高工作效率。开展综合执法，整治人居环境。联合公安、消防、食药等部门组成专项工作小组，拆除西园子、永内东街、西草市、永内大街、南门、祈谷等辖区影响市容观瞻违法建设256处，共1.5万余平方米；封堵开墙打洞10处。整治占道经营、无证无照、开墙打洞、群租房出租房、棚户区改造、区属房产清理等多项指标提前完成或超额完成全年任务指标。配合区百千办完成支路胡同通信架空线治理和重点胡同电力架空线入地，开展违规广告牌匾治理工作，共拆除违规户外广告3块，拆除违规牌匾标识10块。

（牛　雨）

【天坛周边拆迁改造项目】天坛周边4个拆迁改造项目，包括57栋简易楼腾退项目、简易楼环境整治项目、东里北区1-8号楼项目南中轴路棚户区改造项目。2019年，南中轴路棚户区改造项目签约10户，累计签约63户，交房61户，完成选房61户。天坛东里北区1-8号楼腾退项目完成楼体拆除，173户居民全部得到有效安置。至8月31日，天坛周边57栋简易楼项目已累计完成腾退2414户，腾退比例达100%，完成9次、21户执行，剩余15户未交房，43栋简易楼已完成拆除，其中39栋简易楼完成简易绿化，完成签约居民选房、入住工作。

（牛　雨）

永定门外街道

【概况】永定门外街道办事处是区政府派出机构。位于东城区西南部，东起蒲黄榆，南至木樨园及南三环路一线，西起北京南站，北至永定门城楼、跨南二环滨河路。面积3.33平方千米，有大街12条、胡同街巷111条、过境公交线30余条。设社区居委会20个，户籍人口3.9万户、9.76万人，常住人口2.78万户、7.23万人，流动人口7.82万人。有回族、满族、布依族、蒙古族、朝鲜族、壮族、土家族、苗族等少数民族，人口3122人。辖区有中小学及幼儿园16所，全国十大服装批发市场百荣世贸商城、文化用品批发市场等，永定门广场、燕墩公园等文化休闲场所。街道内设综合保障办公室、党群工作办公室、社区建设办公室、民生保障办公室、社区平安办公室、城市管理办公室、纪工委（监察组）和综合执法队。有公务员编制138人、实有125人，工勤3人、实有3人，事业单位4个，事业编制66人、实有61人。

2019年，上报舆情信息130余条，发行《永外新报》23期，主动公开信息260余条。对31条背街小巷开展环境整治提升，完成15条背街小巷精细化提升。开展19次置换宣传，累计收到废旧非机动车1251辆。全年PM2.5年均浓度均低于42微克/立方米，6月份全区排名攀升第一名。蜗牛绘本馆累计举办儿童类活动200场，其中“故事时间”儿童绘本阅读累计服务1600余人，“绘本之旅”手工制作活动累计服务960余人。4家社区养老服务驿站举办中国传统特色活动408次，累计参与人数达6473人次。永外街道被北京市总工会授予首都劳动奖状称号。永外街道1户家庭被中共北京市委宣传部、首都精神文明建设委员会办公室、北京市妇女联合会授予首都最美家庭称号。宝华里社区党委被北京市委社会工委市民政局授予市级优秀社区党组织称号。商会会员1人被首都公益慈善联合会授予永外街道2019年度首都慈善奖慈善个人奖。

（高英琦）

【城市管理】2019年，街道开展禁煤检查20次，均未发现散煤及小煤炉，实现街道无散煤，涉及低谷电居民、简易煤改电居民及宝华里无煤化居民共计827户，补贴资金200万余元。实现19个社区垃圾分类全覆盖（桃杨路社区无楼房区居民），举办垃圾分类宣传活动70余场，清理清运无主垃圾和堆物堆料1096车，清理违法小广告4.85万余张，清除墙体广告3750平方米，出动保洁员3.04万人次、清运车辆4.44万辆，清理清运垃圾1.07万余吨。针对春夏虫害高发情况，对病虫害进行积极防治，喷药面积达到地区树木全覆盖，累计出动910余人次，打药车800余台次，使用药剂2500余斤，防治作业30万平方米，地区普打33次，悬挂诱捕器27个。辖区砍伐危树险树79棵，处理危险树共计132棵。完成地面塌陷修复、危墙抢修等小修小补工程217次。清理违规广告牌匾标识127块；清理私设地桩地锁800余个。制订并完善街道防汛工作方案和抢险预案，储备防汛抢险救灾物资，处理折枝、树枝压车、树枝压房40处；倒扶树木13棵；修补居民漏雨房屋2处；处理道路塌陷1处，抢修1户拆迁滞留区居民房屋屋顶。清运大件废弃物1096车。强化永外街道微信公众号的日常受理、派遣和结案工作，共受理微信公众号案件267件，实际解答和办理267件。

（高英琦）

【民生保障】2019年，街道完成4批公租房直配选房，完成4次公租房意向登记，完成对490户公租房补贴领取家庭年审，确定继续享受补贴资格家庭338户，补贴档次变更家庭74户，取消资格家庭78户，完成144户市场租金补贴领取家庭年审、续签工作。落实就业，安置失业人员1031人。办理灵活就业及自主创业693人，帮扶就业困难人员24人。办理残疾人证138人，类别登记变更升级27人，全年共发放各类补助款1101.41万元，其中发放生活补助5880人次、304.51万元；护理补助1.66万人次、250万元；社会保险补贴1318人次、补助款414.61万元；元旦、春节走访慰问105人、慰问款8.8万元；扶残助学20人、补助款9.15万元，助残券6236人次、62.38万元，为635人发放燃油补助款16.56万元，为残疾儿童23人发放康复补助35.41万元。为地区“三无”老人2人办理城市特困人员供养。为55户居民提供临时救助，惠及群众109人、救助资金25.3万元；实施医疗救助409人次，救助资金46.29万元；开展刑释解教人员临时救助7人，帮助办理低保7人，并在低保审批期间发放救助金共计2.79万元；为低保家庭高中生、大学生12人提供慈善助学救助，救助资金1.7万元；为低保家庭重病患者7人提供慈善助医救助金9.57万元。4家社区养老服务驿站举办中国传统特色活动408次，累计参与人数6473人次。老年餐桌全年就餐人数9358人次，办卡342张。处理讨薪纠纷事件10余起，为农民工108人追回拖欠工资63万余元，对辖区在施建筑工地巡查30家次，保证农民工工资按时、足额支付。办理一孩生育登记446人，二孩生育登记194人，补办《独生子女父母光荣证》19人，办理失独人员一次性经济帮助17人，特扶家庭成员实现安康保险全覆盖，为60对新婚夫妇提供免费婚前医学检查。

（高英琦）

【社会治安综合治理】街道落实城市安全隐患治理行动，安全生产检查覆盖率100%，挂账隐患核销率100%，企业台账系统更新完整率100%，超额完成年度检查任务。开展安全生产月活动，检查生产经营单位629家，核销处理办结“12345”等群众投诉举报155件。办理“96310”举报1044件，一般程序案卷304个，罚款57.74万元。建立施工地、拆迁区、拆迁滞留区常态化检查机制，在空气重污染预警期间，对纳入污染源排放企业实施停产限产措施。开展挂账隐患“回头看”核查，切实保障地区居民生命财产安全。加大新生动态无证食品经营违法打击力度，完成2019年辖区挂账无证食品商户清零，流通、餐饮抽检合格率100%。扎实推进平安永外建设和“雪亮工程”建设，开展扫黑除恶专项斗争，集中整治社会治安突出问题。受理群众来信来访829件次，其中办理市信访信息系统信访件332件；区长信箱58件；接待来访439件。信访案件排查率达100%；按期处结率100%。开展劳动用工执法检查，日常巡查单位156家，涉及劳动者3345人，其中开展专项执法检查5次，共检查单位60家，涉及劳动者1021人。对建筑工地开展专项执法检查3次，共检查建筑施工企业30家次，涉及农民工660人次。

（高英琦）

【社区建设】2019年，街道公开招录社区工作者29人，社区正职岗位调整42人次，新提拔社区正职1人，分别对社区正职32人、社区副职33人、社区骨干27人、新招录社区工作者27人

4月28日，永定门外街道办事处获“首都劳动奖状”（廖磊摄）

开展8次业务培训。制订并落实《永外街道社区全响应服务机制》，为社区制作统一服务标识牌，规范社区工作时间，统一预约登记模板。4月15日实施之日起至年底，20个社区电话预约60余人次，接待预约90余人次，办理服务事项100余件。划分南北片区实行自治停车管理。有自治停车场7处，涉及杨家园、李村等7个社区，认证居民信息1010人。开展“全民健身，携手同行”健步走、“和谐杯”乒乓球比赛等文体活动200余项。开展“巧手制花灯，共庆元宵节”元宵花灯制作活动、“逐梦新时代，福猪贺新年”社区文化庙会、“低碳环保、共创和谐”健步行等主题活动50余次，参与活动者3000余人次。深化“北京新市民大课堂”学习品牌，开展教育观影、京剧活动及第二届校际足球赛。开展志愿者日养老服务活动，为居民提供免费剪发、义诊、修脚、测血糖、为社区老人代换煤气、中医按摩等服务。启动购买社会组织联合会服务平台运营项目立项评审工作。发挥党建引领作用，开展“回顾中华人民共和国成立70年 点亮炫彩中轴线”系列活动，青少年和家长120人一同参加。

（高英琦）

【党建工作】2019年，街道制发《永外街道2019年党组织服务群众项目》《2019年永外街道基层党建工作重点任务清单》《永外街道“扣好第一粒扣子”青年干部纪律教育活动方案》规范性文件。制作并向辖区党员发放《永外街道党员干部应知应会100条》6200本，做到全覆盖。召开党风廉政建设工作部署会，逐级签订责任书。组织35岁以下机关干部、社区工作者通过集中学习、自学等形式重点学习《中华人民共和国监察法》《东城区党员干部理论政策知识读本》《永外街道党员干部应知应会100条》。国庆期间，团员青年注册成为志愿者121人，进行紧密部署和严格培训，其中109人作为城市志愿者，在永外“大上坡”城市志愿服务站点进行为期37天的志愿服务；核心志愿者12人在庆祝大会现场直接服务于中华人民共和国成立70周年保障工作。辖区非公企业232家，非公企业党员209人，流动党员188人，建立非公党支部11个、党总支1个，行业联合支部1个，楼宇支部2个，社会组织支部2个，党组织工作覆盖实现86.64%。充实区域化党建新内涵，深度打造永外“金色商圈”和非公“红色名片”。

（高英琦）

【疏解整治促提升工作】2019年，街道完成百荣低端业态疏解，永外城市场闭市后产业发展战略定位为打造“新永外城”国际文化创意产业园。望坛地区开工建设，宝华里危改项目搬家期结束，签约比例97.4%。大磨坊通过改造升级，首都粮食博物馆建成并正式对外开放。通过拆除违建等方式，各项疏解任务共实现人口减少1万余人，完成全年疏解任务的100.1%。拆除违法建设370处、6313平方米；完成永建里（北线）、管村路等15条背街小巷精细化提升，管村路10号院楼体外立面清洗粉饰、立面整饰共计6.48万平方米。在拆迁滞留项目阶段整治中，共检查原直管公房361间，私房299间，单位自管房100间。新增定安里小区自治停车场、刘家窑路自治停车场，新增自治停车位393个。新增电子停车位187个，服务5个社区完成12处占用公用人防工程，并完成催缴、补缴费用等各项工作。清理整治8处人防公用工程口部房，对4处人防工程办理公益使用证。对中和枣苑物业管理有限责任公司第二分公司使用的天天家园地下人防工程，采用“吹哨报道”“社区联席会”等方式，逐一核实各事项，完成减免补缴等各项工作。

（高英琦）

【望坛棚户区改造项目】望坛项目总建筑面积约131万平方米，回迁房5142套，资金平衡房1556套，12个房建标段，1个市政标段。9月6日3-4#楼（回迁房230套）地上主体结构封顶（共11层），进行室内外装修工程施工。安乐林中街南段120米道路沥青铺设完成。琉璃井中街、安乐林中街雨水、污水、中水、自来水、热力、电力管线按进度施工。8月8日开启综合整治第一批签约工作，共计完成签约72户，并于8月23日完成选房；8月30日开启综合整治第二批签约，共计完成签约38户，并于9月5日完成选房；12月19日开启综合整治第三批签约，共计完成签约40户，并于当日完成选房；2019年综合整治共计完成签约150户，完成选房130户。12月25日，望坛项目13个标段均取得施工登记意见函。全年，征收收尾阶段共计完成签约53户，完成选房38户。

（高英琦）

【宝华里棚户区改造项目】宝华里危改项目位于永定门外地区，紧邻南中轴线，涉及居民产籍2271户，企事业单位18家。项目自5月3日启动签约拆迁，已完成签约1116户，签约比例达98%；完成交房1086户，交房率突破95%；完成选房结算1036户，结案率为90%。选择东惠家园Ⅰ期、西河沿的外迁居民已办理入住，林奥嘉园已签订购房合同，剩余未签约28户，签约未腾房28户，共计56户，其中拟开工的3号地块还剩余7户。项目内14家企业，已签约交房结算4家。企业搬迁完成面积达88%。在攻坚关键阶段，组织开展多轮宝华里危改项目环境整治专项行动，清理封堵抢占房123间，张贴告知单封条816张，完成宝华里拆迁区域内抢占房的清理封堵。现场施工同步开展，并逐项实施文物勘察、地基勘察、树木伐移、围墙封堵、施工暂设等工作，3号地块和市政道路部分区域已开工建设。

（高英琦）

东城区街道工委及办事处负责人

东华门街道工委书记	赵宏松（回族）
办事处主任	秦　磊（9月任）
	向　愚（女，土家族，9月免）
景山街道工委书记	冯建国
办事处主任	高永学（满族）
交道口街道工委书记	吕德成
办事处主任	张　黎
安定门街道工委书记	赵明杰
办事处主任	戚家勇（4月任）
	王　昕（女，3月免）
北新桥街道工委书记	郑青云
办事处主任	安　虹（女）
东四街道工委书记	韩卫国（5月任）
	荀连忠（3月免）
办事处主任	魏　搏（11月任）
	张志勇（11月免）
朝阳门街道工委书记	陈志坚（5月任）
	陈大鹏（5月免）
办事处主任	董凌霄
建国门街道工委书记	孟　锐
办事处主任	祁国梁（4月任）
	贾　邦（3月免）
东直门街道工委书记	肖　刚
办事处主任	石崇远
和平里街道工委书记	王品军（回族）
办事处主任	丁选云
前门街道工委书记	李卫华
办事处主任	余海民
崇文门外街道工委书记	梁成才（3月任）
	韩新星（3月免）
办事处主任	阮　君
东花市街道工委书记	于家明（4月任）
	李承刚（3月免）
办事处主任	张之泽（5月任）
	于家明（4月免）
龙潭街道工委书记	吕晓东（4月任）
	杜　娟（女，3月免）
办事处主任	程　利（5月任）
	吕晓东（4月免）
体育馆路街道工委书记	陈志坚（5月免）
办事处主任	王景芝（女）
天坛街道工委书记	赵秋洁（女，满族）
办事处主任	张松青（4月任）
	郭立峰（3月免）
永定门外街道工委书记	陈卫兵
办事处主任	肇毅凯（满族）

人物 荣誉

先进个人名录

全国先进个人

全国五一劳动奖章

姜顺玉

全国“最美奋斗者”

时传祥

中国好人

赵小虎

全国三八红旗手

许 莉 王小节

全国最美家庭

樊 虹 李子俊 刘军梅

全国民政系统先进工作者

王 淼

全国市场监管系统先进工作者

余 麟

全国人力资源社会保障系统 2017—2019 年度优质服务先进个人

王振生

北京市先进个人

首都劳动奖章

耿嘉玮 周茂丽 王相杰 马 超
邱宁宽 刘琼芳 王泽旭 凌 杰
贾 敏 焦文轩 甄 军 赵增科
张 娟

北京市筹备和服务保障中华人民共和国成立 70 周年庆祝活动先进个人

孙连海 林 萌 任贵堂 杜海洋
焦陆伟 陈 皓 杜江峰 张 宁
张恩铭 齐富伟 殷秀伟 才 胜
徐雪莎 赵建忠 牛燕新 张辰阳
梁益明 王亚民 赵群策 郑维嘉
王 松 魏瑞峰 贾宇恒 白 昂
王继伟 李 鹤 刘 洋 何文谱
韩亚军 刘建平 赵忠华 马 良
张 忠 赵永利

北京榜样

金大钧 任志萍 段 联 赵小虎
汪维信 杨 信

第十三批“北京市有突出贡献的科学、技术、管理人才”

白玉兴

北京青年五四奖章

杜 佐

北京市构建和谐劳动关系先进个人

马 龙

首都最美家庭

郭栋蕙 封云英 陶建华 皋司虎
张秀琴 白祥明 魏 杰 刘军梅
姜 婷 陈秀兰 张淑萍 李伏生
王惠忠 李子俊 蔡杏敏 孙孝贞
李日增 刘向军 周 霞 杜 然

2019 年度首都绿化美化先进个人

姜秀玲

第二届北京市生态环境监测专业技术人员大比武活动生态环境监测综合比武

秦妍然（个人二等奖）
刘 童（个人三等奖）
董燕春（个人三等奖）

东城区先进个人

东城榜样

李 岩 卢艳丽 赖小京 陈英汉
潘和永 顾鑫阳 李 锐 崔来贵
张群英 于 萍 唐占鑫

东城区优秀法官

王广存 王相杰 王晓峰 冯 宁
冯晓光 刘志云 闫 薇 李彦宏
罗 兰 郭海宁

东城区优秀检察官

刘超颖 杨彦军 宋志虹 宋林生
张 莉 苗蓉蓉 赵 晖 甄 静

东城区优秀人民警察

马志强 文思敏 邢俊文 刘晓会
李静远 张 超 张新刚 骥赵超
段浩然 恩 玮 高铭君 郭惠群
梁 军 王光祖 车勇龙 刘玉璞
苏尚元 张 苒 张国增 张金鹏
崔艳超

先进集体名录

全国先进集体

全国工人先锋号

北京金板寸文化发展中心，北京金板寸学雷锋志愿者服务队

北京大北照相有限责任公司，前门照相班组

北京同仁医院，眼科中心

全国巾帼文明岗

北京慈爱嘉养老服务有限公司

北京大北照相有限责任公司前门店

全国保密工作先进集体

北京市东城区保密局

全国民族团结进步模范集体

北京市东城区东花市南里社区

北京市先进集体

首都劳动奖状

北京慈爱嘉养老服务有限公司

北京市东城区人民政府永定门外街道办事处

北京市工人先锋号

北京京港地铁有限公司仓务部

北京市东城区住房和城市建设委员会历史文化名城保护科

北京市东城区劳动人事争议仲裁院女职工权益争议审理庭

北京市东城区绿化一队养护班

北京市筹备和服务保障中华人民共和国成立70周年庆祝活动先进集体

北京市东城区文化和旅游局

北京市公安局东城分局东方广场派出所

北京市公安局东城分局北京站派出所

北京市公安局东城分局建国门派出所

北京市东城区住房和城市建设委员会

北京市东城区城市管理委员会

天坛公园

2019年北京市安全生产先进单位

北京市东城区商务局

第十二届首都见义勇为权益保护工作先进单位

北京市东城区龙潭街道办事处

北京市构建和谐劳动关系先进单位

北京市东城区天坛街道办事处

2019年度首都绿化美化先进单位

天坛公园

第二届北京市生态环境监测专业技术人员大比武活动生态环境监测综合比武团体一等奖

北京市东城区环境保护监测站

北京市侨联工作先进集体

北京市东城区东花市街道侨联

东城区先进集体

东城先进党组织

北京市东城区救助管理咨询站

北京市东城区文化委员会行政执法队党支部

先进人物选介

姜顺玉，男，1984年6月出生，汉族，群众，现任北京市保安服务总公司崇文保安分公司八中队中队长。2016年荣获“全国见义勇为英雄”称号，2018年荣获“首都劳动奖章”称号，2019年荣获“全国五一劳动奖章”。姜顺玉同志从事保安工作以来始终立足本职，爱岗敬业，以身作则，舍小家为大家。先后参加过每年的全国“两会”、2008年北京奥运会、APEC会议等重大安保任务，多次立功受奖。他率先垂范的先进事迹为广大保安管理干部和保安员树立学习榜样，为首都的和谐稳定作出贡献。

逝世人物选介

罗克钧，北京市原崇文区人民法院党组书记、院长。男，汉族，1926年7月出生，籍贯河南省南阳市桐柏县，1975年5月5日加入中国共产党。于2019年4月6日因病不幸去世。自参加革命工作以来历任北京市人民法院助审员；北城东四区法院副院长；北京市司法局秘书科长；北京高级法院派驻宣武区法院帮助领导工作；链条厂、轴承厂厂长；北京市中级法院刑一庭副庭长；北京市崇文区法院党组书记、院长。

统 计 资 料

表34

东城区国民经济和社会发展主要指标

项　目	单　位	2019年	2018年	增长速度%
人口与就业				
人口				
年末常住人口	万人	79.4	82.2	-3.4
年末户籍户数	户	349907	347025	0.8
年末户籍人口	人	988338	973558	1.5
男性人口	人	483793	477372	1.3
女性人口	人	504545	496186	1.7
户籍人口自然增长率	‰	1.37	6.10	-4.73个千分点
就业				
从业人员平均人数	人	657707	703307	-6.5
从业人员年末人数	人	655721	703743	-6.8
从业人员年平均工资	元	176114	155198	13.5
城镇登记失业率	%	0.84	0.86	-0.02个百分点
城镇登记失业人员就业率	%	66.51	65.27	1.24个百分点
宏观经济				
财政				
一般公共预算收入	万元	1897028	1756221	8.0
#区级各项税收	万元	1708552	1581766	8.0
一般公共预算支出	万元	2593171	2515731	3.1
固定资产投资				
固定资产投资（不含农户）	万元	—	—	-8.8
#房地产开发	万元	—	—	-58.4
消费品市场				
社会消费品零售总额	万元	13194819	12570874	5.0
商品交易市场总数	个	19	20	-5.0

续表34

项　目	单　位	2019年	2018年	增长速度%
综合市场	个	10	10	0.0
专业市场	个	9	10	-10.0
商品交易市场成交额	万元	252505	263836	-4.3
综合市场	万元	20373	17870	14.0
专业市场	万元	232132	245966	-5.6
消费品市场个数	个	18	21	-14.3
消费品综合市场	个	4	4	0.0
农副产品市场	个	14	15	-6.7
工业消费品市场	个			
其他消费品市场	个		2	-100.0
居民生活				
人均可支配收入	元	81592	75547	8.0
人均消费性支出	元	52715	49026	7.5
恩格尔系数	%	20.0	20.4	-0.4个百分点
能源消费				
不变价万元GDP能耗下降率	%	2.15	5.81	—
外经、外贸				
实际利用外资额	亿美元	6.3	6.2	0.2
行业				
工业				
规模以上工业总产值（现价）	万元	1771363	1749038	1.3
资产总计	万元	2541100	1961069	29.6
营业收入	万元	2339592	1809258	29.3
利润总额	万元	156317	106073	47.4
从业人员平均人数	人	9089	8368	8.6
建筑业				
具有资质的建筑业企业总产值	万元	8962579	8095915	10.7
资产总计	万元	25620882	22289896	14.9
营业收入	万元	11215947	9747650	15.1
利润总额	万元	723605	311712	132.1

续表34

项　　目	单　　位	2019年	2018年	增长速度%
从业人员平均人数	人	28697	34102	-15.8
信息传输、软件和信息技术服务业				
资产总计	万元	14548252	12360548	17.7
营业收入	万元	6229105	5799540	7.4
利润总额	万元	1184566	1290386	-8.2
从业人员平均人数	人	37322	29383	27.0
批发和零售业				
资产总计	万元	80033457	73331567	9.1
营业收入	万元	70890544	65269334	8.6
利润总额	万元	2681955	2022705	32.6
从业人员平均人数	人	79034	80868	-2.3
住宿和餐饮业				
资产总计	万元	4479187	4136125	8.3
营业收入	万元	2674034	2562112	4.4
利润总额	万元	152300	121632	25.2
从业人员平均人数	人	98433	93554	5.2
金融业				
资产总计	万元	1831102444	1665991057	9.9
营业收入	万元	112773309	60445736	86.6
利润总额	万元	99994729	48101867	107.9
从业人员平均人数	人	75769	82007	-7.6
房地产业				
资产总计	万元	46213835	41699404	10.8
营业收入	万元	3630457	3364576	7.9
利润总额	万元	263170	597521	-56.0
从业人员平均人数	人	62204	62014	0.3
租赁和商务服务业				
资产总计	万元	110197840	108628908	1.4
营业收入	万元	10468355	13337567	-21.5
利润总额	万元	3747764	5735400	-34.7

续表34

项　　目	单　　位	2019年	2018年	增长速度%
从业人员平均人数	人	112084	89137	25.7
教育、文化、体育、卫生、环境				
教育				
校（园）数	所	193	197	-2.0
#中学	所	45	47	-4.3
小学	所	51	61	-16.4
幼儿园	所	63	57	10.5
在校生数	人	122082	118232	3.3
#小学	人	61571	59319	3.8
中学	人	37855	36329	4.2
幼儿园	人	17981	17012	5.7
文化				
文物保护单位	个	164	163	0.6
国家级文物保护单位	个	37	35	5.7
市级文物保护单位	个	69	70	-1.4
区级文物保护单位	个	58	58	0.0
文化馆（站）个数	个	2	2	0.0
公共图书馆个数	个	2	2	0.0
公共图书馆藏书	万册	159.7	154.5	3.4
体育				
体育场馆数	个	109	86	26.7
举办体育活动次数	次	382	253	51.0
举办体育活动参加人数	万人次	160	40	300.0
卫生				
卫生机构数	个	554	554	0.0
#医院	个	63	63	0.0
#二级以上	个	18	18	0.0
#三级甲等	个	8	8	0.0
实有床位数	张	9938	9947	-0.1

续表34

项　　目	单　　位	2019年	2018年	增长速度%
每千常住人口拥有医院床位数	张	12.52	12.10	3.5
卫生技术人员数	人	25943	25099	3.4
#执业（助理）医师	人	10245	9817	4.4
注册护士	人	10731	10440	2.8
城市环境				
公园个数	个	24	24	0.0
#免费公园个数	个	18	18	0.0
人均绿地面积	平方米/人	13.95	13.46	3.6
城市绿化覆盖率	%	33.24	33.24	0.0个百分点
年末实有道路长度	公里	425	425	0.0
年末实有道路面积	万平方米	474	474	0.0

表35

地区生产总值

单位：亿元、%

项　　目	2019年	增长速度%
合计	2910.4	6.0
按产业类别分		
第二产业	87.5	-0.6
第三产业	2822.9	6.2
按行业类别分		
工业	39.2	-3.3
建筑业	48.4	1.7
批发和零售业	306.7	5.4
交通运输、仓储和邮政业	20.2	4.1
住宿和餐饮业	78.9	-2.7
信息传输、软件和信息技术服务业	317.2	4.7
金融业	769.8	8.4
房地产业	180.9	14.6

续表35

项　目	2019年	增长速度%
租赁与商务服务业	276.0	-0.1
科学研究和技术服务业	287.4	5.0
水利、环境和公共设施管理业	14.9	4.1
居民服务、修理和其他服务业	12.9	-8.4
教育	91.2	9.8
卫生和社会工作	136.3	6.1
文化、体育和娱乐业	126.8	14.5
公共管理、社会保障和社会组织	203.7	3.3

注：1.地区生产总值按当年价格计算，增速按可比价格计算。

2.产业划分依据国家统计局2018年修订后的《三次产业划分规定》；行业划分依据《国民经济行业分类》（GB/T4754-2017）。

3.2019年地区生产总值为初步核算数。

表36　**固定资产投资（不含农户）增速**

单位：%

项　目	2019年	2018年
合计	-8.8	1.2
按隶属关系分		
中央	28.7	97.5
地方	-5.5	28.1
其他	-29.5	-30.4
按登记注册类型分		
国有经济	117.7	-33.1
外商及港澳台投资经济	36.1	35.4
其他经济	-37.0	1.9

注：固定资产投资统计口径为“项目建设地”原则。

表37

规模以上工业企业生产情况

单位：万元

项　　目	工业总产值（当年价格）	工业销售产值（当年价格）
合计	1771363	1772947
按登记注册类型分		
内资	1685441	1682110
集体	7069	7146
国有独资公司	259121	257704
其他有限责任公司	1066791	1059157
股份有限公司	317906	324251
私营有限责任公司	34554	33853
港澳台商投资	43985	50528
与港澳台商合资经营	43985	50528
外商投资	41936	40309
中外合资经营	38307	36858
外资企业	3629	3451
按行业类别分		
煤炭开采和洗选业	3596	3596
石油和天然气开采业	223870	223327
纺织服装、服饰业	17652	18860
皮革、毛皮、羽毛及其制品和制鞋业	8453	8144
家具制造业	4797	4939
文教、工美、体育和娱乐用品制造业	1010858	1002838
医药制造业	301948	305084
金属制品业	12763	13044
专用设备制造业	73558	71235
汽车制造业	18208	21174
计算机、通信和其他电子设备制造业	23663	22345
仪器仪表制造业	43985	50528
其他制造业	3629	3451
电力、热力生产和供应业	24382	24382

表38

建筑业企业生产情况

单位：万元

项　目	建筑业总产值	#装饰装修产值
合计	8962579	467125
按登记注册类型分		
内资	8801125	414186
国有	35558	1074
集体	305	305
有限责任公司	8527387	331485
国有独资公司	5156297	148654
其他有限责任公司	3371090	182831
股份有限公司	18165	18165
私营企业	219710	63157
私营有限责任公司	219087	63157
私营股份有限公司	624	0
港澳台商投资	119722	45199
与港澳台商合资经营	2475	12
港澳台商独资	117247	45187
外商投资	41732	7740
中外合资经营	5690	5690
外资企业	36042	2050
按隶属关系分		
中央	6894580	154888
地方	1407330	151210
其他	660669	161027
按行业类别分		
房屋建筑业	2731904	191138
土木工程建筑业	5715688	81345
建筑安装业	290610	918
建筑装饰和其他建筑业	224377	193724

表39

旅游区（点）活动情况

单位：万元

项　　目	单位数（个）	营业收入（万元）	#门票收入	接待人数（万人次）	#境外人数
合计	18	166228	111173	7168	288
按旅游景(区)点等级分					
AAAAA级	2	123985	96813	3752	225
AAAA级	6	10215	5663	1662	9
AAA级	1	***	***	***	***
AA级	2	4347	197	129	9
未评定A级	7	24135	8501	1282	46

注：1.该表统计范围为东城区月报监测的18家A级及以上旅游区（点）和其他主要旅游区（点）。

表40

限额以上批发和零售业商品销售类值

单位：万元

项　　目	商品销售总额
类值合计	83198756
1.粮油、食品类	6566446
其中：粮油类	4676467
肉禽蛋类	71736
水产品类	199593
蔬菜类	18351
干鲜果品类	35052
2.饮料类	173050
3.烟酒类	2282004
其中：酒类	2029207
4.服装、鞋帽、针纺织品类	1593030
（1）服装类	967403
（2）鞋帽类	375382
（3）针纺织品类	250245
5.化妆品类	366623
6.金银珠宝类	8211949

续表40

项　目	商品销售总额
其中：饰品类	2007796
7.日用品类	1820598
其中：可穿戴智能设备	17
其中：儿童玩具类	85093
8.五金、电料类	84640
9.体育、娱乐用品类	70148
其中：照相器材类	10724
10.书报杂志类	571344
11.电子出版物及音像制品类	101857
12.家用电器和音像器材类	416361
其中：能效等级为1级和2级的商品	6223
其中：智能家用电器和音像器材	207
其中：电视机类	2823
13.中西药品类	7095779
其中：西药类	5644678
中草药及中成药类	1095198
14.文化办公用品类	2092089
其中：计算机及其配套产品	1018922
15.家具类	175927
16.通讯器材类	8426802
其中：智能手机	7822398
17.煤炭及制品类	10207744
18.木材及制品类	2100572
19.石油及制品类	1838065
20.化工材料及制品类	1859236
其中：化肥类	36080
21.金属材料类	14107248
22.建筑及装潢材料类	189956
23.机电产品及设备类	3673884

续表40

项　　目	商品销售总额
其中：农机类	3682
24.汽车类	760560
其中：新能源汽车类	11762
其中：汽车配件类	58726
25.种子饲料类	435714
26.棉麻类	1391720
27.其他类	6585411

表41

居民年人均可支配收入

单位：元

项　　目	2019年	2018年
可支配收入	81592	75547
工资性收入	44066	41312
#工资	40388	37528
实物福利	9	74
经营净收入	1270	1223
财产净收入	13626	12855
转移净收入	22630	20158
（一）转移性收入	27745	25958
#养老金或离退休金	25532	24029
社会救济和补助	14	42
赡养收入	385	356
（二）转移性支出	5115	5800

表42

居民家庭每百户主要耐用消费品拥有量

项　　目	单 位	2019年	2018年
家用汽车	辆	43	42
摩托车	辆	2	2

续表42

项　目	单 位	2019年	2018年
助力车	台	28	28
洗衣机	台	102	102
电冰箱（柜）	台	106	105
微波炉	台	81	81
彩色电视机	台	132	131
空调	台	177	176
热水器	台	94	93
洗碗机	台	3	3
抽油烟机	台	88	89
固定电话	线	61	61
移动电话	部	230	226
计算机	台	104	101
照相机	台	56	59
中高档乐器	架	18	20
健身器材	台	6	7
空气净化器（含新风系统）	台	48	45
吸尘器	台	35	33

表43　户籍人口百岁表

年　龄	总人数	男	女
总计	988338	483793	504545
0岁	7217	3766	3451
1岁	8321	4380	3941
2岁	10288	5239	5049
3岁	13025	6685	6340
4岁	8978	4692	4286
5岁	14675	7663	7012
6岁	10886	5695	5191

续表43

年　龄	总人数	男	女
7岁	12236	6397	5839
8岁	9732	5043	4689
9岁	7559	3919	3640
10岁	8016	4133	3883
11岁	7344	3745	3599
12岁	7250	3740	3510
13岁	5092	2656	2436
14岁	4512	2260	2252
15岁	4921	2537	2384
16岁	2598	1307	1291
17岁	4705	2395	2310
18岁	4133	2095	2038
19岁	5168	2611	2557
20岁	4857	2437	2420
21岁	4702	2357	2345
22岁	5558	2847	2711
23岁	5360	2618	2742
24岁	5946	2890	3056
25岁	6891	3419	3472
26岁	7794	3741	4053
27岁	9830	4711	5119
28岁	8385	4099	4286
29岁	13092	6328	6764
30岁	13930	6766	7164
31岁	15395	7601	7794
32岁	16420	7938	8482
33岁	15170	7311	7859
34岁	15758	7577	8181
35岁	17151	8389	8762
36岁	19896	9733	10163

续表43

年　龄	总人数	男	女
37岁	22583	10834	11749
38岁	19103	9436	9667
39岁	16942	8311	8631
40岁	14517	7244	7273
41岁	14609	7277	7332
42岁	11768	5960	5808
43岁	10416	5333	5083
44岁	9842	4889	4953
45岁	10286	5133	5153
46岁	12422	6083	6339
47岁	12923	6360	6563
48岁	12709	6157	6552
49岁	13091	6340	6751
50岁	13547	6434	7113
51岁	15080	7149	7931
52岁	9923	4712	5211
53岁	10463	5163	5300
54岁	12275	6166	6109
55岁	16973	8515	8458
56岁	26264	13151	13113
57岁	21500	10916	10584
58岁	15466	7650	7816
59岁	18740	9391	9349
60岁	18160	9020	9140
61岁	20106	9940	10166
62岁	22127	10722	11405
63岁	19777	9655	10122
64岁	19148	9291	9857
65岁	19364	9288	10076
66岁	17351	8441	8910

续表43

年　龄	总人数	男	女
67岁	15814	7622	8192
68岁	14387	6989	7398
69岁	12667	6339	6328
70岁	10623	5320	5303
71岁	8348	4159	4189
72岁	7782	3886	3896
73岁	7152	3494	3658
74岁	6226	2939	3287
75岁	5215	2536	2679
76岁	4736	2242	2494
77岁	5161	2357	2804
78岁	5091	2298	2793
79岁	5249	2237	3012
80岁	5464	2159	3305
81岁	5629	2183	3446
82岁	5779	2338	3441
83岁	5479	2276	3203
84岁	5410	2192	3218
85岁	4944	2098	2846
86岁	4498	1927	2571
87岁	3844	1656	2188
88岁	3064	1343	1721
89岁	2887	1190	1697
90岁	2411	1005	1406
91岁	2022	883	1139
92岁	1550	633	917
93岁	1290	572	718
94岁	1009	424	585
95岁	815	352	463
96岁	657	277	380

续表43

年　龄	总人数	男	女
97岁	506	201	305
98岁	413	182	231
99岁	360	151	209
100岁以上	1590	652	938

表44

户籍人口变动情况统计表

		2018年末户籍人口数合计	增加							减少							2019年净增长	2019年末户籍人口数	2019年末集体户
			合计	市外迁入	出生	市内移动		本管界转化	其他	合计	迁出市外	死亡	市内移动		本管界转化	其他			
						外区迁入	本区他所迁入						迁往外区	迁往本区他所					
城镇	户数	347017	10009	374	2	6594	1401	0	1638	7127	80	1113	3537	968	0	1429	2882	349899	876
	人数	973542	45847	7683	8759	24569	4785	0	51	31067	1113	7414	17714	4785	0	41	14780	988322	57428
	男	477363	22075	3371	4587	11729	2359	0	29	15654	500	3931	8838	2359	0	26	6421	483784	30665
	女	496179	23772	4312	4172	12840	2426	0	22	15413	613	3483	8876	2426	0	15	8359	504538	26763
乡村	户数	8	0	0	0	0	0	0	0	0	0	0	0	0	0	0	0	8	0
	人数	16	0	0	0	0	0	0	0	0	0	0	0	0	0	0	0	16	0
	男	9	0	0	0	0	0	0	0	0	0	0	0	0	0	0	0	9	0
	女	7	0	0	0	0	0	0	0	0	0	0	0	0	0	0	0	7	0

主要统计指标解释

一、地区生产总值　是按市场价格计算的地区生产总值的简称。它是一个地区所有常住单位在一定时期内生产活动的最终成果。地区生产总值有三种表现形式，即价值形态、收入形态和产品形态。从价值形态看，它是所有常住单位在一定时期内所生产的全部货物和服务价值与同期投入的全部非固定资产货物和服务价值的差额，即所有常住单位的增加值之和；从收入形态看，它是所有常住单位在一定时期内创造的各项收入之和，包括劳动者报酬、生产税净额、固定资产折旧和营业盈余；从产品形态看，它是所有常住单位在一定时期内最终使用的货物和服务价值与货物和服务净出口价值之和。在实际核算中，地区生产总值有三种计算方法，即生产法、收入法和支出法。三种方法分别从不同的方面反映地区生产总值及其构成。

二、规模以上工业企业　指年主营业务收入2000万元及以上的工业法人单位。

三、建筑业总产值　是指以货币表现的建筑业企业在一定时期内生产的建筑产品和服务的总和。

四、固定资产投资额　指以货币形式表现的在一定时期内建造和购置固定资产的工作量以及与此有关的费用的总称。

五、房地产开发投资　指各种登记注册类型的房地产开发法人单位统一开发的住宅、厂房、仓库、饭店、宾馆、度假村、定字楼、办公楼等房屋建筑物，配套的服务设施，土地开发工程（如道路、给水、排水、供电、供热、通讯、平整场地等基础设施工程）和土地购置的投资；不包括单纯的土地开发和交易活动。

六、社会消费品零售总额　指企业（单位、个体户）通过交易直接售给个人、社会集团非生产、非经营用的实物商品金额，以及提供餐饮服务所取得的收入金额。个人包括城乡居民和入境人员，社会集团包括机关、社会团体、部队、学校、企事业单位、居委会或村委会等。

七、可支配收入　指调查户在调查期内获得的、可用于最终消费支出和储蓄的总和，即调查户可以用来自由支配的收入。可支配收入既包括现金，也包括实物收入。按照收入的来源，可支配收入包含四项，分别为：工资性收入、经营净收入、财产净收入和转移净收入。

八、工资性收入　指就业人员通过各种途径得到的全部劳动报酬和各种福利，包括受雇于单位或个人、从事各种自由职业、兼职和零星劳动得到的全部劳动报酬和福利。

九、消费支出　指住户用于满足家庭日常生活消费需要的全部支出，包括用于消费品的支出和用于服务性消费的支出。根据用途不同，消费支出可划分为食品烟酒、衣着、居住、生活用品及服务、交通通信、教育文化娱乐、医疗保健、其他用品及服务八大类。

十、消费品市场　又称生活资料市场、最终产品市场。它是指生产经营者从事消费品经营，满足人们生活消费需要的经济活动领域，或指消费者为满足生活消费需要而购买商品的场所。

十一、从业人员期末人数　指报告期末最后一日24时在本单位工作，并取得工资或其他形式劳动报酬的人员数。该指标为时点指标，不包括最后一日当天及以前已经与单位解除劳动合同关系的人员,是在岗职工、劳务派遣人员及其他从业人员之和。

十二、从业人员平均工资　本单位从业人员在报告期内平均每人所得的工资额。

$$\text{从业人员平均工资}=\frac{\text{从业人员工资总额}}{\text{从业人员平均人数}}$$

十三、工业总产值　是指工业企业在报告期内生产的以货币形式表现的工业最终产品和提供工业劳务活动的总价值量。包括生产的成品价值、对外加工费收入、自制半成品在产品期末期初差额价值。工业总产值采用“工厂法”计算，即以法人工业企业作为一个整体，按企业生产活动的最终成果来计算，企业内部不允许重复计算，不能把企业内部各个车间（分厂）生产的成果相加。但在企业之间、行业之间、地区之间存在着重复计算。

十四、工业销售产值　是指以货币形式表现的，工业企业在报告期内销售的本企业生产的工业产品或提供工业性劳务价值的总价值量。包括企业在报告期内实际销售（包括本期生产和非本期生产）的全部成品、半成品的总价值，报告期内完成的对外承接的工业品加工的加工费收入，对外工业品修理作业可获取的加工费收入和对内非工业部门提供的加工修理、设备安装等收入。已销售的成品、半成品不论是本期生产的、还是非本期生产的，只要是本期销售出去的均包括在内。企业为本单位基本建设部门、生活福利部门等提供的产品和工业性作业及自制设备也应视同销售，这部分也应作为销售统计。

工业销售产值的计算价格和计算方法与工业总产值一致，但两者计算的基础不同，工业销售产值计算的基础是产品销售总量，工业总产值计算的基础是工业产品生产总量。工业销售产值不包括自制半成品、在制品期末期初差额价值，而工业总产值包括这部分内容。

十五、建筑业总产值　是指以货币表现的建筑业企业在一定时期内生产的建筑产品和服务的总和。

十六、资产总计　指企业过去的交易或者事项形成的、由企业拥有或者控制的、预期会给企业带来经济利益的资源。资产一般按流动性分为流动资产和非流动资产。其中流动资产可分为货币资金、交易性金融资产、应收票据、应收账款、预付款项、其他应收款、存货等；非流动资产可分为长期股权投资、固定资产、无形资产及其他非流动资产等。根据会计“资产负债表”中“资产总计”项目的期末余额数填报。

十七、利润总额　指企业在一定会计期间的经营成果，是生产经营过程中各种收入扣除各种耗费后的盈余，反映企业在报告期内实现的亏盈总额。

十八、商品销售总额　是指对本单位以外的单位和个人出售的商品金额（包括售给本单位消费用的商品，含增值税）。在批发和零售业中，本指标反映在国内市场上销售商品以及出口商品的总量。

附 录

中共北京市东城区委员会主要文件目录

京东发［2019］1号	中共北京市东城区委关于印发《区委常委会2019年工作要点》的通知
京东发［2019］2号	中共北京市东城区委北京市东城区人民政府关于印发《北京市东城区机构改革实施方案》的通知
京东发［2019］3号	中共北京市东城区委关于东城区机构改革中党组织设置调整情况的通知
京东发［2019］4号	中共北京市东城区委关于印发《东城区党内表彰实施细则》的通知
京东发［2019］6号	中共北京市东城区委印发《关于建设东城区人才发展高地的实施意见》的通知
京东发［2019］7号	中共北京市东城区委关于调整区委常委工作分工的通知
京东发［2019］8号	中共北京市东城区委印发《关于在全区开展“不忘初心、牢记使命”主题教育的实施方案》的通知
京东发［2019］9号	中共北京市东城区委印发《区委关于新时代加强和改进人大工作的实施意见》的通知

中共北京市东城区委办公室主要文件目录

京东办发［2019］2号	中共北京市东城区委办公室关于印发《区政协十四届三次会议民主党派（团体）提案办理工作目标责任制（折子工程）》的通知
京东办发［2019］4号	中共北京市东城区委办公室关于印发《东城区2019年政党协商计划》的通知
京东办发［2019］7号	中共北京市东城区委办公室北京市东城区人民政府办公室关于印发《东城区2019年落实全面从严治党主体责任重点任务分工》的通知
京东办发［2019］9号	中共北京市东城区委办公室北京市东城区人民政府办公室关于印发《成立东城区筹备服务北京冬奥会、冬残奥会工作领导小组工作方案》的通知
京东办发［2019］10号	中共北京市东城区委办公室北京市东城区人民政府办公室关于印发《东城区落实市民热线“接诉即办”工作实施方案》的通知
京东办发［2019］11号	中共北京市东城区委办公室北京市东城区人民政府办公室关于印发《东城区评比达标表彰活动管理实施细则（试行）》的通知
京东办发［2019］12号	中共北京市东城区委办公室关于印发《区委2019年工作目标责任制（折子工程）》的通知
京东办发［2019］13号	中共北京市东城区委办公室关于印发《区委常委会2019年议题计划》及《区委常委会2019年议题计划任务分解表》的通知
京东办发［2019］14号	中共北京市东城区委办公室北京市东城区人民政府办公室关于印发《东城区全面提升“四个服务”工作的指导意见》的通知

北京市东城区人民政府主要文件目录

东政发［2019］2号	北京市东城区人民政府关于印发《东城区垃圾分类全覆盖工作方案》的通知
东政发［2019］4号	北京市东城区人民政府关于印发《东城区产业指导目录（2018年版）》的通知
东政发［2019］6号	北京市东城区人民政府关于区政府机构改革涉及区政府文件规定的行政机关职责调整问题的决定
东政发［2019］8号	北京市东城区人民政府关于印发《东城区“文菁计划”实施办法》的通知（东行规字［2019］4号）
东政发［2019］10号	北京市东城区人民政府关于印发《东城区落实〈全面推进北京市服务业扩大开放综合试点工作方案〉实施方案》的通知（东行规字［2019］5号）
东政发［2019］12号	北京市东城区人民政府关于印发《东城区防汛应急预案》（2019年修订版）的通知
东政发［2019］15号	北京市东城区人民政府关于印发《关于做好东城区当前和今后一个时期促进就业工作的实施方案》的通知

北京市东城区人民政府办公室主要文件目录

东政办发［2019］3号	北京市东城区人民政府办公室关于督促整改突出（重大）火灾安全隐患及突出（重大）火灾隐患销账的通知
东政办发［2019］4号	北京市东城区人民政府办公室关于印发东城区2019年在直接关系群众生活方面拟办的重要实事的通知
东政办发［2019］5号	北京市东城区人民政府办公室关于印发《东城区污染防治攻坚战2019年行动计划》的通知
东政办发［2019］6号	北京市东城区人民政府办公室关于印发2019年人大代表建议和政协提案办理工作目标管理责任制（折子工程）的通知
东政办发［2019］9号	北京市东城区人民政府办公室转发区教委关于《东城区2019年非本市户籍适龄儿童少年入学审核实施细则》的通知（东行规字［2019］3号）
东政办发［2019］10号	北京市东城区人民政府办公室转发区教委关于《东城区2019年本市户籍无房家庭承租人适龄子女入学审核实施细则》的通知（东行规字［2019］2号）
东政办发［2019］11号	北京市东城区人民政府办公室关于印发区长副区长工作分工的通知
东政办发［2019］12号	北京市东城区人民政府办公室关于印发《东城区医耗联动综合改革实施方案》的通知
东政办发［2019］13号	北京市东城区人民政府办公室关于转发《国家知识产权试点城区北京市东城区工作方案》的通知
东政办发［2019］16号	北京市东城区人民政府办公室关于转发《区政府绩效考核行政执法专项考评评分标准》的通知
东政办发［2019］17号	北京市东城区人民政府办公室关于印发《北京市东城区跨部门联合“双随机、一公开”监管工作实施方案》的通知

街道社区居委会

东华门街道

居委会名称	管辖户数	负责人	联系电话	办公地址	邮编
银 闸	1500	熊 英	65260109	北河沿大街141号	100009
东 厂	1652	朱玉杰	65277860	东厂北巷甲4号-1	100006
多福巷	3094	宫肇美	65250793	多福巷甲22号	100010
智 德	2024	张兆军	65288454	北池子大街60号	100006
黄图岗	1313	杨永力	65256682	东厂胡同乙14号楼1-111	100006
灯市口	1508	周彦茹	85114338	灯市口大街14号楼后平房	100006
韶 九	994	张 可	65252874	锡拉胡同21号	100006
甘 雨	1189	张 蓬	65251579	甘雨胡同2号	100006
南池子	3100	聂萌妹	65288447	缎库胡同18号	100006
王府井	1931	王 欣	65288523	煤渣胡同11号	100005
正义路	2337	张健玲	65251105	东交民巷32号	100006
台基厂	1997	郭晓彤	85112056	台基厂二条3号	100005

景山街道

居委会名称	管辖户数	负责人	联系电话	办公地址	邮编
隆福寺	2249	皇甫秉燕	84014007	崔府夹道5号	100010
魏 家	2339	秦 来	84018582	什锦花园15号旁门	100010
汪芝麻	1947	赵雪莲	84017307	南剪子巷40号	100010
皇城根北街	2158	杨海龙	84018656	东黄城根北街40号	100010
吉 祥	1813	孙剑飞	84017693	北河胡同8号	100010
钟 鼓	2045	贾冬雪	84018563	嵩祝院北巷41号	100010
黄化门	1900	马 卓	84017928	黄化门街8号	100010
景山东街	2008	贾 伟	84018627	沙滩后街47号	100010

交道口街道

居委会名称	管辖户数	负责人	联系电话	办公地址	邮编
交 东	2466	杨春茹	64023661	交东大街6-5号	100007
大 兴	2365	刘 熠	64018251	北吉祥胡同13号	100007
府 学	3249	裴 毅	64025112	中剪子巷17号旁门	100007
菊 儿	1958	李 娜	64009703	菊儿胡同21号	100009
南锣鼓巷	2651	王凤云	64023671	前圆恩寺胡同28号	100009
鼓楼苑	3554	孟立新	64017898	前鼓楼苑10号	100009
福 祥	2492	李德青	84084603	东不压桥胡同12号	100009

安定门街道

居委会名称	管辖户数	负责人	联系电话	办公地址	邮编
交北头条	2540	洪剑松	64068329	交北头条76号	100007
国子监	2718	王颜颜	64068513	官书院胡同40号	100007
五道营	2873	赵金颖	64068350	永康胡同5号院3号楼一层	100007
花　园	3108	宋　彩	64067702	谢家胡同40号	100009
分司厅	3128	马　静	64067692	小经厂胡同8号	100009
北锣鼓巷	1568	孙建新	64067517	纱络胡同14号	100009
宝钞南	2327	刘　佳	64066617	琉璃寺8号	100009
钟楼湾	3121	孙　慧	64067668	草厂北巷51号	100009
国　旺	2559	张明生	64067076	国祥胡同13号	100009

北新桥街道

居委会名称	管辖户数	负责人	联系电话	办公地址	邮编
北官厅	2079	刘彩团	84064928	北小街8号院3号楼	100007
民　安	3463	郝宏芳	64027401	民安14号楼附属	100007
北新仓	3091	王静松	84072141	东直门内大街10号楼3层	100007
海运仓	2628	佟爱香	84073272	南颂年3号搂	100007
门　楼	2935	陆志荣	64027400	东四北大街168号内一层1-05号、1-06号	100007
十三条	1771	赵景华	64027569	东四十四条胡同7号	100007
小　菊	2596	刘素欣	64020638	大菊胡同16号	100007
九道湾	2238	王淑梅	64015936	九道湾西巷1号	100007
草　园	2479	康　超	64066547	北新胡同三巷3号	100007
前永康	2605	朱践明	64040317	北新胡同三巷3号	100007
青　龙	2879	王学义	64017600	青龙胡同甲3号	100007
藏经馆	1528	张志华	64004112	戏楼胡同一巷25号	100007

东四街道

居委会名称	管辖户数	负责人	联系电话	办公地址	邮编
东四二条	3100	田　卫	64059534	东四北大街460号	100010
东四六条	2501	李　玲	84036571	东四六条45号	100007
东四七条	2017	郝建伟	84043699	东四北大街303号-1	100007
东四八条	2061	刘志颖	64024538	东四八条139号	100007
总　院	2728	郭小金	84043799	朝内北小街2号综合服务楼一层	100700
豆　瓣	2764	吕　军	84045893	豆瓣胡同3号楼-6	100010
南门仓	2753	杨　波	84045399	罗家大院1号二层	100010

朝阳门街道

居委会名称	管辖户数	负责人	联系电话	办公地址	邮编
史　家	1513	赵博言	65244161	史家胡同21号	100010
内　务	1561	史海宁	65257583	内务部街73号	100010
演　乐	2617	杜伟伟	65230389	演乐胡同59号	100010

礼　士	1512	于金凤	65287374	礼士胡同121号	100010
朝　西	1929	于春明	65122956	前拐棒胡同17号	100010
朝内头条	2088	姜　靓	84040087	朝内大街97号2楼	100010
竹　杆	2716	郑红强	65275801	西水井6号楼1层	100010
新　鲜	3275	皮蓓蓓	65246404	新鲜胡同63号	100010
大方家	2530	陈　波	65251577	小牌坊胡同48号	100010

建国门街道

居委会名称	管辖户数	负责人	联系电话	办公地址	邮编
金宝街北	4297	李全红	65223061	干面胡同41号	100010
大雅宝	2242	刘　旭	65254005	南小街18-29号南侧	100005
赵家楼	2122	金坤范	65139944	小羊宜宾胡同5-2号	100005
东总布	1689	田文伟	13811782615	暂定小羊宜宾胡同5-2号	100005
站　东	2019	汤秀丽	85111699	柳罐胡同甲2号	100005
崇　内	1014	胡　洋	65132663	暂定西镇江胡同25号	100005
苏　州	1700	陈　雪	65139239	苏州胡同79号	100005
西总布	1161	李晓康	65243198	新开路胡同94号	100005
外交部街	2752	高晓霞	65130474	东堂子胡同47号院内平房	100005

东直门街道

居委会名称	管辖户数	负责人	联系电话	办公地址	邮编
胡家园	2864	王　华	64675276	东城区东外小街47号	100027
新中西里	1523	姜春燕	64172129	新中西里社区10号楼对面平房	100027
东　环	2563	石　威	64166798	东直门南大街4号楼一层	100027
十字坡	1586	王瑞新	64167798	十字坡西里10号楼迤北-2	100027
清水苑	1590	宋淑贤	64653698	东直门北大街甲6号院一号楼南侧	100027
东外大街	3593	栗有华	64170442	春秀路小区17楼东侧平房	100027
工　体	3300	吴　濛	65529172	王家园胡同37号1楼二层	100027
东外大街北	1881	高明发	64673320	东直门外察慈小区15号楼一层	100027
香河园北里	2717	焦　燕	64616394	东外香河园北里华夏出版社东侧	100028
新中街	1989	张　颖	64165396	新中街四条乙20号	100027

和平里街道

居委会名称	管辖户数	负责人	联系电话	办公地址	邮编
安德里	2743	杨育颖	84138422	安外六铺炕甲7号	100011
安德路	1825	李　微	84130610	安德路47号院5号楼北侧平房	100011
安贞苑	1054	张宗强	64441201	安贞苑社区安定路20号院北五楼一层	100013
地　坛	1966	张玉兰	64290996	地坛北里9号楼一层南侧	100013
东河沿	1790	张桂苓	64255840	安外东河沿乙6号楼	100011
二　区	2560	尉红梅	84221986	和平里中街3号院1号楼一层北侧	100013
和平里	3550	王京朝	84214298	和平里六区7号楼	100013
化　工	699	鞠苏华	64291097	兴化东里23号楼地下室	100013

黄　寺	1052	王　静	66740841	黄寺大街甲1号	100011
交　通	816	邵伟民	64292535	和平里东街10号院东南侧	100013
林　调	981	李　国	64289228	和平里东街12号院2宿舍旁平房	100013
民　旺	4161	崇凯军	84214137	和平里民旺园8号楼西侧	100013
七　区	2505	邓海红	64228347	和平里七区16号楼北平房	100013
青年湖	3250	马奎山	84136505	青年湖东里9号楼北侧社区卫生站2层	100011
人定湖	1255	沈　清	62013450	安德里北街甲25号院9号楼1层	100011
西河沿	1847	丁开宇	84116346	安外西河沿18号楼后平房	100011
小黄庄	2788	赵跃桀	84286550	小黄庄一区13号楼东平房	100013
新建路	1844	陈　雨	84112941	安外大街3号院	100011
兴　化	2879	卢　钒	64289631	兴化西里8号楼前平房	100013
总　政	2400	任　霞	66794475	安德里北街21号	100120

前门街道

居委会名称	管辖户数	负责人	联系电话	办公地址	邮编
前门东大街	1173	冯　杰	67025827	前门东大街甲12楼	100005
草　厂	2993	朱耿亭	67022351	草厂十条35号	100005
大　江	4598	李文生	67017732	北芦草园81号	100005

崇文门外街道

居委会名称	管辖户数	负责人	联系电话	办公地址	邮编
崇文门东大街	1545	李冬捷	67176503	崇文门东大街12-2号	100062
崇文门西大街	883	李佳航	65594948	崇文门西大街4号楼9单元102号	100062
大　桥	781	霍淑义	67011104	商界二期605-607号	100062
都市馨园	2011	李彦博	67050080	兴隆都市馨园白衣庵	100062
国瑞城东区	1093	唐　薇	67169260	国瑞城东区1号楼3单元	100062
国瑞城西区	2509	常　军	67168950	国瑞城西区3号楼1层	100062
国瑞城中区	1772	魏　芸	67188748	国瑞城中区1号楼3单元	100062
西花市南里东区	2516	冯永刚	87186861	西花市大街30号2层	100062
西花市南里南区	3507	兰凌燕	67152721	西花市南里西区10号楼2-3单元1层	100062
西花市南里西区	1697	苏　丹	87186871	西花市大街102号2层	100062
新世界家园	2403	刘　婧	67092050	新世界家园小区内会所地下2层	100062
新怡家园	1470	张　帆	67010793	新怡家园-1-1-67	100062

东花市街道

居委会名称	管辖户数	负责人	联系电话	办公地址	邮编
东花市北里东区	2205	马　林	67126577	东花市北里东区13号楼东花市大街21号	100062
东花市北里西区	1686	杨桂民	67152150	东花市大街61号	100062
花市枣苑	1630	刘　丹	67164745	花市枣苑10号楼1层	100062
东花市南里	4100	杨立新	67129897	花市南里三区1号楼1层	100062
东花市南里东区	3590	康　德	67135158	花市南里东区13号楼2单元1层	100062
广渠门外南里	3489	耿立新	87512480	广渠家园11号楼11-4	100021
忠实里	3911	王天长	67785089	忠实里西区7号楼一层107号	100022
广渠门北里	2100	王素花	67155386	广渠门北里36号院1号楼西侧一层、二号	100062

龙潭街道

居委会名称	管辖户数	负责人	联系电话	办公地址	邮编
左安浦园	2637	郝宏婷	87197554	左安门内大街73-1号	100061
左安漪园	1718	王艳萍	87196358	左安漪园小区3号楼5单元101号	100061
龙潭北里	3571	黄　悦	67126559	龙潭北里五条三楼东侧	100061
板厂南里	880	姚莉萍	67176216	板厂南里6号楼东侧	100061
光　明	3184	刘　娜	67176270	光明楼13号楼北侧	100061
华　城	2613	李永红	87185119	夕照寺街16号宝达大厦1层107室	100061
夕照寺	1922	云　瑾	67160489	广渠门南小街领行国际3号楼1-6、1-7	100061
安化楼	3679	黄　奇	67176192	培新街9号院保利蔷薇苑小区1号楼1单元一层东侧	100061
新家园	2880	祁　颖	67171327	幸福家园5号楼2单元102室	100061
幸　福	1555	姜　萌	67171332	幸福北里甲17号	100061

体育馆路街道

居委会名称	管辖户数	负责人	联系电话	办公地址	邮编
西　利	1701	高红亮	67112205	驹章胡同43号	100061
西　唐	2212	杜进平	67116634	驹章胡同43号	100061
葱　店	2235	田立萍	67112483	驹章胡同43号	100061
东　厅	2022	黄　樱	67182421	驹章胡同43号	100061
南岗子	1722	巨小洧	67113397	驹章胡同43号	100061
法华南里	2885	陈淑凤	67185167	法华南里甲8楼	100061
体育总局	1157	李广华	67114632	双玉中街2号楼1层	100061
四块玉	1849	张　婧	67112895	驹章胡同43号	100061
长青园	1823	孙树梅	67195213	长青园3楼1门101号	100061

天坛街道

居委会名称	管辖户数	负责人	联系电话	办公地址	邮编
西园子	1535	黄海霞	67015471	东晓市街30号	100062
东晓市	1840	左　铭	67014035	东晓市街一巷48号院	100062
金　台	1891	黄婉庭	67016916	金鱼池中街2号院4号楼一层106号	100062
金鱼池中区	939	张淑英	67023463	金鱼池中区22楼2单元101号	100062
金鱼池西区	1153	王　溱	67014028	金鱼池西区1号楼底商	100050
红庙街	1777	马英乾	67014147	山涧口一巷32号	100050
西草市	1280	纪　超	67029932	西草市街52号	100050
祈　谷	756	何洪伟	67016113	西里北区甲2号	100050
永内大街	1600	李桂芳	67024191	西里东区8号楼西侧	100050
永内东街	1832	周子淇	67012478	永定门东街中里9-17号	100050
南　门	1591	宋莉筠	67016323	永定门东街东里1号楼底商	100050
东　里	1293	董　浩	67018402	天坛东里中区1号楼旁	100061

永定门外街道

居委会名称	管辖户数	负责人	联系电话	办公地址	邮编
彭　庄	946	周　宇	51332951	车站路12号迤南	100075
永建里	1660	杨艳敏	87923881	西滨河路8号院中海紫御小区8号楼03、04号底商	100075
松林里	2025	高卫东	87923706	中海紫御小区1号楼19、20号底商	100075
永铁苑	1306	玉　艳	51332982	永铁苑7号楼109号	100075
革新里	2156	侯广库	51333031	西革新里南路108号院2号楼19号底商	100075
百荣嘉园	1976	陈龙华	67265852	西革新里116号百荣嘉园4号楼一层	100075
革新西里	2028	邢丽靖	51333061	西革新里124号院	100075
管　村	1425	冯有琦	51333091	建予园3号楼底商	100075
桃　园	1030	王　佳	51233087	桃园南街10号院	100075
李　村	2330	汪　静	52172772	李村东里7号楼3门003号	100075
桃杨路	1842	张　颖	67262352	桃杨路北里7号	100075
杨家园	1752	赵远荣	52172736	琉璃井东街2号楼6门101号	100075
景　泰	3869	徐　蕊	67611651	新奥洋房8号楼底商809号	100075
定安里	2193	王　策	87291275	景泰西里7号楼前平房	100075
富莱茵	1536	李延军	51076631	富莱茵13号楼109号	100075
宝华里	3199	陈鑫鑫	67213606	宝华头条乙17号	100075
民主北街	2929	何玉玲	51076551	琉璃井路38号	100075
琉璃井	1845	张亚芬	67260595	安乐林路18号	100075
天天家园	2485	王海燕	67264591	安乐林路22号天天家园小区1号楼1号底商1-4	100075
安乐林	2193	韩　艳	52172796	景泰西里西区8号楼底商	100075

索 引

说 明

• 本索引为主题索引，又称内容分析索引，主题词（标目）以《北京东城年鉴（2020）》正文出现的专业名词、名词词组、机构名、地名为主。

• 特载、专文、大事记、区情概览、人物 荣誉、统计资料、附录等类目内容不在索引范围内。

• 本索引按汉语拼音音序排列，首字相同时，则以第二字排序，以此类推。以数字、字母、符号开始的主题词，排在最前。

• 主题词之后的数字表示所在页码，数字后面的英文字母 a、b、c 分别表示该页的左、中、右栏。

L

M

N

O

P

Q

R

S

T

Z